抚州汤显祖国际研究中心
FUZHOU TANG XIANZU INTERNATIONAL RESEARCH CENTER

汤学聚珍

二〇一六年中国·抚州
汤显祖剧作展演暨国际高峰学术论坛论文选集

抚州汤显祖国际研究中心 编

上海古籍出版社

图书在版编目（CIP）数据

汤学聚珍：2016 年中国·抚州汤显祖剧作展演暨国际高峰学术论坛论文选集／抚州汤显祖国际研究中心编.
—上海：上海古籍出版社，2017.8
ISBN 978-7-5325-8549-6

Ⅰ.①汤…　Ⅱ.①抚…　Ⅲ.①汤显祖(1550-1616)
—人物研究—文集②汤显祖(1550-1616)—戏剧文学—文学研究—文集　Ⅳ.①K825.6-53②I207.37-53

中国版本图书馆 CIP 数据核字（2017）第 186487 号

汤学聚珍：2016 年中国·抚州汤显祖剧作展演暨国际高峰学术论坛论文选集
抚州汤显祖国际研究中心　编
上海古籍出版社　出版
（上海瑞金二路 272 号　邮政编码 200020）
（1）网址：www.guji.com.cn
（2）E-mail：gujil@guji.com.cn
（3）易文网网址：www.ewen.co
上海世纪出版股份有限公司发行中心发行经销
常熟人民印刷有限公司印刷
开本 889×1194　1/16　印张 51.25　插页 12　字数 1,300,000
2017 年 8 月第 1 版　2017 年 8 月第 1 次印刷
ISBN 978-7-5325-8549-6
————————
I·3192　定价：228.00 元
如有质量问题，请与承印公司联系

2016年中国·抚州汤显祖剧作展演暨国际高峰学术论坛与会人员合影

2016年中国·抚州汤显祖剧作展演暨国际高峰学术论坛开幕式

主办方致辞

张鸿星致辞
（抚州市人民政府市长）

周育德致辞
（中国戏曲学会汤显祖研究分会会长）

柳和生致辞
（东华理工大学校长）

傅云致辞
（中共抚州市委常委、宣传部部长）

吴凤雏致辞
（抚州汤显祖国际研究中心主任）

抚州市委书记肖毅在2016年第三届汤显祖戏剧节开幕式上讲话

张鸿星市长为抚州汤显祖国际研究中心荣誉研究员颁奉聘书

主旨报告和大会发言

曾永义教授（主旨报告）

叶长海教授

华玮教授

邹元江教授

江巨荣教授

周华斌教授

商传教授

（韩）李昌淑教授

康保成教授

俞为民教授（李利报摄）

郑志良副教授

黄仕忠教授

朱栋霖教授

苏子裕研究员

龚重谟研究员

邹自振教授

王安葵研究员

黄振林教授

分组讨论

大会分组讨论
（其中一组）

小组召集人、评议人

外国学者参加分组讨论

英国利兹大学李如茹教授

李伟教授、谢雍君教授、蔡欣欣教授

学者万斌生、刘享龙

徐国华教授、刘庆教授

汤显祖纪念馆新馆开馆暨莎士比亚、塞万提斯展区开展仪式现场·肖毅书记致辞

拜谒汤墓活动现场·王安葵先生诵读祭文

共同纪念汤显祖、莎士比亚、塞万提斯逝世400周年活动开幕式现场

部分在主席台就座的学者代表

自左至右：吴书荫、江巨荣、王永健

自左至右：华玮、王安葵、周华斌

共同纪念活动现场热情洋溢的观众

各方与会代表在汤显祖纪念馆幸会

与会代表参观流坑千年古樟树林

与会代表参观宜黄谭纶墓

与会代表参观曹山寺

与会代表考察乐安流坑

即时交流

给古建筑留影

上海音乐学院音乐剧《汤显祖》演出剧照

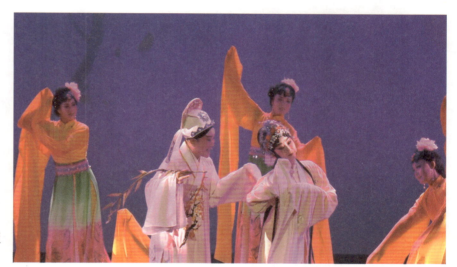

抚州市汤显祖文化演艺公司演出乡音版
盱河高腔《临川四梦》

流坑古傩舞表演

英国利兹大学现代剧《梦南柯》演出剧照

论坛花絮

抚州采茶戏表演艺术家万安安清唱

周秦教授笛子伴奏
赵天为博士唱昆曲《牡丹亭》

抚州汤显祖剧院一级演员吴岚清
唱盱河腔《牡丹亭》

各路记者云集

小观众高人一头

序

肖　毅

　　得益于海内外汤学研究者的热心参与,汇集众多专家学者抱玉怀珠之作、展现当今汤学研究重大成果的《汤学聚珍——2016年中国·抚州汤显祖剧作展演暨国际高峰学术论坛论文选集》今天付梓出版。可喜可贺!

　　汤显祖是中国文学史上的一座丰碑,他创作的"临川四梦"彪炳史册。透过汤显祖坎坷的人生经历和斐然的文学成就,我们不仅领略到他作为戏剧家、文学家所焕发出来的艺术魅力,更感受到他作为思想家所闪耀的思想光芒。他兴教办学,勤政为民,阐述"天下之生皆当贵重"的"贵生"思想,揭示"情不知所起,一往而深"的生命意义,体现出以人为本、关注民生的思想本质;他洁身自爱,铮铮铁骨,以"吾不敢从处女子失身也"严词拒绝权势笼络,上书《论辅臣科臣疏》针砭时弊,体现出刚正不阿、坚守情操的道德品格;他坚持己见,推陈出新,不为当时复古思潮所左右,敢于与文坛统治者争鸣、与曲坛统治者论战,体现出追求完美、注重创新的艺术特质。

　　汤显祖的艺术魅力和思想光芒穿越时空。今天,面对这份宝贵的文化财富,应该怎样继承和发扬,使其更好地为经济、社会、文化服务? 这是摆在我们面前的重要课题。抚州是汤显祖故里,在服务汤显祖研究、弘扬汤显祖文化、唱响汤显祖大戏、推动优秀传统文化古为今用、争当文化强省排头兵的工作中,必须有作为、有担当。2016年,我市认真贯彻落实习近平总书记重要指示精神,紧紧抓住共同纪念汤显祖、莎士比亚、塞万提斯逝世400周年这一千载难逢的历史机遇,大力实施中华文化传承工程和"中华文化走出去"战略,推动在国家层面全方位开展中外文化交流和思想碰撞,探索运用优秀传统文化讲好中国故事的新路子。我们通过举办纪念活动,在海外、北京、上海等地掀起了一股"汤学热"和"抚州文化风",推动了临川文化走入群众、走进全国、走向世界,增强了文化自信和文化自觉,带动了文化、旅游产业和经济社会发展。

　　作为可以与世界对话、与莎士比亚比肩的中华文化标志性符号,研究宣传汤显祖恰逢其时。我们成立了汤显祖国际研究中心,服务海内外汤学专家,努力形成汤学研究重要高地,推动汤学研究呈现燎原之势。令人欣喜的是,借助共同纪念活动的东风,海内外240余位专家学者云集抚州,参加纪念汤显祖逝世400周年国际高峰学术论坛,提交了150多篇学术论文。此次学术论坛,参会者之众、提交论文之多、论文质量之高,创下了汤学研究领域之最。毫无疑问,汤显祖,已成为中国文化的金色名片;汤学,已成为塑造中国软实力的文化先锋。这一论文选集的出版,饱含专家学者的智慧,必将为进一步研究宣传汤显祖、传承中华文化基因、推动临川文化大踏步走向世界舞台发挥重要作用。

　　弘扬传统文化,抚州矢志不渝。当前,我们乘势而上,积极谋划并推进一系列举措:申报"汤显祖戏剧奖",努力使这一大奖成为促进汤显祖戏剧推广的重要手段;打造文昌里历史文化街区,纪念汤翁、莎翁、塞翁的"三翁小镇"以及抚河十里景观带,努力使抚州成为汤显祖戏曲传奇的展演地、汤显祖文化的阐发地、海内外民俗文化的展示地、戏剧创研的理想基地和全球汤学研究者认可的温馨之家;组织编写"临川四梦"戏剧故事集,开展多种形式的校园文化活动,在中小学开设戏曲课和儿童戏曲班,发现和培养艺术后备人才,努力为汤显祖文化和临川文化长远发展打下坚实基础;联合建立戏剧创研基地、设置"临川四梦"传承班、组建汤显祖艺术剧团、创办玉茗堂剧社,增建若干标准剧场和一批公共文化基础设施,同时,将原生态的孟戏、宜黄腔、盱河高腔、采茶戏与当代观众的新要求、新期待相结合,建设艺术"百花园",努力将抚州打造成学戏、写戏、看戏、演戏、评戏的中国戏都。

汤显祖是历史的,也是当代的;是高雅的,也是通俗的;是老派的,也是维新的;是民族的,也是世界的。我们深知,推动汤显祖研究的深入开展,推广普及汤显祖文化,"唤醒"深厚的历史文化资源,任重而道远。我们坚信,有抚州先贤汤显祖开拓创新、不懈追求的精神传承,有抚州人民奋力追"梦"、苦干实干的拼搏进取,有社会各界的关心、支持和帮助,抚州一定能让世人感受到:汤公故里,有梦有戏!

是为序。

2017 年 4 月 10 日

(作者系中共抚州市委书记)

目　录

诗　文

比　较

演 剧

传 播

主办方致辞

汤显祖与张居正

周育德

孟子曰:"诵其诗,读其书,不知其人,可乎? 是以论其世也,是尚友也。"(《孟子·万章下》)这就是所谓"知人论世"。这种为学方法无疑是正确的。在我们观汤显祖的戏、读汤显祖的书的时候,不知道汤显祖其人,是不行的。要认识汤显祖其人,必须研究汤显祖所处时代的社会文化背景,研究汤显祖和当时重要人物间的关系。由此,才可以认识汤显祖的人格与思想,认识汤显祖的政见和立场。

从这方面考虑,考察汤显祖与张居正的关系,似乎有着更为重要的意义。

汤显祖是走正常的科举之路而进入官场的。在漫长的科举道路上,汤显祖遇到的第一个重要人物就是张居正。

任何一种汤显祖的传记,如邹迪光《临川汤先生传》、《明史·汤显祖传》、钱谦益《汤遂昌显祖传》、查继佐《汤显祖传》、《抚州府志·汤显祖传》,都没有忘记汤显祖拒绝张居正延揽这件事。明隆庆四年(1570)21 岁的汤显祖乡试中举,接着就参加会试。第一次(隆庆五年)和第二次(万历二年)春试不第,都没有考中。可能是因为他的考卷不合阅卷人的口味,或者就叫作造化弄人吧? 虽然没中进士,但那时的汤显祖已经是"名蔽天壤"的士子,他的八股文已经非常有名。万历五年第三次进京会试,想不到和张居正产生了关系。内阁首辅张居正为了让自己的儿子名列前茅,就罗致海内名士以张大儿子们的声望,汤显祖和朋友沈懋学被认为是最佳人选。张居正"属其私人啖以巍甲而不应",汤显祖"谢弗往",没有进张府拜谒,沈懋学去了。结果沈懋学中了状元,张居正次子嗣修中了榜眼。对于这件事,汤显祖淡然处之,只是在和沈懋学告别时感叹"天地逸人自草泽,男儿有命非人怜","昨日辞朝心苦悲,壮年不得与明时"。[①] 在和荆州张青野告别时,感叹"谁道叶公能好龙? 真龙下时惊叶公","贱子今龄二十八,把剑似君君不察。君不察时可奈何,归餐云实荫松萝","吏事有人吾潦倒,竹林著书亦不早"。[②] 好像他已绝意仕进,只打算回家著书去了。但是,三年后汤显祖还是重新参加会试。这一次不巧又碰上了张居正的大儿子敬修和三儿子懋修同时赶考。"江陵子懋修与其乡人王篆来结纳,复啖以巍甲而亦不应。曰: 吾不敢从处女子失身也。"上一次汤显祖不肯接受张居正的延揽,保持了处女般的贞操,这次岂能失身? 结果,张懋修中了状元,张敬修也进士及第,汤显祖则依然落第。这两次会试,汤显祖表现出高洁的品格,赢得了士林的尊敬。"公虽一老孝廉乎,而名益鹊起,海内之人益以得望见汤先生为幸"。[③]

达官贵人在科场中做手脚,已经是万历年间人尽皆知的潜规则,汤显祖见怪不怪,没有为此事对张居正做专门的评价,但是张居正的"人欲"给他留下了极坏的印象。后来汤显祖说张居正"刚而有欲"的"欲",当然包括为儿子抢元而做手脚这件事。

---

① 汤显祖《别沈君典》,徐朔方笺校《汤显祖全集》,北京古籍出版社 1999 年版,第 42 页。
② 汤显祖《别荆州张孝廉》,徐朔方笺校《汤显祖全集》,北京古籍出版社 1999 年版,第 43 页。
③ 邹迪光《临川汤先生传》,徐朔方笺校《汤显祖全集》附录,北京古籍出版社 1999 年版,第 2581 页。

万历十年,张居正死了。万历十一年,汤显祖再一次参加会试,34 岁的老孝廉终于拿到了做官的资格证书。

造成汤显祖对张居正产生恶劣印象的,还有一件大事。就在汤显祖万历五年会试落第后不久,张居正的老爸在江陵老家去世。张居正没有回家奔丧,虽然有小皇帝朱翊钧的挽留,但是在非战争年代非军事将领的"夺情",是严重违背礼法和祖制的事件。当时的张居正,已经是实际的政治独裁者。老爸死了,他非但没有坚持丁忧守制二十七个月,甚至不肯抽身一两个月暂离独裁的岗位回江陵安葬,确实是权力欲的突出表现,此事引起了众多朝臣的不满和抗议。一些尊崇礼法的朝臣,不顾生死接连上疏,结果一个个都遭受了残酷的杖刑。翰林院编修吴中行和翰林院检讨赵用贤被各杖六十,杖毕,拖出长安门,再用门板抬出北京。刑部员外郎艾穆和刑部主事沈思孝,廷杖八十后,戴上手铐脚镣,收监三日,再充军。尽管有这些血淋淋的刑罚,刚刚中了进士、观政刑部的邹元标还是不顾死活地上疏反对张居正夺情,结果邹元标被廷杖八十,打断了一条腿,谪戍都匀卫。

这些受刑者和张居正之间并没有私仇,都是为了维持纲常名教挺身而出的正人君子。这些受刑者大多是汤显祖的朋友,汤显祖在思想和感情上与他们相通。汤显祖写诗和通信,对他们表示了深切的同情和敬佩。汤显祖书信如《别沈太仆》、《答沈司空》等说明汤显祖与沈思孝等交情匪浅。汤显祖诗如《送艾太仆六十韵》,追述当年艾穆"御梃惊魂落,丹墀溅血流"的惨状。[①]《奉赠赵宗伯二十韵》,《送许伯厚归长水,便过吴访赵公》,称赵用贤为"节侠",描述赵用贤当年"睨柱众惊归赵客"的壮烈。[②] 这些朝臣受廷杖的时候,幸亏汤显祖还没有考中进士,没有上疏的机会。不妨设想,假如当年汤显祖能和这些人士同列朝班,他也很可能会加入这个批判张居正"夺情"者的行列。至少也会像新科状元沈懋学那样,联名上疏对这些即将受刑者施以最后的营救。

在"夺情"一事中的表现,是张居正"刚而有欲"的又一个注脚。

汤显祖对张居正更加不满的是张居正禁讲学、毁书院的政策。

张居正很重视对意识形态的控制。他主持的万历新政,有多方面的内容。除了颁布"考成法"以提高行政效率,推动"一条鞭法"以改进国家税负,还特别重视思想文化的整肃,那就是禁讲学和毁书院。

明朝的教育界,和各级官学并行的还有私立的书院。官学是各级官府举办的教育机构,讲习的是宋代理学家二程和朱熹传注的"四书""五经",教学子们练习八股文,走正统的科举之路。书院则是集藏书、教育、研究于一体的民间的教育机构。书院除了教习举子业,还是各派学者的自由讲坛,学者们可以各标其宗旨,各讲其主张。有的在书院里讲学的学者,不光讨论学术,还要指点江山,批评时弊。这使得统治者很感头痛。

正德以后,讲学之风大盛。王守仁、湛若水和他们的弟子们倡导的"心学",和作为官方主流意识的理学大异其趣。他们不买理学家的账,提倡"致良知",常常表现为对儒家经典和程朱理学的不尊重。所以嘉靖年间起就有官员上疏,要求禁毁书院。

隆庆万历间,私人讲学之风愈加盛炽。王阳明学派的嫡传泰州学哲人,干脆"以转注为支离,以经书为糟粕",提倡保持"不思不虑"的"童子之心",偏偏还要做"帝王师"。

---

① 徐朔方笺校《汤显祖全集》,北京古籍出版社 1999 年版,第 305 页。
② 徐朔方笺校《汤显祖全集》,北京古籍出版社 1999 年版,第 321 页。

张居正本来也是很热心于心学的,但是他进入内阁,成为首辅,并且成为万历皇帝的老师以后,为了推行"万历新政"而不受阻挠,就很重视统一思想,要禁讲学、废书院、钳制言论、禁止自由思想了。为此他不惜采用极端的手段。江西著名的学者何心隐,就是因为到处讲学,而且妄议朝政,被迫害死的。

万历七年张居正上《请申旧章饬学政以振兴人才疏》,①从整顿提学官着手,由皇帝出面整顿全国的学校。他提出"谨请旨敕谕提学官事理",共计十八款。关系到各级学校的办学宗旨、培养目标、招生数额、管理办法、课程内容、标准课本等全方位的要求。其第一款说:

> 圣贤以经术垂训,国家以经术作人。若能体认经书,便是讲明学问,何必又别标门户,聚党空谈?今后各提学官督率教官生儒,务将平日所习经书义理,着实讲求,躬行实践,以需他日之用。不许别创书院,群聚徒党,及号召他方游食无行之徒,空谈废业,因而启奔竞之门,开请托之路。违者提学御史听吏部都察院考察奏黜。提学按察司官听巡按御史劾奏。游士人等,许各抚按衙门访拿解发。

这主要是对提学官的要求。其第二款,是对生员的奖惩办法:

> 孝弟廉让乃士子立身大节。生员中有敦本尚实、行谊著闻者,虽文艺稍劣,亦必量加奖进,以励颓俗。若有平日不务学业、嘱托公事,或捏造歌谣、兴灭词讼,及败伦伤化、过恶彰著者,体访得实,不必品其文艺,即行革退。不许徇情姑息,亦不许轻信有司教官开送,致被挟私中伤,误及善类。

这里明确了规定政治标准第一。特别规定生员不准帮人打官司,不准编写段子。接下来的第三款,更是进一步规定学校的生员不许乱说乱动,除了自己本人有了冤屈可以由家人出面代理控告,绝对不许代别人上访,不允许出入衙门陈说民情,更不许议论官员为政表现的好坏:

> 我圣祖设立卧碑,天下利病诸人皆许直言,惟生员不许。今后,生员务遵明禁,除本身切己事情,许家人抱告,有司从公审问,倘有冤抑,即为昭雪。其事不干己,辄便出入衙门、陈说民情、议论官员贤否者,许该管有司申呈提学官,以行止有亏革退。若纠众拉伙帮,聚至十人以上,骂詈官长,肆行无礼,为首者照例问遣,其余不分人数多少,尽行黜退为民。

读此,可知考中了秀才,进了学,立即就失去了自由发言的权利,更失去了为民陈情的权利。第四款,是针对教师的:

> 国家明经取士,说书者以宋儒传注为宗,行文者以典实纯正为尚。今后,务将颁降《四书五经》《性理大全》《资治通鉴纲目》《大学衍义》《历代名臣奏议》《文章正宗》及当代诰律典制等书,课令生员诵习讲解,俾其通晓古今,适于世用。其有剽窃异端邪说、炫奇立异者,文虽工弗录,所出试题亦要明白正大,不得割裂文义,以伤雅道。

---

① 《张太岳集》卷三十九,上海古籍出版社 1984 年版,第 494—498 页。

读此,可知学校的教师也没有了言论的自由,失去了独立之思想。一个文化专制者的嘴脸跃然纸上。

这个诏令一下,到万历七年许多书院就被查毁了。自应天府以下,凡六十四处。

汤显祖曾经是官学就读的生员,但是他对民间书院的讲学也是很投入的。他是泰州学大哲罗汝芳的及门弟子,他说:"盖予童子时,从明德(罗汝芳)夫子游。或穆然而咨嗟,或熏然而与言,或歌诗,或鼓琴,予天机泠如也。"①那种生活是非常自由的,所以天机泠如。后来为举子业所销,天机就失去了。这是对两种不同的教育的亲身感受。

汤显祖是向往自由思想的人,他对张居正的禁讲学、毁书院的文化专制举措当然是反对的,以致对张居正更没有了好感。万历三年,张居正上这个有关文教的奏疏时,汤显祖正准备进京会试。万历七年,这个奏疏以皇帝的名义施行时,汤显祖正在准备第三次进京会试。这两次会试,都因为不肯接受张居正的笼络而名落孙山。

张居正死后,万历十一年会试,汤显祖中进士,观政礼部。取得做官的资格之后,他立即找机会发表自己的政见。作为一名礼部的实习官员,他就带头奏疏开放学禁,恢复书院。汤显祖有书信《奉罗近溪先生》说:"道学久禁,弟子乘势时首奏开之。"②《汤显祖全集》虽然未收入这封奏疏,但其真实性无须怀疑。讨论教育问题,是礼部的正差。面对自己所尊敬的老师,他更不必说假话。汤显祖自己也是热心于讲学的。在他被谪徐闻典史期间,他在本职之外创办了贵生书院,亲自讲学。量移遂昌之后,下车伊始就修复了相圃书院,也是亲自讲学。在张居正的时代,这是不可想象的事。

万历十九年,汤显祖上《论辅臣科臣疏》,批判的矛头是对准当政的首辅申时行的,但是也把死去多年的张居正拉来陪绑,说:"前十年之政,张居正刚而有欲,群私人嚣然坏之。"③他没有列举具体内容,只是让万历皇帝自己去体会。

张居正的"刚而有欲",他的"嚣然"做派,是朝廷内外的共同感受。

张居正之"刚",表现在他整顿吏治的大刀阔斧、雷厉风行,也表现在他对付反对者的手段之严酷。张居正曾经信佛,他说:

> 二十年前曾有一弘愿。愿以其身为蓐荐,使人寝处其上,溲溺之,垢秽之,吾无间焉。此亦吴子所知。有欲割取吾耳鼻,我亦欢喜施与,况诋毁而已乎!④

其实他言行不一。且看他如何对待反对他"夺情"的诸位朝臣,就可知佛教所要灭除的三毒"贪、嗔、痴",他完全不在乎。当时,只要他认真地陈情,小皇帝是能够让他回江陵奔丧的,至少也不会那样处分"夺情"的反对者。

张居正对言官也采取裁抑和钳制的手段。御史和给事中的意见和他稍有不合,即遭到诟责和处分。

张居正对权力的热衷,毕其一生。直到生命的最后,他已卧床不起,稍为重要的公事,都要送到张居正的病榻前,听候处理。临死前,张居正加太师衔,荫一子锦衣卫指挥世袭同知。这种情景,被汤显祖生

---

① 汤显祖《太平山房自选序》,徐朔方笺校《汤显祖全集》,北京古籍出版社1999年版,第1097页。
② 徐朔方笺校《汤显祖全集》,北京古籍出版社1999年版,第1319页。
③ 徐朔方笺校《汤显祖全集》,北京古籍出版社1999年版,第1278页。
④ 张居正《答吴尧山言弘愿济世》,《张太岳集》,上海古籍出版社1984年版,第300页。

动地写进了《邯郸记》。

张居正的"刚而有欲",除了表现在对权位的热衷,还表现在他的物欲。张居正自称:"受事以来,一切付之于大公。虚心鉴物,正己肃下。法所宜加,贵近不宥。才有可用,孤远不遗。"①"自当事以来,闭门却扫,士大夫公言之外,不交一谈。"②可是,在晚明普遍腐化的环境中,他也不能真正地抵御"潜规则"以自律。

张居正在北京可以"闭门却扫",但他没有管好在江陵的老爸和子弟、亲属以至于奴仆。地方官会使用各种手段,向张家行贿。又是给张居正建牌坊,又是给张家修豪宅,当然工价是不需要张家付出的。张居正虽然也写信谢绝,但都是半推半就,最后都成为事实而默认。还有一个更大的问题,是张家把废黜了的辽王的王府据为己有,变成张府私宅。凡此种种,都不能不使人心生怀疑。万历四年正月,辽东巡按御史刘台上疏,弹劾张居正云:"盖居正之贪,不在文吏而在武臣,不在内地而在边鄙。不然,辅政未几,即富甲全楚,何由致之?宫室、舆马、姬妾、奉御,同于王者,又何由致之?在朝臣工,莫不愤叹,而无敢为陛下明言者,积威之劫也。"③刘台的提问不无道理。平民出身的张居正当上内阁首辅没有多久,哪来的那么多钱?

至于张居正的"嚣然",那更是人尽皆知的事实。单是万历六年张居正归江陵葬父时乘坐的那顶轿子,已经成为轰动天下的社会大新闻。王世贞说,这顶特制的大轿,前面是起居室、办公室,后面是卧室,两廊一边一个书童焚香挥扇。三十二名轿夫抬着,浩浩荡荡出京。一路上还有蓟镇总兵戚继光派来的铳手、箭手护卫。沿途的巡抚和巡按御史出疆迎送,府、州、县官跪拜迎接。连王爷也要迎接送礼。

张居正的这种刚而有欲的嚣然作风,汤显祖当然是极为反感的。

上述各项,都说明汤显祖讨厌张居正。但是这不等于汤显祖否定张居正所做的一切。事实上,对于张居正成为内阁首辅之后所推行的许多重大行政举措,汤显祖还是拥护的。尤其在经历过宦海风波,亲自体验过晚明政治每况愈下之后,汤显祖弃官归里成为"偏州浪士",跳出政坛之外,对政局的观察变得客观而冷静。汤显祖对张居正当年推行的许多"便民"的政策,表示了更大的认同。

张居正死后,他推行的许多政策有的被否定,有的因官员的消极抵制而无形搁浅。但是,一些正派的官员还是择善而从的。

比如考成法,张居正推行的考成法把许多官员搞得很紧张。对地方官来说,考察的主要项目是赋与讼。完成田赋征收是经济方面的头等任务,维持地方稳定,不出重大的群体性的案件,是属于政治上的要求。

张居正死后,考成法泡汤了。汤显祖为官遂昌的五年,仍然是尽心尽力办事的,他用自己的方法努力完成考成法规定的任务。他做的是"减科条,省期会,一意拊摩噢咻,乳哺而翼覆之。用民得和。日进青衿子秀扬榷论议,质义斧藻切劘之,为竞竞。一时醇吏声为两浙冠"。④ 他在遂昌采取的是去豪强之害而与民休息,教学校子弟以振作士习。他用人本主义的方式治理遂昌,重视兴教劝农,刑罚与教化并施,"缓理征徭词讼"。结果是"征徭薄,米谷多,官民易亲风景和","行乡约,制雅格,家尊五伦人四科","多风

① 张居正《与李太仆渐庵论治体》,《张太岳集》卷二十五,上海古籍出版社1984年版,第308页。
② 张居正《答司马王继津》,《张太岳集》卷二十五,上海古籍出版社1984年版,第306页。
③ 事见《明史·刘台传》,引自朱东润《张居正大传》,陕西师范大学出版社2009年版,第205页。
④ 邹迪光《临川汤先生传》,徐朔方笺校《汤显祖全集》附录,北京古籍出版社1999年版,第2582页。

化,无暴苛","平税课,不起科,商人离家来安乐窝。关津任你过,昼夜总无他"(《南柯记·风谣》)。

他要公平收税,也遇到过乡宦豪族的抵制。他亲自出面,给在朝为官的项应祥写信,要求项某管好自己的亲属,老老实实纳税。① 这种勇敢行动,制服了遂昌的"害马者",完成了收税的任务。至于讼,汤显祖完成得更加出色。他用不着天天升堂判官司,做到了"赋成讼稀",可以"五日一视事"。差不多是"官也清,吏也清,村民无事到公庭"(《牡丹亭·劝农》)。

和考成法密切相关的一个问题是如何解决常年逋赋的问题。嘉靖、隆庆以来,各地拖欠的田赋事实上已经难以如数收清。神宗登极以后,曾下诏:隆庆元年以前的积欠,一概蠲免。隆庆四年以前的积欠,免三证七。考成法实行以后,规定征赋不足额的,巡抚和巡按御史听纠,府、州、县官听调。这样一来,问题更加复杂了。各地官员在考成法的压力下,为了完成征收田赋的任务,就不择手段地搜刮压榨百姓。"无名之征求过多,以致民力殚竭,反不能完公家之赋。其势豪大户,侵欺积猾,皆畏纵而不敢问,反将下户贫民,责令包赔",造成了更大的不公正。万历四年七月,张居正奏疏称:"近来因行考成之法,有司官惧于降罚,遂不分缓急一概严刑追并,其甚者又以资贪吏之囊橐,以致百姓嗷嗷,愁叹盈闻,咸谓朝廷催科太急,不得安生。"他提出"敕下户部,查各项钱粮,除见年应征者分毫不免外,其先年拖欠带征者,除金花银遵诏书仍旧带征外,其余七分之中,通查年月久近,地方饶瘠,再行减免分数。如果贫瘠不能完者,悉与蠲除,以苏民困。"②规定地方官只收当年的税赋,把以往多年来拖欠的税赋永远搁置,这是一个从实际出发有利于民生的政策。

对这个政策,汤显祖是拥护的。我们在汤显祖的文集里,没有看到在汤显祖为官遂昌期间蠲免税赋的文字。但是,在汤显祖给朋友的书信等文字里,却分明看到汤显祖对这个政策的态度。汤显祖的朋友张梦泽曾任江西新渝知县三年,有极好的政绩。本人勤政爱民,绝对清廉,到北京上计述职,竟穷得没有路费,被北京人呼为"穷新余"。汤显祖和张梦泽无话不谈,汤显祖曾经把《紫钗记》的刊本和《牡丹亭》《南柯记》的手抄本送给张梦泽。张梦泽曾经想给汤显祖出版文集,汤显祖提出五项理由谢绝,畅谈自己的文学思想,批判当时文坛的歪风。万历三十年,张梦泽因丁忧去职,新渝百姓非常舍不得他离开,为之作去思碑,请汤显祖写了碑文。汤显祖引述新渝父老的话,评论张梦泽的政绩。

> 父老进曰:"渝贫,间于章虔,岁赋当七万余,而所获常不足以半。赋或逋负至于十年。有令悉追之者。侯至数月,喟然而泣曰:赋逋至十年,籍亦有不可得而校者矣。此徒为老胥吏奸利地,何益?下令,课吾来渝以后者。余逋须后令。民乃无哗。旁大县或先一岁而毕征,或仅如其岁,渝不能也。侯与民期以十,且曰,尽来岁春当竟也。民乃益舒矣。"③

张居正在二十多年前想解决的问题,其实并没有解决。张居正死后二十多年,新渝县又出现拖欠了十年田赋的事。张梦泽到任后,一声令下,只收他来渝以后的税赋,剩下的就让后来的县令去对付吧。并且给百姓十个月的缓冲期,只要来年春天上交完毕即可。汤显祖对张梦泽的举措大加赞赏,其实就是对当年张居正奏疏的一种响应。

---

① 汤显祖《复项谏议征赋书》,徐朔方笺校《汤显祖全集》,北京古籍出版社 1999 年版,第 1364 页。
② 张居正《请择有司蠲逋遗赋以安民生疏》,《张太岳集》卷四十,上海古籍出版社 1984 年版,第 506 页。
③ 汤显祖《渝水明府梦泽张侯去思碑》,《汤显祖全集》,北京古籍出版社 1999 年版,第 1209 页。

和考成法相关的还有一件大事,就是清丈田亩。张居正推行"一条鞭"税制,首要的工作就是清丈田亩。这个工作做不好,"一条鞭"就无法执行。但是,清丈田亩之事,在统治集团内部也很难统一意见。清丈田亩必定会有损隐占土地的豪右的利益,受到既得利益集团的抵制和干扰。万历七年,张居正《答福建巡抚耿楚侗谈王霸之辨》:

> 丈田一事,揆之人情,必云不便,但此中未闻有阻议者,或有之,亦不敢闻于仆之耳。"苟利社稷,死生以之。"仆比来唯守此二言,虽以此蒙垢致冤,而于国家实为少裨,愿公之自信,而无畏于浮言也。①

可见清丈之难。其实,张居正自己对清丈田亩的事也信心不足,不得不慎重从事,他常常陷入焦虑之中。在他患了直肠癌以后,自感健康每况愈下的时候,这种焦虑愈发强烈。他给一些地方大员的书信里,明白地表达了这种焦虑。

万历九年,张居正《答山东巡抚何来山》:

> 清丈事,实百年旷举,宜及仆在位,务为一了百当,若但草草了事,可惜此时徒为虚文耳。已属该部科有违限者,俱不查参,使诸公得便宜从事。昨杨二山公书,谓此事只宜论当否,不必论迟速,诚格言也。②

"不必论迟速",说明张居正知道此事推进之困难。张居正《答江西巡抚王又池》:

> 临川丈田事,偶有闻,即以告,今事已竣,法无阻滞,则其人亦不必深究矣。此举实均天下大政,然积弊丛蠹之余,非精核详审,未能妥当。诸公宜及仆在位,做个一了百当,不宜草草速完也。前已属该科老成查参,将此件不必入参,正欲其从容求精耳。江右事已就理,独五县未完,谅数月之内,即可了结,俟通完之后,具奏未晚。③

福建、山东、江西是清丈的试点省份,都遇到马虎从事的官员的消极应付。可惜,张居正小心谨慎地干了几年,到死也未完成这个天下大政。

不过,张居正死后,仍然有正派认真的地方官继续做清丈田亩的工作,这就不能不继续与地方豪绅势力作斗争。汤显祖的好朋友赵邦清就是这样一位认真的官员。汤显祖有《滕侯赵仲一实政录序》《赵子瞑眩录序》等,生动地记述了赵邦清做山东滕县知县时,为清丈田亩与当地豪右作斗争的动人事迹。

赵邦清初到滕县时,"大祲之后,人大相食"。流民遍地,赋税收不上,府库无存粮,原因就是豪右捣乱。"豪右受民所寄田失税,而移责单细民。民有田不能深治,饥则徙而他之。田益以芜,赋益以逋。"赵邦清"必令自名其田,户度之,无寄隐而后可。豪者惧,挠之曰:若而年,固已度田不远矣。间以撼大吏。

---

① 《张太岳集》卷三十一,上海古籍出版社 1984 年版,第 383 页。
② 《张太岳集》卷三十三,上海古籍出版社 1984 年版,第 419 页。
③ 《张太岳集》卷三十三,上海古籍出版社 1984 年版,第 422 页。

君朝上议,立行。身与豪贵人斗而驰田中。瞋目赭面,奋髯怒号。豪不可当,辟易就丈。无几何而籍定"。①

这是张居正死后二十多年的事。张居正活着的时候,就知道在山东清丈田亩是要啃硬骨头。他《答山东巡抚何来山》的信中说:"清丈之议,在小民实被其惠,而于宦豪之家,殊为未便。况齐俗最称顽梗,今仗公威重,业已就绪,但恐代者,或意见不同,摇于众论,则良法终不可行,有初无终,殊可惜也。"②事情被张居正说着了。他死之后,果然清丈的事在山东"有初无终",证明了"齐俗最称顽梗"。

汤显祖对赵邦清的称赞,也就是对当年张居正清丈的响应。

汤显祖对张居正当年所推行的政策如此这般的认同,是汤显祖经历过十五年宦海风波之后的真正感悟。越到晚年,汤显祖对政局的认识越深刻。他对比了一下,世上没有了张居正,晚明政坛越来越腐败。张居正之后的历任首辅,一蟹不如一蟹。明王朝江河日下,鱼烂瓦解,已经不可收拾。此时回头一看,张居正当权的那段日子,还是有可取之处的。经过张居正的强力的治理整顿,明朝的内政外交都有起色。所以,万历三十年,汤显祖在给张位祝贺七十寿辰时,把徐阶与张居正相比较,说:"凡所以为天下者,刚柔而已。华亭徐公以柔承肃祖之威,而事治。江陵张公以刚扶冲圣之哲,而事亦不可谓不治也。"(《张洪阳相公七十寿序》)③

这种认识,是对当年《论辅臣科臣疏》的一种修正。正因为如此,汤显祖对张居正死后的被清算持保留态度,对张家人的悲惨遭遇表示了同情。

张居正死后才九个月,就遭到万历皇帝的彻底清算。万历十一年三月,诏夺张居正上柱国、太师,再诏夺文忠公谥,斥其子锦衣卫指挥张简修为民。接着是抄家。地方官封门,中央大员还未到江陵,张家已经饿死十余口。严刑拷问,张敬修自杀,张懋修投井不死,绝食又不死,保住一条小命。万历皇帝给张居正的罪状是"诬蔑亲藩,钳制言官,蔽塞朕聪,私占废辽田亩,假以丈量遮饰,骚动海内,专权乱政,罔上负恩,谋国不忠"。张氏子弟活着的被令到烟瘴地面充军。④

当年巴结张居正的,此时落井下石者大有人在。在万喙齐攻的形势下,能不避嫌疑,客观地为张居正说几句公道话的人就显得十分可贵。汤显祖就是能为张居正说公道话的人士。

汤显祖贬官徐闻时,在雷阳遇到了正在充军流放的张嗣修,相见握语,境况凄苦。汤显祖和张氏兄弟还保持着书信联系。他寄信给张懋修,深表怀念。追怀当年在北京会试时的情景,怅然感慨。也说到万历十九年冬天,在雷阳与张嗣修相见的情景。甚至还问及是否给张居正扫墓的事。⑤

张居正刚倒台,汤显祖就为这位辅臣的遭遇而伤感,有诗《送沈师门友张茂一饷使归觐蒲州相国,有感江陵家世》。⑥ 汤显祖去官归里后,有的是时间回首往事。抛却了宦情之后,他还偶然会想起张居正,发表"忽自悲伤忽笑歌"的感慨。⑦

这就是汤显祖,一个正直果敢的思想家、政治家,一个贞洁而多情的艺术家、文学家。

---

① 汤显祖《赵子暝眩录序》,《汤显祖全集》,北京古籍出版社 1999 年版,第 1092 页。
② 《张太岳集》卷三十三,上海古籍出版社 1984 年版,第 415 页。
③ 《汤显祖全集》,北京古籍出版社 1999 年版,第 1055 页。
④ 朱东润《张居正大传》,陕西师范大学出版社 2009 年版,第 343 页。
⑤ 汤显祖《寄江陵张幼君》,《汤显祖全集》,北京古籍出版社 1999 年版,第 1344 页。
⑥ 《汤显祖全集》,北京古籍出版社 1999 年版,第 194 页。
⑦ 汤显祖《拨闷偶怀江陵相以下八公》,《汤显祖全集》,北京古籍出版社 1999 年版,第 806 页。

读明清汤显祖传

叶长海

一

汤显祖友人屠隆曾为《玉茗堂文集》作序一篇,内有对汤显祖生平的叙述。屠隆,字长卿、纬真,号赤水、鸿苞居士,鄞县(今浙江宁波)人,万历五年(1577)进士。屠隆生于嘉靖二十一年(1542),比汤显祖年长八岁。《玉茗堂文集》刊于万历三十四年。是年汤显祖五十七岁,正隐居于乡里,而屠隆已于去年逝世。屠隆的这一段文字,可以看作是最早的汤显祖小传。其文云:

> 义仍气节孤峻,由祠部郎抗疏谪南海尉。间关炎徼,涉瘴江,触蛮雾。访子瞻遗迹惠州,寻葛仙翁丹砂朱明洞馆。洒焉自适,忘其谪居。久之转平昌邑令。邑在万山中,人境僻绝,土风淳美。君乐而安之。为治简易,大得民和。惟日进邑中青衿孝秀,程艺谭道,下上千古,假以练养神明,湛寂灵府。令德日新,而诗道亦且日进。登峰诣极,是天之所以陶冶义仍斯完矣。①

屠隆此序文未及汤显祖遂昌之后的生活,可见写作时间比较早。在屠隆之后所出现的汤显祖传记,在记叙汤氏在徐闻、遂昌的行迹时,大多曾参照屠隆的此段文字。但屠隆此文中的某些内容,后人却很少言及。如所述"访子瞻遗迹惠州,寻葛仙翁丹砂朱明洞馆"之类即是。

最先为汤显祖以专文作传的,是汤氏的同时人邹迪光。迪光字彦吉,号愚谷,无锡人,万历二年(1574)进士。官至副使,提学湖广。罢官家居后,于无锡惠山之麓筑愚公谷,以度曲自娱。著有《郁仪楼集》《调象庵集》《石语斋集》等。

万历三十六年,邹迪光致函汤显祖,为自己的文集《调象庵集》求序,他在函中云:

> 谭者类言,词林百六,诗文道丧,牛耳寝微。愚谓:鸷鸟累百不如一鹗,世有义仍,则余可废,乌在其道丧也!……义仍既肆力于文,又以其绪余为传奇,丹青栩栩,备有生态。高出胜国人上,所为《紫箫》《还魂》诸本,不佞率令童子习之,亦因是以见神情、想丰度。诸童搬演曲折,洗去格套,羌亦不俗,义仍有意乎?鄱阳一苇,直抵梁溪,公为我浮白,我为公征歌命舞,何如,何如?……而又有所乞:《郁仪》之后,复得《调象》。总之,瓦砾而欲借珠玉为饰以涂天下,不珠玉损而瓦砾受光,此是公家一饶益人事。②

---

① 屠隆《玉茗堂文集序》,《屠隆集》(第十二册),浙江古籍出版社 2012 年版,第 47 页。
② 邹迪光《与汤义仍》,《调象庵稿》卷三十五,收入《四库全书存目丛书》集部第一六〇册,(台南)庄严文化事业有限公司 1997 年版,第 55—60 页。

汤显祖为其《调象庵集》作序,其中云:"嗟夫!有高才而鲜贵仕,其与能靖者与?折节抵巇,非公所习,则其郁触喷进而杂出于诗歌文记之间,虽谈世十一,谭趣十九,而终焉英英沄沄,有所不能忘者,盖其情也。……噫而风飞,怒而河奔。世能陁之于彼,而不能不纵之于此。"①言语间,尽情表示出惺惺相惜之意。

邹迪光收到汤公之序文后,立即付剞氏,刊于《调象庵稿》卷首。同时复函汤显祖致谢,附函致上《汤义仍先生传》,云:"小传唐突,无亦众比丘之赞叹如来耳。"②

收到邹氏此传,汤显祖致函言谢:

> 与明公无半面,乃为不佞弟作传,至勤论赞,反覆开辨,曲折顾护,若惟恐鄙薄之不传而疵颣之不洗。始而欣然,继之咽泣。弟何修而得此于鸿巨也!汉人未有生而传者,唐有之,次者《种树传》最显,技微而义大。韩、柳二公因而张之,为世著教。弟之阅人不如承福,通物不如橐驼,雅从文行通人游,终以孤介迂寒,违于大方。槁杇待尽,而明公采菲集榛,收为菀藻。百师珉璆,岂在今日。③

汤显祖此后在致友人汤宾尹(号霍林)函中亦言及此事:"邹愚公未有半面,而以所闻为传以寄,感勒良深,奉览。弟未敢当此也。弟更当累积功行,为异日大笔里子。临风喟然。"④由以上通信中可以看出,汤、邹二氏虽"未有半面"之缘,却神交已久。邹氏为汤氏所作的"传",亦已得到汤显祖的认可。

明、清两代的汤显祖传记有多篇,而以邹迪光的这一篇《汤义仍先生传》最为具体全面。此传记录了汤显祖的身世、行迹的许多方面,主要有如下数项。(一)汤显祖"生而颖异不群",五岁能属对,十三岁补邑弟子员,"已能为古文词",且已遍读五经及诸史百家、汲冢《连山》诸书。庚午(1570,二十一岁)中举,"彼其时于古文词而外,能精乐府、歌行、五七言诗;诸史百家而外,通天官、地理、医药、卜筮、河籍、墨兵、神经、怪牒诸书",故而"名蔽天壤,海内人以得见汤义仍为幸"。(二)参加会试,江陵公(张居正)曾两度属人来结纳并"啖以巍甲",均不应。他说:"吾不敢从处女子失身也。"于是"名益鹊起"。张居正死后,乃中进士。(三)时相蒲州(张四维)、苏州(申时行)想结纳汤显祖,以"酬以馆选"为诱,"而公率不应,亦如其所以拒江陵时者"。后在南京任太常博士期间,有师友劝其"通政府",可谋上京入吏部为官,"而公亦不应,亦如其所以拒馆选时者"。于是转任南祠部郎。(四)因上疏论辅臣科臣,而"谪粤之徐闻尉"。"居久之,转遂昌令",因施行仁政,"用得民和","一时醇吏之声为两浙冠"。嗣因厌烦官场恶习,"又以矿税事多所炙爨",遂于计偕之日,向吏部毅然"告归"。卒于"辛丑(1601)大计"时被免职。(五)居家贫困,有人劝其"请托",他说:"吾不能以面皮口舌博钱刀,为所不知何人计。"尝指床上书示人,而曰:"有此不贫矣。"朝夕与古人居,评骘人物,"雌黄上下,不遗余力,千载为对";与乡之人居,"则于于迨迨,屏城府,去崖略,黜形骸,而一饮之以醇"。对于年老父母,"以一人而兼兄弟五人以事其亲,故两尊人老而致足乐"。又喜任侠,"急人之难甚于己"。(六)关于创作成就,"于诗文无所不比拟,而尤精西京、六朝、青莲、少陵氏。然为西京而非西京,为六朝而非六朝,为青莲、少陵而非青莲、少陵。……不可以

---

① 汤显祖《调象庵集序》,《汤显祖集全编》(三),上海古籍出版社2015年版,第1482页。
② 邹迪光《复汤义仍》,《调象庵稿》卷四十,《四库全书存目丛书》集部第一六○册,第123页。
③ 汤显祖《谢邹愚公》,《汤显祖集全编》(四),第1855页。
④ 汤显祖《寄汤霍林》,《汤显祖集全编》(四),第1834页。

物类求,不可以人间语论矣。""公又以其绪余为传奇,若《紫箫》《二梦》《还魂》诸剧,实驾元人而上。每谱一曲,令小史当然,而自为之和,声振寥廓,识者谓神仙中人云。"

邹迪光于此传之最后有一段概括性的文字,称赞汤显祖是一个全才:

> 世言才士无学,故戴逵、王弼之不为徐广、殷亮,而公有其学矣;又言学士无才,故士安、康成之不为机、云,而公有其才矣;又言文人学士无用亦无行,而公为邑吏有声,志操完洁,洗濯束服,有用与行矣。公盖其全哉!①

邹迪光所作的汤显祖传,篇幅长,内容全,沈际飞编《玉茗堂选集》,即以此传置于卷首。后来的传记,大多采用邹氏文章中的一部分。略晚于邹迪光的过庭训,于《本朝京省人物考》卷六十一有《汤显祖传》,可以看作是邹迪光传记的简本,内容无出于邹传之外,却也面面俱到,而文字只有邹传的四分之一。过庭训,字尔韬,号成山,浙江平湖人,万历甲辰(1604)进士。《本朝京省人物考》刊于天启二年(1622)。

清初查继佐《罪惟录》卷十八有《汤显祖传》,文字更为简略,只有过庭训所作传的一半。因文字不长,兹抄录于下:

> 汤显祖,字义仍,号海若,江西临川人。万历丁丑会试,江陵以其才,一再啖巍甲,不应。癸未成进士。时同门中式蒲州、苏州两相公子,啖以馆选,复不应。自请南博士。览胜寄毫末。转南礼部郎,以建言谪徐闻尉。久之,令遂昌,哺乳其民。日进儒生,论贯古义。性简易,不能睨长吏颜色。入计,辄告部堂归。留不得。抚按复荐起,不赴。忌者犹于辛丑大计夺其官。筑小室,藏书其中,尝指客:"有此不贫矣。"喜任侠,好急人。博洽,尤耽汉、魏《文选》。以其绪余为传奇。每制一令,使小史歌之。和不工,飒飒乐也。以不慕东林,终身宦不达。②

查继佐,字伊璜,号方舟,又号与斋,浙江海宁人,崇祯六年(1633)举人。《罪惟录》中的这一篇《汤显祖传》,文字简洁而内容全面,是一篇令人过目不忘的人物介绍。其内容并未超出邹氏汤先生传。但其文末"论"语却自出机杼:

> 论曰:海若为文,大率工于纤丽,无关实务。然其遣思入神,往往破古。相传谱四剧时,坐舆中谒客。得一奇句,辄下舆索市廛秃笔,书片楮,粘舆顶。盖数步一书,不自知其劳也。余评其所为《牡丹亭》一词,谓慧精而稍不择。海若初见徐山阴《四声猿》,谩骂此牛有千夫之力,遂为之作传。③

这里记录了汤显祖创作戏曲时的一则传闻,颇为生动。而所论之徐渭事,原见祁彪佳《远山堂剧品》对徐渭《雌木兰》剧的评语:"腕下具千钧力,将脂腻词场,作虚空粉碎。汤若士尝云:'吾欲生致文长而拔

---

① 邹迪光《汤义仍先生传》,《调象庵稿》卷三十三,《四库全书存目丛书》集部第一六〇册,第9页。
② 查继佐《汤显祖传》,《罪惟录》卷十八,徐朔方笺校《汤显祖诗文集》,上海古籍出版社1982年版,第1517页。
③ 查继佐《汤显祖传》,《罪惟录》卷十八,徐朔方笺校《汤显祖诗文集》,上海古籍出版社1982年版,第1517页。

其舌。'夫亦畏其有锋如电乎?"①又见明末王思任之《批点玉茗堂牡丹亭叙》。王《叙》云:

> 往见吾乡文长批其卷首曰:"此牛有万夫之禀。"虽为妒语,大觉俯心。而若士曾语卢氏李恒峤云:"《四声猿》乃词场飞将,辄为之唱演数通。安得生致文长,自拔其舌!"其相引重如此。②

徐渭读汤显祖早期诗集时对汤诗的评语,查《传》此处却作为汤显祖读徐渭《四声猿》后的极致之语。未知孰是。③ 但此两位文坛巨匠之相互推重,确是文学史上的美谈。徐渭比汤显祖年长二十九岁,但他对汤显祖的诗风十分赏识。他曾仿汤显祖《芳树》诗的写作方法而作《渔乐图》古诗一首,自注云:"都不记创于谁,近见汤君显祖,慕而学之。"④徐渭读了汤显祖的《问棘邮草》诗集后,即作《读问棘堂集拟寄汤君(海若)》七律一首予以盛评。⑤ 他还曾写信致汤显祖,托人带到临川。信中说:"某于客所读《问棘堂集》,自谓平生所未尝见,便作诗一首以道此怀。……《问棘》之外,别构必多,遇便倘能寄教耶?"⑥徐渭对汤显祖的文艺创作一直有影响。而且汤显祖对徐渭的感念,一辈子未尽。汤氏晚年家居时,还曾函寄山阴知县余瑶圃,嘱咐他关怀徐渭后人:"徐天池后必零落,门下弦歌清暇,倘一问之。林下人闲心及此,不尽。"⑦

二

与邹迪光《汤义仍先生传》大异其趣的是《明史》的《汤显祖传》。《明史》之汤传一共只有五百多字,其中引述汤氏《论辅臣科臣疏》内容却有三百多字。可以说,《明史》汤传的主要内容是介绍汤氏的这一篇疏,而介绍汤氏生平的则只有二百多字如下:

> 汤显祖,字若士,临川人。少善属文,有时名。张居正欲其子及第,罗海内名士以张之,闻显祖及沈懋学名,命诸子延致。显祖谢弗往。懋学遂与居正子嗣修偕及第。显祖至万历十一年始成进士。授南京太常博士,就迁礼部主事。十八年,帝以星变严责言官欺蔽,并停俸一年。显祖上言曰:……帝怒,谪徐闻典史。稍迁遂昌知县。二十六年,上计京师,投劾归。又明年大计,主者议黜之。李维桢为监司,力争不得,竟夺官。家居二十年卒。显祖意气慷慨,善李化龙、李三才、梅国桢,后皆通显有建竖,而显祖蹭蹬穷老。三才督漕淮上,遣书迎之,谢不往。

《明史》汤传与邹迪光汤传,详略不同,邹文数千言,《明史》只五百字。但其着力点不同。关于汤显

---

① 祁彪佳《远山堂剧品》,《中国古典戏剧论著集成》第六集,中国戏剧出版社1959年版,第142页。
② 王思任《批点玉茗堂牡丹亭叙》,《王季思十种》,浙江古籍出版社1987年版,第32页。
③ 沈德符《万历野获编》卷二十三《徐文长》条则云:"文长自负高一世,少所许可,独注意汤义仍,寄诗与订交,推重甚至。汤时犹在公车也。余后遇汤,问文长文价何似,汤亦称赏,而口多微辞。盖义仍方欲扫空王、李,又何有于文长。"中华书局1959年版,第582页。
④ 徐渭《渔乐图》序,《徐文长三集》卷五,《徐渭集》第一册,中华书局1983年版,第135页。
⑤ 徐渭《读问棘堂集拟寄汤君》:"兰苕翡翠逐时鸣,谁解钧天响洞庭? 鼓瑟定应遭客骂,执鞭今始慰生平。即收《吕览》千金市,直换咸阳许座城。无限龙门蚕室泪,难偿书札报任卿。"《徐文长三集》卷七,《徐渭集》第一册,第251页。
⑥ 徐渭《与汤义仍》,《徐文长三集》卷十六,《徐渭集》第二册,第485页。
⑦ 汤显祖《寄余瑶圃》,《汤显祖集全编》(四),第1759页。

祖上疏言政,邹文中只有一句话:"谓两政府进私人而塞言者路,抗疏论之,谪粤之徐闻尉。"而《明史》文中洋洋数百字。而邹文中赞赏显祖文学创作,特别是赞显祖戏曲成就之类,《明史》中则只字未提。可见两者的着眼点大不相同。

若将《明史》汤传与查继佐汤传相对照,其相同处是文字均极其简略,但相异处亦是明显的。查文言汤氏上疏,只几个字:"以建言谪徐闻尉。"而对于汤氏之个性及文学、戏曲创作,则均一一言及。查文最后记录汤氏作四剧时的传闻,则不惜笔墨而深入细节之处。

《明史》汤显祖传的文字与万斯同著《明史稿》的汤显祖传则如出一辙。所言内容的详略安排一致无异,而且有多处的文字完全一样。万斯同的汤传亦是大量抄录汤显祖《论辅臣科臣疏》的文字。万斯同亦基本不谈汤显祖的文艺成就,不过不像《明史》那样只字不谈,而是略下几笔。其一曰:"显祖一发不中,蹭蹬穷老。所居玉茗堂,文史狼藉,宾朋杂坐,俯仰啸歌,萧然意得。"其又一曰:"(显祖)少以文章自命。其论古文,则谓本朝以宋濂为宗,李梦阳、王世贞辈,虽气力强弱不同,等赝文尔。识者颔之。"这里话虽不多,却能生动地写出汤显祖的特色。不过万斯同的汤传中,无一字言及戏曲创作。可见,在当时,戏曲小道,是不入史家巨眼的。由于王廷玉等人修纂《明史》,大抵是在万斯同《明史稿》的基础上增损而成。《明史》的汤显祖传,基本上是抄录万斯同的汤显祖传,只是将万斯同的这几句有关汤氏文事的生动描叙删去了,有点可惜。

不过,《明史》对《论辅臣科臣疏》的"内容介绍"值得一读。汤显祖原《疏》是一篇长文,共有两千多字,而《明史》只有三百余字,是一篇相当精炼的"内容提要":

> 言官岂尽不肖?盖陛下威福之柄潜为辅臣所窃,故言官向背之情,亦为默移。御史丁此吕首发科场欺蔽,申时行属杨巍劾去之。御史万国钦极论封疆欺蔽,时行讽同官许国远谪之。一言相侵,无不出之于外。于是无耻之徒,但知自结于执政,所得爵禄,直以为执政与之。纵他日不保身名,而今日固已富贵矣。给事中杨文举奉诏理荒政,征贿巨万。抵杭,日宴西湖,鬻狱市荐以渔厚利。辅臣乃及其报命,擢首谏坦。给事中胡汝宁攻击饶伸,不过权门鹰犬,以其私人,猥见任用。夫陛下方责言官欺蔽,而辅臣欺蔽自如。失今不治。臣谓陛下可惜者四:朝廷以爵禄植善类,今直为私门蔓桃李,是爵禄可惜也。群臣风靡,罔识廉耻,是人才可惜也。辅臣不越例予人富贵,不见为恩,是成宪可惜也。陛下御天下二十年,前十年之政,张居正刚而多欲,以群私人,嚣然坏之;后十年之政,时行柔而多欲,以群私人,靡然坏之。此圣政可惜也。乞立斥文举、汝宁,诚谕辅臣,省愆悔过。

此前万斯同作《汤显祖传》时,将汤《疏》概括为五百余字,《明史》此处则再压缩为三百余字。汤《疏》写到丁此吕、万国钦事迹时,如此叙述:

> 首发科场欺蔽者,非御史丁此吕乎?此知上恩,效一喙之忠者也。时行知将论其子也,教吏部尚书杨巍覆而去之,惟恐其再入都矣。终言边镇欺蔽者,非御史万国钦乎?此亦知上恩,效一喙之忠者也。时行不能辨其赃也,讽大学士许国远拟而窜之,犹恨其不极边矣。

万斯同将此段文字改写为:

御史丁此吕首发科场欺蔽,时行恐其妨己,属吏部杨巍劾去之。御史万国钦极论封疆欺蔽,时行恨其毁己,讽同官许国远谪之。

《明史》再改写为:

御史丁此吕首发科场欺蔽,申时行属杨巍劾去之。御史万国钦极论封疆欺蔽,时行讽同官许国远谪之。

概括得很好。用字虽甚少,但意见表达得很清楚。有时,万斯同是用自己的语言重组汤《疏》,如云:

于是无耻之徒,但知自结于执政,所得爵禄,直以为执政与之。纵他日不保身名,而近日固已富贵矣。

汤《疏》并无"无耻之徒"的提法。而《明史》在此处则一字不改,照抄万斯同的话。另对汤《疏》的一句重要的话:

陛下经营天下二十年于兹矣。前十年之政,张居正刚而有欲,以群私人,嚣然坏之;后十年之政,时行柔而有欲,又以群私人,靡然坏之。皇上大有为之时可惜。

万斯同改作:

陛下御天下二十年,前十年之政,张居正刚而多欲,以群私人嚣然坏之;后十年之政,时行柔而多欲,以群私人,靡然坏之,此圣政可惜也。

《明史》照抄不误。此处将汤显祖"陛下经营天下"改为"陛下御天下",将"张居正刚而有欲"、"时行柔而有欲"中之"有欲"二字改为"多欲"。后来蒋士铨撰《临川梦》传奇剧本,附《论辅臣科臣疏》原文时自然是"有欲",但在剧本中则用"多欲"一词,后者显然是选用了《明史》的说法。

三

万斯同笔下的汤显祖文事,应是由钱谦益的《汤遂昌显祖小传》中得来的。钱谦益,字受之,号牧斋,常熟人,明万历三十八年(1610)进士。他是明末清初影响极大的著名文士。他所编撰的《历朝诗集》,选录了明朝二百余年间约两千个诗人的代表作,并为他们一一作传。后人根据《列朝诗集》中小传辑成《列朝诗集小传》一书。由于钱谦益是将笔下人物作为诗人来介绍的,因而他所作的诸篇"小传",其着力最多的,自然是对各家文学成就的评述。其中《汤遂昌显祖小传》,亦是如此。此"小传"中有关汤显祖的生平,与前人所诉大略相似,只是笔下增加了一些细节描写,使文字更具文学性。而此"小传"对于汤显祖辞官归家后的生活以及对汤氏文学（特别是诗歌）生涯的描述则最有独到之处。其曰：

> 而义仍一发不中，穷老蹭蹬。所居玉茗堂，文史狼藉，宾朋杂坐。鸡坍豕圈，接迹庭户，萧闲咏歌，俯仰自得。道甫开府淮上，念其穷，遣书相迓，义仍谢曰："身与公等比肩事主，老而为客，所不能也。"为郎时，击排执政，祸且不测。诒书友人曰："乘兴偶发一疏，不知当事何以处我？"晚年师旴江而友紫柏，脩然有度世之志。胸中魁垒，陶写未尽，则发而为词曲。"四梦"之书，虽复留连风怀，感激物态，要于洗荡情尘，销归空有，则义仍之存略可见矣。尝谓："我朝文字，以宋学士为宗，李梦阳至琅琊，气力强弱，巨细不同，等膺文尔。"……自王、李之兴，百有余岁，义仍当雾霁充塞之时，穿穴其间，力为解驳。归太仆之后，一人而已。义仍少熟《文选》，中攻声律，四十以后，诗变而之香山、眉山；文变而之南丰、临川。尝自叙其诗三变而力穷。又尝以其文寓余，以谓："不薪其知吾之所已就，而薪其知吾之所未就也。"于诗曰变而力穷，于文曰知所未就，义仍之通怀嗜学，不自以为能事如此。而世但赏其词曲而已。不能知其所已就，而又安能知其所未就，可不为三叹哉！①

万斯同所言显祖晚年"所居玉茗堂，文史狼藉"，以及所言显祖论古文"本朝以宋濂为宗"云云，实均先见于钱谦益的这篇"小传"。

谦益小传中提到汤显祖"尝以文寓余"。汤显祖曾让许子洽将其古文集携归，而请钱谦益作序。显祖对许子洽说："吾少学为文，已知訾謷王、李，撍揟然骈枝俪叶，从事于六朝，久而厌之，是亦王、李之朋徒耳。泛滥词曲，荡涤放志者数年，始读乡先正之书，有志于曾、王之学，而吾年已往，学之而未就也。子归以吾文际受之，不薪其知吾之所就，而薪其知吾所未就也。知吾之所就，所谓王、李之朋徒耳；知吾之所未就，精思而深造之。古文之道，其有兴乎？"②显祖的话，是说自己学习古文，由厌王（世贞）、李（攀龙）转而学"乡先正"曾（巩）、王（安石）。这也就是钱氏"小传"中所说的，汤显祖四十以后，"文变而之南丰（曾巩）、临川（王安石）"。汤显祖试图通过学曾、王，使自己的文章达到"精思而深造"的境界。汤显然很谦虚地说，这是自己向往而未及的境界，即"吾之所未就"境界。所以钱谦益在"小传"中称赞他："于诗曰变而力穷，于文曰知所未就，义仍之通怀嗜学，不自以为能事如此。"

汤显祖获得此序文后，致函言谢，并对钱谦益的文章大为赞叹："捧读大制，弘郁之文，深微之旨，丰美者如群凤奉萋，而朝阳溢其采；简妙者如高鸿巀嵲，而灵露发其音。渴者饮其情澜，倦者惊其神岳。翰天飞而不穷，卮日出以无尽。粲矣备矣。"显祖在此函中，亦不免要自谦自叹："不佞壮莫犹人，衰当复甚。世途瞆瞆，妄驰王霸之思；神理绵绵，长负师友之愧。赋学羞乎壮夫，曲度夸其下里。诸如零星小作，移时辄用投捐。盖亦寸心所知，匪烦人定者也。"③

钱谦益在《汤义仍先生文集序》中记述了一件佚事：

> 义仍官留都，王弇州艳其名，先往造门，义仍不与相见，尽出其所评抹弇州集，散置几案，弇州信手翻阅，掩卷而去。

---

① 钱谦益《汤遂昌显祖小传》，《列朝诗集小传》丁集中，上海古籍出版社 2008 年版，第 563 页。
② 钱谦益《汤义仍先生文集序》，《牧斋初学集》卷三十一，上海古籍出版社 2009 年版，第 905 页。
③ 汤显祖《答钱受之太史》，《汤显祖集全编》（四），第 2031 页。

谦益录此佚闻,目的亦只是为了说明显祖对王、李文章之不屑。所以他接着说:"弇州没,义仍之名益高。海内訾謷王、李者,无不望走临川,而义仍自守泊如也。"不过对于汤显祖的此一举动,后人却有不同的评论。施闰章《矩斋杂记》云:

> 弇州艳义仍之名,先往造门。义仍不与相见,有所评抹弇州集,散置几案。弇州信手翻阅,掩卷而去,无他言。此见《列朝诗集》义仍传。山史王氏曰:义仍过矣,抑何弇州之宏也。余闻弇州,君子也。太仓人至今称其德不衰。即使文有不合为义仍者,当因其来而与之欢然相接,以徐致其切磋之谊。义仍处之若此,毋亦失礼甚乎!予谓牧斋欲訾弇州,而适著其美;而其美义仍也,君子以为犹诋也。①

施闰章,字尚白,号愚山,安徽宣城人,清顺治六年(1649)进士。他对王世贞颇有美意,故视汤显祖之"断然拒见"态度为"失礼甚"。而对于钱谦益之"欲訾弇州",亦表示异议。

钱谦益在《汤遂昌显祖小传》后附载了《帅思南机小传》。帅机,字惟审,号谦斋,江西临川人,隆庆二年(1568)进士,有《阳秋馆集》。帅机曾任思南知府,后论劾免官。钱谦益写道:

> 惟审与汤义为友,长于义十余岁。惟审为郎,义入南成,均晨夕过从,故有"着冠须访戴,脱冠须访帅"之诗。惟审罢思南,卒,其子从龙事义甚谨。义长子殇于南都,哭之诗曰:"泉台帅伯堪依止,为道从龙一片心。"两家交谊可知也。②

帅机有《汤义玉茗堂集序》,其中云:

> 盖自六朝、四杰而后,词人百六矣。予窃鄙之,苦无当于心者。独予同邑友人汤义,束发嗜古好奇,探玄史之奥赜,淬宇宙之清刚,弱思不入于心胸,露语不形于楮颖。词赋既成,名满天下,乃始登一第。登第以后,翳迹仕途,播迁海滨。益沈精务内,一官一集。其所为《罗浮山》《青雪楼》赋,编星濯锦,当令《天台》汗颜。其他古近诸诗,聚宝镕金,可使少陵焚砚。……可谓六朝之学术,四杰之俦亚,卓然一代之不朽者矣。汤生与余唱和赏音,为生平莫逆交,故因其请而序之焉。③

此序与前文所引屠隆之序文,同可看作是叙及汤显祖生平事迹的最早的文字。

钱谦益在《汤遂昌显祖小传》后还附载了《李生至清小传》。李至清,字超无,江阴人,系一有侠气的游人,后冤死于昏官的狱中。谦益说:"超无有《问世集》,临川为序,载《玉茗堂集》中。"汤显祖所撰写的这一篇序题为《李超无问剑集序》。这真是一篇奇文,寥寥数语,活描出一个少年奇士的游侠形象。④ 清初金埴《不下带编》记录一则传闻:

---

① 施闰章《矩斋杂记》"雅量"条,收入《四库全书存目丛书》子部第249册,(台南)庄严文化事业有限公司1995年版,第597页。
② 钱谦益《列朝诗集小传》丁集中,第565页。
③ 帅机《汤义玉茗堂集序》,《汤显祖集全编》(六),第3103—3104页。
④ 汤显祖《答李超无问剑集序》,《汤显祖集全编》(三),第1495—1496页。

汤若士集玉茗堂宴客赋诗。李至清《题五柳图》诗："□□江城柳万条，淡烟疏雨夜萧萧。轻柔不似先生节，逢着东风便折腰。"相传此诗惊倒若士。①

钱谦益编《列朝诗集》中录有李至清诗三首，但未见《题五柳图》。所录李至清《虞山别受之短歌》的诗序则值得一读：

> 万历戊申春，余自临川访义仍先生，还江上，将担簦北游，别受之于虞山。与何子季穆夜集履之，之览凤轩，受之即席赋诗，赠余云："总为廉纤世上儿，漂零千里一军持。胸中块垒三生误，脚底嶙峋五岳知。使酒浪抛居士发，佯狂真插羽门旗。游燕莫问中朝事，紫柏龙湖是汝师。"余为之击节高歌，感激流涕，口占短歌奉酬，兼以为别。人生如空中鸟，迹越北燕南，灭没万里，今夜一尊，知非长别。他日寓书临川，以吾二人诗示之。②

万历戊申系万历三十六年（1608），汤显祖正家居时。那一年李至清行走于汤显祖与钱谦益之间。他的行迹，给汤氏与钱氏留下很深的印象。

显祖另有诗《问李生至清》云："麻姑山水蔚蓝天，醉墨横飞倚少年。却被倒城人笑煞，太平桥畔野僧眠。"③钱谦益于《列朝诗集》中引录此诗，并于小传中云："（李至清）谒义仍于玉茗堂，髡发鬖鬖，然时时醉眠伎馆。义仍作诗讽之。所谓'倒城''太平桥'者，皆临川构栏地也。"又云："录临川赠诗，遂牵连及之，无使其无闻也。"对于此一奇人，谦益文章着重言其"怪"，显祖文章则着重言其"侠"。

四

清初朱彝尊对汤显祖的评论值得注意。朱彝尊，字锡鬯，号竹垞，秀水（今浙江嘉兴）人，清康熙十八年（1679）举博学鸿词，以布衣授翰林院检讨，参与纂修《明史》。由姚祖恩所编的《静志居诗话》系朱氏专记有明一代诗人的篇章。除评论诗歌外，兼及遗闻，为后来诗家多所取材。《静志居诗话》在为每名诗人作评论前，都先对作者作一简介。朱氏的汤显祖简介文字谓：

> 汤显祖，字义仍，临川人。万历癸未进士。除南太常博士，迁南礼部主事，谪徐闻典史，量移知遂昌县。有《玉茗堂集》。

《诗话》按其书体例，介绍作者时，均只言其科名及仕途简历，尔后列出作者的主要诗集（或诗文集）名。《诗话》主要用力在对作者的诗作加以评论。在评论文字中，间亦言及作者之经历或佚闻。朱彝尊对汤显祖的诗评价并不高，认为"诗终牵率，非其所长"。他认为汤显祖之长在戏曲。

《诗话》所抄示的汤显祖两首诗亦与戏曲有关。一首是哀悼娄江女子俞二娘的："画烛摇金阁，真珠

---

① 金埴《不下带编》卷三，中华书局 1982 年版，第 49 页。
② 钱谦益撰集《列朝诗集》第十册，中华书局 2007 年版，第 5312 页。
③ 汤显祖《问李生至清》，《汤显祖集全编》（二），第 936 页。

泣绣窗。如何伤此曲,偏只在娄江?"另一首是《七夕答友诗》:"玉茗堂开春翠屏,新词传唱《牡丹亭》。伤心拍遍无人会,自掐檀痕教小伶。"前者写俞二娘读《牡丹亭》的传闻,后者写作者亲自教唱《牡丹亭》的情形。朱彝尊在《诗话》"汤显祖"条一开始就写道:"义仍填词,妙绝一时,语虽斩新,源实出于关、马、郑、白。其《牡丹亭》曲本,尤极情挚。"说明朱氏十分看重汤显祖的戏曲创作,特别欣赏的正是《牡丹亭》。由于《诗话》引述汤氏的这两首诗,遂使此两首广为人知,诗中所描述的事迹亦由此而广为流传。

朱彝尊在《诗话》中评汤显祖创作事迹时,有两例常为后人所引述。其一是:

> 人或劝之讲学,笑答曰:"诸公所讲者'性',仆所言者'情'也。"

其二是:

> 太仓相君,实先令家乐演之,且云:"吾老年人,近颇为此曲惆怅。"

关于汤显祖"言情"一说,先见于陈继儒的《王季重批点牡丹亭题词》:①

> 张新建相国尝语汤临川云:"以君之辩才,握麈而登皋比,何讵出濂、洛、关、闽下?而逗漏于碧箫红牙队间,将无为青青子衿所笑。"临川曰:"某与吾师终日共讲学,而人不解也。师讲性,某讲情。"张公无以应。

陈继儒这篇题词登载于明天启四年(1624)所刊印的《清晖阁批点玉茗堂还魂记》。由于陈继儒的《题词》,再由朱彝尊的提点,于是,把汤显祖称为"言情"派的说法便流行于世。

陈继儒《题词》中的一些观点是对王思任《批点玉茗堂牡丹亭叙》的承续。如以《易》来解《牡丹亭》之情。王思任《叙》云:

> 若士以为情不可以论理,死不足以尽情。百千情事,一死而止,则情莫有深于阿丽者矣。况其感应相与,得《易》之咸;从一而终,得《易》之恒。则不第情之深,而又为情之至正者。今有形一接而即殉夫以死,骨香名永,用表千秋,安在其无知之性,不本于一时之情也?则杜丽娘之情,"正"所同也,而"深"所独也,宜乎若士有取尔也。

陈继儒《题词》则谓:

> 夫乾坤首载乎《易》,郑卫不删于《诗》,非情也乎哉?不若临川老人,括男女之思而托之于梦。梦觉索梦,梦不可得,则至人与愚人同矣;情觉索情,情不可得,则太上与吾辈同矣。化梦还觉,化情归性,虽善谈名理者,其孰能与于斯?

---

① 陈继儒《王季重批点牡丹亭题词》,收入毛效同编《汤显祖研究资料汇编》(下),上海古籍出版社 1986 年版,第 855—856 页。

陈继儒以《易》首载"乾坤",《诗》不删"郑卫"为由,说明《牡丹亭》梦中"男女之思"的合理性。这种观点以后为许多研究者所阐释。不过有人把"男女之思"着重解为"情",也有人把"男女之思"着重解为"欲"。清初吴人的阐说具有代表性。他在《还魂记或问》中写道:"而后之言情者,大率以男女爱恋当之矣。夫孔圣尝以好色比德,《诗》道性情,《国风》好色,儿女情长之说,未可非也。若士言情,以为情见于人伦,伦始于夫妇。丽娘一梦所感,而矢以为夫,之死靡忒,则亦情之正也。"①吴人是在夫人面谈"情",故不避"儿女情长"。陈继儒则是与张相国谈"性情",故大谈"化情归性"。"化情归性"之意,实即是"化情归理",显然是对汤显祖"言情"的曲解。汤氏所谓"师讲性,某讲情",很明显,是将"性"、"情"明确分开。他在《牡丹亭记题词》中,着重强调"情之至"。在汤显祖的笔下,不可能有"化情归性"的意思。朱彝尊《诗话》中只列述汤显祖的话,而不再说"化情归性""情之正"之类的话,是理智的。

《静志居诗话》中关于王相国一语,实首见于汤显祖本人的记录。见其《哭娄江女子二首》的诗序:

> 吴士张元长、许子洽前后来言,娄江女子俞二娘秀慧能文词,未有所适。酷嗜《牡丹亭》传奇,蝇头细字,批注其侧。幽思苦韵,有痛于本词者。十七惋愤而终。元长得其别本寄谢耳伯,来示伤之。因忆周明行中丞言,向娄江王相国家劝驾,出家乐演此。相国曰:"吾老年人,近颇为此曲惆怅!"王宇泰亦云,乃至俞家女子好之至死,情之于人甚哉!②

俞二娘因读《牡丹亭》,由杜丽娘的悲剧而引起感情共鸣,"幽思苦韵",十七岁而"惋愤而终"。那么,王相国这位老年人为什么为《牡丹亭》而惆怅?我想,这应该是由于王相国由杜丽娘之死而联想起他那个年轻而逝的女儿。王锡爵有一女,17岁许配给徐景昭。景昭于当年即死去。王女从此就孤守在家,长斋奉佛,自号"昙阳子"。她在23岁时也悄然而逝。王锡爵为什么要选《牡丹亭》来家中演出?演后又为什么伤心"惆怅"?这应该是他思念逝去的爱女的一种表现。因为《牡丹亭》是演一个青年女子"生而死""死而复生"的故事,整个故事充溢着"忆女"的情绪。这就导致王锡爵观演后深感"惆怅"。

其实,汤显祖构思《牡丹亭》,正是在他两个女儿去世之后。相传,汤显祖在写到《忆女》一出时,"乃卧庭中薪上,掩袂痛哭"。③可以说,汤氏写《忆女》,其中杜母忆女儿、丫鬟春香思小姐的心情,实际上深深地寄寓了汤氏本人对爱女的忆念。

由于王相国与俞二娘,都是娄江(太仓)人。故汤氏诗中云:"如何伤此曲,偏只在娄江?"朱彝尊《诗话》亦引了此诗作为汤氏的代表作,由这一首诗可以看出《牡丹亭》的传播与影响。《诗话》另一诗《七夕答友》则表现汤显祖在排演《牡丹亭》。两首诗都与戏曲有关。由此可知,朱彝尊《诗话》中的"汤显祖"一条,亦可以看作是"曲话"。这充分说明,朱氏十分看重汤显祖的戏曲创作。

至乾隆年间,蒋士铨创作传奇剧本《临川梦》,特作《玉茗先生传》附于卷末。蒋士铨,字心余,号藏园,江西铅山人,乾隆二十二年(1757)进士,是当时的著名诗人,与袁枚、赵翼并称"三大家"。又是著名的戏曲家,作有《藏园九种曲》,《临川梦》是其中之一。蒋士铨的《玉茗先生传》亦是一篇文字简约的传记,前人传记中已写到的汤氏行迹,士铨均能择其要者摘录。但士铨笔下亦有新的内容,特别在一些关节

---

① 吴人《还魂记或问》,收入陈多、叶长海《中国历代剧论选注》,湖南文艺出版社1987年版,第333页。
② 汤显祖《哭娄江女子二首》,《汤显祖集全编》(二),第998页。
③ 焦循《剧说》卷五,《中国古典戏曲论著集成》(八),中国戏剧出版社1960年版,第181页。

处,他会加几笔具体的描述。如写到汤显祖上疏事,即有数语交代事件始末:"十九年闰三月,以彗星变,诏责谏官欺蔽,大开言路。显祖抗疏,论劾政府信私人,阴扼台谏。语伉直数千言。谪徐闻典史。"显祖任徐闻、遂昌官职期间,亦有一二言突出其事迹:"至(徐闻)任日,立贵生书院讲学,士习顿移。升遂昌知县,灭虎放囚,诚信及物,翕然称循吏。"①

蒋士铨之所以能要言不烦地写出汤显祖的一些事迹,这同他对汤氏生平的深入了解有关。因为它要以汤显祖为主角写一部戏曲,自然首先会全面深入地研究汤显祖。这一部《临川梦》亦可看成是一部传记戏。戏中有许多情节都是有史实根据的。士铨非常敬仰汤氏,这在他的这一部《临川梦》中有充分表现。其《自序》写道:

> 呜呼!临川一生大节,不迓权贵,递为执政所抑。一官潦倒,里居二十年,白首事亲,哀毁而卒,是忠孝完人也。……然则何以作此四梦也?曷观临川之言乎?题《牡丹亭》曰:"梦中之情,何必非真?"题《紫钗》曰:"人生荣困,生死何常,为欢苦不足,奈何?"题《邯郸》曰:"岸谷沧桑,亦岂常醒之物耶?概云如梦,醒复何存。"题《南柯》曰:"人处六道中,颦笑不可失也。梦了为觉,情了为佛,境有广狭、力有强劣而已。"呜呼!其视古今四海,一枕窍蚁穴耳。在梦言梦,他何计焉。②

通篇文字,写尽了心中无限感叹。蒋氏生平与汤氏相似,他们都是"怀才不遇"的才士。所以蒋氏这篇《自序》,既是为汤氏抒悲愤,亦是为自己抒悲愤。在这篇《自序》中,作者对汤氏的景仰之情更是溢于言表。所以,这篇文章正是作者对汤显祖的礼赞,亦是对《临川四梦》的礼赞。

---

① 蒋士铨《临川梦》,上海古籍出版社1989年版,第215页。
② 蒋士铨《临川梦》,第213—214页。

汤显祖是用戏曲救世、以情悟人的戏剧政治家

龚重谟

　　说汤显祖是戏剧家决无异义,说汤显祖是政治家可能有几票反对的或弃权的;而我现在要说汤显祖是用戏剧救世、以情悟人的戏剧政治家,不知能否得到大家认同?

　　传记文学的任务就是用传主的真实历史资料,通过文学语言的描述塑造个性形象。在《汤显祖大传》中,我塑造的汤显祖用漫画线条勾画:他头歪戴着官帽(他为官不与当局合作,上疏弹劾首辅,后弃官归里),身穿绣满了"情"与"梦"字样的戏剧服装(他"因情成梦,因梦成戏"),右手握着"豫章之剑"(志在从政变化天下),左手高举"临川之笔"(用其绝代文才,创作了有讥有托的"临川四梦")。这就是历史真实的汤显祖。

　　我读过美国以政治哲学见长的施特劳斯学派的第二代掌门人阿兰·布鲁姆《莎士比亚的政治》一书。她提出要看清莎士比亚的真正面目,还应通过政治哲学这条路径。因此,未见表达有何政治理想,也没有写过政治学说,更未务过一天政的莎士比亚,被布鲁姆称作卓越的政治作家。他的理由是:莎士比亚用戏剧表达了对政治事务的关切,并揭示了政治与哲学的复杂关系。而汤显祖呢,他对政治何止是"关切"而是亲身参与。汤显祖自己说"经济自常体,著作乃余事",即本志在经邦济世治国平天下,搞文学创作只是业余爱好。在政治上他有上疏揭发时弊的壮举,有政声冠两浙的政治声誉。在世界大师级的戏剧家中能有如此出色政治才干难有人出其右。如果说,莎士比亚只是有意识通过戏剧传达出他政治智慧的话,那么汤显祖是用宦海沉浮十五年的政治实践表现了他治国平天下的政治才华。因此,汤显祖无疑比莎士比亚更有资格称作政治作家,是当之无愧的戏剧政治家。

　　怀着"有区区之略,可以变化天下"的政治理想而投身举业的汤显祖,中举后明确表示要在政治上大显身手干一番后隐迹"烟霞"。他认为天下为"有情之天下"和"有法之天下"。他所处的是"灭才情而尊吏法"的"有法之天下"。他向往李白所处的"有情之天下",可人尽其才,凌厉一世。在徐闻,他倡导贵生,坚持"人为贵""民为本",尊重人的价值,《贵生说》是汤显祖最初面目的"情"的宣言书。到了遂昌,"因百姓所欲去留,时为陈说天性大义",用今天的话来说,就是按照老百姓的意愿办事,常向百姓做思想工作。坚持以人为本,尊重个人的存在与意志的表达。他以"情"施政,意在把遂昌治成"有情之天下"的试验地。

　　经历了上疏受贬、遂昌政声冠两浙却得不到升迁、矿税致"地无一以宁,将恐裂"等事件后,汤显祖深感变化天下无力,他要用戏剧救世,以情悟人。孟子说:"仁言不如仁声之入人深也,善政不如善教之得民也。"对此,早在青年时期的汤显祖就有体认,用今天话来说,看一台好戏比听一场报告的教育的作用还要大。政治家解决不了的问题可用戏剧来解决。当年在南京与故乡一班少年时代的朋友合作编演《紫箫记》,设计了一个讥刺当朝首辅张居正的戏剧情节,惹得"是非蜂起,讹言四方",以致中途搁笔。汤显祖体认到戏曲的神奇力量在《宜黄县戏神清源师庙记》中作了鼓吹:戏剧有能打动人的情感。看戏可使君

臣关系符合礼节,融洽父子的恩情,促进长幼的和睦,增添夫妇的感情,树立朋友间的友好关系,消除彼此间的仇恨与矛盾,治疗精神上的疾病,戒除不良的嗜好。只要人人看戏,瘟疫病毒便不会发作,天下太平无事。戏曲不是"小道末技",如同儒、释、道一样的"名教"。于是他"因情成梦,因梦成戏",即现实理想无法实现的"有情之天下",改而在"梦"中作主观追求,因"梦"可不受客观现实所限,充分体现"情";而要将"梦中之情"展示最好的形式是"戏","戏"可在舞台小天地里,通过几个角色,充分展现他的情的世界,演绎大人生。

在汤显祖的"四梦"中,霍小玉的"痴情"胜了权势;杜丽娘的"至情"超越生死;淳于梦的"善情"为"恶情"所摄,人性无常,世事荒诞;卢生被"恶情"主宰,就没有人性,只有兽性。"梦"是汤显祖传奇戏曲的特色与剧情中心。他写的最后一部传奇《邯郸记》,对"四梦"的曲意作总结说"把人情世故都高谈尽",即是说"四梦"完成了,他"胸中魁垒"得到宣泄,嬉笑怒骂,皆成了曲章。他的"情天下"思想得到全面的形象展示,于是他没有再写戏。不是他"才华衰绝"不能写,而是他认为没有必要再写。

汤显祖公开声称他的戏剧寄有"讥托",即借他人之酒杯,浇胸中之块垒,赋予剧本以政治哲学的意义。汤显祖非常看重自己剧作的"曲意"。他深知,要用戏曲救世,要以情来悟人,演员要能理解剧本的"曲意",并用场上形象展示出"情"。于是,"四梦"完成后,他躬耕排场教小伶。当宜伶对曲词不能很好理解,"曲意"体会不到位时,便"自掐檀痕教小伶"。对沈璟等人改篡他的剧本,损害了《牡丹亭》的"曲意"不可容忍,嘱咐宜伶"切不可从,虽是增减一二字以便俗唱,却与我原做的意趣大不同了"。并气愤地表示:"余意所致,不妨拗折天下人嗓子。"汤、沈之争的根本在此。对"四梦",汤显祖曾慨叹"人知其乐,不知其悲"。他说的"悲"不是悲剧,而是倾注了他的政治失意、官场体验和人生感悟的悲愤。汤显祖晚年蹭蹬穷老,但始终不忘"变化天下"的政治理想。退出官场还期望"朝廷有威凤之臣,郡邑无饿虎之吏",即希望朝中出有威仪亲民的贤臣,地方官中没有贪官污吏。他去京城考核虽决定辞官不干,但还向副首相张位推荐有"伯才"(霸才)的赵邦清。赵使贫弱的山东滕县"三年而暴富"。汤显祖"云阁寸心终未绝",即进入内阁做高官而达到变化天下的政治宏愿始终不绝。自己没实现,便希望后代和门人能继续。他鼓励儿子和自己的门人积极参加科举,临终前三年还亲自护陪次儿与三儿赴南昌乡试。二儿开远在汤显祖66岁那年中举,汤显祖还要他第二年进京会试。汤还鼓励屡试失利的门人王观生再"发愤",写信给有才华但很穷困的门人刘大甫去投身举业,都是希望他们来完成他未竟的政治宏愿。

仕途的挫折成就了汤显祖为享誉世界的戏剧大师。"临川四梦"是其政治理想的表达,俨然四部政治哲学剧。汤显祖是中国和世界戏剧史上出类拔萃的用戏剧救世、以情悟人的戏剧政治家。

被误读的汤显祖*

戚世隽

　　当代文艺理论认为,文艺作品问世后,便不再属于作者而具备自身的独立性。① 清人谭献在《复堂词录序》也说:"作者之用心未必然,而读者之用心未必不然。"②对于戏剧这种需要二度创作的艺术形态而言,演员的再演绎,也同样未必完全符合剧本的原意,或形成了艺术史上的所谓"误读"。

　　汤显祖的剧作,在后来的演绎与接受过程中,对它的理解与接受也同样遵循着这一规律。从汤显祖的被误读,我们可以看出汤显祖的剧作作为文人文学,又在大众流通的过程中,所产生的一些有意义的现象。

一

　　应该说,汤显祖在写作"四梦"时,对戏剧的文体特征有相当的熟悉与理解,不过,汤显祖并未如职业戏剧家那样,顾虑剧作是否受到民众的欢迎,并在审美上向民众靠拢,体现的更多的是深受传统文化影响的知识分子的趣味。也使剧作出现了不少不属于戏剧文体特性的东西,造成了后来的误读。

　　误读,作为戏剧史上的常见现象,以往我们较多注意的是不了解戏剧独特程式所造成的问题。如民国初年曾有外国观众将演员的"洗马"动作当作"打扫房间",第二次又将"敲钟"的动作当作"洗马"的事情。③ 还有不了解脸谱的象征意义而造成的误解。④ 对京剧的当代传播的调查显示,今天的外国人对京剧的了解与认知虽然有所进步,但仍普遍存在看不懂的情况,⑤可见理解中国戏剧,的确需要具备一些特定的背景知识。

　　不过,相对而言,对于中国的普通观众而言,程式的熟知与否,并不是欣赏中国戏剧中最难的事情,更多的是由于文化层次的不同,文化知识的缺乏而发生的误判误读。在口头艺术的表演中:"背景知识是正

---

　　* 本文为国家社会科学基金项目《文本与表现视角下的中国古代戏剧史研究》(15BZW0740)的中期成果。

　　① 法国当代著名的文学理论家法罗兰·巴特(1915—1980)于1968年写成《作者之死》一文,提出作品可独立于作者之外的观点。中文版见《罗兰·巴特随笔选》,百花文艺出版社1995年版,及赵毅衡《符号学文学论文集》,百花文艺出版社2004年版,第505—512页。

　　② 谭献《复堂词录序》,见《词话丛编》第63种《复堂词话》,中华书局1986年版,第3987页。

　　③ 参赵景深《中国戏曲初考》,第289页。

　　④ 1920年夏,美国议员团游历中日及朝鲜,归国后,加州议员H.Z.Osborns写成游历报告:"……是夜所演者为史剧……一人状似强徒,貌极狰狞,声极粗厉,面涂黑色,一望而知为狡猾之眼帘人也。反之,善人之面则涂白色。故中国戏剧史中,从之善恶可以其面色之黑白而衡断之。"(徐一士《一士谭荟》"西人之中剧观"条,《近代史料笔记丛刊》,中华书局2007年版,第319页。据徐著,这份视察报告被译载在《申报》上)美国议员明白了脸谱代表人物特定性格的指定,但具体问题上却说反了。

　　⑤ 研究者曾调查有外国留学生对京剧的认知情况,在回答是否可以通过服装看出人物身份时,有20.2%的观众回答不能,有11.4%的观众表示可以看出一些。在回答是否可以通过脸谱和化妆了解人物性格时,有27.2%的观众认为无法理解,有18.4%的观众表示可以理解一部分。接受调查者在看戏前,已有老师讲过一些京剧的知识。因此若调查的是一般观众,能够看懂的化妆的观众百分比又会降低。还有观众以为台上的小生是个女人,因其扮相清俊用假声。参见乔玉林《京剧跨文化传播中的非语言要素研究》,《戏曲艺术》2012年第4期。

确理解作品的前提,但它们并不一定会在作品中有充分的交代,因为它们对作者和特定的读者群来说是一种不言而喻的共享的知识。这样的知识,还包括的语言知识,它也是人们正确理解知识的基础。"[1]不过,由于"临川四梦"明显带着作者由自身文化修养而来的文人趣味,这种文人趣味对于观众的文化水平有着相当的要求。在《南柯记》第九出,汤显祖讲了个笑话:

> 淳于公,不记汉朝有个窦广国?他国土广大,也只在窦儿里。又有个孔安国,他国土安顿,也只在孔儿里。怎生槐穴中没有国土?

此处借两个历史人名"窦广国"和"孔安国"来作喻,但这个笑话的内涵,恐怕普通百姓并不能迅捷捕捉并会心一笑,对于他们来说,这个设置就是失败的。又如《牡丹亭》"延师"一出,杜丽娘上场以宾白"酒是先生馔,女为君子儒"来打诨,[2]文化人自然会忍俊不禁,可普通民众也未必觉得可笑。又如第十八出陈最良下药,多引毛诗以发谑,都得要熟读上古经典的文人才能解得其中味。明人郑仲夔在《玉麈新谭》中评价明人剧作:

> 汤若士《邯郸梦》、屠纬真之《昙花》,则是传奇一天地,然识者有患其才多之议。[3]

吴音繁缛,本不易理解,而汤剧典故多,化用唐诗宋词现象随时可见,而且还涉及历史上的一些名物制度、宗教知识,以及俗语、古语、方言、少数民族语汇,不要说未读过剧本,就算读了剧本也并非所有都能畅通无阻地理解,障碍的确不少,故有"患其才多之议"。

除此而外,还有汤显祖在写作时设置的有意味的细节,这方面,以《牡丹亭》较明显。陈多先生曾在《戏史何以需要辨》一文中,以《牡丹亭·闺塾》为例,说明在舞台改本的必要性,杜丽娘在得知家里有一座后花园后,其反应是"原来有这等一个所在,且回衙去",而臧晋叔改本《还魂记》则将末尾改为:

> 原来有这等一个所在,得空我和你看去。

冯梦龙改本《风流梦》则作:

> 原来有这等一个所在。得空我和你瞧去。

乾隆年间《缀白裘》所录演出本则改动更大:

> (旦)你快去吩咐收拾,后日准要去的。

---

① 理查德·鲍曼《作为表演的口头艺术》,广西师范大学出版社2008年版,第276页。
② 《论语·为政》"有酒食,先生馔",《论语·雍也》"女为君子儒,无为小人儒"。这里是借以打诨,与《论语》原意不同。
③ 郑仲夔《玉麈新谭·隽区》卷之五"评隽"条,上海古籍书店1986年影印明崇祯本。

这几种版本比较起来，自然是汤显祖原来的"且回衙去"值得玩味，最能表达杜丽娘作为贵族小姐曲折细腻的心声，杜丽娘刚刚还在陈最良面前装模作样地责骂春香不该到花园去游玩，转瞬之间，竟不惜放下架子赔着笑脸向春香打听花园景致，这是一个逆转。但当弄清"原来有这等一个所在"之后，却又来了第二个逆转"且回衙去"。

这里的确极具深心，"字字俱费经营"，直写到杜丽娘"筋节窍髓"的妙笔。妙在上下句陡不相接，它显示着这两句话之间，杜丽娘有着丰富而复杂的内心活动和潜台词。但在舞台表演的环境中，也是绝大多数观众无法能够细心体味到的。改本适应了舞台表演的需要，但想必一定不会得到原作者汤显祖的认可。

深谙表演艺术的李渔，也曾批评过汤显祖的剧作：

> 《惊梦》首句云："袅晴丝吹来闲庭院，摇漾春如线。"以游丝一缕，逗起晴丝，发端一语，即费如许深心，可谓惨澹经营矣。然听歌《牡丹亭》者，百人之中有一二人解出此意否？

从舞台角度看，这种批评是正确的。但这种典雅蕴藉的语言，却正是汤显祖表达浪漫情思所必需的。汤显祖的浪漫情思，本来就难以明言，如雾中之花，水中之月，可以感受，不能解释；可以意会，却难以言传，不用典雅蕴藉的语言，又怎么表达这种情感呢？

汤显祖在创作"临川四梦"时，拟想的观众是与他同一个文化圈子，可以理解他在剧本中的这些"普通知识"的文化人，虽然这些都需要一定的咀嚼回味。但对于普通大众来说，如果剧作埋下的这些大大小小的"地雷"太多，则很容易失去兴趣。但汤显祖没有放弃自己的创作习性，以迎合普通大众的知识与趣味，恐这和汤显祖文人剧作家的身份，不以戏剧为衣食之计直接关联。

上述还只是细节上的误解，而对一部剧作意义的理解，则更不是容易的事。

第十出《惊梦》，是一部剧作的大关节，杜丽娘第一次走出闺房，来到家中的后花园，发出"不到园林，怎知春色如许""原来姹紫嫣红开遍，似这般都付与断井颓园，良辰美景奈何天，赏心乐事谁家院"的感叹，后花园的烂漫春景，给了她直接的一击。

钱钟书以为"却原来姹紫嫣红开遍，似这般都付与断井颓垣"，可与杜甫"江头宫殿锁千门，细柳新蒲为谁绿"（《哀江头》），韩愈"可怜此地无车马，颠倒青苔落绛英"（《榴花》），白居易"永丰西角荒园里，尽日无人属阿谁"（《柳枝词》），王涯"闲花落遍青苔地，尽日无人谁得知"（《春闺思》），苏轼"小径隔溪人不到，东风吹老碧桃花"（《绝句》）等古诗相提并论，因为它们同样传达了"空谷独居、深闺未识之叹""景色以无玩赏者而滋生弃置寂寞之怨嗟"的意境。[①]

同样，《西厢记》把崔、张二人的相遇，也安排在了春天的庭院，开卷老夫人一上场，便说：

> 今日暮春天气，好生困人。红娘，你看，前边庭院无人，和小姐闲散心立一回去。

有意思的是，此处的其他版本，皆作"你看佛殿上没人烧香呵，和小姐闲散心耍一回去来"，只有金圣

---

① 钱钟书《管锥编》"风景待人知赏"条，《管锥编》第四册，中华书局 1979 年版，第 1347 页。

叹将"佛殿"改作"庭院",也许金圣叹以为佛殿为佛门圣地,不宜发生男女留情之事,但"庭院"的地点设置,的确和下文的"春光在眼前"更为相合。后文虽无似《牡丹亭》那样大篇幅细致描摹莺莺看到大好春光的种种情绪,但"可正是人值残春蒲郡东,门掩重关萧寺中。花落水流红,闲愁万种,无语怨东风"数语,亦可见莺莺的愁闷。

"伤春",作为表达女子情欲的一种方式,是中国文化所特有的意象。在莎士比亚为典型代表的爱情悲喜剧中,男女主人公虽常在花园中约会,但没有中国文学传统中"伤春"这样的说法,更没有进一步把"伤春"引申为女子期盼有情郎的固定意象。

面对大好春色,杜丽娘发出"可惜妾身颜色如花,岂料命如一叶乎"的呼声,这句话虽然原出自《杜丽娘慕色还魂》话本,但汤显祖显然对此有深刻的体会,在诗文中也多次使用此说法,如"飞花比人命,片片随风陨"(《送新建丁右武理闽中》),"人生有命如花落,不问朱褵与篱落"(《别荆州张孝廉》)。《牡丹亭》中,春香与杜丽娘主婢二人在游园时的观感就截然相反,一进入花园,杜丽娘立即发出"锦屏人忒看得这韶光贱"的深沉感叹,而春香却玩得十分酣畅,对杜丽娘的心情毫无所知。杜丽娘无心再游园,提出要回去,春香则依依不舍地嘟囔说"这园子委是观之不足也",杜丽娘则回答:

> 提他怎的。(行介)【隔尾】观之不足由他缱,便赏遍了十二亭台是枉然,到不如兴尽回家闲过遣。

从中不难看出杜丽娘、春香的巨大差异,一个醉心于赏玩美景,一个触景生情而发出了特有感叹,并上升到人生与哲理的高度,但《牡丹亭》之后的改编本,都没有注意到这一点。如《缀白裘》本唱完【好姐姐】"……呖呖莺歌溜的圆"后,添加了两句白文:"(贴)小姐,留些余兴,明日再来耍子罢。(旦)有理",又删去了此后最能显示杜丽娘心境的"提他怎的"四字。

汤显祖把中国文学传统中的"伤春"意象,发展到了一个新的高度。女子及笄,便思良缘,这是一种出自自然的情感,一种自然的生机,你无法解释它何以会产生,也不能解释它何以会有如此巨大的力量,但它却能生生不息,鼓动万物,使人无端而悲,无端而喜,一往而深,超越生死。俞平伯论《牡丹亭》:"何自然之本然?'虫般蠢动'是也。"[1]此处所谓的"虫儿般蠢动",实际上便是自然的情感冲动,正如花要开,鸟要唱,不管有没有人欣赏。

如果不理解这些,我们就是得陇望蜀地致憾于"是花都放了,那牡丹还早"的丫鬟春香了,然而,这些深意,"然听歌《牡丹亭》者,百人之中有一二人解出此意否"?

二

明末陶奭龄在《小柴桑喃喃录》中,曾将当时的表演剧目分为四等,有演于庆喜之事的,有演于寻常家庭宴会,有演于闲庭别馆、朋友小集,还有是演于禅林道院,以代道场斋醮之事的。而可演于禅林道院

---

[1] 《汤显祖研究资料汇编》,上海古籍出版社1986年版,第986页。

的，便有《邯郸记》和《南柯记》。①

日本学者田仲一成先生承接了陶氏的说法，他评价《邯郸记》：

> 是一部带有这样一种意图的作品，即，教给那些被从宗族社会强制隔离而又想回归那里、迷失于空中的孤魂幽魂从宗族中解脱之道，安抚其烦恼和愤怒……这部戏曲既是用于"亡魂济度"的作品，也是奉劝亡魂、孤魂脱离宗族的束缚，超升天界的作品。②

而《南柯记》则是：

> 由情而生夫妇的恩爱，由夫妇而生宗族的秩序；由夭折而脱离宗族的祖先的亡魂，可通过佛教的"作福"，升入天界。此外还阐述了这样一些道理，对于缺乏后嗣的孤魂，有盂兰盆会上的救济可供选择；切断存在于宗族基础之上的情缘和恩爱，可使之转升天界。③

田仲氏是从宗祠演剧为何选此二剧的角度，来解释这两部的意义，也因此认同陶爽龄的观点，将两剧同归入"超幽类"。

这一想法，也确有演出的实证。如据近代苏昆艺人回忆："每年八月，民间举行'羊府胜会'……在神前演'扫花''仙圆''庆寿'三折戏文，叫做演'三出头'。"④《扫花》与《仙圆》均来自《邯郸记》，《扫花》写吕洞宾下凡去度一人上天，代替何仙姑天门扫花之役。《仙圆》则是最终八仙会集，点度痴人卢生。由于与神仙有关，在民间庙会演出中成为具有特定仪式意义的剧目。但是，二梦的演出，也不止于宗教场合，《红楼梦》十八回元妃所点戏中便有《仙缘》（即《仙圆》），六十三回宝玉生日，芳官所唱【赏花时】曲则来自《扫花》，可见这两出亦当常出现在宗族厅堂之中。但宗族厅堂演出的目的，是否就是为了超拔亡魂、超升天界呢？

万历三十二年（1604）八月，钱希言自常熟来临川，汤显祖请他观看了《南柯记》、《邯郸记》的演出，钱作《今夕篇》记其事，小序云："汤义仍膳部席与帅氏从升从龙郎君尊宿叔宁观演'二梦'传奇作。"诗中写道："《南柯》似孟浪，《邯郸》太荒唐。本言梦中事，借作尊前妆。富贵等浮蚁，功名喻炊粱。畴云钟鼎业，而异傀儡场。纷纷聚观人，谁短更谁长？"体会到了"二梦"的隐寓意义。

钱谦益有《病榻消寒杂咏四十六首》之一："砚席书生倚稚骄，《邯郸》一部夜呼嚣。朱衣早作胪传谶，青史翻为度曲妖。炊熟黄粱新剪韭，梦醒红烛旧分蕉。卫灵石椁谁镌刻，莫向东城叹市朝。"自注："是夕又演《邯郸梦》。"论者已指出，钱谦益的感慨，与庚戌科场案有关。钱曾注此诗曰："公云：临川尝语余，《邯郸梦》作于某年，曲中先有韩卢之句，竟成庚戌胪传之谶。此曲似乎为公而作，亦可异也。"⑤此外，如清初宋琬也有观看《邯郸梦》的经历，并作词纪之。其《满江红》词小序云："铁崖、顾庵、西樵、雪洲小集寓

---

① 《小柴桑喃喃录》，崇祯八年（1635）刻本，上卷，第66页上。
② 《明清的戏曲——江南宗族社会的表象》，北京广播学院出版社2004年版，第225页。
③ 《明清的戏曲——江南宗族社会的表象》，北京广播学院出版社2004年版，第227页。
④ 《宁波昆剧老艺人回忆录》，苏州戏曲研究室1963年编印，第63页。
⑤ 《牧斋有学集》卷十三，见《钱牧斋全集》第五册，上海古籍出版社2003年版，第645页。

中,看演《邯郸梦》传奇,殆为余五人写照也。"词云:"古陌邯郸,轮蹄路,红尘飞涨。恰半晌,卢生醒矣,龟兹无恙。三岛神仙游戏外,百年卿相蘧庐上。叹人间、难熟是黄粱,谁能饷。沧海曲,桃花漾。茅店内,黄鸡唱。阅今来古往,一杯新酿。蒲类海边征伐碣,云阳市上修罗杖。笑吾侪、半本未收场,如斯状。"①徐釚《词苑丛谈》记载宋琬词成,"座客传观属和,为之歃歔罢酒"之语。② 宋琬曾因冤案下狱,可见,文人观看《邯郸梦》,常能引发身世之感。

从明清选本所收"二梦"曲目来看,《邯郸记》所选出目主要为"扫花""三醉""番儿""云阳""法场",《南柯记》则为"花报""瑶台",直至后来的清代宫廷亦是如此。《内学昆弋戏目档》载《邯郸记》中的《仙圆》列在"大戏开团场",《穿戴题纲》则将《仙圆》录在"承应大戏"类,③这说明《仙圆》虽然表现度化,却由于场面热闹,在宫廷中成为开场承应戏,具有了吉祥庆喜的含义。可见选出在脱离了原剧的具体情境后,在特别的表演场景,亦可具备另外的意义,这也可说是对原作的"误读"。"二梦"被摘出并经常演出的部分,或以唱腔动听如"扫花",或有趣活泼如"花报",或有热闹新奇如"番儿",或正好可以应合某种表演场合如"仙圆",但这些剧目已完全体现不出原作的意味了。

因此,演剧实践中,意义再复杂的剧作,也要将之简洁化为"忠孝""节义""豪侠""仙佛"等类型以便于选取搬演,④这是表演经验的结果,也的确行之有效。特别是清中叶以后传奇多以折子的方式上演,剧本的完整意蕴被割裂消解,戏剧表演的娱乐、观赏与社交功能也越来越显著,能完整体味原作意义的观演经历却越来越稀少,对原作的误读也随之产生,这也是戏剧这种艺术形态所不可避免的。

结　语

《牡丹亭》中更深刻的哲学意蕴,普通民众也许无法理解,也不会去思索汤显祖写一个用情至深至死的故事的真正用意所在,但是,对情感的追求,是人类的永恒话题,无关乎教育背景、社会地位的,所以,当用美好动人的故事、深刻鲜活的人物形象、绮丽诗化的语言去表现,所有的人都被深深地感动了。至于剧中的那些细节关捩处,了解的人自然可以涵咏会意,不明白的话,也不妨就把它当作一个情爱故事,这也许就是《牡丹亭》"家传户诵"的原因。而《南柯记》《邯郸记》中所着力表现的宦海沉浮,也许意义更深刻,但官场生活并不是所有人都熟悉并感兴趣的生活场景,在后来的传播过程中,渐渐弱化为摘选其中较为热闹或神仙道化的部分被演绎。在自由的审美创造与戏剧的群众性、大众性之间,寻找一个合适的平衡点,这是一个有意思的话题。

---

① 《宋琬全集》,齐鲁书社2003年版,第818页。
② 《词苑丛谈校笺》卷九"纪事四",人民文学出版社1988年版,第547页。
③ 参李玫《汤显祖的传奇折子戏在清代宫廷里的演出》,《文艺研究》2002年第1期。
④ 这是明代吕天成在《曲品》中对传奇的分类(见《中国古典戏曲论著集成》六,中国戏剧出版社1959年版,第223页)。明清时的戏曲选本也将剧目作类似的分类,以便于演出,如明万历二十八年刊行的《乐府红珊》,将100种折子戏分为"庆寿"等16类,田仲一成先生有详细解说,见氏著《明清的戏曲——江南宗族社会的表象》,北京广播学院出版社2004年版。

汤显祖与晚明曲坛

吴凤雏

一

朱明王朝进入万历以后(1573年为万历元年),即步入晚明。汤显祖(1550—1616)身历嘉靖、隆庆、万历三朝,正值王朝向晚明过渡的重要时期。这是一个"旧死新生"的时期。一方面,封建体制已病入膏肓,种种末期症状全面显现:皇帝昏怠,吏治焕败,豪门兼并,道统日衰……另一方面,商品交换促进了商品经济的发展,哲理的思考引发了对理学道统的反叛,伴随城市成长和市民阶层的衍发,市民文学和戏曲说唱艺术日益繁荣。特别是在戏苑曲坛,更是呈现欣欣向荣的景象。

入明之初,明人杂剧创作乘元杂剧之势曾十分活跃过一段时间。至中、晚明之交,已成强弩之末,风景不再。代之而兴起的,是一种体制宏大、结构自由、包容量更为广富的新的戏剧文学样式——传奇。明人传奇经由南戏《荆》《刘》《拜》《杀》和《琵琶记》五大传奇的影响繁衍,至此已进入异常繁荣时期,作家辈出,流派争鸣,作品有数百种之多。先后涌现一批著名作家作品,如李开先的《宝剑记》、梁辰鱼的《浣纱记》、传为王世贞所作的《鸣凤记》、高濂的《玉簪记》、周朝俊的《红梅记》、沈璟的《红蕖记》《义侠记》及王玉峰的《焚香记》、张凤翼的《红拂记》等等。而且按照创作追求及旨趣的不同,开始形成不同的流派,如特别讲究词藻者以梁辰鱼为首,人称昆山派;特别讲究格律者以沈璟为首,人称吴江派等等。

声腔方面也呈现十分繁荣的景象。据戏曲声腔家流沙、苏子裕等研究考证,元明以来南戏四大声腔弋阳、余姚、海盐、昆山出现"依次代兴而又同时并存"的局面。徐渭在《南词叙录》中说:"今唱家称弋阳腔者,则出于江西,两京、湖南、闽、广用之;称余姚腔者,出于会稽,常、润、池、太、扬、徐用之;称海盐腔者,嘉、湖、温、台用之,唯昆山腔止行于吴中。"①明中叶前期,南戏声腔在江浙一带有两个较大流派,即海盐腔和余姚腔。海盐腔,出于浙江海盐,有传其系流行于海盐的南戏,经张磁家僮所唱"新声"和杨梓家僮所唱"歌调",渐成海盐新腔。其实,"海盐腔源于南戏"。②余姚腔,产生于浙江余姚,与海盐相隔一杭州湾,一衣带水,两岸相对,语音相近,但声腔却各成系统。在唱法上,与南戏声腔一样,皆"不入管弦,亦无腔调"。流播、比较下来,海盐腔渐占优势。当时何元朗引杨升庵话说"近日多尚海盐南曲"。江浙以外,行之较远而通行南北的戏曲声腔,则为弋阳。弋阳腔,出于江西弋阳,也属南戏声腔范围,其特点也是以打击乐按节拍,无管弦伴奏,尾句有后场帮腔。较之"体局静好"之海盐腔,弋阳腔其调更喧,均受欢迎。

---

① 见《中国古典戏曲论著集成》,中国戏剧出版社1959年版,第3册,第242页。
② 苏子裕《中国戏曲声腔剧种考》,新华出版社2001年版,第4页。

到嘉靖前期,公侯缙绅之家凡有宴庆活动,皆唱南戏,且只用两腔:一是弋阳,一是海盐。弋阳流布最广,多夹用乡语,四方土客喜欢;海盐多用官话,南北两京多爱听。四大声腔中,昆山腔形成最晚,但发展最快、影响最大。明嘉靖三十年前后,昆山腔在江苏昆山一带形成。说到昆山腔,必须提及魏良辅和梁辰鱼。魏良辅(1501—1584前后)别号尚泉,原籍江西豫章,寄寓太仓。"能谐音律,转音若丝"(张大复《梅花草堂笔记》),他先研北曲,后研南曲,为当时最著名之清唱家。时传入江苏太、昆一带之南曲有两种演出形式:一曰清唱,一曰戏场演出。良辅对清曲进行了改造,"调用水磨,拍捱冷板","皆别有唱法,绝非戏场声口,腔曰昆腔,曲名时曲,声场秉为曲圣,后世依为鼻祖"。① "始变弋阳、海盐故调为昆腔"。钱谦益也说,"时称昆山腔者,皆祖魏良辅"。② 因魏良辅所创的昆腔时曲,细腻流利,故有"水磨调"之谓。清唱时,以拍(板)击节,且有迎头板、彻板、绝板等板眼之分,清唱与戏场演出不同在于,"清唱,俗语谓之冷板凳,不比戏场,借锣鼓之势"。③ 但已有箫管伴奏,"箫管以尺工俪词曲"。袁宏道任吴县县令时,也有清唱昆曲"一拍一箫一寸管"的描绘。自魏良辅新创昆曲水磨调后,梁辰鱼大加推演,特别是他的《浣纱记》于隆庆间搬上舞台演出,被以箫管,加以锣鼓,自此之后,昆曲大兴,迅速风靡江浙,向南北传播。

四大声腔由争奇斗艳到交融分化,其结果是:余姚腔渐衰;海盐腔由于昆山腔的鹊起和滚调的挤兑,在江浙式微而热传于江右临、宜一带;弋阳腔传布中渐变为乐平、徽州、青阳、四平诸腔;而昆山腔渐成大气,正风靡于江浙,影响国中。与此同时,各地的乡音土调先后勃兴,一时魏紫姚黄,形成诸种声腔争胜的局面。

总之,到汤显祖时代,看戏已成为大众的一种生活方式,写戏、涉戏成为文人雅士的一种文化行为,戏苑曲坛声腔争胜、作家辈出、作品繁荣局面形成,在推动戏曲艺术进一步发展的同时,更呼唤大师和巨匠的出现。汤显祖的横空出世,他的戏曲创作和戏剧活动,正是在晚明时期戏苑曲坛这种极为热闹而又丰润的大背景下展开的。

当时,汤显祖生活行迹之地,无论是家乡临川,还是官宦的南京、江浙一带,都是声腔争胜、才情洋溢之地,商贾交通和戏剧活动都十分繁荣。

汤显祖家乡即有"临川才子、宜黄子弟"之说,不仅是名播遐迩的"才子之乡",且是个地道的"戏窝子"——傩舞艺术源远流长,社戏装扮、道情说唱、秧歌采茶根深叶茂,更是弋阳诸腔的热点传播区域。宋时,王安石即有"逢逢戏场声,壤壤战时伍"的诗句描述家乡以"耘鼓"击节的"戏场"演出。陆游曾在抚州为官,也留下"夜行山步鼓冬冬,小市优场炬火红"的诗句,描述"优场"演出景况。明永乐至弘治年间,广昌县甘竹的曾家和大路背刘家先后出现用高腔演唱"孟戏"的宗族戏班,后遂成盱河大戏,传承至今。④ 概因临川地处赣东,沟通越闽,水陆便捷,农商发达。宜黄夏布、建昌商邦、临川毛笔、金溪书梓远近闻名,商贾往来,舟船如梭,歌馆酒楼,鳞次栉比,为戏曲艺术的活跃创造了条件。元玥以降,各种有影响的声腔先后传入。到嘉靖年间,宜黄大司马谭纶,治兵浙江,酷爱海盐腔,丁忧返乡时,便把海盐腔家班带回宜黄,当地艺伶竞相学唱,很快流播开来。《临川县志》有记载说,"吴讴越歌,以地僻罕到,土伶皆农隙学之"。外来的海盐腔与当地乡音土语结合,形成了海盐支派的"宜黄腔"。这种"体局静好,以拍为之节"的海盐腔,较之"其节以鼓,其调喧"的弋阳腔要典雅婉丽许多,很受欢迎。经三四十年的传衍,到汤显祖

---

① 沈宠绥《度曲须知·曲运隆衰》,见《中国古典戏曲论著集成》第5册,第198页。
② 钱谦益《初学集》卷三十六《拟虞周翁八十序》。
③ 魏良辅《曲律》,见《中国古典戏曲论著集成》第5册,第6页。
④ 罗传奇、张世俊《临川文化史》,广东高等教育出版社1993年版,第190—197页。

弃官归里时,演唱海盐腔的宜黄子弟达千余人之众,大小戏班不下三五十个。以汤显祖的名望和才情,他很快就和"宜黄子弟"们一起,拓创了江右一带戏曲勃兴的崭新格局。

二

汤显祖于传奇戏曲的创演实践,无疑是其对晚明曲坛乃至中华文化的最重要贡献。

早在万历五年(1577)前后,由于家学渊源的熏陶,特别是在酷爱戏曲的伯父尚质的影响指导下,汤显祖即与家乡的文朋曲友、号称"临川四俊"的谢廷谅(九紫)、曾如海(灵昌子)、吴拾芝(玉云生)等合写了传奇《紫箫记》(半部、三十四出),因讹言蜂起而辍笔。十年后,在南京太常寺博士任上,显祖将其改写,"更为删润",创作了《紫钗记》,初稿约完成于万历十五年(1587),后经多次修改,直到遂昌任上,才"捉笔了霍小玉公案",并于万历二十三年之后付梓。接着又酝酿写作《牡丹亭》,至万历二十六年(1598)弃官归里后,于当年秋天,在临川完成了这部光辉剧作。两年后的万历二十八年,又写出了《南柯记》。紧接着万历二十九年,写成了《邯郸记》。至此,著名的"临川四梦"(又称"玉茗堂四梦")全部完成。

按当时文人写作传奇习惯,汤显祖"四梦"皆有所本。《紫钗记》据唐人蒋防传奇小说《霍小玉传》,《南柯记》据唐李公佐传奇小说《南柯太守传》,《邯郸记》据唐沈既济传奇小说《枕中记》,《牡丹亭》以明嘉靖间人何大抡话本小说《杜丽娘慕色还魂》为蓝本,同时借用魏晋志怪、唐人传奇故事。如"牡丹亭题词"所述,"传杜太守事者,仿佛晋武都守李仲文、广州守冯孝将儿女事,予稍为更而演之。至于杜守收拷柳生,亦如汉睢阳王收拷谈生也"。传杜太守事者,当是指《杜丽娘慕色还魂》话本。同时,晁瑮《宝文堂书目》中,亦著录有《杜丽娘记》一目,说明关于丽娘故事在当时就不止一个版本。"仿佛晋武都守……"云云,是指传为东晋陶渊明所作志怪小说集《搜神后记》中的《李仲文女》《冯孝将子》。"亦如汉睢阳王收拷谈生"系指曹丕《列异传》中之《谈生》篇。同时,类似故事还可从唐人温庭筠传奇《华州参军》,陈宏佑《离魂记》及郑光祖杂剧《倩女离魂》中看到。据现有其他文学样式作品改编改写,既是中外创作大家的传统做法,亦说明汤翁涉猎之广,通览之博,出入有据,信手拈来,皆能化为神奇。

难能可贵处在于,能在平常中发现伟大,能给熟悉的生活和题材注入崭新的内涵,赋予其振聋发聩的思想光芒和深刻的哲理思辨,给人以普遍的灵魂洗礼和人生启迪。正是在这点上,一般人难以做到做好,而汤显祖等人做到了,与此同时的西方莎士比亚等人也做到了,因而他们同为不朽。

汤翁四梦,皆为"情"而作。关于"情",他有三个基本观点:其一,"世总为情","人生而有情"。① 即"情"乃人之天性,"思欢怒愁,感于幽微,流乎啸歌,形诸动摇。或一往而尽,或积日而不能自休"。此情可言、可宣、可泄,而不可抑。其二,"性无善无恶,情有之"。② 天下万物之情,虽各有其态,"各有其志",但综其性质,统归为两种:一为善情,一为恶情。但是,在道学家们所谓的"性"中,却无此区别,凡属与"性"(理)相对立的"情",皆应一概否定,统统"格"而除。这样的话,岂不善恶、好坏不分了吗? 其三,就是在《牡丹亭题词》中明确阐发的"情至"观:"情不知所起,一往而深,生者可以死,死可以生。生而不可与死,死而不可复生者,皆非情之至也……自非通人,恒以理相格耳! 第云理之所必无,安知情之所必

①　徐朔方《汤显祖全集》,北京古籍出版社 1999 年版,第 1188 页。
②　徐朔方《汤显祖全集》,北京古籍出版社 1999 年版,第 1464 页。

有邪"？这段话中,明示了两点:一是所谓的"情之至",是指对信念的生死不渝的追求,唯此方能获得所求之本属于自己的人身权利。二是坦言自己长久以来与道统之"理"两相抵牾,且坚信已所认定的"情"理是在理的、"必有"的。虽然,他的这种表白和争辩甚至是对着自己的挚友良师、其表达的语气是委婉的,但其中透出的意气却是十分坚韧的。

在当时曲坛,汤显祖是第一个明确而刻意地将自己的"言情"观注入自己的剧作中的。他把深邃的哲理熔铸在精彩的故事中,把作品当作形象化的哲学宣言来写。简而言之,"四梦"都是言情之作。其逻辑层次是:生而有情—因情成梦—因梦成戏—以戏衍情。四部戏分别寓寄:情因侠合,情至动天,情觉为佛,情了成仙。在《紫钗记》中,演绎"情"以动"侠"、以"侠"格"权"的旨意;《牡丹亭》则更向着以"情"格"理"的深度开拓。如果说,前二梦是对"善情"的讴歌张扬,后二梦则是对"矫情"的鞭挞批判。前二梦主要从现实男女间爱情婚姻生活取材,是关于人情的戏剧,后二梦着重从现实政治生活的面面角角取样,是关于人生的戏剧。前二梦以侠格权、以情格理为旨意,实质上反映了对专制政治和宗法道统长期压制人的自由权利和个性诉求的憎恨与厌恶这一普遍情绪,体现了作者反封建礼教的战斗精神,具有初步民主主义的启蒙意义;后二梦则通过对吏治腐败、官场倾轧、科举虚伪、世道不公的充分展露和尖刻讽刺,不啻画出了晚明社会的官场百丑图,体现了作者清醒的现实主义立场,具有深刻的批判意义。正是这些"有意思的表达",比别人更自觉更高妙,因而,汤翁作品以前所未有的思想倾向性和前卫的时代精神成为时代的翘楚。也正是从这个意义上说,汤显祖是中国古代艺术史上最富于哲学气质的戏剧家。

以梦入戏是汤翁戏剧艺术的一大特色。他的剧作,皆"因情成梦,因梦成戏"(《复甘义麓》)。其四部剧作,剧剧有梦——《紫钗记》中有霍小玉的"鞋儿梦",《牡丹亭》里有杜丽娘的"游园惊梦",《南柯记》铺衍淳于芬的"南柯一梦",《邯郸记》铺衍卢生的"黄粱美梦"。作者以梦为机杼,编织现实的戏剧;以梦为彩笔,描塑鲜活的灵魂;以梦为鉴镜,观照社会人生的方方面面。在恍惚怪奇的梦境中,作者肆意挥洒,把对现实生活的感受、政治人生的慨叹以及深邃的思想和飞腾的想象,统统罗织成精彩的戏剧,显示出深刻的现实洞察力、高超的浪漫主义技巧和令人耳目一新的美学情趣。可以说,在成功运用"梦"这一表现手法进行艺术创作方面,汤显祖是一代宗师。特别是《牡丹亭》一剧,以其思想内涵的深度和艺术性的完美结合,确立了其在"四梦"中的最高成就,达到了同时代人难以企及的高度,代表着历史进步的方向。

因此,汤翁剧作一经问世,立即轰动了文坛曲苑,特别是《牡丹亭》,"家传户诵,几令西厢减价"(沈德符《万历野获编》),赞者云"上薄风骚,下夺屈宋"(张琦《衡曲尘谈》)。汤显祖本人也十分兴奋,尝说"一生四梦,得意处唯在《牡丹》"。特别是被压在最底层的女性,汤翁剧作带来的震撼更是惊心动魄,如商小伶、冯小青、俞二娘等等,留下了许多真切而动人的轶闻。

汤翁剧作引起如此轰动,与搬演是分不开的。汤剧是按海盐腔曲牌为宜黄戏而写的,因而首先在宜伶中传唱。《牡丹亭》一脱稿,便在新宅"玉茗堂"上演,"四梦"完成后,又将宅内所筑之戏台命名为"四梦台"。玉茗堂成为四梦的首演之地。当时宜伶中的佼佼者有罗章二、张罗二、吴迎、于采、王有信等等。显祖既是他们的挚友,又是严师,也是宜伶们实际上的导演和组织者。诸如"自踏新词教歌舞"、"自拍檀痕教小伶"、"试剪轻绡作舞衣"、"半学依歌小梵天,一夜红氍四百钱"等等,都是汤翁参与排戏、授曲、示范、演出的记载。他还亲率宜伶到南昌滕王阁演出(《滕王阁看王有信演〈牡丹亭〉二首》),派宜伶赴江西永新、九江、江苏南京等地为友人祝寿,引吴伶来江西交流演出(参见汤显祖《九日遣宜伶赴甘参知永新》、《遣宜伶汝宁为前宛平令李袭美郎中寿……》、《越舸以吴伶来,期之元夕二首》等诗)。万历四十二年(1614),还遣宜伶赴宣城演出,宣城老友梅鼎祚与显祖关系极密,当年梅之《玉合记》付梓,梅特赴南京请汤作序,汤亦将该剧推荐给宜伶演出。看了宜伶演出,梅回书以谢:"宜伶来三户之邑,三家之村,无可爱助,然吴越乐部往至者,未有若曹之盛行,要以《牡丹》、《邯郸》传重耳,而皆不能演什三。……"①虽不是当地演出盛季,宜伶在宣城的演出却取得较江浙昆班更好的效果。直至此时,65岁的汤显祖"犹在此为情作使,劬于伎剧"。可见,归里后的十多年时间里,他一直把心血倾注在自己钟情的戏曲事业中。

三

汤显祖与当时曲坛的交游关系,历来为戏曲史家所关注。正是通过交游切磋、相互引重,甚至交相辩执,晚明曲坛诸家们共同开创了有明一代戏曲空前繁荣的局面。

汤显祖与曲坛前辈徐渭的文字交谊,源自他的第三本诗文集《问棘邮草》。徐渭(1521—1593)字文长,号天池山人,青莲道人,是当时著名的诗文、书画、戏曲家。他才高八斗却一生坎坷。于杂剧写有《四声猿》(含《狂鼓史》《玉禅师》《雌木兰》《女状元》),被王骥德誉为"天地间一种奇绝文字"(《曲律》)。曲论有《南词叙录》,是我国第一部研究宋元南戏和明初戏文的专著。徐长汤近三十岁,却对这位青年才俊赞赏不已。万历八年,出狱后的徐渭前往北京投张元忭,途中读到《问棘邮草》,随即写信《与汤义仍》称"自谓平生所未尝见",并作诗曰"执鞭今始慰平生",总评其"真奇才也,生平不多见"。在其《渔乐图》诗中注云"近见汤君显祖摹而学之"。汤显祖对徐前辈十分钦慕,说"《四声猿》乃词场飞将,为之唱演数遍,安得生致文长,自拔其舌"。②当他看到徐诗,立即写诗《秣陵寄徐天池渭》,并热情邀请徐到南京会面,然徐已老矣,未能成行。万历十九年,汤上疏被贬,徐寄诗札至临川,当汤回家读到时,徐已逝世。汤于是特致信山阴知县余瑶圃,请其给予徐后人多些关照。汤、徐二人大概未能会面。他们的交谊,除情感外,更有思想的相近。反对复古、崇尚性灵、推崇曲意等使他们心心相印。在明代曲坛,徐为杂剧代表,汤为传奇代表,而作为前辈,徐的剧作和曲论主张更多地对汤显祖产生影响。

以南京为中心,苏州太湖一带是当时经济发达、人文荟萃的戏曲繁荣之地,而浙皖赣与之近邻。汤显祖早年游学赴试经常往来其间,后又在南京为官七年,在浙江遂昌五年,期间与活跃于戏曲中心地带的梅鼎祚、张凤翼、臧懋循、屠隆、王骥德、孙如海和吕胤昌、吕天成父子以及沈璟等几乎所有名家都有直接或间接的交往。

汤显祖与安徽宣城梅鼎祚相识交游,始于游学期间。梅鼎祚(1549—1615)是传奇《玉合记》、《长命缕》、杂剧《昆仑奴》、《玉杵记》的作者,皖南著名曲家。万历四年,汤显祖游宣城,与沈懋学、梅鼎祚、龙宗武、姜奇方交游。汤与沈、梅同师于罗汝芳,梅大汤一岁而早汤一年谢世,两人志趣相投,一生都为莫逆之交,而戏曲始终是他们交往的媒介。万历十四年,汤为梅作《〈玉合记〉题词》。二人思想性格、生活道路和戏曲风格有诸多相通之处,一生诗笺不断,直至晚年,汤还派宜伶赴宣城慰问梅。

汤显祖在南京任太常博士时,臧懋循(1550—1620)任南京国子监教官,二人同城为官,交谊不一般。臧精于音律,是曲坛重要人物。他辑刊了《元曲选》,还为显祖编印《玉茗堂曲》。他与汤戏曲主张有同有

---

① 梅鼎祚《鹿裘石室集》尺牍卷十三《答汤义仍》。
② 王思任《批点玉茗堂牡丹亭叙》。

异,对"四梦"作过删订和眉批,虽对其音律方面有过苛严的批评,但仍对显祖给予最高评价。而汤对其《元曲选》的编辑也给予了有力支持和帮助。

屠隆(1542—1605)是当时曲坛风流倜傥的一大名士。有《彩毫记》、《昙花记》、《修文记》传奇三种。显祖登仕赴南京任不久,屠即以"淫纵"被劾削职归里,汤为其不平并作诗劝慰。后汤任职遂昌,屠跋涉来访,汤亲自导游,吟咏唱和,流连山水,畅叙友情。晚年屠隆病重,汤特作"十绝"以寄老友对病友的怜惜。他俩在创作意趣和曲调格律方面的观点做派也有十分相似之处。

《曲律》作者王骥德,明代著名戏曲理论家,他与徐渭同乡,是其门生,与徐渭、沈璟、吕天成等都有深厚交谊。在戏曲主张方面,王更近于沈璟,对汤曲不合格律方面有中肯批评。对此,汤是接受的,并表示"当邀此君共削正之"。但由于汤的弃官归里,二人一直未得谋面,只是神交。虽然如此,王骥德对汤显祖这位剧坛巨匠十分尊崇,《曲律》中的"今日词人之冠",将徐渭和汤显祖并列,而沈璟未在其中,并盛赞汤显祖"二百年来,一人而已"。①

孙如法、吕胤昌二人与汤同科出身,三人一直交谊很深。孙、吕二人还是表兄弟——吕之母乃孙之姑母。孙出身名门,精通声韵,他与显祖曾就格律问题有过坦诚的讨论(见汤显祖《答孙俟居》)。吕玉绳是《曲品》作者吕天成之父。吕天成在《曲品》中,将汤显祖和沈璟这二位大家都列为"上之上"。而凭着与显祖的深厚交谊,吕玉绳将沈璟对《牡丹亭》的改本(《同梦记》)寄给汤显祖。对于有伤曲意的改窜,汤显祖大为不满,斩钉截铁叮嘱宜伶"《牡丹亭》要依我原本,其吕家改的,切不可从"(《与宜伶罗章二》)。说到这里,涉及晚明戏曲史上一场著名的"汤沈之争"。

沈即沈璟(1553—1610),字伯英,号词隐,吴江人,万历二年进士。他是申时行的同乡和门生,任吏部验封司员外郎时因疏请立皇太子事,被降三级为行人司正,两年后为北京乡试同考官,又获升为光禄寺丞,为录取申时行女婿,阅卷时通同作弊,事发被革职为民。家居三十年,致力于戏曲创作和声律研究,作传奇十七部,著《南九宫十三调曲谱》、《词隐先生论曲》等,于戏曲声律方面颇有贡献,是当时重要曲家。汤长沈三岁,晚六年谢世,沈中进士比汤早。万历八年大比,沈还是授卷官,但二人一直未共事,也无甚交谊。倒是其弟沈瓒与汤有交,显祖上疏遭贬时,瓒为南刑部主事,作诗《汤祠部义仍上书被谴、长句送之》为汤送行。沈璟精于曲律,甚至能用曲牌来表述理论问题。《词隐先生论曲》即是用一套【二郎神】曲牌写成的,其要旨是,"纵使词出绣肠,歌称绕梁,倘不谐律吕,也难褒奖"。这种观点,与其"宁律协而词不工,读之不成句,而讴之始协,是为曲中之工巧"②的主张是一致的。应该说有失偏颇。反对雕章琢句,讲求声律协韵,注重声韵规范,都是对的;倘若唯此为唯一准绳,甚至为此宁可不成章句,损毁内容旨意,还认为是"工巧",则实属过激且流于荒谬。事实上,沈璟的极端主张严重束缚并戕害了他自己。其得意之作《红蕖记》,连十分推崇他的王骥德也直率地给予批评,"时时为法所拘,遂不复条畅",而"其余诸作,出之颇易,未免庸率"。其散曲作品亦"大都法胜于词",虽"不欲令一字乖律",却"毫锋殊拙"。③"汤沈之争"源于沈璟将《牡丹亭》改为《同梦记》,名曰只改易个别字句,实则易名并曲,当然不是一般改易了。吕玉绳曲学主张近沈而远汤。接到吕寄来的这个改本,显祖大为不然,在回信中申明自己的主张:"凡文以意、趣、神、色为主。四者到时,或有丽词俊音可用,尔时能一一顾九宫四声否?如必按字模声,即有窒滞

---

① 王骥德《曲律》,见《中国古典戏曲论著集成》第4册,第165—170页。
② 吕天成《曲品·卷上》,见《中国古典戏曲论著集成》第6册,第213页。
③ 王骥德《曲律·杂论》第三十九下。

拼拽之苦,恐不能成句矣。"(《答吕姜山》)很明显,显祖主张要"意趣神色"并举,做到内容形式相统一,而当"自然灵气""不思而至"时,却要刻意模声,必然会窒息灵感、拼凑字句、词不达意,恐怕连句子也难写得流畅了。因而,绝不能把格律放在第一位,应优先考虑内容意趣需要。显祖的主张应该是正确的,也符合其富于才情的创作个性。因此,对于吕寄来的改本(《同梦记》)当然不可接受,指出"虽是增减一、二字,以便俗唱,却与我原来的意趣大不同了"。他又在给孙俟居的回信中说:"……庄子云:彼乌知礼意?此亦安知曲意哉?……词之为词,九调四声而已哉?……弟在此自谓知曲意者,笔懒韵落,时时有之,正不妨拗折天下人嗓子!"在回凌初成的信中,更是直言:"不佞《牡丹亭记》大受吕玉绳改窜,云便吴歌。不佞哑然笑曰:昔有人嫌摩诘之冬景芭蕉,割蕉加梅,冬则冬矣,然非王摩诘冬景也。"他引用唐人王维画《袁安卧雪图》的典故:为表袁安高洁,王维作画时在冬景中加了富于生气的芭蕉,有人以冬景不该有芭蕉,便去蕉加梅,如此一改,虽纯冬景,却失去王维主观抒情之意趣了。他还写了"见改窜《牡丹》词者失笑"诗一首,中有"总尧割就时人景,却愧王维旧雪图"二句。凡此种种,均明确表达了显祖捍卫曲意的决心。

艺术总是在发展变革中与时俱进的,词谱曲律亦应依时创新通变。在这方面,汤翁是革新者。如《牡丹亭·惊梦》一出中的【山坡羊】曲牌,其五、六句原为上四下三的七字句,他将其改为四个四字句,这当然"不依正格"了,但却依曲意十分贴切,且精新出彩;又如,按《中原音韵》的要求,【混江龙】曲牌第四或第六句之后,字句不拘,可以增减,但以往最多也只有增至十几句的成例,而《邯郸记·合仙》中,吕洞宾的唱词一气增至四十余句;《牡丹亭·冥判》中胡判官更唱了六十多句。当时也曾遭人指责,然而正是这种突破,为弋阳腔中"滚唱"、"滚白"以及后人在皮黄戏中创造成百句唱腔的艺术实践凿开先河。再如,汤翁在其剧作中还打破了每出戏只能用一至两个宫调的成法,有时竟用了五个宫调,发展了"南北合套"的新体式。

汤显祖十几岁便在伯父指导下,习曲学,攻声律,常与帅机、吴拾芝等一起"唱和赏音","每谱一曲,自为之和,声振寥廓"。【山坡羊】、【混江龙】等北、南曲谱,九宫四声,早已娴熟于心。后又在南京、江浙官宦了十多年,应当知晓当地方言和南曲。更加上家乡本就是"戏窝子",诸腔流播,眼界拓宽。所谓"艺高人胆大",以显祖的才情秉性,在创作中自然能或依律或"越规",出入自如。面对出于门户之见的吴越曲家的非难挑剔,当然也故意偏激地回应说,要拗折他们的嗓子。更重要者在于,"四梦"更多考虑是为方便宜伶演唱。国中之大,区域间方言与流行声腔在声韵方面的差异是客观存在的。如果一方强求归于某一尊,自然会引起不平而发生争议。但就争论的性质而言,确系晚明文坛曲苑形式主义与反形式主义斗争在戏曲创作上的一种反映。

"汤沈之争"的是非应当是十分明显的,但争论却持续了很久。在沈、汤相继辞世后,对立的观点还争论了一段时间,客观上促进了当时戏曲运动特别是戏曲声腔的发展,意义十分深远。此可谓"汤沈之争"的历史功绩。在争论过程中自然形成了以沈璟为代表的吴江一派,所谓临川派却是在这场争论开始之后,赞同并效法汤翁观点者自然形成的一个戏剧流派。最早提出此说者当是吕天成。他说,"元人词手,制为南词,天然本色之句,往往见宝,遂开临川玉茗堂之派"。[①] 继而吴瞿安指出,"正玉茗之律,而复工于琢词者,吴石渠、孟子塞是也"(《中国戏曲概论》)。日本学者岩城秀夫在《中国戏曲演剧研究》中也说,"与吴江派相对,有显祖之私淑弟子吴炳、孟称舜、阮大铖,称为临川派"。实际上,赞同并受汤显祖影响者远不止上述寥寥数人。

_____

① 吕天成《曲品·卷下》神品二,见《中国古典戏曲论著集成》第6册,第224页。

四

汤显祖对我国古典戏曲理论也有诸多重大贡献。除了散见于题词、总评、集序及相关诗文、尺牍中的论说以外,《宜黄县戏神清源师庙记》一文,可谓其代表作。该文系1602年前后、汤翁在宜伶们为戏神清源师建造的祠庙落成时而作的一篇纪念性文字,被誉为"我国最早一篇戏曲学论纲"(苏子裕语)。这篇千字左右的文章,涉及了戏曲演变、声腔流播、戏神传说等诸多方面,主要则论及了戏曲的发生、戏剧的社会功用及演员的表演修养等三个方面的问题,实际上是汤翁戏剧观的集中表达。

汤显祖认为,戏曲乃是表现人生实际感受的艺术。"人生而有情",其"思欢怒愁"都是实际生活中萌生出的真情实感,这些情感有时表现为动作,有时诉之以歌叹,有时能抒发得淋漓尽致,有时则反复歌舞仍不能尽情。戏曲艺术正是由歌舞发展衍变而来,"初止爨弄参鹘,后稍为末泥三姑旦等杂剧传奇"。即开始只由参军、苍鹘两个角色,模仿生活作滑稽式的简单表演,之后渐增宋杂剧的末泥和宋杂扮之酸、孤、旦(即谐音"三姑旦")三行当,继而产生了北杂剧及南戏的生、旦、外、净、末、丑等角色行当,进而发展成为完备的杂剧、传奇。在这里,汤翁对戏曲艺术的发生、其与生活的关系及衍变源流,作了精简的论述,表达了一种朴素的反映论观点。

接着,汤翁具体阐述了戏曲的社会功用。认为戏曲能"极人物于万途,攒古今之千变",使观众"仿佛如见千秋之人,发梦中之事"。它简直是无所不能——可以"使天下之人无故而喜,无故而悲;或语或嘿,或鼓或疲,或端冕而听,或侧弁而台,或窥观而笑,或市涌而排。乃至贵倨弛傲,贫啬争施。聩者欲玩,聋者欲听,哑者欲叹,跛者欲起。无情者可使有情,无声者可使有声。寂可使喧,喧可使寂,饥可使饱,醉可使醒,行可以留,卧可以兴。鄙者欲绝,顽者欲灵。可以合君臣之节,可以浃父子之恩,可以增长幼之睦,可以动夫妇之欢,可以发宾友之仪,可以释怨毒之结,可以已愁愦之疾,可以浑庸鄙之好",乃至"外户可以不闭,嗜欲可以少营。人有此声,家有此道,疫疠不作,天下和平"。戏曲的社会功用竟如此巨大,简直堪与儒、释、道三教同观了。但令人为之不平的是,"诸生诵法孔子,所在有祠;佛、老氏弟子也各有其祠。清源师号为得道,弟子盈天下,不减二氏,而无祠者",正是由于那些"非乐之徒"的故意轻慢。在此,汤翁把戏曲提到能与孔子和佛、老之道并论的高度,对鄙薄、排斥戏曲艺术的道学家们不啻是辛辣的批评。

随后,汤翁对作为一个合格演员的标准,提出了要求。他认为,演员应致力于演剧事业,态度端正,神不二用,虚怀若谷,好学不倦,即所谓"一汝神,端而虚,择良师妙侣,博解其词,而通领其意"。必须深刻理解曲词旨意,细心领会角色,做到演啥像啥,表演时做到"不知情之所自来",以使观众达到"不知神之所自止"的境界。演员应当有高超的演唱技巧,"抗之入青云,仰之如绝丝,圆好如珠环,不竭如清泉"。进而,汤翁谈到演员的修养问题。要严格要求自己,选择良师益友,勤学苦练。年轻人应洁身自爱,以保护自己的形体容貌;年长者要饮食清淡,以保护嗓音不衰,即所谓"少者守精魂以修容,长者食恬淡以修声"等等。这些见解,不仅在当时是发前人之所未发,对推动晚明戏曲运动的繁荣有直接的积极的意义。即在当今,仍有很强的借鉴意义。

总之,《宜黄县戏神清源师庙记》一文通篇所贯穿者,仍是一个"情"字。戏曲艺术本身源于"情",亦是言"情"的艺术,演者要深领和善表人物之"情",以达到使观众动"情"的艺术效果。这正是戏曲美学的核心命题,也与汤显祖"言情"的哲学观互为一致。此外,此文所记载的明代弋阳、乐平、青阳、海盐诸声腔在江右兴衰嬗变的情形,为后人留下了研究中国戏曲史的珍贵资料,至今仍被史家们反复引证。

汤显祖与晚明曲坛的情况,大体如上所述。

统而言之,汤显祖的戏曲创作和艺术实践,对晚明曲坛的贡献是巨大而多方面的:他的作品,无论是思想上还是艺术上,都达到了同时代人难以企及的高度而成为时代的翘楚。他的艺术实践,引领并推动了晚明戏曲声腔的流播和戏曲演出活动的繁荣。他是我国古代戏曲学和表导演理论的拓荒者。他和他同时代的戏曲家、艺伶们一起,合力开创了晚明曲坛高度繁荣的局面。他上承关、王,下启洪、曹,对当时和后世的影响巨大而深远。正如青木正儿所誉,汤显祖和莎士比亚,两个"东西曲坛伟人,同出其时",①各自代表着同一时期东西方戏剧文化的最高成就,双峰并峙于世界曲坛。汤显祖及其彪炳千古的《临川四梦》,永远属于全世界,永远是我们伟大民族的骄傲。

---

① 青木正儿《中国近世戏曲史》,中华书局 2010 年版,第 170 页。

汤显祖与王孙交游之历史光影

姚品文

数十年来,学界对汤显祖生平、思想及其作品的研究已经很丰富了。汤显祖在他的时代是个影响很大、文坛交游非常广泛的人,记述他生平事迹的史料中有许多反映,也有不少学者进行了深入的探求。但对他与南昌宁献王朱权后裔的交往,尚鲜有提及。《汤显祖研究通讯》2012年第5期发表了杨友祥先生的《汤显祖与明王孙交游纪事》,述及这一方面。我认为这的确是一个值得关注的题目,故就自己所知,在此作些补充。

不是说因为宁王家族有着超常的富贵荣华,可以给汤显祖头上增添光彩。这样理解偏离了汤显祖,对学术研究也没有价值。我认为之所以值得关注,是因为这一支王族的生存及延续,与明朝一些重大政治事件有着密切关系。他们身上承载着相当分量的历史重负。汤显祖与他们密切交往的事实,折射出了某些历史的光彩和阴影,值得研究;同时也可以从一个新的角度去理解汤显祖人生的丰富和人格的高尚,也可以对万历时期的社会面貌更多一些感知。

宁献王时代

汤显祖和宁献王后裔的交往是在明中晚期,但要懂得这种交往的不平常之处,不得不从明初宁献王朱权说起,因为朱权的人生极不平常,从而对其后代有着巨大的影响。

宁献王朱权(1378—1448)是朱元璋第十七子,洪武二十四年封于大宁(在今内蒙古赤峰市宁城县),封号宁王。大宁时期他和燕王朱棣等率领大军与北元作战,保卫大明北方疆土,是一位气宇轩昂年轻有为的将领。洪武三十一年朱元璋去世,建文帝即位后进行削藩。朱棣发动了一场政变——“靖难之变”,挟持朱权参与其事,曾许以“事成中分天下”。朱棣即位后,将朱权改封南昌,“事成中分天下”之约没有兑现。朱权在南昌四十余年,卒谥献,史称宁献王。

登了皇位的朱棣及其继位的子孙对朱权一直怀有强烈的戒心。朝廷和地方官员奉命对朱权进行监视,一有疑点甚至是捕风捉影就立即上报。朱权在这种情形下,隐居学道,并以主要精力从事著述,一生出版著作一百一十余种,包括《太和正音谱》这样的曲学经典和《神奇秘谱》这样的琴曲谱经典。同时还以扶持江西地方文化为己任。他经常接见地方名流和文人,力所能及地给予提携帮助,这方面的业绩被许多史家书诸史册。钱谦益《列朝诗集小传》以“弘奖风流,增益标胜”来赞扬朱权为江西文化所做的努力。他在这方面无须顾忌,原因是他无论有多少怨愤,并没有反抗报复和与四兄争夺天下的野心(这方面的是非本文不与置论)。

朱权有五个儿子,除长子磐烒立为世子外,几个庶子被封郡王。分别是临川王磐辉,宜春王磐姚,新昌王磐炷、信丰王磐㷰。他还在世,孙子也已经有好几个,仅世子磐烒就有子奠培(磐烒死后封世孙)、瑞昌王奠埨、乐安王奠垒、石城王奠堵、弋阳王奠壏五人。除去无子除爵者,后来形成宁王裔族的八支,至今还在南昌繁衍。

朱权还在世时,他的子孙们在文化领域的活动情况留存不多。由于世子磐烒早逝,世孙朱奠培(1418—1491)继承了王位,成为第二世宁王——宁惠王。作为藩王的朱奠培也是一个诗书画和音乐(琴)等都有成就的文化人,有多种著作传世。除此以外,其他王子王孙文化踪迹难以寻觅。《明史·诸王传》记载有他们与地方官员的冲突等事件,却没有与地方文人交往和与文化相关的事迹和成就,也没有什么著作传世。如果说是朱权对他们没有文化教育和培养,这是绝无可能的事。当时一般中上层家庭的子弟都要受到相当的教育,诗词文章的写作都是基本技能,何况王府子孙? 多半是没有留传下来,是朱权的政治处境造成这种局面,也可以说是政治给这个家族投下的阴影。

朱权没有反叛朱棣及其后继者的居心,但在位的朱棣及其后裔对朱权可能反叛的可能却十分在意而处处妨嫌。朱权在世时对此非常警惕,对儿孙进行着严格约束。他知道子孙们的不满一旦失控,会造成严重后果。他自作《宁国仪范》七十四章以教训子孙和王府的臣下,并且"盟诸山川社稷之神,有弗率训教者,俾受显戮"(朱统鿮《宁献王事实》)。《宁国仪范》内容必定是以忠于大明江山社稷为首要。为此他肯定要限制子孙们与王室以外的人过多交往。因为稍有不慎,就会有地方官员上报朝廷,加以"结党拉派,图谋不轨"等罪名,惹来杀身灭族之祸。诗文是最容易外露情感、内含讥刺的,所以肯定也要加以控制。他的王府有刻书馆,名叫文英馆。朱权在世刻印各类书籍百余种,其中没有自己儿孙的著作,原因不难理解——被朱权严格控制。朱权得以平安终其一生,家族基本无事,不能不说是这种约束起了作用。虽然这方面没有更多的直接记载和评述,但懂得中国政治历史的人,不难由此推论。

当然,明初的江西南昌,文化氛围不能与嘉靖万历时期相比。从地域看,江西自两宋以后,文化气氛之活跃,文人数量之多少,比起江浙一带都有悬殊。钱谦益《列朝诗集小传》说"江右俗故质朴,俭于文藻,士人不乐声誉",说的也是明初的情况。朱权对江西地方文化的扶持,正是与这样的背景有关。但这不会是王府子弟沉寂的主要原因。

宸濠之乱与宁王家族的命运

朱权于正统十三年(1448)去世,宁王爵传至四世,他的五世孙朱宸濠于弘治十二年(1499)袭爵。朱宸濠在文化方面的活动见诸记载者不多。明末陈弘绪《江城名迹》中介绍朱宸濠所建"阳春书院"时说:

> 宁庶人宸濠建以祀高禖(即媒神)祈嗣,广求诗文揄扬。每士子秋捷,设宴邀请,人各一律。得一联云:"光联滕阁文章焕,春透徐亭草木香"。宸濠嘉赏,刻榜悬之,标为绝唱。
>
> (《四库全书·史部·地理类》卷一)

可见朱宸濠居王位时还是有提倡风流、推介文士的一些嘉言善行的。

但朱宸濠并不安分做文化事业。他弃献王祖训于不顾,正德初就开始了造反的准备。他派人在朝廷内外勾结党羽,在地方聚集"死士"做着军事准备。正德十四年(1519)在南昌起兵向南京进军。不过四十余天,就在樵舍被王阳明和江西地方官员组织的军队镇压下去了。

这次叛乱造成损失之惨重空前,主要的当然还是普通官兵和大量民众。据记载:被擒斩首三千余人,落水三万余人。被各种史籍浓墨重彩地加以叙述,成为明朝历史上的一件大事,于宁王家族更可称灭顶之灾。据王守仁《王文成全书》收任士凭《江西奏复封爵咨》叙述宸濠败状云:

> 宸濠与妃泣别,宫人皆赴水死。宸濠并其母子、郡王、将军、仪宾及伪太师、国师、元帅、参赞、尚书、都督、都指挥、千百户等官数百人皆就擒。

(《四库全书·集部六·别集类》本卷三十八)

虽然正德降旨对宗族成员要加以甄别,但追随叛乱者被诛自不待言,没有参加的各支子孙也难免受到牵连。幸而性命保全者,有的避难他乡,有的变姓名以远祸,一时宗族陷于一片混乱之中。始祖朱权也因此牵连,宁王爵除,献王庙享废弛。

但这是个不屈服于命运的家族。嘉靖帝即位,弋阳王朱拱樻几次三番上书,请求恢复献王朱权、惠王磐炷的庙享,说:"献王、惠王,四服子孙所共祀,非宸濠一人所自出。若臣等皆得甄别守职业如故,而二王不获庙享,臣窃痛之。"(《明史诸王传·宁献王权传》)理由正大,得到了恩准。据《藩献记》说:

> 弋阳端惠王朱拱樻……嘉靖初上书请复(宁、惠)二王庙祀,得备礼乐,稍增设审理奉祠典仪,诸宦属藩臬诸司以下岁时皆入谒如大藩礼。嘉靖十九年抚按疏举王忠孝贤良,复修二王寝园。

(明万历间刻本)

也就是说,直到嘉靖十九年,汤显祖出生前十年,宁献王地位才在名义上得到恢复。接着嘉靖帝还下旨弋阳、建安、乐安三王分治宗族八支,整顿宗族事务,改变了混乱状态。但根深蒂固的影响没有也不可能真正消除,他们与朝廷的关系并没有彻底地得到缓和。弋阳王朱拱樻因事上书请旨,就屡遭朝臣疑忌与诋毁。

为了保全家族,改善和朝廷的关系,他们曾经委曲求全。皇帝寿辰或皇子延生等吉庆,立即撰颂词奉上。如瑞昌王孙朱拱枘给嘉靖皇帝上《大礼颂》,朱拱榣上《天启圣德中兴颂》《颂九庙皇嗣》等。另一方面则自立自强,加强对家族成员的管理和修德习文的教育。经过种种努力,终于出现了一批"孝友秉礼"、"谨约好学"的人。在这样的环境气氛中,他们可以吟诗作文,比较轻松地参加地方的一些文化活动,相对自由地与文人们交往。嘉靖中后期至万历年间便出现了文化繁荣学人辈出的高潮。

嘉靖中后期至万历年间宁献王后裔中出现的文化繁荣,可称之为宗族的"文化自强"。自强精神,有时候就来自灾难,这是被人类生活中无数事例证实了的。

虽然一定程度上被"甄别"了,但朝廷官员和社会对他们的歧视仍然存在,他们心理上仍然存在浓厚的阴影。更姓改名以谋生存的仍然不少。汤显祖诗中提到的"瀑泉"(朱多炡 1541—1589)、图南(朱谋㻪)父子,双双改名来相如、来鲲出游,就是压力存在的证明。有许多人改名换姓之后,再也没有恢复。如清初三大名医之一,著了《尚论》《医门法律》《寓意草》(合称《喻氏三种》)的喻嘉言,就是将"朱"改为字形相近的"余",又改为同音字"俞",再加上"口"旁为"喻",以后再也没有恢复"朱"姓。大明皇帝朱氏子孙,为什么要更名改姓? 因为他们从来没有摆脱过"叛乱家族后裔"的阴影。当代中国人,因出身"地富反坏右",在人们心目中,他们的"原罪"也是难以洗刷尽净的,何况是在封建时代?

这是否是穿凿附会? 过去我也曾这样想。但后来我在南昌,发现年纪稍大的南昌人,对宁王印象大都不佳,只是说不出所以然。后来才知道他们心目中的宁王只是朱宸濠,记忆恶劣而深刻,对献王的记忆早已被冲淡,以致朱氏后裔们也讳言自己的先祖,他们莫名其妙地将自己祖宗的"罪孽"背负了五百年。

汤显祖不仅是个文化人,也是具有鲜明的政治历史观念的思想家。他高调地与朱氏后裔交往,我们不能不给予特别关注和认知。

万历前后宁王裔族之文风昌盛

朱元璋二十几个皇子全都受了良好的文化教育,其后裔中文化卓有成就者不少。其中成就突出的是周王朱橚和宁王朱权两支;两支比较,仍以宁藩为胜。钱谦益《列朝诗集小传》收明亲王以外宗室十人,其中周藩一人,唐藩二人,沈藩二人,而宁藩达七人(含附见二人)。清末陈田辑《明诗纪事》收明十七朝藩府后人诗三十六家,其中属太祖诸王后者二十三家,包括周藩二家,楚藩一家,齐藩三家,辽藩二家,而宁藩朱权后裔有一十五家,超过其余诸家的总和。各种书目和《南昌县志》载宁王后裔著作刻版刊行者六十余人,如果算上有诗文书画作品流传者有百余人,可谓盛焉。

对此前人也早有定论。《明史·宁献王权传》称嘉靖以后,"诸王子孙好学敦行"。《(乾隆)南昌县志》编纂者按说"按明宗室在江西者多好学"。明万历时人罗洽为朱谋㙭(1553—?)所撰《朱君美诗集序》说:

> 以不佞而观今天下诸侯王子词赋,莫胜吾豫章。自余燥发时所善诸王孙,十殆二三。
>
> (民国魏元旷辑《南昌文徵》)

明末徐𤊹《笔精》说:"国朝宗藩之诗,宁府为盛。"清初朱彝尊称南昌宗室参加诗社活动为一时之盛:

> 南昌郭外有龙光寺,万历乙卯二月,豫章诗人结社于斯,宗子与者十人,知白朱多𤏳之外,则宜春王孙谋劏文翰,瑞昌王孙谋雅彦叔,石城王孙谋㙹郁仪,谋圭禹锡,谋琦诚父,谋堡藩甫,谋垦辟疆,建安王孙谋㲄更生,谋𡎺禹卿,谋劏辑其诗曰《龙光社草》。   (《明诗综》)

可见南昌王孙文风炽盛之超常,在当时已为社会普遍注意,并载在史册。见于记载的优秀王孙文人,绝大部分出自嘉靖前后朱氏八支谱系中"宸"字辈以下的拱、多、谋、统几代。其中堪称大家已经进入史册的不少,最著者如:

朱谋㙹,有著作一百一十余种。《明史·宁献王权传》突出介绍他:"尤贯串群集,通晓朝廷典故。诸王子孙好学敦行,自周藩中尉睦㮮而外,莫及谋㙹者。"

朱议霶,改名林时益,是清初著名散文家,以"易堂九子"之一与魏禧等宁都三魏等一齐进入中国文学史。

朱氏后裔中书画家也不少,有作品流传至今的有朱拱樋、朱多炡、朱容重等,被上海、无锡、北京等地的博物馆收藏。而成就最高的当然是大家熟知的朱耷(八大山人),是我国画史上杰出的大画家,现已扬名世界。

弋阳王府还继承了宁王府刻书事业,《古今书刻》等书目著录许多书的刻本出自弋阳王府,如朱权的《通鉴博论》,胡俨《胡祭酒集》三十卷等。江西藩府刻本也是中国出版史上优良刻本之一。

汤显祖与宁王后裔交往中的历史光影片断

徐朔方先生编辑的《汤显祖诗文集·玉茗堂诗》中与宁王朱氏后裔相关的作品集中起来,竟然有二十余题三十余首(有的一题数首)之多。诗中反映与汤显祖有过交往的朱氏后裔都是佼佼者,包括:

朱多炡(瀑泉)、朱多炤(孔阳、默庵)、朱多煃(贞湖、宗良)、朱多煃(用晦)、朱谋㙔(郁仪)、朱谋㙔(图南),以及建安王朱谋垅等。

现在看到最早的一首《平昌怀余生棐中州并怀朱用晦》(卷十三),是汤显祖还在遂昌时(1593—1598)写的,既是怀念用晦,当然是早就有交情。其他都写在万历三十五年他五十八岁之后。有年代可考最晚的一首《郁仪从龙寄示禊诗,怀旧张丁二公作二首》为万历四十一年(1613)作。这一年他六十四岁,两年后去世。交游长达二十余年。

中国历史上文人之间的交往是普遍现象。这种交往与社会背景、文化思潮及其发展等都有关系,所以历来很受关注。汤显祖家居之后与朱权后裔的交往与其他时代交往方式与前人大致相同,如宴集、唱酬、探访、问病、祝寿,以及别后的怀念等。但又有许多有别于其他文人交往值得关注的特点和内涵。下面从汤显祖诗歌里摘取一些片断进行一些考察:

一、对一个家族的尊敬

汤显祖交往的是这个家族中一个个人,但他心中是装有这个家族的。汤显祖在诗中,常常突出他们的王族身份。在他的诗题和诗句中常常出现"王孙"、"宗侯"等字样。诗题如《过贞湖王孙问疾》《同孔阳宗侯陈伯达陈仲容小饮闲云楼》等。诗句中如:

> 王孙良可游,交情及生死。(《澹台祠下别翰卿,有怀余德父用晦王孙》)

> (《汤显祖诗文集》卷十六)

> 簪裾藉朝宰,履舄延宗侯。(《丁未上巳,同丁右武参知王孙孔阳郁仪图南侍张师相……》)

> (同上)

> 王孙选客称清欢,羽爵成诗远寄看。(《郁仪从龙寄示禊诗,怀旧张丁二公作二首》)

> (同上)

> 龙沙正自拥名藩,秀骨凌霄帝子孙。(《建安王夜宴即事二首》)

> (同上卷十七)

对贵族的尊重是普通的事,甚至还可以是一种谦卑、攀附,有什么值得一提的呢? 前面已经说过,汤显祖面对的不是个一般的王族,而是一个受到来自最高统治者政治上打压、排斥的群体。趋利避害是人之常情,一般人对他们敬而远之不算过分。而汤显祖不仅不加避讳,反而高调地突出"王孙"、"帝室"自然就有些非同寻常了。

二、交往亲密,情感深笃

传统中文人之间交往的方式是多种多样的,如宴集、游赏、唱酬等等。汤显祖与当时朱氏后人交往同样有这些方式和内容。但比较起来他们之间显得关系更加亲密,感情更加深笃。请看下面这些情境:

1. 万历三十五年上巳聚会

万历三十五年三月初,已经五十八岁的汤显祖到南昌。这次来南昌最重要的活动是参加退休相国张位在别墅杏花楼举办的上巳禊游(此巳日当与三月三日重合),汤显祖诗有五首与这次聚集有关。参加聚会的朱氏宗侯有朱谋㙔、朱谋㙔,还有朱多炡。同时在座的还有参知邓太素,后来福建的蓝翰卿也来了。虽然这天风雨交加,但他们观赏美景,分韵吟诗,联想到王羲之等兰亭之集的曲觞流水,其乐融融。汤显祖当场作的五绝《丁未上巳,同丁右武参知王孙孔阳郁仪图南侍张师相杏花楼小集,莆中蓝翰卿适至,分韵得楼字》,描绘了禊游内容之丰富和场面之热烈。意犹未尽,后来又写了《上巳杏花楼小集》七绝二首。有"茂林修竹美南州,相国宗侯集胜游","坐对亭皋复将夕,客心销在杏楼中"等句,看来聚会是十分愉快的。

但是在此前后,他还写了一些相关的诗,表达的情绪却很有些不同。

上巳的前一天,汤显祖到南昌名胜永宁寺,迎来了"同声百年内,朱门二三子",也就是朱谋㙔、朱谋㙔,还有邓太素以及蓝翰卿等人。至交久别重逢,应该是快乐的,可汤显祖写的《上巳前一日永宁寺同莆中蓝翰卿宗侯郁仪孔阳孝廉邓太素》诗意虽含蓄,情调却明显是带有感伤的:"零落在兹辰,留连及芳齿"、"物感阴晴候,人疑盛衰理。龙沙往犹滞,萧峰上难拟"、"且就声闻醉,将妨语言绮。""萧条随曲终,局促非愿始",都给人以情绪压抑、欲言又止之感,想来当时他们有过难以为外人道的深层交流。这种交流只有知己之间才会出现。而在咏赞上巳当天隆重聚会的诗中,却只能是应景,以欢乐为主的了。

上巳聚会后,朱谋㙔有诗寄给汤显祖,汤显祖又写了《郁仪从龙寄示禊诗,怀旧张丁二公作二首》,诗中有"折取杏花楼畔醉,殢人愁绪祓除难"之句,说愉快的禊游并未消除他们的愁绪。愁绪内容难以明言,但彼此是可以心会的。

2. 问疾、馈赠、祝寿、怀念

朱多炡(贞湖)在当时宗族文人中年龄较大,威信很高,诗歌写作成绩卓著,人称"朱邸之隽"。后患偏瘫不能出门,但在家仍不废吟咏著述,受到广泛尊重。汤显祖登门探访问候,写了《过贞湖王孙问疾》,诗中评价多炡:

> 宗良一生称长者,古色峨峨澹潇洒。朝论几回择宗正,名流是处酬风雅。十数年中余一人,七十老翁余半身。尚有天机出文赋,深堂见客随车轮。

> (同上)

温情的慰问和赞扬以外,还说到自己分别之后对他的想念和担心:

> 三年别君常忽忽,视日相看怕芜没。

> (同上)

语气坦率,关怀真切。还写到分别之后曾以物寄赠。有《沉角寄宗良王孙。王孙肢节并废,而韵思转清》:

> 好逐王孙桂苑风,水盘烟烬博山红。由来一叶天香传,总在枯心断节中。

> (同上卷十九)

"沉角"当即沉香。他希望博山炉中的香烟在宗良的桂苑中飘香,更赞美宗良的身心飘出的"天香"会四散传播。"枯心""断节"这样的词语是只有略无芥蒂的友朋之间才会说出,而且不可能只是用来指他的身躯。

汤显祖还有七律《同相国为嘿庵王孙寿》,是汤显祖与张位一同参加朱谋玮(嘿庵)六十寿宴后作。诗中除想象寿宴热情与风雅外,也含有宽慰之意:

> 江西亦有淮南操,长被薰风仰帝弦。

（同上卷十七）

有一些诗是为送别而写,如《夕佳楼留别海岳太素图南叔虞得八齐》;还有一些是抒发别后怀念之情,如《平昌怀余生裴中州并怀朱用晦》、《澹台祠下别翰卿,有怀余德父用晦王孙》等,都表现了他们之间的情谊不是一时之兴,而是常在心中念念不忘。

还有的诗怀念已故者——瀑泉。朱多炡(1541—1589)字贞吉,号瀑泉。弋阳王支,封奉国将军。卒,私谥清敏先生。他曾变姓名曰"来相如",遍游各地,广交各地名流。回到南昌,有诗曰《倦游篇》(亦作《四游集》。《藩献记》录有《五游集》,或后有增补)。他是宁献王后裔中成就非常突出的一位。万历十七年多炡去世。数年后汤显祖到南昌,其子谋玮(图南)邀宴汤显祖于瀑泉隐居之所,《图南邀宴其先公瀑泉旧隐偶作》即咏其事。"烂醉长松深夜语,瀑泉风雨到寒枝",描写深夜酒后长谈,一起悲怀瀑泉公的情景。汤显祖讽读了瀑泉的《四游诗》,百感交集,又写了《讽瀑泉王孙四游诗》(讽,讽咏、讽味,不是讽刺)。用"好诗清浅世人留"赞美瀑泉的诗。瀑泉或有题诗或题字刻于石上,故诗有"石架题名烟月里,海风吹尽瀑泉秋"之句,赞瀑泉的美名与人格精神与大自然永传。汤显祖和瀑泉有深厚交谊,但却没有二人唱和的诗作留下来,说明他们之间并非仅仅是文字之交。

3. 与建安王的密切交往

由于当时(宁)王爵已废,南昌宗藩中最高爵位就是郡王了。在当时几位郡王中,汤显祖与建安王朱谋垅交往密切。留下的他与建安王的交游的诗作有六组含十首诗,多写他们在王府饮宴、观赏歌舞。"日暮留客",有时通宵达旦。建安王性情风雅开朗,平易近人。汤显祖对郡王显示出的是轻松愉快,从未因尊卑之别而拘束,更毫无阿谀之态。有一次建安王派人将王府的香茶"蔷薇露"送到临川玉茗堂。汤显祖为此写了《建安王驰贶蔷薇露天池茗却谢》四首,除了赞美蔷薇露之美和收到茶叶馈赠后心情之愉快外,还有句作:"便作王侯何所慕,吾家真有建安茶。"称茶曰"建安茶",心中的感激与感动以轻松风趣的语调传达,平等友好而有人情味。《建安王夜宴即事二首》中有"似是建安逢七子,盈盈飞盖旧西园"之句,以魏晋时"建安七子"比拟他们的关系,巧妙的调侃中透露出亲近和无拘束。他们的交往是非世俗化也非贵族化,而是文人化的。

4. 在王府观赏演出

汤显祖是剧作家,观赏戏剧歌舞是经常和必需的。而王府不仅有家班,也常请外来艺人演出。汤显祖在南昌时一定经常应邀到王府与王孙们共同观赏,汤显祖诗也有记载,如《王孙家踏歌偶同黄太次,时粤姬初唱夜难禁之曲四首》,其中第四首:

　　高堂留客正黄昏，叠鼓初飞云出门。但是看人随喝采，支分不许妒王孙。

（同上卷十九）

宁王始祖朱权是曲谱《太和正音谱》的作者，王府子孙也必深谙曲唱。汤显祖到王府与主人共同观看演出真可谓知音同赏，还可能交流切磋呢。

　　5. 对宁献王的尊崇

　　归根结底，朱氏家族的文化自强，植根于始祖宁献王朱权。汤显祖如何认识和对待朱权呢？他也深知，宁王一系与朝廷的矛盾并非仅仅出于宸濠之乱，而是早在朱棣靖难之变以及改封南昌后就深深地埋下（详《明史·宁献王权传》）。加上宸濠之乱这一弥天大祸，朝廷对百年前的宁献王的贬抑态度不可能彻底改变。处于这种状态下的汤显祖，即使与朱氏族裔交游，也可以与大多数前人今人一样，回避宁献王的存在。前面已经提到，朱权生平事迹的被忽略与曲解，其著作的大多散佚证实了这种状况。然而汤显祖是怎样的呢？

　　他在与王孙宗侯交往时，从未忘记他们的始祖宁献王。他在诗中表达了王孙中文风的昌盛，正是来自开国始祖宁献王的"多文章"——文化上的建树；认为这批儿孙在暴风雨之后没有消沉沦落，还出现了大批有成就的文人，是继承了始祖所开风气，他们身上闪烁着宁献王的光彩。在《过贞湖王孙问疾》中他说：

　　帝子阁中宁献王，神仙开国多文章。龙孙斗西实宗老，一时贞吉还宗良。

（同上卷十七）

《建安王夜宴即事》有这几句值得玩味：

　　玉斗夜倾珠斗近，衮衣遥觉布衣尊。征歌一一从南楚，守器累累奉北藩。

（同上）

前二句暂且不说，后二句应该是写建安王府当时演出的歌舞是南方的，但堂上礼器供奉的祖先却是"北藩"。"北藩"何所指？只能是指初封北疆大宁的献王。朱权在大宁时建功立业，志得意满，颇受父皇青睐。朱棣迫其参与靖难并将其改封南昌后，是不愿朱权再提及大宁的。而朱权一生怀念大宁，却难以为外人道。他的后人对此却没有忽视，建安王堂上供奉的是"北藩"宁王牌位。如何显示"北藩"身份无从知道，或者是出自建安王之口。汤显祖却以这两句诗，不加避讳地写了出来。

　　从以上引述中不难看出，汤显祖对宁献王知之深、关之切，不能与一般对前贤的敬仰同等看待。汤显祖与宁王裔族之交往，反映出更多充满生活气息和内涵丰富的人情味，不能将其与一般的文人交游同等看待。我们并非刻意拔高它的政治意义，它的确从一个侧面反映了汤显祖在现实生活中独立的政治态度、文化观念、人格情操等，从而丰富了我们对汤显祖的认识，是值得加以重视和研究的。

　　注：本文所引汤显祖诗作俱出自上海古籍出版社1982年版《汤显祖诗文集》。

从汤显祖与抚州正觉寺等的交往看儒禅相融

万斌生

一、汤显祖抒写故乡的诗作中,记叙与寺院交往的内容甚多

明代伟大戏剧家汤显祖,同时还是一位杰出的诗人。至今为止,包括陆续发现的佚诗,汤氏存世诗作多达 2 358 首(据《汤显祖诗文集》,徐朔方笺校,上海古籍出版社 1982 年版),从中可以透视汤显祖的从故乡临川走向天下、又回到故乡的生平履迹,可以探究汤显祖从报国入仕受挫到专注戏剧艺术创作的心路历程。

汤显祖的诗歌中,有许多描写故乡的篇章,涉及临川、金溪、宜黄、南城、乐安、黎川、东乡、广昌等地,尤以临川为多。临川的山水名胜、风物人情,莫不收纳笔下,如灵芝山、文昌桥、拟岘台、正觉寺、祥符观、沙井、谢家池、宝应寺(翻经台)、青云峰、西津、瑶湖、二仙桥、千金陂、红泉碧涧、灵谷峰等。略微检索,其中记叙与故乡寺院交往的诗作不少,仅在诗题中点明正觉寺(正觉院)就有八首,即《孟冬闲步后池园田,偶至正觉院》《与陈汝英送帅郎中,夜饮宿正觉院》《正觉院箨龙轩饮帅大仪得七字》《正觉寺示弟儒祖》《东莞钟宗望帅家二从正觉寺晚眺》(三首)《正觉寺逢竺僧,自云西来访罗夫子不及》;此外还有涉及临川南禅寺、广寿寺、宝应寺,金溪疏山寺(白云禅院)、石门寺等诗作多首,恕难一一列举。

汤显祖与故乡抚州以及寓居地江苏、广东、浙江等地佛寺交往密切,乃是时代风气使然。佛教自汉代由天竺经西域传入中原,大、小乘并存,派系繁杂;南北朝时天竺高僧菩提达摩泛海东来,先见南朝梁武帝后渡江北上,入嵩山少林寺驻锡传教,成为中国佛教禅宗初祖,禅宗教义逐渐与源于庄周的魏晋玄学合流,吸引了大批儒家知识分子谈佛论禅,禅宗成为中国式的佛教,得到迅速发展。至唐初六祖慧能南下创立南宗,禅宗进一步崛起,并衍化出伪仰、临济、曹洞、法眼、云门五宗,与儒、道三分天下,从皇家贵族、高官显宦到一般士人,谈禅论道蔚为风气,历经唐、五代、两宋、元、明,隆盛不衰。就汤显祖所处的明代来说,明太祖朱元璋少年时即在皇觉寺出家为僧,晚年还在朝廷设立"僧录司",礼请僧人主持全国佛教事务;[①]明万历首辅(宰相)张居正为一代政治改革家,"少时留心禅学,见《华严经》,不惜头目脑髓以为世界众生,乃是大菩萨行",[②]他不但曾寄名寺院出家,并对禅隐云南鸡足山的"中溪山人"李元阳表示过"二十年后"功成身退、归隐林下。[③] 皇帝、宰相争相礼佛,士人亲近寺院,儒禅兼修,汤显祖写下诸多与禅院有关的诗文,就很好理解了。

当然,研究汤显祖诗歌,是一个系统工程,非举众人之力不可。汤显祖诗歌风格古奥,用典甚多,不仅

---

① 《明通鉴》卷七。
② 袁中道《袁小修日记》卷五。
③ 《张太岳文集》卷二十六《答李中溪论禅》。

古文功底较浅的普通读者难于透彻理解,就是一般学者释注解读,也难避免讹误。笔者不揣浅陋,谨就汤显祖咏抚州正觉寺诗作兼及有关史料和诗文写点读后感,冀从中探寻晚明儒禅相亲相融的密切关系,以沧海一粟、芳林一叶,而求正于方家。

二、"偶至"源于心动,汤显祖青少年时与佛禅结缘

先看《孟冬闲步后池园田,偶至正觉院》。[①] 这是一首五言排律,篇幅较长。作者先写时令:"秋日自孤清,云山好天气。酌水翠疑空,漱石寒犹未。"秋末冬初,云淡风轻、欲寒还暖,秋水翠绿澄明倒映碧空,灌洗着石头虽清凉而未寒彻。再写闲步时所见风中的林木、园内的花卉,远山近原,高低错落;农夫无闲日,春天就开始的田畴平整工程早已完工,冬季收获的农作物还在灌溉;农妇喂猪,牧童饮牛,一派忙碌景象。

诗的后半段,集中写了正觉院:

> 白林在空蔼,光云时暖暾。通关一正见,开轩四无畏。花幡妙女持,暗烛灯王乞。欲借蘧庐住,复恐香厨费。西眺但城邑,至人绝髣髴。

白林是佛寺名称,很多地方都有白林寺,此处代指正觉院;蔼,通假字,同霭;花幡,佛像前的旗幡;灯王,佛名,《法华经》作"云自在灯王",《维摩经》作"须弥灯王佛"。蘧庐即旅舍,典出《庄子集释》卷五下:"仁义,先王之蘧庐也,止可以一宿,而不可久处。"郭象注:"蘧庐,犹传舍。"髣髴,即约略、依稀。典出《楚辞·远游》:"时髣髴以遥见兮,精皎皎以往来。"此段诗句意为:建筑在汝水河边、犀牛山上的正觉禅院,远看时云蒸霞蔚、金碧辉煌,进入寺院,凭轩四顾,视野开阔。寺中香客云集,花幡明烛,佛相庄严。本想寺中借宿,又怕打扰僧众,增加寺院费用。站立寺前往西眺望,临川城郭就在眼前。看世间众生芸芸,忙忙碌碌,像寺中高僧那样超凡绝俗的人真难看到啊。

汤氏早慧,12岁时即作有《乱后》诗,14岁补县诸生即中了秀才,21岁参加江西乡试中举,26岁在临川刊行他最早的诗歌结集《红泉逸草》。《孟冬闲步后池园田,偶至正觉院》即见于此书,写作年龄应在14岁后、21岁之前。诗题中,点明时处孟冬即秋末冬初,作者在后池园田散步,"偶至正觉院"有感而作。

说是"偶至",其实是必然。为何说是必然呢?其一,汤显祖家居临川桥东文昌里,与正觉寺相距很近,不到两华里,随时都有路过可能。其二,正觉寺乃江西名刹,始建于唐代,相传由禅宗洪州宗(临济、沩仰等宗派前身)宗师马祖道一创寺,初名妙觉寺,后改正觉寺,又称正觉禅院、正觉院。宋、明两代香火极盛,宋代王安石数次入寺游览,并留下《题正觉寺籜龙轩二首》《城东寺菊花》诗作。明代思想家、文学家李贽曾入寺品茶,并留下赞颂寺中甘泉的《醒泉铭》。晚明时期皇帝大都崇佛佞道,佛禅相容,寺院不仅是僧众禅修圣地,而且是文人墨客交往读书之处。汤显祖作为一代文宗,不可能不拜访先贤留墨的正觉寺。其三,临川文昌汤氏乃当地名门,崇尚耕读为本、诗礼传家。汤显祖祖父汤懋昭曾考取贡生,并受诏出任过安徽清远县丞;父亲汤尚贤是当地著名经学家和藏书家。但其祖母魏夫人一生崇信佛道,对她一

---

① 《红泉逸草》之二,《汤显祖诗文集》第二卷,徐朔方笺校,上海古籍出版社1982年版。

手带大的少年汤显祖有很大影响。汤显祖在《伯父秋园晚宴有述四十韵》长诗中,曾写到汤家昔日景象"卧游仙袅袅,行乐醉乌乌。旧试朋簪合,新瞻佛座敷"。①汤显祖还写有记叙夫人吃素念佛的《内人入斋》诗:"不为成双学种麻,偶然闲独悔炊沙。清斋素服光如月,自赏香璎茉莉花。"②此诗首句,嗔怪夫人不和自己成双结对采桑种麻;次句是说夫人后悔煮沙做饭,徒劳无功。炊沙,出自唐顾况《行路难》:"君不见担雪塞井空用力,炊沙作饭岂堪食。"第三句,是赞颂夫人礼佛持斋后的清静圣洁;结句写夫人从容自在,念佛品茶。璎,即璎珞,指珠玉串成的装饰品,此处代称佛珠。诗虽不无调侃之意,却也说明汤显祖家中的敬佛气氛。

就在汤显祖"偶至正觉院"后不久,明隆庆四年(1570)秋天,21岁的汤显祖赴省城参加乡试中举后,去南昌西山拜谢主考官张岳,顺路游览西山云峰寺,在寺中莲池照影时,将头上的束发银簪掉落池中。汤显祖写下五言绝句《莲池坠簪题壁二首》:"搔首向东林,遗簪跃复沉。虽为头上物,终是水云心。""桥影下西夕,遗簪秋水中。或是投簪处,因缘莲叶东。"③诗中,表达了随缘向佛的出世思想。

三、凌云笔,借禅堂,正觉寺成为儒生的书房和论坛

青少年时代的汤显祖虽有出世之念,但这并非他的思想主流,汤显祖的主流思想是儒家,是读书进取、入仕为官,实现报国安民的雄心壮志。他自许"某颇有区区之略,可以变化天下",④豪言"神州虽大局,数着亦可毕",⑤对治理国家信心满满。

汤显祖少有文名,21岁中举人后更是名声大噪。明代邹迪光《临川汤先生传》记载:"公虽一孝廉乎,而名蔽天壤,海内人以得见汤义仍为幸。"⑥因此,汤显祖青少年时代就结交了许多朋友,如帅机、姜鸿绪、饶仑、周宗镐、谢廷谅、曾粤祥、吴拾芝、陈汝敬、沈懋学、梅鼎祚等,有临川、金溪、进贤等抚州同乡,也有安徽宣城等外地人,大都是当地名士,一方豪杰。汤显祖与文友常在抚州正觉寺相会,借用禅房读书,辩难切磋,交流心得,或饮酒赋诗,畅谈国事。《与陈汝英送帅郎中,夜饮宿正觉院》《正觉院籓龙轩饮帅大仪得七字》《正觉寺示弟儒祖》三首诗作,就是汤显祖和帅机等文友以及自己兄弟与正觉寺密切交往的见证。

帅机(1537—1595),字惟审,号谦斋。江西临川唱凯人。与汤显祖、邱兆麟、祝徽齐名,被誉为明代临川前四大才子。隆庆元年(1567)进士。历官浙江平阳知县、户科给事中、汝宁(今河南汝南)府学教授、国子监学正、工部主事、礼部郎中等职。文武全才,曾随军出征西夏,回朝时写下《平西夏颂》,诏任职史馆,升南刑部郎,迁南礼部精膳司郎中。从其履历可见,帅机迁职频繁,一直在小吏闲官圈子中打转,显然从政非其所长。后辞官归里,专事著述,今传《南北二京赋》《阳秋馆集》40卷(存23卷)等。

帅机比汤显祖大13岁。汤显祖3岁时,帅机就中举了;帅机中了进士,汤显祖刚18岁。但临川乡里却将汤、帅相提并论,始称两人是"帅博汤聪两神童",又将他们和邱兆麟、祝徽同列为"四大才子"。两人

---

① 《玉茗堂诗》之六,《汤显祖诗文集》第11卷。
② 《玉茗堂诗》之十六,《汤显祖诗文集》第21卷。
③ 《玉茗堂诗》之九,《汤显祖诗文集》第14卷。
④ 《玉茗堂尺牍》之一,《答余中宇先生》,《汤显祖诗文集》第44卷。
⑤ 《玉茗堂诗》之三,《三十七》,《汤显祖诗文集》第8卷。
⑥ 《汤显祖诗文集》附录。

惺惺相惜,成为忘年交。万历五年(1577),年过四十的南礼部精膳司郎中帅机回临川,与汤显祖等友人盘桓多日。汤显祖时年28岁,已经历了三次会试落榜的打击,与仕途坎坷的帅机心意相通,一连写了《与陈汝英送帅郎中,夜饮宿正觉院》《正觉院籋龙轩饮帅大仪得七字》《送帅机》三首诗记叙这次相会,①前两首诗题中分别标明了"宿正觉院"和"正觉院籋龙轩饮"。一宿一饮,吃和住都在正觉寺了。

与汤显祖一同迎送帅机的陈汝英,汤显祖在《与陈汝英送帅郎中,夜饮宿正觉院》点名了他的身份"陈氏富貂珰",身上穿戴貂裘,腰间佩系美玉,无疑是当地一位豪客。但这篇相当长的五言古风仅此一句涉及陈汝英,而且是为下一句写帅机作反衬:"吾兄自奇质。"其余全是写帅机和自己。"星郎既藜盐,轩车岂遑逸",既然习惯了安贫乐道、野菜淡饭,岂会对富贵不仁者心怀惶恐?表达了他们不以贫富易志的高尚品节。"语默趣非殊,泥尘道非一",志趣相同的挚友,相对默然,一时竟不知从何开口;命运多舛,同处艰困之境,哪一条路能让我们走出泥潭呢?生动地描绘了两人初见面的拘谨和对身处困境的思索。"不畏谈天辩,故是凌云笔。向暝息归轩,开灯坐玄室。"两人谈天说地,相互辩难,出口成章,下笔凌云。白天从借住的籋龙轩出去走走谈谈,傍晚回到轩中禅室,灯下打坐休息。"既谢樊中鷃,肯遵缝际虱。"不管如何,最重要的是堂堂正正做人,笼中鸟不屑为,更不会做寄生在大人物裤缝里的虱子了!"芳兰对君酌,烟萝契应密。"帅机兄高才雅量,能和你交往饮酒的应该也是蕙心兰质之人。我们乃难得的忘年之交,更应珍惜如草树茂密、烟聚萝缠,使之更加紧密才是。"乍觉濠鱼得,俱忘塞马失。何日济苍生,相期采风实。"濠鱼之得不足喜,塞马之失何足悲,我们都该忘掉这些得失悲欢,坚守报国安民济苍生的远大理想,并努力去实现。

另一首《正觉院籋龙轩饮帅大仪得七字》,也是一首五言古风。此录于下:

> 十月天雨霖,寒虫悤秋毕。在俗寡林泉,栖真借禅室。香风紫檀厨,法水波罗密。荷池屡经嗅,雪山未曾失。轩虽籋龙旧,人希竹林七。观君辩才相,颇同惠施质。讵有香厨馔?且摘祇园实。何肉等荒淫,周妻谢灵匹。乌狗既同梦,中台岂殊秩?祝发良已难,劳生几时逸?从来厌出山,慈缘送君出。

籋龙轩,王安石在《题正觉寺籋龙轩二首》诗中,称之为"北轩",可知位置在寺院北部;"山雨江风一披拂,籋龙还自有吟时",说明籋龙轩雄踞犀牛山,面临汝水,江风山雨中竹林萧萧宛如吟诗,正切合"籋龙"之名。而"壶中若有闲天地"的"壶中"二字,点出此轩乃住持或方丈接待贵客品茶谈禅之处。帅大仪,即帅机。明制,主持祭祀事务的太常寺卿称"大仪",礼部郎中一般称"中仪",称帅机为"大仪"显然是出于尊重。"得七字",应是汤显祖、帅机和其他朋友分韵作诗,汤显祖分到了"七"字韵,即平水韵入声"四质"。

与前首《夜饮宿正觉院》儒家语调不同,这首诗充满佛家色彩。诗的开头,点明时届冬令,再不闻寒蛩泣秋之声;接着写籋龙轩,紫檀木的橱柜,装满《波罗蜜多心经》等典籍;轩室墙上绘有佛家壁画,使人常闻七宝莲池的幽香,似见西天圣洁的雪山;籋龙轩虽显老旧,客人却是竹林七贤一般的人物;看眼前的帅机先生,既有唐代高僧辩机和尚的宽仁醇厚,又有战国名士惠施的多才善辩;辩久了,谈累了,香积厨中

---

① 《问棘邮草》之一,《汤显祖诗文集》第三卷。

有素斋,还有寺中田园自产的水果,谁会跟美食有仇呢?"何肉等荒淫,周妻谢灵匹。"何指梁代的何胤,周指南齐的周颙;何胤爱吃肉,周颙有妻子,二人学佛修行,各有所累。要想修行有所进境,就必须减少食、色之欲。诗的最后六句,作者直抒胸臆,表达对久困场屋、壮志难伸的愤懑。"刍狗既同梦,中台岂殊秩?"刍狗,古代祭祀时用草扎成的狗。典出《老子》:"天地不仁,以万物为刍狗;圣人不仁,以百姓为刍狗。"中台,即尚书台,又称尚书省,其长官尚书令即后世宰相;此处泛指高官。卑微的百姓被朝廷视为草芥,寒门士子虽有理想也难实现,高官们尸位素餐、无不享受丰厚的俸禄。"祝发良已难,劳生几时逸?"祝发,即削发出家。出家既不易,在人世辛劳度日何时轻松过呢?"从来厌出山,慈缘送君出。"本心厌恶出山陷身名利,现实中我们却都在追求功名为国效力,这是帅机先生也是自己的佛缘和宿命啊!

七律《正觉寺示弟儒祖》,①则是一首劝学诗:

> 尔兄才地本无余,长日东皋自秉锄。为道三荆悦同处,仍从双树偃精庐。窗间白发催愁境,烛底苍头劝读书。万卷苦人难一一,三车时听讲如如。

汤显祖有弟儒祖、奉祖(凤祖)、会祖、良祖、寅祖五人,儒祖是大弟,字醇仍,后为郡廪生(秀才),曾任太常博士。此诗首句是说,你哥哥我本来就很平庸、没有超人才华,为了生计终日亲自在东郊田园躬耕务农。东皋,指水边向阳高地,也泛指田园、原野;秉锄,即把锄、持锄。次句是说,我们兄弟遵循道统友好相处,但这不够,应该学习佛祖苦修的精神,栖身书房潜心读书。三荆,是说荆树虽有三权而同一株干,喻同胞兄弟;双树,娑罗双树之略称,佛祖入灭之处,由于佛祖具大愿心即菩提心,才能悟道而得正果。精庐,指读书讲学之所。《后汉书·姜肱传》:"盗闻而感悔,后乃就精庐,求见徵君。"李贤注:"精庐即精舍也。"《魏书·儒林传·平恒》:"乃别构精庐,并置经籍于其中。"第三句是说,早晨窗前照镜,眼睹白发难掩愁容;晚上烛光之下,连家中的仆人也规劝我们好好读书。苍头,代指仆役。汉时,仆役皆以青巾作头饰,故称苍头。《汉书·鲍宣传》:"使奴从宾客浆酒霍肉,苍头庐儿皆用致富。"结句是说,万卷经籍,再苦读也难一一读完;必须去芜存真,努力探求真理。三车,谓牛车、鹿车和羊车,出自《妙法莲华经》,喻普渡众生之愿,大小随缘。如,为理的异名;如如,指永恒存在的真理。

汤显祖在正觉寺赠弟劝学诗,是抚州寺院成为当地儒生书房的又一佐证。同样可作佐证的还有《南禅寺寻饶仑不见》,②说明除正觉寺外,抚州城东的南禅寺,也是儒生聚会所在。其实,魏晋以降,儒生将佛寺做书房者比比皆是,名人轶事史不绝书。南朝梁代的刘勰早年家贫好学,终生未娶,曾寄居江苏镇江南定林寺里跟随僧人研读佛书及儒家经典,写成我国最早的文学评论巨著《文心雕龙》。唐宣宗李忱,青年时为避难,逃到浙江盐官(今浙江海宁西南)的安国寺落发为僧,法名琼俊,后来登基为帝,勤于政事,颇有作为。名相狄仁杰,年少时曾在寺院读书十年,学有所成,才进京应试。茶圣陆羽,小时候成为孤儿,被竟陵(湖北天门市)龙盖寺住持智积禅师在西门外湖滨拾得,收养在寺院读书,唐肃宗诏他为太常寺太祝,他拒不入朝为官,隐居江南著成《茶经》三卷。北宋著名的政治家范仲淹,年少时曾在山东邹平县醴泉寺读书三年,后来终成大器。王安石晚年退隐江宁,在钟山定林寺借用僧房著书,写成《字说》,米芾拜

---

① 《问棘邮草》之二,《汤显祖诗文集》第四卷。
② 《问棘邮草》之二,《汤显祖诗文集》第四卷。

访时题名"昭文斋"。元代戏剧家关汉卿生平难考,但他在小令《四块玉·闲适》中自述"共山僧野叟闲吟和。他出一对鸡,我出一个鹅,闲快活",是他与僧人亲如一家的生动写照。明代与佛禅关系密切者,除前文提到的皇帝朱元璋、宰相张居正外,还有许多名人。文人如大名鼎鼎的郑板桥,三十五岁时读书于扬州天宁寺,手写《四书》等儒籍;武人如战功赫赫的抗倭名将俞大猷,曾入少林寺指教少林僧人学习棍法,后来少林寺派僧人下山帮助俞大猷、戚继光等打击倭寇,僧兵将领天真、天池、天启、月空等,都立下战功。

四、忆禅友,见番僧,正觉寺兼为儒禅课堂和外交窗口

《东莞钟宗望帅家二从正觉寺晚眺》是一组七言绝句,共三首。这组诗题目很长,类似小序,全称为《东莞钟宗望帅家二从正觉寺晚眺,读达师龛岩童子铭三绝,各用韵掩泪和之,不能成声》。① 诗曰:

> 天花拂水向城隅,八岁西儿爪发殊。解道往生成佛子,偶然为父泣遗珠。达公金骨也尘沙,万古彭殇此一家。恰是钟情浑忘却,十年红泪映袈裟。无情师印有情文,水点军持滴路坟。止是金环何用觅,月明吹笛逐山云。

题中钟宗望,广东东莞人,汤显祖友人,曾因慕汤显祖文名,举家迁居抚州居住三年之久。帅家二从,即汤显祖挚友帅机的儿子帅从升和帅从龙,两子俱有文才,汤显祖誉为"帅氏二从"。达师,即达观。达观(1543—1603),明代高僧,江苏吴江人,俗名沈真可,号紫柏。万历十八年(1590)与汤显祖相识于南京,成为挚友。达观多次劝汤显祖出家,并为他取了法号"寸虚",后改"广虚",汤显祖亦尊之为师。万历二十六年(1598)十二月,达观应临川知县吴用先的邀请,从庐山归宗寺来到临川,汤显祖热情接待,不仅同游抚州正觉寺(本诗可证),还一道乘船溯抚河而上,拜谒金溪石门寺、疏山寺,再到南城从姑山,凭吊汤显祖的老师、理学家罗汝芳先生,直到元宵节前才回到临川。元宵节当日,又亲自送达观乘船去南昌、回庐山。这次漫游,既是一次友谊的欢聚,也是一次"情"与"理"的交流。达观再劝汤显祖"情消"出家,汤显祖却宁愿留在尘世"为情作使";理念虽不同,友情却弥深。这次相聚,达观写有《游飞鳌峰悼罗近溪先生》《临川文昌桥水月歌》②等长篇禅诗,汤显祖则写有《达公忽至》《达公舟中同本如明府喜月之作》《己亥发春送达公访白云石门,过旴吊明德夫子二首》《达公来自从姑过西山》《达公过旴便云东返,寄问贺知忍》《达公来别云欲上都二首》《谢埠同紫柏至沙城,不肯乘驴,口号》《别达公》《江中见月怀达公》《章门客有问汤老送达公悲涕者》《归舟重得达公船》等十余首诗。③ 过后,达观与汤显祖书信往返,继续"情"与"理"的探讨,汤显祖又写有《疏山寺寻达公游处并问吴选部》(四首)和上述《东莞钟宗望帅家二从正觉寺晚眺》(三首)等诗多首,足见二人交情之深。

《从正觉寺晚眺》写于万历三十六年(1608),是三首缅怀和悼亡的七言绝句,悼念的是达观和西儿。西儿是汤显祖的第四个儿子,万历十九年(1591)生于临川,万历二十六年(1598)八月夭殇,虚龄 8 岁。当时正值汤显祖弃官家居、由城东文昌里移居城内沙井新居即玉茗堂,当年初春已先有六子吕儿之殇,至

---

① 《玉茗堂诗》之十一,《汤显祖诗文集》第十六卷。
② 《紫柏老人集》卷二十九。
③ 《玉茗堂诗》之九,《汤显祖诗文集》第十四卷。

秋又殇西儿,使汤显祖十分悲痛,作有哭儿诗《七月念日移宅沙井,八月十九日殇我西儿,惨然成韵》。也就是在这一年年底,达观来访临川。五年后,达观因反对朝廷征发矿税和卷入议论宫廷内务的"妖书案"被捕并死于京城狱中,闻耗后汤显祖作《西哭三首》哀悼。汤显祖写《从正觉寺晚眺》时,西儿已殇十年,达观遇害也已经五年了。

我们来读这三首绝句。

第一首专悼西儿。汤显祖满怀深情诉说,西儿啊,你是天花坠落汝水、漂流到临川城东一隅,故生有异征,手足和头发都与众不同。我知道你已经往生西天,成为佛祖的弟子了,可怜我偶然做了你的父亲,至今仍为失去你这个宝贝而落泪。天花,典出《心地观经·序品偈》:"六欲诸天来供养,天华(花)乱坠遍虚空。"传说梁武帝时听云光法师讲《涅槃经》时感动上天,天花纷纷落下。拂水,佛家景观,江苏虞山藏海寺前有拂水晴岩。此处可解为天花拂动汝水(抚河)。

第二首专悼达观:达公您辞世五年,金骨已化尘沙。您本该像彭祖那般长寿,却因被害而未终天年,真是千古奇冤、只此一家。不为别的,只因为您钟情世事,而没有假装糊涂;你作为出家人,却为国家兴亡、百姓疾苦到处奔波多年,血泪沾湿了您的袈裟。金骨,尊称佛骨。宋仁宗赵祯《佛牙舍利赞》:"惟有吾师金骨在,曾经百炼色长新。"彭殇,意为寿夭。彭祖,古代传说中寿长八百岁之人;殇,夭折,未成年即丧。

第三首悼达观兼悼西儿:达观大师虽然是出家人,作的龛岩《童子铭》三绝,却句句有情,读了催人泪下。西儿走了,您也走了,我只能用净瓶给你们的坟茔或在大路口洒点水来表祭奠。大师的禅杖再也找不到,但风范和精神永存;但愿明月边的白云将我思念您的笛声送到您埋骨的迳山。"无情师",指达观。达观是出家人,理应无情,但是他却非常有情,这正是达观与一般和尚的区别;"有情文",指达观所作龛岩《童子铭》三绝,从汤显祖"各用韵掩泪和之,不能成声"来看,应是十年前达观为悼西儿所作。龛岩,指底部凹陷的岩石,样子像供奉佛像的小阁子。水点,意为倾倒容器洒水;军持为梵语音译,意为净瓶或澡罐,僧人云游时随身携带的贮水器,又称"君持"、"军迟"、"捃稚迦"等。唐玄奘《大唐西域记》:"次南石上则有佛置捃稚迦……捃稚迦,即澡瓶也。然则'军持'之名,捃稚讹文,又省迦字。释家以之洗手,故曰澡瓶,亦曰净瓶。"金环,疑指僧人所用七宝禅杖,上挂金环。迳山,即径山,在浙江余杭西北,达观葬骨处。

《正觉寺逢竺僧,自云西来访罗夫子不及》,[①]也是一首七绝,诗云:

> 万里伊州入汉关,罗公不见履空还。今宵下马迎风塔,可似西南正觉山。

诗虽短,传达的信息却很丰富。第一,说明当时的正觉寺已有涉外交往。竺僧,即天竺来的僧人。天竺,唐以前是中国对当今印度、巴基斯坦等南亚国家的统称。《后汉书·西域传》记载:"天竺国一名身毒。"唐代以后,天竺始专指印度。唐玄奘西天取经回来后,曾在奏折中为天竺正名:"夫天竺之称,异议纠纷,旧称身笃、身毒、贤豆、天竺等。从今正音,宜云印度。"第二,说明儒教与佛禅的交融不仅在中国国内普及,且远及海外。罗夫子,即罗汝芳。罗汝芳(1515—1588)字惟德,号近溪,江西南城人,明中后期著名哲学家,教育家,泰州学派的代表人物。因曾为汤显祖的老师,故汤氏尊称"罗夫子"。罗汝芳博览群书,学

---

① 《玉茗堂诗》之十六,《汤显祖诗文集》第二十一卷。

出多门,曾师从胡清虚学道,又师从僧玄觉谈禅,后独钟理学。但他反对程朱理学"存天理灭人欲"的迂腐教条,提倡用"赤子良心"、"不学不虑"去"体仁",在体察社会民情中求取真知,被誉为启蒙思想家的先驱。天竺僧人远道来访罗汝芳,说明罗汝芳的启蒙思想已远传到西域和南亚了。绝句意为:天竺高僧从万里之遥的塞外伊州进入中华内地,来访罗汝芳先生,却因他仙逝而无缘拜识,遗憾踏破鞋底只好返程;今夜在正觉寺迎风塔前下马寄宿,不知在天竺高僧眼中,临川正觉寺塔与西天灵山金刚宝塔有否相似的地方?伊州,西域名城,丝绸之路重镇。唐代曾在今新疆境内置三州即庭州(州治金满,今新疆吉木萨尔县北破城子)、西州(州治高昌,今新疆吐鲁番市东)、伊州(州治伊吾,今新疆哈密市)。汉关,阳关、玉门关甚至函谷关都有此称,应为泛指内地。履空,鞋子磨破穿孔。典出班固《汉书·鲍宣传》:"唐尊衣敝履空,以瓦器饮食。"迎风塔,明代正觉寺塔,今日已不存。但从作者询问"可似西南正觉山",可以判断当年的迎风塔是一座西域风格的金刚宝座塔。史载,当时中国这种风格的佛塔很多,尤以北京西郊的真觉寺塔为代表,其原型是印度人为纪念佛祖释迦牟尼而建的五塔佛陀伽耶大塔,但在建筑上也融入了中国传统艺术特点。该塔由宝座和石塔两部分组成。金刚宝座的台座象征须弥山,而五座小塔则象征须弥山上的五峰。正觉,乃梵语意译,音译三菩提,意指真正之觉悟。"可似西南正觉山",应是作者询问天竺高僧:您看临川正觉寺的迎风塔,是否像印度供奉佛祖的须弥座五峰塔呢?

汤显祖在《临川县古永安寺复寺田记》①中说:"临川古为名郡,五峰三市在焉。三市者,市也;五峰之间,闻有观九、寺十三。"文中,明确点出临川城区寺院曾多至十三座。在《汤显祖诗文集》中,先后提到的有正觉寺(院)、南禅寺、文昌桥观音阁、广寿寺、宝应寺(故址)、古永安寺等,提到次数最多的是正觉寺。这也说明在当时临川境内,最为隆盛的是正觉寺,与儒家交往最多、相亲相融得最好的更是正觉寺。

---

① 《玉茗堂文》之七,《汤显祖诗文集》第三十四卷。

汤显祖负笈从姑山略考

罗伽禄

汤显祖多次谈及自己就学的事情,他在《秀才说》一文中说:"十三岁时从明德罗先生游。"在《李超无问剑集序》中说:"吾师明德夫子而友达观。"在《答邹宾川》中说:"弟一生疏脱,然幼得于明德师,壮于可上人。"他师从罗汝芳的情况究竟如何,何时负笈南城县从姑山,值得探讨。

一、汤显祖临川拜师罗汝芳

依汤显祖自己所言,他在十三岁时就师从罗汝芳。汤显祖在哪儿拜师学习,没有说清楚。而依《文昌汤氏宗谱》中的《抚郡汤氏廧宇规模记》里说:"承塘公初延罗明德夫子教子六人于城内,唐公庙左有汤氏家塾。勗曰:'光阴贵似金,莫作寻常燕坐;天地平如水,相看咫尺龙门。'"①徐朔方先生认为,汤显祖即在此从罗汝芳学,而黄芝冈先生则认为不可能在家塾里受其学。黄芝冈先生在其著《汤显祖编年评传》一书中说:"这说法不可靠。罗汝芳当汤显祖出生前六年已经在南城建从姑山房做讲学据点,当汤显祖四岁的时候,他已经是太湖县知县了。这样一位先生,又岂是汤之父亲的力量所能够请来教蒙馆的。"②

这一年,汤显祖师从罗汝芳应是没错的,但是怎么一种学习方式,值得探讨。汤显祖十三岁,即嘉靖四十一年(1562)。在此前一年,罗汝芳已从刑部任上回家省亲,学者们因之时常聚在一起举行讲学。嘉靖四十一年,罗汝芳返回北京,并在北京刑部修《秋曹商求》,又与李见罗、徐鲁源在京城里讲学不辍。根据曹胤儒编的《盱坛直诠》卷下的记录:"壬戌,师在京,大修部司火房。集一山罗公、合溪万公、小鲁刘公、见罗李公、鲁源徐化辈,日夕聚论,商确理学。未几,师补宁国守。"③由此看来,罗汝芳在临川待的时间很短,有可能只是参加讲会,居馆教学不可能。他从家乡南城县赴京,一路行程少得也要花时一月有余,他要在假期完结之时赶到刑部上班。从时间看,不容他在临川多待。罗汝芳是一个喜欢讲会的人,讲会的时间长短不一,长可达一月,短可十天半月。邹元标在《崇儒书院记》中说:"盱江近溪罗公至,每会讲禅刹,月余别去。"崇儒书院在抚州府城临川南,祀宋晏殊、王安石、曾巩、陆九渊、吴澄、吴与弼,荐绅每讲会于此。临汝书院又名南湖书院,原名南湖道院。建于宋淳祐九年(1249),饶鲁、程若庸先后为山长,游其门而知名者有程文海、吴澄等。元时,毁于火,后又重建,再毁,明嘉靖三十七年(1558)再修,陈九川撰记,为临川著名书院,也是学者们开展会讲的重要场所。罗汝芳也常讲学于此,并写下《勗临汝书院诸生》寄语这里的学子们。"学者斯须不庄不敬,便慢易之心入之;斯须不各不乐,便鄙诈之心入之。此方是'学而时习'的实功。典于《诗》而歌咏,立于礼而周旋,成于乐而欢欣鼓舞。此方是'以文会友'的实

---

① 抚州市汤显祖纪念馆藏《文昌汤氏宗谱》(七修),光绪三十二年修。
② 黄芝冈《汤显祖编年评传》,文化艺术出版社2014年版,第12页。
③ 中国子学名著集成(044)《盱坛直诠》,台湾中国子学名著集成编印基金会,第303页。

功,所以其效能悦,能辅仁也。"①

南城、临川两地相距百余里,交通方便,罗汝芳应是临川一带讲会中的"常客"。很有可能是罗汝芳在临川讲学期间接收了汤显祖为弟子。从罗汝芳弟子的籍贯看,临川籍的学生不少,也许正是此原因。这种情况也曾发生过,罗汝芳在宜黄县讲学期间吸收了一名叫应蕙的少年为学生。他在《宜黄应太学墓志铭》里说:"嘉靖丙午,余讲学抚郡宜黄,晓吾应君名蕙字汝质者,时犹冲年,来游门下。"况且十三岁这一年,汤显祖还拜入徐良傅之门学习古文,一般情况下不可能同时在两地求学。罗汝芳在此期间只是省亲回家,还得去上班的,正如黄芝冈先生所言不可能去教蒙馆。再者承塘先生六子,前五子为吴氏所后,六子寅祖为续弦李氏所生。他们年龄大小不一,显祖为长,生于嘉靖二十九年(1550)。据《宗谱》,老二儒祖字醇仍,生于嘉靖己未年(1559)二月初六,该年 10 岁,而奉祖、全祖、良祖三人的生年,《宗谱》未载。《宗谱》又载,寅祖生于万历丙戌年(1586)五月初八。二十年后,汤寅祖才出生,六子问学于罗汝芳也是不可能的,小孩儿不可能去与一个大儒讨论理学问题。特别是寅祖,万历十六年(1588)罗汝芳去世时他才 3 岁,还处在学语阶段,不可能问学。很显然,《抚郡汤氏廓宇规模记》所载有误,该文由汤氏后裔作于清代康熙五十二年(1713)冬,时间相隔近 150 年。可能因时间久远而产生错误。

由上可知,汤显祖十三岁并未赴南城县从姑山从学于罗汝芳,而是在临川求学于罗汝芳,入罗氏门。

二、十七岁上从姑山求学

从姑山位于南城县县城之南,临盱江而耸立,山之西为盱江,自南向北滔滔而来;山之东为黎滩河,自东南向西北滔滔而来,两江如练,舞于山之东西。在山之北两江交汇,蜿蜒北去,以下称抚河,抚河入赣江。古时,水路经黎滩河可入闽,经盱江可入粤。登从姑山,极目天际,山野田畴,苍翠似黛,两江百舸争流,渔歌唱晚,郡城千门万户,街衢相经。明正德《建昌府志》里记载:从姑山"在县东南五里,魁然园顶,若人踞而坐,登山缘石磴而上数百级,有双石峙如门,名铁关。又上数十级为灵峰寺,殿阁倚岩嵌空为栈道。左有小岩名观音山,石泉声淙然,悬岩下为井,清寒袭人,名玉井。又左有石洞杳而深黑,名玉洞,一名伏虎洞。洞中窦名玉窦,洞横贯石中,石壁立而中裂,一裂痕若齿,名天梯,一山岿然当空,名天柱。据天梯仰窥天小仅如线,名一线天,岐出稍上数十级可至绝顶,顶有石如枰,世传仙人奕于上,二江如双虹,自天蜿蜒而下,胜概万状,真足为麻姑之从也。名人题咏甚富。"罗汝芳十分喜爱从姑山,描写从姑山的文章有数篇,如《从姑山图序》《从姑胜游记》《从姑山前峰书屋记》等。罗汝芳父子都曾办学于从姑山,嘉靖二十三年(1544),罗汝芳弃考回家,次年在从姑山上办学,"接引四方来学,日与诸友论驳程明道、陆象山、王阳明、王心斋等义旨,足不入城市"。一时登山求学者众,读书之声不绝。

汤显祖赴从姑山学习,应是在老师徐良傅去世之后。古文老师徐良傅去世后,汤显祖作《挽徐子拂先生》,②并在诗序里说:"先生经为人师,行无机辟。阅世六十年,疽后而逝。"徐朔方《汤显祖年谱》载,该诗作于嘉靖四十四年(1565),汤显祖时年 16 岁。次年,汤显祖即赴南城从姑山学习。

---

① 方祖猷、梁一群等编校整理《罗汝芳集》,凤凰出版社 2007 年版。下同。
② 徐朔方笺《汤显祖集全编》,上海古籍出版社 2015 年版,以下所引均见于此。

"丙寅,建前峰书屋于从姑山,四方来学者日益众。"①此时,罗汝芳正在家居父丧,其父罗锦在上一年去世,他自宁国知府任上回家。这期间,罗汝芳主要在南城从姑山收徒讲学与接受来访者,探讨学问。正是在这个时候,汤显祖来到南城从姑山安心求学于老师罗汝芳。左副都御史易应昌在清顺治元年(1644)所撰的《敕封太常寺博士承塘汤先生元配吴太恭人合葬墓志铭》中说:"年十三补弟子员,携谒徐公。公一见奇之,授《左》、《史》、《文选》、八大家文,而若士愈开博雅一路矣。翁复闻近溪罗先生为世大儒,适讲学盱江,遣若士负笈谐建武,听明德之旨。夫卯角而能文,弱冠而闻道。"②铭中所说,正是这次汤显祖赴南城的情况,少年时师从傅先生而学会作文,及青年时,随从罗汝芳而"闻道"。他的好友姜鸿绪一样如此求学。在《抚州府志·姜鸿绪传》里所说:"与帅惟审、汤义仍结社里中,而质修身为本之学于罗明德。"当年,临川学子上从姑山求学的多人,还如杜应奎,他在嘉靖丙寅年从学于罗汝芳,后来罗汝芳在为他父亲所撰写的《杜少庵墓表》中说:"应奎念遣训,强学为文章。岁丙寅,始从余游,上下周旋,岁不余舍。今且十九年所矣。凡余所论,言下多无扞格。故当世名公如巾溪李公、寅所严公、麓池郭公、淮海孙公、天台耿公、公泉胡公、同野李公辈,无不重为许可。"后来,汤显祖与姜鸿绪、吴仁庆等人在临川编辑并刊行老师罗汝芳的《近溪先生语录》。汤显祖们不仅认真学习老师的学问,还致力于传播老师的学问。

在从姑山问学的还有远道而来的沈懋学。沈懋学(1539—1582)字君典,号少林,一号白云山樵,沈宠(生卒年不详)幼子,安徽宣城人。沈宠受学于贡安国(号受轩),而贡又受学于欧阳德和王畿,在老师的建议下,沈宠又受学于欧阳德和王畿。沈宠归里后,深得罗汝芳的赏识。罗汝芳在宁国创讲会,聘沈宠与梅守德共主讲席。黄宗羲在《明儒学案·南中相传学案》(卷二十五)载对沈宠传云:"沈宠字思畏,号古林,宣城人。登嘉靖丁酉乡书。官至广西参议。师事受轩。受轩学于南野、龙溪而返,谓古林曰:'王门之学在南畿,盍往从之?'于是古林又师南野、龙溪。在闽建养正书院,在蕲黄建崇正书院。近溪立开元之会于宣州,古林与梅宛溪主其席。"③沈懋学在家时已与梅禹金师从罗汝芳学习,罗汝芳回家丁忧,沈懋学随他到南城,上从姑山学习。罗汝芳为他写有《戏赠沈君典》,诗云:"神功三谷口,玉冷天柱头。酹君须尽醉,能使百年愁。"诗中的"神功三谷"即神功泉和麻源三谷,为南城县麻姑山中景。"玉冷天柱",即玉冷泉与天柱峰,为从姑山上景。

也正是这样,汤显祖后来访安徽宣城,与长于他11岁的沈懋学交往愈密。万历四年(1576)春天,汤显祖来到宣城,受到了沈懋学的热情接待,与梅鼎祚一起日日陪同汤显祖游。

汤显祖认为老师罗汝芳"时在心眼中矣",时时不忘老师的教诲,与沈懋学同年进士的还有罗汝芳的另三位弟子杨起元、詹事讲和邹元标。而这三位学生对老师是尊敬有加,杨起元视老师为圣人,詹事讲为老师编辑著作《明道录》,并刊行于世。邹元标在考进士的这一年,"侍先生左右者月余,承先生教旨不能有所入,迄今二十年事,先生已为古人,始知先生坐我春风中不觉,于是悔且恨,恨不得先生起九源而请质之"。④ 罗汝芳的这位状元弟子沈懋学对老师就不厚道了,对于老师的讲学活动多有指责。他曾在一封给老师的信《寄罗近溪先生》中,单刀直入,语气甚不恭敬地说:"迩来辨说多借禅锋,且一体为名,不分真

---

① 曹胤儒《盱坛直诠》下卷,第311页。
② 毛效同《汤显祖研究资料汇编》,上海古籍出版社1986年版,第123—124页。
③ 文渊阁钦定《四库全书》本。
④ 邹元标《明大中大夫云南参政近溪罗先生墓碑》,《愿学集》卷六。

伪。奸雄亡命,归斯受之。一人交游,便称同志。假途托迹,妄拟清流。倦此颓波,莫知所底。"从信中看,此信当是写于进士及第的第二年归宣城后,信的开篇也说了几句思念的话:"都门叙别,极感教思,时事难知,遽使老师高卧东山,令人动沧江之念。"[①]王龙溪亦为沈的老师,沈懋学在给王龙溪的书中也如此指责,在《与王龙峰》中也指责老师。沈懋学在多人信中指责业师罗汝芳,一谈禅学,二接纳亡命,三是聚众讲学、收徒,有结党之嫌。其实罗汝芳多是对于受到迫害打击的王门弟子进行营救,如他的老师颜山农,王门弟子何心隐等。由此沈懋学以为老师被张居正斥逐,是咎由自取,怨不得别人了。沈懋学入张居正之门前转益王学多师,为王学诸大师弟子,后由于张居正厌恶王学,他附和张氏,迅速转变态度。对于张氏抨击王学,打击王门弟子,推波助澜,甚至有"打手"之功。刑部给事中周良寅受张居正指示弹劾罗汝芳,在京进表之事完毕,潜住京城讲学,而令致仕。罗汝芳致仕回到家乡南城,从此再也没有出仕,在以后的十年间以讲学为己任,传播学术。

至于汤显祖在从姑山是怎么学习的,罗汝芳在从姑山是怎么讲学的,尚未见文献明确记录。但从后来汤显祖的回忆中可知,罗汝芳的教学是形式灵活多样的。他在《太平山房文选序》中说:"盖予童子时,从明德夫子游。或穆然而咨嗟,或熏然而与言,或歌诗,或鼓琴,予天机泠如也。后乃畔去,为激发推荡歌舞诵数自娱。"从中可以看出罗汝芳以歌诗、鼓琴、静默、兴叹及交谈等方式进行启发性教育和引导,现场气氛活跃,弟子在轻松愉悦中接受教育,达到因材施教的目的。罗汝芳对学生的学习要求则是,一要多思,认为思与学是紧密相连的事情,通过学习又让人更善于思考,两者相辅相成。二要发愤,读书不仅要像孔子说的那样多思,还要像孔子那样发愤学习。"孔子至老,犹思发愤,而少壮刚强反悠悠,此又不能充类之甚者矣。"三要"时习","孔子一生,只受用一个'时'字,故其立教始初,即要人时习。盖学必贵习,习必贵时,如时动时静、时语时默之类,谓曰'时习',却似习乎时也。"四要作疑,"作疑"即发现问题,提出问题,解决问题。只有这样学问才能进步。五是要悟,"学道不悟,如适燕京,不知途径,东走西奔,终无至日;悟而不用功,又如说梦中物,口可得而言之,终不可得而有也"。

汤显祖到从姑山读书后,罗汝芳以《汤义仍读书从姑赋赠》诗相赠:

> 君寄洞天里,飘飘意欲仙。吟成三百首,吸尽玉泠泉。

当汤显祖学成离别时,罗汝芳又以《玉泠泉上别汤义仍》相送,诗云:

> 之子来玉泠,日饮泠中玉。回首别春风,歌赠玉泠曲。

罗汝芳在父亲去世后,把前峰书屋修葺了一番,泉旁修池,题泉名为"玉泠",题池名为"浸碧",并作《玉泠泉》诗。益宣王朱翊鈏也曾作《玉泠泉》诗,诗云:"一泓寒碧发蒙深,终日泠泠想素琴。承取半瓢风味别,陶然自觉湛尘心。"汤显祖一来一去,老师相送的诗都言玉泠泉。

罗汝芳的诗作不多,送给具体某位学生的诗作就更少了,诗虽平平常常,但足以看得出罗汝芳对汤显祖这位弟子的器重与厚爱。

---

① 沈懋学《郊居稿》卷七,四库存目丛书本。

三、从姑山上祭恩师

万历十九年(1591)三月,汤显祖上《论辅臣科臣疏》,因之得罪权贵。五月,汤显祖被贬官徐闻(现属广东省),任徐闻县典史。当月,他冒暑出南京回临川,一路颠簸,病魔缠身,自长江水路而上,入抚河,至家。这次,汤显祖既遭贬又生病,病还不轻,他有一首诗,写了这次生病情况,诗题介绍了病情,即《辛卯夏谪尉雷阳,归自南都,痁疟甚。梦如破屋中月光细碎黯淡,觉自身长仅尺,摸索门户,急不可得。忽家尊一唤,霍然汗醒二首》,且诗云:"病枕魂销月影微,抛残家舍欲何之?恰逢慈父呼亡子,得见三三二二时。""梦中沉似月黄昏,破屋踉跄苦索门。幸好家公与留住,不须炎海更招魂。"由于重病,他只好在家休息一段时间再出发赴任。

经过一段时间的休息和治病,已是深秋,他得出发了。汤显祖从临川的瑶湖登船,向南行。他写下了《初发瑶湖次宿广溪》,从诗中可知病已稍好,但仍瘦弱,为了赴任只好轻装出发,行至临川县的广溪,正是他外婆家,他上岸住了一晚,次日告别舅舅等,继续沿河上溯,直抵南城。在南城登岸,时为九月初九日。九月九日正是登高思亲的节日,他便来到了从姑山上。先生已在三年前的九月初二日去世。此时,汤显祖心情颇不宁静,自己病体未痊,又遭贬蛮烟瘴雨之地,此行多艰,前途未卜。老师又离世三年整,二十余年前从学于老师跟前,正是同学少年时,心有凌云之志,可眼前物是人非。思前想后,不禁悲从中来,潸然泪下,虽有好友相伴同游,但仍无限伤感。祭拜完老师之后,他告别在南城的学友。惜别之时作《入粤过别从姑诸友》诗赠别友人:

> 祠郎怀酒忆京华,夜半钩帘看雪花。世上浮沉何足问,座中生死一长嗟。山川好滞周南客,兰菊偏伤楚客家。欲过麻源问清浅,还从勾漏访丹砂。

离开从姑山,继续从盱江逆水行舟经南丰,至广昌靠岸,陆路南下广东,过惠州,游罗浮山,一路总想起少时从姑山读书情形,绵绵思绪不断。在罗浮,他写下了《罗浮夜语忆明德师》诗:

> 夜乐风传响,扶桑日倒流。无人忆清浅,夫人在南州。

万历二十七年(1599)正月,汤显祖和达观大师、临川知县吴用先三人,不畏寒风,来到盱江边上的从姑山凭吊与追思罗汝芳。他和达观都写了诗悼念这位思想大师,汤显祖的诗题为《己亥发春送达公访白云石门,过盱吊明德夫子二首》,诗云:

> 残雪疏山发暝烟,卷帆春度石门前。空宵为梦罗夫子,明月姑峰一线天。
> 小住袈裟白云地,更过石门文字禅。平远空高一回首,清浅麻姑谁泊船。

达观写下《游飞鳌峰悼罗近溪先生》,[1]其诗云:

云峰如花公如春,春归花自少精神。高山流水初不异,风月无边欠主人。主人一去不复返,笑予何事来游晚。梅花落尽浪花浮,片帆风饱来迹远。舟停山脚望山头,桥横半空跨绝巘。见说罗公桥上行,仰看青天桥上偃。身心已视等虚空,虚空岂复有增损。翻身桥上东复西,下方人见惊不稳。罗公浩歌行云停,声满乾坤谁复隐。歌声全落麻姑泉,泉化为酒解愁本。愁本莫过利与名,利名又以身为键。身忘患忘神始全,神全风尘即阆苑。何必云深觅从姑,却被麻姑笑凡混。罗公心曲歌中剖,摩利支天司北斗。一身多臂手纵横,各执法物心岂有。有心两手劳不胜,无心千手妙自偶。罗公此妙孰能传,能传问君有受否。有受心外则有法,根尘兀然神复走。身心翻作是非巢,利名鸟雀争好丑。鹪鹩一枝身以安,肯学乌鸦开恶口。恶口不开善口开,开言终与理不乖。横说竖说万窍号,天风宁出有心哉。无心根尘何彼此,如去如来莫乱猜。罗公此意得无得,暗将无得化春雷。春雷出地群蛰醒,醒后三家梦自回。君不见,儒释老,三家儿孙横烦恼。罗公一笑如春风,无明桩子都吹倒。盱江三月放桃花,两岸红颜知多少。莫道罗公去不归,云峰古路无人扫。

汤显祖一辈子受老师罗汝芳影响,一辈子没有忘记老师罗汝芳,也没有忘记他思想的起飞之地——南城县从姑山。

---

① 孔宏点校《紫柏老人集》,北京图书馆出版社 2004 年版,第 884 页。

汤显祖贬谪徐闻行程初探

邱苑丹

作为世界文化名人,汤显祖的研究一直备受世人关注,从八十年代至今,毛效同《汤显祖研究资料汇编》、徐扶明《牡丹亭研究资料考释》《汤显祖与牡丹亭》、张友鸾《汤显祖及其牡丹亭》、徐朔方《汤显祖评传》《汤显祖年谱》《汤显祖全集》《汤显祖诗文集》等等,围绕汤显祖的家世生平、文学创作、戏曲作品和诗歌分类的研究等取得了丰硕成果。但是目前对汤显祖被神宗贬谪岭南的行程路线及时间的研究相对较少,笔者于今年三月份参加徐闻贵生文化研究学会举办的纪念汤显祖逝世 400 周年——"重走汤翁岭南之行"活动,从江西抚州(临川)汤显祖故居出发,沿着他贬谪岭南路线重走一趟,途经江西、大余、南雄、清远、广州、东莞、阳江、涠洲岛等地实地调研考察,并试图从汤显祖途经岭南道中创作的诗、文包括书信出发,浅析其贬谪岭南的行程路线及行程时间。

一、汤显祖南贬徐闻行程路线探析

据汤学专家徐朔方先生的《汤显祖评传》,汤显祖南贬行程路线是:"汤显祖于五月十六日贬官,由南京启程,溯长江回江西,在临川染疟疾四个月,在九月初从临川城南瑶湖下船过岭南,十月底绕道罗浮山,十一月初从广州舟行到香山岙(今澳门),经恩平到阳江,于年底到达徐闻。"《评传》对于汤显祖在贬谪岭南的行程记载并不详细,很多还没有详细的地点,到底汤显祖在岭南行程中经过了哪些地方也写得比较模糊。参考徐先生校笺的《汤显祖诗文集》及相关史料,也发现多处地点顺序的错误。其实在《汤显祖诗文集》中,汤显祖多次在诗中提到驿站名,例如:凌江驿、芙蓉驿、濛浬驿、浈阳驿、五羊驿、恩平驿、莲塘驿等等,因此,理清汤显祖南贬这条路线,对我们了解汤显祖南贬行程和时间有重要作用。

驿站,是古代为传递官府文书、军事情报的人员或者官员来往途中提供换马或休息的场所。据史料记载,早在春秋战国时期,由于社会经济的发展、商品交换频繁、政治交往增多,驿递机构和驿递制度出现。《周礼·地官·遗人》"凡国野之道,十里有庐,庐有饮食,三十里有宿,宿有路室,路室有委,五十里有市,市有候馆,候馆有积",这里所指的候馆就是后来的驿馆,主要接待使客的处所。秦汉时期邮驿发达,官员外出或宣达王命,多利用驿传。隋唐国力强盛,驿递制度进一步完善,驿使往来须有凭证(或银牌,或角符、券、符传),常例,乘驿马日行六驿,每日一百八十里;特例,左降官日行三百里。宋元以后,驿站交通更为发达,建立了完备的驿站制度,《元史·兵志·站赤》载"薄海内外,人迹所至,皆立驿传,使驿往来,如行国中",在各州、县普遍设置站赤(驿站),每隔 15—50 里设一个站点。水马驿站,每隔 60—80 里设一个站点。"汉站行于腹地,有马站、水站、车站、江船站。水站、马站通客旅,车站、江船站通货物","凡站,陆则以马、牛或驴,或以车,而水则以舟"。明代驿递机构,有驿站、递运所、急递铺三种。明初,递运所主管运送物资和使客,急递铺专司递送公文,驿站则递送使客、飞报军情、转运军需兼而有之。

汤显祖作为一名贬官,他的南贬行踪来往、歇宿和换马均要经过驿站,行程经过的驿站除了马驿就是水驿,从这些驿站方向来看,我们也大致了解到汤显祖南贬行程的路线图。

万历十九年(1591)五月十六日,汤显祖贬官,南京刑部主事沈瓒在送行诗《汤祠部义仍上书被谴长句送之》中写到汤显祖"谪向边城为小吏",直到新任吏部尚书陆光祖到职后才确定所贬谪地为徐闻。从南京回到家乡临川,汤显祖因患疟疾在家待四个月。九月初汤显祖正式开始南贬之行,从临川下船,取水道经赣州至大庾。汤显祖在赣州郁孤台与送行知府黄钟梅话别,《郁孤台留别黄郡公钟梅,时李本宁参知引病并怀》"达曙临高台,清风朝日舒。……何得此高台,千秋名郁孤",到渡口又接到知府差人送来题诗扇面。《虔南津口得黄郡公扇头明月篇却谢》:"风物想南都,波涛向东粤。晨登郁孤台,苍茫度城阙。"

此后继续乘船南下,取水道经赣州至大庾(今大余),大余古称南安府,元顺帝至正二十五年府治大庾。《南康记》载"大庾岭,汉名台岭,岭有石,平如台,形如虆庾",据说汉有守将庾胜者筑城岭上,因名庾岭。大庾岭是出入江广的重要通道,也是珠江水系的浈水与赣江水系的章水的分水岭。唐朝开元四年(716)丞相张九龄主持开建,大庾岭上署有"梅关"二字,北门额书"南粤雄关",南门额则是"岭南第一关"。古代"海上丝瓷之路"是从中原沿大运河南下,逆赣江、章水而上,逾大庾岭而进入广东,是我国对外贸易的又一条主要通道,所以大庾岭(梅关)也是历史上南来北往的重要驿道,也是兵家必争之地。汤显祖诗集中写到的梅岭古道留下马、牛车辗过的痕迹,就是当时商贸繁荣的见证。《梅花岭立僧》:"马鸣牛呵三车地,水击云遥万里天。解向江南传信息,梅花岭上一枯禅。"诗中他以"枯禅"自居,形容前途渺茫之感。

汤显祖翻过大庾岭就进入到广东南雄州,据杨正泰《明代驿站考》(增订本)记载,明万历十五年广东驿路分布图路线为:从广东南雄府保昌县凌江驿(下水),九十里黄塘驿,二百里平圃驿,二百里韶州府曲江芙蓉驿,二百里濛浬驿,二百里清溪驿,二百里浈阳驿,二百二十里横石驿,九十里安远驿,六十里回岐驿,六十里胥江驿,九十里官窑驿,八十里至广州府五羊驿。

从江西南昌溯赣江而下,汤显祖从保昌上船,经保昌六十里到凌江水马驿,《保昌下水》"乱石水溅溅,凌江下濑船",凌江水马驿属南雄府,明初改寄梅驿置,在今广东南雄县城关镇。九十里至始兴县黄塘水马驿,二百里到韶州府曲江县平圃驿,二百里到曲江芙蓉水马驿。《曲江》"古驿芙蓉外,烟林晴欲开"、《韶阳夜泊》"秋光远送芙蓉驿,乱石还过打顿滩"。芙蓉水驿,属韶州府曲江县,洪武十七年改浈阳馆置,原在韶关市南湘江门外,后迁津头庙,顺治十三年迁风度楼东。

顺江而下一百里到濛浬水马驿,《英德水》"濛浬炊烟湿,矶头弹子圆",濛浬驿在濛浬巡司东,顺治十三年并归芙蓉驿。舟行一百里到英德县清溪水马驿;一百里过英德浈阳水驿。《浪石滩》"雨湿浈阳暮,风鸣浪石寒",浈阳水驿,属韶州府英德县,洪武二年改旧芙蓉驿置,在今广东英德县英城镇。

继续泛舟南下,到达清远峡(中宿峡),全长九十四公里,是北江三峡中最长的河峡。岸北有峡山寺,又名飞来寺,是北江流域著名古迹,过清远安远水驿六十里至回岐水驿,飞来寺在今清远县峡山至回岐驿间。《回岐驿》:"寺绕飞来兴,江流清远思。五羊从此去,定是不回岐。"回岐水驿,属广州府清远县,在今广东清远县南下回岐。

六十里至南海胥江水驿,九十里到官窑水驿,再八十里至番禺的五羊水马驿。《湛林》"昨夜骑羊驿,今朝鹿步来",《五羊驿》"五色纷何异,苍茫白石间。不见骑羊子,手持香穗还"。五羊水驿,属广州府番

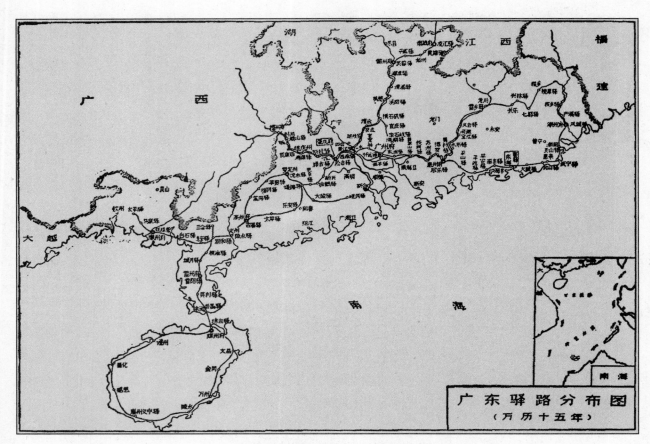

明代驿路图（万历十五年广东驿路分布图）

禺县,洪武二年设,在今广州市内。到南海神庙,《波罗庙》"不到东洲驿,来朝南海王"。乘船经过扶胥,登上浴日亭(《宿浴日亭望罗浮夜色》),据《广州志》载:"浴日亭,在广东省东南扶胥镇海神庙之右,小山屹立,亭冠其上,前瞰大海,夜半日渐自东海出,故名。"

据《广东公路交通史》载:在宋代开始,广州通南路的干道已开辟。雷州是南路的重镇,中央官员贬谪安置的地方,而广州通至雷州的交通路线有两条:一条是由广州走水路至恩州(今恩平),然后走陆路经春州(今阳春)、潘州(今高州)到雷州;另一条是由广州走水路到新州(今新兴),然后走陆路至春州,经潘州转雷州。

笔者认为汤显祖南贬之行应该走的是第一条路线:过恩平,《恩平中火》:"孤臣随蛮晚,一饭是恩州。"到恩州,《恩州午火》:"逐客恩州一饭沾,伏波盘笋见纤纤。炎风不遣春销尽,二月桃花绛雪盐。"恩平马驿,元代属南恩州阳江县恩平堡,明代才复建恩平县。《纪要》卷一百零一载:"恩平马驿,宋置于县东三里,今名古站村。"道光《恩平县志》也载:"恩平驿,宋开宝中于县东二里建。"而南恩州驿也是重要驿站,《寰宇记》引《抽荒录》云:"恩州滨海,最为蒸湿,当海南五郡泛海之路。凡自广至春、高、潘等七州,旧置传舍,自广州泛海,行数日方登陆。人惮海波,不由传舍,故多由新州陆路。"南恩州驿距恩平驿约一百三十里,由于路途太遥远,明代又于两者之间置莲塘驿。有诗《阳江道中》"恩春少佳树,向北梅花夕。入门问小吏,知是莲塘驿",《莲塘驿》"阳春驿晚看莲塘,白马山来海焰长"。莲塘马驿属肇庆府阳江县,洪武元年置,在今阳东县合山镇莲塘村北,是南恩州阳江、恩平辖内的驿站,嘉靖三十三年筑城,清雍正四年撤驿改巡检署。"莲塘驿",据《恩平县志》记载,宋嘉祐年间(968—976)建成一条从南至北,起于阳江经恩平、新兴,止于肇庆的驿道,全长约100公里。这条古驿道不通商,其作用仅限于通讯、通邮。驿道路经现在的阳东县合山镇莲塘村背,因此处有大片荷塘,盛产莲藕,故建起莲塘驿。莲塘驿是南恩州阳江、恩平辖内的一个驿站,是官府文书陆路南来北往肇庆府、雷州府、廉州府、琼州府的必经之路,也是官员上任、卸任、探亲途中歇脚之处,又是历朝官员被贬岭南路经的地方。

汤显祖南贬徐闻经过阳江,到阳江海陵、双鱼、罗琴等地,《阳江无底潭》"何得罗琴隐君子,海风吹绝夜弦清",《读史方舆纪要》:"罗琴山,县西二十五里,高三百余丈,周八十余里,众峰攒列,四面相似……上有龙潭,四时不涸。"罗琴山有百重岭之称,相传晋朝尚书郎罗含曾携琴到此游,故名罗琴山。罗琴山上龙潭,巨石四围,宽五六丈,水深而清,也名无底潭。《阳江望夫石》"峰眉如黛翠如鬓,破镜迷离烟雾间。昨夜双鱼何处所?咸船多在海陵山",阳江望夫山在阳江西六十里,双鱼是指双鱼千户所,明洪武二十七年治,位于阳江西南一百三十里,明代在此筑城防倭寇,咸船是指战船,海陵山指阳江海陵岛。

《汤显祖诗文集》中有首《阳江避热入海,至涠洲,夜看珠池作,寄郭廉州》,专家们一直以来都将视此诗为汤显祖南贬徐闻时所作,在阳江避热,乘船到涠洲岛,再返回到徐闻。海洋大学刘世杰教授在其发表的《汤显祖被贬徐闻典史时间考略》中针对这首诗也作了分析,认为此诗应是作于万历二十一年春,根据是此诗中提到的郭廉州郭廷良,文献记载他是万历二十年五月任廉州知府,而汤显祖贬谪是万历十九年,所以这诗不可能是南贬徐闻时所作,笔者比较认同此观点。

《石城吊邹汝愚》"花镕城郭异高凉,海气昏朝陆禄黄。莫为三巴愁客死,还须五日过雷阳",这首诗中提到石城就是今广东廉江,笔者认为汤显祖是在阳江海陵岛附近下海,经廉江到达徐闻。《明一统路程图记·广东本司由各府至崖州路》载:"新和驿一百里至桐油驿,六十里城月驿,九十里雷州府雷阳驿,六十里将军驿,七十里英利驿,一百里徐闻沓磊驿。"据《读史方舆纪要·广东》,新和驿在廉江石城县治西。桐油驿在今遂溪县城西桐油村。城月驿在今遂溪城月镇。雷州驿在今雷州雷城街内。将军驿在今雷州市龙门镇。英利驿在今雷州市英利镇。沓磊驿在今徐闻海安镇。

二、汤显祖南贬徐闻行程时间探析

汤显祖贬谪徐闻行程时间究竟多久?据汤显祖《答张起潜先生》写到:"观时事,上疏一通,或曰上震怒甚,今待罪三月不下。弟子不精不神,盖可知矣。"汤显祖三月上疏,到六月仍未收到贬官凭单。徐朔方先生《汤显祖评传》:"贬官的凭单七月初七才到南京吏部,刘应秋托人带往抚州,以资节省。据刘应秋估计,汤显秋只要到差缴还凭单,很快就会回来。"这说明汤显祖贬官凭单时间是七月初七由朝廷发的,自那天起,汤显祖就开始南贬徐闻的日子。

据查《职官管理制度》:官员赴任有装束期与程假,所谓装束期即是官员授任后,朝廷要给予装备时间及到任所需要的期限(程假),装束期一般官员能享受,就是流贬者也可享受。"诸外官授讫,给假装束,其千里者三十日,二千里内者五十日,三千里内者六十日,四千里者八十日",南京离徐闻距离超过四千里外,汤显祖的装束假差不多八十多天。如沿袭"三十里一置"制度,汤显祖南贬之行"日驰十驿"就是一天要走三百里,程假大概有十三至十五天左右。

刘应秋托人将贬官的凭单带到抚州给汤显祖是七月初七的话,到汤显祖手中大概也是七月底吧,八十多天的装束假,加上程假大概有十三至十五天左右,那么汤显祖南贬之行程限大概就有九十五天,海洋大学刘世杰教授发现,汤显祖南贬徐闻路上是准备了三月伙食:《初发瑶湖次宿广溪》:"病瘦那临镜,清虚欲衣绵。春粮三月外,伏枕一秋偏。"如果从七月底算加上九十多天的行程时间,汤显祖当年十月底必须到达徐闻,如果汤显祖从九月初从临川城南瑶湖下船,到当年十月底到达徐闻,中间路途时间大约为四十至四十五天左右。

贬谪行程时间这么紧,那么汤显祖贬谪徐闻途中是否游山玩水,到罗浮山、澳门等地?朝廷对贬谪官员在路途的限制规定十分严苛,不容许在京城逗留和路途中停滞就是其中要求之一。朝廷曾发布敕文:"应流贬之人,皆负谴罪,如闻在路多作逗留,郡县阿容,许其停滞……"一般来说,贬诏下来,启行登程时间到,就得赶路,贬官每天所赶路程、到达某地的时间等均有记载,并要在交接手续上签字画押,如果是郡县或驿站官员因循耽误,是要给予处分的。笔者认为,在这种情况下,汤显祖是不大可能从广州迂道到罗浮山一带游玩。

结合汤显祖途经岭南道中创作的诗、文以及书信内容,笔者认为他诗文中提到的驿站名让我们从中了解其南贬行程路线及经过地点,至于汤显祖南贬徐闻行程究竟多少时间的考证,对我们研究汤显祖待在徐闻时间考也有重要影响。

"情丝"与"茧翁"

——乡贤汤显祖晚年文化心态探识

周华斌

汤显祖毕生仕途不畅,49岁近"知天命"之年,主动弃官从文,告假返乡。作为"乡贤",汤显祖建玉茗堂,自号"茧翁",追求隐士人生,思想获得了相对自由。

一、入仕与避世

汤显祖在本质上是儒家文化人。

他幼习诗文,少年聪慧,在明代后期,走的是儒家知识分子科举入仕、希图发迹变泰的"正"路。其前半生的人生轨迹,在三十七岁自题五言古风诗《三十七》中有所概括:[1]

> 剪角书上口,过目了可帙。家君有明教,大父能阴骘。童子诸生中,俊气万人一。弱冠精华开,上路风云出。留名佳丽城,希心游侠窟。历落在世事,慷慨趋王术。

他20岁时已娶妻成家,尽管立志报效朝廷,但21岁中举后屡试不第。十余年后,直到"而立"之后的34岁,才以"同进士"的资格试政于北京礼部。试政一年后,35岁被内阁大臣申时行等召为南京太常寺博士,任命七品芝麻官,从事宗庙、礼仪、祭祀等事宜。

《三十七》是一首言志诗,表现了他对现状的不满。人到中年,干的只是循规蹈矩的宫廷祭祀之类琐碎事务。尽管也属于"王事",但无关国计民生,这与他"慷慨趋王事"的志向相距甚远。

年光紧迫,时不我待。孔子曰:"三十而立,四十而不惑,五十而知天命。""而立"已过,"不惑"将至,汤显祖接着写道:

> 神州虽大局,数着亦可毕。了此足高谢,别有烟霞质。何悟星岁迟,去此春华疾。陪畿非要津,奉常稍中秩。几时六百石?吾生三十七。壮心若流水,幽意似秋日。

意思是:国家大事关系到大局,但是数一数自己所从事的"王事",应该结束了。悟觉起来,一年又一年的"星岁"虽然慢慢过,但是自然的"春华"不以人的意志为转移,不觉迅速过去。在"京畿"的年月不过中规中矩地侍奉皇家,不涉及朝廷要务。但内心有所不甘,年已三十七,宏志如流水般地流逝。什么时候

---

① 见徐朔方笺校《汤显祖集》,中华书局上海编辑所1962年版。

x

才能达到"六百石"的俸禄,升到太史令、尚书、刺史这样的要职呢?

诗中表现出汤显祖对从事碌碌"王事"的腻烦心理和"壮心若流水,幽意似秋日"的人生感叹。同时,隐含着他"别有烟霞质"的出世观念,即寄情山水、佛道仙游。

在30岁以前,也就是几次在南京国子监科举落第的那个阶段,他尝试将唐传奇《霍小玉传》改编为戏曲传奇《紫箫记》(约写于28岁至30岁,即万历五年至七年,未完成)。其中反映着他"留名佳丽城,希心游侠窟"和"慷慨趋王术"的观念。他本来长于诗文,初次尝试戏曲文体,情节线索多有累赘和枝蔓,并且不忘歌颂王室,有"国泰民安、风调雨顺"之类谀词。汤显祖自称"度新词与戏,未成而是非蜂起,讹言四方",其文友看到片段后也批评说:"此案头之书,非台上之曲也。"

正是37岁那年(1587),在从事"碌碌王事"之余,他决定将早年的文稿《紫箫记》易稿为《紫钗记》。《紫钗记》同样不断修正,从37岁开始易稿,到46岁(1595)才定稿刊行,又写了八九年。从青年时代的《紫箫记》到中年的《紫钗记》,他一直没有放弃过唐传奇中霍小玉的题材,算起来前后进行了十六到十八年。《紫钗记》在情节设置、人物性格、曲词等方面更进行了精雕细刻,与青年时代的《紫箫记》迥然不同。

有学者称:《紫钗记》在汤显祖戏曲创作的道路上是"转折点"和"里程碑"。[①] 这个转折点不仅表现为文体上从由诗文到戏曲的转折,更表现为人生心态的转折,这一点在《三十七》诗中已有所流露。

37岁后,汤显祖的仕途没有发生本质上的变化:40岁时被提升为六品官,任南京礼部祠祭司主事;42岁因上疏抨击朝政被贬谪到广东徐闻县一年;44岁仍以六品官身份调任浙江遂昌当知县。随着年龄的增长,他的入仕之途眼看将到此为止,这使汤显祖"慷慨趋王术"的心态变得消极,看待世事则渐趋豁达。

出世、空灵、豁达,是老庄的处世哲学,该理念联系着本土道家的"避世"、"入仙"、"游仙"观念。信奉老庄、由儒入道,是当时知识分子普遍的人生哲学,相当于"烟霞质"的归隐当隐士。

汤显祖一向关注唐代文学,白居易在五言古风《中隐》中称:

> 大隐住朝市,小隐入丘樊。丘樊太冷落,朝市太嚣喧。不如作中隐,隐在留司官。似出复似处,非忙亦非闲。……唯此中隐士,致身吉且安。

白居易的"中隐"思想与汤显祖的"烟霞质",以及中年后的处境相契合。隐居处世,不同于消极避世,内含有儒家知识分子追求独立、自由和养亲、守义的人文理想。40岁不惑之后,汤显祖始终只以六品官的身份担任祭司主事及遂昌知县,还遭受过一年谪贬。他越来越看透碌碌"王事"没有什么人生价值,眼看将近50岁"知天命"之年,于是在49岁那年向吏部告长假回抚州老家,移居于在家乡新建的"玉茗堂"。

主动弃官,意味着汤显祖决心全力从文,是他人生道路的新的选择。继46岁在遂昌任上改定的《紫钗记》之后,49岁弃官后的四年,他连续完成了《牡丹亭》(49岁,万历二十六年,1598)、《南柯记》(51岁,万历二十八年,1600)、《邯郸记》(52岁,万历二十九年,1601),与此前在46岁定稿的《紫钗记》合称"玉

---

① 以上参见徐朔方《汤显祖年谱》所附"汤显祖年表",上海古籍出版社1980年版。又参见《汤显祖传》,黄文锡、吴凤雏著,中国戏剧出版社1985年版。

茗堂四梦"或"临川四梦"。

这四部作品都以"梦"为依托,基本上是汤显祖利用闲职余暇和退居林下的作品。其取材都是唐代的笔记小说——"传奇"。作为戏曲"传奇","四梦"尽管有影射政治的影子,但毕竟可以不受现实政治的束缚,充分表达主观的"意"了。

前辈学者吴梅评论道:

> 《还魂》,鬼也;《紫钗》,侠也;《邯郸》,仙也;《南柯》,佛也。殊不知临川之意,以判官、黄衫客、吕翁、契玄为主人,所谓鬼、侠、仙、佛,竟是曲中之意。①

对照汤显祖的言志诗《三十七》,倘若以汤显祖的人生旅途和人文心态为视角,可以看出"四梦"是汤显祖37岁人生观念改变后隐居家乡从文的呕心沥血之作。其中,作为"曲中之意"的侠、鬼、仙、佛,可以作如下理解:《紫钗记》中的侠,存留有汤显祖青年时期关注佳丽和游侠的天性;《牡丹亭》中至情的鬼和通情达理的鬼判,意味着人性中"至情"的张扬和"冥冥间自有正义"的道德伦理;《邯郸记》和《南柯记》中的游仙入道与立地成佛,蕴含着晚年脱离更加强化的老庄哲理和佛道心态。

《三十七》诗既有自述,又有言志,内含汤显祖青年时期怀才不遇、希望有所成就的苦闷心理。这在中青年知识分子中是一种普遍现象。在人生心态上,汤显祖《三十七》诗很容易使我们联想到鲁迅21岁作、51岁题写的《自题小像》的诗句:"寄意寒星荃不察,我以我血荐轩辕。"这是鲁迅青年时代在苦闷与彷徨中重新选择人生道路的述志,表现了他强烈的爱国情怀。正是出于这种不满于现状的爱国情怀,鲁迅像汤显祖"弃官从文"一样,毅然"弃医从文",随后创作了具有开创意义的白话小说——《呐喊》集与《彷徨》集。

二、归俗与超俗

汤显祖告长假退职还乡,三年后被官方考察为"浮躁",被正式免职(53岁,万历三十年,1602)。从此,汤显祖不再享有官员的光环,回归到民间。在家乡,他赞助修"文昌桥",倡导创建"崇儒书院",身份只是受人敬重的"乡贤"。然而他毕竟保持有传统文人的雅志,没有无原则地依附于孔子所鄙视的"乡愿",②创作"四梦",是乡贤汤显祖归俗后的脱俗之处。

明代中后期,文坛出现了尊重与提倡通俗文学和俗曲的进步思潮。汤显祖顺应这一思潮,不拘一格地与志同道合的文人和艺人交友。比较典型的是,在49岁离职返乡那年,他就应戏班子弟之请,为刚刚落成的戏神庙撰写了碑记《宜黄县戏神清源师记》(下简称《宜黄戏神庙记》或《庙记》)。

清源,是宜黄、南丰周边地区的傩神,亦即戏神。明代江西的巫傩习俗很盛。宜黄戏神与傩神关联,尤其赣东的宜昌、南丰和赣西的萍乡等地,乡间普遍建有傩神庙,甚至有"五里一将军,十里一傩神"之说。乡间的傩神庙和戏神庙大都是民俗的巫傩小庙,不像中原佛教、道教的神庙那样受官府重视,而且各

---

① 吴梅《四梦传奇总跋》。转引自卢前《明清戏曲史》。
② 孔子称:"乡原(即"乡愿"),德之贼也。"(《论语·阳货》)所谓的"乡原"、"乡愿",属贬义词,指乡里流俗、污世的"原人",即不讲原则的"滥好人"、"伪君子",故而孔子称之为"德之贼"。

有宗教分工。然而,以"驱鬼逐疫"为宗旨的"傩"的习俗既有文礼,又有武戏,体现着"礼"与"戏"的交融。尤其民间的乡傩,在戏剧发生学上有独特价值。

北宋苏东坡曾将傩蜡仪典称作"戏礼",认为倡优在傩蜡仪典中的装扮和表演"皆戏之道也",甚至认为,"戏"是人的天性,"岁终聚戏,此人情之所不免",不过"附以礼仪"而已。[①] 南宋理学家、江西人朱熹也在《论语集注》中称:"傩虽古礼而近于戏。"宜黄县戏神庙现已不存,但宜黄与南丰相邻,同属抚州,南丰县尚存有一座傩神庙,也是由当地的乡贤创建的,可作为参照。

南丰傩神庙门口两边上的石柱上镌刻有一副乾隆时期的石联,与宋代苏东坡和朱熹的"戏礼"观念一致,云:

> 近戏乎,非真戏也;国傩矣,乃大傩焉。[②]

这样一种"戏"的观念,也是乡傩和社戏中傩神和戏神的观念,贯穿于汤显祖的《宜黄县戏神清源师庙记》之中:"予闻清源,西川灌口神也","以游戏而得道","弟子盈天下。"

他认为:灌口神清源,因"游戏"而得道。之所以没有庙祠供奉,乃是因为"非乐之徒"认为"戏"非礼乐,所以对之加以"诟病"。然而汤显祖认为:"戏"是有声有乐的,由此生发出对"戏曲"的阐论,并且在《宜黄县戏神清源师庙记》中对清源师大加赞赏:

> 奇哉清源师。演古今神圣八能千唱之节,而为此道。初止爨弄参鹘,后稍为末泥、三姑旦等杂剧、传奇。长者折至半百,短者折才四耳。生天、生地、生鬼、生神,极人物之万途,攒古今之千变。一勾栏之上,几色目之中,无不纤徐焕眩,顿挫徘徊。恍然如见千秋之人,发梦中之事,使天下之人无故而喜,无故而悲。

这段阐论显然是对"戏"的历史性概括。在接着阐述雅、俗、贵、贱各色人等观赏戏曲的生动状态之后,又谈到了"戏"的社会功能和美学功能:

> 无情者可使有情,无声者可使有声。寂可使喧,喧可使寂;饥可使饱,醉可使醒;行可以留,卧可以兴;鄙者欲艳,顽者欲灵。可以合君臣之节,可以浃父子之恩,可以增长幼之睦,可以动夫妇之欢,可以发宾友之仪,可以释怨毒之结,可以已愁愦之疾,可以浑庸鄙之好。然则斯道也,孝子以事其亲,敬长而娱死;仁人以此奉其尊,享帝而事鬼;老者以此终,少者以此长。外户可以不闭,嗜欲可以少营。人有此声,家有此道,疾疠不作,天下和平。岂非以人情之大窦,为名教之至乐也哉?

与其说《庙记》敬奉戏神"清源师",毋宁说汤显祖尊重戏班艺人。当今学界普遍认为,清末民初王国维是开启中国戏曲史研究的鼻祖,殊不知在王国维之前300年,汤显祖已通过《宜黄戏神庙记》对宋

---

① 苏轼《东坡志林》。
② 据曾志巩著《江西南丰傩文化》,南丰县石邮村的傩神庙始建于明永乐年间,清乾隆年间迁建现地,1987年"搜傩"后曾经失火,但门墙依然是清代原物。江西人民出版社2014年版。

元以来场上表演的"戏"、"乐"、"曲"进行了精辟的概括。如果说宋代苏东坡和朱熹强调"戏"与"礼"的关系,称之为"戏礼"的话,那么汤显祖更强调"戏"与"曲"的关系,也就是"戏曲"。《庙记》还对历史上的"戏曲"形态进行了清晰的阐论,如爨、弄、参军、苍鹘,末泥、三姑旦、杂剧、传奇等。关于戏曲声腔,还具体涉及南戏的昆山腔、弋阳腔、宜黄腔、海盐腔、乐平腔、青阳腔。戏——曲——声——腔,依然是当今中国戏曲史研究的主要脉络,因此,《庙记》至今依然是研究戏曲史尤其明代南戏声腔源流的重要文献。①

汤显祖知行合一,《庙记》中的戏曲理论付之于自身的戏曲实践。其中"生天、生地、生鬼、生神"、"发梦中之事"、"无情者可使有情"等观念,被自觉地运用在他的戏曲创作之中。非但如此,《牡丹亭》更强调"情"对"礼"的突破和"至情"观念。正如他在《〈牡丹亭〉题词》中所称:

> 如丽娘者,乃可谓之有情人耳。情不知所起,一往而深,生者可以死,死可以生。生而不可与死,死而不可复生者,皆非情之至也。

辞官回乡后,汤显祖自号"清远道人",所建玉茗堂的楼阁称作"清远楼"。"清远"与"清源"谐音,不能不说与尊重"因戏得道"的戏神"清源"没有关系。在玉茗堂东侧,他还建有为戏曲表演而设的厅台,"四梦"完成后,命名为"四梦台",体现着乡贤汤显祖的"戏曲"情结。

在中国的乡村社会,明代儒家乡贤在乡村经济、乡村文化、乡村道德的建设上有不可忽视的作用。他们不仅在家乡建造庙宇、宗祠、修路、架桥、设戏台,更强调儒家文化的引领、倡导和示范,汤显祖就是如此。

当然,出于老庄心态和佛道心态,晚年的汤显祖以"戏"和"梦"面对人生,分别表现为《紫钗记》的"情痴"、《牡丹亭》的"情鬼"、《南柯梦》的"情了为佛"、《邯郸梦》的"知梦游兴"。② "四梦"一经刊行,便不同凡响。归俗而超俗,汤显祖退职后在"四梦"中实现了他的人生价值。

三、情牵梦绕,破茧化蝶

《牡丹亭·游园》"步步娇"一曲,在文坛上备受推崇:"袅晴丝吹来闲庭院,摇漾春如线。""晴丝"与"情思"谐音,如同少女的情思纷纷扰扰,飘荡不定,备受困惑。

其实,人生在世,必然会受到社会的规范与约束,各个年龄段都会产生思想情感上的困惑、游移与彷徨。汤显祖晚年的思想情感同样经历过情思不定的困惑。尽管他是主动辞职,但是在刚刚退职的那几年,他时常做梦,内心的情思不定表现为意识流的梦境。有意义的梦,他常用写诗来记录和回味。"情"牵"梦"绕,意味着心绪,在诗文中,汤显祖梦田园、梦戏曲、梦优伶、梦玉女、梦化蝶、梦亲友,唯独不梦官场。在 49 岁的《遣梦》诗中,他写道:

---

① 如《庙记》中称:"(清源师)此道有南北。南则昆山之次为海盐,吴浙音也。其体局静好,以拍为之节。江以西弋阳,其节以鼓,其调喧。至嘉靖而弋阳之调绝,变为乐平,为徽青阳。"并涉及宜黄人谭纶大司马的戏曲贡献:"治兵于浙,以浙人归教其乡子弟,能为海盐声。"

② 引文分别见于汤显祖《紫钗记》《牡丹亭》《南柯梦》《邯郸记》的卷前题词。

　　休官云卧散仙如,花下笙残过客余。幽意偶随春梦蝶,生涯真作武陵渔。来成拥髻荒烟合,去觉搴帷暮雨疏。风断笑声弦月上,空歌灵汉与踟躇。①

　　汤显祖在理性上清醒:他已然可以自由自在地做散仙了。虽然"偶随春梦蝶",但可以"真作武陵渔"。不过,习惯了数十年的官场生涯从此改变,心绪毕竟不大安宁。他毕竟已进入晚年,曾经相伴的青春佳丽可以视同"荒烟",实际上已"搴帷暮雨疏"了。一旦夜晚降临,"风断笑声弦月上",只能"空歌灵汉",难免"踟躇"。

　　尤其在完全进入晚年之后,他自署"茧翁",比喻为被"晴丝"即"情思"所困,自缚于茧屋之中。他在答友人的诗中写道:

　　　　茧翁入茧时,丝绪无一缕。自分省眠食,与世绝筐筥。

　　最后的那几年,他像通常的儒家知识分子一样,遵循儒家道德,守护年迈的父母,培育子女,还多次梦见业已病故的大儿子。诗中称"自分省眠食,与世绝筐筥",实际上已处于贫困状态。于是,他不再有刚退休时那种原创和改编的创作激情,自称是"丝绪无一缕"。

　　晚年间有一次午睡,汤显祖若有所梦,醒来后写了一首《睡午》诗。他将退职回乡自比为"入茧"。"春晖"已过,"晴丝"消退,唯独希望精神上能"清魂化蝶":

　　　　门户从知气色微,花前浓睡过春晖。庄生大有人间世,忍遣清魂化蝶飞。

　　"入茧"与"化蝶"也是辩证的人生哲学命题。"入茧"表现为对现实生活的无奈与彷徨;"化蝶"表现为精神追求。汤显祖曾经将"入仕"视为"茧缚","弃官从文"已表现对人生自由理想的追求。"归俗还乡"又形成了一种"茧缚","超俗化蝶"则表现为文化理想的追求。虽然他自称"茧翁",但是在从文道路上,始终保持有积极心态。

　　在《睡午》诗中所期望的"清魂化蝶",一方面表现为坚守"情动形言"的美学观念,另一方面表现为坚守意识形态的"至情"观念。

　　汉儒前贤在《诗经·大序》(即《毛诗序》)中称:"诗者,志之所之也。在心为志,发言为诗。""情"与"志"均融合于诗,"诗言志"同时延伸出"情言志":

　　　　情,动于中而形于言;言之不足,故嗟叹之。嗟叹之不足,故咏歌之。咏歌之不足,不知手之舞之足之蹈之也。

　　语言、嗟叹、咏歌、舞蹈,都发自内心萌动的"情",由此又延伸出"以情写意"的一系列美学概念。汤显祖幼学诗书,"诗言志"、"情动形言"、以"情"写"意"的观念在他的戏曲创作中有创造性的发挥。他在

――――――――――
① 见徐朔方笺校《汤显祖集》,中华书局上海编辑所1962年版。下同。

明刊《玉茗堂评〈董西厢〉》的题辞中称:

> 《书》曰:"诗言志,歌咏言,声依咏,律和声。"志也者,情也。先民所谓发乎情、止乎礼义者是也。
> 嗟乎,万物之情,各有其志。董以董之情而索崔、张之情于花月徘徊之间,余亦以余之情而索董之情于笔墨烟波之际。董之发乎情也,铿金戛石,可以如抗而如坠。余之发乎情也,宴酣啸傲,可以以翱而以翔。①

至于面对封建礼教在自然人性方面的突破,涉及思想意识层面,当另作别论。

52 岁完成"四梦"以后,汤显祖继续进行了唐传奇和"花间词"的点校品评工作,颇有与四梦相联系的独到见解。

汤显祖曾点校过唐代笔记小说集《虞初志》。《虞初志》"罗唐人传记百十家",汤显祖为之写了总序。在《〈虞初志〉序》中,他高度评价唐传奇中的飞仙盗贼、佳冶窈窕、花妖木魅、牛鬼蛇神。认为唐传奇"意有所荡激,语有所托归",是小说家的"珍珠船":

> 以奇僻荒诞、若灭若没、可喜可愕之事,读之使人心开神释、骨飞眉舞。虽雄高不如《史》、《汉》,简澹不如《世说》,而婉缛流丽,洵小说家之珍珠船也。

他又选唐人笔记小说三十二篇,编为《续虞初志》。在《续虞初志》各篇的评语中,他对唐传奇赞誉有加。如:

> 《聂隐娘传》——飞仙、剑侠无如此快心。每展读之,为之引满。
> 《崔玄微传》——花神安可无此一传?
> 《东方朔传》——东坡诗云:"狂语不须删。"又云:"使妄言之。"读此当作此解。
> 《昆仑奴传》——剑侠传夥矣,余独喜《虬髯客》、《红线》、《昆仑奴》为最。后人拟之不可及。

汤显祖的同乡丘兆麟按"传奇文"概念编集了"合奇文"百余篇。汤显祖为之写了《合奇序》。序中明确提出了"自然灵气"说:

> 予谓文章之妙不在步趋形似之间。自然灵气;恍惚而来,不思而至。怪怪奇奇,莫可名状。非物寻常得以合之。……或片纸短幅,寸人豆马;或长河巨浪,汹汹崩屋;或流水孤村,寒鸦古木;或岚烟草树,苍狗白衣;或彝鼎商周,《丘》《索》《坟典》。凡天地间奇伟灵异高朗古宕之气,犹及见于斯编。神矣化矣!

文中还涉及"形"、"神"、"意"、"奇"、"灵"、"气"等美学概念,认为:文章尚"奇"。奇风、奇俗、奇趣、

---

① 汤显祖《董解元西厢题辞》,见《汤显祖集》(二),徐朔方笺校,中华书局上海编辑所 1962 年版,第 1502 页。

合奇,方能成为奇文。他同时批判了腐儒们了无生气的八股文,认为:"世间唯拘儒老生不可与言文",这些腐儒"耳多未闻、目多未见","出其鄙委牵拘之识",对传奇文品头论足,乃是天下文章的灾难。因此,他鲜明地提出了"宁为狂生,毋作乡愿"的主张。

其"自然灵气"说达到了出"神"入"化"的"化蝶"境界。汤显祖之所以在《牡丹亭》中不避怪、力、乱、神,便有唐传奇余风。同时代文人有一种说法:汤显祖"意"之所至,"不妨拗折天下人嗓子"。① 看起来,汤显祖似乎颇为狂傲,其实并非毫无道理。他不拘泥于词曲定格,强调"意、趣、神、色",同样反映了"破茧化蝶"的美学理想。扩大言之,戏曲领域里"破茧化蝶"的哲理,甚至蕴含有苏联戏剧家斯坦尼斯拉夫斯基评价梅兰芳戏曲表演的理论——"有规则的自由行动"。②

万历四十三年(1615),汤显祖66岁,为福建刻板刊印的曲子词《花间集》写了序。

《花间集》十卷500首,是晚唐五代专门描写女人美、媚,包括装饰容貌、眉目传情、当筵歌舞、日常起居的"曲子词"专集。古代将女人喻为"花",故称《花间集》。这种软媚香艳的"曲子词"在文坛上被称作"花间派",曾被认为是我国的第一个词派,《花间集》也被认为是第一部文人词集。

汤显祖《玉茗堂评〈花间集〉序》称:该书久已失传,明代正德年间方在南方的寺庙里发现一种版本。它与汤显祖《牡丹亭》和《紫钗记》的才子佳人题材有密切关系,因而汤显祖在序中称:"余于《牡丹亭》二梦之暇结习不忘。"之所以对它加以评点,是希望"有志于风雅者"将被称作"唐调"的花间"曲子词"与唐诗宋词"互赏"。

序中沿用当时文坛上提倡"文必秦汉,诗必盛唐"的前七子领军人物李梦阳的观念,③考证了《花间集》中所呈现的"唐调之始"。今天看来,随着敦煌曲子词等文献资料的发现,其关于诗词由雅趋俗的观念不无瑕疵,比如他在《〈花间集〉序》中慨叹诗的形态不断降格,悲观地认为"诗其不亡也夫! 诗其不亡也夫!"④但是,他求真务实的治学态度还是值得赞许的。

第二年,六十七岁汤显祖便去世了,他始终关注着"二梦"和文坛。晚年的汤显祖贫病交加,却在文坛上实现了"化蝶"。

余　话

明末清初的李渔在《闲情偶寄》里说:"文章者,天下之公器。"⑤他认为:填词是"文人之末技","贵在能精","能精善用,虽寸长尺短,亦可成名"。在提到元代王实甫的《西厢记》和高则诚的《琵琶记》之后,他特意将汤显祖作为例子:

---

① 王骥德《曲律·杂论第三十九下》载:有人改《牡丹亭还魂记》中不协律的字句,汤显祖称"彼恶知曲意哉。余意所至,不妨拗折天下人嗓子"。

② 1935年,前苏联斯坦尼斯拉夫斯基看了梅兰芳的京剧表演,称其为"有规则的自由行动"。意思是:既有严格规范的表演程式,又有从剧情和人物出发的"自由行动",即突破程式约束的生活化表演。

③ 李梦阳曾任江西提学副史,称"诗至唐,古调亡矣"。又说,"然自有唐调可歌咏,犹足被管弦。宋人主理不主调,于是唐调亦亡"。

④ 该序认为:"诗三百篇,降而骚赋;骚赋不便入乐,降而古乐府;乐府不入俗,降而以绝句为乐府;绝句少婉转,则又降而为词,故宋人遂以为'词者,诗之余也'。"又以"唐调"反观乐府、骚赋、诗三百篇,感叹道:"诗其不亡也夫! 诗其不亡也夫!"有"断代限体"的悲观意味。

⑤ 见《闲情偶寄》"词曲部·结构第一"。

汤若士,明之才人也,诗文尺牍尽有可观。而其脍炙人口者,不在尺牍诗文,而在《还魂》一剧。使若士不草《还魂》,则当日之若士已虽有而若无。……若士之传,《还魂》传之也。①

李渔立足于宽泛的"文章",尤其着眼于大众通俗文艺。他的意思是,尽管汤显祖精于诗文,但政绩不甚了了。倘若没写《还魂记》,那么,汤显祖的名字在仕宦和文坛上"虽有若无"。及至其退职以后,在词曲上求精,方以《牡丹亭》一举成名。

尽管李渔说得有点刻薄,却也是事实。

本文将汤显祖定位于儒家文人和乡贤,旨在探识他晚年的文化心态与成就。限于篇幅,尚有如下观点作为余话。

一、明代俗曲同样体现有汤显祖"四梦"的人文精神

不可否认,汤显祖重"雅"趣,"四梦"倾向于"雅曲"。摆脱官场藩篱后,汤显祖通"俗"而意境超"俗"。明中后期的文坛,前后七子倡导"文必秦汉,诗必盛唐",以此为发端,崇尚"真实"、"自然",反对一味玩弄文字的"台阁"体。在戏曲和小说领域,尤以徐渭、李开先、冯梦龙,以及反对礼教、强调自然人性的李贽最为典型。

正如元代"朝阳鸣凤,不可与凡鸟共语"的马致远,这也是汤显祖作为儒家名贤与清初布衣文人李渔的区别。故而,汤显祖更为正统文坛及词坛、曲坛、剧坛所赞赏。与此相应的是,当时曲坛上俗曲泛滥。雅俗互映,同样体现有明代中后期的人文精神,如老庄的避世隐居观念和讽刺官场险恶带来的佛道出世思想(见附录)。

二、"四梦"对《长生殿》和《桃花扇》的影响及局限

"四梦"是关于人生命运的宏大叙事。

其宗教精神,依托于天、地、鬼、神;人生哲理,依托于老、庄、佛、道;文化形态,是以"情"为枢纽的"诗剧"。这些,都对清初康熙年间的曲坛双璧——《长生殿》和《桃花扇》产生了影响。

《长生殿》与《桃花扇》的作者洪昇与孔尚任都是儒家文人,人生境遇和创作经历与汤显祖相仿。二人都出生于名门望族,都进入过京都国子监。二人都命运不济、仕途不佳,经历过人世沧桑后专治词曲。二人都有深厚的文化根底,对词曲的文字和音韵都严格推敲。《长生殿》和《桃花扇》作为成名之作,创作都曾三易其稿,有十年或以上。定稿时,二人都在"知天命"之后。洪昇《长生殿》定稿于41岁(康熙二十七年,1689);孔尚任《桃花扇》定稿于51岁(康熙三十八年,1699)。"双璧"之间相差十年。

《牡丹亭》的"至情"观念对洪昇《长生殿》有明显的示范作用。

《长生殿》被清初相国梁清标称作是"一部闹热《牡丹亭》"。② 至于表现李杨帝妃爱情的"占了情场,弛了朝纲",阐发"乐极哀来,垂戒来世"的"情悔"的哲理,所谓"情缘总归虚幻",希望能"清夜闻钟,遽然梦觉",则并未超越汤显祖《南柯梦》和《邯郸梦》的"游仙入道"和"立地成佛"观念。

① 见《闲情偶寄》"词曲部·结构第一"。
② 洪昇《〈长生殿〉例言》称:"棠村相国(梁清标)尝称,予是剧乃一部闹热《牡丹亭》,世以为知言。予自惟文采不逮临川,而恪守韵调,罔敢稍有逾越。"见洪昇著《长生殿》,人民文学出版社1980年版。

至于后半部分月宫团圆的"曲终奏雅",则体现为源于礼乐的中国古典戏曲的传统。其实,《牡丹亭》最后也是"曲终奏雅"的大团圆。

孔尚任的《桃花扇》在十年后问世。他很认可汤显祖的"传奇"观,①同样体现有"四梦"中的"归隐入道"观念。

但是,《桃花扇》并不采用唐宋传奇的"复古"题材,而是采用为时未久的时人时事。② 也没有以"情"的大团圆为结尾。所谓"南朝兴亡,系之桃花扇底"。③ 基本情节结束后,《入道》的煞尾诗写道:"白骨青灰长艾萧,桃花扇底送南朝。不因重做兴亡梦,儿女浓情何处消。"

头两句"不因重做兴亡梦,儿女浓情何处消"是针对《长生殿》的帝妃爱情而言的。《长生殿》李杨爱情的"情",有"女色误国"影子。孔尚任认为仅作儿女浓情"情悔"的"兴亡之叹"不够,应该是"场上歌舞,局外指点",④给人以更深刻的思考和启迪,所以《桃花扇》进一步提供了"权奸误国"的历史性经验教训。

尽管剧中依然很赞赏李香君与侯方域的坚贞爱情,却在《入道》一出作了不团圆的处理。当二人历经坎坷后在栖霞山重逢,准备互诉衷肠的时候,老道张薇大喝一声:"呀呸,两个痴虫! 你看国在哪里? 家在哪里? 君在哪里? 父在哪里? 偏是这点花月情根割它不断么?"于是,二人"遽然梦觉",各自修真学道而去。

在全剧结尾,孔尚任同样添加了"叹兴亡"。在"续四十出"《余韵》里,画家苏昆生、说书人柳敬亭和老赞礼三人作渔樵状,拍板说唱,叹南朝兴亡。正如《三国演义》卷首词《西江月》:"白发渔樵江渚上,……古今多少事,都付笑谈中。"也正如《长生殿》里的乐工黄幡绰,在流落江湖后以《九转货郎儿》叹大唐帝国兴亡。

所以,《桃花扇》作为原创性的历史剧,在一定程度上跳出了汤显祖"四梦"中"至情"、"隐逸"、"入道"、"升仙"的观念,其戏剧观更上了一层台阶。

三、汤显祖的"复古"与欧洲莎士比亚的"文艺复兴"

与汤显祖同时代的英国戏剧家莎士比亚,同样弘扬的是"儿女浓情"的人性,被誉为欧洲"文艺复兴"的标志。同样是以复古来体现新思想、新观念,但汤显祖《牡丹亭》所代表的人文思潮仅仅被认为是中国文坛的"复古主义"。

莎士比亚(1564—1616)与汤显祖的生平颇有相似之点。莎士比亚戏剧同样采用古典题材和民间神话传说,语言采用绚丽的散文诗形式,可以说是古典诗剧。莎士比亚"弱冠"时期也在故乡结婚,随后到"京都"伦敦从事称为"宫廷大臣剧团"的工作。在伦敦的20余年间,他从喜剧、历史剧到悲剧、浪漫剧,乃至由悲而喜的传奇剧,进行了全面而成功的探索。还作为股东之一,与人合作在泰晤士河边兴建"环球剧场"作为演出基地。48岁左右(1612),在"知天命"之前,他告别了伦敦,回故乡斯特拉特福定居。

---

① 孔尚任《〈桃花扇〉小识》:"传奇者,传其事之奇焉者也,事不奇则不传。"孔尚任著《桃花扇》,人民文学出版社1980年版。
② 孔尚任《〈桃花扇〉小识》:"桃花扇何奇乎? 妓女之扇也,荡子之题也,游客之画也。……桃花扇何奇乎? 其不奇而奇者,扇面之桃花也;桃花者,美人之血痕也;血痕者,守贞待字,碎首淋漓,不肯辱于权奸者也;权奸者,魏阉之余孽也;余孽者,进声色、罗货利、结党复仇、堕三百年之帝业者也。"版本同上注。
③ 孔尚任《桃花扇本末》。版本同上注。
④ 《桃花扇》卷前《桃花扇小引》,见孔尚任著《桃花扇》,人民文学出版社1980年版。

二人回乡的目的和结果截然不同：汤显祖为了从文，弃官回乡，晚年"化蝶"而获得了曲坛成就，直到66岁病逝。莎士比亚晚年回乡之后再无作为，四年后病逝于故乡，是年52岁。

莎士比亚除了在剧坛上久负盛名的悲剧、喜剧、浪漫剧之外，回乡前创作的"传奇剧"以往评价不高，情节表现个人命运由不幸而团圆。其实，就其晚年的人生心态和富有哲理的优美精辟的语句而言，也很值得深入探讨研究。如《暴风雨》，其中悲欢离合的传奇性情节，惩恶扬善的道德哲理，在古典戏剧范畴中是世界性的。汤显祖的"四梦"与之有异曲同工之处。

在莎士比亚之前，中古十三世纪末，意大利诗人但丁（1265—1321）创作了长诗《神曲》。《神曲》阐述但丁在人生中途做的一个"梦"，表现他在地狱、炼狱（净界）、天堂里分别与各种灵魂结识交流，表现他对真理的追求。因此，但丁被誉为欧洲文艺复兴的开拓人物。

在莎士比亚之后，十九世纪初，德国诗人歌德（1749—1832）创作了长篇诗剧《浮士德》。《浮士德》始写于歌德48岁（1797），11年后的59岁（1808）第一次复印面世。在歌德逝世第二年（1833），《浮士德》才作为遗作刊发了第一部分。其时，离始创之日已有36年，在定稿的时间上超过了《长生殿》、《桃花扇》"三易其稿"所耗费的十年有余。

《浮士德》的故事是：从事枯燥乏味的科学研究的学者浮士德，用灵魂与魔鬼打赌，希望尝试荣华富贵。他返老还童，经历了人生浮华、政治生涯和对古典美的追求。他与美女海伦结合，但又遭遇到了孩子的夭折。最后，天使们用爱心和填海造陆的理性力量打败了魔鬼，浮士德回归到了希腊。

希腊是欧洲文艺复兴的发源地。在《浮士德》中，情与理的冲突、神与鬼的冲突、美与丑的冲突、雅与俗的冲突在汤显祖的"四梦"中也类似的体现。不妨说，"四梦"作为古典题材诗剧，在国际性的文艺复兴思潮中表现出浓郁的中国特色。

倘若没有作者晚年的世间沧桑和情感体验，这些名著中的形象难以描述和刻画得如此细致鲜明。不过，"四梦"中的"至情"也罢，老庄也罢，佛道也罢，毕竟都只是一己之情，有中国封建社会的烙印。不像十八世纪末德国贝多芬作曲席勒作词的《第九交响乐》"欢乐颂"，表现为民生的大众之情和公众的自由博爱之情：

　　　　欢乐女神圣洁美丽，灿烂光芒照大地。我们心中充满热情，来到你的圣殿里。你的力量能使人们消除一切分歧，在你的光辉照耀下面人们团结如兄弟。

附录：俗曲举隅

明代俗曲中多花间词，在文坛上如汗牛充栋。此处略举与儒家人生观念相通的俗曲数例，可见撰写俗曲的无名文人与汤显祖在人生观念上是相通的：①

如《古山坡羊·归隐》与老庄"避世"的观念相通。

　　　　打破功名一弄，跳出黄粱一梦。/束腰解带，摘下乌纱重。/撞开龙凤笼，遁脱狼虎丛。/高车驷马，抵死抬不动。/绿水青山，余生还可逢。/天空，游心鱼鸟中。/从容，漫寻鸥鹭踪。

---

① 引自路工编《明代歌曲选》，上海古典文学出版社1956年版。

《水仙子·愤世》与《南柯记》观念相通。

　　蝇头利蜗角闹嚷嚷,蚁阵蜂衙处处忙,呼牛道马乔模样。/暗藏着参与商,霎时间祸起萧墙,平地里翻成浪。/满天空露结霜,分甚么红紫青黄?

《朝元歌·远是非》与《邯郸记》观念相通。

　　名场利场,多少蛇蝎党。/花香酒乡,多少蜂蝶攘。/处处干戈,家家罗网,平地里风波千丈。/祸起萧墙,清白正直总是殃。/闭口若括囊,箝舌似探汤,是非虽广,飞不到达人头上。

《朝元歌·无官身轻》与佛道观念相通。

　　勋隆业隆,富贵三生梦。/官荣禄荣,罪恶千钧重。/玉带邀酸,乌纱头痛,六尺躯千般踢弄。/暮鼓晨钟,人生哪知万事空。/日日虎狼丛,朝朝麟凤笼,前呼后拥,总不如浇园抱瓮。

以"至情"匡扶"世情"

——试析汤显祖"至情"思想之哲学内蕴与晚明文化思潮的关系

汪若如

一、陆离光怪,有明一代

从嘉靖末年开始,晚明成为中国近世历史上一个光怪陆离的时期,其社会图景无论是政治经历还是文化思潮都充满着张力。阳明心学的崛起极大地冲击了明代士人对正统程朱理学的认同,而自王艮以来王门后学泰州学派以其热切的对世道民生的关怀及其对个体性原则的张扬,吸引了大批拥趸者。同时,"三教合一"作为唐宋以后中国思想的基本走向,至晚明时期,一方面,三家在义理上进一步融合会通,都以"性命之学"作为接引后学的便利津梁,"儒家之教,教人顺性命以还造化,其道公;禅宗之教,教人幻性命以超大觉,其义高;老氏之学,教人修性命而得长生,其旨切。教虽三分,其道一也",①包括王学本身虽根本上与禅宗相区别,但两者之间的缠绕也颇明显。另一方面,在生活实践上,晚明士大夫阶层为政问学的同时,也迷恋于登坛说法、广结莲社或醮斋炼丹、求仙问药。游移于儒释之间,追究生命之义理,寻求精神之慰藉,是晚明士人普遍的精神状态。

"临川四梦"巨大的艺术成就与对后世的影响,使汤显祖作为一个戏剧创作大家的地位毋庸置疑。对他戏曲观的认识,一贯集中在"情"字,主情说、至情论、唯情论对汤显祖戏剧理念的认识不可谓不深广,然而身处一个极动荡、极混乱、极变革、极矛盾的晚明时代的汤显祖,他的思想也是多元、丰富的,并与当时大多数明代士人一般,既有明显的倾向性,却也包含着不知何去何从的内在矛盾。作为一个复杂的、立体的晚明传统士人的汤显祖,远不止是一个戏剧创作家的称谓所能概括,他于道学上极用力,又浸淫佛、老二氏之学颇深,并立足于自己的哲学思想发展出一套以"情"为本体的艺术观。他晚年曾自言:"学道无成,而学为文。学文无成,而学诗歌。学诗赋无成,而学小词。学小词无成,且转而学道。犹未能忘情所习也。"②可见他对"道"、"文"、"思"、"诗"同样的感情及其在"大道"、"文词"之间徘徊且终不能释怀的矛盾之处。

汤显祖思想中儒释道三家的根底,都来源于他的家庭。"家君恒督我以儒检,大父辄要我以仙游",③汤显祖的父亲汤尚贤"家为严君,乡称畏友……为文高古,举止端方……",④是位风骨峻嶒的儒者。其祖父汤懋昭则是一名"蚤综籍于精爨,晚言筌于道术。捐情末世,托契高云"的高蹈之士。⑤ 而他的祖母笃信佛教,诵读经文不倦。汤显祖虽在其父的督导下精读十三经,立修齐治平之志,走科举入仕之途,但也

---

① 《性命圭旨·大道说》,转引自程芸著《汤显祖与晚明戏曲的嬗变》,中华书局2006年版,第56页。
② 汤显祖著,徐朔方笺校《与陆景邺》,《汤显祖全集·诗文》卷四十七,北京古籍出版社1999年版,第1436页。
③ 汤显祖著,徐朔方笺校《和大父游城西魏夫人坛故址·诗序》,《汤显祖诗文集》卷二,上海古籍出版社1982年版,第22页。
④ 《文昌汤氏宗谱》,转引自徐朔方《汤显祖年谱》,中华书局1958年版,第4页。
⑤ 汤显祖著,徐朔方笺校《和大父游城西魏夫人坛故址·诗序》,《汤显祖诗文集》卷二,上海古籍出版社1982年版,第22页。

自幼结缘佛道，精神中交织着出世情怀。

在汤显祖的生平中，公认对他思想影响极大者有三，授业恩师罗汝芳，晚明四大高僧之一的达观，以及以"异端"自居的晚明士林焦点人物李贽。《答管东溟》中他自陈"得奉陵祠，多瑕豫。如明德先生者，时在吾心眼中矣。见以可上人之雄，听以李百泉之杰，寻其吐属，如获美剑"。① 谈的是万历十二年至万历十九年的南京为官时期，影响了自己之后一生的思想转折及其影响来源，明德先生即罗汝芳，可上人即达观，李百泉即李贽。

二、生生之仁，赤子心怀

罗汝芳字惟德，号近溪，从学于王艮高弟颜山农（钧），是泰州学派的重要思想家。汤显祖于遂昌任上曾作《秀才说》："嗟乎，吾生四十余矣。十三岁时从明德罗先生游。血气未定，读非圣之书。所游四方，辄交其气义之士，蹈厉靡衍，几失其性。中途复见明德先生，叹而问曰：'子与天下士日泮涣悲歌，意何为者，究竟于性命何如？何时可了？'夜思此言，不能安枕。久之有省。……"② 万历十四年夏，罗汝芳应邀至南京多次举会、讲学，彼时任南京太常寺博士的汤显祖与焦竑偕门人故旧至城西永庆禅寺与老师聚首，明德先生以"性命"相究问，给汤显祖以极大的震动，至此，他再未曾止歇过对生命之本质、依据、价值的思索，并以传统儒家哲学与罗汝芳的道学为主要依托。贬官徐闻其间，他所作的两篇道学文章《贵生书院说》、《明复说》中都可见罗汝芳思想的影响与渗透。

罗汝芳思想的核心可归结为"生生之仁"、"赤子良心"。"仁为天地之性，其理本生化而难已；人为天地之心，其机尤感触而易亲"，③"孔门《学》、《庸》，全从《周易》'生生一语'化得出来……故父母兄弟子孙，是替天命生生不已，显现个肤皮，天命生生不已，是替孝父母、第兄长、慈子孙通透个骨髓"，④造化流行不息，天地间生气盈注，生生之仁是天地之性，是宇宙精神人世法则，人人代代无穷已，即是对"生生之仁"的负载，而践履此"生生之仁"，也就成了人的生命意义与价值所在。于是，自然生命的繁衍中，就被先验地注入了孝悌慈的道德律，且此孝悌慈非一人之孝悌慈，而是全天下之孝悌慈。而最能体现"生生之仁"的，是"赤子之心"的本然状态。"欲求希圣希天，不寻思自己有甚东西可与他打得对同，不差毫发，却如何希得他？天初生我，只是个赤子；赤子之心，浑然天理，细看其知不必虑，能不必学，果然与莫之为而为，莫之致而至的体段，浑然打得对同过"，⑤"天性之知，原不容昧，但能尽心求之，明觉通透，其机自显而无蔽矣。故圣贤之学，本之赤子之心以为根源，又征诸庶人之心，以为日用"。⑥ 浑然天成、无所不适的赤子的原生状态，即圣贤境界。赤子所作所为未经思虑与学习，也没有一个孝悌慈的目的，却天然地符合了天道伦常，是以罗氏视"童子捧茶"为圣人之道。源于阳明心学的罗氏学说肯定了人为"天地之心"的地位，看重人的自然生命价值，又以道德人伦为旨归，充溢着热切的世俗关怀。

---

① 汤显祖著，徐朔方笺校《答管东溟》，《汤显祖诗文集》卷四十四，上海古籍出版社1982年版，第1229页。
② 汤显祖著，徐朔方笺校《秀才说》，《汤显祖诗文集》卷三十七，上海古籍出版社1982年版，第1166页。本文所引汤显祖著述除另有说明者，均以此本为据，以下不另注。
③ 罗汝芳《耿中丞杨太史批点近溪罗子全集》，《四库全书存目丛书·集部》，129册，第155页。
④ 黄宗羲著，沈芝盈校点《明儒学案》卷三十四，中华书局1985年版，第783页。
⑤ 黄宗羲著，沈芝盈校点《明儒学案》卷三十四，中华书局1985年版，第764页。
⑥ 黄宗羲著，沈芝盈校点《明儒学案》卷三十四，中华书局1985年版，第771页。

汤显祖《贵生书院说》:"天地之性人为贵。……孟子恐人止以形色自视其身,乃言此形色即是天性,所宜宝而奉之。知此则思生生者谁。仁孝之人,事天如亲,事亲如天。……故大人之学,起于知生。知生则知自贵,又知天下之生皆当贵重也。……故仁孝之心尽死,虽有其生,正与亡等。""贵生"思想发端于先秦,主要反映在杨朱一系的利己主义思想中,突出的是对个体自然生命的推重。汤显祖的"贵生"思想既张扬了人在天地万物中的主体地位,重视个体的自然生命(形色),更将"贵生"落实到人的社会存在,强调了人的生物性、社会性、精神性的统一。这正是心学传统尤其罗氏思想中"生生之仁"的承袭。《明复说》:"天命之成为性,继之者善也。……仁如果仁,显诸仁,所谓'复其见天地之心','生生之谓易'也。……吾人集义勿害生,是率性而已。夫子循循然善诱人,引人知性也。……吾儒日用性中而不知者,何也?'自诚明谓之性',赤子之知是也。'自明诚谓之教',致曲是也。""明复"即推动普通人对"天命之性"的明觉与归复,"明复"的前提为"知性",性乃是"天"之生生不已的仁德,孝慈等人伦禀受于天命,"赤子"状态是发自本心地在日用中对人伦的贯彻,赤子之心虽会被尘俗熏染,但可以通过教化、引导,保持纯正。此处依旧是对罗氏思想的接受与坚持。

三、童子寸心,骷髅半百

李贽是否曾实际上曾与汤显祖会面,已不可考。万历十八年,汤显祖在南京礼部祠祭司主事任上,李贽的《焚书》在湖北麻城出版,汤显祖于友人家中得见,其后特致书苏州知府石昆玉;"有李百泉先生者,见其《焚书》,畸人也。肯为求其书驿荡否?"(《寄石楚阳苏州》)致仕闲居后,于《答岳石帆》中又云:"《狂狷辩》(李贽万历早期著作)极中当今假道学之病。"

畸人者,畸于人而侔于天。乖异人伦,不耦于俗。如庄子笔下的支离疏、佝偻丈人、滑介书等。汤显祖生性耿介,不流于俗,"宁为狂狷,毋为乡愿"(《合奇序》),且在《秀才说》中领悟到"豪杰之士是也,非迂视圣贤之豪"。"畸人"是道家之思想,"狂狷"为儒者所推重,其内在有相近之处。孔子曾言"狂者进取,狷者有所不为"(《论语·子路》),王阳明尤其推崇豪狂,"狂者志存古人,一切纷嚣俗染不足以累其心,真有凤凰于千仞之心。一克念,即圣人矣"。①归其根底,畸人、狂狷之士都是超俗率真,希于天道,对浑然赤子的回归。畸人侔于天,与天、道比肩,更高于狂狷。

不耦于世、拒斥流俗、对假道学的批判以及同属泰州学派内在学理的相近,都可以成为汤显祖倾慕李贽的前提,但李贽思想中极为重要的"童心说"却与汤显祖所认同的"赤子良心"有着根本的差异。"童心者,真心也。若以童心为不可,是以真心为不可也。夫真心者,绝假纯真,最初一念之本心也。若失却童心,便失却真心;失却真心,便失却真人。人而非真,全不复有初矣。"②李贽受业于王艮之子王襞,又曾问学于罗汝芳,其童心是对王阳明的"良知"、王畿的"初心"、罗汝芳的"赤子良心"的承袭与推进,王阳明将正统理学那里的外在于人的"理",内化为人的主体意识,主张"心即理",开始了心学凸显个体意识的传统,但"心即理"的前提也使得"良知"不能摆脱普遍理性规则的主导。王畿进一步因禅注儒,认为"良知"为无,实际上是对良知内蕴的天赋道德的否定。李贽继承了这一思路,既排斥由外而内的"多读书识义

---

① 王阳明著,吴光等编校《传习录补遗》,《王阳明全集》,上海古籍出版社 1992 年版。
② 李贽《童心说》,《焚书》卷三,《焚书 续焚书》,中华书局 1975 年版。

理",也反对一切内在的先验的道德观念的掺杂,将王艮以来泰州学派张扬个体自由意识的倾向推至一个新的高度。这与汤显祖坚持的罗氏内蕴天赋道德意识的"赤子良心"是不同的。

万历十八年十二月,汤显祖在南京初会达观于好友邹元标府上,二人一见如故,达观还在雨花台高座寺为他主持受记,赐其禅名"寸虚"。紫柏并非一般避居山林的出世僧徒,相反,他有着担荷天下的用世之心,这无疑与汤显祖声气相投。而身体的病痛、子女的早殇、对政局的失望……人生种种不得已的摧折,也令汤显祖倾向于释教中寻求精神的慰藉、心灵的安顿。然而,紫柏曾数度试图接引汤海若而不得,根源在于"情"、"佛"对立的矛盾。紫柏主张以理折情,灭情复性,将情、理视作两个对立的范畴,认为理的明复须以消除情为前提。《与汤义仍》的尺牍中,有云:"真心本妙,情生则痴……理明则情消,情消则性复,性复则奇男子能事毕矣,虽死而何憾焉!"①但即使正统理学,也认为性、情二者互为条件,不可相无,更何况浸染于张扬个体情感意志的心学思潮且一生尚情的汤显祖。他在《寄达观》中道"情有理必无,理有情必无,真是一刀两断语……迩来情事,达师应怜我。白太傅苏长公终是为情使耳",表现出他对达观情理相无的佛学理念的质疑。

由此可见,汤显祖的哲学思想主要来源于罗汝芳,他虽在精神上倾慕李贽,但他的理想还是修齐治平人伦教化,他虽对佛道之学钻研很深,但主导他的还是对世道民生的热切关怀。

四、世总为情,至情永存

汤显祖关于生死根因、性命下落的总的思想旨要,势必影响着他艺术观念的思想价值取向。

对汤显祖文论观的考察,有三段文献至关重要。

> 世总为情,情生诗歌,而行于神。天下之声音笑貌大小生死,不出乎是。因以憺荡人意,欢乐舞蹈,悲壮哀感鬼神风雨鸟兽,摇动草木,洞裂金石。其诗之传者,神情合至,或一至焉;一无所至,而必曰传者,亦世所不许也。(《耳伯麻姑游诗序》)

> 万物当气厚材猛之时,奇迫怪窘,不获急与时会,则必溃而有所出,遁而有所之。常务以快其愊结。过当而后止,久而徐以平。其势然也。是故冲孔动楗而有厉风,破隘蹈决而有漴河。已而其音冷冷,其流纤纤。气往而旋,才距而安,亦人情之大致也。情致所极,可以事道,可以忘言,而终有所不可忘者,存乎诗歌、序记、词辩之间。固圣贤之所不能遗,而英雄之所不能晦也。(《调象庵集序》)

> 人生而有情。思欢怒愁,感于幽微,流乎啸歌,形诸动摇。或一往而尽,或积日而不能自休。盖自凤凰鸟兽,以至巴渝夷鬼,无不能舞能歌,以灵机自相转活,而况吾人。奇哉清源师,演古先神圣八能千唱之节,而为此道。……使天下之人无故而喜,无故而悲。……可以合君臣之节,可以浃父子之恩,可以增长幼之睦,可以动夫妇之欢,可以发宾友之仪,可以释怨毒之结,可以已愁愤之疾,可以浑庸鄙之好。然则斯道也,孝子以事其亲,敬长而娱死,仁人以此奉其尊,享帝而事鬼。老者以此终,少者以此长。外户可以不闭,嗜欲可以少营。人有此声,家有此道,疫疬不作,天下和平。岂非以人情之大窦,为名教之至乐也哉!(《宜黄县戏神清源师庙记》)

---

① 达观《紫柏老人集》卷二十三,转引自程芸著《汤显祖与晚明戏曲的嬗变》,中华书局2006年版,第49页。

在他的艺术观念中,汤显祖首先确定了"情"的本体地位。"人生而有情","世总关情,情生诗歌"是他的立论前提。

不同于传统缘情论关于情感生发环节的"感物"说,汤显祖立足于心学传统对心物关系的辨析,认为美感根源于人心,情感的生发,是势不可挡的气激荡天地万物,包括情。物之动与情之动在气的作用下是统一而不可分的,没有一个由物而心的先后、因果关系。

"思欢怒愁,感于幽微",情感的生发幽晦微妙,无从辨析,不可言传。艺术既以情为根本,那么情感又是如何获得审美价值?汤显祖认为,情感转换为具体可感的形式如歌舞,是灵机自相转活的过程,即行于神。艺术的高下,在于情神是否契合,即对情的表现是否神妙自然。

更重要的是,气会从"激荡"趋于"和缓",于是"其音泠泠,其流纡纡",万物呈现出一种宁静安和的状态,而人情也抵达了一种相似的状态,其极致便是"天机泠如"之境,即"赤子之心"的本然状态,这种状态寄寓于诗歌、序记、词辩等艺术形式,与道相通。

《庙记》一文旨在为戏曲正名,提高其艺术地位。而其路径最终还是归到了对儒家功利主义的乐教传统的继承。从孔子"兴观群怨"的艺术社会功能到荀子"(声乐)可以善民心,其感人深,其移风易俗易"的政教文艺观,汤显祖显然并不拒斥。这种一方面张扬个人情感生发的内在性、自为性,一方面指向纲常人伦的维护,在汤显祖的思想里,看似矛盾,其实大可深究。情,既是个体之情、自然爱欲,更是天地之情,即"生生之仁",个体之情与天地之德在本源与旨归上是一致的,是"孝悌慈"等伦理情感。因此,与其说汤显祖"以情反理",不如说,汤显祖的"至情"所要抵抗的正是当时的"世情"。

也因此,《牡丹亭》中,杜丽娘作为至情的化身,她的天然之情被不合理的现实关系所压抑,无法在当时的环境中实现,于是便"因情成梦",哪怕在梦里都要实现。至情既与道融为一体,自然便也有"生生不已"的特性,死者可以生,生者可以死,但梦醒还魂之后,"人须实礼",因为现实中顺应本心而为的道德纲常,也是情。而汤显祖《四梦》中最后一梦《邯郸记》,全剧三十折,黄粱梦部分占二十五折,整个梦境依据晚明官场为原本,抨击的是一个至情无处容身的世界。私欲横流,世风沦丧,真情不存,人与人之间只有相互利用与倾轧的关系,作为人生命存在本质内涵与价值指向的真实、自由、自发的天性之情,又哪里得见。这般世情,非真是幻。然而,梦醒后的度脱,与其说是汤显祖宗教意识、超越情怀的体现,不如说是大梦醒后依旧无路可走的彷徨与悲哀,不得不寄望于一个彼岸世界,这是他对茫茫世情的忧患,又何尝不是整个晚明士林普遍精神危机的缩影呢?

汤显祖依据自己的哲学根底,以"至情"反对"世情",并将"至情"最终指向人的自然性与社会伦理性统一的存在,试图将"至情"的张扬作为匡扶"世情"的良方,而这也构成了"四梦"共同的哲学基础。汤显祖的思想固然有其局限性,然而,无论他的理想能否经世致用得以实现,这种对人以及人所生存的世界的一以贯之的炽热关怀,不正是汤显祖最动人最深情之所在吗?他的思想与深情无疑具备超越时代的意义,令人感佩叹服,并化作巨大的艺术感染力,存于"四梦"当中,成为后世的艺术宝藏。

汤显祖至情论是陆象山心学重情论的逻辑发展

吴牧山

汤显祖,字义仍,号海若、若士,晚年又号茧翁,别署清远道人,江西抚州临川人。其代表作《牡丹亭》《南柯记》《邯郸记》《紫钗记》不仅具有极高的艺术价值,而且具有深刻的思想内涵,堪称晚明戏曲创作的高峰。尤其是"《牡丹亭梦》一出,家喻户晓,几令《西厢》减价",有人称其"上薄《风》《骚》,下夺屈、宋",达到了戏曲艺术的至高境界,可谓"叫好又叫座"。汤显祖在戏曲创作上取得了重大成就,其原因是多方面的。其创作"为情作使",追求"神情合至","因情成梦,因梦成戏"的"至情"戏曲创作观,无疑对成就他巅峰作品起了重要作用。通过追根溯源式的研究,笔者认为,汤显祖至情论是陆九渊心学重情论的内在逻辑发展。本文从汤显祖至情论的思想来源、对陆王心学重情论的继承和发展以及情至论在汤公戏曲中的体现等方面进行探讨,以此请教于方家。

一、汤显祖至情论的思想来源

这里说的"至情论",是指汤显祖在戏曲中通过艺术形象展现出来的感人至深的真情、深情、极情的创作思想。认真研究和详细追溯他这一创作思想的根源,就能较为清晰地看到宋明时期陆九渊——王阳明——王艮——颜钧——罗汝芳和李贽——汤显祖一系人等对这一思想的创新、传承和发展的脉络。

(一)象山心学的重情论

陆九渊(1139—1193),字子静,号存斋,南宋江南西道抚州府金溪县延福乡青田道义里(今江西省抚州市金溪县陆坊乡陆坊村)人,晚年因率弟子在邻县贵溪象山(应天山)讲学,世人尊称象山先生,是我国南宋时期与朱熹齐名的思想家、教育家,一代心学宗师。他的心学对传统理学批判性的发展,在阐发重情论方面有着突破性的"破"和开创性的"立"的重要作用。

"破"是指陆九渊对"存天理,灭人欲"理论有力的批判和突破,为后人高扬人的主体性、推崇"至情论"开辟了发展道路。在宋代,一些腐儒曾提出"存天理,灭人欲"的口号,特别是理学"权威"程颐在回答能否迎娶寡妇和寡妇可否再嫁时,竟然说"饿死事极小,失节事极大"。这些漠视生命、扼杀人情、封杀个性、灭绝人性的所谓理学,为封建专制者们广泛利用。而这些以理杀人的"正理名言",也使一代又一代冤屈妇女被无情地葬在无数座贞节牌坊的后面。面对程朱理学的肃杀之气,象山先生以深邃的思想和大无畏的勇气,石破天惊地发出了"心学"的声声呐喊,从根本上击破这一歪理。他说:

> 天理人欲之言,亦不是至论。若天是理,人是欲,则是天人不同矣。此其原盖于老氏。《乐记》曰:"人生而静,天之性也;感于物而动,性之欲也。物至知之,而后好恶形焉。好恶无节于内,知诱于

外,不能反躬,天理灭矣。"天理人欲之言盖出于此。《乐记》之言亦根于老氏。且如专言静是天性,则动独不是天性耶?《书》云:"人心惟危,道心惟微。"解者多指人心为人欲,道心为天理,此说非是。心一也,人安有二心? 自人而言,则曰惟危;自道而言,则曰惟微。罔念作狂,克念作圣,非危乎? 无声无臭,无形无体,非微乎?《庄子》云:"渺乎小哉! 以属诸人;謷乎大哉! 独游于天。"又曰"天道之于人道也相远矣。"是分明裂天人而为二也。①

象山先生这些缜密的逻辑演绎、敏锐独到的重人性、通人情宏论,给了"存天理,灭人欲"以致命一击,从根本上动摇了传统理学。从历史看,象山先生"心学"对"存天理,灭人欲"理论的有力批判和抨击,从根本上为后来的阳明心学、泰州学派的发展扫除了障碍、开辟了道路。

"立"是指陆九渊创立"心学",为汤显祖的"至情论"提供了理论基础。象山先生的心学因"习《孟子》而自得",直接继承了孟子的四端说——恻隐之心,人皆有之;羞恶之心,人皆有之;恭敬之心,人皆有之;是非之心,人皆有之;恻隐之心,仁也;羞恶之心,义也;恭敬之心,礼也;是非之心,智也;仁义礼智,非由外铄我也,我固有之也,弗思耳矣。② 在"四端说"的基础上,陆九渊不断加以发展和创新,创造性地提出他的本心学说。他说:"四端(仁义礼智)者,人之本心也。天之所以与我者,即此心也。"③并且指出:"人之所以为人者,惟此心而已。"④"宇宙便是吾心,吾心即是宇宙"。"人皆有是心,心皆具是理,心即理也。"⑤他认为心外无理,人外无天,理在人心中,天亦在人心中。他所说"心即理",在一定程度可理解为"良心就是天理"。他认为人心是天心与道心的统一,是人的真生命、真价值所在,是人能动创造的最深根源;认为人心既具有探求事理、把握规律,与天地相通的认识功能的一面,又具有与生俱来的仁、义、礼、智等善良的一面。这一系列观点和论述,使他建立起了完整的心学体系。纵观象山先生的心学,其实也是人学,是回答"何为人"、"怎样做人""怎样对待人"的学说。在他的心学体系中,贯穿着显著的"尊重人的情感、高扬人的主体性"的主线,有着许多关于尊重人情感的论述。他说:

吾于人情研究得到。或曰:察见渊中鱼不祥。然吾非苛察之谓,研究得到,有扶持之方耳。⑥

人情逆之则难,顺之则易。凡损抑其过,心逆乎情,故先难;既损抑以归于善,则顺乎本心,故后易。⑦

须知人情之无常,方料理得人。⑧

与程、朱理学强调"治心"要"革尽人欲,复尽天理"不同,陆九渊强调"心即理",认为"天理人欲之分论极有病"。⑨ 他对人心的情感、欲望存在的肯定,既肯定人有社会性的一面,也肯定了人有自然性的一

---

① 《陆九渊集·语录(上)》,中华书局1980年版,第395页。
② 《孟子·告子》章句上。
③ 《陆九渊集》,中华书局1980年版,第149页。
④ 《陆九渊集》,中华书局1980年版,第76页。
⑤ 《陆九渊集·与李宰》,中华书局1980年版。
⑥ 《陆九渊集》,中华书局1980年版,第406页。
⑦ 《陆九渊集》,中华书局1980年版,第417页。
⑧ 《陆九渊集》,中华书局1980年版,第415页。
⑨ 《陆九渊集》,中华书局1980年版,第483页。

面。他还提出人要"自得、自成、自道、不倚师友载籍"，①则充分肯定人们的自主意识，尊重个体性、平常心、人之常理情。人的七情六欲就是平常心的表现，既然"心即理"，七情六欲也是理。他认为，追求符合良心的人情之欲，也就是体道功夫。陆九龄曾问陆九渊"今在何处做工夫"，陆九渊回答说："在人情、事势、物理上做工夫。"②

从中可以得出，关于人之情，陆九渊在心中是把它放在事物的变化和规律的平行地位，甚至居于首要。因此，象山先生这里所说的人情，是指普遍的、形而上的东西。从《象山先生全集》中的这一句话，也让我们明确地找到了汤显祖提出的"今昔异时，行于其时者三：理尔、势尔、情尔。以此乘天下之吉凶，决万物之成毁"③观点的理论源头。在这里，汤显祖谈理、势、情的口吻和象山先生如同一辙。这观点的提出，显示汤显祖打出了"情至"的大旗，勇敢地继承陆九渊的心学理论，将情、势、理三者并列，确立三者为"乘天下之吉凶，决万物之成毁"的不可或缺的先在元素。汤公这句话也和象山先生一样，明白无误地把情感提高到了感性自然世界本根、始基的本体地位，引导人们从根本性的高度（而不是从某一个局部和片断）认识、理解和把握的"情至"本意。因此我们可以看到，汤公在继承和发展了象山先生赋予的"人情"形而上的内涵，并且将这丰富内涵进一步发扬光大，由此出发，将这思想贯穿于其戏曲中，创作出一部部反映人情的精彩大戏。

（二）王阳明对象山心学重情论的继承和发展

王守仁（1472—1529），字伯安，浙江绍兴府余姚县（今属宁波市余姚县）人，自号阳明子，学者称之为阳明先生，亦称王阳明。王阳明早年奉行程、朱理学，但经过"龙场悟道"后，便彻底抛弃程、朱理学，投入象山心学怀抱，认为"圣人之学，心学也"，④圣人之道就是"致良知"。判断事情对错是非，标准是良知，而不是外在的一些事物。他继承和发展象山先生的本心说，提出的"致良知"学说，认为良知人人具有，个个自足，是一种不假外力的内在力量。他所倡导的"致良知"，就是将人的良知、良能推广扩充到人接触的各种事物。面对程朱理学的"存天理，灭人欲"说，王阳明继承象山心学同样提出了质问："理岂外于吾心耶？"他认为既然"心即理"，那么只要发挥人的主观能动作用，与圣人一样的体认，就会"圣人气象不在圣人而在我矣"。⑤顺着这一理论，王阳明在《寄邹谦之二》中就直接地说："盖天下古今之人，其情一而已矣。先王制礼，皆因人情而为之节文，是以 行之万世而皆准……"王阳明对"天理、人欲"的看法，对"人情"的高扬，继承和发展了象山心学的重情论，对明朝晚期思想，特别是对泰州学派关于情欲的正面主张，影响是巨大的。

（三）罗汝芳、李贽的重情论及其对陆王心学重情论的继承和发展

王阳明的思想经过门人王艮（1483—1541）的继承和发展，提出了"百姓日用是道"、"百姓日用之学"、"以道殉身"的观点。王艮，泰州安丰场（今江苏省东台市安丰镇）人，人称王泰州。起初他投入王守仁门下只为求生，后经王守仁点化转而治学，并创立传承阳明心学的泰州学派。泰州学派是中国历史中

---

① 《陆九渊集·语录（下）》，中华书局1980年版，第452页。
② 《陆九渊集》，中华书局1980年版，第485页。
③ 《汤显祖全集·沈氏弋说序》。
④ 《陆九渊集》附录一《王守仁序》，中华书局1980年版，第537页。
⑤ 《传习录》语录二。

第一个真正意义上的思想启蒙学派,它发扬了陆王心学的思想,反对束缚人性,引领了明朝后期的思想解放潮流。泰州学派学说由于具有简单易行特点,极具平民色彩,晚明时期上自师保公卿、下逮士庶樵陶农吏笃信笃行,成为一代显学,对我国文化思想影响非常深远。

公元 1539 年,江西吉安府永新县人颜钧赴泰州就学王艮门下,从自身和平民的现实生活去推解儒学,将王艮的"大成学"衍化为自己的"大中学",认为人的本性是自然的,人应率性而行,纯任自然,重情理论益加突出。江西南城县人罗汝芳(生于 1515 年,卒于 1588 年,字惟德,号近溪,学业者称为近溪先生,南城县泗石溪村——今抚州市南城县天井源乡罗坊村人)青少年时期父亲授之以王阳明《传习录》,使他领会了"致良知"的学说,青年时期遂赴南昌开始师从颜钧,尽受其学。特别他学习中听到颜钧关于人的天赋道德观念是永远不会泯灭的,每一个人的内心世界都时刻保有着它,人们的道德修养根本不必从"制欲"入手,只要发扬这种道德观念的观点后,如醍醐灌顶,完全接受了这一"制欲非体仁"论,并发展了这学说。作为泰州学派领军人物王艮的再传弟子,罗汝芳此后勤于思考,刻苦学习心学,实得泰州学派的真传。罗汝芳学成回到南城后,深入下层,四处游访,考察社会,探究学问,宣讲心学,教化士民,以发人"良知"和济人急难闻名于世。他大力传承陆王心学,抨击"存天理,灭人欲"的教条,提倡用"赤子良心"、"不学不虑"去"体仁",不断推出新见解,一扫宋明理学迂谨之腐气。作为平民哲学家,罗汝芳秉持有非常深厚的重情说。

首先,他将天机与人事紧密联系起来。《近溪子集》记载:问:"诸生领教于天机之妙,因已跃然但不征以人事,又恐或涉于玄虚,何如?"

罗子曰:"天机、人事,原不可二,因未有天机而无人事,亦未有人事而非天机,只缘世之用智者,外天机以为人事;自私者,双外人事以示天机,而道术于是或几乎裂矣。"①他认为只要源头清洁,人事中的"嗜欲"也会变为天机,他说:"今日学者直须源头清洁,若其初志气在心性上透彻安顿,则天机以发嗜欲,嗜欲莫非天机也。"②

其次,他将人的生命看得非常重要,他说:"天地之德曰生,生德之充溢两间,融彻万世,不以一物遗,不以俄顷息,则等我身于天地,又奚容以高卑远近而殊观也哉? 天是以谓达生。"③

再次,罗汝芳十分主张孝悌慈,他强调在日常生活中要重情,在开导人、教育人,要从亲近情感开始,然后才好进行思想理论方面的引导,这样的教育才会有所收获。《近溪子集》载:

问:"讲学者云'只在当下',此语如何?"

罗子曰:"此语为救世人学问无头,而驰求闻见、好为苟难者,引归平实日地,最为进步第一义也,故曰:人情者,圣王之田。然须有许多仁聚礼耨家教,方可望收成结果也。"④

罗汝芳这些重情论思想对崇拜他的学生汤显祖的影响无疑是巨大的,另一方面,罗汝芳对汤显祖日常教学中的言传身教,对汤显祖引导也是深刻的。

泰州学派另一个重要人物李贽,以反传统、反权威、反教条的思想影响明中后期沉闷的思想界,曾产

---

① 《近溪子集》卷御四。
② 《近溪罗先生一贯编》。
③ 《近溪子集》卷御四。
④ 同上。

生振聋发聩的作用。李贽深受"阳明学"支流"泰州学派"影响,且以"异端"自居,于明神宗万历十四年(1585)写出议论文《童心说》,收录于《焚书》。李贽将认知的是非标准归结为童心,认为文学都必须真实坦率地表露作者内心的情感和人生的欲望。李贽将当时官学和知识阶层推崇的程朱理学斥为与"童心之言"相对立的伪道学,大胆地提出不能"以孔子之是非为是非"。

1590年汤显祖在南京一读到李贽的《焚书》就被其中深刻的思想征服了,在写给友人信中说:"有李百泉(贽)先生者,见其《焚书》,畸人也。肯为求其书寄我骀荡否?"①

在人性解放方面,李贽比罗汝芳主张的"解缆放船,顺风张棹"更进一步,主张一任"童心"之畅发。汤显祖与李贽由思想倾慕到交流甚深。由于被李贽狂侠性格所影响,汤显祖接受了李贽的"不以孔子之是非为是非"的思想,能"不拘格套",让思想和文字从自己胸臆流出。在1602年,汤显祖惊闻李贽在狱中自杀,悲痛地作《叹卓老》诗以哀悼:

> 自是精灵爱出家,钵头何必向京华?知教笑舞临刀杖,烂醉诸天雨杂花。②

诗中悼念李贽壮烈殉道的悲痛之情和礼赞之声,穿透纸背。李贽去世后,汤显祖作《李氏全书序》,盛赞李贽的著作"传世可,济世可,经世可,应世可,训世可,即骇世亦无不可"。

二、汤显祖至情论对陆王心学重情论的继承和发展及其在戏曲中的体现

(一)汤显祖对陆王心学重情论的继承和发展

汤显祖在戏曲创作上取得了重大成就,其原因是多方面的,但泰州学派中罗汝芳、李贽对他的直接影响无疑是至关重要的。在这个影响中,汤显祖继承和发展他们关于重情论方面的宝贵思想的作用和王阳明"龙场悟道"有异曲同工之妙。这主要是通过泰州学派两个重要人物,即他的老师罗汝芳和好友李贽而获得陆王心学滋润。从罗汝芳思想向上追溯,就能将他们对心学的薪火相传、创新发展、推广应用的代表人物看得十分清楚,这就是汤显祖——罗汝芳和李贽——颜钧——王艮——王阳明——陆九渊。汤显祖十三岁时从学罗汝芳,后来,三十七岁时汤显祖再次与罗汝芳在南京相聚,共同研学。他后来在《太平山房集选序》中回忆师从罗汝芳的情景时说:

> 盖予童子时从明德(罗汝芳)夫子游,或穆然而咨嗟,或熏然而与言,或歌诗,或鼓琴。予天机泠如也。后乃畔(叛)去,为激发推荡歌舞诵数自娱。积数十年,中庸绝而天机死。

又在《秀才说》中说:

> 十三岁时从明德罗先生游。血气未定,读非圣之书。所游四方,辄交其气义之士,蹈厉靡衍,几

---

① 《汤显祖全集·寄石楚阳苏州》。
② 《汤显祖全集·叹卓老》。

失其性。中途复见明德先生,叹而问曰:"子与天下士日泮涣悲歌,意何为者,究竟于性命何如,何时可了?"夜思此言,不能安枕。久之有省。知生之为性是也,非食色性也之生;豪杰之士是也,非迂视圣贤之豪。

对于恩师罗汝芳人品的敬仰和思想的仰慕、学习,汤显祖说:"如明德先生者,时在吾心眼中矣。"汤显祖在《明德罗先生诗集序》以感恩的语气说是老师的先觉启发了他:"明德夫子之巧力于一时也,非所得好而私立之。其于先觉觉天下也,可谓任之也。"并盛赞罗汝芳:"夫子(罗汝芳)在而世若忻生,夫子亡而世若焦没。吾观今天下之善士,不知吾师,其为古之人远矣。"

汤显祖对陆王心学和罗汝芳及李贽重情论的传承,主要体现在他的至情论上。人们常说,汤显祖戏剧创作艺术形式独特,魅力无穷。笔者认为其独特之处主要来源于他的"至情"戏曲创作观,其无穷魅力之处则是将"至情"的感悟方式借戏剧演绎出来,并且他的戏剧往往以梦幻形式出现,就能更加显得灵动和自如。他认为自己戏曲创作是"为情作使",追求"神情合至",描绘超越现实的理想境界。他在《复甘义麓》中清晰地阐述了这一"至情"戏曲创作观:

弟之爱宜伶学二《梦》,道学也。性无善无恶,情有之。因情成梦,因梦成戏。戏有极善极恶,总于伶无与。伶因钱学《梦》耳。弟以为似道,怜之以付仁兄慧心者。

文中说明了他戏剧艺术创作上特别强调"情"的作用,申明他自己的作品都是"因情成梦,因梦成戏"的产物。点明他的"戏是梦中情",告诉人们他的戏剧是通过梦幻来反映人世间人们的善恶是非及思想感情。他在《赴帅生梦作序》中说:"梦生于情,情生于适。"在《牡丹亭》中说:"生生死死为情多。"在《南柯记》中说:"一点情千场影戏。"在《沈氏弋说序》中说:"爱恶者情也。"这些,都阐明了他创作的"台上戏"是用来展现"人间情"这一重要观点。

在《宜黄县戏神清源师庙记》中,他更加直接地指出:歌舞戏曲就是因情而生。他说:"人生而有情。思欢愁怒,感于幽微,流乎啸歌,形诸动摇。或一往而尽,或积日而不能自休。"文中阐明了他的观点:人的各种感情,不论是思念、欢乐、怒怨、忧愁,都是内心有所感动,然后才会溢于言表,形之于歌舞,动作,也就人们常说的"情动于中,而形于外",戏剧同样如此,是由情而生。

汤显祖所说的并在其戏曲中展现的情,就是常人说的真情、深情、极情和矫情、恶情、无情。它体现了汤显祖对现实生活的理解,这一点在他创作《牡丹亭》的《题辞》说得非常明白、深刻:"情不知所起,一往而深,生者可以死,死者可以生。"但若深入探究,汤显祖所倡导的至情,不仅仅局限于《牡丹亭》中赞美男女至真的爱情,实际上,它褒扬的是人类的至真情感。他在《骚苑笙簧序》中就赞扬屈原那忧国忧民的忠贞之情:"天下英豪奇魄之士,苟有意乎世容,非好色者乎? 君父不见知,而有不怨其君父者乎?"他在戏曲中的"至情"所赞扬的是个体生命的自由和活力,是对传统礼教秩序狂飙突进的反击,反映了人们追求个性独立、思想解放,实际上他是在用戏曲诠释他的民主思想。

在阐明戏剧具有艺术感染力和感化作用,可以用来影响人们思想、教化民众、提升道德水平等方面,汤显祖则有很多独特见解。这一方面,他在《宜黄县戏神清源师庙记》中,较为全面和深刻地阐述了观点。他说:

（戏剧）使天下之人无故而喜，无故而悲。或语或嘿，或鼓或疲，或端冕而听，或侧弁而咍（同"咳"），或窥观而笑，或市涌而排。乃至贵倨驰傲，贫啬争施。瞽者欲玩，聋者欲听，哑者欲叹，跛者欲起。无情者可使有情，无声者可使有声。寂可使喧，喧可使寂，饥可使饱，醉可使醒，行可以留，卧可以兴。鄙者欲艳，顽者欲灵。可以合君臣之节，可以浃父子之恩，可以增长幼之睦，可以动夫妇之欢，可以发宾友之仪，可以释怨毒之结，可以已愁愤之疾，可以浑庸鄙之好……外户可以不闭，嗜欲可以少营……

在上面这段文字中，汤显祖认为情感的感化作用是独特的，好的戏曲可以引发观众强烈共鸣，戏曲情感的感化作用可以敦化人伦，可以调节好君臣、父子、长幼、夫妇、宾友关系，可以化解怨毒、愁愤、庸鄙恶劣的情绪，在心灵深处收获真、善、美的愉悦，如果社会处处如此，人人如此，整个社会就会出现"夜不闭户"般的高度和谐。汤显祖关于利用戏剧教化人的观点的独特性，就是强调从情感感化入手、以舞台上艺术形象来感化观众、启迪心智。他并且将这一观点发展为"以人情之大窦，为名教之至乐也哉"，即以"人情"作为"名教"达到至乐，收获寓教于乐、寓教于艺术观赏的功效。事实也是如此，他的作品如《邯郸记》中塑造的卢生形象有对读书人忠告、《南柯记》有对官员的警示、《牡丹亭》和《紫箫记》有对女子忠贞的引导功效。汤显祖以"人情"作为"名教"达到至乐，寓教于乐、寓教于艺术观赏的观点，后来广泛被接受。这在中国历史上，无疑起到了推崇文艺、提高文艺工作者的社会地位作用。

在尊重人、尊重人的情感方面，汤显祖也继承和发展了陆王心学的重情论。他《贵生书院说》里说：

天地之性人为贵。人反自贱者，何也！孟子恐人生止以形色自视其身，乃言此形色即是天性，所宜宝而奉之。知此则思生生者谁。仁孝之人，事天如亲，事亲如天，故曰："事死如生，孝之至也。"治天下如郊与禘，孝之达也。子曰："天地之大德曰生，圣人之大宝曰位。"何以宝此位，有位者能为天地大生广生。

这些思想，与陆王心学和罗汝芳及李贽尊重生命、高扬人的主体性如出一辙。

（二）至情论在汤显祖戏曲中的体现

在汤显祖的戏剧作品中，部部都表现出对人主体性的礼赞，处处都洋溢着对人间真情的歌颂、矫情的抨击。

《牡丹亭》酣畅淋漓地表达了杜丽娘的至情可生可死。《牡丹亭》全篇充满了对至情的刻画和褒奖，而其中《题辞》在剧本中则起着画龙点睛作用：

天下女子有情宁有如杜丽娘者乎！梦其人即病，病即弥连。至手画形容传于世而后死，死三年矣，复能溟莫中求得其所梦者而生。如丽娘者，乃可谓之有情人耳。情不知所起，一往而深，生者可以死，死可以生。生而不可与死，死而不可复生者，皆非情之至也。梦中之情，何必非真？天下岂少梦中之人耶？必因荐枕而成亲，待挂冠而为密者，皆形骸之论也。

上面这段话感人至深地表达了汤显祖的"至情"观。至情就是汤显祖心中的真情、深情、极情。既然人在现实中受到许多非人性的束缚，汤显祖就在艺术世界中打破传统的纲常秩序，表现"情"对"理"的反抗，引发观众。

在《牡丹亭》中，杜丽娘就是"至情"的化身，她为了追求美好而纯真的爱情，孜孜以求，超越生死，死而复生，淋漓尽致地表现了对"理"的反抗，表现了对至真人情人性、自我生命的追求。在"情"与"理"激烈的戏剧冲突之中，描绘了具有强烈主体意识、光彩焕发的杜丽娘的理想性格，表现的"理之所必无"、"情之所必有"的民主性思想，具有强烈的反封建意义。在表现形式上，《牡丹亭》表现的"情"，表现"情"与"理"的矛盾冲突，采取了幻想的"梦"的表现形式，通过"梦"来表现杜丽娘的爱情理想与生活斗争。汤显祖"以虚而用实"运用幻想的艺术方法表现真实的人物感情。《牡丹亭》中的"情"，表现了为假道学所压抑与摧残的人们真正的生活感情，符合生活真实。它通过"梦"来表现情，通过幻想的艺术形式来表现杜丽娘的爱情理想和生活斗争，情与梦、实与虚，内容与形式、真实与幻想，在《牡丹亭》中得到了比较完整的统一，反映了当时社会的现实矛盾与思想斗争。

《紫钗记》重点写了霍小玉的痴情与可爱可敬之处。在创作《紫钗记》中汤显祖《题词》："霍小玉能做有情痴，黄衣客能做无名豪。余人微各有致。第如李生者，何足道哉！"在剧中，他浓墨重彩地展现霍小玉始终以真情、重情对待一个平常人李益，采取各种办法维护她与李益的爱情，当一切都无济于事时，她仍然痴情到底。如在《怨撒》一出中，霍小玉在病中千方百计追寻李益的消息，不惜散尽家财，当得知李益负于他时，甚至将紫钗换得的百万金钱抛散，说出"情乃无价，钱有何用""济不得俺闲贫贱，缀不得俺永团圆"经典话语，传神地刻画出霍小玉爱情专一、坚贞的女子形象。

《南柯记》和《邯郸记》则揭示矫情、无情可鄙可憎。在汤公戏曲中，我们可以看到，尽管他的戏剧跌宕起伏、梦幻连篇、引人入胜，但这些并不是他追求的主要目的。他追求的是通过情节反映出角色的思想感情，使观者悟出人情之理、做人之道。在《南柯记》中，通过对淳于梦酒醉后梦入槐安国（即蚂蚁国）被招为驸马，后任南柯太守，政绩卓著，公主死后，召还宫中，加封左相，权倾一时，淫乱无度，终于被逐的故事，充分地描写和揭露了朝廷的骄奢淫逸，官场上经种种倾轧争斗，文人的奉承献媚、种种无聊卑鄙。《邯郸记》通过讲述穷愁潦倒的书生卢生在梦中经历了一连串宦海风波，五十余年人我是非，一梦醒来，店小二为他们煮的黄小米饭尚未熟的故事，深刻揭露了封建社会官场的丑恶现实。虽然，在《南柯记》中，也有一段写到淳于梦治理下的南柯郡政治清明、和平富裕的景象，闪现出了作者美好的社会思想。但这一切依然是一种主观性的或者是观念性的东西，无法化解汤显祖人生观念中出世与入世、"情至"与"情了"的深刻矛盾，作者要表达的实质是对当时充斥着矫情、无情的现实社会的大力批判和绝妙讽刺。

三、汤显祖至情论对当代文艺创作的启示

汤显祖以情为主线，以晚明时期人们喜闻乐见的戏曲为表现形式，紧扣思想解放的时代脉搏，用戏曲深刻反映社会现实，展现出万众瞩目的艺术高峰，四百多年来经久不衰，"叫好又叫座"，给了我们很多启示。

（一）文艺作品只有表现出哲学思想的高度，且有形上之理，才能不朽

至情论既是一种戏曲创作思想，也是一种重视人的情感、高扬人的主体性的哲学思想。笔者认为，文

艺作品只有赋予了哲学思想的高度，反映出普遍的道理，才能不朽。今年五月，习近平总书记在哲学社会科学工作座谈会上的重要讲话中精辟地指出："哲学社会科学是人们认识世界、改造世界的重要工具，是推动历史发展和社会进步的重要力量，其发展水平反映了一个民族的思维能力、精神品格、文明素质，体现了一个国家的综合国力和国际竞争力。"文艺是人类以审美方式认识世界、改造主观世界的活动，这个过程中彰显出的思维能力、精神品格、文明素质，都与哲学密切相关，甚至受制于哲学。这是因为，哲学总揽全局，哲学通，一通百通。哲学是人类的智慧学、明白学，是关于人类认识世界、改造世界的世界观和方法论总的学问。研究文艺就是研究其审美方式，审美的学问即美学，亦即文艺哲学。文艺精品不仅要艺术精湛、制作精良，更重要的是要思想精深。因此，文艺大家也应当是善思想、通哲学的行家。汤显祖既是一个戏曲家，也是一个思想家、哲学家。凭借对中国传统文化的深厚积淀，他能将词、戏曲玩赏到极致，但如果仅仅如此，充其量也只能成为戏曲的行家或大玩家，绝不会成为中华文化巨匠，更不会成为世界文化名人。非常可贵的是，由于他的生活积累、情感积累、思想积累，特别是他向罗汝芳求学，与李贽、达观交友，成为哲学思想上的巨人，并且在创作中，使深刻的思想和精湛的艺术高度融合起来，使作品有了穿越时空的普遍意义，这才成就了他作为世界文化巨匠的光环。文艺是作用于人的精神世界，以文化人、以艺养心是中华民族优秀的文化传统，所以，文艺说到底是和回答什么是人、怎样做社会人的象山心学一样，也是一门人学。而且文艺这种人学，能在人们身临其境、喜闻乐见、赏心悦目中聚焦人、刻画人、表现人、褒扬人、批评人、开导人、影响人、服务于人。陆象山等思想家站在哲学的角度"为天地立心、为生民立命"，而作为文化巨匠汤显祖则站在文艺的角度"为天地立心、为生民立命"，他们可谓有异曲同工之妙。实际上，文艺也很讲求托物言志、寓情于理，讲求言简意赅、凝练节制，讲求形神兼备、意境深远，强调知、情、意、行相统一……而这诸多方面的审美风范与中华哲学的内在联系渊源甚深。掌握这些审美思想，对于作者在创作中如何提高作品的美学水平，使作品精益求精，为更广大的民众所接受、所喜爱，必然会有很多启发和帮助。

（二）文艺要有恰当的表现形式，让人喜闻乐见，才能广泛流传

四百年前，人们看大戏像过大年一样欢快。汤显祖用戏曲这种人们喜闻乐见的形式，创作、排演精品，传播思想观念，弘扬人的主体性，顺应了晚明时期社会思潮的内在需要，取得了以文化人的功效。时代在不断发展，人们观赏文艺作品的主要形式在逐渐变更，接受外部观念的形式也在不断改变。电影曾经将戏曲挤到边缘，电视的兴起又一度使电影院门可罗雀。在互联网日益发达、传媒飞速发展的当下，微信、彩信等方式使得文化传播更加快捷，看手机"低头族"数量猛增，人们观赏文艺作品的主要媒介是通过互联网获得。因此，不仅文艺作品除了内容要紧扣时代的主题、反映时代要求，而且在表现形式上也要符合当今互联网时代的要求，才能引发广泛共鸣。同时，互联网的兴起，人的个性会得到更多的张扬，人与人之间需要更多的情感交流和人文关怀，"重情论"和"至情论"会被更多人所接受、体验。同时，由于互联网带来的便捷，文化传播更加快捷化也能做到好的文艺作品"一夜传遍天下"，而不好的作品、不恰当的表现形式则可能会无人问津，或立刻被"秒杀"。因此，要力争做到文艺作品表现形式的转变跟得上人们目光的转移，做到民众绝大多数的目光在哪里，我们的文艺表现的主要形式就在哪里。这样，优秀的文艺作品中——"高原上的高峰"就会顺应时代呼唤而要产生，也能赢得更多人的喜爱和赞赏。

（三）文艺作品只有富有感情、以情动人,才能入脑入心

人类之所以比其他动物高级,根本原因是人类富有情感。情感的感染和打动的效果是独特的,常常胜于讲干巴巴的道理。文艺作品的力量,在于它通过艺术描写,动之以情,引起读者与艺术形象乃至作者的交流,进而唤起读者在思想感情上的共鸣,激起读者的喜怒哀乐,产生强烈的感染力。作品情感越浓,越具有艺术魅力,越能打动、感染读者和观众。有人说,通过镜子看到的是自己,通过艺术作品,看到的是灵魂。汤显祖就是以"至情"为主线,通过"临川四梦"来展现他的思想情感,使观众因看到他的灵魂而感动、震撼。这种以情入戏、以情感人、以情动人,使观众不知不觉被剧中的喜、怒、哀、乐所吸引,被一个个鲜明的艺术形象所折服,悄然沉浸在他创作的情感境界,在精彩剧情中跟着他去分是非、明善恶、辨美丑,提高思想道德境界,让人的自主意识入脑入心,从而达到了汤公追求的"以情化人"的效果。汤公戏曲这种情理交融"以情化人"的创作思想,既可使文艺工作者得到启发,也可让思想教育工作者得到启发,甚至还可让管理者、领导者得到启发。

汤显祖"闲"的美学

司徒秀英

一、绪　论

　　本文讨论汤显祖于万历二十六年(1598)上计时决然逆转仕途方向,弃官休居临川,远思近观下,对人生处境的新理解。本文尝试从其转化中的人生观进而探讨汤显祖对境而生的"闲"情和可能涉及的美境。汤显祖上计期间自弃续任遂昌知县,不但表达他对人生方向的想法,更重要的是同时表现出他"性情"的底蕴。我们推想他家居临川后,对山水、诗文甚至戏曲的美学态度和价值,都逐渐成熟。人生安身于立"功"求名的领域还是心灵皈依"闲"逸的世界,是他一直在探索的。家居后接触到的闲人闲境,令他更了解自己的真正心灵需求和生活方式。从另一角度看,由于他心灵向度的转化和提高,使他从日常生活里悟出"闲"的美学境界。本文将从他在"忙"功名时表现个性作风作为远因,而以家居环境和交游作为近因,探讨他的"闲"境。

　　汤显祖弃官回到临川的心境,学术界认为是有一定转化的。郑培凯专从达观禅师(1543—1603)与汤显祖的思想交流,探讨出汤显祖得到禅学熏陶后在"梦""悟"之间试图超越平凡的精神境界。在《汤显祖与达观和尚——兼论汤显祖人生态度与超越精神的发展》,郑氏处理了达观禅师对"情"、"理"、"梦"的看法如何影响汤显祖的问题。[①] 本文试在"情"、"理"、"梦"之上从"闲"与"道"探讨汤显祖在临川与达观及其弟子乃至地方县令的交游对他的境界作深一层的理解。邹元江在《"临川四梦"的文化书写与汤显祖文人形象的虚拟塑造》认为汤显祖是合进士及第、官员身份和文人雅趣于一身的人,其文人趣味所涵养的生命境界使他可以"自拆仕途的阶梯,而自甘在文人雅士的觥筹唱和中颐养天(真)性"。[②] 这说法启发本文探讨汤显祖弃官得闲后对美的追求,由此可能得到的生命境界的转化。此外近来对明代文人在人生不同场景的自我发现的讨论,亦促使本文企图以汤显祖为例探讨晚明文人在仕、退、隐之间何去何从的心态。[③]《牡丹亭》第一出【蝶恋花】曲唱"忙处抛人闲处住,百计思量,没个为欢处"。[④] 汤显祖凭曲寄情,自

　　① 郑培凯《汤显祖与达观和尚——兼论汤显祖人生态度与超越精神的发展》,《汤显祖与晚明文化》,允晨文化实业股份有限公司1995年版,第357—444页。

　　② 邹元江《"临川四梦"的文化书写与汤显祖文人形象的虚拟塑造》,《汤显祖研究集刊》(创刊号),中国社会科学出版社2015年版,第43页。

　　③ 关于"闲"的意涵,研究有苏状《中国古代"闲"范畴之人文义涵与审美精神》,《兰州学刊》2011年第5期,第99—104页;王树海、杨威《"闲"境美学意蕴辨难》,《北方论丛》2015年第1期(总第249期),第17—22页;陈良远《"休"——一个起源于远古的美学观念》《文史哲》2002年第2期(总第269期),第103—107页;其中论者喜论苏轼的闲境,如高畅、黄念然《"拘人"与"散人"之间——从〈东坡志林〉看闲人苏轼的"闲"之美学内涵》,《乐山师范学院学报》第30卷第10期(2015年10月),第10—13页;沈广斌《"性命自得"与苏轼之"闲"》,《兰州学刊》2008年第4期(总第175期),第179—182页;章辉、朱红华《传统休闲人格美初论——以南宋"闲"范畴为例》,《湖南理工学院学报》(人文社会科学版)第30卷第6期(2013年11月),第19—22页。此外,说到明代,研究有姚旭峰《"忙处"与"闲处"——晚明官场形态与江南"园林声伎"风习之兴起》,《福建师范大学学报》(哲学社会科学版)2008年第1期(总第148期),第128—135页。

　　④ 徐朔方笺校《汤显祖全集》,北京古籍出版社,第2067页。

述舍弃忙碌的仕宦生活而投闲置散。他不离"忙"而说"闲",换言之,今天的"闲"必须与昨天的"忙"相提并论才见特殊意义。汤显祖曾经用"投荒"形容他谪官徐闻的经历,用"投闲"形容弃官家居临川的生活。① 贬官徐闻典史前,汤显祖在南京先后任职太常寺博士和南京礼部祠祭司主事。南京的繁华和徐闻的荒凉形成强烈对比,故所谓"投荒"是从繁华投进蛮荒,身心完全体会到"荒"对其生命的冲击。"投闲"希望抛脱的,是从科场到官场而来的疲累。汤显祖在万历二十六年上京述职前后,相信对仕途生活产生微妙的厌恶感,憧憬请假后的精神舒缓和身体调适,故有断然带衔回乡之举。弃官之后,汤显祖对"闲"的思考显得更有深度。他回到有审美情趣的世界,投入文人和道人生活,设法"闲而不废"。他以"闲而不散"自勉,试图打破世俗认为"闲人"无用的看法。他细味闲居时整个身心融入自然和人文环境的感受,进一步领略由"情关"走入"大道"的意义和价值。

从晚明文人风气方面说来,万历以降,士人喜欢并用"忙""闲"表达从官场撤退时身心相应的调整状态。他们有的在作品中隐示,有的在现实生活中利用楼房命名传达心声。除了汤显祖在《牡丹亭》中说"忙处抛人闲处住",其诗中亦有提及。② 沈璟(1553—1610)《红蕖记》说"一片闲心休再热",屠隆(1542—1605)在《乌棲》词中说"手提着闲中风月,一任他乌兔奔忙"。③ 他亦在《昙花记》曲词中多处提及"闲"与"忙"。④ 申时行(1535—1614)退休后在苏州购置邸宅,增建堂奥,名为"赐闲堂"。申时行的新宅名"乐圃",成为他最重要的养老之地。他结交王稚登(1535—1612)等地方才士,在此进行诗酒唱和,游园赏曲。⑤ 张位(1538—1605)罢职后在东湖杏花村建"闲云楼",⑥汤显祖亦常往还其中,并有诗抒怀。⑦ "闲"是汤显祖卸下进士及第和官员身份后身心状态的写照,其中含有的美学内涵,值得我们探讨。

二、"馆阁"之愿和秉持"贞介"的矛盾——以"一腔壮思化闲情"解决

汤显祖是有功名利欲之念的。但由于某些执见,他搁下多个机会。执见从何而来,正如他在《牡丹亭》说"情不知所起,一往而深"。执见不知从何来,但知越来越"贞"往,连功名心愿也放弃。汤显祖心中功名是什么? 他渴望走到哪个岗位来彰显其人生价值? 他在《答张梦泽》自白云:

---

① 见《寄吕麟趾三十韵》序云:"君以宣城理入持铨以去,而予投荒;君以江州判起都水理芦政,而予投闲矣。"见《汤显祖全集》,诗文卷十四,第603页。此诗写于万历二十八年(1600)或稍后,汤显祖已弃官家居两年。

② 汤显祖弃官家居后,诗作中表达"闲"的心态,如《移筑沙井》诗云"闲游水曲风回鬓",诗文卷十四,第554页;《答孙鹏初太史华容》诗云"昼游马望水云闲",诗文卷十七,第754页;《抵嵊数里阻雨仙岩诘朝留新昌作》诗云"轩署复闲敞",参见《汤显祖全集》,诗文卷十二,第498页;《送郑见素游江东》诗云"信美闲游动千里",诗文卷十七,第737页。

③ 屠隆《乌棲》,《娑罗馆逸稿》,中华书局1985年版,第1页。

④ 屠隆于《昙花记》提及"闲"字句如下:第五出《郊游点化》:"【传言玉女】英雄闲却,且消受红妆翠袖。试寻芳出郭,水明山秀。……【上马娇】只逞目下莽雄豪,却等闲忘却来时道。"第八出《云游遇师》:"【江儿水】烟水千层碧,云山一带苍。忘机的野鸟闲来往,好风吹去芦花舫。"第十六出《雠邪设谤》:"【千秋岁】只手把日月等闲笼罩。"剧本亦有"忙"字句,如第三出《祖师说法》:"古今沦堕,无非为闹攘攘的六欲牵缠,昼夜奔忙。"第三十七出《郊行卜佛》:"【江儿水】〔旦贴小旦上〕郭外人如蚁。轮蹄直恁忙。"见屠隆《昙花记》,吉林人民出版社2001年版,第45页,第48页,第74页,第130页,第26页,第312页。

⑤ 参考姚旭峰《"忙处"与"闲处"——晚明官场形态与江南"园林声伎"风习之兴起》,《福建师范大学学报》(哲学社会科学院)2008年第1期(总第148期),第131页。另外,关于申时行苏州"乐圃"戏班的研究,可参考程宗骏《明申相府戏厅家班考》,《艺术百家》1991年第1期,第113—114页;程宗骏《明申相府戏厅、戏班与李玉出身初探》,《中华戏曲》1999年第2期,第142—160页。

⑥ 朱彝尊《静志居诗话》记张位云:"文端以持正忤江陵,诗颇有忧危之语。其咏射鹊云:'方寸能几何,当此乱镞投。'有感而言之也。既罢相,于东湖杏花村,建闲云楼,吟眺自娱。晚探青原之胜,泛舟螺川,野服篦车,登览竟日,老僧不识为宰相。题诗怀邹鲁瞻,门人胡廷宴守吉安,从寺壁见诗始知之,是亦佳话。"《静志居诗话》,卷十五,第435页。

⑦ 见《汤显祖全集》,诗文卷十七,如《同孔阳宗侯陈伯达陈仲容小饮闲云楼》诗云"领取闲情问相君",第749页;《闲云楼宴呈张师相》诗云"朝飞暮卷浑闲事"、"且听渔歌尽日闲",第764页;《余如竹喻叔虞夜宴闲云楼有作》诗云"一卧闲云听晓风",第769页。

常自恨不得馆阁典制著记。余皆小文,因自颓废,不足行三也。不得与于馆阁大记,常欲作子书自见。复自循省,必参极天人微窈,世故物情,变化无余,乃可精洞弘丽,成一家言。贫病早衰,终不能尔。①

在这封婉谢张梦泽(师绎,江西人)为他刊行诗赋长行的信中,汤显祖表示他平生志愿是在翰林院工作,从事编修国史、撰辑奏章、进讲经书和草拟诏书等文墨职务。汤显祖自少学习的路径,其目标指向"国家"文学之士。在《与陆景邺》中自述其习文是为准备为世所用:

仆少读西山《正宗》,因好为古文诗,未知其法。弱冠,始读《文选》。辄以六朝情寄声色为好,亦无从受其法也。规模步趋,久而思路若有通焉。年已三十四十矣。②

汤显祖在青少年时期除为科举考试而学习帖括五经外,他喜读"西山先生"真德秀(1178—1235)编的《文章正宗》。真德秀是宋代翰林学士,著有《四书集编》、《大学衍义》等。其《文章正宗》于绍定五年(1232)编纂,采用四级分类的编选体例,收录春秋至唐的公文,将辞命、议论、叙事、诗歌作为第一级。③由此可知汤显祖自少学习的古诗文,重在经世致用。到了乡试中举,才开始阅读寄寓个人思想感情的六朝诗赋。汤显祖在《负负吟》序说:

予年十三,学古文词于司谏徐公良傅,便为学使者处州何公镗见异。④

汤显祖的文学基础得力于徐良傅(1505—1565),⑤其致力学习的是正统的文史知识和修辞手法。汤显祖志愿是当文学官员,撰写官修历史和传达正统大道的诗赋文章。但他自伤"材气不能多取,且自伤名第卑远,绝于史氏之观"。⑥然而本文正要提出"绝于史氏之观"的关键原因并非他的"材气"不为时人所欣赏,事实是他当时颇有文名,我们相信是他个人偏执之见和心高气傲的性格自断延取之路。

汤显祖于穆宗隆庆四年(1570)通过乡试,但于隆庆五年(1571)和神宗万历二年(1574)两场春试均落第。万历五年(1577)三度上京考试,刚巧张居正任相国不久。张居正向其叔父打听"公交车中颇知有雄骏君子晁、贾其人者乎",⑦我们推想张居正希望在参加本年会试的举人中物色人才以备将来出任皇帝太傅或太子少傅等职。依据张居正所问,文才、谈吐和外表是物色人选的主要条件。要不然"推荐人"不

---

① 《汤显祖全集》,诗文卷四十七,第1453页。
② 《汤显祖全集》,诗文卷四十七,第1436页。
③ 漆子扬、马智全《从〈文章正宗〉的编选体例看真德秀的选学观》,《湖南大学学报》(社会科学版)2008年第2期。关于真德秀《文章正宗》的研究,可参考冒志祥《真德秀的文书理论与实践》,南京师范大学,硕士论文,2015年。另有李弘毅《〈文章正宗〉的成书、流传及文化价值》,《西南师范大学学报》(哲学社会科学版)1997年第2期,第106—110页;孙先英《论真德秀〈文章正宗〉的审美价值取向》,《贵州大学学报》(社会科学版)2009年第4期,第121—125页;任竞泽《〈文章正宗〉"四分法"的文体分类史地位》,《北方论丛》2011年第6期,第1—4页;向娟妮《从〈文章正宗〉选唐诗看真德秀的唐诗观》,《佳木斯大学社会科学学报》2015年第6期,第98—110页。
④ 《汤显祖全集》,诗文卷十六,第714页。
⑤ 黄芝冈著,吴启文校订《汤显祖编年评传》,中国戏剧出版社1992年版,第51页。
⑥ 《答李乃始》,《汤显祖全集》,诗文卷四十六,第1411页。
⑦ 《汤显祖编年评传》,中国戏剧出版社1992年版,第71页。

会向汤显祖说"第访我,相国自屏后觇之耳"。① 意即汤显祖到访居正叔父时,张居正将匿身屏风后面观察他,以免双方尴尬。然而汤显祖没有接受张居正诸子的延致。黄芝冈认为是他性格"贞介"所然。② 至于性格所然而"贞"于甚么则无从稽考。万历八年(1580)参加第四次春试,他仍坚执"贞介"作风,不与张居正三子懋修交往。我们不知这一次落第跟拒绝张家招延有没有直接关系,但是今考邹迪光和钱谦益所撰的《汤显祖传》,字里行间暗示两者皆有因果关系。万历十一年(1583)汤显祖考得三甲第二百十一名同进士出身。明代科举考试,第一甲状元直接授翰林院修撰,榜眼、探花授编修。其余第二、三甲中文学优异及善书者,通过"馆选",即翰林院考试,可以到翰林院参学,称为"庶吉士"。三年学成之后,优秀者留翰林院工作,次等者出为给事中、御史、六部主事等。因此,汤显祖考取三甲第二百十一名,被选入馆的机会甚微。有一传说张四维和申时行欲招汤显祖入幕,以馆选为酬,而汤显祖亦不应不往。《列朝诗集小传·汤遂昌显祖》条、《罪惟录》"汤显祖传"均记此事。③ 查继佐《罪惟录》如此记述:"癸未成进士,时同门申式蒲州、苏州两相公子,唊以馆选,复不应。自请南博士。"④

从当时形势看,汤显祖若要实现"馆阁大记"的理想,立"史氏之观"不朽的功业,是要放下其对"依附"的执着看法。汤显祖自言因要保存"雪白"的"本性",牺牲了自小的梦想。自从他自请除授南京的闲职的一刻开始,他便放弃以大道文章立功业的理想。他的一腔壮思化为闲情,故从万历十二年(1584)至万历二十六年(1598)十五年间,汤显祖过的是循吏生活,故他说"忙处须闲"(《与周叔夜》),我们推想是与循吏生活保持距离的一种心理机制。

三、"游闲外者,未足定人之短":闲人不是无用之人

汤显祖弃官初归,心情愉快。写于万历二十六年(1598)春天的《初归》诗,流露出身心解脱的快乐。诗云:

> 彭泽孤舟一赋归,高云无尽恰低飞。烧丹纵辱金还是,抵鹊徒夸玉已非。便觉风尘随老大,那堪烟景入清微。春深小院啼莺午,残梦香销半掩扉。⑤

汤显祖在诗中承认过去十多年仕宦是"大材小用"。虽然才质没变,但在不如意的职位上不但看不出成就来,而且还损耗许多元气。

汤显祖回乡后反省仕途不顺,是自己"性气乖时"。⑥ "性气"指个性和脾气,乖时即有违时俗。我们推想天生的才质加上少年得志,使得他心高气傲、思想固执。这些都是造成其"游宦不达"的原因。汤显

---

① 《汤显祖编年评传》,中国戏剧出版社 1992 年版,第 71 页。
② "贞介"一词除了黄芝冈先生提出外,徐国华于《汤显祖佚文〈候掌科刘公启〉考略》指出:《候掌科刘公启》充分反映了汤氏秉性贞介的个性,在信中他向极具净臣风范的刘铱吐露了他对谏官的理想期望;矢心为国、微言讽谏或犯颜直谏,乃至挫辱于廷杖而气不馁、节不渝。"论文载于《东华理工学院学报》(社会科学版)2004 年第 1 期,第 12—14 页。
③ 查继佐《罪惟录》,卷十八,转引于《汤显祖全集》,第 2587—2588 页。另见《汤显祖编年评传》第 107 页。
④ 《汤显祖全集》,第 2587—2588 页。
⑤ 《汤显祖全集》,诗文卷十四,第 551 页。
⑥ 《上马映台先生》,马千乘号映台,隆庆四年(1570)汤显祖乡试以第八名中举时任考官,故他是汤显祖房师。见《汤显祖全集》,诗文卷四十七,第 1455 页。

祖也曾因"不达"且仕途陷入进退维谷的处境而痛苦。在《寄司明府》诗函的序中，汤显祖透露身陷羝羊触藩的苦况中。其云：

> 曾一奏记，不沾回咳。明月白露，私心为劳，度见渊容时月可千圆矣。江南卑湿，三十已衰。五十之年，仆过其半。豪辈此时多竟事者。如明公之妙雅，蚤通云陛。柄玉衡，平太阶，知不难企。仆今退不能守雌游牝，绝爱恚以完性；进不及雄飞牡决，极酒内以酬情，空为陈人而已。羝羊触藩，鄙人之谓。附怀二十八韵。①

按其自白，汤显祖既不能守虚完性，也不能纵意酬情。他看着性情豪迈的同辈大多完成举子业地位显豁，自己仍以举子（孝廉）资历匍匐而行。他明白这是本性所然，难以改变，一如诗云"方圆情易折，金水性难和"。这封写给前临川令司汝霖（即张汝济）的诗函实在是一篇自述"介然"之志和抒发时不我与、俗不识我的遗憾。司汝霖任职临川令后，于万历十三年（1583）晋升为验封郎中，次年休假，于万历十五年复补验封。汤显祖通过会试后，于北京观政期间，自请南京。当时为避流言蜚语，汤显祖保持缄默。直至司汝霖正式任职吏部，有典选之权，有意内征显祖。② 汤显祖以南方宜于生活为由拒绝北征，此外又说"迩中轴者，不必尽人之才；游闲外者，未足定人之短。长安道上，大有其人，无假于仆。此直可为知者道也。夫铨人者，上体其性，下刬其情。恐门下牵于眷故，未果前诺，故复有所云。倘得泛散南郎，依秣陵佳气，与通人秀生，相与征酒课诗，满俸而出，岂失坐啸画诺耶。《语》不云乎'斐然成章'。人各有章，偃仰澹淡历落隐映者，此亦鄙人之章也"。③

最是值得留意的是"游闲外者，未足定人之短"，坦然自请闲职，并非因为才短，而是书信前段所说外表"宵貌绰约"、"秉意疏质"，加上不喜与"贵人"亲近，他对自己"性情"的确了解深切的。更重要的是，这句话表达其对方外之士和求道中人的尊重。

四、远离官场是非后的平静

万历二十五年（1597）冬天，汤显祖以遂昌知县往北京上计，二十六年（1598）正月抵达京师，这次上计之行，汤显祖有请求调任之意。在《平昌送何东白归江山》诗序中，显祖忆述在遂昌任官时认识药翁何晓。何翁少壮豪爽，老来敦悖，曾以显祖"廉而倨，宽而疏"而教他小心县中"某富人某劫人当为乱"。④ 显祖对治中的豪强廉耿傲慢，对弱小群众宽厚体恤的作风，招来他认为损害性灵的政治是非。此外万历二十四年（1596）十二月矿使太监曹金往两浙开矿。⑤ 显祖见两浙无处安宁，愤愤不平。在写给县丞吴汝则的信上说："搜山使者如何？地无一以宁，将恐裂。"⑥且在任中写下《感事》诗咏叹民生矿务沉重之苦，诗

---

① 《汤显祖全集》，诗文卷三，第 74 页。

② 邹迪光《临川汤先生传》："时典选某者，起家临川令，公真所取士也。以书相贻曰：第一通政府，而吾为之恧恧，则此铨者可望。"见《汤显祖全集》，第 2582 页。

③ 《与司吏部》，《汤显祖全集》诗文卷，第 1290 页。

④ 《汤显祖全集》，诗文卷十二，第 510—511 页。

⑤ 《明史纪事本末》，卷六十五。

⑥ 《汤显祖全集》，尺牍之二，《寄吴汝则县丞》，第 1363 页。

云："中涓凿空山河尽,圣主求金日夜劳。赖是年来稀骏骨,黄金应与筑台高。"①显祖在遂昌任上内遭豪绅违抗,外受矿税压力,有人推荐他做温州府的同知、通判,可以推想他是多么欣喜,可惜最终没有成功。② 推荐者可能是徐检吾,见汤显祖诗《答徐检吾光禄》。其中云:"温州土风僻秀,吏隐正佳。贵人为求,急不可得。"又云:"前台举刺疏,弟以逐臣在荐中,疏遂不下。诸荐者犹可不下,刺者乃可不下耶!"表示对荐举受阻的无奈。③ 由此可见汤显祖渴望过平淡安稳的"吏隐"生活。更进一步想,显祖实在希望离开遂昌,得到调迁。因此当他知道上计的结果是奉牒"还县",要重返遂昌旧任,遂生厌官回乡之念。④

在显祖决定弃官请假回家后,他的心境反见安静悠闲,反映在诗作中的有《戊戌上巳扬州钞关别平昌吏民》。⑤

显祖回家后置身于临川的自然和人文环境中,因缘契合,对在临川遇到的人、事、物,自有一份新的感觉和意境,汤显祖试图从凡人之见提升到美学之境。

五、道心在交游的闲境中提升

1. 与临川县令吴本如交游而亲佛

吴本如名用先,字体中,桐城人。万历二十年进士,授临川县知县,任职六年。后内征为户曹尚书郎,百姓为他立祠。汤显祖应邀撰写《送吴侯本如内征归宴世仪堂碑》。⑥ 此外在《为吴本如明府去思歌》中,道出显祖回家后两人美好的交往经历。其诗云:

> 使君去时一年与我好,自言学道苦不早。紫柏师来江上春,黑月船移天外晓。临川江西一大冶,昼坐一堂若为了。如观千眼一切众,独露一身诸事少。回身转眼能几时,琴里禅心谁见知。正复欢谣涕叹生为祠,君尚能来人去思。心知使君为道不须此,未能免俗聊尔为。⑦

诗中"如观千眼一切象,独露一身诸事少"两句借观世音菩萨的智慧和慈悲比喻吴本如做官作风和能力。吴本如对佛学深有研究,任职临川知县期间以慈悲为本。如他用调解方法处理诉讼。⑧ 本如于万历二十七年(1599)离任,显祖有《次吴本如言归》诗赠之,诗云:

> 五柳初归鬓已斑,折腰真是强为颜。早知负郭宾游满,得似关门令尹闲。风散墨香诗卷净,雨吹花落印床悭。犹嫌太史占云朔,肯放仙凫倦鸟还。⑨

---

① 《汤显祖全集》,诗文卷十二,第510页。
② 见黄芝冈著,吴启文校订《汤显祖编年评传》,中国戏剧出版社1992年版,第214页。
③ 诗见《汤显祖全集》,诗文卷四十五,第1350页。
④ 见《戊戌观还过阳谷店,览丁亥秋壁间旧题,惘然成韵,示赵滕侯》诗,《汤显祖全集》,诗文卷十二,第516页。
⑤ 诗云:"富贵年华逝不还,吏民何用泣江关? 清朝拂绶看行李,稚子牵舟云水间。"诗文卷十二,第517页。
⑥ 《汤显祖全集》,诗文卷三十六,第1207页。
⑦ 《汤显祖全集》,诗文卷十四,第573页。
⑧ 参考《抚州府志》卷十"良牧传"。
⑨ 《汤显祖全集》,诗文卷十四,第572页。

"风散"两句赞美本如政务清明。在《奉和吴体中明府怀达公》诗中汤显祖美称本如为"仙令":"雨花天影见时难,仙令书开九带残。"[①]袁宏道曾于万历二十三年(1595)写给显祖的信称他为"仙令"。[②] 由此可见,显祖引本如为作风相近的同道中人。显祖任遂昌县令,政务颇为清闲。在他写给袁宏道《寄袁中郎》诗"手版鞭笞即刻无,时从高卧客酣呼"可见一二。汤显祖建立"闲"的美学的其中一个因缘,是遇上学禅的县令。他的意境因此宽容自在。如《奉和吴体中明府怀达公》一诗表现其意在象外的趣味。诗云:"身外有身云破晓,指边非指月生寒。"

万历二十六年达观禅师到访临川,回庐山写信给汤显祖说:"今临川之遇,大出意外。何殊云水相逢,两皆无心,清旷自足。"[③]汤显祖在进退之间请假回家,不但造就和达观禅师不期而遇的因缘,还成就一段与吴本如禅友相呼的友谊。

2．与临川县袁世振交游而礼佛

袁世振继吴本如出任临川县知县。他是一名受菩萨戒的在家居士。[④] 袁世振是万历二十六年(1598)进士,二十七年(1599)任临川知县,在任六年。他是天台宗幽溪传灯的弟子。[⑤]

袁世振经常到玉茗堂,与汤显祖论学、经行。在《赠袁明府奏计二十二韵》诗,汤显祖用"妙心纡若锦,直道抚如弦,一切精神大,三身性相圆"形容袁世振究心致志的佛学胜境。[⑥] 其中"三身性相圆"的"性"、"相"圆融,即诗序所言的"理事相融、寂照无碍"。这篇诗序,可以说是汤显祖对袁世振学佛境地之了解,兹录如下:

> 黄蘗沧孺袁公,起众生所敬之天,诞两祖流传之地。现宰官而说法,荫国土以流慈。理事相融,寂照无碍。器界任其横竖,名相归其卷舒。盖他以摄伏凡心,自以庄严胜事,犹垂悲悯,曲引衰顽。喻以相分不可不明,性宗不可不了。以何因缘之故,得闻奇特之言。启圣证于昏沉,感法仪之方便。[⑦]

在序文中,汤显祖表达他尊敬袁世振任官不忘弘扬佛法的大愿,同时赞扬他善于引导思想顽固的人认识佛理。袁世振向人说法,"法性"和"法相"并重。换言之,他劝导人学习佛法,既要明白"空性"和"真心本性",也要了解由真如本性起用后的"相"和"用"。"法性"和"法相"并重正是达观禅师所提倡,

①　《汤显祖全集》,诗文卷十四,第571页。

②　袁宏道《汤义仍》记:"作吴令,备诸苦趣;不知遂昌仙令,趣复云何?"见《袁宏道集笺校》卷五,上海古籍出版社2008年版,第215页。

③　见《与汤义仍》,《紫柏老人集》,北京图书出版社2005年版,第611页。

④　袁世振于泰昌天启撰写《大佛顶首楞严经圆通疏序》中,自署"宗天台教观菩萨戒幽溪宣洒沧孺居士,崭州袁世振",见《大佛顶首楞严经圆通疏》,转自传灯《楞严经圆通疏》,《卍续藏》,卷十二,第689页中。

⑤　幽溪传灯是明代中兴天台宗的僧人。少年时从进贤庵禅师剃染,后随百松真觉法师听讲《法华经》,学习天台教观。曾问百松楞严大定之旨,见百松瞪目周视,立即契入;百松大师授给他金云紫袈裟。后来卜居天台山幽溪高明寺,立天台祖庭,教授学徒,兼研习禅及净土,世称幽溪大师。见牛延锋《佛教天台宗与净土宗的历史渊源》。除了《大佛顶首楞严经圆通疏序》,袁世振亦曾为传灯法师的《性善恶论》校对,于《性善恶论序》署名"楚蕲沧孺居士弟子袁世振同校"。另外,二人的交游数据参考《幽溪别志》卷九《金汤考》"艺文",见《袁宏理与台州陆郡伯为幽溪护法书》、《袁宏理与浙江驿传道张公为幽溪护法书》、《袁疏理寄浙江温处守道华公为幽溪护法书》、《袁疏理与温州李太守为幽溪护法书》以及《袁疏理与浙江台绍道张公为幽溪护法书》,收录在《四库全书存目丛书》,史部第233册,庄严文化事业有限公司,1996年版,第247—248页。除了上述数据,亦可参考卜永坚《"自古丛社中兴,必借王臣外护"——晚明天台宗僧人无尽传灯的文化网络》,《明史研究论丛》2011年第00期,第262—273页。

⑥　《汤显祖全集》,诗文卷十四,第605页。

⑦　《汤显祖全集》,诗文卷十四,第604页。

请见下文。在汤显祖闲居乃至正式离开官场的五六年间,他因袁世振而"得闻奇特之言",而获得"启圣证"、"感法仪"的殊胜因缘。袁世振"性相自如"的修行境界引领汤显祖进一步认识"法性"和"法相"之理。① 除此之外,因袁世振曾为古永安寺追回田产,喜在广寿寺作佛事,汤显祖或有参与其中。② 汤显祖参与的佛事和寺院的境教,或为其"闲境"迈入宗教精神境界的重要原因。

3.与水月和尚交游而得禅悦

袁世振复兴古永安寺后,达观禅师的弟子水月和尚,从浮梁寓居临川。水月"精心苦行,通于评唱之义"。③ 因他是达观弟子,客居永安寺后促进临川人士认识到禅宗。④ 汤显祖有《广寿寺僧多土田眷属,嗔疾客僧乞食展藏二首》提到"维那",我们推测诗中的"维那"是水月和尚。"维那"是在法会、课诵时掌理举唱、回向等悦众僧人。⑤ 广寿寺在临川县城东隅,在古永安寺后。⑥ 我们由此进一步推测汤显祖喜欢与水月和尚一起讽诗。在《耳伯麻姑游诗序》中汤显祖慨叹水月和尚病况严重,未能一起讽诵谢兆申寄来的诗稿,殊属憾事。⑦

与水月和尚的交游,使汤显祖的生活添上一份禅意,《水月破船吟二首》,⑧《水月疏山寻达公游处并问吴选部四首》⑨和《水月匡山结腊寄问邢来慈二首》,⑩乃汤显祖以诗情禅境写照水月和尚的精神面貌的显例,同时也写出他从禅趣中涵养出来的闲的意趣。

六、临川山水和达观为一境的美学:两山江水,为度宰官

汤显祖家居临川后,正如《牡丹亭》说"俊得江山助",家乡秀美的山水不但丰润他的艺术心灵,而且滋养他"仁""知"心性。更重要的是重燃汤显祖向往佛教禅境的志趣。本文提出盱江和夹江对峙的麻姑山和从姑山的山水环境合达观来访一事,讨论汤显祖从临川山水中体会出来的"闲"美和禅思佛境。

万历二十六年岁末,达观禅师自庐山归宗寺来访临川石门。岁除之日,禅师沿江经过汤显祖江楼,两人不期而遇,喜出望外。汤显祖写有《达公舟中同本如明府喜月之作》,诗云:

> 世外人应见面难,一灯高兴石门残。生波入槛浮春浅,细雨横舟湿夜寒。彼岸似闻风铎语,此心如傍月轮安。不知天上婆娑影,偏照恒河渡宰官。⑪

① 汤显祖《答袁沧孺》云"一事理以无碍,故性相之自如",《汤显祖全集》,诗文卷十四,第1385页。
② 卜永坚《袁世振之研究》,《九州岛学林》,复旦大学出版社2005年版,第252—274页。
③ 《临川县古永安寺复寺田记》,《汤显祖全集》,诗文卷三十四,第1186页。
④ "人士与游,始知有所谓宗门者。"见《汤显祖全集》,同上。
⑤ 诗云:"乞食翻经好胜因,有情相续更何人?心知破钵难留住,为有从前狮子身。"又第二首云:"名句文身总不多,空抛盏饭向维那。诸天听着成何事,流涕相看迦叶波。"见《汤显祖全集》,诗文卷十九,第824页。
⑥ 《江西通志》,卷一百一十二。一说永安寺即广寿寺。
⑦ 见《耳伯麻姑游诗序》,《汤显祖全集》,诗文卷三十一,第1111页。
⑧ 《水月破船吟二首》:"明月西流江水东,破蓬无恙好筛风。冲波不信船心漏,到岸才知杯渡空。""役尽风波莫怨天,破船原是旧家船。南来北去客边事,忙却江心闲数钱。"《汤显祖全集》,诗文卷十八,第801页。
⑨ 《水月疏山寻达公游处并问吴选部四首》:"不听石门流水禅,疏山空老白云天。达公到日诗留壁,可得裂裟覆紫烟。""欲礼名山作草堂,达公曾此费商量。惠休泉彻争来往,惭愧三生恰姓汤。""石寺寒江风月纤,当中一佛我庄严。白云尽处残经在,肯为多生下一籖。""半臂裂裟水一方,白云秋影送高凉。幽山尽日怜公子,自解朝衣蘸佛香。"《汤显祖全集》,诗文卷十八,第801页。
⑩ 《水月匡山结腊寄问邢来慈》:"破衲粗沾梅雨黄,白莲吹断远池香。江空水月无人别,牢落浮生是性光。""无生休说未生前,话到无生不偶然。珍重白头吟望尽,万山残雪九江船。"《汤显祖全集》,诗文卷十八,第802页。
⑪ 《汤显祖全集》,第562页。

达观禅师临川之行的目的,是到临川石门寺西南取土表信。此前,达观禅师于万历十三年(1585)撰写《重刻智证传引》。①《智证传》由宋惠洪觉范圆明禅师所著,选录佛菩萨垂示和历代祖师法语,于每一条开头加以引用,然后由圆明禅师"传曰"疏解开通。达观禅师特别称扬圆明禅师发扬迦叶尊者拈花微笑之真意,开创"石门禅"。在《礼石门圆明禅师文》中郑重云:

　　夫出世法中,自饮光微笑以来,能以语言文字扬其笑者,惟马鸣龙树而已。然二尊者,皆产于梵,不产于华。产于华,能以语言文字大饮光之笑者,惟谷隐东林与石门而已。石门即圆明,圆明即寂音。寂音讳洪,字觉范,生五十六年而卒。著书百余部,如《尊顶法论》、《法华馨珠论》、《僧宝传》、《林间录》及《智证传》、《石门文字禅》,此皆予所经目者也,其余渴慕而未及见也。②

达观禅师为振兴禅宗,不但重刻圆明禅师的著述,而且礼赞其功德。汤显祖在《达公舟中同本如明府喜月之作》第二句云"一灯高兴石门残",言下之意假设圆明禅师知道达观传石门的"文字禅"的慧灯,一定高兴微笑。达观传灯,因圆明在禅宗发展史上有"出入乎性相之樊,掉臂于禅宗之域,即出世法,而融摄世法"的地位,③即既融会法相宗和法性宗,又发扬禅宗。《礼石门圆明禅师文》又云:"后世学者,各专其门,互相排斥,故波之与水,不能通而为一。此皆以情学法者也,非以理学法者也。殊不知凡圣精粗,情有而理无者也;凡圣精粗,所不能尽者。理有而情无者也。"④"情有理无"和"理有情无",正是汤显祖在《牡丹亭》《题词》提及的概念。概念来源,原与达观禅师《礼石门圆明禅师文》谈相和性分开看是"情有理无",相和性合观是"理有情无"关系莫大。这帮助我们加深对《牡丹亭》的理解。换言之,汤显祖这时期对现象的出现及其产生的规律有很大兴趣。达观禅师到访,来得正好。汤显祖在《达公舟中同本如明府喜月之作》云:"世外人应见面难,一灯高兴石门残。生波入槛浮春浅,细雨横舟湿夜寒。彼岸似闻风铎语,此心如傍月轮安。不知天上婆裟影,偏照恒河渡宰官。"⑤他想象达观沿江而来,临川江水即恒河。达观到达临川后,吴本如登舟同往,故这位实任地方宰官和汤显祖这带着虚衔的遂昌县令在达观禅师法语开示中,若为所度。达观禅师到石门凭吊圆明禅师后,登上从姑山怀念罗汝芳旧迹。汤显祖在《己亥发春送达公访白云石门,过盱吊明德夫子二首》中用月轮挂在从姑山"一线天"之上,咏写达观在山上的意境。他想象达观登上从姑山,当下回首所见,是对岸麻姑山头,而两山之间的盱江,则已江流舟去。由此觉悟过去和未来,相相更迭,秒秒变迁。谁人泊船,谁人登岸,谁人远去,是因缘而生的现象而已。汤显祖利用禅师、居士在山与水之中酝酿出来的禅意,组成意境,将临川风光和自己当时心境融汇为一。此见闲中得意、意中得境的精神世界。诗云:

　　残雪疏山发暝烟,卷帆春度石门前。空宵为梦罗夫子,明月姑峰一线天。

---

① 参考惠洪著,林伯谦、陈弘学编《智证传》,秀出版社,编著导读部分,中有达观禅师的《重刻智证传引》,可作参考。此外参考黄芝冈著,吴启文校订《汤显祖编年评传》。
② 《紫柏老人集》,北京图书馆出版社2005年版,第336页。
③ 《紫柏老人集》,第338页。
④ 《紫柏老人集》,第337页。
⑤ 《汤显祖全集》,第562页。

小住袈裟白云地,更过石门文字禅。平远空高一回首,清浅麻姑谁泊船?①

用山水造境,汤显祖会妙用月亮以提升整个意境。如《思达观》诗云:"看花泛月寻常事,怕到春归不直钱。"②汤显祖在弃官等闲时,看到尽心传灯的达观禅师来访盱江和从姑山等地,其殚精竭虑振兴禅宗的心光,则改用"灯"来喻达观的智慧。他如一灯在山,照亮河川。汤显祖在《偶有所拾之偶有所缱,恨不从予同达公游,为咏此》表现他以境写意:

扁舟予在水云间,汝逐娇歌去不还。今夜纸窗陪笑语,一灯分照万重山。③

佛家有一偈语"千江有水千江月,万里无云万里天",月喻佛性。④ 汤显祖则说"一灯分照万里山",意指达观禅师的禅心佛性,光明远大,照遍走过的万水千山。临川山峦,由此顿入佛家意境。不但如此,因汤显祖用诗的语言表达出来,乃经过文学家的艺术再现而成,故有禅境,又有文学美学之造化。

七、以文论闲之道、以诗寄闲之情

1. 文章论忙闲

汤显祖经历十多年"斐然成章"、游外自闲的仕宦生活,逐步建立其"闲"的美学价值观。弃官家居后,闲情更浓,闲志更坚,故此时所论所写,可以说是经过时间和思想沉淀的结晶。《临川县古永安寺复田记》(下称《寺田记》)是一篇代表作品。兹录其要:

天下有闲人则有闲地,有忙地则有忙人。缘境起情,因情作境。神圣以此在圉引化,不可得而遗也。何谓忙人,争名者于朝,争利者于市,此皆天下之忙人也。即有忙地焉以苦之。何谓闲人,知者乐山,仁者乐水,此皆天下之闲人也。即有闲地焉而甘之。甘苦二者,诚不知于道何如,然而趣则远矣。朝市之积,则有田庐。山水之余,则为寺观。故寺观者,忙人之所不留;而田庐者,闲人之所不夺也。⑤

汤显祖首先提出"有闲人则有闲地,有忙地则有忙人",他认为人会"缘境作情",自然社会也"因情作

---

① 《汤显祖全集》,第562页。
② 《汤显祖全集》,第566页。
③ 《汤显祖全集》,第563页。
④ 达观禅师访间临川石门期间,亦用月写入诗中以成意境,如《石门多胜阁啜茗问月歌》云:"连宵明月在何处,明月今宵始见汝。我问明月月伴聋,清光湛湛娇不语。谁知不语意更深,明月无心解相与。海角天涯在在逢,根尘回脱月为侣。月明若使有盈亏,拾得寒山肯轻许。李白把酒问月明,月明石门翻问予。予无所答指溪山,溪山明月月常所处。我心即月月即我。我今月兮漫寒暑。卢仝七碗生清风,予啜三瓯问吴楚。吴王楚子安在哉,章台余艎梦空举。雪消巴蜀春水来,罗界龙团试重煮。瓦炉汤沸学雷鸣,冻螯一声忘我所。"又如《临川文昌桥水月歌》云:"君不见文昌桥上月,几回圆兮几回缺。月缺月圆非无心,要知黑发成白发。发白若使不复黑,无拘贵贱终埋骨。金棺银椁与蘧篨,骨朽到头总俱没。又不见文昌桥下水,逝波一去不复返。花开花落知几遭,流水送花无近远。近送前川花自沈,远送东溟花始损。虽分远近皆残红,树底悲歌何太晚。月兮花兮是何物,盈亏荣落信还屈。扣此两端情自枯,情枯自然智亦讫。智讫情枯着眼观,月明流水如汤沸。如汤沸,文昌桥断应黼黻。黼黻文昌功最高,津梁万古何崎崛。何崎崛,利害关头情贵拂。情拂理通津梁成,头颅水底休悲郁。文昌桥上月明时,法食遍抛无烦乞。管教一饱忘百饥,髑髅梦觉心非佛。"见《紫柏老人集》,第844、834页。
⑤ 《汤显祖全集》,诗文卷三十四,第1186页。

境"。人和地互相影响。在他眼里,忙人在朝市争名夺利,闲人在山水间领略"知"和"仁"。在山水、寺观间活动的,多是放下名利心的闲人。汤显祖在文中说"非闲非游,不可以涉道",换言之,体认大道的先决条件是"闲"情,道非闲人可以传承的。世间没有闲人闲地,道也随之丧失。

《寺田记》是为袁世振恢复古永安寺(后称广寿寺)而记的。袁世振离任后,刘胤昌(字燕及,号淯水,万历三十二年进士,授江西宜黄知县,调任临川知县)继任临川知县。上任后,从广寿寺取出若干亩田地给群校和县学官。此时汤显祖又奉嘱记录这件事情。故有《临川县新置学田记》(下称《学田记》)一文。文中汤显祖依《寺田记》中"道之丧世也久矣,幸而有一人焉,其何禁于千万人之闲,而夺其养哉"的观念,再次明确提出:"道非世俗忙人所能得,庶几禅律之士,有一闻其大道,外生死者焉。"[1]在弃官家居临川后,他越来越相信必须从"忙"境超越出来,才有得道的机会。忙人执着追求名利,心灵时刻在动荡起伏之中,故无法体验到生命的本性和真实:道。闲人抛却世俗名利,在山水之间修身养性,因此更能体会整个存在的本来性质。汤显祖赞叹无论修持禅宗或律宗的佛教徒,一旦听闻到证悟心性圆满的方法,可以置生死于道外。这份从宗教领域寻求生命真相,而且尊重完满存在的崇高志向,和儒家孔子"朝闻道,夕可死矣"惜道重道的高尚情操,是一样的。孔子认为宇宙人生的真理,比个体生命宝贵;故此,追求真理和实践真理比生命任何活动都重要。孔子主张提升生命质量至"仁""义"之境以体会真理。儒家提倡从志行两方面达到人生道德高境:仁义。孟子答王子垫问"士"何事?孟子答:"(士)尚志,仁义而已。"此段也给汤显祖作为论据,从而提出他"士固天下之闲者也"的看法。因"闲者"是求道和有道之代称,故尚仁义之道的"士"亦是"闲者"。[2]

2. 诗歌写闲情

汤显祖家居后,因自身体会,其对"闲"的境界体认又深一层,而且思考从闲入道的关系。除了《寺田记》和《学田记》,汤显祖在诗中亦就闲造境、写境。汤显祖的"闲境"有一种涵抱天地的怀抱,见于《江馆》,诗云:

> 林中高馆筑须成,水外闲庭甃欲平。身世河山多白首,子孙天地一苍生。钩帘语燕惊风起,槛舸眠鸥浥浪明。是好花朝谁到赏,绿波如酒泛新晴。[3]

此诗回首半生为功业穿梭山河,纵使已经成家立室,且后嗣有人,但所谓生命感,仍然是个体内性的事。而"闲情"正是中年后体会到的生命感中重要的一个认知。闲情、山水,本性体会是闲境的条件。显祖以一份闲心,身临江边高馆;他消融世俗自我,以物观物,如实领略人在自然之中的真性。诗境因此是他的心境。比较起往昔走过的崇山峻岭、巨川大河,他当前纵目游心的是平整的井壁、静澄的江面,止息的水鸟、帘下的燕子,江边的花朵和水波上的阳光。

此外写于万历二十七年(1599)的《寄嘉兴马乐二丈兼怀陆五台太宰》也透露其"闲人"生活的境界,诗中有云:

---

① 《临川县新置学田记》,《汤显祖全集》,诗文卷三十四,第1179页。
② 《汤显祖全集》,诗文卷三十四,第1180页。
③ 《汤显祖全集》,诗文卷十四,第566页。

　　江山岁月老闲身,风雨鱼龙动君子。沙井阑头初卜居,穿池散花引红鱼。春风入门好杨柳,夜月出水新芙蕖。往往催花临节鼓,自踏新词教歌舞。青春索向酒人抛,白发拼教侍儿数。①

　　汤显祖弃官后的怀思,反映在他写给即将迁官的临川知县的诗函中,其中《奉和吴体中明府怀达公》最能表达他的心境。诗云:

　　雨花天影见时难,仙令书开九带残身。外有身云破晓,指边非指月生寒。知他曲向谁家唱,问汝心将何处安。为报虎溪残笑里,几人林下欲休官。②

　　"几人林下欲休官"是从唐代灵澈禅师(746—816)的"相逢尽道休官去,林下何曾见一人"化出的。此外宋代大沩慕喆禅师(?—1095)亦有诗云:"五百生前堕此身,而今依萧入红尘。相逢尽道休官去,林下何曾见一人。"③一方面道出人生各种境遇皆因缘业力所致,另一方面说出能够觉悟因缘,而且毅然放下俗缘身份的,则人数寥寥。汤显祖借吴本如迁官的事而发挥他对舍忙取闲的看法。达观的来访使他对闲境的体会更深。

八、结　语

　　汤显祖一生写作诗文不断。他自有一份文人气质,与六朝诗赋和唐宋古文投缘甚深。我们推想他情钟六朝诗赋的审美品位,与他性格中带点"狂狷"、"深情"、"善感"有关。同时我们看到他性格结构深处中,铸刻着比狂狷更深的是贞介。六朝文人的审美情趣,在于形中求神,而且喜在流逝不返的现象中找出复始的规律,并将精神寄托在稳定的规律中以求生命平安感。他们在残红败绿中看到自己,故魏晋人的艺术境界,优雅得几近无力,凄美得接近苦涩。汤显祖的艺术境界,时有与六朝人的艺术境界相通。汤显祖的美学境界,兼有和无、虚与实、短暂和永恒,亦酸亦甜,更重要的是顺应老庄也倚傍佛门的"情趣"。

　　万历二十六年(1598),汤显祖弃官回家,是带着官衔请假的,与官场仍是千丝万缕地苦缠着。这时候,汤显祖写出一篇论"忙""闲"的文章《寺田记》,数年后写有《学田记》以及多篇写照在闲境中得美求真的诗作,故此时心境和作品特别值得注意和讨论。

　　六朝文人追求一种从眼前世界超越出来的心灵和艺术境界,心如当空朗月,回照物我,这也是汤显祖所追求的境界。在汤显祖内心,本来存有一份与生俱来的求提升望解脱的冲动,这可以说是一种求道心志。当他在临川自弃忙碌的官场生活而闲放身心时,那份求取宇宙永恒规律的道心又再上升,顺而产生只有闲人才能得道的看法。

　　当然,这种闲与道合的美学思想,是因应各种因缘产生的。首先,是弃官回乡时,前后两任的临川县令吴本如、袁世振皆佛学修养很深的知识分子。汤显祖在与他们的交游中领略进士及第、地方宰官、佛学弟子和文人情趣浑成志趣的世界。其次,是达观禅师从庐山来访临川,凭吊在江西奠立"石门禅"的北宋

---

① 《汤显祖全集》,诗文卷十四,第567页。
② 《汤显祖全集》,诗文卷十四,第571页。
③ 《禅宗颂古联珠通集》,卷十。

石门圆明禅师。达观禅师所带来的意境,丰富汤显祖的艺术、美学和宗教心灵。再其次,是临川山水与他的审美情怀互相彰显。最后是临川广寿寺、古永安寺适逢于汤显祖弃官时复兴一时。佛事兴盛,得资深有道的僧侣如水月和尚唱诵佛经、大初和尚讲解义理。汤显祖身临盛会,其"道"心与"美"境之融会亦得到进一步提升。这时候,中观的思想和坐禅的平静舒缓了汤显祖去留未定的焦虑不安,亦减轻了面对亲人朋友离逝的悲哀。世间的情事,令汤显祖体会到,若用深情应付,感受到存在感觉,但出世间的佛理,让他领会摆脱情感束缚的自在。他两种感觉都喜欢,想兼而有之。因此,我们可以说,他走出追求功名的忙碌后,却"忙"于用情地生活;既舍不得天生那份深于情发的冲动,又渴望解除因情发带来的不安和煎熬。因他有慧根,懂得用对于空性的理解来平伏波动的情绪。对他来说,"闲"是对治心灵浮躁不安的基本成分,是体会"情有理无"的生命感觉和领会"理有情无"的超越思想的一定因缘。

论李贽对汤显祖的影响

邹自振

被喻为"东方莎士比亚"的戏剧大师汤显祖,其一生经历嘉靖、隆庆、万历三个时代,那正是朝廷腐败堕落、社会动荡不安的明代中晚期。在那样一个年代里,汤显祖以"真人"、"真龙"、"真品"自勉,克守耿介率真之人格,拒绝宰相辅臣的拉拢,蔑视高官贵胄的腐朽,坚持以德治邑、勤政爱民,高扬"情至"、"尚真"之大旗,直至临去世前,仍以"真人"明志。他说:"人自有真品,世自有公论。"①"仆不敢自谓圣地中人,亦几乎真者也。"②这绝不可看作是汤显祖自我褒扬之词,而是他当之无愧的抒怀之语。而同时代的思想家李贽也喜谈真人,其"童心说"表现了对真人、至文之喜爱,对假人、假文之厌恶。所以当"真人"汤显祖遇到讲"真"理之李贽时,将激发汤显祖怎样的创作灵感呢? 可以认为,汤显祖的"情至说"正如袁宏道的'性灵说'一样,都是在艺术领域对李贽"童心说"的呼应。通过比较"童心"与"情至",我们可以发现两者在提倡真情,肯定人欲,崇尚真色上存在相互契合之处。而这三方面并不是零散的,而是有着内在的联系。提倡真情,反映到实际生活中也就是肯定人欲,反映到文学创作中也就是崇尚真色。而肯定人欲、崇尚真色既是提倡真情的必然结果,它们的最终指向也是真情。

一、"真"理启示"真人"

首先,"童心"与"情至"都提倡"真情",反对"假理"。

李贽在其"童心说"中集中反映了他的文艺思想,其核心是提倡"真情",反对"假理"。什么是"童心"呢? 李贽说:

> 夫童心者,真心也。……绝假纯真,最初一念之本心也。③

这就是说童心也即真心,就是世界上初生儿童之心,它没有一点虚假成分,也不懂得矫揉造作,更不会虚与委蛇,那是最纯洁最干净的心灵,丝毫没有受到社会上任何不良风气的影响。"绝假纯真",即不受道学等处"道理闻见"的蔽障和干扰;"最初一念",指人生固有的私欲,所谓"夫私者,人之心也。人必有私,而后其心乃见"。他认为,一个人如果"失却童心,便失却真心",而"失却真心,便失却真人",成了一个"言假言""事假事"的伪君子。

对于李贽所谓的"最初一念之本心"、"童心",并不能简单地认为是一般的真情实感,它具有某些形

---

① 汤显祖《寄汤霍林》,徐朔方笺校《汤显祖全集》,北京古籍出版社 1999 年版,第 1380 页。
② 汤显祖《答王宇泰外史》,徐朔方笺校《汤显祖全集》,北京古籍出版社 1999 年版,第 1305 页。
③ 李贽《童心说》,明万历刻本《李氏焚书》卷三。

而上的意义,也就是人的自然本性。亦如瑞士心理学家荣格所谓的人类都有"怕黑的集体无意识"一样,"怕黑的集体无意识"表现的是人类共同的对黑暗的恐惧。而"童心"则表现的是人所共有的对真的向往,对美的喜爱。童心之美,也就是人性之美,自然本性之美。

李贽不仅赞颂童心之美,而且反对障碍童心的"道理闻见"。具有童心的人之所以越来越少,出于童心的文章之所以越来越难见,就在于:

> 盖方其始也,有闻见从耳目入,而以为主于其内而童心失。其长也,有道理从闻见而入,而以为主于其内而童心失。其久也,道理闻见日以益多,则所知所觉日以益广,于是焉又知美名之可好也,而务欲以扬之而童心失;知不美之名之可丑也,而务欲以掩之而童心失。①

而这种"道理闻见"指的又是什么呢?结合明代的社会背景我们知道,那是与童心格格不入的,是与道学家们所倡导的封建伦理道德以及由此而发的对人性束缚极深的各种传统观念而言的。童心是人的最初的天然本性,"道理闻见"是遮蔽童心的外在束缚之物。这样的观点在汤显祖的"情至说"中可以找到相对应的痕迹。

汤显祖在《牡丹亭题词》中突出地强调了其主"情"的思想观念。在讲到"情"之起源时,他说:

> 情不知所起,一往而深。生者可以死,死可以生。②

何以会"不知所起"呢?用汤显祖自己的话就是:

> 人生而有情。思欢怒愁,感于幽微,流乎啸歌,形诸动摇。或一往而尽,或积日而不能自休。盖自凤凰鸟兽,以至巴渝夷鬼,无不能舞能歌,以灵机自相转活,而况吾人。③

正因为"情"是人生所共有的自然赋予人的天性,所以也就不知它从何而起,而且不仅是人,世界上的一切生物,无论是凤凰鸟兽,还是巴渝夷鬼,而人作为万物之灵长,自然更具有这种天性。

在汤显祖看来,这种"人生而有之"的"情"往往会受到"荐枕而成亲,待挂冠而为密者"的"形骸之论"所束缚。不仅有有形的"形骸之论",更有无形的"恒以理相格耳"(引文均见《牡丹亭题词》)。不仅不能得到合理的表达与宣泄,而且还受到压抑与限制。在这里,"情"已不仅仅代表人世间的男女私情了,而是人性的象征,也就是李贽所说的没有受到"道理闻见"遮蔽的"童心",情之"生而有之",也就是童心之"最初一念"。情之被理所格,也亦如童心被"道理闻见"所障。情与理的对立,也就是"童心"与"道理闻见"的对立。

其次,汤显祖的"情至说"和李贽的"童心说"都反对把理和欲对立起来,肯定人欲、表现人欲成为二者之间的共同之处。理学家们所倡导的那种扭曲人欲的说法都遭到他们激烈的批判。在这里,我们不妨

---

① 李贽《童心说》,明万历刻本《李氏焚书》卷三。
② 汤显祖《牡丹亭题词》,徐朔方笺校《汤显祖全集》,北京古籍出版社1999年版,第1153页。
③ 汤显祖《宜黄县戏神清源师庙记》,徐朔方笺校《汤显祖全集》,北京古籍出版社1999年版,第1188页。

梳理一下当时统治阶级所规范的"存天理、灭人欲"的思想。在理学家看来,"人心"就是人情私欲,"道心"就是"天理",要使"人心"常听命于"道心",也就是"灭人欲,存天理"。程朱理学从维护封建统治和封建伦理道德规范的角度出发,无所不尽其极地压制人欲,希望人们都遵循礼教的条例做一个知礼义、守法度的顺民。北宋的程颢、程颐就认为:

> 人心私欲,故危殆;道心天理,故精微。灭私欲,则天理明矣。①

从以上所云,我们不难发现程朱理学家们在情与理问题上的基本观点,他们不仅将情与理对立起来,而且把情说成是恶的,把理看成是善的,最后提出"存天理、灭人欲"的主张。然而,汤显祖对"道心"作了一个与宋明理学家截然不同的解释。他说:"道心之人,必具智骨,具智骨者,必有深情。"又说:"夫以欲闻道而伤其平生,此予所谓有深情,又非世人所能得者也。"②在汤显祖看来,正是"非世人所能得者"的品德与"深情",才是具有"道心"的表现。

李贽受"泰州学派"思想的影响,提出"穿衣吃饭,即是人伦物理"(《答耿中丞》)。在其《童心说》中,李贽提出:

> 天下之至文,未有不出童心焉者也。苟童心常存,则道理不行,闻见不立,无时不文,无人不文,无一样创制体格文字而非文者。……故吾因是而感于童心者之自文也。③

即是说一切美的事物,一切真正的艺术创作,都只有出自"童心",表现"童心",符合"童心",才成其为美,舍此无他。这种"童心自文说"的文学观,肯定的是人欲,追求的是人欲,表现的也是人欲,它要求以人性作为批评衡量作品的标准。李贽肯定《西厢记》,肯定《水浒传》,肯定当时的民歌,都直接根源于这一点。

汤显祖则是从"情"这个层面上肯定人欲,反对理学的。《牡丹亭》中的杜丽娘就是一个情、欲结合的艺术形象,杜丽娘身上真实地再现了"典型环境中的典型人物"。杜丽娘的父母杜宝夫妇和私塾老师陈最良分别代表了顽固不化的封建统治阶级和迂腐不化的封建教育体系。他们是具有历史真实的"福斯塔夫式背景"。④ 杜丽娘"年已及笄,不得早成佳配",对美的追求和对爱的渴望,使她终于在梦境中,经由花神的指点与庇护,与梦中情人柳梦梅共坠爱河。在这里,灵与肉同时得到了释放与抚慰。

从《惊梦》这段描写,我们可以看出汤显祖并不像理学家们严禁情、欲之辩。杜丽娘就是情与欲的结合体,无论是伤春游园、思春梦遇,还是荐枕欢洽,无媒自合,直至写真闹殇,幽媾魂游等与柳梦梅之间生而死、死而生的真情,都是理学家们所深恶痛绝的人欲。无怪乎他们痛斥"此词一出,使天下多少闺女失节","其间点染风流,惟恐一女子不销魂,一方人不失节"(黄正元《欲海慈航》)。然而它却温暖了不知多少女性的心房,在杜丽娘身上无疑寄予了她们无尽的希望。

---

① 程颢、程颐《二程遗书》卷二十四。
② 汤显祖《睡庵文集序》,见徐朔方笺校《汤显祖全集》,北京古籍出版社 1999 年版,第 1074—1075 页。
③ 李贽《童心说》,明万历刻本《李氏焚书》卷三。
④ 福斯塔夫是莎士比亚《亨利四世》和《温莎的风流娘儿们》两剧中的人物。福斯塔夫式的背景,就是典型环境的形象化说法。

结合明代的社会现实,我们就不难看出为何《牡丹亭》具有如此摧枯拉朽的力量,为何汤显祖的"情至说"具有如此深远的意义。思想意识毕竟只是上层建筑,用程朱理学来遏制人欲过于抽象,在那些士大夫眼中"女子无才便是德",因此反映到现实社会中便是用太后、皇妃的《妇鉴》、《女训》来教化妇女。此外,树立贞节牌坊更不失为一种更为直接、更有模范可循的方法。《明史·烈女传》中实收 308 人,全国的烈女人数则有万人之多。在统治阶级对妇女进行高度防范和管束的同时,他们却过着荒淫无耻、纵欲无度的生活。在那一块块贞节牌坊之下,一行行《烈女传》文字之中,记录的是多少被侮辱与被损害妇女的悲惨控诉。

总之,提倡"真情",反对"假理",从明代中晚期的社会背景来看,也就是要肯定人欲而反对"天理"。亦如真情是人所天生的一样,人欲也是"生而有之"的。提倡真情、童心的天然也就是肯定人欲的合理性。假理遮蔽真情,亦如天理泯灭人欲,反对"假理"即反对"天理"。

最后,提倡真情、反对假理的思想反映到社会生活中,也就体现为对人欲的肯定,对天理的反对;反映到文学创作中也就体现为"尚真色",提倡文学创作必须以情为主,抒发作者的真情实感,表现作者内心的真实感受,反对用外在形式束缚情的表达。在这里,"情"("童心")已成为评判、衡量文学的标准。

在"童心说"中,李贽认为:

> 夫既以道理闻见为心矣,则所言者皆闻见道理之言,非童心自出之言也。言虽工,于我何与? 岂非以假人言假言,而事假事、文假文乎?①

出于童心,即是出于作者的真心,正所谓"情动于中而形于言"(《毛诗序》),所表达的也是作者的真情。反之若出于"道理闻见",即是"假文",其所表达的也是"假理"。在"童心"的旗帜下,李贽敢于批评古代圣贤的著作,他说:

> 然则六经、《语》、《孟》,乃道学之口实,假人之渊薮也,断断乎其不可以语于童心之言明矣。②

之所以对古代圣贤的著作提出如此尖锐的批评,并不是说这些文章真的"十恶不赦",关键在于它们被道学家们当作"存天理、灭人欲"的口实,成为他们用以道德说教的蓝本,而不是"绝假纯真"之内心的流露。李贽在《杂说》一文中云:

> 且夫世之真能文者,比其初皆非有意于为文也。其胸中有如许无状可怪之事,其喉间有如许欲吐而不敢吐之物,其口头又时时有许多欲语而莫可所以告语之处,蓄极积久,势不能遏。一旦见景生情,触目兴叹;夺他人之酒杯,浇自己之垒块;诉心中之不平,感数奇于千载。③

这段话对作家创作时的心理、情绪都描写得十分深刻、细致,但最重要的还是告诉我们,只有人心中

---

① 李贽《童心说》,明万历刻本《李氏焚书》卷三。
② 李贽《童心说》,明万历刻本《李氏焚书》卷三。
③ 李贽《杂说》,明万历刻本《李氏焚书》卷三。

自然而然流露的情感发而为文,这样的文章才是好的文章,才是出自"童心"的至文。至于文章的体裁与形式,为近体,为传奇,为院本,为杂剧,甚至是举子业的文章,都没有关系。

汤显祖在《牡丹亭题词》中写到:

> 生而不可与死,死而不可复生者,皆非情之至也。……第云理之所必无,安知情之所必有耶!①

可见"情"不仅具有超越生死的力量,而且情与理是对立的,而从杜丽娘身上所体现出来的情有冲决一切的力量,可见情是胜理的。既然情是生而有之,且情能战胜一切,那么在处理戏剧的内容和形式的关系时,就要以情为主,词曲音律都要服从于情。在这一点上,汤显祖与"吴江派"代表人物沈璟之间的争论已成为文学史上的一段公案。像沈璟那样"宁协律而词不工",以律害词、以律害情的做法在汤显祖看来是万万不可取的。他宁可"拗折天下人嗓子"(《答孙俟居》)也要"凡文以意、趣、神、色为主"(《答吕姜山》)。而"意、趣、神、色"的最终目的也是为了表现情。汤显祖在《焚香记总评》中说:

> 其填词皆尚真色,所以入人最深,遂令后世之听者泪,读者颦,无情者心动,有情者肠裂。何物情种,具此传神手。②

由此可见,在审美创作中,"神"和"情"、"真"是不可分离的。所传之"神"也就是真心真情,没有真心真情也就不能传"神",也就不能显"真",更不能使人"泪",使人"颦",使人"心动",使人"肠裂"。

从李贽、汤显祖二人对"前后七子"为代表的复古思潮的批判也可从侧面反映出他们以情为主的创作主张。

李贽坚决反对蹈袭仿古之作,"前后七子"则认为古人的作品一定好,今人的作品一定不好,这就是刘勰所批评的"贱同而思古"(《文心雕龙·知音》)。李贽坚决反对这种复古主义的文学思潮。他说:

> 诗何必古《选》,文何必先秦。降而为六朝,变而为近体,又变而为传奇,变而为院本,为杂剧,为《西厢曲》,为《水浒传》,为今之举子业,大贤言圣人之道皆古今至文,不可得而时势先后论也。③

汤显祖也反对明代文坛"前后七子""文必秦汉,诗必盛唐"的复古风气。汤显祖在与友人论李梦阳、李攀龙、王世贞等人的文章时,云其"各标其文赋中用事出处,及增减汉史唐诗字面处,见此道神情声色,已尽于昔人,今人更无可雄"。④ 从中可明显看出汤显祖对于"前后七子"的创作是持否定态度的,认为他们所创作的诗文是没有"意、趣、神、色"的。

李、汤二人之所以对"前后七子"等人的复古思潮有这么大的排斥感,根源就在于这些人的文章太拘于复古,太过于讲究声调格律,而忽视了对内心世界的抒发,缺少了"真情"与"童心"。

---

① 汤显祖《牡丹亭题词》,徐朔方笺校《汤显祖全集》,北京古籍出版社 1999 年版,第 1153 页。
② 汤显祖《焚香记总评》,徐朔方笺校《汤显祖全集》,北京古籍出版社 1999 年版,第 1656 页。
③ 李贽《童心说》,明万历刻本《李氏焚书》卷三。
④ 汤显祖《答王澹生》,徐朔方笺校《汤显祖全集》,北京古籍出版社 1999 年版,第 1303 页。

通过比较,我们可以发现"情至"与"童心"却有相似之处,李贽的"童心说"对汤显祖的"情至说"有相当的启示意义,但汤显祖在具体概念上有其特定的含义,比如在对"真人"的定义,对情和欲的判断上,汤显祖都有自己独到的见解。

二、"真人"自有之"真理"

汤显祖与李贽见面甚少,但神交颇厚。李贽在哲学思想、政治思想和文学思想诸方面,都给予汤显祖深刻的影响,奠定了汤显祖的戏剧和文学思想的基础。

汤显祖是通过读《焚书》而成为李贽的崇拜者的。万历十八年(1590),李贽的《焚书》在湖北麻城出版。那年,汤显祖正在南京礼部祠祭主事任上,见到李贽的《焚书》,就写信给担任苏州知府的友人石昆玉:

> 初某公以吴宪拜中丞治吴,而明公亦以吴漕使守吴。南都人皆疑之,弟稍为不然。或二相亦欲得高品抚牧其乡耳。近从苏来者,并云石公有羔裘豹饰之节,仁而且勇,非吴大家所宜。然犹谓石而无瑕,人急不得施其牙。未几有此。虽然,公之品乃今无疑者矣。幸益自坚。有李百泉先生者,见其《焚书》,畸人也。肯为求其书寄我骀荡否?①

石昆玉是湖北黄梅人,黄梅与麻城相邻,故汤显祖为他访求李贽的著作。汤显祖写此信与《焚书》刻成同年,可见汤之心情迫切。

汤显祖读了李贽的《焚书》之后,顿受启发,他在给友人的信中赞道:

> 如明德先生者,时在吾心眼中矣。见以可上人之雄,听以李百泉之杰,寻其吐属,如获美剑。②

按说,汤显祖与李贽的直接交往,远不如明德先生罗汝芳、可上人达观密切,但在汤显祖心目中,李贽的地位不在罗汝芳、达观之下,而且在汤显祖看来,李贽的思想"如获美剑",更有锋芒,说明李贽对汤显祖的思想影响相当深刻。汤显祖后来创作的"临川四梦",尤其是杰作《牡丹亭》中所塑造的执着追求爱情和幸福的美丽少女杜丽娘的形象,正是对李贽"童心说"的生动而具体的艺术表现;所赋予杜丽娘的反对封建婚姻制度、追求恋爱自由的精神,正是李贽反封建礼教和伪道学的艺术再现。

据《临川县志》卷十及徐朔方先生《晚明曲家年谱·汤显祖年谱》记载,万历二十七年(1599),即《牡丹亭》问世后一年,李贽往临川造访汤显祖,面晤于城东正觉寺。汤显祖很羡慕友人袁宏道与李贽有很深的交往,曾作《读锦帆集怀卓老》云:

> 世事玲珑说不周,慧心人远碧湘流。都将舌上青莲子,摘与公安袁六休。③

---

① 汤显祖《寄石楚阳苏州》,徐朔方笺校《汤显祖全集》,北京古籍出版社1999年版,第1325页。
② 汤显祖《答管东溟》,徐朔方笺校《汤显祖全集》,北京古籍出版社1999年版,第1295页。
③ 汤显祖《读锦帆集怀卓老》,徐朔方笺校《汤显祖全集》,北京古籍出版社1999年版,第825页。

袁宏道曾师事李贽,李贽的激进思想影响了袁宏道"情灵说"文学主张的形成,也为公安派的文学活动奠定了基础。汤显祖在赞誉袁氏诗文成就的同时,对李贽反传统的文学思想表示了由衷的敬仰。

万历三十年(1602)三月,汤显祖在家中听到李贽狱中自杀的噩耗,不胜悲愤,遂作《叹卓老》诗以哀之。诗云:

自是精灵爱出家,钵头何必向京华? 知教笑舞临刀杖,烂醉诸天雨杂花。①

作为汤显祖尊敬与崇拜的导师,汤显祖说李贽以"笑舞临刀杖"的诗句,简约而准确地凸显出李贽的斗争精神和性格特点。

李贽去世后,在明王朝严禁李贽著作流行的情况下,民间学者仍然坚持编辑、评点、刊刻李贽的著作。汤显祖为《李氏全书》作总序,盛赞李贽的著作"传世可,济世可,经世可,应世可,训世可,即骇世亦无不可",②对封建文化专制主义表示了强烈的抗议,对李贽著作的流传起了重要的作用。

汤显祖的文学主张与李贽有许多共同之处,这在汤显祖的诗赋、制义和传奇创作中,在他与友人所作的序文中都有阐发。汤显祖始终不渝反对"前后七子"的摹拟风气,力主创新。他在《合奇序》中指出:"予谓文章之妙,不在步趋形似之间。自然灵气,恍惚而来,不思而至,怪怪奇奇,莫可名状,非物寻常得以合之。"③又说:"天下文章所以有生气者,全在奇士。士奇则心灵,心灵则能飞动,能飞动则下上天地,来去古今,可以屈伸长短生灭如意,如意则可以无所不如。"④他还在《秀才说》中说:"秀才之才何以秀也?秀者灵之所为,故天生人至灵也。"⑤

上已言及,汤显祖与李贽都提倡真情,反对假理,在谈到这一点时,李贽由此延伸出"真人"、"假人"的概念。这些概念也还是从他所坚持的"童心"的丢失与否来判断的:

若失却童心,便失却真心;失却真心,便失却真人。人而非真,全不复有初矣。⑥

李贽认为,如果失去"绝假纯真"的"童心",那么就失去"真心",失去了"真心",也就不复是一个"真人"。那么,"童心"是如何失去的呢?李贽认为有道理闻见主于心,童心便失,而"夫道理闻见,皆自多读书识义理而来也"。⑦ 若以道理闻见为心,便成为假人。

由此可知,李贽的"真人"是因为读书识义理而成为"假人"的,即是说李贽所谓的"真人"是不读书的,不识义理的人。若有人的自然本性但却不识义理的人,长此以往,就缺少自我独立思考的能力,成为一个没有特殊个性的人。

汤显祖正是在这个意义上来谈真人、假人的。他并不以"童心"的有无作为判断真人、假人的标准。

---

① 汤显祖《叹卓老》,徐朔方笺校《汤显祖全集》,北京古籍出版社 1999 年版,第 621 页。
② 汤显祖《李氏全书序》,转引自许苏民《李贽的真与奇》,南京出版社 1998 年版,第 73 页。
③ 汤显祖《合奇序》,徐朔方笺校《汤显祖全集》,北京古籍出版社 1999 年版,第 1138 页。
④ 汤显祖《序丘毛伯稿》,徐朔方笺校《汤显祖全集》,北京古籍出版社 1999 年版,第 1140 页。
⑤ 汤显祖《秀才说》,徐朔方笺校《汤显祖全集》,北京古籍出版社 1999 年版,第 1228 页。
⑥ 李贽《童心说》,明万历刻本《李氏焚书》卷三。
⑦ 李贽《童心说》,明万历刻本《李氏焚书》卷三。

反之,他具有自己一以贯之的思维方式和处世原则。今人邹元江先生认为,"正是因为'假人'没有对人的生命价值的矢志不渝的执着肯认,因而这种'假人'永远没有一种自己所坚信的思维方式。而思维方式又决定了人的生存方式"。① 汤显祖曾说:

> 世之假人,常为真人苦。真人得意,假人影响而附之,以相得意。真人失意,假人影响而伺之,以自得意。②

"假人"为"真人"苦什么呢?"真人得意",就在于对一以贯之的道的豁然领悟,而"假人"根本不知"真人"为何得意,为了以示风雅,自以为了解"得意"之所在,以便附合之,"以相得意",让"真人"不敢轻视自己。如论"真人失意",也多是因其耿介率真所致,假人不明,以为真人之不顺与自己相同,认为真人与自己也没有什么不同,因而"以自得意",实是以小人之心度君子之腹。③

基于这种认识,汤显祖并没有将其笔下的杜丽娘塑造成为不识义理的人,而是男、女《四书》,能逐一背诵,摹仿卫夫人的书法几可乱真,不仅有精巧过人的女红,而且有很强的分析意识和独立见解。她对陈最良"依注解书"的授课方法深感不足,认为《诗经》中的《关雎》篇并非歌咏后妃之德,而是表达男女爱慕之情的动人诗篇。当她步入春色满园的后花园后,她那番"这般花花草草由人恋,生生死死随人愿,便酸酸楚楚无人怨"的感慨,便成为她追求自由的呐喊。由"惊梦"到"寻梦",她由官宦千金小姐一变而为敢于决裂、敢于献身的深情女子,后又为情而死,死后与阎王据理力争,为情而出生入死,还魂再生,最终完成了她生命的抗争和追求。这始终不渝的对情的执着追求,对自由的无限憧憬使杜丽娘无愧于"真人"的化身。为了追求爱情自由、婚姻幸福而"生者可以死,死可以生"的杜丽娘形象,何尝不是卓文君的化身? 显然,汤显祖在塑造杜丽娘这一形象时,受到了李贽认为卓文君为了"自择佳偶"与司马相如私奔是"天下第一嫁法"的启示和影响。《牡丹亭》所表现的强烈反对封建婚姻制度,追求个人自由的思想,除了在此之前已有李贽明确肯定卓文君私奔的观点在海内外广为流传外,同时代还没有一位思想家这么明确提出过。

李贽与汤显祖的"童心说"与"情至说"都肯定人欲,反对"天理",但"情至说"不同于李贽的"穿衣吃饭,即是人伦物理"的泛情论。泛情论实际上把封建正统学者所谓的"天理"和"人欲"没有区分,这样的后果就是"满街圣人","人欲横流"。而汤显祖的"情至说"的超越性正在于把握了对情、欲的转化。在汤显祖看来,情的高扬并不意味着情欲的放纵。汤显祖执着于情,但他所说的情也是有善有恶的。汤显祖的"四梦"所系莫非一"情":如果说《紫钗记》和《牡丹亭》是对"善情"的歌颂,《邯郸记》则是对"恶情"的批判,《南柯记》又别具一格,揭示了"善情"如何被"恶情"所吞噬。尤其是《牡丹亭》一剧,人物的感性之情转为大道之情,即至情,从而进入深层次的审美境界。

《惊梦》一出,透过杜丽娘游园伤春的表象,揭示了这一大家闺秀内心深处被压抑的生命本能。人的自然天性越是在现实中遭压抑,就越容易受到外界刺激而喷发出来。而让杜丽娘在梦中与从未谋面的柳梦梅幽会欢合,实际上是将杜丽娘游园时表现的生理欲求展现出来,并且将这种平日里难以启齿的性梦

---

① 邹元江《汤显祖的情与梦》,南京出版社 1998 年版,第 144 页。
② 汤显祖《答王宇泰太史》,徐朔方笺校《汤显祖全集》,北京古籍出版社 1999 年版,第 1305 页。
③ 邹元江《汤显祖的情与梦》,南京出版社 1998 年版,第 144 页。

"表现得淋漓尽致、深细精微、富有诗意,而且赋予性爱以启悟灵性、引导内在精神生命成长的意义,升华了性爱的生命意识"。① 这种艺术描写使我们意识到,人的情欲并不是什么罪恶,相反的,压抑人的自然本真的情欲才是罪恶的。但这种情欲的满足只是人性自我意识觉醒的初级阶段,它还需要上升到高级阶段,也就是归本于道(情)。杜丽娘最后死而复生,并与柳梦梅结为佳偶,印证了汤显祖所说的"生而不可与死,死而不可复生者,皆非情之至也",这也即是情上升为审美境界时所产生的效果:它可以超越世俗的规范和常理的束缚,最终达到极致的境界。

汤显祖自云:"一生四梦,得意处惟在《牡丹》。"他在《牡丹亭》中所刻画的执着追求爱情和幸福的美丽少女杜丽娘的形象,正是对李贽"童心说"的生动而具体的艺术表现。汤显祖曾说:"知音常苦稀。"茫茫人海,知音何在? 所以当他看到李贽所著之《焚书》时,其欣喜之情是可以想见的。这种知遇之情与孔子所云"有朋自远方来,不亦乐乎"的心情相同。他们的"童心"、"情至"二说虽然仅是个人提倡的文艺思想,但却因其思想之深邃、影响之广泛而名留千古。如果非要将它们分出伯仲,则"童心说"在对"情"的提倡,"理"的批判上具有原创性;而"情至说"对"真人"的定义,对情与欲的判断方面,乃是以汤显祖率性贵真之气质为背景,并具有某种现代性的内涵。汤显祖敢于举起"唯情论"的大旗,以"情"作武器,与宋明道学和封建礼教分庭抗礼,其理论勇气和精神动力在很大程度上来自李贽对传统的大胆怀疑、批判和反叛精神。这也是汤显祖之所以能与莎士比亚齐名,成为人类历史上天才的戏剧家、思想家的根本原因。

---

① 魏远征《论〈牡丹亭〉性心理及其生命意识的升华》,《第七届全国古代戏曲学术研讨会论文集》,2007 年 10 月,福建集美大学。

借径词学，以诗论曲

——试论汤显祖曲学观与明代中后期复古主义诗学的关系

涂育珍

汤显祖（1550—1616）是晚明文学大家，创作了传世经典《临川四梦》，还有相当数量的优秀诗文作品，但于词的创作着力甚少，除见于传奇作品中出于代言需要的填词之作以外，几乎没有词作存世，①因此，汤显祖评点《花间词》与其曲学主张的关系就颇耐人寻味了。汤显祖的文学批评往往出之以序跋、书信、评点方式，吉光片羽，论述大多较为零散，然其多角度的阐说往往有内在的逻辑关联和系统性。汤显祖评点《花间集》的目的在于借助词学以接续诗骚风雅的创作精神，实现戏曲创作的文人身份认同，《花间集》的评点与《牡丹亭》的创作时期相同，其中的批评思路、观点乃至语词都与他的曲学观点十分相似，也体现出明代中后期复古主义文学思潮的影响。

一

明代词曲文体互动，以曲入词和以词为曲都是很常见的创作现象。如汤显祖《添字昭君怨》（见《牡丹亭》二十七出）等传奇作品中的代言之词，清代词家多认为应区别对待，如万树《词律》即认为"汤临川之《添字昭君怨》，古无其体，时谱亟收之。愚谓'昔日千金小姐'之语，止可在传奇用，岂可列诸词中?"②吴衡照虽不因古体所无而质疑《添字昭君怨》的独创性，却因其"本出传奇，宜以《干荷叶》《小桃红》例，以示界限"，直接视为曲牌而非词体。但在明代词家的评价中，大多并不为汤显祖这类词作的文体类别而纠结，更关注文辞意趣，如徐士俊评汤作《菩萨蛮》（见《紫钗记》四十八出）"出临川口，一字一句令人肠断"。评《添字昭君怨》则曰"鬼趣宛然"。③后来王士禛的《花草蒙拾》在对词作的评语中也曾大量引用《牡丹亭》，以戏曲作品为评价具体词作的参照。创作上词曲相通一时形成了批评上文体意识的模糊，而在文体地位上将曲比附于词，则体现出曲家对文人身份认同的追求。

汤显祖《玉茗堂评花间词序》④以阐述词源自诗骚开端，又以感慨词延续了诗的传统作结。首先，说明了音乐与词体产生有密切关系，乐府不入俗，因而以绝句为乐府，乃至唐调为《花间集》之先声。文人多以词源于乐府，这并无特出之见，值得注意的是汤显祖强调了俗乐的作用，代有其新声以通俗，词为适俗、适时而生。

其次，引用李梦阳《缶音序》曰："诗至唐，古调亡矣。然自有唐调可歌咏，犹足以被管弦。宋人主理

---

① 程芸《汤显祖与明清词坛》（《武汉大学学报 2001 年第 5 期》）文中梳理了汤显祖的存世词作，认为不仅王昶辑录《明词综》所收两首汤显祖的词被徐朔方先生考证为赝作，其汤氏小传提到的《玉茗堂词》一卷也可能只是书商辑录其传奇作品中的词作刊行而已。

② 万树《词律发凡》，转引自毛效同编《汤显祖研究资料汇编》，上海古籍出版社 1986 年版，第 612 页。

③ 徐士俊《古今词统》，转引自《汤显祖研究资料汇编》，上海古籍出版社 1986 年版，第 607 页。

④ 汤显祖《汤显祖全集》（二），北京古籍出版社 1999 年版，第 1648 页。

不主调，于是唐调亦亡。"一般认为是借用这段文字中"唐调"来说词，①事实上，汤显祖用意仍然在谈诗，发抉并接续诗的传统。李梦阳认为宋代以议论为诗，缺乏诗骚比兴之蕴藉，又忽视了诗歌字声音律的格调之美，于是论唐调之亡，李梦阳进而引用孔子"礼失而求之野"之语，强调了诗的精神在民歌中传承。李梦阳是明代中期以来诗歌复古思潮中前七子的重要人物，前七子们一方面反对台阁文学，提出"真诗在民间"，②一方面则认为提倡诗必盛唐，学古拟古，恪守古人之法式以求传承古人之格调，接续诗骚之传统，承担文人士子之精神。但其时诗坛创作则模拟之习日盛，而发自天然之性情的创作日少，李梦阳所提倡的格调与性情实际上成为难以调和的两端，在明中期以来复古主义文学格局中，汤显祖的创作显出另求他径的文体选择，③这种选择可以理解为诗骚风雅之精神不延续于宋诗，而延续于宋词，自然也不延续于明词，而延续于明曲。

汤显祖辞官之后，陆续创作了《牡丹亭》《邯郸记》，在《与门人贺知忍》中自明心志："既不能留鸡肋于山城，又不敢累猪肝于安邑。乏绝坎坷，都无足道。时有啸歌自遣耳。"④通过戏曲创作寄托抒发多年官场坎坷的压抑与愤懑。评点《花间》，作《牡丹亭》，俱是言志抒情，"诗其不亡也夫"之用意在于此。

汤显祖这种文人身份自我认同的心态，在当时也有呼应，认为诗词曲"盖诚有于上下数千年间，同一人物，同一性情，同一音声，而其变也，调变而体不变，体变而意未始变也"。⑤持意不变，又何妨体变。汤显祖经由词之"唐调"而上溯于"诗三百"的精神，从其曲学态度中也能体察出，《宜黄县戏神清源师庙记》第一句即曰："人生而有情。思欢怒愁，感于幽微，流乎啸歌，形诸动摇。"⑥论述戏曲创作的发生与戏曲的本质特征是"情"，与古老的"诗言志""物感说"一脉相承，可为《毛诗大序》所言"情动于中而形于言，言之不足，不知手之舞之，足之蹈之"作注脚。阐发"情""意""志"是汤显祖对词曲体性关联的基础，而合乐应歌则是词曲体变的形式迁移的动因。

曲体文学的勃兴使明代文人对于曲的创作更有热情，不惟汤显祖集中词作难得一见，梁辰鱼、张凤翼、沈自徵、祁彪佳、阮大铖、孟称舜等集中词作也非常少，即陈子龙所说"且南北九宫既盛，而绮袖红牙不复按度，其用既少，作者自希，宜其鲜工也"，⑦但在文体观念上仍然是以词为尊，曲论家们仍喜欢称曲（包括散曲和剧曲）为"词"、"词余"，如《南词叙录》徐渭即称南戏为"南词"，其他诸如《词谑》《北词广正谱》《九宫大成南北词宫谱》等均是。汤显祖亦不免于此，称自己所作"四梦"为"词家四种"，并以为其虽为"民间小作"，然而"里巷儿童之技，人知其乐，不知其悲。大者不传，或传其小者。制举义虽传，不可以久"，⑧相比于制义文章，更能寄托人情，传之久远。因此，文人们如汤显祖等热衷曲体文学的创作，乃在于已意识到曲体文学更易于张扬性情，契合人心。正如尤侗所言："古之人，不得志于时，往往发为歌诗，以鸣其不平。顾诗人之旨，怨而不怒，哀而不伤，抑扬含吐，言不尽意，则忧愁抑郁之思终无自而申焉。既又变为词曲，假托故事，翻弄新声，夺人酒杯，浇己块垒。于是嬉笑怒骂，纵横肆出，淋漓极致而后已。"⑨

---

① 赵山林《试论汤显祖的〈花间集〉评点》，《东南大学学报》2012 年第 1 期。
② 李梦阳《诗集自序》，《空同先生集》卷五十，影印文渊阁《四库全书》本，第 1262 册。
③ 参看廖可斌《汤显祖的文学史观和文体选择》，《文学遗产》2016 年第 3 期。
④ 汤显祖《与门人贺知忍》，《汤显祖全集》，第 1309 页。
⑤ 敬一子《鸳鸯绦记·叙》，转引自吴毓华编《中国古典戏曲序跋集》，中国戏剧出版社 1990 年版，第 211 页。
⑥ 汤显祖《宜黄县戏神清源师庙记》，《汤显祖全集》，第 1188 页。
⑦ 陈子龙《幽兰草》题词，《云间三子新诗合稿·幽兰草·倡和诗余》，辽宁教育出版社 2000 年版。
⑧ 汤显祖《答李乃始》，《汤显祖全集》，第 1411 页。
⑨ 尤侗《叶九来乐府序》，《西堂杂俎》二集，清康熙刻本。

在文体地位上将曲比附于词,用意在于落实两者抒情性上的相通,更是借由此相通之处追溯文人创作的诗性传统,寻求文人身份的自我认同。所以汤显祖强调词家四种之可传在于其"关人世"之悲悯,而尤侗则直接感慨词曲之假托故事浇己块垒,皆感发诗人之旨。

二

由于以词为曲和以曲为词现象的大量存在,形成了文体意识的模糊,进而引发了明人辨体的困扰和热情,词曲之间纷繁复杂的文体观念中有一个共同的价值判断标准是诗学传统,文人曲家看待戏曲本质时常常简单而含糊地求其抒情性,如徐渭在《南词叙录》中的说法:"夫曲本取于感发人心。"①其实质上是以诗论曲。汤显祖评点《花间集》也体现出借径词学,以诗论曲的特点。

花间词柔婉多情,秾艳华美,对《花间集》的欣赏并加诸评点大抵与他文学审美和创作倾向有关,许多批评家明确肯定《花间集》影响了汤显祖的戏曲创作,如陈继儒指出:"以《花间》《兰畹》之余彩,创为《牡丹亭》,则翻空转换极矣!"②吕天成也认为《花间集》和六朝诗歌这样情辞秾艳的作品对汤显祖创作有深刻的影响:"情痴一种,固属天生;才思万端,似挟灵气。搜奇八索,字抽鬼泣之文;摘艳六朝,句叠花翻之韵。"③

汤显祖《玉茗堂评花间集》是花间词最早的一部评点本,今存明万历庚申四十八年(1620)乌程闵氏刊朱墨套印本,对花间词的情感表达以及艺术特征进行了多角度探索,探讨了花间词的艺术渊源,也探讨了花间词对宋词乃至元明曲的影响。④ 对其评语概而述之,主要围绕"主情"和"摘艳"两端,且与其戏曲创作有内在的逻辑关联。

由于《花间集》评点正与汤显祖戏曲创作的高峰在同一时期,因此翻检其批语发现很多批评思路、观点乃至语词都与他曲学观点十分相似。"主情"是汤显祖固属天生的"情痴一种",无论词曲,俱以性情为本。他在韦庄《谒金门·春漏促》下的批语曰:"情不知所起,一往而深。'闲抱琵琶寻旧曲',直是无聊之思。"与他《牡丹亭题记题词》"情不知所起,一往而深,生者可以死,死可以生。生而不可与死,死而不可复生者,皆非情之至也"对词曲抒发人之纯粹情感的观念是相通的,⑤甚至连语言表述都直接搬用。他在《耳伯麻姑游诗序》中强调"世总为情,情生诗歌。而行于神。天下之声音笑貌大小生死,不出乎是",这是汤显祖创作戏曲的动机,也是评点《花间集》的抒情原则。如孙光宪的《更漏子》(今夜期),汤评曰:"到得情深江海,自不至肠断西东,其不然者,命也,数也。人非木石,那得无情? 世间负心人,木石之不若耶!"汤显祖评《花间集》中,还能看到引曲证词的现象,如引《西厢记》"手抵着牙腮"句⑥评毛熙震词,不仅说明词曲表现手法都采用了相似的叙事性因素,还说明汤显祖关注到词和曲抒情性的相通。

---

① 徐渭《南词叙录》,《中国古典戏曲论著集成》三,中国戏剧出版社 1959 年版,第 167 页。

② 陈继儒《批点牡丹亭题词》,《汤显祖全集》,第 2573 页。

③ 吕天成撰,吴书荫校注《曲品校注》,中华书局 1990 年版,第 34 页。

④ 赵山林《试论汤显祖的〈花间集〉评点》(《东南大学学报》2012 年第 1 期),对汤显祖评语内容的梳理全面细致,郭娟玉《汤显祖〈玉茗堂评花间集〉新论》(《文学与文化》2012 年第 3 期)对评本从版本、评点、内涵、影响等做了全面阐述,均可参看。

⑤ 汤显祖《牡丹亭题记题词》,《汤显祖全集》,第 1153 页。

⑥ 毛熙震《酒泉子》上片:"闲卧绣帏,慵想万般情宠。锦檀偏,翘股重,翠云敲。"汤显祖评曰:"'手抵着牙腮,慢慢的想',知从此处翻案,觉两两尖新。"

《花间集》评点在一定意义上是汤显祖论曲时上溯诗学的中介或过渡,汤显祖在欣赏花间词的语言、技法等借鉴的参照物同样是回顾诗学,借由《花间集》取法六朝诗。如温庭筠《梦江南》其一:"千万恨,恨极在天涯。山月不知心里事,水风空落眼前花,摇曳碧云斜。"汤显祖评曰:"风华情致,六朝人之长短句也。"牛希济《临江仙》其七:"洞庭波浪飐晴天,君山一点凝烟。此中真境属神仙。玉楼珠殿,相映月轮边。万里平湖秋色冷,星辰垂影参然。橘林霜重更红鲜。罗浮山下,有路暗相连。"汤显祖评曰:"'冷'字下得妙,便觉全句有神。"又:"休文语丽而思深,照映千古,似此七词,亦尽有颉颃休文处。"(卷二)沈约字休文,汤显祖以其诗"语丽思深"来评价牛希济的词,着眼点不仅在"语丽",更在"思深"。词中"万里平湖秋色冷"所展现的开阔而清幽的境界,也非应歌之作的软艳香浓可及。汤显祖对华艳词彩之下的"风华情致"一再加以赞叹,说明它看重的并非"寻常艳语",①而是其间所寓含的"诗人句法",正如黄庭坚致力于阐发《小山词》的寄托之意,汤显祖反复回味欣赏的是"情景逼真"处的风致宛然,并常以诗境、画境来比拟阐释,这样的批评路径同样是以诗论词,通过情与景的兴发表现含蓄蕴藉之美,对明清之际的云间诸派以比兴论词应有一定的启发。如评温词《菩萨蛮》"温如芙蕖浴碧,杨柳抱青,意中之意,言外之言,无不巧隽而妙入",即特别指出"言外"的比兴寄托之意。

汤显祖在情感表达和声律规范之间的取舍往往是倾向于情感的表达。《答吕姜山》曰:"凡文以意趣神色为主,四者到时,或有丽词俊音可用,尔时能一一顾九宫四声否?"②再看顾敻的《酒泉子》(黛怨红羞)下汤显祖的批语:"填词平仄断句皆定数。而词人语意所到,时有参差。古诗亦有此法,而词中尤多。即此词中字之多少,句之长短,更换不一,岂专恃歌者上下纵横取协耶?此本无关大数,然亦不可不知,故为拈出。"语气虽不如"拗折天下人嗓子"那般决绝,然"语意所到,时有参差"和前文表达的观点和遣词方式如出一辙,汤显祖对突破声律规范表现出十分的宽容态度,从"古诗亦有此法"寻找理论依据,并不妥协迁就歌者的需求,所谓"语意"与"意趣神色"其实都是指作者所要表达的情志,是古老的"诗言志"之"志"。

花间词华丽纤巧,缘情而绮靡,汤显祖评曰:"丽字名句、巧韵纤词,故自相逼,然气韵和平,犹中土之音也。北曲以郑、卫之淫为梨园、教坊之习,然犹古总章北里之韵,而近者海盐、昆山一意纤靡,北曲不失其传,反雅从先,能无三叹!"③《花间集》不失古韵,北曲似之,皆因"中土之音"保持了古乐的音韵。汤显祖的这段词评接近嘉靖时杨升庵的看法,何良俊曾转述杨慎的评论:"《南史》蔡仲熊云'五音本在中土,故气韵调平,东南土气偏坡,故不能感动木石。'斯诚公言也。近世北曲,虽郑、卫之音,然犹古者总章、北里之韵,梨园、教坊之调,是可证也。"④尊北曲则与复古乐的传承相关,正德、嘉靖时期复古主义思潮高涨,南曲戏文于民间盛行,文人初染指于此,杨慎持此观点并不为奇,而在文人传奇创作蔚为风气之际,汤显祖在创作上常不拘于声律规范,却同样透露出复古崇雅的态度,明中晚期的复古主义诗学对其曲学观有怎样的影响,值得进一步分析。

---

① 《玉茗堂评花间集》卷一,韦庄《荷叶杯》("记得那年花下,深夜。初识谢娘时。水堂西面画帘垂,携手暗相期。 惆怅晓莺残月,相别。从此隔音尘。如今俱是异乡人,相见更无因。"汤显祖评曰:"情景逼真,自与寻常艳语不同。'如今俱是异乡人',惨。")批语。
② 汤显祖《答吕姜山》,《汤显祖全集》,第1302页。
③ 汤显祖评《花间集》卷四,毛熙震《浣溪沙》词"半醉凝情卧绣茵,睡容无力卸罗裙,玉笼鹦鹉厌听闻。慵整落钗金翡翠,象梳敧鬓月生云。锦屏绡幌麝烟薰"的评语。
④ 明何良俊撰《曲论》,《中国古典戏曲论著集成》四,中国戏剧出版社1959年版,第5页。

三

自明弘治年间李梦阳、何景明为首的前七子"卓然以复古自命"，①到嘉、隆年间以李攀龙、王世贞为核心人物的"后七子"相继倡言"文必秦汉，诗必盛唐"，复古主义思潮风行文坛，渗透至诗、词、曲等文体，其后续也影响了明末清初陈子龙等人的文学思想。复古主义诗学以主"情"、恢复古诗声韵体式之审美规范为追求，深刻地影响了文人曲家关于曲体、文辞与声律的曲学论争。

前后七子倡导复古，具体针对的是文坛上台阁体、唐宋派以及理学蔓延的风气，先后引发了与唐宋派关于文必秦汉还是文宗唐宋、与公安派关于"师心"还是"师古"的两次文学思想争论。更由于性灵派对复古主义的批评，后人常常将复古与性灵的主张对立起来，而事实上，前后七子在提倡复古之时，并没有把性情表达排斥在外，前有李梦阳提出"真诗在民间"，后有王世贞宣称"有真我而后有真诗"。② 沉浮于各类文体间的复古主义思想与抒发情性的观念一起形成了明代中晚期复杂微妙的文学场景，曲学的体性之辨、南北之争、雅俗嬗变的轨迹与之密切关联，曲学观念的嬗变既以复古主义思潮为导向，也显示出曲学自我建构的内在逻辑。

李梦阳讥讽台阁体的萎弱诗风，反对宋诗主"理"而寡情，"词艰涩，不香色流动"，③进而提倡宗唐抑宋，汤显祖在评点《花间集》序里引用过李梦阳的《缶音序》，李梦阳在这篇序文里还指出"夫诗，比兴错杂，假物以神变者也。难言不测之妙，感触突发，流动情思，故其气柔厚，其声悠扬，其言切而不迫，故歌之者心畅而闻之者心动也"。古典诗歌的审美理想在于以"假物以神变"的比兴手法，以寄托言情，并能使声情相惬。王世贞将"格调"与"才思"结合起来："才生思，思生调，调生格。思即才之用，调即诗之境，格即调之界。"④格调源于才思，才思关乎性情。徐祯卿曰："因情以发气，因气以发声，因声而绘词，因词而定韵，此诗之源也。"⑤情的表达是诗的发生根源，复古的主张里谈到情的变化往往和气联系在一起，也即源于人心之变化。⑥ 汤显祖对复古主义的文学主张持基本的认同态度，他在唐宋文与秦汉文之间更看重秦汉文，在诗歌方面则欣赏盛唐及以前之诗，认为："古文赋，秦西汉而下，率以不足病，无有余者。诗，唐四杰子美之外，亦无有余。"⑦而他以"主情"说论曲一方面深受当时李贽、罗汝芳等哲学家的影响，肯定自然人情的张扬，另外一方面则通过"情"的共同基础将曲体文学的发展连接上诗的传统，一定程度上也与复古派的思路一致，体现了复古主义思潮从诗文词蔓延到了曲学领域。

明代文人的曲体观念中往往经由词而乐府而上古歌谣，将曲体文学发展融入诗歌史中，以达到推尊曲体，实现文人创作心态上的身份认同，循此思路与明代复古主义思潮呼应，出现了推崇北曲及早期南戏经典的现象，嘉靖至隆庆时期的何良俊等人执此观点，汤显祖也表达过类似看法。不过，曲学的复古观念表现得更为复杂，如果说诗和词的"合乐可歌"当时已是一种历史的想象，只能通过字声格律寻绎其踪，

① 《明史》卷二八六《文苑传》。
② 王世贞《邹黄州鹓鹤集序》，《弇州续稿》卷五一，景印文渊阁《四库全书》本，第1281册。
③ 李梦阳《缶音序》，《空同集》卷五十二，景印文渊阁《四库全书》本，第1262册。
④ 王世贞《艺苑卮言》，《弇州四部稿》，景印文渊阁《四库全书》本。
⑤ 徐祯卿《谈艺录》，《迪功集》附录，影印文渊阁《四库全书》本，第1268册。
⑥ 庄子曰"气也者，虚而待物者也。唯道集虚"，陈鼓应解释"虚而待物者"显然是指"心"而言。陈鼓应《庄子今注今译》，中华书局1983年版，第117—118页。
⑦ 汤显祖《与陆景邺》，《汤显祖全集》，第1437页。

曲唱却正当盛时，曲辞的创作不仅讲究字声平仄，还需考虑到适应腔调旋律的走向，因此，对待曲体文学的体性特征及审美规范的态度就比较糊涂矛盾，争论纷纭。

何良俊在《琵琶记》与《拜月亭》的高下之争中推崇《拜月亭》，则是因为《拜月亭》"词虽不能尽工，然皆入律，正以其声之和也"。辞藻方面则以"当行"谓其高于《琵琶记》远甚，①王世贞对此不以为然，认为："元朗谓胜《琵琶》，则大谬也。中间虽有一二佳曲，然无词家大学问，一短也；既无风情，又无裨风教，二短也；歌演终场，不能使人堕泪，三短也。"②王世贞并没有直接回应何良俊，反而提出了另一个侧面的关于风化与情感的问题，何、王观点之争看似尖锐其实并无焦点，后来汤、沈之争中再次展开的关于音律与辞采、雅与俗的讨论同样各执一端。

元代文人参与曲的创作非常深入全面，北曲在文辞与律吕两个方面都很快建立起一套合乎文人审美的规范，并有大量优秀作品成为典范，如李开先所言："（曲）俱以金、元为准，犹之诗以唐为极也。何也？词肇于金，而盛于元，元不戍边，赋税轻而衣食足，衣食足而歌咏作，乐于心而声于口，长之为套，短之为令，传奇戏文，于是乎侈而可准矣。"③何良俊及其后的沈璟重格律倡本色试图以复古为路径，对南曲也同样建立合乎文人审美的规范，尤其在魏良辅改南曲曲唱为依字行腔后，沈璟进一步编撰《南九宫十三调南曲谱》、《唱曲当知》等谱式标准，主张严格合律依腔，如燕南芝菴、周德清等作《唱论》、《中原音韵》规范北曲字声、句法、曲牌、套式、唱法等，也树立南曲曲律稳定、协调、精严的标准，以保证场上演出的婉转动听。

而沈璟等试图确立的曲律规范与汤显祖的创作态度之间不能协调，尽管汤显祖也曾将《花间集》与北曲联系在一起，透露出复古崇雅的意味，表示对曲体地位的推尊和雅化，但其创作则并不依据古曲规范，如凌蒙初的描述：

> 近世作家如汤义仍，颇能模仿元人，运以俏思，仅有酷肖处，而尾声尤佳。惜其使才自造，句脚、韵脚所限，便尔随心胡凑，尚乖大雅。至于填调不谐，用韵庞杂，而又忽用乡音，如"子"与"宰"叶之类，则乃拘于方土，不足深论，止作文字观，犹胜依样画葫芦而类书填满者也。义仍自云"驰荡淫夷，转在笔墨之外。佳处在此，病处亦在此。"彼未尝不自知。只以才足以逞而律实未谐，不耐检核，悍然为之，未免护前。况江西弋阳土曲，句调长短，声音高下，可以随心入腔，故总不必合调，而终不悟矣。而一时改手，又未免有斲小巨木、规圆方竹之意，宜乎不足以服其心也。④

汤显祖对类似的诘难素性自承不解音律，并以为创作中展现的至情动人心魄，已足以传承古人"诗言志"之精神，"于定律和声处，虽于古人未之逮焉，而至如《书》之所称为言为永者，殆庶几其近之矣"。⑤ 汤显祖的立场在诗的传统，值得注意的是他将诗和乐的传承分开来，追求雅正的诗学传统，而否定了复古乐的形式规范。抒情言志，表现人性至为灿烂华美的真情，大可以不必致力于乐律协调、合律依腔，因此汤显祖在观念上表达了尊北复雅的态度，在创作上却未必严格依从，他的曲学复古路径于此转入了一种独

---

① 何良俊《曲论》，《中国古典戏曲论著集成》四，第12页。
② 王世贞《曲藻》，《中国古典戏曲论著集成》四，第34页。
③ 李开先《西野春游词序》，见吴毓华编《中国古代戏曲序跋集》，中国戏剧出版社1959年版，第54页。
④ 凌蒙初《谭曲杂札》，《中国古典戏曲论著集成》四，中国戏剧出版社1959年版，第254页。
⑤ 汤显祖《董解元西厢题词》，见吴毓华编《中国古代戏曲序跋集》，中国戏剧出版社1990年版，第92页。

特的诗乐分途的文人化倾向。

诗和词都经由"以文化乐"的历程完成了形式体制的文人化,北曲有相似的文人化特征,而南曲的文人化则出现了分歧,或以性情和文辞的雅化为要,或坚持南曲曲律的规范,虽然在王骥德等曲论的调和折中之下,又有"合之双美"的美好愿望,但南曲的文人化并没有因为折中而得以实现。

"合之双美"的文人化路径体现出复古乐和雅正传统密切结合的观念,诗骚而至乐府、词、曲,"其体虽变,其音则一也。声音之道,本诸性情,所以协幽明,和上下……夫子删《诗》曰《雅》、《颂》得所,然后乐正。未尝分诗乐为二"。① 因此文人们在创作中追求诗乐相合,甚至努力通过南曲的创作复古乐之绝响,"音多字少为南词,音字相半为北词,字多音少为院本,诗余简于院本,唐诗简于诗余,汉乐府视诗余则又简而质矣,《三百篇》皆中声,而无文可被管弦者也。由南词而北,由北而诗余,由诗余而唐诗,而汉乐府,而《三百篇》,古乐庶几乎可兴。故曰今之乐,犹古之乐也。呜呼扩今词之真传,而复古乐之绝响,其在文明之世乎"。②

沈璟等曲家以古调的谨严调和时曲的漫漶,但这种复古乐的思路在确定南曲曲律规范的过程中缺乏足够的可操作性。沈璟精心编撰的南曲曲谱在稍后的冯梦龙看来已是错讹颇多,无法适应新声渐起的现实,王骥德也感慨"世之腔调,每三十年一变"。③ 尽管有曲谱在侧,文人传奇的创作曲律依然失范。在王骥德《曲律》编辑出版时,冯梦龙的序中如此描述:"数十年来,……传奇不奇,散套成套。讹非关旧,诬曰从先。格喜创新,不思乖体。"④王骥德对此亦感叹道:"傅太古之典刑,斩于一旦,旧法之渐灭,怅在千秋。"冯梦龙因此展开对沈璟曲谱的修订,即《墨憨斋新谱》,冯梦龙的修订途径是通过考订更为严苛的古法正体来保证曲度规范,然而,在其定本传奇的批点中,处处可见"从时优""从俗优"的建议。从这个侧面来看汤显祖以诗论曲的态度,则别有深意:通过戏曲创作继承诗学传统,在复古主义思潮的框架下,张扬情性,自由创作。

---

① 邹式金《杂剧三集小引》,见吴毓华编《中国古代戏曲序跋集》,第459页。
② 李开先《西野春游词序》,吴毓华编《中国古代戏曲序跋集》,第55页。
③ 王骥德《曲律》,《中国古典戏曲论著集成》四,中国戏剧出版社1959年版。
④ 冯梦龙《曲律序》。

汤显祖"临川四梦"中的民族文化理念纵论

黎　羌　宋华燕

明代著名诗人、戏剧家汤显祖因为有着特殊的客家文化背景,以及不同寻常的文人生活经历,逐步奠定了他高屋建瓴、宽容大度的大一统的中华多民族文化观。他一生博览群书,通晓四书五经、诸子百家,游历各地,熟谙大江南北胡汉民族文化、文学与艺术;他与博才多学的罗汝芳、思想深邃的李贽、睿智超凡的达观法师、刚直旷达的海瑞等大师哲人先贤交往,日渐通今贯古、通西贯中,并将其民族、世俗文化,成功地融会贯通于自己的诗文与戏曲创作之中。汤显祖的"临川四梦"博采众长,积极吸收昆腔、弋阳腔与贯云石创制的海盐腔,其剧作多为中国北方唐宋传奇故事所改编,并将戏剧文化背景移至边疆多民族地区,充分体现了他的"中华多民族文化观"的确立,实值得后人关注与悉心探研。

一、赣东南地区的吴越与客家文化

汤显祖出生与辞世的临川位于长江流域东南地区,此区域位于我国东南部的大部区域,包括广东、福建、浙江、江西、江苏、台湾等省,上海直辖市,香港、澳门特别行政区。其地形以山地丘陵为主,总称"东南丘陵",其中以南岭为界,以北是江南丘陵,以南是两广丘陵,东部以武夷山为界,是浙闽赣丘陵山地。

江西东南地区以抚州为中心,位于江西省东部,自古就有"襟领江湖,控带闽粤"之称。周武王十三年(前827)属吴。春秋为"百越之地"。属于以越文化为主的中国南方少数民族地区。后来由中原地区迁徙而来人数众多的客家人,有机地融入独具特色的客家文化。再有此地江右人创造出来的区域性文化,即风格独特的江右民系语言、文学、艺术、风俗。其中客家人继承了当时中原人的传统文化、风俗习惯,特别是保持学儒学,说古语,写汉字的文化习俗。再加之吴越文化与江右文化的辅佐,从而诗文人才云集,灿若星河,使赣东南地区多民族文化显得格外厚重色彩斑斓。

关于古代江南吴越与"越文化"的缘起,可以查阅中央民族大学潘光旦教授编著的《中国民族史料汇编》所引史料注疏:"百越"云者,《集解》引韦昭曰"越有百邑"。《考证》引李善曰:"《音义》云,百越非一种,若今言百蛮。"此固可通,然我疑即越人自称也。今僮语(即后壮语)称"人"曰"布",音近"百",言"百越"者,即"人越"或"越人"耳。黔省之仲家人自称"布依","布依"亦即"百越"也。① 从中可知,中国南方越人、越族多有分支,统而言之被称为"百越",闽西北与赣东南的闽越、瓯越等古族是富有代表性的少数民族之一。

厦门大学文化人类学学家林惠祥著《中国民族史》在论证"百越系"时,引用了《史记·南越传·东越传》《汉书》记载,从中得知,古"粤"与"越"二字相通,均为中国"南部异族之通称"。春秋、三国时,东南

---

① 潘光旦《中国民族史料汇编》,天津古籍出版社 2005 年版,第 126 页。

地区有于越、杨越、瓯越、闽越、南越、骆越等,合称为"百越","百越所居之地甚广,占中国东南及南方,如今之浙江、江西、福建、广东、广西、越南或至安徽、湖南诸省。吕思勉先生谓'自淮以北皆称夷,自江以南则曰越'。"①

关于东南地区越人文化、文学、艺术的历史,通过高利华、邹贤尧、梁晓云著《越文学艺术论》所征引各家学说获悉:如据董楚平《横看成岭侧成峰——越文化面面观》论述:"作为民族文化的越文化其历史根据地主要在长江下游,其次是华南、西南、东南亚一带。""作为一种区域文化,'越文化'是'吴越文化'的重要组成部分。"②陈伯海在《越文化三问》中阐述:"从性质上讲,百越文化属部族文化,则纯然属于地区性文化,是我国丰富多彩的区域文化形态中的一个特定的范型。"③此书还通过越文化地理历史的演变轨迹,梳理出鲜为人知的文学艺术业绩:

> 越文学艺术经历了三次发展机遇,到元明清时期已臻鼎盛之势。书画、戏曲、小说、诗文、词学等一流大家层出不穷,成批涌现,在文学艺术领域中引领潮流,代表着文坛主流方向。……这是一个创造大家的时代,他们独立不羁,不盲目趋附,表现出充分的自信与气度。在晚明以来思想变革的引导下,文学艺术领域屡屡创造引领时代潮流,表现出鲜明的艺术趣味与诗歌精神。这个时期,中国文艺史上具有相当知名度的、深远影响的多才多艺的艺术家以及标志性的成果,在越地如雨后春笋般诞生。④

著名诗文戏曲家汤显祖的文学艺术业绩正处于越文化的第三次发展机遇,即明清鼎盛时期,是此位旷世才子"创造引领时代潮流,表现出鲜明的艺术趣味与诗歌精神。"因特殊的家传身世,不仅积极吸纳当地多民族文化,还得天独厚拥有一层长江以北文化与诗文传统背景,那就是来自黄河流域的"客家文化"。只要理清此历史线索,就不难理解汤显祖的大量诗文与"临川四梦"中如此之多借用唐宋传奇文学艺术的文化史料之缘由。

言及江南的汉族阶层,将正统的皇室与民间文化与当地的民族文化相融合,这是再正常不过的历史事实。据王文光著《中国民族发展史》"导言"中指出:"汉民族的发展史就是一部民族融合史,这种融合早在汉民族的前身——华夏族发展过程中就已存在……汉族今天成为世界上人口最多的民族主要是不断地融入大量其他民族的结果……中国各民族的形成与发展同中国作为统一的多民族的国家的形成与发展是紧紧地联系在一起的,中国各民族共同缔造祖国的历史进程,也就是中国各民族的历史发展过程。"

他还指出汉民族的几次大迁徙原因与北方客家文化传播范围:"历史上汉族人口有几次大规模自黄河流域和淮海以北向长江、珠江流域南移。'永嘉之乱'后,黄河流域的人民大规模南迁至长江中下游与长江中上游及汉水流域。经南北朝,继续有汉族人口南移,使长江流域人口不断增加。到北宋末年,金兵南犯,出现了第二次人口南迁的高潮。南方汉族人口大增,主要集中在四川盆地以及洞庭、鄱阳、太湖等

---

① 林惠祥《中国民族史》,上海书店出版社 2012 年版,第 74 页。
② 载《中国传统文化与越文化研究》,人民出版社 2005 年版,第 71 页、76 页。
③ 载《中国传统文化与越文化研究》,人民出版社 2005 年版,第 61 页。
④ 高利华、邹贤尧、梁晓云著《越文学艺术论》,人民出版社 2011 年版,第 261 页。

大湖周围和长江、珠江三角洲。"①

关于江南的南北少数民族文化的融合,可征用尤中先生对《蒙兀儿史记·蒙兀氏族表》进行统计的宝贵资料。即于元蒙时期,从北方迁徙到长江流域的还有大量少数民族,如蒙古望族南迁到汉族聚居区,且有:亦速歹,字鼎实,札只剌歹氏。其先世南徙后居龙兴路(今江西南昌市)。元统元年进士,授瑞昌路知新昌州等。博颜达,字孝友,札只剌歹氏。其先世初占籍大名路(今河北大名县南),后居江州(今江西九江)。

对此吕振羽先生在《中国民族简史》一书中写得更加具体与细致:

> 当金朝为蒙汉联军灭亡后,无数留在境内与汉族杂居的女真人,元朝统治者也把他们与北中国汉人一样看待,统称作"汉人"(同样称南方汉人为"南人");他们自己也连同原来的姓氏,都改成了汉姓。《辍耕录》说:"金人姓氏,完颜汉姓曰王,乌古论曰商,乞石烈曰高,徒单曰杜,女奚烈曰郎,完颜曰朱,蒲察曰李,颜盏曰张,温迪罕曰温,石抹曰萧,奥屯曰曹,孛术鲁曰鲁,移剌曰刘,斡勒曰石,纳剌曰康,夹谷曰同,裴满曰麻,尼忙古曰鱼,斡准曰赵,阿典曰雷,阿里侃曰何,温敦曰空,吾鲁曰惠,抹颜曰孟,都烈曰强,散答曰骆,阿不哈曰田,乌伦苔曰蔡,散仆曰林,术虎曰董,古里甲曰汪。"②

据史书记载,元顺帝至正二十三年(1363),明太祖朱元璋改抚州路为临川府,后改抚州府。于洪武初,隶属江西承宣布政使司湖东道。清代属南抚建道。府治临川(在今江西省抚州市临川区)。临川文化是在北方政治、经济、文化中心南移后,在南北文化交流、碰撞中迅速繁荣的一支典型的多民族区域文化。因临川邻近江西首府南昌,古代是进入闽粤沿海的交通要冲。在我国历史上几次重大的民族大迁徙过程中,江西都融入大量的北方移民。这也是临川文化得以民族文化多元化而蓬勃发展的重要契机。

早在晋永嘉丧乱之后,自北方人口又一次大规模迁徙开始,已有规模不小的上层士族南下,淮河、长江虽然阻隔南北,但其支流大都源远流长,呈西北、东南走向,而且多有舟楫之利,给河南、山东、安徽、江苏一带胡汉移民向东南地区移入提供了方便。随后又涌入浙江、江西,甚至途经赣东南大量向闽粤或湘桂迁徙。临川地区接受为数众多的北方客家移民是值得重视的文化大事。

客家移民进入临川的结果,自然带来许多新鲜的先进的北方文化,有力地提高了当地土著民族的生产力水平,甚至使当地的人口结构和语言音素都发生了巨大变化,像客家语言对临川语言的影响。在历史的演变过程中,中原汉人带来的北方话和当地的临川方言合流,互相渗透,长期糅杂,演变成今天的与客家话基本相同的"抚州话"。

临川在古代不仅是通往闽粤的必经之地,也是荆楚文化和吴越文化的联结之地。北方的客家先民在"吴头楚尾、粤户闽庭"的抚州落籍后,所输入的先进的中原文化、客家文化不可避免地要改造与充实着临川当地的吴越文化。

说到汤显祖的祖籍与祖辈是否为客家人,是如何迁徙至江西东南地区的,有些众说纷纭。有专家学者从其"汤氏家谱"中寻觅蛛丝马迹。有人通过文字资料,认为汤氏有可能来自河北定县、涿州一带、有

---

① 王文光《中国民族发展史》,民族出版社 2005 年版,第 5 页。
② 吕振羽《中国民族简史》,人民出版社 2009 年版,第 16 页。

人说是汤显祖先祖从安徽贵池移入,还有人考证来自吴县(苏州)温坊。

据曾巩在为汤氏宗谱所作"谱序"中得知:"抚临之汤,出于唐殷公文圭之子悦,以避国讳改而从汤,岂不以殷之于汤同出于天乙,与商之苗裔孔之宗缔相联贯乎。"①宋熙宁九年(1076)临川文昌汤氏属中山郡"商之苗裔",为"中山汤氏"。另据清光绪三十二年(1906)修《文昌汤氏宗谱》,"中山"为郡号,远古秦时汤氏以河北定县、涿州一带繁衍生息与流徙。

龚重谟先生在《再谈汤显祖的世系源流》一文还发现两条重要证据:"唐(汤)氏家族远祖来自安徽贵池,或南唐时期来自苏州之说。"据《文昌汤氏宗谱》有文记载,汤显祖祖上原为"吴县(苏州)温坊人,唐懿宗年(860—874)以鸿词博学科,历官豫章……唐乾符五年(878)三月黄巢率义军进攻福州,汤季珍奉旨入闽坚守抵抗,不幸福州城失陷,死战殉国。唐懿宗赐汤季珍为'公',谥曰'忠勇',并应抚郡军民所请,敕葬汤季珍于抚州飞雁投山(今临川上顿渡口)汤(温)坊。宋丞相王安石有诗盛赞:'忠贞贯日,义勇参天。英气不灭,启佑后贤。'"②

通过上述文史资料证实,抚州临川是江南多民族文化地区,汤氏家族并非本地土著民族,而是从北方迁徙而来的客家人,自然要带来浓厚的儒道佛学文化,亦浸染一些当地的吴越古族文化,从而形成汤显祖的诗文与戏曲文化的丰富多样性。

二、抚州地区诗文与临川戏曲艺术

据史书记载,江西抚州的历史文化渊源十分久远,东汉和帝永元八年(96),置临汝县,即现在的临川县。237年,建临川郡,郡治设在临汝县。隋文帝开元九年(589)灭陈,实现全国统一,废郡扩州,平陈总管杨武通奉命安抚临川郡一带,将临川郡改为抚州。纵观历史地理,古临川治属相当于现在抚州市的大部分,并囊括了庐陵、豫章、瓯闽部分。

魏晋以来,特别是两宋以后,临川古郡,抚河两岸,名人辈出,文事昌盛,素有"才子之乡、文化之邦"的誉称。"邺水朱华,光照临川之笔",这是初唐四杰之一的王勃在《滕王阁序》中对临川赞美的千古绝唱。"名儒巨公,彬彬辈出,不可胜数","临川才子"更是"临川文化"的得意之笔。

自古以来,临川才子之多向为世人瞩目。"临川文化"区内乐安流坑"千年古村"的"子男双封爵,文武两状元。参政代天子,师保五六人。一门十进士,两朝四尚书。进士五十二,知县四十多。乡举百六余,会解监元群。乡贤祀十二,秀才如繁星"的文字记述,就是临川才子层出不穷、大量涌现的生动历史写照。

据清光绪《抚州府志》《建昌府志》和《江西通志稿》及各县新编县志记载,抚州籍自宋元至明清文科进士2 450人,占全省文科进士总数23%;历代科举中,登三鼎甲的有17人,其中状元5人(含武状元1人),榜眼10人,探花2人。自宋至清,武科进士竟然有81人。

我们从钱贵成编著《咏赣唐诗征考》的唐代文人诗歌与疏注中,亦可洞悉此地"物华天宝、人才辈出"之地理、历史、文化、文学、艺术之盛况。抚州、临川:"三国吴太平二年,分豫章郡之临汝、南城两县地始立

---

① 曾巩《临川文昌汤氏宗谱·序》。
② 龚重谟《再谈汤显祖的世系源流》,《汤显祖研究通讯》2011年第2期。

临川郡。抚州,隋于临川郡置,时总管杨武通奉使安抚,因以抚为州名,寻废,唐复置,改曰临川郡,寻复曰抚州。宋曰抚州临川郡,元为抚州路,明曰抚州府,清因之,民国废,故治即今江西临川县。"抚州江,即抚河,历代又称旴水、旴江、建昌江、临川水、临川江、汝水等。陆游《次金溪宗人伯政见寄韵》诗中即有:"汝水家家书有种,吾宗世世士知名。"①

《全唐文》卷八六八《重修抚州公署记》载:"当州昔为临川,郡城在此城之北,古堞犹存。宝应中,太守王公圆以不便于民,卜迁于此。然所立郡宅,未叶地形。昃倚城西,低临水际。颇更年代,莫议迁移。"

历代关于记载此地地理、历史、文化的诗歌不胜枚举,诸如:韦庄《抚州江口雨中作》诗云:"江上闲冲细雨行,满衣风洒绿荷声。金骠掉尾横鞭望,犹指庐陵半日程。"

李翔《登临川仙台观南亭》诗云:"独倚危栏爱景晴,古松坛殿半阴横。东山有路干云险,汝水无波到底清。归洞斗龙收雨脚,拂檐行雁起秋声。开襟正是忘机处,不觉疏钟遍郡城。"

缪岛云《过旴江麻姑山题绝句》诗云:"万叠峰峦入太清,麻姑从此会方平。一从燕罢归何处,宝殿瑶台空月明。"

护国《临川道》诗云:"出谷入谷路回转,秋风已至归期晚。举头何处望来踪,万仞千山鸟飞远。"

皎然《冬日送颜延之明府抚州觐叔父》诗云:"临川千里别,惆怅上津桥。日暮人归尽,山空雪未消。乡云心渺渺,楚水路遥遥。林下方欢会,山中独寂寥。天寒惊断雁,江信望回潮。岁晚流芳歇,思君在此宵。"

李咸用《送李尊师归临川》:"蟠桃一别几千春,谪下人间作至人。尘外烟霞吟不尽,鼎中龙虎伏初驯。除存紫府无他意,终向青冥举此身。辞我麻姑山畔去,蔡经踪迹必像亲。"

关于临川地区的传统乐舞艺术文字描写也有许多首脍炙人口,诸如:耿津《乡祠故舞》摘句:"野步渔声溢,荒祠鼓舞喧。"熊孺登《灯歌》诗云:"汉家遗事今宵见,楚郭明灯几处张。深夜行歌声绝后,紫姑神下月苍苍。"刘长卿《戏赠于越尼子歌》云:"云房寂寂夜钟后,吴音清切令人听。人听吴音歌一曲,杳然如在诸天宿。"

江西赣北与赣东南地区,因为有浩浩长江从中流过,而产生相应的奇特的山川水系区域文化,其中一个重要分支则是"长江戏曲",此为路应昆、海震著《长江戏曲》中定名的文化新概念。此书认为这是一个"着眼于地域的笼统称谓,而不是艺术形态上的一种界定。长江地区与南北其他地区并不封闭隔绝,戏曲的每一种大的形态种类的覆盖面,都既包括长江地区,又不限于长江地区。……正是长江戏曲不断音地变异、因时推演的结果,长江戏曲正是在'逝者如斯'的从容行进中不断呈显其博大与深厚。万里长江,中国戏曲文化的万里长廊!"②

"长江戏曲"当与北方的"黄河戏曲"相对应,"一方山水养一方文化"。中华民族的这两条伟大的母亲河,自古迄今滋养着两岸各民族的宗教与世俗文化,至元明时期所形成的分支文体如南戏、明杂剧、明传奇以及地方戏曲,源源不绝地为临川地区文人墨客提供丰富的文化养料。

明代前期,宋元戏文、明南戏在江南已呈蓬蓬勃勃之势。如"嘉兴之海盐,绍兴之余姚,宁波之慈溪,台州之黄岩,温州之永嘉,皆有习为倡优者,名曰戏文子弟,虽良家子不耻为之。"③

---

① 钱贵成《咏赣唐诗征考》,中国戏剧出版社2006年版,第688页。
② 路应昆、海震著《长江戏曲》,湖北教育出版社2005年版,第38页。
③ 陆容《菽园杂记》。

不过对于民间的"俗腔俗戏",有些文人很看不上眼。吴中名士祝允明(1460—1526)的言论很典型:

> 数十年来,所谓南戏盛行,更为无端,于是声乐大乱。……今遍满四方,转转改益,又不如旧,而歌唱愈谬,极厌观听,盖已略无音、律、腔、调。愚人蠢工徇意更变,妄名余姚腔、海盐腔、弋阳腔、昆山腔之类。变易喉舌,趁逐抑扬,杜撰百端,真胡说耳![①]

到了明代中期,杂剧本的编刻几乎都在江南,如长兴人臧懋循编刻的《元曲选》(亦名《元人百种》),龙峰徐氏编刻的《古名家杂剧》,常熟人赵琦美钞校并收藏的《脉望馆钞校本古今杂剧》,此外,还有海宁人陈与郊编刻的《古杂剧》,会稽人孟称舜编刻的《柳枝集》《酹江集》等。元代留下的一些有关北曲和北杂剧的著作,也都写于南方,甚至作者就是南方人。如松江华亭人夏庭芝撰《青楼集》,祖籍大梁,但自幼寓居杭州的钟嗣成撰《录鬼簿》等。此外还有一部在现今在语音学界和戏曲学界享有很高知名度的《中原音韵》。著者周德清,字挺斋,为江西高安人,约生于南宋末,元顺帝初年还在世。《中原音韵》成书于1324年,是为规范北曲,影响南曲语音的一部经典韵书。

据路应昆、海震在《长江戏曲》一书中的统计与介绍,明传奇直接脱胎于前代戏文,实际上是文人在创作过程中不断对旧的戏文形式进行'雅化'和规范化改造的结果。……传奇的主要创作力量是文人,而且传奇最盛行、成就最高的地区,仍是长江下游江浙一带。明中期以后,传奇大盛于剧坛,硕果累累,并成为文人戏曲的典型样式。他们认为,江南一带产生越来越多的优秀剧作家,其中就包括创作两千余首诗歌与五部长篇精彩戏曲剧作的汤显祖先生:

> 传奇此期内的最突出的题材,仍是才子佳人的婚恋,以致有"十部传奇九相思"之说。其中最著名的作品,是临川人汤显祖(1550—1616)的天才杰作《牡丹亭》,写杜丽娘与柳梦梅的离合故事。汤显祖共有四部传奇:《紫钗记》《牡丹亭》《南柯记》和《邯郸记》——前两部都属婚恋题材。这四部作品中都有梦境的描写,世称"临川四梦"或"玉茗堂四梦"。[②]

此时期代表性作家与作品很多,诸如有一批由元入明的北杂剧作家颇为活跃,包括王子一、刘兑、王文昌、谷子敬、蓝楚芳、陈克明、李寅宾、穆仲义、汤式、贾仲明、杨讷、苏复之、杨贲、杨文奎、夏均政、唐复等。他们多属宫廷御用文人,贾仲明、汤舜民、杨景贤等曾很得永乐帝朱棣的宠爱。其中以江浙人为多,如刘兑,字东生、绍兴人,有杂剧《金童玉女娇红记》等;谷子敬,金陵人,有杂剧《城南柳》等;李唐宾,广陵(今扬州)人,有杂剧《梧桐叶》等;汤式,字舜民,浙江象山(一作宁波)人,有杂剧《风月瑞仙亭》;等等。另外,杨讷原名暹,字景贤,蒙古族人,却家于钱塘,作杂剧是八种,今存传世之作《西游记》一种。

于明代中末期,在江南异军突起的是被部分文人嗤之以鼻的"俗腔俗戏",即"四大声腔"余姚腔、海盐腔、弋阳腔、昆山腔之类地方性民间戏曲。关于这些声腔的流行地域和借用昆山腔的一些艺术特点,在徐渭《南词叙录》(成书于嘉靖三十八年)中有所披露:"今唱家称'弋阳腔',则出于江西,两京、湖南、闽、

---

① 祝允明《猥谈·歌曲》,载《说郛续》卷四十六。
② 路应昆、海震《长江戏曲》,湖北教育出版社2005年版,第141页。

广用之;称'余姚腔'者,出于会稽,常(州)、润(州)、池(州)、太(平)、扬(州)、徐(州)用之;称'海盐腔'者,嘉(兴)、湖(州)、温(州)、台(州)用之。惟'昆山腔'止于吴中,流丽悠远,出于三腔之上,听之最足荡人,妓女尤妙此。……今昆山以笛、管、笙、琵按节而唱南曲者,字虽不应,颇相谐和,殊为可听。"

从中可知昆山腔明中叶前是仅流于吴中一带的民间俗唱(主要属于清曲小唱一类)。至嘉靖、隆庆间,有一位著名的清唱曲师魏良辅,创成一种名为"昆腔"(也有人继续称昆山腔)。这种"水磨"昆腔很快成为文人传奇的"正宗"唱法。

传奇在明后期进入了创作的鼎盛期,明沈宠绥《度曲须知》曰:"名人才子,踵《琵琶》《拜月》之武,竞以传奇鸣;曲海词山,于今为烈。"明传奇此时进入创作和演唱的最盛之地,在江浙赣一带,文人戏曲创作演出处于黄金时代,临川地区才华横溢的汤显祖先生身在其中。其声势规模正如当时吕天成所述:"博观传奇,近时为盛。大江左右,骚雅沸腾;吴浙之间,风流掩映。"①

三、江西临川宜黄班敷演的海盐腔

历史文献有载,当时在江西浙江一带流行的深受当地群众喜闻乐见的民间戏曲剧种,开始以昆山腔、弋阳腔为主,后来一度改换余姚腔与海盐腔。尤其是从外地入赣的"海盐腔"曾大展风采,为当地文人所折服。经一些学者考证,此种声腔因拥有北方胡曲之渊薮令人猎奇。令人大感兴趣的是,本来形同陌路的海盐腔,据汤显祖撰《宜黄县戏神清源师庙记》显示,不经意成为临川宜黄班敷演的主要曲种。

据《辞海》艺术分册"海盐腔"条目所云:此为"古代戏曲声腔、剧种。一般认为渊源于元代流行在海盐的'南北歌调',经杨梓仕士等加工后发展而成。此见元姚桐寿《乐郊私语》;另一说早在南宋末期即已形成,系寓居海盐之张镃所创始,可见李日华《紫桃轩杂缀》。明嘉靖年间曾在嘉兴、湖州、温州、台州等地流行。在发展过程中,曾对弋阳腔、昆山腔的演变起了一定影响。但明万历以后日趋衰落而绝迹。现海宁皮影戏所唱的'专腔',有人认为还保存了海盐腔的成分。"

另有一说,为据杨镰著《贯云石评传》考证,江南所盛行的"海盐腔原是贯云石创制,后由杨梓传入海盐"。其真实历史文化依据如下:

> 元人姚桐寿《乐郊私语》:(海盐)州少年,多善乐府,其传多出于澉川杨氏。当康惠公(即指杨梓,康惠是其谥号)存时,节侠风流,善音律,与武林(杭州)阿里海涯之子(当为之孙)云石交善。云石翩翩公子,无论所制乐府、散套,骏逸为当行之冠,即歌声高引,上彻云汉,而康惠独得其传。……长公国材,次公少中(指杨梓长子杨国材,次子杨少中)复于鲜于去矜交好。去矜亦擅场乐府。以故杨氏家僮千指,无有不善南北歌调者。由是,州人往往得其家法,以能歌有名于浙右云。

他为此断定:"后世的研究者即据此条记载,认为贯云石是海盐腔的首创人。文中'鲜于去矜'系鲜于枢的儿子鲜于必仁(字去矜,号苦斋),《全元散曲》录存其小令二十九支。"②

---

① 吕天成《曲品》。
② 杨镰《贯云石评传》,新疆人民出版社 1983 年版,第 199 页。

杨镰所考证的海盐腔的真正创始人贯云石,是元明时期著名的维吾尔族诗人,他的卓越贡献是为此剧种注入了强劲的北方胡人风韵。据陆容《菽园杂记》记载,海盐腔与余姚腔、弋阳腔、昆山腔并称为"明代南戏四大声腔"。成化年间,嘉兴府之海盐县已"有习为倡优者,名曰'戏文子弟'",海盐腔已在当地兴起。至嘉靖、隆庆年间,流布地区已扩展到嘉兴、湖州、温州、南京、台州、苏州、松江,远及江西临川、宜黄、北京等地。

清王士禛《香祖笔记·乐郊私语》亦云:"海盐少年多善歌,盖出于澉川杨氏,其先人康惠公梓与贯云石交善,得其乐府之传,今杂剧中《豫让吞炭》《霍光鬼谏》《敬德不服老》,皆康惠自制,家僮千指,皆善南北歌调,海盐遂以善歌名浙西。今世俗所谓海盐腔者,实发于贯酸斋(云石),源流远矣。"从而证实了海盐腔的真正创始者应是元代的贯云石,而杨梓父子属于协作者,亦在海盐腔的创作、传播过程中功劳卓著。

以上所述,"海盐腔"是一种古老胡汉合璧的区域唱腔,因其形成于浙江海盐而得名。它是元代海盐澉浦人杨梓受著名曲家贯云石创制启发,对当时流行的南北歌调加工而成的。时值元朝,海盐澉浦成了国际性港口城市。据《马可·波罗行记》记载,澉浦"其地有船舶甚众,运载种种商货往来印度、波斯及西方诸国,因是此城愈增价值"。在澉浦有一个著名的海运世家,即澉浦杨氏。杨氏家族中最著名的人物杨梓。他精通音律,长于写散曲。在好友、著名戏曲音乐家贯云石的指点下,杨梓发挥自己的才艺,对流行的南北歌调进行加工,逐渐形成以腔调清柔婉转为主要特色的新唱腔,并以之作为杨氏歌僮演唱的"家法"。由于这种新腔优美动听,有很强的艺术魅力,海盐州人纷纷学习,很快就在全州境内传播开来,号称"海盐腔"。

值得人们深思的是,抚州临川地区远离沿海之海盐,却在该地广昌县甘竹乡赤溪曾家、大路背刘家一直活跃着一支唱海盐腔的孟戏戏班。据《中国戏曲志·江西卷》载:"谭纶(1520—1577)明代戏剧活动家。以浙人归教其乡子弟,能为海盐声。"由此可知,海盐腔原来是明代宜黄人大司马谭纶带到江西来的。汤显祖在《宜黄县戏神清源师庙记》中已经说得很清楚:"此道有南北。能为海盐声。大司马死了二十余年矣,食其技者殆千余人。"

经史书古籍记载,宜黄人谭纶原本任台州知府,他酷爱戏曲,因是行伍出身,喜爱台州一带盛行的海盐腔,厌恶家乡的弋阳腔。他在军中设海盐腔戏班,并传授给当时唱弋阳腔宜黄艺人,由此海盐腔与当地土调乡音结合,形成地方特色在临川一带落户。后来二十多年,从事宜黄戏的艺人超过千人。

南戏如何流传到浙江海盐演变为海盐腔,海盐腔又怎样通过谭纶组织社班传入赣东南地区,临川地区所留存的海盐腔的剧目与艺术形式如何,且看流沙、钱贵成主编《论江西海盐腔音乐》一书之中的相关文章,以解析其奥秘。据此书收录流沙《海盐腔·永嘉昆曲和江西孟戏高腔》披露此剧种声腔落户赣地之过程:

> 在江西广昌甘竹镇大路背保留的刘家"孟戏",最早系宜黄上演的《长城记》,因其衍孟姜女送寒衣故事,俗名"孟戏"。明汤显祖《宜黄县戏神清源师庙记》说:"此道有南北。能为海盐声。"据此可以得知,在明嘉靖以前,江西宜黄班靠弋阳腔起家的。而《长城记》为弋阳腔的传奇之一。嘉靖以后就改为安徽的"徽青阳"。由于宜黄人谭纶的特殊关系,最后的宜黄班就传唱浙江军队带到宜黄的海盐腔。因此,随着宜黄地方戏曲的不断变化,这本《长城记》的音乐唱腔,囊括了许多声腔在内。

从现存《长城记》曲谱来看,有弋阳腔,也有"徽青阳",但其主体必然是海盐腔。因为广昌刘家孟戏的产生年代正是海盐腔在江西的鼎盛时期。①

肖洪、肖建瓯、聂蔚《广昌孟戏高腔与海盐腔》随之考证:"广昌孟戏高腔是流传在江西广昌旴河戏里的一种古老声腔,仅在广昌孟戏中演唱,其正式名称是旴河高腔。广昌孟戏高腔是旴河高腔的俗称。"②

据此文介绍:当年广昌孟戏仅流传在江西省广昌县的甘竹地区,只在每年的正月演出,搬演孟姜女的故事,用于本宗族的酬神祭祖活动。广昌孟戏是连台本的大戏,用高腔演唱。孟戏有两种,一种是由曾姓演出的"曾家孟戏",一种是由刘姓演出的"刘家孟戏"。"曾家孟戏"现存甘竹赤溪村,又称"赤溪曾家孟戏","刘家孟戏"现存甘竹镇大路北,又称"大路北刘家孟戏"。文中还详细记载了当年偶然发现的过程:

> 1980 年,广昌县采茶剧团演出了经过整理的两折"孟戏"——《孟女送衣》和《滴血认夫》。这两折戏都是独角戏。在《孟女送衣》演出时,观摩的专家们一听唱腔都愣住了,称赞这个声腔"雅"。有的专家甚至认为这是海盐腔。海盐腔是明代南戏四大声腔之一,已经被认为是绝响的古老声腔。能在"孟戏高腔"中发现海盐腔,震动了当时的剧坛。③

李忠诚《明代海盐遗音初探》则具体探索其音乐声腔传承情况:"相传明初就有广昌老南戏的舍上、赤溪曾家孟戏班,到明末万历间才有大路北刘家孟戏班。这两种孟戏班由族人管首专请戏曲师傅教演,捐派各户分担不同行当,趁每年农历过年农闲时演出《孟姜女》,三夜演完。四百余年来,年年以此演出敬神保平安。这种农民业余的刘家孟戏班,之所以说它是海盐腔戏班,根本原因在于族人所请的戏曲师傅正是海盐腔艺人宋子明所教演。因此,海盐腔艺人宋子明所教演的戏曲当是海盐腔无疑。肯定地说,江西发现的海盐腔正是我国明代海盐腔的遗音。"④

若追根溯源,须看明顾启元《客座赘语》言论:"弋阳则错用乡语,四方士客喜阅之;海盐多用官话,两京人用之。"据顾氏所述"海盐多用官话",这要从元周德清为北杂剧编著《中原音韵》说起。自元、明以来,中国社会推行官话就是以《中原音韵》为依据,主旨是以北京语音为标准音,平分阴阳,入派三声,形成官话阴、阳、上、去四声,与今推行的普通话同源,讲究唱词句尾归韵十九韵目,经众多剧种宽、窄韵的规范,又出现二十一韵、十七韵和十三辙。

海盐县编辑内刊《海盐腔研究》第 23 期中载有肖洪《海盐腔遗音尚存》,该文指出:"晚上演头夜孟戏,演出前先祝神,由扮演秦始皇的演员化好妆出来报台:一笔钱财一炷香,拜会秦朝会上三元将,三元将军出领钱财去,保佑合坊信士大吉昌。"另说:"特别值得注意的是出师菩萨的排列,竟将他们信奉的戏神——清源祖师排在三元将军神的前面",表明他们所唱海盐腔戏曲是至高无上,很有地位的。

著名戏曲专家流沙《明代南戏声腔源流考辨》说:"甘竹乡的耆老相传,当年大路北人刘金铎为演孟

---

① 流沙《海盐腔·永嘉昆曲和江西孟戏高腔》,中国戏剧出版社 2006 年版,《海盐腔·永嘉昆曲和江西孟戏高腔》,第 173 页。
② 肖洪、肖建瓯、聂蔚《广昌孟戏高腔与海盐腔》,中国戏剧出版社 2006 年版,《海盐腔·永嘉昆曲和江西孟戏高腔》,第 1 页。
③ 肖洪、肖建瓯、聂蔚《广昌孟戏高腔与海盐腔》,中国戏剧出版社 2006 年版,《海盐腔·永嘉昆曲和江西孟戏高腔》,第 5 页。
④ 李忠诚《明代海盐遗音初探》,中国戏剧出版社 2006 年版,《海盐腔·永嘉昆曲和江西孟戏高腔》,第 129 页。

戏,特请一位名叫宋子明的师傅教戏,待之甚谨。宋师傅死后,刘家替他修了墓,在墓侧还修一座清源祖师墓,以供族人吊唁。"①

汤显祖撰写的《宜黄县戏神清源师庙记》碑文实为赣南地方戏曲专论,此作了全方位的观照评析。并简明、扼要且精辟地阐述了中国戏曲诸多重要理论问题:一论戏神的社会地位;二论戏曲的发生与发展;三论戏曲的艺术特征;四论戏曲的社会功能;五论南戏声腔的流变;六论演员的艺术修养。《宜黄县戏神清源师庙记》详细记载的海盐腔西行流变的宝贵资料,可谓中国戏曲声腔与戏论史上弥足珍贵的重要理论文献。

四、汤显祖发配边地与诗文中的民族文化

身为江南客家籍著名诗人、剧作家的汤显祖为何钟情汉唐胡文化,如何在诗文与戏曲剧作中大量采撷北方民族历史事件、传说故事、人名称谓,并有机化入其曲牌、歌辞、唱腔、宾白等。这需要从他的传奇身世、理论修养、创作实践等方面来证实。

据龚重谟著《汤显祖大传》记载,"自朱元璋在元末群雄逐鹿中夺取政权,建立了朱明王朝,到宣宗当朝已六十多年时间。自宣宗死后,九岁的英宗哪能处理国家大事。这时,北部蒙古部落壮大起来了,常以军事来扰乱边境安全,宦官王振却不予重视。正统十四年(1449),英宗不听于谦等人的竭力劝阻,在王振的鼓动下,草率带兵亲征,不仅未能挫敌,自己还成了蒙古人的俘虏。就是历史上所谓的'土木堡之变'"。② 可见明朝建立后的国内外局势一直不甚稳定。

汤显祖十二岁时所写的一首诗《乱后》,即记载着他的高度关注与深深忧虑:

> 地雁与天狗,今年岁辛酉。
>
> 大火蚩尤旗,往往南天有。
>
> 海曲自关阻,越骆生戎首。
>
> 下邑无城郭,掩至安从守?
>
> 转略数千里,一朝万余口。
>
> 太守塞空城,城中人出走。③

万历十九年(1591)五月十六日,当万历皇帝"以南都为散居,不遂己志,敢假借国事攻击元辅"的罪名,将汤显祖贬为徐闻典史,他给乡党帅机的信中暗示:"去岭海,如在金陵,清虚可以杀人,瘴疠可以活人,此种杀活之机,与界局何与耶!"(《寄帅惟审膳部》)故当朋友们替他的处境而担心时,他却"夷然不屑",因为楚南浮丘、岭南罗浮、雷州擎雷、慈溪大篷等名山,罗葛洪炼丹井、马伏波铜柱等胜迹都是他生平做梦都想游历的地方,现借此机会,正好了却多年夙愿。"塞翁失马焉知非福"。他把贬谪徐闻边地,看作是陆贾为汉高祖安定天下出使南越。

① 流沙《明代南戏声腔源流考辨》,中国戏剧出版社2006年版,《海盐腔·永嘉昆曲和江西孟戏高腔》,第140页。
② 龚重谟《汤显祖大传》,上海人民出版社2015年版,第20页。
③ 《汤显祖全集》卷一。

雷州半岛曾是南越之地,高帝十一年(前196),陆贾受高祖刘邦派遣出使南越,劝服赵陀归汉,为结束岭南地区的分裂状态,统一全国作出了贡献。

汤显祖在发配路上撰写了《海上杂咏二十首》,所咏皆海南少数民族风物所在,如"五色确"、"了哥"、"益智子"、"槟榔"、"花梨木"等都是海南特产。汤显祖琼州之行,饶有情趣地考察风土人情,对海岛的自然与人文景观留下深刻的印象,为其戏曲创作积累了丰富素材。

尤其汤显祖写作的《黎女歌》,忠实地记载了他对边疆少数民族文化的热爱:

> "黎女豪家笄有岁,如期置酒属亲至。自持针笔向肌理,刺涅分明极微细。点侧虫蛾摺花卉,淡粟青纹绕余地。便坐纺织黎锦单,拆杂吴人彩丝致。珠崖嫁娶须八月,黎人春作踏歌戏。女儿竞戴小花笠,簪两银箆加雉翠。半锦短衫花襅裙,白足女奴绛包髻。少年男子竹弓弦,花幔缠头束腰际。藤帽斜珠双耳环,缬锦垂裙赤文臂。文臂郎君绣面女,并上秋千两摇曳。分头携手簇遨游,殷山沓地蛮声气。歌中答意自心知,但许昏家箭为誓。椎牛击鼓会金钗,为欢那复知年岁。"他的"临川四梦",尤其是《邯郸记》一剧,从第二十出《死窜》到第二十五出《召还》的故事发生地点已移到海南。①

有学者钩沉往事。四百多年前,汤显祖从家乡临川来到荒蛮的雷州半岛上任典史。冬天,他乘木筏登上琼州大地,并且沿海南岛西线一路前行,沿途了解到了黎族人还藏着唐代遭贬贤相李德裕的画像,见识到了黎族女性文身的风俗,品尝了海南特产槟榔,听说了临高有个"买愁村"(今美巢村),并且亲耳听到了本来"冬无冻寒"的海南,竟然在正德元年(1506)时在万宁出现过雪景的奇观。

汤显祖驻足天涯海角那个昔日的"临川"时,如今已经改称"珠崖"了,但当时三亚那座著名的渔港还叫"临川港",汤显祖立刻将这个临川与家乡的临川联系起来,说这里的"江珧"(制干贝的蚌)是故乡临川没有的特产,于是他写了一首诗《海上杂咏》记载此事:"见说临川港,江珧海月佳。故乡无此物,名县古珠崖。"汤显祖游历海南以后,对他的戏剧创作产生了很大的影响。他在海南见闻的人文历史和地理风貌,都成了他的创作素材,写进了他的戏曲作品中。

另据他的游历诗《腊忆王道服南海》云:"露冕曾当日观峰,绣衣风色起吴松。江边折柳春难寄,陇上题梅使不逢。正朔临台青鬓远,长年泛海道心浓。祠官大有清斋日,为报钟陵紫气重。"

《岭南踏踏词》云:"女郎祠下踏歌时,女伴晨妆教莫迟。鹤子草粘为面靥。石榴花揉作胭脂。笑情梳妆阿姊家,暮云笼月海生霞。珠钗正押相思子,匣粉裁粘指甲花。"都形象、生动地记载了汤显祖对边疆风土人情的留恋。

我们在拜读汤显祖的《紫箫记》与"临川四梦"中发现其中有大量书写北方边塞的历史故事,以及丰富多样的民族文化的关目、唱腔、宾白、科介。笔者摘录赏读后,越发感知这位戏曲大家对中国少数民族文学艺术的深厚情感;如以唐人传奇《霍小玉传》为依据改编的《紫箫记》中。第二十六出《抵塞》中的《前腔》:"动金麾都护临边,哨烧羌猎左贤。黄云气色,紫电风烟。把庐能径断,白狼歌献"。第二十八出《夷江》中标示的吐蕃、龟兹、疏勒、婆罗、突厥、回鹘等。第三十出《留镇》中的《回朝欢》:"疏勒歌残、铜鞮舞罢、羌浑脱帽休悲咤。""归来后,和番出塞,战苦天骄。"

---

① 龚重谟《汤显祖大传》,上海人民出版社2015年版,第160页。

《紫钗记》中，第二十五出《折柳阳关》中《寄生草》有"怕奏阳关曲，生寒渭水都"，以及出现灞陵桥、阳关路、酒湿胡沙泪、塞上风沙、笳鼓喧鸣、昆仑岭、西国葡萄酒等词组。第二十八出《雄番窃霸》："净吐蕃将：咱家吐蕃大将也。吐蕃熟路，穿心七千余里。生羌杀手二十万人，横行昆仑岭西，片片雪花吹铁甲。直透赤滨河北，雄雄星宿立镔刀。休在话下。所有小河西、大河西二国，原属咱吐蕃部下。"《水底鱼》："白雁黄花，尘飞黑海涯。番家儿十岁，能骑马鸣笳。皮帽儿伙着，黑神鸦风声大。撞的个行家，铁里温都答喇。""马正肥，射飞清海上。传箭玉门关。"第三十出《河西款檄》中《粉蝶儿》："大河回回粉面大鼻胡须：撒采天西，泥八喇相连葛刺，咱占定失蛮田地。马辣酥拌饮食，人儿肥美。花蕊布缠匝胸脐，骨碌碌眼凹儿滴不出胡桐半泪。"《新水令》："火州西撒马儿田地大夋猊，降伏了覆着毡旃儿做坐席。恰咬了些达郎古宾蜜。澡了些火敦脑儿水。镔铁刀活伶俐，烧下些大尾子羊好不擅人的鼻。"另有："天西靠着闷摩黎，回鹘龟兹拜舞齐，只是河西双鹨子，西风吹去向南飞。"第三十四出《边愁写意》："众边将：边霜昨夜坠关榆，吹角当城片月孤。无限塞鸿飞不度，秋风吹入小单于。"《前腔》："据胡床，沙月浮清况，猛听的音嘹亮。被关山横笛惊吹，一夜征人望。家山在那方？离情到此伤，望肠声泪谱在罗衫上。"另外还出现瑶池、瀚海、胡天恁遥等边地场景。

《牡丹亭》或《还魂记》中，第六出《怅眺》："越王歌舞今何在？时有鹧鸪飞去来。"第八出《劝农》："牧童：春鞭打，笛儿吵，倒牛背，斜阳闲暮鸦。俺罗敷自成家，便秋胡怎认他？"第十三出《诀谒》："俺驼风味。"第十九出《牡贼》："汉儿学得胡儿语，又替胡儿骂汉人。"第二十一出《谒遇》："广州府香山（山奥）多宝寺，番鬼、越人、玉门、靺鞨、波斯赏鉴。"第三十八出《淮警》："忠心赤胆向胡天。"

第四十五出《寇间》："走胡旋。"第五十五出《圆驾》："出队子，羯鼓声高众乐停。"

改编自唐人李公佐小说《南柯太守传》，及《太平广记》之《淳于芬》的传奇《南柯记》，第四出《禅请》："达摩老师父，盂兰盆，金莲、三天竺。"第十四出《伏戎》："檀萝王赤脸、地接罗施鬼。"第二十六出《启寇》："小番儿，昭君出塞、观音菩萨。"第三十四出《卧辙》："大和佛、舞霓裳、骏雕鞍。"第四十三出《转情》："僧持幡、击鼓吹螺天、歌梵紧那罗。"

改编自唐人沈既济小说《枕中记》传奇《邯郸记》，第九出《虏动》："番将相、沙塞茫茫、天山直上、吐蕃丞相悉那逻、热龙莽、青海湾西驾骆驼、白兰山外风雪多、先以凉州作战场。"第十二出《边急》："凉州都督、瓜州、马喷秋如云飞战场、定西番、抢进玉门关。"第十四出《东巡》中《滴滴金》："看几千艘排列的无喧闹，一队队军民齐跪着，顶香炉店着细乐。各路的货郎儿分旗号，白粮船到了。有那番舶上回回跳。江汉来朝，都到这河宗献宝。边关上，番军来炒，河西陇右四道。"第十五出《西谍》："河陇东逼西番，撞破了玉门关，长剑倚天山，直斩楼兰，俺打番儿汉，木叶河湾。"第十六出《大捷》，《一支花》："净扮龙莽上：杀过贺兰山，血染燕支塞。展开番王界，踏破汉儿碑。嶒崚登台，绣帽狮蛮带，与中华斗将材。"第十七出《勒功》"秦关汉塞，万古在天山，阳关道、霍瓢姚、汉班超、出塞将军"等。第十九出《飞语》"敢今番可图、西番征战、定西侯、天山看帛书、勾结外国"等。第二十四出《功白》"天可汗、尽华夷、回回舞、婆罗旋"等。另如还出现"天山汉摩崖，吉力煞麻尼，撒里哈麻赤，吐鲁番，书胡雁"等字眼。从此可见，没有深厚的地理历史、民族文化与古典文学艺术修养，是断然撰写不出如此灿烂绚丽、奇绝诡秘的戏文诗句的！

五、汤显祖诗文中反映的中华大民族理念

中华民族是一个多民族的国家，在长江流域与江南地区自古迄今都生存着大量少数民族。虽然随着历

史文化的变迁,大多少数民族已经改族换姓,但是他们并没有数典忘祖,而是通过富有特色的诗文戏曲艺术坚守着自己民族的文化传统。当地的汉族文人也从中不断汲取丰富多彩、绚丽多姿的文学艺术营养。

在明代的版图上,虽然许多少数民族散落在周边国家与地区,但是仍然与中原政府保持着正常的经济文化来往。何况在唐、元时代广大地理文化区域中,所遗留下来的无数民族历史故事传奇,不断地激荡与充实着诸如汤显祖、李贽、海瑞等文化大师的心胸。在他们的文艺理论与创作实践之中,始终贯穿着中华多民族优秀文化情结。

汤显祖一生创作诗文甚多,尤其是诗词作品多达两千二百多首,其中不乏关于描写国家统一、民族团结、人民安康的名诗佳作。

诸如:《长安道》:"侠窟长安道,旗亭当市楼。分曹来跳剑,挟妓与藏钩。翠眊连钱马,香车玳瑁牛。时来开细柳,那直斗长楸。"

《长安酒楼同梅克生夜过刘思云宅》:"炙肉行觞深夜留,锦衣重覆敝貂裘。新丰满巾无人识,欲傍常何问马周。"

明万历十七年(1589),汤显祖与来自琼州(今海南岛)的礼部尚书王弘诲相逢,曾作《安定五胜诗》组诗,其中包括五指山、彩笔峰、金鸡岫、马鞍岘、青桥水。其序云:"敬睹缥录大宗伯王公仙居琼海安定山水,奥丽鸿清,条为五胜,颇存咏思。某虽性晦天海,神悬仁智,至如幽探宓采,常为欣言。不觉忘其滓怀,永彼高蹋云尔。"

《五指山》云:"遥遥五指山,崭绝朱崖右。飞竿明光轮,嵌空巨灵手。""一峰时出云,四州纷矫首。……方从吴会间,离离满星斗。"

另如《傅参戎朝鲜过家有作》云:"提戈万里到林胡,袍血初干写战图。雪意满空貂拂座,秋风入塞雁衔芦。扁舟小队趋怀玉,杯酒高台傍郁孤。忽忆书生旧投笔,与君搥碎碧珊瑚。"

《胡姬抄骑过通渭》云:"渭南兵火照城山,十八盘西探马还。似倚燕支好颜色,秋风欲向妙娥关。"

《夏州乱》云:"夏州判军如五堡,迫挟藩王磔开封。贺兰山前高射天,花马池南暗穿虏。前年通渭血成壕,天上太白愁烽高。不信秦人阮翁仲,铸金终得镇临洮。"

《朔塞歌二首》云:"白道徐流过五重,青春绣甲隐蒙茸。归骢莫缓游乡口,噪鹊长看小喜峰。独上偏头笑一回,娘娘滩上绣旗开。金杯不施从军妇,顺义夫人眼里来。"

《送黄观察云南》云:"北门都水岁清寒,万里南云映法冠。乍许乡间来问俗,独怜妻子不之官。秋山月落云旗出,绝缴花当露冕看。见说南中稀酒米,数杯行色为君宽。"

《徐闻泛海归百尺楼示张明威》云:"沓磊风烟腊月秋,参天五指见琼州。旌旗直下波千顷,海气能高百尺楼。"

再有在汤显祖的"临川四梦"剧作中亦大量出现有关民族文化的诗文辞令。如《紫箫记》第三十二出《边思》《六幺令》:"边关宁静,边关宁静,鲁酒千钟醉老兵。荣归相国度长城,还教接取参军,明驰晓夜趣朝令。"并出现"魂迷金缕帐"、"望断玉门关"、"月度边庭"、"古轮台"、"横笛"、"笳鼓"等意象文辞。

《紫钗记》第二十六出《陇上题诗》中《前腔》:"雪岭燕支,阳台翠粉,去住此情难问。短剑防身,胡沙凋颜吹旅鬓。"并口占一首:"绿杨着水草如烟,旧是胡儿饮马泉。几处吹笳明月夜,何人倚剑白云天。"

《邯郸记》第二十五出《召还》:"崖州司户琼、崖、万、儋、游海南"等。《会河阳》:"地折底走过,琼、崖、万、儋。谢你鬼门关口来相探。生受,他留我住站。我魂梦游海南,把名字他碉房嵌。要他黑爷儿,稳着那樵歌担。蛋夫妻,稳着那鱼船揽。"

《紫箫记》中描写"吐蕃尚子毗",在唐宪宗时来唐游太学,曾与李益、石雄、花卿"才交一臂,便结同心";回吐蕃后仍时念唐朝友人,口称"俺虽胡人,心驰汉道",并规劝吐蕃赞普与唐和亲,可谓古代民族团结的典范。

此种"心驰汉道""北斗向中华"的民族大家庭思想理念,在"四梦"诗文中处处得到体现。汤显祖万历十一年(1583)作的时文《天下之政出于一》中,得到进一步发挥,他提出国家要安定,应以汉民族与中央政权为中心,不能政出多门,但要给以边疆各民族经济、文化发展的空间。其基调和特色可从"临川四梦"《紫箫记》中看到雏形,在《邯郸记》中得以发展。

汤显祖所涉猎的汉族与少数民族的诗文戏曲形式与内容,是与他的正统大中华文化观念紧密相关的,此种理念的确立与他密切接触的罗汝芳、达观、直接交往的利玛窦,间接接触的海瑞、李贽等都有关联。

明朝著名回族清官海瑞(1514—1587),字汝贤,号刚峰,广东琼山(今属海南)人。《明史》中说海瑞是琼山人。1957年上海人民出版社出版《海瑞》一书中考证说:"海姓在中国古代汉族中极为罕见,仅唐代有一海鹏,而根据海答儿这个姓名,属回族的可能性很大,波斯十四世纪有一地区长官,即名海答儿,元代也有好几个海答儿,都是回族。因此,一般认为海瑞是回族人。"

海瑞一生,经历了正德、嘉靖、隆庆、万历四朝。嘉靖二十八年(1549)海瑞参加乡试中举,初任福建南平教谕,后升浙江淳安和江西兴国知县,推行清丈、平赋税,屡平冤假错案,打击贪官污吏,深得民心。得到提升,历任州判官、户部主事、兵部主事、尚宝丞、两京左右通政、右佥都御史等职。他打击豪强,疏浚河道,修筑水利工程,力主严惩贪官污吏,禁止徇私受贿,并推行一条鞭法,强令贪官污吏退田还民,遂有"海青天"之誉。万历十五年(1587),海瑞病死于南京官邸。赠太子太保,谥忠介。

《粤东正气海瑞》一书记载:如果说海瑞的祖先海答儿为回族人,海瑞本人则是回汉血统通婚的后裔。调到户部任云南司主事的海瑞,出于对国家社稷担心,冒着"触忤当死"的危险,向昏聩的嘉靖皇帝上了一道震动朝野的《治安疏》。疏中竟称"天下早就认为陛下做皇帝不称职"。还引用民谣说:"嘉靖者,言家家皆净而无财用也。"为了维护皇权尊严,嘉靖皇帝将海瑞逮捕下狱。

作为后生官宦的汤显祖在位上,与明代奸相张居正接触与博弈过程中,发现宫廷中诸多藏污纳垢之丑事,出于对当朝政事的不满,亦仿效刚正不阿的海瑞抗拒行为,撰写了不顾个人安危与前途的《论辅臣科臣疏》。对此,据张庚、郭汉城主编的《中国戏剧通史》如此评述:

> 历史上有名的《论辅臣科臣疏》这道本章,既弹劾了申时行及其爪牙杨文举、胡汝宁等人,同时对皇帝的昏愦也以惋惜的方式做了大胆的非议。为此,汤显祖被贬为徐闻县典史。徐闻在广东的雷州半岛,靠近琼州海峡,遥对海南岛。这次被贬,却意外地使汤显祖漫游了很多地方,开拓了诗人的胸襟,也使他较广泛地接触了一些民间生活。①

明代杰出的回族思想家和文学家李贽(1527—1602)的思想观念,对汤显祖的做官为民,作文为国的

---

① 张庚、郭汉城主编《中国戏曲通史》(中),中国戏剧出版社1981年版,第91页。

理念发生更大的影响。李贽为中古自由学派鼻祖,泰州学派的一代宗师。初姓林,名载贽,后改姓李,名贽,字宏甫,号卓吾,别号温陵居士、百泉居士等。嘉靖三十一年举人,不应会试。历共城知县、国子监博士,万历中为姚安知府。旋弃官,寄寓黄安、麻城。在文学创作方面,李贽反对复古摹拟,主张创作必须抒发己见,对封建的传统思想有所突破。他非常重视小说、戏曲在文学史上的地位。他的主要著作有《焚书》《续焚书》《藏书》《续藏书》《李氏文集》等。

李贽在社会文化价值导向方面,批判重农抑商,而扬商贾功绩,倡导其功利价值,符合明中后期资本主义萌芽的发展要求。他的思想主张:第一,提出"穿衣吃饭,即是人伦物理"的主张,挑战"天理"学说。第二,反对以孔孟学说为权威和教条,挑战孔子及其儒家思想的正统地位,强调人的个性。第三,提出"绝假纯真"的"童心说",反对礼教的虚伪与官场的欺诈。第四,在诗文写作的风格方面,主张"真心",反对当时盛行的摹古文风。

李贽所写《焚书》《杂说》,通过对《拜月亭》《西厢记》和《琵琶记》的评论,表达了对文学创作的见解。他极力赞扬《拜月亭》《西厢记》有"化工"之妙,认为《琵琶记》只不过是"已落二义"的"画工"之笔。这是因为《拜月亭》《西厢记》是真实的,是"宇宙之内,本自有如此可喜之人"。而《琵琶记》则"似真非真","入心者不深"。李贽《焚书》诵曰:

《拜月》《西厢》,化工也;《琵琶》,画工也。夫所谓画工者,以其能夺天地之化工,而其孰知天地之无工乎?今夫天之所生,百卉具在,人见而爱之矣,至觅其工,了不可得,岂其智固不能得之欤!要知造化无工,已落二义矣。文章之事,寸心千古,可悲也夫!杂剧院本,游戏之上乘也,《西厢》《拜月》,何工之有!盖工莫工于《琵琶》矣。彼高生者,固已殚其力之所能工,而极吾才干于既竭。惟作者穷巧极工,不遗余力,是故语尽而意亦尽,词竭而味索然亦随之竭。吾尝揽《琵琶》而弹之矣:一弹而叹,再弹而怨,三弹而向之怨叹无复存者。此其故何耶?岂其似真非真,所以入人心者不深耶!盖虽工巧之极,其气力限量只可达于皮肤骨肉之间,则其感人仅仅如是,何足怪哉!《西厢》《拜月》,乃不如是。意者宇宙之内,本自有如此可喜之人,如化工之于物,其工巧自不可思议尔。①

汤显祖对李贽《焚书》中所倡导的宇宙之内"天地之化工""语尽而意亦尽"之主张甚为赞赏,并坚持诗文创作要倡导正确的"民族观",并用于自己的"临川四梦"创作实践中。他曾以李贽为自己的精神导师,读到他的"情至说""童心说",感到如同"寻其吐属,如获美剑"。

据陈育宁著《民族史学概论》谈到中国古代统治者对民族政策与民族观的认识时指出:"历史上的民族政策,就是指统治民族为维护其统治和本民族的利益而处理民族矛盾、实行民族统治、调整民族关系的措施和方法。它是统治阶级利益和意志的体现。在一定程度上也是整个统治民族利益的体现。它通过国家政权或皇帝颁布的法律、命令、条例、诏书等形式确定下来,依据不同需要实施,包括羁縻、招抚、镇压、武力征服、和亲、屯垦、会盟、互市等多种形式,涉及政治、经济、文化、宗教等各个方面。"在此文中他还写道:

① 《焚书》卷三,中华书局 1975 年版。

历代王朝所制定和实行的"以夷治夷","以其故俗治",藩邦、属国、羁縻府、州制、土司制等一脉相承、不断完善、不断发展的管理少数民族区域的制度和政策,无论主观意图和动机如何,在客观上则表现为对民族地区的风俗习惯和民族领袖的尊重,从而增强了少数民族对中央政府的信任,增强了他们的内聚力。……历代中央王朝对其册封下的民族自治政权,所采用的经济上施惠的怀柔政策也有利于中华民族凝聚力的形成。①

汤显祖作为来自北方客家民族的后裔,以及缅怀汉唐中央政府对周边民族采用信任、联合、施惠政策的正直文人。他站在加强"中华民族凝聚力的形成"与"施惠的怀柔政策"的立场上,对少数民族的传统文化与风俗民情是采取欣赏的态度,对边疆社会的安定、各民族之间的尊重与友好政治、经济、文化来往是报以支持与扶持的心理状态。故此,汤显祖在诗文戏曲中出现大量反映西北、西南与东南少数民族地区的风土人情、历史故事、方言土语等,就是他的"中国大民族观"的生动体现。

张炯、邓绍基、樊骏主编《中华文学通史》在《明代文学·汤显祖与"四梦"》一章中写道,汤显祖积极倡导的"政治主张、进步思想和文学主张",还认为:

汤显祖"四梦"问世以后,影响很大,到明末便出现了孟称舜、吴炳、阮大铖等被后人称为"玉茗堂派"的作家。汤显祖除了著名的"四梦"传奇以外,还写了不少诗文。他早年受六朝绮丽诗风的影响,后来为了对抗"七子"的"诗必盛唐"主张,又曾追求宋诗的艰涩之风。他的诗文就不如戏剧,因为诗名为曲名所累……在戏曲创作理论上,他极力反对沈璟的格律中心主张。他强调戏曲要以内容为主,不能拘泥于格律音韵。所以,他很重视戏剧的思想教育作用。汤显祖的进步的文学主张根源于他的进步思想和政治立场。他的戏剧创作所以取得杰出成就,他自己所以能成为中国文学史上杰出的戏剧家,同自己的政治主张、进步思想和文学主张是密不可分的。②

汤显祖在家乡江西抚州临川撰写的千言碑文《宜黄县戏神清源师庙记》亦遵循此国家进步、民族安康的理念:"人生而有情。思欢怒愁,感于幽微,流乎啸歌,形诸动摇。或一往而尽,或积日而不能自休。盖自凤凰鸟兽,以至巴渝夷鬼,无不能舞能歌,以灵机自相转活,而况吾人。奇哉清源师,演古先神圣八能千唱之节,而为此道。"

陈多、叶长海先生在《中国历代剧论选注》为此出注,指出戏曲乐舞均与中华先民传统文化有关联:"凤凰鸟兽",当指原始歌舞,系属图腾崇拜式的表演,如《尚书·尧典》所载:"击石拊石,百兽率舞。"另《吕氏春秋》云:"伶伦取竹制十二筒。""听凤凰之鸣,以别十二律。"可备一说。"巴渝夷鬼",泛指善歌舞的少数民族。汉代西南少数民族賨人性劲勇,善歌舞,因賨人居住巴郡渝水边(今四川境内),故称其舞为《巴渝舞》。"爨弄",亦称五花爨弄,西南少数民族戏曲歌舞称爨。西北古代百戏歌舞称弄。文中末泥、参鹘、色目等与西域乐舞有关。③

《宜黄县戏神清源师庙记》亦载:"然则斯道也,孝子以事其亲,敬长而娱死,仁人以此奉 其尊,享帝而

---

① 陈育宁《民族史学概论》,宁夏人民出版社2006年版,第78页、89页。
② 张炯、邓绍基、樊骏主编《中华文学通史》(第三卷),华艺出版社1997年版,第662页。
③ 陈多、叶长海选注《中国历代剧论选注》,上海古籍出版社2010年版,第161页。

事鬼。老者以此终,少者以此长。外户可以不闭,嗜欲可以少营。人有此声,家有此道,疫疠不作,天下和平。岂非以人情之大窦,为名教之至乐也哉。予闻清源,西川灌口神也。为人美好,以游戏而得道,流此教于人间。讫无祠者。子弟开呵时一醪之,唱罗哩连而已。予每为恨。诸生诵法孔子,所在有祠;佛老氏弟子,各有其祠。清源师号为得道,弟子盈天下,不减二氏,而无祠者,岂 非非乐之徒,以其道为戏相诟病耶。"则认为民族戏曲乐舞艺术必须"重视戏剧的思想教育作用",必须强调中华民族优秀宗教与民俗文化的继承。

张大新著《中国戏剧演进史》专设"汤显祖的影响"一章中对其人其作高度评价:"汤显祖以他的天才,受到了各方面的关注与重视,他的影响立刻便扩大起来,虽无意领导别人,后来的作家且都跟随在他的后面。他的影响,不仅笼罩了黄金时代的后半期,且也弥漫在后来的诸大作家。……汤显祖高扬人文主义的大旗,主张个性解放、人性至上、以情驳理,成为程朱理学大胆的叛逆者。"①

据郑振铎著《插图本中国文学史》论述,认为汤显祖对后世的影响,具体体现在以下五个各方面:

1. 直接影响了一批剧作家,他们戏曲主张和汤显祖相同,创作风格也类似,戏曲史上把他们称为"临川派"或"玉茗派"。

2.《临川四梦》的改编和续作。汤显祖同时代的剧作家和后代剧人,都不同程度上从不同方面受到其深刻启迪。

3. 对接受者的影响。《牡丹亭》问世之后,在当时青年人中激起巨大的波澜,这在中国戏剧史上是极为罕见的文化现象。

4. 卫道者的攻击。慑于汤剧的深广影响,许多封建卫道士对剧作家进行了人身攻击和恣意谩骂。这正好从反面表明了汤剧对"正统"社会强烈的震撼。

5. 对后世戏曲小说的影响。"临川四梦"都是案头场上两擅其美的佳作。在广大的读者之外,还有极为众多的演员和观众在演出现场亲身感受汤剧的魅力。众多小说戏曲还将汤剧演出采撷到情节发展之中。

叶长海著《汤学刍议》大力倡导国内外应该积极推进"汤学"的创立,并综合评价高度赞扬:"汤显祖的成就是多方面的。他不仅有'四梦'这样的戏曲名著,这使他成为中国戏曲史上的伟人;而且,在他的诗文全集中,我们还可以读到他的许多理论批评著作,其中有关哲学的、宗教的、教育的、文学艺术的等多方面,几乎遍及哲学社会科学的各个领域。从他的著作中可以看出,他不仅是天才的戏剧家、诗人,而且是杰出的思想家、批评家。因而,对汤显祖的研究,也必然要求进行多学科的开拓。"②

我们在以前的学术研究中,多从文学、戏曲角度发掘研究,如今亦对汤显祖这位"杰出的思想家、批评家",从中华大民族观与中国多民族戏剧文化角度"进行多学科的开拓"。

① 张大新《中国戏剧演进史》,中华书局 2015 年版,第 566 页。
② 叶长海《汤学刍议》,上海人民出版社 2015 年版,第 246 页。

"临川四梦"说的来由与《牡丹亭》的深层意蕴

康保成　陈燕芳

一

所谓"临川四梦"或"玉茗堂四梦",指的是汤显祖的四部传奇作品:《紫钗记》《牡丹亭》《南柯记》《邯郸记》的合称。这早已成为常识。想要颠覆常识十分困难,也十分危险。所以,当我们看到并非"临川四梦"而是"三梦"、"二梦"的说法时,就不能不怀疑自己的眼睛是不是看错了。

第一个提出"三梦"说的,是明末清初的熊文举,他的《夜泊文昌桥再怀义仍先生暨公子季云》诗云:

隆万氤氲士气醇,香风千载忆斯人。金枙韵远留三梦,玉茗堂前垌万春。祠部抗章嗔故相,平昌存画泣遗民。盈盈一水怀公子,欲采芳兰藉藻蘋。①

熊文举(1595—1669),字公远,号雪堂,江西省南昌府新建县人。明崇祯四年(1631)进士,授合肥县令。在任时好士爱民,以廉洁著称。农民军三次攻打合肥,他亲率军民守城,叙功擢吏部主事,后迁稽勋司郎中。明季降附李自成,顺治元年降清,二年迁吏部右侍郎。康熙二年以病告归,八年卒。《清史列传》入"贰臣传"。② 一生勤于学,尤耽著述,工诗、文、词,有《雪堂先生文集》二十八卷及《雪堂先生诗选》、《耻庐近集》等著作传世。

熊文举曾有《过临川追怀汤义仍先生》诗,故此诗题有"再怀"云。诗题中的"公子季云",即汤翁幼子汤开先(字季云)。从年龄看,熊文举是汤显祖的后辈,约与开先同时。开先生年不详。汤翁万历二十九年(1601)有《辛丑五日又病,听稚儿念书》诗,徐朔方《汤显祖年谱》谓:"此儿当即开先。如是年七岁,则天启辛酉(1621)中举时21岁。"③据此,汤开先应生于万历二十三年(1595),恰与熊文举同年生。④ 诗中所说的"金枙",指金枙阁,是汤显祖居所玉茗堂内的一处楼阁。⑤

清末民初,何海鸣(1884—1944)第二次提出"三梦"说:

临川汤显祖以作《牡丹亭》传奇称于世,所谓词人者是也。虽然,以词人目临川乃大冤特冤,兹

---

① 熊文举《雪堂先生文集》卷二十七,《北京图书馆古籍珍本丛刊》第112册,第60页,书目文献出版社影印清刻本1988年版。
② 参《清史列传》第七十九卷,中华书局校点本,第6598—6599页。
③ 徐朔方《汤显祖年谱》,上海古籍出版社1980年版,第154页。
④ 龚重谟《汤显祖年谱新编》称汤开先生于万历二十二年(1594),见龚重谟《汤显祖大传》,上海人民出版社2015年版,第363页。
⑤ 童范俨修、陈庆龄纂同治《临川县志》卷十:"玉茗堂,汤若士故居,在县学后。中有揽秀楼、毓霭池、金枙阁诸景。"

得其所著《玉茗堂尺牍》读之, <u>觉此老"三梦"之作不过一时游戏,不足以窥见其文章经济之堂奥也。</u>①

何海鸣,湖南衡阳人。在"两湖书院"读书时与黄兴同学,曾起兵讨伐袁世凯,与孙中山等交好。后弃武从文,成为"鸳鸯蝴蝶派"重要作家。还曾在汉口创办《大江报》,成为当时名记。何海鸣文武兼备,饱读各类书籍。尤其是作为一个文学家,他不可能不知道"临川四梦"的说法,但他也明确提出了"三梦"说。

在当代,山东学者王晓家《"文艺精品"之我见》一文首提"临川三梦"说:

> 在中国戏剧史上,明代中叶的"言情派"(又称临川派)汤显祖与"言理派"(又称吴江派)沈璟, <u>一个以"临川三梦"轰动一时</u>,一个以《义侠记》标榜古今。②

熊文举、何海鸣、王晓家,这三位不同时代的学者,在"临川四梦"的说法广为流行之后,还异口同声地把提出"三梦"或"临川三梦"的说法,值得关注。遗憾的是,他们都没有明说:汤翁的四部作品中,哪一部不能入"梦"。

不能入"梦"的作品应该是《紫钗记》。

《紫钗记》共五十三出,取材于唐人小说《霍小玉传》,只把小说中李益的负心,改为卢太尉从中作梗;把小玉的悲愤而亡,改成了李、霍二人最终团圆而已。这里有"梦"吗? 如果逐字检索,可以发现该剧第四十九出的出目是《晓窗圆梦》,写霍小玉梦到了黄衫豪客,给她递了一双鞋,鲍四娘为小玉圆梦,说是:"鞋者,谐也。李郎必重谐连理。"③这样一个小小的插曲,置于全剧中无足轻重,甚至可有可无。如果因有这样的桥段也足以将全剧归结为"梦"的话,那古典戏剧中可以入"梦"的作品可就数不胜数了。在《窦娥冤》中,窦娥的冤魂为父亲窦天章托梦,使窦天章在梦中获悉案件真相,遂得以破案,为窦娥昭雪,这算不算是"梦"?《张协状元》第二出,写张协梦见"两山之间,被一非(飞)虎擒捣",第四出写他请人圆梦,钱南扬先生将这出戏命名为《张协圆梦》,④《张协状元》能不能入"梦"?《西厢记》第四本为《草桥店梦莺莺》,在全剧中举足轻重,难道《西厢记》也是"梦"?

且看汤显祖自己怎么说。

众所周知,明传奇第一出往往有提示全剧大意的作用。汤显祖的四部传奇,也在曲中概括全剧大意。如《牡丹亭》第一出【汉宫春】词前五句:"杜宝黄堂,生丽娘小姐,爱踏春阳。<u>感梦书生折柳,竟为情伤</u>。"本出下场诗云:"<u>杜丽娘梦写丹青记</u>,陈教授说下梨花枪。柳秀才偷载回生女,杜平章刁打状元郎。"⑤《南柯记》第一出【南柯子】末二句为:"契玄还有讲残经,<u>为问东风吹梦几时醒</u>。"⑥《邯郸记》第一出下场诗为:"何仙姑独游花下,吕洞宾三过岳阳。俏崔氏坐成花烛,<u>蠢卢生梦醒黄粱</u>。"⑦独独《紫钗记》的开场,未提一个"梦"字。这说明,《紫钗记》中的"梦"并不是要紧关目,而的确是可有可无。

---

① 何海鸣《求幸福斋随笔》,上海书店 1997 年版,第 21—22 页。
② 王晓家《琅琊子大文化漫笔争鸣篇》,中国文联出版社 2000 年版,第 229 页。
③ 汤显祖《紫钗记》,《汤显祖集全编》五,徐朔方笺校,上海古籍出版社 2015 年版,第 2579 页。以下引《紫钗记》不另出注。
④ 见钱南扬《永乐大典戏文三种校注》目录页,中华书局 1979 年版。
⑤ 汤显祖《牡丹亭》,《汤显祖集全编》五,第 2611 页。以下引《牡丹亭》不另出注。
⑥ 汤显祖《南柯记》,《汤显祖集全编》六,第 2824 页。以下引《南柯记》不另出注。
⑦ 汤显祖《邯郸记》,《汤显祖集全编》六,第 2976 页。以下引《邯郸记》不另出注。

此外,许多学者,都把汤显祖为他的四部传奇所写的《题词》,看成是作者自报创作主旨的宣言书,其中《牡丹亭题词》中的这段话经常被人征引:

> 天下女子有情,宁有如杜丽娘者乎?梦其人即病,病即弥连,至手画形容,传于世而后死。死三年矣,复能溟莫中求得其所梦者而生。如丽娘者,乃可谓之有情人耳。情不知所起,一往而深。生者可以死,死可以生。生而不可与死,死而不可复生者,皆非情之至也。梦中之情,何必非真,天下岂少梦中之人耶?必因荐枕而成亲,待挂冠而为密者,皆形骸之论也。①

在《牡丹亭》中,杜丽娘因做了一个春梦而病亡,"梦"是全剧的核心情节和故事起点。汤显祖宣称:"梦中之情,何必非真。"这其实可以理解成,在作者看来,惟有"梦中之情"方是真情,一旦醒来,则情与梦全失矣。详后文。

《邯郸记》和《南柯记》均用大部分篇幅写梦境,又非《牡丹亭》所能比拟。这两个戏分别来自唐传奇《枕中记》和《南柯太守传》。前者写卢生从枕中进入梦境,尽享人间的荣华富贵,醒来黄米饭还未熟;后者写淳于棼醉倒在宅南古槐树下,梦见自己被大槐安国国王招为驸马,任南柯太守二十年,经历了从建功立业到被猜忌、受打击的一生,醒来后发现"槐安国"只是个蚂蚁窝。在汤显祖的时代,"南柯梦"、"黄粱梦"早已成为人人皆知的成语,所以汤翁把这两个戏命名为《南柯梦记》和《邯郸梦记》,②其《邯郸梦记题词》(1601)云:"梦死可醒,真死何及?……既云影迹,何容历然?岸谷沧桑,亦岂常醒之物耶?第概云如梦,则醒复何存?所知者,如梦游醒,必非枕孔中所能辩耳。"③《南柯梦记题词》(1600)当然也谈到梦:"世人妄以眷属富贵影像执为吾想,不知虚空中一大穴也。倏来而去,有何家之可到哉?……梦了为觉,情了为佛。境有广狭,力有强劣而已。"④可见它们与"梦"的天然联系。

然而,《紫钗记题词》却无一字言及"梦"。原因很简单,实在是由于《紫钗记》无梦可言。由此可以断定,汤显祖在改定《紫钗记》及撰写《紫钗记题词》的万历二十三年(1595),尚未想到将它之归入"梦"。将《紫钗记》作为"四梦"之一是后来发生的,是有某种原因促成的。熊文举、何海鸣、王晓家所说的"三梦",应不含《紫钗记》在内。

总之,把汤显祖的四部传奇合称"临川四梦"的说法,无论从逻辑的层面抑或学理的层面,都显得相当牵强。

二

这么明显的问题,难道除了熊文举之外晚明就没有人看出来吗?非也。早在汤翁在世时以及稍后,许多戏剧理论家不仅把《紫钗记》排除出"梦"的行列,而且也把《牡丹亭》排除出去,在他们看来,属于"梦"的,只有《邯郸梦记》和《南柯梦记》,这就是"二梦"说。

---

① 汤显祖《牡丹亭题词》,《汤显祖集全编》三,第 1552 页。
② 这两种传奇的早期刊本,无论是明万历刻本,天启刻本,都不叫《南柯记》、《邯郸记》,而是题为《南柯梦记》、《邯郸梦记》。
③ 汤显祖《邯郸梦记题词》,《汤显祖集全编》三,第 1554 页。
④ 汤显祖《南柯梦记题词》,《汤显祖集全编》三,第 1556—1557 页。

　　王骥德《曲律》(1610)多次以"二梦"代指《邯郸梦记》和《南柯梦记》,而称《牡丹亭》为《还魂》。且看他的叙述:

> 近惟《还魂》、"二梦"之引,时有最俏而最当行者,以从元人剧中打勘出来故也。(《曲律》卷三)
> 戏剧之道,出之贵实,而用之贵虚。《明珠》、《浣纱》、《红拂》、《玉合》,以实而用实者也;《还魂》、"二梦",以虚而用实者也。(《曲律》卷三)
> 《还魂》、"二梦",如新出小旦,妖冶风流,令人魂销肠断,第未免有误字错步。(《曲律》卷四)①

　　显然,在王骥德看来,不仅《紫钗记》不能入"梦",而且连《牡丹亭》(《还魂记》)也不能算"梦"。
　　和王骥德持同一说法的还有吕天成、张岱等人。吕天成《曲品》卷下,在"汤海若所著传奇五本"下著录《紫箫》《紫钗》《还魂》《南柯梦》《邯郸梦》,只有后两种以"梦"呼之。又在"车梶斋所著传奇二本"下著录了"四梦",但云:

> 《高唐梦》亦具小境,《邯郸》《南柯》二梦多工语。自汤海若二记出,而此觉寥寥。《蕉鹿梦》甚有奇幻意,可喜。②

　　此处的"四梦",指的是明代作家车任远所作的四种杂剧:《高唐梦》《邯郸梦》《南柯梦》和《蕉鹿梦》(四剧合称《四梦记》),而并不是"临川四梦"或"玉茗堂四梦"。至于称车氏的《邯郸》《南柯》为"二梦"、汤显祖的作品为"二记",乃是为以示区别故也,且汤翁的这两个戏本来就叫《南柯梦记》和《邯郸梦记》。可见,在《曲品》成书的年代(万历癸丑,1613年),一般人心目中的"四梦",并不是汤显祖的"临川四梦"。
　　郑志良教授最近在国家图书馆发现了刊行于万历四十年(1612)的《玉茗堂书经讲意》,称先生"日但寄兴声歌,以舒其平生豪迈之气,故《牡丹亭》、'二梦记',玉茗堂辞赋等集盛行海内。"③所谓"二梦记",即指《南柯记》、《邯郸记》而言。因其是"梦",也是"记",故称之为"二梦记"。这与汤翁《寄邹梅宇》中称其为"二梦记"相合。④此外,和汤显祖同年出生的邹迪光(1550—1626)在《汤义仍先生传》中说:"公又以其余绪为传奇,若《紫箫》、《还魂》、'二梦'诸剧,实驾元人而上。"⑤此《传》载于汤显祖曾为之作序的《调象庵稿》,必作于汤显祖去世之前,是最早的一篇汤显祖传。邹氏把《牡丹亭》(《还魂》)和"二梦"分开,与王骥德、吕天成等人的说法完全一致。
　　明末另一戏剧理论家张岱在给袁于令的信中说:

> 汤海若初作《紫钗》,尚多痕迹。及作《还魂》,灵奇高妙,已到极处。《蚁梦》、《邯郸》,比之前剧,更能蜕化一番,学问较前更进,而词学较前反为削色。盖《紫钗》则不及,而"二梦"则太过,过犹不及,故总于《还魂》逊美也。今《合浦珠》是兄之"二梦",而《西楼记》为兄之《还魂》。"二梦"虽佳,

①　以上王骥德《曲律》三则,分别引自《中国古典戏曲论著集成》四,中国戏剧出版社1959年版,第138、154、159页。
②　吕天成《曲品》,吴书荫《曲品校注》,中华书局1994年版,第288页。
③　郑志良《汤显祖著作的新发现:〈玉茗堂书经讲意〉》,《文学遗产》2016年第3期。
④　参汤显祖《寄邹梅宇》,《汤显祖集全编》四,第1938页。
⑤　邹迪光《调象庵稿》,《四库全书存目丛书》,第160册,第9页。

而《还魂》为终不可及也。①

　　袁于令写成《西楼记》传奇的时间是汤显祖去世的那年即1616年，故张岱写这封信的时间只能在此年之后。他以《西楼记》比拟《牡丹亭》，以《合浦珠》比拟"二梦"即《南柯记》、《邯郸记》，说明汤显祖本人生前虽已提出了"四梦"说（详后文），但这一说法仅在少数人中流传而尚未得到普遍响应。

　　"二梦"说的核心是将《邯郸记》《南柯记》与《牡丹亭》分开，那么，将汤翁的四部传奇合称的场合又如何呢？文献表明，即使如此，明末文人也极少使用"四梦"说。

　　明末茅元仪（1594—1640）《批点牡丹亭记序》称："《玉茗堂乐府》，临川汤若士所著也，中有《牡丹亭记》……"②云云。这就是说，汤显祖四部传奇的合刻本并非题作"临川四梦"或"玉茗堂四梦"，而是题作"玉茗堂乐府"。无独有偶，大约十年前，吴书荫先生发现了明人吴之鲸（伯霖）所撰写的《玉茗堂乐府总序》。吴先生认为，这部吴之鲸撰写总序的汤显祖四部传奇的合刻本的刊行年代应在万历三十五六年（1607—1608）间，是汤显祖四部传奇最早的合刻本。③而这部合刻本也并非题作"四梦"，而同样题作"玉茗堂乐府"。

　　明末文人，在提到汤显祖的四部传奇时，说法形形色色，而大都不提"四梦"。例如臧懋循和冯梦龙称其为"四记"，④徐复祚称其为"玉茗堂四传"，⑤王骥德则把《紫箫记》也合进来称其为"五传"，⑥叶绍袁的《叶天寥年谱·别记》称其为"玉茗堂诸本"，⑦张琦《衡曲麈谈》称其为"玉茗堂诸曲"。⑧最有比较意义的是，侯方域清顺治七到九年间（1650—1652）撰《李姬传》，写明末崇祯间李香（即《桃花扇》中李香君的原型）"十三岁，从吴人周如松受歌玉茗堂四传奇，皆能尽其音节。"⑨到康熙三十二年（1693）时余怀《板桥杂记》几乎照抄这段记载，惟将"玉茗堂四传奇"改为"玉茗堂四梦"。⑩盖此时"四梦"说已遍及天下矣。

三

　　就迄今发现的材料看，最早提出"四梦"说的就是汤显祖自己。

　　明末王思任《批点玉茗堂牡丹亭词叙》（1623）云："若士自谓一生'四梦'，得意处惟在《牡丹》。"⑪此《叙》写于天启三年，至于王何时从汤处听到了这个说法已很难考究，只从"一生"二字看，很像是汤显祖

---

① 张岱《答袁箨庵》，《张岱诗文集》，夏咸淳辑校，上海古籍出版社2014年版，第316页。
② 茅元仪《批点牡丹亭记序》，引自《汤显祖集全编》六，第3135页。
③ 吴书荫《玉茗堂四梦最早的合刻本探索》，《戏曲研究》2007年第1期。
④ 如臧懋循《元曲选序》（1615）"汤义仍《紫钗》四记"；《玉茗堂传奇引》（1618）"临川汤义仍为《牡丹亭》四记"；冯梦龙《古今谭概》（1620）"张洪阳相公见玉茗堂四记，谓汤义仍曰……"。分别引自《汤显祖集全编》六《附录》，第3147、3148、3152页。
⑤ 徐复祚《花当阁丛谈》："玉茗堂四传，临川汤若士显祖先生作也。"引自毛效同编《汤显祖研究资料汇编》下，上海古籍出版社1986年版，第659页。此书记载最晚的事项为天启三年，故其成书时间当在1625年前后。
⑥ 王骥德《曲律》卷四："临川汤奉常……所作五传。"《中国古典戏曲论著集成》四，第165页。
⑦ 叶绍袁《叶天寥年谱·别记》："沈君张家有女乐七八人，俱十四五女子，演杂剧及玉茗堂诸本，声容双美。"转引自邓长风《明清戏曲家考略》，上海古籍出版社1994年版，第320页。按此事发生在崇祯庚辰年（1640）。
⑧ 张琦《衡曲麈谈》（1637）："临川学士，旗鼓词坛。今玉茗堂诸曲，争脍人口。"引自《汤显祖集全编》六，第3153页。
⑨ 侯方域《李姬传》，《侯方域全集校笺》，王树林校笺，人民文学出版社2013年版，第291页。
⑩ 余怀《板桥杂记》卷下："香年十三，亦侠而慧，从吴人周如松受歌'玉茗堂四梦'，皆能妙其音节。"李金堂校注，上海古籍出版社2009年版，第69页。
⑪ 王思任《批点玉茗堂牡丹亭词叙》，引自《汤显祖集全编》六，第3133页。

临终前不久的语气。

此外汤显祖在《与钱简栖》中亲口说过："贞父内徵过家,兄须一诣西子湖头,便取《四梦》善本,歌以丽人,如醉玉茗堂中也。"①这里所说的"贞父"是黄汝亨(1558—1626),字贞父,钱塘人,和汤显祖是好友。就迄今所知,这是汤显祖第一次也是唯一一次在自己的文章中提到"四梦"。徐朔方先生认为此信写于万历三十五年八月(1607),②黄芝冈先生则认为写于万历三十四年(1606)上巳以后,③二说相差不大。汤让钱希言(简栖)到黄汝亨那里取"《四梦》善本",可见至少汤、钱、黄这三人是明白"四梦"所指的。然而正如上文所言,对于汤显祖提出的"四梦"说,明末大部分戏剧家、戏剧理论家并没有立即随声附和。

迄今所知,最早附和汤显祖"四梦"说的,很可能是凌濛初完成于万历末天启初的《南音三籁》,④接着是前文所引王思任天启三年在《批点玉茗堂牡丹亭词叙》中的转述,至于冯梦龙的《风流梦小引》对王《叙》加以引用以及此后附和"四梦"说的,都在崇祯以后了。⑤清康熙间,随着钱谦益《列朝诗集小传》、李渔《闲情偶寄》、余怀《板桥杂记》、孔尚任《桃花扇》等名家名作的呼应,"临川四梦"或"玉茗堂四梦"之说便巍然屹立在中国文学史、中国戏剧史上,成为不可撼动的常识,而车任远的"四梦"便很少有人提起了。

那么,汤显祖为什么要将他的四部传奇说成是"四梦"呢?"四梦"说的来历何在呢?把"四梦"(其实是"三梦")看成一个整体,对于理解汤显祖的作品有什么意义呢?这才是问题的关键。

上文已述,吕天成《曲品》在把车任远的四种杂剧著录为"四梦"后又云:"邯郸、南柯二梦,多工语,自汤海若'二记'出,而此觉寥寥。"汤显祖的"四梦"说,或即来自车任远的"四梦"。

据《曲品》载,车任远,字柅斋,浙江上虞人。又据雍正《浙江通志》卷二百五十三,车氏在万历丙午年(1606)曾参与纂修《上虞县志》。考光绪《上虞县志》卷九"人物"引嘉庆《志》,车任远"字远之,邑廪生,键户著书,非其人不纳。尝与杨秘图、徐文长、葛易斋等七人仿竹林轶事,结为社友。"⑥今知其所撰杂剧五种,除"四梦"外还有《弹铗记》一种,今惟《蕉鹿梦》存沈泰编《盛明杂剧》二集中,其余全佚。

根据上述资料可知,车氏是一个不得志的文人。他所作的四个杂剧中,《邯郸梦》、《南柯梦》和汤翁的作品同名,其意无须赘言,另两个"梦"也来自历史上有名的典故。《高唐梦》出自宋玉《高唐赋》,其核心情节是楚王在梦中与巫山神女相遇之事。梦中的神女自荐枕席,和楚王云雨一番而别。此后"高唐梦"、"云雨"都成了男女性交的典故。

相比之下,《蕉鹿梦》的哲学意味更浓,其本事出自《列子》卷三《周穆王篇》,说的是:郑国有个樵夫偶然打死了一只鹿,怕人看见,就用柴草把鹿盖起来,而"不胜其喜"。不久他忘记了藏鹿的地方,便以为这是一场梦,就在途中唠叨这事。有路人听到了,就依他的话找到了死鹿,回家告诉老婆说:"砍柴的说梦中打死了鹿却忘了藏在什么地方,我却找到了死鹿,他真是在做梦啊。"他老婆说:"你是梦见砍柴的打到鹿了吧,这附近哪有砍柴的?如今得鹿,是你的梦想成真了吧?"路人说:"反正我们得到了鹿,还用知道

---

① 汤显祖《与钱简栖》,《汤显祖集全编》四,第1944页。

② 徐朔方《汤显祖年谱》,上海古籍出版社1980年版,第171—172页。

③ 黄芝冈《汤显祖编年评传》,中国戏剧出版社1992年版,第316页。

④ 凌濛初《南音三籁》戏曲下眉批:"近日汤海若作'四梦',曲末类作一尾,盖先生不甚谙律,亦不足论。"引自魏同贤、安平秋主编《凌濛初全集》四,凤凰出版社2010年版,第251页。叶德均先生考证:"《三籁》成书的年代,最早不能在万历四十五年以前,至迟也不会到天启七年,是万历四十五年至天启六年的十年间的产物。"叶德均《戏曲小说丛考》,中华书局2004年版,第398页。

⑤ 今知崇祯间提到汤显祖"四梦"的,尚有倪元璐(1593—1644)的《孟子若〈桃花〉剧序》和陆云龙的《汤若士先生小品弁首》,不赘引。

⑥ 光绪《上虞县志校续》,第189—190页,《中国地方志集成》浙江府县志辑,影印清光绪刻本,上海书局1993年版。

是他做梦还是我做梦?"樵夫对于失去鹿耿耿于怀,夜间梦到了藏鹿之所和捡鹿之人,于是和路人打起了官司。士师(法官)对樵夫说:"当初你真得鹿,却以为是梦;后来却通过做梦找到了鹿。他以为你是做梦得鹿,而他老婆却说是他梦中得了别人的鹿,不算拿别人的鹿。现在只有一只鹿,你们俩就平分吧。"①

这个寓言故事,把梦境与现实的关系,叙述得扑朔迷离,云遮雾罩,虚虚实实,真假难辨。后世遂用"蕉鹿梦"比喻虚幻迷离、得失无常的状况。

《蕉鹿梦》杂剧共六折一楔子,其情节大体依照《列子》而略有增饰。剧本把路人改为渔翁魏无虚,由生扮;樵夫名乌有辰,丑扮。另有山神,外扮;士师,小生扮;国相,末扮。全剧末尾,末白:"此事梦觉相寻,真妄互见,倒可以感悟人也!"又唱【金谷园】:"人生分明是睡仙,诨世故夥花子佛眼。蜗角虚劳争战,何如鼻息鼾鼾,今日事可参玄。"又全剧下场诗后二句为:"为看蕉鹿终何在? 到底都如梦里人。"②这和汤显祖"三梦"的主旨庶几近之。

此外,《金瓶梅词话》第六十一回,写西门庆请申二姐唱"四梦八空",恐也是汤显祖"四梦"说的来历之一。作品写道:

> 西门庆道:"申二姐,你拿琵琶唱小词儿罢,省的劳动了你。说你会唱'四梦八空',你唱与大舅听。"分付王经、书童儿席间斟上酒。那申二姐款跨鲛绡,微开檀口,唱【罗江怨】道:
>
> "恹恹病转浓,甚日消融? 春思夏想秋又冬。满怀愁闷诉与天公也,天有知呵,怎不把恩情送。恩多也是个空,情多也是个空,都做了南柯梦。
>
> 伊西我在东,何日再逢? 花笺慢写封又封。叮咛嘱付与鳞鸿也,他也不忠,不把我这音书送。思量他也是个空,埋怨他也是个空,都做了巫山梦。
>
> 恩情逐晓风,心意懒慵。伊家做作无始终。山盟海誓一似耳边风也,不记当时,多少恩情重。亏心也是空,痴心也是空,都做了蝴蝶梦。
>
> 惺惺似懵懂,落伊套中。无言暗把珠泪涌。口心谁想不相同也,一片真心,将我厮调弄。得便宜也是空,失便宜也是空,都做了阳台梦。"③

这四只小令解释出"四梦八空"的内涵:"四梦"者,南柯梦、巫山梦、蝴蝶梦、阳台梦是也;八空者,每只小令均有两处言"空",如首曲的"恩多也是个空,情多也是个空",四只曲子八处言"空",故总题"四梦八空"。汤显祖亲自为他的四部传奇命名为"四梦",除了沿用车任远的"四梦"之外,还可能受到《金瓶梅词话》的启发。"四梦八空",其主旨蕴含有"色空"观念。尽管宋代刘克庄已经有《题四梦图》诗,尽管"四梦八空"在嘉靖年间已被收入《词林摘艳》,但汤显祖的后期传奇,明显与《金瓶梅》关系最为直接,思想内涵也最接近。

徐朔方先生曾指出,最迟在《南柯记》完成这一年(1600),汤显祖"已经看完《金瓶梅》全书,而且在自己的创作中留下它的影响。"《南柯记》第四十四出《情尽》的"来历","就是《金瓶梅》最后一回普静禅师荐拔幽魂的情节。""《金瓶梅》对汤显祖的影响可能不限于《南柯记》的结尾……《牡丹亭》第十七、十八

---

① 原文见杨伯峻《列子集释》,中华书局1985年版,第107—108页。
② 《蕉鹿梦》杂剧,《续修四库全书》第1765册,第256页,影印1925年董氏诵芬室刊本。
③ 《金瓶梅词话》,香港太平书局影印明万历本1992年版,第1693—1694页。

出都有过于刻露的描写……杜丽娘在梦中和柳梦梅幽会时也有【鲍老催】那种不必要的描写。"①徐先生的结论可以通过作品对比得到验证,此处不赘。而"临川四梦"说来自车任远的"四梦"以及《金瓶梅》中的"四梦八空",可能为探讨汤显祖后期传奇作品的思想倾向提供一个新的思路。

《金瓶梅》中的主人公西门庆,花天酒地,锦衣玉食,声色狗马,恣意妄为,但凡他看上的女人都能轻易到手。然而三十三岁便命丧黄泉,一切如梦成空。第六十二回李瓶儿的病亡堪称是西门庆命运的转折点。前一回申二姐唱"四梦八空",就是在李瓶儿病重的关头发生的,其中的每一句唱词都是暗示。首曲正与李瓶儿病入膏肓相应,后三曲则影射西门庆花言巧语、虚情假意。四支小令暗示男女双方的最后结局:无论"恩多"的、"情多"的,"思量他"、"埋怨他","亏心"的、"痴心"的,"得便宜"的、"失便宜"的,都落得一场"空"。最有象征意义的是,李瓶儿病故前梦见了被自己气死的前夫花子虚前来索命。这样,"亏心"的、"痴心"的,"得便宜"的、"失便宜"的,就都打了个颠倒。作品写李瓶儿"呜呼哀哉,断气身亡。可怜一个美色佳人,都化作一场春梦。"正如作家格非所指出的:"'叹浮生有如一梦里',可谓是全书悲凉之旨的总纲。""金瓶梅最大的意图所在,其目的,正是要我们看透现实世界坚不可摧的铜墙铁壁,见出万事成空,诸相皆虚的真谛来。"②而这样的创作意图,和车任远的"四梦"、汤显祖的"三梦",都相当契合。

四

上文已述,把汤显祖的四部传奇归结为"四梦"是牵强的。因而,讨论汤显祖后期传奇,就是要暂时搁置《紫钗记》,而只谈"三梦",即《牡丹亭》和《邯郸记》、《南柯记》。由于后"二梦"的创作意图比较明显,故本文重点谈《牡丹亭》。

读汤显祖的"三梦",人们会不由地产生两个疑问,其一是:在《牡丹亭》中,杜丽娘曾经不顾生死地追求"爱情",生前在梦中和柳梦梅幽会,死后其鬼魂又主动和柳梦梅幽媾。可是一旦还阳回到人世,却拒绝了柳梦梅的求婚,提出:"前夕鬼也,今日人也。鬼可虚情,人须实礼。"(第三十六出《婚走》)怎么理解这种描写?是否可理解成是汤显祖"以情反理"的"不彻底性"?其二是:从表面看,《南柯记》、《邯郸记》的消极出世观念与《牡丹亭》存在明显差异。如何解释汤翁创作思想的变化?有人把这种变化看成是汤显祖晚年看破红尘。然而这种说法忽略了一个基本事实,即《牡丹亭》与"二梦"的创作时间只差一两年而已。其实,之所以产生这两个疑问,关键在于没搞清《牡丹亭》到底写的是什么。

徐朔方先生曾经将《牡丹亭》与《西厢记》、《红楼梦》相比较,指出:杜丽娘"不是死于爱情被破坏,而是死于对爱情的徒然渴望"。③ 这话曾经引起过笔者的强烈共鸣。然而细细想来,杜丽娘所渴望的,并不是现代意义上的爱情。

在中国古代,除了诸如《西厢记》、《红楼梦》、"梁祝"中那种浪漫、前卫的男女主角之外,一般男女之间只有婚姻,没有爱情。夫妇双方的感情多是在婚后的日常生活中逐渐建立和发展起来的,这就是所谓的"柴米夫妻"。即使有"先结婚后恋爱"的情况,也多指相敬如宾、夫唱妇随的道德模式,而并非现代意

---

① 徐朔方《汤显祖和〈金瓶梅〉》,《论金瓶梅的成书及其它》,齐鲁书社1988年版,第23—30页。
② 格非《金瓶梅的声色与虚无》,译林出版社2014年版,第227、275页。
③ 徐朔方《牡丹亭前言》,徐朔方校注《牡丹亭》,人民文学出版社1978年版,第5页。

义上的爱情。婚姻的功能,《礼记·昏义》里说得很清楚:"上以事宗庙而下以继后世也"。① 说白了,结婚为的就是生儿育女,传宗接代。其实婚姻还有另一层功能,即为男女性爱提供合法的形式和保障的功能。可悲的是,在婚姻不自由的时代,性爱更是羞于言说、难以言说。而汤显祖正是把这一层难以言说的性爱(《牡丹亭》第一出"世间只有情难诉"),用剧本的形式,文学的语言,把李贽、达观他们没有说的话,把《金瓶梅》说得很直白、很粗俗的话说了出来,而且说得很神圣,很美妙,很婉转,很动人。然后,又通过杜丽娘的寻梦和反悔,通过现实中并不存在自由的性爱,来表达作者极度的幻灭感。

《寻梦》可以说是《牡丹亭》中最成功、最感人的一出。

在《牡丹亭》中,杜丽娘是作为男性——不仅是柳梦梅,还有作者汤显祖——性幻想的对象而被塑造出来的。一位16岁的花季少女,含苞待放,美艳诱人,对男性具有十分强大的吸引力。更使柳梦梅和作者动心的是,她不仅外貌美,而且是那么渴望男性的爱抚。她被《关雎》一诗挑起春情,发出人不如鸟的慨叹。在梦中她遇到柳梦梅,经历了人生第一次性体验,她的感受是:"好一会分明,美满幽香不可言。""他兴心儿紧咽咽,呜着咱香肩。俺可也慢揸揸做意儿周旋。等闲间把一个照人儿昏善,那般形现,那般软绵。忒一片撒花心的红影儿吊将来半天。"然而这般美妙的事情不过仅仅是一场春梦而已。梦醒之后寻梦,奈何"寻来寻去,都不见了",这不是一切皆空的艺术表达吗? 梦中情景在现实中找不到,所以她才表示:"似这般花花草草由人恋,生生死死随人愿,便酸酸楚楚无人怨。"(本节杜丽娘唱白均引自《寻梦》出)

她下定了必死的决心,因为死后成为鬼魂才可以无所顾忌地对柳梦梅投怀送抱:"每夜得共枕席,平生之愿足矣。"(《幽媾》)牡丹亭是性爱的象征:"牡丹花下死,做鬼也风流。"可她毕竟生还了。一旦回到现实,"父母之命媒妁之言"便重新主导她的身心,而这正是汤显祖所批判的"形骸之论"。杜丽娘的迷惘,正表达了汤显祖"肯綮在生死之际"(洪昇语,详下文)的创作意图。活着是平庸的、痛苦的,在梦中或者死去为鬼才是自由的、欢乐的。所以对《牡丹亭题词》中所说的"梦中之情,何必非真",其实可以理解成惟有"梦中之情"方是真情,一旦梦醒,梦没有了,情也没有了。难怪,杭州女伶商小玲在演到《寻梦》一出时竟触景生情,伤心而死。②

明末文人沈守正《牡丹亭寻梦》诗云:"佩解惊还在,钗横怯未安。不禁春澹荡,犹似雨汍澜。昨日逢欢易,今朝顾影难。那知谁是梦,梅馥送人寒。"③梦中的千般温存,万种风流,梦醒后还引诱得人细细回味,使人春心荡漾,然而那人却连影子都不见了。这种失落,是现代人难以理解的。显然,《牡丹亭》弘扬的是人的自然本能和宣泄本能的自由,是情欲、性欲而主要不是爱情。同时,梦境和现实的巨大落差,杜丽娘"鬼可虚情,人须实礼"的话语和行为,不仅是对现实的否定,还启发了作者禅悟的初心。

在《牡丹亭》中,花神是杜、柳性爱的守护神,他唱道:"单则是混阳蒸变,看他似虫儿般蠢动把风情扇,一般儿娇凝翠绽魂儿颠。这是景上缘,想内成,因中见。"(《惊梦》)神居高临下,人便成了蝼蚁。也许从这个时候起,汤显祖便萌生了《南柯记》的创作动机。《南柯记》第一出《提世》中末唱道:"有情歌酒莫

---

① 《阮刻礼记注疏》,浙江大学出版社2015年版,第3910页,影印清阮元刊本。
② 焦循《剧说》卷六引《蛾术堂闲笔》:"杭有女伶商小玲者,以色艺称,于《还魂记》尤擅场。尝有所属意,而势不得通,遂郁郁成疾。每作杜丽娘《寻梦》、《闹殇》诸剧,真若身其事者,缠绵凄婉,泪痕盈目。一日演《寻梦》,唱至'待打并香魂一片,阴雨梅天,守得个梅根相见',盈盈界面,随声倚地。春香上视之,已气绝矣。"《中国古典戏曲论著集成》八,第197页。
③ 沈守正《雪堂集》诗集卷三,《四库禁毁书丛刊》集部,第70册,第599页。

教停,看取无情虫蚁也关情。"透露出《南柯记》与《牡丹亭》的联系。而"景上缘,想内成,因中见"的涵义更深,详下文。

汤显祖选择了戏曲,这种叙事文体可以比小说含蓄,但只要写的是情欲,无论怎样含蓄,怎样包装,都不可能严严实实,密不透风,所以汤显祖遭到卫道士们攻击是必然的。[①]

从表面上看,《牡丹亭》写的是"情",不管这"情"是爱情、艳情还是情欲,终与"二梦"有明显差异。这种情况,清初的陆次云已经意识到并作出了合理的解释。他在《玉茗堂四梦评》中虽用了"四梦"说,但却说《紫钗记》"拖沓支离,咀之无味",干脆把它排除出去不谈了。而在另外的三部传奇中,则指出《牡丹亭》写"艳情","与《邯郸》、《南柯》迥别,亦似出于两手。"这和一般人的感受完全相同。值得重视的是他的如下解释:

> 不知作佛生天之旨,早摄入情痴一往之中。不有曰"生生死死随人愿"乎?不有曰"景上缘,想内成,因中见"乎?山僧读"临去秋波那一转"句,可以悟禅。能读《还魂》,而后能读《邯郸》,读《南柯》也。[②]

在陆次云看来,《牡丹亭》所写的杜、柳间的"情痴一往",其实都是虚妄的、不真实的,仿佛白日梦、水中月、镜中花,其中充满了禅机。佛教讲求一切随缘,能够勘破生死是最高的禅悟,故杜丽娘的唱词"生生死死随人愿"带有浓厚的佛家色彩。另"景上缘,想内成,因中见"三句,徐朔方先生注云:"景上缘,景,影,与下文的想、因都是佛家的说法。景上缘,想内成,喻姻缘短暂,是不真实的梦幻。因中见(现),佛家认为一切事物都由因缘造合而成。"[③]"怎当他临去秋波那一转"是《西厢记》中男主人公张生的唱词,也是明代以来禅宗的著名话头。张岱《快园道古》卷四记云:

> 丘琼山过一寺,见四壁俱画《西厢》,曰:"空门安得有此?"僧曰:"老僧从此悟禅。"问:"从何处悟?"僧曰:"老僧悟处在'临去秋波那一转'。"[④]

丘琼山即丘濬(1421—1495),他从"临去秋波那一转"悟禅的传说流行很广。显然,陆次云看破了《牡丹亭》"艳情"背后的虚无、虚空观念,而且他认为这一观念是贯穿在《牡丹亭》、《南柯记》、《邯郸记》这"三梦"始终的,读懂了《牡丹亭》,《邯郸记》和《南柯记》自然也就不在话下了。法国汉学家雷威安(Andre Levy)谓:"梦境之虚妄即汤显祖后来的戏剧作品的共同主题",[⑤]说的恐怕也是同一个意思。

其实,对于晚年的汤显祖来说,岂止梦境是虚妄的,人生乃至世界都是虚妄的。

《牡丹亭》完成于1598年汤显祖告别官场之际,这个时间节点非常重要。虽然汤显祖早年即有出世

---

① 杨恩寿《词余丛话》引《感应篇》:"有入冥者,见汤若士身荷铁枷,人间演《牡丹亭》一日,则笞二十。"徐树丕《活埋庵识小录》:"闻若士死时,手足尽堕,非以绮语受恶报,则嘲谑仙真,亦应得此报也。"二则均引自徐扶明编著《牡丹亭研究资料考释》,上海古籍出版社1987年版,第222页。

② 陆次云《玉茗堂四梦评》,陆次云《北墅绪言》卷五,第416页,《四库全书存目丛书》集第237册。

③ 徐朔方校注《牡丹亭》,第49页。

④ 张岱《快园道古》,高学安、佘德余标点,浙江古籍出版社1986年版,第49页。

⑤ 雷威安(Andre Levy)《汤显祖和小说〈金瓶梅〉的作者身份——戏剧〈牡丹亭〉相关资料的启示》,载徐永明、陈靝沅主编《英语世界的汤显祖研究论著选译》,浙江古籍出版社2013年版,第101页。

思想,但毋宁把这类诗作看作是"为赋新诗强说愁"。直到经历了科考的挫折、上疏的被贬、岭南的跋涉、遂昌的任职,经历了和李贽、达观、屠隆乃至利玛窦等人或深或浅的交往,经历了对禅学的钻研和顿悟,他才彻底勘破了人世间的种种玄机。

在遂昌任上挂冠而去,对于汤显祖来说,既是一种失落,也是一种解脱。《牡丹亭》的第一句唱词就是"忙处抛人闲处住":既然被官场抛弃,那就更有"闲情"从事戏曲创作了。在我们今天看来,以汤显祖的绝代才华,做一个小小的知县,岂不是太委屈他了吗?但当时的情况却并不是如此。在中国古代,文人体现自身价值只有学而优则仕一条路。每一个文人,包括"不为五斗米折腰"的陶渊明在内,在决定弃官归隐之前,都必定要经历一番心灵的搏斗。在《南柯记》中,淳于棼在入梦前问契玄禅师"如何是根本烦恼?""如何破除这烦恼?"(《情著》),这或可看成汤显祖在出世与入世之间徘徊两端举棋不定的困惑与挣扎。到梦醒之后,淳于棼生发出"人间君臣眷属,蝼蚁何殊;一切苦乐兴衰,南柯无二"的感叹。不待契玄点播,他自己便顿悟:"我待怎的?求众生身不可得,求天身不可得,便是求佛身也不可得,一切皆空了。"(《情尽》)淳于棼的禅悟不就是汤显祖的禅悟?

五

毋庸讳言,《牡丹亭》的深层意蕴不易被人洞悉。这就是为什么汤翁在获知沈璟要修改《牡丹亭》中"字句之不协者"时会作出"彼恶知曲意哉?余意所至,不妨拗折天下人嗓子"[①]的激烈反应。在汤显祖看来,《牡丹亭》的"曲意"犹如"雪中芭蕉",[②]常人不易理解,更不宜改动。然而从沈璟、吕玉绳、臧晋叔、冯梦龙等人一而再、再而三地改编来看,汤显祖显然是孤独的,他只能无奈地"伤心拍遍无人会,自掐檀痕教小伶"[③]了。

对《牡丹亭》深意的探索,是从汤翁故去之后开始的。

本文开头提到的熊文举,在《冀少司农斋中步虞山先生韵赠歌者王生》十二首之六诗中云:"人间幽梦几曾醒,玉茗檀痕字字灵。弹动琵琶天欲老,伤心宁为《牡丹亭》。"[④]这可以看作是对汤翁"自掐檀痕教小伶"的回应。而从"人间幽梦几曾醒","伤心宁为《牡丹亭》"句看,作者对《牡丹亭》的深层意蕴似已有所领悟。

此外上文已述,清初的陆次云已明显意识到《牡丹亭》"艳情"背后的"色空"内涵,并对《牡丹亭》与后"二梦"的联系作出了合理的解释。

然而,真正体会到《牡丹亭》的深层内涵,并在实际创作中加以汲取并发扬光大的,是洪昇的《长生殿》和曹雪芹的《红楼梦》。

《长生殿》对"李杨爱情"描写得那么缠绵悱恻,给予了那么高的礼赞。然而作者洪昇却在《长生殿自序》的末三句说:"情缘总归虚幻。清夜闻钟,夫亦可以遽然梦觉矣!"[⑤]原来,所谓"钗盒情缘",从最初的

---

① 这是王骥德《曲律》转述汤显祖的话,引自《中国古典戏曲论著集成》四,第165页。
② 汤显祖《答凌初成》:"不佞《牡丹亭记》大受吕玉绳改窜,云便吴歌。不佞哑然笑曰,昔有人嫌摩诘之冬景芭蕉,割蕉加梅,冬则冬矣,然非王摩诘冬景也。"《汤显祖集全编》四,第1914页。
③ 汤显祖《七夕醉答君东》,《汤显祖集全编》三,第1100页。
④ 熊文举《雪堂先生诗选》卷四《耻庐诗集》,第120页,《四库禁毁书丛刊》补编,第82册。
⑤ 洪昇《长生殿自序》,引自竹村则行、康保成《长生殿笺注》,中州古籍出版社1999年版,第1页。

定情到被谴送出宫,从翠华西阁的争风吃醋到长生殿中的切切私语,从马嵬坡的负心到上天入地的寻觅,直到最后在双星见证下于月宫中重圆,无论痛苦还是欢爱,罪孽还是忏悔,这一切,都只不过是一场梦而已。

洪昇的表白曾让人百思不得其解,直到明白了《长生殿》与《牡丹亭》的联系,方令人有梦醒一般的感觉。洪昇说:"棠村相国尝称予是剧乃一部闹热《牡丹亭》,世以为知言。"①洪昇自己对这个评价是相当满意的。洪昇的女儿洪之则曾耳闻其父对《牡丹亭》有如下评价:

> 肯綮在死生之际。记中《惊梦》《寻梦》《诊祟》《写真》《悼殇》五折,自生而之死;《魂游》《幽媾》《欢挠》《冥誓》《回生》五折,自死而之生。其中搜抉灵根,掀翻情窟,能使赫蹄为大块,隃糜为造化,不律为真宰,撰精魂而通变之。②

"肯綮在死生之际"——洪昇恰恰抓住了《牡丹亭》的关键所在。正如上文所述,对于杜丽娘来说,活着是痛苦是平庸不能忍受,死去才是自由是幸福令人神往。洪昇在《牡丹亭》五十五出戏中选出的这十出,把杜丽娘在死生之际、阴阳两界的感受倾诉得淋漓尽致。无怪乎《长生殿自序》作了那样的表白:洪昇未必没有想让读者和观众从李杨月宫重圆中开悟的动机。

关于《牡丹亭》对《红楼梦》的启示与影响,已有不少学者指出过。其实《红楼梦》中的宝黛恋爱,已经具有现代爱情的性质,非《牡丹亭》所能比拟。但作者把宝黛爱情悲剧乃至每个人的命运都归结于虚空和宿命,便不能不说与《金瓶梅》,包括《牡丹亭》在内的"临川三梦",乃至《长生殿》相关了。作品中虚构的太虚幻境,以及体现全书主旨的《好了歌》、《飞鸟各投林》、金陵十二钗判词,以及穿插在故事中的神秘的一僧一道的奇特举止,都无不将全书主旨归结于宿命与虚空的境界。

《红楼梦》中的黛玉之死是大关节,而这一关节正是通过《牡丹亭》予以暗示的。作品第十八回元妃省亲,元春亲自点了四出戏:《豪宴》《乞巧》《仙缘》《离魂》。其中《离魂》写的是杜丽娘病亡的场面,十分凄惨。这出戏原为《牡丹亭》中的第二十出《闹殇》,清代昆班演出本改题《离魂》,收入《缀白裘》第十二编,其内容基本保持原作面貌。庚辰本《石头记》在"离魂"下有脂砚斋双行夹批云:"伏代(黛)玉死。所点之戏剧伏四事,乃《牡丹亭》中,通部书之大过节、大关键。"③脂批所言极是,丽娘与黛玉日后病亡的场面简直如出一辙。

《红楼梦》第二十三回的回目为《西厢记妙词通戏语 牡丹亭艳曲惊芳心》,其中写黛玉听曲:

> 偶然两句吹到耳朵内,明明白白一字不落道:"原来姹紫嫣红开遍,似这般都付与断井颓垣。"黛玉听了,倒也十分感慨缠绵,便止步侧耳细听。又唱道是:"良辰美景奈何天,赏心乐事谁家院。"听了这两句,不觉点头自叹,心下自思:"原来戏上也有好文章。可惜世人只知看戏,未必能领略其中的趣味。"想毕,又后悔不该胡想,耽误了听曲子。再听时,恰唱到:"只为你如花美眷,似水流年……"黛玉听了这两句,不觉心动神摇。又听道:"你在幽闺自怜"等句,越发如醉如痴,站立不住,便一蹲

---

① 洪昇《长生殿例言》,引自《长生殿笺注》,《例言》第1页。
② 吴山《三妇评牡丹亭杂记》附洪之则跋,引自《汤显祖集全编》六,第3163页。
③ 《脂砚斋重评石头记》,人民文学出版社,影印乾隆庚辰年(1760)抄本,1975年,第398页。

身坐在一块山子石上,细嚼"如花美眷,似水流年"八个字的滋味。忽又想起前日见古人诗中有"水流花谢两无情"之句,再词中又有"流水落花春去也,天上人间"之句;又兼方才所见《西厢记》中"花落水流红,闲愁万种"之句,都一时想起来,凑聚在一处。仔细忖度,不觉心痛神驰,眼中落泪。①

《红楼梦》第一回即开宗明义地宣称整个故事历程是"因空见色,由色生情,传情入色,自色悟空。"②而作品中的贾宝玉和林黛玉,"一个枉自嗟呀,一个空劳牵挂;一个是水中月,一个是镜中花。"③宝黛这一对有情人永远无法结合在一起,只不过是一种空幻而已。正是在这个意义上,林黛玉此时的心态才和梦醒之后的杜丽娘有几分相似,乃至于她听到《惊梦》中的曲子,便"心动神摇"、"如醉如痴"。黛玉感慨"世人只知看戏,未必能领略其中的趣味",表明她才是杜丽娘与汤显祖的真正知音。

《牡丹亭》的色空意识以及汤显祖极度的幻灭感对《红楼梦》的影响,也是在这个层面上表现出来的。

---

① 《红楼梦》,人民文学出版社1979年版,第271—272页、第4页、第61页。
② 《红楼梦》,人民文学出版社1979年版,第271—272页、第4页、第61页。
③ 《红楼梦》,人民文学出版社1979年版,第271—272页、第4页、第61页。

玉茗堂四梦文本考

汪天成　金　雯　蒋瑜娟

在汤显祖作品的研究中,文本的探析可说是最少人留意的一部分,因为除了《牡丹亭》之外,其他三本的文本依据,几乎都没有任何解的争议,因为当裁判太明确了,但是真的就是如此吗? 本文即针对此一部分作进一步的探析。为求叙述方便起见,本文先从《牡丹亭》谈起。

《牡丹亭》,最大的争议在于《牡丹亭》、①《杜丽娘记》、②《杜丽娘慕色还魂》③三者时代先后,以及《牡丹亭》的蓝本究为何本上,学者们根据文献和文本提出了不同的意见,可是,大家都忽略了非常重要的一点,在《杜丽娘记》和《杜丽娘慕色还魂》中都有一个很特别的地方——平抬(见附图一、附图二)。

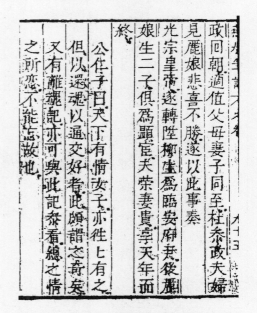

附图一　《杜丽娘记》页六十五下　　　　　　　附图二　《杜丽娘慕色还魂》页三十六上

平抬是古代书信公文敬例,常见于公文奏章或书序中称呼君王时用之,但是绝不会用于称呼前朝君王,这两个地方一定是两部《燕居笔记》的误刻或漏改,不过,由于是误刻和漏改,虽然这两篇文章内容相近,但误刻或漏改的地方不一样,由此可知,这两篇文章彼此应该没有直接的关系,而是源自同一来源,或是分别改自不同来源,而这个来源的作者,应该是生存于南宋,或者并不讲究行文约束的元代,也就是说,

---

①　《明万历初刻本牡丹亭还魂记》(简称《牡丹亭》,以下所引《牡丹亭》皆为此本,不赘),文化艺术出版社 2012 年 1 月一版。

②　《杜丽娘记》,《增补批点图像燕居笔记》卷八,页九十一上—九十五下(此页码乃《增补批点图像燕居笔记》卷八之页码,下同,不赘)。

③　《杜丽娘慕色还魂》,《重刻增补燕居笔记》卷九下层,页二十八下—三十七上(此页码乃《重刻增补燕居笔记》卷九之页码,下同,不赘)。

不管是《杜丽娘记》或是《杜丽娘慕色还魂》，他文本所产生的时代，一定远在汤显祖之前，因此只有可能汤显祖参考《杜丽娘记》或是《杜丽娘慕色还魂》，而绝不可能是《杜丽娘记》或《杜丽娘慕色还魂》袭用《牡丹亭》。

　　清楚这一点后，再将《牡丹亭》内文和《杜丽娘记》及《杜丽娘慕色还魂》加以比对，可得如下之表：

表一　牡丹亭文本比较表

出　数	牡　丹　亭	杜丽娘记	杜丽娘慕色还魂
第十出 惊梦	春色恼人，信有之乎！常观诗词乐府，古之女子，因春感情，遇秋成恨，诚不谬矣。吾今年已二八，未逢折桂之夫；忽慕春情，怎得蟾宫之客？昔韩夫人得遇于郎，张生偶逢崔氏，曾有《题红记》、《崔徽传》二书。此佳人才子，前以密约偷期，后皆得成秦晋。（长叹介）吾生于宦族，长在名门。年已及笄，不得早成佳配，诚为虚度青春，光阴如过隙耳。（泪介）可惜妾身颜色如花，岂料命如一叶乎！①	春色恼人，信有之乎？可惜妾身颜色如花，岂料命如一叶？②	春色恼人，信有之乎，常见诗词乐府，古之女子因春感情，遇秋成恨，诚不谬矣。吾今年已二八，未逢折桂之夫，感慕景情，怎得蟾宫之客？昔日郭华偶逢月英，张生得遇崔氏，曾有《钟情丽集》、《娇红记》二书，此佳人才子，前以密约偷期，似皆一成秦晋。嗟呼！吾生于宦族，长在名门，年已及笄，不得蚤成佳配，诚为虚度青春，光阴如过隙耳。叹息久之曰：可惜妾身颜色如花，岂料命如一叶耶。③
	姐姐，你既淹通书史，可作诗以赏此柳枝乎？④	姐姐既能通书史，可作首以赏此柳乎？⑤	姐姐既能通书史，可作诗以赏之乎？⑥
	奴搂抱去牡丹亭畔，芍药东边，共成云雨之欢。两情和合。⑦	将丽娘搂抱，去牡丹亭畔，芍药栏边，共成云雨之欢娱，两情和合。⑧	将小姐搂抱去牡丹亭畔，芍药栏边共成云雨之欢娱，两情和合。⑨
	（老旦）我儿，何不做些针指，或观玩书史，舒展情怀？因何书寝于此？（旦）孩儿适花园中闲玩，忽值春暄恼人，故此回房。无可消遣，不觉困倦少息。有失迎接，望母亲恕儿之罪⑩	夫人问曰：我儿或事针指，或玩书史消遣亦可，因何昼寝于此？丽曰：儿适花园游玩，忽值春暄恼人，故此回房，无可消遣，不觉困倦少息，有失迎接，望母恕罪。⑪	夫人问曰：我儿何不做针指，或观玩书史消遣亦可，因何昼寝于此？小姐答曰：儿适花园中闲玩，忽值春暄恼人，故此回房，无可消遣，不觉困倦少息，有失迎接，望母亲恕儿之罪。⑫
第十二出 寻梦	忽然大梅树一株，梅子磊磊可爱。⑬	忽见一株大梅，梅子磊磊可爱。⑭	忽见一株大梅树，梅子磊磊可爱。⑮

---

① 《牡丹亭》卷上，页二十一上。
② 《杜丽娘记》页九十一上。
③ 《杜丽娘慕色还魂》页二十九下。
④ 《牡丹亭》卷上，页二十一下。
⑤ 《杜丽娘记》页九十一下。
⑥ 《杜丽娘慕色还魂》，页三十上。
⑦ 《牡丹亭》卷上，页二十三上。
⑧ 《杜丽娘记》页九十一下。
⑨ 《杜丽娘慕色还魂》，页三十上。
⑩ 《牡丹亭》卷上，页二十二下。
⑪ 《杜丽娘记》页九十一下。
⑫ 《杜丽娘慕色还魂》，页三十上。
⑬ 《牡丹亭》卷上，页二十八上。
⑭ 《杜丽娘记》页九十二上。
⑮ 《杜丽娘慕色还魂》，页三十下。

出 数	牡 丹 亭	杜 丽 娘 记	杜丽娘慕色还魂
第十四出 写真	近睹分明似俨然， 远观自在若飞仙。 他年得傍蟾宫客， 不在梅边在柳边。①	近睹分明是俨然， 远观自在若飞仙， 他年得伴蟾宫客， 不在梅边在柳边。②	近睹分明似俨然， 远观自在若飞仙， 他年得傍蟾宫客， 不在梅边作柳边。③
第二十六出 玩真	小生待画饼充饥，小姐似望梅止渴。④		恰似望梅止渴，画饼充饥。⑤
第二十八出 幽媾	果然美人见爱，小生喜出望外。何敢却乎？⑥		美人见爱，小生喜出妄外，何敢却耶？⑦
第三十二出 冥誓	（旦）妾有一言相恳，望郎恕罪。（生笑介）贤卿有话，但说无妨。（旦）妾千金之躯，一旦付与郎矣，勿负奴心。每夜得共枕席，平生之愿足矣。（生笑介）贤卿有心恋于小生，小生岂敢忘于贤卿乎？⑧		女子笑谓柳生曰：妾有一言相恳，望郎勿责。柳生笑而答曰：贤卿有话，但说无妨。女子含笑曰：妾千金之躯，一旦付与郎矣，勿负奴心，每夜得共枕席，平生之愿足矣。柳生笑而答曰：贤卿有心恋于小生，小生岂敢忘于贤卿乎！⑨
	可急视之，不宜自误。如或不然，妾事已露，不敢再来相陪。愿郎留心，勿使可惜，妾若不得复生，必痛恨君于九泉之下矣⑩	明早可急告于父母，即往梅树下痓之，则事可和谐，不然，妾不得复生，必痛恨于九泉之下也。⑪	可急视之，请勿自娱，不然妾事已露，不复再至矣。望郎留心，勿使可惜矣。妾不得复生，必痛恨于九泉之下也。⑫

透过这个表，我们可以清楚地发现，《杜丽娘记》的创作时代虽然可能早于《杜丽娘慕色还魂》，但是，真正影响汤显祖《牡丹亭》应该是《杜丽娘慕色还魂》，而不是《杜丽娘记》，值得讶异的是，汤显祖《牡丹亭》对《杜丽娘慕色还魂》竟然是如此的直接，甚至完全更动，因此引起我的兴趣，想要进一步探讨其他三梦是否也是如此，不过，在探讨其他三梦的文本之前，还有个小问题要解决。汤显祖在《牡丹亭还魂记题辞》中提到文本的依据：

  传杜太守事者，仿佛晋武都守李仲文、广州守冯孝将儿女事，予稍为更而演之，至于杜守收拷柳生，亦如汉睢阳王收考谈生也。⑬

① 《牡丹亭》卷上，页三十三上。
② 《杜丽娘记》页九十二上一下。
③ 《杜丽娘慕色还魂》，页三十一上。
④ 《牡丹亭》卷上，页六十五下。
⑤ 《杜丽娘慕色还魂》，页三十二下。
⑥ 《牡丹亭》卷上，页七十四上。
⑦ 《杜丽娘慕色还魂》，页三十三上。
⑧ 《牡丹亭》卷上，页七十四下。
⑨ 《杜丽娘慕色还魂》，页三十三上一下。
⑩ 《牡丹亭》卷下，页六上。
⑪ 《杜丽娘记》页九十三上。
⑫ 《杜丽娘慕色还魂》，页三十四下。
⑬ 《牡丹亭还魂记题辞》，《牡丹亭》页二上一下。

所谓"晋武都守李仲文、广州守冯孝将……汉睢阳王收考谈生"一般都认为是出自《太平广记》,不过,有关"冯孝将"的资料共有两处,兹胪列于下:

张子长

  晋时,武都太守李仲文,在郡丧女。年十八,权假葬郡城北。有张世之代为郡,世之男字子长,年二十,侍从在廨中。梦一女,年可十七八,颜色不常。自言前府君女,不幸早亡,会今当更生,心相爱乐,故来相见就。如此五六夕,忽然昼见,衣服薰香殊绝,遂为夫妻。寝息衣皆有涊,如处女焉。后仲文遣婢视女墓,因过世之妇相问。入廨中,见此女一只履,在子长床下,取之啼泣,呼言发冢。持履归以示仲文。仲文惊愕,遣问世之,君儿何由得亡女履也?世之呼问,儿具陈本末,李张并谓可怪。发棺视之,女体已生肉,颜姿如故,唯右脚有履。子长梦女曰,我比得生,今为所发,自尔之后,遂死肉烂,不得生矣。万恨之心,当复何言?泣涕而别。(出《法苑珠林》)①

冯孝将

  广平太守冯孝将,男马子。梦一女人,年十八九岁,言我乃前太守徐玄方之女,不幸早亡,亡来四年,为鬼所枉杀。按生箓,乃岁至八十余。今听我更生,还为君妻,能见聘否。马子掘开棺视之,其女已活,遂为夫妇。(出幽明录)②

徐玄方女

  晋东冯孝将广州太守。儿名马子,年二十余,独卧厩中,夜梦见女子,年十八九,言,我是太守北海徐玄方女,不幸早亡。亡来出入四年,为鬼所枉杀。案主录,当年八十余,听我更生,要当有依凭乃得活,又应为君妻。能从所委,见救活不?马子答曰,可尔。与马子克期当出。至期日,床前地头发正与地平,令人扫去,愈分明,始悟所梦者。遂屏左右,便渐额面出,次头形体额出。马子便令坐对榻上,陈说语言,奇妙非常。遂与马子寝息。每戒云,我尚虚,借问何时得出,答曰,出当待本生,生日尚未至。遂往厩中,言语声音,人皆闻之。女计生至,具教马子出己养之方法,语毕拜去。马子从其言,至日,以丹雄鸡一只,黍饭一盘,清酒一升,酹其丧前,去厩十余步,祭讫,掘棺出,开视,女身体完全如故。徐徐抱出,著毡帐中,唯心下微暖,口有气。令婢四守养护之。常以青羊乳汁沥其两眼,始开,口能咽粥,积渐能语,二百日中,持杖起行,一期之后,颜色肌肤气力悉复常,乃遣报徐氏,上下尽来。选吉日下礼,聘为夫妇。生二男一女:长男字元庆,嘉和初为秘书郎中;③小男字敬度,作太傅掾;女适济南刘子彦,征士延世之孙。(出法苑珠林)④

谈生

  谈生者,年四十,无妇,常感激读诗经,夜半,有女子,可年十五六,姿颜服饰,天下无双,来就生为

---

① 《太平广记》(国家图书馆出版社影谈恺刻本,以下所引《太平广记》皆为此本,不赘。)卷第三百一十九,页一上一下。国家图书馆出版社 2009 年 6 月一版。
② 《太平广记》,卷二百七十六,页七上一下。
③ "嘉"字谈刻本为墨丁,此据许自昌本补。
④ 《太平广记》,卷三百七十五,页四下一五下。

夫妇。自言。① 我与人不同,勿以火照我也,三年之后,方可照。为夫妻,生一儿,已二岁,不能忍,夜伺其寝后,盗照视之。其腰已上生肉如人,腰下但有枯骨。妇觉,遂言曰,君负我。我垂生矣,何不能忍一岁而竟相照也。生辞谢,涕泣不可复止。云:与君虽大义永离,然顾念我儿,若贫不能自偕活者,暂随我去,方遗君物。生随之去,入华堂,室宇器物不凡。以一珠袍与之,可以自给。裂取生衣裾。留之而去。后生持袍诣市,睢阳王家买之,得钱千万。王识之曰。是我女袍。此必发墓。乃取拷之。生具以实对。王犹不信,乃视女冢,冢完如故,发视之,果棺盖下得衣裾,呼其儿。正类王女。王乃信之,即召谈生,复赐遗衣,以为主婿。表其儿为侍中。(出列异传)②

在这四条资料中,"武都守李仲文"、"睢阳王收考谈生"都没问题,但是,关于"冯孝将儿女"事,卷二百七十六《冯孝将》条是作"广平太守冯孝将",而卷三百七十五的《徐玄方女》条作"晋东冯孝将广州太守",显然《徐玄方女》条较符合《牡丹亭还魂记题辞》所说"广州守冯孝将儿女事",不过,再翻检《法苑珠林》时,却发现"武都守李仲文"、"广州守冯孝将儿女事"、"汉睢阳王收考谈生"此三事竟然收录在同一卷之中,分别是:

汉有谈生冥婚怪

汉有谈生者,年四十,无妇,常感激读经通夕不卧,至夜半时,有一好女,年十五六,姿颜服饰,天下无双,来就谈生遂为夫妇。言曰:我不与人同夜,君慎勿以火照我也,至三年之后,乃可照耳。谈生与为夫妇,生一儿,已二岁矣,不能忍,夜伺其寐,便盗照视之。其腰已下肉如人,腰以上但是枯骨。妇觉,遂去,云:君负我。我已垂变身,何不能忍一年而竟相照耶。谈生辞谢。涕泣不可复止。云:与君虽大义,今将离别。然顾念我儿恐君贫不能自谐活,暂逐我去,方遗君物。谈生逐入华堂,兰室物器不凡。乃以珠被与之,曰:可以自给。裂取谈生衣裾。留之辞别而去。后生持被诣市,睢阳王买之,直钱千万。王识之曰。是我女被,那得在市。此人必发吾女冢。乃收考谈生。谈生具以实对。王犹不信,乃往视女冢,冢全如故,乃复发视,果于棺盖下得衣裾。呼其儿,视貌似王女。王乃信之,即出谈生而复之,遂以为女婿。表其儿为郎中(右一验出搜神记)。③

晋有张世之冥婚怪

晋时,武都太守李仲文,在郡丧女,年十八;权假葬郡城北。有张世之代为郡,世之男字子长,年二十,侍从在廨中。梦一女,年可十七八,颜色不常。自言前府君女,不幸早亡,会今当更生,心相爱乐,故来相就。如此五六夕,忽然昼见。衣服薰香殊绝,遂为夫妻;寝息,衣皆有污,如处女焉。后仲文遣婢视女墓,因过世之妇相闻。入廨中,见此女一只履在子长床下,取之啼泣,呼言发冢。持履归,以示仲文。仲文惊愕,遣问世之:"君儿何由得亡女履耶?"世之呼问,儿具陈本末,李张并谓可怪。发棺视之,女体已生肉,姿颜如故,右脚有履,左脚无也。自尔之后,遂死,肉烂,不得生。万恨之心,

---

① "自"字谈刻本作"之",此据许自昌刻本改。
② 《太平广记》,卷三百一十六,页四上一下。
③ 《法苑珠林》(《四部丛刊初编》景明径山寺本)卷九十二,十恶篇第八十四之三,感应缘,页十八上一十九上。

当复何言？涕泣而别。

晋冯马子感女重生怪

晋时，东平冯孝将为广州太守。儿名马子，年二十余，独卧厩中，夜梦见女子，年十八九，言，我是前太守北海徐玄方女，不幸早亡。亡来出入四年，为鬼所枉杀。案主录，当八十余，听我更生，要当有依马子乃得生活，又应为君妻。能从所委，见救活不？马子答曰，可尔。与马子克期当出。至期日，床前地头发正与地平，令人扫去，逾分明，始悟是所梦见者。遂屏除左右人，便渐渐额出，次头面出，一次项形体顿出。马子便令坐对榻上，陈说语言，奇妙非常。遂与马子寝息。每诫云，我尚虚，自节，问何时得出，答曰，出当得本生，生日尚未至。遂往厩中，言语声音，人皆闻之。女计生日至，女具教马子出己养之方法，语毕拜去。马子从其言，至日，以丹雄鸡一只，黍饭一盘，清酒一升，酹其丧前，去厩十余步，祭讫，掘棺出，开视，女身体貌全如故。徐徐抱出，着毡帐中，唯心下微暖，口有气。令婢四人守养护之。常以青羊乳汁沥其两眼，始开，口能咽粥，积渐能语，二百日中，持杖起行，一期之后，颜色肌肤气力悉复常，乃遣报徐氏，上下尽来。选吉日下礼，娉为夫妇。生二男一女：长男字元庆，永嘉初为秘书郎中；小男字敬度，作太傅掾；女适济南刘子彦，征士延世之孙。（右二验出续搜神记）①

其中第三则所言"晋冯马子感女重生怪"条，亦即《太平广记》卷三百七十五的《徐玄方女》条，与题辞所言合，《续搜神记》即《搜神后记》，由于《搜神记》、《续搜神记》宋后皆佚，所以汤显祖写《牡丹亭》时，不可能是参考《搜神记》或《续搜神记》，最有可能的是参考《太平广记》或《法苑珠林》所收录的诸篇，由于这三篇散布于《太平广记》的卷三百一十六至卷三百七十五，而《法苑珠林》则集中于一卷，当然是参考《法苑珠林》的可能性比较大，再者，由《太平广记》引《列异传》作"乃取拷之"，而《法苑珠林》所引《搜神记》作"乃收考谈生"与《牡丹亭还魂记题辞》所述较合，也似乎是参考《法苑珠林》的可能性较大，但是由于《牡丹亭还魂记题辞》提供的资料实在太少，实在无从分辨汤显祖到底是根据《太平广记》还是《法苑珠林》，因此只能由其他玉茗堂四梦的其他三篇来探索。

玉茗堂四梦中，除了《牡丹亭》取材自《杜丽娘慕色还魂》外，《紫钗记》②取材自《霍小玉传》，《邯郸梦记》③取材自《枕中记》，《南柯梦》④取材自《南柯太守传》，这是众所周知的，但是由于这三篇宋后皆未单行，那么，汤显祖是由何处看到这些故事的呢？当然，就我们现在来说，最方便也最可能的是《太平广记》，但是，一来由于《太平广记》万历之前流传的并不广，二来，《太平广记》卷帙繁浩，售价不菲，汤显祖是否买得起，恐怕也是个问题，不过，由前所述汤显祖在《牡丹亭》中有直接引用原文的习惯，因此，先将其他三梦文本与《太平广记》相比对之后，发现汤显祖的这三部作品中也有着这样的现象：

---

① 《法苑珠林》（《四部丛刊初编》景明径山寺本）卷九十二，十恶篇第八十四之三，感应缘，页二十一上—二十二上。
② 《紫钗记》（古本戏曲丛刊初集影明柳浪馆刊本，以下所引版本皆同，不赘）。
③ 《邯郸梦记》（《古本戏曲丛刊初集》影明朱墨刊本，下同，不赘）。
④ 《南柯梦》（古本戏曲丛刊初刊影明刊本，下同，不赘）。

表二　《紫钗记》《邯郸梦记》《南柯梦》引文比较表

文　　本		太　平　广　记
紫钗记		
第四出 谒鲍	苏姑子作好梦也。有一仙人。谪在下界。不邀财货。但慕风流。如此色目。共十郎相当矣。①	苏姑子作好梦也未? 有一仙人,谪在下界,不邀财货,但慕风流。如此色目,共十郎相当矣。②
	故霍王小女。字小玉。王甚爱之。母曰净持。净持即王之宠姬也。王初薨。诸弟兄以其出自微庶。不甚收录。因分与资财。遣居于外。易姓为郑氏。人亦不知其王女。资粮③秾艳。一生未见。高情逸态。事事过人。音乐诗书。无不通解。④	故霍王小女字小玉,王甚爱之。母曰净持,净持即王之宠婢也。王之初薨,诸弟兄以其出自贱庶,不甚收录,因分与资财,遣居于外,易姓为郑氏,人亦不知其王女。资质秾艳,一生未见。高情逸态,事事过人,音乐诗书,无不通解。⑤
第二十二出	妾年始十八,君才二十有二。逮君壮室之秋。犹有八岁。一生欢爱。愿毕此期。然后妙选高门。以求秦晋。亦未为晚。妾便舍弃人事,剪发披缁。凤昔之愿,于此足矣⑥	妾年始十八,君才二十有二。逮君壮室之秋,犹有八岁。一生欢爱,愿毕此期,然后妙选高门,以求秦晋,亦未为晚。妾便舍弃人事,剪发披缁,凤昔之愿,于此足矣。⑦
第五十二出 钗圆	我为女子。薄命如斯。君是丈夫。负心若此。韶颜稚齿。饮恨而终。慈母在堂。不能供养。绮罗弦管。从此永休。征痛黄泉。皆君所致。李君李君。今当永诀矣。⑧	我为女子,薄命如斯;君是丈夫,负心若此。韶颜稚齿,饮恨而终。慈母在堂,不能供养。绮罗弦管,从此永休。征痛黄泉,皆君所致。李君李君,今当永诀。⑨
邯郸记		
第十九折 死窜	吾家本山东。有良田数顷。足以御寒馁。何苦求禄。而今及此。思复衣短裘。乘青驹。行邯郸道中不可得矣。⑩	吾家本山东,良田数顷,足以御寒馁,何苦求禄,而今及此,思复衣短裘,乘青驹,行邯郸道中,不可得也。⑪
第二十八折 生寤	卿以俊德。作朕元辅。出镇藩服。入赞缉熙,升平二纪。实卿是赖。比因疾累。日谓痊除。岂遽沉顿,良深悯默。今遣骠骑大将军高力士就第省候。卿其勉加调养。为朕自爱。深冀无妄。期于有喜。⑫	卿以俊德,作余元辅,出雄藩垣,入赞缉熙,升平二纪,实卿是赖。比因疾累,日谓痊除,岂遽沈顿,良深悯默。今遣骠骑大将军高力士就第候省,其勉加针灸,为余自爱,谶冀无妄,期丁有喜。⑬
	宠辱之数。得丧之理。生死之情。尽知之矣。⑭	宠辱之数。得丧之理。生死之情。尽知之矣。⑮
南柯梦		
上第十一出 引谒	前奉贤婿令尊之命。不弃小国,许以金枝奉事君子。⑯	前奉贤尊命,不弃小国,许令次女瑶芳奉事君子。

① 《紫钗记》卷上,页七下一八上。
② 《太平广记》卷四百八十七,页一上。
③ "粮"字汲古阁本作"质",与《太平广记》同。
④ 《紫钗记》卷上,页八上。
⑤ 《太平广记》卷四百八十七,页一下。
⑥ 《紫钗记》卷上,页五十八下一五十九上。
⑦ 《虞初志》卷六,页六上一下。
⑧ 《紫钗记》卷下,页七十二下。
⑨ 《太平广记》卷四百八十七,页五下一六上。
⑩ 《邯郸梦记》卷中,页二十六上。
⑪ 《太平广记》卷八十二,页五下。
⑫ 《邯郸梦记》卷下,页二十五上一下。
⑬ 《太平广记》卷八十二,页六上一下。
⑭ 《邯郸梦记》卷下,页三十上。
⑮ 《太平广记》卷八十二,页六下。
⑯ 《南柯梦》卷上,页二十五上。

续　表

文　本		太　平　广　记
上 第 十 六 出 得翁	亲家翁职守北土。音问不绝。卿但具书相问。未可便去。①	亲家翁职守北土,信问不绝,卿但具书状知闻,未用便去。②
	玄象谪见,国有大恐,都邑迁徙。宗庙崩坏……恤起他族。事在萧墙。③	玄象谪见,国有大恐,都邑迁徙,宗庙崩坏。恤起他族,事在萧墙。④
上 第 十 八 出 拜郡	吾南柯郡政事不理。太守废黜。欲藉卿才。可屈就之。便与小女同往。⑤	吾南柯政事不理,太守黜废,欲藉卿才,可曲屈之,便与小女同行。⑥
上 第 二 十 出 御饯	淳于郎性刚好酒。加之少年。为妇之道。贵乎柔顺。尔善事之。吾无忧矣。南柯虽封境不遥。晨昏有间。今日暌别。宁不沾巾。⑦	淳于郎性刚好酒,加之少年,为妇之道,贵乎柔顺,尔善事之,吾无忧矣。南柯虽封境不遥,晨昏有间,今日暌别,宁不沾巾。⑧
下 第 二 十 出 遣生	卿本人间,家非在此。⑨	卿本人间,家非在此。⑩
下 第 二 十 一 出 寻癗	幸托姻亲。二十余年。不幸小女夭化。不得与君偕老。良用痛伤。⑪	姻亲二十余年,不幸小女夭枉,不得与君子偕老,良用痛伤。⑫

　　虽然证实了这一点,但是仍有不少地方与《太平广记》的用辞不尽相符,因此进一步将此三部传奇中相关的文字与其他文献逐一比对,以期找出汤显祖所依据的究竟是哪个本子,而经过比对之后,发觉与汤显这相部作品文字最接近的,不是《太平广记》,而是《虞初志》,比对结果如下表:

表三　《紫钗记》《邯郸梦记》《南柯梦》文本比对表

文　本		太　平　广　记	虞　初　志
紫钗记			
第十六出	妾本轻微。自知非匹。今以色爱。托其仁贤。但虑一旦色衰。恩移情替。使女萝无托。秋扇见捐。极欢之际。不觉悲生。⑬	妾本倡家,自知非匹,今以色爱,托其仁贤。但虑一旦色衰,恩移情替,使女萝无托,秋扇见捐。极欢之际,不觉悲至。⑭	妾本倡家,自知非匹,今以色爱,托其仁贤。但虑一旦色衰,恩移情替,使女萝无托,秋扇见捐。极欢之际,不觉悲至。⑮

---

①　《南柯梦》卷上,页三十六上。
②　《太平广记》卷四百七十五,页三下。
③　《南柯梦》卷下,页四十四下。
④　《太平广记》卷四百七十五,页五上。
⑤　《南柯梦》卷上,页三十九上。
⑥　《太平广记》卷四百七十五,页四上。
⑦　《南柯梦》卷上,页四十三下。
⑧　《太平广记》卷四百七十五,页四上一下。
⑨　《南柯梦》卷下,页四十六下。
⑩　《太平广记》卷四百七十五,页五下。
⑪　《南柯梦》卷下,页四十六下。
⑫　《太平广记》卷四百七十五,页三下。
⑬　《紫钗记》卷上,页四十下。
⑭　《太平广记》卷四百八十七,页二下。
⑮　《虞初志》卷六,页五上。

文　本	太　平　广　记	虞　初　志
箱盒里取乌丝阑素段三尺①	遂取绣囊,出越姬乌丝栏素缣三尺以授生②	遂取绣囊,出越姬乌丝栏素段三尺以授生③
邯郸记		
第二十八折 臣本山东书生。以田圃为娱。偶逢圣运。得列官序。过蒙荣奖。特受鸿私。出拥旌钺。入升鼎辅。周旋中外。绵历岁年。有忝恩造。无裨圣化。负乘致寇。履薄临克。日极一日。不知老之将至。今年八十余。位历三公。钟漏并歇。筋骸俱歇。弥留沉困。顾无诚效,上答休明,空负深恩。④ 永辞圣代,无任感恋之至。谨奉表称谢以闻。⑤	臣本山东书生,以田圃为娱,偶逢圣运,得列官序。过蒙荣奖,特受鸿私,出拥旌钺,入升鼎辅,周旋中外,绵历岁年,有忝恩造,无裨圣化。负乘致寇,履薄战克,日极一日,不知老之将至。今年逾八十,位历三公,钟漏并歇,筋骸俱弊,弥留沉困,顾无诚效,上答休明,空负深恩。永辞圣代,无任感恋之至。谨奉表称谢以闻。⑥	臣本山东书生,以田圃为娱,偶逢圣运,得列官序。过蒙荣奖,特受鸿私,出拥旌钺,入升鼎辅,周旋中外,绵历岁年,有忝恩造,无裨圣化。负乘致寇,履薄临克,日极一日,不知老之将至。今年逾八十,位历三公,钟漏并歇,筋骸俱弊,弥留沉困,顾无诚效,上答休明,空负深恩。永辞圣代,无任感恋之至。谨奉表称谢以闻。⑦
南柯记		
上第十出	有青油障。小壁车。驾车白牛当步趋。⑧	见青油小车,驾以四牡。⑨	见青油小车,驾以白牡。⑩
上第二十出	南柯国之大郡。土地丰穰。民物豪盛。非惠政不能治之。况有周田二卿赞治。卿其勉之。以副国念。⑪	南柯国之大郡,土地丰壤,人物豪盛,非惠政不能以治之,况有周田二赞,卿其勉之,以副国念。⑫	南柯国之大郡,土地丰壤,民物豪盛,非惠政不能以治之,况有周田二赞,卿其勉之,以副国念。⑬
下二十一出	公主养了二男二女。⑭	生有五男二女⑮	生二男二女⑯
	我左右之人都在那里。前面一辆秃牛单车。岂是我乘坐的。⑰	左右亲使御仆,遂无一人,心甚叹异。生上车行可数里⑱	左右亲使御仆,遂无一人,心甚叹异。上牛车行可数里。⑲
	原来是败龟板。其大如斗。积雨之后。蔓草丛生。既在槐西。得非所猎灵龟山乎。⑳	中有一腐龟壳,大如斗,积雨浸润,小草丛生,繁茂翳荟,掩暎振壳,即生所猎灵龟山也。㉑	中有一腐龟板,大如斗,积雨浸润,小草丛生,繁茂翳荟,掩暎振壳,即生所猎灵龟山也。㉒

---

① 《紫钗记》卷上,页四十下。
② 《太平广记》卷四百八十七,页三上。
③ 《虞初志》卷六,页五下。
④ "顾无成效,上答休明,空负深恩"朱墨刊本漏刻,此据臧评本及汲古阁本补。
⑤ 《邯郸梦》卷下,页二十七下。
⑥ 《太平广记》卷八十二,页六上。
⑦ 《虞初志》卷三,页四下。
⑧ 《南柯梦》卷上,页二十三上。
⑨ 《太平广记》卷八十二,页一上。
⑩ 《虞初志》卷三,页一下。
⑪ 《南柯梦》卷上,页四十三上。
⑫ 《太平广记》卷四百七十五,页四上。
⑬ 《虞初志》卷三,页八上。
⑭ 《南柯梦》卷下,页五十上。
⑮ 《太平广记》卷四百七十五,页四下。
⑯ 《虞初志》卷三,页九上。
⑰ 《南柯梦》卷下,页四十八下。
⑱ 《太平广记》卷四百七十五,页五下。
⑲ 《虞初志》卷三,页十一上。
⑳ 《南柯梦》卷下,页五十一上。
㉑ 《太平广记》卷四百七十五,页六下。
㉒ 《虞初志》卷三,页十一下—十二上。

由表三的比对中可以得知,长期以来,我们一直下意识地以为汤显祖的《紫钗记》、《邯郸梦记》、《南柯梦》文本取材自《太平广记》,而事实上汤显根据的是《虞初志》,至于《虞初志》中这几篇的文辞为什么和《太平广记》不同呢? 仔细搞敲《虞初志》的所有篇目后,个人认为《虞初志》第二卷以后的篇章,可能就是陈翰《异闻集》的残卷。

参考书目

一、文本

1. 汤显祖:《明万历初刻本牡丹亭还魂记》,北京,文化艺术出版社,2012 年 1 月一版。

2. 汤显祖:《紫钗记》(古本戏曲丛刊初集影明柳浪馆刊本),上海,商务印书馆,1954 年一版。

3. 汤显祖:《邯郸梦记》(《古本戏曲丛刊初集》影明朱墨刊本),上海,商务印书馆,1954 年一版。

4. 汤显祖:《南柯梦》(古本戏曲丛刊初集影明刊本),上海,商务印书馆,1954 年一版。

二、古籍

1. 释道世:《法苑珠林》(四部丛刊初集影明径山寺本),台北,商务印书馆,民国七十九年一版。

2. 李昉:《太平广记》(国家图书馆出版社影明谈恺刻本),北京,国家图书馆出版社,2009 年 6 月一版。

3.《虞初志》(续修四库全书影明弦歌精舍如隐草堂刻本),上海,上海古籍出版社 2002 年一版。

4. 余公仁编,《增补批点图像燕居笔记》(古本小说集成初编影明刊本),上海古籍出版社,1990 年一版。

5. 何大抢编,《重刻增补燕居笔记》(古本小说集成初编影明□盛堂刊本),上海古籍出版社,1990 年一版。

三、专书

1. 王梦鸥:《唐人小说研究二集》,台北,艺文印书馆,民国六十二年三月一版。

2. 王梦鸥:《唐人小说校释》,台北,正中书局,民国七十二年一版。

《牡丹亭》的读法："发乎情，止乎礼义"

郑元祉　刘　禹

一、序　言

以往论文对《牡丹亭》的主题的讨论方向主要以男女间的爱情为基础，通过对爱情世界的追逐从而对封建的反对方予以压力。问题是作品的内容从梦中见情人，互诉情意，结合为夫妇这一过程中，两人的情感中不只是为了单纯的爱情。换句话说，男女之间的爱情取得的过程与儒家的品德和社会的治理是有不可分割的关系的。

所以，《牡丹亭》中明白的表现并强调了男女之间爱情的至情，爱情赞歌式的内涵表现得极为浓厚，此时的男女间爱情已经不只是两人当事人的问题，与家庭、社会、国家都有关联，这也不是不能忽视的一点。如果我们说的男女之间的爱情史就是一条线，那么礼义就是秩序交织的组织。

男女个人的爱情成就怎样与家庭与社会、国家产生影响的前提比完成《牡丹亭》的主题是更为有深度的问题。在《牡丹亭》中男女的爱情有怎样的意义，对此进一步进行积极的分析，更深一步的把握主题为本次论文的重点。

所以，获得爱情的过程和爱情、社会、国家有关联的缘由，同时对获得爱情的过程进行说明。具体说明爱情、社会、国家之间的关系的现况和表明其伦理为本论文的课题。

二、前人研究倾向

到目前为止，以往学者的研究主要是对《牡丹亭》主题中的情和理的对立关系进行研究。[①]《牡丹亭》中杜丽娘追求爱情反对礼教，情与理对立的倾向性更强。[②] 研究《牡丹亭》的代表学者徐朔方认为，《牡丹亭》中强烈的感动力来自积极地浪漫主义理想，即强烈的幸福追逐与宗法礼教的反对。我们可以留意一点就是，她所在的明代当时妇女接受的宗教礼法的束缚是比任何一个时代都要残酷的，杜丽娘就是反抗宗教礼法的代表性人物。所以《明史》中收录的节妇和烈女的数字比《元史》以前的正史多了 4 倍多。原著中每次柳梦梅主动要求举行夫妇之事时，她都以要首先得到父母的允诺为由进行推诿，从这一点上并无法看杜丽娘是反抗宗法礼教的代表人物。[③]

---

①　黄文锡、吴凤雏《汤显祖传》中国戏剧出版社（1986），徐扶明《汤显祖与牡丹亭》上海古籍出版社（1993），宋子俊《有情人皆成眷属之外——〈牡丹亭〉主题小议》（《汤显祖研究资料》收录），许祥麟《浅析杜丽娘形象及其意义》，中国人民大学书报资料社（1985）等。

②　侯外庐《汤显祖牡丹亭还魂记外传》。毛效同编《汤显祖研究资料汇编》上海古籍出版社 1986 年版，第 1060—1078 页收录。他将"晦以待明"的理想比为"情之所必有"的情。

③　徐朔方《徐朔方说戏曲》，上海古籍出版社 2000 年版，第 127 页。

他认为,在当时的思想方面,王艮为主的左派王学,即泰州学派,举着反对正统宋学的旗帜,希望摆脱礼教的束缚。汤显祖的故乡江西省是泰州学派的极盛地域,王艮的三传弟子罗汝芳是汤显祖的老师,左派王学另外的支派李卓吾和反对朱熹哲学的紫柏大师,也都在思想上给予了汤显祖很大的影响。汤显祖的思想倾向主要倾向于反抗性的特点。①

不论主张的是与非,由于其从作品外部环境过分的对作品进行解读以至于引导了不正确的解释,致使笔者无法完全接受他的立场。

特别是在《牡丹亭》中最重要的讨论对象"情"上面的挖掘也是多种多样的。不过虽说法与伦理具有说服力,但终究是大同小异的。侯外庐认为,"与晦以待明一样,改变现实的伟大理想";②周贻白在《牡丹亭·闹殇》中,在生前杜丽娘时顺从封建礼教的甄夫人的曲词中举例,要把握汤显祖所说的"现实生活中的情",除此之外,还要把握"一般人的人情""个性解放""情志""人类的感情、欲望"等。③在先行研究中没有正式对之情的含义进行了伦理性的说服。结果到现在为止还少有对至情的一个明确的解释。

品读《牡丹亭》的方式有很多。本文就至情的各个方面考察《牡丹亭》,比起以往对《牡丹亭》的主题研究,本文要更加深入的方法对其进行有说服力的解说。

三、作品构造:"发乎情与止乎礼义"的世界

《牡丹亭》的梗概为,前半部分男女的野合与分享爱情的过程及后半部得到父母和社会的承认而组成的故事情节。

《牡丹亭》以暗示和赞扬男女间至诚至真的爱情为中心的作品,这一点体现在作品的各个细节当中。故事从开始到结束,故事是从杜丽娘与柳梦梅的家(个人)开始的。围绕个人的社会状态(金国对宋国的动态把握,李全的淮扬包围),到国家(皇帝),与男女的爱情有关的国家和社会问题都体现在了作品中。像这样,在两人的爱情得到承认的过程中与社会状态紧密联系,社会的变化也随着他们的爱情展开,致使最终皇帝也登场参与其中,正符合所谓"修身齐家治国平天下"的模式。所以我们在把握《牡丹亭》的整体构造时要把握《毛诗序》"发乎情,止乎礼义"的观念。

本文中将对所强调的"发乎情,止乎礼义"的角度,从两方面来看《牡丹亭》的深层世界。前者为欲望世界,后者为礼义的世界。解读这两方面的世界是如何结合这点有着重要的意义。同时在才子佳人的爱情故事中探寻两面主题的契机。也是阴阳结合至情的角度来把握说明"发乎情"与"止乎礼义"的关系。阴阳的结合与阴阳的调节为前提考察情的存在与其意义。

(一)"发乎情"的世界:情(至情)的含意

《牡丹亭》中的"至情"表现得十分自然。杜丽娘在梦中与柳梦梅相遇之前,曾经在花园中随着感春有些情绪上的变化。其中以第十出《惊梦》中的"因春感情""游春感伤"最具代表性。

---

① 徐朔方《徐朔方说戏曲》,第 135 页。
② 侯外庐《汤显祖牡丹亭还魂记外传》。毛效同编《汤显祖研究资料汇编》,上海古籍出版社 1986 年版,第 1060—1078 页收录。他将"晦以待明"的理想比为"情之所必有"的情。
③ 对于《牡丹亭》的情,以往的意见,引用的是蔡守民的硕士学位论文(韩国高丽大学,1997)《牡丹亭研究——梦想中的情》,第 43 页。

　　天呵，春色恼人，信有之乎。常观诗词乐府，古之女子，因春感情，遇秋成恨，诚不谬矣。吾今年已二八，未逢出桂之夫。忽慕春情，怎得蟾宫之客。①

　　杜丽娘的感春情节源于年轻处子的自然感情流露。《牡丹亭》题辞中的"情不知所起，一往而深"的"情"可以理解为杜丽娘强烈真挚的感情。② 杜丽娘的"情"是强烈的且具有爆发性的特点。

　　情不知所起，一往而深，生者可以死，死可以生。生而不可与死，死而不可复生者，皆非情之至也。③

　　生者可为情而亡，亡者也可为情而死。这段陈述可以先看出，杜丽娘死而复生的过程是由于其极致的至情。《惊梦》中花神和杜丽娘说，因"感伤（游春伤感）"可"尝试云雨之情！"中的"春情"后紧接着就是"云雨之情"。④ 云雨之情就是云与雨性行为的隐喻，是以"天地合，而后万物兴焉"为据而来。⑤

　　第三十二出如杜丽娘在《冥誓》中的"前日为柳郎而死，今日为柳郎而生"所说的，杜丽娘死亡的原因是"前日为柳郎而死"，即在叙怀"无法完成与柳梦梅的爱情而死"中诉说男女之情（男女的至情）。"今日为柳郎而生"中"为了完成与柳郎的爱情而复活"的美。杜丽娘三年后复活，在现实生活中与柳郎实现了男女结合。所以我们说《牡丹亭》的组成及主题为"至情"，也就是围绕男女至情而展开的故事。

　　"生者可以死，死可以生"说的是什么呢？杜丽娘所说的至情，是生者可为至情而死，死者也可为至情而生。

　　"情不知所起，一往而深"中杜丽娘所拥有的爱情是"发乎情，止乎礼义"中的"发乎情"，是爱情的情愫产生后所产生的强烈的力量所赋予的美。

　　Van Gulik 在《中国性风俗史》中说，梅花具有快乐和女性的意义。⑥ 柳梦梅从名字中的"梦梅"就已经有暗示的意思。第二十六出《玩真》中柳梦梅看见杜丽娘所画的女子行乐图后，唱出了如下的歌。

　　【啼莺序】……小生待画饼充饥，小姐似望梅止渴。⑦

　　引用文中的"饥"和"渴"都是一种表现欲望的词汇，都间接的表现了男女一种渴望结合的欲望。⑧

　　第十七出的《道觋》中的石道姑引用《千字文》中对性的描写，而这段对性的描写是十分淫乱的。体现了她对性的一种强烈的欲望。⑨ 石道姑与陈最良之间的谈话中所包含的对性的欲望也是不容忽视的。

---

　　① 《牡丹亭》第十出《惊梦》，第54页。
　　② 《牡丹亭题词》"情不知所起，一往而深"。
　　③ 《牡丹亭题词》。
　　④ 《牡丹亭》第十出《惊梦》55页。"咱花神专掌惜玉怜香，竟来保护他，要他云雨十分欢幸也"。
　　⑤ "天地合，而后万物兴焉"《礼记正义》中，北京大学出版社1999年版，第814页。
　　⑥ Van Gulik 在《中国性风俗史》中说，梅树在春天高低不平，像死了一样。树枝从开着花的细枝上落下，象征着多产与繁茂。寒冷的冬天过去，再次发芽充满生命力。梅花象征着性的快乐和年轻的女性。柳梦梅在花园中做梦，梦到梅花树下站着一个有缘分的女人，说要发迹，所以自己的名字为梦梅。这里的梦梅必须与年轻女性有性关系的梦境。他的名字中也象征着男女之情、云雨之情。R. H. Van Gulik(1993)著，张源哲译，《中国性风俗史》，kkachi(까치)，第352页。
　　⑦ 《牡丹亭》第二十六出《玩真》，第156页。
　　⑧ 闻一多认为"饥"的意思为对性的欲望。《闻一多全集》一，生活读书新知三联书店1982年版，第85页。
　　⑨ 道姑在第十七出引用《千字文》进行文字游戏，《牡丹亭》，第91—92页。

只不过两人没有实现这种欲望的机会而已。其实从石道姑口中说出的关于性的话题,就是以一种委婉的方式来表达作者所强调的男女间正常的结合。值得注意的是,虽然石道姑是男女结合中有问题的环节,但在柳梦梅与杜丽娘的结合过程中,她却作为阴阳的调节者[①]的身份出现帮助主人公。

在《冥判》中杜丽娘的死因为"慕色而亡",其实说的就是她因"至情,也就是因云雨之情"而死。杜丽娘死而复生的原因为因情而生,其实也可以说是关于性的强烈的欲望。

像这样透露着作者汤显祖对男女之情(性)重视的段落比比皆是。《幽媾》中人与鬼的结合又是怎样的呢?地狱与人间的结合不仅仅是为了克服他们存在的差异,而是为了强调阴阳的一种结合。《幽媾》中人与鬼的结合也是体现强烈的欲望。

自古,人与鬼的爱情就有一定的关系。荒冢间的爱情与棺材边的性交形态就存在别有的恐怖与刺激。书生与女鬼相知相交的场所通常为充满了死亡和性的诱惑的荒废的山间、民间古寺或报废的旧坟墓。[②] 虽然柳梦梅与已经变为女鬼的杜丽娘的性交不是在荒废的山间、民间古寺或废墟的旧坟墓,但是两人的激情与充满了性的诱惑的本质与上述的是基本一样的。所以《牡丹亭》里柳梦梅在梦中住所与杜丽娘的云雨之情都是上述的男女性的强烈的欲望的极大化的表现。

"妾千金之躯,一旦付与郎矣,勿负奴心。每夜得共枕席,平生之愿足矣。"[③]

体现了杜丽娘毫无顾忌的要求与愿望和她对性的强烈的欲望。《牡丹亭》表现了一种强烈且原始的对性的执着,以及男女结合的强烈的兴趣。杜丽娘的死而复生也是对性的强烈的欲望,这种欲望同时也是链接杜丽娘死而复生的支点。至情说的是极致的情,完美的爱以及完全的阴阳结合。

一方面,这种完全的阴阳结合是社会秩序为其做担保,这时的社会秩序可以理解为是阴阳结合的自然结果。杜丽娘从"因情而死"到"因情而生"是为了她到现世再结合的程序,在这个过程中最大的媒介就是被称作云雨之情的对性的欲望。

与柳梦梅和杜丽娘的至情的结合相反的则是石道姑和陈最良的不完全的性,而这段对性的描写也并不是偶然。后者的出现可以理解为是柳梦梅与杜丽娘至情结合的对比作用。

追求阴阳结合可以理解为是对男女之情的赞美,至情是完整的爱情和对其的实现。从这种观点理解的话,"发乎情,止乎礼义"的图式是从至情的角度出发的阴阳结合,而产生这种结合的原因可以理解为其实在秩序下自然而成的。我们这里谈论的《牡丹亭》之中的爱情,即"因情而死"或"因情而生"中的"情"都是至情的意思。

所以,至情不仅指的是单纯的情,更指的是男女之间对性的欲望,从而产生的强烈的生命力。像这样,《牡丹亭》中很多主题都展现的是原始的性的强烈的渴望。

从性的观点出发看因至情而出之事,在梦中的男女结合和在幽媾的结合,都是原始的热情世界或祭仪的世界是没有区别的。

---

① 石道姑可以看成为巫的形象,《牡丹亭》中巫俗的性格特征参考郑元祉《牡丹亭里的巫俗的特性》,《中国人文科学》第36辑,中国人文学会(2006.12)。

② 王溢嘉所著《性·文明与荒谬》,野鹅出版社1998年版。韩译本《성과 文明》,Seoul,가람기획(2000)第116页参考。

③ 《牡丹亭》第二十八出《幽媾》,第168页。

以上讨论中，我们将至情的含义理解为男女的性的欲望和生命力。

（二）"止乎礼义"的世界

到第三十四出的"发乎情"的世界，第三十五出的《婚走》以后，到第五十五出的《圆驾》，杜丽娘和柳梦梅的野合为了得到社会的认可，在这个过程中属于"止乎礼义"。作品的背景随着故事进展而变化，这是一个从家庭到社会，再从社会到国家，逐渐将空间扩大的过程。可以看成是为了社会的秩序体现乃至社会、国家的安全考虑的设定。所以《牡丹亭》的后半部内容主要以"止乎礼义"为主，爱情、社会和国家的关系相连接，最终达到"止乎礼义"的目标。《牡丹亭》中杜丽娘与柳梦梅的爱情从个人关系到国家范畴的连接的证据就在这里。所以《牡丹亭》的组成形式就是从男女的野合出发，以为男女的结合为结局的社会性质的完成图式。所以《牡丹亭》后半部的程序理解为"止乎礼义"，前半部的野合是为了后半部得到社会承认的过程。其具体的事例如下。

（生）便好今宵成配偶。

（旦）懒腾还自少精神。

（净）起前说精神旺相，则瞒着秀才。

（旦）秀才可记的古书云：必待父母之命，媒妁之言。

（生）日前虽不是钻穴相窥，早则钻坟而入了。小姐今日又会起书来。

（旦）秀才，非前不同。前夕鬼也，今日人也。鬼可虚情，人须实礼。①

两人以没有父母同意和社会认同的野合开始，从第三十六出《婚走》开始野合开始为了得到社会认同而展开故事。柳梦梅提出要即刻与杜丽娘成亲。杜丽娘却说要得到媒人及父母的许可。因为现在已经再生为人，所以不得不说出与之前为鬼时的言行有所出入的回答，这是二人为野合能为社会所接受的第一步。

像前面指出的对性的强烈的要求中处处插入社会、政治性质的内容，爱情的经线和礼义的纬线交织下的野合是为了得到社会认可的布局。第十五出《虏谍》第十九出《牝贼》第三十一出《缮备》第三十八出《淮警》第四十二出《移镇》第四十三出《御淮》第四十四出《急难》第四十五出《寇间》第四十六出《出寇》第四十七出《围释》中也有这样的例子。在这十出中掺加了两人爱情成就，在两人爱情成就的过程中加入了的情和社会。为了两人的爱情成就，在接近尾声的地方处处加入了俩人需要克服的障碍。这些项目，在社会和国家引起的祸乱的观点上，不仅具有作品的时代背景的意义，同时在最后俩人为了爱情得到社会的认的付出上也具有通过仪式的性质。

这样的结构从"发乎情"出发的男女之情，符合末尾的"止乎礼义"礼义的形式，并且可以与结尾共存。

《宜黄县戏神清源师庙记》中"人情之大宝为名教之至乐也哉"的声明可以理解为一样的段落。人自然情感的流露不违背名教的伦理，是可以共存的。结果就是名教的肯定以及至情肯定都是不违背人的秩

---

① 《牡丹亭》第三十六出《婚走》，第 206 页。

序—名教,而且符合自然秩序。即汤显祖符合名教的至情,这种至情自然地提交男女之情。所以汤显祖以男女之情为主题创作了《牡丹亭》。

（三）至情与礼义的关系

中国人曾经把男女之间的结合看成是天地间的结合。天地结合后万物欣欣向荣。这是因为天空的气温下降,地上的气温上升,天地合,而后万物兴焉。[①] 形成阴阳的调节,只有风调雨顺,国家和百姓才可安全处之。[②]

> 男女的结合不仅使得大地之神孕育新的生命、稻谷繁殖,而且适时天降大雨,使大地不再干涸,解放处于困境的百姓。风调雨顺,是小农业得以丰收的基本保障,是农耕民族最关心的事。[③]

阴阳结合带来了万物的永远繁殖与生命的力量。男女愉快的结合可使风调雨顺,获得丰收。第十出《惊梦》中男女的结合,第八出《劝农》和第九出《肃苑》随后出现的点,需要注意一下。《劝农》中父老、农夫、牧童、采摘桑叶的妇女以及采摘茶叶的女人等,所有从事农业活动的人物全部登场。在《劝农》的后面安排的《惊梦》中男女的结合正是男神与女神的结合,这一年的农事、牧畜、养蚕、茶农事都顺利的祝愿,这正是古代农耕礼义的象征。

阴阳的结合带来的结果是国家与百姓可平安处之。社会的秩序可以得以保障的根本原因在于阴阳结合的基础上。[④] 第十出《惊梦》中花神有品尝花神有"云雨之情"的台词,这正体现了阴阳的结合。云雨之情是指云与雨,是暗指性行为。这是基于天与地结合万物产生变化的认识。

杜丽娘与柳梦梅在梦中的结合是阴与阳结合的图式化。梦中男女的结合是象征阴阳结合,是象征原始性的自由空间中女神与男神的结合。祭仪中为了农事顺利进行举行的仪式,也体现了男女的性的结合。如果理解为才子象征强的阳,佳人象征强的阴,那么才子佳人在古代的祭仪中就与男神与女神相对应。

这样阴阳结合的观点中,梦中两人的结合,在地狱的存在和在人间的存在的结合,都有着一样的意义。代表地狱的死亡的杜丽娘与在人间的柳梦梅结合,也是一种地狱的阴与人间的阳相结合,即也具有阴阳结合的意义。另外,人间与地狱的结合的观点也是为了强调阴与阳的结合。重生后的结合同时也是一种阴阳结合。

一方面,与此不同的第十二出《寻梦》中梦后的男女结合是不可能的阴阳结合。杜丽娘在梦后是必死无疑的设定,导致了这样男女结合是不可能的,即因为其阴阳的不调。从阴阳的观点上来看,杜丽娘的死导致了阴与阳结合的不可能的主要缘由。[⑤] 所以"因情而死,因情而生",因为无法实现在现世阴与阳

① "天地合,而后万物兴焉",李学勤主编,《十三经注疏》六《礼记正义》中,北京大学出版社(1999),第814页。
② 根据《后汉书》《荀爽传》中所说,宫女遣回家中各自婚配的结果为"通怨旷和阴阳"。景仁文化社第216页。萧兵、叶舒宪《老子的文化解读》,湖北人民出版社1997年版,第729页参考。
③ 萧兵、叶舒宪《老子的文化解读》,湖北人民出版社1997年版,第727页。
④ 萧兵、叶舒宪《老子的文化解读》,湖北人民出版社1997年版,第729页。
⑤ 徐朔方的主旨与本文是不同的,他的说法如下。"牡丹亭以杜丽娘之死写出她要找到爱人是不可能的,更不要说结合了。她不是死于爱情被破坏,而是死于对爱情的徒然渴望"徐朔方,《徐朔方说戏曲》,上海古籍出版社2000年版,第124页。

的结合，所以只有在死活进行。死而复生后的男女至情（阴阳结合）也是可以找到原因的。

"发乎情"的情是自然的感情，同时也是至情。在至情充分的发现的时候，即顺利地完成阴阳结合时，社会秩序就会得以保障。这里的阴阳结合指的是天地的秩序。

事实上《宜黄县戏神清源师庙记》中所说的"人情之大宝"中的名教极乐的前提条件就是至情或云雨之情。所以作为云雨之情的欲望就是不违背自然的道理。云雨之情就是顺利地完成阴阳结合，这种结合是使得社会的秩序和国家的安全也得以保障的必要前提和条件。所以发乎情的结果是导致止乎礼义的结果。这是阴阳结合后产生和谐秩序的结果。

我们把"发乎情，止乎礼义"的关系看成"发乎情"为原因"止乎礼义"为其结果，可以理解为很自然的因果关系。《牡丹亭》的构图主题看成"发乎情，止乎礼义"的原因也在于此。两者的关系，即不可看成单纯的男女之情（情）和礼义秩序（理）的对立与调节的关系。前者为原因与条件，后者为结果。理解为其原因和条件必然导致的一种结果。

其结果为《牡丹亭》成为了爱情的原因。因为原因与结果的关系等于爱情与礼义的关系，也可以理解为结果保障了礼义。《宜黄县戏神清源师庙记》中的"人情之大宝为名教之至乐也哉"的表述为另一种至情的表现。如果后者是在礼义中要求的极乐的话，那么两者的关系并不是对立关系，而是两者间的一种结合。一个为原因，而另一个为结果。即两者的关系为原因和结果。

所以汤显祖《牡丹亭》中的爱情与礼义的关系并不是对立而是调和内的共存关系。[1]

四、结　语

本研究于至今为止还深受中国读者和听众喜闻乐见的明代汤显祖的《牡丹亭》为蓝本，在探讨对其怎样阅读的前提下，试图探究作品的两面主题。

以往的学者们对作品的理解多有不充分之处，即没有很明确的说明天理与人欲的对立构图形式而对应的柳梦梅与杜丽娘的爱情成就过程。

爱情追求是一种人欲的设定，社会秩序的维持理解为礼义（天理），两者间的关系对立乃至调和都只展示于命题中，两者间的关系并没有很明确的给予说明。关于《牡丹亭》的主题还有很多的误解需要我们直视。从《毛诗序》中"发乎情，止乎礼义"的视角出发，动用阴阳的观点，以一种新的接触点来看到作品中已往看不到的一些作品的意义。

在探索《牡丹亭》的主题过程中，笔者个人的读法为联系"发乎情，止乎礼义"来阅读。所以《牡丹亭》的内容可以由《毛诗序》的"发乎情，止乎礼义"来概括。情的世界和礼义的世界可以分开来看。可以看成与《宜黄县戏神清源师庙记》中的"人情之大宝为名教之至乐也哉"为相同的段落。

《牡丹亭》中所定义的世界是什么都无法介入的原始世界中的自然人类的欲望的发散空间，礼义的世界就是在这种毫无抑制的感情世界中吸取的空间世界。通过至情的世界与礼义的世界，汤显祖建立的世界可以在两个世界中共存，从而构建两个世界顺利的沟通。如果后者为现实世界，那么前者就是他构

---

① 　情与理不为对立关系而为和谐关系的例为卢相均的《汤显祖之思想及其文学》（学古房，2005），（四）情与理之调和第214—221页。

造的理想世界。

其中最重要的是《毛诗序》的"发乎情,止乎礼义"的观点。不应在《牡丹亭》中把这种观点应用于情与礼义的对立关系,而是应该将其设定为原因与结果的关系。情与礼义最终归结为因果关系。用这种方法来理解作品时,汤显祖创作《牡丹亭》时所体现的爱情赞歌是一种积极的方法,当时封建社会的权利阶层要求维持礼义、维护秩序。在两者没有任何冲突的情况下,提出与以往学者的立场与解释不同,从其他的方面探究其意义与主题,是本次研究的意义。

《牡丹亭》主题"以情反理说"献疑

陈志勇

汤显祖的《牡丹亭》是一部伟大的戏剧作品,诞生四百多年来一直受到读者和观众的喜爱。但是,关于《牡丹亭》的创作主旨,二十世纪五六十年代游国恩等主编的《中国文学史》认为《牡丹亭》是一部反封建礼教,追求爱情幸福的作品;①当下高校中文系通行的教材袁行霈版《中国文学史》则总结为"以情反理,反对处于正统地位的程朱理学"。② 其他版本的《文学史》不出"以情反理"或"以情抗礼"的说法。③这些《文学史》多次再版,印数巨大,在高校学生和古典文学爱好者当中影响深远。

众所周知,具有一定话语权的《中国文学史》不可避免地受到政治潮流的影响,如果说二十世纪五六十年代《文学史》的编撰者更多受到"左"的思想的影响,那么二十世纪九十年代以来的编撰者则更多体现一种书写的思维惯性,事实上为我们呈现出一种"可疑"的知识。面对这种"文学史知识",我们不禁产生疑问:《牡丹亭》的主题真的是"以情反理"吗? 这一问题尽管已为一些学者所关注,④但由于关涉到汤显祖哲学及文艺思想、《牡丹亭》的主题理解以及《中国文学史》的写作理念等重要问题,仍有必要作进一步的讨论。

一、情即理:《牡丹亭》的性爱指向

《牡丹亭》所表现的"情",包括男女之性爱和情爱。性爱是基础,是人与生俱来的生理本能。照我们今天的说法,对于生理机能成熟且无同性恋倾向的男女而言,性的冲动客观存在,不容漠视。

《牡丹亭》正是从男主人公的性冲动写起的。第二出"言怀",柳梦梅一上场,就复述了他做的那场奇怪的"梦"。梦中的女孩不仅漂亮可人(百花魁),而且大胆主动,"如送如迎"。面对这位"梦中情人",刚好弱冠之龄的小伙子"梦遗"了,"春光安度黄金柳,雪意冲开了白玉梅,那时节走马在章台内"。柳梦梅

---

① 游国恩、王起等主编《中国文学史》(四):"作品通过杜丽娘和柳梦梅生离死合的爱情故事,热情歌颂了反对封建礼教、追求自由幸福爱情和强烈要求个性解放的精神。"(人民文学出版社 1964 年第 1 版,第 75 页)二十世纪五六十年代,北京大学、复旦大学、吉林大学、华中师范大学等高校的中文系师生都编写了《中国文学史》,基本持此立场和观点。

② 袁行霈主编《中国文学史》第四册,高等教育出版社 2014 年第 3 版,第 118 页。

③ 十三所高等院校《中国文学史》编写组《中国文学史(中)》指出:"封建的理学家们认为杜丽娘这种'情'是要不得的,是必须扼杀的,所谓以'理'格'情';而汤显祖则认为这种根据人们的需要追求产生的'情',是必然要产生的,是扼杀不了的,他要以'情'格'理'。"(江西人民出版社 1979 年 12 月第 1 版,第 585 页)又如张燕瑾主编《中国古代戏曲专题》(第二版)指出:"《牡丹亭》正是作者情感至上主义与以情反理的哲学思想的艺术表达。剧本通过描写花季少女杜丽娘的青春骚动以及由此引发的爱情历险,深刻揭示并热情肯定发生在人的潜意识领域中的本能冲动及欲望焦虑,把批判的锋芒直接对准以'存天理、灭人欲'为口号的官方理学,对封建礼教扼杀人性的普遍罪恶进行了尖锐的批判,从而代表了时代的进步精神与呼声,体现了历史的要求。"(高等教育出版社 2007 年版,第 123 页)。

④ 杨忠《汤显祖心目中的情与理——汤氏"以情抗理"说辨证》,《中国典籍与文化》1993 年第 3 期;邹元江《汤显祖以情抗"理"是宋明理学之"理"吗?》,《中州学刊》2002 年第 2 期;叶长海《理有情无说汤翁》,《戏剧艺术》2006 年第 3 期;夏写实《论汤显祖的创作历程和理论追求》,载《夏写时戏剧评论自选集》上卷,文化艺术出版社 2013 年版。这些研究主要集中于汤显祖与达观"情理观"的比较,以及从《汤显祖诗文集》和汤显祖哲学思想来路等角度梳理。

的梦,既点明处于青春期年轻男子的生理需求,同时隐含着男主人公人生命运和《牡丹亭》戏剧情节的走向——梦中情人对他说道:"柳生,柳生,遇俺方有姻缘之分,发迹之期。"在这里,作者明白告诉我们,后来生发的柳杜爱情故事原来是"梦中注定"。从而,与《冥判》中"姻缘簿"、"生死簿"的"命中注定",相互呼应。

汤显祖是写梦的高手。他不仅在《牡丹亭》中写了男方柳梦梅的性梦,也写了女方杜丽娘的性梦,更奇妙的是,让这一对有"三生"情缘的才子佳人做的是"同梦",互相走进了对方的"梦"。冯梦龙曾独具只眼地指出《牡丹亭》"生旦姻缘,全在一梦";①沈璟也极为称赏关目的奇巧构思,把《牡丹亭》的改编本命名为《同梦记》。沈璟、冯梦龙可谓是读懂汤显祖"梦"的知音。

我们必须承认,"梦"的主角杜丽娘是一个感情充沛而敏感的女孩。她正当"二八佳龄",甚至可以说有些早熟,常因外界事物触动心弦。她接触《诗经·关雎》,而"为诗章讲动情肠"(《闺塾》)。她游园,却感受到"花花草草由人恋",自伤"三春好处无人见"(《惊梦》)。在游园伤春、思春之余,大白天做了个性梦,梦见那生把自己抱到牡丹亭上,"把领口松,衣带宽,袖梢儿搵着牙儿苫也,则待你忍耐温存一晌眠"。对于这场梦中"云雨十分欢幸"的性事,杜丽娘后来有多次幸福的回忆。从《惊梦》写杜丽娘梦中欢会结束开始,直至《闹殇》,作者浓墨渲染杜丽娘对梦中情郎的思念。情郎虚无缥缈,与其说是思念一个人,不如说是在体味与怀想一种人生体验:

> 两情和合,真个是千般爱惜,万种温存。(《惊梦》)
> 生生抱咱去眠。(《寻梦》)
> 花园游玩之时,咱也有个人儿曾同笑。(《写真》)
> 贪他半晌痴,赚了多情泥。待不思量,怎不思量得?(《诊祟》)

沉浸在梦境和回忆之中的杜丽娘是"幸福"的,因为在梦中,性的本能欲求和渴望爱的诉求得到满足。

根据学者的研究,我们知道《牡丹亭》传奇的本事源自小说《杜丽娘慕色还魂》,②但《寻梦》的情节在话本中是没有的。汤显祖让杜丽娘在寻梦的过程中追忆到梦中"可意"书生前生爱眷,这些"好动人春意"的梦中片段,激发并强化了杜丽娘对梦中情郎的思念。《寻梦》中"要再见那书生呵!"和《诊祟》中"你教我怎生不想呵!"的两声呐喊,喊出了杜丽娘对爱情的徒然渴望,也传达出誓死坚守梦中之情的决心,可谓是"一灵咬定,必不肯使劫灰烧失"。③现实中春情难酬,愈积愈多,无法排遣,只能以情之载体——肉身形骸的死亡而告终结。《牡丹亭》中生死梦幻场景的转换,不仅丝毫未让人感觉到"事假"的虚幻,反而强化了杜丽娘的"情真"。这都得益于汤显祖对杜丽娘相思之情"真"、"纯"、"浓"、"烈"极力地渲染,赋予杜丽娘"情"之伟力。

在这场三生之缘的爱情中,杜丽娘对性爱和情爱的追求远比柳梦梅积极主动,尤其是在没有世俗礼

---

① 冯梦龙《风流梦》第二十六折"评语",《古本戏曲丛刊初集》本。
② 参姜志雄《一个有关牡丹亭传奇的话本》(《北京大学学报》1963年第6期)。然向志柱认为汤显祖《牡丹亭》的蓝本可能是文言小说《杜丽娘记》(《〈牡丹亭〉蓝本问题考辨》,《文艺研究》2007年第3期);而伏涤修则提出与向志柱相反的观点,捍卫姜志雄的论断(参《〈牡丹亭〉蓝本问题辨疑》,《文艺研究》2010年第9期)。
③ 王思任《牡丹亭叙》,清晖阁本卷首。

教约束的梦境、冥界。没有约束而勇敢地追求本能欲望的满足,更能说明原始情欲的伟力。另一方面,同为男子之身的《牡丹亭》作者感同身受地体会到,柳梦梅在那个时代所受到的封建礼教束缚远比杜丽娘小。徐朔方先生考证过汤显祖是害梅毒而亡,①也有学者提出质疑,②但可以肯定的是,在晚明时期性开放的大环境之中,汤显祖是比较自由的,推展而论,在中国封建时代男子的性活动自由度要较之女性大得多。相反,对于生长在官宦之家长期受到正统教育的大家闺秀而言,她们却深受伦理规条的束缚和教化,杜丽娘则是这一女性群体中典型的个案,作者将之拈出,并以戏曲的形式付诸案头场上,其时代意义就特别显豁。

汤显祖肯定人正常生理欲望和生命意识的旨趣,在《牡丹亭》中还体现于花郎对春香、陈最良对石道姑的亵语戏谑之中。第九出《肃苑》,花郎以双关语向春香发出求媾的信号:"小花郎看尽了花成浪,则春姐花沁的水洸浪。和你这日高头偷眼眼,好花枝干鳖了作么朗!"春香也不示弱,亦以亵语双关予以回击,"小花郎做尽花儿浪,小郎当夹细的大当郎"。更有趣的是,春香面对老夫人的责难,"发咒禁当"的话却是:"教春香即世里不见儿郎"(《寻梦》)。对于春香而言,可以拿来咒誓的对象不是常人最为看重的贫富(金钱)、贵贱(地位)和生死(性命),而是儿郎姻缘,可谓一句责咒真切透露出春香对男女情缘的渴望。

若说花郎与春香对人生情爱与性爱的追求还很隐含,那么作者在陈最良与石道姑这一对人物上,则有更多笔墨来点染和暗喻。有研究者指出,陈最良与石道姑分别是精神残缺与身体残缺的人物形象,③但汤显祖并没有否定他们本能的"性爱"诉求。陈最良"六十来岁,从不晓得伤个春"(《肃苑》),尽管这位腐儒无法理解柳杜之间虚幻而真挚的爱情,却不乏对性爱的本能显露。此点在《牡丹亭》中多次通过亵语戏谑的方式体现出来。如《诊祟》出,略通医术的陈最良来为病入膏肓的杜丽娘把脉,认为她害了"君子"的病、"男女及时之病",只需"有了君子抽一抽就抽好了"。再如《调药》出,石道姑来抓药,陈最良边递"烧裆散"边戏谑石道姑:"海上有仙方,这伟男儿深裤裆……则怕姑姑记不起谁阳壮。"石道姑则反唇相讥:"俺贫道床头三尺土,敢换先生五寸裆。"二人以亵语调笑,表面看是滑稽调笑,起到了调节舞台氛围的作用,实际上却真真假假,假中藏真,隐曲地表达出作者的意图:即便是生理或精神残缺的人,但他们对作为"人"本体的生命意识并不残缺。这一理念尤其体现于石道姑身上。石道姑年轻时也憧憬过上幸福的家庭生活,但由于生理残缺(石女),无法满足丈夫的性需求而被休弃,无奈遁入空门。空门不空,她时刻"思想起来要还俗"(《道觋》)。正因为石道姑对俗世尚存热望,故她对杜丽娘和柳梦梅的情缘不单认同,更是施以援手。由此看来,汤显祖设计花郎、春香、陈最良和石道姑等次要人物,既起到陪衬主角、推动情节的目的,也达到隐秘烘托主题的作用。

儒家向来将人与生俱来合理的欲望视为本原之"性",天性即天理。孔子说:"饮食男女,人之大欲存焉。"(《礼记·礼运》)告子也指出:"食、色,性也。"(《孟子·告子》)即便是程朱理学的代表人物朱熹,也并不否定人合理的本能的欲望。《朱子语类》记载,弟子问:"饮食之间,孰为天理,孰为人欲?"朱熹回答:"饮食者,天理也;要求美味,人欲也。"朱熹认为,面对个体的欲望,只要不在物欲面前迷失自我,天理皆存,"不为物欲所昏,则浑然天理矣"。④而在《牡丹亭》中,汤显祖肯定杜丽娘、柳梦梅的男女性爱与情爱

①　徐朔方《汤显祖和梅毒》,《文学遗产》2000年第1期。
②　龚重谟《对"汤显祖死于梅毒"之说质疑》,《抚州师专学报》2001年第4期。
③　李双芹《回归生命的感性存在——从〈牡丹亭〉中几个人物的残缺性谈起》,《戏剧》2003年第1期。
④　黎靖德编《朱子语类》卷十三,中华书局1986年版第一册,第224页。

为天性使然。杜丽娘"诗章讲动情肠","关情似去年"以及宣扬"我天然爱好是自然",即是作者《牡丹亭·题词》中所说的"不知所起"之"情",此"情"即是天性,于此能感受到汤显祖对生命个体情欲存在的客观性、合理性的肯定。这与汤显祖在《贵生书院说》中强调"天地之性人为贵","形色即是天性,所宜宝而奉之",①直接表达出对人肉体生命和本体属性的重视,形成呼应。总之,《牡丹亭》从生命哲学的高度展现人之本体的性爱和情爱,勃发而不可困厄,是人之成为人的根本。从本质上讲,就是主张情即理。这一主张可谓是对儒家性命之学的承继与扬发,故并不存在"反理"一说。

二、情理合一:《牡丹亭》的情爱归宿

既然在性爱诉求上,汤显祖主张"情即理",情理合一,那么作者书写杜丽娘和柳梦梅的三生情爱又是否是以"反理"为目的呢?

值得玩味的是,在《牡丹亭》中杜丽娘和柳梦梅发生梦中性行为的时候,完全是没有爱情基础的,然因为有了性行为的愉悦,他们的爱情发生情感的升华,产生质的飞跃。换言之,杜丽娘和柳梦梅正是有了"同梦"之性爱,他们追求情爱的动力更为充沛。也就是说,柳杜的爱情基础和起点正是那场"同梦"性爱。但汤显祖并没有停留在写柳梦梅、杜丽娘的"同梦"性爱,而是在此基础上将男女至性之"爱"升华为跨越生死的至情之"爱",将性爱与情爱放置于人类社会中来讨论,赋予它独特的时代意义和哲学意蕴。

性爱和情爱作为人物质性和精神性的表征与生俱来,但人一旦进入现实社会,无论是性爱还是情爱行为都将受到伦理规条的绳墨,其内涵的复杂性、丰富性以及微妙之处,对于文学家、戏剧家的呈现而言都具有相当的难度,诚如汤显祖所言:"世间只有情难诉"。汤显祖在《牡丹亭·题词》中提出了"至情"理念,并不是借此来反对理学、礼教,而是为表达一种爱情的理想境域。对此,汤显祖在《牡丹亭》副末开场词【蝶恋花】中有所表明。

开场词【蝶恋花】末尾两句"但是相思莫相负,牡丹亭上三生路",既点出了剧名的由来,也让读者隐隐约约感觉到《牡丹亭》主旨意涵,诚如清康、雍年间徽州吴震生、程琼夫妇点评《牡丹亭》时所言:"'但是相思莫相负'二语,极研阅以穷照,辟险路于情田。有博教深求、甃径开畦、树规标的意。"②我认为,"牡丹亭上三生路"句,因韵辙相协,其实是"三生路上牡丹亭"倒装句。杜丽娘"梦里"、"阴司里"、"人生间"的"三生"都有牡丹亭的意象,而"牡丹亭"负载着男女幽会相厮守的美好爱情理想,③再联系"但是相思不相负"前置条件,"但是相思莫相负,牡丹亭上三生路"其实是表达作者一种"至情"的爱情观:只要男女之间相恋相思,永不辜负对方,那么"三生路"上我们都会相互厮守而终归团圆。

如何达到永相厮守的爱情归宿呢?作者从人之常情中提炼和生发出跨越梦境、超越冥界的伟大力量——"但是相思不相负"的"至情"。汤显祖在《牡丹亭·题词》里讲过:"生者可以死,死可以生。生而

---

① 汤显祖《贵生书院说》,《汤显祖全集》(二),徐朔方笺校,北京古籍出版社1999年版,第1225页。
② 吴震生、程琼批评《才子牡丹亭》,华玮、江巨荣点校,台湾学生书局2004年版,第10页。
③ 《牡丹亭》传奇中多次出现牡丹亭这个意象,杜丽娘和柳梦梅的爱情故事几乎都发生在这一特定的地点,牡丹亭成为勾连杜丽娘生死轮回和生旦爱情由虚情到实礼回归的象征性符号,寄予作者的美好爱情理想。在中国古代的文学作品中,牡丹亭是恋人谈情说爱甚至云雨的好去处,元乔梦符《李太白匹配金钱记》、晚明孙柚《琴心记》、董遐周散曲【黄莺儿】、明代小说《欢喜冤家》都将男女主人公幽会之地安排在牡丹亭,而在一些地方的弹词更是有"牡丹亭做小洞房"等语。这些俗文学材料显示,"去牡丹亭"已经成为青年男女约会甚至发生性行为的潜台词。

不可与死，死而不可复生者，皆非情之至也。"①"不知所起"的情，要培育至大、至浓、至烈，必有一个"一往而深"的中间过程，而相思是肥沃的土壤。"相思"是恋爱的常态，也是相爱者的儿女情态；"不相负"是爱者的立场，更是爱情的终极追求。然在汤显祖看来，"相思不相负"只是他表述"牡丹亭上三生路"爱情理想的基础条件，是赋予杜丽娘穿越任何时空的力量源泉。经过"但是相思不相负"的历程，杜丽娘和柳梦梅的同梦之"性爱"与三生之"情爱"汇合为一，难分彼此。由此角度论，《牡丹亭》的作者其实在主张性爱是情爱的基础，情爱是性爱的升华，它们的融合和现世的团圆，就是"牡丹亭上三生路"的爱情理想。汤显祖的这副气魄胸怀，让《牡丹亭》在演绎男女爱情时超越了生旦一见钟情、外力破坏的老调，而涵泳其他戏剧作品所不具备的迷人气质。

尽管在《牡丹亭》中汤显祖浓墨重彩地抒写至情，然并不意味着践视礼教规条，而是时不时让礼的身影显露一下，却又似一只雨燕蜻蜓点水般飞掠而去。《冥判》出，杜丽娘被冠以"女犯"过堂，之所以称为"女犯"，是因为"此女犯乃梦中之罪"。有趣得很，杜丽娘的"罪名"是其生前在梦中与未知名的书生发生了男女关系，而此正是封建伦理道德不允许的"未婚性行为"。若非作者的戏谑之言的话，杜丽娘以"女犯"过堂，则不妨看作是汤显祖对杜丽娘这种"出格"意识或行为的一种提点，抑或是对情礼冲突的一种巧妙回应。随之，作者以"生死簿"、"婚姻簿"强化杜丽娘回阳与柳梦梅姻缘为"前生注定"，任何外力都不足以撼动他们爱情的进程，则为生旦的最终团圆提供"法理"依据。

再看杜丽娘回生之后的《走婚》出。柳梦梅"三回五次"央成亲，但杜丽娘以"必待父母之命，媒妁之言"和"前夕鬼也，今日人也。鬼可虚情，人须实礼"两条理由拒绝了柳梦梅的请求。颇有深意的是，初看似乎作者在强调男女之情要遵循世俗礼法，可是在石道姑"曲成亲事"的建议和见证下，杜丽娘却半推半就地和柳生"三生一会，人世两和谐"，成桃夭之美。杜丽娘可谓是说一套做一套，嘴中所说的"礼"最终还是服膺于心中燃烧荡漾的"情"。

可见，在汤显祖的头脑中，情是至情，是天理；当情、礼冲突时，他又主张礼让位于情，情是第一位的，礼是第二位的。

对此，《圆驾》出再得证实。柳杜"三生之情"终于在皇帝赐婚、婚姻得到世俗确证获得了大团圆的美满结局，可耐人寻味的是，朝堂之上皇帝评判的重点是杜丽娘还魂真与假、是人是鬼的问题，仅有的对柳杜"自媒自婚"是否合乎礼教的质疑，也被杜丽娘一句"臣妾受了柳梦梅再活之恩"搪塞过去。皇帝是封建礼法的最高统治者，他对这桩不合礼法姻缘的"宽容"，不妨可以理解为是柳杜爱情的胜利，是"情"上位于"礼"。诚如黄天骥先生所指出的：《牡丹亭》最终以"团圆"结局，正是他主张情欲与理性相容调和思想的集中体现。②

三、情约于礼：汤显祖的"情理观"

程朱理学是一种儒家学说，它付诸伦理制度，就是礼教规范。

那么，在《牡丹亭》中汤显祖是否是在以情而反对礼教呢？答案是否定的。以往的研究者认为，杜丽

---

① 汤显祖《牡丹亭题词》，《古本戏曲丛刊》初集影印明刊本卷首。
② 黄天骥《〈牡丹亭〉的创作和民俗素材提炼》，《文化遗产》2011 年第 4 期。

娘生活在一个极度压抑的封建官宦家庭,是她由生而死悲剧的根源。我们说,家庭环境既是社会文化的产物,也是家庭主宰者营造的结果。在杜丽娘的家中,父亲杜宝就是以封建礼制文化约束女儿的家庭主宰者,那么这位父亲就是作者极力抨击和批判的对象吗?

汤显祖笔下的杜宝,首先是一位视女儿杜丽娘为掌上明珠的慈父。作者为突出杜丽娘在家庭中的独特地位,改变话本《杜丽娘慕色还魂》中杜丽娘还有一个弟弟的细节,而成为杜府的独生女。杜宝严格以封建时代"四德"的闺范培养女儿,也是希望她能嫁一个好人家。为让女儿"略识周公礼数",延聘陈最良来教授诗书。不让女儿去后花园玩耍,是因为园林年久失修,"后花园窄静无边阔,亭台半倒落",到处都是"断井颓垣"。《慈戒》中,作者让杜母出场再次强调后花园的败落,易生狐媚灵异之事。可以说,杜丽娘的父亲就是一位恪守封建规范来教育女儿的普通父亲,并非大奸大恶之人。其次,作者还极力塑造杜宝是个清官能吏的正面形象。《劝农》一出的设计不仅有调剂场子冷热的作用,[①]而且也有助于刻画杜宝勤政爱民的形象。因此,杜宝被朝廷钦点为淮扬安抚使,后又因平定李全叛军而擢升平章宰相,可以说杜宝的政绩一定程度寄予了作者从政的理想。[②]无论从哪个角度而言,汤显祖都无意于将杜宝塑造成封建礼教的代表和矛盾的对立面,又何谈《牡丹亭》是以杜丽娘"生死之情"来反对封建礼教呢。

很特别也很微妙的是,《牡丹亭》没有类似于西方戏剧理论中的矛盾冲突,没有矛盾的对立面。如上所论,汤显祖没有把杜宝及其夫人塑造为压制"情"的对立面,那么是否如过去的研究者所认为的,《牡丹亭》前二十出对杜丽娘生存环境的刻画,是为凸显封建礼教与"情"的矛盾冲突,实现以情反礼呢?

其实,在情与礼的关系上,汤显祖并不偏激,并非我们过去想象的非此即彼式。他思考问题的立场和理路也是清晰的,在《明复说》中说:"天命之成为性,继之者善也。……于用处密藏,于仁中显露。"[③]与生俱来的人性无善无恶,它们在"仁"的道德践履中得以显露,但"情有之"。[④]这里的"情"包括人的爱憎好恶之情感也涵括人形形色色的欲望。汤显祖在完成《南柯梦》《邯郸梦》后,给好友的信中提出"情有善恶"之分的重要观点,表明他对先天之"性"、后天之"情"的伦理属性有了更为深刻的思考。事实上,在具有浓烈宗教色彩的《南柯梦》《邯郸梦》中,作者让两位主人公淳于棼、卢生沉湎于权势和酒色之中,经历官场的沉浮跌宕、人生的兴衰荣枯,其实就注入了自己对"情"的独特看法。《南柯梦》中的淳于棼治理南柯郡二十年,"百姓家安户乐,海阔春深",但公主死后被招回朝,沉湎酒色,结党营私,溺于私情。《邯郸梦》中的卢生,倚靠妻族的权势和金钱,高中状元,出将入相,"回旋台阁,五十余年",贵盛显赫,临终之际仍贪恋权势,难以放下私念。淳于棼、卢生溺于私情和私欲难以自拔,只有缘尽梦醒,才知道人世轮回,一切皆空。在这两部戏曲中,汤显祖对善恶之分的情如何去"恶"从"善",从世俗伦理与释道宗教两个维度作了深入思考。

既然在现实世界中,"情"具备善恶的道德属性,那么"赤子之心"就有被邪欲遮蔽的危险,故而要强化伦理道德的修养。汤显祖《贵生书院说》在充分肯定人的生命意义后特别强调:"言破坏世法之人,能引百姓之身邪倚不正也。凡此皆由不知吾生与天下之生可贵,故仁孝之心尽死,虽有其生,正与亡等。"[⑤]汤显祖认为破坏封建"世法"会导致仁孝之心尽死,这种行为实际是害生的行为。

---

① 黄天骥、徐燕琳《闹热的〈牡丹亭〉——论明代传奇的俗和杂》,《文学遗产》2004年第2期。
② 赖晓东《岂只言情 亦在述志——〈牡丹亭〉创作主旨新探》,《福建师范大学学报》2002年第4期。
③ 汤显祖《明复说》,《汤显祖全集》(二),第1226页。
④ 汤显祖《复甘义麓》,《汤显祖全集》(二),第1464页。
⑤ 汤显祖《贵生书院说》,《汤显祖全集》(二),第1225页。

接下来的问题是,如何在重视个体生命及欲望存在的同时,将个体生命与社会伦理的紧密结合,落实到践履的工夫层面呢?汤显祖在《与汪云阳》书中指出:"其地人轻生,不知礼义,弟故以贵生名之。"①可以清晰地看到他将"贵生"的宗旨落实到礼义仁孝的道德规范上来。具体而言,就是"明性达圣"。汤显祖的《明复说》集中阐释了明性达圣的命题,他说:"知天则知性而立大本,知性则尽心而极经纶。……'自诚明谓之性',赤子之知是也。'自明诚谓之教',致曲是也。隐曲之处,可欲者存焉。致曲者,致知也。"②人之天性生而有之,即如赤子之心,然赤子之心只有"明诚之教",才不会受到后天欲望的蒙蔽,才可"致知"达圣。汤显祖还认为在圣人的最高境域下,情与道(理)二者是相通的:"情致所极,可以事道,可以忘言"。③这些主张清晰反映出汤显祖受罗汝芳追求"赤子之心"和孝悌慈道德实践,由"见心"通过"践心"而希圣达仁理论影响的痕印。

汤显祖在《南昌学田记》中也强调情与礼结合的重要意义:"是故圣王治天下之情以为田,礼为之耜,而义为之种。"只有将礼义根植于情田,才会长出合乎伦理规范的栋梁之材,"于是乎获而合之仁,安之乐,至于食之肥,而天下大顺"。反之,"情"的发挥要遵循一定的规范,要与"仁义礼乐"相融合,成就"情于仁义礼义之具"。④汤显祖又在《宜黄县戏神清源师庙记》系统阐述了"情动于衷"而化为戏曲的道理,但文末特别强调戏曲的教化功能,他说戏曲"可以合君臣之节,可以浃父子之恩,可以增长幼之睦,可以动夫妇之欢,可以发宾友之仪,可以释怨毒之结,可以已愁愦之疾,可以浑庸鄙之好。然则斯道也,孝子以事其亲,敬长而娱死;仁人以此奉其尊,享帝而事鬼;老者以此终,少者以此长。外户可以不闭,嗜欲可以少营。人有此声,家有此道,疫疠不作,天下和平。岂非以人情之大宝,为名教之至乐也哉。"⑤汤显祖强调戏曲的感化与教化作用,实际上是要求宜黄梨园子弟在作场时能与传统儒家礼教的终极追求相融合。

由此可见,在汤显祖的思想体系中,情理合一、情礼融合是大的方向。汤显祖重视人的本体诉求,但并不以个性的张扬、人欲的追求为终极目标;他强调情缘天定,但并不否定人伦之礼;他弘发"情",又将情归于礼,情守"理"界,实现情理合一。以廖可斌先生的话讲就是:"它要求达到的是一种情与理的和谐相容。在这里,情是自由的,又是自觉合理的;理是自觉的,也是自然合乎情的。"⑥廖先生的这段话可谓是汤显祖"情约于理"、"情理合一"情理观最好的注脚。

明乎汤显祖的情理观,我们再回到《牡丹亭》前二十出杜丽娘生存环境刻画的真实意图问题上来。我们认为,汤显祖着力刻画杜府压抑的环境,实际上是在培育杜丽娘"至情"的基础。一方面杜丽娘春梦一觉,再也放不下那"千般爱惜,万种温存";另一方面,她却生活在一个被封建规范异化的家庭中。对外界刺激极为敏感又对内心体验极其细腻的杜丽娘,在这样一个极度压抑的外部环境中形成内热外冷的严重反差;当萌发的春情遭遇到环境的压抑,激发更强烈的冲击力,然而无法找到正常的发泄孔道,生命存在的价值逐步消解于时空的流转之间。汤显祖越将生存环境描画为"坚固不可摧",越能升华杜丽娘"激越不可扼"的春情,赋予它超越梦境、超越生死一切时空限制的伟大力量。由此意义而言,《牡丹亭》前二十出杜府环境的营造,成为杜丽娘慕色而亡的必备前提,也奠定《写真》、《冥誓》、《幽媾》、《回生》、

---

① 汤显祖《与汪云阳》,《汤显祖全集》(二),第 1501 页。
② 汤显祖《明复说》,《汤显祖全集》(二),第 1227 页。
③ 汤显祖《调象庵集序》,《汤显祖全集》(二),第 1098 页。
④ 汤显祖《南昌学田记》,《汤显祖全集》(二),第 1178 页。
⑤ 汤显祖《宜黄县戏神清源师庙记》,《汤显祖全集》(二),第 1188 页。
⑥ 廖可斌《明代文学复古运动研究》,商务印书馆 2008 年版,第 9 页。

《圆驾》等重头戏的情节和情感基础。设想，若没有前二十出对生存环境的刻画或仅是轻描淡写，那么，杜丽娘不知所起的"情"无端发育为至浓至烈，不仅无可依存，于情于理也不合，甚而流于淫亵；不仅无益于"至情"理想的表达，甚而大大损害杜丽娘本来形象。

由上所论来看，汤显祖在情与理的关系上是持一种辩证的立场，情与理的位置有主有次，但最终归于统一。我们认为，《牡丹亭》演绎男女至情，具有一定的进步意义，但并没有达到反礼教、反理学的高度，诚如左东岭先生所指出的"说汤显祖是反礼教反封建的，却是草率而危险的学术结论"，"汤氏所言之情远比人们想象的复杂，因为它不仅牵涉到汤氏的文学思想，也与其人生观、政治观密切相关"。① 也就是说，因《牡丹亭》肯定人的生理欲求和情感诉求，遂将此剧的主题提升至反礼教、反理学的高度，就失之于简单化、概念化。

四、强制阐释：《文学史》对《牡丹亭》主题的惯性表达

尚需深究的是，在晚明哲学思想潮流之下，若依《中国文学史》的思维逻辑，《牡丹亭》"以情反理"又会是以何"情"反何"理"呢？

汤显祖在其论著中提及的"情"，在不同场合和文本内容中所指代的内涵是不同的，可指人之"常情""思想""情志""激情""情欲""爱情""真情"等等。对于《牡丹亭》而言，王思任在《批点玉茗堂牡丹亭词叙》中以一个"情"字概括之，②实际上指的是基于人本原的情欲和情爱，前文亦有论述。

若如袁行霈版《中国文学史》所言，《牡丹亭》是以情"反对处于正统地位的程朱理学"③的话，那么"情"首先不会是"私情""私欲"。在《沈氏弋说序》中汤显祖已讲过"情有善恶"之分，"善情"就是人作为个体与生俱来的本原之情，而"恶情"则是"私欲"。在儒家思想体系中，"私欲"是要摒弃、割除的。过去我们对朱熹所提出的"存天理，灭人欲"观点有误读，认为他要灭掉人的一切欲望。实质上，朱熹主张的"人欲"是指超越个体基本的、合理的欲望之外的私欲，他是希望防范过度膨胀的个人欲望，维护社会道德、政风民风的淳朴与和谐。天理人欲，依稀微茫之间，即便朱熹学说在阐发人欲、天理之间的"度"有模棱两可之嫌，难以落实到经验世界中，但可肯定的是，朱熹强调"存天理"并不是抑制一切人的欲望，而是希望消灭负面的"私欲"而存留仁爱之心。在这一点上，汤显祖与朱熹本质上是没有歧异的，诚如有学者指出汤显祖"他并不认为个体性的情感欲求就可以无限制地发抒、宣泄，恰恰相反，个体之情固然不可以废弃，也不可能废弃，但它终究是需要用'礼''义''仁'等伦理规范来约束、引导和制衡的"。④ 既然汤显祖不会拿私欲"恶情"来反理学，而人本体之"善情"是客观合理性的存在，本就不与圣人之境域的"天理"相违背，自然汤显祖更不可能以"善情"来反天理了。也就是说，《牡丹亭》发抒"情"，就不是为反理的。

再从"理"的角度而言，"理"原本是动词，为"察微""分剖"之义，在汤显祖的诗文集中出现了"理"的多重引申义。一为知识层面辨别是非对错的常理，如《沈氏弋说序》："今昔异时，行于其时者三：理尔、势尔、情尔。……是非者理也。"⑤又见于《牡丹亭记题词》："自非通人，恒以理相格耳。第云理之所必无，安

---

① 左东岭《阳明心学与汤显祖的言情说》，《文艺研究》2000年第3期。
② 王思任《王季重十种》，任远点校，浙江古籍出版社2010年版，第34页。
③ 袁行霈主编《中国文学史》第四册，高等教育出版社2014年第3版，第118页。
④ 程芸《汤显祖与晚明戏曲的嬗变》，中华书局2006年版，第91页。
⑤ 汤显祖《沈氏弋说序》，《汤显祖全集》（二），第1646页。

知情之所必有耶。"此二例中的"理"都是常理、事理之义。二为哲学层面抽绎出来的性命天理,如《寄达观》中汤显祖转述达观的话:"情有者理必无,理有者情必无。"①汤显祖有时也将天理称为"道",如《苏公眉源新成文昌桥碑》:"和而使,一人焉可也。和莫若以道。"②《调象庵集序》:"情致所极,可以事道,可以忘言。"③从《汤显祖全集》看,汤显祖头脑中的"理",更多指由儒家精神抽绎出的义理。

汤显祖作为浸淫于儒家经典中的读书人,他对于儒家精义之圣人境域的"天理",同样是充斥着向往之心。因此,无论我们把《牡丹亭》中的"情"理解为是人本体之原始欲望,还是由此生发的男女相思之"至情",在本质上都不与儒家最高境界的"天理"相矛盾,也就不存在"以情反理"一说。

更重要的是,在宋明理学的理论体系中,人情和天理本身不是同一个层面的两个概念。人情是个体在经验层面、现实世界中的情感体验,而天理是超经验世界不依存人意志而客观的存在。具体在朱熹那里,"天理"是先于万物又衍生万物的绝对精神和世界本原;在王阳明那里,"天理"则是人人心中的"良知",二者没有本质区别。在逻辑上,以个体的"人情"去反对天道之"理",根本是说不通的。也就是说,《牡丹亭》"以情反理说"本身就是一个伪命题。

最后想说的是,《牡丹亭》之所以成为中国戏曲经典,正在于它无限的阅读空间和阐释可能性,每个读者都可以基于自身不同的阅读体验和人生阅历作出文本主题的不同理解,但这种理解应该根植于《牡丹亭》文本自身或相关文献的合理解读,而不是片面的逻辑推演或教条式、简单化的抽绎。徐朔方先生曾正告我们:"任何简单化的表述都只能导致艺术教条主义"。④《中国文学史》限于阅读对象和自身学科性质,传授的应该是"可靠"的文学知识,在知识理解和掌握的基础上,阅读者对原著作何种纵深或迁延性的理解,那将取决于阅读者自身的感悟力和探索兴趣。一部被读者认可的《文学史》,可能有很多标准,但至少应该杜绝任何主观立场的概念化读解,为读者提供"正确"的文学史知识。

2016 年是汤显祖逝世 400 周年,我们纪念这位伟大戏剧家的最好方式就是客观解读他的作品。《牡丹亭》作为一部经典剧作,如何解读它,而不陷于过度阐释、强制阐释的泥淖,避免简单化、教条式的表述,确实是需要戏曲史研究者和《中国文学史》写作者认真考量和反思的。

---

① 汤显祖《寄达观》,《汤显祖全集》(二),第 1351 页。
② 汤显祖《苏公眉源新成文昌桥碑》,《汤显祖全集》(二),第 1191 页。
③ 汤显祖《调象庵集序》,《汤显祖全集》(二),第 1098 页。
④ 徐朔方《汤显祖评传》,南京大学出版社 2006 年版,第 167 页。

介于游戏与现实之间的《牡丹亭》

李昌淑

一、楔　子

《牡丹亭》不消说是一篇名作,又是一篇问题作。《牡丹亭》的问题就在两个违反:一是人道之违反,即所谓奔则为妾。这种违反虽然在现实世界里是可能发生的,但其违反者应该负严重的后果;一是天道之违反,即人鬼结合。这种违反是在现实世界里绝对不可能发生的。汤显祖使杜丽娘和柳梦梅违反人道和天道成就他们的爱情。不过,杜柳两人的爱情故事是在汤显祖的时代不太被一般人民容易接受的。[①] 所以,汤显祖设置了一个装置。他把《牡丹亭》加工为一个游戏。在作品里主人翁以游戏方式两次违反人道和天道来成就他们的理想。在现实世界里,观众或读者以游戏方式接受主人翁的违反来享有他们自己的理想。

汤显祖在《牡丹亭题辞》里阐明过《牡丹亭》故事的渊源。依据《牡丹亭题辞》,他先选择几篇志怪小说为母题,再融合现实因素来完成这篇名作。在《牡丹亭》里,现实和虚构融合无间如无缝天衣。殉情男女,到处都有。但是在现实世界里,绝对没有如杜丽娘一般死而回生的人。这是汤显祖和其同时代人都不能否定的俨然的现实。不可回生的人复活而成就爱情的故事是一种游戏。汤显祖的游戏精神贯穿着《牡丹亭》的全篇。他边游戏边批判现实。这是他创作剧本的基本战略。通过游戏的批判充分回避可能的逆攻。这是《诗大序》所谓的"言之者无罪,闻之者足以戒"的文学功能。

二、现实与游戏

关于游戏,约翰赫伊津哈(John Huizinha,1872—1945)在《游戏的人》(*Homo Ludens*)中说:

我们看到,游戏是一种重要的文化现象,但早在文化出现之前,游戏就已经存在了。从太古时代到我们生活其中的文明,游戏贯串始终,渗透到文明的各个角落。我们发现,游戏无处不在,游戏是有别于"平常"生活的,特色鲜明的一种行为。[②]

他一语道破在法律、战争、知识、诗歌、哲学、艺术等所有人类的创造物中,皆蕴涵着游戏的要素与属

---

① 王涛先生也已说过:"作者在写杜丽娘死后还魂时,采用的是虚幻的笔法,这种事情在现实生活中是绝对不可能发生的。而当写到人们对这件事情的态度时则是站在现实的角度上,以现实生活中的人的眼光看待死而复生这种极端虚幻之事,必然会产生矛盾。"《〈牡丹亭〉杜宝形象重析》,《宝鸡文理学院学报(社会科学版)》第29卷第1期,2009年2月,第111页。

② 何道宽译《游戏的人》(*Homo Ludens*),花城出版社1981年初版,2007年第1版,第5—6页。

性的事实。他继理性人（Homo Sapiens）与工具人（Homo Faber）的论点之后，主张游戏人（Homo Ludens）才是人类的真正属性。中国文化亦含有非常丰富的游戏精神。敦煌遗书《孔子项讬相问书》里有一则故事阐明现实与游戏之关系。

> 项讬有相，随拥土作城，在内而坐。夫子语小儿曰："何不避车？"小儿答曰："昔闻圣人有言：上知天文，下知地里（理），中知人情，从昔至今，只闻车避城，岂闻城避车？"<u>夫子当时无言而对，遂乃车避城下道</u>。遣人往问："此是谁家小儿？何姓何名？"小儿答曰："姓项名讬。"

项讬所筑之城不是真城，而是假城。假城就是游戏里的城。可是项讬要求对自己游戏的城适用现实逻辑而"车避城"。夫子接受他的主张而回避假城。假城纵使高而坚，真车不会不能冲而过之。夫子把现实世界的逻辑适用到游戏世界而改变自己的行为。项讬把现实世界的逻辑成功应用于游戏世界。
《国语·晋语》有一个事件显示出游戏与现实之关系。

> 骊姬告优施曰："君既许我杀太子而立奚齐矣，吾难里克，奈何？"优施曰："吾来里克，一日而已。子为我具特羊之飨，吾以从之饮酒。<u>我优也，言无邮。</u>"骊姬许诺，乃具，使优施饮里克酒。中饮，优施起舞，谓里克妻曰："主孟啗我，我教兹暇豫事君。"乃歌曰："暇豫之吾吾，不如鸟乌。人皆集于苑，己独集于枯。"里克笑曰："何谓苑？何谓枯？"优施曰："其母为夫人，其子为君，可不谓苑乎？其母既死，其子又有谤，可不谓枯乎？枯且有伤。"优施出，里克辟莫，不飨而寝。夜半，召优施，曰："<u>曩而言戏乎？抑有所闻之乎？</u>"曰："然。君既许骊姬杀太子而立奚齐，谋既成矣。"里克曰："吾秉君以杀太子，吾不忍。通复故交，吾不敢。中立其免乎？"优施曰："免。"

晋国俳优优施帮助骊姬立她儿子为太子而诲诱里克，充分利用自己的俳优身分。优施所说的话："我优也，言无邮。"证明中国古代俳优享有一种免责特权，他们分明在表演时什么话也会说。所以，里克确认优施所说的话是"戏"，还是现实。优施为改变现实世界而利用游戏世界的逻辑，他利用游戏世界的逻辑成功影响到现实世界。
从上面两个故事，可以抽绎出一个逻辑：现实与游戏（就是虚构）利用对方的逻辑可以发展或持续自己的世界。

三、作为游戏的《牡丹亭》

包括文学在内，所有艺术作品属于所谓现实与游戏的两个世界。汤显祖是一位正统文人官僚，他的《牡丹亭》充满着游戏精神而涌出现实批判精神。按照江巨荣先生的《二十世纪〈牡丹亭〉研究概述》和王燕飞的《二十世纪〈牡丹亭〉研究综述》，①《牡丹亭》的主要主题可以概括为肯定人欲。这是与理学所谓"存天理、去人欲"的伦理标准正面对立的。儒家理学是当时中国社会的统治意识形态。《牡丹亭》的主

---

① 分别刊于《上海戏剧》1999 年第 10 期，《戏剧艺术》2005 年第 4 期。

题是由两个主人公违反理学伦理而完成的。杜丽娘和柳梦梅违反两个现实世界的规律。第一是违反人道,即违反社会婚姻制度;第二是违反天道,即违反自然秩序。《礼记·丧服小记》曰:"亲亲、尊尊、长长、男女之有别,人道之大者也。"《礼记·内则》曰:"聘则为妻,奔则为妾。"虽然在梦境里,杜丽娘与柳梦梅未婚而交欢,而且回生以后,不受父母之命而随从柳梦梅为夫妻。她是一位宦门闺秀,亦明明认识到"必待父母之命、媒妁之言"而成婚。杜丽娘的行为违反"人道之大者"。柳梦梅与杜丽娘之鬼魂合欢违反天道,即违反自然界的秩序。鬼是人"敬而远之"的对象。在现实世界绝不可能发生人鬼之间的合欢。第一违反是无论中西古今都可能发生的,但是这种行为的主体者应该成为"父母国人皆贱之"①的对象,即丧失社会地位而转落到下层。第二违反是在现实世界不可能发生的。即使是泰州学派的狂人,亦应不可能实现人鬼之间的交合。

汤显祖也肯定这两种违反在现实世界非常难发生或不能发生,所以他突出《牡丹亭》故事的虚构性而把这两种违反归属于游戏世界。王涛教授已经指出汤显祖"在写杜丽娘死后还魂时,采用的是虚幻的笔法",而"这虚幻的笔法"就是一种游戏。为把《牡丹亭》归属于游戏世界,汤显祖安排了几种措施。最初而重的措施就是《牡丹亭题辞》。他说:"传杜太守事者,仿佛晋武都守李仲文,广州守冯孝将儿女事,予稍为更而演之。至于杜守收拷柳生,亦如汉睢阳王收考谈生也。"他表白了《牡丹亭》故事是混合几种渊源而加以他自己的创造来完成的。第二措施是人物创造的作为性。《牡丹亭》的主要人物都是历史上名人的后裔。汤显祖安排主要人物的来源如下:

> 柳梦梅——柳宗元的后裔(岭南世居)
> 郭驼——郭橐驼的后裔(《种树郭橐驼传》)
> 韩子才——韩愈的后裔(岭南世居)
> 杜宝——杜甫的后裔(四川出身)
> 甄氏——曹丕甄妃的后裔

上面两个措施足够鲜明地显示《牡丹亭》的人物和故事不是现实,而是虚构。柳宗元和韩愈各贬谪到广西和广东,汤显祖利用这个历史事实来设定了在《牡丹亭》里他们的后裔自然会在广州。杜甫在四川漂泊流浪过,汤显祖亦利用这个历史事实来设定了在《牡丹亭》里他的后裔在那里世居。汤显祖的人物设定非常巧妙而自然。

以上两种措施充分反证《牡丹亭》是作家的精致意图所创出的一个游戏物。

此外,汤显祖在《牡丹亭》随处安插提醒非现实性的因素,例如第三十三出《秘议》有短小滑稽。

> 〔生〕还要请他起来。〔净〕你直恁神通,敢阎罗是你。〔生〕少些人夫用。〔净〕你当夫,他为人,堪使鬼。〔生〕你也帮一锹儿。〔净〕大明律开棺见尸,不分首从皆斩哩。你宋书生是看不着皇明例,不比寻常,穿篱挖壁。

---

① 《孟子·滕文公下》。

柳梦梅和杜丽娘是宋人，汤显祖是明人。明代的剧作家把宋代的人物和事件加工出一个虚构世界来，而且那个世界的时代背景设为宋代。在模仿现实的严肃作品，剧作家的现实世界与作中世界互相彻底分离，所以宋代人物石道姑（净）绝对不可说出"大明律"云云。在这段滑稽场面，剧中人物往来现实与虚构之间。汤显祖通过石道姑的白和曲向观众或读者公布：大家正在视听或阅读的这篇戏曲绝不是真的世界，而是假的世界。在听到这个声音的时候，投入到作品世界里面的观众或读者，忽然觉醒而脱出作品世界而归到他们的现实世界去。同时，他们会将《牡丹亭》看作一场游戏。

杜丽娘和柳梦梅的两种违反是在虚构世界里发生的。纵然在虚构世界里人物违反的规律同等于现实世界的规律，那个违反不是现实生活中的违反。观众或读者明明白白认识到这个事实。可是假的违反，在观众或读者的心灵里会起真的违反的效果。像在《孔子项托相问书》里遵守项托的游戏世界的规律的夫子那样，观众或读者肯定接受《牡丹亭》为一个真的现实世界。可是《牡丹亭》究竟是一场游戏，杜丽娘和柳梦梅的两个违反并不成社会的、伦理的问题。这是文学作品的正常作用，也是汤显祖的创作意图之一。

四、《牡丹亭》的现实效力

那么，《牡丹亭》只不过是一场游戏吗？知道《牡丹亭》的人都同意认定《牡丹亭》是对现实的影响力很强的一篇名作。汤显祖死后四百年的历史证明了这个事实。如果说目前全世界的青春男女都是柳梦梅和杜丽娘，并不为过。包括中国在内，全世界的历史都向杜丽娘柳梦梅所企愿的境界而发展。《牡丹亭》的游戏世界是怎样影响现实世界的？这个经过是顺从现实世界的规律的过程。总而言之，汤显祖在游戏世界里违反现实世界的规律，然后再把游戏世界里的违反还原到现实世界。其结果，游戏性违反即变成现实性违反。违反具备现实性，才会向现实世界发生其影响力。

在《牡丹亭》中，汤显祖安排好了各种现实性因素，最大的是在第五十五出《圆驾》中。在这一出，主要人物都上场并结束了一场游戏，将《牡丹亭》反馈到观众或读者的现实世界。在这过程中，给《牡丹亭》赋予现实性的主要人物是杜宝和宋帝。

杜宝是杜丽娘的亲父，疼爱独生女，但是顽强不肯相认回生来的女儿，亦当然不肯认没待父母之命的女婿柳梦梅。

（外觑旦作恼介）鬼乜些，真个一模二样。大胆大胆。（作回身跪奏介）臣杜宝谨奏。臣女亡已三年，此女酷似，此必花妖狐媚，假托而成。俺王听启。

杜甫不但顽强否定女儿杜丽娘的回生，而且否定夫人甄氏脱出死地生还而来。

（外末惊介）那里来的。真个是俺夫人哩。〔外跪介〕臣杜宝启。臣妻已死扬州乱贼之手，臣已奏请恩旨褒封。此必妖鬼捏作母子一路，白日欺天。

对他的这样态度，袁行霈先生所主编《中国文学史》里批评说："他宁要一个贞节的亡女，也不认一个野合过的鲜活的杜丽娘。说到底是怕妨碍了他的官位尊严。"①"杜宝主要代表顽固不化的封建统治阶级",②违反人道和天道,即使是亲生女儿或夫人,否定他们是当然之事。杜宝是"一个尽职尽责的忠臣",③他的思考和行为基于儒家的合理精神,当然坚决否定死者回生。在当时社会,杜宝遵守了现实世界的逻辑。这是《牡丹亭》的现实因素之一。

结束一场现实和虚构融合的游戏的角色就是宋帝。宋帝允许杜丽娘和柳梦梅的婚姻,因而天道和人道的违反都消灭了,《牡丹亭》里的整个世界还原于正常。宋帝是现实世界的主宰,但是他不上场,而在戏台内只说白。这样表演方式使宋帝成为看不见的主宰,观众和读者更容易钦服其无所不为的权能。在实际上,明太祖朱元璋为确立帝王的绝对权威禁止俳优扮演帝王。

关于"搬作杂剧",在《大明律·刑律九》规定如下:

> 凡乐人搬作杂剧戏文,不许妆扮历代帝王、后妃、忠臣、节烈、先圣、先贤、神像,违者杖一百;官民之家,容令妆扮者与同罪;其神仙道扮及义夫、节妇、孝子、顺孙劝人为善者,不在禁限。④

朱元璋已在洪武六年二月发布禁令:"诏礼部申禁教坊司及天下乐人,毋得以古圣贤、帝王、忠臣、义士为优戏,违者罪之。"其原因是:"胡元之俗,往往以先圣贤衣冠为伶人笑侮之饰,以佑燕乐,甚为淡慢。"⑤汤显祖是明朝臣民,不能不遵守《大明律》。其结果,却使《牡丹亭》对观众或读者的效力更增强了。

宋帝对杜丽娘的回生事件判决如下:

> 〔内〕听旨。朕细听杜丽娘所奏,重生无疑。就着黄门官押送午门外父子夫妻相认,归第成亲。

观众或读者看不见宋帝的具体形象,而只能听到他的声音。依据看不见的主宰的判决,杜柳成为一对正常的荣贵夫妻。同时,《牡丹亭》的严重问题如春雪一瞬融解了。换言之,现实世界的皇帝承认杜柳两人的存在和行为,来匡正人道和天道的歪曲,因而一切的不正常都还原为正常。这就是现实世界皇帝的权能。《圆驾》一出里的宋帝代表汤显祖所事的明帝,进一步而代表一切读者和观众所遇的皇帝或统治者。汤显祖充分遵守现实世界的规律,《牡丹亭》的人物和故事也就属于现实世界。

五、尾　声

汤显祖创造杜丽娘和柳梦梅来表现他的理想。他虽然在《牡丹亭题辞》说"人世之事,非人世所可尽。自非通人,恒以理相格耳。第云理之所必无,安知情之所必有邪",他也明明白白地认识到还魂回生和人鬼交合不过是一场幻事。尤其,杜柳两人的理想不可容纳于当时社会。如果他直接主张肯定人欲,他的最后也不知与达观卓吾无异。

---

① 第四卷,高等教育出版社1999年版,第134页。
② 同上书,第133页。
③ 余治平,《建构于特殊人文背景下的人性——杜宝性格论》,《齐齐哈尔大学学报(哲学社会科学版)》,2011年8月,第12页。
④ 怀效锋点校《大明律》,法律出版社1998年版,第204页。
⑤ 明姚广孝《明太祖实录》卷七十九。再引用于王斌,《明朝禁戏政策与明代戏剧研究》(南京大学博士学位论文,2013),第7页。

　　基于现实世界,为提示他所追求的理想,汤显祖借用儒家最尊崇的《诗经》传统。在《诗大序》里,规定风的含义说:"上以风化下,下以风刺上,主文而谲谏,言之者无罪,闻之者足以戒。故曰风。"汤显祖吹起一阵"长风"来"刺"当时的社会。他先以他的理想来违反现实世界的规律,而后顺应现实世界的规律来翻违反成为正常。他的违反在游戏世界里既成了,他的顺应在现实世界遂行了。这个过程一致于"主文而谲谏,言之者无罪,闻之者足以戒"的诗人手法。这个过程里,一曲《牡丹亭》介于现实与游戏之间,向现实与游戏两方面都发挥功能。所以《牡丹亭》含有现实与游戏的双重属性。这是文学和艺术作品的基本性质。

从《劝善记》到《牡丹亭》

——晚明思潮与戏曲出口

罗丽容

前　言

　　元末明初,文风浮滥,出于治国之需,朱元璋起用宋濂、方孝孺、刘基等人,这些文臣注重实际,强调事功,因为重实际,阐发文道合一之主张不遗余力,所以思想主流又退回程朱理学的老路子,然因彼等所学较为驳杂,非执一之论可概括,徐渭论宋濂曰:"金华宋先生之重也以道,卒用于学也以文。"故文、道二端实为明初论文之根本。认为只有合于先王之道,能经世致用的才是好文章,故以"明道"为文,以"致用"为本,此即为明初论文宗旨,虽然嘉靖、万历后阳明心学勃兴,成为晚明思潮的主流,然拥护程朱思想之支脉却从未消歇。

　　嘉靖、万历后,通俗文学勃兴,传统社会将戏曲、小说、民歌视为雕虫小技的狭隘观念,受到很大的冲击与挑战,这些通俗文学的艺术魅力与社会功能有如猛虎出柙、洪水泛滥一般,冲毁了宋元明以来长达数百年,所充斥的程、朱理学的风气,牵系着旧社会中的每一颗人心。追根究柢,这种现象的产生,与明代正德、嘉靖后兴起的理学别支——心学,有莫大的关系。明正德间王守仁倡"致良知"、"心即理"、"吾性自足,不假外求"等观念,吹起了心学的号角,也使得士大夫之间的风气,由心驰魏阙,竞逐外务,纷纷转往内心世界的探索。同时,心学左派领袖,号称阳明弟子的王艮,也发展出一套与程朱理学"存天理、去人欲"教条相悖,充分肯定自我、肯定人欲的泰州之学。此新兴之学风靡当代,蔚为一股人文思潮,解脱了几百年来被理学所束缚的苦闷人心,开拓了当代人的眼界,在文学与艺术上产生了巨大的影响,反映在当时所流行的戏曲小说的创作与批评上,这股力量,后代人是绝对不能轻估的。

　　传统儒家教育特重诗教,所谓的"兴、观、群、怨","经夫妇、成孝敬、厚人伦、美教化、移风俗",从社会道德角度来评论诗歌的观点,在漫漫的历史长河中,不知不觉的成为文学艺术的主流观点,文学艺术中所该有的独立性与美学价值,被传统的道德教化功能所取代,沦落为附庸地位。这种情况受到晚明心学的影响,慢慢地产生了变化,表现在戏曲小说的创作中尤为明显。但是也有些创作完全无视于这股新兴的心学潮流,仍然稳定的走着程、朱传统的老路子,这种一新一旧的对比,十分明显,但也同样的贴近民间。

　　本文主要以两本明代传奇剧本:《劝善记》①与《牡丹亭》为主要探讨对象,观察在晚明思潮纷腾的影响下,代表普罗大众思想的戏曲作家,如何面对、如何反映当代思想的面貌,并且以一种艺术手法表现出来。

---

① 此系《新编目连救母劝善戏文》之简称,下文皆采用简称。

一、晚明思潮的重要人物：从陈白沙到王阳明

（一）陈白沙与心学

陈白沙是陆象山心学过渡到阳明心学的桥梁人物，也是士人道德修持上寻求回归自我为本位的先声人物，其学说重点归结如下：

1．与儒家思想相合之处

以"学习圣人"为人生理想，然并非墨守成规。

> 《古蒙州学记》云："夫士何学？学以变化气习，求至乎圣人而后已也。求至乎圣人而后已也，而奚陋自待哉。"①
>
> 抑吾闻之：《六经》，夫子之书也，学者徒诵其言而忘味，《六经》一糟粕耳！犹未免于玩物丧志。今是编也，采诸儒行事之迹，与其论著之言，学者苟不但求之书，而求诸吾心，察于动静有无之机，致养其在我者，而勿以闻见乱之，去耳目支离之用，全虚圆不测之神，一开卷尽得之矣，非得之书也，得自我者也。②

可知陈白沙虽谨守《六经》之书，然而要求学者学习经典要取其神髓而弃其糟粕，神髓者，读其书而能求诸吾心之机，察于动静、致养自身；糟粕者，徒诵经典而已，只知表面之言，外混乱于闻见，内支离于耳目，则读书抑犹如玩物丧志之事也。

2．与道家思想相合之处：主张"克去有我之私"

陈白沙云："大抵虚己极难，若能克去有我之私，当一日万里，其它往来疏数不计也。"③此处的"私"，所指为何，许多学者认为白沙没有明说，其实白沙已经说得很清楚了，那就是一个"我"字，一个人如果处处以"我"为出发点，就无法谦虚下人，如果克除了"我"的褊狭观念，所有的修为"一日万里"都有可能，更遑论其他人我往来的小节了。

此处的"克去有我"受到《庄子》的影响随处可见，试举数例以明之。《庄子·大宗师》云：

> 颜回……曰："回坐忘矣。"仲尼蹴然曰："何谓坐忘？"颜回曰："堕肢体，黜聪明，离形去知，同于大通，此谓坐忘。"仲尼曰："同则无好也，化则无常也。而果其贤乎！丘也请从而后也。"④

此处借着孔门师生对话，说明克去我私（忘我）必须要形若槁木（堕肢体）、心若死灰（黜聪明）、冥同大道，内不觉其一身、外不识有天地，方能够旷然与变化为体，无不通达。

《庄子·应帝王》云：

---

① 陈献章《古蒙州学记》，孙通海点校《陈献章集》，中华书局 1987 年版，上册，卷一，第 28 页。
② 陈献章《道学传序》，孙通海点校《陈献章集》，上册，卷一，第 20 页。
③ 陈献章《与张廷实主事》六十九则之七，孙通海点校《陈献章集》，上册，卷二，第 162 页。
④ 郭庆藩辑《庄子集释》，河洛图书出版社 1974 年版，第 284—285 页。

蒲衣子曰："而乃今知之乎？有虞氏不及泰氏。有虞氏，其犹藏仁以要人，亦得人矣，而未始出于非人。泰氏，其卧徐徐，其觉于于；一以己为马，一以己为牛；其知情信，其德甚真，而未始入于非人。"①

此言有虞氏不免怀藏仁心，以要结于他人，虽能得于人心，但是未必超然于物外；而泰氏其寝不梦、其觉无忧，任人呼己为牛马，皆不与之计较，他的所知是真实的，他的道德是真实无伪的，超然物外的。

陈白沙所谓的"克去有我之私"应该与此有关，只要打通"有我"此一关节，则名利私欲一概不在眼中话下了。

3．与佛家思想相合之处：强调人与禽兽之别，在于"心"与"理"

陈白沙《禽兽说》云：

> 人具七尺之躯，除了此心此理，便无可贵，浑是一包脓血裹一大块骨头。饥能食，渴能饮，能着衣服、能行淫欲。贫贱而思富贵，富贵而贪权势，忿而争，忧而悲，穷则滥，乐则淫。凡百所为，一信气血，老死而后已，则命之曰"禽兽"可也。②

他非常反对人只凭靠本能过日子，他认为我们身体的组合是"一包脓血裹一大块骨头"，争权夺利之外，穿衣吃饭、好行淫欲、喜怒哀乐，全凭气血指挥，如果再不肯在"心"和"理"方面下功夫，跟禽兽相较，其实是没有两样的。这种思想受到佛教"不净观"的影响颇深，例如：

> 复次，诸比丘！比丘于皮覆包充满种种不净物之此身，观察此身，上至头发，下至踉底，知："于此身有发、毫、爪、齿、皮、肉、筋、骨、髓、肾脏、心脏、肝脏、肋膜、脾脏、肺、肠、肠间膜、胃、排泄物、胆汁、痰、脓、血、汗、脂肪、泪、淋巴液、唾液、黏液、关节液、尿。"诸比丘！犹如两口之袋，填进种种谷物，即：稻、粳、绿豆、豆颗、胡麻、糙米，具眼者开解之，得观察："此是稻、此是粳、此是绿豆、此是豆颗、此是胡麻、此是糙米。"……如是，或于内身，观身而住；于外身，观身而住；又于内外身观身而住。或于身，观生法而住；于身，观灭法而住；又于身，观生灭法而住。尚又智识所成及忆念所成，皆会"有身"之思念现前。彼当无所依而住，且不执着世间任何物。诸比丘！比丘如是，于身观身而住。③（《大念处经》）
>
> 复次，比丘观身如身。比丘者，此身随住，随其好恶，从头至足，观见种种不净充满，我此身中有发毫爪齿、粗细薄肤、皮肉筋骨、心肾肝肺、大肠小肠、脾胃抟粪、脑及脑根、泪汗涕唾、脓血肪髓、涎胆小便。犹如器盛若干种子，有目之士，悉见分明，谓稻、粟种、蔓菁、芥子。……如是比丘观内身如身，观外身如身，立念在身，有知有见，有明有达，是谓比丘观身如身。④（《念处经》）

不净观为四念处中的身念处，又可分为观察自身以及墓园九观两者。由墓园九观又发展出所谓的"白骨

---

① 郭庆藩辑《庄子集释》，第287页。
② 陈献章《禽兽说》，孙通海点校《陈献章集》，上册，卷一，第61页。
③ 《大念处经》，收入元亨寺汉译南传大藏经编译委员会编《汉译南传大藏经》，元亨寺竹林出版社1994年版，册7，第278页。
④ 东晋瞿昙僧伽提婆译《中阿含经》，《大正新修大藏经》，新文丰出版公司1983年版，册1，卷二十四，九八经，第583b页。

观"。根据《俱舍论》卷二十二、《大智度论》卷十九等载,修此禅观能对治:贪爱色身、男欢女爱等欲望。方法是在禅定中观想,自身与他身之污秽不洁,[1]修此禅观,以消除对人世间的贪恋,坚定出示修行的决心。

以上论述可知陈白沙之学,已经倾向于糅合儒释道三家思想于一炉,而特重自身之体悟,所谓悟道的功夫,也就是读书人的涵养以及境界的高下:

> 为学须从静中坐,养出个端倪来。[2](《与贺客恭黄门》)
>
> 然尝一思之,夫学有由积累而至者,有不由积累而至者;有可以言传者,有不可以言传者。……是故道也者,自我得之,自我言之,可也。[3](《复张东白内翰》)
>
> 所谓未得,谓吾此心与此理未有凑泊吻合处也。于是舍彼之繁,求吾之约,惟在静坐,久之,然后见吾此心之体隐然呈露,常若有物。日用间种种应酬,随吾所欲,如马之御(丽案:当为卸)衔勒也。[4](《复赵提学佥宪》)

道可以自我追求而得,如果未得,盖心与理未能吻合之故,此时就要用静坐对治,静坐可以澄心,澄心可以养出端倪,精神处于完全自然的圆融状态,不粘不滞,不执着,达于"与道为一"的精神境界。

(二)王阳明心学之生发与传播

陈白沙之后,明代正德、嘉靖年间,出现阳明心学,这是继宋代程朱理学之后,对中国思想界引发重大影响的思潮。王阳明正式讲学是在贵阳文明书院讲知行合一开始,然则讲学之影响扩大则始于滁阳,正德八年(1513)学生已有数百人之多,《年谱》云:"日与门人遨游琅琊、瀼泉间。月夕则环龙潭坐者数百人,歌声振山谷。诸生随地请正,踊跃歌舞。"[5]这种讲学的特色就是真情加上高度的热情,才有数百人环龙潭而坐、随地请教,踊跃歌舞的情况。其后阳明学说传播四方,造成嘉靖年间士大夫争相仿效学习的风气。归纳其学之所以影响重大的原因:

1. 朝廷无理的抑压,造成反弹

朝廷将阳明之学定调为"伪学",《明世宗实录》云:"守仁放言自肆,诋毁先儒,号召门徒,声附虚和,用诈任情,坏人心术。近年士子传习邪说,皆其倡导。……殁后恤典,俱不准给。都察院仍榜谕天下,敢有踵袭邪说,果于非圣者,重治不饶。"[6]朝廷之所以会禁止王学,充其量只是害怕王学的流播,影响朝廷统治者的地位,因为陈白沙、王阳明之学,提倡只要自我修持,人人都可以为圣人,对传统儒学做了新诠释,使得自明初以来只尊程、朱的朝廷,备感威胁,只想打击王阳明,重新回归程、朱的老路,对统治者来说是比较安全的。然而这种无理的打压,却造成了一股反动的潮流,朝廷当然也不愿意让步,冲突之下,阳

---

① 观自身不净,包括:观身死、尸体发胀、变青瘀、脓烂、腐朽、虫吃、骨锁等;观他身不净,包括:观种子不净、住处不净、自相不净、自体不净、终竟不净。

② 陈献章《与贺克恭黄门》十则之二,孙通海点校《陈献章集》,上册,卷二,第133页。

③ 陈献章《复张东白内翰》,孙通海点校《陈献章集》,上册,卷二,第131页。

④ 陈献章《复赵提学佥宪》三则之一,孙通海点校《陈献章集》,上册,卷二,第145页。

⑤ 明王守仁撰,吴光等编校《王阳明全集·年谱》,上海古籍出版社1992年版,卷三十三,第1236页。

⑥ 中研院史语所校勘《明世宗实录》,《明实录附校勘记》,中研院历史语言研究所,1965年版,册75,卷九十八,第2299页。

明心学名气日益壮大,追随他的人反而更多。

2. 从龙场驿贬谪中,对死生问题大彻大悟

庄周云:"死生亦大矣",一个人不管生前是荣华绕身,或者穷困潦倒,死生问题是每个人最终都会面临的问题,尤其是知识分子,更是责无旁贷。王阳明无罪被谪龙场驿,面对的是居无房、食绝粮、病痛缠身的窘况,举凡生活所需,皆须亲自动手、重新打理、从头做起、生死只是一线之隔;他就是在这种走投无路的情况下,勘破生死,大彻大悟,阳明学说的核心价值:致良知、格物致知、吾性自足,都在这种情况下悟得。原本宠辱皆惊、自伤自叹、有志难伸、病翼难飞的心境,都在一悟之间被彻底摧毁。从犹疑不定转向泰然自信,从自怨自艾变成万虑皆抛。之后在龙冈书院、文明书院讲学,将这样积极、自信、凡事求诸良知良能、去天理存人欲的体悟完全传达给他的学生,"富贵犹尘沙,浮名亦飞絮",何不将求富贵浮名的心态转而求道,况且此道不难,求诸自心的良知良能而已矣,这样的核心价值也间接影响了士人面对生死的观念。

3. "致良知"学说的考验

王阳明平定宸濠之乱,功高而谤毁随之而来,[①]对王阳明也造成了不小的压力,但是他可以处变不惊、坦然以对,心中所依靠的就是"致良知"的信念,他说:"近来信得致良知三字,真圣门正法眼藏。往年尚疑未尽,今自多事以来,只此良知无不俱足。譬之操舟得舵,平澜浅濑,无不如意,虽遇颠风逆浪,舵柄在手,可免没溺之患矣。"[②]"自己良知原与圣人一般,若体认得自己良知明白,即圣人气象不在圣人而在我矣。"[③]此种思想的核心价值,成功地通过了现实对王阳明的考验,士人因此更加信服。

4. 朝廷不肯重用王阳明,这种不公平的待遇,间接促成王学的发展与流播

王阳明平宸濠之乱,功劳之大,满朝文武,无有异议者,但是正德、嘉靖两朝却对他的能力有所忌讳,不肯重用,嘉靖皇帝甚至昧着良心说他是"中材",既要用他,又不肯信任他。不肯信任他之余,还要将他诋毁为中等之材。蔑视之情,莫此为甚。他人看在眼里,也都为他抱屈,直接间接的也促进王学的传播。然而再恶劣的环境都挡不住一个圣人的出头,王阳明在这种"朝廷不找,无事困扰"情况下,晚年反而有功夫补足了王学的完整性,他将王学归纳为四句表述:"无善无恶是心之体,有善有恶是意之动,知善知恶是良知,为善去恶是格物";[④]"我年来立教,亦更几番,今始立此四句。人心自有知识以来,已为习俗所染,今不教他在良知上实用为善去恶功夫,只去悬空想个本体,一切事为,俱不着实,此病痛不是小小,不可不早说破"。[⑤] 可见王学所特别强调的自性自足之外,就是知行合一的功夫,阳明原始的初心也在于改变世风、提升道德的修持,这在晚明也造成了士子之间竞相学习的风气。

(三)晚明心学的反动

王阳明虽然平定宸濠之乱,事实上朝廷并不信任他,朝臣反对奖学之风,《明武宗实录》甚至说平定宸濠之乱的首倡者是伍文定,而非王阳明:

---

① 如太监张忠、安边伯许泰等挟天子以邀功,蜚语中伤王阳明与宸濠是故交,及王阳明攻破南昌,进入宁王府后,曾烧毁一批书牍之类。
② 王守仁撰,吴光等编校《王阳明全集·年谱》,下册,卷三十四,第1278—1279页。
③ 王守仁《传习录》,吴光等编校《王阳明全集·语录》,上册,卷二,第59页。
④ 王守仁撰,吴光等编校《王阳明全集·年谱》,下册,卷三十五,第1307页。
⑤ 王守仁撰,吴光等编校《王阳明全集·年谱》,下册,卷三十五,第1307页。

庚辰，吉安知府伍文定及提督南赣汀漳军务都御史王守仁起兵讨宸濠。初，守仁奉命勘事福建，以宸濠生日将届，取道南昌贺之。会大风，舟不得前，至丰城，知县顾似以变告。守仁大骇，遂弃官舟，取小艇，潜迹还赣；时宸濠与其伪国师刘养正谋，使人追之，不及。文定闻守仁还，急以卒三百迎于峡江，至吉安，进曰："此贼暴虐无道，久失人心，其势必无所成。公素望重，且有兵权，愿留镇此城，号召各郡邑义勇为进取，图贼不难破也。"守仁初不许，既而深然其言。①

此记载完全抹杀了王阳明的事功，也同时影响了其他人的看法。谈迁《国榷》、李实《明一统志》等书籍，都参照了《明武宗实录》的说法，认为伍文定的功劳在王阳明之上，可见朝廷对他猜忌之深。而上有好者下必甚焉，在这种状况下，顺着朝廷的意旨，露脸出来打压王阳明的投机者也不在少数，主修《明武宗实录》的杨廷和，因为不满兵部尚书王琼，又王琼支持王阳明，也一并贬低王阳明之功劳。太监张永甚至逮捕王阳明的学生冀元亨入锦衣狱，严刑逼供，要他交代王阳明是否为宸濠的同党人，元亨终无一言，惨死狱中。

嘉靖元年（1522）御史程启充、给事毛玉，倡议论劾王阳明心学之非；二年（1523），南宫策士亦公然贬抑王学，朝廷对王学的非议日甚一日，最主要的是皇帝的不重用与猜忌，《明世宗实录》云：

> 士大夫学术不正，邪伪乱真，以致人材毕下，文章政事日趋诡异，而圣贤大学之道不明，关系治理，要非细故。朕历览近代诸儒，惟朱熹之学醇正可师，祖宗设科取士，经书义一以朱子传注为主，诚有见也。比年各处试录文字，往往说诞支离，背戾经旨。此必有一等奸伪之徒，假道学之名，鼓其邪说以惑士心，不可不禁。礼部便行与各该提学官及各学校师生，今后若有创为异说，诡道背理，非毁朱子者，许科道官指名核奏。②

这里所提到的"伪学"指的即为王阳明的心学，最主要怕的是王学兴盛后，对朝廷的统治造成危机，而程、朱熹的道学，相对比较稳当、有利于朝廷的统治基础。所以阳明死后即下令禁止王学，另一方面程、朱理学固有的价值观仍然处于正统的地位，对阳明及其弟子之心学有激烈的批评，甚至公然鄙薄讲学之风与讲学者之程度，罗洪先《别萧曰阶语》云："始端升就外傅，先太史公命之曰：'吾不愿汝讲学，世之讲学者，皆可知也。吾愿汝立好心、行好事，做得一分，便是一分好人；做得十分便，是十分好人矣。'端升不敢忘。先生何以教之？以庶几不辱。"③可知当时对心学兴起后的讲学之风是大有非议的。在这股反对心学、拥护程朱理学的潮流下，所兴起的最贴近民众、最具有教化价值的文学艺术创作，最经典的代表就是郑之珍《劝善记》了。

二、《劝善记》与"程朱阙里"

郑之珍生于正德戊寅年（1518），卒于万历乙未（1595），徽州祁门县清溪村人。徽州是程朱理学传播

① 中研院史语所校勘《明武宗实录》，《明实录附校勘记》，中研院历史语言研究所，1964 年版，册 69，卷一百七十五，第 3396 页。
② 中研院史语所校勘《明世宗实录》，《明实录附校勘记》，册 81，卷二百一十八，第 4485 页。
③ 罗洪先撰，徐儒宗编校整理《罗洪先集》，凤凰出版社 2007 年版，上册，第 648 页。

的重要地区,时人称之为"程朱阙里",郑之珍自幼所接受的教育也离不开程朱理学之范围,所以《劝善记》中处处有维护儒家程、朱想的痕迹:

(一) 从《劝善记》之主旨观察

《劝善记》以"劝善"为主旨,以"救母"为情节,分上中下三卷,主要在阐发程朱理学中,调和儒释道三教的新儒家主张,而使天下民心重归于程朱,其用心可谓良苦矣。兹引下列序文之片段,更可认清郑之珍写《劝善记》之主旨与动机耳;其一,郑之珍《自序》云:

> 时寓秋浦之刿溪,乃取目连救母之事,编为《劝善记》三册,敷之歌声,使有耳者之共闻;着之象形,使有目者之共睹。至于离合悲欢,抑扬劝惩,不惟中人之能知,虽愚夫愚妇靡不悚恻涕洟、感悟通晓矣,不将为劝善之一助乎!……余学夫子不见用于世,于是惧之以鬼道,亦余之弗获已也。盖惧则悟矣,悟则改矣,改则善矣,余学夫子之心亦少慰矣。①

其二,叶宗春《叙〈劝善记〉》云:

> 盖自释老出而圣道三分,吾无取焉耳。及其清静无为,绝业缘而度苦海,吾有取焉耳。彼目犍连者,释而翘也。夫释氏无我相人相众生寿者相,而连也,急急于父母之恩,死生之际相甚矣,何释之道也? 高石郑子世儒哉,乃取而传之,神似轮回,幻似鬼魅,鼓以声律,舞以侏儒,诚不啻传注之训圣经,然是遵何儒哉? 郑子曰:"……其术也,吾岂儒而互释哉? 吾以此劝善也! 夫人之恶生于忍,忍生于吝,而吝生于无所感,夫戏,圣人所以象感也。……感傅相之登假,则劝于施布矣;感四真之幽囚,则劝于悲慈矣;感益利之报主,则劝于忠勤矣;感曹娥之洁身,则劝于烈节矣;感罗卜之终慕,则劝于孝思矣,此其小也。人之所崇者释,而释亦急亲矣,释之乱者无亲,而急亲则儒矣。由是而夷不乱华,墨可归儒矣,是余之心也。"②

由此可知,郑之珍写《劝善记》的用心有二:一则,困顿场屋多年,屡试不中,想借戏曲深入民间的力量,达成教化民众之初心,亦等同于当父母官之职责矣。再则,借此流传于民间甚久的佛教故事,宣扬程朱理学中(也就是儒家学说)中孝道的部分,由是而"夷不乱华""墨可归儒"矣! 也就是说儒家思想还是中国的正统,佛教思想不可能顶替儒家思想,墨家的兼爱也可以由儒家思想来涵盖了。

(二) 从《劝善记》目连故事流传广泛的情况观察

郑之珍《劝善记》将明代以前的目连故事做总集结,借着更加完整的目连救母故事,宣扬儒家的孝道思想,使之更深入民间。《劝善记》首刊行于万历壬午年(1582),前此,目连故事已经是长期流传、影响广泛的戏曲及讲唱文学的题材:

---

① 郑之珍《劝善记·序》,朱万曙校点《皖人戏曲选刊·郑之珍卷》,黄山书社2005年版,第1页。
② 叶宗春《叙〈劝善记〉》,朱万曙校点《皖人戏曲选刊·郑之珍卷》,第500—501页。

1. 《洛阳伽蓝记》卷五记载城北石窟有目连窟。

2. 唐代敦煌变文有《目连缘起》《大目干连冥间救母变文》《目连变文》《盂兰盆经讲经文》。

3. 宋孟元老《东京梦华录》卷八"中元节"条云:"构肆乐人,自过七夕,便般《目连救母》杂剧,直至十五日止,观者倍增。"①

4. 陶宗仪《辍耕录·院本名目》中有"打青提"之名。

5. 明初《录鬼簿续编》有无名氏《行孝道目连救母》剧目。

6. 明中叶以前的宋元南戏剧目中,有《目连尊者》的剧目。

7. 明中叶以后的嘉靖万历年间,山西上党区迎神赛社演出的哑队戏有《青提刘氏游地狱》。②

8. 万历年间,沈德符《顾曲杂言》"杂剧院本"条针对目连戏有所评论,云:"《华光显圣》《目连入冥》《大圣收魔》之属,则太妖诞。"③

9. 万历年间刊行之戏曲选本中,目连戏所属内容,大都有被选入,可见流行之一斑。此类选本可分为三类,一是《劝善记》刊刻前的,一是《劝善记》刊刻后的,一是刊刻于万历年间,而确切时间不明者,说明如下:

（1）《劝善记》刊刻前,有三本:《风月锦囊》选《尼姑下山》《新增僧家记》;④《词林一枝》选《尼姑下山》;⑤《八能奏锦》选《尼姑下山》《元旦上寿》《目连贺正》。⑥

（2）《劝善记》刊刻后,有三本:《群英类选》选《六殿见母》《和上下山》《挑经挑母》;⑦《歌林拾翠》选《花园发誓》《诉三大苦》《六殿见母》;⑧《乐府精华》选《尼姑下山》《僧尼调戏》。⑨

（3）无确切年代者:万历间《徽池雅调》选《刘四真花园发咒》;万历间《大明春》选《罗卜思亲描容》《罗卜祭奠母亲》;万历间《歌林拾翠》二集选《花园发誓》《诉三大苦》《六殿见母》。

由以上可知,目连故事从南北朝开始到明代,有一段很长的流传与形成的过程,而且无论在哪个时代,这个故事化身为各种文类,在民间不断发挥着它的影响力郑之珍深谙此道,除了让故事更具有完整性之外,还添加了许多与故事无关的,盛行于民间的小戏,主要目的还是怕民众看目连戏时,过于枯燥乏味,故添加一些趣味性的小戏,以飨观众,可谓用心良苦矣!

（三）从《劝善记》吸收许多与目连主题无关的小戏观察

郑之珍借着小戏的通俗性吸引民众,达成寓教于乐的目的。《劝善记》剧本中穿插了许多与目连救母无关、却在当时非常流行的出目,例如上卷:《博施济众》、⑩《观音生日》、⑪《尼姑下山》、《和尚下山》、

---

① 宋孟元老《东京梦华录》,《东京梦华录外四种》,大立出版社1980年版,卷八,第49页。

② 明曹国宰抄录《迎神赛社礼节传簿四十曲宫调》,收入《中华戏曲》第3辑(太原:山西人民出版社,1987年4月,据曹占鳌、曹占标家传明万历二年手抄本影印),第50页。

③ 明沈德符《顾曲杂言》,中国戏曲研究院编《中国古典戏曲论著集成》,中国戏剧出版社1959年版,册4,第215页。

④ 嘉靖癸丑年(1553)刊刻。

⑤ 万历元年(1573)刊刻。

⑥ 万历元年(1573)刊刻。

⑦ 万历二十四年(1596)刊刻。

⑧ 万历二十七年(1599)刊刻。

⑨ 万历二十八年(1600)刊刻。

⑩ 此出又名《哑背疯》。

⑪ 此出属名为"新增插科",可见乃郑之珍所新添之出,非搜集旧有者。

《拐子相邀》、《雷公电母》、《观音劝善》、《插科》;中卷的《匠人争席》、《斋僧济贫》、《过黑松林》、①《过烂沙河》;下卷的《三殿寻母》;②这些都是宋代以来民间耳熟能详的戏码、长期累积的歌舞、表演形式,对民间百姓尤其具有吸引力,举例如下:

上卷《观音生日》一出,占扮观世音在舞台上千变万化,或为飞禽走兽、或为武将文人、或为鱼篮千手观音,尤其后者,需要后台配合,"先用白被拆缝,占坐被下,内用二三人升手自缝中出,各执器械,作多手舞介",③可说是作者煞费苦心,想借着娱乐,将儒家思想的精华传递给民众,而达到寓教于乐的目的。又如《社令插旗》之出,警示意味更浓:小扮社令上云:"世间善恶不同流,祸福皆因自己求。天把恶人诛几个,使人儆省早回头。自家社令是也。昨蒙玉旨敕令城隍,转委卑职捡察一方善恶,善者插一青旗,天公佑之;恶者插一红旗,天雷击之。不免用心,一一捡察。"④利用民间相信雷公电母雷击恶人之心理,极尽劝善惩恶之能事。

中卷写目连西行救母。唐代敦煌变文中并无详述目连西行救母的情节,只是概略说明目连想报母恩,唯有出家最胜。而郑之珍则掺入民间盛行小说《西游记》的情节,其出目中有《经黑松林》《过火焰山》《过烂沙河》,所出现的人物有白猿、沙和尚、观音等,几乎都与大唐三藏取经有关,可见郑之珍汲取民间耳熟能详的西游故事,充实自己的创作,构成救母情节中重要的一环节,贴近民间的同时,劝善及宣扬儒家孝道的旨意也就更容易达成了。例如:中卷《过黑松林》又名《观音戏目连》。观音知道罗卜前往西天救母,途中必须经过黑松林,林中多虎豹,观音一方面保护罗卜,一方面也想试探罗卜的道心是否坚定。于是幻化出一间林中小屋等待罗卜前来投宿,自己则变为一妇人佯称丈夫出外经商四五年未得音讯,对罗卜百般挑逗,先诱惑之以"共枕同衾、凤倒鸾颠",再威之以猛虎,劝之以酒肉,百般无效,最后哀告之疾病,罗卜道心坚定,皆不为所动,最后观音现身,赐罗卜以观音圣像,嘱咐罗卜,去西天途中若遇苦难,高叫南无观世音菩萨,即可解厄。此出主题更贴近民间对观世音菩萨的认知与形象,劝善的效果就更浓了。

下卷《三殿寻母》叙述目连之母刘青提因违誓开荤,打僧骂道种种行径,必须到阎罗三殿受苦的情状。其中借刘青提之口唱了三大段的【七言词】,说明身为妇女的三大苦,首段说明怀胎十月、乳哺三年的辛苦;次段说明妇女养育儿女直到长大成人娶媳妇的心路历程;末段谈论父母身后,子女争产,无人追荐做斋做七,只能身赴地狱受灾殃之苦。案【七言词】并非传统曲牌,应该只是明代流行于民间的小唱,配以七言之词句者,然内容感人、真情流露,充满浓厚之民间气息:

未有儿时终日望,堪堪受喜尚难凭。一月怀耽如白露,二月怀耽桃花形。三月怀耽分男女,四月怀耽形相全。五月怀耽成筋骨,六月怀耽毛发生。七月怀耽右手动,八月怀耽左手伸。九月怀耽儿三转,十月怀耽儿已成。腹满将临分解日,预先许愿告神灵。许下愿心期保佑,岂知一旦腹中疼。疼得热气不相接,疼得冷汗水般淋。口中咬着青丝发,产下儿子抵千金。……痛儿一似心上肉,爱儿一似掌中珍。儿那儿,一日吃娘十次乳,十日百次未为频。……日日抱儿在怀内,难开肉锁重千斤。日间苦楚熬过了,夜间苦楚对谁论。儿睡熟时娘不睡,心心又怕我儿醒。若是夜啼儿吵闹,三更半夜起吹

---

① 此出又名《观音戏目连》。
② 此出又名《三大苦》。
③ 郑之珍《劝善记》,朱万曙校点《皖人戏曲选刊·郑之珍卷》,第43页。
④ 郑之珍《劝善记》,朱万曙校点《皖人戏曲选刊·郑之珍卷》,第111页。

灯。左边湿了娘身睡,右边干处与儿临。右边湿了娘又睡,左边干处把儿更。(飞白)若是两边都湿了,抱儿在胸上到天明。①

乳哺三年将满日,见儿断乳甚孤恓。才得些些好滋味,省口留下与孩儿。儿能说话娘心喜,儿能行走母提携。母若有事向前去,恐儿又在后跟随。行一步时回一首,好似母鸡顾小鸡。一怕孩儿身上冷,二怕孩儿肚中饥。三怕孩儿遭跌扑,四怕瘢痘不疏稀。五怕孩儿犯汤火,六怕孩儿水边嬉。七怕孩儿远处去,八怕孩儿上高梯。九怕孩儿心性懵,十怕孩儿有灾危。……六岁七岁渐乖觉,送儿入学去从师。文房四宝都齐备,一日三餐不敢迟。……做得文章应得考,望儿夺取锦衣归。又虑孩儿年长大,与儿婚配正当时。……一愿媳妇人品好,二愿媳妇好威仪。三愿媳妇心性好,四愿媳妇好衾资。若是般般都好了,愿他百岁乐怡怡。如此和谐三五载,他哝哝唧唧要营私。儿子只说老婆是,开口便说老娘非。娘亲只望儿长大,儿全不念老娘衰。老娘身似枯柴样,儿子心也不惊疑。只道老娘身长在,从容行孝不差池。岂知一旦娘身死,去了没有转来期。燕子衔泥空费力,毛干大时各自飞。奉劝世间人子听,及时行孝养亲闱。孝顺还生孝顺子,檐水点点不差移。②

这类型的内容在舞台上演出,既可深入民间与百姓打成一片,又可宣扬儒家孝道的宗旨,可想而知,此剧在当时受欢迎的程度。

(四) 从《劝善记》的情节编排上观察

《劝善记》全剧凡一百零四出,分为上中下三卷:上卷三十四出,写目连小名"罗卜",自小家道甚殷,敬重三宝,斋僧布施;父亲傅相乐善好施,一心向佛,死后升天;母亲青提夫人,姓刘名四真,本已向佛修行,丈夫死后听信他人怂恿,支使目连外出经商,自己在家则做出了:破戒开荤、打僧骂道、烧毁斋房、用狗肉馒头斋僧等等,许多得罪神灵的脱序行为,其间僧道尼姑、李公等昔日道友前来劝善,皆为刘氏恶婢女金奴所打骂而去。其子罗卜经商获利回家,问起修道情况,刘氏则诬骗罗卜莫听旁人差错之言。中卷三十六出,写目连之母刘青提种种恶行,天理难容,死后魂魄为城隍起解至地狱受苦。其子罗卜抛开一切家业,辞官辞婚,一头挑母一头挑经,欲至西天见佛,救母脱离地狱之苦。下卷三十四出写目连十殿寻母、救母,终致达成心愿、一家人受玉帝封诰的事迹。由此三卷可看出郑之珍情节安排之端倪:

1. 儒释道三教合一,而以儒家为先:儒家思想发展到宋代,不得不因应时代变迁而加入佛家与道家思想于其中,揉合成为一个新的思潮,思想史上称之为"理学"又称为"心性之学"。但是无论如何,儒学出身的郑之珍总是对儒家文化精神,多了一些强化,"百善孝为先",孝道是儒家的重点思想,郑之珍的劝善更是把"劝人行孝"字摆在第一位,下卷《盂兰大会》【永团圆】云:"一家今日皆仙眷,喜骨肉共团圆。感得天天相怜念,愿已遂,缘非浅。这隆恩盛典,感谢情何限。我而今奉劝、奉劝人间,须是大家为善,善皆如大目连。父母劬劳也,须是追荐,追荐共登仙,不杠了平生愿。三教由来本不偏,万古永流传。"③由这支曲牌所述,可以将作者的企图心看得更加清楚。

2. 郑之珍此剧并不仅以劝善、劝孝为满足,反而借用程朱理学中的"心"、"性"之说,作为统摄三教的

---

① 郑之珍《劝善记》,朱万曙校点《皖人戏曲选刊·郑之珍卷》,第372—373 页。
② 郑之珍《劝善记》,朱万曙校点《皖人戏曲选刊·郑之珍卷》,第373—375 页。
③ 郑之珍《劝善记》,朱万曙校点《皖人戏曲选刊·郑之珍卷》,第499 页。

基础,巧妙地将释家道家的思想纳入儒家的体系之中:

(1) 上卷《斋僧斋道》出,郑氏藉傅相等人之口,说明儒释道三教的特色皆在修善心,然后以儒家思想的孝道演绎此善心:"昭昭三教皆天授,善事天时在自修,修善工夫只在性内求。"①

【阅金经】释家大要在华严一经,大抵教人明此心。心明时见性灵。心和性,释同儒混成。

【前腔(阅金经)】老君大要在道德一经,大抵教人修此心。心修时炼性真。心和性,道同儒混成。

【前腔(阅金经)】圣人遗下四书五经,大抵教人存此心。心存时在性明。儒释道,须知通混成。②

(2) 除了孝道之外,还弘扬理学家的"节烈"与"忠义"观念:节烈的代表人物就是罗卜的未婚妻曹赛英。罗卜因为要西行救母,怕耽误曹女的青春,故而退婚,曹女之继母也逼曹女下嫁前来求婚的富豪段公子,然皆为曹女所拒,剪发出家,以明心志:

【风云四朝元】吾心节义,须臾不可离。叹庸臣恶妇,自把心欺,自将欲蔽,自使行多乘(案:当为乖之误字)戾。卖国欺君,甘心降贼;失节忘夫,甘心再适。真是无羞耻。禽类与蛮夷,夷有君臣,禽有雌雄配。比蛮夷尚不如,视禽兽当知愧。因此上要扶人纪,刚刚决决,忘身殉理。殉理心非僻,心存理亦存。理当今日死,身死理犹生。③

以上从曹赛英口中所说出来的观念,活脱脱就是宋代理学家"饿死事小,失节事大"的翻版,郑之珍对女性节操的要求标准,完全采取与程朱统一的观点,可说是宋明理学最佳的传声筒了。

此外,"忠义"的代表人物则非罗卜家的忠仆益利莫属了。首先观察这个忠仆的名字,他叫作"益利",刚好就是"利益"二字的颠倒,可见作者中心思想就是不谈利益,孟子《梁惠王篇》:"王何必曰利,亦有仁义而已矣!"与利益相反的就是"仁义",所以利益的相反就是"仁义",将此二字倒反当作这个忠仆的名字,也就是借着他在舞台上的行动,宣扬儒家的中心思想"仁义"二字了:中卷《主仆分别》出云:

东人,盖闻家主,分同君父之尊;若论仆人,义犹臣子之比。今东人为母而参禅,任重而道远,正老奴报主之秋,犹臣子效力之日。奈代行不允,同去不从,使益利虽有报主之心,亦无庸力之地。④

可之益利这个人物的塑造,与曹赛英有异曲同工之妙,都是郑之珍手中宣扬儒家教化的两颗活棋子,昭示大众,程朱理学所要求的人格标准,女性节烈,男性仁义,则天下庶几可相率而为善矣。

(3) 郑之珍《劝善记》剧本中,则穿插有《思凡》《下山》的桥段,表面上好像在歌颂这种追求自由的灵魂,讽刺清规极严的佛家门墙中,也有着追求世俗爱情的蠢动,但是也要付出很高的代价:"【水仙子】我本不是路柳与墙花,奈遇着风流业主冤家。凭着他眼去眉来,引动我心猿意马。到不如丢了庵门撇了菩

---

① 郑之珍《劝善记》,朱万曙校点《皖人戏曲选刊·郑之珍卷》,第15页。
② 以上三条数据见于郑之珍《劝善记》,朱万曙校点《皖人戏曲选刊·郑之珍卷》,第13—14页。
③ 郑之珍《劝善记》,朱万曙校点《皖人戏曲选刊·郑之珍卷》,第386页。
④ 郑之珍《劝善记》,朱万曙校点《皖人戏曲选刊·郑之珍卷》,第259页。

萨,学仙姬成欢成对在碧桃前,学神女为云为雨在阳台下,学云英携了琼浆玉杵往那蓝桥。"①事实上这对思凡的和尚尼姑,最后在地狱中都遭受到了惩罚,为追求自由、不守清规理法,所付出的代价就是在地狱中受苦刑,这就是典型的"去天理、存人欲"的下场。

三、《牡丹亭》与阳明心学

若说《牡丹亭》是汤显祖在阳明心学影响下的产物,其实也不为过。汤显祖一生受到三个人的影响最深:一是泰州学派三传弟子罗汝芳近溪,二是达观禅师,三则是李贽百泉,而此三人与《牡丹亭》之创作思想息息相关,对照说明如下:

(一)罗汝芳与汤显祖《牡丹亭》

罗汝芳乃阳明左派泰州学派之第三代传人,自其开山祖师王艮创立学派始,即以反传统、反统治阶级之异端姿态出现,影响所及,上自士大夫阶级,如徐樾、何心隐、罗汝芳,下至贩贾走卒,如颜钧、韩乐吾、朱恕,莫不受其感化;其间亦有不见容于统治阶层,而被迫害至死者,如何心隐、颜钧等人。然而泰州子弟赤身担当,愈挫愈奋、愈战愈勇之精神,实非一个"死"字可以了得。其学派之宗旨,大略如下:

1. 主张百姓日用即是道

王艮《心斋语录》曰:"圣人之道,无异于百姓日用,凡有异者,皆谓之异端。②"反对传统章句诵习,教人放下书本,不必依靠经传支撑,凡讲经说书,多发明自得,谓之"心悟"、"独解",跳出传统经学拘泥于注疏之范畴,所讲内容平易近人,人人乐与之亲。耿定向《王心斋先生传》云:

> 寻商贩东鲁间……经孔林,先生入谒夫子庙,低徊久之,慨然奋曰:"此亦人耳,胡万世师之称圣耶?"归取《论语》《孝经》诵习。至颜渊问仁章,询之塾师,知颜子为孔门高第弟子,曰:"此孔门作圣功,非徒令人口耳也。"为笏书"四勿"语,昕夕手持而躬践之。……久之,行纯心明,以经证悟,以悟释经。③

故王艮之说除"心悟"外,尚主张"实践",以为六经传统特印证我心,既已"心悟"、"实践",则经传不复用矣。

《牡丹亭》第七出《闺塾》老学究陈最良初次给杜丽娘上《诗经》,就完全依照毛注来讲解,惹得杜小姐不耐烦了,说:"师父,依批注诗,学生自会,但把《诗经》大意,敷演一番。"可是陈最良的"敷演一番"还是离不开毛亨的范围:"【掉角儿】论六经诗经最葩,闺门内许多风雅。有指证姜嫄产娃,不嫉妒后妃贤达。更有那咏鸡鸣,伤燕羽,泣江皋,思汉广,洗净铅华。有风有化,宜室宜家。没多些,只无邪

---

① 郑之珍《劝善记》,朱万曙校点《皖人戏曲选刊·郑之珍卷》,第78页。
② 王艮《心斋语录》,收入黄宗羲《明儒学案·泰州学案》,世界书局1961年版,第316页。
③ 耿定向《耿天台先生文集》,《四库全书存目丛书·集部》,庄严文化事业公司1997年版,据明万历二十六年(1598)刘元卿刻本影印本,册131,卷十四,第348—349页。

两字,付与儿家。"①汤显祖在此意有所指,将这个只会依毛诗讲解的儒者陈最良,迂腐的模样灵活灵现地描写出来,十分传神。而这些腐儒的眼界似乎还没有一个闺中小姐的眼界宽广,例如春香拿文房四宝出来,陈最良问小姐这是什么砚?小姐说:"鸳鸯砚。"陈最良又问:"许多眼?"小姐答:"泪眼。"陈最良居然答非所问地说:"哭什么子?"其实泪眼是端砚上的砚眼,有活眼、泪眼、死眼之分,活眼最好,其次为泪眼、死眼,但是无论如何跟"哭"的泪眼是扯不上关系的;此处不知道是否利用插科打诨,讽刺程朱理学造就出来的腐儒——陈最良的狭隘。

2.宇宙一元论

王艮以为"天地万物一体""仁者浑然与物同体""混沌一元",故而主张宇宙一元论,天地、万物、人皆为一体,故可称之曰"自然"或"天","人性之体"即"天性之体",皆为"自然"之同义语。故曰:"天性之体,本自活泼。鸢飞鱼跃,便是此体。"②故人性中饥思食、渴思饮、男女之爱,亦为活泼泼之"人性之体",无可忽视。因此人学习之目的即发展自然之乐,学习方法须简易快乐。由此而衍生"自然论"与"乐学说"。王艮认为人心本诸自然,即能快乐,其仲子王襞《东崖语录》云:"鸟啼花落,山峙川流,饥食渴饮,夏葛冬裘,至道无余蕴矣。"③以此诠释自然说最为贴切。

《牡丹亭》第九出《肃苑》丫鬟春香说道,小姐自从读了《毛诗》第一章"窈窕淑女,君子好逑"之后,"悄然废书而叹曰:'圣人之情,尽见于此矣。今古同怀,岂不然乎?'"春香为遣小姐之愁怀,而有游后花园之提议。先支开塾师陈最良,说是老爷的指令,陈最良无可奈何地说出自己的心声:"【前腔(一江风)】……春香,你师父靠天也六十来岁,从不晓得伤个春,从不曾游个花园。(贴)为甚?(末)你不知,孟夫子说得好:圣人千言万语,则要人收其放心。但如常,着甚春伤?要甚春游,你放春归,怎把心儿放?……"好个陈最良,就是个标准程朱理学"存天理、去人欲"的样板人物。汤显祖越写他的言行,越可以看出他对程朱理学禁人欲的不满。

而三传弟子罗汝芳亦对充满天机之自然亦有所体悟,《近溪语录》云:

> 不追心之既往,不逆心之将来。任他宽宏活泼,真是水流物生,充天机之自然,至于恒久不息,而无难矣。④

又云:

> 我的心,也无个中,也无个外,所用功夫,也不在心中,也不在心外,只是童子献茶来时,随众起而受之,从容啜毕。童子来接时,随众付而与之。君必以心相求,则此无非是"心",以工夫相求,则此无非是"工夫",若以圣贤格言相求,则此亦可说动静不失其时,其道光明也。⑤

学习之目的即回归自然。至于学习方法则必须以"快乐"为主体,王艮《心斋语录·乐学歌》云:

---

① 汤显祖《牡丹亭》,徐朔方笺校《汤显祖全集》,北京古籍出版社 1999 年版,册 3,第 2085 页。
② 王艮《心斋语录》,收入黄宗羲《明儒学案·泰州学案》,第 316 页。
③ 王襞《东崖语录》,收入黄宗羲《明儒学案·泰州学案》,第 320 页。
④ 罗汝芳《近溪语录》,收入黄宗羲《明儒学案·泰州学案》,第 338 页。
⑤ 罗汝芳《近溪语录》,收入黄宗羲《明儒学案·泰州学案》,第 340 页。

> 乐是乐此学，学是学此乐。不乐不是学，不学不是乐。乐便然后学，学便然后乐。乐是学，学是乐。①

罗汝芳亦发展出一套近似乐学之理论：

> 学问须要平易近情，不可着手太重。如粗茶淡饭，随时遣日，心既不劳，事亦了当。久久成熟，不觉自然有个悟处，盖此理在日用间，原非深远，而工夫次第，亦难以急迫而成。学能如是，虽无速化之妙，却有隽永之味也。②

学习不可操之过急，当以平易从容之心为之，大致符合"乐学说"之主旨。《牡丹亭》的腐儒陈良的课后规矩，一不许杜丽娘荡秋千，二不许杜丽娘逛花园，三杜丽娘每天放学后要守砚台、跟书案、伴诗云、陪子曰，不能有一些差错。杜母在第十一出《慈戒》【征胡兵】也点出："女孩儿只合香闺坐，拈花剪朵。问绣窗针指如何？逗工夫一线多。更昼长闲不过，琴书外自有好腾那，去花园怎么？"③汤显祖点出这种矫揉造作、违背自然的学习，跟泰州学派的乐学有相当大的差距，泰州学派做任何事都讲求一个心，用心去体会当下，动静不失其时，随时随地快乐的学习，这样就够了。

3．政治理想

王艮袭用王阳明之观点，将政治分为三种不同类型，即羲皇景象、三代景象、五伯景象，彼向往者乃羲皇时代之生活和谐、列坐咏歌；而最深刻不满者则是五伯之世纷争扰攘。可见泰州学派在政治上所追求者，乃为平等、自由、快乐、免除剥削压榨，"只是相与讲学"之世界，故泰州子弟人人注重讲学，如何心隐、颜钧、罗汝芳之辈，皆有"入山林求隐逸，至市井启发愚蒙之胸襟理想"，所谓"隐逸"、"愚蒙"即是社会地位低下，文化教养缺乏之下层百姓，故所至之处，"无贤不肖，皆赴之"，例如《明儒学案·泰州学案》提及何心隐讲学，奔走四方，南至福建，北达京师，东到长江下游，西走重庆，而至京师之时，"辟谷门会馆，招来四方之士，方技杂流，无不从之"，可见其盛况。而讲学之目的即是传播政治上人人平等、自由、快乐之理想，故泰州学派主张"出必为帝者傅，处必为天下万世师"，拒绝在朝为官，充当爪牙，例如：王艮于其五子之教育方式乃为"皆令志学，不事举子业"，故弟子徐樾为追随王艮而解官，因受王艮之赞赏，而传授"大成之学"。④

4．淮南格物说

此为泰州开山祖王艮重要学说，约而言之，主要论点有三：

（1）从"天地万物为一体"做出发点，故人己平等，爱己身即须爱人身，故强调"明哲保身论"，王艮《心斋语录》云：

> 明哲者，良知也；明哲保身者，良知良能也。知保身者则必爱身，能爱身则不敢不爱人，能爱人则

---

① 王艮《心斋语录》，收入黄宗羲《明儒学案·泰州学案》，第318页。
② 罗汝芳《近溪语录》，收入黄宗羲《明儒学案·泰州学案》，第338页。
③ 汤显祖《牡丹亭》，徐朔方笺校《汤显祖全集》，册3，第2101页。
④ "大成之学"乃为泰州学派之精华思想，只传予诸弟子中，成材而为老师所赏识者。

人必爱我,人爱我则吾身保矣。①

同时亦反对"知保身而不知爱人",势必至于"适己自便""利己害人",而他人亦将以此报我,则自身不能保矣;一身之不能保,又何以保天下家国哉!

(2)安身说:首先人须顾及吃饱穿暖,此乃基本物质条件;人若有困于贫而冻馁其身,亦失其本而难以学,待自己与天下人皆能饱暖,亦达安身之先决条件矣。故《心斋语录》云:

> 安身以安家而家齐,安身以安国而国治,安身以安天下而天下平也。……不知安身,便去干天下国家事,是之为失本,就此失脚。②

可见安身为安天下之本。

(3)成己成物说,此为安身说之延伸。人不仅止于做到物质条件之安,更须进一步对天地万物负责任,故首须严格要求自己,《心斋语录》云:

> 吾身是个矩,天下国家是个方,絜矩则知方之不正,由矩之不正也。是以只去正矩,却不在方上求;矩正则方正矣,方正则成格矣。③

所以先正己身才能"内不失己,外不失人,成己成物",亦方能担起"一夫不获其所,即己不获其所,务使获其所而已"之重责大任。

凡此学派之宗旨,在晚明造成了"掀翻天地"之局面,而汤显祖生于明世宗嘉靖二十九年(1550),卒于神宗万历四十四年(1616),当时泰州学派正盛行于汤显祖之家乡江西省,而他十三岁始即入泰州之门,终其一生,皆受其影响,遂令此原本可握麈毛而登皋比之才子,舍弃荣华,走向反压榨、反剥削之不归路,泰州学派之神力可谓大矣。黄宗羲于《明儒学案》评论泰州学案之语,颇值深思:

> 阳明先生之学,有泰州、龙溪而风行天下,亦因泰州、龙溪而渐失其传。泰州、龙溪时时不满其师说,益启瞿昙之秘而归之师,盖跻阳明而为禅矣。……泰州之后,其人多能赤手以搏龙蛇,传至颜山农、何心隐一派,遂复非名教之所能羁络矣。顾端文曰:"心隐辈坐在利欲胶漆盆中,所以能鼓动得人,只缘他有一种聪明,亦自有不可到处。"羲以为非其聪明,正其学术之所谓祖师、禅者,以作用见性。诸公掀翻天地,前不见有古人,后不见有来者,释氏一棒一喝,当机横行,放下挂杖,便如愚人一般。诸公赤身担当,无有放下时节,故其害如是。④

黄宗羲从传统观点出发,将泰州视为洪水猛兽般肆无忌惮,殊不知此即为其特色:"掀翻天地""前不见古

---

① 王艮《心斋语录》,收入黄宗羲《明儒学案·泰州学案》,第317页。
② 王艮《心斋语录》,收入黄宗羲《明儒学案·泰州学案》,第316页。
③ 王艮《心斋语录》,收入黄宗羲《明儒学案·泰州学案》,第316页。
④ 黄宗羲《明儒学案·泰州学案》卷三十二,第311页。

人,后不见来者",显现其急欲摆脱传统束缚之勇气;"非名教所能羁络",表现其冲破名利网罗之决心;"赤身担当,无有放下时节",说明其牺牲奉献,不惜殉道之精神。凡此皆属泰州学派躬行实践之功夫,而泰州子弟,个个皆是热血沸腾、担当一切之好汉,即此"富贵不能淫、贫贱不能移、威武不能屈"之精神,为汤显祖树立大丈夫之典范。

(二)达观禅师与汤显祖《牡丹亭》

真可和尚,字达观,号紫柏。他与汤显祖之相识,颇富传奇性,据《莲池坠簪题壁二首》诗序云:

> 予庚午(隆庆四年,1570)秋举,赴谢总裁参知余姚张公岳。晚过池上,照影搔首,坠一莲簪,题壁而去。庚寅(万历十八年,1590)达观禅师过予于南比部邹南皋郎舍中,曰:"吾望子久矣。"因诵前诗。①

依此,达观在万历十八年(1590)于南刑部邹元标家中初遇汤氏之前二十年,即因二首《莲池坠簪题壁诗》②饶富禅意而知汤氏其人,故初遇时即曰:"吾望子久矣。"二人之交自此始。根据达观《与汤义仍》书信所载,彼二人交往过程中,有所谓"五遇":

> 第一遇,野人追维往游西山云峰寺,得寸虚(指汤显祖)于壁上(指题壁诗),此初遇也。
> 第二遇,至石头(南京),晤于南皋(指邹元标)斋中。
> 第三遇,辱寸虚冒风雨而枉顾栖霞。
> 第四遇,及寸虚上疏后,客瘴海,野人每有徐闻之心,然有心而未遂。至买舟绝钱塘,道龙游,访寸虚于遂昌。遂昌唐山寺,冠世绝境,泉洁峰头,月印波心,红鱼误认为饵,虚白吐吞。吐吞既久,化而为丹,众鱼得以龙焉。故曰,龙乃鱼中之仙。唐山,禅月旧宅,微寸虚方便接引,则达道人此生几不知有唐山矣。
> 第五遇,今临川之遇,大出意外,何殊云水相逢,两皆无心,清旷自足。③

而自汤氏之诗文集观之,每有论及与达观交游者,如《达公忽至》《达公舟中同本如明府喜月之作》《达公过盱便云东返,寄问贺知忍》《达公来自从姑过西山》《得冯具区祭酒书示紫柏》《达公来别云欲上都二首》《拾之偶有所缱,恨不从予同达公游,为咏此》《谢埠同紫柏至沙城,不肯乘驴,口号》《别达公》《章门客有问汤老送达公悲涕者》《归舟重得达公船》《江中见月怀达公》等诗,皆可看出达观在汤氏心目中之分量。

达观禅师在第二次遇汤显祖时,尝言曰:"十年后,定当打破寸虚馆也。"④然汤氏终其一生,究竟未能

---

① 汤显祖《玉茗堂诗之九》,徐朔方笺校《汤显祖全集》,册1,第577—578页。
② 《莲池坠簪题壁诗》其一曰:"搔首向东林,遗簪跃复沉。虽为头上物,终是水云心。"其二曰:"桥影下西夕,遗簪秋水中。或是投簪处,因缘莲叶东。"
③ 凡此五遇皆见于明释德清阅订《紫柏尊者全集·与汤义仍》,《卍续藏经》,新文丰出版公司1983年再版,册126,卷二十三,第1040页。
④ 释德清阅订《紫柏尊者全集·与汤义仍》卷二十三,《卍续藏经》,册126,第1041页。

舍弃红尘,因此,在汤氏思想领域中,达观禅师究竟占何比重,即成为众所瞩目之焦点。欲解决此问题,必须先了解达观,万历三十年(1602)御史康丕扬疏劾达观之文,或可了解达观行止之一斑:

> 狡黠善辩,工于笈术,动作大气魄以动士大夫,如广平太守蒋以忠拜参,公然坐受。先吏部尚书陆光祖访于五台山,盘桓十余日,地方官无不伺候。抚臣欲行提问,彼惧而随光祖归。后再至真定,从讲益多。甚有妻女出拜,崇奉茹斋,跪进饮食。指以五台刻经,借取重利。复令吴中极无赖之缪慕台者,鼓舞人心,捐财种福,一时收受数盈三万。其自南入都也,贵人争候,倒屣恨迟,入见跪伏,转相慕效。识连中外,交结奥援。近有一大臣,雅负时望,身止一子,缘其崇信流僧,遂即祝发从游,父死不奔丧。滥觞之极至此,况数年以来,遍历吴越,究其主念,总在京师。始而由丹阳、金坛归于燕,继而由五台、留都再归于燕,终由真定、五台卒入于燕,意欲何为? 夫尽人咸可说法,何必朝省? 深山尽可习静,安用都门? 而必恋恋长安,与缙绅为伍者何耶?①

据此可知达观在当代传教情形,已深入一般百姓生活中,乃至达官王侯皆"倒屣恨迟、入见跪伏、转相慕效";而相对的朝廷却视之如洪水猛兽,鄙见之官吏如御史康丕扬在弹劾文中,再三强调其居心叵测,耸动百姓。此与当日泰州学派广遍天下,引起朝廷疑惧之情况颇为类似;换言之,达观虽为方外之士,然而乃是禀性刚烈,喜怒形诸言表,颇有侠士风之佛教大师。曾经感慨平生有三大负:

> 老憨不归,则我出世一大负;矿税不止,则我救世一大负;《传灯》未续,则我慧命一大负!②

"老憨"即指明末高僧憨山大师德清,此人为达观生平最相契之道友,二人曾合计修《传灯录》、复兴曹溪禅源、修复琬公塔、复刻方册大藏等佛教界大事。而德清于神宗万历二十二年(1594),因弘法被诬入狱,达观曾多次营救不成,后德清被遣戍雷州,达观反因营救德清,引起神宗不悦;而于万历三十一年(1603),因妖书事件被牵连而入狱。③ 而所谓"矿税不止",则指万历二十四年(1596),神宗为充实内帑、营建内殿,下诏开采银矿,广征税收,于是无地不开,中使四出,奸人假开采之名,乘势勒索民财,若有富家良田美宅,则指下有矿脉,或诬以盗矿,或率役围捕,甚且辱及妇女。万历二十八年(1600),南康太守吴宝秀拒缴矿税,为中使劾奏入狱,吴妻哀愤自缢,达观时在匡山,闻说此事,策杖出山,多方调护营救,并授吴宝秀《毘舍浮佛偈》,令其持诵十万遍,后蒙神宗饬赦出狱。而矿税之危害天下,直至达观死前犹未消止。此即达观之"生平三大负"。观此"三负"无一为己,皆为天下众人之事,故《中国戏曲通史》评之曰:"是个恨众生不能成佛而见义勇为的和尚,由于他的无畏和舍生,以及对程朱理学的攻击,也被当权的统治者视为洪水猛兽。……更被迫害至死。"④关于此点,汤氏《滕赵仲一生祠记序》有更深入之描述:

---

① 中研院史语所校勘《明神宗实录》,《明实录附校勘记》,中研院历史语言研究所1966年版,册112,卷三百六十九,第6926—6927页。
② 此语载于释德清《达观大师塔铭》,收入《紫柏尊者全集》,《卍续藏经》,册126,第631页。
③ 此事史称"癸卯冤狱"。万历二十六年(1598)秋,有人撰写《忧危竑议》,离间郑贵妃与皇长子常洛,此书以焚毁了事。万历三十一年(癸卯,1603),又有人续撰《续忧危竑议》,言郑贵妃将以亲生子常洵取代常洛为东宫太子。帝震怒,下旨严查妖书出处。而达观之弟子沈令誉遭株连被捕,御史康丕扬自其宅搜出达观予沈之信札,其中言及营救德清及帝毁海印寺之事,帝怒,达观因之系狱。参阅释果祥《紫柏大师研究》,东初出版社1990年版,第36—43页。
④ 张庚、郭汉城主编《中国戏曲通史》,中国戏剧出版社1992年版,第542页。

后一年,而紫柏先生来视予,曰:"且之长安。"予止之曰:"公之精神才力体貌,固不可以之长安矣。"先生解予意,笑曰:"我当断发时,已如断头。第求有威智人可与言天下事者。"予曰:"若此,必赵君可。"久之,则闻朝士大哗,而赵君去。又久之,几起大狱。而紫柏先生死矣!①

推论至此,当可知汤显祖与达观投缘之因,乃为个性、思想之接近而惺惺相惜,彼此效慕,行谊在师友之间,汤氏欣赏达观勇敢无畏忠于理想之精神,一如崇拜其恩师泰州学派罗汝芳;而达观赏识汤氏如水云心般之禅机与才华,又见其《莲池坠簪》诗未出仕即有归隐心,以为有宿缘,故再三劝其皈依佛,而汤氏亦受记②于达观。汤氏结识达观后,更坚定其思想上以"情"反对程朱理学之决心,故达观对汤显祖之影响当属此类;而非一般所云,必斤斤计较于《南柯》、《邯郸》中所呈现之佛道思想,而曰汤氏必受达观之影响,凡此皆属浅见。若果汤氏之佛道思想必待达观而后有,如此,则当日未遇达观而具有之佛道思想,又从何而来耶?

(三)李贽与汤显祖《牡丹亭》

李贽,号卓吾、笃吾,别署温陵居士、百泉居士。师事泰州学派祖师王艮之子王襞,论辈份,当与罗汝芳、何心隐同,并与罗汝芳友善,曾撰《罗近溪先生告文》以吊罗汝芳。汤显祖早慕其名,《寄石楚阳苏州》书信云:

> 有李百泉先生者,见其《焚书》,畸人也。肯为求其书寄我驵荡否?③

此为万历十八年(1590)之事也,而《焚书》即于此年刻于麻城,麻城为当时苏州知府石昆玉(楚阳)家乡之邻县,汤氏此时已知此书,故以此信殷勤求访,其对李贽之倾慕有如此者。至于二者之间是否有会面之事,颇难知其究竟。根据《汤显祖集》所附之简易汤氏年谱,并无提及会面之事。而徐朔方所编之《汤显祖年谱》乃系于万历二十七年(1599)之下,曰:

> 李贽来访。《临川县志》卷十李氏正觉寺《醒泉铭序》云:万历己亥,余与汤西儿正觉寺后作系念。寺之伯用材上人邀余茶话。④

案汤西儿为汤显祖之子,殇于万历二十六年(1598),距生年仅八岁。而依《临川县志》所云,李贽来访事,必当不假,然彼时距汤西儿之殇已一年,亦不见汤氏有诗文与李贽唱和往返,而于汤氏全集中,仅得一首《叹卓老》之诗,作于万历三十年(1602)李贽于狱中自杀之后,诗云:

---

① 汤显祖《玉茗堂文之二》,徐朔方笺校《汤显祖全集》,册2,第1079页。达观禅师于万历三十一年(1603)被害于北京监狱,汤氏作诗《西哭三首》以悼之。

② 受记,又名受莂,由佛受当来必当作佛之记别也。

③ 汤显祖《玉茗堂尺牍之一》,徐朔方笺校《汤显祖全集》,册2,第1325页。

④ 徐朔方《汤显祖年谱》,《晚明曲家年谱》,浙江古籍出版社1993年版,册3,第386页。

自是精灵爱出家,钵头何必向京华? 知教笑舞临刀杖,烂醉诸天雨杂花。①

准此,李贽对汤显祖之影响仅止于其行事风范及其著作思想,不若罗汝芳及达观上人之亲炙也。然李贽亦为泰州一派之传人,其行事作风几与泰州无异,试观万历三十年(1602)礼科都给事中张问达劾李贽之疏可知:

> 壮岁为官,晚年削发。近又刻《藏书》《焚书》《卓吾大德》等书,流行海内,惑乱人心。以吕不韦、李园为智谋,以李斯为才力,以冯道为吏隐,以卓文君为善择佳偶,以司马光论桑弘羊欺武帝为可笑,以秦始皇为千古一帝,以孔子之是非为不足据。狂诞悖戾,未易枚举。大都刺谬不经,不可不毁者也。尤可恨者,寄居麻城,肆行不简。与无良辈游于庵,挟妓女白昼同浴,勾引士人妻女入庵讲法,至有携衾枕而宿庵观者,一境如狂。又作《观音问》一书,所谓观音者,皆士人妻女也。而后生小子喜其猖狂放肆,相率煽惑,至于明劫人财,强搂人妇,同于禽兽而不足恤。迩来缙绅士大夫,亦有捧咒念佛,奉僧膜拜,手持数珠以为律戒,室悬妙像以为皈依,不知遵孔子家法,而溺意于禅教沙门者,往往出矣。近闻贽且移至通州,通州距都下仅四十里。倘一入都门,招致蛊惑,又为麻城之续。望敕礼部檄行通州地方官,将李贽解发原籍治罪,仍檄行两畿各省,将贽刊行诸书,并搜简其家未刊者,尽行烧毁,毋令贻乱于后,世道幸甚。②

依此,朝廷目之为"妖人",降罪于李贽之原因有二:其一,为思想上之毁圣叛道、批驳谴笑、攻古君子之短、护小人之所长,且刻为书籍,广为流传;其二,为行为上之好刚使气、行复诡异、快意恩仇、急乘缓戒、细行不修、任情适口、鸾刀狼藉,影响所及,士人庶民皆望风披靡。殊不知李贽之书其意,大抵在于"黜虚文,求实用;舍皮毛,见神骨;去浮理,揣人情;即矫枉之过,不无偏有轻重,而舍其批驳谴笑之语,细心读之,其破的中窾之处,大有补于世道人心"。③公安派袁中道云"世间一种珍奇,不可无一,不可有二"之书;而其人之"才太高、气太豪"思想超越当代太远,又不能"埋照溷俗""为人所屈",遂得罪于名教,祸逐名起,卒就图圄,而毫无惧色,此正为泰州学派之特色风范之所在,抑且为汤显祖一心向慕之所在!

汤显祖之生平行迹,其虽自认"天资怯弱",精神、才力、体貌皆不如人,故在行事上不如罗汝芳、达观、李贽之风雨江波、慷慨激昂;然其早年不屈于张居正之笼络、悍然拒绝名利诱惑;中年无惧于权贵如日中天之势,上《论辅臣科臣疏》弹劾首辅申时行、给事中杨文举,皆可谓之得泰州学派之真传;至于思想上创"主情说"以对抗当日盛行之程、朱理学,无惧于名教之攻讦,更可谓得泰州学派、紫柏上人及李贽之神髓,即此足以令汤氏不朽矣,更何况艺术上还有至今搬演不辍的《牡丹亭》。

汤显祖《牡丹亭》的主旨中,很明显可以看出他跳出了程朱思想中对情、对人欲的漠视,勇敢地诠释"情"字,《牡丹亭》第一出《标目》云:"【蝶恋花】忙处抛人闲处住。百计思量,没个为欢处。白日消磨肠断句。世间只有情难诉。玉茗堂前朝复暮。红烛迎人,俊得江山助。但是相思莫相负。牡丹亭上三生

---

① 汤显祖《玉茗堂诗之十》,徐朔方笺校《汤显祖全集》,册 2,第 621 页。
② 中研院史语所校勘《明神宗实录》,《明实录附校勘记》册 112,卷三六九,第 6917—6919 页。
③ 袁中道《李温陵传》,收入李贽《焚书》,汉京文化事业公司 1984 年版,第 5 页。

路。"①明明白白地揭示"情"字,在人生中所占有的重要地位。

而"情"的提倡与诠释,在明代有什么重要性呢?其实一代有一代的思潮、风气与面貌,就文学与艺术的创作而论,同一题材,各个时代都有不同的诠释与处理,甚至表述出完全不同的观点,读者与观众也受此外在环境的影响。从现代人的观点看,《牡丹亭》最后借着杜丽娘的还魂,又与柳梦梅团圆,未免落入俗套,构不成悲剧的条件。但是汤显祖在《牡丹亭·题词》中说:"第云理之所必无,安知情之所必有邪?"意谓一个人如果只执着在"理"的范围内看待事情,他就无法理解在"理"以外的"情"的范围内所发生的事了;更简单地说,即一个人太执着于理,就会不通人情、缺乏圆融了。从汤显祖的时代背景来看,要冲破明代程、朱理学所产生的层层束缚,他只能借着杜丽娘为梦中之情而"死",又为梦中之情而"生"的事件来做象征,说明无论是杜丽娘的"死"或"生",都是因为有"情",才会产生"勇气"去追求生命中的"幸福"。汤显祖肯定一个人有"情",是为至高无上的境界,在人可以为情而"死",而又可以为情而"生"的前提下,还可以更进一步,从有"情"的"个人",进而建构出像唐朝一样有"情"的"社会",因为整个社会有"情",唐太宗可以容忍魏征的劝谏;因为整个时代有"情",唐玄宗可以亲拭李白之秽物。面对长期受到程朱理学束缚,越来越无"情"寡"欢"的明代社会,汤显祖做出彻底的决裂,他安排杜丽娘必须以"生命"相换,才能得到幸福;就像西方童话中的《人鱼公主》,为了得到王子的爱情,她必须牺牲掉自己甜美的嗓音;杜丽娘在现实生活中,完全不认识柳梦梅,即使要私奔,也无从找出这个人在哪里。一如明代理教对人心的束缚,一般人根本无法察觉哪里不对劲,但它是一种无影无形的枷锁,一旦戴上了,若非圣贤,一辈子的思想行为举止都被牵着鼻子走而不自觉,而况是深闺弱质又兼少不更事的杜丽娘呢?所以在汤显祖的安排下,想要得到理想中的爱情,杜丽娘必须以死相换;亦即面对束缚人心的理学,除了豁出生命与之抗衡外,别无他法。而杜丽娘的死,换得了生命的更新;也象征着一个社会若想挣脱束缚,那么它的人民必须连死都不畏惧,才会像杜丽娘一样得到重生;而杜丽娘重生之后,并不是马上得到幸福,她必须通过一连串的磨难与考验,才能与柳梦梅团圆。所以"死"是破坏,"重生"是建设,唯有透过"死"与"重生",杜丽娘才能找到自己幸福,所以幸福不会从天而降,幸福是要付出代价的;象征着晚明的社会也唯有通过"破坏"与"建设"之后,人民才能得到一个理想的生存环境。汤显祖在安排杜丽娘与柳梦梅的幸福结局中,也微微透露着他对晚明社会还抱着一丝丝的希望,希望借着《牡丹亭》幸福的结局,能为这个正在无限沉沦中的明代找到一线曙光。

结　语

明代文学创作受到当时社会文化思潮之影响的同时,也受到前代文学创作承传之制约,因此在文学创作方面产生明显之改变,传统文学主要形式之诗歌散文,在经历汉魏六朝以至唐宋一千多年之发展后,已难别开生面,而历来被视为不登大雅之通俗文学,如戏曲、小说、民歌等,却有着如日中天的声势,散放出蓬勃之生命力,约而言之,明代是文学体裁雅俗交替之时期,时代的审美观、文学艺术的创作、文学批评皆产生了不同之面貌与观点。哲学上王阳明之心学盛行,随之而来的是禅宗与禅悦之风盛行,士大夫转而向内心境界追求,与理学路线相悖,肯定自我、重视人情物欲之观念,弥漫整个社会,反映出当代百姓之

---

① 汤显祖《牡丹亭》,徐朔方笺校《汤显祖全集》,册3,第2067页。

情趣与审美观念,促进了通俗文学之发展,也为文坛艺坛的创作带来生气。但是在心学盛行的当代,也不可忽视潜伏在旧社会中,从未消失过的程、朱理学的支持者。

《劝善记》、《牡丹亭》分别是在这种新旧交替的风气之下所产生的,前者代表依然潜伏在各处的,却由民间表达出来的程、朱思想的拥护情况,后者代表士大夫阶层所热衷的阳明心学,所产生的美丽花朵。

就文学艺术的内涵而论,第一,应该以历时性的眼光看待文艺作品的主题,接受其在各个时代不同的价值判断,而不是以从单一主题来论断,坚持正确答案只有一个,这样的方式作为判断作品高下之标准是会出问题的。以追求爱情而违背礼教的文学作品而论,从《诗经》之《丘中有麻》《鸡鸣》《草虫》《氓》开始,就已经存在,究竟孰是孰非,难有一个共同的标准去下定论;《牡丹亭》也是历史洪流中的一个环结而已,应该从历时性的眼光探究其根由,不当以其本事中"为情而死又为情而生"的情节,即认为其不合于今人观点,而遽下荒谬之断语。同样的,《劝善记》之《尼姑思凡》《和尚下山》,并非鼓吹此一解放之风气,从和尚、尼姑死后下地狱、受惩罚的结果,也可以明了郑之珍的苦心,必须从警惕当时人欲横流,不守理法,造成社会混乱的观点去思考。

第二,当如何看待《牡丹亭》颠覆的传统礼教,而《劝善记》却想维护礼教的问题。三纲五常的观念是传统礼教的基础,君为臣刚,父为子刚,夫为妻刚,欲以此彰显人伦中,君臣、父子、夫妇之名份,以推动五常中的仁义理智信,达到稳定社会及教化百姓之需求。然在人类社会中,一种制度行之久远,一定会产生质变,如何在新的观念与旧的质变中,产生一种调和性的思想,汤显祖及郑之珍都在著作中给了答案。汤显祖用的是彻底摧毁理教绳索的大破法,郑之珍则利用民间流行敬畏鬼神的思想来慢慢修补。是非对错,是否有标准答案?就等着后代的读者在自己身处的环境中从容思考。

后世与此相关的评论,从明清至今,都是该二剧接受史的一部分,代表着每个时代的社会制约、价值观念与审美标准,因此所谓的"作者本意"其实只是那个时代的读者或批评家、观众的本意而已。自从二十世纪60年代,接受美学理论开始发达以来,读者或观众对作品的意见,也占有一席之地,这个理论主张,任何文学艺术的本文都具有未确定性,不是独立自主的个体,而是一个多层面开放式的图式结构,任何人都可以对它作出不同的解释,也必须通过这些,才能将作品的空白处填满,才能确定其文学或艺术作品的价值。所以任何一种文学作品都不可能有固定不变的主题,每个人理解作品的角度与方式不同,它可以使作品源源不绝的拥有丰富的结构与内涵,从而具备了民族文学乃至世界文学的条件。

因此所谓《劝善记》《牡丹亭》的主旨,除了作者自身的经历与当代的社会背景等条件的配合之外,作品因流传而产生的接受史,也是不应该被忽视的。因为一个开放性作品的意义,都是在不断的生发出来的意见中产生,每个时代的读者,都依照自己当时所处的环境、审美观念来阅读或观赏艺术作品,故作者本意也只是众多的接受史中的一种,完全无法替代其他接受者的意见,因此文学创作的意义,实不应该汲汲于它的内容是什么?而是为什么会有这种内容的产生?这才是本文要探讨《劝善记》《牡丹亭》的重要意义所在。

梦魂惯得无拘检

——论《牡丹亭》的梦魂情节

仝婉澄

"泉下长眠梦不成,一生余得许多情。魂随月下丹青引,人在风前叹息声。"①此诗为汤显祖在《牡丹亭》第二十八出"幽媾"中为杜丽娘游魂所写的上场诗。这首诗涵括了理解《牡丹亭》至关重要的"梦"、"魂"、"人"三个字,也彰显了《牡丹亭》所展现的梦中情、人鬼情、人世情的三个阶段。汤显祖在该剧题词中称"人世之事,非人世所可尽",王思任在《批点玉茗堂牡丹亭叙》中说"火可画,风不可描",却称赏汤显祖的传奇创作"笔笔风来,层层空到"。② 正是在对梦魂情节进行相对自由、无甚拘束,即如题所述"无拘检"的描绘中,充分展现出了汤显祖戏曲创作中写意传神之妙。

以下试通过情感内涵、人物形象、创作手法等几个方面分析汤显祖在《牡丹亭》梦魂情节创作中所体现出的"无拘检"之意,并将其与冯梦龙的改本《风流梦》相关情节进行比较,探究汤显祖精妙的艺术构思和审美追求。

一、"高情雅淡世间稀"——"无拘检"的情感内涵

在《牡丹亭》剧中,汤显祖用细腻的笔触描写了外界环境对杜丽娘无处不在的压抑。怀着对"窈窕淑女,君子好逑"的理解和感悟,杜丽娘在花园姹紫嫣红的美景中坠入了深深的伤感,发出"甚良缘,把青春抛的远"、"俺的睡情谁见"的一腔幽怨。随后在杜丽娘的梦中,汤显祖简约而又明朗地展现了"紧相偎,慢斯连"的两性交欢过程,并通过杜丽娘被母亲惊醒后的回忆表现出了她对于这场春梦"千般爱惜,万种温存"的独特体验。正是梦境中的温暖和缠绵,让梦醒之后的杜丽娘无法接受现实的孤寂,只身寻梦不得,以致郁郁而终。汤显祖用恣意而动情的笔调书写了一个官宦之家千金小姐的春梦故事,勾勒了梦境从潜伏到生发、从高潮到破灭的关键节点,挖掘出了她从压抑、伤感、宣泄最终到绝望的感情变化历程。

不依托具体对象而凭空产生的惊春之梦,恰如汤显祖所说是"情不知所起,一往而深",体现为一种自然的欲望,仍不脱《杜丽娘慕色还魂话本》中"慕色"之意。汤显祖在第二十八出《幽媾》、第三十出《欢挠》、第三十二出《冥誓》中集中讲述了杜丽娘之魂寻得柳梦梅并数度幽期的情节,虽是人鬼痴缠,却区别于想象中虚幻的梦境,开始对两人之间的真正交往进行了细致描摹。且不同于梦境中肆意表达的春情萌动的青葱欲望,汤显祖在魂游情节中着重渲染了杜丽娘和柳梦梅两人精神层面的相慕相知。第二十八出《幽媾》中柳梦梅追问杜丽娘为何深夜至此,杜丽娘答道:"无他,待和你剪烛临风,西窗闲话",而此"窗"

---

① 本文所引《牡丹亭》曲文均出自汤显祖著,徐朔方、杨笑梅校注《牡丹亭》,人民文学出版社 1963 年版。
② 王思任《批点玉茗堂牡丹亭叙》,徐朔方笺校《汤显祖集全编》(六),上海古籍出版社 2015 年版,第 3133 页。

正是曲文中所说的"读书窗"。所以,第三十出《欢挠》中的"欢"已不再着重写云雨之欢,而是着力展现清风明月之下两人知己般的交往。如其中一段为:

> (生)费你高情,则良夜无酒,奈何?(旦)都忘了。俺携酒一壶,花果二色,在楯栏之上,取来消遣。(旦取酒、果、花上)(生)生受了。是甚果?(旦)青梅数粒。(生)这花?(旦)美人蕉。(生)梅子酸似俺秀才,蕉花红似俺姐姐。串饮一杯。(共杯饮介)

柳梦梅饱读诗书,"志慧聪明,三场得手",后又高中状元,其才华自不待言。为了构建两人的彼此欣赏之意,汤显祖继写真题诗后在魂游情节中进一步展现了杜丽娘的诗才。第三十二出《冥誓》中,杜丽娘一人完成集唐诗一首并得到柳梦梅的称赞。

> (旦)秀才,等你不来,俺集下了唐诗一首。(生)洗耳。(旦念介)"拟托良媒亦自伤秦韬玉,月寒山色两苍苍薛涛。不知谁唱春归曲曹唐?又向人间魅阮郎刘言史。"(生)姐姐高才。

通观全剧,汤显祖虽然也在柳梦梅、石道姑、杜丽娘之母甄氏等人物的语言中使用集唐诗,但与每出最后使用下场集唐诗相同,均出于彰显作者自身才华的意图。只有杜丽娘是以剧中人物的身份用"俺集下了唐诗一首"的口吻念出唐诗,可见汤显祖着力塑造杜丽娘诗才,以图达到两人互相倾慕之意。

《牡丹亭》中的梦境情节和魂游情节各有侧重、互为补充的完整展现了汤显祖对于情的理解,特别是对魂游故事中杜丽娘和柳梦梅精神层面交流的着意描绘,反映出了文人阶层所渴求的两性关系的理想境界。即如陈多在《杜丽娘情缘三境》一文中所说:"要求双方以具有共同特定的、较高雅的学识修养、兴致爱好、生活意趣、共同语言、审美追求等为基础,从而情投意合,欢娱恩爱。"①

二、"金鸡蕅梦追魂魄"——"无拘检"的人物塑造

杜丽娘因追求梦中之情不得而亡命做鬼,剧中对于身为女鬼的杜丽娘的塑造,区别于伤春而亡前的闺中少女,又有别于回生之后与柳梦梅成婚的端庄少妇,展现出了一个无拘无束的多层面的女性形象。

闺中少女杜丽娘是一种自伤自怜的女性形象,面对一去不回、踪影难觅的梦境,却因"女孩家怕泄漏风情稿",丝毫不敢描绘梦中之人,只得将自己的春容画成小像,并题诗一首将一片春心隐喻其中。做鬼的杜丽娘在面对困难时,显示出了超乎寻常的果敢。《冥判》一出中判官决定奏过天庭,再行议处,杜丽娘请判官查查"怎生有此伤感之事",判官回答"这事情注在断肠簿上",杜丽娘又问"劳再查女犯的丈夫,还是姓柳姓梅?"判官取姻缘簿来才查到柳梦梅与杜丽娘有姻缘之分,遂允许杜丽娘游魂追随柳梦梅,完其前梦。《欢挠》一出中两人正在幽会之时,道姑前来敲门,柳梦梅慌张的不知如何是好,杜丽娘却十分镇定,笑了笑说:"不妨,俺是邻家女子,道姑不肯干休时,便与他一个勾引的罪名儿。"《冥誓》中柳梦梅怕独力难以启坟开棺,杜丽娘献言"可与姑姑计议而行"。到了回生之后,面对陈最良明日上坟、事情将要

---

① 陈多《杜丽娘情缘三境》,叶长海主编《牡丹亭:案头与场上》,上海三联书店2008年版,第15页。

败露的紧要关头,杜丽娘却问石道姑"老姑姑,待怎生好?"显示出无计可施的样子。

杜丽娘是一个步入花园尚且羞现全身的闺阁少女,梦境之中得遇书生之时,剧中用一系列的动作提示来展现她的含蓄温婉,如"且作斜视不语介"、"且作惊喜,欲言又止介"、"且作含笑不行介"、"且作羞"等。做鬼的杜丽娘则更多地显示出了对待感情的主动和热切,这种主动和热切到回生之后又渐渐消退。杜丽娘之魂闻得叫画之音,寻到柳梦梅,便现身相见,直言"这等真个盼着你了"、"每夜得共枕席,平生之愿足矣"。回生之后的杜丽娘,在被柳梦梅开玩笑地讲"说你先到俺书斋才好",杜丽娘立即予以阻止说:"休乔,这话教人笑。"《冥誓》中,柳梦梅说"不想姐姐今夜来恁早哩",杜丽娘答道"盼不到月儿上也"。而回生之后,柳梦梅三回五次托石道姑劝杜丽娘与之成亲,杜丽娘却说"姑姑,这事还早"。柳梦梅也意识到了这种变化,杜丽娘以"前夕鬼也,今日人也。鬼可虚情,人须实礼"加以辩解,强调了身份的转变所带来的不同。

不仅在杜丽娘鬼魂形象塑造上体现出了前后有别的无拘检之意,汤显祖也从人物语言上直接表现出了杜丽娘为鬼的"无拘检"。一方面表现为所问非所答,《冥誓》一出中柳梦梅问杜丽娘"前任杜老先生升任扬州,怎生丢下小姐?"杜丽娘说:"你剪了灯。"在柳梦梅依其言而行之后,杜丽娘只是唱了句"剪了灯、余话堪明灭",该问题就此消歇。另一方面则表现为随口乱答,柳梦梅问杜丽娘家住何处,杜丽娘回答说:"若问俺妆台何处也,不远哩,刚则在宋玉东邻第几家。"柳梦梅于是接着说:"是了。曾后花园转西,夕阳时节,见小娘子走动哩。"至第三十九出《如杭》,柳梦梅问及"当初只说你是西邻女子"、"小姐可是见小生于道院西头?"才由杜丽娘自己讲出:"柳郎,俺说见你于道院西头是假。"

在杜丽娘这个形象塑造上,汤显祖发掘出了人物性格发展过程中的微妙变化,呈现出了合情合理、灵活生动的气质面貌。《寻梦》中杜丽娘寻遍花园而不见书生时迸发出的"花花草草由人恋,生生死死随人愿"是一种在现实生活中难以实现的对自由的向往与追求,这种向往与追求在做鬼的杜丽娘身上部分得到了实现。

三、"梦短梦长俱是梦"——"无拘检"的创作手法

汤显祖在《赵乾所梦遇仙记序》一文中说:"百岁而梦一人焉,犹旦暮梦之也。"[1]因此,与《杜丽娘慕色还魂话本》不同,汤显祖设置了"情思昏昏"的柳梦梅的梦,意在让杜丽娘和柳梦梅实现互梦,强调两人对情的共同渴望,但在塑造两个人的梦境上,汤显祖显示出了独具匠心的创作手法。

杜丽娘的梦中,出现了一位手持柳枝的男子,弥补了她"恰三春好处无人见"的遗憾,梦境美满绵长。而柳梦梅的梦境简短却富有深意,指明了他与梦中女子的姻缘之分和今后的飞黄腾达,并在场景上为杜丽娘的梦做了补充。杜丽娘在与书生欢会的梦中并没有出现任何关于梅花、梅树的描述,在被母亲惊醒后的回忆中仍是说"牡丹亭畔,芍药阑边,共成云雨之欢",到第十二出《寻梦》中才看到"大梅树一株,梅子磊磊可爱",单凭此处很难理解杜丽娘临终前为什么特意叮嘱将其葬在梅树下。直至第二十三出《冥判》中杜丽娘在向判官讲述情由时说:"则为在南安府后花园梅树之下,梦见一秀才",才补入了梅树下这一两人欢会的具体位置,而这梅花树下却是柳梦梅的梦中早早设下的场景。

---

① 汤显祖《赵乾所梦遇仙记序》,徐朔方笺校《汤显祖集全编》(三),上海古籍出版社 2015 年版,第 1461 页。

正因为两梦合而不同,所以杜丽娘和柳梦梅在对梦中之情的感应程度是有差别的。如果说杜丽娘在梦遇之后便对梦中之人一片痴心,柳梦梅却并非如此,因为柳梦梅对梦中女子的印象十分模糊,只是"不长不短,如送如迎"的一个美人而已。柳梦梅游园拾得杜丽娘的画像,顿生似曾相识之感,意在暗指与梦中人的契合。柳梦梅进一步仔细端详后感叹道:"小娘子画似崔徽,诗如苏蕙,行书逼真卫夫人。小子虽则典雅,怎到得这小娘子!"可知,他志在寻得一个如同画中人一般有才华的女子为偶,所以才有"叫画"之举,感召了杜丽娘魂魄相随。柳梦梅在得知杜丽娘是画中人后,说道"小生烧的香到哩",意味着实现了梦中人、画中人与眼前人三者的合一,这就为柳梦梅执着于情并最终实现梦做了合理的铺垫,同时也与杜丽娘在对情的感应上取得了殊途同归的艺术效果。

梦魂情节在汤显祖的笔下无拘无束地游走于真实与虚幻之间,不拘泥于统一的标准。一方面,汤显祖认为"生而不可与死,死而不可复生者,皆非情之至也",借助《牡丹亭》的创作表达至情的主题,因此对梦魂之事言之凿凿,称"梦中之情,何必非真"。剧中见多识广的判官不信确有其事,提出质疑:"谎也。世有一梦而亡之理?"后由花神出面,证实此事。杜丽娘之魂寻得柳梦梅,柳梦梅发问:"小娘子黄夜下顾小生,敢是梦也?"杜丽娘回答:"不是梦,当真哩。"《回生》一出中对柳梦梅启坟、杜丽娘重生的种种细节描写,更是让人如临其境,确信其真。另一方面,汤显祖重视戏曲的社会功能,在《宜黄县戏神清源师庙记》中说到戏曲具有"合君臣之节"、"浃父子之恩"等功用,实"以人情之大窦,为名教之至乐"。① 因此,杜丽娘与柳梦梅的故事一开始就是以婚姻为归宿展开的,且梦魂情节中的交欢都对女子真身无碍。判官因杜丽娘慕色而亡,要将其贬入燕莺队,花神称"梦中之事,如晓风残月",不着痕迹。尽管杜丽娘之魂与柳梦梅数度幽期,连柳梦梅也认为"分明是人道交感,有精有血",但回生之后的杜丽娘却说"那是魂,这才是正身陪奉",而正身依然是处女之身。可知,汤显祖笔下的梦魂情节,沟通虚实二境,有时水乳交融,有时又清晰有别。

汤显祖强调文学创作的"灵性",认为"天下大致,十人中三四有灵性",②并谓"予谓文章之妙,不在步趋形似之间。自然灵气恍惚而来,不思而至。怪怪奇奇,莫可名状。非物寻常得以合之。"③因此,他在《牡丹亭》梦魂情节的创作中,不是刻板的讲究对应、统一,而是在看似不讲章法的灵动活泼的组织建构中显示出了精巧的艺术构思。

四、"却愧王维旧雪图"——《风流梦》对梦魂情节的改编

《牡丹亭》自万历二十六年(1598)问世之后便引起轰动,"家传户诵,几令《西厢》减价"。④ 但因部分文辞不协曲律、篇幅过长不便上演等原因,明代就有沈璟、臧懋循、徐肃颖、冯梦龙、徐日曦等纷纷对《牡丹亭》进行删改。其中,沈璟、冯梦龙抓住该剧以梦生戏的核心情节,均以"梦"来名其改本,如冯梦龙所说:"梅柳一段因缘,全在互梦,故沈伯英题曰《合梦》,而余则为《风流梦》云。"⑤沈伯英的《合梦记》即沈璟的改本《同梦记》,今仅剩两支残曲收录在《南词新谱》中。现以冯梦龙的《风流梦》看改本对于原剧梦魂情

---

① 汤显祖《宜黄县戏神清源师庙记》,徐朔方笺校《汤显祖集全编》(三),上海古籍出版社2015年版,第1596—1597页。
② 汤显祖《张元长嘘云轩文字序》,徐朔方笺校《汤显祖集全编》(三),上海古籍出版社2015年版,第1533页。
③ 汤显祖《合奇序》,徐朔方笺校《汤显祖集全编》(三),上海古籍出版社2015年版,第1532页。
④ 沈德符《顾曲杂言》,《历代曲话汇编·明代编》第三集,黄山书社2009年版,第63页。
⑤ 冯梦龙《风流梦·小引》,本文所引《风流梦》文字均出自《古本戏曲丛刊初集》收录明墨憨斋刊本。

节的改编。

　　一方面,冯梦龙强调情节之间的照应,以达到"情节关琐,紧密无痕"①的效果。他将柳梦梅的梦与杜丽娘的梦视为同一个梦,主要从以下三个角度作出了调整。首先,统一了两人做梦的时间。冯梦龙更改原剧出目顺序,将柳梦梅的梦置于杜丽娘的梦之后,也就是剧中第七折《梦感春情》后紧随第八折《情郎印梦》,且一并设置为两人午后昼寝入梦。其次,充实增补了两人的梦境,在内容上趋向一致。在柳梦梅的梦中增入了"俺将小语相挑,他就微笑见纳,一霎恩情十分美满,俺直送他到香阁之中,珍重而别"这样的语句,与杜丽娘的梦境相呼应。在杜丽娘的梦中原无梅花,冯梦龙加入了梅花的场景,使之与柳梦梅的梦及后续情节照应。第三,增加了第二十六折《夫妻合梦》,设计了杜丽娘和柳梦梅一同说梦的情节。

　　另一方面,冯梦龙注重迎合市场需求,以期通过创作整理"悦性达情"②的文学作品达到道德教化的功能,因而要求戏曲作品通俗易懂,为此他曾批评友人范文若"传奇曲,只明白条畅,说却事情出便够,何必雕镂如是。"③同样,在对《牡丹亭》进行改编时,冯梦龙对部分曲辞和宾白进行了通俗化的处理。例如从《牡丹亭》和《风流梦》中的一段相同情节来看《风流梦》的改动:

　　　　〔生〕小娘子到来,敢问尊前何处,因何夤夜至此?〔旦〕秀才,你猜来。【红衲袄】〔生〕莫不是莽张骞犯了你星汉槎,莫不是小梁清夜走天曹罚?〔旦〕这都是天上仙人,怎得到此。(《牡丹亭》第二十八出《幽媾》)

　　　　〔生喜介〕小娘子下降荒斋,必有美意。〔旦〕为看残月,偶步荒园,不觉夜深,难于独返。此间小姑姑是妾旧识,欲央相送,错敲了秀才之门。【剔银灯】嗟呀,休嫌琐聒。就烦秀才送我一步,肯伴我形孤影寡?(《风流梦》第二十一折《梅庵幽媾》)

　　此处冯梦龙把一个意趣盎然的对话场景给写实了,同时情节和语言的通俗化处理也使杜丽娘的形象大打折扣,失去了美感。

　　冯梦龙晚生汤显祖二十余年,编有《情史》一书,称"天地若无情,不生一切物。"④有人也将冯梦龙论情的观点与汤显祖的至情论相提并论,仅从上文来看,冯梦龙所说的情与汤显祖所论的情并不相类。冯梦龙追奉沈璟,被列为"吴江派"的中坚力量,侧重从声律、结构、曲辞宾白的设置等方面探寻面向大众的戏曲创作规律。所以,冯梦龙改编的戏曲作品大多淹没了原作者本人的创作特性,成为套用相对固定的戏曲理论的试验品。冯梦龙的《风流梦》中的梦魂情节,无论在情感内涵、人物形象还是创作手法上,都远离了汤显祖原作中的"无拘检"之意,显得刻板世俗。汤显祖面对《牡丹亭》被沈璟改编时发出的"纵饶割就时人景,却愧王维旧雪图"⑤之叹,也可适用于对冯梦龙改作的回应。

　　北宋词人晏几道在《鹧鸪天》小令中有"梦魂惯得无拘检,又踏杨花过谢桥"之句,时人誉之为"鬼语"也。在《牡丹亭》这样一部传情绝调中,梦魂情节的设置也尤为后人所称道。汤显祖在对剧中梦魂情节

---

　　①　冯梦龙《洒雪堂·总评》,高洪钧编著《冯梦龙集笺注》,天津古籍出版社 2006 年版,第 205 页。
　　②　冯梦龙《风流梦·小引》。
　　③　沈自晋《重定南词全谱·凡例续纪》。
　　④　冯梦龙《情史·叙二》,高洪钧编著《冯梦龙集笺注》,天津古籍出版社 2006 年版,第 134 页。
　　⑤　汤显祖《见改窜牡丹亭者失笑》,徐朔方笺校《汤显祖集全编》(二),上海古籍出版社 2015 年版,第 962 页。全诗为:"醉汉琼筵风味殊,通天铁笛海云孤。纵饶割就时人景,却愧王维旧雪图。"

"无拘检"的建构中,书写了他对于情的理解,寄予了生命个体追求自由的渴望,充分展现了他充满灵趣的创作才华。他将戏曲看作一种与诗文相类的表情达意的体裁,通过虚构的故事抒发自己的人生际遇和切身感受,重视作品的独创性和思想性,这与冯梦龙创作改编戏曲的出发点迥异,因此,仅从文学性上考量,《牡丹亭》的改作大都如同"割蕉加梅",①远离了汤显祖的本意。

① 汤显祖《答凌初成》,徐朔方笺校《汤显祖集全编》(四),上海古籍出版社2015年版,第1914页。全句为:"昔有人嫌摩诘之冬景芭蕉,割蕉加梅,冬则冬矣,然非王摩诘冬景也。"

《牡丹亭》春香传奇

黄振林

一、一部情缘，源于春香

像绝大多数杂剧、传奇一样，但凡才子佳人题材，陪伴小姐身边的丫环几乎有个共名，叫梅香。这也是旧时对丫头的通称。这类共名来源于杂剧的脚色。延续到明清传奇，生旦是主场，丫头和其他敷补陪衬性质的角色一样，由贴、外、净、丑等脚色搬演。但"丫头戏"对普遍存在的才子佳人传奇起到重要的衬托作用。王实甫(1260—1336)《西厢记》中的红娘、郑光祖(约1264—?)《㑇梅香》中的樊素、《牡丹亭》中的春香，是几个"经典"的丫头。

《牡丹亭》素材来源是作于明代弘治(1488—1505)到嘉靖(1522—1566)初年的话本小说《杜丽娘慕色还魂》。特别是话本前半部分为传奇提供了基本的故事框架，我们看看话本中给春香的定位：丽娘十六岁，有一胞弟，名唤兴文，另"带一侍婢，名唤春香，年十岁，同往本府后花园游赏"。除此之外，并无其他有关这个人物的语言行为描写。汤显祖《牡丹亭》改杜丽娘为独生女，年方十六，依话本年龄未变。但春香的年龄由十岁改为十三四岁。第九出《肃苑》春香自吟诗上场："花面丫头十三四，春来绰约省人事。终须等着个助情花，处处相随步步觑"。这首诗改写自唐代诗人刘禹锡《寄赠小樊》："花面丫头十三四，春来绰约向人时。终须买取名春草，处处将行步步随。"花面，指如花的面容，也有人理解为少女用花朵粉饰面容。汤显祖在这里有两处重要的修改："省人事"、"助情花"。前者指明白人事；后者喻指情人。这两条对春香形象的定位有奠基作用。刘禹锡《寄赠小樊》中的小樊，指白居易姬妾樊素，"樱桃樊素口，杨柳小蛮腰"，是传统诗文中少见的性感少女的象征。古人称少女十二岁为金钗之年，开始带钗梳妆，南朝梁武帝《河中之水歌》中有"头上金钗十二行，足下丝履五文章"；十三四岁则称豆蔻年华，杜牧《赠别》有"娉娉袅袅十三余，豆蔻梢头二月初"；十五岁为及笄之年，绾发插簪，表示成年；十六岁称破瓜之年，暗喻可以出嫁成婚。汤显祖将春香的年龄从话本的十岁提升到十三四岁，按当时女性的社会身份，是性朦胧觉醒的年龄。美籍华裔学者黄仁宇(1918—2000)用英文写成的著作《万历十五年》中，说到明代万历六年(1578)万历皇帝大婚时，"当时皇帝年仅十四，皇后年仅十三"；另说到当时皇宫宫女情况时说，"这些女孩子的年龄在九岁至十四岁之间"。[①] 可见当时女性这个年龄，在官府和民间都认为是可以婚配的年纪。

春香已经有比较明确的性觉醒意识。风姿柔美，善于打扮，且身材苗条。第九出《肃苑》春香上场唱【一江风】："小春香，一种在人奴上。画阁里从娇养，侍娘行。弄粉调朱，贴翠拈花，惯向妆台傍。陪他理绣床，陪他夜烧香。小苗条吃的是夫人杖。"虽然身列奴婢行列，但在"在人奴上"，即和一般的粗鄙使唤

---

① 黄仁宇《万历十五年》(增订本)，中华书局2007年版，第22—24页。

丫头不同,可以和小姐一样"弄粉调朱,贴翠拈花",日常的功课是读书、绣花。近代昆曲表演艺术家徐凌云理解"陪他理绣床",绣床即是刺绣的棚子。① 唯一受委屈的是,小姐犯错,她要替小姐受过,被夫人杖责。第五出《延师》杜宝明确对陈最良说,小姐读书,"有不臻的所在,打丫头"。春香的成熟、调皮、老练,在《闺塾》一出有精彩表现。此出在历代折子戏均名为《春香闹学》。清代《吴吴山三妇合评牡丹亭》三妇之一陈同评点曰:"春香憨劣,处处发笑。"②所谓"憨劣",即顽劣、贪玩、机灵。她借口出恭,实去花园。回来告诉丽娘"原来有座大花园,花明柳绿,好耍子哩"。正是因为春香先于丽娘游园,并启迪怂恿丽娘到后花园"耍"去的,才成就了丽娘的"惊梦"。这是"游园惊梦"这段情缘的最原初动力。《吴吴山三妇合评牡丹亭》中三妇之一陈同慧眼识金,她评点曰:"此处大有关目,非科诨也。盖春香不瞧园,丽娘何以游春? 不游春,那得感梦? 一部情缘,隐隐从微处逗起。"③清代妇人凭借敏锐的感知力,准确抓住了促使杜丽娘青春觉醒的重要动因是春香的游园挑逗。

《闺塾》中,当春香说到"大花园好耍子哩"时,连自矜"六十来岁,从不晓得伤个春"的陈最良,马上警觉并恐吓:"哎也,不攻书,花园去,待俺取荆条来。"面对腐儒荆条施压,春香并不畏惧。且突然借此对女儿家"习经诵文"提出强烈"抗议":"【前腔】女郎行,那里应文科判衙? 只不过识字儿书涂嫩鸦。"明确主张:女儿家不需要应科考,坐公堂,略通文墨即可。甚至说,你陈最良"悬梁刺股,有甚光华"? 可谓戳痛陈最良最隐秘脆弱的神经。明末天启年间刻本王思任《清晖阁批点玉茗堂还魂记》在此处批到:"正是文章凌空起峭处,绝妙绝妙!"更放肆的是,门外传来卖花声,春香即刻叫到:"小姐,你听一声声卖花声,把读书声差。"此处"差"同"岔"。这次在劫难逃,春香引来陈最良真实的荆条抽打。

与在闺塾闹学不同,《肃苑》一出,更表现了十三四岁的春香的成熟。因为日夜跟随和陪侍小姐,对小姐的性情了然于心。她评价丽娘"名为国色,实守家声。嫩脸娇羞,老成持重"。这几乎是两对有褒有贬的评语。有远播门外的美貌,却恪守闺阁不出;看起来娇嫩青葱,但处世拘谨本分。一句话,谨守闺训,绝不逾矩。不逾矩,是传统家训对闺女要求的底线。春香的评价褒贬各半,可见她对小姐的表现是有所"保留"的。当她看见小姐读《毛诗》表现出倦怠和乏味时,又怂恿到"后花园走走"。而受到小姐委托先行去请花郎肃扫花苑时,她表现得十分开心放肆,甚至和花郎调情。当花郎恭维她"春姐花沁的水洗浪",即说春香姐像花香播洒使人神魂摇荡时,春香异常粗俗地讽刺花郎还未成熟、性能力还未达到男儿应有水准。可见,春香"扮演"的是先于丽娘的性觉醒者。

从戏文中主婢对话中可知,游园那天老爷下乡劝农,正好是立春节气。因为在装扮时,春香有一句"你侧着宜春髻子,恰凭栏"。《荆楚岁时记》曾载:立春那天,妇女把彩色织物剪成燕子形状,贴上"宜春"二字,戴在发髻上,以示迎春。从游园前的梳妆过程和丽娘的心情看,丽娘平常的梳妆打扮绝对没有今天这般隆重。今天在春香的安排下,丽娘可谓是"盛装游园"。她有点犹豫和矜持:"停半晌,整花钿,没揣菱花,偷人半面,迤逗的彩云偏,步香闺怎便把全身现?"她反复端详自己,特别是面对镜子的羞怯,让观众感觉丽娘是个十分青涩的闺秀。难道丽娘小姐是第一次面对菱花吗? 肯定不是。但与往日不同的是,今天的打扮过于漂亮和隆重了。宝石镶簪,晶莹透亮;翠裙红衫,光彩照人。连她自己都"惊艳"了。她对这种装束微微表示不满,微嗔春香:"可知我常一生儿爱好是天然。"这句曲文的解释存在很大差异。

① 徐凌云《昆剧表演一得》第三集《学堂》,转引自徐扶明《牡丹亭研究资料考释》,上海古籍出版社 1987 年版,第 327 页。
② 陈同、谈则、钱宜《吴吴山三妇合评牡丹亭》,上海古籍出版社 2008 年版,第 13 页。
③ 陈同、谈则、钱宜《吴吴山三妇合评牡丹亭》,上海古籍出版社 2008 年版,第 14 页。

香港中文大学的华玮教授认为,这句唱词"对于理解她的性格至关重要。但这句曲文常被误解。将'爱好'解作今天通用的'喜欢'。故将全句的意思当成:我喜欢天然。事实上,'好'即是'美',应该作三声,意同'那牡丹虽好'之'好'。全句是丽娘承认自己一生爱美是天性使然"。[1] 其实,"好"应该理解为"美"。临川方言中,"长得好"即是"长得美"。意思是:我一生爱美的是我天然的相貌,不需要这样刻意雕琢打扮。在游园的过程中,姹紫嫣红的确让丽娘惊叹。当她无端感伤和幽怨竟让牡丹占的百花之先时,春香再次文不对题的接句"成对儿莺燕呵",诱导丽娘感慨:莺燕都成双成对了,我十六岁了,还未出阁嫁人啊!压抑不住的春情春困,直接导致惊梦的发生。到此为止,春香实际上完成了从性觉醒者到性引导者的角色转变。

二、"梅香"队里添新人

《西厢记》中的红娘、《㑇梅香》中的樊素、《牡丹亭》中的春香等,都属于宦门丫环。根据中国官宦家庭职位高低和小姐身份轻重,陪侍丫环是分档次等级的。简单说有粗鄙和文雅之分。王季思先生在分析《西厢记》的红娘形象时说:"红娘在《西厢记杂剧》里应该是跟《㑇梅香》里的樊素一样,是'与小姐作伴读书的'。樊素在《㑇梅香》里是用正旦扮演的。红娘也应该如此。她的满口引经据典,正说明她这一身份。京剧里的《红娘》以花衫演出,那是不符合她的性格的。"[2] 这几个丫头受生活环境熏陶,均受过诗书浸染,养成性情上知性通达、聪明体贴、善解人意的特点。因此,与其所陪侍的主子,虽然有社会身份上不可逾越的鸿沟,但却亲密无间,甚至亲如姐妹。裴小姐小蛮与樊素、莺莺与红娘,平时都对称姐姐;小姐生气时骂丫环"小贱人",有求于丫环时,喊"好姐姐"。由于身处下位,怀有伺候主子的责任,因此对小姐的心思和脾气揣摩甚透,甚至小姐一个眼神、一声叹息所表达和流露的情绪变化,都能很快捕捉到位。加上共同走过金钗之年、豆蔻之年、及笄之年,女性性觉醒和成熟的经历完全相同,许多体验性的心理感觉和瞬间消失的情绪性波动都相互了解。几乎日夜相依的闺蜜情感又可能将对方视为知己。所以,聪明的丫环一方面对小姐俯首帖耳、精心侍候,另一方面也不拘礼节,甚至大胆放肆。她们都作了一件"出格"的事:帮助小姐"出轨"。不同的是,莺莺是背叛父母之命、媒妁之言,与张生私情在先;小蛮看起来是维护父母之命,实际上是对老夫人当前旨意的违抗;杜丽娘"惊梦"中的人,既非青梅竹马,也非一见钟情,更不是父母之命。连春香也觉得诧异,但还是认同和理解丽娘小姐的"春情"。这种宽容是需要勇气和智慧的,因为连小姐都没有见过柳梦梅的真实面貌,而要春香"认同"这个"乌有乡"的秀才着实不易。春香在小姐香消玉殒的"闹殇"夜,甚至都没有劝言小姐"那秀才"其实是个不真实的存在。

明代文人范石鸣(生卒年不详)《北西厢记跋》曾评价红娘:"俏红娘,锦队帮丁,绣窝说客"。[3] 实际上凌蒙初校刻本《西厢记》,也明确指出了红娘在莺莺与张生爱情关系中的"媒人"作用。凌蒙初(1580—1644)认为红娘是个"撺头",即牵针引线之人,也是民间说的"保媒拉纤"。他非常不满徐渭、王骥德将红娘改为"饶头",即"倒搭货"的意思。凌蒙初在眉批中认真分析张生在整个场景中的表现。他"内秉坚孤"、"终不及乱"、"未尝近女色"、止"留连尤物","仅感于莺,此岂易沾染者"? 且并不"以'诨'目酸态扭

① 华玮《则为你如花美眷,似水流年——〈牡丹亭·惊梦〉的诠释及演出》,《走近汤显祖》,上海人民出版社2015年版,第48页。
② 王季思《西厢记叙说》,《人民文学》1955年9月号。
③ 范石鸣《北西厢记跋》,转引自黄季鸿《西厢记研究史》(元明卷),中华书局2013年版,第421页。

煞乱红娘"。也就是说,张生的眼睛只"盯"在莺莺身上,并没有收红娘"做小"的意思。更主要的是,凌蒙初眉批到:红娘"亦止欲成就二人耳,别无自炫之意也"。确实,尽管聪明伶俐,特别是有一双"鹘鸰眼",但却是"眼挫里抹张郎",即只是用眼角、眼梢瞟一眼张生。① 并不像莺莺见张生后,有勾魂摄魄的"临去秋波那一转",令张生不能自持。《牡丹亭》中的春香一直陪小姐生活在深闺绣阁,很少有机会见到外人。她陪小姐读书、刺绣。杜宝决定聘请塾师,坐馆课女,实际上是将来"做门楣",即嫁得好女婿,可以撑起门面,使娘家门面生辉。《训女》一出中,当得知丽娘在绣房"打眠"时,杜宝非常生气说:"假如刺绣余闲,有架上图书,可以寓目。他日到人家,知书知礼,父母光辉。"嫁得好,就要把女儿培养成淑女。要做淑女,当然要陈最良教授《毛诗》。《毛诗》在诗序中指出,"《关雎》,后妃之德也"。并进一步解释认为:"是以《关雎》,乐得淑女以配君子,忧在进贤,不淫其色,哀窈窕,思贤才,而无伤善之心焉。是关雎之义也。"② 而这些,春香是反感的。所以,《闺塾》闹学,她首先就说:"《昔时贤文》,把人禁杀。"大胆批评传统的启蒙读物禁锢和束缚人的思想。做淑女,必须压抑天性,心如死灰,是不能过多地"弄粉调朱,贴翠拈花"的。而春香是很反感的。所以,游园前,春香鼓励并帮助丽娘精心打扮自己。这种勇气,红娘、樊素是不具备的。面对读书人,红娘尽管嘲笑张生书痴、"傻角",但一直是以"圣人之道"和张生讲道理。诸如"先生是读书君子,男女授受不亲,礼也"、"夫人治家严肃,有冰霜之操"、"先生习先王之道,尊周公之礼"等儒家学说,作为教训张生的"利器",以孔孟之道来浇灭张生的淫欲之火。连张生开始也埋怨她"不做美的红娘太浅情"。而春香虽然跟着杜丽娘读书,但并没有培养对诗书文章的敬仰,对被诗书所误的穷酸私塾先生不仅没有同情,没有尊敬,反而挖苦嘲讽、戏弄顶撞。下课后,对着陈最良的背影,春香放肆地辱骂他是"村老牛"、"痴老狗",公然侮辱斯文。这在戏文丫环中还是相当少见。而《㑇梅香》不仅刻画出樊素浑身的"书卷"气息,还有相当程度的教化色彩。当小姐都"怀疑"自己的生活方式:"每览一书,顿觉胸臆开豁,终日无倦。我是一女子,不习女工,而读书若此,不为癖症乎?"而樊素还说:"小姐,但开卷与圣人对面,受益多矣"。并从"书丧秦嬴、道绝孔圣"开始,历数前朝读书人悬头刺股、积雪囊萤故事,希望小姐"振阙家声"。樊素自称"不知情为人间何物",认为白敏中的单相思"十分可笑"。当白敏中自称因小蛮梦魂颠倒、小命难保时,樊素鄙视道:"大丈夫生于天地之间,当以功名为念,进取为心,立身扬名,以显父母。以君之才,乃为一女子弃其功名,丧其身躯,惑之甚矣。"简直成为"女教化官"了。这种教化色彩,在《牡丹亭》中,特别是春香身上,都褪尽了。

多数曲家均认为《㑇梅香》在关目、宾白、科诨等有显著的模仿《西厢记》的痕迹。清代文人梁廷枏(1796—1861)的《藤花亭曲话》甚至列举了与《西厢记》的二十多处相似处。但《㑇梅香》将小姐的年龄安排为十九岁,樊素的年龄安排在十七岁。这在当时是"大龄青年"了。在红娘和樊素眼中,小姐都是完美无缺的。尽管小蛮"天资淑慎,沉默寡言",但小姐"智慧聪明,无书不览"的学养让樊素崇拜得五体投地。而春香对杜丽娘突出体现在情感上的依恋。《牡丹亭》第二十出《闹殇》丽娘临死前评价春香"你生小事依从,我情中你意中",说明两人在共同成长的过程中,互相帮助,平等成长。而那个聚焦着丽娘惊梦寄托的题诗春容,丽娘临终前也托付春香"盛着紫檀匣儿,藏在太湖石底"。并要春香以后"常向灵位前叫唤我一声儿"。应该说,杜丽娘把春香当成最信任的人,甚至超过父母。不崇拜腐儒、不崇拜小姐,是春

---

① 王实甫著,王季思校注《西厢记》第一本第二折,上海古籍出版社1978年版,第25页。
② 李学勤主编《十三经注疏·毛诗正义》卷一,北京大学出版社1999年版,第4页。

香与其他丫环最大的差异。她与小姐的情感联系,超过其他戏曲中小姐与丫环的关系。

三、何以安排春香出家

明清文人曲家王思任(1574—1646)、沈际飞(生卒年不详)、臧懋循(1550—1620)等对《牡丹亭》人物塑造均作出过深入评论。王思任在《清晖阁批点玉茗堂还魂记序》中这样概括"杜丽娘之天也,柳梦梅之痴也,老夫人之软也,杜安抚之古执也,陈最良之雾也,春香之贼牢也",基本准确地说明了曲中人物的性格特点。冯梦龙(1574—1646)非常赞赏这段话,他在改编《墨憨斋重定三会亲风流梦传奇》"小引"中全文引述上段话,并说:"此数语直为本传点睛。"①王思任还赞赏春香:"眨眼即知,锥心必尽,亦文亦史,亦败亦成。"沈际飞在吸收王思任概括基础上,为《牡丹亭》题词时这样概括:"柳生呆绝、杜女妖绝、杜翁方绝、陈老迂绝、甄母愁绝、春香韵绝。"从舞台表演的角度看,春香作为丽娘的陪衬,其实对丽娘形象起到重要的互补作用。清代宫谱《审音鉴古录》在《牡丹亭·离魂》一出旁眉批到:"春香最难陪衬。(表演中)或与小旦揉背拭泪,或倚椅瞌睡,或胡答胡应,或剪烛支分,依宾衬主法,方为合适。"梅兰芳在《舞台生活四十年》中,谈到《牡丹亭》中春香与杜丽娘的陪衬表演时,也说到两个人端庄和活泼的互补关系。他自己搬演《牡丹亭》,也是首选《春香闹学》。那是1916年1月23日,在北京吉祥园初演春香。②1916年的11月,又到上海天蟾舞台演《春香闹学》。11月17日的《申报》,还有《春香闹学》的广告。内云:"此剧梅君兰芳饰春香,天然身材,韶秀绝伦,丰姿出色。兼以姚君(姚玉芙,引着注)之小姐,配合熟手,玉树珊瑚,雅妙超群。"③1920年5月,梅兰芳主演的《春香闹学》被拍成电影,这也是汤显祖的剧作首次搬上银幕。

对春香认识的不足,始于冯梦龙。《三会亲风流梦传奇》第四折《官舍延师》和第五折《传经习字》首先将春香性格定位在极其抵触杜丽娘延师闺塾的丫环。当家院传话丽娘拜见师父时,春香说:"小姐,拜了师父,便受他拘管,怎得自在? 莫去吧。"春香上场自报家门云:"俺春香自小伏侍小姐,朝暮不离。可喜小姐性格温柔,绝无嗔责。昨日没来由,拜了个师父,那师父景象,好不古板。老爷又对他说,倘有不臻的所在,只打这丫头。哎哟,丫头可是与他出气的? 却不是春香晦气!"渐渐地淡化春香身上原有的知性和闺门气息。由于改得活泼俚俗,后来的台本基本袭用了冯梦龙的套路。而在汤显祖原稿中,春香对丽娘春情萌动的含蓄表达,在冯梦龙改本中也变得直白。第六折《春香肃苑》中,对丽娘的介绍,原作是"名为国色,实守家声。嫩脸娇羞,老成持重",改为"名为国色,实守家声。一眯娇羞,十分尊重"。春香说:"只因老爷延师教授,讲《毛诗》首章:'窈窕淑女,君子好逑。'不知触动了什么念头? 忽然废书而叹。春香那时早猜着了八九分,他到关雎小鸟,尚有洲渚之兴,可以人而不如鸟乎? 因而进言,劝小姐后花园消遣。"按照冯梦龙改本中的台词,丽娘称春香是"我知心的侍儿",自然关系非同一般。但冯梦龙却没有把握好丽娘小姐与春香丫环之间应有的分寸和距离。

《牡丹亭》"游园"一出十分细腻含蓄。春香的精明成熟本来在汤显祖笔下相当精彩地被展示出来,其中最突出的游园前后的表现。但是在冯梦龙的改本中却被稀释了。第七折"梦感春情"蹈袭《牡丹亭》

---

① 冯梦龙《墨憨斋定本传奇》(下),《冯梦龙全集》(13),江苏古籍出版社1993年版,第1047页。
② 梅兰芳《我的电影生活》,中国电影出版社1962年版,第152页。
③ 《申报》1916年11月7日,第13版。

第十出"惊梦"。原作开篇是旦唱【绕池游】"梦回莺啭,乱煞年光遍,人立小庭深院"。描述莺声婉啭,惊醒春梦,丽娘立于小庭深院,隐隐感觉到春光对少女之心的撩拨。并对即将到来的第一次游园略感忐忑和充满期许。但冯梦龙却改得很直接:"(旦)花娇柳颤,乱煞年华遍。逗芳心小庭深院。(贴)莺啼梦转,向栏杆立倦,恁今春关情胜去年。"①台湾文化学者郑培凯批评到:"小姐一上场就看到花柳争春,到处乱煞了春光,在小庭深院里,还没完全清醒,就已春心大动。然后丫头唱,形容小姐春眠辗转,听到莺雀啼声,起来后就靠着栏杆发懒。"②郑培凯说,已经不是大家闺秀,倒像青楼佳丽了。③ 在汤显祖原作中,由于春香深知丽娘小姐的脾气"我一生爱好是天然"。所以面对丽娘的第一次"盛装",春香只是有分寸的说一句"今日穿插的好"。而冯梦龙则安排春香道白:"小姐,你今日装扮得更好,试与山色共争春,管春山不逮蛾眉远。"这些都说明,冯梦龙偏离了汤显祖《牡丹亭》中对丽娘和春香两个女性形象的深刻定位。而且,这种偏离,在清代台本中继续作惯性运动。

乾嘉时期的剧唱台本选集《缀白裘》是影响最大的昆曲演出本。《闺塾》更名为《学堂》,像《西厢记》中的《拷红》一样,是舞台上经典的丫环戏。贴扮春香,是名副其实的"闹学"主角。台本把《牡丹亭》原作第九出《肃苑》春香出场的自我介绍和对杜丽娘的评价放在最前面,基本延续了冯梦龙《风流梦》第五折"传经习字"的情节安排。对丽娘的介绍,《缀白裘》改为"名为国色,实守家声。杏脸娇羞,老成持重",把"嫩脸"改为"杏脸"。杏脸形容女性脸蛋的圆润,按今天社会上调侃的话说,是满脸的"胶原蛋白"。对比原作中的"嫩脸",以及《西厢记》中孙飞虎眼中莺莺"眉黛青颦,莲脸生香"的典雅描写,逐步地春香的眼光由典雅变得俚俗。她的身份也似乎由官府家的上等丫头,变成有钱人家的狡黠俗气的丫环,真是"这鸭头不是那丫头"。特别是民间演剧迎合市民层审美期待,放大了春香性格中调皮滑头的成分,逐渐由玲珑温雅变成泼辣甚至油滑。说起老爷交代的"倘有不到的所在,只打这丫头",春香不是原作中还未打就"哎哟",而是"呀啐!可不是我的晦气(笑),想我春香可是于他出气的么",简直快要"直唾其面"了。而面对老实迂腐的陈最良,春香竟敢主动"挑事"。先生未责怪时,竟说"先生休怪";先生说:"哪个怪你?"春香回答:"不是小姐来迟了些?"后来竟"抬杠"说,"今夜我同小姐竟不要睡,等到三更时分,就请先生上书"。接着先生发问,本一句都背不出,竟然回答:"烂熟了。"在延续原作最经典的"关关雎鸠,在何知州"的"高论"后,借口出恭到桃红柳绿的大花园"耍子"。又是骂先生"老遭瘟",又是夺先生的戒尺掷于地上,"装嫩"说:"我是个嫩娃娃,怎生禁受恁般毒打。"小姐要她下跪向先生认错,她却跪对小姐。小姐打她,她又是装疼,又是做鬼脸。气的先生胡子都白了:"这等可恶,我要辞馆了。"而先生下课用膳,竟在背后粗俗骂道:"呀啐!老白毛!老不死!好个不知趣的老村牛。"

冯梦龙在《墨憨斋重定三会亲风流梦传奇》"总评"中谈到传奇结构安排应该紧凑时说:"凡传奇最忌支离,一贴旦而又翻小姑姑,不赘甚乎!今改春香出家,即以代小姑姑,且为认真容张本,省却葛藤几许。"④尽管这种改动减少了人物和头绪,让人物更加集中,但是并不符合《牡丹亭》的曲意,更不符合人物性格成长和发展的必然。根据汤显祖原作安排,杜丽娘殇殒之后,春香跟随公相夫人到扬州。三年之后的丽娘生忌之日,两人上香祭典,见物思人,黯然情伤。老夫人一直未走出爱女夭折的阴影,而"受恩无

① 冯梦龙《墨憨斋定本传奇》(下),《冯梦龙全集》(13),江苏古籍出版社 1993 年版,第 1066 页。
② 郑培凯《从案头之书到筵上之曲:"游园惊梦"的演出文本》,《汤显祖:戏梦人生与文化求索》,上海人民出版社 2016 年版,第 303 页。
③ 郑培凯《从案头之书到筵上之曲:"游园惊梦"的演出文本》,《汤显祖:戏梦人生与文化求索》,上海人民出版社 2016 年版,第 303 页。
④ 冯梦龙《墨憨斋定本传奇》(下),《冯梦龙全集》(13),江苏古籍出版社 1993 年版,第 1049 页。

尽,赏春香还是你旧罗裙"的唱词,也表达了春香对丽娘终身的感恩。所以,安排春香出家没有性格基础,非常突兀。第二十五出《忆女》除了表达上述曲意外,还有一个重要细节,因为丽娘夭折,杜宝有娶妾生子续香火之念。当老夫人表达庶出不如亲生的忧虑时,春香现身说法,说自己尚非亲生,蒙夫人收养。《吴吴山三妇合评牡丹亭》三妇之一陈同评点说:"春香现身说法,俨有自媒之意。"①可见春香在丽娘夭折后一直侍候老夫人身边,形同子女。春香此番安抚,也有希望老夫人正始收养自己为养女之意。而冯梦龙改本第十六折《谋厝殇女》,安葬丽娘并起梅花观时,春香跪哭道:"春香有言禀上,贱婢蒙小姐数年抬举,一旦抛离,老爷奶奶既为王事驱驰,盼什么人间结果? 情愿跟随道侣,共事焚修。一来可以伴小姐之幽灵,二来可以慰老爷奶奶之悬念,三来老道姑有个帮助,香火可以永久。"冯梦龙自己眉批到:"春香出家,可谓义婢,便伏小姑姑及认画张本,后来小姐重生,依旧作伴。原稿葛藤,一笔都尽矣。"②看似得意之笔,只不过是冯梦龙自我陶醉罢了。本质上的差距是,汤显祖心中,春香是杜丽娘性觉醒的诱导者,甚至启蒙者,而在冯梦龙眼中,竟然变成削去灵根慧命、人间情种的道姑。第二十二折《石姑阻欢》实际是搬写汤显祖原作第二十九出《旁疑》,只是将原稿中游方小道姑换成出家的春香。当石道姑听到柳梦梅屋子有女人唧唧哝哝话语声,便怀疑春香潜入房中与梦梅有私。说春香"年轻貌美,打熬不过,况是丫鬟出身,偷汉手段,是即溜的"。而春香气愤填膺:"我少小相依绣阁居,调脂侍粉见人疏。为怜雨打中秋夜,愿弃尘凡读道书。"不仅把自己出家人"凡心已灭"的现状捧出,还说自打小就是很少见男人的侍儿。可惜的是,冯梦龙在改编时,忘了《牡丹亭》第九出"肃苑"中春香与小花郎调情的细节。

《审音鉴古录》中"离魂",在舞台上有意渲染杜丽娘临死前的恐怖氛围,给人阴森压抑之感,甚至春香不敢近前。本来情同姐妹、相依为命的主婢,竟然在小姐还未亡故时就生分了。

"(贴)老夫人住在此。(老旦)为什么?(贴)春香有些害怕。(老旦)自家小姐,怕他则甚? 我去就来。儿啊,银蟾谩捣君臣药,纸马重烧子母钱。(下)(贴)哎呀,老夫人多着几个人来啊! 哎呀,老夫人住在此噁还好吧。(小旦低头科)母亲。(贴先张内,作怕走进去科)老夫人去了。(小旦)啊,夫人去了?(贴作进内应)正是。(小旦略变抖声,谩提起上身,抬头,无光眼看贴,身一矬,下磕搁右臂上)(贴看怕科)啊哟!(小旦睁目即闭,无神状)来。(对贴的头)(贴作走一步退三步,怕状)在这里。(小旦右手抖拍桌云)站到这里来。(贴)哎呀,在这里吧。(小旦皱眉,照前拍科)这里来啊。(贴)哎呀,偏是今夜的灯昏暗的紧。"

于是,《牡丹亭》在明清代的传播出现两种截然不同的面貌:众多文人特别是闺阁女性在案头阅读《牡丹亭》时,引发强烈共鸣。出现了俞二娘、商小玲、金凤钿、冯小青、冯三妇等痴情文本的女子。"日夕把卷,吟玩不辍",并在各种评点中独抒性灵,充满卓见;而在所谓曲家眼中,《牡丹亭》却不合律,屡遭沈璟、吕玉绳、臧懋循、冯梦龙等文人和伶师窜改,逐渐偏离汤显祖"曲意"。而春香形象的逐渐偏离是《牡丹亭》改编中最突出的现象。清代龚自珍(1792—1841)在《己亥杂诗》云:"梨园爨本募谁修,亦是风花一代愁。我替尊前深惋惜,文人珠玉女儿喉。"③龚自珍为汤显祖鸣不平,是有道理的。

①　陈同、谈则、钱宜《吴吴山三妇合评牡丹亭》,上海古籍出版社 2008 年版,第 61 页。
②　冯梦龙《墨憨斋重定三会亲风流梦》第十六折《谋厝殇女》,《冯梦龙全集》第 13 卷,江苏古籍出版社 1993 年版,第 1093 页。
③　龚自珍《定庵文集补·己亥杂诗》,转引自徐扶明《牡丹亭研究资料考释》,上海古籍出版社 1987 年版,第 79 页。

徐朔方注本《牡丹亭》补证

徐宏图

徐朔方、杨笑梅1958年的校注本《牡丹亭》（下简称"徐本"），已多次再版与修订，五十多年来，这是国内《牡丹亭》注本中最优秀的一种，嘉惠后学者良多。惟智者失虑、疏漏或不尽意处仍在所难免，不揣谫陋，试为之补证。

禁当、禁受

第十二出《寻梦》【夜游宫】（贴白）："春香无言知罪，以后劝止娘行。夫人还是不放，少不得发咒禁当。"徐本注曰："禁当，禁就是当，重言，这里是抵对、对付的意思。"所解可通，因紧接着春香又说"虽然一时抵对，乌鸦管的凤凰"句中即有"抵当"二字可证。只是未及语源，不知出处。

补证：《唐韵》："禁，力所胜也。"[1]可见，禁，胜也，是承担、承受的意思；"咒"，发誓。所以宋元曲语中的"禁当"又作"禁受"，均可解作"承当"或"抵当"。宋杨万里《过金台天气顿热》诗云："旧说长江无六月，暮春已自不禁当。"[2]杨朝英辑《朝野新声太平乐府》卷七酸斋【好观音】《怨恨》【尾声】："薄幸亏人难禁受，想着那樽席上捻色风流，不良杀教人下不得咒。"[3]均可证。例句中的"禁当"，是春香因没有阻止杜丽娘游园，被老夫人戒训了一顿，保证以后一定劝止，夫人还是不放，她只好用发咒来抵当了。有人问她发甚咒，她说："敢再跟娘胡撞，教春香即世里不见儿郎。"即"一辈子嫁不到丈夫"的意思。

"禁当"，本是宋代民间俗语，后来才为元、明戏曲小说所普遍沿用，例如：元杨梓《霍光鬼谏》第二折【耍孩儿】："这场羞辱怎禁当？好交我低首无言。天颜盛怒，恼犯着登时斩在目前。人皆倦，轻呵该杖一百，重呵流递三千。"[4]关汉卿《窦娥冤》第一折【仙吕点绛唇】"满腹闲愁，数年禁受。天知否？天若是知我情由，怕不待和天瘦。"[5]商正叔《离情》【梁州第七】："甘不过轻狂子弟，难禁受极纣勤儿。撞声打怕无淹润。倚强压弱，滴溜着官司。"[6]明冯梦龙《醒世恒言》卷二十一张淑儿："这场责罚，教我怎生禁受？"元礼道："你若有心救我，只得吃这场责罚，小生死不忘报。"[7]不胜枚举。

① 唐孙愐撰，清黄奭辑《唐韵》，《汉学堂丛书》经解小学类，"禁"字条。
② 《全宋诗》，北京大学出版社1991年版，第四十二册，《杨万里集》二，第26244页。
③ 杨朝英辑《朝野新声太平乐府》，文学古籍刊行社1955年版，下册，卷七，第54页。
④ 杨梓《霍光鬼谏》，徐沁君校《新校元刊杂剧三十种》，中华书局1980年版，第572页。
⑤ 关汉卿《窦娥冤》，臧晋叔编《元曲选》，中华书局1979年版，第4册，第1501页。
⑥ 明郭勋辑《雍熙乐府》，《四部丛刊》续编，集部，卷十，第47页。
⑦ 冯梦龙《醒世恒言》，上海古籍出版社1995年版，第952页。

厮调、厮像

第十四出《写真》【倾杯序】(旦唱)："谢半点江山,三分门户,一种人才,小小行乐,捻青梅闲厮调。倚湖山梦晓,对垂杨风嫋。忒苗条,斜添他几叶翠芭蕉。春香,帧起来,可厮像也?"徐本"厮调"、"厮像",均漏注。

补证："厮",有二义:一为轻蔑他人的称谓,与今北方口语的"傢伙"相近。有上加丑恶的形容词或指代词,如《王西厢》五本四折(末背云):"这秃厮巧说。""秃厮"指普救寺长老洁郎。也有下加"们"字,以表示多数,如《王西厢》五本三折(夫人上云):"夜来郑恒至,不来见我,唤红娘来问事,据我的心只是与孩儿是。……这厮们做不来。"①"厮们"指郑恒、红娘他们。"厮"字解作"傢伙"是取其本义"厮役"或"厮养"的贱称。前者见《公羊传》宣十二年:"厮役扈养,死者数百人。"又《战国策》"燕策":"冯几据杖,眄视指使,则厮役之人至。"②后者见《史记》卷九二《淮阴侯传》:"夫随厮养之役者,失万乘之权,守儋石之禄者,阙卿相之位。"③又《吴子·治兵》也有"弱者给厮养,智者为谋主"云云。至于元人称男孩曰"小厮儿"那是从"傢伙"一词中引申出来的爱称,与今日口语称小孩子曰"小傢伙"、"小鬼头"相似。诸家仅解"厮"为男孩,而对其本义均失考。

二与"相"通。《韵会》:"厮与廝通,相支切。"《广韵》作"息良切"。宋罗大经《鹤林玉露》甲编卷五:"白乐天诗:为问长安月,谁教不相离。相字下自注云:思移切。乃知今俗作厮字非也。"④据此可知,"相"与"厮"在唐代已受北方读音的影响而含混着运用。宋人更普遍地沿用了,宋陆游《老学庵笔记》卷十一:"世多言白乐天用'相'字,多从俗语作思必切,如'为问长安月,如何不相离'是也。然北人大抵以'相'字作入声,至今犹然,不独乐天。老杜云:'恰似春风相欺得,夜来吹折数枝花。'亦从入声读,乃不失律。俗谓南人入京师,效此语,过相蓝,辄读其牓曰大厮国寺,传以为笑。"⑤但是因误成习,即当代大词家也都袭用不疑。如欧阳修【渔家傲】:"天与多情丝一把,谁厮惹,千条万缕萦心下。"又张镃【夜游宫】:"到老长厮守,不吃饭也须唧溜。"又辛弃疾【夜游宫】"几个相知可喜,才厮见说山说水。"又周邦彦【风流子】:"天便教人,霎时厮见何妨。"⑥不胜枚举。所以元明戏曲小说里以"厮"作"相"运用就更普遍了。例句中的"厮调",即互相嬉戏,写杜丽娘自画像手捻青梅与梦中情人相嬉的情景。"厮像",即相像,写杜丽娘将自画像挂起来之后,问春香与自己是否相像?

与"厮调"、"厮像"相类语词很多,常见有"厮见"(《黑旋风》楔子)、"厮觑"(《董西厢》卷四)、"厮称"(《燕子笺》第六出)、"厮投"(《㑇梅香》第三折)、"厮骂"(《酷寒亭》第一折)、"厮㑇"(《御水流红叶》【三煞】)、"厮搵"(《王西厢》四本四折)、"厮挺"(《琵琶记》第十四出)等。不一而足。

生分(生忿)

第十六出《诘病》【三登乐】[清平乐](老旦):"如花娇怯,合得天饶借。风雨于花生分劣,作意十分凌藉。止堪深阁重帘,谁教月榭风檐。"徐本注曰:"生分,即生忿,与人过不去。"所释可通,唯未及语源,

① 《王西厢》,收入霍松林编《西厢汇编》,山东文艺出版社1987年版,第214页。
② 《公羊传》,收入《十三经注疏》,中华书局1980年版,第2285页。
③ 《史记》,收入《二十五史》,上海古籍出版社1988年版,第294页。
④ 罗大经《鹤林玉露》,收入《中华野史》"宋代卷三",第2722页。
⑤ 陆游《老学庵笔记》,中华书局1979年版,第124页。
⑥ 以上分别见唐圭璋编《全宋词》第128、2131、1919、595页。

不知由来。

补证：清黄生《义府》卷下"生分"条云："《汉书·地理志》：'薄恩礼，好生分，分去声。生分，乖戾之意，谓心曲有彼此分界也。'今俗语犹如此，若如旧注则不通矣！"①这解说很适合元明戏曲里关于"生分"一词的运作。只是从曲文的具体运用看，尚需加以补充分析。所谓乖戾而彼此有分界，通俗地说，就是彼此有意见而生气恼，以至给对方过不去，这对人对己场合，都可适用。如例句，是说杜丽娘本是一朵花，理应得到天的怜惜，谁料游园、惊梦之后竟生了一场病，这是风雨摧残她，有意让她过不去似的。徐本作这样诠释是符合曲意的。但在子女对父母的场合，例如元石宝君《曲江池》第二折【黄钟煞】："常言道：娘慈女孝顺，你不仁，我生忿。"②那就不是"让对方过不去"所能尽意了，应引伸作"忤逆"解才是。至于这个词的写法，"分"或作"忿"，那是在古文词里本可通用之故，如杜甫《送路六侍御入朝》诗"不分桃花红胜锦，生憎柳絮白于绵"注云："分作忿。"③可证。

明人对这个词，却有许多别解。如陆天池《西厢记》作"陌生"解；更有人窜改《幽闺记》的"星分"作"生分"，作"负心"解。总之，至少有以下四解：

一、气忿，与人过不去的习语。如上例外，又如：关汉卿《蝴蝶梦》第二折【隔尾】正旦云："大哥、二哥、三哥，我说则说，你则休生分。"④李致远《还牢末》第一折旦云："那厮金环在哪里？"正末云："递与二嫂收了。"旦云："他到俺家几日光景，怎生与他收着……你取回来者。"正末云："若取回来，不生分了他的心？"⑤无名氏《小尉迟》第四折【雁儿落】："笑你个莽军师，可也忒认真，把我个老尉迟空生忿。"⑥兰陵笑笑生《金瓶梅词话》第七十四回桂姐道："五娘，你不知，俺每这里边人，一个气不愤一个，好不生分。"⑦

二、指惹父母气忿，引申为忤逆。除上例外，又如：李直夫《虎头牌》第二折【月儿弯】："则俺那生忿忤逆的丑生，有人个中都曾见伴着火泼男也那泼女！茶房也那酒肆发，在那瓦市里穿。"⑧贾仲名《对玉梳》第一折卜儿云："别人家养女儿孝顺，偏我家这等生分。"⑨无名氏《合同文字》第四折【挂玉钩】："我本为行孝而来，可怎生忿而归。"⑩武汉臣《老生儿》第一折【混江龙】："但得一人生忿子，搜布披麻扶灵柩，索强似那孝顺女，罗裙包土筑坟台。"⑪张国宾《薛仁贵》第二折【梧叶儿】（仁贵见正末拜科）："父亲，你孩儿回家探望父母来也。"正末云："生忿贼，真个来了，婆婆，我打这厮咱。"⑫《王西厢》第二本第一折【青歌儿】："母亲，都做了莺莺生忿，对旁人一言难尽。"⑬

三、陌生的意思。例如：《陆西厢》第七出【月上海棠】（贴上）："承慈旨，特来问讯维摩院，还腼腆坐

① 黄生《义府》，《四库全书》子部杂家类，第68页。
② 石宝君《曲江池》，臧晋叔编《元曲选》，中华书局1979年版，第1册，第270页。
③ 杜甫《送路六侍御入朝》，《全唐诗》，上海古籍出版社1987年版，上册第557页。
④ 关汉卿《蝴蝶梦》，收入《元曲选》第2册，第639页。
⑤ 李致远《还牢末》，收入《元曲选》第4册，第1611页。
⑥ 无名氏《小尉迟》，收入《元曲选》第2册，第525页。
⑦ 笑笑生《金瓶梅词话》，人民文学出版社1985年版，下册第1072页。
⑧ 李直夫《虎头牌》，收入《元曲选》第1册，第404页。
⑨ 贾仲名《对玉梳》，收入《元曲选》第4册，第1141页。
⑩ 无名氏《合同文字》，收入《元曲选》第2册，第433页。
⑪ 武汉臣《老生儿》，收入《元曲选》第1册，第369页。
⑫ 张国宾《薛仁贵》，收入《元曲选》第1册，第323页。
⑬ 《王西厢》，收入《西厢汇编》，第152页。

着个郎君,生分不敢前言。"(外云):"红娘姐,斯文辈礼法为先,小娘子不必躲闪。"①冯梦龙《古今小说·单符郎》春娘道:"我司户正少一针线人,吾妹肯来与我作伴否?"李英道:"……若司户左右要觅针线人,得我为之,素知阿姐心性,强似寻生分人也。"②

四、负心的意思。例如:明世德堂《拜月亭记》第七出【雁过南楼】[前腔]:"无他效芹,略得进身,犬马之报,不做半米儿生分。"③案李卓吾和毛晋定本均作"怎敢忘半米儿星分"。④

"生分"至今尚在浙南民间使用。《温州方言词典》称其有二义:一为"冷淡"、"疏远",如云:"以早一起做生活能界有多讲话,当公司领导后,伉我份格生分。"二为"陌生",如云:"该爿地方我生分个,一个人阿不识。"⑤

生受

第三出《训女》【绕地游】【前腔】(旦跪介):"今日春光明媚,爹娘宽坐后堂,女孩儿敢进三爵之觞,少效千春之祝。"(外笑介):"生受你。"徐本注曰:"生受,辛苦、麻烦、难为。对人说,有告劳、道谢的意思。"所注甚是,唯未及语源,不知从何而来。

补证:"生受"一词,最早见诸《新编五代史平话》,梁、唐、晋、汉、周史均有。如《周史》李谷奏曰:"贼之战舰日进,淮之水势日涨,万一粮道阻绝,不无生受。"⑥但据上海古典文学出版社该书出版说明,怀疑这话本可能是元人的增删本,说明这个词有可能是元代人民的习语。溯其渊源,乃出自佛经,宋释法云《翻译名义集》第五十八"萨伽耶萨"条云:

> 众生苦相,五盛阴苦。《婆沙论》云:"盛阴有何义,受所生是故说盛,谓生受是故说盛……。"章安云:"善恶阴盛,即是苦体。"⑦

经文的大意是说:众生而受生而生,生在世上受许多苦难;而元人崇佛,"生受"经过俗语之后,便为元代人引借为"受苦"、"困苦"的代词。如《元典章》卷六"体察使臣"条云:"这般使做贼底人,根柢不整治呵,大勾当(事情)怎生行得,百姓每不交生受底。"又同书卷十八"买休卖休"条云:"追问得谭八十一一为过活生受,写立休书得谭四十三钱财"⑧可证。在宋元明戏曲小说里,上述"受苦"、"困苦"又伸引为辛苦、麻烦、难为等义。

作"辛苦"或"费心"解的,如本例句,即写在春光明媚之时,杜丽娘随红娘持酒到宽坐后堂的爹娘斟酒祝寿云:"敢进三爵之觞,少效千春之祝。"其爹南安太守杜宝笑着说:"生受你。"即让你"辛苦"、"费心"之意。这样的例子很多,又如:尚仲贤《单鞭夺槊》⑨第二折【小梁州】【么篇】(正末唱):"将军你莫

① 陆采《陆西厢》收入《西厢汇编》,第 341 页。
② 冯梦龙《古今小说》,浙江古籍出版社 1995 年版,第 137 页。
③ 明世德堂《拜月亭记》,收入《古本戏曲丛刊初集》,上海商务印书馆影印本 1954 年版,第 12 页。
④ 毛晋定本《幽闺记》,收入《六十种曲》,中华书局 1982 年版,第 1 册第 22 页。
⑤ 李荣主编《温州方言词典》,江苏教育出版社 2000 年版,第 146 页。
⑥ 《新编五代史平话》,董康诵芬室 1911 年翻刻本,话本集部,卷上,第 3 页。
⑦ 释法云《翻译名义集》,四库全书本,第二十五篇,第 262 页。
⑧ 《元典章》民国沈刻本,五十三"刑部"十五"折证"章,第 10 页。
⑨ 尚仲贤《单鞭夺槊》,收入《元曲选》第 3 册,第 1180 页。

雠,从今后休辞生受,则要你分破帝王忧。"①无名氏《陈州粜米》第二折【小梁州】:"他每都穿连透,我则怕关节儿枉生受。"①杨景贤《西游记》第二出【么篇】:"咽不下心内苦,遮不了脸上羞,怀躭十月干生受。"②关汉卿《窦娥冤》第一折【青哥儿】:"想当初你夫主遗留,替你图谋……公公也,则落得干生受。"③《东窗事犯》第三折【鬼三台】:"臣在世时多生受,驰甲胄做先锋帅首。"④

作"麻烦"解的,如:无名氏《张协状元》第十六出【赛红娘】:"(旦)谢得公公婆婆。(丑)我自归去。(末)怎地归去?(丑)旹耐它添两字也得。(生)甚字?(丑)谢得公公婆婆哥哥,多少是好。(末)你好生受。"⑤无名氏《错立身》第十三出【扑灯蛾】:"爹行听分剖,奈担免难担生受,更驴儿不肯快走。"⑥范子安《竹叶舟》第三折【乌夜啼】:"这一个袅金鞭遥拂酒家楼,那一个泣阳关暗滴香罗袖。蚤去来,休生受。则我这麻绦草履,不傲煞你肥马轻裘。"⑦杨梓《霍光鬼谏》第三折【收煞尾】:"且暮微臣死之后,不望高原葬土丘,何必追斋枉生受。看诵经文念破口,休想亡灵免得忧。"⑧马致远《汉宫秋》第二折【乌夜啼】:"今日嫁单于,宰相休生受。"⑨无名氏《货郎担》第三折【倘秀才】(副旦云):"三条道儿该往那条道儿上去?"(李彦和云):"你往中间那条路上去便是。"(副旦云):"生受哥哥。"⑩

"生受",至今尚在浙南民间使用,《温州方言词典》称其为"费时"、"麻烦"的意思,如云"煮粥比煮饭生受来个俫"、"自做松糕生分显"⑪等。

撒科

第五十五出《圆驾》南【溜溜金】(生白):"老黄门,俺是个贼犯。"(末笑介):"你得便宜人,偏会撒科。"徐本注云:"撒科,撒赖。"可通。惜未及语源,来历不明。其实,撒、科二字,均有来头。

补证:《集韵》:"撒,放也。"唐韩愈《月蚀诗玉川子作》云:"星如撒沙出,攒集争强雄。"⑫这当是撒作"散放"解的最恰当的例证了。元明曲词中则有"撒开"、"撒薰"、"撒镘"等词组。"撒开",即放开,如《荆钗记》第十出《逼嫁》【七娘子】:"(旦)母亲,(净)撒开!不是你娘!(旦)姑娘。(丑)不是你姑娘。"⑬"撒薰",放屁,如《浣纱记》第二十二出《访女》【缕缕金】【前腔】:"(末)说道撒薰。(丑)不瞒你说,我平日喜吃,新米饭吃八九碗,醮猪肉吃八九勆,好脾胃。夜间上茅坑或者有三四次,并不肯在床上撒一个薰。"⑭"撒镘",镘,又作"漫",指任意散钱,如无名氏《冤家债主》第一折【寄生草】:"你只要杀羊造酒将人待,你道是使钱撒镘令人爱。你怎知囊空钞尽招人怪。"⑮无名氏《陈州粜米》第三折搽旦云:"他两个在俺

---

① 无名氏《陈州粜米》,收入《元曲选》第1册,第44页。
② 杨景贤《西游记》,收入《元曲选外编》第2册,第638页。
③ 关汉卿《窦娥冤》,收入《元曲选》第4册,第1502页。
④ 孔文卿《东窗事犯》,收入《元曲选外编》第2册,第411页。
⑤ 无名氏《张协状元》,收入钱南扬《永乐大典戏文三种校注》,中华书局1979年版,第86页。
⑥ 无名氏《错立身》,收入《永乐大典戏文三种校注》,第253页。
⑦ 范子安《竹叶舟》,收入《元曲选》第3册,第1253页。
⑧ 杨梓《霍光鬼谏》,收入《元曲选外编》第2册,第587页。
⑨ 马致远《汉宫秋》,收入《元曲选》第1册,第7页。
⑩ 无名氏《货郎担》,收入《元曲选》第4册,第1647页。
⑪ 《温州方言词典》第147页。
⑫ 韩愈《月蚀诗玉川子作》,收入《全唐诗》,上海古籍出版社1987年版,上册,第843页。
⑬ 《荆钗记》,收入毛晋编《六十种曲》,中华书局1982年版,第1册,第28页。
⑭ 梁辰鱼《浣纱记》,收入明梁辰鱼撰,吴书荫集校点《梁辰鱼集》,上海古籍出版社1998年版,第508页。
⑮ 无名氏《冤家债主》,收入《元曲选》第3册,第1135页。

家里使钱,我要一奉十,好生撒镘。"①《紫钗记》第四十七出《怨撒金钱》【下山虎】(旦撒钱介,唱):"俺把他乱洒东风一似榆荚钱。"(浣白):"怎生撒去?可是撒漫使钱哩。"②

不过,"撒科"的"撒"字多数引申为动作的"使"或"妆"解;"科"指传统戏剧角色动作的科白,如笑科、打科等,大部分含有滑稽味,即使用滑稽的语言与动作予以调侃。常作"抵赖"用,如《水浒全传》第二十四回:"王婆道:'今日晚了,且回去,过半年三个月却来商量。'西门庆便跪下道:'干娘休要撒科,你作成这个。'"③《雍熙乐府》卷十九《摘翠百咏》:"故来撒科,咱先瞧破。"④例句《圆驾》"撒科",是写皇帝下旨,令中状元的柳梦梅与还魂的杜丽娘完婚。柳梦梅幽默自称是"贼犯",偷了杜丽娘,黄门官陈最良也调侃柳说:"你得了便宜,即偏偏耍赖,与岳父顶嘴,只道你偷天把状元中,却不料先偷了杜丽娘这朵花。"可见,此处的"撒科"作"耍赖"即调皮捣蛋解较合适。徐本解作"撒赖"似乎讲过重了一点,因为"撒赖"是蛮横胡闹,如《儿女团圆》第二折【牧羊关】:"这厮故意将人吵,入门来做撒赖。"柳梦梦梅却远没有这样严重。

除了"撒科"外,常见的还有"撒泼"、"撒野"、"撒奸"等。撒泼,使着泼赖无法无天的行为,如《窦娥冤》第二折赛卢医上云:"撞见两个不相识姓名男子,一声嚷道,浪荡乾坤,怎敢行凶撒泼,擅自勒死平民,吓得我丢了绳索。"⑤"撒野",使着野蛮的行为,如《金瓶梅词话》第十九回蒋竹山(被鲁华打后)道:"我几时借他银子来,就是向你借的也等慢慢好讲,如何这等撒野。""撒奸"使着奸刁行为,如《王西厢》第三本第二折【满庭芳】:"你休要呆里撒奸,你待要恩情美满,却教我骨肉摧残。"⑥

撒和

第三十出《欢挠》【醉太平】(净急敲门介):"相公,快开门。地方巡警,免的声扬哩。"【隔尾】(旦唱):"便开呵须撒和,隔纱窗怎守的到参儿趁。"又五十五出《圆骂》南【画眉序】(合唱):"便阎罗包老难弹破,除取旨前来撒和。"徐本于前出注曰:"骡马饥饿困倦时,解下鞍子,给它喂点草料,让它蹓跶、休息一回,叫撒和。这里引申为说好话。全句意思说:就是要人开门,也要好好说话。"于后出注曰:"这里作调停解。"所解都可通。但没有从语源上辨别"撒和"的词义有人与驴的区别。

补证:撒和,蒙古语,即撒花。元杨瑀《山居新语》云:"都城豪民,每遇假日,必以酒食,招致省宪僚史翘杰出群者款之,名曰'撒和'。凡人有远行者,至巳午时,以草料饲驴、马,亦谓之'撒和',欲其致远不乏也。"⑦可见,"撒和"有两种不同的词义。在读元明戏曲小说的曲文时,要仔细辨认文中驴与人的分别:

一、指喂饲驴马的代词。例如:《王西厢》第一本第一折【天下乐】末云:"头房里下,先撒和那马者。"又童云:"安排下饭,撒和了马,等哥哥回家。"⑧无名氏《来生债》第一折磨博士云:"打了罗又要洗麸,洗了

---

① 无名氏《陈州粜米》,收入《元曲选》第1册,第47页。
② 汤显祖《紫钗记》,收入《六十种曲》第1册,第131页。
③ 施耐庵、罗贯中《水浒全传》,上海人民出版社1975年版,第295页。
④ 《雍熙乐府》卷十九《摘翠百咏》,第10页。
⑤ 《窦娥冤》,收入《元曲选》第4册,第1504页。
⑥ 《王西厢》,收入《西厢汇编》,第177页。
⑦ 杨瑀撰,王玉亮整理《山居新语》,收入《中华野史》,泰山出版社2000年版,第608页。
⑧ 《王西厢》,收入《西厢汇编》,第135页。

麸又要撒和头口。"①郑德辉《倩女离魂》第四折【刮地风】:"行了些这没撒和的长途有十数程,越惹的骨瘦蹄轻。"②小说中也常见,如《西游记》第七三回:"一则进去看看景致,二来也当撒货头口。"又七八回:"我们且进这驿里去,一则问他地方,二则撒和马匹,三则天晚投宿。"③

二、指对人和好,引申为调停、调和等市俗。除了上述例句外,又如郑德辉《㑇梅香》第四折【双调新水令】:(白将牙笏遮面与旦并坐科),山人云:"将五谷寸草来。"官媒云:"要做甚么?"山人云:"先把新女婿撒和撒和,不认生。"官媒云:"你正是精驴,休要胡说。"④《㑇梅香》演唐代相国裴度之女小蛮与新科状元白敏中的婚姻故事,其中有误会需先解,所以当白敏中上门完婚时,山人(媒人)说:把"五谷寸草"(婚礼用的物品)拿来"撒和撒和",即给新来的驴(比喻新婚女婿)吃,以调和调和生疏气氛。

《牡丹亭》例句中的"撒和"显然是对人讲的。其中第三十出【醉太平】,演杜丽娘慕色梦亡后,杜宝为其建"梅花观"一座,令石道姑看守三年。柳梦梅在陈最良指引下来观养病,入夜即与丽娘阴魂于房内幽会,引起石道姑的警觉。一夜,正在"腻乳微搓,酥胸汗帖"之时,石道姑携小道姑悄悄来到,并急敲其门道:"相公,快开门,地方巡警,免的声扬哩。"柳梦梅吓得不知所措,杜丽娘却笑着说:"不妨,俺是邻家女子,道姑不肯干休时,便与他一个勾引的罪名儿。"于是唱道:"便开门呵须撒和。"可见这里的"撒和"是对人说的,即"好好对待"的意思,与驴马无涉。第五十五出南【画眉序】,演杜宝丞相坚决不承认女婿,所以合唱云:"除非取得圣旨来调停,才能和好哩。"同样与驴马无涉。即使引申,也非引自驴马,而是引来豪民以酒食待客的典故(详前)。

呓挣

第二十七《魂游》【下山虎】(旦唱):"我则见香烟隐隐,灯火荧荧。呀,铺了些云霞帧,不由人打个呓挣。"徐本注云:"呓挣:寒噤,发怔。或作痴挣、意挣。"所解可通,唯未及语源,来历不明。

补证:"呓",梦语。"呓挣",包括"痴挣"、"意挣"、"㿜挣"等的"挣",均应从目作"睁",可是在元曲中却习惯性的误写作"挣",故不便校正。查《集韵》:"睁,俗作睁。"所以呓挣、痴挣、意挣等均是同样地把眼睛呆定地发怔,作为惊恐或愁恨时,形容突然地紧张的神态,有如刚从睡梦中惊醒似的。例如:李文蔚《燕青博鱼》第三折【倘秀才】"我这里呵欠罢翻身,打个呓挣。"⑤无名氏《气英布》第二折【牧羊关】:"眼睁睁慢打回合,气扑扑重添呓挣。"⑥白仁甫《梧桐雨》第一折【油葫芦】:"我恰待行,打个呓挣,怪玉笼鹦鹉知人性,不住的语偏明。"⑦郑德辉《倩女离魂》第四折【古神仗儿】【么篇】:"这的是俺娘的弊病,要打灭丑声,俫做个㿜挣。"⑧无名氏《碌砂担》第一折【青歌儿】:"天也!好着我又不敢问他,问他名姓,早则是打了个浑身痴挣。"⑨无名氏《冯玉兰》第四折金御史云:"兀那女子,你怕他怎的。"正旦唱【驻马听】云:

① 无名氏《来生债》,收入《元曲选》第1册,第299页。
② 郑德辉《倩女离魂》,收入《元曲选》第2册,第717页。
③ 吴承恩《西游记》,人民文学出版社1980年版,第928,997页。
④ 郑德辉《㑇梅香》,收入《元曲选》第3册,第1168页。
⑤ 李文蔚《燕青博鱼》,收入《元曲选》第1册,第240页。
⑥ 无名氏《气英布》,收入《元曲选》第3册,第1288页。
⑦ 白仁甫《梧桐雨》,收入《元曲选》第1册,第251页。
⑧ 郑德辉《倩女离魂》,收入《元曲选》第2册,第718页。
⑨ 无名氏《碌砂担》,收入《元曲选》第1册,第388页。

"浑如痴挣,他是个图财致命杀人的精。"①

　　《牡丹亭》此句的"吃挣"即"吃睁",正是发怔之意。演杜丽娘梦亡三年后,石道姑在梅花庵观为她举办超生道场。丽娘魂游至此,只见道坛"香烟隐隐,灯火荧荧",顿时"一似断肠人梦醉初醒","不由人打个吃挣",不禁一阵发怔。

---

① 　无名氏《冯玉兰》,收入《元曲选》第4册,第1752页。

论《牡丹亭》"雅俗并陈"的
曲词风格及其戏曲史意义

李亦辉

　　文学批评史上似乎有这样一个规律,离作者生活的时代越近的批评家,越能准确地把握作品的精蕴,而时代离得越远则越显隔膜。对《牡丹亭》曲词的评价,明清时期说得最贴切的,莫过于王思任的"古今雅俗,泚笔皆佳",[①]而李渔的抑雅扬俗之论则殊乏"理解之同情"。[②] 二人的评价虽然褒贬悬殊,却都客观揭示出该剧曲词"雅俗并陈"的整体风格特征。今人对该剧曲辞的评价,多强调、赞赏其绚丽典雅的一面,对本色通俗的一面虽亦屡有论及,但通常是浅尝辄止,认识相对不足,这无疑会影响到对该剧曲词风格的整体评价,甚而影响到对该剧戏曲史地位的评判。因此,结合前贤时彦的相关评论,对《牡丹亭》的曲词风格予以重新定位,既有助于我们纠正以往认识上的偏颇,也有助于我们深入理解《牡丹亭》的戏曲史意义。

一

　　明清曲论中"雅俗并陈"一语,初见于屠隆的《章台柳玉合记序》,[③]指在一部戏曲中雅与俗两种风格的曲辞同时存在、各得其宜的状态。"雅"主要是指绮丽典雅的曲辞风格,特点是多用辞藻、典故,具有深婉含蓄的美学效应;"俗"主要是指质朴通俗的曲辞风格,特点是多用方言、俗语,具有滑稽显豁的艺术效果;"并陈"则是指雅、俗两种风格的曲辞同时存在,并行不悖。结合明清曲家对《牡丹亭》的评价,全面分析其曲辞特点,我们很容易得出该剧曲词的整体风格是"雅俗并陈"的结论。

　　关于《牡丹亭》曲词雅的一面,前贤时彦有很多精彩论述;尤其是《惊梦》、《寻梦》等出,曲词绚丽典雅,一片神行,深具精警蕴藉的文人意趣,最为后人称赏。如《惊梦》出【步步娇】、【醉扶归】二曲:

　　【步步娇】(旦)袅晴丝吹来闲庭院,摇漾春如线。停半晌、整花钿。没揣菱花,偷人半面,迤逗的彩云偏。(行介)步香闺怎便把全身现!(贴)今日穿插的好。[④]

　　【醉扶归】(旦)你道翠生生出落的裙衫儿茜,艳晶晶花簪八宝填,可知我常一生儿爱好是天然。恰三春好处无人见。不隄防沉鱼落雁鸟惊喧,则怕的羞花闭月花愁颤。

二曲主要写杜丽娘对镜理妆时微妙的心理活动。【步步娇】"袅晴丝吹来闲庭院,摇漾春如线"二句,以游

　　① 王思任《批点玉茗堂牡丹亭词序》,俞为民、孙蓉蓉《历代曲话汇编·明代编》第三集,黄山书社 2009 年版,第 49 页。
　　② 李渔《闲情偶寄·词曲部·词采第二·贵浅显》,俞为民、孙蓉蓉《历代曲话汇编·清代编》第一集,黄山书社 2008 年版,第 248—249 页。
　　③ 俞为民、孙蓉蓉《历代曲话汇编·明代编》第一集,黄山书社 2009 年版,第 590 页。
　　④ 本文引《牡丹亭》曲词,皆以徐朔方、杨笑梅校注本(人民文学出版社 1963 年版)为准。

丝写春光,细处着笔,形象贴切;而以"晴丝"喻"情思",以晴丝摇漾喻少女情怀,更见作者深心。"停半晌",既写杜丽娘对春色的欣赏,亦写其凝神忘我的情态;"整花钿"转写理妆,花钿是镶嵌着金花的首饰,这是以首饰的精美映衬女主人公的光彩照人。"没揣"是没想到、蓦然,"菱花"代指菱花形的铜镜,"彩云"代指女性的发髻,这三句写其插戴首饰时不意瞥见自己半边面庞,仿佛是第一次发现自己的美貌,以至于害羞得忘了理妆,把发髻都弄偏了。通过"停"、"整"等细微的动作,通过"花钿"、"菱花"、"半面"、"彩云"等美好的意象,写出一个少女娇羞无那的情态和含情脉脉的心理。该曲的高妙之处,一是情与景的高度巧妙的融合,二是避开面面俱到的程式化描写,而采取以局部见整体的写法,通过映在镜中的半边面庞和偏堕的发髻,以一当十地写出杜丽娘的青春美貌与微妙心理,有花间词一般精美、含蓄、婉约的韵致。接下来"步香闺怎便把全身现"一句与春香"今日穿插的好"一语,则自然引出下一曲对杜丽娘全身的描写。

【步步娇】用曲笔,写得很含蓄;【醉扶归】与之配合,采直陈,二曲相得益彰。但即便是直陈,也并不像一般俗手那样铺陈杜丽娘的穿戴、容貌,仍是采用局部描写、侧面烘托的笔法。"你道翠生生出落的裙衫儿茜,艳晶晶花簪八宝填",以"你道"领起,是以丽娘之口述春香之语,言杜丽娘穿戴、首饰之美,同时也映衬出其人之美;"可知我常一生儿爱好是天然",则以反跌之笔出之,推倒前言,意谓穿戴、首饰虽美,却非其所爱,因其终归是人工之美,她所真心喜好的乃是自然之美;[①]"恰三春好处无人见",语义双关,既写出对世人重人工而轻自然的不满,也写出身具美质却无人欣赏的落寞情绪;"不隄防沉鱼落雁鸟惊喧,则怕的羞花闭月花愁颤",虽用古人描写女性之美的熟语,但起以"不隄防"、"则怕的"这样委婉的虚词,补以"鸟惊喧"、"花愁颤"这样的复沓之语,就显得虚实结合、曲折有致,有了化腐朽为神奇的艺术效果。

毋庸多举,仅从上述二曲便足见《牡丹亭》曲词文人雅化的特征,作者采以景衬情、以局部代整体等写法,含蓄蕴藉,曲包无限,充分体现出文人制曲的经营与深心。后人对《牡丹亭》的激赏,也常是此类曲词,如王骥德谓汤剧"婉丽妖冶,语动刺骨";[②]吕天成谓汤剧"丽藻凭巧肠而浚发,幽情逐彩笔以纷飞"。[③] 虽然多数明清曲家都对《牡丹亭》中此类绚丽典雅的曲词交口称赞,唯独李渔却不以为然,《闲情偶寄》云:

> 无论其他,即汤若士《还魂》一剧,世以配飨元人,宜也;问其精华所在,则以《惊梦》《寻梦》二折对。予谓:二折虽佳,犹是今曲,非元曲也。《惊梦》首句云:"袅晴丝吹来闲庭院,摇漾春如线。"以游丝一楼,逗起情丝。发端一语,即费如许深心,可谓惨淡经营矣。然听歌《牡丹亭》者,百人之中有一二人解出此意否?若谓制曲初心,并不在此,不过因所见以起兴,则瞥见游丝,不妨直说,何须曲而又曲,由晴丝而说及春,由春与晴丝而悟其如线也?若云作此原有深心,则恐索解人不易得矣。索解人既不易得,又何必奏之歌筵,俾雅人俗子同闻而共见乎?其余"停半晌,整花钿,没揣菱花,偷人半面"及"良辰美景奈何天,赏心乐事谁家院","遍青山啼红了杜鹃"等语,字字俱费经营,字字皆欠明爽。此等妙语,止可作文字观,不得作传奇观。[④]

---

① 俞平伯解"可知我一生儿爱好是天然"为"你可知道爱好是我的天性哩"。(俞平伯《杂谈〈牡丹亭·惊梦〉》,张燕瑾、赵敏俐《二十世纪中国文学研究论文选》,社会科学文献出版社2010年版,第230页。)徐朔方认为"可知我常一生儿爱好是天然"句中,"爱好"意为"爱美","天然"意为"天性使然"。(徐朔方、杨笑梅校注《牡丹亭》,人民文学出版社1963年版,第58页。)虽亦可通,但联系上下文来看,解"爱好"为"喜好","天然"为"自然",似乎更合乎曲词的具体情境。

② 王骥德著,陈多、叶长海注释《曲律注释·杂论下》,上海古籍出版社2012年版,第332页。

③ 吕天成撰,吴书荫校注《曲品校注》卷上,中华书局2006年版,第34页。

④ 李渔《闲情偶寄·词曲部·词采第二·贵浅显》,俞为民、孙蓉蓉《历代曲话汇编·清代编》第一集,黄山书社2008年版,第248—249页。

李渔的批评是否公允呢？对此我们当作辩证观。从戏曲舞台性的角度来看,李渔的批评是有道理的,作为戏剧艺术中的一种,传奇亦当符合戏剧艺术的一般要求,曲词当具通俗易懂、入耳消融的特点。但李渔忽视了传奇文体的特殊性,今人亦称传奇为"文人传奇",传奇的作者主要是文人学士,其观赏者亦以士绅阶层为主,这就决定了传奇必然具有文人雅化的特征,曲词写得典雅、精美、含蓄,并不必然地造成接受的隔膜,相反,如果能做到雅俗合宜,反而会因符合士绅阶层的审美趣味而备受激赏。再者,唯有这样绚丽典雅、含蓄蕴藉的曲词,才最符合虽处于青春萌动期但却束缚重重的大家闺秀的声口,仅就此而言,李渔的批评也有脱离文本情境作泛泛之论的嫌疑。[①]

二

《牡丹亭》中那些绚丽典雅的曲词虽然光彩夺目,但稍加留意便可发现该剧中亦不乏本色通俗,乃至鄙俚庸俗的曲词。李渔虽不认同《牡丹亭》中"袅晴丝"一类风格偏雅的曲词,但对一些本色通俗的曲词却赞赏有加,《闲情偶寄》云:

> 至如末幅(按指《惊梦》末幅)"似虫儿般蠢动把风情搧",与"恨不得肉儿般团成片也,逗的个日下胭脂雨上鲜",《寻梦》曲云:"明放着白日青天,猛教人抓不到梦魂前","是这答儿压黄金钏匾"。此等曲则去元人不远矣。而予最赏心者,不专在《惊梦》《寻梦》二折,谓其心花笔蕊,散见于前后各折之中。《诊祟》曲云:"看你春归何处归,春睡何曾睡! 气丝儿怎度的长天日!""梦去知他实实谁? 病来只送得个虚虚的你。做行云,先渴倒在巫阳会。""又不得困人天气,中酒心期,魆魆的常如醉。""承尊觑,何时何日来看这女颜回?"《忆女》曲云:"地老天昏,没处把老娘安顿。""你怎撇得下万里无儿白发亲!""赏春香还是你旧罗裙。"《玩真》曲云:"如愁欲语,只少口气儿呵!""叫的你喷嚏似天花唾。动凌波,盈盈欲下,不见影儿那。"此等曲则纯乎元人! 置之《百种》前后,几不能辨。以其意深词浅,全无一毫书本气也。[②]

李渔之所以特别欣赏这些曲词,是因其语言浅近,情感深挚,没有堆砌辞藻、罗列典故等文人积习。如《忆女》出中的三支曲子:

> 【前腔】(老旦上)地老天昏,没处把老娘安顿。思量起举目无亲,招魂有尽。(哭介)我的丽娘儿也! 在天涯老命难存,割断的肝肠寸寸。
> 【香罗带】(老旦)丽娘何处坟? 问天难问。梦中相见得眼儿昏,则听的叫娘的声和韵也,惊跳起,猛

---

① 张燕瑾师《〈牡丹亭〉语言琐谈》一文指出:"由于杜丽娘的这种情绪是时代压抑造成的,而不是某一件事或某一个人的干预造成的,它本身就难以捉摸,难以言喻,连杜丽娘自己也说不清楚","在描写这种'情'的时候,便采用了写意式的笔法,只是要渲染一种情绪意蕴,传达一种让人可意会而不可言传、可神通而难以语的心灵波动,因而使《牡丹亭》具有了一种朦胧美,一种韵致深藏的美。有如李商隐的诗,幽情绵邈,悱恻深曲,读之听之,让人心痛神痴,魂销肠断,欲道所以,却又非三言两语所能尽者。"(张燕瑾《中国戏曲史论集》,北京燕山出版社1995年版,第183页。)
② 李渔《闲情偶寄·词曲部·词采第二·贵浅显》,俞为民、孙蓉蓉《历代曲话汇编·清代编》第一集,黄山书社2008年版,第249页。

回身,则见阴风几阵残灯晕。(哭介)俺的丽娘人儿也。你怎抛下的万里无儿白发亲!

【前腔】(贴拜介)名香叩玉真,受恩无尽,赏春香还是你旧罗裙。(起介)小姐临去之时,分付春香,长叫唤一声。今日叫他,"小姐,小姐呵",叫的一声声小姐可曾闻也?(老旦、贴哭介)(合)想他那情切,那伤神,恨天天生割断俺娘儿直恁忍!(贴回介)俺的小姐人儿也,你可还向旧宅里重生何处身?

曲词质朴无华,"无一毫书本气",却情真意切,语力千钧,写出甄母孤苦无依的处境与对女儿无尽的哀思。焦循《剧说》卷五载:"相传临川作《还魂记》,运思独苦。一日,家人求之不可得;遍索,乃卧庭中薪上,掩袂痛哭。惊问之,曰:'填词至"赏春香还是旧罗裙"句也。'"①正因作者是"情动而辞发",所以语言虽浅近,却感人至深。

《牡丹亭》中除了这些"直说明言"、"意深词浅"的曲词外,尚有一些"一味显浅"乃至流于"粗俗"的曲词。如第九出《肃苑》中花郎与春香所唱的两支【梨花儿】:

【梨花儿】小花郎看尽了花成浪,则春姐花沁的水洗浪。和你这日高头偷眼眼,嗟,好花枝干鳖了作么朗!(贴)待俺还你也哥。

【前腔】小花郎做尽花儿浪,小郎当夹细的大当郎?(丑)哎哟。(贴)俺待到老爷回时说一浪,(采丑发介)嗟,敢几个小榔头把你分的朗。

二曲以俗语、隐语出之,配以滑稽的舞台动作,颇富世俗情趣,这样的科诨场面正统文人虽未必欣赏,但可想见舞台演出时观众的莞尔之态。他如《劝农》《道觋》《冥判》《耽试》《围释》等出中,都不乏此类今人看来略显庸俗的曲词。② 还有一些元人俗语、方言土语乃至生造语,今人读来都难免有晦涩、隔膜之感。③当然,对这些曲词我们不当简单以生硬牵强或趣味低俗视之,而应从戏剧自身的艺术特征与作者的戏剧观念等方面作进一步的探讨。

综上所述,可见《牡丹亭》的曲词不仅有绚丽典雅的一面,也有本色通俗乃至鄙俚庸俗的一面,整体而言具有"雅俗并陈"的特征。当代研究者对《牡丹亭》的这一曲词风格虽屡有论及,④但却有意无意地忽略了其俗的一面,似乎是觉得过分强调这一面会贬损其艺术价值与文学史地位。孤立地看似乎确实如

---

① 俞为民、孙蓉蓉《历代曲话汇编·清代编》第三集,黄山书社 2008 年版,第 434 页。

② 邓绍基指出:《牡丹亭》中汲取院本关目,调笑滑稽,也是信手拈来。但在使用插科打诨的传统戏剧手法时,并不适度,或嫌累赘,乃至尘俗。"(邓绍基《解读〈牡丹亭〉》,《邓绍基论文集》,社会科学文献出版社 2014 年版,第 494 页。)

③ 徐朔方指出:《牡丹亭》的语言虽有它独到的成就,但问题也不少。作者用了大量冷僻的典故,使作品的某些句子和片断晦涩难懂,有的地方显得极生硬、牵强甚至词不达意。如'难道八字梳头做目呼'(三出),'毛梢儿魃'(十五出),'一样睥鞁窟洞下'(十八出),'有一个夜舒莲',扯不住留仙带'(二十三出),'竹影寺风声怎的遮'(三十六出),'香山嶴里巴','这是吸月的蟾蜍,和阳燧、冰盘化'(二十一出),等等。这当中既有作者不适当的生造,也有对方言土语不恰当的使用,不能不说是《牡丹亭》语言的一个遗憾。"(徐朔方《明代文学史》,浙江大学出版社 2009 年版,第 369—370 页。)

④ 刘大杰谓汤剧具有"绚丽与平淡相结合,功力与才情相融会"的艺术特色。(刘大杰《中国文学发展史》,上海古籍出版社 1997 年版,第 1118 页。)徐扶明指出《牡丹亭》既有"自然本色而又绮丽清新的戏剧语言","也有比较通俗的曲文"。(徐扶明《汤显祖与牡丹亭》,《五大名剧评述》,上海古籍出版社 1997 年版,第 95,96 页。)邓绍基指出《牡丹亭》的曲文并不纯是典丽,在描写下层人物如农夫、牧童和桑妇时,比较通俗"。(邓绍基《汤显祖和他的〈牡丹亭〉》,《古典戏曲评论集》,中国社会科学出版社 2013 年版,第 210 页。)叶长海指出"《牡丹亭》写杜丽娘之曲常常深蕴而婉折,但写柳梦梅、春香等人却常常'直说'不妨。而《劝农》一出写田夫、牧童、桑妇、茶姑的歌唱就带着浓重的野味和民歌风了。不同人物有不同的语言,这正是《牡丹亭》曲词的不同凡响处"。(叶长海《谁解惊梦词》,《汤学刍议》,上海人民出版社 2015 年版,第 254 页。)

此,但若将其置于明清传奇曲词审美理想的嬗变历程中来考察,我们反倒可以进一步看出汤显祖的开创之功与该剧的戏曲史意义来。以下主要从两个方面作进一步讨论:一是《牡丹亭》"雅俗并陈"的曲词风格的成因,二是从这一曲词风格的戏曲史意义。

三

《牡丹亭》"雅俗并陈"的曲词风格的形成,有内、外两方面的原因,外因是传奇审美理想的主潮由明中期的尚雅黜俗向明后期的雅俗兼济的转向,内因则是汤显祖自身的曲学主张与文学素养。

明传奇的曲词审美理想大致可分为三种形态,即文词派的绮丽藻绘、本色派的质朴通俗和理想派的雅俗兼济,理想派的主张是折衷前二派的结果。明中期传奇兴起后,文人曲家不满旧南戏鄙俚无文的原生状态,绮丽藻绘、饾钉堆垛的时文风盛行一时,文词派的作品成为剧坛的主流。鉴于此类作品过度雅化以至背离戏曲的舞台表演特性的弊端,李开先、何良俊、徐渭等有识见的曲家纷纷以元曲本色为号召,抨击文词派曲家的不良作风。这些批评意见使一些文词派曲家也逐渐认识到本色通俗的曲词风格是戏曲文体的应有之义。明后期的一些著名曲家,如梅鼎祚、汤显祖、沈璟、范文若等,本是文词派的中坚或羽翼,后来却改弦易辙,或如沈璟,因"僻好本色",[①]遂以旧南戏为楷式,转向"纯用本色"一路;或如梅鼎祚、汤显祖、范文若等,尚不能完全摆脱崇尚词华的文士积习,遂转向文词、本色"兼而用之"一路。[②] 其中梅鼎祚、范文若两位曲家的夫子自道典型地反映出这种转变的过程。梅鼎祚素以曲词典雅绮丽著称,但晚年所作《长命缕记序》,却反思己作《玉合记》"宫调之未尽合也,音韵之未尽叶也,意过沉而辞伤繁也"的不足,谓新作《长命缕记》"意不必使老妪都解,而不必傲士大夫以所不知。词未尝不藻绘满前,而善为增减,兼参雅俗,遂一洗浓盐赤酱、厚肉肥皮之近累"。[③] 范文若《梦花酣序》亦谓"独恨幼年走入纤绮路头,今老矣,始悟词自词、曲自曲,重金叠粉,终是词人手脚"。[④] 二人的这种转变,正是明后期传奇审美风尚转变的表征。万历时期的许多著名曲家,如屠隆、王骥德、梅鼎祚、臧懋循、汪廷讷、吕天成、孟称舜等,都认为理想的曲词形态应具有雅俗兼济的特征。《牡丹亭》"雅俗并陈"的曲词风格,实际上是顺应了当时这一曲辞审美理想的转向的结果,此即外因。

在讨论上述问题时我们自然会有一个疑问,既然晚明的传奇创作有两种不同的走向,汤显祖为什么没有转向"纯用本色",而是选择了文词、本色"兼而用之"呢?究其原委,这主要缘于汤显祖自身的曲学主张与文学素养。外因要通过内因才能起作用,此即内因。讨论汤显祖对曲词问题的看法,必然涉及汤沈之争,汤沈之争的实质是曲律与曲意之争。汤显祖认为就曲词而言,最重要的是能充分传达"曲意",主张"凡文以意趣神色为主",[⑤]"其中骀荡淫夷,转在笔墨之外耳";[⑥]与此相应,认为曲律应"使然而自

---

① 沈璟《答王骥德之一》,见俞为民、孙蓉蓉《历代曲话汇编·明代编》第一集,黄山书社2009年版,第728页。
② "纯用本色"、"兼而用之"系借用王骥德《曲律·论家数》之语。(王骥德著,陈多、叶长海注释《曲律注释·论家数》,上海古籍出版社2012年版,第154页。)
③ 俞为民、孙蓉蓉《历代曲话汇编·明代编》第一集,黄山书社2009年版,第594页。
④ 俞为民、孙蓉蓉《历代曲话汇编·明代编》第三集,黄山书社2009年版,第454—455页。
⑤ 汤显祖《答吕姜山》,《汤显祖集全编》(四),上海古籍出版社2015年版,第1735—1736页。
⑥ 汤显祖《答凌初成》,《汤显祖集全编》(四),上海古籍出版社2015年版,第1914页。

然",①反对"按字摸声",②以人为的戒律束缚曲家的才情。由此可见,汤显祖以能否充分传达"曲意"为衡量曲词的标准,而于文词、本色二派并无偏嗜。因此在《牡丹亭》中,既非"纯用文调",亦非"纯用本色",当雅则雅,当俗则俗,全视具体人物、情境而定,以能否充分表情达意为准。汤显祖"才高博学",于经史子集各部均有涉猎,对前代各体文学用功尤深。③ 这使得他无论在雅的方面还是在俗的方面,皆能广泛地吸收借鉴前代的文学遗产,在具体创作中左右逢源,从而较好地实践其曲学追求。

《牡丹亭》中那些绚丽典雅的曲词,文学渊源主要有三个方面:一是学习、借鉴元杂剧中的文采派(尤其是王实甫的《西厢记》)的结果,周贻白指出"汤氏的本色之处,或与关汉卿相近,而措词雅丽,则规模白朴之处为多","而其措词之秾艳,实最得力于王实甫的《西厢记》,但更进而成纤巧,颇有非王实甫所能至者"。④ 二是承文词派余绪的结果,明中期文词派居剧坛主流,汤显祖的少作《紫箫记》即为文词派的作品,后虽改弦易辙,但文词派的影响并未彻底断绝,周贻白指出"他虽然力学元人,但他毕竟生于明代中叶,不但在他之前,有许多传奇作品构成种种不同的作风,同时,他纵然不谈性理,却不能说他毫不受当时以经义文取士的影响"。⑤ 三是与他对前代雅文学,如楚骚、汉赋、六朝文学、唐宋诗词等的熟谙,以及雅文学的审美趣味对他的影响有关。⑥ 汤显祖青年时期就钟爱汉魏六朝文学,中举后仍习学不辍。⑦ 从《牡丹亭》中诸多巧凑妙合的集唐诗,以及脱胎于唐宋词却自然浑成的曲词,⑧则可见他对唐诗、宋词的熟稔与喜爱;尤其是花间一路的婉约词,对《牡丹亭》绚丽典雅的曲词风格影响尤大,陈继儒谓汤显祖"以《花间》《兰畹》之余彩,创为《牡丹亭》,则翻空转换极矣"。⑨ 而他对曲词的"意趣神色",即意旨、机趣、神韵、文采等的强调,则是在理论层面上将雅文学中讲求典雅蕴藉、意在言外的美学传统移之于曲词创作的结果。

《牡丹亭》中那些本色通俗的曲词,则与汤显祖对俗文学的喜好,尤其是对元曲本色派剧作的学习有关。在俗文学方面,金人董解元的《西厢记诸宫调》即对汤显祖的戏曲创作影响很大,《玉茗堂批订董西厢叙》谓其在修订《紫钗记》时,常取董解元《西厢记》相参,感佩之余遂加批订。⑩《董西厢》"多椎朴而寡

---

①　汤显祖《答凌初成》,《汤显祖集全编》(四),上海古籍出版社 2015 年版,第 1913 页。

②　汤显祖《答吕姜山》,《汤显祖集全编》(四),上海古籍出版社 2015 年版,第 1736 页。

③　屠隆《玉茗堂文集序》云:"义仍才高博学,气猛思沉。材无所不蒐,法无所不比。远撮于寥廓,精入于毫芒。极才情之滔荡,而禀于鸿裁;收古今之精英,而镕以独发。其格有似凡而实奇,调有甚新而不诡。语有老苍而不乏于恣(姿),态有纤秾而不伤其骨。"(汤显祖著,徐朔方笺校《汤显祖集全编》(六),上海古籍出版社 2015 年版,第 3105 页。)冰丝馆《重刻清晖阁批点牡丹亭凡例》云:"玉茗博极群言,微独经史子集,奥衍闳深。即至梵策丹经,稗官小说,无不贯穿洞彻。"(俞为民、孙蓉蓉《历代曲话汇编·清代编》第三集,黄山书社 2008 年版,第 316 页。)

④　周贻白《中国戏曲发展史纲要》,上海古籍出版社 1979 年版,第 285 页。

⑤　周贻白《中国戏曲发展史纲要》,上海古籍出版社 1979 年版,第 285—286 页。

⑥　参见赵山林《"临川四梦"文学渊源探讨》一文,载《文学遗产》2006 年第 3 期。

⑦　汤显祖《答张梦泽》书云:"弟十七八岁时,喜为韵语,已熟骚赋六朝之文。然亦时为举子业所夺,心散而不精。乡举后乃工韵语。"(汤显祖著,徐朔方笺校《汤显祖集全编》,上海古籍出版社 2015 年版,第四册,第 1925 页。)《与陆景邺》书云:"弱冠,始读《文选》。辄以六朝情寄声色为好,亦无从受其法也。规模步趋,久而思路若有通焉。"(同上,第四册,第 1905 页。)邹迪光《临川汤先生传》谓其"于古文词而外,能精乐府歌行五七言诗,诸史百家而外,通天官地理医药卜筮河渠墨兵神经怪牒诸书","于书无所不读。而尤工汉魏《文选》一书,至掩卷而诵,不讹只字。于诗若文无所不比拟,于而尤精西京六朝青莲少陵氏"。(同上,第六册,第 3137、3139 页。)

⑧　徐士俊《古今词统》评语云:"近汤临川四种传奇,称一代词宗。其中名曲多隐括诗余取胜,他可知已。"(卓人月、徐氏俊辑《古今词统》,《续修四库全书》第 1728 册,上海古籍出版社 2002 年版,第 444 页。)

⑨　陈继儒《批点牡丹亭题词》,汤显祖著,徐朔方笺校《汤显祖集全编》(六),上海古籍出版社 2015 年版,第 3135 页。

⑩　汤显祖《玉茗堂批订董西厢叙》云:"古厅无讼,衙退,疏帘,捉笔于霍小玉公案。时取参观,更觉会心。辄泚笔淋漓,快叫欲绝。何物董郎,传神写照,道人意中事若是。"(汤显祖著,徐朔方笺校《汤显祖诗文集》卷五十,上海古籍出版社 1982 年版,第 1502 页。)按:关于该叙真伪问题,参见龚重谟《汤显祖大传》,上海人民出版社 2015 年版,第 190—191 页。

雅驯","独以俚俗口语谱入弦索,是词家所谓本色当行之祖",①汤显祖却称赏赞叹不已,《牡丹亭》中更有多处融入《董西厢》的笔法,②其艺术旨趣由此亦可见一斑。而对于元杂剧,汤显祖不但"酷嗜",而且曾广泛收藏、精心研读。③ 其《见改窜〈牡丹〉词者失笑》诗云:"醉汉琼筵风味殊,通仙铁笛海云孤。纵饶割就时人景,却愧王维旧雪图。"④"醉汉"指关汉卿,"通仙"指马致远。⑤ 汤显祖以关、马自比,讽刺改窜己作者不识曲意,显然是以元曲神髓的继承者自居。关于汤剧非凡造诣的成因,当时的曲家认为除了其自身禀赋的因素外,主要得益于对元剧的学习与模仿。如臧懋循《元曲选序》谓"汤义仍《紫钗》四记,中间北曲,骎骎乎涉其藩矣";⑥王骥德《曲律·论引子》谓汤剧的引子是"从元人剧中打勘出来";⑦吕天成《曲品》卷上谓汤显祖"熟拈元剧,故琢调之妍俏赏心";⑧凌蒙初《谭曲杂札》谓汤显祖"颇能模仿元人,运以俏思,尽有酷肖处,而尾声尤佳"。⑨ 清朱彝尊《静志居诗话》亦谓"义仍填词,妙绝一时,语虽斩新,源实出于关、马、郑、白"。⑩ 无论是从精神气质方面来看,还是从具体语句方面来看,⑪《牡丹亭》中那些本色通俗的曲词都与前代的俗文学及元曲本色派的影响不无关系。⑫

综上所述,《牡丹亭》"雅俗并陈"的曲词风格的形成,既得益于汤显祖对前代雅、俗两类文学的濡染研习,也得益于他对前代戏曲中雅、俗两种风格的吸收借鉴,凡此又皆与他不主一格、以意为主的曲学主张紧密相关。在上述外因与内因的共同作用下,汤显祖一改《紫箫记》"纯用文调"的作风与《紫钗记》偏于雅化的倾向,创作出《牡丹亭》这样"雅俗并陈"的杰作。

四

我们应该怎样评价《牡丹亭》"雅俗并陈"的曲词风格的戏曲史意义呢? 这一问题牵扯到传奇曲词审美理想演进中一个更为细微的问题,即"雅俗并陈"与"雅俗兼济"的关系问题。

---

① 王骥德《新校注古本西厢记自序》、《新校注古本西厢记评语》,俞为民、孙蓉蓉《历代曲话汇编·明代编》第二集,黄山书社2009年版,第150、161页。

② 郑培凯《汤显祖:戏梦人生与文化求索》,上海人民出版社2015年版,第224—226页。

③ 姚士粦《见只编》卷中云:"汤海若先生妙于音律,酷嗜元人院本。自言箧中收藏,多世不常有,已至千种。有《太和正韵》所不载者。比问其各本佳处,一一能口诵之。"(汤显祖著,徐朔方笺校《汤显祖集全编》(六),上海古籍出版社2015年版,第3155页。)臧懋循《与谢在杭书》云:"还从麻城,于锦衣刘延伯家得抄本杂剧三百余种。世所称元人词尽是矣。其去取出汤义仍手。"(俞为民、孙蓉蓉《历代曲话汇编·明代编》第一集,黄山书社2009年版,第624页。)

④ 汤显祖著,徐朔方笺校《汤显祖集全编》(二),上海古籍出版社2015年版,第962页。

⑤ 赵山林《"临川四梦"文学渊源探讨》,《文学遗产》2006年第3期。按:"醉汉"句指关汉卿,朱权《太和正音谱》云:"关汉卿之词,如琼筵醉客。"(俞为民、孙蓉蓉《历代曲话汇编·明代编》第一集,黄山书社2009年版,第33页。)"通仙"句指马致远,马致远曾作《吕洞宾三醉岳阳楼》,写吕洞宾度化柳树精、梅花精的故事,这一故事在当时影响很大,萨都拉《升龙观夜烧香印上有吕洞宾老树精》诗云:"铁笛一声吹雪散,碧云飞过岳阳楼。"(萨都拉《雁门集》,上海古籍出版社1982年版,第190页。)汤显祖《邯郸记》第三出《度世》吕洞宾云:"俺曾把黄鹤楼铁笛吹,又到这岳阳楼将村酒沽。""不是俺袖青蛇胆气粗,则是俺凭长啸海天孤。"(汤显祖著,徐朔方笺校《汤显祖集全编》(六),上海古籍出版社2015年版,第2981、2983页。)

⑥ 俞为民、孙蓉蓉《历代曲话汇编·明代编》第一集,黄山书社2009年版,第619页。

⑦ 王骥德著,陈多、叶长海注释《曲律注释·论引子》,上海古籍出版社2012年版,第210页。

⑧ 吕天成撰,吴书荫校注《曲品校注》,中华书局2006年第2版,第34页。

⑨ 俞为民、孙蓉蓉《历代曲话汇编·明代编》第三集,黄山书社2009年版,第189页。

⑩ 俞为民、孙蓉蓉《历代曲话汇编·清代编》第一集,黄山书社2008年版,第627页。

⑪ 据徐朔方、杨笑梅对《牡丹亭》的注释(人民文学出版社1963年版),剧中有很多曲词都来源、脱胎于元杂剧。

⑫ 龚国光指出,汤显祖对俗文化营养的充分吸收,使"四梦"创作既具文人作品之雅,又饱含自然灵气;而酷爱元曲,受元曲通俗化的影响,是其受俗文化影响的一个重要方面。(龚国光《忽闻古歌调,偏惊物候新——汤显祖戏剧创作理论与审美意识探因》,《江西社会科学》1997年第10期。)

戏曲是综合性的舞台表演艺术,这一根本特征决定了其曲词必须具有通俗易懂、入耳消融的特点,若像诗文那样堆砌典故、罗列辞藻,就会给观众的理解和欣赏造成人为的障碍,不合乎戏曲的文体要求。本色派的主张正基于此。但明中期以降,传奇戏曲的创作主体较之旧南戏发生了显著变化,旧南戏是以文化水平较低的书会才人、优伶艺人等为创作主体,传奇则以文化水平较高的文人为创作主体,与此相应,传奇的接受者亦以文化水平较高的士绅阶层为主。这一变化决定了新传奇必然具有文人雅化的特征,文词派的创作实践正基于此。此一弊即是彼一利,此一得便是彼一失,王骥德所谓"纯用本色,易觉寂寥;纯用文词,复伤雕镂","本色之弊,易流俚腐;文词之病,每苦太文",①即是指出本色、文词二派各自的利弊得失。因此就传奇文体而言,理想的曲词形态应是雅俗兼济。但对于雅与俗应该怎样"兼济"的问题,不同曲家乃至同一曲家在不同时期或不同语境下,所提出的具体解决方式并不相同。约而言之,主要有两种:一种是雅与俗在文本表层的"并陈",②一种是雅与俗的深层"融会"。③ 后者主要指向那种因雅俗适中而显得清丽流畅的曲辞风格,王骥德的"浅深、浓淡、雅俗之间",④吕天成的"果属当行,则句调必多本色矣;果具本色,则境态必是当行矣"⑤等,是其典型的话语表现方式;汤显祖、吴炳、孟称舜、李渔等曲家皆深受这一曲辞观的影响,至洪昇、孔尚任、蒋士铨等曲家始臻于纯熟的境界。至于"并陈"形态的曲辞观,主要见诸屠隆、汪廷讷、臧懋循以及前述梅鼎祚等曲家的曲论中,如屠隆《章台柳玉合记序》云:

> 传奇之妙,在雅俗并陈,意调双美,有声有色,有情有态,欢则艳骨,悲则销魂,扬则色飞,怖则神夺。极才致则赏激名流,通俗情则娱快妇竖。⑥

汪廷讷《刻陈大声全集自序》云:

> 曲虽小技乎,摹写人情,藻绘物采,实为有声之画。所忌微独鄙俚而不驯,亦恐饶洽而太晦,即雅俗并陈矣。⑦

臧懋循《元曲选后集序》云:

> 曲本词而不尽取材焉,如六经语,子史语,二藏语,稗官野乘语,无所不供其采掇,而要归于断章取义,雅俗兼收,串合无痕,乃悦人耳,此则情词稳称之难。⑧

可见这几位主张文词、本色"兼而用之"的曲家,皆以雅、俗的"并陈"或"兼收"为基本策略。即便在王骥德

---

① 王骥德著,陈多、叶长海注释《曲律注释·论家数》,上海古籍出版社 2012 年版,第 154、155 页。
② "并陈"一词取自屠隆《章台柳玉合记序》,详见后文。(俞为民、孙蓉蓉《历代曲话汇编·明代编》第一集,黄山书社 2009 年版,第 590 页。)
③ "融会"一词取自吕天成《曲品》卷上《新传奇品》小序:"今人不能融会此旨,传奇之派,遂判而为二:一则工藻绘以拟当行,一则袭朴淡以充本色。"(吕天成撰,吴书荫校注《曲品校注》,中华书局 2006 年第 2 版,第 22 页。)
④ 王骥德著,陈多、叶长海注释《曲律注释·杂论下》,上海古籍出版社 2012 年版,第 332 页。
⑤ 吕天成撰,吴书荫校注《曲品校注》,中华书局 2006 年第 2 版,第 23 页。
⑥ 俞为民、孙蓉蓉《历代曲话汇编·明代编》第一集,黄山书社 2009 年版,第 590 页。
⑦ 俞为民、孙蓉蓉《历代曲话汇编·明代编》第二集,黄山书社 2009 年版,第 246 页。
⑧ 俞为民、孙蓉蓉《历代曲话汇编·明代编》第一集,黄山书社 2009 年版,第 620 页。

的《曲律》中，虽无明确的"雅俗并陈"的提法，但在主张雅俗深层"融会"的同时，也多处流露出"并陈"的倾向，如《论家数》谓"《琵琶》兼而用之，如小曲语语本色；大曲……未尝不绮绣满眼：故是正体"，①《论剧戏》谓"大雅与当行参间"，②《论过曲》谓"大曲宜施文藻"，"小曲宜用本色"，③《杂论下》评汤显祖《南柯》《邯郸》二记谓"掇拾本色，参错丽语，境往神来，巧凑妙合"，④皆是并陈形态而非融合形态的雅俗兼济观。

屠隆《章台柳玉合记序》作于万历十五年，王骥德的《曲律》成书于万历三十八年，汪廷讷的《刻陈大声全集自序》作于万历三十九年，梅鼎祚的《长命缕记序》作于万历四十三年，臧懋循的《元曲选后集序》作于万历四十四年。如果以万历三十八年王骥德《曲律》与吕天成《曲品》的成书为雅、俗"融会"型曲辞观成熟的标志的话，那么"雅俗并陈"的曲辞观的出现时间要略早于"融会"型，这当归功其简便易行，可操作性强；而在"融会"型曲辞观成熟后，"并陈"型的曲辞观并未随之消亡，两者一度同时存在，并行不悖，这主要是因其与传奇文体特质的契合。传奇具有反映生活面广阔，剧中人物身份、性格各异的特征，与之相应的曲辞自然当有雅、俗之别，不可一味尚雅或求俗，诚如郭英德先生所言："雅俗并陈的艺术修辞方式，指的是区别不同文体、不同语境或不同角色，当雅即雅，当俗则俗，恰到好处，适得其美。"⑤这是"雅俗并陈"的曲辞观率先出现并在"融会"型曲辞观成熟后仍然存在的根本原因。《牡丹亭》的曲辞完全符合这一审美理想，杜丽娘的纤巧细腻，柳梦梅的文采风流，杜宝的高华豪迈，甄母的朴直凄恻，春香的活泼跳脱，陈最良的酸腐可笑，花郎、石道姑、癞头鼋等的滑稽谐俗，无不随机变化，各得其宜。可见《牡丹亭》的成功，不单在雅与俗表层的"并陈"，更重要的是深层的合宜。这一曲辞观的进步与合理之处，是能够在时文风大行其道的时候，用以俗济雅的方式补苴罅漏，承认本色通俗的曲辞在戏曲创作中应有的地位，不失为折中雅俗的一种有效手段，尤其是作为表现人物个性的一种修辞方式，更有其不可或缺的必要性。

在明后期"雅俗兼济"的曲词审美理想确立与演进的过程中，完成于万历二十六年的《牡丹亭》具有里程碑式的开创与示范意义。一方面，该剧打破了文词派的一统局面，是践行"雅俗并陈"的主张的第一个成功范例。自屠隆提出"雅俗并陈"的曲辞观后，十余年间并无成功之作问世。在这样一个历史转折的关口上，汤显祖的《牡丹亭》横空出世，彻底打破了文词派一统剧坛的沉寂局面，成功地践行了"雅俗并陈"的曲辞观，其曲词无论是绚丽华美还是质朴通俗，都臻于自然贴切、生动传神的化境，可谓"浓妆淡抹总相宜"。⑥另一方面，《牡丹亭》的部分曲词已超越了"雅俗并陈"的层次，臻于雅、俗深度融合的境界，对"雅俗兼济"的曲词审美理想的最终确立有导夫先路的功绩。即使如前举《惊梦》【步步娇】【醉扶归】等曲，虽然含义曲折幽深，但字面并不难解，实已接近雅、俗融合的深层境界。⑦在英语文学界，莎士比亚以

---

① 王骥德著，陈多、叶长海注释《曲律注释·论家数》，上海古籍出版社2012年版，第154页。

② 王骥德著，陈多、叶长海注释《曲律注释·论剧戏》，上海古籍出版社2012年版，第207页。

③ 王骥德著，陈多、叶长海注释《曲律注释·论过曲》，上海古籍出版社2012年版，第212页。

④ 王骥德著，陈多、叶长海注释《曲律注释·杂论下》，上海古籍出版社2012年版，第307页。

⑤ 郭英德《明清传奇戏曲文体研究》，商务印书馆2004年版，第153页。

⑥ 青木正儿谓《牡丹亭》"曲词清新，逸出蹊径之外，秾丽淡白，随境变化手法"。（青木正儿《中国近世戏曲史》，中华书局2010年版，第179页。）陆侃如、冯沅君谓《牡丹亭》"秾艳工丽处似玉溪诗和梦窗词，俊爽质素处也有关马之风"。（陆侃如、冯沅君《中国文学史二十讲》，山东画报出版社2007年版，第136页。按：该书原名为《中国文学史简编》。）

⑦ 徐扶明谓"从《牡丹亭》全剧来看，作者正是以如此自然本色而又绮丽清新的戏剧语言，表达女主人公杜丽娘的奔放感情和委婉心理，恰到好处"。（徐扶明《汤显祖与牡丹亭》，《五大名剧评述》，上海古籍出版社1997年版，第95页。）吴新雷、丁波谓"汤显祖既注意保持元杂剧语言富有'本色'的优良传统，又注意发挥自己在满怀激情创作时的'灵气'，将自然真切的语言与个别字句的精工琢磨融合起来"，"语言既真切自然，又婉丽精工，曲词往往形成诗的意境，具有极强的感染力，很适合作者以奔放的热情，去描绘人物细腻复杂的情感"。（吴新雷、丁波《第十出 惊梦》，《汤显祖曲文鉴赏辞典》，上海辞书出版社2013年版，第24页。）

后的作家,都或多或少、或正或反地受到莎士比亚的影响;在明清曲坛,汤显祖的地位正与莎翁相仿佛,其后的剧作家皆深受汤显祖剧作的影响,尤其是《牡丹亭》,始终是后人模仿与学习的典范。这也是汤显祖的曲词成就虽较之"南洪北孔"稍逊一筹,但其实际的声誉与影响却要大于后者的一个重要原因,因为后者是沿着他所开辟的道路继续前行并终至顶峰的。

实际上,不但《牡丹亭》的曲词具有"雅俗并陈"的特征,其宾白亦是如此,既有华美的韵语,亦有通俗乃至庸俗的对白,如《诊祟》中陈最良所云"这病有了君子抽一抽,就抽好了"等语即是,这里就不多举了。再拓展开来看,在排场设置、题材内容、思想意趣等方面,该剧都既有雅的一面,又有俗的一面,如在思想意趣方面,就既有以情抗理、肯定人的自然情欲这样的精英式的文化思考,也有调和情理,对封建伦常的回归与认同的倾向。① 因此,"雅俗并陈"并不仅限于该剧的曲词风格,在整体艺术风貌上该剧亦有"雅俗并陈"的特征,这既缘于汤显祖对传奇文体特性的体认,亦缘于他对晚明文化思潮的容受与反思。

---

① 参见张燕瑾师《牡丹亭畔何为情》一文,载《南京师大学报(社会科学版)》2008 年第 4 期。

"戏上也有好文章"

——略论《牡丹亭》文本阅读与接受的特点及意义

朱伟明

  《牡丹亭》问世四百余年来,以其独特的艺术魅力征服了无数读者与观众,成为著名的文学经典与舞台经典。与《牡丹亭》的演出史相比,其阅读史具有更为丰富的内容和独特的价值。因为舞台演出可能转瞬即逝,而文学经典则以无时间性的存在方式代代相传。应该说,正是《牡丹亭》的文学经典地位奠定了其舞台经典的地位。在《牡丹亭》文本阅读与接受过程中,无论是在读者群、阅读视野、阅读性质、阅读功能等方面,都具有十分鲜明的特色,对于《牡丹亭》文本阅读与接受特点及意义的考察,将为人们更为深入地把握其文本特质与传播方式提供新的观照面。

一

  在《牡丹亭》传统的读者群中,数量最多的无疑是士大夫文人,他们构成了《牡丹亭》的接受主体,而他们的《牡丹亭》阅读方式主要是鉴赏式的。借用清人李渔对金圣叹《第六才子书西厢记》所谓"文人把玩之《西厢》"[1]的评价,我们说,士大夫文人的《牡丹亭》阅读,也具有十分明显的"文人把玩"之性质。"把玩",即玩味,玩绎,可以说是中国古代阅读的一种独特姿态。《文心雕龙·知音》云:"书亦国华,玩绎方美;知音君子,其垂意焉。"[2]在刘勰看来,文学书籍,只看通过品玩才能懂得其中的美妙。这是"知音君子"特别应该留意的。从这一意义上说,品玩或玩味,是成为"知音君子"的重要条件。与刘勰的观点相似,苏轼也十分强调文学阅读中的"反复玩味"。《东坡题咏·书王公峡中诗刻后》云:"轼蜀人,往来古信州,山川草木,可以默数,老病流落,无复归日,冥蒙奄霭,时发于梦想而已。庚辰岁,蒙恩移永州,过南海,觅部刺史王公进叔,出先太尉峡中石刻诸诗,反复玩味,则赤甲、白盐、滟滪、黄牛之状,凛然在人目中矣。"[3]事实上,把玩也好,玩绎也好,玩味也罢,强调的都是对于文学作品的一种非功利性的审美阅读姿态。而这种审美阅读姿态,在士大夫文人的《牡丹亭》阅读中,更是随处可见,成为其鲜明的特色。

  在文人士大夫读者的阅读视野中,他们往往首先从文学角度出发,爱其文字之妙,欣赏并肯定《牡丹亭》的价值。在他们眼中,《牡丹亭》最大的亮点显然是剧本的"丽事奇文"。当年梅鼎祚在致汤显祖的信中写道:"吕玉绳近致《还魂》,丽事奇文,相望蔚起。当为兄弁数语,以报章台之役。"[4]在这一点上,明代

---

① 李渔《闲情偶寄·词曲部·填词余论》,载《中国古典戏曲论著集成》(七) 中国戏剧出版社 1959 年版,第 70 页。
② 刘勰《文心雕龙·知音》,载王利器校笺《文心雕龙校正》,上海古籍出版社 1980 年版,第 289 页。
③ 《苏轼文集》卷六十八"题跋",中华书局 1986 年版,第 2159 页。
④ 梅鼎祚《鹿裘石室集》卷十一《答汤义仍》,转引自徐扶明《〈牡丹亭〉研究资料考释》,上海古籍出版社 1987 年版,第 82 页。

著名曲学家吕天成的观点具有相当的普遍性:"《还魂》,杜丽娘事,甚奇。而着意发挥怀春慕色之情,惊心动魄。且巧妙叠出,无境不新,真堪千古矣。"①更有人认为《牡丹亭》"灵奇高妙,已到极处",②叹为观止。可以说,奇幻的故事,美妙的文辞,是《牡丹亭》得到文人士大夫交口称誉的最主要原因。而在众多的《牡丹亭》评论者中,王思任对其文学成就的全面与具体分析,将"文人把玩"之特点发挥得淋漓尽致。在王思任看来,汤显祖是与左丘明、宋玉、蒙庄、司马子长、陶渊明、老杜、大苏、罗贯中、王实甫等一流文学家相提并论的"古今高才",而其独特之处则在于"清深一叙,读未三行,人已销魂肌栗;而安顿出字,亦自确妙不易"。尤其难能可贵的是,王思任在高度评价《牡丹亭》的文学成就时,并没有仅仅停留在文辞的层面上,而是准确把握传奇的叙事文学特征,深入细致地分析了《牡丹亭》独特的人物形象塑造:

> 其款置数人,笑者真笑,笑即有声;啼者真啼,啼即有泪;叹者真叹,叹即有气。杜丽娘之妖也,柳梦梅之痴也,老夫人之软也,杜安抚之古执也,陈最良之雾也,春香之贼牢也,无不从筋节窍髓,以探其七情生动之微也。杜丽娘隽过言鸟,触似羚羊,月可沉,天可瘦,泉台可暝,獠牙判发可狎而处,而"梅""柳"二字,一灵咬住,必不肯使劫灰烧失。柳生见鬼见神,痛叫顽纸;满心满意,只要插花。老夫人智是血描,肠邻断草;拾得珠还,蔗不陪檗。杜安抚摇头山屹,强笑河清;一味做官,半言难入。陈教授满口塾书,一身襺气;小要便益,大经险怪。春香眨眼即承口,锥心必尽;亦文亦史,亦败亦成。如此等人,皆若士元空中增减坭塑,而以毫风吹气生活之者也。③

需要特别指出的是,王思任在分析《牡丹亭》的独特艺术成就时,是具有较为明确的文体意识的,在讨论汤显祖的传奇艺术之前,他曾对其写作有分门别类的评价:"若士时文既绝,古文、词、诗歌、尺牍,玄贵浩鲜,妙处伙颐。"在此基础上重点指出汤显祖在戏曲创作方面的特色:"至其传奇灵洞,散活尖酸,史因子用,元以古行,笔笔风来,层层空到。"④也就是说,王思任并不是从一般的文章学的层面上来评价《牡丹亭》,而是较为明确地意识到传奇的文体特色,因而将其评论的重点放在人物与情节等方面。在"文人把玩"的过程中,《牡丹亭》在得到文学家一致认可、高度评价的同时,也受到了来自曲学家们的纷纷质疑。备受关注的"汤沈之争"就是在这样的背景下展开的。与当事人过激的言论相比,当时的一些有识之士倒是心平气和地发表了一些公允之论。如王骥德说:"《还魂》、'二梦',如新出小旦,妖冶风流,令人魂销肠断,第未免有误字错步。"⑤至于沈德符《万历野获编》中所说:"汤义仍《牡丹亭梦》一出,家传户诵,几令《西厢》减价。奈不谙曲谱,用韵多任意处,乃才情自足不朽也。"⑥则是早已为人们所熟知的一家之言。

如上所述,无论是对《牡丹亭》"奇文"的激赏,或是夕其"丽事"的津津乐道,还是对其音律的推敲与斟酌,尽管其角度不尽相同,但基本上都未超出"文人把玩"的范围。那么,应该如何评价这种具有"文人

---

① 吕天成《曲品》,《中国古典戏曲论著集成》(六),中国戏剧出版社1959年版,第230页。
② 张岱《琅嬛文集·答袁箨庵》,转引自徐扶明《〈牡丹亭〉研究资料考释》,上海古籍出版社1987年6月第1版,第87页。
③ 王思任《批点玉茗堂牡丹亭词叙》,转引自毛效同编《汤显祖研究资料汇编》(下),上海古籍出版社1986年版第856—857页、第856页。
④ 王思任《批点玉茗堂牡丹亭词叙》,第856页。
⑤ 王骥德《曲律·杂论三十九(下)》,载《中国古典戏曲论著集成》(四),中国戏剧出版社1980年版,第159页。
⑥ 沈德符《万历野获编·填词名手》,载《中国古典戏曲论著集成》(四),中国戏剧出版社1980年版,第206页。

把玩"的阅读活动呢？《牡丹亭》的文本阅读在其传播过程中有何独特的价值？

二

作为一部优秀的文学经典作品，《牡丹亭》的文本阅读有着独特的价值与意义。

首先，观看《牡丹亭》舞台演出，是一种发生在公共空间的群体活动，而《牡丹亭》的文本阅读，则是发生在私人空间的一种个体行为，艺术效果发生的场域有着明显差异。《牡丹亭》舞台演出，往往是在同一个时间与空间中，对不同身份与地位的人产生广泛的影响，而文本阅读则更多的是对个体发生深刻的影响，其艺术鉴赏与体验具有更多的独创性。在文本阅读的过程中，在作者创造的亦虚亦实的艺术空间中，读者常常"读未三行，人已销魂肌栗"，进而感叹"百千情事，一死而止，则情莫有深于阿丽者矣"。① 在《牡丹亭》的文本阅读中，人们不仅从不同的角度解读其情节与人物，同时也领略其独特的艺术风格，所谓"梦而死也，能雪有情之涕；死而生也，顿破沉痛之颜；雅丽幽艳，灿如霞之披而花之旖旎矣"。② 可以说，这种通过文本阅读产生的艺术发现与审美愉悦，是其他审美方式很难替代的。

其次，《牡丹亭》的文本阅读，不仅是一种个体行为，而也常常演化为一种读者的内心事件。与场上歌舞众声喧哗的热闹相比，文本阅读常常在宁静的状态中进行，但在表面安静的阅读背后中，往往既有心灵的沉思与对话，也有内心世界席卷而过的风暴。在《牡丹亭》的阅读与接受史上，最具特色的读者现象，莫过于女性读者对《牡丹亭》的痴迷。

吴梅先生曾云："《牡丹》一记，颇得闺阁知己，如娄东俞二姑、冯小青、吴山三妇皆是也。"③据不完全统计，明清两代留下记载的《牡丹亭》的女性读者，有俞二娘、冯小青、叶小鸾、黄淑素、浦映渌、陈同、谈则、钱宜、林以宁、顾拟、冯娴、李淑、洪之则、程琼、林陈氏、程黛香等十六人。女性读者不仅热衷于《牡丹亭》的阅读，其中不少人或直接为其写序作跋，或评点其人物与情节，记录自己的阅读体验。张大复《梅花草堂集笔谈》提到明末士人之女俞二娘曾疏注过《牡丹亭》："饱研丹砂，密圈旁注，往往自写所见，出人意表。"④俞二娘后来"愤惋而终"，汤显祖《玉茗堂诗》因此而作《哭娄江女子二首》，其小序称：

> 吴士张元长许子洽前后来言，娄江女子俞二娘慧能文词，未有所适。酷嗜《牡丹亭》传奇，蝇头细字，批注其侧，幽思苦韵，有痛于本词者。十七愤惋而终……情之于人甚矣。
>
> 画烛摇金阁，真珠泣绣窗。如何伤此曲，偏只在娄江？
>
> 何自为情死，悲伤必有神。一时文字业，天下有心人。⑤

俞二娘因"酷嗜《牡丹亭》传奇"而"愤惋而终"，看似荒唐，其实事出有因。显然，俞二娘生前"酷嗜《牡丹亭》传奇"，是因为杜丽娘的故事唤起了她强烈的情感共鸣，并此而引发了内心世界的风暴。这一内心事件，最后以俞二娘死于对爱情的徒然渴望而告终，成为《牡丹亭》阅读史上的一段传奇。

---

① 王思任《批点玉茗堂牡丹亭词叙》，转引自毛效同《汤显祖研究资料汇编》(下)，第856页。
② 茅瑛《题牡丹亭记》，转引自毛效同《汤显祖研究资料汇编》(下)，第853页。
③ 吴梅《顾曲麈谈》，载《宋元戏曲史·中国戏曲概论·顾曲麈谈》，岳麓书社1988年版，第310页。
④ 张大复《梅花草堂集笔谈》卷七，载《笔记小说大观》第二十九编，台湾新兴书局1982年影印本，第3359页。
⑤ 汤显祖《玉茗堂诗》之十一，载徐朔方编年笺校《汤显祖集》(一)，中华书局1964年版，第654页。

由于种种原因，俞二娘、冯小青等女性评点的文字资料并没有保存下来，目前我们所能看到的成就较高、影响较大的女性读者评点本，主要有清代康熙年间吴吴山三妇的合评本以及雍正年间程琼与其夫吴震生所评的《才子牡丹亭》。这些文字资料最重要的价值在于它们记载了真实的阅读事件。正如有学者指出的："真正意义上的读者只能是正在参与阅读活动的人，是某个活生生的阅读事件中的人物，是一个阅读事件的在场者。阅读事件之所以成立的根本依据在于参与阅读活动的读者使文学文本的图景和意义得以显现，在这样的时刻，作品才存在着，读者也才存在。"①也就是说，《牡丹亭》的文学价值与艺术磁力，正是在真实的阅读事件中与阅读过程中实现的。在吴吴山三妇评点的《牡丹亭》中，人们随处可见的是这样一些批语：

情不独儿女也，惟儿女之情最难告人，故千古忘情人必于此处看破。
——《标目》批语②
游园时好处恨无人见，写真时美貌恐有谁知，一种深情。
——《写真》批语③
情之所钟，要会寻，还要会守。
——《回生》批语④

从女性视角出发，在感性层面上关注并赞叹杜丽娘的深情，成为三妇评点本的一大特色。因为在人性被禁锢的时代，女性的内心世界中积淀了太多的痛苦与梦想，而阅读则成为一种释放这种情感的独特方式。与士大夫文人读者相比，女性读者在《牡丹亭》文本阅读过程中，相似的身份与相同的命运，使她们更容易获得强烈的情感认同与独特的生命体验。在汤显祖所创造的艺术世界中，她们通过自我经历、自我体验、自我提升的过程，最终完成自我实现，并得到一种独特的审美愉悦。这便是《牡丹亭》"多闺阁知己"，或云"闺阁中多有解人"的主要原因。可以说，正是《牡丹亭》的文本阅读，造就了痴迷《牡丹亭》的读者，实现了其艺术效果。

第三，文本阅读确立了《牡丹亭》文学史上的地位。与上述个体行为与内心事件相比，二十世纪以来的文学史著作对《牡丹亭》的解读，显然具有不同的性质。如果说前二者更多的是具有私人阅读的性质，那么《牡丹亭》的文学史解读，则更多地具有公共阅读的性质。在文学史研究者的眼中，文学作品无疑具有双重性质：即史料价值与审美价值。所谓史料价值，即作为历史证据而存在的价值，"文学史与一般以政治事件为中心的史学不同，史学研究的对象是已经过去了的事情，首先的工作是借助记载历史事件的文献，即所谓史料，进行表述性的复原，而文学史研究的对象，即体现着文学的历史演变的文学作品，现在却仍然存在，基本上用不着作历史的复原。"⑤《牡丹亭》的问世，是明代文学中最为引人注目的文学现象之一，而《牡丹亭》剧作本身亦是明代文学的一朵奇葩。无论是其史料价值还是其审美价值，历来都得到文学史研究者的特别关注。一般来说，在文学史研究者那里，很难看到传统文人单纯的"把玩"，也不存

① 王确《文学经典的历史合法性和存在方式》，《文学评论》2007年第2期。
② 陈同、淡则、钱宜《吴吴山三妇合评牡丹亭》，上海古籍出版社2008年版，第2页。
③ 陈同、淡则、钱宜《吴吴山三妇合评牡丹亭》，第33页。
④ 陈同、淡则、钱宜《吴吴山三妇合评牡丹亭》，第88页。
⑤ 袁世硕《中国古代文学作品选·前言》，人民文学出版社2002年版。

在女性读者的痴迷,更多的是一种理性的解剖与分析。在相当长的一段时间内,"主义""精神"'与"意义"成为这类解读最为明显的标志。

人们只要稍稍留意一下1949年前后出版的各种文学史对《牡丹亭》的解读,就不难看出这种文学史解读的性质与特点。写于1932年的郑振铎《插图本中国文学史》对《牡丹亭》不乏好评:

> 《还魂记》凡五十五出,没有一出不是很隽美可喜的。这样的一个剧本……正如危岩万仞,孤松挺然,耸翠盖于其上。又如百顷绿波之涯,杂草乱生,独有芙蕖一株,临水自媚。其可喜处盖不独使我们眼光为之清朗而已,作者且进而另辟一个新境地给我们……作者是多情人,又是极聪明人,却故意的在最拙笨最荒唐的布局上,细细的画出最隽妙的一幅相思图。①

郑氏的评论尽管十分概括,但其关注的重点显然是《牡丹亭》独特的艺术风格。与郑著相比,完成于1943年的刘大杰《中国文学发展史》(初版),从另一种角度对《牡丹亭》做出了评价:

> 《还魂记》全戏五十五出,为明代传奇中稀有的长篇。戏的内容,实无足取,人死还魂,更属荒唐。戏之结局,仍是团圆旧套,亦无新意……这样看来,我们要在《还魂记》中发现什么戏剧形体组织的特色,或是什么有关社会人生的思想问题,那是徒然的。不过,浪漫派的作品,这些条件本不重要,最要紧的是热烈的情感,文字的美丽,幻想的丰富,与夸张的描写。这几点,在《还魂记》都得到了成功的表现,所以他能够感动人心,尤为热情的少年男女所爱好……《还魂记》能够到现在还能流传人口,便是他写的爱情既真且美的缘故。②

不难看出,在刘氏心目中存在着两套价值评价体系,写实主义的和浪漫主义的。如果以前者为标准,《还魂记》"实无足取",如果以后者为标准,《还魂记》则"得到了成功"。而刘氏正是着重以后者为标准,充分肯定了其艺术价值。

从上述两套分别完成于是二十世纪三四十年代的文学史著作中,人们不难发现,尽管文学史研究者的解读视角有所不同,但对《牡丹亭》偏重于艺术价值的肯定是十分明显的。

对《牡丹亭》的文学史解读重点的转移,发生在二十世纪五六十年代。不妨还是以刘大杰《中国文学发展史》为例,考察这种变化的轨迹。在增订改写后的这部文学史中,刘氏对《牡丹亭》的评价有了较大的改动。首先,刘氏明确将《牡丹亭》定位为"积极浪漫主义的优秀作品";其次,从"反封建文学"的角度,肯定《牡丹亭》的"认识价值";第三,在"晚明特定历史条件和哲学思想的基础上",具体解读分析杜丽娘的形象,指出"杜丽娘的艺术形象,是汤显祖的杰作。在杜丽娘的精神中,灌输了汤显祖新思想新理想的血液。那正是在晚明特定历史条件和哲学思想的基础上,吐露出来的新血液,主要就是反抗封建传统,追求个性解放,追求精神扩展的新精神"。③ 在这种新的解读模式中,《牡丹亭》的文学史地位获得了明显的提升。

---

① 郑振铎《插图本中国文学史》,人民文学出版社1957年版,第858页。
② 刘大杰《中国文学发展史》,百花文艺出版社1999年版,第386—387页。
③ 刘大杰《中国文学发展史》,第1002页。

如果说刘氏所著文学史试图用"旧瓶装新酒",还只是徘徊在个人色彩与官方语言之间的话,那么,几乎同时问世的中国社会科学院文学所中国文学史编写组集体完成的三卷本《中国文学史》(以下简称三卷本《中国文学史》)则更为集中地体现出鲜明的时代特征与意识形态色彩:

> 《牡丹亭》(全名《牡丹亭还魂记》)是汤显祖的杰作。这个作品通过杜丽娘和柳梦梅的爱情故事,揭露了封建礼教和青年男女爱情生活的矛盾,暴露了封建统治家庭关系的冷酷和虚伪;同时热情歌颂了青年男女在追求幸福自由爱情生活上所作的不屈不挠的斗争……杜丽娘是《牡丹亭》中描写得最为成功的人物形象。在她身上有着强烈的叛逆情绪。这不仅表现在她为寻找美满爱情所做的不屈不挠的斗争方面,也表现在她对封建礼教给妇女安排的生活道路的反抗方面。作者成功细致地描写了她的反抗性格的成长。①

毋庸讳言,在这类教科书式的文学史的文本解读中,《牡丹亭》之所以被肯定,主要是因为其"揭露"与"暴露"封建社会与封建礼教等方面的价值,而杜丽娘这一形象的成功,则主要是她的"反抗性格"与"不屈不挠"的斗争性。也正是由于其主题的时代意义与形象的典型意义,即思想性的价值,使《牡丹亭》得以跻身一流经典文学作品的行列;至于其艺术上的成就与特色,则已悄然退居其次了。

二十世纪80年代以后,《牡丹亭》的文学史解读则呈现出多元化的特点。1996年由复旦大学章培恒、骆玉明主编的三卷本《中国文学史》,着重从人性内涵与生命意识的角度,高度评价作品的意义与价值,认为杜丽娘是"过去的爱情剧中没有过的女性形象,她的出现,表现了晚明文学家对人性内涵更为深刻的认识,和更大范围的肯定"。② 随后,1999年出版的袁行霈主编的四卷本《中国文学史》,对《牡丹亭》的戏剧冲突和杜丽娘性格进行了更为具体细致的分析,认为杜丽娘性格发展经历了三个不同的发展阶段,并肯定"《牡丹亭》成为古代爱情戏中承《西厢记》以来影响最大艺术成就最高的一部杰作。杜丽娘已经成为人们心目中青春与美艳的化身,至情与纯情的偶像"。③ 可以看出,正是在文学史的解读过程中,不断确立并强化了《牡丹亭》的经典地位。

如果说,文人曾经是《牡丹亭》的文本阅读中人数最为众多的读者,女性曾经是《牡丹亭》的文本阅读中最具特色的读者,那么,文学史的解读,则是二十世纪以来影响最大的《牡丹亭》文本解读。尽管在《牡丹亭》的文学史解读过程中,对《牡丹亭》文本内容的过度阐释,曾经带来了一些负面影响,在文学史的价值评价体系中,《牡丹亭》的文学解读,也往往被社会学、文化学及哲学的解读所代替,然而由于"文学史权力"的巨大作用,文学史解读在《牡丹亭》的文本阅读中扮演着特殊的角色,发挥着重要的功能。可以说,在《牡丹亭》的接受与传播史上,文本阅读不仅是实现其艺术魅力与艺术效果的重要方式,而且也是其主要的传播手段。

三

对于《牡丹亭》文本阅读价值与意义的讨论,事实上还牵涉到对《牡丹亭》文本性质的认定与评价。

---

① 中国社会科学院文学所《中国文学史》,人民文学出版社1985年版,第1111—1113页。
② 章培恒、骆玉明《中国文学史》(下),复旦大学出版社1996年版,第352页。
③ 袁行霈《中国文学史》(四),高等教育出版社2009年版,第116页。

在充分肯定文本阅读价值与意义的同时，需要指出的是，《牡丹亭》并不仅仅是一部案头之作。《牡丹亭》的文采斐然毋庸置疑，但对其是否适合舞台演出，不同的评论者往往有不同的看法。前人评价《牡丹亭》，曾有"案头之书，非筵上之曲也"之说。① 《牡丹亭》究竟是"案头之书"还是"筵上之曲"，其实不宜简单武断一概而论。

应该说，在汤显祖的心目中，是有"案头"与"场上"的概念的。他对自己早年所作的《紫钗记》，曾十分明确地表示此作为"案头之书，非台上之曲"。② 而在评价《焚香记》时，汤显祖更为具体地指出，"星相占祷之事亦多"，"然此等波澜，又氍毹上不可少者。此独妙于串插结构，便不觉文法拖曳"。③ 在艺术追求上，汤显祖历来以"意趣神色"为最高境界，并以此区别于"只管当场词态好，何须留与案头争"④的吴江派剧作家。然而，作为一个成熟的戏剧家，汤显祖是懂戏的，对《牡丹亭》的舞台演出效果，他也有自己匠心独运之处。正如有学者已经指出的，《牡丹亭》不仅有公认的"雅"的一面，也还有"俗"与"杂"的一面。汤显祖在剧本的创作中，已预设了一些"闹热"的场面，创造出生动的舞台效果。⑤

与此相关的还有对《牡丹亭》语言风格的不同评价。在众说纷纭的《牡丹亭》评论中，清代戏剧家李渔的观点颇值得人们重视。李渔在其《闲情偶寄·词曲部》中多次提到汤显祖及其作品，较为具体地阐述了他对汤氏及其作品的看法。与多数人对《惊梦》《寻梦》的津津乐道不同，李渔认为这"二折虽佳，犹今曲也，非元曲也"，因为其唱词"字字俱费经营，字字皆欠明爽。此等妙语，止可作文字观，不得作传奇观"。李渔最欣赏的像《诊祟》《忆女》《玩真》等出中的一些十分浅显且口语化的唱词，认为"此等曲则纯乎元人，置之百种前后，几不能辨，以其意深词浅，全无一毫书本气也"。⑥ 这里，李渔以一个职业戏剧家的敏感，指出了《牡丹亭》语言风格的多样性。

事实上，无论是《牡丹亭》的"雅"与"俗"，还是其语言"俱费经营"与"意深词浅"的不同特色，也是《牡丹亭》文本独特性与复杂性的体现，都是《牡丹亭》的独特艺术魅力所在。人们在充分关注《牡丹亭》舞台传播与接受的同时，不可否认，"案头"阅读仍然是《牡丹亭》传播与接受的最主要、最持久的方式。

---

① 臧懋循《玉茗堂传奇引》："临川汤义仍《牡丹亭》四记，论者曰：'此案头之书，非筵上之曲也。'"转引自徐扶明《〈牡丹亭〉研究资料考释》，第114页。
② 沈际飞《题〈紫钗记〉》，载徐朔方笺校《汤显祖全集》，北京出版社1999年版，第256页。
③ 《焚香记》总评，载徐朔方笺校《汤显祖全集》，第1657页。
④ 沈自晋《望湖亭》下场诗，载张树英点校《沈自晋集》，中华书局2004年版，第181页。
⑤ 黄天骥、徐燕琳《闹热的牡丹亭》，《文学遗产》2004年第2期。
⑥ 李渔《闲情偶寄·词曲部·词采第二》，《中国古典戏曲论著集成》（七），中国戏剧出版社1980年版，第24页。

《牡丹亭》与八股文

——从王季重评点本论汤显祖的士人品位

胡梓颖

一、前　言

明代大量文人士大夫参与戏曲创作,此风气在嘉靖(1521—1566)、隆庆(1566—1572)年间渐次形成,而在万历(1572—1620)时期更成为文人士大夫的时尚。[①] 有关明代戏曲与八股文相互交涉的发展状况,早有论者提出过。[②] 不少论者甚至认为这种交涉是明清戏剧大盛的原因之一。[③] 如果说罗汝芳(1515—1588)和李贽(1527—1602)的哲学思想对汤显祖(1550—1616)影响深远,[④]那么八股文的书写训练就培养了汤显祖惟妙惟肖的人物刻画工夫。汤显祖教导其门人准备科举考试,亦主张研读其《牡丹亭》:

> 近世黄君辅之学举子业也,揣摩十年,自谓守溪昆湖之复见矣。乃游汤义仍先生之门。先生方为《牡丹》填词,与君辅言,即鄙之。每进所业,辄掷之地,曰:"汝不足教也。汝笔无锋刃,墨无烟云,砚无波涛,纸无香泽,四友不灵,虽勤无益也。"君辅涕泣求教益虔。先生乃曰:"汝能焚所为文,澄怀荡胸,看吾填词乎?"君辅唯唯。乃授以《牡丹记》。君辅闭户展玩久之,见其藻思绮合,丽情葩发,即啼即笑,即幻即真,忽悟曰:"先生教我文章变化,在于是矣。……先生填词之奇如此,其举业亦如此矣。"由是文思泉涌。[⑤]

可见在汤显祖心目中,案头上的《牡丹亭》是士子钻研八股文的上佳参考读物,并非纯粹供娱乐;而汤显祖在传奇上的成就,正是从小钻研撰写八股文的结果。从这轶闻所记,不难想见后来临川派文人反对窜改《牡丹亭》的原因。自《牡丹亭》面世以来,有关这部作品的序文有如恒河沙数。其中王思任(1575—1646)的《批点玉茗堂〈牡丹亭〉词叙》(下称"词叙")向被视为汤翁的"知音"。[⑥] 汤翁对王思任的八股文

---

① 郭英德《明清传奇史》,江苏古籍出版社 1999 年版,第 48—49 页。

② 黄强指出,"代人立言"的共性让戏曲和八股文在发展过程中互相影响,而明清戏曲家亦早已注意到对两种文体双向影响。黄强《八股文与明清文学论稿》,上海古籍出版社 2005 年版,第 358—359 页。

③ 朱东润《中国文学论集》,中华书局 1983 年版,第 110 页。

④ 邹自振《汤显祖与明清文学探赜》,百花洲文艺出版社 2015 年版,第 29—32 页。

⑤ 贺贻孙《激书》,卷二,《四库全书存目丛书》子部第 94 册,庄严文化事业有限公司,1997 年,景印民国南昌豫章丛书编刻豫章丛书本,第 610 页。

⑥ 陈继儒于《词叙》后的评点诗,收入汤显祖著,王思任批点《重图汇校牡丹亭还魂记》,汤显祖著《临川四梦》,江苏广陵古籍刻印社 1990 年版,景印 1914 年版暖红室汇刻传奇本,第 19 页。

赞赏有加,更誉这位后辈为"一代之才"。① 由这位与汤显祖文学理念相近的"知音"来点评《牡丹亭》,引起时人关注也是意料中事。过往论者多从文学批评的角度论析王思任《词叙》及其点评《清晖阁批点玉茗堂还魂记》(下称"王评本"),本文则另辟蹊径,尝试将"王评本"置于晚明蓬勃的出版市场中,先从汤、王二人的文学因缘,勾勒明季中下层官员在消费文化大环境下的生活概况;继而以王思任"半职业评点家"的身份为切入点,论析"王评本"的出版动机及当时读者的心理;接着从八股文与戏曲交涉的角度阐释"王评本"及《词叙》的文人旨趣。最后,透过王思任《词叙》对"沈汤之争"的回应,阐明汤显祖宁可"拗折天下人嗓子"背后的审美观,②探讨"王评本"在晚明时期的销售定位,并进一步论证《牡丹亭》具备多元阅读的可能性。

二、汤显祖与王思任的文学因缘

自唐代(618—907)开科取士以来,历代文人皆以入仕为荣。高中状元,不但能提升个人的社会地位,更能光宗耀祖,甚至惠及族人,是以古代家族总是热衷于培养家族子弟参加科举考试。儿子高中状元,继而在官场飞黄腾达,成为各阶层父母长辈的共同愿望。从今存大量明代(1368—1644)八股文选本、稿本,③以及当时流传的各种读物如冯梦龙(1574—1646)辑《增定春秋衡库》、张铮(生卒年不详)评定《分法小题拆字》等,④可知八股文的参考读物在晚明商业出版市场上具有一定价值。有明一代,未能入仕以致一生潦倒者当然有如恒河沙数;至于晚明士人进士及第后生活何如? 经济环境和社会地位有否改善? 这些改变又是否切合士子本身及其家族的期望? 像汤显祖和王思任那样少负才华,在入士前已享负文名的才子,进入官场后又是否能飞黄腾达一展抱负?

万历十六年(1588),年仅十三岁的王思任拜师于翰林编修黄洪宪(1541—1600)门下,⑤为同门十九人中最年幼者。由于他"以犷悍总角,卤莽生决",⑥因而被当时的前辈名士如汤显祖、东林党人赵南星(1550—1627)等赏识。自此汤显祖与王思任便成为交往近三十年的忘年交,惺惺相惜。从今存文献观之,汤显祖生前共给这位后辈撰文两篇,即《答山阴王遂东》(1599)及《王季重小题文字序》(年份不详)。汤显祖和王思任皆擅时文,二人均出身书香世家且祖上久未有中举者,因此自小就成为家族的寄望。汤显祖因性格刚直,屡试才中,⑦可惜进入官场后一直未获朝廷重用,后更因撰写《论辅臣科臣疏》(1590),⑧得罪明神宗(朱翊钧,1563—1620,1572—1620在位)而被贬为遂昌(今浙江遂昌)知县,⑨官阶

① 作为前辈,汤显祖总是对王思任赞赏有加。在《王季重小题文字序》中,汤翁指出当时"时文字能于笔墨之外言所欲言者",除了归有光(1507—1571)、诸燮(生卒年不详,嘉靖十四年(1565)进士)和胡友信(1516—1572),王思任"殆为第四"。汤显祖《王季重小题文字序》,徐朔方笺校《汤显祖全集》,北京古籍出版社1999年版,第1134—1135页。
② 汤显祖《答孙俟居》,徐朔方笺校《汤显祖全集》,第1392页。
③ 明代八股文集可分为选本和稿本两种。今存明人选本如艾南英编《明文定》及《明文待》、杨廷枢编《同文录》、黎淳编《国朝试录》等;至于稿本则有唐顺之《教学文》《吏部文》及《中丞文》,归有光《归震川稿》等。王凯符《八股文概说》,中华书局2002年版,第114—115页。
④ 龚笃清《百明千清斋藏八股文书目》,《明代八股文史》,湖南人民出版社2005年版,第686—693页。
⑤ 张岱《王谑庵先生传》,栾保群点校《琅嬛文集》,浙江古籍出版社2013年版,卷四,第149页。
⑥ 王思任《时文序·小题砥柱序》,《王季重杂著》下册,伟文图书出版社1977年版,第410页。
⑦ 见《明史》本传。张廷玉《明史》,中华书局1974年版,卷二百三十,第6015页。
⑧ 汤显祖著,徐朔方笺校《汤显祖全集》,第1275—1279页。
⑨ 张廷玉《明史》,第6015—6016页。

六品,最终心灰意冷悄悄退隐归里。至于王思任虽然少年得志,二十一岁已中举并顺利入仕,①却同样因性格刚直而未获朝廷重用。进入官场后,常因嬉笑怒骂得罪权贵,"三仕三黜",②生计当然没有太大的保障;再加上他一直只担任正七品和正五品的中下层官员,相比他进入官场时的期望,落差明显。

对于士人阶层来说,晚明是一个变动巨大的年代。经济蓬勃,商人阶层冒起,激起士人和商人在社会阶级上的矛盾,同时这两个阶层又是相互依存。另一方面,商业出版的蓬勃亦给士人阶层提供了维持生计的更多可能性。进入官场,已不再是士人唯一的出路。屡试不中的冯梦龙(1574—1646),在出版界却取得辉煌成就;厌倦科举并绝意仕途的陈继儒(1558—1639)、李流芳(1575—1629)、张岱(1597—1679)和李渔(1611—1680),凭借文字功夫成为一时名士;徐宏祖(1586—1641)遨游天下,立志成为旅行家;时官时隐的汤显祖、董其昌(1555—1636)、袁宏道(1568—1610)、王思任、文震亨(1585—1645),或以传奇、书画、小品闻名于世,或成为古玩鉴赏家。由此可见,晚明"士人阶层"的定义已超越了前代的藩篱,指涉范围包括职业作家、半职业作家、书法家、画家、鉴赏家、旅行家等不同行业。士人阶层的社会地位,也不再纯粹由朝廷赋予。

明代官员俸禄低微,下级官员尤甚。③ 莘莘学子即使成功进入仕途,生活依然朝不保夕。为了维持生计,官员要不贪赃枉法,要不乘着晚明商业出版大盛的有利环境,成为半职业作家,以文字功夫糊口。从中晚明士人大量的名人墓志铭、寿词、诗词序跋、小说戏曲评点,可知当时士人撰文应付生计的情况非常普遍;而这类型作品亦常见于汤显祖和王思任的文集中。在官场中下层浮沉的士人,既不能进一步上攀为朝廷重臣一展抱负,又却背负着"进士"的身份包袱,失却了科场失败者的自由。王思任为官五十年,仕途上屡受挫折,超过一半的时间皆被投闲置散,赋闲在家,其收入来源自然不稳,也不得不"以文为饭",④成为半职业作家,以补贴家族开支。⑤ 张岱形容王思任"钱不讳癖",⑥已说明了他的生活境况。与他遭遇相近的前辈汤显祖,就曾在《答山阴王遂东》中抒写自身经历,并加以勉励王思任这位后辈:

> 自分衰弃已久,无缘名字复通显者。不谓采幽抉微,极意提奖。重以太夫人徽音之示,佳状琳琅,披文相质,易以应命,附名碑阴不朽,良幸。又谕因贫折腰,待稍治生,当归读书,此诚言也。某少壮时即妄意此道,苦无师傅,至博士为郎南部,读书稍畅,又以流去岭海。幸得小县,乃更不习为吏,去留无所当。弃官一年,便有速贫之叹。斗水经营,室人交谪。意志不展,所记书亦尽忘。忽偶有承应文字,或不得已,竭蹙成之,气色亦复何如。欲恣读书,治生诚急。门下可谓通人。但读书人治生,终不可得饶。世路良难,吏道殊迫。相为勉之。⑦

此作乃汤翁于万历二十七年(1599)给王思任的回函。当时居于顺天府(今北京)的王思任正丁母忧。他

---

① 张岱《王谑庵先生传》,栾保群点校《琅嬛文集》,卷四,第149页。
② 同上。
③ 黄惠贤、陈锋主编《中国俸禄制度史》,武汉大学出版社1996年版,第388页。
④ 张岱《王季重先生传赞》,栾保群点校《琅嬛文集》,卷五,第188页。
⑤ 据《王季重先生自叙年谱》所载,王思任除了妻子杨氏,曾先后纳石氏、孙氏、陈氏、姚氏、赵氏五人为妾,又生八儿,可见家庭开支不菲。王思任撰,王鼎起、王霞起编《王季重先生自叙年谱》,北京图书馆出版社1999年版,第307、323、338、346、366及368页。除了自身家庭,王季重亦常资助族中弟兄,是故他的作品才被张岱评为"孝友文章"。张岱著,栾保群点校《琅嬛文集》,卷四,第151页。
⑥ 张岱《王季重先生传赞》,栾保群点校《琅嬛文集》,卷五,第188页。
⑦ 汤显祖著,徐朔方笺校《汤显祖全集》,第1394—1395页。

代的社会阶层而言,他们却仍属精英阶层的核心——透过科举考试而获授名衔的人。[1] 经济能力与社会地位的失衡,造成了当时特殊的社会现象——由于商人对上层精英文化的追慕,士人往往能透过他们的文化资本,如文字、书画工夫、古董鉴赏等方面的能力,获得丰厚收入。[2] 换个角度来说,当时的士人文学是同时进行文学领域和商业领域的双重探索,[3]并试图保持两者的平衡。

明清大量士人参与《牡丹亭》的点评、改编、续作、仿作,并不单纯由心学引发。心学的兴起只是赋予了作者和读者情感释放的空间,而由《牡丹》热引起的文字及出版活动,则需要大量读者支持。其中王思任的《清晖阁批点玉茗堂还魂记》,就是在这样的背景下产生。在晚明消费文化的影响下,著坛主人出资刊刻此传奇,则不可能完全没有商业考虑。从邀请评点者以至出版的销售定位,他们都必须审慎考虑。从"王评本"在明清两代不断再版的现象,可见在当时的图书出版市场上,他们的销售策略取得了成功。因此,重新审视"王评本"的旨趣,是了解此本得以在明清两代备受推崇的重要门匙。

过往有关"沈汤之争"的研究,一般都壁垒分明地以"情采派"和"格律派"对立起来,并指出汤显祖坚持音律必须服从于文辞;[4]而汤显祖的执着,在当时被曲家普遍地理解为对文辞美的追求,却忽略了汤显祖坚持背后的用心。然若从晚明消费文化角度探讨"王评本"的出版策略,不难看出"沈汤之争"并不仅是文辞与曲律之争。这场论争在晚明社会其实具备多重的文化意义。

"王评本"《牡丹亭》初刻于天启三年(1623),而明代《牡丹亭》刊本今存不下三十种,[5]其中又可分为评点本及改评本两类。[6] 从这些版本中,确知较"王评本"更早面世的共十种。[7] 由此可知,这部"几令《西厢》减价"的《牡丹亭》,在万历至天启(1620—1627)年间不但在舞台上搬演不断,同时已是当时的畅销书。在《词叙》中,王思任谦称自己"不知音律,第粗以文义测之",明言他是应著坛主人张弘(生卒年不详)、张弢(生卒年不详)兄弟之邀批点《牡丹亭》。[8] 当时坊间既已充斥着不同版本的《牡丹亭》,张氏兄弟到底如何在出版市场上给"王评本"定位?如果王思任"不知音律",为何张氏兄弟还要邀请他评点戏曲作品?这次邀请似乎有点耐人寻味。

在"王评本"的《凡例》中,著坛主人强调此版本"是刻悉遵玉茗堂原本",批评"柳浪馆本"疏于校对,并斥责臧晋叔、吕胤昌改本"谬为增减","皆临川之仇也"。[9] "王评本"既以"玉茗堂原本"为号召,再邀得汤翁的"知音"王思任作评点,不难看出"王评本"的出版是以拨乱反正、保存汤剧原来面目为出版宗旨。王思任接受是次邀请,原因大概有三:其一,王思任与汤翁交情匪浅,而从前文所论,亦可知《牡丹亭》是王氏喜爱的作品。其二,当时王思任正丁父忧在家,[10]不方便外出谋生,接受邀请能舒缓家庭的经

---

① Brook,Timothy. *The Confusions of Pleasure: Commerce and Culture in Ming China*. (Berkeley and Los Angeles: University of California Press,1998),p. 139.

② 巫仁恕《品味奢华——晚明的消费社会与士大夫》,中研院、联经出版公司2007年版,第63页。

③ Bourdieu,Pierre. *The Rules of Art: Genesis and Structure of the Literary Field*. Susan Emanuel (Trans.) (Cambridge: Polity Press,1996),p. 120.

④ 郭英德《明清传奇史》,第223页。

⑤ 陈美雪《汤显祖研究文献目录》,学生书局1996年版,第14—20页。

⑥ 朱万曙《明代戏曲评点研究》,安徽教育出版社2002年版,第259页。

⑦ 自《牡丹亭》于1598年脱稿至"王评本"于1623年付梓的短短二十四年间,《牡丹亭》刻本计有明万历丁巳刊本、明万历间金陵文林阁刊本、明万历间石林居士刊本、明万历金陵唐振吾刊本、明万历刊本、明末柳浪馆刊本、明泰昌间刊朱墨套印本、明天启三年刊本,另吕天成(1580—1618)及臧晋叔(1550—1620)的改本亦已面世。

⑧ 汤显祖著,王思任批点《重图汇校牡丹亭还魂记》,第98页。

⑨ 王思任《重刻清晖阁批点〈牡丹亭〉凡例》附《著坛原刻七条》,见汤显祖著,王思任批点《重图汇校牡丹亭还魂记》,卷首凡例,第3页。

⑩ 王思任撰,王鼎起、王霞起编《王季重先生自叙年谱》,第372页。

济状况。其三,据王思任《著坛搜逸叙》的记述,①张氏兄弟乃王思任的门生,接受邀请也属师生之谊。王思任与二张对汤翁的仰慕之意,自不待言;但对于当时的读者来说,"王评本"又具备什么吸引力,以致这版本能在当时众多的版本中脱颖而出倍受推崇,在明清两代多次被重刊,②甚至影响稍后的晚明评点家沈际飞对《牡丹亭》的评价?③

四、王评本与八股文

明代中晚期的八股文深深影响着文人的生活。为了考获功名,当时的年青士子都花耗大量时间和心力反复钻研不同的句型,希望能掌握撰写八股文的功夫。八股文的普及亦渐次促进了出版文化的发展,从当时大量出版的八股文选本就可窥见其盛况。④

"代圣贤立言"是八股文的主要内容,而其中基本的要求就是要肖题,也就是貌求肖似、语求逼真。在经典中的各式人物,上至圣贤下至平常百姓,性格如何、身份如何,都透过作者的笔锋活灵活现。⑤ 这种"代言"的笔法与戏曲的人物塑造极为相似。正如清人钱泳(1759—1844)《履园丛话·艺能》云:

> 演戏如作时文,无一定格局,只须酷肖古圣贤口气,假如项水心之何必读书,要象子路口气,蒋辰生之愠子路于季孙,要象公伯寮口气,形容得象,写得出,便为绝构,便是名班。⑥

钱钟书(1910—1998)在《谈艺录》中亦指出:

> 八股古称"代言",盖揣摹古人口吻,设身处地,发为文章:以俳优之道,抉圣贤之心。⑦

由于八股文着重"入口气"的特质,⑧不少明清文人都认为掌握戏曲塑造人物的笔法,有助于提升撰写八股文的能力。被汤显祖誉为"一代之才"的王思任,即长于书写八股文,其《时文序》中大量收录其品评八股文的序文,可见他在晚明时期已是享负盛名的八股文家,亦不难想象其擅长描摹人物。

王思任的文字向以生动谐趣为旨,体现了晚明士人文学的意趣和品位;其文又往往多用典,且文字艰涩,流露着其文学素养之余,亦间接把其文学区隔于当时风行的俗文学。在《词叙》中,王思任分别以塑造人物、命题、文辞三方面分析《牡丹亭》。他先以八股文"破题"之笔,扼要地点出描摹手法不易掌握:

---

① 王思任《时文序》,任远点校《王季重集》,第 477 页。
② 王评本在明代曾被重印,今存版本计有明天启四年张氏著坛校刊本、明末著坛刊本。
③ 沈际飞《牡丹亭题词》,毛效同编《汤显祖研究资料汇编》下册,上海古籍出版社 1986 年版,第 859—860 页。
④ Sun Chang, Kang-I and Owen, Stephen (ed.) *The Cambridge History of Chinese Literature* (*Volume II: From* 1375) (New York: Cambridge University Press, 2014), pp.24-25.
⑤ 孔庆茂《八股文史》,凤凰出版社 2008 年版,第 12—13 页。
⑥ 钱泳《履园丛话》,中华书局 1979 年版,第 332 页。
⑦ 钱钟书《谈艺录》,三联书店 2007 年版,第 94 页。
⑧ 启功《说八股》,北京师范大学出版社 1992 年版,第 40—41 页。

> 火可画,风不可描;冰可镂,空不可斡。①

继而他就把描摹手法上溯至《周易》卦象,并从此下启历代文人描摹的传统:

> 盖神君气母,别有追似之手,庸工不与耳。古今高才,莫高于《易》。《易》者,象也;象也者,像也。其次则五经递广之,此外能言其所像人亦不多。左丘明、宋玉、蒙庄、司马子长、陶渊明、老杜、大苏、罗贯中、王实甫,我明王元美、徐文长、汤若士而已。②

他认为历来擅于描绘的文人不多,而在明代仅有王世贞(1526—1590)、徐渭(1512—1593)及汤显祖三人而已。接着他便详细论述汤翁的文字功夫:

> 若士时文既绝,古文辞、诗歌、尺牍,玄贵浩鲜,妙处伙颐。……至其传奇灵洞,散活尖酸,史因子用,元以古行,笔笔风来,层层空到。即若士自谓一生“四梦”,得意处惟在《牡丹》。情深一叙,读未三行,人已魂销肌栗;而安顿出字,亦自确妙不易。③

王思任从时文而及古文、诗词、尺牍,最后带出汤翁的《牡丹亭》,并指出此剧长于叙事“情深”,准确拿捏该剧“主情”之旨。对于《牡丹亭》的分析,王思任首先点出剧中逼真肖似的人物塑造功夫:

> 其款置数人,笑者真笑,笑即有声;啼者真啼,啼即有泪;叹者真叹,叹即有气。杜丽娘之妖也,柳梦梅之痴也,老夫人之软也,杜安抚之古执也,陈最良之雾也,春香之贼牢也,无不从筋节窍髓,以探其七情生动之微也。④

王思任一口气提出“真笑”“真啼”“真叹”,强调“真”是该剧描摹成功的关键,与晚明心学思潮相对应;继而又以“妖”“痴”“软”“古执”“雾”“牢贼”,把剧中主要人物的性格进行高度概括,一针见血地向读者展示各人物的性格特征。例如以“妖”立体地呈现杜丽娘的复杂形象,同时突显其容貌的美艳、骨髓内的淫念,还有其妖异的鬼魂状态;另“妖”与“夭”相通,又带出了丽娘的薄命早夭。又譬如以“雾”形容陈最良,仅一字便勾勒出其懵懂、迷蒙、不求甚解、与世隔绝的形象。由此可见,王思任在赞赏汤显祖擅于塑造人物的同时,亦表现了其自身拿捏人物特征的功夫。王思任对人物描摹的强烈触觉,用字的精炼准确,均与自小研习八股文不无关系。继而,王思任再按着人物各自的性格特点,进一步分析汤显祖如何把人物刻画得立体肖似:

> 杜丽娘隽过言鸟,触似羚羊,月可沉,天可瘦,泉台可暝,獠牙判发可狎而处;而“梅”“柳”二字,

---

① 汤显祖著,王思任批点《重图汇校牡丹亭还魂记》,第97页。
② 汤显祖著,王思任批点《重图汇校牡丹亭还魂记》,第97页。
③ 汤显祖著,王思任批点《重图汇校牡丹亭还魂记》,第97页。
④ 汤显祖著,王思任批点《重图汇校牡丹亭还魂记》,第97页。

一灵咬住，必不肯使劫灰烧失。柳生见鬼见神，痛叫顽纸；满心满意，只要插花。老夫人智是血描，肠邻断草；拾得珠还，蔗不陪檗。杜安抚摇头山屹，强笑河清；一味做官，半言难入。陈教授满口塾书，一身襕气；小要便益，大经险怪。春香眨眼即知，锥心必尽；亦文亦史，亦败亦成。如此等人，皆若士玄空中增减垇塑，而以毫风吹气生活之者也。然此犹若士之形似也。①

王思任以"言鸟"、"羚羊"，形象地点出了杜丽娘的聪敏过人，无惧于月沉天瘦，连生死都置之度外，却始终没有放弃对爱情的追寻，完全把《冥誓》一幕重现于读者眼前。柳梦梅在《拾画》中痴情地"痛叫顽纸"，是纸顽抑是人顽？杜母的"肠邻断草"爱女情切、杜宝"半言难入"拒与回生后的女儿相认、陈最良在《闺塾》中"满口塾书"，还有春香的灵敏忠心。短短数行，不但勾勒出《牡丹亭》六位重要角色的性格特质，还把《牡丹亭》的片段一幕又一幕重现读者眼前。

在王思任的评点中，亦经常注意到汤显祖擅于描绘人物的特点，有时甚至补充汤显祖描绘人物的不足。如第三十二出《冥誓》，柳梦梅得知杜丽娘鬼魂之身，对杜丽娘说：

> 你是俺妻，俺也不害怕了。②

王思任在批语中却加以描摹：

> "你是俺俺妻，俺也也不害怕了。"再加二字，少不得期期寒栗。③

在第三十三出《秘议》中，柳梦梅与石道姑密议替丽娘开坟之事。柳生下场后，石道姑有以下一段独白：

> （净吊场介）奇哉，奇哉。怕没这等事，既是小姐吩咐，便唤侄儿备了锄锹。俺问陈先生讨药去来。宁可信其有，不可信其无。④

王思任此处有批语云：

> "不可信其无"下应添"或者，或者。"⑤

王思任的描摹，不但令读者解颐，同时亦示范了如何设身处地把人物刻画得惟妙惟肖。在第三十六出《婚走》中，作者透过杜丽娘还阳回生后与柳梦梅的对话，交代杜丽娘在人世间并未超越道德规范：

> （旦叹介）……柳郎，奴家依然还是女身。（生）已经数度幽期，玉体岂能无损？（旦）那是魂，这

---

① 汤显祖著，王思任批点《重图汇校牡丹亭还魂记》，第97页。
② 汤显祖著，王思任批评《王思任批评本牡丹亭》，凤凰出版社2011年版，第119页。
③ 汤显祖著，王思任批评《王思任批评本牡丹亭》，第119页。
④ 汤显祖著，王思任批评《王思任批评本牡丹亭》，第123页。
⑤ 汤显祖著，王思任批评《王思任批评本牡丹亭》，第123页。

才是正身陪奉。①

王思任有评云："不宜旦语,不记得更好。"②这评语带出人物刻画在肖似之余,还需考虑到在整剧中人物性格需前后对应统一。杜丽娘回生后既言"鬼可虚情,人须实礼",因此她还阳后亦必须贯彻保持其含蓄姿态。在第五十五出《圆驾》中,上场角色包括杜宝、杜母、陈最良、杜丽娘、柳梦梅及两位将军。当皇上审问杜丽娘和柳梦梅时,有如下一段对话:

> (生打躬呼万岁介)【南画眉序】臣南海泛丝萝,梦向娇姿折梅萼。果登程取试,养病南柯。因借居南安府红梅院中,游其后苑,拾得丽娘春容。因而感此真魂,成其人道。(外跪介)此人欺诳陛下,兼且玷污臣之女也。论臣女呵,便死葬向水口廉贞,肯和生人做山头撮合!(合)便阎罗包老难弹破,除取旨前来撒和。(内)听旨:朕闻有云:"不待父母之命,媒妁之言,则国人父母皆贱之。"杜丽娘自媒自婚,有何主见?(旦泣介)万岁!臣妾受了柳梦梅再活之恩。③

王思任此处有评云:"'再活之恩'下,陈最良当一边叹曰:是,是,是!"④大大加强陈最良的呆气。

除了人物刻画以外,王思任又注意到汤翁笔下各剧作均有清晰的命题,并在《词叙》中以"仙""佛""侠""情",点出《邯郸记》《南柯记》《紫钗记》《牡丹亭》四梦的主题。⑤ 然后,王氏再紧扣着《牡丹亭》的题旨,并把杜丽娘的情与《易》中的"咸""恒"二卦贯穿:

> 若士以为情不可以论理,死不足以尽情,百千情事,一死而止,则情莫有深于阿丽者矣。况其感应相与,得《易》之咸;从一而终,得《易》之恒。则不第情之深,而又为情之至正者。今有形一接,而即殉夫以死,骨香名永,用表千秋,安在其无知之性不本于一时之情也?则杜丽娘之情,正所同也,而深所独也,宜乎若士有取尔也!⑥

以《易》卦论析杜丽娘的情,把杜丽娘的深情比之寡妇殉夫的从一而终,并指出她对爱情的追求实为"情之至正者";他又点出杜丽娘对情爱的感应是源于"咸"卦,而其对柳梦梅从一而终,则关系到"恒"卦中的永恒。王思任有意于说明汤剧之情源于《易》,情深而行为雅正,可见他是有意识地进一步提升《牡丹亭》的文学地位。在《牡丹亭》的文辞方面,王思任指出汤显祖的文字功夫乃是天赋,其中古今、雅俗兼备,而且"冷哨打世,边鼓挝人",透过戏曲讽刺时弊、警醒人心等,皆是当时文人习气使然。在第二十五出《冥判》中,王思任评汤氏撰写的对话"与对策同想,只是顾题不放。"⑦八股文写作以"尊题""肖题""如题"为

---

① 汤显祖著,王思任批评《王思任批评本牡丹亭》,凤凰出版社2011年版,第132页。
② 汤显祖著,王思任批评《王思任批评本牡丹亭》,第132页。
③ 汤显祖著,王思任批评《王思任批评本牡丹亭》,第212页。
④ 汤显祖著,王思任批评《王思任批评本牡丹亭》,第212页。
⑤ 汤显祖著,王思任批点《重图汇校牡丹亭还魂记》,第97页。
⑥ 汤显祖著,王思任批评《重图汇校牡丹亭还魂记》,第97页。
⑦ 汤显祖著,王思任批评《重图汇校牡丹亭还魂记》,第97页。

基本要求。① "顾题不放"的评语,显示了汤显祖掌握到八股文与戏曲撰写之间的对应特质,同时亦暗暗设定了"王评本"的读者对象——熟识八股文写作的精英阶层。

王思任在《词叙》中分别从人物塑造、命题、文辞三方面论析《牡丹亭》的艺术特色。这三个关注点均与八股文的写作要素相通;而从《词叙》的篇幅分布,可知其中又以人物塑造至关紧要。正如前文所述,汤显祖认为读者可从戏曲作品中吸收到八股文书写的技巧;反过来说,《牡丹亭》的书写笔法,亦正正显示了汤显祖能融会贯通地把八股文的书写技巧注入《牡丹亭》中。

五、晚明精英阶层的品位与戏曲审美

翻开"王评本",在《词叙》后即有明末名士陈继儒(1558—1639)及米万钟(1570—1628)的评语推崇,甚至把王思任誉为汤显祖的"知音"。② 汤显祖和王思任惺惺相惜,文学观亦相近。明末"沈汤之争"促使戏曲家如吕玉绳(生卒年不详)、沈璟(1553—1610)、臧晋叔(1550—1620)、徐肃颖(生卒年不详)、徐日曦(生卒年不详)、冯梦龙等相继改编《牡丹亭》;③而汤显祖自言宁可"拗折天下人嗓子",也不愿意按音律对原文作出修正。随后又有不少文人如王思任等表示支持,与吴江派曲家形成对峙局面;获得一众文人支持,可见汤显祖的执着绝非单纯的意气之争,他们的执着背后实有一套共同的美学观念支撑,突显了晚明精英阶层的戏曲艺术审美观,以及他们对戏曲发展的期盼。

在芸芸《牡丹亭》的序文中,王思任的《词叙》能脱颖而出倍受推崇,甚至被明人贺复征(生卒年不详)收入《文章辨体汇选》,④可见这篇序文不仅见解独到,同时序文本身亦具备一定的文学价值。《词叙》刊于著坛主人张弘兄弟所刻《清晖阁批点玉茗堂还魂记》卷首,《词叙》后录有陈继儒的评语,指出王思任实为汤显祖的知音:

> 一经王山阴批评,拨动髑髅之根尘,提出傀儡之啼哭。关汉卿、高则诚曾遇如此知音否?⑤

又云:

> 汤太常词得王比部一叙,遂觉物必有对,色上起色,影中幻影,珠裳玉黻之前,却缀一行吉光绣礼也。⑥

而王思任的同年进士,著名画家米万钟亦指出如汤显祖在世,也会认同王思任在《词叙》中的见解:

---

① 龚笃清《明代八股文史》,第68—69页。
② 汤显祖著,王思任批点《重图汇校牡丹亭还魂记》,第19页。
③ 陈凯莘《从案头到氍毹:〈牡丹亭〉明清文人之诠释改编与舞台艺术之递进》,台湾大学出版中心2013年版,第59—85页。
④ 贺复征《文章辨体汇选》,卷三百二十七,《四库全书》第1406册,上海古籍出版社,1987年景印文渊阁四库全书本,第130—131页。
⑤ 徐扶明《牡丹亭研究资料考释》,上海古籍出版社1987年版,第69页。
⑥ 汤显祖著,王思任批点《重图汇校牡丹亭还魂记》,第12页。

提酥合塔之手，即义仍亦以此事推季重，便谓庄子注郭象，应早首肯矣。①

从这些评语可见，明末文人多认为王思任《词叙》的见解能透彻解释《牡丹亭》的艺术特点，故才加以推重；而王思任的观点，亦同时突显了当时士人圈子普遍的戏曲审美观。耐人寻味的是，王思任自身是晚明书画家，而推重其评点本的两位文人，亦均为晚明著名的书画家。

从本文第三章对王思任《词叙》及批语的分析，可知王思任的评点是以士人品位出发。他在《词叙》文末引汤显祖《见改窜牡丹词者失笑》云：

醉汉琼筵风味殊，通仙铁笛海云孤。总饶割就时人景，却愧王维旧雪图。②

其中所述，突显了汤显祖的文人意趣，重传神，音律次之。正如宋人沈括（1031—1095）在《梦溪笔谈》卷一七云：

书画之妙，当以神会，难可以形器求也。世之观画者多能指摘其间形象位置、色彩瑕疵而已，至于奥理冥造者，罕见其人。如彦远画评，言王维画物，多不问四时，如画花往往以桃、杏、芙蓉、莲花同画一景。余家所藏摩诘画《袁安卧雪图》，有雪中芭蕉。此乃得心应手，意到便成，故造理入神，迥得天意，此难可与俗人道也。谢赫云："卫协之画，虽不该备形妙，而有气韵，凌跨群雄，旷代绝笔。"又欧阳文忠《盘车图诗》云："古画画意不画形，梅诗咏物无隐情。忘形得意知者寡，不若见诗如见画。"此真为识画也。③

王维《袁安卧雪图》中的"雪中芭蕉"，自唐代以来一直倍受非议，以为不合情理，与世人批评《牡丹亭》的情形近似。汤显祖把此画作系连到《牡丹亭》，可见"沈汤之争"并不单纯是文辞、音律之争，亦不止于本色派与文采派之争，甚至牵涉《牡丹亭》的文学定位。以士人品位去评定各种艺术，是有明一代的潮流。④

从王思任的分析，亦可见《牡丹亭》创作时是以文辞为首要，而音律为次。李渔在《闲情偶寄·词曲部·贵显浅》中曾对《牡丹亭》作如下评述：

即汤若士《还魂》一剧，世以配飨元人宜也。问其精华所在，则以《惊梦》《寻梦》二折对。……《惊梦》首句云："袅晴丝吹开闲庭院，摇漾春如线。"以游丝一缕，逗起情丝，发端一语，即费如许深心，可谓惨淡经营矣。然听歌《牡丹亭》者，百人之中有一二人解出此意否？若谓制曲初心并不在此，不过因所见而起兴，则瞥见游丝，不妨直说，何须曲而又曲，由晴丝而说及春，由春与晴丝而悟其如线也？若云作此原有深心，则恐索解人不易得矣。……此等妙语，止可作文字观，不得作传奇观。⑤

① 徐扶明《牡丹亭研究资料考释》，上海古籍出版社1987年版，第12页。
② 汤显祖著，徐朔方笺校《汤显祖全集》，第682页。
③ 沈括著，胡道静校注《梦溪笔谈校证》，古典文学出版社1957年版，第542—543页。
④ 巫仁恕《品味奢华——晚明的消费社会与士大夫》，第6页。
⑤ 李渔《闲情偶寄》，上海古籍出版社2000年版，第34页。

李渔的论析,点出了《牡丹亭》作为案头文学的特质;"百人之中有一二人解出此意否"句,正说明该剧的读者及观众对象是精英阶层。过往多少人为汤显祖辩护,指出汤显祖对音律亦有相当高的造诣;[①]另亦有不少人在"沈汤之争"后追求"以临川之笔,协吴江之律",[②]这些讨论固然对后世戏曲发展裨益匪浅,但却似乎从来不是汤显祖最关注的问题。朱光潜(1897—1986)论及诗歌节奏的谐与拗时指出:

> 乐的节奏可谱;诗的节奏不可谱,可谱者必纯为形式的组合,而诗的声音组合受文字意义影响,不能看成纯形式的。这也是诗与乐的一个重要分别。[③]

从朱光潜的论述,可知在诗歌的文字与音乐之间,文字内涵似乎比较重要。汤显祖的《牡丹亭》,意在曲辞中,取其意即忘其言。在《词叙》中,王思任自称"予不知音律",并引汤翁之句,说欲持其四句诗作偈,乞佛教守护神"韦驮尊者永镇此亭。天下之宝,当为天下护之也"。[④] 可见无论是作者汤显祖、评点人王思任、出版者张弘、张弢兄弟、拥护者陈继儒、米万钟,都是从案头艺术的角度去评价《牡丹亭》,展现着晚明文人的意趣;甚至曲评家李渔亦肯定了该剧的文学成就。至于《牡丹亭》在舞台上是否卖座,似乎从不是文人圈子最关心的问题。远离舞台,突显了当时文人对雅俗之辨的自觉意识。在王思任的评点中,往往展现着与八股文相关的审美观。从汤显祖的自辩、王思任的评点、文人的附和,再到广大读者的支持,可以见出这本强调尊重原著精神的《清晖阁批评牡丹亭还魂记》,实际上呈现了在晚明消费文化的大环境下,文人对于雅俗之辨和士人身份的关注。王思任的评点本展现着晚明精英阶层如何透过士人品位及风尚,捍卫消费文化对文学创作的干预;而吊诡的是,他们的捍卫讯息还是透过"商品"——商业出版来传递。王评本的出版,呈现了明末消费文化中对雅与俗、士与商之间的区隔。古代"四民"架构对文人品位的建构起着举足轻重的作用,同时亦深深地影响着晚明文人的写作及出版倾向。

六、结 论

过往有关"沈汤之争"的讨论,多侧重于文辞上和音律上的审美观。然而,古代文人的审美观却跨越各种不同形式的艺术。汤翁的"却愧王维旧雪图"句,不但暗暗揶揄删改《牡丹亭》者,同时亦表现出他的书画审美观。汤显祖的美学选择,其实早已超出了文学和曲学的范畴,并展现着晚明文人圈的生活模式和文人品位;而这种生活模式则蕴含各种各样的文化实践、文人思潮和文人世界观。[⑤] 汤显祖《牡丹亭》所预设的读者群,指向与他背景相近的精英阶层,他们具备文学素养,能解读《牡丹亭》辞曲之美以及作品背后的旨趣,同时对书画有高度鉴赏能力。王思任是晚明著名的文学家及书画家,而他以八股文的书写技巧和策略来分析《牡丹亭》,从文学角度把《牡丹亭》与八股文贯通,可见"王评本"也指向当时处于精英阶层的读者,以及追慕精英文化的追随者,与汤显祖的预期读者重叠。是故王思任被誉为汤显祖的"知

---

① 刘淑丽《牡丹亭接受史研究》,齐鲁书社 2013 年版,第 150 页。
② 吴梅《顾曲麈谈·中国戏曲概论》,上海古籍出版社 2000 年版,第 162 页。
③ 朱光潜《诗论》,北京出版社 2011 年版,第 137 页。
④ 汤显祖著,王思任批点《重图汇校牡丹亭还魂记》,第 98 页。
⑤ Bourdieu, Pierre. *Distinction: A Social Critique of the Judgement of Taste.* Richard Nice (Trans.) (Cambridge, Mass.: Harvard University Press, 1979), p.283.

音",不无道理。王思任就着汤翁的诗句扬言要"永镇此亭",其后更有陈继儒及米万钟响应,后二人同样是明代享负盛名的书画家。他们不约而同地支持忠于《牡丹亭》原辞,可见他们抱持着与汤显祖相同的审美观。他们了解到"古画画意不画形"的美学观念,正反映出当时的文人风尚和品位,与沈璟、冯梦龙等只追求文辞合律、便于舞台演出的形式美,大异其趣。汤显祖撰《牡丹亭》固然是尚自然不受束缚,但他的作品并不如公安派文人那样追求不假雕饰,而是偏重秀丽的文辞。他以画喻曲,认为真韵士能"忘形得意",宁可"拗折天下人嗓子",亦不愿"割就时人景"作出让步。汤显祖的坚持,不仅是形式美的求索;更重要的是士人品位的追求与确立。汤临川以画喻戏,旨在针对吕天成、沈璟等曲家,仅是文人与文人之间的论争;但当王思任于《词叙》中引录汤翁的诗句,再加以陈继儒、米万钟等名士的多重鉴定,"王评本"《牡丹亭》则摇身一变成为名士"公认"的权威版本,而汤翁诗句背后的意味,亦随即转化成区隔精英文化与俗文化的标志。

俞平伯《〈牡丹亭〉赞》探析

陈 均

俞平伯先生是中国现代著名的新文学作家及古典文学学者。在古典文学研究领域,尤以《红楼梦》研究和诗词鉴赏最为知名。相对而言,他的曲学撰述较受忽视,一则是数量较少,易为其他领域研究的盛名所掩;二则是他的曲学撰述多从他对昆曲的爱好出发,"理论与实践相结合",[①]注重昆曲音韵等方面的研究,实际上可归属于昆曲研究,流通与交流范围较小,又不同于一般以文本、文献为主的古典戏曲研究,因而关注者较少。

在俞平伯已公诸于世的曲学撰述里,以对《牡丹亭》的论述居多。1983 年由上海古籍出版社出版的《论诗词曲杂著》,是俞平伯亲自选定的一本选集,内容以古典文学研究为主,书中 11 篇文章与曲学相关,其中 4 篇主题为《牡丹亭》,2 篇以《牡丹亭》为例,篇幅约占所选曲学文章的三分之二。1997 年出版的《俞平伯全集》,共十卷,包括散文、诗词、《红楼梦》著述、书信等,第四卷为词曲,收录"曲论"23 篇,其中论述主题为《牡丹亭》者 5 篇,但篇幅约占"曲论"部分之半。另有其他数篇也涉及《牡丹亭》。由这一情形,可见俞平伯的《牡丹亭》论述在其曲学研究中的分量与位置。

俞平伯与《牡丹亭》的渊源颇深,诗文书信里多涉之。[②] 就文章而言,可分为两类:其一,对《牡丹亭》文本与美学的解读与阐发,如《〈牡丹亭〉赞》;其二,曲论与剧评,如《杂谈〈牡丹亭·惊梦〉》、《说"借"字古今音读与〈牡丹亭·惊梦〉》、《〈牡丹亭〉"丹"字的用法(附说英文"狗"字)》、《谈弋阳腔〈还魂记〉剧本》。在这两类《牡丹亭》撰述里,以《〈牡丹亭〉赞》最为特出。因《〈牡丹亭〉赞》的写作时间最早,用文言文写就,而且篇幅较长,自成系统。从学界相关研究来看,虽然俞平伯的《牡丹亭》论述很受忽视,较少有文章征引,即使提及,也是浅尝即止,当作一种观点来简单罗列。但述及《〈牡丹亭〉赞》的频率相对较高,而且以称赞为多,只是并未有较深入的探讨与阐发。本文拟探析《〈牡丹亭〉赞》之文本,以阐发其深意,并探讨俞平伯对于《牡丹亭》的阐释,以及由此阐发的文学观念。

一、《〈牡丹亭〉赞》的撰写与流传

《〈牡丹亭〉赞》分为四个部分:前言、一、二、三。其中,"前言、一、二"写成于 1933 年 11 月 22 日,"三"写成于 1934 年 1 月 28 日。"前言"发表于天津《大公报·文艺副刊》(1934 年 1 月 13 日),"前言、一、二"发表于《东方杂志》第 31 卷第 7 期(1934 年 4 月 1 日),"三"发表于武汉大学《文哲季刊》第 4 卷

---

① 在《〈重圆花烛歌〉跋》里,许宝騤评曰:"平兄则歌喉不亮,唱来未必尽美,而深研曲学,成为理论与实践相结合之名家,实为难能可贵。"载《新文学史料》1990 年第 4 期。

② 譬如赵敬立在《〈牡丹亭〉与五四新文学》一文里,从《俞平伯全集》里摘录、列举了一些与《牡丹亭》相关的文字,虽不算全,但也可拿来说明俞平伯与《牡丹亭》之关系甚密切。载《2006 中国·遂昌汤显祖国际学术研讨会论文集》,汤显祖纪念馆编,西泠印社 2008 年版。

第3期(1935年6月刊行,发表时题为《〈牡丹亭〉赞之四》)。

关于《〈牡丹亭〉赞》的流传,俞平伯曾将其文出示给师友,查得两次:一次见于朱自清1933年12月6日日记"昨读平伯《牡丹亭》赞,颇有可取处";①另一次见于1935年6月19日俞平伯致周作人信,云"昨日在城内拟邀吾师在城东吃饭,电询云,出门,遂访废名于其屋,已稍好,尚未痊愈耳。《〈牡丹亭〉赞之四》一册,留常出屋,属其转呈"。②

《〈牡丹亭〉赞》各部分,从民国期刊里寻出,合璧成完整的一篇文章,应是在1983年出版的《论诗词曲杂著》。伍立杨在《读俞平伯〈〈牡丹亭〉赞〉》一文里,提及"在三十年代,曾集为一册出版",③此说尚未见实据。1986年由上海古籍出版社出版的《汤显祖研究资料汇编》,其戏剧评述部分,收录有《〈牡丹亭〉赞》,但选的是1934年《东方杂志》发表的版本(即只有"前言、一、二")。1997年出版的《俞平伯全集》所收录的《〈牡丹亭〉赞》为全本。

关于《〈牡丹亭〉赞》的引述与评价,大约有三种:其一,在戏曲研究领域,从学术史角度列入此文,如在《二十世纪中国古典文学学科通志》④里,将"三四十年代古典戏曲研究的进展"分为"写实主义式的研究"、"'历史的方法'的运用"、"社会批判式研究"、"悲、喜剧的美学批评"、"民族意识与救亡主题"五种,在"悲、喜剧的美学批评"写及俞平伯的《〈牡丹亭〉赞》,评之为"从审美的角度探讨《牡丹亭》的真与幻,虚与实",但所引的材料来源注明为《大公报》,其实仅涉及《〈牡丹亭〉赞》的前言部分。⑤ 江巨荣在《二十世纪〈牡丹亭〉研究概述》⑥里,认为"30至40年代《牡丹亭》研究随之走向深入",而俞平伯《〈牡丹亭〉赞》是"比较重要的论著",并提及《〈牡丹亭〉赞》的特点,如"以物之本性、人情之本性来肯定作品表现的自然本性,以至情之委婉曲折来肯定回肠荡气之至文","指《牡丹亭》自为一家,独有千古,都有新意。他将黛玉必死之道与丽娘必生之情作对比,以为生死虽相反,尽情则一致,尤为独到"。这些列举及评价,都将俞平伯此文置于学术史中进行考察。其二,在论述《牡丹亭》时,引用《〈牡丹亭〉赞》的若干观点作为论据。如张燕瑾在《牡丹亭畔谁为情》⑦和《〈邯郸记〉评议》⑧等文里,引用俞平伯此文的相关论述证明情是人的"自然属性";此外还有其他一些文章涉及,此处不赘举。其三,将《〈牡丹亭〉赞》当作一篇独立的文章,称赞其写法或文采。如伍立杨写及"最大优点是讲究文采之美";⑨程千帆谈及《〈牡丹亭〉赞》所体现的俞平伯的"趣味主义";⑩张中行在《俞平伯先生》⑪一文里,即说"俞先生,放在古今的人群中,是其学可及,其才难及。怎见得?为了偷懒,想请俞先生现身说法,只举一篇,是三十年代前期作的《〈牡丹亭〉赞》(收入上海古籍出版社1983年版《论诗词曲杂著》)。这篇怎么个好法,恕我这不才弟子说不上来,但可

① 载《朱自清全集(第9卷)》,江苏教育出版社1998年版,第267页。
② 载孙玉蓉编注《周作人俞平伯往来通信集》,上海译文出版社2013年版,第232页。此处所提的"一册",或是指发表此文的《文哲季刊》,或系此文之抽印本。
③ 伍立杨《梦痕烟雨》,四川人民出版社1995年版,第236页。
④ 刘敬圻主编《二十世纪中国古典文学学科通志(第3卷)》,山东教育出版社2012年版,第143—144页。
⑤ 《大公报》所载"前言"部分其实并无作者所评述之内容。
⑥ 汤显祖著 汪榕培译《牡丹亭:英汉对照》,上海外语教育出版社2000年版,第854页。
⑦ 载《南京师大学报(社会科学版)》2008年第4期。
⑧ 载《戏曲研究》第72辑,文化艺术出版社2007年版。
⑨ 伍立杨《梦痕烟雨》,四川人民出版社1995年版,第236页。
⑩ 程千帆《为肃清古典文学研究领域中的资产阶级思想而斗争》,载《红楼梦研究资料辑刊》,华东作家协会资料室编辑发行,1954年。此文虽是特殊历史阶段的批判文章,但也指出了俞平伯写作《〈牡丹亭〉赞》的某些渊源。
⑪ 载《读书》1989年第5期。

以说说印象,是如同读《庄子》的有些篇,总感到绝妙而莫名其妙";盖国梁在《论诗词曲杂著》的书评里提及"论析此剧特见精辟,从内容到形式,多有常人所不能道者"。①

以《〈牡丹亭〉赞》为主题的文章迄今只见到两篇,一篇是伍立杨的《读俞平伯〈牡丹亭〉赞》,据文末所标,写于"1990 年春",一篇是万云骏的《赞俞平伯〈牡丹亭〉赞》,刊于《戏剧艺术》1990 年第 3 期。伍文不仅针对文艺批评的现状,称赞《〈牡丹亭〉赞》的"文采之美",而且指出"这种文章效果,是俞先生努力造设的一种艺术境界",并认为《〈牡丹亭〉赞》"扩展丰富了原作的结构和内容"。② 万文认为《〈牡丹亭〉赞》"有相当的深度与广度",亦针对彼时《牡丹亭》的批评状况,据《〈牡丹亭〉赞》而提出"以《牡丹亭》为代表的汤氏的剧作,确实当得起'高峰'二字"。并依据俞平伯的观点,加以发挥,谈论《牡丹亭》的特色。

这两篇文章谈及《〈牡丹亭〉赞》的"深度与广度",或"文采之美"与"艺术境界",都对此文有一定的认知,但皆未深入。

二、《〈牡丹亭〉赞》分析之一:《牡丹亭》的文学史位置及诠释

从目前的文本来看,《〈牡丹亭〉赞》虽分为"前言、一、二、三",共四节,但可视为两个相对独立、又互有联系的文本,"前言、一、二"为一部分,"三"为另一部分,这和此文发表时的情况相合,而且,在俞平伯的写作构想里,亦是如此。在 1932 年 12 月 28 日俞平伯致周作人的信里,俞平伯谈及"《还魂赞》尚阁置,'美人'难言哉",③由此可见,在俞平伯的写作计划里,《还魂赞》(即《〈牡丹亭〉赞》)与《美人》(即《〈牡丹亭〉赞》之四的篇名)原是相对独立的两部分。

《〈牡丹亭〉赞》的"前言、一、二"又可分为两部分,"前言"为其一,"一、二"为其二,这不仅仅是"前言"曾独立先行发表于《大公报》,更是因为"前言"即是俞平伯的《牡丹亭》赞,而"一、二"两节为俞平伯《牡丹亭》赞"之解释说明。所以,"前言"可视为《〈牡丹亭〉赞》一文的总纲。

在"前言、一、二"这三节里,俞平伯最主要的观点,就是对《牡丹亭》在文学史上的位置的论定,并由"正"与"真"两方面对《牡丹亭》予以阐释:

> 窃观于文则有盲左;于辞赋则有三闾;于诗则有彭泽,则有杜陵;于词则有清真。……而《牡丹亭》出,竟以荒远梦幻之事,俚俗俳优之语,一举而遂掩前古……夫曲,晚近之作,小道也,得《牡丹亭》而与诗、古文辞抗颜接席,登临纵目,指点青螺……④

首先,横的方面,在与其他文类的比较中,认定《牡丹亭》在"曲"这一文类里具有代表性。《牡丹亭》不仅是"曲"这一文类里的最好的作品,而且,将"曲"由"小道"提升到与"诗、古文辞"相提并论的程度。

---

① 盖国梁《发前人之未发之覆》,载《中国社会科学》1984 年第 3 期。文章刊于"图书评介"栏,盖国梁为《论诗词曲杂著》的责任编辑之一。

② 伍立杨《梦痕烟雨》,四川人民出版社 1995 年版,第 238 页。

③ 载《周作人俞平伯往来通信集》孙玉蓉编注,上海译文出版社 2013 年版,第 211 页。此处《还魂赞》用书名号,"美人"用引号,想必是编注者所加,原书信不会有此符号。大概编注者以"美人"为《牡丹亭赞》之一部分,故如此处理。因未见原信,符号暂用编注者之处理。

④ 俞平伯《牡丹亭赞》,《东方杂志》第 31 卷第 7 期,1934 年 4 月 1 日。《〈牡丹亭〉赞》"前言、一、二"的文本皆引自此处,不再另注。

其次,纵的方面,俞平伯认为《牡丹亭》上承《诗经》,"盖直接《诗》三百之法乳也"。在相近时间所写的《古槐梦遇》里,俞平伯也有一则札记写道:"《牡丹亭》是《诗经》的注脚"。[①] 无论是"接""发乳"还是"注脚",都表明俞平伯认为《牡丹亭》与《诗经》的精神是相通的。

如此,俞平伯就在历史时空的坐标上界定了《牡丹亭》在中国文学史上的位置。此后,用了两节的篇幅以"真"与"正"来具体诠释这一定位。

"一"这一节解释《牡丹亭》的"正",分为三步进行论证:首先说《牡丹亭》之"正"为何:"直自然之本然耳","是固授受之真,圣哲之微言矣。曲,小道也,却接此薪传,挥写出洋洋洒洒、花花絮絮之文章……"这一论断,常被论者引用,解释《牡丹亭》的情之本意。但这只是俞平伯解释《牡丹亭》之"正"的意思里最基本的一层。其次,他提出《牡丹亭》之"正"为何能成为"至文",也即写人性、写男女之情者比比皆是,为何《牡丹亭》能成为"曲"之代表,并将"曲"提升至与诗文并列。俞平伯以"诚"来说"正",述杜丽娘的"伤春之诚"与柳梦梅的"惊艳之诚":

> 人间女子伤春之诚有如杜丽娘者乎?春游而感之,感春而梦之,梦春而寻之,寻之而竟殉之矣。丈夫惊艳之诚亦有如柳梦梅者乎?无非拾得一画耳,而玩之、叫之矣,不足,而见之矣,见之不知其为鬼也,及知其为鬼也,犹不足,遂掘墓而发棺矣。

在俞平伯看来,正是这种写法,使得《牡丹亭》达到了一定的深度,"夫《牡丹亭》者,是能瞠目直视吾人之情性,领会而洞彻之,而又能不弯不曲写放之者也,是能以芥子示视须弥者也"。因"立意之高远"、"取譬之切近",使得《牡丹亭》成为绝好的文学作品。

在"二"这一节,俞平伯则着力论证《牡丹亭》之"真"。首先,俞平伯指出汤显祖所说《牡丹亭》的"情之所必有"、"理之所必无"即是"真"与"实",因之辨析"真"与"实"的关系。俞平伯以黑狗白狗为喻,提出概念与文学上"真"与"实"关系的不同。在文学里,"真"与"实"的对应是多重的,"有不似实而真者矣,有似实而亦真者矣,有似实而不真者矣,有不似实而亦不真者矣",而《牡丹亭》则是以"不实为真":

> 若《牡丹亭》者,曲中之翘楚也,善以不实为真者也,善以凄迷如烟芜、愁艳如花雨之笔,舒儿女之情者也。

此后,俞平伯又引出"幻"与"至实"来进一步论证《牡丹亭》之"真"。

> 然谓之不实可也,谓之至实亦可也。不实安得谓之至实?真也。真非实,又安得谓之至实?生于实也。真不生于实,又安生耶?故谓真为至实也,亦谓不实之真为至实也。
>
> 由实而真。真者无尽实,此哲理也;由实而真而幻,幻者真之化身,此文心也。哲士不尽为文人。而文人者皆不知名、不专业之哲士也,非哲士即非文人也。文之于哲多一弯,只此一弯中便生出种种是非来,所谓幻也。幻似实而非,是摄实而成者,非离实而生者。《牡丹亭》以幻示真。盖真不可徒

---

① 俞平伯《古槐梦遇》,世界书局 1936 年版,第 14 页。

示也;以真统实,盖实独言之不达,悉数之则不可终也。

"不实"即是"至实",而"实"借"幻"而显示"真"。俞平伯区分文学与哲学,而将这三个概念系于一身。

俞平伯再以小孩子描红为喻,来说明"真"与"实"之关系,并说"人第赏其文章之奇幻,而不知乃正到极处,真到极处,忠厚到极处使之然"。

在"一"、"二"两节里,俞平伯论证《牡丹亭》之好处,"正"即是《牡丹亭》之精神,"真"即是《牡丹亭》的写法,两者统一起来,即成就了《牡丹亭》在曲这一文类中的位置以及在文学史上的位置。

三、《〈牡丹亭〉赞》分析之二:"情"与"美"之统一

《〈牡丹亭〉赞》之"三",独有一个题目,为《美人》。在原初发表时,题为"《〈牡丹亭〉赞之四》",从这一顺序来看,这一节相对独立,与前三节谈论《牡丹亭》的文学史位置不同,乃是分析其人物形象及其寓意;但是,这一节又是承接前三节之文意而来。

这一节的前半部分,以"春"来解释杜丽娘与柳梦梅,以杜丽娘为"春之化身"、"春之本然"。

> 杜丽娘之为荼䕷、杜鹃何? 岂真以"杜、杜"、"荼、杜"为邻类乎,殆非也。盖杜鹃、荼䕷,春二三月花也,花之晼晚者也;子规,尽情之物也,尽春之情其为杜丽娘乎?[1]

俞平伯从传奇文本、曲词里归纳出杜丽娘为"尽春之情",而柳梦梅则是"春卿",亦是杜丽娘之"心象"。由杜丽娘和柳梦梅这一象征性的关系出发,俞平伯分析《牡丹亭》的结构及写法,如《牡丹亭》的第一出为《言怀》,正是"梅先春,柳亦先春";又云这种写法是"于笔,恰中锋也;于摄影,恰好正面全景也"。《牡丹亭》之写法,正是这种象征系统造就,因而可以解释或反驳之前对于《牡丹亭》结构上的种种批评。

之后,俞平伯又以"厚德配深情"来解释杜丽娘与柳梦梅之关系,以及《牡丹亭》的结构系统。

> 柳生是何罕物,遽欲占断三春耶。盖作者欲以厚德配深情也,非作者欲以厚德配也,以人世惟厚德堪耳。厚德载物,情深于是乎栖迟,且有终焉之志矣。柳生自许曰"一味志诚"(《欢挠》),丽娘复许之曰"志诚无奈"(《婚走》),柳生之德之厚诚然矣,然生宾卿也,《牡丹亭》能叙之,不能描之,复以杜女之情之深推知之。非至厚之德将无当至深之情,故作者遂濡染大笔,乐得淑女以配君子矣。

俞平伯回到"美人"这一主题,先是论说"春"与"美人"之关系,引《牡丹亭·惊梦》之曲为例:

> 【皂罗袍】"原来姹紫嫣红开遍,似这般都付与断井颓垣",此曲旦唱,美人(丽娘)惜春,主中宾也。【山桃红】"则为你如花美眷,似水流年"。此曲生唱,春(春卿)惜美人,主中宾也。

---

[1] 俞平伯《〈牡丹亭〉赞之四》,《文哲季刊》第4卷第3期,1935年6月。"三 美人"的文本皆引自此文,以下不另注。

此后又探讨写"美人"之手法,实写与虚写,并因诗词及《西厢记》为例,而在《牡丹亭》里,则寻出柳梦梅邂逅重逢之三见,"一见诸《拾画》,二见诸《玩真》,三见之于《幽媾》",而在三见之际,柳梦梅分别以画中人为观音大士、嫦娥、人间女子。俞平伯以此情节,来写杜丽娘的"美"。

俞平伯并以"美"字易汤显祖《牡丹亭》自题里的"情"字:"今引自序之词,只以一字易之:'生而不可与死,死而不可复生者,皆非"美"之至也。'斯言也,仆固自信并能发作者之未发矣。"俞平伯这一提法,一方面表达了他对"美"之崇拜,"丽娘即以自身之美而超越死生之界也"。另一方面,将"情"易为"美",确也将《牡丹亭》原有的内涵翻出一层,打开了更大的空间。因此,俞平伯进一步探讨"情"与"美"之关联。

> 故有情焉、美焉,情必深而美必至。不深不至,意不快也。有深情焉、至美焉,必以一身兼之。

在俞平伯的观念里,"情"与"美"亦是一体的。而《牡丹亭》正是兼有"情"与"美",所以能成为妙文。此节主题为"美人",实际上还是分析"美"与"情",并论说《牡丹亭》之写法,因而得出结论《牡丹亭》为"至情至文"。

四、《〈牡丹亭〉赞》分析之三:《牡丹亭》与《红楼梦》

俞平伯于 1923 年出版《红楼梦辨》。虽然俞平伯的主要研究领域并非是《红楼梦》,但《红楼梦》一直是他所关注的。在《〈牡丹亭〉赞》中,有数处引《红楼梦》来阐释《牡丹亭》,其实亦是以《牡丹亭》来阐释《红楼梦》。此处举两处篇幅较长之文字为例:

其一在"二"之结尾,即俞平伯以"真"、"实"来论《牡丹亭》,《牡丹亭》之"不实"即"真",举《红楼梦》与《续红楼梦》为例,因《续红楼梦》里林黛玉"还魂","分明"是《牡丹亭》里杜丽娘之"还魂"。但《续红楼梦》之所以被批评,是因为失"真":

> 盖《红楼梦》之黛玉有必死之道,《牡丹亭》之丽娘有必生之情也。黛玉之死必然也,不死不足以尽情也;丽娘之生亦必然也,不生不足以尽情也。生死相反也,而必然之致一也。

"尽情"乃是"真",故不在于"还魂"是否为"实"。所以俞平伯分析说续书作者不理解《红楼梦》之结构,所以"其病在于失真,不在于失实,以失真而遂失摄实之力,以悖乎实则举世笑之勿怪也"。

因此,俞平伯评说《红楼梦》与《牡丹亭》皆是"有情之宝典"、"天下之至情至文",并说"雒诵《牡丹亭》而熟读《红楼梦》"。从以上评语可知,俞平伯将《牡丹亭》与《红楼梦》同等视之,都当作是文章写法之典范。

其二在"三 美人"之中间,由以杜丽娘为"春",而向"美人"转换之时,举林黛玉听《惊梦》【皂罗袍】之句"原来姹紫嫣红开遍,似这般都付与断井残垣",听"良辰美景奈何天,赏心乐事谁家院",举林黛玉听【山桃红】之句"只为你如花美眷,似水流年。你在幽闺自怜"。

> 尽人世之情于一美,尽美人之美于一叹,故有情领会唯在《还魂》,《还魂》主峰则曰《惊梦》,《惊

梦》之警策只有这八个字,"如花美眷,似水流年",竟被他脱口说出,又立即被他说完了,使后之来者无以措词,文心之美至于此乎!

以林黛玉听《牡丹亭》之感叹,而读解《牡丹亭》,此是俞平伯以《红楼梦》来证《牡丹亭》,且提出"如花美眷,似水流年"之于《惊梦》、之于《牡丹亭》之作用。并以此证明《牡丹亭》的"文心之美"。

在其他文章里,俞平伯亦有此种引申,如《杂谈〈牡丹亭·惊梦〉》一文,谈及"《惊梦》两只【山桃红】,合头并作:'是那处曾相见?相看俨然。早难道好处相逢无一言。'这正和《红楼梦》第五回宝玉初见黛玉的说法相似"。① 此处不再多举。

总体而言,俞平伯举《红楼梦》来解说《牡丹亭》虽只是局部之例,但在俞平伯的文学观念里,《红楼梦》与《牡丹亭》同样都是"绝丽文章",而俞平伯比较《红楼梦》、《牡丹亭》,既是探析二书的特点,也是探讨文章之写法。

五、结　语

在现代文学史及文学学术史上,《〈牡丹亭〉赞》的文体是独特的,用文言文写作,且近似晚明小品,并不同于现代学术文体。以上分析只是举其大要,而此文的大量细节亦可玩味。《〈牡丹亭〉赞》一文的写作也可作更多分析,一方面,它是新文学家用文言写就。众所周知,新文学之成立,正是以批判旧文学为基础,俞平伯乃是第一代新文学作家,以新诗与散文成名。但在二十世纪二三十年代,忽然对旧体诗词、文言文的写作发生兴趣,不仅出版了《古槐梦寻》等明清小品式的随笔,而且还写作了此篇《〈牡丹亭〉赞》,并与朱自清、废名、周作人进行了交流。另一方面,它注重文章之美。俞平伯写作《〈牡丹亭〉赞》,不只是对《牡丹亭》之内涵作出阐发,对其结构进行分析,更重要的是,这一写作方式(如上所述,用小品、笔记的方式),借谈论《牡丹亭》来谈论文章的写法,再以文章写法来证《牡丹亭》,两者相互交织,几乎成为一体,构成了一种"浓质"的随笔式写作。《古槐梦遇》一书里,俞平伯云"觉得有写出一大部绝丽的文章的把握"。② 在俞平伯的观念里,《牡丹亭》、《红楼梦》皆是绝丽文章。而具有绝丽文章的写法,则是俞平伯竭力探寻的目标。所以,在《〈牡丹亭〉赞》的"前言"里,俞平伯首先提出"情生文"、"文生情"这一对概念,而在文章结尾则说"至情至文"。"情生文,文生情"之探讨,似是此时俞平伯及其师友所关注的一个主题,如周作人给废名所写《〈莫须有先生传〉序》里,即评废名之文"《莫须有先生》的文章的好处,似乎可以旧式批语评之曰:情生文,文生情"。③ 与此同时,废名在北大讲解新诗,亦探讨"情生文,文生情"。④因此,这既是和俞平伯本人的文学观念的变化有关,亦是一种文学氛围,和二十世纪二三十年代"苦雨斋文人"或京派文人的文学观念的转向有关。

《〈牡丹亭〉赞》的写作追摹明清小品,于《牡丹亭》之阐释胜意颇多,可以说是近现代文学及学术领域里对《牡丹亭》阐释非常充分,且有深意与新意的一篇文章。而且,正如俞平伯以《牡丹亭》为"作者之心

---

① 载《戏剧论丛》1957 年第 3 辑。
② 俞平伯《古槐梦遇》,世界书局 1936 年版,第 27 页。
③ 周作人《〈莫须有先生传〉序》,载废名著《莫须有先生传》,开明书店 1932 年版。
④ 废名《谈新诗》,人民文学出版社 1984 年版,第 5—6 页。

影"，《〈牡丹亭〉赞》之文亦是"作者之心影"。也即，在此文里，俞平伯全然倾吐了他的文学趣向、文学意象以及文学世界。我们可以从《〈牡丹亭〉赞》里，反观俞平伯的文学与人生。

　　《〈牡丹亭〉赞》一文，虽与俞平伯对昆曲的爱好与演唱有关，(《〈牡丹亭〉赞》"前言"云："夫岂不知《牡丹亭》本不必赞，赞亦不可胜赞耶！读之可耳。余读之数十遍，其中数折又歌之数十百遍，有一见而倾倒者，有数遍数十遍之后而渐觉好者，有数百遍而始开口笑者，有至今而茫然者，亦终身读之而已。赞何为哉！赞之者何？恨辞也。")但主要还是集中于《牡丹亭》文本及价值的阐发，并不直接与度曲关联。俞平伯还写有数篇探讨《牡丹亭》的曲学方面的文章，以及与华粹深一起整理改编了近代以来第一部缩编版全本《牡丹亭》，这属于昆曲研究的范畴，我将另文述之。

汤显祖《南柯记》人文精神分析

张福海

汤显祖的《南柯记》是一部表现人物意识流动的心理剧;剧作以作为个体的淳于梦失去群体的无奈、孑然无助的焦虑和苦闷、梦境中的人生悲欣沉浮、出梦的醒悟和超越,构成哲理性情节,引向深邃的哲思;汤显祖以"情本体"立论,剧中寄予了他个人深切的人生感受,创造性地描写了淳于梦对世俗凡情的执着和挣脱与自我超越、自我实现的精神升华的情感痛苦过程,由此把个体生命意识的深度和精神自由的高度推向前所未有的心灵境地,同时也把观众带入新异的审美体验之中。晚明以来,这部剧作就受到戏剧学者的重视和关注,评价亦高,但给予的解读并不一致。《南柯记》是一部什么样的剧? 汤显祖寄予的是怎样的思想和感情? 当我们放下既定的观念,穿越时空接近他的时候,我们才知道,在中国戏剧史上汤显祖和他的剧作如同世界戏剧史上那些光辉耀眼的戏剧家们一样,具有独立于任何时代而具有恒久的价值。

一、《南柯记》在历史上的评价

汤显祖的"临川四梦"剧作中,首先被推重的是《牡丹亭》;《牡丹亭》创作于明代的万历二十六年(1598),而另外三部是分别创作于万历十五年(1587)的《紫钗记》,万历二十八年(1600)的《南柯记》和万历二十九年(1601)的《邯郸记》。明清以来《牡丹亭》、《紫钗记》和《邯郸记》都曾经上演过,尤其以《牡丹亭》影响最大,《南柯记》则因为创意独特,自标一格,从万历年间问世以后,亦上演不辍。如明末戏剧家祁彪佳在他的日记里,就记载他曾在杭州观看《南柯记》的剧目。[①] 这个时期,演出的剧目还都是全本戏。但是到了清代的乾隆(1736—1796)、嘉庆(1796—1821)年间,全本戏消歇,舞台上演出的昆剧主要是折子戏;昆剧进入折子戏时代。在此背景下,《南柯记》也像其他昆剧的剧目一样,只有单折流传,如《瑶台》、《花报》以及《点将》、《就徵》等。但是,作为折子戏的形式,演出也不是多么频繁,只有《瑶台》和《花报》两折戏(这两折中主要是《瑶台》一折),无论在宫廷还是在民间,都是很受欢迎的。那么,如果从乾隆年间算起,到现在也至少有二百六七十年的时间全本的《南柯记》没有再在舞台上出现了。折子戏毕竟不是全剧,也难以从单折戏来窥见整个戏的全貌,感受全戏的审美意蕴。但是,就《南柯记》剧作本身来说,在历史上却一直受到文人士大夫阶层的赏识,因而流行的版本仅逊于《牡丹亭》,是最多的一种。只是到了近现代以来,特别是自1980年代以来,由于《牡丹亭》受到格外的重视,驰名中外,它的光辉把《南柯记》和另外两部戏剧几乎都遮蔽了。

---

① 陆萼庭在《昆剧演出史稿》一书中,从祁彪佳的《祁忠敏公日记》中,就其于崇祯五年壬申(1632)到十二年己卯(1639)7年间在北京、杭州、绍兴三地记载的所看剧目中的一部分进行的统计,排出了一份86种传奇的戏单,其中就有《南柯记》一剧在内。参见该书第90、91页。上海文艺出版社1980年版。

因此,历史上关于《南柯记》的评价,主要是从文本出发并停留于文本,而不是剧场上的。最早对《南柯记》做出评价的是王骥德(1540—1623)。他在《曲律·杂论》中,首先批评了《紫钗记》和《牡丹亭》是"第修藻艳,语多琐屑","腐木败草,时时缠绕笔端"的问题,①然后对《南柯记》连同《邯郸记》评论说:"至《南柯》、《邯郸》二记,则渐削芜类,俛就矩度。布格既新,遣词复俊。其掇拾本色,参错丽语,境往神来,巧凑妙合,又视元人别一蹊径。技出天纵,匪由人造。使其约束和鸾,稍闲声律,汰其剩字累语,规之全瑜,可令前无作者,后鲜来哲,二百年来,一人而已。"②这个评论,是从形式方面立论的,也就是立足于剧作的语言即唱词的音韵方面的,不是对剧作主题思想的评价;但仅就这方面说,王骥德的评价无疑是对汤显祖戏剧语言的至评。涉及《南柯记》思想性的,是王思任(1575—1646)。他在《批点玉茗堂牡丹亭序》中阐述"临川四梦"的"立言神指"时说:"《邯郸》,仙也;《南柯》,佛也;《紫钗》,侠也;《牡丹亭》,情也。"③对剧中具体人物形象的评论,则有吕天成(1580—1618),他在《曲品》中评价说:"《南柯梦》,酒色武夫,乃从梦境证佛,此先生妙旨也。眼阔手高,字句超秀。"④这个评价很简略,但不出王思任的"佛旨"说。超出佛旨说的,是近人王季烈(1873—1952)在《曲谈》中的点评:"《南柯》之《情尽》,《邯郸》之《生寤》,洵足发人深省。一洗寻常词曲家绮语矣。"从总体上评价《南柯记》的是近人吴梅。吴梅(1884—1939)在《中国戏曲概论》一书中,评价《南柯记》时说:"此记畅演玄风,为临川度世之作,亦为见道之言。其自序云:'世人妄以眷属富贵影像,执为我想,不知虚空中一大穴也。倏来而去,有何家之可到哉。'是其勘破世幻,方得有此妙谛。'四梦'中惟此最为高贵。盖临川有慨于不及情之人,而借至微至细之蚁,为一切有情物说法。又有慨于溺情之人,而托喻乎沉醉落魄之淳于生,以寄其感喟。淳于未醒,无情而之有情也;淳于既醒,有情而之无情也。此临川填词之旨也。"⑤吴梅此番议论,超迈前贤,认为勘破世幻,得其妙谛的《南柯记》,在"四梦"中"惟此最为高贵"。他甚至不同意王思任的"《还魂》,鬼也;《紫钗》,侠也;《邯郸》,仙也;《南柯》,佛也"的观点,而独辟蹊径,指出"殊不知临川之意,以判官、黄衫客、吕翁、契玄为主人。所谓鬼、侠、仙、佛,是曲中之主,而非作者意中之主。盖前四人为场中之傀儡,后四人则提掇线索者也。前四人为梦中之人,后四人为梦外之人也。既以鬼、侠、仙、佛为曲意,则主观之主人,即属于判官等,而杜女、霍郡主辈,仅为客观之主人而已。玉茗天才,所以超出寻常传奇家者,即在此处。"⑥他还在《瞿安读曲记》中进一步议论说:"《南柯记》悟彻人天,勘破蚍蚁,虽本唐人小说,而言外示幻,局中点迷,直与内典相吻合。此为见道之作,亦即玉茗度世之文。"⑦吴梅在这里所指明的《南柯记》,是"悟彻人天"的"度世"之作,因此分析说:"独《南柯》之梦,则梦入于幻,从蝼蚁社会杀青。虽同一儿女悲欢,官途升降,而必言之有物,语不离宗,庶与寻常科诨有间。使钝根人为之,虽用尽心力,终不能得一字;而临川乃因难见巧,处处不离蝼蚁着想,奇情壮采,反欲突出三梦之上。天才洵不可及也。"⑧吴梅曾有几处对《南柯记》的评价,认定在其他三剧之上是不改变的。

上述历史上的学者关于《南柯记》的评价,以今天的眼光来看,固然是属于古典戏剧的立场,但是,他

---

① 王骥德著,陈多、叶长海注释《曲律注释·曲律卷第四·杂论第三十九(下)·七三》,上海古籍出版社2012年版,第307页。
② 《曲律注释》,第307页。
③ 王思任《批点玉茗堂牡丹亭序》,引自陈多、叶长海选注《中国历代剧论选注》,湖南文艺出版社1987年版,第197页。
④ 吕天成《曲品》,中国戏曲研究院编《中国古典戏曲论著集成》(六),中国戏剧出版社1987年版,第230页。
⑤ 吴梅《中国戏曲概论》,王卫民编《吴梅戏曲论文集》,中国戏剧出版社1983年版,第158页。
⑥ 吴梅《中国戏曲概论》,王卫民编《吴梅戏曲论文集》,第159—160页。
⑦ 吴梅《瞿安读曲记·明传奇·南柯记》,王卫民编《吴梅戏曲论文集》,第427页。
⑧ 吴梅《中国戏曲概论》,王卫民编《吴梅戏曲论文集》,第159页。

们作为个体的感受、认识和评价,虽属古典戏剧范畴,却又有所不同。就作品的思想指向或内在意蕴来说,王思任和吕天成都是从佛觉的立场来进入和评价的,影响很大,其中王思任关于"《南柯》,佛也"的看法,直到今天还被人认同和不断引用,甚至成为对《南柯记》的定论。吴梅的评价却远不如王思任的影响那么大,但他对《南柯记》的认识和评价,不囿于佛学的诠释,剧中的淳于棼能够"勘破世幻","悟彻人天",从而使《南柯记》成为"玉茗度世之文",其所达到的效果则是与"内典(即佛学)相吻合"的,但不是佛学的注释,因此,在"三梦之上",是"最为高贵的"。这是有关《南柯记》评价中最有见地的意见,也是自古及今唯一这样来推重《南柯记》的人。

二、汤显祖的"情本体"思想

汤显祖(1550—1616),字义仍,号海若、若士、清远道人。江西临川人(今抚州市)。他出身书香门第,早年即以颖悟超群、才华卓异而文名远播,14 岁院试中考取诸生(就是秀才),21 岁在乡试中考中举人,22 岁开始参加国家最高级别的进士考试,就是会试。从此,奔波在求取功名和仕途的道路上,历经坎坷。进士及第,是中国古代知识分子唯一的进身之阶,汤显祖一共花了 12 年的时间才获得。12 年里三次落第,一次弃考,到第五次才中第成功,这年他 34 岁。之所以这样艰难,不是因为他能力不逮,他是明代的举业八大家之一,以他的才能,可以轻取上乘。头两次未中的原因不得而知,但后来的两次(包括他的弃考)却都是由于首辅张居正徇私舞弊,致使汤显祖科场受挫。直到万历十年(1582)张居正死掉,汤显祖才于第二年(1583)考中。朝廷授予他南京太常寺博士(七品)、后改任詹事府主簿(从七品)和礼部主事(六品)。他在礼部主事任上,忧心国事,提出刷新吏治,革新政治的主张,并于万历十九年(1591)上《论辅臣科臣疏》。他的奏疏直指神宗万历皇帝不作为、揭露首辅申时行及朝臣贪腐成风的现实,因而触怒了皇帝而被降职到广东徐闻县充任不入品阶的典史(相当于现在的公安局长)一职。一年后复官,委任浙江遂昌知县;在遂昌五年,政绩斐然,但却久令遂昌不迁,终于万历二十六年(1598),弃官归里,直至去世。

汤显祖弃官固然是因为得不到朝廷的重用而未能遂愿升迁的缘故,但也正是因为仕途多舛而深感自己真挚、热切的用世之情、忠君为国的经邦抱负得不到应有的施展,才由曾经寄以的热切期待而失望,并由失望而绝望,最后做出了弃官而归的选择。他对仕途的绝望是来自他对官场腐败和堕落的切身闻见及感受;他也曾有过多次晋升的机会,却都放弃了。诚如他的朋友们的劝言:把耿介的性情改一改,随顺一些。但汤显祖没有接受,他以抱诚守真的精神进入官场,以性情正直、洁身自好、不与他人苟合的狷介态度对待他生存的世界,追求美的理想,不愿意违逆自己的人生信念而委曲求全去获得进身之阶。这种清高孤傲、势出尘表的可贵精神,来源于他所认定和确立的启蒙思想和佛学的自由精神。

人类社会的发展,大体走着相同的路径,人类心灵的发展也相差无几。明代晚期,也就是嘉靖(1522—1566)之后的社会,从经济和思想文化上,中国传统型社会开始向近代型社会转向,生长出具有近代性质的启蒙思想,即以"人的重新发现"为价值取向的近代人文主义思潮,西方社会则发生了文艺复兴运动。这种对人类普遍价值的认同,致使以往区域的或国别的历史开始进入具有世界性意义的历史。汤显祖正是在这个背景下,形成他的"情本体"的审美观。他对此阐述说:"世总为情,情生诗歌,而行于神。天下之声音笑貌大小生死,不出乎是。因以憺荡人意,欢乐舞蹈,悲壮哀感,鬼神风雨鸟兽,摇动草木,洞裂金石。"①这就是汤显祖理解的人与情的关系:人生的一切行为都是源于情,为了情。因此,情是人的本体论意义上的存在,而且充满人间,同时也弥漫于大千世界,通乎宇宙天地,所以,它的力量可以"摇动草木,洞裂金石"。

汤显祖的"情"是与宋明以来宣扬的儒家正统观念的"理"相对立的。宋明理学的"理",作为哲学上的"本体"论,与历史上那些形而上学的本体论别无二致。宋明理学的"理",企图用来解释世间的一切,因而这种一元本体论对现实世界"以理相格"的结果是人的鲜活生命都被抽空了。汤显祖认识到这个"理"的残酷,因而回答说"第云理之所必无,安知情之所必有耶"。② 汤显祖的"情",显然是和当时专治社会推行的严酷的社会禁锢的"法"相对立的。他否定有法之天下,认为"尊吏法"的有法的天下是"灭才情"的天下,就是李白生于斯世,也只能是"滔荡零落",低眉俯首,哪里会才情奔涌呢!

汤显祖的"情本体"是晚明启蒙思潮的产物,此时,也正是西方文艺复兴运动蓬勃发展之际,亦即摆脱中世纪神权藩篱,高举人本主义、理性至上旗帜的时代。伴随着人的地位的凸显,科学的昌明,及至近代以来,在精神领域,诞生了心理学、精神分析学等各类人文科学。而中国的传统道德理性的片面发展,使原本就未得到充分发展的人文精神——个体主义,自两宋以来,隐没不显。至明代心学的创立以及汤氏从事戏剧创作的时代所依赖的背景——心学异端思潮的涌起,才透显出个性解放的灵光。在汤显祖之前的心学大师、陆(九渊)王(守仁)学派的代表人物王守仁(阳明)(1472—1529)开其端绪,提出"只信自家良知","不以孔子之是非为是非"的"心本体";继承王学的泰州学派,以"非名教所能羁络"而推动启蒙思想的发展,继而有与汤显祖同时代的李贽(1527—1602),这个被视为异端之尤的思想家讲的是:"君子以治人,更不敢以己治人者,以人本自治。人能自治,不待禁而止之也。既说以人治人,则条教禁约,皆不必用。""则千万其人者,各得其千万人之心,千万其心者,各遂其千万人之欲,是谓物各付物。"③反对"条教禁约",主张"自治",正视"千万人之心","千万人之欲",乃是王学"良知是尔自家准则"的充分发挥,并突出表现为对个性解放的强烈要求。

中国早期的这种阐扬自然人性论的启蒙思想,如李贽的"童心说",袁宏道的"独抒性灵说",以及冯梦龙、周铨、闵景贤的情感本体论等等,无不具有自然人性论的鲜明特征。因此"人的重新发现"、"个性解放"和"重新估定一切价值"成为晚明时期人文主义精神的中心内容!这个中心内容,在汤显祖这里则体现为"情本体",并贯穿在他的全部戏剧作品中,《南柯记》是其中最为独特的表达。

三、淳于棼的自我实现与审美超越

"人生如梦"是中国传统社会对人生、对个体生命之于世间存在关系的理解和认知,是最有影响力的一个思想观念,并且带有生命母题一样的色彩。汤显祖的《南柯记》就是借用这个具有生命母题意义的思想观念,以人物的内心活动为视像,展现人物的意识流动和心理真实,形象地表达了自己对此在在世生命的深切感受和哲理思考。

可是,以往关于《南柯记》的解读,居于主导地位的是"佛觉说",即淳于棼因佛法而开悟的认识。显

---

① 汤显祖《耳伯麻姑游诗序》,汤显祖著,徐朔方笺校《汤显祖集全编》(三),上海古籍出版社2016年版,第1497页。
② 汤显祖《牡丹亭·作者题词》,人文学出版社1998年版。
③ 《李氏文集》(卷十八)《明道古灯录》(卷上),转引自萧萐父、许苏民《明清启蒙学术流变》,辽宁教育出版社1995年版,第98页。

然这是对汤显祖这部剧作的误读。汤显祖固然在戏中写了僧人契玄法师这条线,但是,契玄法师不过是戏剧中构成情节的人物,这个人物所带来的情节,不是单纯地用于写契玄的,而是为了淳于棼的思想活动设置的,是为淳于棼最后实现精神超越、自我完成做铺垫和牵引作用的。不限于此,历史上这几位名家画龙点睛式的评点,也大都是传统的、感性化的,如对于淳于棼因酒被逐之"被逐"的理解,淳于棼是山东东平人,为什么不在东平而客居扬州的追问,以及淳于棼因何梦入大槐安国的主观动机的认识,均缺少必要的心理探究和深层的精神分析。因此,还没能够真正揭示汤显祖在整部戏情节构成上运思的独特,及其在设计上完成的思辨性的哲理用意。

我们看到,戏中的淳于棼,因醉酒而贻误战机,遭到革职。汤显祖没有告诉我们淳于棼醉酒的原因,那么,我们以淳于棼后来的行止,即对现实的执着来观察猜想,应该是为某种事体的不满情绪所致。酒作为事相,从来都是精神化的,醉酒自有原因,不然这么重要的、作为导致情节发生的事件和情节展开的前因,怎么会是随便安排的呢!汤显祖无需对此有什么交代,我们可以推知。——剧中因此遭弃而落魄扬州的淳于棼,虽然是被弃者,但他并不甘心、也不情愿离开那个自己指望建功立业、赢得声名的营垒——为那里的梦想和追求,曾经寄予了他的一片深情。我们理解汤显祖塑造的这个人物形象:淳于棼是一个不肯退步的积极入世者,且自视甚高,正如他自评的那样,"人才本领,不让于人"——他是有本事的人;恰当风华正茂之年,卓尔不群,前途无量。他的人生理想和为之努力奋斗的目标,就是建功立业,功成名就,妻妾成群,锦衣玉食,权倾一方,众人景慕,荣华富贵。如今自己所努力奋斗的、期望的这一切都已经遥不可及了。而面对现实,更为严峻的是,自己的年龄已经到了"三十前后"的而立之年,"名不成,婚不就,家徒四壁",每天只"守着这一株槐树",生活是"冷冷清清",心情是"淹淹闷闷",于是,"想人生如此"样子,还"不如死休"!① 被弃后的孤独、苦闷和绝望笼罩着他,他有一种潜在的恐惧感。淳于棼这种入世而不得的内心感受,被透彻地揭示了出来,从中也让我们清楚地看到,这是淳于棼被抛弃后一个人面对这个世界必然如此的根本处境和心情,这种心情无以排遣,便只能借酒浇愁,用来打发日子,但也是内心实有不甘的表达。

淳于棼被群体所弃,是剧中的重大关目。如果说被弃前的淳于棼作为群体中的一员,那时他是在一个有着严格规范的体制里生存;这个规范的体制,剧中设计的是军队,也就是说,汤显祖把淳于棼所生存的体制其规范化的程度强调到极端——军队的整体化、规范化、等级化、理性化,是以消灭掉感性的个体生命自由的存在为前提的。因此,淳于棼醉酒的非理性行为,是感性个体对理性、规范的体制的破坏。于是他被这个体制驱逐出去抛弃掉,然而,在他被驱逐被抛弃的同时,他也便获得了作为一个个体人的自由,以及自我发展、自我创造、自我完成的所有可能性。

可是,被体制抛弃了的淳于棼不仅是作为血肉之躯的个体人被抛弃,他的精神寄托之地和心灵的归宿之所也就跟着丧失了。如今他是孤身一人面对这个世界;为了强化淳于棼孤身面对这个世界,剧中设计的淳于棼不是回到自己的故乡东平,而是客居异乡扬州的陌生环境,这就增添了作为孤身一人的淳于棼的孤独感:既没有精神上的归宿感和安全感,也没有家乡亲人热土的情感安抚和心灵的慰藉。对此,他描述说自己的境况是"四海无家""群豪雨散""门客萧条""偌大的烟花不放愁"。② 无疑这是伴随自由

---

① 引文均出自汤显祖《南柯记·第十出·就征》,毛晋编《六十种曲》(四),中华书局1958年版,第27页。
② 汤显祖《南柯记·第二出·侠概》,毛晋编《六十种曲》(四),第1、2页。

而来的生活景象和当下心情。剧中淳于梦多次诉说自己的"愁"情,正是他离开那个主宰他的群体后,难以忍受的一个人的孤寂和苦闷,是心理失衡的表白。

《南柯记》中的淳于梦,是中国戏剧史上的一个极具现代性精神品格的形象。正是淳于梦从群体里被赶出来而陷于孤独苦闷甚至绝望的境地,淳于梦作为一个有别于群体共在的独立、个体的人的存在便被彰显出来。我们知道,在社会群体中,社会群体的力量强大与否,取决于每一个具体的人即单独的个体的能力,因为社会群体是由每一个单独的个体构成的。而个体自身的发展充分与否,则取决于个体获得自由的程度,而人的最高需求就是人的自由。因此,个体自由的程度乃是社会进步的标志和历史前进的基础,也是人类发展的终极之境。换句话说,个体的发展优先于一切的发展,也是一切发展的前提。于是,作为社会群体中共性存在的淳于梦和作为独立于社会群体的个体存在的淳于梦,其精神处境的突转和骤变,就成为弥漫于《南柯记》中"情"的痛苦,和戏剧情节上深入思辨的编织。

随着情节的进展,淳于梦孤独、苦闷、绝望的内心情绪,在不甘于被旧营垒抛弃的心态下,他的意识深处、内心渴望回归而不得的抑郁之情,便在无以排遣的醉酒的苦闷中,主观情思转换为梦幻,意识流变为蚂蚁国选婿的情节,在大槐安国,阅历人生、实现梦想——淳于梦现实的孤独、苦闷和绝望也便于此找到了深在的心理动机和依据。

进入大槐安国,这是一个寓意性的梦,意识中织就的理想。在大槐安国的蚂蚁世界里,淳于梦的用世之情沉浸其中,夙愿得以实现。他娶妻生子,飞黄腾达;如以驸马身份和夫人瑶芳公主的裙带关系得任南柯郡太守。在二十年的太守任上,他推行轻徭薄赋政策,南柯郡物阜民丰,太平一方,政绩显著;他还大败檀罗国的来犯,保家靖边卫国,立下功勋,尊荣显贵,因而升迁入京。不幸回京途中妻子突然病故,他的感情受到重创。在京城,由于权势日盛,恃宠放纵,终于在宫廷内斗中,失去荣恩,被罢官遣送回乡。可是淳于梦不愿离开这个给他荣华富贵的家国,他对蚁王的忠诚,对蚁后的孝敬,对子女的顾恋,还有对大槐安国未竟事业的挂牵……真是一份依依难舍、割不断的苦情、哀情和离情。

和《牡丹亭》的"情"是写杜丽娘的"至情"不同,《南柯记》写的是淳于梦要从世俗凡情中抽出身,退出来、拔出去,其最高目的是实现自我超越,即从深情的痛苦中抵达自由之境,完成自我、实现自我,也就是人作为人而成为人,这是多么的艰难!但是,淳于梦终于幡然醒悟的是,瑶芳公主留给他的金钗犀盒是槐枝槐荚,这对淳于梦无疑是一个强烈的刺激——他由槐枝槐荚这个纪念物,一下子联想到整个梦境:那是自己现实的不如意而转换为一旦如意的人生追求的景象,虽然是压缩在一梦中,淳于梦由梦境悟到人生——现实革职,梦里升迁,友亡妻死,现实梦中,真幻一如,淳于梦由此得到启悟:"人间君臣眷属,蝼蚁何殊?一切苦乐兴衰,南柯无二,等为梦境!"[1]此世界没有永恒不变的事物,万物皆流,无物常住,才是它的本性。鲁迅对此评价是"假实证幻"。[2]汤显祖对淳于梦出离精神困境而抵达自由之境的处理,至此完成的是一个情节上的哲理构成,《南柯记》因此成为不可多得的哲理剧典范。

戏中有一个值得注意但却容易被忽略的问题,就是淳于梦有一个很值得回味的追问,即第八出《情著》中淳于梦到孝感寺向契玄法师询问"如何是根本烦恼"的问题。"如何是根本烦恼",这本是人生的终极问题,实际上淳于梦是在问如何彻底摆脱烦恼的问题。这个问题向契玄法师询问是最恰当不过的了,

---

① 汤显祖《南柯记·第四十四出·情尽》,毛晋编《六十种曲》(四),第137页。
② 此处引用的"假实证幻"是鲁迅先生评价唐李公佐传奇《南柯太守传》的评语;见《鲁迅全集》(八),《中国小说史略》,人民文学出版社1963年版,第65页。

因为寺院和尚研究的就是"人何以烦恼"这样人生的终极问题。剧作在这里为淳于棼也为整个戏的情节理下了一个伏笔,等到淳于棼完成了自我人生超越之时,契玄法师因此评价淳于棼是"淳于生立地成佛也"。① 契玄法师的这个评价,是契玄法师作为一个僧人的身份,而且是出身禅宗因此是以禅宗家所居的立场和观点来看待及评价淳于棼的精神超越的。当然,剧中也把佛学的开悟理论运用到淳于棼这个人物形象的精神超越上的,两者在一定程度上有混淆在一起的感觉,让人容易分辨不出来,故历史上有佛觉说。可是,仔细分别一下,就明白了:戏中的淳于棼并不是一个佛教徒,他是在百无聊赖的状况下,听说寺院有新来的法师讲经,用以打发时光、排遣烦恼才去寺院的。于是,戏便在寺院凝结为一个重要的情境:淳于棼前来看讲经的热闹,大槐安国来人选婿,契玄法师设道场度化众生。在传统的中国社会,寺院是士庶社会各阶层都常光顾的地方,无论男女,不管是否是居士和信徒,到寺院或是观光、消遣,或是祈祷、还愿,是一种相沿已久的习俗和风尚。所以大槐安国派人选婿也是要到寺院来选的(这是为淳于棼的主观情理下的伏笔);关于淳于棼向契玄法师询问摆脱烦恼的问题,也不是多么着意去询问的,他是一个现实主义者;契玄法师的慈悲开示,是佛家人的本分,对世人而言,属于师教,听与不听,信与不信,听者由之。因此,在此前和此后的情节进展中,淳于棼的情节线是按照他的情感走下去的,他没有建立领会契玄法师的暗喻的意识。而讲经说法和主持超度的契玄法师,作为剧中的一个角色,一个人物形象,他对淳于棼的评价是符合他的身份的。但这并不等于淳于棼本人以自己的精神历程所获得的体验而实现的精神飞跃和自我完成时抵达的内心澄明之境。所以,王季烈评价说是"情尽",他虽然没有展开议论,但没有说"成佛"或"开悟";吴梅以主情说立论,对这部戏谈论得最充分,而且艺术价值和精神价值都在另三戏之上。这都是审美的评价,不是宗教的评价。佛觉说的评价则是宗教性质的评价。这里很容易发生混淆的是,淳于棼看破红尘、实现精神的升华,他所达到的终极之境是与佛觉说相通的,契玄法师就是这样来看待的;但淳于棼自我完成的道路是不一样的,他不是佛门教徒,没有为开悟而去进行自我求证,在这个意义上说,这就决定了《南柯记》的性质是戏剧的而非宗教教义的形象解答,它是审美的创造。

当年萨特曾对法国剧作家克洛岱尔的剧作评价不高,原因就是他利用戏剧宣传的是基督教教义,这和用戏剧进行道德的或政治的宣传一样,把戏剧当作载道的工具。但萨特十分推崇他的《缎子鞋》,就是因为这部戏摆脱了作为宗教信徒的克洛岱尔的宗教情结,而完成了审美的创造,因此获得萨特的好评。汤显祖也是一名佛教徒,但是,在《南柯记》里,他能够节制自己的宗教感情,也就是没有因为自己是佛教徒而去借戏剧演绎佛法,在一定程度上他比冯梦龙做得出色。汤显祖以《情尽》一出来表达淳于棼超越了社会功利与世俗感情的羁束,同时也是在彻悟了天地宇宙后,对人的本体性的,亦即人之所以为人的根本烦恼的超越,从而走向自由的生命意识。淳于棼的烦恼因此而从个人得失升沉的遭际上升到具有形而上意味的哲理性感受。我想,从戏剧过问人生的终极意义上讲,这可能就是吴梅大为赞赏此戏的高贵之处在其他三戏之上的原因吧! 换一个角度讲,《南柯记》可以是剧中人物契玄法师说的"开悟"的佛觉,在淳于棼的体验看来则是精神超越。其实是两者共同构成了作者汤显祖创作《南柯记》所营造的情本论的审美意蕴。

历史上对《南柯记》的评价不是很多,而我们的传统剧评中高台教化一直是居于主流地位的,独立的审美评价却停留在声色(如声韵、演唱等方面)的高低上。由于过多地流连于声色的审美品鉴,造成中国

---

① 汤显祖《南柯记·第四十四出·情尽》,毛晋编《六十种曲》(四),第 138 页。

戏剧历史上出现一种很糟糕的现象,就是把戏剧当作宴享和娱乐,或者是消遣和游戏来看待。只要看看历史上的"厅堂"(即堂会)演出或茶园时代的场景,以及那些有关这方面的介绍性文字,你就会感到这完全不同于欧洲自古希腊以来人们对待戏剧那种庄严、肃穆的态度。所以,有识之士就把进戏园子等同于提笼架鸟、声色犬马,严禁自家的子弟上戏园子看戏,以免被那里低俗的气息所熏染。戏园子因为演戏是游戏是娱乐是消遣,因此也培养了那种专注于声色、精神品位庸下但却居于观众主体的"票友",他们的嗜好往往影响和主导一个剧目的走向。今日流行的所谓"好看"、"好玩"之类的名词来评价戏剧的现象就是它的变种。戏剧是生命的体验过程,剧场是过问灵魂的圣殿,岂是来玩玩的地方呢!《南柯记》不好玩,它是关于现实人生问题的探索,是关于人生在世的究问,是关于宇宙人生终极问题的解答——这是汤显祖的精神定位。这个定位是美学上的,也是他的情本体哲学思想的艺术表达,就如同萨特的戏剧是他的存在主义哲学表达一样。在中国戏剧史上还没有哪位像汤显祖这样有着明确的哲学理念来进行自己的戏剧创作的,中国古老的人文精神到了汤显祖手中重现芳华。

明刊朱墨套印本《南柯记》述评

华　玮

一、刊 本 简 介

《古本戏曲丛刊初集》所收汤显祖《邯郸记》，为"影印北京图书馆藏明朱墨刊本"，此本刻者吴兴闵光瑜在书前《小引》将《邯郸记》与《南柯记》共论。批者四明天放道人刘志禅亦在眉批中将二剧加以比较。① 《邯郸记》刻者与批者不约而同提到《南柯记》，是否有可能此二剧同刻？笔者近日在台北故宫图书文献馆（原北平图书馆）亲见明刊朱墨套印本《南柯记》三卷，证实与《古本戏曲丛刊初集》所收《邯郸记》版式、正文字体相同，亦同为三卷，应属同套。② 此本在傅惜华《明代传奇全目》、《善本古籍书目》中皆未言及。③

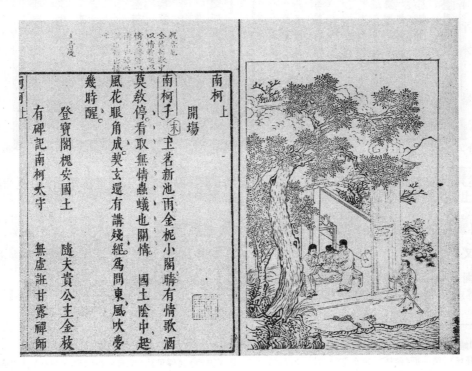

---

① 《邯郸记》卷下第二十五折《杂庆》眉批云："众人喜庆如此，卢生隆遇何如！ 是作者善形容处。正与《南柯·风谣》一律。臧每削之，何也！"《古本戏曲丛刊初集》第78册，《邯郸梦记》卷下，第14b页。

② 据我所知，"四梦"版本为三卷本的只此二部。故宫图书文献馆注明，此本原藏于国立北平图书馆。正文首页有董康印。按：北平图书馆藏部分善本，抗日战争时转移到美国国会图书馆，后辗转至台北，先存于中央图书馆，后转至台北故宫。此书即其中之一。国会图书馆移交时，制作了胶片，2013年，北京的国家图书馆据胶片影印出版了《原国立北平图书馆甲库善本丛书》，其中第988册即为此《南柯记》。以上资讯由黄仕忠教授提供，谨此致谢。

③ 只有毛效同编《汤显祖研究汇编》所收《南柯记》版本中列有"（三）明刻朱墨印本。北京图书馆藏。三卷"，见上海古籍出版社1986年版，第1426页。

二、正文来源

根据笔者考察，朱墨套印本《南柯记》的底本是《柳浪馆批评玉茗堂南柯梦记》，[①]因为无论是曲文、宾白还是出名，均可见朱墨本只与柳浪馆本相同，而与其他明刊本相异的例子。[②]

首先，曲文方面：朱墨本卷中第二十八折《围释》，瑶芳公主唱【牧羊关】，中有"小心肠、心肠儿多大"句（第32a页），柳浪馆本同，而此句在长乐郑氏藏万历刻本《南柯梦》（即《古本戏曲丛刊》所收本）中作"小则小、心肠儿多大"（第16a—16b页）。此外，朱墨本卷下第三十三折《卧辙》，淳于梦唱【懒画眉·前腔】中有"重重树色隐隐銮"句（第5b页），柳浪馆本亦然；此句在万历刻本中作"重重树色隐鸣銮"（第30a页）。

其次，宾白方面：朱墨本卷中第二十三折《风谣》，紫衣官道："曾游几处，近见此邦。"（第15b页）"近见"在他本均作"仅见"，只有柳浪馆本作"近见"。另外，卷下第三十五折《还朝》，右相段功道："朝房下有王亲酒到。"（第12b页）柳浪馆本同；在万历刻本《南柯梦》中，此句作："朝房下有列位老国公、王亲的酒到。"（第35a页）

再次，出（折）名方面，朱墨本卷下第三十五折名为《还朝》（第10a页），同柳浪馆本，此出在万历刻本中作《议冢》（第33b页）。[③]事实上，朱墨本只有首折循藏改本之例，作《开场》，而柳浪馆本标作《提世》，其余之出（折）名，朱墨本皆与柳浪馆本相同。

朱墨本于原文之外的臧本改订文字，大体而言，或列于汤氏正文旁侧，或正文下空白处。需要指出的是，朱墨本也非一字不漏照录臧本。例如第二折《树国》结尾下场诗，在臧本中标明为蚁王和右相各念二句，之后臧本增加了"王吊场"，并以眉批说明原因，这些都不见于朱墨本。详见下表：

	臧　　　本	朱墨套印本
下场诗	（王）万物从来有一身，一身还有一乾坤。 （右）敢于世上明开眼，肯把江山别立根。	万物从来有一身，一身还有一乾坤。 敢于世上明开眼，肯把江山别立根。
王吊场	（右相净末先下）[④]（王吊场）我想公主瑶芳，年已及笄，该招驸马。只是本国中一时难得智勇之士，可以充选。不若到人世间遍行寻访，必得其人。如今且回宫去，与中宫计议而行便了。[⑤]	（无）
眉　批	国王吊场，不但外等先下，便于卸妆改扮，且国母遣郡主选婿，亦觉有因。吴人每称此为戏眼，正关目之谓也。	（无此批语，但于上场诗"一身还有一乾坤"上增批曰："妙句。"）

从上表可见臧懋循为《南柯梦》精心重订了角色下场，以使原剧更适于舞台搬演。我们可以想见，将两种文本并置纸上，在实际操作上并不容易，因此朱墨本只遵循"以汤本为主"的原则，而非处处顾到"使

---

① 柳浪馆评点出自袁于令（1592—1672）之手。此说见郑志良《袁于令与柳浪馆评点"临川四梦"》，《文献》2007年7月第3期，第51—58页。

② 笔者手边虽没有《柳浪馆批评玉茗堂南柯梦记》原本可资比对，唯据刘世珩与吴梅在《暖红室汇刻传奇临川四梦·玉茗堂南柯记·跋》中所云"楚园先生此刻据柳浪馆本"，可见暖红室本实以柳浪馆本为底本。经笔者将朱墨本与暖红室本比对后发现，后者眉批提到之柳浪馆原文，均与朱墨本完全相同。

③ 按：在目录中写作《还朝》。

④ 臧本在此折开场时说明："小生蚁王引净末扮内官，贴搽旦扮校尉执扇上。"原本中只是简单的"蚁王引众上"。

⑤ 卷上，第二折《树国》，第7a页。

作者本意与改者精工，一览并呈"。由此也可看出，虽然其时昆曲盛行于江南，臧氏改本应时而生，但相对于"场上之曲"的改编本，朱墨本更注重"案头之书"的原著。批者细读原作文本，连下场诗也不放过。其中一句，"一身还有一乾坤"就受到批者句旁加圈，以及"妙句"的称赏。考虑到此出《树国》主角本为蝼蚁，今为"大槐安国主"的情况，批者所赞不缪。

柳浪馆本和臧本之外，朱墨本所录文本还有另一个不明的来源。目前所见至少有二例可证。其一，《开场》之下场诗："登宝阁槐安国土，随夫贵公主金枝。有碑记南柯太守，无虚诳甘露禅师。"其中第一句前三字，柳浪馆本作"登宝位"，臧改本作"登宝座"，而此本作"登宝阁"。此外，在朱墨本第四十三折《情尽》【南步步娇】中原文："则一答龙冈，到把天重会。恰些时弄影彩云西。"被改为："则一搭龙冈，是你归魂地。今日个弄影彩云西。"批者云："'一搭龙冈，是你归魂地'，句佳。"（第42b页）经与臧改本比对，发现臧改本与原文毫无差别，仍是"则一答龙冈，到把天重会。恰些时弄影彩云西"。① 究竟改动的文字从何而来？会不会有可能出自批者自己？目前殊难断定。

三、批语内容

朱墨本的批语采用朱、墨二色套印，刻在每页正文上栏。内容可分为四类：

（一）臧本原有的眉批。包括音释、改动说明，以及对原著的正负面批评。一般刻在墨版。

（二）朱墨本批者对臧氏改订的意见。多以朱红色显示在臧批之旁。举例而言，此本批者不同意臧懋循删去《念女》和《风谣》二折：

> 此折间《饯别》（按：指《御饯》）之后，《召还》之前，联络上下情节，自不可少。况埋伏公主病患，又为《卧辙》张本。晋叔苦欲删之，不知何意？（第二十二折《念女》，第13b—14a页）

> 非此折，七千三百条德政碑，无根据矣。二十年出守大郡，不见一毫政绩，岂不缺典？此是临川善穿插处，臧本删去，何也？（第二十三折《风谣》，第15b页）

他的反对基于情节失去照应，其实，从思想意蕴的角度来看，此二折也不应删去，因为删除《念女》和《风谣》，有损汤氏此剧，二者也是汤氏其他剧作所一贯关注的女性人生经验和个人声音的表达、士子功名抱负的实现，以及政治清明的理想等重要主题的呈现。

有时批者对于臧氏删减或增加某些字句表示赞同。例如：

> 不宜多着此想，删之是。②（第三折《禅请》，第9a页）
> 此调"荔枝"句下当增六字。③（第三折《禅请》，第9a页）

---

① 卷下，第35折《情尽》，第57a页。
② 此指契玄禅师于唱完【正宫端正好】后的道白："（回介）不去罢。我看衲子们谈经说诵的，不在话下；一般努目扬眉，举处便喝，唱演宗门，有甚里交涉也？"臧本删去。
③ 此指【滚绣球】"那里有笑拈花吃荔枝"后，臧增"笑拈香听鹧鸪"六字。臧本中对此增改未加说明。

"人非人",已见神通;又引道经明说蝼蚁便着相,删之是。① (第七折《情着》,第21b页)

比较难得的是,批者偶尔也会称赞臧氏之改订。第十二折《尚主》【锦堂月】本四曲,臧删其半,并改动原剧之唱法与部分文字,批者认为"臧改较胜"。② 另如第三十七折《生恣》【鹅鸭满度船】之原句:"则见香肌褪,望夫石都衬迭床儿上。"臧改作:"早把相思枕、相思被都衬迭床儿上",并自诩"曲极紧凑"。③ 此本批者也赞曰:"'相思枕'等句,鲜美可爱。"④

批者也会指出臧懋循对汤氏原著之改订有所不足。例如第四折《宫训》,大槐安国母训女,问:"四德三从,可知端的?"瑶芳公主回答:"孩儿年幼,望母亲指教。"于是国母说道:"夫三从者:在家从父,出嫁从夫,老而从子。四德者:妇言,妇德,妇容,妇功。有此三从四德者,可以为贤女子矣。"批者对此处的写法表示不满:

> 四德三从,应有数曲作训,只直说便少精神。临川失检,晋叔亦未之及也。
> 惜乎! 徒删其白,与下曲何关? (第四折《宫训》,第11a页)

显然批者认为三从四德的训诲,应由曲文表现而非仅以道白直叙,而臧本将国母所言删去,紧接原本【傍妆台】曲,⑤改订并不完善。事实上,我们可以从此一细节的处理看到,汤显祖没有浓墨重彩强调女性教化的思想。

(三)直接采自柳浪馆本的批语。朱墨本《邯郸记·凡例》有云:"批评旧有柳浪馆刊本,近为坊刻删窜,淫蛙杂响。兹择其精要者,与刘评共用朱印。""刘评"是刘志禅的评语,此本前有其题词。⑥ 经笔者比对,朱墨本《南柯记》对柳浪馆刊本的批语同样也是"择其精要者",将其刻于眉栏。这类批语除了少数论及文字,多半属于借题讽世之类。兹列举如下:

> 总评:只为老僧饶舌,蝼蚁成精。故今天下,蚁作讲师,讲师如蚁。(第三折《禅请》,卷上,第9b—10a页)
> 三从四德,人亦有不如蚁者。(第四折《宫训》,第11b页)
> "虹作"、"蜂亲",谑甚,趣甚!⑦ (第四折《宫训》,第12a页)
> 佳词都入三昧。(第九折《就征》,第27a页)

---

① 此指臧本删除原著中琼英郡主与契玄禅师问答的一段:"(小旦问介)大师,似我作道姑的,也可度为弟子乎? (净)你那道经中,已云'道在蝼蚁',则看几粒饭,散作小须(沙)弥,怎度不的?"
② 第十二折《尚主》,第34b页。按:臧所改包括唱法及曲文,见臧懋循订《南柯记》卷上,第十二折《尚主》,第36a页。
③ 卷下,第三十一折《粲诱》,第36b页。
④ 卷下,第三十七折《生恣》,第19b页。
⑤ 此曲为老旦扮国母所唱,曲文如下:"一种寄灵根,依然楼阁贺生存。论规模虽小可,乘气化有人身。中宫忝作吾王正,下国凭称寡小君。掌司阴教,齐眉至尊。你须知三贞七烈同是世间人。"臧本只改动曲牌名,作【二犯傍妆台】,并将"掌司阴教"至末句之唱法改订为"丑合";臧本以丑扮宫娥,原本未标明。见卷上,第4折《宫训》,第11b页。
⑥ 刘志禅的生平不详,我们只知道他是四明人,生活于晚明。他与传奇《李丹记》的作者刘还初(刘志远)是否为同一人,殊难判定。有关刘志远生平的考证,可参见程芸《明传奇〈李丹记〉作者刘还初新考》,收入氏著《元明清戏曲考论》,中国社会科学出版社2013年版,第19—29页。刘还初,别署"天放道人"。
⑦ 此指大槐安国母【傍妆台】曲文:"知他同谁'虹作'夫妻分,了你'蜂亲'父母恩?"其中双关语运用所造成的谐谑效果。

妙谑解颐。（第九折《就征》，第28b页）

从来楚汉争天下，亦只如是。真可助达者一噱也。（第十三折《伏戎》，第37a页）

右相谋国甚忠，凡为相者不可有愧此蚁也。（第十六折《议守》，卷中，第1a页）

可笑段生，难道淳于遂不能为蝼蚁先驱？（第十六折《议守》，第1b页）

曾闻宋板《大明律》，这又在宋以前了。（第二十折《录摄》，第10a页）

此虽戏谑，实从经历得来，若书生何以知此？（第二十折《录摄》，第10b页）

对老婆讲书，是驸马弄文法（按：柳本多"终是腐儒色相"），不如妇人倒暗合道妙。（第二十四折《玩月》，第20b页）

世上生祠碑记，无不如是。（第四十一折《寻寤》，卷下，第31b页）

世上文章，无不如是。世上妻孥，无不如是。（第四十一折《寻寤》，第32a页）

世上风水，无不如是。（第四十一折《寻寤》，第32b页）

世上江山，无不如是。（第四十一折《寻寤》，第33a页）

读此记竟尚（按：柳本作"而"）不大悟者，真梦汉也（按：柳本多"即蚁子亦不如是也"）。临川先生大法师也。（第四十三折《情尽》，第46b页）

由上可见，柳浪馆主的批语继承了唐传奇《南柯太守传》末尾"贵极禄位，权倾国都；达人视此，蚁聚何殊"[1]的政治性与讽喻性倾向，将此剧视为汤显祖醒世和度世之言。在《南柯梦记总评》中柳浪馆主写道："此亦一种度世之书也。蝼蚁尚且生天，可以人而不如蚁乎？""余尝谓：情了为佛，理尽为圣。君子不但要无情，还要无理。又恐无忌惮之人借口，蕴不敢言，不意此旨《南柯记》中跃跃言之。"[2]个人以为，柳浪馆主快人快语，朱墨本批者比起他来，社会批判的力道相对缺乏，上引第二十四折《玩月》批语"终是腐儒色相"以及第四十三折《情尽》批语"即蚁子亦不如是也"被省去，或者并非无意。

（四）此书批者对原著之主题思想、关目结构、文字声韵的评论。兹择其要者列举如下：

（1）主题思想方面。

全传折数中以《情著》起，以《情尽》终，皆以"情"字联络。此《开场》拈出"情"字。（《开场》，卷上，第1a页）

"痴情妄起"四字，通本眼目。（第七折《情着》，第22b页）

"多情"二字，应第四折"有情"字。（第七折《情着》，第23a页）

文墨二字，世上无处用着，只得向蚁穴奏献，哀哉！（第十四折《侍猎》，第39a页）

垂不朽文章者看此。[3]（第十四折《侍猎》，第40a页）

名垂青史者看此。[4]（第十四折《侍猎》，第40b页）

①　见钱南扬校注本《南柯梦记》附录，人民文学出版社1981年版，第182页。

②　见《暖红室汇刻传奇临川四梦》第9册，江苏广陵古籍刻印社1997年版，第4a页。

③　此指蚁王所言："这田子华才子之文，不可泯灭，可雕刻在金镶玉板之上。"

④　此指下文所引大槐安国右相对国王的禀报："（右）今日以南柯有警，讲武兹山。非乐也。臣已于国史之上书了一行。（王）怎么书？（右）大槐安国义成元年秋八月，大猎于龟山。讲武事也。"

讽切时弊,妙甚。① (第二十折《录摄》,卷中,第 11a 页)

梦中说梦。(第二十七折《雨阵》,第 28b 页)

是梦,是醉,是戏。② (第三十折《系帅》,第 41a 页)

情真。③ (第四十折《遣生》,第 26a 页)

真禅语。④ (第四十二折《转情》,第 37b 页)

度人法门。⑤ (第四十二折《转情》,第 38a 页)

幻法。痴人。⑥ (第四十二折《转情》,第 38b 页)

痴人还做梦。⑦ (第四十三折《情尽》,第 41b 页)

此淳于生情障。⑧ (第四十三折《情尽》,第 43b 页)

六根斩断淫心最难,故临川于此种种提醒。⑨ (第四十三折《情尽》,第 44a 页)

金犀、槐荚作二观耶? (第四十三折《情尽》,第 45b 页)

是佛。(按:指"空个甚么?")(第四十三折《情尽》,第 45b 页)

批者一方面承袭了柳浪馆讽世的读法,另一方面则透过细读《情着》《转情》和《情尽》数出,阐发了汤显祖《南柯记题词》所云"梦了为觉,情了为佛"的主旨,此为柳浪馆主和臧懋循所未及。

(2) 关目结构方面。

非此一别,则南柯聚首无根。(第一折《侠概》,卷上,第 42b 页)

金钗犀盒,关目好。(第四折《宫训》,第 12a 页)

引"宝珠璎珞"为金钗犀盒地步。(第七折《情着》,第 21a 页)

此与《象谴》折照应。(第十六折《议守》,卷中,第 2a 页)

惓惓付托,有体式,有关目。(第十九折《御饯》,第 8a 页)

请经照应《念女》折。(第二十四折《玩月》,第 20a 页)

一个"快讨酒来",关目最好。(第三十折《系帅》,第 38b 页)

做法恶,然亦为《风谣》折关锁。(第三十二折《召还》,卷下,第 3b 页)

此处哭公主,安顿得好。(第三十三折《卧辙》,第 8a 页)

右相背笑,使观者当场儆醒,有做法。(第三十五折《还朝》,第 11b 页)

应开国折,此乃为君之法。(第四十折《遣生》,第 26a 页)

---

① 指此折结尾,南柯郡衙吏的曲白:"(吏)没钱粮,有处。因公且科派,事后再商量。"
② 此指周弁以下表白:"你不信,有诗为证:'暑往寒来春复秋,夕阳西下水东流。将军战马今何在? 野草闲花满地愁。'这都是你半万个泥头酒之过也。"
③ 指生唱【逍遥乐】中"恨远芳容,惊承严谴,暗恃慈颜"数句。
④ 指契玄禅师所言:"(净)彼诸有情,皆由一点情,'暗增上骏痴受生边处'。"
⑤ 指:"(净)待再幻一个景儿,要他亲疏眷属生天之时,一显现,等他再起一个情障,苦恼之际,我一剑分开。"
⑥ "痴人"指:"(生)檀萝国是我之冤仇。我这一坛功德,颠倒替他生天。"
⑦ 此指淳于梦见到国王国母时,道:"前大槐安国左丞相驸马都尉臣淳于梦叩头迎驾。"
⑧ 指淳于梦见到瑶芳时唱道:【南江儿水】我日夜情如醉,相思再不衰。"
⑨ 指淳于梦问瑶芳道:"天上夫妻交会,可似人间?"

国母首生哭,有做法。（第四十折《遣生》,第26b 页）

为普度张本。① （第四十折《遣生》,第27a 页）

不但为同在南柯根由,亦结同皈六合公案。② （第四十一折《寻寤》,第33a 页）

收拾金钗犀盒,有情致。（第四十三折《情尽》,第44b 页）

批者细心,能注意金钗、犀盒在《南柯记》中前后贯串的作用,间接也就称赞了汤显祖的关目安排。第七折取名《情着》,就因金钗、犀盒为淳于梦一见留情之物。当他看见琼英郡主代瑶芳公主献给禅师的金凤钗一对与通犀小盒一枚,他不禁痴情妄起,由物思人。唯有到剧末《情尽》,淳于梦了悟到自己一向痴迷,才会感叹:"咱为人被虫蚁儿面欺,一点情千场影戏。"那时他已梦醒情忘,再看金钗、犀盒,所见已不相同:金钗是槐枝,犀盒是槐荚子。此外,对于出与出之间的埋伏、照应,或某出中的人物动作及情节设计,以上批语亦有警省之处。

（3）文字声韵方面。

"酒徒"为半万泥头张本,"文友"为《龟山大猎赋》张本,非漫落此四字。（第一折《侠概》,卷上,第2a 页）

"法度"二字与《遣生》折"小江山全凭一令法"字句相照应。（第二折《树国》,第5a 页）

此调"荔枝"句下当增六字。（第三折《禅请》,第9a 页）

去此数语,何等雅洁。③ （第四折《官训》,第10b 页）

"帮钻"诨是。④ （第五折《谩遣》,第14a 页）

谑亦趣。⑤ （第六折《偶见》,第18a 页）

以经典作曲白,句句是讲坛妙义。（第七折《情着》,第20b 页）

惊疑光景,极似梦中。（第十一折《贰馆》,第32a 页）

字字与广陵关切,妙,妙! （第十二折《尚主》,第35b 页）

此仿《琵琶记》寄书。（第十五折《得翁》,第42b 页）

荐本、奖语俱得体。（第十八折《荐佐》,卷中,第5a 页）

"审雨堂"出《搜神记》,引用梦中事,切当。（第二十七折《雨阵》,第27a 页）

用"蚁"字太多。⑥ （第二十八折《围释》,第32a 页）

学君瑞口角,妙,妙。⑦ （第二十八折《围释》,第32b 页）

填词应削。⑧ （第三十一折《朝议》,第44b 页）

---

① 指国母所云:"但要淳郎留意,便有相见之期。"

② 指田子华、周弁"同日无病而故"。

③ 指删去国母自报家门中"初为牝蚁,配得雄蜉。细如虮虱之妻,大似蚕虹之母。偶尔称孤道寡,居然正位中宫"的几句。按:臧本删去,但并无批语。

④ 此指沙三问丑:"你东人做甚么生意?"丑答:"做神将。"然后沙三道:"做皮匠。叫我去帮钻。"

⑤ 指(老旦)灵芝国嫂所说:"把水月观音倒做了。"

⑥ 此处批评的是【牧羊关】:"(旦)看他蚁阵纷然摆……"

⑦ 此指檀萝四太子曰:"小子非为哺啜而来。"

⑧ 指:"(王)论我国家气势,得时而羽翼能飞,失水则蛟龙可制。琐琐檀萝,遭其挫败。"

以下数曲堪与《西厢》、《拜月》骖驾。① （第三十六折《粲诱》，第 14b 页）

声韵甚佳。② （第三十七折《生恋》，第 18a 页）

此数曲不减元词。③ （第三十七折《生恋》，第 19b 页）

即落场一诗，顽皮极矣。④ （第三十九折《疑惧》，第 25a 页）

"风光顷刻"句佳。⑤ （第四十折《遣生》，第 27a 页）

批者指出汤氏注意文字、机趣，受元曲启发，其文采不下元人，这些并不令人惊讶。比较特别的是，批者对汤氏曲文之声韵亦有佳评，不似臧懋循对其彻底否定；⑥但同时，他对汤氏用"蚁"字太多，念白有多余之处等也提出了批评。

总的来说，批者对于《南柯记》"情"的主题呈现、关目情节安排、内容和字句上的埋伏照应、人物情感刻画，甚至插科打诨，都能言之成理。

四、版 本 意 义

汤显祖传奇在晚明出版的朱墨套印本，学界以前仅知有《牡丹亭》和《邯郸记》二种，事实上还有第三种《南柯记》。此三卷本《南柯记》对于汤显祖研究、戏曲传播、接受与出版研究，有以下几方面的意义：

首先，朱墨套印本对《南柯记》之曲文校勘有其价值。据笔者比对此本与万历刻本《南柯梦》（即《古本戏曲丛刊》所收本，下简称"古本"），除了前已提及的第三折《禅请》【滚绣球】："此调'荔枝'句下当增六字。"（第 9a 页）⑦以及第四十三折《情尽》【南步步娇】作"则一搭龙冈，是你归魂地。今日个弄影彩云西"⑧之外，另有以下数处文字相异，可资参考：

《开场》：落场诗"登'宝阁'槐安国土"（卷上，第 1a 页），古本作"宝位"（第 1a 页）。

第六折《偶见》：【对玉环带过清江引】"观音'坐'宝栏"（第 17a 页），古本作"座"（第 14a 页）。

第九折《就征》：【前腔（驻云飞）】"谁道俺去何来"（第 26b 页），古本"谁"作小字（第 22a 页），为念白；【前腔（驻云飞）】"兄靠着小围屏"（第 27a 页），古本"兄"作小字（第 22a 页），为念白。⑨

第十折《引谒》：【前腔（点绛唇）】"素锦'霜袍'"（第 30a 页），古本作"雪袍"（第 24b 页）。

---

① 指【金落索】、【忆秦娥后】、【金落索】、【刘泼帽】。

② 指【前腔（解三醒犯）】："似咱这'迤逗多娇粉面郎'。"

③ 指："【前腔（蛮儿犯）】：（贴众）风摇翠幌，月转回廊，露滴宫槐叶响。好秋光风景不寻常，人带幽姿花暗香。（合前）【前腔】（生）把金钗夜访，玉枕生凉，辜负年深兴广。三星照户显残妆，好不留人今夜长。（合前）"等。

④ 诗云："夫子常独立，鲤趋而过庭。一闻君命召，不俟驾而行。"

⑤ 指："风光顷刻堪肠断。"

⑥ 臧懋循在《玉茗堂传奇引》云："今临川生不踏吴门，学未窥音律，艳往哲之声名，逞汗漫之词藻，局故乡之闻见，按亡节之弦歌，几何不为元人所笑乎？"第 3b—4b 页。

⑦ 按：【滚绣球】"那里有笑拈花吃荔枝"后，臧增"笑拈香听鹧鸪"六字；古本、暖红室本、钱南扬校注本、汤显祖全集本，均未增加。

⑧ 按：原文为："则一答龙冈，到把天重会。恰些时弄影彩云西。"

⑨ 暖红室本、钱南扬校注本、汤显祖全集本，均与朱墨本相同，作曲文。

第二十折《录摄》：【前腔(字字双)】"山妻叫俺'外郎郎'"（卷中，第 9b 页），①古本作"外郎外郎"（第 44b 页）。

第二十六折《闺警》：【尾声】"须则是驸马亲来才救的我"（第 25b 页），古本全句入宾白，作小字（卷下，第 10a 页）。②

第二十七折《雨阵》：【啼莺儿】"猛端相'断云'何处"（第 27 页），古本作"断魂"（第 12a 页）。

第二十八折《围释》：【梁州第七】"怎便把颤巍巍'兜鍪'平戴"（第 31b 页），古本作"兜矛"（第 15b 页）。③

第三十折《系帅》：【北醉花阴】"俺这里匹马单鞭怕提起，即'壨'的一家儿。这里头直上滚尘飞……"（第 38a 页），古本作"渐"（第 20b 页）。④

第三十二折《召还》：【猫儿坠】"天公'前定'，紧处略放轻松。"（卷下，第 2b 页），古本作"前程"（第 27b 页）。⑤

第四十一折《寻寤》：【前腔(宜春令)】"寻源洞穴"（第 31a 页），古本作"寻原洞穴"（第 50b 页）。

查钱南扬校注本和汤显祖全集本，以上仅有第九折《就征》、第二十折《录摄》、第二十六折《闺警》与第二十八折《围释》，同朱墨本。其他均与古本相同。然而个人以为，"素锦'霜袍'"、"猛端相'断云'何处"、"即'壨'的一家儿"、"天公'前定'，紧处略放轻松"和"寻源洞穴"，这几处朱墨本文字均较古本为胜。此外，朱墨本与古本相同而与今通行之《南柯记》本相异者还有第一折《侠概》【破齐阵】首句"'将气'直冲牛斗"，通行本作"壮气"。以上所列虽然不全，但已足以看出朱墨本在《南柯记》曲文校勘上的价值。

其次，朱墨本《南柯记》也提供了汤显祖作品在晚明传播与接受的一个新例，是汤氏作品之"文学经典"地位建立过程之具体反映。汤氏生前对他人擅改己作"以便俗唱"忿忿不平，⑥他曾以诗为自己的原作辩解："醉汉琼筵风味殊，通仙铁笛海云孤。总饶割就时人景，却愧王维旧雪图。"⑦然而在他死后二年，臧懋循大幅改订的"四梦"（《玉茗新词四种》）问世大受瞩目，而从书名来看，颇有鱼目混珠之嫌。有学者曾指出，臧本刊布后，如何评价作者与改订者的工作成为问题，刊刻者斡旋于两者之间，提出自己的见解。⑧其时吴兴闵氏，值得我们特别重视，因为无论是泰昌元年朱墨套印本《牡丹亭》，⑨还是天启元年朱

---

① 朱墨本此处虽录原文"山妻叫俺外郎外郎"，但在眉批说明："首句应是'山妻叫俺外郎郎'也，原本惧多'外'字耳。"按：臧本此句作"山妻叫我是外郎"，暖红室本与钱南扬注本同作"山妻叫俺外郎郎"。

② 暖红室本与钱南扬注本均作大字。前者少"是"字。

③ 应作"兜鍪"，意为打仗用的盔。古本误。暖红室本与钱南扬注本等，均与朱墨本同。

④ 按：此曲为周弁兵败壨江后，只身逃回南柯后所唱。"壨"古同"堑"，此处意指挫败，与"壨江"一语双关。古本用"渐"不如"壨"。暖红室本与钱南扬注本等，均与古本同，作"渐"，语意明显，且标点与朱墨本相异，作"俺这里匹马单鞭怕提起，即渐的一家儿这里。头直上滚尘飞……"

⑤ 此曲为瑶芳病危时对淳于梦所唱，朱墨本全文为："(旦泣介)如寒似热，消尽了脸颊红。那宫女开函，俺奏五封，蚤些儿飞入大槐宫。(生拜介)天公前定，紧处略放轻松。"古本作"天公前程"，因而此句被标点为："天公，前程紧处，略放轻松。"意思有所不同。

⑥ 此在他《与宜伶罗章二》的短信中清楚可见：《牡丹亭记》，要依我原本，其吕家改的，切不可从。虽是增减一二字以便俗唱，却与我原做的意趣大不同了。"见徐朔方笺校本《汤显祖全集》，北京古籍出版社 1999 年版，第 2 册，第 1519 页。

⑦ 汤显祖《见改窜〈牡丹〉词者失笑》，《汤显祖全集》，第 1 册，第 682 页。

⑧ 王小岩《臧懋循改本批评语境中的朱墨本〈邯郸梦记〉》，《文化遗产》2012 年第 2 期，第 99 页。

⑨ 此刊本一般都未言及刊者，唯日本学者根山彻指出其为"吴兴闵氏朱墨套印本"，见《明清戏曲演剧史论序说——汤显祖〈牡丹亭还魂记〉研究》，东京创文社 2001 年版，第六章《〈牡丹亭还魂记〉版本试探》，第 257 页。

墨套印本《邯郸记》，在其序言及《凡例》中均论及臧氏改订使汤氏原作泯灭的问题："臧晋叔先生删削原本，以便登场，未免有截鹤续凫之叹。欲备案头完璧，用存玉茗全编。"①"新刻臧本，止载晋叔所审，原词过半削焉；是有臧竟无汤也。"②的确，就《南柯记》而言，臧氏在着重搬演的理念下，简化了汤显祖原著思想之复杂性，以及汤氏对于人物（尤其是女性）情感，细致深刻而且真实地呈现。朱墨套印本《南柯记》将原著与改订并呈，此种"复合"的形式，虽有针对当时出版市场的商业考量，然事实上纠正了"有臧竟无汤"式的流行倾向，而在版面上直接就昭示读者，改本相对于原著在文字声律、情节内容、思想情感方面的差异。利用眉批和圈点，此书批者尚且循循善诱，阐扬作者本意，肯定汤氏传奇的文学与思想价值。这点与闵光瑜出版"二梦"的理念相互呼应：

> 若《邯郸》、若《南柯》，托仙托佛，等世界于一梦。从名利热场一再展读，如滚油锅中一滴清凉露。乃知临川许大慈悲，许大功德，比作大乘贝叶可，比作六一金丹可，即与《风》、《雅》骖乘亦可。岂独寻宫数调，学新声、斗丽句已哉！③

以上引文的最后一句，显然是针对臧氏改本标榜"场上之曲"而发。因此我们可以说，朱墨套印本对"二梦"作为文学作品的传播和接受，实有其意义。

最后，朱墨套印本《南柯记》也彰显了戏曲评本的出版，在戏曲之文化传承和教育上的功用。从其批语的多种来源，可见"评点"作为批评方法之多向性、积累性与复合性。此书形同臧批的再批评，同时书中又择要摘录了柳浪馆本的批语，其眉批的内容包括音释、文字声律、关目结构与主题思想等多个方面，加上精美的版画，与对各出字句的圈点，实有助于读者亲近、欣赏、理解戏曲作品。而从此本《南柯记》之例，我们还可以见到戏曲在晚明作为出版物流通的蓬勃文化现象，以及刻书业者在出版市场竞争下，对戏曲经典传播的大力推进作用。

---

① 明泰昌元年朱墨套印本《牡丹亭·凡例》，收入《古本戏曲丛刊初集》，第74册，第1a页。
② 明天启元年朱墨套印本《邯郸记·凡例》，收入《古本戏曲丛刊初集》，第78册，第1a页。
③ 闵光瑜《邯郸记·小引》，收入《古本戏曲丛刊初集》，第78册，第1b—2a页。

依《南柯记·禅请》文本语言特点
初探汤显祖与禅宗思想关系
——兼与曹洞宗思想关系探微

李　旭　　王汉定

关于汤显祖的思想来源于佛教这一问题,学术界大致有以下几种看法:其一,受其祖父出世倾向的影响。如刘彦君认为:"其祖父的出世倾向造成他心理上更加深刻的潜在情结,即是所谓'家君恒督我以儒检,大父辄要我以仙游'(《和大父游城西》)。因而,他的举止完全不像是一位正统儒生所为……竟类似李白的豪侠。这也是他中年以后逐渐接近禅佛的原始基因。"①其二,受僧人达观禅师的影响。如周世泉所述,达观三见汤显祖,对其影响极深。如:"达观既给汤显祖以反理学思想的积极影响,是他'以情克理'思想形成的一个因素,同时又给汤显祖以佛学思想的负面影响。汤显祖《南柯记》、《邯郸记》中浓重的佛道思想和晚年想事佛的意向,与达观的影响是分不开的。"②其三,从《南柯记》文本本身出发,按照曲目所出的顺序,对作品与禅宗思想进行随机分析。如徐宏的《曲肱禅呓——汤显祖〈南柯记〉禅宗思想杂谈》,③此类文章论证翔实,遗憾的是数量甚少,也未见从作品内容与禅理上进行分条缕析的总结。然而《南柯记》作为"临川四梦"之一,代表了汤显祖弃官归隐后的主要思想观念与人生态度,按徐朔方先生所述:"传奇《南柯记》,一作《南柯梦记》,与《邯郸记》合称'二梦'……作此记前一年,汤氏以若士为号,弃官后出世思想日深。禅友李贽、达观又先后来访。"④因此,从禅学的角度对《南柯记》进行深入分析,对研究汤显祖思想有重要意义。本文仅以《南柯记·禅请》文本语言为研究对象,结合禅宗义理,从其因果观、实践中的"事理观"及专业禅语等角度进行分析,进一步具体明确《南柯记》的文本语言内涵是受禅宗南宗之曹洞宗旨的影响。

一、万事不着相,唯有业随身:禅宗"唯因果不空"的轮回观

《禅请》中契玄禅师的出场,所述生平"……自幼出家修行,今年九十一岁。参承佛祖,证取纲宗。从世尊法演于西天,到达摩心传于东土。无影树下,弄月嘲风;没缝塔中,安身立命。可以浮沤复水,明月归天。只为五百年前有一业债……"⑤此中可以看出契玄禅师一生修行,从"证取宗纲"来说,其"证取"中"取"为助词,表动态,犹"得"。此种用法在中古汉语中常见,如(唐)杜甫《酬韦韶州见寄》诗:"虽无南过雁,看取北来鱼。"同理,"证取"即是"证得"义,如《圆悟佛果禅师语录》卷第二:"无生曲调韵出清霄,至

①　刘彦君《论汤显祖的自由生命意识》,《文学遗产》1997年1月,第86页。
②　周世泉《试论汤显祖的思想艺术资源》,《抚州师专学报》2000年9月,第76页。
③　徐宏《曲肱禅呓——汤显祖〈南柯记〉禅宗思想杂谈》,《中国戏曲学院学报》2005年2月,第31页。
④　引自徐朔方笺校《汤显祖全集》(三),徐朔方笺校《汤显祖全集·南柯记》,北京古籍出版社1999年版,第2285—2286页。
⑤　引自徐朔方笺校《汤显祖全集》(三),徐朔方笺校《汤显祖全集·南柯记》,北京古籍出版社1999年版,第2294页。

宝常轩光吞万象。古今不覆盖,见在没遮拦。一念不落诸缘,证取自家境界。何必灵山觅佛少林问祖?"①此处契玄禅师已经证得禅宗的道理了,在了悟之道上功成圆满了。这在"无影树"、"没缝塔"中亦有所体现:

"无影树"指不落传法形式,以心印心的教化之法。"无影树"是禅宗语录中常见的隐喻意象。

如《虚堂集》卷五:"一日归侍立次,林曰:'子今日作甚么来?'云:'种菜来。'曰:'遍界是佛身,子向甚么处种?'云:'金锄不动土,灵苗在处生。'林忻然。来日入园唤'蕴阇梨'!师应喏。林曰:'剩栽无影树,留与后人看。'云:'若是无影树。岂受栽邪?'曰:'不受栽且止,你曾见他枝叶么?'曰:'不曾见。'曰:'既不曾见,争知不受栽?'云:'祇为不曾见,所以不受栽。'曰:'如是,如是。'林泉道:'也是怜儿不觉丑。'"②此处"金锄不动土,灵苗在处生"指明了禅宗的教义是不能用语言说破的,需要内心自证自悟,"金锄"字面的意思是"好的锄头","锄头"借指传法的方式,"不动土"指不加以施行各种教化的方便法门;"灵苗"是根性极好的学法人。贯通起来,意思便是玄妙的禅法是不需要任何方便教化的,在根性极好的学法人那里立刻就能"回光返照"到自己的内心、自性,因而完成了悟的过程。这与曹洞宗旨是相符合的。如皮朝纲先生所说:"曹洞宗门人还指出了般若体验的一个重要原则,那就是'不可说破'。《五灯会元》记载了洞山良价的一段亲身体验,他在云岩昙晟处参问'无情说法',云岩循循善诱,使他有省;当他辞别云岩时,曾向云岩参问'百年后忽有人间还邀得师真否,如何抵对'(按:意在参问如何领悟把握佛法)的问题,云岩因势利导,用'只是这'的答话表示活生生的人才是真佛——佛法,而且提示洞山:'价阇黎承当个事,大须审细。'在暗示你洞山本身就是佛,你应返观自身,直下'承当',但云岩尹并未向他说破……不说破乃是禅宗自证宗风的特殊标准。并非禅宗大师不想'说破'或想'不说破',而是禅体验无法说破,无法用语言文字加以表示、传达,必须由参禅者自己去亲身体验,这样,自悟自证就成为般若体验(生命体验)的重要原则。"当有僧人向龙牙居遁参向"如何得不被祖佛谩去"的问题时,龙牙明确指出:"道者直须自悟去始得……"③而前文中的"做什么来""向什么处种"都是隐喻传法施设的目的,而后文的"剩栽无影树,留与后人看"则道破了传法与了悟之间的关系,到底要不要通过某种方式教化学人一直是禅宗语录中反复探讨的问题。如:《五灯会元》卷十《风穴延沼禅师》中就记载了这种辩证关系:"上堂,举古云:'我有一只箭,曾经久磨炼。射时遍十方,落处无人见。'师曰:'山僧即不然,我有一只箭,未尝经磨炼,射不遍十方,要且④无人见。'"⑤说明了施设的方式不应磨炼,不应求遍布的范围,没有落处。且施设不着于相,连施设也打破。正如《金刚经》中"知我说法,如筏喻者;法尚应舍,何况非法",⑥就说明了"说法"这种教化法门是像船一样"渡人"的一种方式而已,了悟自性之后,法就没有用处了,何况是这种教化方式呢? 禅宗语录中也有"如指指月,见月忘指"之说,总之,作为传法的教授师,采取一定的教化方法是必要的,但是不能有"法执"。因此林禅师会说:"剩栽无影树,留与后人看。"意思即尽管相对了悟自性来说,禅法本空,如"无影树"一般,但是还是要用"栽"的教化手段接引"后人"(学人)。而既然禅法本空(若是无影树),哪里还需要教化学人呢?(岂受栽邪?)教化不教化不是要讨论的问题(不受栽且

---

① 绍隆等编《圆悟佛果禅师语录》,《大正新修大藏经》第47册,新文丰出版公司1983年版,第720页。
② 丹霞子淳撰,林泉从伦评唱《虚堂集》,《卍新纂续藏经》第67册,新文丰出版公司1993年版,第364页。
③ 皮朝纲《曹洞家风、偏正回互与禅宗美学》,《川北教育学院学报(社会科学版)》,1994年1月,第16页。
④ 要且,却是。表示转折语气。
⑤ 普济著,苏渊雷点校《五灯会元》,中华书局1984年版,第675页。
⑥ 天竺三藏鸠摩罗什译《金刚般若波罗蜜经》,《大正新修大藏经》第8册,新文丰出版公司1983年版,第749页。

止),你见过禅法真正的样子么？禅是什么？(你曾见他枝叶么?)既然禅是不可名状的,你怎么知道它不受传导呢？(既不曾见,争知不受栽?)就是因为是不可名状的,才知道它不受传导。"怜儿不觉丑"是说虽然知道以言说等外相上的传法是不符合禅法不可说这一宗旨的,但是却会因为传法心切而采取这种方便施设。

在《禅请》中的"无影树下,弄月嘲风"指了悟自性本空之后,不着于"月"与"风"的外相。

"没缝塔"又作"无缝塔",丁福保《佛学大辞典》释"无缝塔"为:"原为杂名,指凡造塔用木或石叠累而成,故皆有缝棱级层,若以一块石造之,则无缝棱级层,此之无缝塔,世所谓卵塔也。无缝塔之形如鸟卵,故云卵塔。"在禅宗灯录中常因"无缝"来指称禅法融汇固密的境界。如:《人天眼目》卷四《韶国师四料简》:"理事两俱忘,谁人敢度录。浑仑无缝罅,遍界不曾藏。"[1]袁宾认为"无缝塔"指禅家用来指禅法隐秘微妙,难以用语言表达。也指机语缜密,无懈可击。[2] 如《祖堂集》卷三《慧忠国师》:"代宗皇帝问:'师百年后要个什么?'师曰:'与老僧造个无缝塔。'帝乃胡跪曰:'请师塔样。'师良久,帝罔措。"因此"没缝塔中,安身立命",[3]指于不落知见、外相等,悟后圆融的境界中、于隐秘微妙、无懈可击的禅语中施设演化。

同时,"浮沤复水,明月归天"指可以勘破外相回归本心,同时把了悟之事也彻底放下的境界。其中《汉语大词典》释"浮沤"意思为"水面上的泡沫。因其易生易灭,常比喻变化无常的世事和短暂的生命"。此处是借"水上的泡沫"来隐喻外相无常,是虚妄不真实的。但"水"是真实的,泡沫来自于水,就像虚妄的相依附于真实的心性所存在,但是勘破之后可回归本心,彻底了悟。随后的"明月归天"指把了悟之事也彻底放下,"明月"是禅录中常用的意象,常指了悟之后的状态,在禅宗灯录中常有"以指指月,见月忘指"之语,指常常要利用一定的方便法门(手指)才能达到了悟的境界(见到月亮),了悟之后(见到月亮之后)就忘记了悟之事,不执著于空。此处"明月归天"及是把了悟之感回归到自然的状态中去,不执著于了悟。这是一种彻底放下、明心见性的境界,本来在这种彻底了悟的境界中是超越了生死轮回、一种大自在的状态,但是在禅宗的宗旨里有一个不可超越,不可空的观念——因果观。即使是大修行人,也依然不能脱离因果关系。此观念在禅录中有重要的公案,如:《圆悟佛果禅师语录》卷第十九:"举,百丈每至陞座,常有一老人听法。一日众去老人独留。丈云:'汝是何人?'老人云:'某非人。然某缘五百生前迦叶佛时曾住此山,错答学人一转语,所以五百世堕野狐身。今欲举此话,请和尚为答。'丈云:'汝试举看。'老人云:'大修行底人还落因果也无?'某对云:'不落因果。'丈云:'汝问我与汝道。'老人遂问:'大修行底人还落因果也无?'丈云:'不昧因果。'老人遂悟,得脱野狐身化去。"[4]此处"不落"是指不落因果轮回,但是即使"大修行底人(悟道很深的人)"也是逃不脱因果的,因此说"不落因果"便五百世堕野狐身。但"不昧因果"则不同,"昧"为"违背"意。"不昧"即为"不违背"。此处明确点明了禅宗万法皆空,唯因果不空的宗旨。

由以上分析可以看出,汤显祖在契玄禅师于《禅请》处的出场所述生平"……自幼出家修行,今年九十一岁。参承佛祖,证取纲宗。从世尊法演于西天,到达摩心传于东土。无影树下,弄月嘲风;没缝塔中,

---

① 晦岩智昭《人天眼目》,《大正新修大藏经》第 48 册,新文丰出版公司 1983 年版,第 324 页。
② 袁宾、康健《禅宗大词典》,崇文书局 2010 年版,第 429 页。
③ 静、筠禅僧编,张美兰点校《祖堂集校注》,商务印书馆 2009 年版,第 101 页。
④ 绍隆等编《圆悟佛果禅师语录》,《大正新修大藏经》第 47 册,新文丰出版公司 1983 年版,第 804 页。

安身立命。可以浮沤复水,明月归天。只为五百年前有一业债……"中从参承佛祖开始,到悟得义理,从禅理到教授,从事理圆融到施设演化,从勘破外相回归本心到打破对了悟的执著将整个悟道的过程一一交代了一遍,本来是一了百了、无所牵挂的境界,但是"只为五百年前有一业债……"其中"只为"道出了禅宗"万法皆空、唯因果不空"的宗旨。从选用禅语词汇、到结合禅理对其具体解读,都可以看出汤显祖对禅宗义理是非常熟悉并在文本写作中运用得得心应手。

二、带一转二,互五重三:禅宗"方便说法"的教化观

在第四出《禅请》中契玄禅师决定遵循因果、了结蚁国公案后,众人来请其说法,反映了禅宗教化门头方便说法的规则。如"……恭惟甘露山主契玄大师座下:性融朗月,德普慈云。中含三点之藏,带一转二;外示六爻之相,互五重三。钟鼓不交参,截断众流开觉路;风幡无动向,扫除尘翳落空花。见三世诸佛本来面目,入一切众生语言三昧。盂兰盆里,喝开朵朵金莲;宝月灯中,打破重重玉纲。但见饮光微笑,普同大众归心。惟愿慈悲,和南摄受。……"①其中以"性融朗月,德普慈云"先对契玄禅师进行夸赞,而后"三点之藏"、"带一转二"则是汤显祖所用的佛教词语,见于《指月录》卷二十一《洞山清禀禅师》:"……《智证传》:《大涅槃经》曰:'所言二谛,其实是一,方便说二。如人醉未吐,见日月转,谓有转日及不转日。醒人但见不转,不见于转。转二为粗,不转为妙。'传曰:'三藏全是转之二,如彼醉者。大乘经带一转二,而说不转之者一也。'《起信》曰:'以一切法本来惟心,实无于念,而有妄心,不觉起念,见诸境界,故说明,以此义例,转二为粗也。'又曰:'心性不起,即是大智慧光明义,例不转为妙也。'"②此处陈义孝《佛学常见辞汇》释"二谛"为"俗谛和真谛。俗谛又名世谛,或世俗谛,即凡夫所见到的世间事相;真谛又名第一义谛,或胜义谛,即圣智所见的真实理性,亦即内证的离言法性。上述二谛,世俗谛略近于哲学上的现象,胜义谛则属于本体。三论宗说:'若有若空,皆是世谛;非有非空,始是真谛。'"

"三点之藏"说的便是三藏,丁福保《佛学大辞典》释"三藏"为:"(术语)经律论也。此三者,各包藏文义,故名三藏。经说定学,律说戒学,论说慧学。因之而通三藏达三学者,称为三藏。""带一转二"是说在大乘经典里遵循事相与理体的辩证统一关系,在此"一"的宗旨下利用"外在的世间事相"及"内证的离言法性"来方便说法。

"外示六爻之相,互五重三",语出《智证传》:"如离六爻,偏正回互。叠而为三,变尽成五。离,南方之卦,火也,心之譬也,其爻六划,回互成五卦,重叠成三卦。如☲,第二爻、三爻、四爻又成一卦,巽也,☴;第三爻、四爻、五爻又成一卦,兑也,☱。此之谓叠为三也。下巽上兑,又成一卦,大过也,䷛;下兑上巽,又成一卦,中孚也,䷼。此之谓变成五也。"③此处是说"六爻之相"、"互五重三"的由来,其中☲为《周易》中的"离"卦,由两个☲重叠而成;而《周易正义》中"巽"卦卦象实为☴④是由两个"☴"重叠而

———————

① 引自徐朔方笺校《汤显祖全集》(三),北京古籍出版社1999年版,第2295页。
② 瞿汝稷集《指月录》,《卍新纂续藏经》第83册,新文丰出版公司1993年版,第637页。
③ 慧洪《智证传》,《卍新纂续藏经》第63册,新文丰出版公司1993年版,第194页。
④ 阮元校刻《十三经注疏》(上册),中华书局1980年版,第69页。

成;"兑"卦的卦象为 ☱ ①是由两个 ☱ 重叠而成,因此是"重三"即"'离''巽''兑'此三相是重叠而成的","互五"是取其卦象交互而成五相义。此仅为根据《周易》所判断的名相的由来,值得注意的是《智证传》中交代了"君臣五位"与《周易》此五卦的对应关系:"正中来、大过 ䷛""偏中至、中孚 ䷼""正中偏、巽 ䷸""偏中正、兑 ䷹""兼中到、重离 ䷝"。② 而这"君臣五位"是曹洞宗接引学人的教化方法,根据不同的根器、情况来采取一定的方便法门教化学人。据《抚州曹山本寂禅师语录》:"因有僧问五位君臣旨诀,师曰:'正位即空界,本来无物;偏位即色界,有万象形。正中偏者背理就事,偏中正者舍事入理。兼带者冥应众缘,不堕诸有,非染非净,非正非偏。故曰虚玄大道无着真宗,从上先德推此一位最妙最玄,当详审辨明。君为正位,臣为偏位,臣向君是偏中正,君视臣是正中偏,君臣道合是兼带语。"③总体来说,此为"曹洞宗创始人洞山良价与曹山本寂对于禅法的阐述系统,也是该宗接引学人的特殊方法。用君位(正位)和臣位(偏位)的五种配合,说明不同的禅法认识及参禅的情况"。④

"交参"是指混同的境界,"钟鼓不交参"见于《智证传》:"又曰:'钟中无鼓响,鼓中无钟声。钟鼓不交参,句句无前后。如壮士展臂,不借他力。如师子游行,岂求伴侣。此截断众流句也。'"⑤因此,"钟鼓不交参"指采取不同的施设办法不混同,当机立断,当体寂灭,反观自性悟得本来面目,并不借其他的言语情识等方便法门。"截断众流"谓禅家机锋施设能够截断一切言语情识之纠缠。⑥ "风幡无动向,扫除尘翳落空花"指心不为外在境界所转的情况下能够扫除外境中障碍心境了悟的东西。《佛光大词典》释"盂兰盆"为"梵名 Ullambana 之音译。为汉语系佛教地区,根据盂兰盆经而于每年农历七月十五日举行超度历代宗亲之仪式。又作乌蓝婆拏。意译作倒悬。又称盂兰盆会、盆会。乃梵语 avalambana(倒悬)之转讹语,比喻亡者之苦,有如倒悬,痛苦之极。……据盂兰盆经所载,佛弟子目连以天眼通见其母堕在饿鬼道,皮骨相连,日夜苦闷相续;目连见已,以钵盛饭,往饷其母,然其母以恶业受报之故,饭食皆变为火炎。目连为拯救其母脱离此苦,乃向佛陀请示解救之法。佛陀遂指示目连于七月十五日僧自恣日(印度雨季期间,僧众结夏安居三个月,此日乃安居结束之日),以百味饮食置于盂兰盆中以供养三宝,能蒙无量功德,得救七世父母。"本是出自目连救母之典故,反映了佛教的知恩报恩的思想内涵,但是在禅宗经典中对此却有不同看法,如《续古尊宿语要》第五《此庵净禅师语》:"追荐云:'孝慈之道,儒释通宗。不思存殁亲,孰报劬劳德? 故先圣道,大慈无不爱,大孝无不亲。爱我之爱,不爱彼之爱,非大慈也;爱今之亲,而不爱昔之亲,非大孝也。《佛说盂兰盆教》,广亲其亲,以奉累世之父母;博爱其爱,以济三涂之众生。其于孝慈,可谓大矣。若是山僧,又且不然。何故? 有形终不大,无相乃名真。"⑦根据此庵净禅师所说,可以看出在禅宗宗旨中,将此孝也列入外相的范围,"盂兰盆里,喝开朵朵金莲;宝月灯中,打破重重玉纲",意即借相传法,在不着相的情况下明心见性;丁福保《佛学大辞典》释"饮光"为"(人名)迦叶之译名",陈义孝《佛学常见辞汇》释"和南"为"稽首、敬礼、度我等意思"、释"摄受"为"摄取,就是佛以慈悲心去摄取

① 阮元校刻《十三经注疏》(上册),中华书局 1980 年版,第 69 页。
② 慧洪《智证传》,《卍新纂续藏经》第 63 册,新文丰出版公司 1993 年版,第 194 页。
③ 本寂述,郭凝之编集,宜默玄契补编《抚州曹山本寂禅师语录》,《大正新修大藏经》第 47 册,新文丰出版公司 1983 年版,第 536 页。
④ 袁宾、康健《禅宗大词典》,崇文书局 2010 年版,第 436 页。
⑤ 慧洪《智证传》,《卍新纂续藏经》第 63 册,新文丰出版公司 1993 年版,第 176 页。
⑥ 袁宾、康健《禅宗大词典》,崇文书局 2010 年版,第 210 页。
⑦ 师明集《续古尊宿语要》,《卍新纂续藏经》第 68 册,新文丰出版公司 1993 年版,第 467 页。

众生"。

由此,"……恭惟甘露山主契玄大师座下:性融朗月,德普慈云。中含三点之藏,带一转二;外示六爻之相,互五重三。钟鼓不交参,截断众流开觉路;风幡无动向,扫除尘翳落空花。见三世诸佛本来面目,入一切众生语言三昧。盂兰盆里,喝开朵朵金莲;宝月灯中,打破重重玉纲。但见饮光微笑,普同大众归心。惟愿慈悲,和南摄受。……"一段意为:"恭惟甘露山主契玄大师座下:悟道之性圆融理事二界,如朗月般如如不动,德行深广,精通经、律、论三学,遵循事相与理体的辩证统一关系,在此'一'的宗旨下利用'外在的世间事相'及'内证的离言法性'来方便说法。根据不同的根器、情况来采取一定的方便法门教化学人。采取不同的施设办法,不混同,当机立断,当体寂灭,启发学人反观自性,悟得本来面目,并不借其他的言语情识等语言进行纠缠。心不为外在境界所转的情况下能够扫除外境中障碍心境了悟的东西。通过讲经说法,使一切众生能够参悟到佛法的真谛所在。虽说是借助了外相的,但毕竟还是能够使众人明心见性。但愿契玄大师慈悲,众人在此顶礼恳求得度,愿和尚以慈悲心去教化众生。"

虽然禅宗提倡"不立文字",即不落言语的知见直指人心,但是佛教及禅宗另一方面也提倡借相传法。如《金刚经》第十二品:"复次,须菩提!随说是经,乃至四句偈等,当知此处,一切世间、天人、阿修罗,皆应供养,如佛塔庙,何况有人尽能受持读诵。须菩提!当知是人成就最上第一希有之法,若是经典所在之处,则为有佛,若尊重弟子。"[1]此处强调了《金刚经》作为经典对于修行的重要性,而在《坛经·般若第二》中有如下记载:"善知识,菩提般若之智,世人本自有之,只缘心迷,不能自悟,须假大善知识,示导见性。当知愚人智人,佛性本无差别。只缘迷悟不同,所以有愚有智。吾今为说摩诃般若波罗蜜法,使汝等各得智慧。志心谛听,吾为汝说。"[2]此处强调了大善知识讲经说法开示学人的重要性。因此,汤显祖在《禅请》中借众人之口请益契玄禅师讲法,是符合禅宗"方便说法"的教化观的。其采用了大量禅宗词语如"三点之藏""带一转二""截断众流""三世诸佛""本来面目"……禅宗典故如"风幡之动""盂兰盆""饮光微笑"(迦叶微笑)……特别是结合曹洞宗按根性、修行程度传法的"六爻之相,互五重三",无不体现了汤显祖对禅宗义理掌握之精准,运用之恰当。

三、禅门三下板,尘世一封书:禅宗"理事一如"的实践观

汤显祖在《禅请》中描写契玄禅师面对众人的请益,[3]借契玄禅师之口,表达了禅宗讲经说法同实际修行中的关系,认为"口说不如心行",符合禅宗"理事一如"的实践观。如"[回介]不去罢,我看衲子们谈经说颂的,不在话下。一般努目扬眉,举处便喝,唱演宗门,有甚里交涉也?……"此处"谈经说颂,不在话下"[4]说明和尚们在讲经说法等理论功夫上很好。"努目扬眉"在禅语中也作"张眉努目",指禅家示机、应机时的特殊动作,亦泛指禅机作略。[5]"举处"一是指"举说,复述",二是指"禅家语录记载格式,表示举说某则公案",[6]"喝"指禅宗接引学人时常用的施设,一般用来截断学人的思维意识。"宗门"是禅家

---

① 天竺三藏鸠摩罗什译《金刚般若波罗蜜经》,《大正新修大藏经》第8册,新文丰出版公司1983年版,第750页。
② 慧能述、宗宝等集《六祖大师法宝坛经》,《大正新修大藏经》第48册,新文丰出版公司1983年版,第350页。
③ "请益"意为"谓学人请师示诲",《禅宗大词典》,第339页。
④ 引自徐朔方笺校《汤显祖全集》(三),北京古籍出版社1999年版,第2295页。
⑤ 袁宾、康健《禅宗大词典》,崇文书局2010年版,第503页。
⑥ 同上。

对禅宗的自称,其他佛教宗派称为"教门"。① "有甚里交涉"同时又作"有甚交涉""有甚干涉""没交涉",此处指不相关,意谓根本不合禅法。② 贯通起来,意为和尚们在理论上讲经说法是很有本事的,在接引学人方面于示机、应机处的动作语掌握得也很好,且能够熟练运用棒喝等截断思维的接引手段、能够将禅宗的义理施设演化得非常清楚,但是有什么用呢? 这是不合乎禅法的。

其实,"谈经说颂""努目扬眉""举处便喝""演唱宗门"只是禅宗传法的一种方式而已,并非彻见本心、了悟本性的实质。如《金刚经》中所讲:"知我说法,如筏喻者,法尚应舍,何况非法?"③汤显祖能在此明确指出"没交涉",说明其是深悟禅理的。然而,既然讲经说法,演说义理是不合禅理的,那么怎样才算符合禅理呢? 汤显祖作了如下解释:

"……【滚绣球】但说的是附雁传书有,要还乡曲调无。怎生是石人起舞? 怎生是新妇骑驴? 那里有笑拈花,吃荔枝? 则许你单刀直入,都怎生被箭逃虚? 我这里君臣位上宾和主,水月光中我带渠,世界如愚。……【倘秀才】怎待要三千世界楼台舌铺,不消的十二部经坊印模。禅门三下板,你尘世一封书。目前些子,看何如? 我这里亲凭佛祖。……"④

"附雁传书"在禅籍中未见,但有"假雁传书",此语出自曹洞宗祖师曹山本寂禅师语录中,如下:

> 渠本不是我(非我),我本不是渠(非渠)。渠无我即死(仰汝取活),我无渠即余(不别有)。渠如我是佛(要且不是佛),我如渠即驴(二俱不立)。不食空王俸(若遇御饭直须吐却),何假雁传书(不通信)。我说横身唱(为信唱),君看背上毛(不与尔相似)。乍如谣白雪(将谓是白雪),犹恐是巴歌(传此句无注)。⑤

此处所讲为曹山本寂的师父洞山良价观渠悟道的典故(详见下文)。其中"空王俸"应指本自未明,自己本分事不能承当。(本分事指禅人本身份内的大事,指获得禅悟,超脱生死。⑥)"食王俸"指有所依止,向外驰求,尚未归本心。"不食空王俸"指禅悟、超越生死等大事都可自家承当得起,不需位居人臣,依止于君,那么就无需"假雁传书","假"即"借","假雁传书",意即"通信",借指"通消息",指借某种条件了解禅宗义理,达到了悟的目的。又如《宗鉴法林》卷五十九:"睹影逢渠不是渠,到家何必雁传书。晓风吹破梅花梦,香雾轻霭粉蝶须。"⑦从外相上求真如,真如并不可得;"到家何必雁传书"意为已经了悟了(到家),哪里还需要借助外在的形式来通晓本真的道理呢? 汤显祖所作"附雁传书"即是此意。此意被后来禅录引用,皆直接或间接讲述洞山良价悟道之事,如《智证传·曹山见杜顺法身颂》:"曰:我意不欲与幺道,乃自作之曰:'渠本不是我,我本不是渠,渠无我即死,我无渠即余。渠如我是佛,我如渠即驴。不食空王俸,何假雁传书。……'"⑧又如《宗鉴法林》卷六十九《襄州鹿门觉禅师》:"是处觅渠不见渠,昔年苦我

---

① 袁宾、康健《禅宗大词典》,崇文书局 2010 年版,第 538 页。
② 袁宾、康健《禅宗大词典》,崇文书局 2010 年版,第 488 页。
③ 天竺三藏鸠摩罗什译《金刚般若波罗蜜经》,《大正新修大藏经》第 8 册,新文丰出版公司 1983 年版,第 749 页。
④ 引自徐朔方笺校《汤显祖全集》(三),北京古籍出版社 1999 年版,第 2295 页。
⑤ 本寂述,郭凝之编集,宜默玄契补编《抚州曹山本寂禅师语录》,《大正新修大藏经》第 47 册,新文丰出版公司 1983 年版,第 539 页。
⑥ 袁宾、康健《禅宗大词典》,崇文书局 2010 年版,第 17 页。
⑦ 集云堂编《宗鉴法林》,《卍新纂续藏经》第 66 册,新文丰出版公司 1993 年版,第 635 页。
⑧ 慧洪《智证传》,《卍新纂续藏经》第 63 册,新文丰出版公司 1993 年版,第 182 页。

雁传书。而今狭路相逢着,撒手天涯任放愚。"①但"假雁传书""传书"二词在禅录中所用仅此几例而已,皆和洞山良价悟道有关,后世未发现沿用,词典至今未收录解释。从此词的借用可以看出,汤显祖对曹洞文献是非常熟悉的。

"还乡曲调"喻指不再向外驰求,回归心源,识见自性。《禅宗大词典》解释"还乡曲"为喻指禅法之歌,悟道之歌。② 此亦见于曹洞祖师洞山禅师的语录中,如《筠州洞山悟本禅师语录·新丰吟》:"古路坦然谁措足,无人解唱还乡曲。"③洞山悟本禅师即为洞山良价,《汉语大词典》释"措足"为"立足;置身"。"古路坦然谁措足,无人解唱还乡曲。"意为:"回归本性的途径是直截了当的,当下转迷即成悟,但是谁能够掌握并运用其中的道理呢(立足)? 没有人知道不再向外驰求才是回归心源,识见自性的悟道之法。"汤显祖的"但说的是附雁传书有,要还乡曲调无",即为此意,即:"依靠一定的途径(讲经说法等)去了悟的办法很多,但是要停止向外驰求,见识自性却不行了。"

"石人起舞"在禅籍中唯见于《无异禅师广录》卷四《住建州董岩禅寺语录》:"中秋上堂:'松风送韵,桂谷传秋。凉彻烦热胸襟,香遍阎浮世界。诸昆仲,还知么? 还见么? 若知,掀翻大海,飏却须弥。若见,除去爆耳迅雷,灭却摇空闪电,直得海岳齐平,石人起舞。'呵呵大笑云:'秋风凉秋夜长,未归客思故乡。且道,那个是未归客? 何人思故乡?'复笑云:'三业未能成佛智,十分秋色逼人寒。"④此处用"知"与"见"来借指由道理等声闻悟入的状态,"掀翻大海""飏却须弥""除去爆耳迅雷""灭却摇空闪电"是打破传统的思维与认识,去除这些通过讲经说法等声闻见识得到的道理上的印象。"海岳齐平""石人起舞"指打破分别意识与传统的思维模式,达到万物混同的境界。另外无异禅师为曹洞传人,于公元1603年在江西鹅湖山受戒,后于江西上饶能仁寺、江西袁州(今宜春)大仰山宝林寺阐扬宗风,弟子千人。无异禅师恰与汤显祖同时,"石人起舞"语在禅录里属孤例,因此不得不怀疑汤显祖的禅语来源与曹洞宗有关。

"新妇骑驴阿家牵"是北宋首山省念禅师(临济宗)之机语。《古尊宿语录》卷第八《汝州首山念和尚语录》:"问:'如何是佛?'师云:'新妇骑驴阿家牵。'"⑤"阿家"指婆婆,《禅宗大词典》释此词条为"本为颠倒之事,寓意佛的境界无尊卑区别,万法一如。后世多见拈提"。⑥

"笑拈花"是指释迦牟尼在灵山会上拈花示众,大众默然,只有迦叶尊者破颜微笑之典故。根据《五灯会元》卷一:"世尊曰:'吾有正法眼藏,涅槃妙心,实相无相,微妙法门,不立文字,教外别传,付嘱摩诃迦叶。'"⑦此处原本强调禅法"不立文字""以心传心",但是在后来的禅录中却被认为是"拈花"与"微笑"也是借助了外相来表达禅法的,是不彻底的。如《密庵语录》:"世尊拈花,勾贼破家。迦叶微笑,声前失照。"⑧

"吃荔枝"作为公案语出自《大慧普觉禅师语录》卷十七:"一日问他:'唤作竹篦则触,不唤作竹篦则背如何?'渠答不得。却曰:'望和尚为某作个方便指示。'山僧向他道:'尔是福州人,我说个喻子向尔:

---

① 集云堂编《宗鉴法林》,《卍新纂续藏经》第66册,新文丰出版公司1993年版。
② 袁宾、康健《禅宗大词典》,崇文书局2010年版。
③ 悟本《筠州洞山悟本禅师语录》,《大正新修大藏经》第47册,新文丰出版公司1983年版。
④ 弘瀚《无异禅师广录》,《卍新纂续藏经》第72册,新文丰出版公司1993年版。
⑤ 赜藏《古尊宿语录》,《卍新纂续藏经》第68册,新文丰出版公司1993年版,第47b页。
⑥ 袁宾、康健《禅宗大词典》,崇文书局2010年版,第452—453页。
⑦ 普济著,苏渊雷点校《五灯会元》,中华书局1984年版,第28页。
⑧ 密庵咸杰撰,松源崇岳、笑庵了悟等编《密庵语录》,《卍新纂续藏经》第80册,新文丰出版公司1993年版,第960页。

如将名品荔枝和皮壳一时剥了,以手送在尔口边,只是尔不解吞。'渠闻之不觉失笑曰:'和尚吞着即祸事。'过得几时,又问:'他前日吞了底荔枝,只是尔不知滋味。'渠曰:'若知滋味,转见祸事。'我爱他这两转语。所谓从门入者不是家珍,信知宗师家无实法与人,且如世间工巧技艺有样子便做得。若是这一解,须是自悟始得,得之于心应之于手,若未得个安乐处,一向求知见、觅解会,这般杂毒才入心,如油入面,永取不出。纵取得出,亦费料理。此事如青天白日,元无障碍,却被这些杂毒障却,所以于法不得自在。"①此处"吃荔枝"即指禅师慈悲心切,采用各种施设手段启发教化学人省悟。但这与禅法需自证自悟的道理是相违背的,因此说"吞着即祸事""若知滋味,转见祸事",因为"从门入者不是家珍"(从门外取来之物,终非自家的珍宝,比喻向外驰求所获得的,并非自心本佛②),"宗师家无实法与人,且如世间工巧技艺有样子便做得",意即要确信宗师并没有实法付诸学人,只是照着样子采取一定的方便法门传法而已,如《金刚经》:"若取法相,即著我人众生寿者。何以故? 若取非法相,即著我人众生寿者,是故不应取法,不应取非法。以是义故,如来常说:'汝等比丘,知我说法,如筏喻者;法尚应舍,何况非法。'"③所以佛陀说法就如同用筏子将学人渡到彼岸而已,关键在于识得本来的妙明真性,哪里会守着传法的方式死死不放呢? 自悟便回光返照,识得本性了,但是如果不能,一定向外求取追寻,是没有办法到达了悟的彼岸的。而"吃荔枝"即是依靠师父把禅宗的道理观念灌输给学人,但不是自悟,不能达到了悟之境界,此处是批评师父教化心切,如《无门关·不思善恶》:"六祖可谓是事出急家,老婆心切,譬如新荔枝,剥了壳,去了核,送在尔口里,只要尔咽一咽。"④

《禅宗大词典》释"单刀直入"意为"抛开一切语言文字、知识见解,当下领悟,明心见性。是禅家授受道法的特殊方式,体现了禅宗思想的特点"。⑤

"被箭逃虚"表面意思指被箭射中了还要溜掉,引申指即使当下领悟了禅宗的道理,但是若保任不住,⑥还是没有用处的。

关于"君臣五位"上文已有论述,总体说来,其是通过君臣的隐喻,说明理事、体用等方面的关系,如笔者所认为:"'曹山五位图'反映了初悟道至事理圆融的五个阶段。第一阶段,'正中偏'是初悟之时,因悟显理,所见皆是理……第二阶段,'偏中正'是已悟后见道用功,依奉持之力,见解愈加精进,但并不见真正的彻悟圆融……第三阶段,'正中来'是经过一段时间的奉持之后,在体悟的基础上,对'理'有了进一步的了解和悟入,渐融于事,但此时'法执'未尽……第四阶段,'兼中至'是'法执'已弃,事理并用,'全体即用',在事相的运用中所用无碍……第五阶段,'到中兼'是无理无事、无机无用、无是无非的彻悟境界……"⑦又如徐文明先生所说:"故对于理事、体用、本末、空色,既不可昧其分别,又不可执其尊卑,迷其分殊则父子不分,宾主不辨,执其尊卑则有取有舍,陷于边见。故兼带最是难得,先德推尊,上贤莫识,欲得兼带,须不昧因果,不落有无。"⑧徐先生认为"君臣道合"的"兼带"是最为难得的部分,汤显祖的"宾和主"正是这样的意思。"宾主"之喻为临济宗的公案。《禅宗大词典》释"四宾主"为:"临济宗开创者义

---

① 雪峰蕴闻辑录《大慧普觉禅师语录》,《大正新修大藏经》第 47 册,新文丰出版公司 1983 年版,第 881 页。
② 袁宾、康健《禅宗大词典》,崇文书局 2010 年版,第 63 页。
③ 天竺三藏鸠摩罗什译《金刚般若波罗蜜经》,《大正新修大藏经》第 8 册,新文丰出版公司 1983 年版,第 749 页。
④ 无门慧开撰,弥衍宗绍编《无门关》,《大正新修大藏经》第 48 册,新文丰出版公司 1983 年版,第 296 页。
⑤ 袁宾、康健《禅宗大词典》,崇文书局 2010 年版,第 84 页。
⑥ "保任"意为"禅悟之后,须加保持、维护",《禅宗大词典》,第 14 页。
⑦ 李旭《"曹山五位图"图像疑义辩证》,《中国俗文化研究》第 11 辑,2015 年 12 月,第 159 页。
⑧ 徐文明《曹山本寂禅师的禅法思想》,《世界宗教研究》,2001 年 2 月,第 60 页。

玄接引学人、较量机锋的施设。""主"指禅师或心地清净、法眼明亮的禅悟者。"宾"(或称"客")指"学人或心存执着、痴迷未悟者"。①通过"客看主""主看客""主看主""客看客"之间的关系,针对不同情况加以施设教化学人。②但是汤显祖的"宾和主"却不同于这"四宾主"中的任何一个,因为"和"有混同的意思,《汉语大字典》释"和"意为"古哲学术语,与'同'相对,指要在矛盾对立的诸因素的相互作用下实现真正的和谐、统一。"此"宾和主"是指不用按照不同的情况采取不同的施设接引学人,"宾"和"主"是没有任何区别、对立的,"宾"即是"主"、"主"即是"宾"。如《密庵语录》:"全宾是主,全主是宾。宾主交参,通同和气。"又:"正令全提,十方坐断。千差万别,一句该通。佛与众生,皆为剩法。怎么会得,全宾是主,全主是宾。"③因此,汤氏在此提倡的是宾主不分,不用施设的混同境界。

"水月光中我带渠"出自曹洞宗祖师洞山良价悟道的典故。《瑞州洞山良价禅师语录》中:"师辞云岩……临行又问:'百年后,忽有人问:"还邈得师真否?"如何祇对?'云岩良久云:'祇这是。'师沉吟。云岩云:'价阇黎,承当个事,大须审细。'师犹涉疑,后因过水睹影,大悟前旨。有偈云:'切忌从他觅,迢迢与我疏。我今独自往,处处得逢渠。渠今正是我,我今不是渠。应须恁么会,方得契如如。"④

《禅宗大词典》释"渠"为"指本来面目,真如法身",⑤自己是变化的,渠之影子是随着自己的变化而变化的,只有有"我"的主体,我的"能",才会有影子这个外相显现出来的"所"。因此问"师真"即问师父所传的开悟的真谛是什么呢?是没有用的,此处是"从他觅"。自证自悟是"独自往",才能悟得本来面目,但是这个"本来面目"之"渠"是依附于"我"之本体存在的,本体并不是依止于"真如法身"存在,一切的外在都是自性的显现,而自性本身是恒常的,因此说是"独自往",不能依止于别人的施设、方便法门等。从"师真"(师父的样子,引申为师父所传的开悟的真谛)处追寻,便是"从他觅",而此处"过水睹影"是为关键点,"影"即渠中的相,指外相,在词语意义的隐喻上同"邈得师真否"的"真"有相似点,因为"真"即"相片"义,从日本传回来的词语"写真"即"照相、相片"义。所以,"渠"由"渠中影"的关系借代,同"影""真"一样都指"外相"。所以"渠"尽管是悟得的本来面目,真如法身,但毕竟是外相上的显现,因此说"渠今正是我,我今不是渠",正如同"千江有水千江月",但水中的月亮是外相的显现,是虚幻的,而真正恒常的月亮只有天上的一个。因此汤显祖先生说"水月光中我带渠"即是"在参修悟道的过程中,'我'之能动的主体是始终如如不动的,而所谓的悟得的真如法身、本来面目等外在的显现是依附于能动的主体存在的"。

"……【滚绣球】但说的是附雁传书有,要还乡曲调无。怎生是石人起舞?怎生是新妇骑驴?那里有笑拈花,吃荔枝?则许你单刀直入,都怎生被箭逃虚?我这里君臣位上宾和主,水月光中我带渠,世界如愚。……"一段意为:"虽说借助于一些讲经说法等方便施设使学人达到了悟境界这种事情是有的,但是

① 袁宾、康健《禅宗大词典》,崇文书局 2010 年版,第 394 页。
② 《临济语录》:"如禅宗见解,死活循然。参禅之人,大须子细。如主客相见,便有言论往来。或应物显形,或全体作用,或把机权喜怒,或现半身,或乘师子,或乘象王。如有真正学人,便喝,先拈出一个胶盆子。善知识不辨是境,便上他境上作模样。学人便喝,前人不肯放。此是膏肓之病不堪医,唤作客看主。或是善知识不拈出物,随学人问处即夺。学人被夺,抵死不放,此是主看客。或有学人,应一个清净境出善知识前,善知识辨得是境,把得抛向坑里。学人言:大好! 善知识即云:咄! 不识好恶! 学人便礼拜。此唤作主看主。或有学人,披枷带锁,出善知识前,善知识更与安一重枷锁。学人欢喜,彼此不辨,呼为客看客。大德,山僧如是所举,皆是辨魔拣异,知其邪正。"(材料出自慧然集《镇州临济慧照禅师语录》,《大正新修大藏经》第 47 册,新文丰出版公司 1983 年版,第 499 页)
③ 密庵咸杰撰,松源崇岳,笑庵了悟等编《密庵语录》,《卍新纂续藏经》第 80 册,新文丰出版公司 1993 年版,第 961 页。
④ 郭凝之编《瑞州洞山良价禅师语录》,《大正新修大藏经》第 47 册,新文丰出版公司 1983 年版,第 519 页。
⑤ 袁宾、康健《禅宗大词典》,崇文书局 2010 年版,第 342 页。

要真正的从反观自性处下手,停止向外驰求,自见本性时却不行了。怎么才是打破分别意识与传统的思维模式,达到万物混同的境界? 怎么才是在生活的践行中无尊卑高下等意识分别,达到万法一如的境界? 哪里有借助外相表达禅法宗旨,靠采用各种施设手段启发教化学人省悟这一回事呢? 就算你当下领悟了禅宗的道理,但是如果运用到生活中在处理实际问题时保持、维护不住这种圆澄清净的心态,又有什么用处呢? 在理事、体用关系上我这里主张的是不用分不同的情况采取不同的施设接引学人,悟道是观照自性的行为,'我'之能动的主体自性是始终如如不动的,外相的事界都是依附能动的主体存在的,在客观的现象界里,圆融混同、辩证统一是其主要特点,是没有什么对立分别的。……"此处对借相传法的施设行为进行了质疑,要在实际的生活中处理具体事情时保持悟得的清净自性、不被尘染、不被境转才是重要的,对待世间事物要达到圆融混同的境界。

"禅门三下板"中"三下板"是禅宗常见的仪轨,如《敕修百丈清规》卷六《大坐参》:"今时丛林有多众处,犹特讲晚参以存古意,谓之'大坐参',与'常坐参'同,但首座入堂不烧香,便归位待住持入堂坐定,堂司行者鸣首座寮前板三下,大众转身向外坐。……若讲行时须讲一参一免使后学知之,每日如有缘故不坐参时,供头行者代首座出半单与大众同,至晚众寮前鸣板三下。……闻首座开枕响,众方偃息。在道兄弟不以此拘,次早三下板鸣众起……"①此外,在《告香》《知浴》等篇目中皆有对"三下板"的记述。在《智证传》中有:"南台偈曰:'妙哉三下板,知识尽来参。既善知时节,吾今不再三。'"②在此"三下板"应代之禅门的具体修行等行为,"尘世一封书"是指尘世里种种的具体事情。在此,汤显祖提出了出世修行和入世处理各种事宜之间的关系,并认为真正了悟之人是能够在悟得本心的基础上对世间事圆融处理的,因此说:"目前些子,看如何? 我这里亲凭佛祖。""凭",有"依,靠着"的意思,"亲凭佛祖"意即"同佛祖的本来宗旨是极为接近的"。

"……【倘秀才】恁待要三千世界楼台舌铺,不消的十二部经坊印模。禅门三下板,你尘世一封书。目前些子,看何如? 我这里亲凭佛祖。……"一段意为:"……哪里需要那么多讲经说法上的说教呢? 纵有禅宗千万种仪轨修行,到头来还是要回归到尘世中种种事情的处理当中来,眼前的这些事情,你看怎么办呢? 还是我这样(与事圆融)更接近佛教的本来宗旨吧……"而事实上,汤翁的这种观念,和禅宗宗旨是极为一致的,如《坛经·般若品》:"佛法在世间,不离世间觉。离世觅菩提,恰如求兔角。"③兔子是没有角的,离开世间(尘世)去求得清净了悟,是不可能彻底了悟的。这大概也是汤显祖之所以没有受达观禅师的影响而出家的原因。正如其在《寄达观》中说:"情有者理必无,理有者情必无,真是一刀两断语。谛视久之,并理亦无,世界身器,且奈之何。……迩来情事,达师应怜我,白太傅、苏长公终是为情使耳。"《寄达观》写于万历二十六年其弃官归隐,与从庐山归宗寺来到临川的达观和尚会晤之后,依杨健民先生所说:"万历二十六年冬,汤显祖与从庐山归宗寺来到临川的达观和尚会晤,达观力图以佛理说服汤显祖出家。达观认为,汤显祖固守的那个'情'是万万要不得的,因为'理无我,而情有我故也。无我,则自心寂然;有我,则自心泊然。'因此,'理'远胜于'情'。"④汤显祖刚刚辞官归隐,此时正是"万念俱灭"之时,但是其为何不追随达观出家修行,此处盖与其对出世与入世的辩证关系有清醒的认识有关,其先是对达

---

① 德辉《敕修百丈清规》,《大正新修大藏经》第 48 册,新文丰出版公司 1983 年版,第 1143 页。
② 慧洪《智证传》,《卍新纂续藏经》第 63 册,新文丰出版公司 1993 年版,第 194 页。
③ 慧能述、宗宝等集《六祖大师法宝坛经》,《大正新修大藏经》第 48 册,新文丰出版公司 1983 年版,第 350 页。
④ 杨健民《论汤显祖与曹雪芹写梦》,《福建论坛(文史哲版)》,1997 年 10 月,第 27 页。

观禅师的情理观表示认同,认为这于禅理上机用非常敏捷,可以当下斩断情识,但是对于达观过分强调"理"的重要性,其提出"谛视久之,并理亦无",此处,便破除了非要出家的"法执"(理),"法执"是在破除达观禅师所说的"情"(我执)之后很难破除的,"并理亦无"体现了汤显祖对无需渐进、直指自心来悟得本来面目的深刻理解,这是非常高超的。而"世界身器,且奈之何",人为社会中的一员,又能怎么样呢?此处强调了理事圆融的重要性。"迩来情事,达师应怜我,白太傅、苏长公终是为情使耳。"此处的"情"与达观禅师所说的"情"不同,达观禅师所说的"情",是"小我",是个人对外界财色食声味触等私欲上的执着,而汤显祖以"白居易""苏东坡"自比,这两位贤者皆亲近佛教但是并没有出家,而且一生以"兼济"为志,被贬后虽"独善其身",但是仍然能怡然自得,关心人民疾苦。汤翁此处的"终是为情使耳"之"情"是建立在佛教慈悲基础上的"大爱",是一种爱国爱民,与事圆融之情,此不仅不同于"我执"——小我之情欲,也是对"法执"——理的空性特征之超越,是悟道后理事圆融的境界,即理作为本体,遍布于一切的事相中,理体虽然性空,但是却可随缘显现,一切的现象都是理的反映,也是对理的检验。因此,禅宗里常有大修行人在悟道之后游于世俗场所,如《景德传灯录》卷三《第二十九祖慧可大师》:"……大师付嘱已,即于邺都随宜说法,一音演畅四众归依,如是积三十四载,遂韬光混迹变易仪相,或入诸酒肆,或过于屠门,或习街谈,或随厮役,人问之曰:'师是道人,何故如是?'师曰:'我自调心,何关汝事?'"[1]此中"我自调心,何关汝事",说明了见性后入世的重要性,如《华严七字经题法界观三十门颂》卷下:"'依理成事门':……披毛戴角者,方是个中人。斫倒那边无影树,却来火里又抽枝。此颂随缘人也。谓自古贤圣了证真理,由悲故回入尘劳,由智故方便利物。宗门中唤作异类中人也。丹霞云:'戴角披毛异类身。'是此意也。"[2]"由悲故回入尘劳,由智故方便利物"正是这种由慈悲与大智发起的入世、利物、与事圆融之心。而这种圆融精神在曹洞宗的宗旨中表现得极为明显,如:"在禅宗五家七宗中,对理事关系表现出特别关注,并将理事作为该宗门风的,是曹洞宗。曹洞宗的偏正回互、君臣五位远绍华严,近承《参同契》《宝镜三昧》,经由诗学的转型,使理事圆融境得到了形象的表述。"[3]

四、结　语

　　如前文所述在前人的研究中,已对汤显祖作品中反映出的佛禅意识有大致的概括,并多认为是受达观禅师的影响,甚至有学者认为汤显祖终不肯出家是因为个人的情愫没有完全放下,还处于矛盾的心态之中。而经过本文对《南柯记·禅请》篇逐字逐句的分析,可以看出汤显祖在事相和理体上都是深悟其宗旨的,明确了禅法虽本空寂,但是因果是客观存在的,所以,悟后理可空,但是在实际的生活中要遵循因果关系;虽说理可空,佛无法可说,但是在没有了悟之前还是有请大善知识采取方便法门说法的必要,这和禅宗一方面提倡"不立文字",一方面采取施设教化是一致的;在了悟禅理之后,还是要回归到现实生活中,达到理事圆融的境界,此是禅宗的宗旨之所在,是修行的最高境界,在此汤显祖以苏东坡、白居易自比,说明了其"情"并非是"小我"之私欲,而是慈悲救世、与事圆融的境界,这是对"理"之形而上的升华,

① 道元《景德传灯录》,《大正新修大藏经》第51册,新文丰出版公司1983年版,第220页。
② 本嵩《注华严经题法界观门颂》,《大正新修大藏经》第45册,新文丰出版公司1983年版,第702页。
③ 吴言生《禅诗理事圆融论》,《东南大学学报》,2000年2月,第114页。

与对"情"之形而下的超越,笔者看来,这也正是汤显祖不肯出家的原因之一。

从因果观到方便说法,到悟后起修、与事圆融,概括了禅门整个了悟的过程和修行的实质所在。同时,其运用了大量的禅语如"无影树""月""浮沤""还乡曲""石人起舞""带一转二""截断众流""假雁传书"等及"新妇骑驴阿家牵""世尊拈花、迦叶微笑""福州人吃荔枝""风动幡动""盂兰盆"等禅宗典故的运用,可以从其排比、对偶等句式中可以看出深谙八股文写作手法的汤显祖在运用禅宗词汇时,完全能熟练地将其晦涩玄幻的术语运用得恰到好处,说明了汤显祖对禅宗典籍义理是非常熟悉的,尤其是"六爻之相、互五重三""君臣五位""观渠悟道"等与曹洞宗旨相关的禅语,更能反映出汤显祖受曹洞思想的影响之深。

《邯郸记》的剧情结构与思想表达

许建中

《邯郸记》是汤显祖于万历二十九年（1601）创作的最后一部传奇。[①]

关于《邯郸记》的评论，可以王骥德的意见为代表："所作五传，《紫箫》《紫钗》第修藻艳，语多琐屑，不成篇章。《还魂》妙处，种种奇丽动人，然无奈腐木败草，时时缠绕笔端。至《南柯》《邯郸》二记，则渐削芜颣，俛就规度，布局既新，遣辞复俊，其拾掇本色，参错丽语，境往神来，巧凑妙合，又视元人别一蹊径。技出天纵，匪由人造。"[②]细究之，则多就戏曲语言而论，仅"布局既新"一句涉及剧情结构，而"新"在何处又未展开。本文先梳理其剧情布局与场面安排，然后再讨论一些具体问题。

一、《邯郸记》的剧情布局与场面安排

《邯郸记》是汤显祖最为规整的一个剧作。[③] 全剧以梦前、梦中、梦后分为三大段。

第一段梦前（第一至三出）。第一出副末开场，以【渔家傲】一词和题目四句概述全剧，十分简明。第二出和第三出散点布局，分别介绍卢生的孤穷和吕洞宾遍寻蓬莱阆苑扫花人。

第二段梦中（第四至二十八出）。第四出一折二段：前一段【双调·锁南枝】套始将卢生与吕洞宾结合于赵州桥小店之中，以人生得意为题，卢生言志，吕仙赠枕；后一段【南吕·懒画眉】套引起卢生梦中的得配高门美妇，由此开始展开卢生的梦中人生。

1. 中状元（第六至八出）。第五出为招贤应试的过场戏。第六出夫人赠金，卢生赴试。第七出满朝勋贵保荐，钦点卢生状元。第八出曲江宴上卢生自恃天子门生，讥讪当朝宇文融。

2. 官陕州（第十至十四出）。第九出吐蕃虏动议兵，生起外患一线。第十一出卢生因掌制诰偷写夫人诰命，蒙骗恩准；宇文融一计，卢生外补陕州知州，夫妻赴任。第十一出卢生以拜禹王庙打通水道，又以柴烧盐蒸醋煮之法凿通鸡脚、熊耳二山，终于开通了从东京到西京的转运河道。第十二出玉门关前，唐将战死，强化边急一线。第十三出为调笑短剧，叙卢生筹办巡幸。第十四出为群戏大场。玄宗东巡，褒奖卢生，赐新河名永济，命作《铁牛颂》并刻之碑铭。边关报警，宇文融二计，举荐卢生御边。玄宗命卢生为御史中丞兼领河西陇右四道节度使，赴边御敌。卢生即行，夫人悲念。

3. 败吐蕃（第十五至十八出）。第十五出卢生设离间计，竹刻千叶，上书"悉那逻反"四字，如虫蚁蛀蚀，欲除吐蕃丞相悉那逻。第十六出吐蕃中计，卢生反攻，赚相败将。第十七出卢生深入吐蕃之境，得吐

① 徐朔方《玉茗堂传奇创作年代考》，《晚明作家年谱》第三卷，浙江古籍出版社 1993 年版，第 488—489 页。
② 王骥德著，陈多、叶长海注释《〈曲律〉注释》，上海古籍出版社 2012 年版，第 307 页。
③ 本文分析，用钱南扬校点《汤显祖戏曲集》（下册）之《邯郸记》，上海古籍出版社 1978 年版。引文不另注。

蕃大将热龙莽请求退兵的书信,勒石天山。玄宗得捷报,封卢生定西侯,加太子太保兵部尚书同平章军国大事。卢生功成而返。第十八出夫人闺思闻喜。

4. 遭诬陷(第十九至二十三出)。第十九出为过场短剧,宇文融三计,诬陷卢生欺君卖主,通番谋叛。第二十出卢生正与夫人小酌,兵围府第,即刻押斩市曹。夫人携子午门诉冤,改免一死,远窜广南崖州鬼门关安置。夫妇悲离。第二十一出宇文融四计,夫人崔氏没入外机坊织作,其子随便居住。第二十二出卢生遭遇瘴气、猛虎、盗贼、飓风、鬼魅等灾难,备尝艰苦,幸得崖州蛮户怜恤,得住碉房,拥狗而睡。第二十三出崔夫人织锦回文,为夫申冤,遭受凌辱,逼索珠宝,幸得高力士照应。

5. 病极欲(第二十四至二十八出)。第二十四出吐蕃国侍子领西番诸国侍子朝见,热龙莽之子代父辩雪卢生之冤,玄宗又见崔氏回文锦书,以欺君卖友罪拿下宇文融,拜生为首相,复崔氏一品诰命,诸子门荫如故。第二十五出卢生在崖州惨遭棒毒打、铁钤头、火烙足等酷刑,忽召还拜相,司户请罪,卢生以为世情之常,笑而释之,嘱其善待蛮户黑鬼。第二十六出为热闹过场,叙皇帝恩宠卢生,赐赏府第、骏马、田地、女乐。第二十七出以南北合套,叙演卢生极欲,富贵酒色,合府簪笏,四子升改。第二十八出叙事过场,友人萧嵩、裴光庭见卢生富贵已极,以采战求长生,嗟叹不已。

第三段梦后(第二十九至三十出)。第二十九出一折二段,前一段以【胜如花】短套演卢生临终之事:满城官员请安问候,皇帝圣旨抚慰,御医视药调膳;卢生拜托高公公,关切死后国史编载、加官赠谥、幼子荫袭、遗表作则等。后一段以【二郎神】套演卢生梦醒后诸事:身在赵州桥小店,黄粱饭尚欠一把火;吕洞宾说破幻境,度脱卢生;卢生醒悟,跟随云游,黄粱饭也不吃了。第三十出叠用【清江引】三支介绍八仙,以【仙吕·点绛唇】北套演卢生在吕洞宾引导下拜仙证盟,阆苑领带扫花。众仙朝拜东华帝君。①

二、《邯郸记》的结构设置与梦境呈现

《邯郸记》围绕吕洞宾为何度脱卢生、如何度脱卢生,设置了度脱成仙的总体结构。何仙姑证入仙班,张果老着吕岩再觅一人以供蓬莱山门扫花之役。吕岩于洞庭湖岳阳楼无人可度,见邯郸地方有神仙气候,落在赵州桥西卢宅,"卢生相貌,精奇古怪,真有半仙之分",故设磁枕之计醒发之。"枕是头边枕,磁为心上慈。"卢生在梦中历经悲欢荣辱,梦醒而悟:"宠辱之数,得丧之理,生死之情,尽知之矣。"遂拜师证道。第一出"一枕余甜昏又晓,凭谁拨转通天窍";第三十出"便做的痴人说梦两难分,毕竟是游仙梦稳";【尾声】:"度却卢生这一人,把人情世故都高谈尽,则要你世上人梦回时心自忖。"都指示出此剧以度脱剧的框架结构布设全剧。王思任曾对"临川四梦"有一段简明深刻的评论:

> 其立言神指,《邯郸》,仙也;《南柯》,佛也;《紫钗》,侠也;《牡丹亭》,情也。②

他对《邯郸记》主旨的认识是准确的。

---

① 参见拙作《〈邯郸记〉结构研究》,《明清传奇结构研究》,中州古籍出版社1999年版,第255—272页。
② 王思任《〈批点玉茗堂牡丹亭〉叙》,蔡毅《中国古典戏曲序跋汇编》,齐鲁书社1989年版,第1228页。

《邯郸记》的剧情主体是卢生的梦中游历,倏忽变幻的梦境创造与表现是全剧的重点。以清醒意识状态写梦中人事,实是秉持自觉意识虚构、摹仿人物在梦中无意识情形下的动作,其鲜明的特点是不可、也不必追究这种动作的事理逻辑。

> 人生如梦,惟悲欢离合,梦有凶吉尔。邯郸生忽而香水堂、曲江池,忽而陕州城、祁连山,忽而云阳市、鬼门道、翠华楼,极悲、极欢、极离、极合,无之非枕也。状头可夺,司户可答,梦中之炎凉也;凿郏行谍,置牛起城,梦中之经济也;君夭丧元,诸番赐锦,梦中之治乱也;远窜以酬悉那,死谮以报宇文,梦中之轮回也。临川公能以笔豪墨浒,绘梦境为真境,绘驿使、番儿、织女辈之真境为卢生梦境,临川之笔梦花矣。[①]

> 许中翰曰:"《邯郸》离合悲欢,倏而如此,倏而如彼,绝无头绪,此都描画梦境也。"噫! 可谓独得临川苦心者矣。[②]

> 贵女安得独处,花诰岂可偷填,招贤榜非一人可袖,千片叶非一人可刺。记中种种俱碍理,然不如此,不肖梦境。[③]

无论是巧得贵女、偷填花诰,还是煮盐泼醋以开山、刺叶千片以反间,由于剧中所写为梦境,是不可以事理逻辑研讨其现实必然性与可行性的。也正因为如此,剧中人物展开动作、推进剧情便全然自由,现实不可能之事已幻化为既有之事,活泼灵动,趣味盎然。

为了更好地表现梦境中人物戏剧动作倏忽变幻的特点,《邯郸记》在剧情安排中较多地采用了一场两段和剧情突转两种方式。所谓一场两段,就是在一出戏中设置了二段乃至多段剧情,构成剧情的浓缩,丰富和渲染剧情内容。如第二十二出表演卢生发配崖州,根据时间、地点、人物和剧情的不同,可分为六段:

附表 1:《邯郸记》第二十二出《备苦》剧情简表

节 段	剧 情	人 物	地 点	备 注
序幕	盗贼简介	两个盗贼	连州	
1	发配途中遇瘴气、猛虎	卢生、呆打孩	连州	虎咬呆打孩
2	遇盗贼被杀	卢生、两个盗贼	连州	卢生庆幸复活
3	遇海上飓风	卢生、舟子	海上	
4	遇天曹救护	卢生、天曹、众鬼	海岸	天曹赐髭合刀口
5	砍柴蛮户让居碉房	卢生、蛮户	崖州	

第二十六出可分为五段:

---

① 沈际飞《题〈邯郸梦〉》,蔡毅《中国古典戏曲序跋汇编》,齐鲁书社 1989 年版,第 1263 页。
② 闵光瑜《〈邯郸记〉总评》,蔡毅《中国古典戏曲序跋汇编》,齐鲁书社 1989 年版,第 1265 页。
③ 冯梦龙《〈邯郸记〉总评》,蔡毅《中国古典戏曲序跋汇编》,齐鲁书社 1989 年版,第 1266 页。

附表2:《邯郸记》第二十六《杂庆》剧情简表

节 段	剧 情	人 物	地 点	备 注
1	盖造卢府28座	工部营缮所大使	京城	叙述
2	御赐内厩马30匹	厩马大使飞龙厩	京城	叙述
3	御赐田3万顷、园林21所	户部黄册库大使	京城	叙述
4	御赐仙音院24名	内教坊	京城	叙述
5	插科打诨	以上4人	京城	科诨闹场

　　这些场次重在故事叙述和剧情推进,集束式的剧情段落或并列或重叠,方向一致,集成浓缩,纷至沓来,渲染了场面气氛,强化了剧情题旨。与此相应,这些场次在剧情配套上的共同特点是一出一套:第二十二出用【仙吕入双调·江儿水】套,①第二十六出用【南吕·大迓鼓】四支自套,整饬统一,连贯而下。与此相似的还有第三、二十三、三十等出。

　　所谓剧情突转,就是在一出戏中设置了二段乃至多段剧情,但前后发展方向完全不同,形成了剧情的逆反式突转。这可以作为一场两段中的一种特殊类型。如第十出表演卢生在玄宗东巡、褒奖喜庆之时又遭暗算,外放御边:

附表3:《邯郸记》第十四出《东巡》剧情简表

节 段	剧 情	人 物	地 点	备 注
1	玄宗东巡启驾	玄宗、宇文融、高力士等	潼关外行宫	引子2支
2	卢生迎驾陪同	卢生、玄宗等	陕州郊外	【仙吕·望吾乡犯】
3	龙舟东游	玄宗、卢生	龙舟上	【黄钟·绛都春】套
4	殿脚采女棹歌	殿脚女、玄宗、卢生等		
5	卢生夫妇进献	崔氏、卢生、玄宗等		
6	江南粮饷进献	玄宗、卢生等		
7	裴光庭应制颂赞	裴光庭、玄宗、卢生等		
8	报子报告边急	宇文融、报子、玄宗等		
9	宇文融计处卢生	宇文融、玄宗等		
10	擢拔卢生御边	玄宗、卢生等		
11	卢生整装赴边	卢生	陕州郊外	
12	崔氏送夫未见	崔氏、梅香	陕州郊外	【大石·赛观音】套

　　又如第二十五出的由悲转喜,可分为六段:

---

　　①　钱南扬校本注:"叶谱题作【雁过江】,谓【雁过声】犯【江儿水】。"此曲为:"7△,7△。7△,7△。6△,4△,6△。"校勘之,以前三句用【雁过声】首三句,后四句用【江儿水】末四句,则叶谱是。然【雁过江】不见于此前南曲诸谱,且与《纳书楹四梦全谱》之《牡丹亭·如杭》二支、《紫钗记·堕钗灯影》二支【江儿水】改题之【雁过江】,《邯郸记·凿郏》二支【江儿水】改题之【古江儿水】均不同。首句当作"眼见得身难济,路怎熬"二句,仍为【江儿水】本调,故不从叶谱。

附表4：《邯郸记》第二十五出《召还》剧情简表

节 段	剧 情	人 物	地 点	备 注
1	宇文融要结果卢生性命	司户	崖州府衙	【南吕·赵皮鞋】套
2	卢生惨遭迫害	卢生、司户	崖州府衙	
3	使臣宣旨召还	使臣、卢生	崖州府衙	
4	司户请罪卢生笑释	卢生、司户	崖州府衙	
5	蛮人黑鬼送行	卢生、黑鬼等	崖州府衙	
6	还朝	卢生	还京途中	

这些场次都以一出之中剧情发展方向的突然转折为显著标志,造成场面氛围喜庆与悲离、凄惨与欢欣等不同情绪的顿时转换。这种剧情的突转,既切合梦境的倏忽变化,成为表现梦境的有效手段,同时也显示了世态无常、荣辱无定,暗合了剧作的度脱道化主旨。这种剧情突转之出,剧情配套并无定式,有一出一套,或一出二套而构成复套,套式运用根据具体情节而定。此类还有第十、二十出。

第四出、第二十九出比较以上二类也颇为特殊:剧情发展的顺叙方向并未改变,但剧情情境却有现实与梦幻之别,一出剧情均置两套。以第四出为例:

附表5：《邯郸记》第四出《入梦》剧情简表

节 段	剧 情	人 物	地 点	备 注
序幕	店小二简介	店小二	赵州桥北小饭店	【锁南枝】自套
1	吕洞宾欲度卢生	吕洞宾	赵州桥北小饭店	
2	吟咏岳阳楼与丈夫之志	吕洞宾、卢生	赵州桥北小饭店	
3	吕洞宾赠枕	吕洞宾、卢生	赵州桥北小饭店	
4	卢生入梦进崔宅	卢生	崔氏庭院	【懒画眉】大套
5	崔氏招婿	卢生、崔氏	崔氏庭院	

卢生所历之事只是故事情节,只有通过具体细致的排场布局与剧情配套才能让这些故事情节成为戏剧动作和剧情,才能当场表演。《邯郸记》由于大量采用了一场两段和剧情突转的编剧方法,占据剧情主体的梦境描绘才显得简洁生动,灵活有趣。

汤显祖在此剧的关目编排方面还娴熟地运用了重复手法,新颖独到,不落窠臼。重复是古代戏曲编剧的一种重要方法:以重复表现相同或相近的人物动作,但由于情境的更替,因此人物心理层层推进,得到更加深入的揭示。如剧中分别在第六出《赠试》、第十四出《东巡》、第二十出《死窜》、第二十九出《生寤》四次写卢生与崔氏分别,每次处理都各显特色。又如在第十二出《边急》、第十六出《大捷》两次写兵戈交战,场面也互不雷同。这些也都显示出汤显祖出色的剧情设置与高超的舞台表现的能力。

从结构角度审视"临川四梦",吴梅先生更推崇《南柯记》与《邯郸记》:

临川诸作,颇伤冗杂。惟此记与《南柯》,皆本唐人小说为之,直捷了当,无一泛语,增一折不得,删一折不得,非张凤翼、梅禹金辈所及也。①

如果将《邯郸记》的剧情结构与早先一年创作的《南柯记》作比较,其特点更为鲜明。《南柯记》44 出,表演淳于棼梦历槐安蚁国、醒悟拜佛,题材与此近似。由于同为描写梦境,《南柯记》也采用了一场两段、剧情突转等方法。但是,《南柯记》到第九出才将淳于棼与槐安蚁国二线交织,淳于棼进入蚁国,展开梦中剧情;淳于棼在槐安国拜相恣肆(第三十八出)、天象示谴(第三十九出),至第四十二出方才梦醒而悟、寻找蚁穴,验证梦境,最后又以燃指祈愿(第四十一出),然后最终蚁国众人得愿升天、淳于棼情空成佛(第四十四出)。② 较之《邯郸记》,《南柯记》在入梦与出梦两个部分仍嫌拖沓,略多枝蔓。特别是结局部分,淳于棼虽然最终斩断情缘,其过程仍然犹豫缠绵,由于许多情节都以明场方式演示,尤其是展示蚁国众人分组相诀升天,既是淳于棼情缘深重,结构上也有拘泥细节、不够简明的缺憾。从这个角度讲,以吴梅先生的评述用作《邯郸记》结构特点的理解,更为贴切。徐朔方先生认为《邯郸记》的成就仅次于《牡丹亭》:"《邯郸记》三十出,差不多只有《牡丹亭》的一半。在全部南戏和传奇中都算得是短小精悍之作。如果《紫钗记》、《牡丹亭》是三月艳阳,枝繁叶茂,'二梦'就如秋日山林,萧疏闲远。《南柯记》和不少佛学辞汇缠夹在一起,显得恬淡而近于无味,《邯郸记》则是真正的简练纯净。"③这一观点更为准确。

三、《邯郸记》的剧情改造与世情讽刺

卢生是吕洞宾度脱的对象,《邯郸记》描绘了他由一个颇有学识的小地主因游历梦境而醒悟入道的全过程,主要的戏剧动作因此设置,主要的戏剧场面因此展开,所以卢生为全剧的中心人物。这是唐人沈既济《枕中记》传奇小说中的既有情节,也是至今学术界的一般看法。

问题是汤显祖在《邯郸记自叙》中记叙故事本事,并未涉及《枕中记》:

> 《邯郸梦》记卢生遇仙旅舍,授枕而得妇遇主,因入以开元时人物事势,通漕于陕,拓地于番,谗构而流,谗亡而相,于中宠辱得丧、生死之情甚具,大率推广焦湖祝枕事为之耳。世传李邺侯泌作,不可知。然史传泌少好神仙之学,不屑昏宦,为世主所强,颇有干济之业。观察陕、虢,凿山开道至三门集,以便饷漕,又数经理吐番西事。元载疾其宠,至天子不能庇,为匿泌于魏少游所。载诛,召泌,懒残,所谓"勿多言,领取十年宰相"是也。枕中所记,殆泌自谓乎? 唐人高泌于鲁连、范蠡,非止其功,亦有其意焉。④

今人多不采信汤显祖此述,主要原因是:1. 焦湖祝枕故事事简意浅,且人物、情节与《邯郸记》多不合:

---

① 吴梅《〈邯郸记〉跋》,蔡毅《中国古典戏曲序跋汇编》,齐鲁书社 1989 年版,第 1266—1267 页。
② 参见王建军、许建中《〈南柯记〉的剧情结构与思想表达》,《南京师大学报》2014 年第 5 期。
③ 徐朔方笺校《〈汤显祖诗文集〉前言》,上海古籍出版社 1982 年版,第 13、14—15 页。
④ 汤显祖《邯郸记自叙》,蔡毅《中国古典戏曲序跋汇编》,齐鲁书社 1989 年版,第 1262 页。

　　宋世焦湖庙有一柏枕,或云玉枕,枕有小坼。时单父县人杨林为贾客,至庙祈求。庙巫谓曰:"君欲好婚否?"林曰:"幸甚。"巫即遣林近枕边,因入坼中。遂见朱楼琼室,有赵太尉在其中。即嫁女与林,生六子,皆为秘书郎。历数十年,并无思归之志。忽如梦觉,犹在枕旁。林怆然久之。①

2. 所谓"世传李邺侯泌作"。考诸文献,未见李泌创作过传奇小说《枕中记》,则所谓"世传"显为托词。

3. 关于李泌,《旧唐书》卷一百三十、《新唐书》卷一百三十九有传。考其事功,乃在辅佐肃宗、代宗、德宗;仅凿山开道,《新唐书》本传有载。故所谓"枕中所记,殆泌自谓",史实无考。 4. 沈既济(生卒年不详),代宗大历(766—779)中为江西从事,德宗建中元年(780)为左拾遗、史馆修撰,二年贬处州司户,兴元元年(784)复入朝任职,贞元(785—804)中终礼部员外郎。《旧唐书》本传称其"博览群籍,史笔尤工"。②《新唐书·艺文志》著录其《建中实录》十卷、《选举志》十卷,③并佚。所撰小说《枕中记》《任氏传》,均脍炙人口:

　　　　沈既济撰《枕中记》,庄生寓言之类……真良史才也。④

沈既济晚于李泌,《枕中记》卢生之事与李泌生平也有所暗合,但是否即以李泌为原型,考无着落。如果说卢生梦中经历仕途荣枯之事,蕴含了作者的切身体会和思考,是封建官僚腐朽堕落的普遍情形,可能更为准确。由此可见,作者刻意标榜李泌,乃是有意回避与当朝政治的联系,故此《自叙》的表述不可轻信。

　　沈既济《枕中记》的意义在于人生感悟而慕仙出世。"唐时佛道思想,遍播士流,其文学受其感化,篇什尤多。本文于短梦中忽历一生,其间荣悴悲欢,刹那而尽;转念尘世实境,等类齐观。出世之想,不觉自生。影响所及,逾于《庄》《列》矣。"⑤《邯郸记》据以改编,在《入梦》《生寤》等出的宾白中还保留了《枕中记》的若干原句,彰显道化倾向的总体结构也是以卢生历尽荣枯为悟道前提的。但是问题是:从总体结构而言,小说既无何姑升仙、找寻花役、洞庭无缘、见仙气而至邯郸道和蓬莱阆苑之地、扫花役工之任,结尾是:

　　　　生怃然良久,谢曰:"夫宠辱之道,穷达之运,得丧之理,死生之情,尽知之矣。此先生所以窒吾欲也。敢不受教。"稽首再拜而去。⑥

也没有拜师入道、八仙证盟等结局。从戏剧冲突而言,小说无宇文融这个与卢生对立的人物,也没有设置三次计谋迫害卢生的情节;在吐蕃侵扰、卢生靖边的战争一线中,小说仅有"大破戎虏,斩首七千级,开地九百里,筑三大城以遮要害。边人立石于居延山以颂之"数语,并没有千叶虫蛀"悉逻谋反"、热龙莽雁足系书、吐蕃侍子白冤等情节。从具体戏剧情节而言之,也没有赠试、状元、曲江宴、私制封诰被贬、盐蒸醋

① 汪辟疆《唐人小说》辑录《太平广记》卷二百八十三引《幽明录》,上海古籍出版社1978年版,第48页。
② 《旧唐书》卷一百四十九《沈传师传》,中华书局1975年版,第4034页。
③ 《新唐书·艺文志》,中华书局1975年版,第1472、1477页。
④ 李肇《唐国史补》卷下,《笔记小说大观》第31册,江苏广陵古籍刻印社1984年版,第15页下。
⑤ 汪辟疆《唐人小说》,上海古籍出版社1978年版,第48页。
⑥ 汪辟疆《唐人小说》辑录《太平广记》卷二百八十三引《幽明录》,上海古籍出版社1978年版,第47页。

煮、云阳问斩、鬼门关安置、妻没机坊、儿子攉出京城、崖州司户迫害、机坊大使与监官逼财、帝赐二十四房女乐、临终犹恋"加官赠谥"、"史书记载"和"子孙荫袭"诸事。也就是说,《邯郸记》几乎所有的戏剧矛盾与戏剧冲突,如仙人、君臣、忠奸、夫妇以及与此相关的许多具体戏剧情节,都是作者化平庸为神奇的艺术创造;即便是小说既有却十分淡薄的华夷一线,剧作也虚构敷衍,遂成大观。如果进一步追溯卢生的本来面貌,探究其富贵功名的获得方式,获得之后人物的动作与价值取向,则现实世情的讽刺性描述和批判性态度更是作者的匠心独具,是此剧的深刻性所在,具有积极的认识意义。

卢生原本胸有大志,但良田数顷,村居草食,沉寂乡里。人生的改变始于高门清河崔氏小姐的逼婚成亲。崔小姐"四门亲戚,多在要津",家私丰饶,钱财铺路,买通司礼监和满朝勋贵而高中状元。这为以后《聊斋志异》和《儒林外史》揭露科举腐败的相关描绘提供了借鉴。以拜祭禹庙疏通河道,以盐蒸醋煮开凿二山,借助神话想象取得了开河之功。以御沟红叶之计,泉流叶飘,叶刺"悉逻谋反",如虫蛀一般,除去吐蕃丞相,取得了破敌拓疆之功。卢生的功业是其追求富贵的必要环节,但却都是以儿戏方式获取的,异想天开,不可理喻,自然只是发迹变泰的幻想。而卢生由于得罪了朝廷重臣宇文融而受其反复迫害,甚至赴斩云阳、贬谪崖州、九死一生、妻孥离散,则无疑具有了广泛而深刻的现实意义,是封建社会贬谪现象的又一次文学性典型叙写。卢生召还为相后,皇帝宠信,群臣阿谀,钟鸣鼎食,子孙荫封,采战以求长生,病榻决就事机,就故事而言是如此方"可以言适",但置于现实社会,则是种种丑恶,铺陈罗列,历朝历代,似曾相识。这其中虽然也描写到与当时政治暗合的一些人物和事件,如臭名远扬的"洗鸟御史"侯进贤和首相万安献采战之术,张居正与司礼太监冯保勾结,临终时皇帝恩礼异常,加荫幼子,遣礼部各宫观建醮禳保等等,"但就整体而论,卢生不是任何人的影射,而是集中反映了当时大官僚的丑恶生活的典型"。① 也就是说,卢生的"荣适如志",完全是个人的荣耀与享乐。其理想目标是:"士之生世,当建功树名,出将入相,列鼎而食,选声而听,使族益昌而家益肥。"②卢生在第四出《入梦》、第二十九出《生寤》二次重复了小说中的这一人生理想,而这与社稷民生、百姓福祉是毫无关系的。

由此可见,汤显祖《邯郸记》较之唐传奇《枕中记》,改造、增补了大量情节,突出了对于现实政治的讽刺与批判。《枕中记》主题是所谓"宠辱之道,穷达之运,得丧之理,死生之情",如同梦幻,参悟而拜道,《邯郸记》则是将"宠辱之数,得丧之理,生死之情",都看作"妄想游魂,参成世界",满怀现实政治讽刺与批判的激愤,弃世而去,拜仙入道。这样,一个原本较为单纯的道化故事因此被赋予了丰富的社会生活,蕴含了深刻的批判现实意义。

四、《邯郸记》的思想表达与道教寄托

《邯郸记》在度脱剧的总体结构中,从第四出《入梦》到第二十九出《生寤》,魂游梦境占全部剧情的5/6,因此主体剧情描绘的是梦境,饱含了对现实政治的深刻认识和严肃批判。这是汤显祖从《紫钗记》《牡丹亭》《南柯记》以来一脉贯穿的思想,但是前后仍然是有所发展、变化的。

《紫钗记》据蒋防《霍小玉传》改编而成,批判的对象是以卢太尉为代表的朝廷恶势力,但却又以具有

① 徐朔方笺校《汤显祖诗文集·前言》,上海古籍出版社 1982 年版,第 14 页。
② 沈既济《枕中记》,汪辟疆《唐人小说》,上海古籍出版社 1978 年版,第 45 页。

宫廷背景的黄衫客行侠仗义，成就了一对有情人。新科状元李益拒不参见卢太尉而被外放御边，这与汤显祖因触忤执政而一再遭受压制相联系，反映了他对时事的不满。黄衫客藐视权贵、敢于反抗的超迈豪情，则表现出此时的汤显祖仍怀有浪漫情怀，对现实政治没有丧失信心。《牡丹亭》以话本小说《杜丽娘慕色还魂》为基础，以梦描写爱情，但戏剧矛盾已由现实政治力量的角逐转向更为深刻的思想观念上的情理冲突。杜丽娘不是死于爱情被破坏，而是死于小庭深院中对于爱情的徒然渴望，封建礼教思想观念对于善良爱情和追求个人幸福的戕残第一次在戏曲中得到了全面、严肃的批判。而"情之所起，一往而深。生者可以死，死可以生"的美好爱情，通过杜丽娘的死生转换，绽放出启蒙主义理想的光辉。剧中人物不可再用简单的好人、坏人加以区辨，即便是顽固不化、完全不相信人可以有自己的思想感情的杜宝，既有《劝农》田园牧歌式的美化，也有挺身而出、国之栋梁的担当；杜丽娘还魂返生、实现爱情以后向大家闺秀的回归，柳梦梅由平庸普通的一介书生逐步发展成为追求爱情的社会认同而顽强抗争的战士；甚至是朝廷都比阎罗殿更为可怕，胡判官比杜宝一类人物都坦率风趣。所有这些，都丰富和深化了《牡丹亭》的思想蕴含，体现了汤显祖对于现实社会认识的广阔和思想探索的深刻。而打通生死、沟通幽明的浪漫，阎罗判官都具有人性的温度，最后一出《圆驾》留有尾巴的大团圆，使得全剧遍披理想光彩，生活的坎坷也都在现实中得到超越。《南柯记》《邯郸记》标志着汤显祖在创作上已经从爱情题材扩大到社会政治题材。从"以梦写爱情"到"以梦写政治"，将笔触转向更为广阔的社会生活，描绘出晚明时期黑暗的现实图景，这是他创作道路上的一个新的发展阶段。《南柯记》将李公佐《南柯太守传》小说改造成为佛教度脱剧，有情之人与情空成佛是多线戏剧冲突中的主要矛盾，深刻体现了"梦了为觉，情了为佛"的创作主旨。在槐安国这一艺术世界中，真幻相生的总体特征与具体生动的生活细节紧密融合，虚幻的剧情中蕴含着作者的真切感受、现实情怀和理想追求，蕴含着对封建社会及其政治的批判。值得注意的是淳于棼梦前好酒使性，醉眼乾坤，入梦后则由无情而转换成有情：与瑶芳公主的夫妻恩爱之情，尊重国王国母的感恩之情，南柯仁政百姓树碑立祠的有为自豪之情，与檀萝的争斗仇恨之情，幽禁时的悲怨疑惧之情，等等。惟其有情有义，故终有祈佛请求超升的三桩愿心，遂与契玄禅师的点化并轨。相比之下，《邯郸记》秉承了沈既济《枕中记》的道化倾向，设置了一个道化度脱剧的总体结构，在黄粱美梦的花花世界，以光怪陆离的漫画笔法变形传神地描述了爱情的情不由衷、科场的弊窦、功名利禄的游戏获取、贫富穷达的变幻无常，以真幻相生的讽刺笔法入木三分地描绘了封建官场的尔虞我诈、相互倾轧、营私舞弊、贪污腐化，以及由功名富贵所必然导致的种种丑行。如果说作者在《南柯记》中对淳于棼还曾有过希望、同情和惋惜，那么在《邯郸记》中对卢生就只有辛辣讽刺和严厉批判，用批判一个人来批判整个封建统治集团，使卢生这个官僚人物的意义远远超越了自身而成为一种历史的文化现象。在腐朽堕落的中晚明，作者已经彻底厌弃了黑暗的现实世界，幻想从宗教的清平乐土中构筑自己的理想国，以寻求精神的慰藉。

进一步分析，在古代封建社会，入赘高门，得娶美妇，得中高第，得做高官，位极权臣，得遂事功甚至开疆拓土，寿比吕望，封妻荫子等等，无不是知识分子梦寐以求的人生理想。得一即为人生快事，遑论全备？但所有这些在《邯郸记》中，都成了讽刺和批判的对象。传统知识分子的理想在《邯郸记》中受到了根本颠覆。最早对此怀疑的文学作品是高明的《琵琶记》：蔡伯喈高中状元，入赘相府，在朝为官，但内心却极为痛苦，牵挂年迈父母，思念结发妻子赵五娘。蔡伯喈对父母的"三不孝"，对赵五娘的另娶高门，客观上都是背信弃义，而所谓"三不从"，只是基于传统观念和不可抗拒的强大社会力量的一种解释。这个人物的时代意义在于写出了汉民族知识分子在元代的内在矛盾：不敢背离最高统治阶级的意志，但自己内心由于违背了传统伦常道德又感到无比痛苦，人生价值取向与唐宋知识分子已经明显不同。《邯郸记》中卢生仍然以此为人生理想，孜孜以求，而且更有过之，权倾朝野，妻孥富贵，但却是作品所批判、所唾弃的。其意义在于：作者由于对现实政治的失望乃至厌弃，否定了知识分子依附封建体制所能获取的所有传统人生价值。

元明以来神仙道化剧盛行。元明杂剧道化度脱剧存本仍有马致远《吕洞宾三醉岳阳楼》《马丹阳三度任风子》等近 20 种。这些作品大都以上仙选择有缘之人，设置迷障，让其勘破酒色财气而参悟入道。与"黄粱梦"同题材作品有马致远、李时中、花李郎、红字李二四人合作的《邯郸道醒悟黄粱梦》、明人苏汉英《吕真人黄粱梦境记》传奇，但大旨本《列仙传》及《吕纯阳集》，度人者是钟离权，被度者是吕岩，梦中经历与《枕中记》也不全同。祁彪佳评《梦境记》云：

> 传黄粱梦多矣，惟此记极幻、极奇，尽大地山河、古今人物，尽罗为梦中之境。吕仙得太阴之助，一战入利名关，四十年穷通得丧，止成就得雪下一馁夫耳。嗟哉！世人乃逐逐魇呓乎？[1]

事本《枕中记》的只有脉望馆钞本明人无名氏杂剧《吕翁三化邯郸店》，题目：争名不把诗书厌，夺利常把良田占；正名：卢生一梦槁街坊，吕翁三化邯郸店。[2] 比较而言，汤显祖《邯郸记》在度脱结构中充实了更为广阔的现实生活，尤其是深入描绘了封建官场的种种丑恶，诚如吴梅先生提醒的那样："记中备述人世险诈之情，是明季宦途习气，足以考万历年间仕宦况味，勿粗鲁读过。"[3]其主旨虽然也是人生醒悟，但却不再局限于小说的既有情节，不再演绎一般世俗的酒色财气，而是体现对于现实政治腐败的厌弃、切割与决绝，由此成为此类题材中表现社会生活最为丰富、批判封建政治最为深刻的代表性作品。这是汤显祖对于"黄粱梦"传统题材突破、创新的一大贡献。

从人生层面理解，《邯郸记》表现卢生最终醒悟世情，在道教中寄托余生，其实吕洞宾才是这一切的背后操纵者和支配者。吴梅先生对此有过一段精彩论述：

> 就表面言之，则"四梦"中主人，为杜女也，霍郡主也，卢生也，淳于梦也。即在深知文意者言之，亦不过曰《还魂》鬼也，《紫钗》侠也，《邯郸》仙也，《南柯》佛也。殊不知临川之意，以判官、黄衫客、吕翁、契玄为主人。所谓鬼、侠、仙、佛，是曲中之主，非作者意中之主。盖前四人为场中之傀儡，后四人则提掇线索者也，前四人为梦中之人，后四人为梦外之人也。既以鬼、侠、仙、佛为曲意，则主观之主人，即属于判官等，而杜女、霍郡主辈，仅为客观之主人而已。玉茗天才，所以超出寻常传奇家者，即在此处。[4]

也就是说，卢生之觉悟拜道只是剧中人的人生体悟，从故事结构上讲，仍是陷入了吕翁预设的度脱之局。如果进一步追究吕翁的人物设置，固然是《枕中记》小说的既有情节，但是值得关注的是汤显祖不仅全盘

---

① 祁彪佳著、黄裳校录《远山堂明曲品剧品校录·明曲品·逸品》，上海出版公司 1955 年版，第 12 页。
② 另有谷子敬《邯郸道卢生枕中记》、车任远《邯郸梦》、南戏《吕洞宾黄粱梦》、徐霖《枕中记》，均佚，姑且不论。参见王汉民《道教神仙戏曲研究》第五章《神仙度脱剧》，人民文学出版社 2007 年版，第 97—106 页。
③ 吴梅《中国戏曲概论》，《吴梅戏曲论文集》，中国戏剧出版社 1983 年版，第 158 页。
④ 吴梅《中国戏曲概论》，《吴梅戏曲论文集》，中国戏剧出版社 1983 年版，第 159—160 页。

继承了这些情节,而且进一步丰富、充实之,将小说原有的"抚然良久"、"稽首再拜而去"十字扩展成为一个完整的蓬莱扫花的度脱仙化结构,热情讴歌了神仙世界的洁净清明和简单纯粹,这些又都是出自汤显祖的艺术创造。

或许这正表明了汤显祖此时与现实政治决裂的态度。一个事实是:在《邯郸记》完成以后,汤显祖在其戏曲创作的成熟阶段却不再进行戏曲创作了,就此封笔。要说明为什么会这样是需要全面考察、花费笔墨的。但主要有二点值得重视。首先是远离现实政治。汤显祖于万历二十六年(1589)弃官告归,二十七年(1590)以海若士为号(一作若士),出世思想日深;① 万历二十八年(1591),长子士蘧卒于南京;万历二十九年(1592)正月大计罢职闲住,追究其三年前吏部告归弃官之责,断绝了他再次出仕的可能,"茫茫海宇,遂不能容一若士";② 万历三十年(1593)李贽被"敢倡乱道,惑世诬民"的罪名"严拿治罪",迫害致死;③ 三十一年(1594)底真可大和尚以牵及妖书案罹难,思想相契者先后赴难,其长歌当哭:"知教笑舞临刀杖,烂醉诸天雨杂花";④"万物随黄落,伤心紫柏西"。⑤ 他早年虽然也流露出一些对官场生活的不满,但意气昂扬,志向高远:

> 弱冠精华开,上路风云出。留名佳丽城,希心游侠窟。历落在世事,慷慨趋王术。神州虽大局,数着亦可毕。了此足高谢,别有烟霞质。⑥

得意之时也对朝廷充满感激:"臣心似江水,长绕孝陵云。"⑦他在创作《牡丹亭》的同时,写了一首《闻都城渴雨时苦摊税》:"五风十雨亦为褒,薄夜焚香露御袍。当知雨亦愁抽税,笑语江南申渐高。"⑧居然将嘲讽的笔触落到了皇帝身上,表明思想与前已大不同,与统治阶级的裂痕增大了。如果说《南柯记》群蚁升天还意味着仁厚博爱,情了方能为佛,那么《邯郸记》已是弃世而去,义无反顾了。联系他后来自号茧翁:"茧翁入茧时,丝绪无一缕。自分省眠食,与世绝筐筥";"不随器界不成窠,不断因缘不弄蛾。大向此中干到死,世人休拟似苏何"。⑨ 思想已完全超然物际。对现实政治丧失热情,彻底失望,无能为力,也毫无意义,在思想精神上皈依宗教,安顿其心,这既是汤显祖创作《邯郸记》的思想基础,也是此后封其如椽大笔的根本原因。

另一个重要原因是志趣转移。汤显祖晚年做了大量古籍整理和古今作品评论方面的浩大工程。如校定《册府元龟》:"已拼册府随尘篚,自分元龟食蠹鱼。独忆乌童分校日,玄亭荒草十年余。"此诗作于万历三十八年(1610)后。沈际飞云:"《册府》苦无善本。若士所校定何在? 予将癙寐求之。有出而公之

---

① 参见徐朔方《汤显祖年谱》的分析,《晚明曲家年谱》第三卷,浙江古籍出版社1993年版,第383—385页。
② 《答马心易》,《玉茗堂尺牍》卷三,《汤显祖诗文集》卷四十六,上海古籍出版社1982年版,第1307页。
③ 《神宗实录》卷三百六十九《万历三十年壬寅闰二月乙卯》,《明实录》第59册,第6919页。
④ 《叹卓老》,《汤显祖诗文集》卷十五,上海古籍出版社1982年版,第583页。
⑤ 《西哭三首》,《汤显祖诗文集》卷十五,上海古籍出版社1982年版,第595页。
⑥ 《三十七》,《汤显祖诗文集》卷八,上海古籍出版社1982年版,第227页。徐朔方系年于万历十四年(1586)。
⑦ 《迁祠部拜孝陵》,《汤显祖诗文集》卷九,上海古籍出版社1982年版,第254页。徐朔方系年于万历十七年(1589)。
⑧ 《闻都城渴雨,时苦摊税》,《汤显祖诗文集》卷十四,上海古籍出版社1982年版,第517页。徐朔方系年于万历二十六年(1598夏)。
⑨ 《茧翁予别号也,得林若抚茧诗为范长白书,感二妙之深情,却寄为谢》,《茧翁口号》,《汤显祖诗文集》卷十六,上海古籍出版社1982年版,第637—638页。徐朔方系此诗于万历三十七年(1609)。茧翁之义,可参见徐朔方《汤显祖年谱》的分析,《晚明曲家年谱》第三卷,浙江古籍出版社1993年版,第214页。

者,其人亦千古也。"①如删修《宋史》。其《答吕玉绳》:"赵宋事芜不可理,近芟之,《纪》《传》而止。《志》无可如何也。"全祖望《答临川先生问汤氏宋史帖子》:"临川《宋史》,手自丹黄涂乙,尚未脱稿。……其书自《本纪》《志》《表》,皆有更定。而列传体例之最善者,如合《道学》入《儒林》,归嘉定误国诸臣于《奸佞》,列濮、秀、荣三嗣王独为一卷,以别群宗,皆属百世不易之论。至五闰禅代遗臣之碌碌者多芟,建炎以后名臣多补,庶几宋史之善本焉。"②钱谦益也有评述:"《宋史》既成,卷帙繁重。百年以来,有志删修者三家:昆山归熙甫,临川汤若士,祥符王损仲也。"③又如《玉茗堂评花间集》,今存朱墨套印本,《序》曰:"余于《牡丹亭》、'二梦'之暇,结习不忘,试取而点次之,评骘之,期世之有志风雅者与诗余互赏。"题署"万历乙卯(1615)春日清远道人汤显祖题于玉茗堂",④则《花间集》评点当始于"二梦"以后,成于万历四十三年。在传奇方面,则有《旗亭记题词》《玉合记题词》《红梅记总评》《焚香记总评》《红拂记总评》等许多作品的题跋和评点。

因此,徐朔方先生认为汤显祖完成"四梦"后便"才华枯竭",⑤这一认识过于简单,只是皮相之论。

当然,汤显祖的人生是丰富的,思想是复杂的。"汤显祖一生历经坎坷,几遭沉浮,他不断探索的结果是对人生的极度怀疑和厌倦,因而产生了'人生如梦'的念头。他渴望找到出路,渴望寻求精神的寄托。所谓'人生如梦'并非指抽象的、一般的人生,而是指具体的、官僚主义的人生。所以,确切地说,他不是消极厌世,而消极厌官;不是慨叹人生无常,而慨叹官场无常。"他始终热爱美好的现实人生,没有归隐佛道。⑥此说实事求是。其晚年仍作有大量诗文作品,主要是友人赠答、碑记序跋、祝寿悼亡等等,时政民生类的题目已经极少了。他没有归隐佛道还有一个重要原因必须考虑,就是侍奉父母:"得以居子舍,修曾参之养。"⑦汤显祖母吴氏卒于万历四十二年(1614)十二月,享年八十五岁;父尚贤卒于万历四十三年(1615)正月,享年八十八岁。则汤显祖自万历二十六年(1598)告归以来,养亲是其作为人子的责任和义务,在此期间是不能、也不宜归隐佛道的。

探究汤显祖的思想演进轨迹,万历二十九年《邯郸记》创作是一个极其重要的时间节点。

① 《玉茗堂校定册府元龟藏本,偶触浩叹》,《汤显祖诗文集》卷十九,上海古籍出版社1982年版,第792页。
② 《答吕玉绳》,《汤显祖诗文集》卷四十四,上海古籍出版社1982年版,第1232—1233页。
③ 《跋东都事略》,钱谦益《牧斋有学集》卷四十六,钱钟联标点,上海古籍出版社1996年版,第1514页。
④ 《玉茗堂评花间集序》,《汤显祖诗文集》卷五十,上海古籍出版社1982年版,第1477页。
⑤ 徐朔方《汤显祖诗文集·前言》,上海古籍出版社1982年版,第6页;徐朔方《汤显祖年谱》,《晚明曲家年谱》第三卷,浙江古籍出版社1993年版,第208页。
⑥ 叶长海、孙以侃《汤显祖》,《中国古代戏曲家评传》,中州古籍出版社1992年版,第398页。
⑦ 罗大纮《汤封君八十序》,《紫原文集》卷五,《四库禁毁书丛刊》集部第139册,北京出版社2000年版,第627页。

《李泌传》与《邯郸记》

——管窥汤显祖的历史意识与时代感受的交互关系

董上德

汤显祖的《邯郸记》涉及唐代历史,他对唐代史料与唐代人物有过一番研究。从其《邯郸记题词》可以知道,汤显祖熟悉唐代著名人物李泌的事迹,故而在题词中扼要叙述了李泌的故事,且与《枕中记》相比附,甚至说:"《枕中》所记,殆(李)泌自谓乎?"①

其实,汤显祖对此一说法并不自信,因为他知道"(《枕中记》)世传李邺侯泌作,不可知",其"殆泌自谓"云云,假设之辞而已。可为什么他在题词中特别把李泌的故事凸显出来呢?《李泌传》与《邯郸记》有何内在关系呢? 如有关系,我们又如何解读呢?

本文试图选取这一角度,重新研读《邯郸记》,以求对汤显祖的思想与心态有进一步的认识。

一、《李泌传》与《枕中记》的"相关性"

汤显祖熟读《李泌传》,他对李泌一生的主要事迹概述如下:"观察郑、虢,凿山开道至三门集,以便饷漕。又数经理吐蕃西事。元载疾其宠,天子不能庇之,为匿泌于魏少游所。载诛,召泌。"这都是李泌诸多经历中的"大关目";而且,可以肯定的是,汤显祖读的是《新唐书·李泌传》,他在简述李泌事迹后写道"唐人高泌于鲁连、范蠡",此语从《新唐书》中出,原文是:"柳玭称:两京复,泌谋居多,其功乃大于鲁连、范蠡云。"②查《旧唐书·李泌传》(卷一百三十),并无这一评语。汤显祖是否读过《旧唐书》,不得而知,他对《新唐书·李泌传》倒是烂熟于心。

汤显祖发现,若依照他对李泌生平事迹"简约化"的叙述来加以比附,则李泌的故事与《枕中记》里卢生的故事有着一定程度的"相关性",这也是他所说的"殆泌自谓"的缘由。为论述方便,且引用《枕中记》的一段文字:

> (卢生)迁陕牧。生性好土功,自陕西凿河八十里,以济不通。邦人利之,刻石纪德。移节汴州,领河南道采访使,征为京兆尹。是岁,神武皇帝方事戎狄,恢宏土宇。会吐蕃悉抹逻及烛龙莽布支攻陷瓜沙,而节度使王君㚟新被杀,河湟震动。帝思将帅之才,遂除生御史中丞,河西道节度。大破戎虏,斩首七千级,开地九百里,筑三大城以遮要害。边人立石于居延山以颂之。归朝策勋,恩礼极

---

① 汤显祖著,朱萍整理《临川四梦》,中华书局 2016 年版,第 448 页。本文引用《邯郸记》原文,均据该版本,随文注明剧本出数,不另出注。

② 欧阳修、宋祁撰《新唐书》,中华书局 1987 年版,卷一百三十九,第 4638 页。

盛。……大为时宰所忌，以飞语中之，贬为端州刺史。三年，征为常侍。①

两相比照，可以看出，卢生与李泌的人生经历有某种"重合度"，要而言之，如下四个要素是可以对应的：

1. 督办过关涉政治与民生的重大工程。

2. 曾经在边关要塞破敌立功。

3. 一度遭到权奸的妒忌与陷害。

4. 历经政坛风波而重新得到重用。

如此相似，难怪汤显祖从卢生的故事联想到李泌，则二者的"相关性"是显而易见的。不过，从历史真实来看，我们找不到卢生与李泌的这种"相关性"的确切依据，汤显祖曾说"（《枕中记》）世传李邺侯泌作，不可知"，既然是"不可知"，则"世传李邺侯泌作"云云只是"传说"而已，不能当真。可问题是，为什么汤显祖在《邯郸记题词》里那么郑重地将"李泌"牵扯进来呢？若只是作简单比附，这样的比附意义不大；宦海风波、官场恶斗，诸如此类，每每常见，历朝历代身在朝廷的张三、李四的不少故事也可以跟卢生相比附，何必将目光单单落在李泌身上呢？我们除了看到卢生与李泌的"相关性"之外，还应进一步思考汤显祖关注李泌的动机是什么。

二、《李泌传》与《枕中记》的"错位"关系

事实上，《李泌传》的内容并不如《邯郸记题词》里所叙述的那么简单，它比《枕中记》要复杂得多。笔者认为，卢生与李泌的"相关性"是汤显祖自己借助《邯郸记题词》而"建构"出来的，但醉翁之意不在酒，他在构思《邯郸记》时，似乎另有考虑，在创作上别有谋划，而不是仅仅着眼于对《枕中记》的改编。

这就要考察历史上的李泌其人，看看他的经历中有何奥妙能够让汤显祖对他另眼相看。可以说，《李泌传》与《枕中记》存在着某种"错位"关系，并非事事"重叠"，样样"对应"；其间的"错位"反而是我们"意会"《邯郸记》深层意蕴的一把钥匙。

李泌历经唐玄宗、唐肃宗、唐代宗、唐德宗四朝，汤显祖历经嘉靖、隆庆、万历三朝。"李泌的时代"与"汤显祖的时代"的相关性，倒是一个诱人的题目。

就李泌一生而言，有一件事做得光明磊落却付出了代价，这就是他不依附一度权倾天下的元载。《新唐书·李泌传》称"元载恶（泌）不附己"，②元载是知道李泌的才华的，也希望李泌能够依附自己，可李泌眼光独到，他早就看出元载靠把持朝政的李辅国而出人头地，李辅国与元载均喜欢弄权，怀抱野心。而元载其人更为卑鄙，他与李辅国有亲戚关系，又得到李辅国的多次提拔，可是，却参与了谋害李辅国的行动，其内心之阴险狠毒可见一斑。此外，元载为了及时得到皇帝的"密旨"，以重金买通太监董秀，因而"帝有所属，必先知之，探微揣端，无不谐契"，③其势力越来越大，以至于独揽大权，排斥异己，只是延揽、重用依附自己的人，在当时的政坛上做到了"非党与不复接"的地步。而李泌心性耿直，不与元载同流合污，结

---

① 徐士年选注《唐代小说选》，中州书画社1982年版，第26页。

② 欧阳修、宋祁撰《新唐书》，中华书局1987年版，卷一百三十九，第4634页。

③ 《新唐书·元载传》，中华书局1987年版，卷一百四十五，第4712页。

果得罪了元载,其代价是被元载找了一个借口调离朝廷,出任江西观察使魏少游的僚佐,直到元载被诛,皇帝才把李泌召还。

《枕中记》中的卢生,只是"为时宰所忌",并非因为不依附权贵而被驱遣出朝廷。被人妒忌与不依附他人,是两回事,这也是《李泌传》与《枕中记》发生"错位"的显著地方。可是,在《邯郸记》里,卢生一而再、再而三地被宇文融找到"题目"去作践自己,原因十分明白,是因为卢生不依附宇文融(《枕中记》并无提及宇文融其人,这是汤显祖故意添加的),剧中宇文融有一段宾白说道:

> 自家宇文融,当朝首相。数年前,状元卢生不肯拜我门下,心常恨之。寻了一个开河的题目处置他,他到奏了功,开河三百里;俺只得又寻个西番征战的题目处置他,他又奏了功,开边一千里,圣上封为定西侯,加太子太保,兼兵部尚书,还朝同平章军国事。到如今再没有第三个题目了。沉吟数日,潜遣腹心之人,访辑他阴事,说他贿赂番将,佯输卖阵,虚作军功;到得天山地方,雁足之上,开了番将私书,自言自语,即刻收兵,不行追赶。(笑介)此非通番卖国之明验乎?把这一个题目下落他,再动不得手了。我已草下奏稿在此。(第十九出)

汤显祖将卢生的三次"宦海风波"均纳入"状元卢生不肯拜我门下,心常恨之"的缘由之下,这是非常值得注意的,他以这样的系列情节来展示一个朝廷官员在不依附权贵的情形之下会出现什么样的"后果",这不是《枕中记》原有的题旨,倒是《李泌传》启发了他,他将李泌特定的经历"移植"到《邯郸记》里卢生的故事之中了。

据《新唐书·宇文融传》记载,此人确如汤显祖笔下所写的那样,是一个势利小人。张九龄对他的评语是"辩给多诈",[①]并力劝另一政治人物张说要对宇文融严加防范。而张说与宇文融多次交锋,长期交恶;宇文融权势更大,与他人联手终于罢了张说的"宰相"职务,可以说十分霸道。不过,宇文融又是一个能人,《新唐书》本传说:"融明辩,长于吏治。"深得唐玄宗的信任,尤其是"玄宗以融为覆田劝农使",政绩突出,因而"擢兵部员外郎,兼侍御史",是"开元时代"的风云人物。有趣的是,既然汤显祖注意到李泌的奇特人生,又认为李泌与卢生有"相似"的遭遇,那么,在《邯郸记》中,为何没有让与李泌有"交集"的元载露面,反而让与李泌似无"交集"的宇文融登场呢?依史书的描述,元载基本上是一个否定性的人物,而宇文融不是,他既有"坏"的一面,也有精明干练的一面。汤显祖以他作为《邯郸记》里的反面人物,作为卢生的对立面,他决定着卢生在人生重要关口的命运,显然是有意为之,而《邯郸记》的字里行间又隐藏着汤显祖对宇文融这类人物的憎恶与痛恨,更是值得深思。

我们知道,汤显祖本人就有不依附权贵的经历。《邯郸记》里的卢生不依附宇文融,导致接二连三的"厄运";而在"万历时代",尤其是在万历元年至万历十年,汤显祖可说是"运气极坏",原因是他不愿意依附权贵。邹迪光《临川汤先生传》记载:

> 公虽一孝廉乎,而名蔽天壤,海内人以得见汤义仍为幸。丁丑会试,江陵公(张居正)属其私人啖以巍甲而不应。庚辰,江陵子懋修与其乡之人王篆来结纳,复啖以巍甲而亦不应。曰:"吾不敢从

处女子失身也。"公虽一老孝廉乎,而名益鹊起,海内之人益以得望见汤先生为幸。至癸未举进士,而江陵物故矣。①

丁丑,即万历五年;庚辰,万历八年;癸未,万历十一年。换言之,直到万历十一年即张居正刚刚"物故"之后,汤显祖才有机会"举进士"。而万历元年至万历十年,正是张居正权倾天下的"江陵时代"。张居正以精明干练著称,是一位很有政绩的权贵,在其生前,得到神宗皇帝的信任与倚重。就这一点而言,张居正与宇文融并非没有可比性。汤显祖没有拜在张居正的门下,与卢生没有拜在宇文融的门下,也并非没有可比性。由李泌的不依附元载,转化为《邯郸记》的卢生不依附宇文融,再联系汤显祖在长达十年的"江陵时代"而不依附张居正,并表达过十分自觉的意识:"假令予以依附起,不以依附败乎?"(邹光迪《临川汤先生传》)如果我们借用法官判案时可以使用的"自由心证",能说汤显祖的《邯郸记》所描述的宇文融跟卢生的关系,与汤显祖本人的人生经历没有一定的关联吗? 在此,我们是否可以"意会"出汤显祖改编《枕中记》时不易被人发现的用心呢?

汤显祖借用《李泌传》与《枕中记》的"错位"关系来构思《邯郸记》,还有一个实例,就是《邯郸记》里的萧嵩形象。在剧中,萧嵩无比机智,与宇文融周旋,如第十九出,宇文融诬陷卢生"通番卖国",写了一份奏章,落款时加署萧嵩之名,要萧嵩在其奏章上"押花字";萧嵩知道这是无中生有的陷害之举,不愿意署名,宇文融以"通同卖国"的罪名胁迫萧嵩就范,萧嵩无奈,想出一个"妙招":"下官表字一忠,平时奏本花押,草作'一忠'二字,今日使些智术,于花押上'一'字之下,加他两点,做个'不忠'二字,向后可以相机而行。"在第二十四出,萧嵩为卢生辩冤,宇文融在皇帝面前说萧嵩曾在奏章上"花押",萧嵩辩称:"此非臣之真正花押。"并说:"臣嵩表字一忠,平日奏事,花押草作'一忠'二字。及构陷卢生事情,宇文融预先造下连名奏本,协同臣进。臣出无奈,押此一花,暗于'一'字之下,'忠'字之上,加了两点,是个'不忠'二字。见得宇文此奏,大为不忠,非臣本意。"皇帝这才知晓事件本末,召还卢生,惩办宇文融。这是萧嵩"用智"的故事。可是,查史书,开元时代的萧嵩,其本传见《新唐书》卷一百零一,他于"开元初,擢中书舍人";"(开元)十四年,以兵部尚书领朔方节度使";开元十七年,接任张说被罢官后空出来的宰相职位。②

本传没有提及他"用智"的故事,却说他在政坛上极为谨慎,而谨慎之人一般不会冒险,不会像《邯郸记》里的萧嵩那样竟然在奏章上"做手脚"。可是,我们读《李泌传》,可以看到,李泌一生机智,是一位擅于"用智"的高手,故此,史书说:"泌出入中禁,事四君,数为权倖所疾,常以智免。"③汤显祖受到《李泌传》的启发,将李泌的机智经历"嫁接"到萧嵩身上了。

可见,汤显祖在创作《邯郸记》时,只是借取《枕中记》的情节框架(《枕中记》的叙事形态是"粗陈梗概",为汤显祖留下很大的创作空间),剧本的不少内容为《枕中记》所没有,相较而言,得自《李泌传》的启发而转化为剧本情节者,更值得关注和研究。

我们由《邯郸记题词》而注意到李泌及《李泌传》,进而得知汤显祖刻意建构出《李泌传》与《枕中记》的"相关性",再进而发现《李泌传》与《枕中记》的"错位"关系,这些"错位"却被汤显祖借用了,让他在改编《枕中记》时找到了"抓手",以此寄寓汤显祖本人的对于历史、对于人生的独特思考。其实,汤显祖在

---

① 徐朔方笺校《汤显祖诗文集》下册附录,上海古籍出版社 1982 年版,第 1511 页。
② 《新唐书·萧嵩传》,中华书局 1987 年版,卷一百零一,第 3953 页。
③ 《新唐书·李泌传》,中华书局 1987 年版,卷一百三十九,第 4638 页。

万历二十九年撰成《邯郸记》传奇,此剧成为"临川四梦"的"收官"之作,如要研讨其意义,不能局限在"小说——传奇"这种文体转换模式中去寻找,应从汤显祖的历史意识与时代感受的交互关系来看《邯郸记》的特殊意义。

三、从《李泌传》到《邯郸记》:管窥汤显祖的历史意识与时代感受的交互关系

汤显祖虽以诗人、剧作家闻名于世,其实,他也是一位对历史研究很感兴趣的学者。他曾经在给吕玉绳的信里说自己"有意嘉、隆事",即很想研究嘉靖、隆庆间的人物与历史,没想到此种兴趣被一位和尚泼了一瓢冷水,"忽一奇僧唾弟曰:严、徐、高、张、陈死人也,以笔缀之,如以帚聚尘",换言之,严嵩、徐阶、高拱、张居正诸人,都是"垃圾",研究他们干什么? 汤显祖听到这番言辞后,"感其言,不复厝意"。可是,他研究历史的兴趣并没有减退,转而研治宋史:"赵宋事,芜不可理;近芟之,《纪》《传》而已,《志》无可如何也。"①从汤显祖的历史研究的成绩看,他是很有"史识"的人,连大史学家全祖望也对他的见识推崇备至(全祖望《答临川先生问汤氏宋史帖子》),这可是史学"圈内"的意见,不能等闲视之。汤显祖关注嘉靖、隆庆历史,是意识到这段于他而言的"近现代史"在整个明代历史进程中具有十分特殊的意义;但是,他的研究"对象"不一定是他所喜欢的人物,有些人甚至是他所十分鄙视且痛恨的,故此,那位和尚泼他冷水,他就"不复厝意",也是"事出有因"的。不过,其实也不尽然,他只是没有像研究宋史那样"正儿八经"地做而已,他对于嘉靖、隆庆以至于万历的历史,没有忘情,时时关注,并以一种特殊的方式表达他的思考与倾向。如《邯郸记》的创作,似乎可作如是观。

这就涉及汤显祖的历史意识与时代感受的交互关系问题。

已经有学者注意到这个问题。吴梅先生在研读《邯郸记》时指出:"记中备述人世险诈之情,是明季宦途习气,足以考万历年间仕宦况味。勿粗鲁读过。"②黄芝冈先生注意到汤显祖为《枕中记》写的评语,而推测其写作《邯郸记》的意图:"汤校点《虞初志》,在《枕中记》的评语里说:'举世方熟邯郸一梦,予故演付伶人以歌舞之。'他说明自己写《邯郸记》是为了讽刺当时的显贵。汤写《南柯记》虽同是写显贵的一生,但其主旨却在写佛家思想,因此不曾大量反映当时显贵们的施为……《邯郸记》的悲欢离合,无头无绪,虽真像一场大梦,但实按这场梦境的所有情节,却全是当时显贵们的现形丑剧……《南柯记》和《邯郸记》虽同具佛、道的逃世思想,但对《邯郸记》究竟应当另作估价。因为它反映了当时显贵们演出的种种活剧,具有充足的现实性。"③笔者认为,上述意见,均很有见地,且相当精辟。读《南柯记》与读《邯郸记》,我们会有不同的感受,尽管两部作品似乎很相近,其实,绝对不是简单的"同题"重复,上引黄芝冈先生的意见,值得格外重视。

可是,学者们忽略了或者说尚未深究一个事实,即汤显祖在《邯郸记题词》里将李泌与卢生来比附,

---

① 徐朔方笺校《汤显祖诗文集》下册,上海古籍出版社 1982 年版,第 1232 页。徐朔方先生在笺释文字中指出,信中提及的和尚"当是僧真可,字达观";并引全祖望《答临川先生问汤氏宋史帖子》一文,认定汤显祖在研治《宋史》方面颇有成绩,如在体例上"合《道学》于《儒林》",即取消了《道学传》,将相关人物的传记并入《儒林传》,全祖望称汤显祖的见地乃是"百世不易之论",徐先生亦说"汤显祖长于史学,此为一例。"

② 徐朔方笺校《汤显祖诗文集》下册附录,上海古籍出版社 1982 年版,第 1574 页。

③ 黄芝冈著《汤显祖编年评传》,文化艺术出版社 2014 年版,第 185 页。

这到底有何用意？学者们都注意到《邯郸记》带有汤显祖的"时代感受"，却没有关注到汤显祖的时代感受与其历史意识的关系。

从《李泌传》到《邯郸记》，其间隐藏着一个话题：汤显祖相当关注"李泌的时代"，也就是唐代开元至贞元时期。《邯郸记》里的宇文融、萧嵩、裴光庭等，都是活跃于上述时期的政治家；而李泌，更是著名的"四朝元老"。如果说，《邯郸记》的故事蓝本《枕中记》展示"富贵荣华"的极致，那么，本来最为"著名"又可以"比附"的人物非郭子仪莫属，为何汤显祖不关注郭子仪而青眼于李泌呢？原因可能是，李泌与"李泌的时代"更有政治意味，而郭子仪尽管与李泌大致是同时期的人物，但其身上的政治意味不如李泌复杂，后者毕竟主要是一位战将。

其实，可能在汤显祖看来，李泌这个人物更容易触动他的历史意识与时代感受，并引发这二者的交互关系。

汤显祖先后经历嘉靖、隆庆和万历，我们姑且称之为"汤显祖的时代"，它与"李泌的时代"在几个要点上存在可以类比的关系：其一，权臣把持朝政，十分强势；其二，曾经出现"太子废立"的"难题"；其三，朝廷十分重视"边事"。如果只挑出其中的某一点来观察和比对，在古代中国，不少时期都会有这样或那样同类的"要点"，单一的比对意义不大；可是，若将这三点同时"打包"来比对，那么，"李泌的时代"与"汤显祖的时代"的"同构性"就显露出来了。在"李泌的时代"，像李辅国、元载、宇文融等，都是权臣，臭名昭著又能量极大的李林甫、杨国忠等更是以弄权留下千古骂名；而在"汤显祖的时代"，严嵩（汤显祖出生于嘉靖二十九年，严嵩于嘉靖四十五年尚然在世）、徐阶、高拱、张居正、申时行等，同样是叱咤风云的权臣，这些人物或足以流芳百世，或将会遗臭万年，他们在"强势"二字上可与李林甫、杨国忠等相比。在"李泌的时代"，有的皇帝如唐玄宗，热衷"开边"，故而"边事"很多，人所熟知；[1]在"汤显祖的时代"，有的皇帝如神宗，也是将很大的心力投入到"边事"之中，故有"万历三大征"的政绩。[2] 为节省篇幅，且不复多说，我们不妨看看"太子废立"这个共同的"难题"。

对于汤显祖而言，太子废立的话题或许是他关注李泌的一个不大不小的"触媒"。李泌在唐德宗时太子的废立问题上曾经扮演过不可忽视的角色。据《新唐书·李泌传》记载，德宗不喜欢已立的东宫，而赏识另一个"儿子"舒王，"（李）泌揣帝有废立意"，力图劝阻德宗不要改立；他知道舒王不是德宗亲生的，为德宗之弟所出，这个要紧的"秘密"还是德宗私下告诉他的，李泌说："陛下有一子而疑之，乃欲立弟之子，臣不敢以古事争。且十宅诸叔，陛下奉之若何？"德宗听后很不高兴，说："卿违朕意，不顾家族耶？"李泌据理力争："臣衰老，位宰相，以谏而诛，分也；使太子废，他日陛下悔曰'我惟一子杀之，泌不吾谏，吾亦杀尔子'，则臣绝嗣矣。"说毕，痛哭流涕，颇动感情。可德宗不是那么容易说服的，李泌苦口婆心，"争执数十，意益坚，帝寤，太子乃得安"。[3] 对于一个王朝而言，王储问题关系重大，不能不慎重，更不可儿戏。"立嫡立长"，是宗法制度的规矩。德宗曾经动念想不守这一规矩，李泌煞费苦心加以阻止。同样的情形，也出现在万历时期。在立东宫的问题上，神宗的态度是十分暧昧的。据《明通鉴》记载，在张居正去世后，申时行等于万历十四年提议神宗册立东宫，"上以皇长子幼弱，稍俟之。时（郑）贵妃有殊宠，甫生

---

① 唐玄宗热衷"边功"，参见范文澜著《中国通史》第3册，人民出版社1978年版，第155—163页。
② 关于"万历三大征"，参见樊树志著《万历传》，人民出版社1995年版，第227—255页。
③ 《新唐书·李泌传》，中华书局1980年版，卷一百三十九，第4636页。

子即进封；而恭妃王氏，生皇长子已五岁，不益封。中外藉藉，疑上将立爱"。① 请注意"中外藉藉"四字，说明"立东宫"自万历十四年起就已经成为一个朝里朝外的"公共话题"，不再是朝中的"秘密事情"。而汤显祖本人，于万历十二年，不接受内阁大臣申时行、张四维的延揽，出为南京太常寺博士，正七品，不管如何，已经进入了仕途，他对此后的"立东宫"一事，不会没有耳闻。我们不一定要说汤显祖会如何关注这件事，可就一个人的"时代感受"而言，这肯定也是构成其"时代感受"的不大不小的因素。况且，"立东宫"一事，从万历十四年起一直吵嚷、延宕了好多年，乃至于到万历二十一年，依然没有明确的决定，神宗只是提出"三王并封"。圣意一出，舆论哗然，不少大臣纷纷上疏，表示反对，要求皇帝赶紧"立嫡"。当时，身为"元辅"的王锡爵，揣摩上意，有意附和神宗；而庶吉士李腾芳写信给王锡爵，提醒他如果"三王并封"，册立太子的大典会变得遥遥无期，对国家不利，对王锡爵及其子孙也不利。王锡爵回应李腾芳说这是"权宜之计"，并以古人张良、李泌为例，说他们是"皆以权胜"的典范，自己也要学习学习。② 而从大臣纷纷上疏反对"三王并封"来看，"立嫡"问题越来越紧迫，引起更为广泛的"中外藉藉"，大概也是当时的实情。有一点亦请注意：万历十九年，汤显祖上奏《论辅臣科臣疏》；万历二十一年，他出任浙江遂昌知县，他对朝政的热切与关注，不可低估。有趣的是，唐代的李泌分别出现在王锡爵与汤显祖的视野之中，他们对李泌的观察角度可能不大一样，但李泌作为唐代政治人物，他在明代政坛上的"知名度"不低，大概也是当时的实情。

鉴于太子废立、边事频发、权臣当政这三点在"李泌的时代"与"汤显祖的时代"具有"同构性"，汤显祖的历史意识与时代感受才会产生"交互"关系。我们不必对汤显祖与李泌之间的"因缘"做出过度解读，这两个人物很不对等。李泌作为"古人"，受到汤显祖的注意，这对于博览古今的汤显祖而言无非也是"平常事"而已。不过，经过如上分析，"李泌的时代"与"汤显祖的时代"却是存在着某种历史上的"可比性"，构成了一种"历史的张力"。我们是否也可以借助"汤显祖与李泌"这个话题，借助"李泌的时代"与"汤显祖的时代"的某些对应关系，来认知《邯郸记》里的丰富而复杂的内涵呢？

《李泌传》与《邯郸记》，是汤显祖为我们"预设"的话题。在与汤显祖"对话"的时候，我们是需要了解这个话题的，否则，在汤显祖"面前"我们会"失语"。这是笔者撰写拙稿的动因，也是一种尝试。敬请方家赐教。

---

① 清夏燮编辑《明通鉴》卷六十八，中华书局2013年版，第2733页。
② 参见明谈迁撰《国榷》卷七十六，中华书局1988年版，第4692—4693页。

汤显祖"二梦"梦境的特色与其意蕴

赵得昌

汤显祖的"二梦"《南柯梦》与《邯郸梦》都通过所谓梦境的媒介机制,传递故事。一般来说,采用梦境的文学作品里主角在梦里满足今世未满足的欲望,从梦中醒来后,觉悟到人的欲望与荣华富贵的虚无。这些作品都以梦前、梦中、梦后这三个部分构成,即是以现实——梦境——现实互相联结的。这些作品通过构思梦境不但为我们提供了更多的作者生平事迹与思想发展的信息,进而它通过梦境心理意识的表露及其变化过程,向我们揭示出作者认识活动的一种特殊的思维模式,从而为我们解开梦境之谜提供一把极其可贵的信息与关键。

梦境的解释在中国文化中有着悠久历史。早在先秦时期,孔子和庄子都从不同角度表达梦境心理。"子曰:甚矣,吾衰也,久矣,吾不复梦见周公。"(《论语·述而》)"昔者庄周梦为蝴蝶,栩栩然蝴蝶也,自喻适志与! 不知周也,俄然觉,则蘧蘧然周也。为知周之梦为蝴蝶与,蝴蝶之梦为周与?"(《庄子·齐物论》) 从哲学意义上来说,孔子是将梦见周公与否作为他的仁道志向的标志,但是有一点,他们的想法是相同的,即他们都是把梦境视为一种和超自然力量相沟通联系的媒介,而且把梦境和人生意识联系到了一起。他们的这种观点,随着秦汉之后孔、庄思想的传播,给了后来人很大影响。汤显祖就曾多次谈到孔、庄释梦,写了一首"世间多少惊蝴蝶,长恨庄生说渺茫"①即其一例。由此,可见庄子借梦境而阐说思想的方式对汤显祖是产生了一定影响的。

汤显祖平生写了许多"梦诗",又写了"二梦"。汤显祖为什么持续关心梦? 又为什么以梦写戏? 并且,"二梦"的梦境有什么特色与意蕴? 笔者有这种疑惑。在这篇文章里,要将汤显祖写梦的原因,结合在一起,揭示"二梦"梦境的特色与其意蕴。

一、"二梦"的梦境是汤显祖"情"的发展及深化

在晚明新思潮的波涌中,汤显祖则在文学界独树一帜,高倡他所发明的"情"的理论,以之与封建礼法相抗衡,并在自己的创作中表现他自己的这种观念。但是在晚明官方意识形态还是尊"理"灭"情",当时的宋明理学家也认为情和理是互相对立的,情是人欲,是恶的,理或性是天理,是善的,要用善的天理来制恶的情,乃至消灭情,这就是"存天理,灭人欲"。汤显祖也认为情和理是相互对立、相互冲突的。他认为达观提出的"情有者理必无,理有者情必无……真是一刀两断语,使我奉教以来,神气顿王",②他把情

---

① 汤显祖《甲午秋在平昌梦迁石阡守,并为儿蘧梦得玉床,自占石不易阡,素床岂秋兆,漫志之》,《汤显祖全集(一)》,北京古籍出版社 1999 年版,第 485 页。
② 汤显祖《寄达观》,《汤显祖全集(二)》,第 1351 页。

容并没有硬性增加,人间的时间结构又像是对蚁国结构的凝缩,但在蚁国时间结构中繁纷的事件又没有因此而简化。最后,作者把双重时间合一,在第四十二出《寻寤》,主人公从醉梦中醒来,惊讶不已:"我梦中倏忽,如度一世矣!"这时人们便体会到了在这双重时间的关系对比之中暗含了作者对浮世人生的某种解释,对功名利禄的某种认识,这样,作者所构造的双重时间结构也就成为一种"有意味的形式"。

《邯郸梦》全剧三十出,梦境部分占了二十六出。在第四出《入梦》,始叙吕翁设计度脱卢生,卢生追慕人生理想,继而赠枕入梦。梦中娶了有财有势的妻子崔氏,中了状元,以河功和边功为朝廷建立了功勋。谗臣宇文融虽不断计算他、陷害他,甚至使他一度被流窜海南;但后来谗臣终于被诛,卢生还朝做了20年宰相,备受皇帝恩宠,享尽了荣华富贵。在第二十九出《生寤》,卢生富贵极欲,大病而终,在内外大哭声中惊醒出梦,此时店小二黄粱饭尚缺一把火,吕翁点化,卢生顿悟。

《邯郸梦》的时间结构形式和《南柯梦》相似而又有别。它的第一时间结构层是人间的正常时间而第二时间结构层则是梦中的似人间而非人间的非正常时间。卢生在第一时间结构层只做了匆匆一梦,但在第二时间结构层中却度过了60年的荣辱生涯。黄粱梦的故事本来就是讥讽世事的具有寓言性的故事,而舞台上的双重时间结构则不仅强化了这种时间的长和短的对比,变成一种可触可摸的讥讽。《邯郸梦》第二十九出《醒寤》写的"六十年光景,熟不的半箸黄粱",很明显,时间的这种双重结构形式的意义,即不在于凝缩时间以简化内容,也不在于放大时间以突出重点,而在于两相映照之下所透出的作者那种种"刺世"之情,"醒世"之意,这样舞台上的时间形式也就有了非常丰富的内涵。

三、采用梦境的理由

汤显祖的梦境心理,和他的政治思想,以及造成他坎坷遭际的封建专制主义黑暗统治有关。汤显祖的政治思想和他的情至观是一致的,他希求有一种廉洁的政治,作官的人"必须不要钱,不惜死",[1]为政应当"因百姓所欲去留"。[2] 对于明朝统治阶级一向奉为压迫人民法宝的《大明律》,汤显祖则采取了怀疑和否定态度。他处理政事与诉讼争端,不是拿《大明律》,而是拿人之常情作为判断是非的标准。他在遂昌任内有名的除夕遣囚度岁、元宵纵囚观灯,就是很明显的例证。这正是他的"情"的理论在政治生活中的实际运用。汤显祖的这种政治思想,反映在他的二梦之中。

但是当时的政治形势使汤显祖的政治思想遭受挫折。明嘉靖以后,明王朝危机四伏,内外交困。在内外交困的情势下,统治集团内部的矛盾也进入白热化。最高统治者淫泆废政,宦官和辅臣擅权,社会各阶层都受到威胁。代表着民众利益的比较开明的士大夫结成"东林党",批评朝政,裁量公卿,和代表最腐败势力的"阉党"及朝臣展开斗争。党争的序幕在万历朝已拉开。到天启年间,宦官魏忠贤专权,厂卫特务遍全国。正派的士大夫多以"东林党"的罪名而惨遭迫害,明王朝进入了最暗黑的时期。处在这样的时代氛围中,汤显祖在政治上站在开明派一边,曾上疏抨击辅臣和科臣,矛头直指当今,结果遭到了贬谪的处分。汤显祖在这样暗黑统治下,认为不能展开他自己的政治思想,要借创作戏曲,宣扬它。但是他的政治思想和当时统治阶级不能两立,所以他不得不小心谨慎,为了避免引起是非和讹言,借梦讥托。

---

① 汤显祖《与门人时君可》,《汤显祖全集(二)》,第 1461 页。
② 汤显祖《答吴四明》,《汤显祖全集(二)》,第 1354 页。

《牡丹亭》的梦境寄托着杜丽娘全身心的憧憬和追求,是如此宝贵,但是因在当时封建礼教的窒息下,杜丽娘内涵的思想感情不得倾诉,汤显祖只好让她通过梦境来抒展。"二梦"也与《牡丹亭》相同梦中有讥,而梦外有托。梦中的社会(梦境)是丑恶的,作者持否定和批判的态度,这是现实世界(真境)的艺术反映。可是,梦醒之后,作者对人生的探索,对社会问题的思考,则走向了顶礼仙乡佛土的虚无主义。他幻想用成佛成仙来解决梦中暴露出来的人世间的种种弊病,消除人生的烦恼和痛苦。这是作者正视"梦境(现实世界)",又找不到出路必然会产生的思想。

虽然"二梦"的创作距离《牡丹亭》的诞生,仅仅二三年时间。同时,从表面上看起来,"二梦"的局限性比《牡丹亭》更为突出。但是,平心而论,在构思和描写"二梦"时,汤显祖的创作思想还是有所变化的。他在"二梦"中,更全面地更直接地揭露和批判腐朽封建王朝的黑暗政治方面,"二梦"自有其独特的成就。

明代社会生活颠颠倒倒、浑浑浊浊,多少世人都是像蚂蚁一样的可怜虫,《南柯梦》《邯郸梦》中的淳于芬、卢生一生追求富贵荣华,到头来也是空喜一场,这就是对那些热衷于官场的市绘,顶大的讽刺。通过这些梦境,让我们认识到封建官僚的黑暗与混乱,梦境的积极的批判意义。

四、结　语

"二梦"源于唐代传奇小说这一主题,但与唐代传奇小说相比,"二梦"的作品结构更为成熟,且所有扩充。它显示出对专制社会的怀疑,体现了新的价值观。作品采用在形式和内容上最自由的梦境,使现实中难以实现的愿望成为现实,进一步展现了"领悟"这一宗教教诲。它体现了东方人不同于西方人的关联式思维,即不把生与死、阴与阳视为独立的存在,表现出一种循环思维,并借此让人们看到梦境与清醒、现实与非现实是同一实体的两面。

并且,通过这次研究,我们可知"二梦"中的梦境给人们带来了"梦反倒可能是真正清醒的状态"的教诲,促使人们对人生进行反省,这就是很好地体现了庄子"蝴蝶梦"的寓言精神在中国戏曲中绵绵流长的事实。

《紫箫记》与晚明戏曲文化的转变

谭美玲

一、前　言

据徐朔方的《汤显祖年谱》,①汤显祖的《紫箫记》是在万历五至七年之间（1577—1579）写的。当时张居正主事,明朝社会因军事势力,似在中兴阶段。汤在三十岁左右,盛壮之年,再次落榜,与友人吴拾芝、谢廷谅、曾粤祥等在临川家中写才子佳人戏曲。说没有受到落第影响,实说不过去。又据黄芝冈的考查,《紫箫记》的初稿大概起于万历四年（1576）,②当时吴拾芝、谢廷谅、曾粤祥等都在南京,自此起有共同创作之念。《紫钗记题词》:

> 往余所游谢九紫、吴拾芝、曾粤祥诸君,度新词与戏,未成而是非蜂起,讹言四方。诸君子有危心,略取所草,具词梓之,明无所与于时也。记初名《紫箫》,实未成。亦不意其行如是。帅惟审云:"此案头之书,非台上之曲也。"姜耀先云:"不若遂成之。"南都多暇,更为删润,讫,名《紫钗》。中有紫玉钗也。霍小玉能作有情痴,黄衣客能作无名豪。余人微各有致。第如李生者,何足道哉。曲成,恨帅郎多病,九紫、粤祥各仕去,耀先、拾芝局为诸生祖倅,无能歌乐之者。人生荣因,生死何常,为欢苦不足,当奈何。③

这是汤氏在万历二十三年（1595）春,遂昌任上要付刻《紫钗记》所题的。

《紫箫记》最后似乎是因环境影响而与朋友分散,才没有完成。"这样一部不完整的作品不仅居然刊行问世,而且在明末即有三种刻本,并且万历间的戏曲选本还选录有此剧散出,也从另一个侧面可见汤氏此剧的成就。"④这里黄仕忠所说的成就,料是他的戏曲创作的影响。本文想试分析当时汤氏的创作心态,于保留这本未完成之作的本心,再从另一角度看看这部作品如何影响后来汤氏的创作。

二、时　文

《紫箫记》的创作时间为万历初,戏曲小说仍为小道末技,士大夫们绝大部分仍耻于留心词曲,主要创作为诗文,还有时文——八股文。梁辰鱼以魏良辅的水磨调谱成传奇《浣纱记》约在嘉靖二十二年

---

① 徐朔方著《徐朔方集》卷四《汤显祖年谱》,浙江古籍出版社 1993 年版,第 244—256 页。
② 黄芝冈著《汤显祖与牡丹亭》,《汤显祖年谱》,国家出版社 2015 年版,第 124—125 页。
③ 汤显祖著,徐朔方笺校《汤显祖全集》第三册玉茗堂文之六《紫钗记题词》,上海古籍出版社 2015 年版,第 1558 页。
④ 黄仕忠、陈旭耀述评《共攀桃李出精神——〈紫箫记〉述评》,载于汤显祖著,黄仕忠、陈旭耀评注《紫箫记》,百花洲文艺出版社 2015 年版,述评第 6 页。

（1543），梁辰鱼江苏昆山人，同游的有吴江的顾大典、沈璟，苏州的张凤翼，常熟的孙柚。而汤氏与浙江宁波的屠龙、张凤翼等有交往。[1]

屠龙（1543—1605），嘉靖二十二年生，万历三十三年卒，著传奇《昙花记》于万历二十六年（1598）前，《彩毫记》于万历二十六年后，《修文记》约万历三十二年（1604）完成。屠氏作品较杂芜，历来学者都在论辩屠龙是否《金瓶梅》的作者；加上魏子云以杨柔胜（万历年间人，江苏武进人）为屠龙妻子；其作品《玉环记》（作于万历元年1573前后），充满风情句子。杨柔胜另一作品《绿绮记》已散佚，但其同期孙柚《琴心记》，也是写司马相如和卓文君的故事。不难看到曲家间的相互影响。

汤氏另一朋友，张凤翼，嘉靖六年生，万历四十一年卒，作品有《红拂记》（嘉靖二十四年1545）、《虎符记》（万历六年1578）、《祝发记》（万历十四年1586）、《窃符记》（万历年间，未能论定完成时间）、《灌园记》（万历十八年1590）等。张凤翼与顾大典曾一齐携妓入城纵观，得袁宏道赠诗。张凤翼实与汤氏是同时段、地域的人，他的作品，尤其前期作品，大都与汤氏的时间差不多。

除了屠龙和张凤翼，同期江南的徐渭（浙江山阴人）、史盘（浙江会稽人）、汪道昆也系出浙江（祖上虽早已徙安徽歙县）。这些人在当时江南文人集团中，有酬酢联系，他们的创作，直接或间接地相互影响不足为奇。检视上列曲家的剧本，时代与王世贞重叠，王世贞与汪道昆十分友好，是后七子的领袖人物，与上列曲家除了徐渭师徒和汤氏外，都有交往。[2] 如此大家的写作题材，与当世文坛所主的复古思想相切合，是大家相互影响所致。所以，即使是才子佳人，以情为主，但实是托有所指，故《浣纱记》《彩毫记》《远山戏》《红拂记》《桃符记》《琴心记》等等，是借历史文人才子说情而言事，达乐而不淫，有教化功能，所以复古思想，尽管在诗歌艳词中不能控制，但戏曲的表达、题材上，还是很传统的，借事、史来托情。明人的戏曲到梁辰鱼起辞丽工，言情自然，但当中的缠绵表达，尽是个人感慨而来，[3]故为情之所托，因事而起。此表达之情，往往是藏于诗中，而不能以形体表达于戏曲表演中。因为戏曲的载体，形体表演骈俪工整，刻意雕琢，实是当时曲家的流行表达方式，其中当然受从《浣纱记》而起的文人情趣的影响。汤氏在少时早有文名，在《明史》、《列朝诗集》还有同时代邹迪光的《汤义仍先生传》中，都以他的文才了得，年青才俊，弱冠就成了孝廉，乡试第一，即使到了五十岁以后，归隐临川，仍有人慕其文名，来找他希望指点八股文写作，以应举子业，更有誉汤氏为明清举业大家者。[4] 其实汤氏自己在万历十四年后就不以为是了：

> 中途复见明德先生，叹而问曰："子与天下士日泮涣悲歌，意何为者，究竟于性命何如，何时可了？"夜思此言，不能安枕。久之有省。知生之为性是也，非食色性也知生；豪杰之士是也，非迂视圣贤之豪。如世所豪，其豪不才；如世所才，其才不秀。传不云乎，三折肱可以医国。吾为诸君慎之。[5]

这是汤氏在遂昌县任知县时训示诸生的，要有作为，要作医国之士，乃真性情之言。而当中说到明德先生，即他的儒学老师——罗汝芳，汤氏自十三岁起跟从他学习。万历十四年夏天罗汝芳在南京讲学时，与

---

① 此部分所言曲家数据，主参看《汤显祖年谱》卷二及卷三《晚明曲家年谱》苏州卷和浙江卷。
② 参看《汤显祖年谱》卷二《王世贞年谱》，第483—510页。
③ 参看罗宗强《明代文学思想史》第十四章《重情观念在戏曲文学中的表现》。中华书局2013年版，第638—677页。
④ 关于汤显祖的少时文名分析，参看郑培凯著《汤显祖与晚明文化》，《汤显祖与晚明文化美学》，允晨文化出版社1995年版，第4—11页。以及参看邹元江著《汤显祖新论》，《灵根慧命》的评价，国家出版社2005年版，第76—85页。
⑤ 《汤显祖全集》，玉茗堂文之十《秀才说》，第1647—1648页。

汤氏会面说了这些话。给予汤氏很大打击,甚至重新审视自己所学所为:

> 至则闭门距跃,绝不怀半刺津上。掷书万卷,作蠹鱼其中。每至丙夜,声琅琅不辍。家人笑之,老博士何以书为?曰:"吾读吾书,不问博士与不博士也。"闲策蹇驴,探雨花木末,乌榜燕矶,莫愁秦淮,平陂长干之胜,而舒之毫楮。都人士展相传诵,至令纸贵。①

经过这番挣扎,汤氏面对老师的砥砺,有了彻悟,赤子良心,正道是从,以德化民而不失自己本性。所以,去游历写曲,写的是真而非矫情之言。郑培凯认为汤氏《紫钗记》的创作,就正写在被罗汝芳教诲后没多久。②

如此则《紫箫记》的创作,受文人间相互影响,时文创作的影响,汤氏自己所彻悟的影响。可谓《紫箫记》不论题材的选取,还是文辞的运用,与当时的文人习惯,关系密切。

三、创　作

且先看《紫箫记》的第一出《开宗》:

> 【小重山】(末上)瑞日山河锦绣新,邀欢临翠陌,转芳尘。共攀桃李出精神,风色好,西第几留宾。　银烛映红纶,此时花和月,最关人。翠盘轻舞细腰身,娇莺啭,一曲奏《阳春》。
>
> (末)众宾请勿喧,见今后房子弟搬演《李十郎紫箫记》,听贱子略道家门大旨。
>
> 【凤凰台上忆吹箫】李益才人,王孙爱女,诗媒十字相招。喜华清玉管,暗脱元宵。殿试十郎荣耀,参军去七夕银桥。归来后,和亲出塞,战苦天骄。　娇娆,汉春徐女,与十郎作小,同受飘摇。起无端贝锦,卖了琼箫。急相逢天涯好友,幸生还一品当朝。因缘好,从前痴妒,一笔勾消。
>
> 李十郎名标玉简。霍郡主巧拾琼箫。
>
> 尚子毗开围救友。唐公主出塞还朝。③

《紫箫记》的开场,当中的末上,曲辞安排,唱辞念白,都是依当时曲家形式来安排,跟汤氏后来四梦的用语都有所不同。虽然,《紫钗记》与《牡丹亭》仍沿用一曲一词作第一出的安排,但《紫箫记》开场中看到的演戏的气氛,欢愉性质的用词,跟四梦截然不同。四梦开场都会看到汤氏对人生的感喟,情难诉,有情无情,钟情人生之类的话,但《紫箫记》是一种繁华的开场,没有低回婉转的情志妩媚无由诉之感。《紫箫记》本身,汤氏初衷就是一曲阳春奏,本为的是同道挚友,共同排遣心情的新尝试。

这可以看到汤氏在创作《紫箫记》时的心情,基本没有像写四梦时的冲击。何况这是尝试一种新文体,他未写过的,当时流行的一种艺术。士大夫当时对词曲,实际既爱又恨又怕,爱的是新的创作,恨的是

---

① 《汤显祖全集》,第6册,附录,传记文献,邹迪光《临川汤先生传》,第3138页。
② 参看郑培凯著《汤显祖与晚明文化》,《汤显祖与达观和尚——兼论汤显祖人生态度与超越精神的发展》,允晨文化出版社1995年版,第357—362页。
③ 本文使用的《紫箫记》,为黄仕忠、陈旭耀评注,《紫箫记》,百花洲文艺出版社2015年版。

其未被文坛所重,怕的是自己创作能否得到认同。看看【凤凰台上忆吹箫】的关目安排,四平八稳地有爱情,有友谊,有功名,有婚姻,有双美,有报国,大团圆结局,且不说剧中的编排恰当与否,仅就关目而论,道德教化,文人寄托,是当时流行的文士情节编排。

再细看三十四出的剧情,即使未完成,汤氏笔下对每个人物的处理,绝对是他当时学识与才气的反映,[1]加上是尝试之作,像作时文般要求必有完整的形象,具体的性格描述,情节的完整,前后呼应的编排。这是汤氏当时写《紫箫记》的考虑。

所以,霍王、六娘、杜黄裳、杜秋娘,甚至樱桃、浣纱等都不省笔墨来描述,利用人物间的编排,使其在三十四出中呈现完整。霍王入道,花卿赠四娘,四娘作媒,六娘嫁玉,小玉拾箫获赐,李益点状元,与石雄、花卿、尚子毗等以同往西任职,杜黄裳皈依,李益、小玉两地相思,尚子毗更完成吐蕃和亲,李益、小玉于七夕重聚,甚至樱桃等配角也有所配。这是一个充满幸福感的爱情剧,各人都得其所愿。(当然,鲍四娘的被物化,总为人究病,这需另作探讨。)这是一个完整的作品,各个角色都得到归宿,朋友有义,成就功名,爱情、事业、修道俱得意。加上汤氏兼顾很多方面,要求完整,各个人物都照顾到又合乎他想说的。但问题就出现在他想说的太多。写《紫箫记》,实是为了初学,初试故事本已完整,汤要表现的道佛也说到,人物观也说了。就整体来说,未完整的部分实已完整了。

《紫箫记》前半部的三十四出中,李益用心于功名,小玉只是个陪衬。因为三十四出中,最后李益于七夕回来,然后就是李益需保护公主和亲出塞,战苦天骄。娇娆的汉春徐女,愿与十郎作妾,同受飘摇。小玉因传言加上困窘的环境,卖了玉箫。被困于塞外的李益为尚子毗所救,幸生还一品当朝。霍李姻缘终成就,把从前痴妒,一笔勾消。这些下半部的关目,主角回到李益和霍小玉身上,他们的情感变化,外在的其他人物较少。所以,本来出版了的《紫箫记》实在已经是个完整的创作。当然,历来对于《紫箫记》都究病它的关目呆版,平铺直叙,欠缺戏剧冲突。然而,从上面关于选材、时文的影响来看,汤氏的这个平板创作,除了初试创作戏曲外,实不无其他原因,使它致此。

从人物上下场编排上,虽说才子佳人爱情剧,但霍李二人同场只在十五出《就婚》,十六出《协贺》,十七出《拾箫》,十九出《诏归》,二十出《胜游》,二十四出《送别》,三十四出《巧合》等出现;且其中只有两出,第二十出《胜游》和第二十四出《送别》是霍李二人对唱为主,其他五出,都有不同角色在轮唱、接唱,并非重写霍李的情感。还有,这七出中有不少是重在李益,他唱的部分多,小玉只在第十五出《就婚》和十七出《拾箫》中戏分较李益重些。当然,诚如不少学者所说的,汤氏对女角特别偏爱。《紫箫记》中汤氏对小玉在某些出目中重写,如第六出《审音》,但小玉在《紫箫记》中没有个人戏,李益也没有。两个角色,经常会有不同人物在一起作陪衬,所以四娘、六娘、樱桃、浣纱等女角都很立体,甚至安排郑六娘主第三出《探春》,郑六娘与杜秋娘主第七出《游仙》(霍王在此出只是交代游仙目的,主唱是二位女角),可见汤氏的安排,实际并非霍李感情,他想每个角色都照顾到。

四、版　本

诚如汤氏于《紫钗记题词》中所言,这个不完整的作品《紫箫记》,曾经付梓。而且万历年间,曾刻印

---

① 参看邹元江著《汤显祖新论》,肆《睿智哲思》的叙述,国家出版社 2005 年版,第 314—320 页。

起码两次之多,因为现存有两个万历年间的刻本:一、万历间金陵富春堂刻本,四卷,名《新刻出像点板音注李十郎紫箫记》,二、万历二十四年金陵世德堂刻本,二卷,名《新镌出像注释李十郎霍小玉紫箫记》。明代还有一个版本,是崇祯年间汲古阁原刻初印本,二卷。为什么说起码两次呢?前所提及万历二十三年的《紫钗记题词》中说道:"诸君子有危心,略取所草,具词梓之,明无所与于时也。记初名《紫箫》,实未成。亦不意其行如是。"是说在《紫箫记》在汤氏还未写成时,要付梓以表与时事无涉,没有故意讠上之言。这次付梓,一定是在万历十五年(1587)前,完成《紫钗记》之前,①当时他在南京任太常寺博士。原因有三:一、万历十四年(1586)为好友梅鼎祚写的《玉合记题词》中以"乃有讥托,为部长吏抑止不行",于是付梓,以示无所与于时。所以一定是在万历十四年前。二、《紫钗记题词》中又说姜耀先提议他把《紫箫记》遂成,他于是改删润为《紫钗记》。即先有《紫箫记》付梓,以表无所与于时,才有《紫钗记》于万历十五年付梓。三、万历十四年夏,汤氏被罗汝芳训诲,是因他与人审音度曲。"泮涣悲歌,意何为者,究竟于性命何如,何时可了?"如非看到《紫箫记》的刊行,以及听闻汤氏因"南都多暇"改写《紫钗》,罗汝芳绝不会在短时间的南京讲学同游时,训示汤氏的。

所以,这个万历十五年前的版本,是否就是现存的最早的万历间金陵富春堂刻本?不得而知。究竟汤氏在任太常寺博士初,是否已因传阅其作品已即为避免讠上而即作刊行,使万历十二年至十五年之间仍有一个版本,就不得而知了。所以说最少有两个版本。

五、交游与转变

当时与汤氏一起在万历初交游的是谁呢?帅机(字惟审)、谢廷谅(字九紫)、吴拾芝(玉云生)、曾如海(字粤祥)、姜鸿绪(字耀先)、沈懋学(字君典)、梅鼎祚(字禹金)等,当然也有前面所说的屠龙与张凤翼等。汤氏是个率真之士,有守有为的君子;所交心者,都为他的真挚良知所感。这也是他为什么到了南京时,对于当时文坛巨擘的王世贞不相往来,反与其子王士骐有书信论文(《答王澹生》)。汤氏在万历五年至八年(1577—1580)间创作的诗文作品集《问棘邮草》,当时好友谢廷谅为这个文集写了一篇序言:

> 君气亮盖世,而常共于匹夫。长安长者多所知名,而州大夫或无半面;乡人有不能得其片字,而四方有识传宝其书。语帝王大略,激昂万乘,而不能说丘巷。足不识城府逶路,而好谈天下阨塞。料人物数千里之外,而常为眉目小儿所绐。发策周历,潜冥律气,而手不能差量币物。娶妇十年矣,而袖无半钱。恶恶道至甚,而闻盗贼之死亦悲。幻提贵达,而石友无聊之士,僮而务分人。克后房而居,常不内反。拒绝人地,而好观名山川,寻师服食。此余有所解,有所未解也。②

谢廷谅就是《紫钗记题词》中的谢九紫,是南宋遗民诗人谢枋得的后人。他对汤氏的印象是豪迈,不拘小节,见识广博,留意国家大事,对乡(临川)中显贵不屑一顾,反常与平民交往,家中因其性格,常捉襟见肘。如此,谢廷谅对汤氏在创作《紫箫记》的两三年间的状况的描述,可知汤的率性。而既然已经开始创

---

① 《汤显祖年谱》,第290页。
② 《汤显祖全集》,附录,《问棘邮草十卷本序》,第3102页。

作,如非不得已,他是不会轻然把一同创作的人丢下。各人为了赴试、升迁,在万历七年后就没有机会再长聚以审音度曲,如此,又怎能把余下的下半部《紫箫记》完成。汤氏万历二十三年写"恨帅郎多病,九紫粤祥各仙去,耀先、拾芝局为诸生",这时曾如海已亡化一年了,而帅机多病(他早在南京任职),谢廷谅也去了南京任职刑部,姜耀先、吴拾芝均需为自己的进士功名努力;而时汤氏在遂昌县,他见当日的挚友,都散伙了,想给各位修改成的《紫钗记》也难,故有此叹。此次的付印,实为纪念,再因文字之美,把美与真留住。所以,"姜耀先云:'不若遂成。'南都多暇,更为删润讫,名《紫钗》,中有紫玉钗也"。姜鸿绪的鼓励,使南都多暇的汤氏把《紫钗记》删润出来,而又把《紫箫记》的创作保留,且再度付梓。朋辈对汤氏的支持、影响,实是他最大的力量。而且这里的帅郎、九紫、粤祥、拾芝都是临川人,也是汤氏当时再落第后,在家乡的愉快日子,与临川四俊的诗文活动,①审音度曲,更帮助他渡过其家遭祝融(万历六年),祖母过世的难过日子(万历七年)。汤氏《玉合记题词》:

> 余往春客宛陵,殊阙如邛之遇。犹忆水西官柳,苏苏可人。时送我者姜令、沈君典、梅生禹金宾从十数人,去今十年矣。八月太常斋出,宛然梅生造焉。为问故所游,长者俱销亡,在者亦多流泊。余法然久之。为问水西官柳,生曰,所谓"纵使君来不堪折"也。因出其所为《章台柳记》若干章示余。曰:"人生若朝暮,聚散喧悲,常杂其半。奈何忘鼓缶之欢,阙遇旬之宴乎。"予观其词,视予所为《霍小玉传》(《紫箫记》),并其沉丽之思,减其秾长之累。且予曲中乃有讥托,为部长吏抑止不行。多半《韩蕲王传》中矣。梅生传事而止,足传于时。
>
> 第予昔时一曲才就,辄为玉云生夜舞朝歌而去。生故修窈,其音若丝,辽彻青云,莫不言好。观者万人。乃至九紫君之酬对悍捷,灵昌子之供顿清饶,各极一时之致也。梅生工曲,独不获此二三君相为赏度,增其华畅耳。九紫、玉云先尝题书问梅生,梅生因问三君者一来游江东乎。予曰:"自我来斯,风流顿尽。玉云生容华亦长矣。"嗟夫,事如章台柳者,可胜道哉。为之倚风增叹。②

这是万历十四年(1586)为好友梅鼎祚的《玉合记》所题的。题词的第二段见到汤氏对于当日创作《紫箫记》时的欢愉,印象深刻,谢九紫的酬对敏捷,曾粤祥(灵昌子)的清音缭绕,吴拾芝(玉云生)的歌舞,汤氏觉得是赏心快事。万历十四年物是人非。他在南京当太常博士,八年前的事,清音铭记。朋侪间的创作动力,是让他在临川的旧宅火后,家徒四壁时的精神支柱。这就是儒侠可逃出的一种创作的真心。③

《紫箫记》中止后,相隔八年左右,汤氏没用回"紫箫"而用紫钗来续成其工作。他知道《紫箫记》的"沉丽之思,减其秾长之累。且予曲中乃有讥托,为部长吏抑止不行"。且帅机以其为"案头之书,非台上之曲也"。所以,改写时汤氏实有所虑。历来对汤氏的《紫箫记》是否有所讥托多所讨论,④而汤氏自己说"无所与于时"(万历十四年),但又说"乃有讥托"于后(万历二十三年),其实不管作者自己怎样说,剧作

---

① 四俊中有三俊一起度曲,创作《紫箫记》。据钱谦益撰集,许逸民、林淑敏点校《列朝诗集》第10册,在《帅思南机四首》之下记载汤显祖著有《临川四俊》诗。中华书局2007年版,第5313页。

② 《汤显祖全集》,《玉合记题词》,第1550—1551页。

③ 对汤显祖中进士前的思想行为,定为"儒侠性命,率真疏言"。参看孙洁著《汤显祖尺牍研究》,香港大学硕士学位论文,2008年,第66页。

④ 对是否与于时,各有所见。如徐朔方《〈紫箫记〉考证》,黄仕忠也有评述。另参看段庸生《〈紫箫记〉与汤显祖的戏剧创作道路》,《重庆师范学院学报(哲社版)》1995第1期,第67—76页。

上的改编，或人物的设置，必定是触发于时。"因遂拓落为诗歌酬接，或以自娱，亦无取世修名之意。"①故疾于时而有所写，与前说谢廷谅所序的性格有相关。汤氏写的因时而为，真之所在。而一个作家，把他有所感的精神世界，透过现象、形象世界来表达精神、理念。② 意有所指，在诸精神，"何必非真"？③

当《紫钗记》创作时，他虽不算是潦倒儒生，但形体与精神中，他对真与假的区分，已经开始了。汤氏对真情至情的觉性，从霍小玉开始，所以他说："霍小玉能作有情痴，黄衣客能作无名豪。余人微各有致。第如李生者，何足道哉。"在《紫钗记》中一改之前的大部分赋诗骈俪为句，驰骋文字的风格，因为他知道需要绝去杂情，不要为时文所累，托诗歌韵语以自娱。④ 故而，《紫钗记》把所有文章的骈俪赋写之文，一概不用。落实到形体与心性的切合表达，所以，他所喜爱的挚情如霍小玉，任侠如黄衫客，能有如此的动人表现。《紫钗记》的重点正是《紫箫记》未展开的部分，把霍李的爱情和波折作为重点，小玉的真挚盖过她原为娼家的身份，黄衫客的豪迈、侠气，正是从尚子毗转化而来，也是汤氏所向往的任侠。这都是表现真情。在《紫箫》与《紫钗》之间，虚与实之间，当《紫箫记》被怀疑诬上之后，汤氏发现虚实之间，人性使然，越是借着小说来说的故事，就越是真实的存在着。历来学者，已把两剧作过不同的对比，不再在此数言。⑤ 惟选材一事，对汤氏的题材选择，虚与实如何带出，尚可有所补充。

《紫箫记》，有本《霍小玉传》而改，但离开本事多，人物多虚构；到《紫钗记》的创作，当中加插的虚构人物少，使戏剧冲突出现（卢太尉）。可见八年间的观摩，他对戏曲创作与演出手法认识的变化。而当中真真假假的区分，因为罗汝芳的训示，自己对于真我的觉醒，再加上万历十五年（1587）接触到李贽的学说，对李思想的倾慕，转向对文学艺术领域的驰骋；后来更与达观和尚（真可）（1544—1604）于万历十七年（1590）交往，汤氏觉得人生该真正的活下去，万历十九年春大病后写诗与达观说"朱门略到须回首"，⑥把人生的出路想好。⑦ 也把现实中的真真假假，放开当中的形象了。所以，《紫钗记》的取材，故事有所出，人物中的真假虚实，借形体的表达，也刻反映现实，不需要像《紫箫记》那般以虚托实，把实在的唐人故事敷演，再把人物建构来说戏，说真人，说真事。真假虚实之间，汤氏在几年的南京官场中看透，把满场假语在戏场上再现时，⑧何必非真？在思想所现，戏场所现，甚至梦中所示，又何来假语？ 如此，则真假之间，《紫钗》之后，汤氏所选的传奇题材，均明示所出，甚至像《牡丹亭》，他把所有相关出处都写在题词上了。目的就在真假之间，讽以世人。

这种讽世，或以汤氏不知自己的作品成就至今天的影响，但实际在当时，邹迪光在汤仍在世时为汤立传，已见其影响了。不管如何，《紫箫记》，确实对汤氏后来的创作上有着巨大的影响，对剧场中真假的取材，使得他才有后来的四梦中的真情与虚实的表现。当然，四梦的虚实表现，开始了不少因梦、虚题材而来的戏曲创作。正是汤显祖的影响，使得晚明的戏曲题材发生变化。

罗汝芳的"生生之仁"影响着汤氏对生民、天人之分的看法，仁是善的情感意志，这亦影响了汤氏在

---

① 《汤显祖全集》，第4册，《复费文孙》，此为万历四十年（1612）之文，汤氏晚年回首之说，第1856—1857页。
② 参看姚一苇著《戏剧原理》第二章《戏剧意志论》中黑格尔的叙述。书林出版社2004年版，第23—26页。
③ 《汤显祖全集》，《牡丹亭题词》，第1552页。
④ 《汤显祖全集》第4册，《复费文孙》。
⑤ 参看梁冰楠著《紫箫记与紫钗记两剧的比较研究》，友宁出版公司1986年版。邱根秀著《霍小玉故事戏曲改编研究》，福建师范大学文学院硕士学位论文，2013年。
⑥ 《汤显祖全集》第1册，《玉茗堂诗》之四，《达公过奉常时予病滞下几绝七日复苏成韵二首》，第512页。
⑦ 《汤显祖与晚明文化》，第357—389页。
⑧ 参看李贽著《焚书·续焚书》，《童心说》，中华书局2009年版。

戏曲创作中的表现。从赤子志诚而出,从本感物而动,赤子之心浑然天理,不学不虑而成。① 汤氏在万历二十年(1592)在徐闻县写的《贵生书院说》,显示他在写《紫钗记》后的形色之心,也是他在创作上选材所想显现的:"天地人性,人为贵。人反自贱者,何也。孟子恐人止以形色自视其身,乃言此形色即是天性,所宜宝而奉之。知此则思生生者谁。仁孝之人,事天如亲,事亲如天。……故观卦有位者'观我生',则天下之生皆属于我,无位者止于'观其生',天下之生虽属于人,亦不忘观也。故大人之学,起于知生。知生则知自贵,又知天下之皆当贵重也。然则天地之性大矣,吾何敢以物限之;天下之生久矣,吾安忍以身坏之。"②敬仁人,仁心而行自己本体之分,使凡不由天下之生的本行为恶行,不知天下之生,即仁孝之心已死,虽生犹亡,何以观世人,观苍生。汤氏以己之文为"观我生"而来,如没有《紫箫记》就没有《紫钗记》的出现,没有《紫钗记》的艳品,会景切事之词(祁彪佳《远山堂曲品》评),悠然独至,就无以成就后来的三梦,使排场更完整。而自汤氏的四梦后,尤其《牡丹亭》后,摹写者多,可见若无《紫箫记》,就没有晚明徐复祚、周朝俊、汪廷讷、冯梦龙、吴炳、孟称舜等的戏曲出现。

---

① 参看邹自振著《汤显祖与明清文学探赜》,《论罗汝芳对汤显祖的影响》,百花洲文艺出版社 2015 年版,第 29—32 页。
② 《汤显祖全集》第 3 册,第 1643—1645 页。

从"临川四梦"到《临川梦》[*]

——汤显祖与蒋士铨的精神映照和戏曲追求

杜桂萍

一部文学作品的问世往往同时是其接受史的开始。万历二十六年（1598），汤显祖（1550—1616）《牡丹亭》传奇推出了一个独特的"情"字并轰动一时，然于"情"的理解在当时已是见仁见智，如后来鲁迅评论《红楼梦》所云："经学家看见《易》，道学家看见淫，才子看见缠绵，革命家看见排满，流言家看见宫闱秘事。"[①]且不说俞二娘、冯小青等女性的悲情反应多落实在两性关系的圆满与否方面，一时文人的解读也并未挣脱类似拘囿，沈璟《同梦记》、冯梦龙《风流梦》等改编式作品皆于此大做文章，晚明朱京藩《风流院》传奇演绎冯小青情感和婚姻故事，甚至以汤显祖为"风流院主"："生平以花酒为事，文章作涯。一官如寄，任他调削贬除；百岁难期，且自徜徉游荡。生为绰约，死也风流。"[②]以至李渔在肯定汤显祖诗文、尺牍之作后特别强调："此人以填词而得名者也。"[③]不过，其同乡友人尤侗已发表了不同的看法："明有两才子，杨用修、汤若士是也。二子之才既大，而人品亦不可及。……（汤）在南礼曹抗疏论劾政府，以致罢官。其出处甚高，岂得以'四梦'掩其生平乎！"[④]与汤显祖有书牍往还的钱谦益也表达了类似遗憾："义仍之通怀嗜学，不自以为能事如此。而世但赏其词曲而已。"[⑤]可见，清初时两种声音已经交替存在，并形成了对立的态势，"词人"与否一直是汤显祖及其戏曲作品接受过程中的重要节点之一。至清中期时，《牡丹亭》的经典地位早已确立，但有关汤显祖身份属性仍众说纷纭，"词人"之名更是甚嚣尘上，这是作为同乡和追慕者的蒋士铨（1725—1784）始终不能释怀之所在，他专门创作《临川梦》传奇，以解答并非"词人"的汤显祖"何以作此'四梦'"[⑥]的命题。

一、去"词人"化与身份焦虑

明清以来，戏曲作家的"匿名"之想已大大淡化，但"文章豪放之士，鲜不寄意于此者。随亦自扫其迹，曰'谑浪游戏'而已"[⑦]的心态依然普遍存在。金圣叹大力提倡《西厢记》为"才子书"，视之与《史记》《离骚》地位相当，另一位戏曲家李渔知音式的阐释即是："盖愤天下之小视其道，不知为古今来绝大文

---

* 本文为国家社会科学基金一般项目《明清戏曲宗元研究》（项目编号11BZW061）阶段性成果。
① 鲁迅《〈绛洞花主〉小引》，《鲁迅杂文经典全集》，哈尔滨出版社 2013 年版，第 410 页。
② 朱京藩《风流院》第四出《稽籍》，《古本戏曲丛刊》二集影印明刊本，上海商务印书馆 1955 年版。
③ 李渔著，江巨荣、卢寿荣校注《闲情偶寄》，上海古籍出版社 2000 年版，第 15 页。
④ 尤侗《艮斋杂说》卷三，中华书局 1992 年版，第 52 页。
⑤ 钱谦益《汤遂昌显祖传》，汤显祖著，徐朔方笺校《汤显祖全集》，北京古籍出版社 1999 年版，第 2587 页。
⑥ 蒋士铨《临川梦自序》，蒋士铨著，周妙中点校《蒋士铨戏曲集》，中华书局 1993 年版，第 209 页。
⑦ 胡寅《向芗林酒边集后序》，《斐然集·崇正辨》，岳麓书社 2009 年版，第 373 页。

* 本文为国家社会科学基金一般项目《明清戏曲宗元研究》（项目编号11BZW061）阶段性成果。

① 鲁迅《〈绛洞花主〉小引》，《鲁迅杂文经典全集》，哈尔滨出版社 2013 年版，第 410 页。
② 朱京藩《风流院》第四出《稽籍》，《古本戏曲丛刊》二集影印明刊本，上海商务印书馆 1955 年版。
③ 李渔著，江巨荣、卢寿荣校注《闲情偶寄》，上海古籍出版社 2000 年版，第 15 页。
④ 尤侗《艮斋杂说》卷三，中华书局 1992 年版，第 52 页。
⑤ 钱谦益《汤遂昌显祖传》，汤显祖著，徐朔方笺校《汤显祖全集》，北京古籍出版社 1999 年版，第 2587 页。
⑥ 蒋士铨《临川梦自序》，蒋士铨著，周妙中点校《蒋士铨戏曲集》，中华书局 1993 年版，第 209 页。
⑦ 胡寅《向芗林酒边集后序》，《斐然集·崇正辨》，岳麓书社 2009 年版，第 373 页。

章,故作此等惊人语以标其目。噫,知言哉!"①与金圣叹、李渔相比,年辈稍早的汤显祖更多呈现的还是一种从俗心态。其《哭娄江女子二首(有序)》之二云:"何自为情死?悲伤必有神。一时文字业,天下有心人。"②以"文字业"指称已经广为传颂的《牡丹亭》,固然有自谦之意,却也包含着缺乏戏曲自信之感。汤显祖确实未将作曲赋词认为一生理想,如其去世前一年给钱谦益的信中所言:"不佞壮莫犹人,衰当复甚。世途聩聩,妄驰王霸之思;神理绵绵,长负师友之愧。赋学羞乎壮夫,曲度夸其下里。诸如零星小作,移时辄用投捐。盖亦寸心所知,匪烦人定者也。又何足掩空虚而对问,侈怡悦以把似者哉。"③不止一次,他都在诉说着不曾痴迷词曲的初衷,也从多种角度表达了"词人"高名并非一生追求的怅惘,而匡时济世、明体达用的人生理想又的确在日复一日的陆沉过程中,促迫他只能靠佛道之理来纾解之、转化之。

汤显祖生前身后,认可其为"词人"之声音已经广泛存在且有日益衍化为主流的趋势,以至钱谦益编辑《列朝诗集》时也不得不承认"义仍晚岁以词赋倾海内"。④ 万历二十一年(1593),主张"立本正要致用"的东林党领袖高攀龙读了《贵生书院说》《明复说》两文后,对其理论建树颇为赞赏:"往者徒以文匠视门下,而不知其邃于理如是!"⑤显然,"文匠"是彼时很多人之于汤显祖的基本印象,并且时文或者诗文创作似更入时人之眼。如徐渭评其诗曰:"真奇才也,生平不多见。"⑥不久之后的王夫之也赞不绝口,多次称誉其诗文"灵警""天分高朗",乃"昭代风雅"⑦之所系。不过,稍加梳理即可发现,有关汤显祖的当代史料更多关涉的是其戏曲创作,举凡重要的戏曲文献如王骥德《曲律》、吕天成《曲品》、张琦《衡曲麈谈》、沈德符《顾曲杂言》、凌蒙初《谭曲杂札》乃至臧懋循《元曲选序》等,或多或少谈及的是"四梦"或仅在意《牡丹亭》等,所谓"文匠",应该也包含了相关的认知。王骥德尊奉汤显祖为曲中"射雕手",⑧张琦则说:"玉茗堂诸曲,争脍人口。"⑨流传最为久远的话语当来自沈德符:"汤义仍《牡丹亭梦》一出,家传户诵,几令《西厢》减价。"⑩这正印证了李渔所言:"使若士不草《还魂》,则当日之若士已虽有而若无,况后代乎!"⑪

而这一切,实际上于汤显祖在世时已构成其身份焦虑。他曾表示:"经济自常体,著作乃余事。"⑫相比于经略国计民生,"著作"不过余事;至于戏曲,态度更为明确:"词家四种,里巷儿童之技。"⑬他一生的遗憾与悔恨便在于被世人视作"欲以笔墨驰骋"的文人墨客,"诗赋外无追逐功"是对其"锐然有志当世"之心的无情折磨。彼时可以获得普遍认可的思路是,作为有经世理想的儒家士大夫,理应以苍生社稷之存亡兴复为己任,诗文韵语尤其是小道末技之戏曲是壮夫不为之举,汤显祖奉行的也是这样一种理念。晚年,他再三表示:"小文不足为也。"⑭一方面,对自己中进士以后仍"不能绝去杂情"有所懊悔,更有"拓

①　李渔《闲情偶寄》,第 40 页。
②　汤显祖《玉茗诗之十一》,《汤显祖全集》,第 711 页。
③　汤显祖《答钱受之太史》,《汤显祖全集》,第 1535 页。
④　钱谦益《列朝诗集·丁集》之《帅思南机小传》,《汤显祖全集》,第 2598 页。
⑤　高攀龙《答汤海若》,《高子遗书》卷八,影印《文渊阁四库全书》本,上海古籍 1987 年版。
⑥　徐渭《与汤义仍书》,《汤显祖全集》,第 2590 页。
⑦　王夫之《薑斋诗话》,《汤显祖全集》,第 2601 页。
⑧　王骥德《曲律·杂论》,《汤显祖全集》,第 2594 页。
⑨　张琦《衡曲麈谈》,《汤显祖全集》,第 2596 页。
⑩　沈德符《顾曲杂言》,《汤显祖全集》,第 2597 页。
⑪　李渔著,江巨荣、卢寿荣校注《闲情偶寄》,上海古籍出版社 2000 年版,第 15 页。
⑫　汤显祖《夕佳楼赠来参知四首》之三,《汤显祖全集》,第 570 页。
⑬　汤显祖《答李乃始》,《汤显祖全集》,第 1411 页。
⑭　汤显祖《复费文孙》,《汤显祖全集》,第 1399 页。

落为诗歌酬接,或以自娱,亦无取世修名之意"①的反思式表白。也就是说,他一心所想,始终在乎经世济民的实践机会。步入仕途后,汤显祖更加深信自己整顿乾坤的能力:"某颇有区区之略,可以变化天下。"②徐闻和遂昌的理政实践也证明了这一点,③而朝廷却没有给他继续施展才能的机会。他曾感慨"世道之难,吏道殊迫",同时也在不断自审:"性气乖时,游宦不达。"④最后选择辞官归家、里居待亲,其实是一种无奈。"半百之余,怀抱常恶",⑤是他对好友的倾诉,又何尝不是一种困惑彷徨苦恼所致的心灵常态!六十岁之后,汤显祖由文返道、以儒者之志替换文人之心的自觉意识益发强烈,如钱谦益所述:"泛滥词曲,荡涤放志者数年,始读乡先正之书,有志于曾、王之学。"⑥这当然是来自生存价值深入思考后的人生诉求,但借此可以实践如何达成入世之志,并回归文人之本也是非常关键的原因。只不过一切仍未能尽意而已。五十九岁时,汤显祖尚有"托契良在兹,深心延不朽"⑦的超越心理,六十五岁时,失望已经溢于言表:"道情难逐世情衰,满目伤心泣向谁?"而六十七岁去世前,彷徨无路的悲哀已使他彻底放弃了生存的向往:"少小逢先觉,平生与德邻。行年逾六六,疑是死陈人。"⑧也就是说,其与身份焦虑相关的人生理想与现世生存问题始终未能解决。

之于戏曲实际态度的暧昧当然是这种身份焦虑的核心问题之一。当汤显祖肯定戏曲为"里巷儿童之技"时,强调的却是其"使天下之人无故而喜,无故而悲"的娱乐性和教化功能:"人有此声,家有此道,疫疠不作,天下和平。岂非以人情之大窦,为名教之至乐也哉。"⑨话语张力之大其实正是这种焦虑的自然流露。王思任批点《牡丹亭》时云:"若士自谓一生'四梦',得意处惟在《牡丹》。"⑩这一说法虽来自第三者,但王思任与汤显祖非寻常之交,不能不相信这是来自其本人的真实想法。具体到《牡丹亭》传奇,其自作诗云:"玉茗堂开春翠屏,新词传唱《牡丹亭》。伤心拍遍无人会,自掐檀痕教小伶。"⑪所谓"伤心拍遍无人会",与"得意处惟在《牡丹》"恰好形成互文,也都在说明汤显祖对戏曲作品的满意度。《答吕姜山》曰:"凡文以意趣神色为主。四者到时,或有丽词俊音可用。尔时能一一顾九宫四声否?如必按字摸声,即有窒滞迸拽之苦,恐不能成句矣。"⑫《答孙俟居》又曰:"弟在此自谓知曲意者,笔懒韵落,时时有之,正不妨拗折天下人嗓子。"⑬则不仅是满意、喜爱,还是坚持、捍卫,以及包蕴其中的骄傲、自负。两信所及之戏曲史事件后来被冠名为"汤沈之争",不仅为晚明以后的戏曲创作设定了一个融文辞与音律的基本格局和雅俗相生的审美走向,同样重要的还有关于这位"词人"态度淋漓尽致的揭示。只是当时过境迁,汤显祖不免又陷于自我战斗的价值烦忧,不久之后的《答罗匡湖》即有:"读之,谓弟著作过耽绮语。但欲弟息念听于声元,倘有所遇,如秋波一转者。夫秋波一转,息念便可遇耶?可得而遇,恐终是五百年前业冤

① 汤显祖《复费文孙》,《汤显祖全集》,第1399页。
② 汤显祖《答余中宇先生》,《汤显祖全集》,第1320页。
③ 在广东徐闻建贵生书院,后被当地儒生祭祀;在浙江遂昌更有"一时醇吏声为两浙冠"之誉,顺治时遂昌知县缪之弼曾为其建"遗爱祠"。
④ 汤显祖《上马映台先生》,《汤显祖全集》,第1455页。
⑤ 汤显祖《寄梅禹金》,《汤显祖全集》,第1405页。
⑥ 钱谦益《汤义仍先生文集序》,《牧斋初学集》卷三十一,上海古籍出版社2009年版,329页。
⑦ 汤显祖《答陆君启孝廉山阴(有序)》,《汤显祖全集》,第689页。
⑧ 汤显祖《负负吟(有序)》,《汤显祖全集》,第714页。
⑨ 汤显祖《宜黄县戏神清源师庙记》,《汤显祖全集》,第1188页。
⑩ 王思任《批点玉茗堂牡丹亭叙》,《汤显祖全集》,第2572页。
⑪ 汤显祖《七夕醉答君东二首》之二,《汤显祖全集》,第791页。
⑫ 汤显祖《答吕姜山》,《汤显祖全集》,第1302页。
⑬ 汤显祖《答孙俟居》,《汤显祖全集》,第1392页。

耳。二梦已完,绮语都尽。敬谢真爱,不尽。"①一句包含无限心事的"二梦已完,绮语都尽",道尽了汤显祖面对"真爱"有所不能的彷徨、凄苦与无奈。正是从那时起,他更加用力于曾、王之学,尽力做到"深极名理,博尽事势",②走一条寻常文人探究性命物理、经略时政大计的必由之路。

汤显祖生前,好友邹迪光已经完成了《临川汤先生传》。对于这位"无半面"缘的同道者之于自己的"反覆开辨,曲折顾护",他感动不已:"始而欣然,继之咽泣。"③这是一种只有息息相通的知音之感方能促成的情感反应。邹迪光并未将之塑造为一位文学家,当然也不是戏曲家,大量篇幅都在述说其一生浮沉中诸如拒结权贵、抗疏论政等事迹,表彰的是他的官品吏德,突出的是其"孤介迂蹇,违于大方"④的个性。不吝赞美,大力揄扬,并注重细节点染,汤显祖"高大上"之形象跃然纸上,并有力指向文末之所言:"公盖其全哉!"⑤这篇带有强烈个人"忻慕"(邹迪光语)色彩的传记或者有意淡化当时日益高涨的"词人"之名,然其作为传记文体应有的朴质和客观性之缺乏也显而易见。后出之传记如钱谦益《汤遂昌显祖传》、查继佐《汤显祖传》以及《抚州府志》等文献亦多着眼其政治行迹,选择其拒结权贵、抗疏论政、遂昌施政、里居事亲等作为其一生大节要端来记载,这一方面来自于文体表达的规定和创作者的个人诉求,另一方面,"因执政所抑,天下惜之",⑥也确实是一位怀才不遇者的大不幸,戚戚之感且声气应和之意揭示了今古同心的文人之理。比较特殊的是《明史》卷二百三十之《汤显祖传》,以主要篇幅提取《论辅臣科臣疏》之要点构建全篇,用这篇关涉汤显祖命运转折的奏疏文统括其一生。这似乎有利于改善"世但赏其词曲"⑦的现实,然而一切如旧,"词人"之认定依然是此后汤显祖相关评价的主体,以至一向以"史官"自居的蒋士铨不再保持沉默,专门创作《临川梦》传奇回应"词人"之谬说。

《临川梦》传奇完成于乾隆三十九年(1774)。蒋士铨秉承《明史》之旨,将关涉汤显祖一生大节之《论辅臣科臣疏》置于卷首,并以自序彰显自己的创作目的:"临川一生大节,不迣权贵,递为执政所抑,一官潦倒,里居二十年,白首事亲,哀毁而卒,是忠孝完人也。……乃杂采各书,及《玉茗集》中所载种种情事,谱为《临川梦》一剧,摹绘先生人品,现身场上,庶几痴人不以先生为词人也欤!"⑧不仅如此,他又重写《玉茗先生传》,就其一生大节加以强调,去"词人"化之叙事目的非常明确。其中关于"临川四梦",蒋士铨重复钱谦益之评价并有所发挥:"留连风怀,感激物态,要于洗荡情尘,销归空有,作达观空,亦可悲矣!"⑨用"作达观空,亦可悲矣"替换了钱文"则义仍之所存略可见矣"一句。在蒋士铨看来,"作达观空"之"可悲"正是汤显祖创作"四梦"的原因,也是他试图还原真实汤显祖的一个基本逻辑起点。

实际上,同为戏曲家的蒋士铨何尝不在努力挣脱"词人"之名的牵绊!生活于乾嘉盛世,又少年成名、进士出身,却"才丰遇啬",⑩仅仅止步于"史官""经师"之职,⑪这是充满幻想又自我期许甚高的蒋士

---

① 汤显祖《答罗匡湖》,《汤显祖全集》,第 1401 页。
② 汤显祖《答马仲良》,《汤显祖全集》,第 1516 页。
③ 汤显祖《谢邹愚公》,《汤显祖全集》,第 1398 页。
④ 汤显祖《谢邹愚公》,《汤显祖全集》,第 1398 页。
⑤ 邹迪光《临川汤先生传》,《汤显祖全集》,第 2584 页。
⑥ 《汤显祖传》,《抚州府志》卷五十九,《汤显祖全集》,第 2589 页。
⑦ 钱谦益《汤遂昌显祖传》,《汤显祖全集》,第 2587 页。
⑧ 蒋士铨《临川梦自序》,《蒋士铨戏曲集》,第 209 页。
⑨ 蒋士铨《玉茗先生传》,《蒋士铨戏曲集》,第 210 页。
⑩ 同治《铅山县志》卷十五《人物·儒林传》,上饶师专中文系历代作家研究室《蒋士铨研究资料集》,江西人民出版社 1985 年版,第 89 页。
⑪ 蒋士铨担任官职只有翰林院编修,充任武英殿、《国史馆》纂修官等,大部分时间执掌书院,担任教职。

铨一生最大的挫折。且看他与汤显祖类似之心志："忆昔诵书史,耻与经生侔。苦怀经济心,学问潜操修。"①再品味其一生悲愤与遗憾之所在："叹海内、几人知己?虚掷年华无寸益,载儒冠、不合称才子。击碎也、乌皮几。"②又与汤显祖何其相似乃尔!进一步比较,与这位江西前辈一样,蒋士铨的人生过程及结果亦大不如己意："经纶得时亦俱有,志节未现聊自商。可怜低头弄铅椠,岁月坐废心力尪。"③居京八年为史官,虚度光阴,徒劳等待,最后连一任宰官的机会都未能得到："才多毕竟归才尽,宦薄终难望宦成。"④不仅如此,还遭遇了让他引以为耻的尴尬:"裘师颖荐予入景山为内伶填词,或可受上知。予力拒之。八月,遂乞假去,画《归舟安稳图》。"⑤志在忠君报国、兼济天下的蒋士铨,当然不甘心于"内伶"一类的供奉角色,只能以辞官作结,此后十五年间辗转绍兴、杭州、扬州等地书院担任教职。其晚年诗云:"空许平生稷契身,何须斑管别金银?谁怜闲却经纶手,唤作雕虫篆刻人。"⑥与好友袁枚的论定之语正好彼此映照:"呜呼!君之初心岂欲以诗见哉!及今病且老,计无所复,而欲以诗传,可悲也!"⑦此际,他先后创作戏曲作品有十六种之多,前后相接之时间几达三十年,已然是时人眼中的戏曲大家,却始终小心地回避"词人"的身份,为自己"稷契"之志落空抱憾不已。也是因为如此,蒋士铨看待人生、评价得失的视角往往与为人"正名"相关联。缅怀杜甫,他说:"先生不仅是诗人,薄宦沉沦稷契身。独向乱离忧社稷,直将歌哭老风尘。"⑧另一首《读杜诗》则由杜甫思及李白,亦是相同旨归:"杜陵一老翁,隐怀当世忧。……麻鞋见天子,谁信稷契俦?朝廷任林甫,招祸良有由。居然指褒妲,投鼠器或羞。……太白荐汾阳,捉月随浮沤。《唐书》列《文苑》,位置相当不?"⑨这显然也是他后来创作以李白为主人公之《采石矶》杂剧的强烈动因:"太白才倾人主,气凌宦官,荐郭汾阳,再造唐室之功,虽姚宋何让焉!后世诵其文者,皆以诗人目之。浅之乎,丈夫矣!"⑩当他审视自我之于当下人生的境遇时,这一类话语更是随处可见,如:"悲风昼卷铭旌字,题作诗人恨有余。"⑪又如:"丈夫生当飞食肉,小技文章何足道?"⑫这与其当年入馆为庶吉士时的态度大体一致:"不乐为文人,而惧空言之无益于实用也。"⑬可见其一生志趣未改。评价其他戏曲家时亦是如此。如写给一位其尊为"桂翁"的戏曲家的诗歌:"偶到旗亭相赌酒,唤为词客岂知音?"⑭认为以"词客"对待友人并非"知音"之举。评价《芝龛记》传奇及其作者董榕则云:"怅触平生忠孝泪,一生牙板一潺湲。"⑮让一生的"忠孝"追求借助于戏曲来表达,是一件多么令人感伤无奈的选择!凡此,皆透射出他思考关注之兴奋点所在。

蒋士铨一贯对桑梓前贤尊崇敬爱,汤显祖更是他的人生楷模。这应该不仅仅因为彼此类似的个性,

① 蒋士铨《述怀》,蒋士铨著,邵海清校,李梦生笺《忠雅堂集校笺》,上海古籍出版社1993年版,第1759页。
② 蒋士铨《贺新凉·南昌判官程十七北涯浮香精舍小饮,酒阑口占杂记》,《忠雅堂集校笺》,第1814页。
③ 蒋士铨《秋夕小饮田退斋少宰寓轩醉归有作》,《忠雅堂集校笺》,第699页。
④ 蒋士铨《述怀》,《忠雅堂集校笺》,第648页。
⑤ 蒋士铨《清容居士行年录》"二十九年甲申四十岁"条,《忠雅堂集校笺》,第2480页。
⑥ 蒋士铨《叠韵再题四首》之四,《忠雅堂集校笺》,第1708页。
⑦ 袁枚《蒋心余藏园诗序》,袁枚著,周本淳标校《小仓山房诗文集》,上海古籍出版社1988年版,第1758页。
⑧ 蒋士铨《南池杜少陵祠堂》其二,《忠雅堂集校笺》,第194页。
⑨ 蒋士铨《读杜诗》,《忠雅堂集校笺》,第1588页。
⑩ 蒋士铨《采石矶传奇自序》,《蒋士铨戏曲集》,第163页。
⑪ 蒋士铨《挽杨丈铎仲》,《忠雅堂集校笺》,第233页。
⑫ 蒋士铨《答分宜严叙揆秀才》,《忠雅堂集校笺》,第223页。
⑬ 蒋士铨《上陈榕门太傅书》,《忠雅堂集校笺》,第172页。《国朝文录》李祖陶撰《忠雅堂文录引》概括此意为"不乐以文人自见"。
⑭ 蒋士铨《赠桂翁》其二,《忠雅堂集校笺》,第493页。
⑮ 蒋士铨《董恒岩太守〈芝龛记〉题词》,《忠雅堂集校笺》,第308页。

恩师金德瑛评价蒋士铨:"生平无遗行,志节凛凛,以古丈夫自砺。"①也缘于差相仿佛的气节追求,好友袁枚揭示其个性:"遇不可于意,虽权贵几微不能容。"②更在乎他们一生大节中异中有同的路径、殊途同归的理念:不得不为之的"归隐"、始终怀柔献敬地侍母养亲,以及不得志于时而希求超然物外的无奈和不曾一刻衰减的用世之心。同是不甘被认定为"词人",蒋士铨以"史官"之敏感体悟到应为自己膜拜的这位前辈辨误正名,还原历史,而与汤显祖类似的遭际和命运也激发了他借以彰显自我的创作冲动和激情。于是,立足于去"词人"化的创作理念,以长达二十出之篇幅敷衍汤显祖一生大节和"四梦"的创作过程,凸显汤显祖"忠孝完人"的理想人格,并为自我写心,成为蒋士铨进入《临川梦》创作的动力和前提。如是,《临川梦》传奇也是蒋士铨彰显自我人生诉求的自况之作,所谓"梦中说梦原无著,才子怜才更自伤"③也。

二、释"情":"不是情人不泪流"

《牡丹亭》以"情"为核心的艺术演绎,获得了历代不同人群的首肯,形成了"情的哲学"的丰富论述。作为一个穷究生命价值和存在意义的人,汤显祖确实非一般戏曲家可比拟;而《牡丹亭》传奇为代表的"临川四梦"给予读者的多元阐释空间,亦使之超越一般戏曲作品而保有了永恒的艺术魅力。反观四百年的接受和研究史,叹为观止之余,更多的是对经典的赞佩以及不惜虑心地继续探讨。

阐释的主观性首先来自于对象的复杂性,仅仅一个"情"字已纠结缠绕古今无数之于汤显祖及其戏曲创作的"有情人"。蒋士铨亦是其中之一。他一生膜拜汤显祖,格外看重文学对"情"的皈依和表达,曾云:"惟直抒所见,不依傍古人,而为我之诗矣。"④诸多关于"情"的话语亦足以见出他"至性至情,随处流溢"⑤的创作理念。如:"古今人各有性情,其所以藉见于天下后世者,于诗为最著;性情之薄者无以自见。"⑥又如:"文字何以寿,身后无虚名。元气结纸上,留此真性情。"⑦在他的意念中,"情"是艺术的本质,没有"情",任何一种艺术创作都将是无本之木、无源之水,只有感情丰沛的艺术创作才能产生激动人心的强大力量。他创作了众多诗词、戏曲的"言情"之作,或写亲情,或诉友情,甚至不止一次地敷演夫妇之情。在叙述戏曲创作的缘起时,他往往特意交代"情"之于其中的激发与感动。如谈及《空谷香》传奇的创作缘起,当南昌县令顾锡畅为之讲述爱妾姚梦兰二十九年的坎坷经历时,蒋士铨唏嘘不已,一直在思考借助艺术的形式传达自己的感动。在随后的三年里,"当风霆雨雪、空斋兀坐时,辄念夙诺,心口间辄泪泪然欲有所吐,而究未能践";⑧终于,借助乾隆十九年(1754)寒舟中的风涛激荡,他"度事势,揣声容",一气呵成,那种如鲠在喉、欲罢不能的艺术冲动终于得以宣泄。

尽管蒋士铨笔下亲情、友情之作比比皆是,类似《牡丹亭》的"爱情"篇什唯独不见,几部涉及男女之

---

① 金德瑛《忠雅堂诗集序》,上饶师专中文系历代作家研究室《蒋士铨研究资料集》,江西人民出版社1985年版,第98页。
② 袁枚《翰林院编修候补御史蒋公墓志铭》,《蒋士铨研究资料集》,第84页。
③ 宋鸣琼《题临川梦》,《味雪楼诗稿》,道光刻《国朝闺阁诗钞》本。
④ 蒋士铨《学诗记》,《忠雅堂集校笺》,第2060页。
⑤ 吴玉纶《致蒋心余太史书》,《香亭文稿》卷八,乾隆六十年刻本。
⑥ 蒋士铨《钟叔梧秀才诗序》,《忠雅堂集校笺》,第2013页。
⑦ 蒋士铨《拟秋怀诗》,《忠雅堂集校笺》,第91页。
⑧ 蒋士铨《空谷香自序》,《蒋士铨戏曲集》,第434页。

情的戏曲作品甚至不能被称为"才子佳人戏"。或者,这与蒋士铨强烈的"史官"意识相关,他说:"安肯轻提南董笔,替人儿女写相思。"①之于"情"的理解其实迥然有异,当是更根本的原因。在他的思想认知里,"情"必须受制于伦理教化之规约才不至于泛滥,才能归于雅正,并以"情之正"的面貌呈现出来;艺术创作的目的,就是针对那些偏离了雅正的"恶"之情给予矫正,使其合于"发乎情,止乎礼义"的儒家义理。这是戏曲作品必须担负的干预生活、教化人生的责任。因此,他一方面肯定"这'情'字包罗天地,把三才穿贯总无遗",另一方面又为其设定了一个不可逾越的边界,以符合儒家道统的"顺逆""忠敬""刚直""友爱"等理念规限之,②核心则是"忠孝义烈"之心的养成。如是,蒋士铨眼中的《牡丹亭》既是一段才子佳人的生死之恋,更应是一个"惟有忠臣孝子、义夫节妇,能得其情之正"③的人生范本。

沿着这样的理路,《临川梦》中的汤显祖首先是一位"情之正"的楷模。他不仅是认定了"富贵一时,名节千古"的"无双才子"(第四出《想梦》),"平生以经济相期,耻为俗学"(第一出《拒弋》),还是令人无比景仰的"万古骚人",唯存"世鲜知音,谁能叹赏"(第四出《想梦》)的遗憾。于是,当年那位因相思而亡故的娄江女子,一变而成为"识力过于当时执政远矣"④的戏中人俞二姑,并以"佳人"(小旦)的身份与汤显祖(生)形成"对话"关系。这位佳人"娇艳聪明",识见非凡,绝不是寻常女子,试看她对汤显祖及《牡丹亭》的评论:"大凡人之性情气节,文字中再掩不住,我看这本词曲,虽是他游戏之文,然其中感慨激昂,是一个有血性的丈夫。他写杜女痴情,至死不变,正是借以自况。"(第四出《想梦》)这分明是剧中汤显祖的知音,与其话语恰相契合:"情怀万种,文字难传,只得借此填词写吾幽意。"(第三出《谱梦》)又与历史人物汤显祖遥相呼应:"胸中魁垒,陶写未尽,则发而为词曲。"⑤当年钱谦益于其内心世界的这一揭示成了连接两位戏曲家的精神纽带,⑥借助俞二姑的所思所想表达出来,话语、声口则完全是蒋士铨的。换句话说,在这部以汤显祖为主人公的戏曲作品中,蒋士铨是在借助俞二姑形象的塑造来传达对这位乡梓前贤的膜拜,发表对《牡丹亭》乃至其他三梦的评价,所谓"非我佳人,莫之能解"也;郭英德先生认为《临川梦》是一部"以戏论戏"之作,⑦代言人其实主要是俞二姑。

俞二姑与汤显祖的关系当然不是一般意义上的才子佳人,蒋士铨之于情的解读即借助了这对新型才子佳人关系的演绎。因读《牡丹亭》传奇,俞二姑已对作者心生好感:"男女慕,人天愿。无端梦魂随君颤,何必做柳郎眷。"(第四出【梁州新郎】)一旦了解到汤显祖"耻附权门"的事迹及其志节情操,爱慕之情油然而生,难以遏止:"汤先生,汤先生,我俞二姑一片柔情,从今被你收摄去了也。"(第四出)不过,她从未希求成为汤显祖的枕边人:"我俞二姑若能与你添香磨墨,死也甘心。"(第四出)对汤显祖斥为"形骸之论"的"因荐枕而成亲,待挂冠而为密者"⑧更是积极呼应:"男女虽则异形,性天岂有分别。人生所贵,相知者此心耳。古人云:得一知己死可不恨。何必定成眷属乎。"(第十出《殉梦》)如是,她并不谋求与汤显祖相见,甚至也不希求梦见意中人:"我是一个蓬门孤女,又岂敢容易梦见他来哟。"(第十出《殉梦》)临终之际,她委托养娘将手批《牡丹亭》曲本交给汤显祖:"前世因,今生运,好心疼,人远天涯近。"(第十

---

① 蒋士铨《中州慭烈记题词》,《忠雅堂集校笺》,第390页。
② 蒋士铨《香祖楼》第十出《禄功》,《蒋士铨戏曲集》,第580页。
③ 蒋士铨《临川梦》第三出《谱梦》,《蒋士铨戏曲集》,第228页。
④ 蒋士铨《临川梦自序》,《蒋士铨戏曲集》,第210页。
⑤ 钱谦益《汤遂昌显祖传》,《汤显祖全集》,第2586页。
⑥ 蒋士铨《玉茗先生传》亦有"胸中魁垒,发为词曲"之论,见《蒋士铨戏曲集》,第211页。
⑦ 郭英德《蒋士铨〈临川梦〉传奇漫议》,《名作欣赏》1987年第3期。
⑧ 汤显祖《牡丹亭题词》,《汤显祖全集》,第1153页。

出《殉梦》之【巫山十二峰】）悲壮地践行了"相知者此心"的人生追求和情感理念。

同样是以死生绾结真情，俞二姑显然不是杜丽娘一类。没有感春伤情，也没有游园感梦，当然也不在乎灵肉结合，只有超越两性的知音之感让她"不顾死和生，拼把芳心伤尽"（第十出《殉梦》）；她留下的最后一句唱词竟然是"只是我不合来涂脂傅粉"，可见这位"不逢时女秀才"的怀情而死纯粹是为蒋士铨写心而设，与"识力"相比，性别只是一种叙事方式。而二十年后忽闻有"天涯知己在"的汤显祖，也只是以"但相期梦里来"来表达自己的惊诧和感动："不能做论文小友，云烟共裁；只好结忘年死友，蓬蒿共埋。"（第十五出《寄曲》）并不涉及一点男女私情。在这里，蒋士铨一方面大力颂赞"人间只有情难尽"（第十出《殉梦》），似乎是秉承了《牡丹亭》的创作精神，又着力摹写了这段单相思式情感在道统框架内的波澜不惊和困惑挣扎，显示出与汤显祖艺术理念的貌合神离，令人真有五味杂陈之感。不过，联系他几乎同时创作的另一部传奇《香祖楼》（三十二出），或许能够理解这一主题设计的价值主导。此剧亦以写"情"为核心，首有《情旨》，调寄【水调歌头】：

> 万缕乱愁绪，一块大疑团。任尔风轮旋转，难破此重关。贤圣几多苦趣，仙佛几多恶劫，旧案怕寻看。细想不能语，老泪湿阑干。　收白眼，持翠管，写乌阑。偶谱断肠情事，举一例千端。不管周郎顾曲，谁道醉翁嗜酒，作者意漫漫。一切有情物，如是可参观。①

围绕着被喻为"乱愁绪""大疑团"的"情"，《香祖楼》的几位主人公彼此至诚相待，高度理解，或以眷眷不变的深情（曾氏），或以百折不悔的痴情（李若兰），或以矢志不移的钟情（仲文），共同演绎了一个哀感缠绵、淋漓动人的"断肠情事"。两位女性一为妾，一为妻，彼此和睦，相得甚欢，与丈夫亦是情感缱绻，但皆是"闺房之益友""琴瑟之古欢"。当有人质疑蒋士铨笔法如此细腻地"替人儿女写相思"时，他指出，所谓"儿女相思"，乃"财色所触，情欲相维，不待父母媒妁之言，意耦神构，自行其志，是淫奔之萌蘖也，君子恶焉"；而自己笔下的两性关系描写则是"《小雅》《离骚》结就情天地"②："发乎情，止乎礼义，圣人弗以为非焉，岂儿女相思之谓耶？"③正是这样的理念，让大旨谈情的《香祖楼》传奇丝毫不染色情，《临川梦》传奇中的两位有情人汤显祖与俞二姑也仅仅止步于"知音"式关系，既照应二人从未相见的历史真实，不越"南董笔"之雷池，又为男主人公汤显祖设定了一位夫妻关系之外的女性知己"佳人"，符合传奇戏曲角色设计的一般规范，更便利于蒋士铨借助这样一种才子、佳人关系宣扬"情"、阐说"情"，表达文人趣味，并最终为《牡丹亭》极力敷衍的生死之情定位："能得其情之正耳。"第三出《谱梦》中，蒋士铨曾借助汤显祖之妻吴氏之口赞美《牡丹亭》："如此言情，真是广大灵通也。"以之来映照他之于情的观念和艺术描写，其实应该是他对自己的不吝赞美。

事实上，《牡丹亭》讲述的"生者可以死，死可以生"的"情至"故事，首先是基于两性之爱的一段震古撼今的情感。透过两性关系中的那份至诚、真实、自然，汤显祖讴歌了人的外形美、才性美和伦理状态美，这是一种理想化的人生，又是基于现实的不可能需要坚持和争取的人生。毫无疑问，《牡丹亭》后半部分长达二十出的精心演绎是有用意的，无论是艰难的临安寻亲，还是曲折的状元高中，抑或是尴尬的金殿辨

---

① 蒋士铨《香祖楼》，《蒋士铨戏曲集》，第552页。
② 蒋士铨《临川梦》第三出《谱梦》，《蒋士铨戏曲集》，第227页。
③ 蒋士铨《香祖楼自序》，《蒋士铨戏曲集》，第541页。

鬼，几乎每一个细节的添加都指向一个目的：人之生存的不易以及获得现实认可的必要性。这足以见出作者对生命状态的艰难思考和特殊关注，也启示读者和观众：现实才是理想的对象，人的主体精神的超越无论如何不能废弃外在的人伦规范和社会责任，这是《杜丽娘慕色还魂》诸原作所缺乏的，也是汤显祖情的理论展开的一个矛盾前提。而如何进行有力地超越，应当是汤显祖后半生徜徉于儒释道而希冀解决的主要问题之一，当然也为后世接受者留下了如何言情的思考空间，《临川梦》即从此切入了关于"情"的理论思考。

不可不注意的是，汤显祖也有这样的强调："梦中之情，何必非真？天下岂少梦中之人耶。必因荐枕而成亲，待挂冠而为密者，皆形骸之论也。"[1]这表明，对于那些止于"形骸"的"因荐枕而成亲，待挂冠而为密"的世俗情爱，汤显祖是十分不屑的，他更倾心的是无往而不胜的"梦中之情"："人世之事，非人世所可尽。自非通人，恒以理相格耳。第云理之所必无，安知情之所必有邪。"[2]其创作之兴奋点实际上已经超越了"生死肯綮之间"的男女情，落实于一种普泛的价值理想，缘于生存，指向生命，完败现实人生，这其实也是《牡丹亭》传奇最为动人心魂之处。如是，汤显祖笔下的"情"具有主宰天地万物的力量，能跨越生死，左右人生，还原生命的意义。而"梦"的外表则同时让其禀赋了边际无限的特征，让同时及后世文人因之获得了阔大的理解和阐释空间。"临川派"戏曲作家们或许还能一定程度上领会"情"之真谛，入清后的才子佳人戏曲末流已将"情"剥落为"皮肤滥淫"之徒的市井享乐。洪昇描写李隆基、杨玉环之情时说："从来传奇家，非言情之文不能擅场。而近乃子虚乌有，动写情词赠答，数见不鲜，兼乖典则。"[3]已经不得不提及严肃的"典则"的问题；一向秉有"何关风化"[4]自觉的蒋士铨更关注杜、柳之爱"情之正"的伦理价值，此际已是题中应有之义。于是，同样是以"至情"与"天理"相抗衡，汤显祖努力强调"'梅''柳'二字，一灵咬住，必不肯使劫灰烧失"，[5]蒋士铨则有意凸显"能得其情之正"的忠臣孝子、义夫节妇如何养成。《临川梦》虽然没有如《香祖楼》一样刻意思考"情"与"风教"的关系，类似的内容指向已经昭然若揭，如剧中人俞二姑所说："我想此君胸次，必有万分感叹，各种伤怀。乃以美人香草，寄托幽情。所谓嬉笑怒骂，皆是微词。咳！非我佳人，莫之能解。汤君哪汤君，你有这等性情了悟，岂是雕虫篆刻之辈！世上那些蠢才，看了此曲，不以为淫，必讥其艳。说你不过是一个词章之士，何异痴人说梦！那里晓得你的文章，都是《国风》《小雅》之变相来哟！"（第四出《想梦》）《国风》《小雅》视野下的"情"岂可不以正能量视之？如是，《牡丹亭》所写之"情"不再是无根之木、无本之源，乃来自道统之规定，符合伦理之定义，汤显祖"忠孝完人"的历史定位也获得了有力的确证。对于扭转那种将《牡丹亭》表述的男女之情归于"形骸"的理解和做法，这当然是一种反拨，是积极的、有意义的，在深层上却形成了对汤显祖之"情"性质和意义的消解，为人的主体精神拴缚了一个道统的翅膀。蒋士铨的戏曲作品始终不能超越其前辈汤显祖的创作，首先缘自于这种自由意志和艺术精神的道德绑架。

对男女之情的多向度理解能够促成作家不同的人格形态，其个性、审美境界乃至伦理水准、人文情怀于其中所发挥的作用，往往是可以谛视的。蒋士铨一生守正不阿，立志于世道人心的重建，于两性关系的摹写中从来不忘伦理大节视角的植入，宣示自己作为"完人"的特立之处。如对于始终在意的女性形象，

① 汤显祖《牡丹亭题词》，《汤显祖全集》，第1153页。
② 汤显祖《牡丹亭题词》，《汤显祖全集》，第1153页。
③ 洪昇《长生殿自序》，徐朔方校《长生殿》，人民文学出版社2005年版，第1页。
④ 蒋士铨《贺新凉·书〈空谷香〉后》，《忠雅堂词集》卷上，《忠雅堂集校笺》，第1854页。
⑤ 王思任《批点玉茗堂牡丹亭叙》，《汤显祖全集》，第2572页。

于着力表达对其不幸命运的深深同情外,蒋士铨往往挖掘其忠贞、善良、聪慧的"情正"内涵,并灌注其中真诚的伦理关怀与热烈的审美冲动,这是蒋士铨与很多作家的不同之处。如创作《空谷香》传奇前后,蒋士铨以多首词作表达自己的感动:

> 万千愁绪,廿九年华,桃花命短。取印提戈,不及看儿晬盘暖。一缕药灶残烟,似个侬肠断。姊妹花繁,人间天上相伴。　　玉柙无情,殉萧娘、但余金碗。妆台尘渍,仙郎书记谁管?眼见碧落黄泉,返魂香散。泪落君前,一声凄绝河满![1]

> 幽兰偶现婵娟影,把苦趣、都承领。历历摧残多少境,寻常姻眷,几番生死,劫满天才肯。　　珠围翠绕须臾顷,廿九年华尘梦醒。只恐香名随骨冷,商声谱就,三贞九烈,淑女当思省。[2]

不难体会词的哀婉乃至愁苦,尤为真切的是在深沉的情感表达中所呈现出来一种富于责任感的道德激情;无处不在的"情"浸淫于旖旎缠绵的文字中,闪烁着动人的人性光辉,映照着蒋士铨血性男儿的柔情与温暖。因此,即便是风教意识非常鲜明,这样的曲词也并不给人叨叨说教的乏味。时人评价《空谷香》有"斑管只工儿女语,风流玉茗枉多情"[3]之论,道出的正是文学艺术之于其审美感动的切实。这使他的创作总是充满了真诚,洋溢着性情,呈现为对人的命运的关怀和对现实人生的关切。

生活中的蒋士铨就是一位性情中人,他于《临川梦》中认定汤显祖"是一个有血性的丈夫",[4]其实也是一种自我定位。与之"最称契洽"的友人张三礼描写他:"苕生太史气和而性烈,每与谈史事,目光射人,唏嘘壮激,声铮铮不可遏。龌龊之士辄避去,予弗敢厌也。……以至性写奇人,故宜如是。"[5]另一位友人吴玉纶亦于信函中表示:"夙稔吾兄至性至情,随处流溢。每与良辰高会,开筵观剧,忽出涕不自禁,或对客竟忘酬酢。……盖非触于儿女之情,而动以忠孝之性,往往然也。"[6]的确,他曾不止一次地感慨"忠臣孝子出至性",[7]又有"谈孝说忠犹耿耿,伤离感逝自沉沉"[8]之表白。创作《冬青树》传奇:"摭拾附会,连缀成文。慷慨悲歌,不自能已。"[9]论及《空谷香》的创作:"吾甫搦管时,若有不能遏抑者,洋洋浩浩,奔注笔端,乃一决而出焉。吾固不知孰为仙佛,孰为儿女子,而遂成吾《空谷香》之三十首矣。"[10]在蒋士铨的意念中,表彰忠义、扶植人伦,是社会责任,也是情感的内在追求所决定。他往往以艺术情感的激荡为契机去发现伦常之美,并进行构思创作。在他的戏曲作品中,发自内心的道德体验从来都是以一种真诚的情感形态表现出来,而每一种认知和评价亦生成于深挚的"忠孝之性",表现为自然而率性的内心景观,落实为日常生活中自然天成的践履。王昶谓其"遇忠孝节烈事,辄长歌以纪之,凄锵激楚,使人雪涕",[11]

---

① 蒋士铨《为南昌尹顾璞园悼亡姬姚氏……予为谱〈空谷香〉传奇悼之》,《忠雅堂集校笺》,第1824页。
② 蒋士铨《青玉案·自题〈空谷香〉院本》,《忠雅堂集校笺》,第1853页。
③ 钱世锡《空谷香题词》,《蒋士铨戏曲集》,第428页。
④ 蒋士铨《临川梦》第四出《想梦》,《蒋士铨戏曲集》,第232页。
⑤ 张三礼《桂林霜》序,《蒋士铨戏曲集》,第81页。
⑥ 吴玉纶《致蒋心余太史书》,《香亭文稿》卷八,乾隆六十年刻本。
⑦ 蒋士铨《醉歌》,《忠雅堂集校笺》,第1223页。
⑧ 蒋士铨《病中生日感作》,《忠雅堂集校笺》,第1186页。
⑨ 蒋士铨《冬青树自序》,《蒋士铨戏曲集》,第2页。
⑩ 蒋士铨《空谷香自序》,《蒋士铨戏曲集》,第434页。
⑪ 王昶《湖海诗传》卷二十一,嘉庆八年青浦王氏刊本。

是对这一创作特点的首肯。所以,"摅忠厚之微忱,著纲常之大义",①将文学创作的功能紧紧绾结于风教与性情,是蒋士铨戏曲创作从不以"闲适"为目的的根本原因。时人之于他戏曲作品的印象,如评《一片石》杂剧:"下笔关风化,谱宫商分明指点,芳踪遗挂。"②评《桂林霜》传奇:"还凭刻羽移宫手,写出精忠一片心。"③等等,亦是着眼于这一特征的反复提点。于日常伦理之情中达成表彰节烈、扶植人伦的宏大叙事,是蒋士铨戏曲作品多具有浓郁的历史感、现实指向以及道德色彩的根本原因。

昔人表达对曹雪芹及其《红楼梦》的伤怀,曾有"传神文笔足千秋,不是情人不泪流"④之句,以之概括汤显祖及"临川四梦"与蒋士铨及其《临川梦》的关系或者同样准确。蒋士铨曾借俞二姑之口评说汤显祖:"他写杜女痴情,至死不变,正是借以自况。"自己何尝不是一位汤显祖式的有情人。晚清才子江顺诒提取这一段话用来评价蒋士铨及其创作,说他"写情至死不变,正是借以自况",⑤可谓同为性灵者的息息相通之语。正是对汤显祖这位"有情人"的无比尊崇,蒋士铨刻意借助《临川梦》传达其一生大节,着力还原《牡丹亭》"情正"之名,并表彰其"忠孝完人"的理想人格。关于汤显祖"完人"的表述,邹迪光所作传中已有类似的表达:"世言才士无学,故戴逵、王弼之不为徐广、殷亮。而公有其学矣。又言学士无才,故士安、康成之不为机、云。而公有其才矣。又言文人学士,无用亦无行。而公为邑吏有声,志操完洁,洗濯束缚,有用与行矣。公盖其全哉。"⑥此所谓"全"关注有学、有才、有用、有行,几可与"完人"画上等号,但于涉及"完人"的身份的"忠孝"之旨并没有明确推出,或许是蒋士铨深感遗憾之处。他说:"临川一生大节,不迩权贵,递为执政所抑,一官潦倒,里居二十年,白首事亲,哀毁而卒,是忠孝完人也。"⑦所谓"完人",一方面是"我辈平生以经济相期,耻为俗学",⑧另一方面则表现为以忠义孝悌等为主体的伦常之"情";尤其是对于父母的恭顺、侍养。《临川梦》第十八出《花庆》以为父母庆寿摹写汤显祖家居二十年侍养父母的孝心,其实也是蒋士铨一生陪侍、听命于母亲的真实写照。"不愿衣笼一品身,愿儿忠孝作完人",是汤显祖父母的殷切期待,更是蒋士铨母亲的深刻影响所及。朱京藩《风流院》摹写冯小青故事,竟将汤显祖塑造为风流院主,云:"移云就月,折花赠柳,这是俺汤显祖一生心事。"如此背离汤显祖真实的人生面貌,是秉持"忠孝完人"理念的蒋士铨不能接受的,只有着力去除之,方能达成对历史的尊重,不负自己作为史官的责任。"完人",是他眼里心中最为理想的人格境界,⑨亦是一生刻意向往之所在。如果不是作为"有情人"的身份,蒋士铨肯定不会以一部戏曲作品表达对一位戏曲家的敬意,以及"忠孝完人"的思考,何况这个属于"小道"、"末技"的文体还来自他们生前耿耿于怀的"词人"之名呢!

三、史笔与诗心:"世间只有情难诉"

蒋士铨一生以史官自居,其戏曲题材或来自历史,或取自现实,多以求真求实为创作原则;即便如《香

---

① 蒋士铨《三元报题辞》,唐英撰,周育德校点《古柏堂戏曲集》,上海古籍出版社1987年版,第15页。
② 徐焘《一片石题词》,《蒋士铨戏曲集》,第375页。
③ 薛传源《题蒋苕生太史桂林霜传奇》之一,《芝塘诗稿》,嘉庆刻本。
④ 永忠《因墨香得观红楼梦小说吊雪芹》,朱一玄《〈红楼梦〉资料汇编》,南开大学出版社2012年版,第25页。
⑤ 江顺诒《词学集成·附录》,光绪七年刊本。
⑥ 邹迪光《临川汤先生传》,《汤显祖全集》,第2583—2584页。
⑦ 蒋士铨《临川梦自序》,《蒋士铨戏曲集》,第209页。
⑧ 蒋士铨《临川梦》第一出《拒弋》,《蒋士铨戏曲集》,第219页。
⑨ 除了以文学想象的方式予以表达,蒋士铨似乎只对同为性情中人的好友赵翼有过类似评价:"统君生平出处,盖庶几不愧为完人,此岂仅仅以诗文自表见者哉!"见《赵云松观察诗序》,《忠雅堂集校笺》,第2006页。

祖楼》《庐山会》一类凭空结撰的作品,也被注入了强烈的历史感。有关评论也多从此揭示其戏曲作品之价值,"史官""史笔"之誉不绝如缕。如罗聘评《第二碑》:"六合茫茫索解难,百所遗事感无端。重题一片韩陵石,七品归田老史官。"① 王文治题写《四弦秋》:"协律今见夷夔才,传奇却借范班笔。"② 等等。补史、正史,是这些作品构思的基本出发点,而还原历史,更是他为心仪的历史人物作传的叙述原则。《冬青树》《桂林霜》《雪中人》《临川梦》等传记类戏曲作品摹写文天祥、马雄镇、吴六奇、汤显祖等人物的生平,凸显其忠勇或贞烈,"运龙门纪传体于古乐府音节中,详明赅洽",③ 颇得时人首肯。江春为《桂林霜》题词之六云:"四座青衫有泪痕,堂堂史笔仰龙门。孤忠画壁传闽海,拟借宫商更品论。"④ 张埙评价《冬青树》曰:"采掇既广,感激亦切;振笔而书,褒贬各见。此良史之三长,略具于此。"⑤ 如此频繁地以戏曲形式创写传记,来自于对忠节之士的道义认可,根植于对乡梓前贤的一片深情,也形成了蒋士铨戏曲创作的一个重要特色。

以传记类戏曲作品撰史,当然要围绕传主的生平事迹展开。蒋士铨最为倾心的方式是泛采史料,先为之作传,再进行戏曲创作,《雪中人》《桂林霜》与《临川梦》传奇前均附有主人公之传记,形成与作品的对话关系;再加上或长或短的《自序》,一方面以特殊的结构安排宣示了戏曲作品的"传记"属性,同时也有利于揭示作者叙事的兴奋点所在,这其实是清初以来戏曲注重写实观念的一个延续:"二家既出,于是词人多以征实为尚,不复为凿空之谈。"⑥ 洪昇、孔尚任对蒋士铨的影响实际上在乾隆十年(1745)时已见端倪,彼时所作《长生殿题词》《桃花扇题词》已彰显出他偏好史实认知的思考方式。与此前问世的汤显祖传记相比,蒋士铨所作《玉茗先生传》于拒绝权贵、遂昌理政、抗疏论事等"大节"依然给予重复性记述,于"贵生书院讲学,士习顿移"和"父母丧时,显祖已六十七龄,明年以哀悔卒"两个方面则有强调之意,对汤显祖三位好友梅国桢、李于田、李三才的政治遇合详细交代,又补充了他的四个儿子的人生事迹。《临川梦》传奇的结构布局有意照应了这样的思路。如对于"贵生书院"一段生活的演述,专门安排第九出《送尉》,以诸生、父老、妇女儿童乃至黎人、乞丐等人的送别为主线,敷衍汤显祖的教化之功;为此还将汤显祖任徐闻典史的时间从一年改为五年,以照应教化之功养成的时间要求。对几位"后皆通显,各有建树"⑦ 的友人,于情节演进中时有交代,并以第八、第十二、第十四三出的篇幅专门展演梅国桢平定叛乱的过程;如仅从对汤显祖一生不遇的映照着眼,结构上的疏离之弊十分明显,后世差评多缘于此,不过以蒋士铨"情正"之于恶之情的校改思路言之,则亦属题中应有之义。第十八出《花庆》营造了玉茗花开之际汤显祖为父母庆寿的温馨场面,其四子事迹的交代也至此完成,"事亲课子宁辞贱"的天伦之乐因之而不断被强化;本出下场诗"不愿衣笼一品身,愿儿忠孝作完人",以汤显祖父母之口道出"完人"理想人格的实现。总之,这几个段落与拒绝权贵、遂昌理政、抗疏论事等交替出现,又有"临川四梦"创作的相关情节穿插其间,形成了《临川梦》结构布局上的疏密有致、线索清晰、中心突出,成功地完成了以曲作传的艺术尝试。

① 罗聘《第二碑题词》,《蒋士铨戏曲集》,第 382 页。
② 王文治《题蒋苕生前辈四弦秋新乐府》,《梦楼诗集》卷十二,又见《蒋士铨戏曲集》第 189 页。
③ 《蒋士铨传》,同治《铅山县志》卷十五《人物·儒林传》,《蒋士铨研究资料汇编》,第 89 页。
④ 江春《桂林霜题词》,《蒋士铨戏曲集》,第 88 页。
⑤ 张埙《冬青树序》,《蒋士铨戏曲集》,第 1 页。
⑥ 吴梅《中国戏曲概论》,中国人民大学出版社 2004 年版,第 199 页。
⑦ 蒋士铨《玉茗先生传》,《蒋士铨戏曲集》,第 211 页。

尽管《临川梦》的创作宗旨是为"词人"正名,给汤显祖带来"词人"之名的"四梦"依然实际地构成了全剧的主体,凸显为汤显祖一生之"大节"。总共二十出的篇幅,直接相关"四梦"创作者即有第三出《谱梦》、第五出《改梦》、第十三出《续梦》,《牡丹亭》《紫钗记》《邯郸记》《南柯记》的创作过程皆得到正面揭示。其他带有"梦"字之目如第四出《想梦》、第十出《殉梦》、第十六出《访梦》、第十七出《集梦》、第十九出《说梦》、第二十出《了梦》,则围绕"四梦"的创作而展开、生发,并将汤显祖一生事迹绾结于"梦",合契于"梦",神魂一体,直至成就"临川"这部大"梦"。一部因"传记"诉求而生成的戏曲作品用几近一半的篇幅来阐说"梦",认同"四梦",与其本来为"词人"正名的宗旨似乎有些矛盾,其实不尽然。

首先,蒋士铨借"梦"为文,促其成为话语方式,力图通过"临川四梦"的创作过程勾画汤显祖一生大节,还原其感情、思想和人生选择之内因。因此,他并没有一味地拘泥于"四梦"创作的实际顺序,而是根据作品主旨和艺术表达的需要进行了必要的改写。如《牡丹亭》完成于作者四十九岁离开官场之时(万历二十六年秋天),所谓"忙处抛人闲处住。百计思量,没个为欢处",当是其孤独困惑之际,杜、柳的情爱故事毫无疑问包含着汤显祖之于人生的一种经验式总结和哲学思考。《临川梦》中,蒋士铨有意将写作时间提前了十六年,置于汤显祖未中进士的万历十年(1582),时其只有三十三岁。至于具体原因,则缘于《拒弋》《隐奸》共同作用下的境遇恶劣而情愿保有气节:"总因眼中认定'富贵一时,名节千古'八个字儿,所以养命自安,怨尤俱泯。但情怀万种,文字难传,只得借此填词写吾幽意。"(第三出《谱梦》)揣度"幽意"之指向,固然包括了杜、柳的生死情缘,但作品更在意的还是"惟有忠臣孝子、义夫节妇,能得其情之正"的现实导向:"人苟无情,盗贼、禽兽之不若,虽生犹死。富贵寿考,曾何足云。"气节之坚贞、批判之严峻,已依稀可见。《紫钗记》乃汤显祖迁为南京祠部主事后删改旧曲《紫箫记》而得,与历史上大致创作于万历十五年(1587)任职太常博士之际亦存有明显的时间错位,其真正的脱稿时间实际上要早于《牡丹亭》十多年。有学者认为这是蒋士铨犯的一个历史错误,笔者认为是有意为之。这从《紫钗记》的创作缘起可以看出:"黄鸡白昼奈愁何,儿女英雄恨事多。难觅人间消遣法,苦敲檀板唱劳歌。"(第五出《改梦》)此际,作为陪都的一个闲官,虚度光阴,难有作为,情怀无处寄托,只有借填词抒写幽意,保全气节、无奈于现实的声口已不加掩饰,"举世何人识此心"之痛切十分清晰。涉及《紫钗记》的曲词完全不从男女情事入眼,而是大力讨伐李十郎的负心行为:"那黄衫客空有侠肠,全无辣手,却怎的不诛了这负心贼也。"应该说,这一出真正的关键词是"宦情已尽",与之相关的情节是以"孝和慈两下担"等五个理由谢绝京官之任,为后来的里居侍亲埋下伏笔。第十三出《续梦》,将《邯郸记》《南柯记》二梦的创作安排在汤显祖"骨肉伤怀,宦情益淡"之际,而非卸任遂昌县令之后回归故里的万历二十九年(1601),较实际时间亦有所提前。一方面,蒋士铨认为丧子之痛对汤显祖的人生选择有重要影响,如此安排加大了其作为"忠孝完人"的形象建构力度,另一方面,则有意强调价值思考之于人生选择的主导地位。"辞官"是一种基于观念导向的自觉行为,又是认知困惑时一种尊重自我的无奈选择:"掩卷自思量,正是教人急挽江心舵,自己难收马背缰。"(第十三出《续梦》)如是,本来实际写作时间只有十四年许的"临川四梦",蒋士铨将之重新排序后分散于汤显祖中进士前和南京、遂昌为官的三个阶段,用以表达汤氏理解现实和认知人生的过程,"四梦"创作的完成即是思考的完成,也是另一种人生的真正开始。对于历史上的汤显祖而言,创作后三梦的四年(万历二十六到二十九年),或许是一种思想和创作能量的集中释放,从此他内心的冲突便可能获得某一层面的程度性缓解,而蒋士铨却努力将之与《紫钗记》一道建构为"这个人"的一生写照。在他的笔下,《牡丹亭》是与其他三梦一脉相承的,表达的是一个思考的过程,一段真实的人生旅迹;此后汤显祖"萧闲咏歌,俯仰自得",①真正进入了"视古今四海,一枕窈蚁穴"②的超脱之境,实不失为一个无奈"词人"尚为理想的人生景观。

其次,《临川梦》不断地提点梦、强调梦,真正所写其实只有俞二姑和汤显祖两个人的梦。第四出《想梦》是俞二姑的梦,因阅读《牡丹亭》有感而生,梦中所见皆是其中片段:杜、柳顾盼情深、掘墓复活、杭州寻母、金殿照镜,多与杜丽娘还魂后争取婚姻的现实认可行为相关。第二十出《了梦》是汤显祖的梦,《邯郸记》《南柯记》《紫钗记》"三梦"中的卢生、淳于梦、霍小玉及读曲而逝的俞二姑纷纷来到临川,与进入梦中的汤显祖相会于玉茗堂中,"三梦"中人皆极道仰慕之意,表示:"先生妙作,不但使我辈姓氏长存,实有功于名教不小也。"汤显祖则强调"借题说法,未可见怪"。此际,"梦"真幻相生,虚实相映,指向对"四梦"的评价,又借助对追梦人俞二姑形象的塑造表达了对造梦者汤显祖的倾慕,既是一种虚幻的现实,又是作者蒋士铨真诚的艺术期待:"梦中之情,何必非真?"以"理"之所必有来提取历史的必然性,成为呼应一部大戏的点睛之笔,颇为后人称赏。吴梅评语云:"凭空结撰,灵机往来。以若士一生事实,现诸氍毹,已是奇特,且又以四梦中人一一登场,与若士相周旋,更为绝倒。"③俞二姑并非"四梦"中人,其作为《牡丹亭》的当代阅读者登场,确实来自"凭空结撰,灵机往来"的妙思,既为剧中人,又是梦中人,既是汤显祖的剧中知己,又代表着蒋士铨这位隔代知音,是《临川梦》艺术结构中最见巧思之所在。

如是之处理方式,当然得自于对汤显祖的模仿,更是一种融会贯通前提下的创意操作,与蒋士铨对"梦"的偏爱当息息相关。他喜欢写梦,《忠雅堂集》中已有大量的纪梦诗,如《除夕梦偕袁子才前辈登一高峰各成四语而寤》(卷十五)、《梦中赠人》(卷十七)、《抚州夜泊纪梦》(卷二十三)、《梦登天中楼》(卷二十四)等,人生之期冀与感喟往往因梦而生发,情动之于中,情见乎于真。戏曲作品更是对"梦"青睐有加,几乎每一剧都涉及梦,《一片石》中娄妃的孤魂托梦、《四弦秋》中商女的梦啼秋梦等,皆虚幻离奇,情韵相生,令人感喟。无剧不梦,向来被认为蒋士铨"瓣香玉茗"④的主要证据,其实,戏曲作家中对"梦"倾心者何止蒋士铨一人,晚明以后戏曲创作中借助"梦"表现情感、观念和理想已经构成了一种特殊的话语范式,汤显祖于其中的影响应该是最为具体而深刻的。蒋士铨以之为《临川梦》传奇且集中表达对"梦"之理解,又是最善于解"梦"者。俞二姑说:"这杜丽娘,毕竟是个痴人,方才生出种种情境来哟。"(第四出《想梦》)"痴人"即情深之人,往往最甘心成为梦中之人,既为解"痴",又便于享受"痴",而"梦"作为手段可以各种形态担负这样一种难解难分情愫的载体。汤显祖说:"人世之事,非人世所可尽。"又说:"天下岂少梦中之人耶?""梦"不仅可以形成对日常生活的拒绝,也足以达成与理想人生的亲和,庄子及其之后的文学传统为"梦"的文学提供了武库和土壤,同样为"梦中之人"的蒋士铨有什么理由拒绝而不发扬光大之呢!何况,"世间只有情难诉",⑤而"情"之所以难以倾诉,不仅在乎其关涉人的生存方式乃至一生大节,更在于"梦"之迷离徜恍、纠结难分、亦真亦假,使"情"在借助"梦"的翅膀飞翔时往往难于把握。好在蒋士铨设定了一个"情关",让梦翻然于"理"允诺的范围,这固然损伤汤显祖关于梦的精神内涵,然于经验的借鉴方面并没有疏离艺术的本质,这是蒋士铨的戏曲创作深为时人称许之关键。

再次,在这部以"梦"写"梦"的戏曲作品中,蒋士铨更多遵从了"史笔"的要求。"梦"多以"真"的形

---

① 蒋士铨《临川梦自序》,《蒋士铨戏曲集》,第 210 页。
② 蒋士铨《临川梦自序》,《蒋士铨戏曲集》,第 210 页。
③ 吴梅著,江巨荣导读《顾曲麈谈·中国戏曲概论》,上海古籍出版社 2011 年版,第 193 页。
④ 杨恩寿《词余丛话》卷三,《中国古典戏曲论著集成》第 9 册,中国戏剧出版社 1959 年版,第 275 页。
⑤ 汤显祖《牡丹亭》第一出,《汤显祖全集》,第 2067 页。

态出现于作品中,其幻彩外衣似已被悄然褪去,实际则依然裹挟着"诗心"的翅膀翔游于作品内外,意趣神色,无处不在,所谓"万古骚人心不死,文章做到返魂时"①也。最为突出的当然是曲词,那些清丽缠绵之什,追摹临川风味之特点极易捕捉。如俞二姑之魂于玉茗堂前初见汤显祖的情景:

> 【前腔】幽人庭院初来到,疏花掩映读书巢,一缕茶烟竹风摇。那边来的,一定是若士先生了。
> 等闲无此清奇貌,看他须眉巾带总飘萧,怎不向花前写个神仙照。

明媚的春日里,疏花点点、茶烟飘飘,清奇飘逸的汤显祖就这样轻易自然地出现在她面前,一生的等待,二十年的寻找,凭着花神和睡神的安排方才实现,可一为仙,一为人,且在梦中,只能于惝恍惊异中抒发这一份难得的惊喜。曲词绘色绘情,情境写意写奇。钱世锡评点《临川梦》,于第十三出《续梦》中"三星斜滚桃花浪,九曲细穿牡蛎房"之句眉批云:"合昌谷与义山一手,有此奇艳。"对蒋士铨深得临川之意处多有首肯,用于此段之评亦为合适。在戏曲结构方面,蒋士铨一贯注重"虚实正反,离合浅深之法,各极其妙"②的艺术探索,多部传奇作品均体现了这样的特色。《临川梦》以汤显祖一生行迹为主线,有本不相关的俞二姑生平故事插入,极易造成枝蔓横生之乱;但他巧于剪裁,善于立意,成功地将俞二姑故事植入汤显祖生平中,既未逸出史笔之规限,又达成了"虚实正反,离合浅深"的结构之妙。如第十五出《寄曲》,汤显祖收到俞二姑评点的《牡丹亭》曲本后,对这位"天涯知己"之死感慨万端,唱云:"(俞二姑呀)你人天撒手能相待,堪笑吾生亦有涯。(这一本残书,就是我二人的金兰小谱也。)不要你地窟里还魂,但相期梦里来。"于末句,钱世锡有眉批云:"缴上吸下,山断云连。"对其结构上照应第二十出《了梦》的细密安排非常赞赏。借助艺术真实而表达历史真实,认可于"摭拾附会,连缀成文"③中想象、虚构等修辞要素的作用,是作为艺术家的蒋士铨能够创作出优秀戏曲作品的重要原因。对于人物形象的设置,《临川梦》尤其表达出"有意驾虚,不必与事合"④的艺术诉求,与《牡丹亭》传奇"景上缘,想内成,因中见"(《惊梦》)的构思原则遥相呼应。如对于陈继儒形象的设计和安排。至今没有文献证实历史上的陈继儒曾经加害过汤显祖,相反倒是在《批点〈牡丹亭〉题词》等文中可以见到他对汤显祖及其戏曲创作的高度评价:"吾朝杨用修长于论词,而不娴于造曲。徐文长《四声猿》能排突元人,长于北而又不长于南。独汤临川最称当行本色。"⑤自称"杂采各书"⑥的蒋士铨应当见过这篇评论,即便未曾寓目此文,以一位史官的识见亦不该采信野史谰言进入传记性作品,但《临川梦》第二出专以《隐奸》为名指斥陈继儒"装点山林大架子,附庸风雅小名家"的假山人行径,并将其"暗里把持朝局"的江湖恶行与朝堂上张居正等人的弄权乱政相比照,为汤显祖不得不走上弃官养亲之路营造了一个恶劣的环境。这样的安排,应更多的是出于"有意驾虚"的艺术构思,但确实符合历史真实和艺术真实,使汤显祖通过"临川四梦"的创作表达人生思考成为可能,不得已而为之的人生选择也具有了一个切实有力的现实前提。

尤其是,蒋士铨不断挣脱"史笔"羁绊而尊奉艺术诉求的另一面向,借助对汤显祖惺惺相惜的情感体

---

① 蒋士铨《临川梦》第三出《想梦》,《蒋士铨戏曲集》,第230页。
② 蒋士铨《晋春秋序》,蔡毅《中国古典戏曲序跋汇编》,齐鲁书社1989年版,第1984页。
③ 蒋士铨《冬青树自序》,《蒋士铨戏曲集》,第2页。
④ 吕天成《曲品》,北方文艺出版社2005年版,第7页。
⑤ 陈继儒《批点牡丹亭题词》,《汤显祖全集》,第2573页。
⑥ 蒋士铨《临川梦自序》,《蒋士铨戏曲集》,第210页。

验而被捕捉和认知,正好契合于《临川梦》以史写心的创作诉求,作品鲜明的自喻性也因之获得有力的彰显。当乾隆三十九年(1774)春季五十岁的蒋士铨于扬州安定书院创作《临川梦》时,他一定知道《牡丹亭》及其他二梦均作于汤显祖四十九岁辞官之后不久;也一定知道万历十一年(1583)汤显祖中进士时是三十四岁,与自己乾隆二十二年(1757)三十三岁中进士的年龄几乎相当。他更会了解到,自己乾隆二十九年(1764)辞官定居南京的生活,与汤显祖回到临川后的状态差相一致:读书写作,事亲养子。他摹写了汤显祖的遂昌政绩,以"宦成"赞之,而自己则只能咀嚼"我生不愿为公卿,但为循吏死亦足"①的遗憾遥望之、瞻拜之。又,同样是"不迻权贵,递为执政所抑"的潦倒"词人",汤显祖"哀毁而卒",②自己的命运又将如何?于是,借助佛教义理来思考个体的自然欲求、生命本能和世俗理想,当年汤显祖如是,蒋士铨又有其他什么路径可以选择呢?认同之,又批判之,长期养成的儒家仁政理想已然使有关世道民生的关怀成为日常习惯,演为行为方式,内化为价值轨则,这是汤显祖也是蒋士铨关于佛道认知的又一种相似!同为戏曲作家,蒋士铨只有通过自喻性写作来比附、反思这位乡梓前辈,至于是否能借助"梦"的重写获得汤显祖的认同,成为俞二姑式的"天涯知己",其实已经降为第二义。这种自喻性"重写"使他更加孤独,第二十出下场诗之一可以为证:"新词唱罢独伤神,过眼烟云总未真。不识先生何日醒,漫云说梦是痴人。""汤显祖"毕竟已经成为历史,《临川梦》究竟不过是"痴人"蒋士铨的梦,《临川梦》的创作其实是让后来者见证了这位不愿被称为"词人"的戏曲家的一次成长过程而已。

四、余 论

翻检蒋士铨的诗文作品,可见出他对前代戏曲名著多有观阅,乾隆十年(1745)时曾先后为《桃花扇》《长生殿》题词,评价友人之作又有"法曲登坛属孔洪,西堂吴万敢争雄"③之句,可见对吴伟业、尤侗、万树等清初著名曲家亦非常认可。关于《牡丹亭》传奇,则只有乾隆十一年(1746)随金德瑛居留建昌时所作诗一首:"残灯别馆悄冥冥,玉茗风流梦未醒。一种小楼秋夜雨,隔帘催唱《牡丹亭》。"④这是见诸记载的蒋士铨观看汤显祖戏曲演出的首次记录,从"玉茗风流梦未醒"一句看,或者彼时已经有了"瓣香玉茗"⑤的心思;不过,在厚厚四大册的《忠雅堂集》诗文作品中,并未见到有关汤显祖及其戏曲创作的其他只言片语。联系前文所及关于"情"的理解和"情正"的言论,蒋士铨赞赏汤显祖笔下的生死之情,也不反对以"至情"抗衡"天理",但对"情"未能明确地灌注忠臣孝子、义夫节妇之义持有保留态度。故他曾借俞二姑之口再三强调《牡丹亭》非淫、非艳之质,"都是《国风》《小雅》之变相来";对于杜丽娘的痴情,也表现的是有限度的理解和赞许:"即以事迹而论,这杜丽娘,毕竟是个痴人,方才生出种种情境来哟。"反而"可笑那杜丽娘呵,识见浅,要夫婿宫花双颤,险些儿被桃条打散梦中缘"。到了《殉梦》一出,俞二姑直白地道出了她的真实想法:"咳!养娘,这是他自写情怀之作,何曾有什么杜小姐。若论那柳郎君,不过一个贪名好色之人。虽极力写他,却是极力骂他呢。"不能不承认这才是蒋士铨关于杜、柳情爱故事的正解,因为第五出《改梦》中,他又借剧中人汤显祖之口表示:"我想霍小玉这个妮子,始以坠钗结缘,终以卖钗成病。

① 蒋士铨《送张愓庵甄陶宰昆明》,《忠雅堂集校笺》,第589页。
② 蒋士铨《临川梦自序》,《蒋士铨戏曲集》,第209页。
③ 蒋士铨《赠桂翁》其一,《忠雅堂集校笺》,第493页。
④ 蒋士铨《秋夜》,《忠雅堂集校笺》,第93页。
⑤ 杨恩寿《词余丛话》卷三,《中国古典戏曲论著集成》第9册,第275页。

比杜丽娘的婚姻,却是正大光明。"这说明,未得"情之正"是杜丽娘、柳梦梅之情不能被他真正认同的根本原因。如是,《临川梦》对汤显祖及《牡丹亭》传奇的肯定,更多地落实在"自写情怀"、"写杜女痴情,至死不变,正是借以自况"的"抒愤"层面,人物的安排、结构的设置等也多出自这一维度的思考,杜丽娘、柳梦梅并未作为"四梦"中人的代表出现在剧中人汤显祖的梦中,其实正反映了蒋士铨对于《牡丹亭》的矛盾态度和暧昧否定。极力强调《牡丹亭》的"情正"之旨,借以塑造汤显祖"忠孝完人"的楷模形象,又要巧妙地规避以戏曲为汤显祖作传不得不面对的"情至"文本,这应是蒋士铨创作《临川梦》传奇时的最大尴尬。"情至"所促成的圣贤苦趣、仙佛恶劫一度使他"细想不能语,老泪湿阑干",①但以损伤"情"的丰富性和艺术活力为代价的循规守矩能够让"发乎情,止乎礼义"成为现实吗?《临川梦》以佛道出场的"说梦"结束了这一探讨,生活中的蒋士铨却在"了梦"后依旧陷于"梦境相承梦难了"②的人生困境中。当年,汤显祖曾为未能遭遇"有情之天下"而怅恨不已,如今同样处于"灭才情而尊吏法"③的现实境遇中,"有情人"蒋士铨却希冀借助"有法之天下"校正"有情之天下",历史呈现出的真是一种"退步的革新",能不让人遗憾且悲哀吗?何况这又是一位"胸中非一刻忘世者"④的痛苦思考!只是,努力超越自己膜拜的这位"词人"前辈,是一种自足性思考完成的前提,蒋士铨虽然未能就这种题中应有之意进行明确的表达,但"知音者"的自我定位已经彰显了这一初衷。在同为乡梓的后辈文人李祖陶的语意里,还可以捕捉到对类似心态的积极接受:"传奇为才人末技,虽玉茗四梦亦不过自诩风流。惟先生《红雪楼》诸种,则皆表彰忠孝节义,有裨风教。笔墨亦极高秀。读其自序诸篇,可知其老手擅场,非俗下才人之可比矣。"⑤"风流"与"风教"的轩轾已在不经意间道了二者的根本不同,其具体指向则又有瓦解一直以来有关汤、蒋承继关系的潜在目的:蒋士铨不再仅仅是汤显祖的膜拜者,更是技高一筹的"老手擅场",汤显祖只是一位可以为其比照的"非俗下才人"而已。这样的信息发散不正来自《临川梦》传奇对《牡丹亭》的评价及关于汤显祖一生的阐释吗?只是历史仍然只在自己的汰选逻辑中运行,十九世纪中期出生的两位戏曲评论家平步青、杨恩寿不约而同地呼应了这一逻辑,几乎同步发表了蒋氏戏曲"逼真玉茗'四梦',为国朝院本第一"⑥"蒋心余瓣香玉茗,私淑有年"⑦的类似话语,蒋士铨以戏曲为传记表达的认同之感、尊崇之情依旧凸显为《临川梦》传奇最具亮点的历史坐标。

---

① 蒋士铨《香祖楼》,《蒋士铨戏曲集》,第552页。
② 蒋士铨《临川梦》之【尾声】,《蒋士铨戏曲集》,第285页。
③ 汤显祖《青莲阁记》,《汤显祖全集》,第1174页。
④ 李元度《蒋心余先生事略》,《国朝先正事略》卷四十二,岳麓书社1991年版,第1124—1125页。
⑤ 李祖陶《空谷香题词自序》文末按语,蒋士铨《忠雅堂文录》卷一,道光刻《国朝文录》本。
⑥ 平步青《小栖霞说稗》,《中国古典戏曲论著集成》第9册,中国戏剧出版社1959年版,第218页。
⑦ 杨恩寿《词余丛话》卷三,《中国古典戏曲论著集成》第9册,第275页。

《汤显祖集全编》"诗文续补遗"所收
《水田陈氏大成宗谱序》辨伪

周明初

2015 年 12 月上海古籍出版社出版的《汤显祖集全编》,在北京古籍出版社 1999 年出版的徐朔方先生笺校的《汤显祖全集》的基础上作了增订。其中较为显著的一点是,在徐先生原来所编定的诗文集五十一卷(其中第五十一卷为"补遗"卷)的基础上,收入了由江巨荣、龚重谟、郑志良等先生新近辑得的诗文一卷,取名为《汤显祖诗文续补遗》,放在《全编》诗文集第四册的最后。这一卷中,收入了十多篇出自宗谱的文献,其中所收的《水田陈氏大成宗谱序》,也为不同的宗谱所收录,但署名作者不同,显系明清以来民间谱匠们根据某篇宗谱程式文改造而成。这样的现象,在明清以来所修的宗谱中并不少见,我们辑佚和利用宗谱文献时,要充分注意到这一点,以免上当受骗。因为《水田陈氏大成宗谱序》,在宗谱程式文中具有典型性,因此在这里单独拿出来加以讨论。先录全文如下:

> 古立宗法,汉肇谱学,皆所以维持人心、匡翼世道者也。自秦而宗法废,唐衰而谱学熄,其尊尊亲亲之义几不明于天下矣。盖谱牒之作,宗法之遗意也,有五善焉:上知吾身之所自出,一也;下知宗法之所由分,二也;近而世居远而迁徙而不紊不遗,三也;知为望族,不忍自弃而思以振,四也;使后之知吾意之所在,相观而善,以昌大其族属,光荣其祖宗,五也。五善也者,皆由尊尊亲亲之心扩充而得之也。故君子之学莫先于此,孝友之道莫切于此。奈何蓼上(蓼)数百年曾未多见。幸而余邑陈炌先生子讳以德者,与予有世谊焉,重修谱牒,问序于予。情弗容辞,乃作而言曰:世经人纬,法于太史公之年表者,欧阳氏也;支联派属,若礼所为宗图者,苏氏也。其立法之不同而尊尊亲亲之义未始不同。今观是谱,列遗像而铭赞词,以别尊卑;远不略,近不泛,尊所当尊,亲所当亲,俾后世子孙永叙昭穆,以水本沅(源)。亲疏隆杀,秩然不紊;名位行实,生娶卒葬,昭然可考。是则兼乎二家之学而备五善之美者矣。吾知天必相之,后之人承筹继续以传于无穷,夫岂寻常文字比哉!予因是敬其事而乐之为叙。①

据编者龚重谟先生按语,知此文为"徐宜良先生录自江西临川云山乡水田陈家村珍藏《陈氏宗谱》(后字号)"。② 该录文中有失误之处,如"奈何蓼上(蓼)数百年曾未多见",显然"蓼上"原文应当是作"蓼々"或"蓼〻","々"或"〻"为重文符号,古人、今人都是这样用的,录文者不识,认作"上"字,而编辑者也不明就里,改作了"蓼上(蓼)",其实径作"蓼蓼"即可。

---

① 汤显祖著,徐朔方笺校《汤显祖集全编》(第 4 册),上海古籍出版社 2015 年版,第 2226—2227 页。
② 同上,第 2227 页。

此文文末落款所署为"时皇明万历戊子年春二月朔日,赐进士太常博士、年家世教眷弟汤显祖若士氏拜撰"。编辑者龚重谟先生已疑其伪,按语称:"末署汤显祖为'赐进士',误。暂录存疑。"①

今案:光署"赐进士",还不能说误,甚至可以说不误,因为明人无论"赐进士及第"还是"赐进士出身"抑或"赐同进士出身",均有简称署作"赐进士"者。此文署名之误在后两处:一、万历戊子即万历十六年(1588),该年汤显祖由正七品的南京太常寺博士改任从七品的南京詹事府主簿。据署名该文作于"春二月朔日",可以理解为此时尚未改官,故仍署旧官职名。但署"太常博士"显然不合明朝惯例。明朝迁都北京后,在留都南京所设的中央机构任职者,官职前必加"南京"两字以区别于北京任职者,非常严格。因此按惯例,当署"南京太常博士"。二、据《汤显祖年谱》可知:"若士"作为汤显祖别号,是万历二十七年(1599)才开始使用的。因为该年二月望夕汤显祖梦见达观来书,达观亲书"海若士"三字付汤显祖,此后汤显祖便用"海若士"或"若士"用作自己的别号。② 故在万历十六年(1588)戊子,汤显祖不可能已署此别号。

编辑者之所以对此篇谱序"暂录存疑",而不敢断然确认此文为伪作,从而不收入"诗文续补遗"中,笔者猜想可能是考虑到了这样两个因素:一、落款署名不能排除后人加以妄增妄改的因素。二、在文中汤显祖为陈以德作谱序的理由也很充分。该文中说"余邑陈炌先生子讳以德者,与予有世谊焉,重修谱牒,问序于予,情弗容辞",陈炌、陈以德父子确实是临川人,而且与汤显祖家确实有世谊关系。陈炌,字文晦,嘉靖二十年(1541)进士,官至都察院左都御史。汤显祖《哀伟朋赋》序中说到久为诸生的好友周宗镐"年四十,走长安,以策干陈御史大夫炌,不受",③说的正是陈炌任都察院左都御史时之事,其任左都御史是在万历五年(1577)至万历十一年(1583)。据《汤显祖年谱》,陈炌曾作《酉塘公传》,记汤显祖祖父汤懋昭生平事迹,载于《文昌汤氏宗谱》卷首,④由此可知汤家与陈家确实有世谊关系。陈以德,字维修,万历二十六年(1598)进士,官至四川按察司副使。这样的家族背景,请有世谊关系的汤显祖写作宗谱序,可以说是顺理成章之事。

不过,尽管汤家与陈家存在着世谊关系,笔者经过考证,仍然确认这篇文章是篇伪作。因为这篇谱序至少在三种不同的宗谱中出现,而且三种宗谱中的作者署名各不相同。此文以"古立宗法,汉肇谱学,皆所以维持人心、匡翼世道者也"开头,下面分五点用一大半篇幅论述纂修家谱之重要性,笔者一读之下,就觉得这是一篇带有程式化的文字,无论用作哪个家族的宗谱序都是合适的,因此怀疑这是出自明清以来谱匠之手的套用文。一查之下果然如此。因为这篇文字还出现在清乾隆二十七年刻本《(遂安)慈峰李氏宗谱》卷首《新田谱序》和民国二年(1913)崇德堂木刻活字印本安徽庐江《胡氏宗谱》的旧谱序中。经过比对,三种宗谱中的这篇谱序的文字几乎完全相同,仅仅在提到为人作谱序的缘起以及文章结尾处,三种宗谱中的文字有所改动。在提到作谱序的缘起时,《水田陈氏大成宗谱序》中作"幸而余邑陈炌先生子讳以德者,与予有世谊焉,重修谱牒,问序于予,情弗容辞,乃作而言曰……"而在《慈峰李氏宗谱》的《新田谱序》中则作"幸而新安谢氏以其妻族孚溪李氏之谱,索序于予。予惟谢氏吾旧友也,李氏唐宗室也,

---

① 汤显祖著,徐朔方笺校《汤显祖集全编》(第4册),上海古籍出版社2015年版,第2227页。
② 徐朔方《汤显祖年谱》,《晚明曲家年谱》(第3卷),浙江古籍出版社1993年版,第382—385页。
③ 《汤显祖集全编》(第3册),第1404页。
④ 《汤显祖年谱》,《晚明曲家年谱》(第3卷),第215页。

谍牒素所重也,情不容辞,乃作而言曰……"①在《胡氏宗谱序》中则简作"幸而胡氏之谱索叙于予,乃作而言曰……"②又在结尾处,陈谱中仅以"予因是敬其事而乐之为叙"一句话作结,最为简单;李谱中作"且李氏子讳直,字从绳,滕溪斋老友也。谱之修,由其志也。讳韶,字安乐,从绳第三子也;讳大冶,字元化,从绳三从侄也,皆吴友堂门生也。谱之成,出其手也。谢氏讳琏,字公玉,朱晦庵高弟也。是四子者,皆以明经讲道为心,吾故敬其人,重其请,而乐书于谱首云",文字稍多;胡谱中则作"且胡氏文庵、玉林诸公,皆以明经讲道为心,吾故敬其人,重其请,而乐书于谱首云",除了人名及其关系的表述有所不同外,最后几句话也与李谱相同。

同一篇文章出现在三个不同的宗谱中,已经比较怪异,而三种宗谱中这篇谱序的署名作者也各不相同:《水田陈氏大成宗谱序》中作者署名为汤显祖,在《(遂安)慈峰李氏宗谱》中作者署名为"宋江东转运副使真德秀",而在安徽庐江《胡氏宗谱序》中作者署名为"嘉靖二十七年戊申春正月郑藩引礼舍人暗斋程文绣题"。这样,同一篇文章,出现了三个不同的署名作者。究竟谁是这篇文章的真正作者呢?按理,真德秀是宋人,而署名程文绣所作的谱序据题署作于嘉靖二十七年(1548),均早于署名汤显祖的题署万历十六年(1588)之作,从时间上来说,前两人似乎比汤显祖更有资格充当这篇谱序的作者,但是这两人也应当不是这篇谱序的真正作者。

因为像这样套用同一篇程式文,在不同的宗谱中所署的"作者"不同,而这"作者"通常是自唐宋至明清时期的某个名人的现象,在明清以来所编修的宗谱中并不少见。叶晔曾经对一篇以"尝观朝有史以编年"开头的宗谱序作过考察,发现该谱序在《(分水)武威石氏宗谱》《萧山李氏宗谱》《镇海倪氏宗谱》《暨阳胡氏宗谱》四种不同的宗谱中均有出现,前两种谱序中署名作者为王守仁,后两种谱序中署名作者为秦鸣雷。而这四部宗谱的"原序"部分,还有相当多的重合之处,如前两种宗谱中以"今夫家之有谱犹国之有史也"开头的谱序署名作者为屠潆、以"今以修谱者众矣"开头的谱序署名作者为郭子仪,以"昔神禹封山浚川"开头的谱序署名作者为王十朋,而在后面两种宗谱中署名作者又分别变成了王宗沐、屠潆和方孝孺。③

又如一篇以"予尝仰观乾象"开头的宗谱序,在清乾隆四十三年刻本江西星子白鹿镇玉京村的《伍氏宗谱》、光绪十三年活字本安徽贵池《南山刘氏宗谱》、光绪二十年铅印本《起霞刘氏宗谱》、民国五年刻本福建浦城《刘氏宗谱》、民国十七年刻本浙江金华《太常周氏宗谱》、民国二十九年刻本江苏无锡《郑氏大宗统谱》等中署名作者均为宋代的大儒朱熹,而在清康熙三十三年刻本浙江淳安遂安安徽绩溪《姜氏孝子大民公派宗谱》、道光十六年铅印本江苏无锡《锡山陈氏宗谱》、光绪二十一年铅印本《续修陈氏君实公支谱》、光绪刻本江苏常州《延政王氏宗谱》等中,署名作者又成了宋代乾道年间的大学士汪彻,而光绪刻本《王氏三沙统谱》中署名作者又成了清代乾隆年间的进士宋邦绥,此外,据网上搜索可知,还有署名作者为吕蒙正、岳飞、刘琪等人的。

为什么会出现这种现象?因为自明清以来,随着各地修谱风气的兴起和盛行,许多连本族中读书人也找不出几个、本来没有能力进行修谱的宗族也跟风修谱,于是社会上产生了一种以专门为别人修谱为职业的谱匠。因此有许多宗谱是出自职业性的"谱匠"之手的。这些谱匠往往预制有一套不具姓氏的、

---

① 《(遂安)慈峰李氏宗谱》卷首,清乾隆二十七年刻本。

② 《(安徽庐江)胡氏宗谱》卷首,民国二年(1913)崇德堂木刻活字印本。

③ 叶晔《从阳明伪作考源看宗谱文献中的互袭与套用现象》,《苏州大学学报》2014年第3期,第188页。

可通用的宗谱作为模具,包括了名人序跋和题词、祖宗遗像及像赞等等,同时还备有一些修谱所必需的工具书,如收录有各种谱序、像赞的程式文以及姓氏源流一类文字的修谱宝典之类,收录有历朝历代各姓氏名人及简要事迹的《万姓通谱》《尚友录》之类,因此不论张姓李姓,当有宗族需要修谱时将姓和名一改,将自始祖至始迁祖的世系一编造,将祖宗遗像上的姓名一填,将谱序、祖宗像赞之类的程式文稍作加工署上某位名人充当作者,加上这个家族所提供的始迁祖以来的子孙繁衍状况,一整套完整的家谱即可完成。黄永年先生也曾经谈道过这个问题,他说:"1956年我因公到北京,在干面胡同当时的中科院宿舍见到张政烺先生,闲谈时张先生讲到了旧社会编造家谱的事情。说当时有一种专以包修家谱为业的人,是多面手,还备有一副排印书的木活字,从家谱的编写到用木活字排版印刷,最后装订成书,能一手包办完成。这种人当然有技术,同时也有点文化,能用半通不通的文言文给该姓的名人和地主老财写篇家传、寿序之类。始迁祖以前的名人如有旧本可据当然很好,没有,就靠他们来编造。"谈到如何编造,黄先生说:"怎么编造,张政烺先生没有说,我想无非也是用些通行的姓氏书吧。早一点有元明时编刻的《排韵增广事类氏族大全》之类可用,晚一点可用明万历时凌迪知编刻的《万姓通谱》。还有一部更易得的叫《尚友录》,是明天启时廖用贤编的,在清代直到民国时还流行,我小时候就买过这书的石印小本。尚友者,用今天的白话说就是向前贤学习,所以《录》上面记载的各姓列朝人物无一不是好人,包修家谱时要编造始迁祖以前的人物,拿来一翻便得。"①这种职业性的谱匠,在最近二三十年中随着各地修谱热的复兴,在许多地方又有了复活。

不同的宗谱中出现相同的谱序,正是谱匠利用了修谱宝典之类的工具书中的程式文的缘故,而同一篇谱序的署名作者或相同或不同,可能就是谱匠所使用的工具书中原本就是这样署名的(如以"予尝仰观乾象"开头的谱序署名朱熹之类),或者是不同时期、不同地区的谱匠所使用的工具书中署名作者本来就不同(如有些宗谱中署名朱熹,有些宗谱中署名汪彻之类),或者是谱匠根据实际需要加以置换的结果(如署名宋邦绥之类)。而《水田陈氏大成宗谱序》署名汤显祖也正是这最后这种情况。

---

① 黄永年《也谈家谱》,《学苑与书林》,上海书店出版社2006年版,第169页。

"玉茗堂词"选本与明代曲家词

谢 燕

在明清以来的传统词学批评中,汤显祖曾长期被视作晚明重要词家。从词选方面看,明代天启、崇祯年间,卓人月、徐士俊编纂的《古今词统》就选录了他的词作 15 首。后来的《古今词选》《词苑丛编》《兰皋明词汇选》《古今词汇》以及嘉庆年间的《明词综》、近人赵尊岳的《惜阴堂汇刊明词》,今人饶宗颐、张璋的《全明词》,都收录了他数目不等的词作。从词史方面讲,汤显祖是明代曲家词的代表。清代吴衡照《莲子居词话》云:"盖明词无专门名家,一二才人如杨用修、王元美、汤义仍辈,皆以传奇手为之,宜乎词之不振也。"[①]王易《词曲史》也说:"晚明词家更少巨子,其可称者,首推汤显祖。……有《玉茗堂词》,并工南曲,号为大家;词中则不免杂入曲子字面。"[②]其他如沈雄、张德瀛、邹祗谟、况周颐等都有对汤词的评论,近人的文学史、词学史叙述中也往往留有汤显祖的位置。

但在当代"汤学"研究中,汤显祖是否是词家,是否有过词集,甚至是否填过词都是一个尚待厘清的问题。徐朔方先生在《汤显祖全集》诗文卷五十一补遗中说:"有辑得汤词若干首者,无不出于《四梦》,亦不重出。"[③]徐先生早年从汪廷讷《坐隐诗余》中辑得《千秋岁引》"草展华茵"一首,后来又被他自己在《汪廷讷行实系年引论》中判为伪作,故在北京古籍出版社 2001 版的《汤显祖全集》中无一首词作。饶宗颐、张璋编纂的《全明词》中,只有一首《行香子》"如此红妆"不见于汤氏剧本,但它是高启的词,系误收。那么,在现有的汤显祖研究资料中,汤氏其实并没有单独的词作,似乎也不算一个词家——这一点与他在明清以来词学史上的地位,构成一种巨大反差。[④] 一些研究者认为,汤显祖词既然是从剧中辑出,那么它们依据的是曲乐而非词调,因此它们依旧是曲。这在一定程度上造成了汤显祖词研究很少有人关注,带有很多空白与遗憾。

一、明词选本中的汤词面目

明代文人集无词稿,其实是一个较为普遍的问题。清初《兰皋明词汇选·例言》中就明确说:"明代鸿儒,集无词稿,昔人每每憾之,是编博揽穷搜,不遗余力,如顾华玉、莫延韩、陆俨山、高五宜、汤海若、袁

① 吴衡照《莲子居词话》卷三,唐圭璋《词话丛编》本,中华书局 1986 年版,第 2461 页。
② 王易《词曲史》,江苏教育出版社 2005 年版,第 261 页。
③ 汤显祖著,徐朔方笺校《汤显祖全集》北京古籍出版社 1998 年版,第 1617 页。
④ 一些论者认为汤氏并无词集,也非词家。如程芸《汤显祖与明清词坛》(武汉大学学报 2001 年第 3 期)认为"清代某些词学论著中提及的'玉茗堂'乃是书商牟利行为,可以推定其中并无佚失作品。"张若兰博士认为汤显祖词既然是从剧中辑出,那么它们依据的是曲乐而非词调,因此这些依旧是曲。汤显祖是曲家而非词家。(《明代中后期词坛研究》,中国社会科学出版社 2010 年版,第 133—134 页。)这种观点有一定的代表性。其他诸如赵芳的硕士论文《汤显祖诗词研究》(黑龙江大学,2015 年 3 月)在谈及汤显祖词作时,也是语焉不详。

了凡、周白川、屠赤水、董玄宰、焦弱侯,皆昔人所未及见,而解春雨、祝京兆之徒,又复比次遴登,足令周郎厌耳。"①从中可见,远在清初,明人词集的佚失就已经较为严重了,其中最明显的例子莫过夏言的词集。钱谦益说,在嘉靖年间,夏言"少师得君专政,声势烜赫,诗余小令,草稿未削,已流布都下,互相传唱。殁后未百年,黯然无闻。《花间》《草堂》之集,无有及贵溪氏之名者,求如前代所谓曲子相公,亦不可得,可一慨也"。② 实际情况也是如此,彼时几乎形成了一个追和夏言词的群体,虽其词集"嘉靖一朝前后三十年间,已六付剞劂",但还是未能免去"殁后未百年,黯然无闻"的命运。③ 明代许多词家的作品,都是通过《明词综》等选集赖以流传。

汤显祖剧外无词的情况,早在清初尤侗序吴伟业词时就已经被指出:"若士'四梦'为南曲野狐精,而填词自宾白外无闻焉。"④明清词选家所收录的汤显祖词作,其实都在他的"四梦"里,与剧作宾白合一。但这些入了词选的词作,又存在一种一以贯之的前后相承性,体现出一些独特的面貌与特性。这些特性,使它们从剧中词中独立出来,成为可以脱离剧中人物身份与剧情发展制约的独立词作。

下面我们把一些常见于明词选本中的汤词及其出处,通过整理排列如下:

1.【菩萨蛮】"赤阑(栏)桥尽香街直"——见《紫钗记》第四十八出

收录:《古今词统》卷五、《古今词汇二编》卷二、《全明词》。

2.【菩萨蛮】"客惊秋色山东宅"——《邯郸记》第二出《行田》

收录:《古今词统》卷五、《全明词》。按:该词有题"邯郸梦回文"。

3.【菩萨蛮】"梅题远色春归得"——《邯郸记》第二十四出《功白》

收录:《古今词统》卷五、《全明词》。按:该词有题"织锦回文"。

4.【菩萨蛮】"明河望断啼情日"——《邯郸记》第二十四出《功白》

收录:《古今词统》卷五、《全明词》。按:《邯郸记》作"明河望断啼情夕"。

5.【菩萨蛮】"还生赦泣人天望"——见《邯郸记》第二十四出

收录:《古今词统》卷五、《全明词》。

6.【菩萨蛮】"时来赦道人知来"——见《邯郸记》第二十四出

收录:《古今词统》卷五、《全明词》。

7.【西江月】"旧口长裙广袖"——见《紫钗记》第三十八出

收录:《古今词统》卷六、《古今词汇二编》卷二。

8.【添字昭君怨】"昔日千金小姐"——见《牡丹亭》第二十七出《魂游》

收录:《古今词统》卷五、《记红集》卷一、《全明词》。

9.【好事近】"帘外雨丝丝"——《紫钗记》第三十九出《泪烛裁诗》

收录:《兰皋明词汇选》卷二、《明词综》卷四、《古今词统》卷六、《全明词》。按:《兰皋明词汇选》有标题"愁怨",词选中字句与《紫钗记》略有差异。

10.【阮郎归】"不经人事意相关"——《牡丹亭》第十四出《写真》

---

① 胡胤瑗、李葵生等编选,王兆鹏点校《兰皋明词汇选·例言》,《兰皋明词汇选》,辽宁教育出版社 1998 年版,第 5 页。
② 钱谦益《列朝诗集小传》,上海古籍出版社 1983 年版,第 536 页。
③ 王国维《读桂翁词》,引自施蛰存《词籍序跋萃编》,中国社会科学出版社 1994 年版,第 503 页。
④ 尤侗《梅村词序》,《吴梅村全集》,上海古籍出版社 1999 年版,第 1494 页。

收录:《兰皋明词汇选》卷二、《明词综》卷四、《古今词统》卷六、《全明词》。按:《兰皋明词汇选》有标题"闺怨"。

11.【惜分飞】"春愁无绪拖金缕"——《紫钗记》第二十出

收录:《古今词统》卷六、《全明词》。

12.【南柯子】"玉茗新池雨"——见《南柯记》第一出

收录:《古今词统》卷七、《东白堂词选初集》卷十、《古今词汇二编》卷二、《全明词》。按该词有小题"题南柯梦",《古今词统》作"南歌子"。

13.【蝶恋花】"忙处抛人闲处住"——见《牡丹亭》第一出

收录:《古今词统》卷九、《古今词汇二编》卷三、《全明词》。

14.【蝶恋花】"秋到空庭槐一树"——见《南柯记》第二出

收录:《古今词统》卷九、《全明词》。

15.【行香子】"楚楚精神"——见《牡丹亭》第十八出

收录:《古今词统》卷十、《古今词汇二编》卷三。

16.【行香子】"如此红妆"

收录:《古今词统》卷十、《全明词》。按:高启作,误收。

17.【千秋岁引】"草展华茵"

收录:《全明词》。按:被徐朔方先生否定为伪作。

收录在选集中的汤显祖词作大致为17首。其中四首出自《紫钗记》,五首出自《邯郸记》,四首出自《牡丹亭》,二首出自《南柯记》,两首来自"四梦"外,已被考订为伪作。如今所见的绝大多数词话中有关汤词的评论,针对的词作其实都不出这17首范围。即使明清的词论家,也不见得所见汤显祖词会更多一些。汤词中的代表作品是确定的,一首为【好事近】"帘外雨丝丝",一首是为【阮郎归】"不经人事意相关"。

好事近

帘外雨丝丝,浅恨轻愁碎滴。玉骨近来添瘦,趁相思无力。   小虫机杼隐秋窗,黯淡烟纱碧。落尽红灰池面,又西风吹急。

阮郎归

不经人事意相关,牡丹亭梦残。断肠春色在眉弯,倩谁临远山。   排恨叠,怯衣单,花枝红泪弹。蜀妆晴雨画来难,高唐云影间。

这两首词受花间派词风的影响,和婉清丽,带有一种很深的晚唐韵致。第一首写愁怨却不描写女子服饰姿态,句句写景,以映射心境。整首词"冷而艳",深美宏约,非常雅致,如近代词论家况周颐所说"善言情者,但写景而情在其中"。第二首善议论,句句倾诉却终未道破,含蓄蕴藉,微渺无垠。汤词中写情,远没有曲那般张扬,而是重性灵,以"若有若无为美"。这两首词虽取自剧中,但保留了词的体性特征,并在一定程度上代表了汤显祖词的主要特色。清初的《兰皋明词汇选》只选录了汤显祖两首词,就是【好事近】与【阮郎归】。《兰皋明词汇选》作为存世最早的明人词选集之一,成书在兵戈之后,"典籍散亡,百难一二",以"雅意精简"为标准,旨在保存一代文献。它录的【好事近】是《紫钗记》中的原文:"帘外雨丝丝,浅恨轻愁碎滴。玉骨西风添瘦,趁相思无力。小虫机杼隐秋窗,黯淡烟纱碧。落尽红衣池面,苦在莲心药。"之后王昶的《明词综》也录了这两首词,并对【好事近】作了改写,使其更合词律,于是才成为今天我们看到的样子。近人黄摩西《中国文学史》"明代词余"录汤显祖词二首,同《明词综》。王易《词学史》,夏承焘、张璋《元明清词选》中都录一首【阮郎归】。现在程郁缀等选编的《历代词选》(明清词)也收了这两首词。

从以上所论中可见,汤显祖词虽是从剧中辑出,但在数百年词学编纂者与研究者眼中,他作为晚明代表词家的地位是十分稳定的。造成汤显祖"无词集却是词家"这种状况的,是由于不严于"词曲之别",还是有其他的用意与缘由? 这是另一个问题。

二、汤词选本与"词曲之别"

有关明词的芜杂与受时曲之影响,前贤论述甚多。陈子龙《幽兰草词序》中如是说道:"明兴以来才人辈出,文宗两汉,诗俪开元。独斯小道有惭宋辙,其最著者为青田、新都、娄江。然诚意音体俱合,实无惊魂动魄之处。……钜手鸿笔既不意,荒才荡色时窃滥觞。且南北九宫既盛,而绮袖红牙不复按度。其用既少,作者自希,宜其鲜工也。"①明代词律失传,词人填词大多比照《花间》《草堂》,不免出语尘下;再加上通俗文学空前繁荣,词的创作不能不受其影响,特别是曲家所作之词,即便是作者刻意避之,曲化亦是在所难免。

汤显祖选本中的词作是剧中词,那么它与"曲"的界线在哪里? 这种界线其实从音律、字面、表现方式等由明至清都在不断地被规范。首先,如江巨荣教授在《汤显祖的词作》一文中指出的,剧中入曲的词调、词牌与作为曲白的一部分词调、词牌是有很大区别的。"舞台上其实把剧中套曲的词牌与独立的词牌区分得很明显,即套曲中的'词'为曲。套曲之外词为词。二者并不含混"。② 他举了一个对比的例子,《牡丹亭·拾画》中曲牌的【好事近】不分片,多用衬字,与词选中【好事近】"帘外雨丝丝"格律也不同。《拾画》中的【好事近】是剧中之词,有推动情节发展的作用;词牌【好事近】只是心绪的渲染而无明确的情节性。所以,那些已融入套曲中的词调即便是名曲也不再是"词"。

其次,汤剧中作为曲白的一部分词调要成为独立的"词"进入词选,也需要受到格律、用辞、表现手法等各方面的限制。如《牡丹亭》第二十七出《魂游》的【添字昭君怨】"昔日千金小姐"。【添字昭君怨】唐宋词中并无此格,是汤显祖的创调,仿作甚多。冯金伯《词苑萃编》说"汤义仍文采风流……如回文【菩萨蛮】【添字昭君怨】皆杰作也"。③ 但到清代,评介就不是这样了。朱彝尊《词综》中有收录近似词调的"元人小曲"。《词综·发凡》明言:"元人小曲,如【干荷叶】……【平湖乐】(又名【小桃红】)等调,平上去三声并用,往往编入词集……是集间有采录。"④清初一些词选基本都收录【添字昭君怨】,且填该调者也颇多。著名词家陈维崧就有【添字昭君怨】"今朝细雨太绵绵,且高眠",平白如话。到万树《词律》,对明代自度

---

① 陈子龙《陈子龙文集》,华东师范大学出版社1988年版,第85页。
② 江巨荣《汤显祖的词作》,《中国曲研究》第二辑,中国曲学研究编辑委员会编,2013年。
③ 冯金伯《词苑萃编》卷七,《词话丛编》本。
④ 朱彝尊《词综·发凡》,《词话丛编》本。

曲如【添字昭君怨】者就不再收录。他在《词律·发凡》中特别提到汤显祖,"又如汤临川之【添字昭君怨】,古无其体,时谱亟收之。愚谓'昔日千金小姐'之语,止可在传奇用,岂可列诸词中?"①万树有感明词之杂芜,《词律》中对明词格律限制尤为严格。自度曲在明代,一则数目太多,再则源于南曲,三则用辞鄙俗,故万树认为不应当收。而吴衡照随后又提出:"红友《词律》,于明人自度腔概置弗录。既录金元制矣,何独于明而置之?谓律吕未有协,又安知律吕之必不协也。窃谓王太仓之【怨朱弦】【小诺皋】……皆当补入。惟汤临川之【添字昭君怨】,本出传奇,宜以【干荷叶】【小桃红】例,以示界限。"②吴衡照认为明人自度曲应该如金元之例补入;但也同样提到了汤显祖的【添字昭君怨】其实是似词的曲,应该同元曲【干荷叶】【小桃红】例即使收入也要有所区别。所以,"词曲之辨"由明入清在格律上有一个逐渐趋向严格的过程。而汤词常常被提出来作为讨论的范例,与汤显祖《牡丹亭》在明清之际的流传对词体的渗入有很大关系。

再次,是词、曲中的用辞与字面的分别。王士禛在《花草蒙拾》中提出了这样一个观点:"或问诗词、词曲分界,'无可奈何花落去,似曾相识燕归来',定非香奁诗。'良辰美景奈何天,赏心乐事谁家院',定非《草堂》词也。"③诗、词、曲,有着各自的语言规范。前人有云"诗庄、词媚、曲谐"。所谓庄者,端凝、精炼也;媚者,婉媚、蕴藉也;谐者,诙谐、近俗也。大体而言,这三种文学形式的语言差异确是如此。"良辰美景奈何天,赏心乐事谁家院",语言近口语而说尽,是曲子的字面。词中之言,可辗转喻之而不可道破,更不可说尽,要留给人无限遐想的余地。任半塘先生在《词曲通义》中对词和曲的分别作如斯阐述:"词静而曲动,词敛而曲放,词纵而曲横,词深而曲广,词内旋而曲外旋,词阴柔而曲刚阳,词以婉约为主,别体则为豪放,曲则以豪放为主,别体则为婉约,词尚意内言外,曲意为言外而意亦外。此词曲精神之所异,亦即性质之所异也。"收入词选中的汤词,除【添字昭君怨】外,大体都符合这一标准。但汤词也存在另一个问题,即对前人词的因袭有近乎抄袭之嫌。比如【行香子】"楚楚精神",宋代洪璟的《代赠》词为:

> 楚楚精神。杨柳腰身。是风流、天上飞琼。凌波微步,罗袜生尘。有许多娇,许多韵,许多情。十年心事,两字眉婚。问何时、真个行云。秋衾半冷,窗月窥人。相为人愁,为人瘦,为人颦。

汤词为:

> 楚楚精神,叶叶腰身,能禁多病逡巡。星星措与,种种生成。有许多娇,许多韵,许多情。　　弄梅心事,折柳情人,梦淹渐暗老残春。篆炉香午,枕扇风清。知为谁颦,为谁瘦,为人疼?

综上所论,汤显祖词被收入历代词选,并非是一个讹误;而汤显祖"四梦"中词,也并非尽可辑成汤显祖词。词选中的16首词,有些本身即是剧中的开场感叹,深含人生的况味,如【阮郎归】"不经人事意相关"、【南柯子】"玉茗新池雨";有些是独立流传过的创格,对同时代及后来词人产生过影响,如著名的《菩萨蛮》回文;有些是踵花间之余绪,代表明词的另一种拟古倾向,如【好事近】"帘外雨丝丝"等。所以说,

---

① 万树《词律·发凡》,《词话丛编》本。
② 吴衡照《莲子居词话》卷三,《词话丛编》本,第2461页。
③ 王士禛《花草蒙拾》,《词话丛编》本,第688页。

清代词选中的汤词,是对汤显祖词集无传的一种补充,即使是"假古董",也在明清词史传承中发挥过真效力。

三、"玉茗堂词"的由来

汤显祖的词作,前人曾提到他有《玉茗堂词》一卷。所谓"《玉茗堂词》一卷",最早是出现在王昶的《明词综》"汤显祖小传"中。小传写道:"(汤显祖)字义仍,临川人。万历十一年进士。官礼部主事。有《玉茗堂词》一卷。《柳塘词话》:义仍精思异彩,见于传奇。出其余绪,以为填词。后人咏其回文,必指为义仍杰作也。"①王易《词曲史》对此的说法是"有《玉茗堂词》"。夏承焘、张璋《元明清词选》、程郁缀等《历代词选》(明清词)从王易,著录为"有《玉茗堂词》"。但这"一卷"《玉茗堂词》至今未曾见到。

我们认为,"汤显祖《玉茗堂词》",很可能是"汤显祖玉茗堂词"的讹误。而"《玉茗堂词》一卷",则是"汤显祖《玉茗堂词》"的以讹传讹。所谓"汤显祖玉茗堂词"其实指的是"汤显祖玉茗堂传奇"(或为"玉茗堂传奇"选本)。这种讹误,很大程度上是由于明清"词"与"传奇"概念的混同造成的。我们来看明清几条提到汤显祖"玉茗堂词"的材料:

> (明)汤显祖《紫钗记》第一出【西江月】:"点缀红泉旧本,标题玉茗新词。"
>
> (明)王思任《批点玉茗堂牡丹亭词序》:"若士时文既绝,古文、词、诗歌、尺牍,玄贵浩鲜,妙处伙颐。"
>
> (清)侯方域《答田中丞书》"仆之来金陵也,太仓张西铭偶语仆曰:'金陵有女伎,李姓,能歌玉茗堂词,尤落落有风调。'"
>
> (清)《花天尘梦录》卷六"评花韵语下编·丛芳汇品":"钱双寿,字眉仙,椿年堂。工謦善讴,有憔悴自怜之意。摘玉茗堂词,判为碧桃花云'错教人留恨碧桃花'。"②
>
> (清)《香草词评》:"卷中题玉茗堂词集句,妙如天衣无缝,而情韵俱绝,的是奇构。"③
>
> (清)沈雄《古今词话》"词评"部卷下:"'汤显祖玉茗堂词':沈雄曰'义仍精思异彩,见于传奇……'"④

以上六则材料,前五则中的"词"或"玉茗堂词"很明显指的是"玉茗堂传奇"。而沈雄词话中的"玉茗堂词"含义模糊,我们怀疑是摘录"玉茗堂传奇"剧中词而来的一种联章词(下文中将论及)。王昶《明词综》中"《玉茗堂词》一卷"的著录,很可能是受到沈雄词评"汤显祖玉茗堂词"条的影响。因为王昶所引《柳塘词话》就是沈雄早期的一部词话;而沈雄词话中含义模糊的"玉茗堂词",被王昶后面加了"一卷",而俨然成为一部词集了。在明清,不但"传奇"被写作"词","词"有时也会被写作"传奇"。比如余怀《板桥杂记》中说龚鼎孳"有《白门柳》传奇行于世"。但龚鼎孳并没有《白门柳》"传奇",只有《白门柳》

---

① 王昶《明词综》,辽宁教育出版社 1997 年版,第 63 页。
② 《京剧历史文献汇编》,谷曙光、吴新苗主编,凤凰出版社 2011 年版,第 612 页。
③ 裴喆编著《清人词话》(下),南京:南开大学出版社 2012 年版,第 1484 页。
④ 沈雄著,孙克强、刘军政注,《古今词话·词评》,上海古籍出版社 2009 年版,第 303 页。

"联章词"记录了他与顾眉的一段情事。

明清时期,"传奇"与"词"文体的互渗,还并不仅仅停留在概念上。"传奇"在诞生早期,会对词的声律、语言、意境有所承袭,繁荣到一定程度,也会反过来对词造成影响。如汤显祖早年创作的《紫箫记》中融入了大量《花间集》的词作:魏承班【诉衷情】"春深花簇小楼台"——《紫箫记》第三出《探春》;顾夐【荷叶杯】"记得那时相见"——《紫箫记》第十六出《协贺》;和凝【春光好】"纱窗暖"——《紫箫记》第二十出《胜游》;孙光宪【谒金门】"留不得"——《紫箫记》第二十三出《话别》;牛峤【菩萨蛮】"玉钗风动春幡急"——《紫箫记》第二十七出《幽思》;牛峤【女冠子】"星冠霞帔"——《紫箫记》第二十九出《心香》。"词"本身是起源于隋唐燕乐,萌芽于唐代民间曲子词,成长于五代,盛行于两宋的抒情文体。明代词乐失传,词体不尊,《草堂》《花间》的流行,在某种程度上突显了词的抒情性与"曲子词"的原初面目。同为"和宴佐歌"的价值趋向,也拉近了"词""曲"的文体距离。汤显祖对词体浸淫颇早,还评点过《花间集》,以一个曲家视角讲了很多词的外行话。如"口头语平衍不俗,亦是填词当家";"短调中能尖新转换,自觉隽永",而事实是口头语入词中不算当家,短调中是大忌尖新。他的评词,应当是为制曲服务的。唐宋词艺术技巧的融入,特别是字面、意境的借鉴,在一定程度上也成就了汤词的典丽。相对比明代其他曲家,汤显祖的传奇有着"词化"的倾向。这在《牡丹亭》盛行后,又反过来影响到明词的创作。比如《牡丹亭》中的语句、情节,就大量出现在明清之际的词人作品中。王士禛虽云"良辰美景奈何天,赏心乐事谁家院"非词中语,但清代蒲松龄《昼锦堂·秋兴》中的名句就是"月白风清如此夜,良辰美景奈何天"。明代"云间三子"之一的宋徵舆【玉蝴蝶·美人】词云:

> 双脸低垂金雀,轻盈十五,自整云鬟。妆罢罗衣,束素愁着春寒。凝眸远、清清斜照,颦眉近、澹澹蛾弯。更无端,花前风雨,梦里相关。　　珊珊,小屏微启,软帘高揭,独倚栏干。庭院深深,无人见处惜红颜。掩纱窗、一声长叹,临玉镜、双泪偷弹。到更阑,月华空映,盼尽青鸾。

王士禛评曰:"义仍云'恰三春好处无人见',宗丞'无人见处惜红颜',意亦正耳。"这首词不但"无人见处惜红颜"本自《牡丹亭》第十出《惊梦》,整个"美人"情致也如杜丽娘一般写照。

明清之际,不少词人喜用联章体写男女情事,也是受到明传奇空前繁荣的影响。如另一位"云间三子"之一的李雯,有《题西厢图二十则》:【蝶恋花·初见】【一剪梅·红问斋期】【生查子·生叩红】【临江仙·酬和】【定风波·佛会】【清平乐·惠明赍书】【踏莎行·请宴】【河满子·听琴】【苏幕遮·探病】【解佩令·寄诗】【青玉案·得信】【唐多令·越墙】【眼儿媚·幽会】【误佳期·红辩】【风入松·离别】【惜分飞·惊梦】【柳梢青·金泥】【虞美人·寄愁】【丑奴儿令·郑恒求四】【阮郎归·书锦】。这是对传奇的"词化"改写。同样,清代词家王拯有题《牡丹亭》集句,用《牡丹亭》中成句,结构成有情节的一组词作。《香草词评》云:"性情慷慨中仍自一往而深。循吏文苑中人,故自别有怀抱。卷中题《玉茗堂词》集句,妙如天衣无缝,而情韵俱绝,的是奇构。"①从这些方面看,"玉茗堂传奇"与"玉茗堂词"之间的距离,在明清之际是非常小的。

所以,在汤显祖生活的时代,"词"与"传奇"的相通与概念的混同,是一个普遍的,且为文人所接受的

---

① 沈雄著,孙克强、刘军政注《古今词话·词评》,上海古籍出版社 2009 年版,第 303 页。

惯常现象。一些明清选本、散文、词论中提及的"玉茗堂词"、"汤显祖词",应该是一种有着"词调"典丽风格的传奇。至于其具体形态,或许是辑录"四梦"中名曲便于青楼、歌女就琵琶弹唱的小型唱本;或许是连缀"四梦"中词调便于文人案头赏读的联章词集,在未见实物情况下就不得而知了。到晚清词学复兴,有鉴于明词衰落与词曲不分之弊,词曲之辨被推到愈来愈重要的位置。"词"与"传奇"之间的鸿沟也日深。故我们今天看到汤显祖词全部出自"四梦"才会有它是否是词的疑虑。其实,就历史本身来讲,汤词的出处是否为词集,大可无多在意。

爱好是天然　雅志在山川

——论汤显祖的山水诗创作

高　琦

汤显祖是晚明诗坛上的一位优秀诗人。他遗存下来的 2 300 多首诗,涵盖了中国古代诗歌的各个种类,题材广泛,内容丰富,格式俱全,是一笔丰厚而珍贵的文化遗产。在这二千多首诗里,有一部分属于山水诗。经笔者初步翻检,大约有 300 首左右,值得深入研究和鉴赏。

山水诗的名目最早是刘勰在《文心雕龙·明诗》中提出来的。他说:"宋初文咏,体有因革,庄老告退,而山水方滋。"意思是说,南朝宋代之初的诗歌,体势和格调有所继承和变革,清谈老庄之学的玄言诗退出了文坛,而山水诗开始发展起来。山水诗的名目便就此确立了。何为山水诗? 简而言之,就是歌咏自然景物和人文景观之美的诗。汤显祖所作的山水诗,有些确实写得不错,清新自然,空灵飞动,别有情致,显示了不凡的功力。

作为一个诗人的汤显祖,其价值尚未被充分认识。本文拟对汤显祖山水诗创作从以下三方面进行探讨,以引起诗论者和兴趣者对汤诗的重视和关注。

一、山水文化滋润了汤显祖山水诗创作的灵性

汤显祖山水诗创作所取得的成就来之不易,得益于我国古代山水文化的滋润和自身的诗歌天赋以及深得前人作诗的真谛。

先对我国古代山水文化传统作个简要的回顾。山水文化是我国儒道传统文化的重要组成部分。孔子和庄子是这一文化的开拓者。孔子说过"仁者乐山,智者乐水",将山水与人的仁义道德和智勇品格相对应,无论是仁者还是智者,他们都与山水密不可分,离不开山水的滋润。揽灵山丽水之秀色,吸天地山川之精华,这才是仁者智者的最高精神境界。庄子在《齐物论》中主张"天地与我并生,而万物与我为一",即人与外界应和谐融合。庄子用艺术的情趣和审美的眼光来理解万物,认为只要人的情感全心投入,与万物会通交感,那物我的界限就会消解而浑然一体了,就能对人类现实生活起到一种调节、补充、净化、升华的作用。庄子的这一主张就直接奠定了中国山水文化回归自然的这一基本旨趣。因此,后来者活用庄学精神,有意识地将人物品藻与山川秀美相比照,把山川之美的特质渗透于人物的外在风采和内在神韵。可见,儒道精神是构成古代山水文化的主要因素和内涵。

山水诗作为将自然景观和人文景观融于笔端、铸于雅辞的诗歌,是对古代山水文化的弘扬和光大,成为诗人抒发情怀、表达意志、寄托理想、娱乐遣兴的重要载体。正如苏轼在《江行唱和集叙》文中所说:"山水之秀美,风俗之朴陋,贤人君子之遗迹,与凡耳目之所接者,杂然有触于中,而发于咏叹。"数千百年来,那些引人入胜的山山水水总有前人的踪影留下来,总有人化的痕迹。诗人在面对大好河山发出咏叹

之时,不可能作单纯的山水描写,必然会自然而然有意无意地加入人们生活的内容,加入人们对自然的审美判断和评价,表达对时代人生的某些看法。所以,山水诗应是自然与人文的结合,两者交相辉映,才是它的全部内容。这样的山水诗,才具有它独特的美感魅力而深受人们的喜爱。我国是诗歌王国,山水诗是王国中的精华。诗坛代有人出,诗人们留下了数千万计的山水诗篇,题材繁多,内容广泛,名篇佳作,美不胜收。

古代儒道山水文化传统和山水诗创作传统对汤显祖的诗歌创作有着重要的影响。一方面,汤显祖出身书香世家,祖上四代均有文名,家有藏书四万多卷,各种典籍数千种。施教老师都是当地有学问有名望之人。良好的家庭教育环境为汤显祖打下了深厚而扎实的文化功底。再加上汤显祖慧根灵性,聪明过人,勤奋好学,博学多才,出口成诗,下笔成文,表现出惊人的诗歌创作才华。另一方面,汤显祖善于借鉴学习,深得前人作诗之法,并为己所用。钱谦益在《列朝诗集小传》中说:"义仍少读《文选》,中攻声律。四十以后,诗变而之香山、眉山(笔者注:指白居易、苏轼),文变而之南丰、临川(指曾巩、王安石)。尝自叙其诗三变而力穷。"汤显祖在诗歌理论上是反对模拟之风的,提倡抒写性灵。他非常仰慕南朝山水诗人谢灵运,深得谢灵运作诗之真谛,在汤的诗作中亦不乏六朝山水诗之遗韵。汤显祖有些写景小诗就吸收了陶渊明的田园诗以及王维、孟浩然山水诗的长处与特点,并加以活用。汤显祖游览山水,把自己的情感寄托到大自然中去,从大自然中寻找乐趣,获取美感,但在作诗时对自己的思想情志着墨不多,隐而不露。有些诗甚至更未着一字,但可从诗句行间窥见诗人欲归烟霞企求隐逸的心情。这些都是汤显祖活学活用前人作诗之法的结果。通过含蓄的诗句来表达诗人爱好自然的志趣和寓于其中的情操。

二、汤显祖难舍难忘的山水情结

在古代传统山水文化的滋润下,汤显祖的心中逐渐凝聚了浓浓的山水情绪,并伴随着他的终生。

汤显祖那难舍难忘的山水情结主要体现在:

其一,汤显祖在《牡丹亭·惊梦》中,着力描写杜丽娘游览后花园时的所见所感及复杂心情。通过杜丽娘之口唱出"一生爱好是天然"(《惊梦·醉扶归》),人的天然本性是爱好自然的,追求美好是人的天性;进而还通过杜丽娘之口发出"不到园林,怎知春色如许"(《惊梦》)的呼声,不亲自去游园赏园,怎知园中的景色如此美好。这唱词和念白其实就表明了诗人把向往大自然、追求美好的事物作为自己一生的心愿,永远铭记在心。

其二,汤显祖热爱家乡的山山水水,对养育他的临川山水,情有独钟,无限眷恋。在一首诗中他深情地写道"远色入江湖,烟波古临川"(《二京归觉临川城小》),高度概括古临川的风光特色,成为描写古临川的千古名句。诗句的凝练,诗意的大气,诗境的华美,让人遐思无穷,真乃古今少有。如果没有乡根的深情、山水的情结,那就很难写出如此精妙的诗句。

其三,汤显祖的山水情结还表现在对前代山水诗人的敬畏和仰慕上。南朝宋山水诗人谢灵运曾在临川任内史,声名享誉临川区域。汤显祖非常钦佩谢灵运的人品与诗才,也常步谢灵运的游踪,流连于临川的胜迹红泉碧涧之间,并从谢灵运《入华子冈是麻源第三谷》的诗句"铜陵映碧涧,石磴泻红泉"中取"红泉"二字作为自己的书斋名,名为"红泉秘馆",作为自己的诗集名,名为《红泉逸草》。这亦是汤显祖浓浓的山水情结使然。

其四,汤显祖一直存有游历祖国山川名胜的初心,表示要像李白那样"一生好入名山游"(李白《庐山谣寄卢侍御虚舟》),在一些诗作中多次表达过这样的心愿。他写道"名山纷我思"(《衙内望罗浮夜至朱明观》)、"山水澹人心"(《将之广留别姜丈》)、"山水妙明心"(《高座陪达公》)、"雅志在山川"(《送帅机》)等。只有深得山水文化熏陶的诗人,才能写出这些体味深刻的诗句。汤显祖正是对山水文化功能有着清醒认识的一位优秀诗人。

其五,汤显祖喜欢大自然中的灵山丽水,也很喜欢大自然中的奇花异草,往往托物言志,把它们作为人品节操的象征。比如他对洁白的玉茗花特别厚爱。玉茗花是一种白色的山茶花,产于临川温泉麻源第三谷,有着纯白天真、"格韵高绝"的品性。于是汤显祖将辞职回归后在临川建的新居命名为"玉茗堂",用玉茗花来作堂名,是以花的品格自喻,表明诗人要做一个堂堂正正、清清白白的洁身自好之人。

其六,汤显祖在金陵因上疏直言,得罪了朝廷的显贵们被贬为广东徐闻典史。但他并没有为发配到荒蛮之地而悲观,而是以坦然面对的态度来宽慰自己。当他的一些朋友为他的处境而担心时,他倒"夷然不屑",并说:"吾生平梦浮丘罗浮、擎雷大蓬、葛洪丹井、马伏波铜柱而不可得,得假一尉了此夙愿,何必减陆贾使南粤哉!"(见邹迪光《临川汤先生传》)汤显祖很早就有游览南国这些胜迹的梦想,于是在南下赴职途中,顺道游览了岭南的奇异风光,领略了山海气势,了却自己心中的夙愿。

状山水之貌,为山水传情,实为自我写心。汤显祖的山水情结,让人感动不已,值得点赞。

三、时空转换彰显了汤显祖山水诗创作的地域特色

笔者认为,不能笼统地用几句话来概括汤显祖山水诗的创作特色,而应根据诗人的人生经历、游踪轨迹、地理环境来研读汤显祖的山水诗,体味其山水诗所彰显的地域特色和艺术魅力。

在明代晚期,由于政治黑暗,社会动荡,不少文人学士对仕途失去信心,于是转而隐逸参禅,寄情山水,以求自我解脱。他们尽可能地不放过任何一处风景,不错过任何一次游历的机会,自我写心,山水传情。汤显祖亦如此,所到之处尽量去游览当地山水名胜,去体会当地山水的韵味,留有诗篇,寄托情怀。

(一)畅游临川美景,抒发的是爱乡情怀

汤显祖一生中的大部分时间,都是在家乡临川度过的。抚州临川,山清水秀、人杰地灵,是个风水宝地。临川山水养育了汤显祖,临川大地提供了汤显祖施展才华的大舞台。无论是读书求学,还是为官从政,直至后来的隐居故里,只要在临川,他都会去畅游临川的山山水水,咏赞家乡的美景风物,写下大量充满感恩之情的山水诗篇。

汤显祖的乡根、乡情牢不可撼。所写赞美故乡美景的山水诗作主要有《西城晚眺呈沈郡丞》《浒湾春泛至北津》《白水》《江岸》《西陵夕照》《秋日西池望二仙桥》《灵谷对客》《七夕文昌桥口占》《夕林》《秋江》《西池》《江宿》《津西晚望》《移筑沙井》等几十首,这些诗作清新自然,别有情致。

先看两首诗。《白水》:"庭光欲尽山明归,古木溪头灯火微。客子行舟随地转,闺人破镜一天飞。多名楚雀暮枝急,无数河鱼春水肥。归去文昌门外井,红桃香露满人衣。"《津西晚望》:"西津西望绿冥蒙,流水花林秋映空。三峰忽自飞灵雨,凌乱金光日气中。"一首是七律,一首是七绝。白水村在临川北,西津渡口在临川西。两首诗写的都是古渡口的落日景象,但《白水》诗描绘的是晚春夕照,而《西津》诗展现的

是暮秋黄昏;前者写"河鱼春水肥"的朗朗春色,后者写"灵雨忽自飞"的蒙蒙秋景。两相对照,各有特色,给人以山水美的享受。这两首诗都是赞美临川山水的优秀之作,就是放入唐人的七律七绝中也毫不逊色。

再看《江宿》一诗:"寂历秋江渔火稀,起看残月映林微。波光水鸟惊犹宿,露冷流萤湿不飞。"这首小诗是诗人回归故里的晚年之作,写得更为老成含蓄。画面形象生动,境界宁静幽美,透着清丽和蓬勃生气。这首描写临川山水的名篇同样能与唐诗相媲美。

汤显祖对临川一往情深,感恩在怀,写了大量赞美故乡的诗篇,抒发了对临川山水的热爱之情和感恩之情。

(二)留连金陵胜地,抒发的是闲适情怀

汤显祖于万历十一年(1583)中进士后,留京观政一年多,后到南京任职近七年,在两京共呆了八年之久。南京古称金陵,是六朝古都,也是南中国的形胜之地,山水古迹很多。南京曾是汤显祖两次读书的地方,一次是万历四年(1576),一次是万历八年(1580),汤显祖对这里的地理环境较为熟悉。

汤显祖在南京的任职比较轻松闲散,于是常常和文友外出游山玩水。南京的燕子矶、莫愁湖、木末亭、乌桥村、秦淮河、雨花台、桃叶渡、明孝陵等风景名胜是他常去观赏游玩的地方。在游山玩水中,汤显祖的诗兴很浓,必有题咏,吟诗歌赋,写了不少观游之作。由于他的才名,在南京有一定的知名度,所以在诗写出来后,南京人争相传抄,一时纸贵。

在此期间,汤显祖写了不少留连金陵名胜的山水诗作,其传世的有《雨花台所见》《金陵西园作》《汉西门楼春望》《游献花岩芙蓉阁》《莫愁湖》《高座陪达公》《听乳林呗赞》《朝天宫》《阳谷店》《觐回宿龙潭》等几十首。这些诗作比早期的单纯写景有所进步,视野扩大、境界更高,写得洒脱清丽,自然畅快,表达闲情逸志有独到之处。

如《觐回宿龙潭》诗:"是岁春连雪,烟花思不堪。雨中双燕子,今夕是江南。"这首诗就写得很有情致,笔调含蓄。龙潭在南京东,是长江南岸的一个大码头,出入南京的门户。诗人赴京上计(述职)时曾有两次在龙潭留宿。此诗表面上是写"春雪""烟花""雨中飞燕",然则往事不堪回首,科考仕途均不顺畅,双燕尚且都不留恋北方的春雪,而要冒雨飞向江南避寒,这就委婉地表达了诗人厌倦官场,而要回归故里过着隐逸闲适生活的心情。这首小诗迂回含蓄,景中寓情,用词精炼,堪称写景抒情之佳作。

再如《听乳林呗赞》诗:"绛桃春尽摄山幽,地涌千峰月气浮。忽散梵声惊睡起,绕天风雨塔西头。"乳林,南京郊区的寺庙,有墓塔,钟乳状洞穴林立,每天晨钟暮鼓。诗人留宿寺中,被梵声(诵经声)惊醒,听着那赞叹歌咏之声,余音绕耳,烦恼全消,有一种心平气和之感。真是一首清新可诵之作。

(三)饱览岭南风光,抒发的是山海情怀

汤显祖被贬广东徐闻,当时徐闻还是属边远地带,尚未开发的烟瘴之地。然山高水壮,胜迹很多。汤显祖在赴任途中,顺道或绕道游览了罗浮山、香山、澳门、阳江等南方名胜,了却"雅志在山川"的夙愿。

汤显祖尽管在徐闻待的时间不长,前后总共一年多,但为当地做了些实事,并写下一百多首诗作。其中就有不少的山水诗,如《秋发庾岭》《打顿》《曲江》《韶阳夜泊》《浪石滩》《冯头滩》《大庙峡》《贞阳峡》《白沙海口出沓磊》等,这些山水诗形象生动地描写了岭南的壮丽景象。

　　汤显祖以诗人敏锐独特的眼光,高雅不俗的审美情趣,尽力捕捉或撷取岭南奇峰、南海碧水中最能传情达意的景物,而加以着力刻画描写,并经过诗人主体心灵的过滤与镕铸,传达出一种南国独有的山海壮美,表现了诗人发自内心的那种孤寂感但又与命运相抗争的豁达的胸怀。

　　不妨从几首诗作来体会这种感觉。

　　《秋发庾岭》:"枫叶沾秋影,凉蝉隐夕辉。梧云初暗霭,花露欲霏微。岭色随行棹,江光满客衣。徘徊今夜月,孤鹊正南飞。"这是诗人岭南之行的首篇山水之作,描写的是岭南秋色,抒发的是复杂心情。景随船移,"岭色"不可错过,"江光"给人力量,"孤鹊"不畏独行,"南飞"勇往前方。读这首诗不要为"落寞惆怅"之评所拘束,可否在诗境中捕捉到另一层意蕴?《韶阳夜泊》:"秋光远送芙蓉驿,乱石还过打顿滩。独棹青灯红树里,露华高枕曲江寒。"这首诗写的是诗人南下在韶关夜宿的景致,写得委婉含蓄,具有唐诗韵味。在赏读时,除了体会到诗中描绘的那种浓浓的孤寂气氛之外,是否还可揣摩出诗人的另外一种心情:为什么诗人在这样孤寂的环境里还能坚持"青灯"夜读赏景? 还能不畏"凄寒"而"高枕"呢?

　　再如《白沙海口出沓磊》诗:"东望何须万里沙,南溟有此泛灵槎。不堪衣带飞寒色,蹴浪兼天吐雪花。"诗写大海的壮观景色,大海的开阔气势,特别是三、四句中的动词"飞""吐"用得精妙贴切,实乃高手所为,显得气势磅礴,撼人心魄,给人以力量,给人以想象。

　　可以说,汤显祖南下的一些山水之作,是写得最成功的,也是最耐读的,亦属精品力作。

(四)寻访遂昌仙境,抒发的是亲民情怀

　　汤显祖从徐闻调往浙江遂昌,担任县令五年。遂昌地处浙西南山区,峰峦叠嶂,山高水远,溪涧灵动,民风淳朴,有着"世外桃源"的景致,汤显祖称之为"仙县"。然而这里地少田薄,交通不便,又是个贫困落后的山区小县。汤显祖施政期间,实施"有情之天下",坚持"情治遂昌",亲民爱民,把遂昌治理得旧貌换新颜,民众安居乐业,一派升平气象。

　　在"多有闲暇"时,汤显祖便看书写作,游历访友。几年间,他游览了浙江的山山水水,龙游、丽水、缙云、新昌、天台、嵊县、钱塘、绍兴、雁荡等地都留下了他的足迹,留下了他写作的二百多首诗。当然,汤显祖在遂昌的出游,不单纯是游山玩水,而是寄情山水,顺带调研访问,将亲民爱民的治昌理念和情愫充溢于诗里行间。其山水诗作主要有《石门泉》《平昌钟楼晚眺》《雁山大龙湫》《雁山迷路》《雁湫白云庵》《唐山寺》《过缙云》《天台县书所见》《过诸暨》《平昌青城山》等几十首。读这些诗,犹如一股暖流沁入心田,清新温和,久久不能散去,百读不厌。

　　先看《石门泉》诗:"春虚寒雨石门泉,远似虹霓近若烟。独洗苍苔注云壑,悬飞白鹤绕青田。"青田石门以瀑布著称。汤显祖去游览温州时顺路观赏了石门瀑布。诗人为瀑布的雄奇壮观而惊叹,被瀑布倾泻而下的气势所吸引,诗兴勃发,写了这首有名的山水之作。诗作语句精炼,比喻贴切,形象生动地描绘了石门瀑布的景色,洋溢着诗人热爱山水之情。

　　再如《天台县所书见》诗:"池暖风丝着柳芽,懒妆宜面出山家。春光一夜无人见,十字街头卖杏花。"杏花时节,诗人漫步山城,无意中看到山城清晨的美丽风光,用白描手法将印象尤为深刻的"山城民风的淳朴、卖花姑娘的纯真"捕捉入诗,展现了诗人亲民爱民的情怀。《雁山迷路》诗:"借问采茶女,烟霞路几重? 屏山遮不断,前面剪刀峰。"雁荡山景象秀丽,为东南奇胜。诗人在游览雁荡山时被烟霞迷路,巧用问答的形式描写雁荡山的景致:山峰重重叠叠挡住去路,采茶女爽爽朗朗笑语指路。此诗构思奇巧,写得

天然有趣,清新朴实,同样表达了诗人热爱山水、亲民爱民的情怀。这两首诗写出了山城的风情美,雁荡山的奇峰美,卖花姑娘的纯真美,采茶女的心灵美,让人美不胜收,是两首难得的山水之佳作。

总之,抒写性灵,释放情感,是汤显祖山水诗创作的主基调。汤显祖的山水诗,不拘一格,风格多样,因时空地域的转换而异彩纷呈。有的空灵飞动,清丽淡雅;有的含蓄委婉,气韵深沉;有的明晓畅快,朴实无华;有的刚健大气,直抒胸臆。其中不乏很多精品力作,妙言佳句,值得我们发掘出来,打磨发光,让它像唐诗宋词那样闪出耀眼的光彩。或在结尾处点一下,如"不见南鸢坠,安知藏林乐"(《迟江泊饮杨店草阁》);"飘摇独美长安日,寄卧灵台真慨慷"(《旧宅》);"直置堪长隐,东陵鱼福肥"(《题玉逸人庄》)等。

《明故义士汤公子高墓志铭》考

陈伟铭

据清同治七年（1868）六修《文昌汤氏宗谱》中的《伯清公祠宇暨田租塘租记》记载："礼有五经，莫重于祭；祭立家庙，由来久矣。予祖伯清公暨列祖葬文昌桥东灵芝园。园前有塘案山，侧有田八亩，万寿宫首。……"和《抚郡汤氏廨宇规模记》记载："……以卒葬而论，自伯清公子高公以下诸祖悉葬于承塘公捐赀所购之灵芝园……"我们知道临川桥东灵芝园是我国明代伟大文学家、戏剧家汤显祖的祖坟山，距今已有500多年的历史。2016年11月初，江西省抚州市在推进文昌里老城区改造项目进程中，对灵芝园进行了保护性发掘，《明故义士汤公子高墓志铭》就是这次发掘的重大成果之一，它的出土，既可以为史学界澄清一些错误，佐证一些史实，又可以让我们感受临川千年古邑的沧海桑田，才子之乡的文脉所在。

子高公（1433—1515）讳峻明，字汝昇，号耕读，是汤显祖的高祖。《文昌汤氏宗谱》中有《子高公传》，内容为："名儒伯清公长子，为邑庠生。当永乐初岁大歉，人苦难食，储积之家坐视不救者何可胜数，公承祖父之志奋兴义举，捐所藏以苏民命。有司上闻于朝，勅赐旌表用彰阙德……"《文昌汤氏宗谱》中的《子高公赞》记载："学富经史，行无诡随，如我公者，德厚名归，家业隆隆，积而有余，帝际永乐，岁且荐饥，万石不惜，尚义好施，勅赐旌表，为世所稀，身列胶庠，福禄已绥，百世共昌，实赖之基。"正因为子高公乐善好施，急公好义，所以朝廷以"义士"褒扬他。因此他的墓志铭才有"义士"之誉镌刻冠名。

一、墓志铭的外形

1. 材质：磨光青石板。

2. 外形：明代传统墓碑样，上弧下正，板心为长方形，顶为圆弧状，下有沉基。

3. 尺寸：高：108 cm（含顶26 cm，板心65 cm，沉基17 cm），宽：62 cm，厚：2 cm。

二、墓志铭的字体与文字

1. 字体：碑正文是楷书，正书阴刻，碑额（半月弧形）篆体刻11字：明故义士汤公子高墓志铭（竖刻6行双字）。

2. 文字：全碑文竖刻楷体共26行，计707字。

从行诸将。诸将轮番献卮上寿。庄公面有德色。"

〔9〕自奉:谓自身日常生活的供养。《朱子家训》:"自奉必须俭约,宴客切勿流连。"

〔10〕澹如:恬淡貌。语出:《晋书·王导传》:"及刘隗用事,导渐见疏远,任真推分,澹如也。"

〔11〕讲论:讲谈论议。汉班固《西都赋》:"讲论乎六艺,稽合乎同异。"宋张载《经学理窟·学大原上》:"学者有所不知,问而知之,则可否自决,不待讲论。"

〔12〕负郭:负郭田,典故名,典出《史记》卷六十九《苏秦列传》。司马贞索隐:"负者,背也,枕也。近城之地,沃润流泽,最为膏腴,故曰'负郭'也。"后因以"负郭田"为典。亦泛指良田。亦省作"负郭"。

〔13〕不登:歉收。《礼记·曲礼下》:"岁凶,年谷不登。"《汉书·元帝纪》:"岁数不登,元元困乏,不胜饥寒。"

〔14〕咨:咨询,商议。

〔15〕输:捐献。

〔16〕义:合乎正义或公益的。"义举、义务"。

〔17〕旌表:古代统治者提倡封建德行的一种方式。自秦、汉以来,历代王朝对所谓义夫、节妇、孝子、贤人、隐逸以及累世同居等大加推崇,往往由地方官申报朝廷,获准后则赐以匾额,或由官府为造石坊,以彰显其名声气节。

〔18〕停柩:亦称"殡"。旧时汉族丧葬风俗。流行于全国各地。即死者入棺后,灵柩停放待葬。大多停柩于家中中堂,设孝堂日夜守灵,在三日内殡葬,有的隔旬安葬。也有移棺于宗祠或寺院之空屋者。周代根据死者社会地位的高低规定殡的时间长短。后世官宦豪富之家为择"风水"好地,有将灵柩停殡数年者。也有因战乱不能归葬故乡或财力困乏,暂厝三五年至十余年者。这就好理解为什么子高公停柩时间长达六年("越六年")才安葬,原因为:(1)当时的社会风俗;(2)子高公是有福高寿义士,在当时临川有较大社会影响,有着较高的社会地位;(3)其家境殷实,后世为先祖择"风水"好地,才将灵柩停放六年。但汤显祖对这种风俗是持反对态度的,他在《诀世语》七首诗中就明确要求后人"一祈免久露",汤显祖认为:"世故不可测,随在便安置。借问地上人,安知地中事"。

〔19〕五福:原出于《洪范》。第一福是"长寿",第二福是"富贵",第三福是"康宁",第四福是"好德",第五福是"善终"。

〔20〕卜兆:占卜以确定墓地。

〔21〕贫贱好:"贫贱之交",指贫困时结交的知心朋友。

〔22〕祜(hù):福。《诗·小雅·信南山》:"受天之祜。"

〔23〕郁郁佳城:典故名,出《西京杂记》卷四。"佳城郁郁,三千年见白日。吁嗟滕公居此室。"后遂以"佳城"喻指墓地。

〔24〕腰金衣紫:腰中挂着金印,身上穿着紫袍。指作了大官。紫衣:紫色的袍,古代公服。唐制,亲王及三品服用紫,五品以上服用朱,五等以上亲及五品以上母妻,服紫衣。见《新唐书·舆服志》。

〔25〕孤哀子:旧时父丧母在,自称孤子;母丧父在,自称哀子;父母俱丧,自称孤哀子;

六、墓志铭的出土对"汤学"研究产生的影响

(一)澄清家谱记载中的错误

1. 清同治七年(1868)六修《文昌汤氏宗谱》中的《子高公传》和《子高公赞》均记载子高公捐粮济民

的"义举"发生在"永乐初岁",即公元1403年左右,但墓志铭记载"义举"的时间为"弘治甲子岁"即公元1504年。从子高公出生于1433年我们很容易得出正确判断,子高公捐粮济民的"义举"应发生在"弘治甲子岁"即公元1504年。家谱中的记载是错误的。

2. 子高公世系关系中的子女及其配偶在家谱记载中有重大缺失和错误:如莹(廷蔚公)的妻子墓志铭记载是周氏,家谱记载为阙氏;玉(廷器公)的妻子墓志铭记载是魏氏和汪氏,有一子叫懋官,但家谱中却没有妻子和子嗣的记载;暄(廷用公)的妻子墓志铭记载是郑氏和傅氏,有子四,但家谱中缺傅氏,记载有子三……诸如此类错误在子高公的孙辈也有同样存在,在此就不一一列举了。因为墓志铭是记载同时代的人和事,而家谱要隔一段时间(有的长达60年,甚至还有断修情况)才修谱,记载难免有错误。墓志铭的出土是修正家谱最好的文献。

(二)佐证了"汤学"研究的有关史实

1. 汤氏家族淳朴家风是一脉相承的,就如墓志铭中所说"曾祖讳文德,祖讳友信,父讳伯清,俱有隐德"。

2. 汤氏家族是耕读世家,重视对后代的教育培养;重视农耕生产及经营。

3. 子高公是朝廷表彰的乐善好施、急公好义的"义士"。

4. 子高公是五福兼具的汤显祖祖先。

七、墓志铭揭示的子高公世系关系图

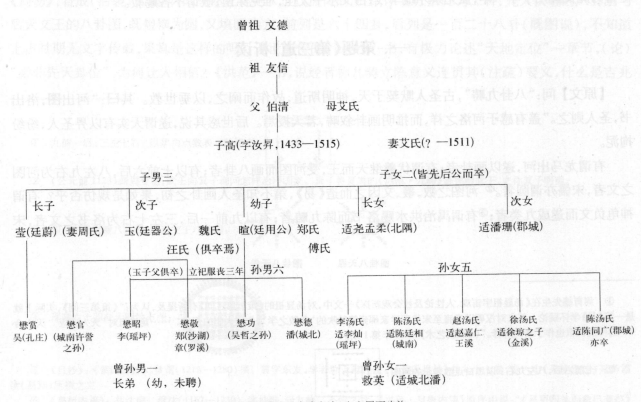

正德十五年(1520)莹(廷蔚公)、暄(廷用公)葬子高公于先陇之次,去家居百步许。

什么是祸兆？天人感应乃是常理，世代相传的"金、木、水、火、土"五行学说，却有人一一强取论证，而流传为灾异之学，那么思用此说，或有所不足而可以全信吗？近代儒者作《皇极内篇》，说是得到《洪范》隐秘之数，是如此？还是非如此？

这些都是经学要义，诸位士子向来明习经学，尽可详细地说出自己的看法。

【评析】应该说，这道 439 字的策题，是费了很大的心思拟就的。首先，题意古奥。"河出图，洛出书，圣人则之"，出自于《周易·系辞上》，为孔子所说，是迄今发现最早记录"八卦九畴"来源的文献。由此两千多年来，关于起源的猜测无数，众说纷纭，争执不休。以这样一个谜一般的悬案作试题，可见难度之高。

其次，就出题范围来说，"八卦九畴"分别是《周易》与《尚书》两门经典中的内容。用现在的话说，综合了两门学科的内容了。可见出题者的博学与谋略。

再次，全题共发 14 问，把有史以来关于"八卦九畴"来源的主要学术观点囊括在一起，且相互交错。倘若仅是对经学大典只知背诵，或者哪怕是对易术记忆滚瓜烂熟，而没有自己思想的考生来说，是无法驾驭的。

若依题所列发问一一作答，辩"正"、辩"误"都会是一篇很好的答卷。那么汤显祖是如何以他的 2422 字，赢得考官的赞誉呢？

二、答策《第三问》析读

【原文】圣人之作经也，不遗乎数，而未尝倚于数。儒者之说经也，贵依于理，而不可凿乎理。盖天下之数莫非理也，天下之理莫非天也。圣人默契乎天，自能明天下之道，而天有所不必畀。圣人神明乎理，自能周天下之数，而数有所不足拘。

【译文】圣人创作经典，不脱离数字，但未必倚仗于数字。儒者讲解经文，贵重的是依据于义理，而不可穿凿于义理。凡天下之数（世间万事）莫不在于讲道理，天下的义理无不在于顺天而行（遵循自然法则）。圣人对上天是默契的，自能明白天下的客观规律，乃不需要上天赐予。圣人神明于天下道理，自能周虑天下之数（万事万物），但数却有不足而拘泥（于理）。

【评析】以数与理的对应关系立辩开篇，别出心裁。在这段中，各用了 5 个"数"字，5 个"理"字，且用意不尽相同，相互对应，将"数"与"理"的关系展现得非常清晰。对全文起到提纲挈领之作用。

同时，对天降祥瑞，以赐圣人之说，表明了不认同的态度。

【原文】自世儒喜为奇说，①以神异圣人之事，推象数以原经而经滞，②务为过求，以自附圣人之学，衍意见以传经而经离，求愈奇，故说愈凿；说愈凿，故旨愈繁；而圣人之道愈失其初矣。虽其为学未必皆叛于圣人，以是为作经之本可乎？呜呼！吾独怪夫六经之旨如日中天，③未尝托异征秘以求信于天下，而后世儒者乱之也！

---

① 世儒：经师。王充《论衡·书解》："著作者为文儒，说经者为世儒。"

② 象数：易学术语。《易传》："象也者，像也。"象指卦象和卦位，即八卦和六十四卦所象的事物及其位置关系；也指爻象，即六十四卦中阴爻阳爻所象之事物。数：指阴阳数及爻数，如奇数为阳，偶数为阴等。

③ 六经：《诗》《书》《礼》《易》《乐》《春秋》的合称，其中《乐经》已失传，故现在称"五经"。

【译文】从来说经者都喜欢奇谈怪论，以神话异化圣人所作之事，推衍象数解原经而使原经滞涩难懂，求证过于倾力，以自己的主张附依圣人的学说，敷衍（自己的）意见以传经而背离原经，因愈求奇，所以解说愈穿凿；解说愈穿凿，所以旨义愈繁乱；而圣人的大道就愈失去它最初的本意了。虽然说经者的学说未必都违背于圣人（原意），（但）可以将此作为（圣人）作经的根本吗？呜呼！我感到奇怪的是，六经的旨意就像太阳高照，不是借托异常征象神秘之名来向天下寻求凭证的，可是后世儒者的解读却如此混乱！

【评析】在这段中，作者把神话异化圣人及与圣人原意相违背的学说都称为"奇说"，并对其产生的原因进行了剖析。甚是精辟、深刻。

【原文】今夫易卦何昉乎？伏羲画之，为文字之祖也。当其时鸿蒙未辟，人文未启，天地万物之情，阴阳鬼神之秘，寓于法象，①而易行乎其中矣。伏羲神而明之，以定画焉。故《易》曰："仰则观象于天，俯则观法于地，观鸟兽之文与地之宜。"于是始作八卦。此作《易》之本也。《洪范》何昉乎？箕子陈之，是神禹之传也。当其时玄圭告功，文命未布，②立极绥民之具，③事天治人之本藏于几微，而畴具乎其中矣。神禹会而通之以作范焉。故《书》曰："禹乃嗣兴，天乃锡禹洪范九畴，彝伦攸叙。"此叙畴之本也。二圣人者，运而精神，既有以丕隆休烈，④聚而心术，又足以开先世教。虽其圣德格天，河洛效瑞，图书之数未必不可通于经，而圣人取义也大，立教也正，唯其理之可以信天下，而不必乎象数之模仿，瑞应之摭饰也。

【译文】现今的《易经》八卦起源于何时？是伏羲描画的，是文字之祖。当时的世界是一团混沌未分的元气，人类的礼乐教化没有开启，天地万物之情和阴阳鬼神之秘，都寓形于天地之间，而易已经运行在其中了。伏羲如神灵般明白这玄妙的事理，以此确定并描画出八卦。所以《周易》说："（伏羲）仰头观察天象，低头观察地理，观看鸟兽的斑纹和土地相宜合，于是开始创作八卦。"这是作《易》的根本。《洪范》起源于何时？箕子陈述的，是传自神禹。那时禹已被赐玄圭，大功告成，但尚未布土（定九州），秉国政（需）具法安民，事天治人的根本（方法）都隐藏在细微小事中，而九畴也具体存在于其中了。神禹心灵相通以作《洪范》，所以《尚书》说："禹才继承王位，上天就把《洪范·九畴》这九种大法赐给了禹，治国安邦的常理因此确立起来。"这是叙说九畴的本源。（伏羲与大禹）二位圣人，运用神志，既有把（八卦九畴）作为治理天下，成就盛美大业，聚集民心的谋略，又足以开创教化之先河。虽然他们的圣德感通上天，黄河、洛水显示祥瑞（也有可能），河图、洛书之数未必不可以与经文相通，然而圣人取义重大，立教平正，唯有理顺它们才可让天下信服，且不需要以象数来模仿，用祥瑞来粉饰。

【评析】"八卦九畴"源于何时？本意如何？汤显祖引用了《周易》与《尚书》两本最早记述来源为依据，作为自己的定论。用现在的眼光来看，他对"八卦九畴"来源的认识，体现出朴素的唯物主义认识观。

【原文】何至后世异说之纷纷哉？其谓龙马出河，伏羲遂则其文以画八卦，神龟负文而列于背，有数

---

① 法象：自然界一切事物现象的总称。《易·系辞上》："是故法象莫大乎天地，变通莫大乎四时。"
② 玄圭《书·禹贡》："禹锡玄圭，告厥成功。"文命《史记·夏本纪》："夏禹名曰文命。"布：布土（规划疆土）。禹鲧是始布土，均定九州。（《山海经·海内经》）
③ 立极：登帝位，秉国政。具：具法。具，制定；法，"法者，天下之度量，而人主之准绳也。具法者，法不法也"（《淮南子》卷九）。
④ 丕：大也。（《说文》）隆：兴隆（兴盛）。休烈：盛美的事业。《史记·秦始皇本纪》："皇帝休烈，平一宇内。"

至九,禹遂因而第之以成九类。此孔安国之说也。① 其谓伏羲继天而王,受河图而画之八卦,禹治洪水,赐洛书,法而陈之九畴。此刘歆之言也。② 其谓河图之文,七前六后,八左九右;洛书之文,九前一后,三左七右,四前左二,前右八后,左六后右。此关朗之论也。③ 宋儒邵子亦曰,④圆者河图之数,方者洛书之文,故羲文因之而造《易》,禹箕叙之而作《范》。呜呼! 信如是,则《易》出于图,无图即无卦矣;《范》出于书,无书即无畴矣;而圣人作经之本不既远乎?

【译文】为何到后世会有许多怪诞的言论呢? 有说龙马出于黄河,伏羲就效仿其花纹来描画出八卦;神龟甲壳上列有图纹,有数至九,禹于是因袭其数拟成九畴。这是孔安国的解说。有说伏羲秉承天意为王,感受河图而画出八卦;禹治洪水,受赐洛书,于是效法(洛书)陈述九畴。这是刘歆的说法。有称河图之文,七前六后,八左九右;洛书之文,九前一后,三左七右,四前左二,前右八后,左六后右。这是关朗的论说。宋儒邵雍也说:圆的是河图的数字,方的是洛书的文字,所以伏羲因袭它们创造《易》,禹、箕叙述它们而作《洪范》。哎呀! 如果相信是这样,那么《易》出于河图,无河图即无八卦了;《洪范》出于洛书,无洛书即无九畴了;这与圣人作经的本意不就相距甚远了吗?

【评析】如果说,前面三个小段是从总的方面对"河出图,洛出书,圣人则之"的种种混乱的说法进行辩驳的话,那么,这一段就是第二轮的辩驳了。按照明代策问答题规则,必须对所提问题逐一对答。汤显祖在这段对前八个问题归纳在一起作答,并明白无误地指出了其来源与相应的作者,有理有据,得体有力。

【原文】其讹起于纬候之书,谓"河以通乾出天苞,洛以流坤出地符,圣人必有神物以授之"之说,汉儒惑之,牵合文致,不求圣人之实。迨宋儒喜于附圣而辄取之,复强证于《易传》图书之一言。不知孔子尝言河出图矣,而奇偶之象未详也;尝言洛出书矣,而九一之数未悉也;尝言圣人则之矣,而因图书卦、因书立范未及也。诸家之言何祖乎? 夫观鸟迹而制字,因规矩而制器,艺也。圣人恒必详之。顾此经学祯符秘诀,不与本文同传。而千载之下,山人野士创为之说,不几于诡诞而不可从矣乎? 况以图之数析补八卦,拘合强同,多所难信。如使揭图而示之:孰为一六而下,孰为二七而上,孰为三八四九而左右,孰为乾兑离震,孰为巽坎艮坤? 天之告人也,何其渎! 因其上而上,因其下而下,因其左右而左右,因其乾兑离震以为乾兑离震,因其巽坎艮坤而巽坎艮坤。圣人之效天也,何其拘! 《易》既如是作矣。然则仰观俯察者又何物,通德类情者又何事,而《易》《书》本体不在此而在彼邪? 以《书》之数参合九畴,则阴阳奇偶俱未相当。按类而求之,五行何以居下,五事何以居上,五纪何以居前左,⑤而皇极何以居中邪?⑥ 八政何以居

① 孔安国(约公元前156—前74):字子国,孔子第10世孙。开创了西汉《古文尚书》学派。《易经·系辞上》说:"河出图,洛出书,圣人则之。"孔安国解释说:"河图者,伏羲氏王天下,龙马出河,遂则其文,以画八卦。"他还对龙马负图进行了描述,说这匹龙马的旋有次序,形数有异别——排列是一、六在后,二、七在前,三、八在左,四、九在右,五、十背中,这就是河图。

② 刘歆(约公元前50—公元23),字子骏,西汉后期的著名学者,古文经学的开创者。刘歆《汉书·五行志》称:"羲氏继天而王,受《河图》,则而画之,八卦是也;禹治洪水,赐洛书,法而陈之,《洪范》是也。"

③ 关朗,字子明,北魏(386—534)时期人,关羽的后代,精通经史,易学家。他在《洞极真经·序本论》中说:"河图之文,七前六后,八左九右……"

④ 邵子:即邵雍(1011—1077),北宋哲学家、易学家。邵雍在《皇极经世书观物外篇衍义》卷四中说:"盖圆者《河图》之数,方者《洛书》之文,故羲文因之而造《易》,禹、箕叙之而作《范》也。"

⑤ 五行:指木、火、土、金、水。五事:貌、言、视、听、思。五纪:岁、月、日、星辰、历数。

⑥ 皇极:《洪范》:"五、皇极:皇建其有极。"朱熹《朱子语类》:"皇,是指人君;极,是指身为天下做个样子,使天下视之为标准。"

左,稽疑何以居右,三德何以居后右,而庶征、福极何各专一位邪?① 《书》之方位实不同于畴,一、三、五、七、九,奇也;而五行、八政、皇极、稽疑、福极,何以属之奇? 二、四、六、八,偶也;而五事、五纪、三德、庶征,何以属之偶? 畴之名数又不同于《书》。如谓大义无取,姑摘其自一至九之文,则又奚必纵横黑白,秘传神授,重烦圣人第之而后成邪? 先儒刘长民谓伏羲兼取图书,又谓九为河图,十为洛书。② 蒋得之(徐朔方本脱得字)谓先天图为河图,五行生成数为洛书。③ 诸说纷杂,皆无定据;而独孔、刘之言为信,④谬矣。程子有云:孔子感麟而作《春秋》,麟不出,《春秋》岂不作? 如画八卦,因见河图、洛书,果无图、书八卦亦须作。⑤ 朱子亦谓:"伏羲仰观俯察、远求近取,安知河图非其中一事?"⑥二氏之论稍为得之,圣王达天明道而作经,祯符适见理固有然,而谓必作于图、书者,非也。

【译文】这些讹言源起于纬候之书,即所谓"河洛通行于乾坤变化之道,吐纳天地精深符应之理,(圣王临河洛礼拜)必得神物相授"之说。汉儒被这种说法所迷惑,牵强凑合,不求圣人之实。待到宋时,儒者喜欢摘取圣人之言,反复牵强证明于《易传》与河图、洛书(邵雍先天图)是同为一说。不知孔子曾经说过河出图没有。且不说(《易传》)奇偶之象没有详细论述;再说洛水出书,而九一之数也不详尽;再说圣人仿效了,因河图画八卦,因洛书创立《洪范》(也)没有提及。诸家之言(来自)哪位前人的学说呀?(圣人)观鸟迹而制造文字,因规矩而制作器具,(这是)技艺啊。圣人必定长久端详。不过这经学符兆秘诀(之说),不与本文同传。而千年以来,为山野人士杜撰之说,不都几乎是虚妄荒诞,而不可相信的。况且以河图之数分析补充八卦,拘合强同,大多难以相信。如若揭开河图来看:谁为一六而下,谁为二七而上,谁为三八四九而左右,谁为乾兑离震,谁为巽坎艮坤? 天帝告诉人的,何以轻慢得! 因当上而上,因当下而下,因当左右而左右,因当乾兑离震就是乾兑离震,因当巽坎艮坤就是巽坎艮坤。圣人效法天(地),何以拘束! 《易》就是这样作出来的。(若按河图之说)那么仰观俯察者又是何物? 通德类情者又是何事? 而《易》《书》的根本不在这里而在哪里呢? 以洛书之数验证相合九畴,则阴阳奇偶都不相配。按类而求之,五行何以居下,五事何以居上,五纪何以居前左,而皇极何以居中? 八政何以居左,稽疑何以居右,三德何以居后右,而庶征、福极为什么各自固定一个方位呢? 洛书之数的方位实在不同于九畴。一、

---

① 八政:古代国家施政的八个方面,食、货、祀、司空、司徒、司寇、宾、师。稽疑:用卜筮决疑。三德:三种品德。《洪范》:"三德,一曰正直,二曰刚克,三曰柔克。"庶征:各种征候。《洪范》:"庶征:曰雨,曰旸,曰燠,曰寒,曰风。"福极:指《洪范》第九,五福六极。

② 刘长民:刘牧(1011—1064),字先之,号长民。他在《易数钩隐图》卷中说:"《易》者,报道与器,所以圣人兼之而作《易》"。……且夫河图之数,……是兼其用而不显其成数也。洛书……成变化而着形器者也。"九图:九宫图。刘牧以其为河图;十书:五行生成图,刘牧以其为洛书。

洛书九宫图　　　　洛书五行成数图之一

③ 蒋得之:生平不详。《四库全书》未收其著作。笔者从南宋魏了翁(1178—1237)《鹤山集》中《答蒋得之》一文推断为蒋为南宋人,文中说道:"今得之断然谓河图则先天图也,洛书则五行生成数也。"

④ 孔:孔安国;刘:刘歆。

⑤ 程子:程颐(1033—1107),字正叔,人称伊川先生。《河南程氏遗书》卷十五《伊川先生语一》:"孔子感麟而作《春秋》,或谓不然,如何? 曰:《春秋》不害感麟而作,然麟不出,《春秋》岂不作? 孔子之意,盖亦有素,因此一事乃作,故其书之成,曾以此终。大抵缘有发端处,如画八卦,因见河图洛书,果无图洛书,八卦亦须作。"

⑥ 朱子:朱熹(1130—1200)字符晦,号晦庵,理学集大成者,世尊称朱子。他在《晦庵集》卷三十八《答袁机仲》一文中说:"《系辞》虽不言伏羲受河图以作《易》,然所谓仰观俯察、远求近取,安知河图非其中一事耶?"

三、五、七、九,是奇数;而五行、八政、皇极、稽疑、福极,哪个属于奇数? 二、四、六、八,是偶数;而五事、五纪、三德、庶征,哪个属于偶数? 九畴的名数又不同于洛书,如果不取九畴的大义,只摘其自一至九(有数字)的文字(作图),那又何必纵横黑白,秘传神授,不厌其烦地在圣人之后作成呀? 先儒刘长民说伏羲兼取河图洛书,又称九为河图,十为洛书。蒋得之(又)称先天图视为河图,五行生成数视为洛书。诸说纷杂,皆无定据;而若唯独崇信孔(安国)、刘(歆)的学术主张,谬误啊。程子说过:孔子因获死麟感伤而作《春秋》。麟不出现,《春秋》难道就不作吗? 如画八卦,是因为看见了河图洛书,如果没有河图洛书,八卦也是要作的。朱子也称:(《系辞》虽然没有说伏羲是受河图以作《易》,然而所谓)"伏羲仰观天文俯察地理、远求于万物近取于身体(而作八卦),哪知河图不是其中一件事情?"程、朱两位的论述稍为得当。圣王与上天相通,明天道而作经,适见祥瑞的道理本来就是如此,然而说必须这样才能作出河图洛书,不对的。

【评析】本段是全文的核心,用力也最大。汤显祖准确地指出其神异之说的来源,批评汉儒为"山野人士",态度鲜明;对宋儒"以图之数析补八卦",和"以《书》之数参合九畴"搅和一起解说经文的做法,以圣人经典辩答,并用宋儒之间相互矛盾的学术观点,和程、朱两人的"微词"作为印证,以矛制矛,力透纸背。

【原文】盖圣人之经主于理,而后世索之于数;圣人之理得于天,而后世拟之于怪,故不但原经者饰为异说以夸世诬人也。世儒图经传经者,往往惟新奇玄奥是务,分配离析以解经,而经可明乎? 夫易者不离象数,而象数之理自不可穷。然而有正焉,有变焉。卦之明白较著者,正也;旁推而衍之者,变也。伏羲八卦,阴阳刚柔,其理一定,变化尽于是矣。故三代更帙,①易卦则同。而《连山》,而《归藏》,而《周易》,②未尝外伏羲所作,而别(徐本脱别字)为一"易"也。乃邵子图学以此为周之《易》,而非伏羲之《易》。别出横图于前,左右分析以象天气,谓之圆图;于其中交加八宫以象地类,谓之方图。易于天气地类,盖详矣。奚俟夫图而后见也。且谓其"必"出于伏羲,既规横以为圆,又填圆以为方,前列六十四卦于横图,后列一百二十八卦于圆图。上古无言之《易》,何若是纷纷哉! 易始于一,由太极而两仪,而四象,而八卦,生生之序也,未闻笔之图以立卦。天地、山泽、风雷、水火,相合配偶,此八卦对待之体,乃别而图之为先天。由此行乎四时,序于五方,又流行之用,乃别而图之为后天。何据也? 孔子作《传》于千百年之前,邵子读《易》而悟其变,推而衍之如此。③ 不应谓圣人之《传》反为其图说也。近世黄东发著《日抄》,极谓"天地定位"一章,④必非先天卦位,疑图学之不可从。盖彼谓先天在卦气,《传》何为舍而曰"天地定位"? 彼谓后天在入用,《传》何为舍而曰"帝出乎震"? 《系辞》一书,语象变详矣,未尝一及于图;且汉儒传经近古,未有以图为言者,图学邵子之《易》也,而可即谓圣人之《易》也哉?

【译文】圣人的经典以义理为主,而后世却从数字中索求;圣人的义理得自于天(机),而后世却从怪异之事中仿拟,因而不但是原创经者(被)饰为怪异之说向世人夸耀(也)诬害人(原创经者)了。以图解

---

① 三代更帙《汉书·艺文志》:"人更三圣,世历三古。"指的是伏羲画八卦,文王"重《易》六爻,作上下篇",和孔子作"《彖》《象》《系辞》《文言》《序卦》之属十篇"的《易传》。

② 三易名称的来源说法较多,较为公认的是伏羲八卦,在夏朝称《连山》,首卦为艮;商朝称《归藏》,首卦为坤;周朝称《周易》,首卦为乾。

③ 邵雍《观物外篇》曰:"一变而二,二变而四,三变而八卦成矣。四变而十有六,五变而三十有二,六变而六十四卦备矣。"

④ 黄震:他在《黄氏日钞》卷六《撰读〈易〉》中,对邵子的先天图卦位说提出疑义,说"康节(邵子)言伏羲卦位近于穿凿附会"。

经、说经的世儒们,往往只是追究新奇玄奥,解体分割说解经书,而经义可以明晰吗?《易》离不开象数,而象数的义理自然不可穷尽。然而有正,有变。较明白显著的,称正卦;推论衍绎的,称变卦。伏羲八卦,阴阳刚柔相济,其天下之理必然,变化全在其中了。所以三代的书名有变更,易、卦则是相通的。如《连山》,如《归藏》,如《周易》,(它们)表面未必伏羲一人所作,故而别名称为一个《易》。(这个)邵子图学是以周之《易》(推衍为圆、方图),而不是伏羲所作的《易》。(邵子)分解出横图在前,左右分析以象征天气,称为圆图;再在中间相交加入八宫以象征地类,称为方图,对于天气大地之类(的事物),《易》述说得已非常详尽了。但这(圆、方)图是后来见到的。再说(圆、方)图"必定"出于伏羲,既规横以为圆,又填圆以为方,前列六十四卦于横图,后列一百二十八卦以为圆图。上古无文字流传下来的《易》,为什么会这样杂乱呀!易从一起始,由太极(生发出)两仪,再(由两仪生发出)四象,又(由四象生发出)八卦,生生有序,没有听说以画图来立卦的。天地、山泽、风雷、水火,相配偶合,此八卦两两相对,(邵子将它)别名为先天图。由此(先天图)来运行(春夏秋冬)四季,排出(东西南北中)五方次序,(由)它通行(社会)的作用,(邵子将它)别名为后天图。有何根据呢?孔子作《易传》于千百年之前,邵子读《易》而感悟其中的变化,推论衍绎成这样。不应将圣人作的《易传》反过来说是"图"。近世黄东发著《日抄》,(有)深探《天地定位》一章节,(论)"必非先天卦位",怀疑(邵子)图学,(说)不可盲从。(《日抄》说)他(邵子)说先天在卦气,(那么)《易传》为何舍弃而说"天地定位"?(《日抄》说)他(邵子)说后天在实用,(那么)《易传》为何舍弃而说"帝出乎震"?《系辞》一书,详细叙述象变,没有一处涉及图;尚且汉儒说经已是近古(时期),没有用图来解说的。图学是邵子的《易》,而可以说成就是圣人的《易》吗?

【评析】本段着力于《易》的追溯,在"夸世诬人"的分论中,对宋儒邵雍自创的图经进行了分析,并引用了黄东发的不同看法,对以"图经"替代圣人经典而"流行之用"进行了批驳。这也是全篇立论由合到分,步步深入最重要的一环。它与下段一起,构成了全篇第三轮辩论的高潮。

【原文】《洪范》者圣王治世大法,其道尽于皇极,①而终始意义连贯而不可离,是故有本焉,有枝焉。前四畴皇极之体,治天下之本根也,后四畴皇极之用,治天下之枝叶也。读《洪范》者当知天人合一之理,圣人严感应之机,详著五事修废与五行征应之论,特其理微妙不可迹拘耳。刘向作《洪范五行传》,②其言某事致某灾,某灾应某事,捷若形影,破碎分析,世以灾异之学病之,而遂疑念用之畴,或未可尽信。夫人君事天,如孝子事亲,日候其颜色、喜怒,以为已之悖顺,此所谓念也,征而休焉,修之当如是。而求其肃必时雨,义必时旸,哲必时燠,谋必时寒,圣必时风,则难矣。征而咎焉,废之当如是。而求其狂必恒雨,僭必恒旸,豫必恒燠,急必恒寒,蒙必恒风,则舛矣。③圣人立教论其理,而奚必于类应之符邪?惟其言理,故不祖于数。而宋世蔡元定作《皇极内篇》补《洪范》不传之数,④以畴之目合书之九九,衍之而为八十一,八

---

① 皇极:此段有三个"皇极"。第一个"其道尽于皇极"中的"皇极",指第五畴"皇建其有极"。刘向《洪范五行传》:"皇之不极,是谓不建,时则有日月乱行。"第二个"皇极之体"中的"皇极",指:准则,大法。第三个"皇极之用"中的"皇极",指:皇帝,皇位。《旧唐书·外戚传·武承嗣》:"皇极者,域中之大宝,必顺乎天命。"

② 刘向(约公元前77—公元前6):原名更生,字子政,西汉经学家、目录学家、文学家。

③ 《洪范》曰:"曰肃,时雨若;曰义,时旸若;曰晰,时燠若;曰谋,时寒若;曰圣,时风若。曰咎征:曰狂,恒雨若;曰僭,恒旸若;曰豫,恒燠若;曰急,恒寒若;曰蒙,恒风若。"意思是说君主施政态度能影响天气的变化。

④ 此处为汤显祖笔误,实为蔡沈。蔡元定(1135—1198),字季通,南宋著名理学家,作《皇极经世指要》流传于世。而《洪范皇极内篇》是其次子蔡沈所作。《洪范皇极内篇》说"天地之所以肇人物,之所以生万事,之所以得失者亦数也"。并把九九八十一个范畴都命以名字,模仿《易经》的筮法进行占卜,由此而得出九种征兆:吉、咎、祥、吝、平、悔、灾、休、凶。

· 377 ·

十一衍之而为七百二十九,极之于六千五百六十一焉。自元至终,犹《易》之卦也。而六千五百六十一,犹卦之爻也。其于天人妙理,治世大法,果皆曲尽而无遗否乎?《洛书》,数之祖,祖洛书而推之于不可穷。"此元定之精于数学而有功于《书》也。若谓《洪范》之缺,藉以推衍,何其敢于诬经也哉。

【译文】《洪范》,圣王治世大法,其道术全在于(第五畴)"皇极",(全篇)意义连贯不可分离,故且有本、有枝。前四畴是(九畴)大法主体,治天下的根本(不可动摇),后四畴是皇帝具体使用的方法,治天下之枝叶。读《洪范》的人,应当知晓天人合一最根本的道理,圣人对天机的感应是严密的。(《洪范》)详细著论了(貌、言、视、听、思)五事的修养兴废,与(金、木、水、火、土)五行的证验对应,其中的道理微妙不可以拘泥于形迹。刘向作《洪范五行传》,其中称某事导致某灾,某灾应验某事,快捷若形影,分析支离破碎,世人把它当作灾异之学加以诟病,而且就用它来决疑九畴的念思和实用(问题),有时不可以全信。君王治理天下,如同孝子侍奉长辈,每日察望其神色和喜怒,以此作为自己的逆顺(标准),这就叫作意念。征兆显示吉祥,就应当从吉的方面修养。如果苛求(帝王)严正则会及时降雨,治理就会艳阳高照,明智就会天气温暖,谋虑就会适时寒冷,圣明就会柔风徐至,那就困难了。征兆显示凶险,把它废除了就是。如果苛求(帝王)狂暴恣肆就必定连绵淫雨,超越本分就必定持久天晴,犹豫不决就必定持久炎热,急躁不安就必定持久苦寒,昏庸暗昧就必定持久刮风,那就(国家)大乱了。圣人树立教化,论述的是理,且为何要固执于类比对应符兆呢?正因为言理,所以不承袭于数。然而宋代蔡元定作《洪范皇极内篇》,(称)补《洪范》未传之数,用《九畴》的细目编联为九九,而推衍为八十一,八十一推衍为七百二十九,直至推衍到六千五百六十一。自始至终,犹如《易》之卦;而六千五百六十一,犹如卦之爻。(《皇极内篇》说是)对于天人之间的精妙义理和治理天下的大法则,果然完整而没有遗漏吗?它说"《洛书》是象数的始祖,承袭《洛书》可不穷尽地推衍",这是蔡元定精于象数之学而有功于《洛书》的地方。倘若说《洪范》有不完善之处而借以推衍,怎么能冒昧地说它是诬解经文呀!

【评析】本段着力于《九畴》的立辩,对汉儒刘向对《九畴》破碎分析得出的"灾异之学"着力进行批驳,对宋儒蔡沈的所谓"补《洪范》不传之数"进行了推敲,得出是"诬解经文"的结论。此段与上段"八卦"之辩互为犄角,得体得力。

【原文】是故六经之道几绝而复明者,诸儒传经之力,而使大义不尽明于世者,诸儒牵合拟附之罪也。汉儒之失,在示天下后世之信而涉于夸;宋儒之失,在求圣人之精而流于过。或曰:宋儒之学何可非也?曰:何敢非也!天下理与数而已矣。若惟其理数是精,而不援经解附,则邵子之图学、蔡氏之数学,岂可少哉!

此言尽为圣经立辨也,折衷之,以定论尚俟夫理学之奥者焉。

【译文】所以,六经之道几乎灭绝而能得以流传的原因,是得到诸多儒生的大力传授。而使经学大义不能完整无误地宣明于后世的原因,(则是)诸多儒生在解经时牵强附会的罪过了。汉儒的过失,在于为使天下后世的可信(作示范)却涉及夸饰;宋儒的过失,在于求圣人之说的精微之妙却流于过度。有人问:宋儒之学有什么可以责怪的?答曰:怎么敢责怪!天下理与数(既定)而已。如果只是精习理数,而不是援引经典来附和解说,那么邵子的图学、蔡氏的数学,怎么可以缺少呢!

我的这篇对策全是为经学大旨立辨的,折衷而论,而定论尚须待理学渊博精深之人了。

【评析】在结尾段中,作者将汉、宋两代的大儒解说经文的过失给出了结论,这在"流行之用"的当时,确是驱霾逐雾之述。从这点说,此答策并非是"食古"之作,而是"时务"之论了。这种风格在他以后的"四梦"戏剧创作中表现得尤为淋漓尽致。

三、"八卦九畴"略考

四位考官给出的批语分别是:

同考试官教谕陈批:世儒类以图书说经,此作推原圣人本意,反复辩论,足解千古之疑。

同考试官教谕陈批:据理析数,考究精详。

考试官学正吴批:是策大有功于圣经。

考试官学正顾批:得理学之奥,宜录。

如此评价,在此《乡试录》中是最高的了。当然按照明代科考程序,批阅考官所接触的答卷,都是经过誊录官统一誊录,卷面既无考生姓名,又无标记的朱卷。[①] 批阅考官是不可能知道考生其人的。那么,这篇年仅 21 岁的士子之言,何以"足解千古之疑"?据此,笔者认为有必要对"八卦九畴"的思想价值,以及有史以来关于"八卦九畴"来源的流变作一简略的归纳梳理。

远古时期的人类认为,世界是由少数几种基本物质构成的。这种对世界本原的抽象认识,在华夏民族中,表现为认为有天、地、山、泽、雷、风、水、火八种物质形态。这八种物质两两相对,且相互作用,产生万物。人类既是这八种物质运动的产物,同时又要顺应它们才能生存。并认为"按类取象",万事万物都是这样运动的。因此,为寻求人们行为的成功,产生了求神问天,预测行为效果的占卜术,称为"八卦"。如果说"伏羲作八卦之说,未必可信",[②]是因为时代过于久远而无法考证,但"九畴"的起源则要清晰许多,是迄今四千多年前产生的中国国家体制管理的第一部根本大法。追根溯源,无论是"八卦"还是"九畴",都是中华文明的奠基之作。正如任继愈先生在他主编的《中国哲学史》,"《易经》和《洪范》的思想"[③]一节中所论述的:"《易经》中包括了一些科学思想和辩证法观点,但它没有摆脱神学的体系。它是通过求神问卜的形式,结合当时生产斗争和社会生活经验提供了一些符合科学精神的思想。……《洪范》和《易经》一样,也是在宗教神学的体系下透露出一些朴素的唯物主义观念。"张岱年先生在《论易大传的著作年代与哲学思想》一文中也说:"《易大传》对于后来哲学思想发展的影响是非常巨大的。以后的唯物主义思想家与唯心主义思想家都从《易大传》中吸取营养。应该肯定:《易大传》对于中国哲学思想的发展确实有其不可磨灭的贡献。"[④]

以现代概率论的观点来看,人们行为的结果,成、败概率各为 50%。如何看待成功与失败的可能,在《易经》的卦辞与爻辞作出的种种解释中,由于有一些包含着科学的道理与辩证法的观点,因而被人们视若神明。所以关于"八卦"的起源就更显得扑朔迷离,有学者仅在《周易·系辞传》中就理出了二种:[⑤]一是源于上古时代的结绳记事,《系辞下传》说:"上古结绳而治,后世圣人易之以书契,百官以治,万民以察","古者包牺氏之王天下也,仰则观象于天,俯则观法于地,观鸟兽之文与地之宜,近取诸身,远取诸

---

① 参见西北师范大学文学院张连银《明代乡试、会试评卷研究》2004 年 5 月硕士学位论文。

② 任继愈主编《中国哲学史》,人民出版社 2003 年版,第 21 页。

③ 任继愈主编《中国哲学史》,人民出版社 2003 年版,第 25—28 页。

④ 转引自周振甫《周易译注》,中华书局 2013 年版,第 27 页。

⑤ 参见张晓林《八卦起源说综述》,《社科纵横》1995 年第 4 期。

物,于是始作八卦,以通神明之德,以类万物之情"。二是源于测量术。《系辞上传》说:"易有太极,是生两仪,两仪生四象,四象生八卦。"有学者认为,"卦"字是由"圭""卜"组成,而"圭"是古时人们用于测量太阳阴影,以判断时间的工具。据此人们推断八卦本来表示的是一年中阴阳消长的八个节气,即立春、春分、立夏、夏至、立秋、秋分、立冬、冬至。"八卦定吉凶,吉凶生大业。"在原始农耕时期,观"象"而作,这是人类社会发展的必然阶段。然而不管如何,"八卦"作为汉文字与数字之祖,其地位是毋庸置疑的。

《洪范》九畴形成于夏商周,这是无争议的。研究表明,公元前2071年为夏代起始年。① 当其时"禹别九州,随山浚川,任土作贡。禹敷土,随山刊木,奠高山大川。……开九州,通九道,陂九泽,度九山"(《尚书·虞书》)。在禹的治理下,"九州攸同,四隩既宅,九山刊旅,九川涤源,九泽既陂,四海会同。……禹锡玄圭,告厥成功"(《尚书·禹贡》)。所以《尚书·洪范》说:"禹乃嗣兴,天乃锡禹洪范九畴,彝伦攸叙。"开创了中华文明的新纪元。然而它的成文却还要晚近千年,它是周文王十三年(公元前1184),武王拜访箕子,请教治国常理,箕子转叙而成为周朝统治天下的根本大法的。当代学者甚至认为,"《洪范》是周朝天子正式颁布的一部相当于现代宪法的法典"。②

可以看到,远古时期的"八卦"与"九畴"是不同历史时期产生的两个不同的概念。那么它们又是如何与"河图""洛书"扯到一起的呢?

"河图"一词最早出现在《尚书·顾命》中:"大玉、夷玉、天球、河图,在东序。"这里所说的"大玉、夷玉、天球"是东方产的几种玉石,根据同类叙述的写作原则,"河图"也应当是玉石的一种。再《管子·小匡》说:"昔人之受命,龙龟假,河出图、洛出书、地出乘黄。今三祥未见有者。"显然,这里的"河图、洛书、乘黄"指的都是三种不同的祥瑞。③ 将河图、洛书与八卦、九畴联系在一起的是孔安国。他在《古文尚书》中说:"'河图'者,伏羲氏王天下,龙马出河,遂则其文,以画八卦。'洛书'者,禹治水时,神龟负文而列于背,有数至九,禹遂因而第之以成。"由此,"八卦""九畴"就与"河图""洛书"分别对应了起来。

它们又是怎样流变成"灾异之学"呢?这是汉儒曲解而成的。当代学者朱本源先生研究认为,灾异论的创立者首当其冲的是董仲舒。④ 董仲舒说:"孔子作《春秋》……《春秋》之所记,灾害之所加也;《春秋》之所恶,怪异之所施也。"刘向、刘歆父子在此影响下,孤明先发,在《洪范五行传》中说:"《易》曰:'天垂象,见吉凶,圣人象之;河出图,洛出书,圣人则之。'刘歆以为虙羲氏继天而王,受河图,则而画之,八卦是也;禹治洪水,赐洛书,法而陈之,《洪范》是也。……河图、洛书相为经纬,八卦、九章相为表里。昔殷道弛,文王演《周易》;周道敝,孔子述《春秋》。则《乾》《坤》之阴阳,效《洪范》之咎征,天人之道粲然著矣。"⑤并以五行阴阳之说对应《洪范》的内容,附以休、咎征兆之应。成为汤显祖在本答策中所说的"而后世儒者乱之也"之源。

应该说,此时也还只是出现了"河图"对应"八卦","洛书"对应"九畴"之说,那么"八卦""九畴"又是怎样纠缠在一起的呢?这还得从黑白点的"河图""洛书"说起。

众多研究认为,在宋以前,并没有出现以图表示的"河图""洛书"。首次以黑白点表示"河图""洛

---

① 《夏商周断代工程将我国历史纪年前推1200年》,《瞭望新闻周刊》2000年11月20日第47期。
② 李行之《〈尚书·洪范〉是中国历史上第一部宪法》,《求索》1985年第4期。
③ 参见中国社会科学院哲学研究所任蜜林《〈河图〉〈洛书〉新探》《西北师大学报(社会科学版)》2013年7月第4期。
④ 参见朱本源《〈洪范〉中国古代文明活的灵魂》,《陕西师范大学学报(哲学社会科学版)》1996年3月第1期。
⑤ 《汉书·志·五行志上》,《钦定四库全书·史部·正史类》。

书"的是宋初的道士陈抟,①叫作《龙图易》。《四库全书》收录的《宋文鉴·龙图序》以及《宋史·艺文志》中,都讲到了陈抟的"龙图三变",即一变为天地未合之数,二变为天地已合之数,三变为龙马负图之形,最后形成了河图、洛书两个图式。陈抟的《龙易图》传到邵雍手中后,他结合《周易》的文字叙述,推演出八卦图与六十四卦图。(现在我们能看到的约三千种不同形式的八卦图,皆是邵雍图的演变。)邵雍还在他的《皇极经世书》中,将传统的易学分为先天与后天。既伏羲易为先天之易,文王作的《系辞》与孔子作的《传》为后天之易。提出先天为体,后天为用。力图创造一个"上识天时,下尽地理,中尽物情,通照人事",无所不包的象数体系。邵雍的"图学"得到了朱熹、蔡元定的大力推崇,称邵雍的《皇极经世书》为"易学别传",并在《易学启蒙》一书中进而发挥说:"《大传》所谓'河出图,洛出书,圣人则之'者,亦泛言圣人作易作范,其皆出于天之意。""洛书固可以为易,而河图亦可以为范矣。"②两者是可以相通的。如此自圆其说地解决了"图"与"书"交集的义理问题,那么象数义理学的推出也就顺理成章了。其弟子蔡沈阐幽发微,发明《洪范》之数,著《洪范皇极内外篇》。蔡沈的所谓"洪范"之数,说是来自黑白点的"洛书"。认为此神秘数字可"上稽天文,下察地理,中参人事,古今之变,穷义理之精微,究兴亡之征兆"。③由此在象数学与义理学之间架起了一道桥梁。为理学增添了象数的新内容。得到了朱熹的赞誉:"《洪范传》已领,俟更详看,然不敢率易败动。"④然而蔡沈的《洪范皇极内篇》是阐释《洪范》与数的关系,而《洪范》本是以义理治理天下的法则,两者强牵捏合,穿凿附会就不是无意而为,而是刻意追求了。至于以"洪范之数"占卜就更显得荒谬了。

古今学者的研究也表明,汤显祖在答策中对汉儒神话异化、宋儒穿凿附会古圣人作的"八卦九畴"的阐述是正确的。

前有同为临川乡贤的北宋名臣王安石说:"夫《易》之道甚明,而儒者以《河图》乱之;《洪范》之义甚明,而儒者以《洛书》乱之。"⑤并呐喊出千余年来振聋发聩的"天变不足畏,祖宗不足法,人言不足恤"的警世之言。

后有清末著名思想家龚自珍(1792—1841)在论及汉儒神异经学时气愤地说:他"最恶刘向之《洪范传》,以为班氏之《五行志》不可作也",又说:"刘向有大功,有大罪,功在《七略》,罪在《五行传》"。⑥学者牟庭(1759—1832)在他所作的《同文尚书》中说:"《洪范》虽曰九畴,而本非言数之书。""故凡以洪范为洛书皆诬说也。"⑦

当今的学者又是怎样评价邵氏图学、蔡氏象数理学的呢?山东大学教授、博士生导师林忠军在他的著作中是这样论述的:"邵氏不是在诠释《周易》,而是借助于《周易》的符号来阐发自己的思想,故他的思想多与《周易》本义及传统观点不符,甚至相违背。"⑧重庆师范大学副教授、硕士生导师陈良中撰文说:(《洪范皇极内外篇》)"仅是借'九畴'之数推演而成,也就是说这一体系未能具有说服力地建立起来,这

---

① 陈抟(871—989),字图南,号扶摇子,赐号"白云先生""希夷先生",北宋著名的道家学者、养生家。《宋史》有传。

② 朱熹撰、苏勇校注《周易本义》,北京大学出版社1992年版,第208、211页。

③ 蔡沈著《洪范皇极内篇》,《钦定四库全书·子部》。

④ 朱熹《答蔡仲默》,《晦庵集续集》,《钦定四库全书·子部·别集类》。

⑤ 【自语堂编藏】王安石《洪范传》,http://www.360doc.com/content/12/1124/01/8164970_249873083.shtml。

⑥ 参见朱本源《〈洪范〉中国古代文明活的灵魂》,《陕西师范大学学报(哲学社会科学版)》1996年3月第1期。

⑦ 转引自沈清濂《九畴初探》,《江汉大学学报》1986年第2期。

⑧ 林忠军《象数易学发展史·(二)》,齐鲁书社1998年版,第248页。

是蔡沈'洪范数'体系的致命缺陷。"①

至此,400多年前考官之所以给出"足解千古之疑"的批语,就释然而解了。值得注意的是,笔者经搜索,如此关于"八卦九畴"来源的专论,汤显祖当为第一人。换句话说,如果汤显祖的这篇文章不被湮没400多年,想必中国易学史界,定会赋予它应有地位的。当然,我们不能苛求400多年前的汤显祖文中的每句话,每个字,都符合经过现代科学验证了的正确的认识,但从总体上看,他对《周易》与《洪范》正本清源的论述,即使是在400多年后的今天,对那些不问苍生问鬼神,神异易学的所谓弘扬"国学"的现象,无疑仍有现实的批判意义。

在联合国教科文组织隆重纪念汤显祖逝世400周年之际,析读汤显祖的《第三问》,在欣赏他那丰富的阅历、犀利的笔触、优美的文采的同时,更能深切地感触到,年仅21岁的汤显祖追求事物真相的热忱与敢于质疑的思想锋芒。"小荷才露尖尖角。"从批驳汉儒的奇说、异说、山村野士之说,到批驳宋儒的诬人之说、强加于原经的"诬经也哉",无不透露出年青的汤显祖"颖异不群……非仅仅蹀躞康庄也者"(邹迪光《临川汤显祖传》)的锐气。在他的笔下,程子、朱熹这样的儒学大家都只是"稍为得之"。这在视程朱理学为至尊正宗,"非朱氏之言不尊",士子一味"尊朱""述朱",毫无个人学术思想创新的明代科举场上,是十分罕见的。正是这种锐气,铸就了他考进士不为权贵延揽而数度落第的高尚情操;铸就了他文场上不务虚名,与"文必西汉,诗必盛唐"的复古拟古者们奋争的不屈精神;铸就了他官场上"以天下为己任"(《抚州府志·汤显祖传》),不"睨长吏色而得其便"(邹迪光《临川汤显祖传》),直言上疏受贬,直至弃官回家的浩然之气;铸就了他宁守清贫,"意气慷慨……蹭蹬穷老"(《明史·汤显祖传》)的人生境界。成为其创作流芳千古的"临川四梦"的前奏。

也就是这场考试之后,汤显祖在江西考场"士三千有奇三试之"中脱颖而出,在九十五名中式举人中名列第八,意气风发地踏上了漫长、坎坷,乃至于凤凰涅槃般的人生之路。

---

① 陈良中《蔡沈〈洪范皇极内外篇〉义理研究》,《重庆师范大学学报(哲学社会科学版)》2010年第5期。

重论汤显祖作《华盖山志序》的可能性

黄建荣

汤显祖的《华盖山志序》最早是龚重谟先生于二十世纪 90 年代中后期发现的,它虽未收于 1999 年徐朔方先生笺校的《汤显祖全集》,但已收录于 2015 年出版的《汤显祖集全编》。①

2006 年 9 月,在浙江遂昌召开的汤显祖国际学术研讨会上,笔者曾提交了《汤显祖作〈华盖山志序〉的可能性》②一文。时隔十年,笔者在再次浏览汤显祖相关诗文和其他文献资料的基础上,对该文中的一些说法有了新的认识,故重论以确证之。

一、关于华盖山的名声和《华盖山志》的版本

江西省的华盖山系江南道教名山,③又名大华山、大华盖山,位于抚州市乐安县东南(1950 年前归抚州市崇仁县管辖)的谷岗乡与南村乡之间。它发源于衡岳山脉,属雩山余脉,山势拔地而起,状如莲花宝盖,遂名华盖山,亦名宝盖山。该山诸峰高耸入云,其中浮丘峰、五岳峰、著棋峰三峰壁立,素有"江南绝顶"之称,相传有浮丘、王、郭三人在此修炼得道,得以成仙。明代章潢于万历四十一年(1613)编撰的《图书编》卷六十五"江西各郡路名山总图"中,列有前人所刻录的"大华盖山境迹图",该图显示了华盖山古时的数十处胜境灵迹。

华盖山出名的另一重要原因是历代君王的褒扬和名士的渲染。如宋加封浮丘、王、郭三仙为"三佑真君",宋神宗于熙宁八年(1075)赐以"华盖山"及"崇仙观"匾额,明洪武二十二年(1389)明太祖朱元璋又敕建华盖山第二重门,重赐"敕赐崇仙观"匾额。由于君王对华盖山的褒扬,历代的公卿大夫和名士文人慕名而来者甚众。据《华盖山志》记载,唐大历四年(769),颜真卿任抚州刺史时,寻得隋开皇五年(585)华盖山旧碑文,据此考证撰写《桥仙观记》;宋工部尚书谢谔,江西路转运使李冲元、德庆太守曾丰;元著名理学家吴澄,文学家虞集、揭傒斯;元末明初史学家、文学家危素;明兵部尚书谭纶,刑部尚书董裕,云南参政罗汝芳,状元罗伦、罗洪先,文渊阁大学士吴道南等,曾在此山留下铭记和诗词 200 余首(篇)。

正因为华盖山如此出名,故从唐宋以来就有人为华盖山编书撰志。据史料,《华盖山志》祖本可能是《华盖山浮丘王郭三真君事实》④(六卷),它最早刊印成书于明永乐五年(1407),初名《江南华盖山志》,

---

① 《汤显祖集全编》亦署名徐朔方笺校,共收汤显祖佚文 40 余篇,由上海古籍出版社 2015 年 12 月出版。

② 该文后收于:"东华理工大学临川地方戏曲研究丛书"之《戏剧戏曲学学术论文集》,中国戏剧出版社 2007 年 7 月版;《2006 中国·遂昌汤显祖国际学术研讨会论文集》,西泠印社出版社 2010 年 1 月版。

③ 浙江省温州永嘉县也有华盖山,与乐安华盖山异地同名,笔者曾误将乐安华盖山列为道教三十六洞天之第十八洞天。另检索《四库全书》,古时以华盖山命名者,在四川、广东、山西、河南、湖南、陕西、贵州等省均有分布,但它们的名气均不如江西的华盖山。

④ 《华盖山浮丘王郭三真君事实》(六卷),收于《道藏》(第 18 册),上海书店、文物出版社、天津古籍出版社 1996 年版,第 44—78 页。

有三篇序文：一由明永乐年间江西龙虎山第 43 代天师张宇初作,二为录宋景定辛酉(1261)刘祥、王克明之作,三为明洪武辛未(1391)南村乡友张颜作。从序文和该书所辑录的著述可知该志纂集刊行的经过和缘由,也可知先后参与编撰者有五代南唐至元代的沈庭瑞、章元枢、黄弥坚、李冲元、吴澄、虞集等人。明嘉靖三十四年(1555),道士许云升重修并刊印《重修江南华盖山志》,据说此书曾为宁波天一阁收藏,流入美国后存美国国会图书馆。据明末清初黄虞稷所撰《千顷堂书目》,其卷八载有明代刊行的三部《华盖山志》,编撰者分别是永乐年间的邹矖(卷数不明)、万历年间的孔轼(八卷)和天启年间的崔世召(八卷)。今尚未考索出邹矖和孔轼二家版本的具体年代,①只知崔世召编撰的具体年代为明天启七年(1627)。当时,崔世召任抚州崇仁知县(1625—1627),他在主持编撰《华盖山志》时即收录了汤显祖的《华盖山志序》一文。崔世召所编《华盖山志》,清同治八年(1869)经甘启祥等人增订,民国十七年(1928)由民间捐资刊印,2004 年由乐安县乡贤余式高等人编注后正式出版。另外,清人谢希桢也编撰了《华盖山志》。

二、汤显祖的道家情结与他是否出游华盖山

大多数研究汤显祖的学者,基本上都认可其思想是儒、佛、道皆有,并且对其复杂思想形成的过程亦有不少精当论述,兹不赘述。这里仅结合汤显祖的相关诗文和其他文献资料,对汤翁的道家情结及其是否出游华盖山作一简述。

一方面,汤显祖由于受家庭的熏陶和师长的诱导,少年时代就受到道家出世思想的影响。例如,汤显祖自言"家大父蚤综籍于精黉,晚言笙于道术。……家君恒督我以儒检,大父辄要我以仙游";②汤显祖的祖母则"精心道佛,好诵元始金碧之文";③汤显祖本人早期所写的《挽徐子拂先生》一诗的小序中,对他的老师徐良傅也颇有感触,记载了徐良傅赠给他的"若不尽捐烟火瘴,教君何处住蓬莱"诗句,认为徐:"先时颇有怀仙之致,其诗有云:'夜半敲冰煮石,朝来茹术餐苓。老子解游玄牝,羲之错写《黄庭》。'"④另一方面,汤显祖在青少年时期的诗集《红泉逸草》(作于 12—25 岁)共 75 首诗,其中至少有 11 首流露出仙道思想,如《祥符观阁侍子拂先生作呈刘大府》《和大父云盖怀仙之作》《登西门城楼望云华诸仙》《经黄华姑废坛石井山》《玉皇阁》《送人入蜀求道书》《和大父游城西魏夫人坛故址》《挽徐子拂先生有序》《送吴道士还华山》等等。尤其是《送吴道士还华山》一诗,可认为是汤显祖知晓华盖山的最早证据。该诗中的"华山"即指大华山(华盖山),徐朔方先生笺语为"在江西崇仁",⑤可谓无误,因为在明代,华盖山尚属崇仁县境,汤显祖在《华盖山志序》中也有"崇仁华山"之明言。从上述诗文的记载或咏怀,可以较容易看出汤显祖的道家情结是缘于其青少年时期,也可知华盖山已进入汤显祖的视野。

顺便说明的是,汤显祖的道家情结延续了一生,这在其诗文中有较多反映,较有代表性的是明万历二

---

① 邹、孔二家《华盖山志》的刊行,估计与明代两次编修《道藏》有关。邹矖本大约出现于明永乐四年至八年(1406—1410)前后,因为期间张宇初(1410 年去世)及其弟张宇清(第 44 代天师)奉诏编修《道藏》;孔轼本大约是在明万历三十五年(1607)之前,因为此年第 50 代天师张国祥奉诏辑印《续道藏》。

② 徐朔方《汤显祖诗文集》,上海古籍出版社 1982 年版,第 22 页。

③ 帅机《魏夫人诔》,《阳秋馆集》,《四库禁毁书丛刊》本。

④ 徐朔方《汤显祖诗文集》,第 24 页。

⑤ 徐朔方《汤显祖诗文集》,第 35 页。

十年(1592)他被贬谪去徐闻途中,除了写有《罗浮山赋》之外,还写下了《惜东莞祁生》《衢冈望罗浮夜至朱明观》《出朱明观》《答崔子玉明府朱明洞相迟不至二首》《下飞云岭》《望罗浮夜发》《至月朔罗浮冲虚观夜坐》《罗浮上帝泉避雨蝴蝶洞迟南海崔子玉不至四首》《罗浮夜语忆明德师》《青霞洞怀湛公四首》《罗浮飞云岭》《罗浮叹别逃庵主人》等 10 多首诗,以抒发游览岭南道教名山罗浮山和道教第十九福地清远山(汤翁自号清远道人的因缘)的感慨。更能说明汤显祖道家情结的,是他在"临川四梦"的题词中多署名道号"清远道人"。不过,令人感到有所遗憾的是,汤显祖没有留下直接描写游览华盖山的诗篇。

那么,汤显祖是否游历过华盖山呢?这个问题可从汤显祖的另一部较早的诗文集《问棘堂邮草》①(作于 28—29 岁)中寻到一些踪迹。明万历五年(1577)春天,28 岁的汤显祖进京参加会试再次落第。此后一年多时间,汤显祖主要在家乡临川闲居。由于落第回家,汤显祖免不了经常心烦意闷。为了排遣抑郁无聊的时光,他在这段时间除了读书、写作、②喝酒、交友之外,还抽空与朋友一起外出访道。汤显祖在此期间所写的一些诗,仅从诗题上就可看出他与他的朋友去麻姑山、华盖山等道家圣地游历的事实,如《游卓斧金堤过白洲保望天堂云林便去麻姑问道》《逢南都张觅玄麻姑山中从余来华盖便辞去游河关》("东南要麻姑,去看沧海尘。……红泉过灵谷,王郭两金昆。更揖浮丘子,吹箫响云门。"③)《友可便欲求仙去次韵赏之》《送谢廷谅往华盖寻师》(徐朔方笺曰:"华盖,山名,在崇仁县南,一名宝盖。"④)《与谢献可献可吾师徐子拂之子之才婿也就读东县梦与有寄乃昆友可朝宝盖去……即事赠之》《笑语华山道者》《稠原家丰城说有佳地在华山下肯见推与笑答》等。另外,也有少数诗句可看出汤显祖出游访道经历,如《占仙亭晚归》中的"偶从盱姥游,遂作麻姑客"等。⑤ 黄芝冈先生根据《逢南都张觅玄麻姑山中从余来华盖便辞去游河关》一诗,也推断汤显祖在家闲住的这段时间,"曾往麻姑山访道,在山里遇见了南京道士张觅玄,并和他同游华盖山"。⑥ 顺便提及的是,徐朔方先生对该诗题中"华盖"所作的"山名,在临川城西"⑦之笺语恐有误,因为笔者在查阅明弘治《抚州府志》和清同治《临川县志》时,均未见古临川城周边有华盖山的记载。黄芝冈先生推断汤显祖曾与张觅玄同游华盖山,应该说是符合情理的。

顺便提及的是,关于汤显祖出游华盖山的时间,余式高等先生认为:"明万历三十八年(公元 1610),汤显祖游览华盖山,为《华盖山志》撰写《序言》。"⑧此说之误,杨秋荣先生已加以驳正。⑨ 杨先生的驳正甚为有理,然笔者觉得还可以加上一点,即根据《华盖山志序》(参见本文第三部分)落款为"万历庚戌长至"中的"长至"(古人称冬至日为长至)这一时间,可以推断汤显祖不可能冒着严寒、拖着体弱多病之身,在年逾花甲之际登游离临川 300 多华里的华盖山。

---

① 《问棘堂邮草》(一作《问棘邮草》),徐朔方先生认为所收汤显祖作品的时限是明万历五年(1577)至万历七年(1579),黄芝冈先生则认为其时限是明万历五年(1577)至万历六年(1578)。该诗文集共收赋 3 篇、诗 142 首、赞 7 首。另外,未收入该诗文集的《金堤赋》(金堤,即抚河文昌桥上游的千金陂,离汤显祖家宅不远)也是作于万历六年。

② 据徐朔方先生考证,汤显祖的首部传奇《紫箫记》"约当为万历五年秋至七年秋两年内作于临川"(参见徐朔方《汤显祖年谱》附录的《玉茗堂传奇创作年代考》文,上海古籍出版社 1980 年 5 月版,第 224—225 页)。

③ 徐朔方《汤显祖全集》,北京古籍出版社 1999 年版,第 83 页。

④ 徐朔方《汤显祖全集》,第 13 页。

⑤ 徐朔方《汤显祖全集》,第 82 页。

⑥ 黄芝冈《汤显祖编年评传》,文化艺术出版社 2014 年版,第 3 页。

⑦ 徐朔方《汤显祖全集》,第 83 页。

⑧ 崔世召《华盖山志》,长春出版社 2004 年版,第 438 页。

⑨ 杨秋荣《新发现的一篇汤显祖重要佚文〈华盖山志序〉》,《北京教育学院学报》2006 年第 3 期。

三、汤显祖的《华盖山志序》及其撰写缘由

为便于说明一些问题,今参照 2015 年版的《汤显祖集全编》,将汤显祖的《华盖山志序》原文录之如下:

> 三真所起,或云浮丘公黄帝时人,历周、汉、晋而度王、郭二真焉。或言王是王方平从孙,而郭其母弟:固无所考。大致空明绝世天宗云籍之人,亦非世所得而考也。独吾郡灵谷诸山,势接于崇仁华山,仙人之迹,往往而在。其山隐蔽危峭,炫焕乎金石而旖旎乎风云,晴雷乎殿藩而阴火乎垠壑,狸豹之所蒙茸而蛟龙之所迫折者,亦非人世所得而习也。世人形用则碍,碍则自其闻见喜怒之外,不能虚通。不通不灵,不灵不可以久。真人神用,故虚极而灵,常幽栖乎隈崔凌兢之处,而无方之阴阳出没人意。病者与安,绝者与嗣,旱灾与之龙若云,誓不蠲者与之虎若雷,盖万亿于斯而无失应者夫。是以终古以存,无昼夜而悲呼跪拜者踵于道也,又何异乎。吾独异夫世人之贪嗜骛傲居乎斯土者,或以凌蔑其树宇而颠倒其道具;吏于斯土者,或以冒乱其福威而晦阒其风雨。虽神用者常以慈卫人,常以情动人,而何形用者之戾以顽如是也。然而观于其应感交运之迹,则前所为戾以顽者,有所患苦,祈祷未尝不至于斯焉。过而咏于斯者,又未尝不自惜其劳生而祈灵于真际也。岂非道者万物之所保,而神者形之所不能不待与。予慨于中久矣。羽士求弁其志,而因以示世之人焉。
>
> 万历庚戌长至临川清远道人汤显祖撰

当今汤学研究者已基本认可该序文的作者是汤显祖。不过,笔者以为其中还需要弄清楚几个小问题。比如说,汤显祖看到的《华盖山志》究竟是何版本?华盖山的道士为何要汤显祖为山志作序?汤显祖作序的缘由如何?

杨秋荣先生认为,汤显祖看到的《华盖山志》"当是道士许云升所编撰的嘉靖重修本"。对于杨先生之说,鄙人不大敢苟同,因为《华盖山志》在许云升的嘉靖本之后至少还有孔轼的万历本,汤显祖看到的也就极有可能当是万历本。退一步说,即使可以认同杨先生之说,其中仍让人有所疑惑:如若是许云升编撰的嘉靖重修本《华盖山志》,那么为何在时隔 40 年后,华盖山的道士才请汤显祖来为之作序呢?按一般常理来说,几乎没有谁会把一本几十年前的旧书拿出来请人作序。笔者揣测,其中最有可能的情况,是华盖山的道士又在旧志的基础上新修了《华盖山志》(或许就是孔轼编撰的万历本)且已完稿,因此想请当时名扬海内的汤显祖写序;然而汤显祖的序写好之后,新修的山志却因种种原因未能付梓,因此汤显祖撰的《华盖山志序》也未得公诸于世。笔者还以为,孔轼的万历本《华盖山志》(八卷),极有可能成为明代天启七年(1627)崇仁知县崔世召为之再次编撰时的基础。当然,这只是笔者的一种推测,因为目前尚未发现直接的文献证明。

那么,汤显祖撰写《华盖山志序》的缘由何在呢?

正如绝大多数学者所认可的,儒、佛、道的交织,造就了汤显祖一生的复杂思想。但实际上,他很多方面可以归结为以"道"为主,尤其是中年以后撰写"临川四梦"时更是用道号署名。如从万历二十三年(1595)开始他在《紫钗记》题词中自号"清远道人",之后又在万历二十六年(1598)完成的《牡丹亭》题词

和万历二十八年(1600)完成的《南柯记》题词中均署名曰"清远道人";而于万历二十九年(1601)完成的《邯郸记》,不仅该剧题词中署"临川居士题于清远楼"(清远楼是汤显祖由遂昌回临川后移居的玉茗堂内一座建筑),而且剧情中更是融入了较多的仙道因素。汤显祖在万历三十六年(1608)59岁时写的《答陆君启孝廉山阴有序》一诗的小序中,曾说自己"某学道无成,而学为文;学文无成,而学诗赋;学诗赋无成,转而学道。终未能忘情所习也"。① 这段话,无疑可看作是汤显祖对平生道家情怀的一种自我归结。汤显祖写这段话的时间,离他于万历庚戌年(1610)作《华盖山志序》的时间仅相差两年,但都属于他的晚年时期。年逾花甲的汤显祖,此时已饱含了人生的沧桑,他从"学道无成"开始,最后又"转而学道",虽说是戏谑之语,然而他对"道"的感悟,却是"慨之于中久矣"。所以,当羽士(道士)求他"弁其志"时,他出于多年来对华盖山的景仰以及对"道"的深刻感悟,才会欣然为之作序,将之"示世之人",同时仍用"清远道人"署名。至于该序文所蕴含的道家观点,邹元江先生已有一定的阐释,②兹不赘述。

顺便提及的是,序文中最后"羽士求弁其志"的"求"字,从最有可能的角度来分析,应该是华盖山的道士来临川向汤显祖当面恳求。

---

① 徐朔方《汤显祖诗文集》,第631页。
② 邹元江《汤显祖新论》,上海人民出版社2015年版,第206—208页。

汤显祖四篇涉徐闻诗文考略

钟大生

在万历十九年(1591)被贬谪徐闻当典史添注后,汤显祖和徐闻结下了不解之缘,一生写下与徐闻有关的诗歌38首,文章8篇。由于因年代久远,这些诗文记载不详,给今天读者学习与研究造成了一定麻烦。笔者特选四首(篇)作考证,以飨读者。

一、阳江避热入海,至涠洲,夜看珠池作,寄郭廉州

> 春县城犹热,高州海似凉。地倾雷转侧,天入斗微茫。薄暮游空影,浮生出太荒。乌艚藏黑鬼,竹节向龙王。日射涠洲廓,风斜别岛洋。交池悬宝藏,长夜发珠光。闪闪星河白,盈盈烟雾黄。气如虹玉迥,影似烛银长。为映吴梅福,回看汉孟尝。弄绡殊有泣,盘露滴君裳。

万历十九年四月,汤显祖上书《论辅臣科臣疏》,公开弹劾辅臣申时行和科臣杨文举、胡汝宁,震动朝野,触犯神宗,被贬谪为祖国大陆南端的广东雷州府徐闻县典史添注。当年十一月下旬,他来到徐闻任职,途中写了这首诗。

(一)汤显祖从阳江来徐闻路线怎么走

汤显祖来徐闻路线,原浙江大学教授、汤学权威专家徐朔方先生等这样归纳:南京——临川——大庾岭——保昌(南雄)——始兴——曲江——曹溪——飞来峡——清远——罗浮山——广州——澳门——香山——恩平——阳江——涠洲——石城——海康——徐闻。汤学研究者对汤显祖从南京到阳江行程没有什么争议,但对阳江到徐闻的最后段行程颇有看法。

要了解汤显祖来从阳江来徐闻路线行程,必先弄清汤显祖从阳江至涠洲岛路线走法。

《阳江避热入海,至涠洲,夜看珠池作,寄郭廉州》虽然告诉了人们汤显祖从阳江至涠洲岛行程路线,但欠具体。涠洲岛位于北部湾,雷州半岛西侧,明清时属广东廉州府和雷州府共管,今属广西壮族自治区北海市管辖。由于古时阳江至涠洲至少有两种行程:一是海路直达涠洲,二是海路——陆路——海路兼程,而该诗没有明确说明具体行程,加上时间久远,后人出现了不同解读。

徐朔方先生认为汤显祖从阳江"入海"后一直坐船在海上航行,中间经过徐闻不上岸,"至涠洲"。他在自己编者的《汤显祖评传》中解释为:"他由香山经恩平到阳江。在亚热带的冬季,为避免陆行的溽暑,由阳江出海。水天一色,满帆的海风送他到了琼州海峡。也许'风斜别岛洋',船过徐闻靠不了岸,只得随风漂流;也许又是他游兴勃发,乌艚船直到几百里外的涠洲岛才停泊。"

笔者认为徐朔方先生的这段话纯属揣测。

1. 在亚热带的冬季,吹东北风。徐闻县位于广东省雷州半岛南端,濒临琼州海峡,处于广东阳江县(今为地级市)西南。从阳江到徐闻刚好东北风顺风,但一旦过了琼州海峡就是北部湾,涠洲岛在徐闻县西北,从徐闻至涠洲就处于冬季逆风区。如果要顺风行走,过了琼州海峡,船往西南方向的南海行进才是顺风区。要是"随风漂流"就往南海西沙群岛那边方向去了,根本无法漂流到涠洲岛,因为涠洲处于逆风区。

2. 古代航海技术落后,船只能靠着海岸行航,日行夜息。琼州海峡,亦称雷琼海峡,是海南岛(又称琼州岛)与雷州半岛之间所夹的水道,为中国三大海峡之一。琼州海峡东西长约 80 公里,南北平均宽为 29.5 公里,最宽处直线距离为 33.5 公里,最窄处直线距离仅 18 公里左右。汤显祖所坐的船应是沿着雷州半岛的徐闻沿岸航行,不可能靠不了岸。特别是徐闻至涠洲起码有二三百公里,行船至徐闻必须补充各种生活用品,否则以后路程就是大海了。特别夜间不能行船,必须在徐闻休息,当时徐闻东有锦囊驿,南有海安的沓磊驿,可供选择休息。徐闻是他任职目的地,为何不到即将任职的地方和当地政府打一个招呼,歇一歇,并备一备补给,而不打招呼去涠洲岛?情与理都讲不通。

3. 涠洲岛人口,主要是驻军,和少许渔民和养珠人。它属军事重地,往来人员应极少,一般的民间商业运输业务可能没有。难道是汤显祖包船去的?包船费用应该很大,汤显祖估计享受不起。回程又不是坐船到徐闻,而是走陆路来徐闻。可见他不会包船,船东也不可能白白送他几百公里不要钱,又空着船回到阳江。

4. 要报批。涠洲既是军事重地,又是历代朝廷珍珠贡品产地。明清涠洲处于雷州、廉州两府的军事行政双重管辖之下。据 1986 年版《北海市地名志》:元朝至元三十一年(1294)建涠洲巡检司,在遂溪县"第八都博里村海岛中",即涠洲岛,明初仍属雷州府,洪武七年(1374)巡司迁往雷州遂溪县的蚕村,司海防和监守珠池之责。如此重要的地方,设立涠洲巡检司进行管理。朱元璋曾敕谕天下巡检说:"朕设巡检于关津,扼要道,察奸伪,期在士民乐业,商旅无艰。"①万历《大明会典》载:"关津,巡检司提督盘诘之事,国初设制甚严。"不难看出,关津、要冲之处,是设置巡检司的主要地点;盘查过往行人是巡检司的主要任务;稽查无路引外出之人、缉拿奸细、截获脱逃军人及囚犯,打击走私,维护正常的商旅往来等。由此可见,要上涠洲岛非要报官府批准不可,就如今天赴港澳,要有港澳通行证,否则过不了关。汤显祖是一介贬官,不可能再违反朝纲皇令擅自上岛,否则不但上不了岛,反而有可能被当奸细或囚犯之类收押。因此他必须到涠洲巡检司申请上涠洲岛的通行证。

因此,从阳江坐船经徐闻直达涠洲是不可能的。

那么他走什么路线到涠洲岛呢?

"地倾雷转侧"这句诗直接告诉了人们他的变化行程。"倾"这里为"用尽"之意,"地倾"是"地到了尽头"。人如果在海洋里看大陆,陆地是无限向两边延伸而没有尽头的,只能是无边无际。人只有在陆地上,才能有"地倾"之感觉。可见,汤显祖走海路一段行程,改走陆路,陆路尽后,又继续走海路。"雷"指雷州半岛,"雷转侧"意思是雷州半岛转到(涠洲岛)侧面。汤显祖坐的乌艚船开向涠洲后,雷州半岛自然而然就在涠洲岛侧面了。从"地倾雷转侧"这句诗可初步判断,汤显祖从阳江入海,到了雷州半岛东海岸登陆,再从陆路走到西海岸,重新坐船到涠洲岛。

① 《明太祖实录》,卷一百三十。

具体从哪里上岸？又从哪里重新登船呢？前面我们说过，要上涠洲岛必须要到广东雷州府遂溪县蚕村涠洲巡检司申请通行令并接受检查。蚕村古今均属该县城月镇管辖。因此，汤显祖来途上岸时，必然是在遂溪境内，路程才最短。雷州半岛是明朝重防之地，在遂溪县东海岸，设有椹川巡检司（北）和东场巡检司（西南）。前一个在今天湛江市霞山区，后一个今天麻章区湖光岩附近。汤显祖必须到其处报告，接受检查，或在那里休息等。如果在湖光岩附近登陆，离城月近一些。反之远一些，大约远十至二十多公里。没有文字证明具体从哪里登陆，这无关紧要。有诗能证明他改变行程。

《送丰城陆郡博廉州二首》：

雷阳曾此佇征槎，城月邮前溪路斜。尚有湖头双雁至，数程犹未到天涯。

内史池边洗墨还，春风重过太廉山。君看海上珠池气，犹似徘徊斗牛间。

这两首诗写诗人被贬来徐闻途中转道去廉州"涠洲"看珠池过程。第一首，写从阳江"征槎"至雷阳（雷州半岛），沿着弯曲的小溪向遂溪县城月行进。尽管是秋冬了，路边的湖上还有大雁飞来，要走数个遥远的路程才能到达"天涯"（第二首指向"珠池"，"天涯"此应指"涠洲"）。可见诗人来到雷州半岛在遂溪县霞山或湖光登陆，中途经过城月。因为涠洲岛是军事和养珠的双重重地，上岛要经过涠洲巡检司批准和检查，无论在遂溪哪里登陆，一定要经过城月，才能到达涠洲巡检司，且明朝有"城月驿"提供过往官员休息。第二首，写诗人看涠洲岛珠池情景和感悟。两诗相互关联，第一首写行程，经过城月，第二首写从城月到涠洲观珠。

从"地倾雷转侧"到"雷阳曾此佇征槎，城月邮前溪路斜"，有力证明了汤显祖不是直接坐船到涠洲岛，而是途中改道遂溪县走了一段陆路，然后在遂溪蚕村另乘船至涠洲岛。

从遂溪县蚕村坐船到涠洲岛，大约130公里，涠洲在遂溪西南，处于顺风区，大约10小时，这是最好路程选择。从总路程讲，从阳江经过遂溪至涠洲大约430公里，比从阳江经过徐闻直达涠洲的600多公里减少170公里。从用时讲，从阳江经过遂溪至涠洲大约用时74小时。从阳江经过徐闻直达涠洲，既有顺风区，又有逆风区至少200公里，至少用时100小时。若走海陆兼程的从阳江经过遂溪至涠洲可大约减少26小时。

汤显祖不直接坐船到涠洲，另一个原因是天气发生了变化。汤显祖原行进阳春县天气炎热——"春县城犹热"，就从阳江改陆行而坐船来徐闻，坐了几天船到了"高州海"，[1]天气"似凉"了，不再受炎热之苦，于是又改变行程走陆路。去涠洲岛要申请通行令，汤显祖就在今天的遂溪县东海岸登陆，然后向涠洲巡检司迈进。

此外，从所乘之船的变化，也可证明汤显祖行程一改再改，海陆兼程。

《送丰城陆郡博廉州二首》说："雷阳曾此佇征槎。"就是说汤显祖从阳江到雷阳的遂溪是"征槎"。《辞海》："槎，竹，木筏。"[2]此为"小舟"之意。他在徐闻写了《白沙海口出沓磊》："南溟初此泛灵槎。"后来

---

① "高州海"指高州府所辖的海域，即今茂名市电白区（古属高州府电白县）到湛江市坡头区（古属高州府吴川县）沿海之间，电白县海岸与阳江和吴川相邻，而吴川县海岸与电白和雷州府的遂溪县东海岸（今湛江市霞山区）相接。

② 《辞海》，商务印书馆1981年版，第1611页。

离开徐闻县后又写了一首《寄怀陈公陈文彬旧游》:"犹记浮槎旧勒铭。"前后三个"槎"字的意思应一致。"征槎",说明他从阳江到雷州半岛是坐小舟而来。

在《阳江避热入海,至涠洲,夜看珠池作,寄郭廉州》所写的船是"乌艚"船,比"槎"大,属战船。《道光广东通志·海防略二·附兵船》:"战船……其飘洋者曰白艚、乌艚……"①又《万历雷州府志·兵防志·兵船》:"本寨自万历四十一年以前共三十五只,四十二年本道议将江船一只改造八号尖船,故今共船三十七只……五号艚船五只,每只捕兵三十三名,共一百六十五名;七号艚船九只,每只捕兵二十四至六名不等,共二百一十九名……"②乌艚是战船,一船闲人包括商人是不能坐的,且至少坐 24 人,不可能有这么多人到军事禁区。况且如果一直从阳江坐战船到涠洲,要经过三个军事管制区——阳江营、雷州寨(海安营)、龙门协(廉州)。每个军事管制区管制独立,如果没有联合行动,战船不可能跨区。运载汤显祖一人或一帮人从阳江到涠洲,除非有战事需要协调作战,可是当时并没有战事发生,不可能有这种需要。由此可见,一次行程换了两种船,中途必改变了行程——走了海路,登陆走陆路,再走海路。也就是汤显祖从阳江"征槎",在遂溪县东海岸登陆,经城月镇至西海岸蚕村涠洲巡检司,再从涠洲巡检司乘军队的乌艚船至涠洲岛。

因此汤显祖从阳江至涠洲岛的路线简单地说是:阳江——遂溪——涠洲岛。

离开涠洲岛,汤显祖在遂溪港或高州府石城县(今湛江市廉江市)安铺港登陆去石城吊邹汝愚,写了《石城吊邹汝愚》:"花瑶城郭异高凉,海气昏朝陆禄黄。莫为三巴愁客死,还须五日过雷阳。"雷州府辖有三县,从北至南依次为遂溪、海康、徐闻。"还须五日过雷阳",指诗人从石城县到徐闻县需要五天时间。由上可见,涠洲岛至徐闻行程为:涠洲——石城——遂溪——海康——徐闻。

综上所述,汤显祖从阳江至徐闻路线为:阳江——遂溪——涠洲——石城——遂溪——海康——徐闻。

(二)为什么去涠洲

汤显祖任职目的地是雷州府徐闻县,涠洲岛不在从阳江至徐闻正常行程路程中,却兜了一圈跑去涠洲岛,是"游兴勃发"吗? 不是。从所走路线看,海陆兼程,经过精心准备,有备而来,不是心血来潮的"游兴勃发"。目的是单纯观光珍珠吗? 也不是。为了看一眼珍珠,严重偏离行程去一个遥远海岛,是不可能的,因为他到徐闻任职后抽空再去也不迟。这当中肯定有重要目的,且是非常迫切要解决的问题,才可能去了涠洲岛。

笔者认为这极可能和他的疾病有关。他从万历十九年五月被贬,从南京出发,得了一场严重的疟病——"辛卯夏谪尉雷阳,归自南都,痁疟甚",经常发高热、作噩梦、受惊悸——"病枕魂销""梦中沉似月黄昏"。③ 返家休息治疗四个月才起程赴徐闻。但他不先到徐闻而是先到离徐闻二三百公里远的涠洲,目的主要是买药治病,治他的噩梦、惊悸。

买什么药呢? 涠洲岛盛产珍珠,全国有名,朝廷贡品珍珠就产在这里。珍珠除了作项链外,在中医药

---

① 《道光广东通志》,阮元编,第 2244 页。
② 《万历雷州府志》,欧阳保纂,卷十三,第 356 页。
③ 徐朔方笺注《汤显祖全集》(一),见《辛卯夏谪尉雷阳,归自南都,痁疟甚。梦如破屋中月光细碎黯淡,觉自身长仅尺,摸索门户,急不可得。忽家尊一唤,霍然汗醒二首》。

书如《本草纲目》《黄帝内经》等中被列为重要药品。李时珍《本草纲目》解释珍珠药效：安神、痘疮疗毒、肝虚目暗、青盲眼、目生顽翳等。《中国药典》(2000 年版)珍珠"功能与主治"："安神定惊,明目消翳,解毒生肌,润肤祛斑。用于惊悸失眠,惊风癫痫,目赤翳障,疮疡不敛,皮肤色斑。"由此可见,汤显祖常做噩梦,受惊吓,珍珠非常适合治疗这种病。珍珠是贵重物品,估计内地难求。涠洲是珍珠主要产地,因此汤显祖才兜一个圈子先去几百公里外的涠洲买珍珠治病,然后才到徐闻上班。待到徐闻报到上班后,说途中辗转去涠洲买药品治病,官府也会谅解的。所以当时官府并不追究他偏离正常行程的责任。

（三）郭廷良什么时候任廉州知府

明清至解放初,廉州属广东省管辖,后才划给广西。

诗中的"郭廉州"是什么人? 郭廉州指郭廷良。当时郭廷良任廉州府知府,所以汤显祖称之为"郭廉州"。《万历广东通志·职官志》明朝廉州府知府："郭廷良,漳浦人,进士,万历二十年任。"《崇祯廉州府志》卷七《职官志》《道光廉州府志》卷十六《职官志》明朝万历知府："郭廷良,福建漳浦人,进士,万历二十一年任。有传。"又人物传记："郭廷良,福建漳浦人,系进士,万历二十一年任府事。赋性刚方,执法严肃,宽仁待下,清介自持,尤加意士类。旧有文会所久为势豪所占,力请恢复。乃曰：'文运重光课士。'其中捐俸俱给。躬自评品士,有被屈者,力为昭雪。一时文风彬彬振起。筑堤障清水,江灌陆地为田二十余顷。民至今赖之。"

当时廉州属广东省,省志认为郭廷良"万历二十年任廉州府知府"。而历代《廉州府志》却认为："郭廷良万历二十一年任。"且职官志和人物传记时间表述一致。

笔者发现有时候后志往往对前志时间进行更正。如明代本家钟世盛在茶陵州任训导,《嘉庆湖南通志》卷七十五《职官九》明朝："穆宗朝,钟世胜(盛),雷州人,茶陵州训导。"《续修四库全书·光绪湖南通志》"职官表"："世宗朝,钟世胜(盛),雷州人,茶陵州训导。"而后志把穆宗朝改为世宗朝,改后的时间才是正确的。

因此,郭廷良任职时间应为"万历二十一年(1593)任"。他在廉州府任期至万历二十三年(1595)四月。这点明确。《明神宗显皇帝实录》卷之二百八十五："万历二十三年五月……丙子升云南右参议马伋任四州副使,池州府知府何思登任云南副使,皆用陪升,廉州府知府郭廷良任贵州副使。"这记载清楚无误。

（四）诗歌是什么时候写的

广东省海洋大学刘世杰教授说："汤显祖这首诗应该写于万历二十一年春。"[①]笔者认为如果是这样,那么就变成"万历二十一年春"汤显祖才来徐闻任职,这与历史记载的史实相悖。

汤显祖写此诗时间应是万历十九年十一月游涠洲岛时所作,题目标明"阳江避热入海,至涠洲,夜看珠池作"清楚明白无误地告诉读者写作时间,他是从阳江来徐闻途中转道到了涠洲,夜晚观看珍珠池时所写。但当时郭廷良并未在廉州府任职,汤显祖当时写此诗只是个人记述游兴抒意而已。

在万历二十一年至二十三年(1593—1595)四月郭廷良任廉州府知府期间,汤显祖拿出旧诗赠送好友

---

① 刘世杰著《汤显祖被贬徐闻典史时间考略》,《中国社会科学报》2014 年 11 月 6 日。

郭廷良。"夜看珠池作"是汤显祖特别强调"寄郭廉州"的诗歌为观珠时所写,告诉好友这是"旧作"而不是新写。拿旧作赠人是常事。如毛泽东1945年到重庆谈判,就拿1936年2月写的《沁园春·雪》赠送柳亚子先生,并在信说明,此词作于"初到陕北看见大雪时"。毛泽东的"初到陕北看见大雪时"作与汤显祖"夜看珠池作"同出一辙,并且都是送人后才发表。

(五)寄此诗给郭廷良有何用意

诗中,描写了涠洲清凉奇异的气候特色,着力描述了涠洲珍珠——瑰玮、灵异,特别是夜里诱人的宝光。诗人借夜晚喻明朝的黑暗,借珍珠在夜里发光表示自己虽被贬谪但有纯洁而又与世不同的心胸和理想。诗末又借古人思贤如渴善举人才的孟尝君等,寄托将来有一天自己能够遇上这类圣人。

汤显祖把旧作抄赠,一方面告诉郭廷良——我汤显祖曾到过你任职地方,知道你所处环境,目的是想拉近朋友关系;一方面和郭廷良一起共勉,希望友人像珍珠一样,即使夜晚也能发光,并像孟尝君等一样,广招四方贤才,造福社会。

二、与汪云阳

> 弟为雷州尉。制府司道诸公,计为一室以居弟,则贵生书院是也。其地人轻生,不知礼义,弟故以贵生名之。兑阳兄为记,已立石。昨新志不录其文,弟思兑阳兄之有道气,其文非偶然者。仁兄宜一补刻之,亦嘉惠后学意也。

(一)汪云阳是否"汪言臣"

汤显祖为把刘应秋《贵生书院记》收入《万历广东通志》中,写了这封信。汪云阳身份不清楚。弄清其身份,有助于了解写信时间,及为其他诗文研究提供线索。徐朔方先生在《汤显祖全集》"诗文卷四十八"的《答汪云阳大参》加笺注:"汪云阳,名道亨,怀宁(今安徽)人。时任广东布政使。见《安徽通志》卷一百七十九。似先参政,后升布政使。"徐先生对汪云阳了解不甚透彻。查《广东通志》明朝万历至清朝均无没有"汪云阳"或是"汪道亨"记载,有的是"汪言臣"。但汪云阳和汪言臣是两个不同地方的人。《万历广东通志》卷十记载"广东巡按御史":"汪言臣,巴县人,万历丁丑进士。"《乾隆巴县志》卷九"勋业":"汪言臣,字蘖瀛。万历丁丑进士……"《重修安徽通志》卷一百七十九"人物志""宦绩":"汪云阳,名道亨,怀宁人,万历癸未进士。"《重纂福建通志》明朝泉州府知府(卷百之三,《职官》):"汪道亨,怀宁人,万历癸未进士。"这两人名和字、籍贯和登科时间均不同,可见,两个名字不是同一个人。

徐先生又在《复汪云阳》笺注:"汪云阳名道亨,怀宁(今安徽)人。时任广东布政使。万州、廉州俱在治下。故系贵属。见《广东通志》卷十八。"这里"见《广东通志》卷十八"指《道光广东通志》卷十八,记载同《万历广东通志》,徐先生搞混乱了,其实是指汪言臣,并非汪云阳。《汤显祖与徐闻》对汪云阳解释:"汪云阳名言臣,四川巴县人。万历五年进士。时任广东巡按。见《巴县志》卷十中。"[①]也犯了同样错误了。疑历代《广东通志》把这两个人搞混乱,从而漏载了汪云阳。

---

① 曾权主编《汤显祖与徐闻》,中国文史出版社2005年版。

　　汪云阳是否在广东任职？若有，什么时候任职？《重修安徽通志》人物传记："汪云阳，名道亨，怀宁人，万历癸未进士。授户部主事，出守泉州。人称恩父，累迁广东布政使。平钦州贼有功，入应天府尹，特疏请增科额。寻以右都副御史，巡抚宣府。缮修亭障，抚辑边人，塞上无警。卒，赠兵部尚书。"这里提到在户部、泉州、广东、应天府等任职，其中有广东布政使，但无时间表述。《怀宁县志》卷十八"仕业"："汪云阳，万历癸未进士，授户部主事，擢福建泉州知府，迁福州兵备道。时兵民相哄，几酿大变。道亨立召至谕，以祸福遂各解散。转江西分巡道，奸民有以煤矿报者中珰，将图开采，力止之，事得寝。再转广东按察使，搜理旧案，多所平反。迁陕西布政使。岁大饥，橄州县议立常平、公廪、社仓诸法，全活甚众。晋应天府尹，特疏请增科额，寻以右都御史，巡抚宣府。驭边安静，不斗衅，邀功，六年士马晏然。卒，赠兵部尚书。荫二子，赐祭葬。"《怀宁县志》"仕业"列举职业有户部主事、福建泉州知府、福州兵备道、江西分巡道、广东按察使、陕西布政使、应天府尹、右都御史等。比安徽省志所列职务多了4个，但在广东称为"按察使"，与徐先生所说"布政使"不同，且也没有时间。

　　为进一步厘清汪云阳任职时间和具体职务，查找《明实录·明神宗显皇帝实录》，有如下线索："万历二十三年五月……福建泉州知府汪道亨升福建副使。"（《明神宗显皇帝实录》卷二百八十五）"万历二十七年闰四月……升福建副使汪道亨为江西右参政。"（《明神宗显皇帝实录》卷三百三十四）"万历二十七年九月……辛未以原任参政汪道亨为江西右参政。"（《明神宗显皇帝实录》卷三百三十九）"万历三十四年七月……升浙江左参政汪道亨为广东按察使。"（《明神宗显皇帝实录》卷四百二十三）"万历三十六年十一月……升广东按察使汪道亨为本省右布政使。"（《明神宗显皇帝实录》卷四百五十二）"万历三十八年二月……癸丑升广东右布政汪道亨为陕西左布政使。"（《明神宗显皇帝实录》卷四百六十七）"万历三十九年十一月……升陕西左布政使汪道亨为应天府府尹。"（《明神宗显皇帝实录》卷四百八十九）"万历四十年十月……升应天府府尹汪道亨为右副都御史巡抚宣府。"（《明神宗显皇帝实录》卷五百）"万历四十年十一月……乞督催新抚汪道亨上紧到任不得迟延。"（《明神宗显皇帝实录》卷五百一）"万历四十三年五月……以巡抚宣府右副都御史汪道亨满考升为兵部右侍郎兼都察院右佥都御史，加正二品服俸照旧巡抚。"（《明神宗显皇帝实录》卷五百三十二）"万历四十六年四月……宣府巡抚汪道亨卒亨，怀宁人，登万历十一年进士，历郎守藩臬京兆至今，官以虏封功加兵部侍郎，至是卒于官。在边修堡筑墙颇举，其职而虏氛亦少戢云。"（《明神宗显皇帝实录》卷五百六十八）"万历四十六年九月……予宣府巡抚兵部右侍郎兼右副都御史汪道亨祭葬。"（《明神宗显皇帝实录》卷五百七十四）

　　《明实录》详细记载了汪道亨任职时间与过程，估计历代志书编写者及徐先生等未查阅，因此记述不清。从中可见汪云阳在广东任职情况为：万历三十四年（1606）七月从浙江左参政升广东按察使；万历三十六年（1608）十一月，升为广东省右布政使；万历三十八年（1610）二月，升为陕西左布政使。在广东时间为万历三十四年七月至万历三十八年二月，一共三年八个月。徐先生笺注："似先参政，后升布政使。"这个说法欠准确。"参政"和"布政使"有左右之分，中间又漏掉一个"按察使"。正确仕履应该是，从浙江任左参政升为广东按察使，再从按察使升为广东省右布政，又从广东右布政升为陕西左布政使。

（二）写信是在何时

　　"新志"，指《万历广东通志》。大约从万历十五年（1587）开始组稿，定稿于万历三十年（1602），正式出版于万历三十五年（1607）。汪云阳，名道亨，是万历十一年（1583）进士，是汤显祖的同年，安徽怀宁县人。汤显祖想把刘兑阳(刘应秋别号,也是汪同年)"记"(《贵生书院记》)收入《万历广东通志》,写信向汪云阳求情,用今天的话来说是走后门。省志正在刻制中,事不容缓,汤显祖应是在汪云阳万历三十四年(1606)七月来任广东按察使后第一时间写这封信,要求"仁兄宜一补刻之",否则没有机会"补刻",省志就出版了。也就是说《与汪云阳》写作时间是万历三十四年七月。由于徐先生没有考证到这封信时间,因而没有在笺注中注明写作时间。

(三)贵生书院规模有多大

徐闻教育落后,人文凋敝,"总不好纸笔,男儿生事穷"(《海上杂咏》),"自明成化戊子后,科目十有缺九"。到了嘉靖,因倭寇骚扰,"以致学宫茂草,弟子员十仅一二","久废讲席,求所为执经问业者,岁不一也。故百余年绝弦诵声"。当地学宫废除了,且当地人"轻生"——轻视学生,于是被贬徐闻县的汤显祖想教化当地黎民百姓,倡导以生为贵,重视读书。"徐闻之士知海以内有义仍才名久。至,则蹑衣冠而请谒者,趾相错也。……义仍为之抉理谈修,开发欻紧,日津津不厌。诸弟子执经问难,靡虚日户,屡常应,至廨舍隘不能容。"①这是刘应秋②应汤显祖之邀请所作《贵生书院记》的文字。文中可解读出汤显祖诲人不倦,和徐闻人热情好学。由于前来求学者日日夜夜,络绎不绝,以致因"廨舍"③狭小不能容纳求学者,因此汤显祖萌生了创办学校的念头,当时正值衙门发放"劳飨",就和"知县熊敏共捐资俸建公馆东"。④

这个贵生书院规模有多大?历来争论不休。万历三十三年(1605)夏五月,徐闻发生大地震,书院"崩废"了。这封信是汤显祖在汪云阳万历三十四年七月来任广东按察使后写的。这时书院已不存,因而信中"制府司道诸公,计为一室以居弟,则贵生书院是也",又说"兑阳兄为记,已立石"。可见,这是汤显祖对书院的最后陈述,书院是"一室",名称"贵生书院",刘应秋写了"记",并"立石"纪念。因此书院规模为"一室",也就是一间教室。

刘应秋的《贵生书院记》这样描述贵生书院:"义仍以谋于邑令熊君,择地之爽闿者,构堂一区,书其匾曰贵生书院。"⑤"区",《康熙字典》:"《韵会》区者,小屋之名。"颜师古曰:"区者,小室之名,若今小庵屋之类耳。故卫士之房屋谓之区。"也就是说书院只是一间教室而已。汤显祖信的"一室"与刘应秋"一区"相呼应。

可见书院规模自始至终是"一室"或说"一区",并不像一些学者所说的"分两次建设"、"有九间房"、"有十二间房"等等之说。书院属个人办学性质,也只能如此,即使他和熊敏知县两人钱再多,建设所谓9间或12间教室,物力和精力等也是承受不了的。

(四)"其地人轻生,不知礼义"如何理解

"其地人轻生,不知礼义。"如何理解这句话?要从汤显祖办学宗旨讲开。汤显祖在《贵生书院说》中阐述他给书院命名"贵生"的观点:"子曰:'天地之大德曰生,圣人之大宝曰位。'何以宝此位,有位者能为天地大生广生。"他把"生"与"位"联系互为条件,有"位"才能"生"——"大生广生",也就是服务天下的

---

① 王辅之总裁《宣统徐闻县志》,宣统三年(1911)刊本。
② 刘应秋(1547—1620),字士和,明朝江西吉水人,万历十一年(1583)朱国祚榜进士第三名(探花),翰林院编修,迁南京国子监司业。
③ 廨舍,官署,指公馆,徐闻县政府提供官吏住宿兼办公的房子。
④ 欧阳保纂《万历雷州府志》,万历四十二年(1614)刊本。公馆,指官署,政府机构办公地方。
⑤ 王辅之总裁《宣统徐闻县志》,宣统三年(1911)刊本。

"大生广生",体现了儒家的"无位则无为"①的思想。又说:"故观卦有位者'观我生',则天下之生皆属于我;无位者止于'观其生',天下之生虽属于人,亦不忘观也。故大人之学,起于知生。知生则知自贵,又知天下之生皆当贵重也。"他强调有"位",生命才有价值——"天下之生皆属于我",所以"知天下之生皆当贵重";无"位",生命就没有价值——"止于'观其生'","天下之生虽属于人,亦不忘观也"。所以他要人们尊重生命价值,就必须要有"位"。

徐闻地处边陲,离省城广州一千多里,离首都北京五六千里,当地一些人对"位"不感兴趣,赴省城或京城考试要花费一笔钱,即使当官,退休而不富者也不少,多少人口袋空空囊而返,特别是这里三面环海,土地肥沃,物产丰富,生活自给自足,所以群众"轻位",也就是"轻生"了。汤显祖认为这种"轻生"行为是轻视儒家核心价值,是"不知礼义"——不懂儒家思想的要义,"故以贵生名之"。他目的是教化徐闻人不要"轻生"要"贵生",要争"位",实现"大生广生"。这是他要徐闻人重视儒家仁政思想。

不少专家学者把"轻生"理解为徐闻人自轻自贱,蔑视生命;"不知礼义"讲徐闻人不懂礼貌等。如果这样是对的,岂不是和"此邑士气民风,亦自惇雅可爱,新会以南第一县"②矛盾?这完全曲解了汤显祖原意。

三、寄徐闻陈慎所

　　知盛德醇完,仁寿滋至。令公子孝谨有闻,令孙当已振振秩秩。不佞③缅④想旧游,时动天池万里之兴。知我者希,惟太丘德星亭在耳。贵生书院已入省志,刘公应秋记文尚遗,似宜增入。当今草深一丈乎?榕树依依、风期末阕。唯门下加餐难老,引翊主持,幸甚。

汤显祖对刘应秋《贵生书院记》很重视,千方百计地寻找机会把它载入《广东通志》,于是又写了《寄徐闻陈慎所》这封信。

(一)"盛德""仁寿"指谁

"盛德醇完,仁寿滋至。"盛德,《辞源》(第2188页)主要解释:大德。1. 盛美之事。如《左传》僖七年:"夫诸侯之会,其德刑无国礼义不记,记奸之位,君盟替矣。作而不记,非盛德也。"2. 指人的品德。如《史记·老子传》:"吾闻之,良贾深藏若虚,君子盛德,容貌若愚。"3. 敬称有德之人。如《世语新说·企羡》:"(庾亮)后取殷浩为各项工作史,始到,庾欲遣王(胡之)使下都,王自启求住,曰:'下官希见盛德,渊源始至,犹贪与少日周旋。'"汤显祖用在这里敬称有德之人,指谁呢?待下探索。醇,《辞源》(第3136页)主要解释:1. 厚酒。如《汉书·曹参传》:"至者,参辄饮以醇酒。"注曰:"醇酒不浇,谓厚酒也。"2. 淳朴、厚重。3. 通"纯",精纯不杂。本文应指淳朴、厚重。完,指完结、结束,走了,本文指逝世了或者说生命结束了。仁寿,《辞源》(第164页)主要解释:言仁者安静,故多长寿。《论语·雍也》:"知者动,仁者

静;知者乐,仁者寿。"此谓有仁德而长寿。滋,更加。至,极,到。

这句话大概意思是(我)收到了品德高尚而厚重的人离开了世间的消息,他是一位仁德和长寿达到极至的人。"不佞缅想旧游",意为我惭愧回忆起昔日交游的友人。这句和"知盛德醇完,仁寿滋至"紧密相连。这个人不可能是陈慎所,应为陈慎所亲人。这个"旧游",是指曾任随州知州等职的陈文彬。有《寄怀徐闻陈公文彬旧游》为证。陈文彬有三兄弟,长兄为陈素蕴举人曾任诏安知县隆庆就逝世了,弟陈素著曾任广东省潮州府揭阳县训导、程乡县教谕。陈慎所应是陈文彬亲人,他写信把陈文彬逝世的消息告诉给汤显祖,汤显祖便复信《寄徐闻陈慎所》,又为表示在自己最潦倒的日子给予自己关怀的德高望重的长者哀悼。信与《与汪云阳》同一时间,即万历三十四年七月,由此推断陈文彬逝世时间为万历三十四年六月左右。陈文彬大约生于嘉靖初,至万历三十四年六月左右逝世,享年应有80岁左右。古人70岁为稀,80多岁就属长寿者了。陈文彬又是一位仁德之人,曾任广西省梧州府陆川县吏目,福建省汀州府连城县教谕,广东省惠州府和平县知县,湖广省德安府隋州(今随州)知州。

明朝嘉靖甲子(1566),陈文彬参加广西乡试举人,为徐闻籍在外省考取举人的第一人,是嘉靖壬午(1555)年举人陈素蕴的二弟。其天性喜欢交朋友,从小礼敬朋友,朋友有困难就鼎力相助。

因兄得到荫庇,他被朝廷安排到广西陆川县衙门工作,此时他遇到恩师张事轩。嘉靖壬戌年(1564),三十八岁的海南岛琼山县人"琼州三贤(海瑞、王弘诲、张事轩)"之一张事轩任广西陆川知县。徐闻和海南隔海相望,同讲闽南语,陈文彬和张事轩互视为同乡同事,且陈文彬拜张事轩为师,为提升仕途打拼。白天两人一起处理政务,夜里挑灯探讨诗书,切磋科举文化。嘉靖甲子年(1566)秋,陈文彬参加广西乡试,碰巧老师张事轩也被抽调参加广西乡试阅卷工作。这一次异乡考试,在其兄中举十一年后,他也中了举人,隆庆元年(1567),陈文彬被朝廷委任为福建省汀州府连城县教谕。他大力倡导儒学,修学宫,促社学,不遗余力推进当时教育发展。

任职三年一届,他任了一年多,因德高望重,宏才滔略,见识面广,深谋远虑,被破格提拔为广东省和平县知县。和平县教育落后,他设立义学以训教子弟,购置田地和商店收取租金供养读书人士。万历元年(1573)于城南一里许地方建七层高四丈花塔一座,即对江塔,以耸文峰,增强了人文氛围,引起了当地对教育的重视,自此人文聿兴。时至今日,对江塔仍然完好,440多年来一直是和平县一道亮丽的风景线。

该县乌虎镇有几个土匪团伙,贼首徐仁器和李文彪等大肆猖獗,流劫广东、湖广和江西三省,作恶多端,百姓深受其害,朝廷屡次张榜通缉捕捉未获。陈文彬殚心锐志,妙算奇谋,到处招兵买马,用10日左右时间,就消灭了土匪团伙,杀死徐仁器和李文彪等贼首,解除了土匪威胁。为防止匪患死灰复燃,不久陈文彬设立保甲以防守不测。

在万历二年(1574),陈文彬自任主编,创编了首部《和平县志》八卷,此外,他以砖拱重建城门楼及阜阳台,增强城池防御能力。该县民众感其德,以为其功不在首任知县王守仁之下,于是有识之士和老百姓捐巨资建立陈公祠以示纪念,并买田产收租金祀之。

万历二年底,他又被提拔为湖广省德安府随州知州。当时,适逢夏季干旱,数月不下一滴雨,溪河几乎断流,春耕生产全部报废,民众心里惶恐不安。陈文彬于是采取系列措施抗旱,一是释放罪刑较轻的人,既减轻监狱供给压力,又能让这些人回家抗旱。二是征讨作恶多端的地主富豪,惩治欺行霸市的无法奸商,把他们的粮食平均分配给灾民。三是简化司法程序,淘汰繁杂而缺乏统一协调的法律条文。四是罢免向民间非法索取财物的官吏,让众多官吏反省过失,消除官场腐败弊端。通过以上取信于民的措施,大大缓解了严重灾情对随州的影响。同时,为尽快解决旱情,他日夜不息,在县衙门设求雨祭祀坛,每夜一定带领官吏跽着向老天爷祈祷,坚持到二鼓不停,数日果然下大雨,随州旱情得到缓开。当时随州民众非常感激陈文彬抗旱之举,在城郊南门建亭纪念,命名为"后喜雨亭"。

在随州任知州后,陈文彬就告老还乡。1591年,汤显祖写了《论辅臣科臣疏》触犯皇帝,被贬徐闻。当时,陈文彬比汤显祖长二十岁左右,天性好交朋友的他,久仰汤显祖大名,哀其不幸,主动和汤显祖交朋友。汤显祖知道陈文彬在徐闻德高望重,也非常敬重陈文彬。两人成了忘年交,互相倾慕,诗文酬唱。

汤显祖为传播先进地区教育经验,创办贵生书院。陈文彬积极协助汤建书院,并执鞭授课。汤显祖离开徐闻时书院还未建成,陈文彬接手,并经常写信告诉汤显祖书院建设进展情况。

汤显祖在徐闻期间,徐闻海防重镇锦囊军营发生兵变。四百名官兵造反起义,和官府作对,把锦囊所官员扣押,并扬言攻打县城衙门,情况非常紧急,倭寇经常扫荡沿海地区,掠夺财物,杀害百姓。锦囊营负责吴家港、牛牯领、监牛台和调黎、博赊各港驻防。兵变使海防陷入瘫痪,有日"掠男妇数十","倭复逼城屠甚众"[1]百姓生灵涂炭。汤显祖的官职是典史,掌管缉捕狱囚,顺理成章被知县熊敏派去和造反者谈判。但官府派去的人员全被扣押,没有和解余地,随时都有被杀害的可能。陈文彬见汤显祖等被困兵营,心急如焚,像热锅里的蚂蚁,不顾年老体衰自告奋勇,当调停人。当时东部地区山林茂密,华南虎等猛兽出没,可谓危险至极,于是有好友出面劝阻:"官府之事,由官府解决,路途危险,恐事未成,人先葬虎腹。再说即使平安到达,造反官兵也未必买你账,到时又成了陪葬品。"但他把生死置之度个,义无反顾骑着一头黄牛,一路颠簸直奔距离县城六七十公里远的锦囊城进行调解。

陈文彬当过知州,官兵见他来游说,也敬畏几分,恭恭敬敬打开城门迎之进来,守备、千总和把总客客气气洗尘接待。陈文彬动之以情,晓之以理:"当下是对付倭寇危急时候。倭寇不除,百姓不安。兵营也将受到威胁,自身难保。再说区区四百人,能和朝廷对抗多久,莫非以卵击石,自取灭亡。"守备、千总和把总听了他的劝说非常折服,同意和县衙门和解,听从指挥。

陈文彬为和平解决兵变,避免流血冲突,防止外来侵略,立下了汗马功劳。

万历三十四年,享年约八十岁左右的陈文彬就逝世了。汤显祖收陈家人来信悲痛不已,赋诗一首《寄怀徐闻陈公文彬旧游》表示深深怀念:"雷轰天飞海色青,一时风雨滞炎溟。石门望罢星河绝,犹记浮槎旧勒铭。"此诗开头两句"雷轰天飞海色青,一时风雨滞炎溟",语带双关,一是写旧游时天气和景色,一是写锦囊兵变,陈文彬调解如"雷轰"之功,云飞散,海色青,风雨过去,炎热消退。后两句"石门望罢星河绝,犹记浮槎旧勒铭",写作者还记着两人探索贵生书院办学之路的情景。

由此可见,被汤显祖称赞"盛德""仁寿"之人,非陈文彬莫属。

(二)"天池"在哪里

"不佞缅想旧游,时动天池万里之兴。"天池,一般指在山上的池塘,因地势高,离天近。徐闻也有这

---

① 王辅之总裁《宣统徐闻县志》,清朝宣统三年(1911)刊本。

样一个"天池",就在石门岭上,过去岭上有两块大石头屹立相近,好似巨大的门而得名。该岭海拔高 138 米,为徐闻最高的山。该岭四五万年前曾有一次火山爆发,属死火山。西岭山腰留下一个火山口,原北面缺口,嘉靖三十八年,曾任松江府教授等职的迈陈镇迈戴村人钟世盛搬来此定居,为解决用水问题,发动家乡人员,把约 100 米缺口建成坝,形成了池塘,呈圆形,直径约 100 米,四季水不涸,清澈透底,水甘甜可口,过去曾是附近住户饮用水源。这是徐闻离天最近的池塘了,因此汤显祖美其名为"天池"。"雷矗天飞海色青,一时风雨滞炎溟。石门望罢星河绝,犹记浮槎旧勒铭。"《寄怀徐闻陈公文彬旧游》提到了"石门",可见他们曾亲临其境。况且和《寄徐闻陈慎所》写于同一时间,讲同一个人——陈文彬。

(三)信写于何时

《万历雷州府志》记载贵生书院"后地震崩废"。万历四十多年间,《万历雷州府志》记载徐闻县发生了三次地震,分别是"二十二年(1594)春二月地震""二十六年(1598)冬地震""三十三年(1605)夏五月大地震,墙屋倾坏,人多压死",究竟在哪次地震中"崩废"了呢? 前二次地震没有生命和财产损失记录,估计不会发生书院的"崩废"。"贵生书院已入省志,刘公应秋记文尚遗,似宜增入。今当草深一丈几乎? 榕树依依,风期未阙。"这是汤显祖的《寄徐闻陈慎所》中的几话,传递了一个信息:"今当草深一丈乎?"这句说明书院"崩废"了一年多时间,也就是万历三十四年,才有汤显祖推测书院已"草深一丈"。《寄徐闻陈慎所》和《与汪云阳》写作时间相差无几。这两封信都有一个共同话题——谈刘应秋《贵生书院记》应收入"省志"(《万历广东通志》)问题。本信说:"贵生书院已入省志,刘应秋记文尚遗,似宜增入。"这句话告诉陈慎所要争取地方人士支持推动刘记入省志。可见时间与《与汪云阳》同时,为万历三十四年七月左右。

四、寄怀徐闻陈公文彬旧游

雷矗天飞海色青,一时风雨滞炎溟。石门望罢星河绝,犹记浮槎旧勒铭。

汤显祖到了徐闻县任职,得到曾任随州知州等职的徐闻"乡绅"陈文彬关怀。陈文彬年纪大汤显祖二十岁左右,两人推心置腹,成了忘年交。离开徐闻十多年后,当听陈文彬逝世时,他作这首诗。

(一)写于何时

《汤显祖全集》"笺注"《寄怀徐闻陈公文彬旧游》写作时间"同前诗",即《寄候徐闻邓母》,笺注:"当作于万历二十年壬辰徐闻归后。""归后"欠具体。这首诗是怀念之作,应该是知道陈文彬逝世之后所写。《寄怀徐闻陈公文彬旧游》中"旧游"应与《寄徐闻陈慎所》"不佞缅想旧游"的"旧游"为同一人。陈慎所去信给汤显祖反映亲人逝世,于是汤显祖一方面复信——《寄徐闻陈慎所》,一方面写诗怀念老朋友"旧游"——《寄怀徐闻陈公文彬旧游》。故这首诗写作时间应该与《寄徐闻陈慎所》相同,即万历三十四年七月左右。

(二)陈文彬何时退休

《同治福建通志》福建省汀州府(今龙岩市)连城县明朝隆庆间教谕:"陈文彬,徐闻举人。"隆庆间只有六年（1567—1572），陈文彬前面还有三位，估计任职时间极短。《康熙连城县志》明朝教谕："陈文彬，徐闻举人。"《康熙和平县志》明朝隆庆至万历和平县知县："陈文彬，陆川人，五年任，事详见宦迹并艺文。"后任万历二年。陈文彬在陆川县当吏目并中举，于是被误记陆川籍人。《万历雷州府志·选举志》："举人，陈文彬，随州知州。"《宣统徐闻县志·选举志》"登仕"："陈文彬，随州知州，有传。"《光绪德安府志》明湖广省德安府随州知州："林梓，万历二年任。"后任万历五年任。《随州志》明朝随州知州："林梓，神宗二年任。"后任神宗五年任。该志搞错了姓名，其实这就是陈文彬。

由上可见，陈文彬嘉靖四十三年前至隆庆初任广西省梧州府陆川县吏目，隆庆初至隆庆五年任福建省汀州府连城县教谕，隆庆五年至万历二年任广东省惠州府和平县知县，万历二年至五年任湖广省德安府隋州（今随州）知州。由此可见，万历五年，陈文彬就退休了。

（三）"石门"去哪儿了

诗中"石门"，指徐闻县城西面的石门岭。

郭棐《万历广东通志》卷九十五《雷州沿革·山川·徐闻》："西八里曰石门岭，上有两石对峙，俨然若门辟，岭际有塘水常不竭。中有贞女台久圮。当晴岚皎口，跻扳远眺，鲸波荡漾，极望无际，山海郁苍。海以外峻岭走列，徐琼形胜咸瞩目，亦赏心境也。惜未有开其风气者也。"

《万历雷州府志》卷三《山川·徐闻》："西八里曰石门岭，高十丈，周围十里，两石对峙，俨然若门辟，岭际有塘，秋冬水常不竭。"

由上可知，石门岭因岭上有"两石对峙，俨然若门辟"而得名。清朝康熙年间石门岭被列为徐闻八大胜景之一。

石门岭，后来因没有了石门，已改名为石岭。什么时候石门不翼而飞了呢？过去大家都难说出一个所以然。石门岭在古书中最后出现是王辅之修的《宣统徐闻县志》卷一《山川·石门岭》："县西十里，两石对峙若门辟，高十丈，周围十余里。岭际有池，四时不竭。按：此岭奇峰峭拔，池水清甘，仙洞依然，石门宛在，众山环绕，为邑城之保障。士人登临，每赏玩其石门玉门焉。"这段文字虽对省府志记载有所改动，但主要还是沿用省府志说法，特别提到"石门宛在"，说明著书时石门还存。此志成书于宣统三年，也就是公元1911年，可见石门岭的石门在1911年还耸立岭上。

2015年，笔者曾问在石岭村出生长大的昔日同事兼本家已70多岁的钟国才先生。他说今天村里年最长的人为90多岁，但他们从小就已见不到石门了。据此推断，90岁前为1925年，也就说1912至1925年之间的某一天石门不见了。因为没有了"门"，后人把"石门岭"改称"石岭"。如果按今天名字查找，汤显祖诗里地点名称就难以找到了。

石门为何不见？有一天笔者邀钟国才先生同游石岭，并问是否后人取石材搞建筑，毁了石门。他否定了我看法，说：这里石材质量差，不是蜂窝状，就是含石灰钙多而容易碎断，村人世代都不会采用岭上石头作石材。登上山际，果然看到如老先生所说的石头比比皆是。既然两块石头远近看都成门，石门的石头应是巨大的，没有采用，它就不会长翼而飞。在塘池东北边沿，老先生说：传说石门位置就在这里。突然，我们发现池边灌木丛中有两块巨大石头，尖端倒在水里，硕大底躯朝向天上，比量其中一块长约3米宽约1.6米，另一块相差无几。老先生高兴地说："这就是石门不疑，岭上再也没有这样大的石头了，且和传说位置吻合。因倒水中,又长年累月被灌木覆盖,久而久之,渐渐被人们遗忘。"

它是怎样倒塌的呢? 因其在池塘边,这里为红土,而含沙石,土壤不结实,池水长期漫浸,慢慢石门边沙土倒塌,石门地基受破坏,当失去平衡时,巨大石头就倒塌了。由于倒塌时正处战争年代,人民流离失所,就渐渐淡淡忘了。

为什么汤显祖不是中国的莎士比亚？[①]

邹元江[②]

所谓"汤显祖是中国的莎士比亚"抑或"中国的莎士比亚——汤显祖"的说辞究竟起于何时,现在已很难追溯。最初将汤显祖和莎士比亚加以比较的当是 1930 年日本著名戏曲史家青木正儿,他在自称续王国维《宋元戏曲史》的《中国近世戏曲史》中,首次在国际视野中将两人相提并论:"显祖之诞生,先于英国莎士比亚十四年,后莎氏逝世一年而卒(此处有误,当是同年而逝——引者注),东西曲坛伟人,同出其时,亦奇也……汤显祖不仅于戏曲上表现其伟大,即其人格气节亦颇有可羡慕者,谱之入曲固为吾党所快者。"[③]

早在 1844 年在魏源编的《西国图志》里就出现了"沙士比阿"的译名,之后慕维廉译的《大英国志》(1856)、中国驻英国公使郭嵩焘的日记(1877—1879)、曾纪泽的滞欧日记(1879)、严复译《天演论》(1898)、梁启超在《新民晚报》1902 年五月号文等都出现过"舌克斯毕"、"舍克斯毕尔"、"Shakespeare"、"狭斯丕尔"、"莎士比亚"等名称。在 1944 年之前有《雷差得纪》(1916 年林纾等译)、《威尼斯商人》(1936 年梁实秋译)等译本发表出版,《女律师》(1911 年城东女学生上演的包天笑改编本;1914 年 4 月 5 日夜新民社演出此剧)、《肉券》(5 月 5 日六大剧团联合演出)、《威尼斯商人》(1930 年 5 月上海戏剧协社公演;1937 年 6 月国立剧校演出。按,国立剧校即国立戏剧学校,1940 年始改为国立戏剧专科学校)、《罗密欧与朱丽叶》(1937 年上海业余实验剧团演出;1944 年神鹰剧团演出)、《奥赛罗》(1938 年国立剧校演出)、《哈姆莱特》(1942 年国立剧专演出)等剧目上演。不过,莎士比亚剧作全译本直到 1944 年才出现,该年曹未风的《莎士比亚全集》刊行。1947 年朱生豪的《莎士比亚戏剧全集》在世界书局刊行,国人才对莎士比亚有了比较全面的了解。1946 年赵景深在《文艺春秋》上刊文《汤显祖与莎士比亚》对二人所作的五个相同点的比较显然也是建立在这些翻译演出的基础之上的:"汤显祖和莎士比亚生平年相同,同为东西大戏曲家,题材都是取之他人,很少自己的想象创造,并且都是不受羁勒的天才,写悲哀最为动人。"

田汉是最早翻译莎士比亚剧作的戏剧家之一,1921 年他翻译的《哈孟雷特》第一幕就在《少年中国》第二卷第 12 期发表,第二年又出版了该剧全译单行本。1924 年他又在《少年中国》连载了《罗密欧与朱丽叶》译本,不久又出版了单行本。所以,1959 年田汉到抚州临川见到"汤家玉茗堂碑"时所作的诗词也是基于他非常熟悉的杜丽娘与朱丽叶:"杜丽如何朱丽叶,情深真已到梅根。何当丽句锁池馆,不让莎翁在故村。"即在杜丽娘与朱丽叶的情深相契的意义上,田汉认为汤显祖不必逊让于莎士比亚。

---

① 英国华人报纸《中国侨报》和《中国侨网》2016 年 3 月 30 日借用我的表述发表了题为《汤显祖不是中国的莎士比亚》的文章,对我 3 月 16 日在英国伦敦大学亚非学院所作的《梦即生存:汤显祖〈牡丹亭〉中杜丽娘的生存场域》学术报告后对听众提问的回答作了报道。由于当时时间有限,已大大超出原预定的一个半小时的演讲问答时间近一个小时,所以我没有来得及对"汤显祖不是中国的莎士比亚"这个话题作深入的解释。本文试图对此遗留问题作较全面的论述。

② 邹元江,哲学博士,武汉大学哲学学院教授、博士生导师。

③ 〔日〕青木正儿著《中国近世戏曲史》,王古鲁译,作家出版社 1958 年版。

1974 年,胡适的门人费海玑的《汤显祖传记之研究》在台湾商务印书馆出版。该书《我的新发现(代序)》中费先生提及"我国的莎士比亚是汤显祖"和"汤学"的话题。他说:"最近偶然谈到我国的莎士比亚是汤显祖。友人说外国人写的莎学著作有无数册,真的汗牛充栋,中国一本长的汤显祖传记也没有,我们该倡汤学!"

笔者也曾在近二十年前(1998 年)出版的《汤显祖的情与梦》"结论"部分专门讲到汤显祖与莎士比亚的诸多相似或相同点。[①] 然而,虽然我们可以找出诸多汤显祖与莎士比亚相似或相同点,但是否就能证明汤显祖就是中国的莎士比亚呢? 事实上并非如此简单。

一

中国古代主要有三种戏剧家: 1. 作为书会才人的戏剧家。[②] 如元杂剧的代表关汉卿等。他们与朱帘秀这样的艺人常年混迹在一起,可以粉墨登场,其撰写的剧作是直接为表演准备的演出本。清代的李渔是这一传统的传承者代表。

2. 皮黄戏匿名剧作家。以梅兰芳的"梅党"缀玉轩文人为代表。他们的剧作如《生死恨》是为梅兰芳量身定制的舞台表演剧目。[③]

3. 明清士大夫文人传奇戏剧家。以汤显祖为代表。其剧作如"临川四梦"多非场上之曲,而是案头之作,以填词来逞才能,重在文人间的"相为赏度"为欢而已,是文人士大夫的诗文余兴,继承的是古代士大夫文人心性趣味的养成不二法门——"六艺""成人"的传统。这样的文人士大夫传奇剧作家的创作多依傍于自家蓄养的家班来演艺。家班作为由私人置办并主要用于娱乐消遣的非经营性的特殊演出团体,虽然具有戏曲班社的一般共性,但家班主人多是官宦富家饱学之士(致仕或罢官归田的士绅比例最大),甚至多有状元、榜眼、探花及第和进士(如明清之际家班主人状元及第的有康海、申时行、谢弘仪、毕沅等;榜眼及第的有王锡爵、王衡、吴伟业等;探花及第的有王文治等;进士则更多,如杨一清、顾可学、冯夔、王九思、陆粲、谭纶、李开先、王世贞、汪道昆、董份、申用懋、贾应璧、范允临、顾大典、沈璟、邹迪光、徐泰时、严讷、钱岱、谢廷赞、冒起宗、潘允端、潘允哲、黄汝亨、陈与郊、屠隆、马之骏、张汝霖、龙膺、张科、米万钟、侯恂、沈鲤、王世仁、李长倩、吴昌时、施凤来、曹学佺、范景文、阮大铖、吴炳、屠象美、马士英、祁彪佳、祁熊佳、刘光斗、徐沂、季寓庸、季振宜、朱凤台、张道濬、李明睿、杨方荣、徐懋曙、刘履旋、金之骏、陈玉璂、陆可求、梁清标、赵开心、侯杲、李宗孔、乔莱、程梦星、陈于鼎、李天馥、李聰、卞永誉、戴明说、张缙彦、程世淳、谢溶生、程崟、李调元、潘锡恩等 80 余位;至于中副榜、贡生、举人、诸生,甚至屡试不第者则更多),他们对文学、音乐、书画等大多都有很高的造诣,对戏曲也多是行家里手,其中可以确定的有 45 位就是戏曲作家,如屠隆、沈璟、陈与郊、祁彪佳、阮大铖、吴炳、李渔、尤侗、吴伟业、唐英、王文治、查继佐、曹寅等,他们共创作改编的传奇、杂剧作品就有 166 部之多。因此,家班主人往往不惜重金按照自己作为文人雅士的

① 参见拙著《汤显祖新的情与梦》,南京出版社 1996 年版;《汤显祖新论》(修订版),国家出版社 2005 年版;《汤显祖新论》(增订版),上海人民出版社 2016 年版。今年适逢汤显祖逝世四百周年,各种报刊约稿多多,都希望笔者谈谈汤显祖和莎士比亚的相同点。虽然过去了近二十年,无奈笔者对此问题也无多少新的见解,于是就直接将原书稿的这一部分分别发表在几家报刊上,算是做了一种普世性的宣传。

② 参见丁淑梅《书会活动、伎艺撰演与俳优之士》,《文艺研究》2006 年第 8 期。

③ 《梅兰芳全集》肆,河北教育出版社 2001 年版,第 141—142 页。

审美趣味置办家班,依据家班伶人的表演优长量身定制剧目,以艺术至上为出发点成就家族娱乐、文人交际、内心补偿和自我实现等多重的家班功能。所以,在家班兴盛的明清时期,家班为戏曲艺术,尤其是昆曲的精致化做出了极大的贡献,演出的剧目传奇约 170 余种,杂剧 45 种,其中折子戏约 70 个,几乎囊括了明清两朝昆曲剧坛的所有流行剧目,如《牡丹亭》《长生殿》《桃花扇》《浣纱记》《邯郸记》《琵琶记》《南西厢》等,甚至很多职业戏班的剧目都是先由家班首演的。①

显然,莎士比亚剧作虽不同于皮黄匿名剧作家,但近于书会才人戏剧家,而与汤显祖作为文人士大夫的趣味养成的传奇之作则相去甚远!

二

之所以莎士比亚的剧作与汤显祖的传奇其艺术趣味相去甚远,这并不是表面的戏剧创作本身可以言明的,而是直接关涉到他们之间大不相同的人生经历。

莎士比亚(1564 年 4 月 23 日—1616 年 4 月 23 日)的生平经历非常简单。他的父亲是当地的皮手套工匠,还兼营谷物、羊毛和皮革的买卖。莎士比亚 4 岁那年,父亲当选为镇长。莎士比亚作为长子此时可能就读于当地文法学校。13 岁时家道中落,莎士比亚可能放弃了学业,跟随父亲学手艺。18 岁(1582)那年他与邻村比他大 8 岁的农户女儿安·哈瑟维结婚,次年他们的长女苏珊娜出生,三年后,一对双胞胎又降生。此后这七年学界一般认为没有关于莎士比亚的任何记载。但在雨果的著述里,莎士比亚在此期间抛弃了妻子,当过小学教师,也做过采购商的书记官,后因偷猎被捉,银铛入狱,在起诉期间,他逃往伦敦。为了谋生,他在剧场外面为人看守马匹。② 这正是他步入剧坛的起点。经过和流落街头没有什么两样的长期在剧场门口当看马倌的艰难过程,他终于走进了剧场大门来到后台充当"呼叫者",后来负责在某些剧作演出中递道具,再后来由"群众演员"变成正式演员。他之所以如此神速的成为正式演员,这或许缘于"他长得很英俊,额头高高的,胡子呈淡褐色,嘴巴很甜,眼光深沉"。③ 他尤其善于与演员和看客中的显贵绅士们交际,常常谈论能抬高自己身份的蒙田的作品。当然,他之所以很快能在剧团中立稳脚跟,除了交际能力,更重要的是他有创作才能。除了 1593、1594 年他的两部长诗《维纳斯和阿多尼斯》、《鲁克丽丝受大辱记》及 154 首十四行诗相继发表出版外,他从 1589 年写下第一个剧本《伯里克利斯》,直到 1611 年他完成最后一部剧作《暴风雨》,前后 22 年的戏剧创作生涯他一共完成了 37 部剧作。④ 1601 年,他成为剧团团长,杰克一世让他经营一家剧院,并在"环球"享有特权。1613 年,他回到艾玛河畔的斯特拉特福镇,蛰居在几年前就购买的"新地居",一心照料自家的花园。1616 年 3 月 15 日,自感病笃不久于人世,于是立下长达三页的遗嘱,在每一页都签下了自己的名字后不久,与塞万提斯在 4 月 23 日同一天去世。由此不难看出,莎士比亚整整 52 年的生涯,其中绝大部分时间是与伦敦剧团、剧场、剧作密不可分的。除了家乡和伦敦,莎士比亚几乎没有去过任何地方。除了戏剧活动,他也几乎没有任何经历。他的

---

① 参见杨慧玲《戏曲班社研究:明清家班》"附表(一):我国明清家班主人情况一览表",厦门大学出版社 2006 年版,第 145—188 页。

② 参见[法] 维克多·雨果著《威廉·莎士比亚》,丁世忠译,团结出版社 2001 年版,第 8—9 页。

③ [法] 维克多·雨果著《威廉·莎士比亚》,丁世忠译,团结出版社 2001 年版,第 13 页。

④ 如果加上 1613 年与弗莱彻合作编写的《两位贵族》(The Two Noble Kinsmen)则是 38 个剧作。

短暂的一生实际上就是为戏剧而生的。他的一生掺杂了一些痛苦,受到过许多辱骂和嫉妒的讽刺,[①]剧作曾一度被禁止发表,死后多年曾被人无视。在他去世 7 年后,他的 36 个剧作的完整的集子由他当年结交的两位演员(所谓"第一对开本")收集整理,得以出版,其中有 20 个剧作是首次出版。[②]

汤显祖(1550 年 9 月 24 日—1616 年 7 月 29 日)的人生历程要复杂得多。他出身于书香门第,祖上四代有文名。高祖峻明藏书四万余卷。曾祖廷用亦"勤学好文"。祖父懋昭是个"望重士林,学者推为词坛上将"的才子,四十岁后却笃信道教,闭户潜修。父亲尚贤却是个"为文高古,举行端方"的儒士。由此可见,儒道两家的思想都对少年时代的汤显祖有影响,这正如他自己所说的:"家君恒督我以儒检,大父辄要我以仙游。"

汤显祖幼时即颖异不群,人称"汤氏宁馨儿"。五岁时就因谈论"形而上者谓之道,形而下者谓之器"的哲学命题而被督学大加赏识,视为奇才,名噪海内。十二岁作《乱后》诗,十三岁开始学习古文词,受业于古文词名家徐良傅。同年拜泰州学派大师王艮的三传弟子罗汝芳为师,这对他世界观的形成有很大影响。十四岁补县诸生,弱冠才华初露,二十一岁参加江西省秋试,以第八名中举,因一孝廉文一时"名蔽天壤,海内人以得见汤义仍为幸"。

尤其令人关注的是,汤显祖从隆庆五年(1571)途径南京到北京第一次春试不第(时年 22 岁),到万历十九年(1591)上奏《论辅臣科臣疏》,激烈抨击朝政,5 月 16 日启程赴被贬谪广东徐闻典史任(时年 42 岁),前后与南京有求学、任职、生活、交友等 21 年的交集(几近汤显祖人生的三分之一时间):

隆庆五年(1571),途径南京到北京第一次春试,不第,时年 22 岁。

神宗万历二年(1574),途径南京到北京第二次春试,不第。

万历四年(1576),他客宣城后回临川前,也曾和帅机在南京相见。后他游南京国子监,读释典于报恩寺(此次南京周发布会所在地),甚至一度和帅机"比邻"而居。此年前后集南京所为诗文为《雍藻》(佚)。

万历五年(1577),途径南京到北京第三次春试,不第。

万历七年(1579)前后,在南京清凉寺登坛讲法。在 1577—1579 年间,汤显祖在南京创作(或与被汤显祖称为"临川四俊"的帅机、谢廷谅、吴拾芝、曾粤祥共同创作)了《紫箫记》,并在南京可能以昆曲("其音若丝")上演了该剧,"观者万人","莫不言好"。[③]

万历八年(1580),途径南京到北京第四次春试,不第。

万历十一年(1583),途径南京到北京第五次春试,以第三甲二百十一名赐同进士出身,观政北京礼部。

万历十二年(1584),自请去南京任太常博士(正七品)。

---

① 1592 年,当时很有名气的剧作家、"大学才子"之一的罗伯特·格林在一篇名为《百万的忏悔换取的一先令的智慧》的文章中,借用莎士比亚剧中的台词来攻击他是"一只暴发式的乌鸦","用我们的羽毛装点了起来,用一件演员的外衣包藏起了他的虎狼之心"。显然,莎士比亚刚到伦敦剧团不久,就以自己的剧作让同行醋意大发。参见何其莘著《英国戏剧史》,译林出版社 1999 年版,第 63—64 页。

② 莎士比亚当年的剧作都是写在活页纸上的,这是因为他的"剧本都是为本剧团而写,演员们匆匆记诵和排演,根据的就是原作,因为来不及抄写"。见[法]维克多·雨果著《威廉·莎士比亚》,丁世忠译,团结出版社 2001 年版,第 15 页。所以,"第一对开本"对抢救可能散佚的莎士比亚剧作功莫大焉。

③ 徐朔方笺校《汤显祖全集》(二),北京古籍出版社 1998 年版,第 1152 页。

万历十九年(1591),从南京礼部祠祭司主事(正六品)任上被贬谪广东徐闻典史任。时年42岁。

这其中,汤显祖在南京任职、生活了近七年的时光。万历十一年(1583)汤显祖赐同进士出身观政北京礼部,原本是等待晋升中央官衙高位的好机会。后因他不愿接受张四维、申时行前后两人相国的笼络,自请去南京任太常博士。这是一个主管祭祀的闲差。自明成祖朱棣(1403—1424)在永乐十八年(1420)迁都北京后,留都南京仍保留中央六部的官僚机构,但很少处理实际事物,往往形同虚设。尽管如此,汤显祖万历十二年(1584)七月仍从北京启程,携新娶的妻子傅氏(汤氏原配夫人吴氏在他赴任后不久在家中去世),两千几百里的运河旅程,在八月中秋节的前五天到他将任职的太常寺报到,三日后到国子监拜谒孔子,正式开始了他在南京陪都的仕途人生,这一年他已经35岁。之后的几年,他也经历了诸多事情,如万历十三年(1585)前临川知县、现任吏部郎中司汝霖(张汝济)来信劝说汤显祖与执政通好,可内调为吏部主事,汤婉言谢绝。万历十四年(1586)在南京鸡鸣寺听罗汝芳师开讲。万历十五年(1587)改编《紫箫记》未成稿为《紫钗记》。万历十六年(1588)改官南京詹事府主簿。在太常博士和詹事府主簿任上,汤显祖校订了千卷类书《册府元龟》,又重修了《宋史》(在达观的劝阻下未成)。[①] 万历十七年(1589)升南京礼部祠祭司主事,正六品。万历十八年(1590)初会达观禅师于南京刑部主事邹元标家。万历十九年(1591)上奏《论辅臣科臣疏》,激烈抨击朝政,五月十六日启程赴被贬谪广东徐闻典史任。这种人生的重大变故所给予汤显祖的历练真不是一般人所能够承受的。可汤显祖仍不辱其职,不久就在知县熊敏的支持下,建立了书院,并命名为"贵生书院"。之后,万历二十年(1592)他自徐闻归临川途中,在肇庆遇见意大利传教士利玛窦。万历二十一年(1593)他被"量移浙江遂昌知县",在这个位于浙西南万山群壑中的贫瘠小县里,汤显祖一任五年,将此处作为他实现政治抱负的实验场。他简政爱民,扶持农桑,抑制豪强,除虎患、建书院,甚至除夕遣囚度岁,元宵纵囚观灯,用得民和,"一时醇吏声为两浙冠"。为了颂扬他的斐然政绩,遂昌百姓在"相圃书院"内为他建立了生祠。当他六十寿辰时,画师徐吕云受百姓委托,专赴临川为已辞官的他画像,携归悬于祠内。清顺治年间,遂昌知县缪之弼还为他建了"遗爱祠"。可见他在遂昌百姓心中有多么崇高的位置。可汤显祖不被当朝权贵所容,因为他为官清介方严,疾恶如仇,因而被长期困滞在一个与外界几于隔绝的小县里,不得伸展更大的抱负。汤显祖的好友刘应秋、顾宪成曾先后冲撞权贵,后向首辅王锡爵推荐他,却"几逢其怒";浙江巡抚王弘阳也曾向吏部推荐,亦遭阻抑。这使汤显祖内心很苦闷,深感"世路之难,吏道殊迫",能施行于一县的"瞑眩"之法,却难有推广于天下的机会。即使能有机会,在他看来,恐怕于江河日下的明王朝也终无大补。他对官场逢迎谄媚的丑态极为反感,对那些"男子多化为妇人"的混迹官宦之人更是鄙视。最使汤显祖愤慨绝望而弃官的是"矿税"之役。万历二十四年(1596)神宗皇帝借收矿税之名,派宦官任矿监,四处搜刮民间金银财宝,搞得民怨鼎沸。这"矿税"之毒让汤显祖还曾有过的"补天"梦想被无情的现实彻底戳破。1598年,当他完成杰作《牡丹亭》,冬日里去北京述职后,便不顾一些同僚的挽留,毅然向吏部告长假还乡。然而朝廷嫉恨他的人仍不放过他,三年后(1598年)又对他以"负才轻佻"、"浮躁"之名追论削职。愤懑悲伤之下,他对官场彻底失望,创作了《邯郸记》传奇。而在此前一年(1600年)他的长子卒于南京,这更让他哀伤不已,在此期间,他创作了

① 《答吕玉绳》,见《汤显祖全集》(二),第1301页。

《南柯记》传奇。令人欣慰的是,万历三十四年(1606)《玉茗堂文集》在南京出版,这多少给他晚年清贫凄凉的生活带来一些安慰。这时离汤显祖万历四十四年(1616)去世还有整整十年。

汤显祖如此跌宕起伏、震惊朝野的人生经历,显然不是一个作为职业的戏剧家的桂冠所能够涵盖的。事实上明万历年间的"学官诸弟子"之所以"争先北面承学"于他,就因为他们认定汤义仍"所繇重海内,不独以才"。即他不仅仅有诗赋灵性、艺术天才,更重要的是有思想,而且其深邃广博为一般学官"闻所未闻",以至"诸弟子执经问难靡虚日,户屦常满,至廨舍隘不能容"。①

三

从创作态度上看,汤显祖的剧作都是在闲暇时光而作。《紫箫记》写于第三次春试(1577)不第到第四次春试(1580)不第期间。将《紫箫记》改为《紫钗记》也是因"南都多暇,更为删润,讫,名《紫钗》"。②《牡丹亭》也写于遂昌闲暇时光,准备挂冠而去之前(1598年),后"二梦"更是在故乡赋闲时有感而作,总之,都不是为了稻粱谋。而莎士比亚的剧作全是在他伦敦剧团时作为职业剧作家而作的,主要是为了票房收入,为了生存,有时甚至草草写出,都来不及润色就马上上演。如《驯悍记》《温莎的风流娘儿们》都是为了赶时间,匆匆忙忙完成搬上舞台的;《麦克白》作为莎士比亚四大悲剧的最后一个,学界大多认为也是作者在匆忙中赶写出来的,有些对白基本上选自该剧的背景材料,没有经过仔细的艺术加工。③ 甚至有一年(1598年)就写了六个剧作(《维洛那二绅士》《错误的喜剧》《约翰王》《仲夏夜之梦》《威尼斯商人》和《皆大欢喜》)。他1613年回到故乡直到去世的三年间,没有再写任何东西。

从剧作家的身份来看,汤显祖的剧作家的身份实际上是被后人确立的,因为直到清代汤显祖仍被称作是"填词大家",并不认可他是剧作家。李渔对汤显祖是十分钦佩、崇拜的,他将汤显祖比作"词坛赤帜",他说"词坛赤帜"为"若士一人所攫"。值得注意的是,他说的是"词坛",而不是"剧坛"。他说《牡丹亭》为"文人最妙之笔也"。他甚至感叹曰:"所恨余生也晚,不及与(之)……同时,他日追及泉台,定有一番倾倒;必不作'妒而欲杀'之状,向阎罗王子掉舌,排挤后来人也。"④显然,李渔崇拜作为"词坛赤帜"文学家的汤显祖已经达到了绝顶的高度。但这并不就可以说李渔认同汤显祖"剧坛"的地位。他说:

> 填词之设,专为登场;登场之道,盖亦难言之矣……汤若士之《牡丹亭》《邯郸梦》得以盛传于世……得以偶登于场者,皆才人侥幸之事,非文至必传之常理也。若据时优本念,则愿秦皇复出,尽火文人已刻之书,止存优伶所撰诸抄本,以备家弦户诵而后已。⑤

这表明李渔是从"填词之设,专为登场"的角度视《牡丹亭》为案头之书的,他宁可选择"时优本"、"止存优伶所撰诸抄本",道理很简单,"时优本"或"优伶所撰诸抄本"可"备家弦户诵",虽然这些"优本"

---

① 刘应秋《徐闻县贵生书院记》,见《刘大司成集》卷四,转引自毛效同编《汤显祖研究资料汇编》上,上海古籍出版社 1986 年版,第 99—100 页。
② 汤显祖《紫钗记题词》,见《汤显祖集全编》三,上海古籍出版社 2016 年版,第 1558 页。
③ 参见何其莘《英国戏剧史》,译林出版社 1999 年版,第 116 页。
④ 李渔《闲情偶寄》,见《中国古典戏曲论著集成》7,中国戏剧出版社 1982 年版,第 62、63 页。
⑤ 李渔《闲情偶寄》,见《中国古典戏曲论著集成》7,中国戏剧出版社 1982 年版,第 73—74 页。

没有"文人最妙之笔",但它却是"场上之曲"。不难看出,李渔虽然从正面肯定了汤显祖是"词坛赤帜",但又从侧面否定了汤显祖的《牡丹亭》作为"场上之曲"的地位,他尖锐地说:"汤若士《还魂》一剧,世以配飨元人,宜也。问其精华所在,则以《惊梦》《寻梦》二折对。余谓二折虽佳,犹是今曲,非元曲也。《惊梦》首句云:'嫋晴丝吹来闲庭院,摇漾春如线。'以游丝一缕,逗起晴丝,发端一语既费如许深心,可谓惨淡经营矣。然听歌《牡丹亭》者,百人之中有一二人解出此意否? 若谓制曲初心,并不在此,不过因所见以起兴。则瞥见游丝,不妨直说,何须曲而又曲,由晴丝而说及春,由春与晴丝而悟其如线也? 若缘作者原有深心,则恐索解人不易得矣。索解人既不易得,又何必奏之歌筵,俾("俾"者"使"也)雅人俗子同闻而共见乎? 其余'停半晌,整花钿,没揣菱花,偷人半面'及'良辰美景奈何天,伤心乐事谁家院','遍青山啼红了杜鹃'等语,字字俱费经营,字字皆欠明爽。此等妙语,止可作文字观,不得作传奇观。"①所谓"作文字观"就是"案头之曲";"作传奇观"就是"场上之曲"。

而莎士比亚是一个现代职业分类意义上的剧作家是毫无疑问的。罗伯特·奥因斯坦说:"莎士比亚和詹姆士一世时期同代的剧作家之间的关系是单向的。他的悲剧超过了他们的绝大多数作品。我们可以毫不夸张地说,莎士比亚是他们的老师,而不是同事。事实上,很难想象如果莎士比亚没有将基德和马洛的悲剧艺术发展到一种惊人完美的程度,十七世纪的悲剧会是一种什么样子。他的诗句、人物塑造和戏剧情节都是我们研究过的人类艺术创作不可分割的一部分,而这些都融进了剧作之中。……在名作家看来,莎士比亚是一种创造力,一种打破陈规旧律的力量,是一种拓宽了人类艺术创造范围的剧作家。"②"剧作家"的创作就有别于文人传奇的填词,二者关注的重心是不一样的。

从观众群体的构成来看,莎士比亚和他同时代的剧作家相比,基本上是一个专门为公共剧场的观众创作的剧作家,他创作的目的主要是为观众提供娱乐,因此,剧作中的故事情节,支撑情节的人物性格等就是莎士比亚最为关注的,因为这是伊丽莎白时代公共剧场观众最为关注的。尤其是他的喜剧,除了一些曲折动人的故事情节和几个令人难忘的角色之外,并没有给人留下太深的印象。何其莘认为:"在伊丽莎白时期,公共剧场的观众是一个非常有代表性的群体,他们热爱生活,渴望有生活气息的诗句、活生生的人物以及对他们所关心的议题的讨论。这样一个观众群体反过来也造就了剧作家,这大概就是为什么莎士比亚留给我们的剧作至今仍受到世界各国广大读者和观众的欣赏和推崇的主要原因。"③观众群体的不同,其对剧作的关注点也不一样:莎剧多被关注戏剧情节、人物塑造、诗句箴言、历史史实(尤其是对编年史的剧作演义),汤剧则多被关注"曲意"(《紫箫记》)、格律音韵(《牡丹亭》李渔认为汤显祖的填词也不过是"依样画葫芦",虽然李渔也认为"明朝三百年,善画葫芦者,止有汤临川一人",但他又不无遗憾地说汤显祖所画"葫芦""犹有病其声韵偶乖、字句多寡之不合者"④)、宗教意味(《南柯记》《邯郸记》)。

从剧本创作的戏剧本事看,由于莎士比亚关注戏剧情节和人物塑造,因而他的剧作本事绝大部分是采用、借鉴非原创的已有历史故事、剧作、新闻报道等。即这些已有的故事情节本事和人物形象为莎士比亚再创造成受公共剧场观众喜爱的舞台剧目奠定了坚实的基础。显然,虽然汤显祖的剧作本事也是借鉴已有的传奇故事情节,但他的借鉴与莎士比亚的借鉴的目的是不同的。最重要的就是汤显祖的剧作不像

---

① 李渔《闲情偶寄》,见《中国古典戏曲论著集成》7,中国戏剧出版社1982年版,第23页。
② [英]罗伯特·奥因斯坦《詹姆士一世时期悲剧的道德观》,格林伍德出版社1960年版,第223页。
③ 何其莘《英国戏剧史》,译林出版社1999年版,第122页。
④ 李渔《闲情偶寄》,见《中国古典戏曲论著集成》七,中国戏剧出版社1982年版,第38页。

莎士比亚剧作是为单纯的公共剧场的观众而创作，有着更为宽泛的阅读者和观赏者。这其中当然也包括观演意义上的观众，但这个观众群体却与莎士比亚意义上的公共剧场的观众群体很为不同。

四

由此看来，无论是从莎士比亚和汤显祖的生平履历，还是从他们一生所致力的主要事情来看，他们二人其实并没有多少可以类比的交集，除了表面的二人同一年去世和汤显祖也和莎士比亚一样写过剧作。无论是写作的目的、作者的身份、剧作的观赏对象、后世评价的尺度、四百多年来演出传播的状况等等，二人都是截然不同的。由此，所谓"汤显祖是中国的莎士比亚"抑或"中国的莎士比亚——汤显祖"的说辞都是不能成立的。这种表面、简单的比附所带来的问题就是将如此不同的两个历史人物作了极不恰当的比较，用一种似是而非的"剧作家"的尺度要么将复杂的历史人物简单（贬抑）化，要么将简单的历史人物超越（跨界）化。汤显祖永远是中国古代的伟大文人（艺术家），"剧作家"的标签显然是将他简单化、贬抑化了。莎士比亚永远是英国古代伟大的剧作家，把他作为衡量汤显祖是否伟大的尺度，显然也是将莎士比亚超越化、跨界化了。这个职业分工的"界"的概念原本在中国古代文人的意识里是根本不存在的。基于儒家礼、乐、射、御、书、数"六艺"①心性修养基础之上的古代文人"成人"功夫，"君子不器"乃为最高的人生审美境界。"兴于诗、立于礼、成于乐"的儒家修身、齐家、治国、平天下的内圣外王之道，文人士大夫并不会将现代分工意义上琴、棋、诗、书、画、印等某一门技艺作为稻粱谋而终身为之，而只是在日常的拳不离手、曲不离口的自我修为中成就自己全德的文人趣味、人生境界。因此，汤显祖这位士大夫文人的杰出典范，绝对不会把戏曲小技视为其人生的终极目的，更不会为谋生取悦观众而填词。恰恰相反，汤显祖的"四梦"填词都是他作为与文人间建立"相为赏度"的机缘而起兴的。而这种中国古代士大夫文人的人生志趣是伊丽莎白时代的莎士比亚为满足公共剧场的观众的娱乐愿望而作剧赚钱所完全不可理喻的。

由此我们也应当检讨，为什么我们乐于不假思索地就接受"汤显祖是中国的莎士比亚"抑或"中国的莎士比亚——汤显祖"的说辞？除了我们对自己本民族文化的不自信，需要借助外来文化及其代表人物来比附，寻找价值尺度之外，更为主要的是我们对古代文化遗产认识偏差。我们完全可以用我们今日的价值尺度来发掘"临川四梦"的当代意义和微言大义，但我们却不能想当然地认为这就是汤显祖最执着、最终极的文化书写和生命追求。② 我们应当羞愧和尴尬的是在汤显祖的时代文人作为常态的"相为赏

---

① 《礼记·学记》曰："不兴其艺，不能乐学。"郑玄注："艺谓礼、乐、射、御、书、数。"

② 虽然汤显祖曾自谓"一生《四梦》，得意处惟在《牡丹》"，也曾说过"二梦记殊觉恍惚"和"弟之爱宜伶学二梦，道学也"（分别见徐朔方笺校《汤显祖全集》，北京古籍出版社1998年版，第2572、1462、1464页）这样的话，但这并不表明他就是以"四梦"为其生命的安顿之途。而且，他对《牡丹亭》和后"二梦"的表述都有其特定的语境。"一生《四梦》，得意处惟在《牡丹》"，关键是"得意"二字如何理解。"得意"并不主要是在思想内涵层面的，而是他在填词上超越了自我，也震撼了词坛（李渔在评价《牡丹亭》时就称汤显祖是"词坛之赤帜"），他是为自己偶尔"涉猎"传奇而意外赢得的朝野追慕而"得意"，这是仍属于他"相为赏度"而"为欢"的层面。汤显祖的挚友屠隆也曾像汤显祖一样"自鸣得意"过，因为他不仅"能新声"，"每剧场，则阑入（擅自进入不应进去的地方）群优中作技"，而且能命其家童演他所作的《昙花梦》传奇，"指挥四顾"，所以"颇以自炫"、"自鸣得意"。引自沈德符撰《顾曲杂言》，见《中国古典戏曲论著集成》四，中国戏剧出版社1982年版，第210、209页。这都是文人才气太大的"得意"。而"二梦记殊觉恍惚"和"弟之爱宜伶学二梦，道学也"之说则更是语不在兹而在彼。"二梦记殊觉恍惚"句后接"惟此恍惚，令人怅然。无此一路，则秦皇汉武为驻足之地矣。"这"恍惚"让他"怅然"的原因是庆幸自己还有填词的雅兴，不然虽挂冠而去，可仍不时有仕途的牵挂和喟叹。而"弟之爱宜伶学二梦，道学也"句后接"性无善无恶，情有之。因情成梦，因梦成戏。戏有极善极恶，总与伶无与。伶因钱学梦耳。"本来宜伶学后"二梦"是一个体道、悟道的好机会，这个"道"其实也包括戏剧之道。可是这些伶工既不理解"性无善无恶"而"戏有极善极恶"的道理，也不明白"因情成梦，因梦成戏"的戏剧观念，其原因就在于"伶因钱学梦耳"。

钱德苍编撰的《缀白裘》在内的多种伶人改本,如《叫画》柳梦梅下场前与画上的杜丽娘"对话"①等极其戏剧化的台词,青春版《牡丹亭》的魅力也会大打折扣。这都说明我们轻率地把汤显祖评价塑造为"伟大的戏剧家"是"过高"了。可恰恰是这个南辕北辙的"过高"评价,如果我们从不"撇开现实的条件"来看则又是"过低"了。之所以说是"过低"了就是因为我们仅仅用"伟大的戏剧家"这种现代意义上的"特殊的个人职业"来限定了汤显祖作为"君子不器"的士大夫文人气象。子曰"君子不器",②指的就是这种"学无常师"、"从师而不囿"之仁者不可规定、无定型的大气象,而正是"大哉孔子!博学而无所成名"③的儒家"成人"思想深深地影响了古代士大夫文人的价值取向。也正是在这种价值取向的引导下,古代的士大夫文人阶层才最大限度地避免了因近代大工业意义上的分工所导致的恩格斯所说的人的"片面化"的发展,以及马尔库塞意义上的"单向度"的人的存在方式。

---

① "呀,这里有风,请小娘子里面去坐罢。小姐请,小生随后。——岂敢? ——小娘子是客,小生岂敢有僭? ——还是小姐请。——如此没,并行了罢。(下)"见钱德苍编撰、汪协如点校《缀白裘》第一册,初集卷二,《牡丹亭》"叫画",中华书局 2005 年版,第 85 页。
② 《论语·为政》,见杨伯峻译注《论语译注》,中华书局 1980 年版,第 17 页。
③ 《论语·子罕》,见杨伯峻译注《论语译注》,中华书局 1980 年版,第 87 页。

汤显祖与莎士比亚,我们今天应该如何作比较?

——从网上传播的离奇错误观点谈起*

周锡山

汤显祖和莎士比亚的比较,是日本汉学家、权威学者青木正儿首先论及的。在其《中国近世戏曲史》(1929)这部名著评论汤显祖的专节中,首段即满腔热情地赞颂:汤、莎二位"东西曲坛伟人,同出其时,亦一奇也"。① 接着,赵景深《汤显祖与莎士比亚》(1946)②和徐朔方的同名论文(1964年撰写),③是学贯中西的中国权威学者最早的汤、莎比较文章。此后近40年来,汤莎比较成为中国学术界持久不歇的一个热门话题,几代学者发表了许多研究成果。多数学者与赵景深、徐朔方一样,从汤显祖戏曲和莎士比亚戏剧平等比较的角度撰写文章,体现了一种对传统文化的自信和热情学习西方文化精粹的态度。但也有部分人认为汤显祖不及莎士比亚,出现这种不同意见是正常的。但是2014年陈国华发表了"汤显祖远不及莎士比亚"、"中国古典戏曲也远没有达到莎士比亚的高度"的醒目错误观点,则严重误导了读者。

陈国华是英国剑桥大学哲学博士,985高校——北京外国语大学教授、博士生导师,主要研究英语语言学、英汉翻译和词典学。他是在莎士比亚诞辰450周年之际做客腾讯书院,围绕"给你一个最好的莎士比亚"主题展开对话时,发表全套的外行和错误观点。腾讯文化报道(2014年4月21日)这次对话,就以"汤显祖无法比拟莎士比亚"为题,以求醒目,并在其"摘要"和"编者按"中特作强调:"汤显祖不是中国的莎士比亚,他是中国的汤显祖。我国古典戏剧水平远没有达到莎士比亚戏剧的高度。""陈国华不赞同'越是民族的越是世界的'的说法,认为'中国古典戏剧地域性强,缺乏普世性。'"中国网《我反对"越是民族的越是世界的"》(2014年5月4日),再次报道陈国华完全相同的错误观点,并在篇首导引语中也作同样的错误强调。

陈国华并不研究英国文学和戏剧,在这方面未见有成果发表。从这次对话中发表的言论看,他对英国戏剧、莎士比亚和西方戏剧史、戏剧美学史的了解非常有限,全部对话充溢了外行和错误的观点;而他为了强调"给你一个最好的莎士比亚",则随意拔高莎士比亚。他对中国戏曲的了解更为有限,因此他关于汤显祖和莎士比亚比较的主要观点,有的已有人讲过,并非他的新论。但是他用高度概括性的语言表达了四个错误观点并作强调性的发挥,在一部分学者中有代表性,而且这个报道因与莎翁诞辰450周年的庆祝活动有关,故在网上颇有负面影响,却至今未见必要的批评。今年是联合国教科文指定的汤显祖、莎士比亚、塞万提斯文化年,作为他们逝世400百周年的纪念,汤显祖和莎士比亚的比较又成为大家关心的话题,我认为有必要对陈国华的错误观点作分析和评论,并讨论"我们今日应该如何比较汤显祖和莎士

* 本文受"上海高校高峰高原学科建设计划"资助。

① [日]青木正儿《中国近世戏曲史》(王古鲁译)上册,作家出版社1958年版,第230页。
② 赵景深《汤显祖与莎士比亚》,上海《文艺春秋》1946年第1期。
③ 徐朔方《汤显祖与莎士比亚》,《社会科学战线》1978年第2期。

比亚"这个论题。

一、汤显祖与莎士比亚比较的文化背景

陈国华以中西戏剧的整体背景来比较汤显祖和莎士比亚。他说：

> 我们怎么看待莎士比亚？莎士比亚在英国有崇高的地位，英国有一个莎士比亚，这是他们引以为豪的。换句话说莎士比亚在戏剧史上的地位，其艺术造诣超过了古希腊的戏剧（按，此是病句）。英国很多作家都是在莎士比亚影响之下发展起来的，即使有人某些方面有所超越莎翁，但从总体艺术成就来说，我认为还没有人到达莎士比亚的程度，甚至包括著名剧作家萧伯纳。
>
> 有人说汤显祖是中国的莎士比亚，因为两个人所生活的时代非常接近，汤显祖的著作也很多，他是不是中国的莎士比亚？不是，汤显祖的作品能够翻译到外国，能被外国人知道的，能有几部？他不是中国的莎士比亚，他是中国的汤显祖。
>
> 我国古典戏剧远远没有达到莎士比亚戏剧的高度，而莎士比亚不仅仅是一个人，而是同时代出了一大批其他相当辉煌的剧作家，只不过其他剧作家的成就没有莎士比亚那么大，但他们也有一些非常好的剧本，甚至有的作家的作品直追莎士比亚，和其最伟大的作品不相上下。在这方面，我国还比较欠缺。

陈国华随意拔高莎士比亚，说他的"造诣超过了古希腊戏剧"，以此作为"给你一个最好的莎士比亚"的根据。这是违背西方文学史、戏剧史和美学史公论的。古希腊悲喜剧和莎士比亚戏剧，都是代表又超越其时代、不可重复和逾越的艺术高峰，都是人类文化史上的巅峰之作，这是世界学术界的共识。

陈国华未经具体论证和评论，就发表这种随意性极强的外行观点，是极不严谨的。而且，他一面说"还没有人到达莎士比亚的程度"，一面又说其"同时代出了一大批其他相当辉煌的剧作家"，"甚至有的作家的作品直追莎士比亚，和其最伟大的作品不相上下"。"一大批"、"辉煌"、"伟大"，如此夸张地随意拔高文艺复兴时期英国剧作家的成就，不仅严重违背史实，还与其前面评论莎士比亚的观点自相矛盾。

这些错误观点可能是误读艾布拉姆斯《文学术语词典》（中译本改称《欧美文学术语词典》）的结果："马娄、莎士比亚、韦伯斯特、博蒙（一译鲍蒙特）、弗莱彻以及马辛格（一译马辛杰）创作了许多最好的悲剧；他们彻底地违背亚里士多德的悲剧准则。"[①]实际上将这前后两句话联系起来看，再联系下文紧接着评论——"《奥瑟罗》是为数极少的，完全与亚里士多德的关于悲剧式英雄和剧情的基准相一致的悲剧，然而，《马克白》里的英雄不是犯了悲剧式过失的好人，而是有野心的人……"，"像伊丽莎白时代一般的悲剧一样"，莎士比亚大部分悲剧"背离了亚里士多德的悲剧典范"。[②] ——可见"最好的"指的是打破亚里士多德的悲剧准则、符合伊丽莎白时代创新的悲剧准则的悲剧中的"最好的"作品，而并非说其艺术成就达到最高，超过古希腊悲剧了；也不是说马娄等人和莎士比亚一样，都创作了最高成就的悲剧了。再参

---

① 艾布拉姆斯《欧美文学术语词典》（朱金鹏、朱荔译），北京大学出版社 1990 年版，第 379 页。
② 艾布拉姆斯《欧美文学术语词典》，第 379—380 页。

见该书后面说到的："从十八世纪起，最成功的悲剧都是以散文形式写成的，表现的是中产阶级，有时甚至是劳动阶级的男、女主角。"指的是十八世纪及之后的"最成功"的悲剧，并非说十八世纪及之后创作的其艺术成就已经超过莎士比亚的"最成功"的悲剧。可见，陈国华作为英语研究者竟然没有读懂以上引文中的时间状语，即时间限制语。

在严重违背事实地拔高莎士比亚和文艺复兴时期英国戏剧的同时，陈国华否定汤显祖的伟大艺术成就，其理由是"汤显祖的著作也很多"，但是"汤显祖的作品能够翻译到外国，能被外国人知道的，能有几部？"并进而认定："我国古典戏剧水平远没有达到莎士比亚戏剧的高度。"不仅错误地贬低了汤显祖，还错误地彻底否定了整个中国古典戏曲。

陈国华否定汤显祖的这个理由是错误的，艺术成就高低与翻译到外国有多少，没有关系。而且，由于众所周知的原因，一百多年来欧美盛行西方文化中心论，中国文化在国际上处于弱势，兼之二十世纪初以来中国反传统思潮否定传统文化，于是很少有作品翻译到外国，外国人很少知道中国的作品，是正常的。连在轴心时代已经取得世界领先成就的大思想家孔子，在孔子学院建立之前，外国人知道的也很少，甚至在东亚各国通行的汉字也渐遭抛弃。

为此，1988 年 1 月在巴黎召开的主题为"面向二十一世纪"的第一届诺贝尔奖获得者国际大会的新闻发布会上，瑞典学者汉内斯·阿尔文博士（1970 年物理学奖获得者）发出了向孔子学习的号召："人类要在二十一世纪生存下去，必须回到 2500 年前的孔子那里去汲取智慧。（If humanity is to survive in the 21st century, they have to back to 2,500 years to absorb the wisdom of Confucius.）"（1988 年 1 月 24 日《堪培拉时报》报道）1986 年日本有关语言学家组织召开"汉字文化的历史与未来——在信息化社会中创造汉字新文化"国际研讨会，接着韩国于 1991 年 11 月和 1994 年 9 月在汉城（今已改称首尔）先后举行了两次"汉字优于拼音文字"的国际学术研讨会，并且成立了"国际汉字振兴协议会"。

这些号召和努力，充分证明在这样的文化交流背景下，陈国华的观点，不能成为汤显祖和中国戏曲不及莎士比亚的理由。

二、汤显祖与莎士比亚比较的错误认识

陈国华接着比较具体地梳理和分析了汤显祖和中国古典戏剧水平"远没有"达到莎士比亚戏剧的高度的另外三个理由。

其第一个理由是：他反对"越是民族的越是世界的"的说法，认为"中国古典戏剧地域性强，缺乏普世性"。并分析说："我国古典戏剧很民族，具有鲜明的中国特点，但不一定'很世界'。为什么？因为我们缺乏一些普世的东西，缺乏能够引起全世界共鸣的东西，它比较 local，比较地域性，这是一个问题。或许能够引起一些人某方面的审美感，比如白先勇昆曲版本的《牡丹亭》在国外很受欢迎，但也仅是从表演、唱腔、戏剧美学的角度来看比较优秀，真正从语言、思想角度来看，无法与莎士比亚相比拟。"

这一段言论有四个错误。

第一个错误：鲜明的民族特色，是对优秀文艺作品的必然要求。文艺作品是各国、各民族作者创作的，具有鲜明的民族特色是优秀作品的标志之一。而且读者观众需要和喜欢通过不同民族和国家特色的优秀作品了解、学习和欣赏风采各异的各族各国人们的生活、故事和心理，乃至异国风情和风光。而"世

界"和"民族"既是对立的,又是融合而不可分。任何民族都是世界的一分子,于是任何民族的文艺作品必定具有一定的世界性。因此,"越是民族的越是世界的"此言,有其合理的一面。因为消解了民族特点,各国的文艺作品就会千人一面、千篇一律,造成雷同局面。但此言是欧化句子,采用的是英语一种常用的"越……越……"句式。这种说法,将民族化这个特点推向极端,这种强调式句型显示了西方思维容易走极端的缺点。从事英语语言学专业的陈国华正因"不识庐山真面,只因身在庐山中",而将这种欧化语言表达得不很正确的"结论"作为自己立论或驳斥的依据,是错误的,更且还推衍出下面的错误。

第二个错误:"我国古典戏剧很民族,具有鲜明的中国特点","但"其缺点是"不一定'很世界'"。

陈国华的这个批评,根据上面的分析,是错误的。而且"很"民族、"很"世界,这种说法不是规范的汉语,是生造词,或者说是食洋不化的不通顺的语句。

第三个错误:"因为我们缺乏一些普世的东西,缺乏能够引起全世界共鸣的东西,它比较 local,比较地域性"。

"普世的东西"是什么"东西"? 当然是所谓"普世价值"。"普世价值"是英语"universal value"(个别网络语言译为 oecumenical value)的中译,是西方尤其是当今美国宣传和推行的一种貌似拥有真理、实质虚伪的价值观。其所宣传的"普世价值"的内涵,所谓"民主、自由、平等、博爱、和平、正义、人权、法治、科学",多是欺骗的口号,无论在历史上还是在当代,在国内还是在国外,霸权国家都没有实行过。因此我们不能用"普世价值"作为评论文艺作品的标准。

而中西古今文艺家、美学家获得共识的文艺作品的评价标准是真善美原则,真善美包含了比"普世价值"更广阔丰富的内容,因此真善美才是文艺创作应该追求的永恒价值。追求真善美的文艺作品,才必然是"能够引起全世界共鸣的东西"。本文下面还要具体分析中国古代戏曲能够引起全世界共鸣的思想和艺术成就。

第四个错误:"(中国戏曲)或许能够引起一些人某方面的审美感,比如白先勇昆曲版本的《牡丹亭》在国外很受欢迎,但也仅是从表演、唱腔、戏剧美学的角度来看比较优秀,真正从语言、思想角度来看,无法与莎士比亚相比拟。"

对中国戏曲和《牡丹亭》作这样的学术评估是完全外行和错误的,尤其是"真正从语言、思想角度来看,无法与莎士比亚相比拟",更是远离事实。关于"思想角度",本文下面将重点分析,至于语言问题还是他说的第二个理由,我先作评论:

其第二个理由是,"中国古代戏剧包括现代戏剧,语言上有很大改进的空间。这里的'语言'是广义的语言,不仅指是用词,还包括文本、结构等。由于莎士比亚语言的好,他对英语的影响至今都能体现出……莎士比亚的语言到今天还'活'在人们的语言中。可我们的古典戏剧包括当代的戏剧,有多少能够成为我们的谚语、成语流传至今?"

这段言论也有四个错误。

第一个错误:中国现代戏剧,有戏曲和学自西方的话剧、歌剧等多个剧种,陈国华笼统称之,并作整体性的评论,纯属外行。

第二个错误:中国现代话剧和歌剧等,在总体上尚未达到世界一流水平,陈国华的批评尚有道理。而现代戏曲,自二十世纪初至 1980 年代,梅兰芳、周信芳和俞振飞等众多戏曲(昆剧、京剧和众多地方戏,包括汤显祖家乡的赣剧)大师和灿若繁星般的大量名家所编演的众多戏曲经典和名作,形成一个新的艺术高峰,取得世界领先水平,并与西方戏剧双峰并立、交相辉映。① 梅兰芳在日本、美国、苏联的访问演出,得到专家、大师(如斯坦尼斯拉夫斯基、梅耶荷德、爱森斯坦和布莱希特)和观众的极高评价。越剧《梁山伯与祝英台》电影,曾得到西方电影大师卓别林的由衷赞美。这些都已成为蜚声文坛的文化交流佳话。近二三十年来戏曲的编演水平,和西方戏剧、歌剧一样,虽不及前辈大师,但都尚处于颇高水平。陈国华竟然一概视而不见。

第三个错误:"真正从语言角度来看,无法与莎士比亚相比拟。""莎士比亚的语言到今天还'活'在人们的语言中。可我们的古典戏剧包括当代的戏剧,有多少能够成为我们的谚语、成语流传至今?"

仅以语言是否流传于口语作为衡量戏剧艺术成就高下的衡量标准,本属外行之见。而且,西方戏剧(有些作品如莎士比亚戏剧即使属于诗剧),都是白话文或白话诗,当然容易在口语中流传。西方近现当代诗歌,都是白话诗,唐诗宋词的语言要比西方现当代诗歌高雅难懂。② 中国戏曲唱的是"曲"(曲辞),而曲的创作,是从诗词发展而来,因此在句式、平仄和韵脚方面,其创作难于诗词。尤其如汤显祖和明清的戏曲经典多属昆曲,曲辞是高雅语言,在文采和遣词造句方面,远高于口语,怎么可能在口语中普及? 更何况,中国戏曲也有"做红娘"、"银样镴枪头"等名言佳句,流传于口语中。

第四个错误,中国戏剧在"语言上有很大改进的空间。这里的'语言'是广义的语言,不仅指是用词,还包括文本、结构等",都不及莎士比亚。对这个错误观点,本文下面在论述戏曲的优长时再作重点分析评论。

其第三个理由是,"莎士比亚的'悲剧'不是我们想象的'悲剧',泰坦尼克号沉没,是悲剧吗? 不是悲剧,是惨剧。高铁被撞是惨剧不是悲剧。我们的悲剧和西方国家的悲剧意义不同。我们的悲剧跟西方国家的悲剧不是一个意义上的,我们所理解受了冤屈的叫'悲剧',比如《窦娥冤》。悲剧谁悲? 窦娥冤悲得不得了。我们的悲剧是受了冤屈叫悲剧。《赵氏孤儿》才符合西方国家的悲剧标准,就是人物在最后都死光了。读者得到的感受是 pity(可怜)和 fear(恐惧,恐怖),幸好我没有做这样的事,幸好我的性格不是这样的,幸好我比剧中人物要聪明。我们的戏剧中少有'悲',这是我的感受。我们有悲,但更多是惨剧,但主要表现为惨剧。而惨剧很少,我们喜欢大团圆,喜欢欢喜收场,讲求善有善报恶有恶报。这个戏剧伦理应该强调、应该吸取,有它的好处,我们不能只局限于中国传统的悲剧观来理解西方的悲剧,这样才能对莎士比亚有更深的体会。"

这段话错误严重,是完全未搞懂西方悲剧、戏剧美学和中国悲剧的定义和概念的随意性言论。具体来说也有四个错误。

第一个错误:"西方国家的悲剧标准,就是人物在最后都死光了。读者得到的感受是 pity(可怜)和 fear(恐惧,恐怖),幸好我没有做这样的事,幸好我的性格不是这样的,幸好我比剧中人物要聪明。"

可怜、怜悯和恐惧、恐怖,是亚里士多德《诗学》对悲剧情节发展及其效果的要求。亚里士多德的原作,绝无因为人物最后死光了才让读者感受到可怜、恐惧的意思。

---

① 我已有多篇论文对此作了论证和评论,例如《二十世纪中国戏曲发展的基本得失论纲》(江苏省文化艺术研究院《艺术百家》1999年第4期、黑龙江省艺术研究所《艺术研究》1999年第4期;《1999·哈尔滨·"千禧之交——海峡两岸二十世纪中国戏曲发展回顾和瞻望研讨会"论文集》,[台湾省]传统艺术研究中心,2002年)和《上海为中心的江南多剧种地方戏的繁荣和发展》,《上海文化》2016年4月号等。

② 王云《西方前现代泛诗传统——以中国古代诗歌相关传统为参照系的比较研究》(复旦大学出版社2005年版)对此有详尽论证和分析。

至于"西方国家的悲剧标准,人物最后都死光了"这句话,就有三个错误:

1. "标准"这个词用错,不能说"悲剧标准",而应该说"悲剧定义"。

2. 这句话错得离谱。在一个悲剧中,竟然"人物最后都死光了",这是不可能的。请问哪一个悲剧中的人物都死光了?陈国华此言的意思大约是指剧中的"悲剧人物"也即悲剧的主人公都死光了吧?但是,也有一些悲剧的主人公剧终还活着。

3. 悲剧根本没有陈国华所说的所谓"标准"、定义。我在《意志悲剧说和意志喜剧说》①一文中介绍:"研究家公认,对悲剧不可能下特定的定义,②悲剧只能以最笼统的术语来解释。③ 概而言之,悲剧乃戏剧的主要类型之一,是以表现主人公与现实之间不可调和的冲突及其悲惨结局为基本特点。④ 或释为:戏剧主要体裁之一。渊源于古希腊,由酒神节祭祷仪式中的酒神颂歌演变而来。在悲剧中,主人公不可避免地遭受挫折,受尽磨难,甚至失败丧命,但其合理的意愿、动机、理想、激情,预示着胜利、成功的到来。"⑤

第二个错误:由于莎士比亚的悲剧被称为"性格悲剧",陈国华就错以为悲剧都是性格悲剧。

悲剧有多种的分类方式,美学经典著作的悲剧分类涉及性格悲剧的,如亚里士多德《诗学》分为复杂情节悲剧,性格悲剧(或命运悲剧),情景悲剧和苦难悲剧等四种类型。黑格尔《美学》分为命运悲剧(古希腊悲剧)、性格悲剧(文艺复兴时期悲剧,尤其是莎士比亚的悲剧)和伦理冲突悲剧(近代悲剧)等三种类型。叔本华《作为意志和表象的世界》分为主人公性格缺陷导致的悲剧,盲目命运导致的悲剧,和社会地位或在相处中相互对立导致的悲剧等三种类型。另有以西方悲剧发展的三个最重要的阶段分类:古希腊的命运悲剧,莎士比亚时代的性格悲剧,和易卜生时代的社会悲剧。

陈国华于此一概不知,仅以性格悲剧作为唯一的悲剧形式来衡量汤显祖和中国古代悲剧,无疑是外行的。

第三个错误:中国古代戏曲"只有惨剧,没有悲剧"。

在汉语中,悲、惨是同义词,惨剧就是悲剧。英语中,只有悲剧,没有"惨剧"一词。因此表现泰坦尼克号沉没的戏剧或电影,用中文来说,既可称惨剧,也可称悲剧,用英文来说,只能称悲剧,没有惨剧这样的称呼。作为英语语言学家,犯这种错误是很不应该的。况且《诗学》悲剧分类的第四种"苦难悲剧",说的就是"惨剧",陈国华将惨剧逐出悲剧的范围,又错了。

陈国华一面说中国没有悲剧,但他一面又承认"《赵氏孤儿》才符合西方国家的悲剧标准",自相矛盾。他承认这个悲剧也即因此剧受到洋人的承认和赞誉的缘故。

第四个错误:"我们有悲,但更多是惨剧,但主要表现为惨剧。而惨剧很少,我们喜欢大团圆,喜欢欢喜收场,讲求善有善报恶有恶报。"

中国古代戏曲中悲剧并不少,陈国华说"很少"是没有根据的,应该读读《中国悲剧史纲》《中国戏曲悲剧史》《中国古典十大悲剧》等著作,补补课。至于很多戏曲作品,喜欢大团圆收场,悲喜剧都讲求"善有善报,恶有恶报",并不是缺点。不少西方戏剧包括莎士比亚和英国文艺复兴时期的其他作家的作品,

---

① 周锡山《意志悲剧说和意志喜剧说》,《新世纪美学热点探索》,商务印书馆2013年版。
② 林骧华主编《西方文学批评术语辞典》,上海社会科学院出版社1989年版,第10页。
③ [英]罗杰·福勒《现代西方文学批评术语辞典》,春风文艺出版社1988年版,第8页。
④ 《汉语大词典》"悲剧"词条释义。
⑤ 《中国大百科全书·戏剧》卷,第39页。

也同样喜欢"(西方)悲喜剧中常见的大团圆的结局",①并多有"善有善报恶有恶报"的观念。② 古今中外的艺术实践证明,大团圆的结局只要写得精彩,很受观众欢迎。陈国华的否定,是他不熟悉西方戏剧并受反传统思想影响的产物。

三、中国古典戏曲与莎士比亚戏剧应该如何比较

汤显祖和中国古典戏曲与莎士比亚戏剧的比较,应该采取公允客观的态度。必须强调的是,我国老一辈外国文学专家,如周作人、李健吾、罗念生、宗白华、吴宓、钱钟书、杨绛、季羡林等,还有莎士比亚戏剧翻译家朱生豪和梁实秋等都是学贯中西的学者,深懂中国传统文化的价值,绝无扬西抑中的倾向。

陈国华随意拔高莎士比亚,尤其从语言文本和结构诸角度,将莎士比亚抬举到似乎十全十美的地步,并以此为对照,彻底否定汤显祖戏曲和中国戏剧,是错误的。

殊不知陈国华所任职的北京外国语大学的前辈权威学者王佐良和校长、著名学者何其莘主编的名著《英国文艺复兴时期文学史》批评莎士比亚极负盛名的"历史剧大多是莎士比亚的少作,结构较为分散,程式化的台词多,白体诗也显得拘谨"。③ 指出了多部莎剧的结构和语言的缺点。并总结说:"他当然不是没有缺点的。十七世纪的批评家德累斯顿就说过:'他剧作中常有平淡乏味之处;他的喜剧的隽语有时退化为对谑打诨,而严肃的隽语又常臃结而荒诞浮夸。'换言之,他常词多于意,不免夸张。"④指出其语言常有缺陷。

我们应该以学习前人经验的虚心态度,充分肯定中西古人的伟大成就,这是我们研究评论的主要目的;而客观、适当地指出前人不足,避免重犯错误,也是重要的,但不能用偏见的眼光,随意拔高西方,贬低中国。

综观世界戏剧史,东西方共有四个戏剧时期或者说高峰:古希腊悲喜剧、中国元杂剧、英国文艺复兴时期戏剧和中国明清传奇(主要是昆剧)。另有印度梵剧,惜其留存作品不多,不能见其全貌。

古希腊戏剧今仅存悲剧家埃斯库罗斯、索福克勒斯、欧里庇得斯和喜剧家阿里斯托芬共 4 位名家;创作时间自公元前 500 年左右至前 456 年、前 428 至前 385 年,近百年,现存剧本 43 部。

元代戏曲分南戏和杂剧两种。南戏无名作者很多,著名的作家有高则诚等;今存剧目 238 个,今存南戏 15 种,名作有《琵琶记》、"荆刘拜杀"和《牧羊记》等。杂剧更为兴盛,自金末至明初,即公元 1230 年左右至 1370 年左右,繁荣期近一个半世纪。有作家一百多人,名家有王实甫、关汉卿、白朴、马致远、高文秀等 35 位,还有不少佚名作者;今知杂剧剧目超过五百种,今存杂剧近两百种,名作有百部以上。

英国文艺复兴时期,自 1587 年马洛的早期力作《帖木儿》起,戏剧的盛世近 60 年(1587—1642),其中黄金时期有 40 年(1585—1625)。⑤ 除莎士比亚外,著名作家前有 4 位"大学才子"马洛、基德、约翰·黎里、罗伯特·格林,后有琼森、鲍蒙特、弗莱彻、韦伯斯特、托马斯·德克、乔治·查普曼、约翰·马斯顿、托

---

① 王佐良、何其莘著《英国文艺复兴时期文学史》,外语教学与研究出版社 1996 年版,第 286 页。
② 王云关于"艺术正义论"的众多论文和专著,对此有详论。
③ 王佐良、何其莘著《英国文艺复兴时期文学史》,第 210 页。
④ 王佐良、何其莘著《英国文艺复兴时期文学史》,第 238—239 页。
⑤ 艾布拉姆斯《欧美文学术语词典》(朱金鹏、朱荔译),北京大学出版社 1990 年版,第 379 页。

马斯·米德尔顿、西里尔·图尔纳、约翰·韦伯斯特和托马斯·海伍德、马辛杰等十余位,共近20位名家。今存剧本数百个。除莎士比亚的37个剧本外,优秀之作30余个,此期名作共约70个左右。

明清戏曲有传奇、杂剧和地方戏三种。明代戏曲今存剧本一千多种,篇幅约五千万字。而清代单是古典戏曲即有四千多种,还有大量地方戏,篇幅是明代戏曲的数倍。

明清戏曲成就最高的是传奇(昆曲),其繁荣期自首部昆曲剧本梁辰鱼《浣纱记》1565年问世至孔尚任《桃花扇》1699年定稿,长达一百三十多年。明代传奇名作,收入《六十种曲》的有汤显祖、沈璟、许自昌等43位名家和佚名作者的名作52部。明末清初传奇有吴炳、孟称舜、阮大铖、李玉和苏州派诸家、李渔、南洪北孔等20位左右的名家。明代杂剧有朱有燉、杨景贤、康海、徐文长等杂剧名家名作20部左右。清代中期的传奇和杂剧名家有张坚、唐英、杨潮观、蒋士铨、沈起凤等,名作三四十部。还有清中期至清末的地方戏名作多部,如《清风亭》《四进士》《玉堂春》等。

综上所述,中国元南戏、杂剧和明清传奇、杂剧的繁荣期皆长于古希腊和英国文艺复兴时期,名家名作的数量也领先很多。

当代西方学者除了汉学家,一般只知古希腊和英国文艺复兴时期戏剧是两个高峰,不知中国戏曲两个高峰和名作名作。但对中西戏剧的评价不能由西方中心主义者说了算。

西方和日本颇有不少学者高度评价中国戏曲作品。以戏曲经典《西厢记》为例,19—二十世纪之交,俄国柯尔施主编、瓦西里耶夫著《中国文学史纲要》说:"单就剧情的发展来和我们最优秀的歌剧比较,即使在全欧洲恐怕也找不到多少像这样完美的剧本。"二十世纪中后期,日本河竹登志夫《戏剧概论》将《西厢记》和古希腊索福克勒斯《俄狄浦斯王》、印度迦梨陀娑《沙恭达罗》作为中国、西方、印度三大戏剧体系的代表作而并列为世界古典三大顶级名剧。

又如《赵氏孤儿》由耶稣会神父马若瑟于1731年译为法语后,英国理查德·布鲁克斯(Richard Brooks)在1736年、格林(Green)和格瑟利(Guthrie)在1738到1741年间据法译本译出两个英文本。《赵氏孤儿》从此在整个欧洲广泛传播,在1741年和1759年之间,该剧涌现了诸多改编版,有法语版,英语版,意大利语版等,在伦敦、巴黎的演出多引起轰动。其中伏尔泰在1753年据此创作了《中国孤儿》,又名《中国孤儿:五幕孔子道德剧(L'Orphelin de la Chine:la morale de Confucius en cinq actes)》,成为世界戏剧史上的经典之一。这个戏剧热潮甚至引领了十八世纪欧洲中国风(chinoiserie)的潮流。而西方戏剧至今还没有一部戏能在东方产生如此巨大而深远的影响。

以上所举仅是个例,我们如果从总体上对中西戏剧做一个比较,元南戏、杂剧和明清戏曲的伟大思想和艺术成就完全可以分别与古希腊和英国文艺复兴时期戏剧媲美。也即世界戏剧的这四个高潮,总体成就相仿。中国戏曲和西方戏剧在内容和艺术两方面都给世界文学史作出了重大的贡献。

从相同处看,中西戏剧都全面、深入地表现了其所处的时代、社会的丰富精彩的生活和繁星灿烂般的人物。中西戏剧都深刻而全面地反映了各国人民的共同追求:社会公正和人间正义、道德完善和精神探索、爱情自由和婚姻幸福。中西戏剧的优秀之作都追求并达到了真善美完美结合。

从不同处看,西方文学包括戏剧展现了奴隶社会和资本社会主义社会尤其后者的无比丰富的生活。印度古典梵剧产生、发展于奴隶社会,所以描写的也是奴隶社会中的生活。中国古代文学和戏剧与西方、印度不同,主要反映了封建社会从兴起,发展、繁荣到衰落的全过程的社会生活。中,西、印文学相结合,自奴隶社会至当代的各个社会的人类生活,才都得到全面完整的反映。所以中国、西方、印度三大文学和戏剧体系都有不可替代、不可或缺的重大意义。

西方戏剧的成就,在中国早已为人深知;而中国戏曲,不仅西人,因二十世纪中国的反传统思潮的影响,不少国人也并不知晓。本文略作概况介绍。

元杂剧的众多剧目(包括大量的公案剧)或反映了封建时代游牧民族统治的政治黑暗和社会黑暗,尤其是司法黑暗,揭露权豪势要、贪官污吏和地痞流氓残害百姓,歌颂清官秉公断案,如李潜夫《灰阑记》(布莱希特改编为《高加索灰阑记》)和无名氏《盆儿鬼》等。或揭露统治集团腐朽无能,投降卖国,歌颂人民和爱国将领的反抗民族入侵和压迫,塑造杨家将、岳家军等英雄人物形象。还有很多歌颂真挚爱情的作品,如白朴《墙头马上》和李好古《张生煮海》等;还有批判娼妓制度危害妇女和娼妓追求幸福婚姻的优秀作品如关汉卿的《救风尘》等。还有神仙道化戏等,皆为西方古代文学和戏剧中所少见。

明清传奇的内容更为丰富,除了继承元杂剧的传统外,还有大量的历史剧、时事戏。如王世贞《鸣凤记》取材于当时政治斗争的现实,鞭挞专横跋扈的权贵,歌颂忠贞官员反抗恐怖政治的正义斗争。又如明末路迪《鸳鸯绦》传奇,通过剧中人物的经历和见闻预言国家必亡的趋势和原因,显出中国优秀作家历来所具的成熟的政治眼光和远见卓识。与之同时的莎士比亚历史剧也达到了深刻表现和预见历史发展的重大成就。除了大量的爱情剧之外,如《跃鲤记》揭露家庭矛盾和婆媳关系;《水浒记》描写宋江小妾阎婆惜生死不渝、死后还将情人"活捉"到阴间去团聚的婚外恋,反映了生活情景的复杂和变幻。

中国戏曲的独特美学风格是它的写意性,戏曲的写实和写意结合,以写意为主的美学风格,使戏曲剧本文学中的曲辞继承和发展我国抒情诗人常得"江山之助"和诗歌中善于情景交融的历史传统,形成戏曲中的场景描写不用舞美形式,而是用文字形式给予无比有力的表现。曲辞情景交融的语言写出美丽多彩的风景。曲辞和西方戏剧的对白一样,也起着叙述和推进情节的作用,因此形成情、景、事交融。优秀剧作的曲辞文采斐然,意境深远,取得了极高的语言艺术成就。

戏曲在内容和艺术上对世界文学的独特贡献既大且多,要详细论列,可写一本或多本专著,今以本人略有研究的方面,①在此略举数例,以见一斑。

从思想意义角度看,晚明的李玉的《万民安》、《清忠谱》生动再现当时手工业工人运动和市民运动的宏大场面,是世界上最早反映大规模群众斗争场面的文艺作品。

从人物塑造角度看,《牡丹亭》和《柳荫记》等作品还塑造了杜丽娘和梁山伯、祝英台等具有自由爱情观的人物形象。莎士比亚的戏剧赞扬资本主义社会初期先进青年对爱情的追求和对封建残余观念,诸如门第、种族、等级观念的反抗,高度评价他们至死不渝的斗争精神。中国明清时代戏曲作家笔下的青年男女不仅有相同的表现,包括以死殉情,表现了强烈的反抗精神;戏曲还描写他们死后复活或变为蝴蝶成双同飞。这些戏曲人物不仅为自由爱情誓死斗争,而且还要战胜死亡,让爱情长存。这便是不同于《罗密欧与朱丽叶》等西方爱情戏剧的中国特色,展现了更为强烈的理想追求和坚韧精神。

又如仙魔鬼魂形象,戏曲取得了中国特色的令人赞叹的巨大成果。戏曲在世界上首创人与动物精怪

---

① 《中国戏曲的首创性贡献述略》《戏曲中的神祕现实主义和神祕浪漫主义描写略论》(香港中文大学《重读经典:中国传统小说与戏曲国际学术研讨会论文集》,牛津大学出版社 2009 年版);《论戏曲在中国和世界文学史、美学史上的地位》(《传统艺术与当代艺术》,上海社会科学院出版社 1990 年版;《上海艺术家》1988 年第 4 期;中国人民大学报刊资料中心《中国古代、近代文学研究》1988 年第 11 期);《中国戏曲的世界意义》(上海《社会科学报》1999 年 8 月 26 日);《试论明清传奇(昆剧)的重要意义》(《阜阳师范学院学报》1989 年第 3、4 期合刊);《中国戏曲的多元性及其前景之探讨》(《戏曲艺术》1996 年第 4 期;中国人民大学《戏曲研究》1997 年第 1 期;《东方戏剧国际研讨会论文集》,巴蜀书社 1998 年版)。

之恋,如《柳毅传书》《张生煮海》《雷峰塔》和《鱼篮记》(越剧改称《追鱼》)刻画人与龙蛇、鲤鱼富有诗意的爱恋。《水浒记》中的《活捉》、明传奇《红梅记》和《牡丹亭》则描写人鬼相恋和还魂成婚的离奇故事。上已列举之《娇红记》《柳荫记》描绘了情人死后,化为鸳鸯或蝴蝶,将人间未遂的忠贞爱情,在死后继续,表现了极为丰富的艺术想象力。而元杂剧《窦娥冤》中的窦娥与明传奇《焚香记》中的敫桂英等,演绎了不屈的鬼魂以正义战胜邪恶的复仇故事。

在情节结构艺术的设计方面,戏曲首创了双线结构。明清传奇在结构艺术上的双线形式史诗式巨著,是我国戏曲家对世界文学史,艺术史所作出的重大贡献。

双线结构极大地开拓了情节繁复发展的空间,故而双线结构的产生,在世界文艺史上具有划时代的重大意义。综观世界戏剧史,古希腊戏剧都是单一的情节,因此"亚里士多德所无法预见到的情节上的一个很成功的发展:双重情节(double plot)来获得结构上的完整统一。这种情节类型在伊丽莎白时期的戏剧中很常见"。① 这里所谓"双重情节",命名不正确,应该取名为情节设计上的双线结构。与英国相对比,中国戏曲首创的双线结构情节设计方法,比伊丽莎白时代早二百多年。公元十四世纪的元末四大南戏中的《荆钗记》《白兔记》《拜月亭记》三剧和《琵琶记》,用双线情节结构的方法描绘处于分离状态下的男女主角的命运,首创了双线情节结构形式。明清传奇作家大量运用双线结构,它已成为传奇常用的一种结构形式。有了双线结构的基础,就自然地发展出多线结构。但是戏剧的容量和结构的特点,决定了情节需要相对集中,而切忌分散,所以多线结构在后来的小说和电影中运用较多。

明清传奇自《浣沙记》发其端,到《长生殿》《桃花扇》发展到高峰的"以离合之情,抒兴亡之感"的史诗式、全景式巨著,便以男女爱情和时代兴亡作为结构双线,达到极高的艺术成就。戏曲作品将主人公的命运和民族兴亡相结合,或通过男女主角的爱情历程,写出民族、国家的历史沧桑,艺术地深刻探讨和总结民族、国家的历史经验和教训,这不仅在中国文学史上是突出的,无疑也是世界文学和戏剧史上独特的辉煌之作。

在中西文学艺术作品最多的爱情题材方面,戏曲突破一见钟情模式,在世界文化史上首创了"知音互赏"式和背叛者的痛苦和后悔结局的两种新模式。

中国戏曲自《西厢记》起,在世界文化史上首创了一个新的爱情模式,即知音互赏式的爱情。《西厢记》一开始虽亦描写张生与莺莺一见钟情,但继而对张、崔爱情的描写,超越一见钟情阶段,结合爱情受到严峻考验的心理历程,作者让张、莺舒展才华,用诗歌、琴曲等艺术手法传达和交流真挚深厚的爱的情意,在高智商的心灵碰撞中,不断冒出新的爱情火花,增进了解,达到知音互赏,从而极大地推动了爱情的发展;由于双方在人生观、爱情观和审美观取得比较一致的认识,故而又能超越生理性的性爱,达到灵与肉的结合,展示知识、智慧、艺术的力量,从而达到最高层次的爱。

受《西厢记》的影响,高濂《玉簪记》、洪昇《长生殿》和长篇小说《红楼梦》等名著都成为描绘知音互赏式爱情的优秀著作或经典之作,并作出了新的创造。如《长生殿》中的唐明皇和杨贵妃通过《霓裳羽衣曲》的共同创作和欣赏的过程,将普通帝王后妃的爱情转化为两位杰出艺术家知音共赏式的爱情;并正由于建立了这种灵与肉结合的真诚真挚的最高层次的爱,才使唐明皇在失去杨贵妃之后,深感后悔,极度痛苦。于是《长生殿》还成功地探索和细腻地描绘了失败的爱情的后续过程,即细腻深刻地描绘了失败爱

---

① 艾布拉姆斯《欧美文学术语词典》,第253页。

情中的背叛者的后悔和痛苦,首创了爱情背叛者后悔和痛苦的新模式,在中外文艺史上作出了这个首创性的杰出贡献。[①]

戏曲的另一个重大首创性贡献是,在世界悲剧史上,中国元杂剧首创了意志悲剧。

王国维于其一代名著《宋元戏曲考》中指出:"其(指元杂剧)最有悲剧之性质者,则如关汉卿之《窦娥冤》,纪君祥之《赵氏孤儿》,剧中虽有恶人交构其间,而其蹈汤赴火者,仍出于其主人翁之意志,即列之于世界大悲剧中,亦无愧色也。"

王国维此论结合康德自由意志和叔本华生存意志理论,分析元杂剧首创了意志悲剧的重大成果。

西方悲剧的主人公都是被动的角色,他们是身不由己地陷入悲剧的局面。而中国意志悲剧中的主人公,本未陷入悲剧性困境,而是他们出于自己维护正义、道义的意志,主动向恶势力挑战、出击,放弃自己的生存权利,为了救助弱者而陷入悲剧命运。以王国维列举的《窦娥冤》和《赵氏孤儿》来说,窦娥主动代替婆婆去死,而且坚贞不屈,临刑还立下三桩无头愿,表现其誓与冤案制造者抗争到底的钢铁意志和坚强决心,死后还要寻机申冤报仇;程婴、韩厥、公孙杵臼为救孤而牺牲自己,又怀着"君子报仇,十年不晚"的坚忍信念所表现的忠勇智信和有冤必申,有仇必报的心理和意志,在一定程度上反映出中华民族疾恶如仇,敢于反抗、敢于胜利的民族心理和斗争传统,由此种种,皆是这些"主人翁"主动"蹈汤赴火"的性格基础和精神延伸。这些戏剧高度赞扬这些悲剧"主人翁"为了正义和道义,放弃自己生的权利之意志,向悲惨命运和邪恶势力的主动挑战精神和主动承担不幸以帮助别人解脱苦难的崇高品质,创立了独特的悲剧类型。

于是,西方学者所持的世界悲剧史的三阶段说,应该扩展为四阶段,即古希腊命运悲剧、元杂剧的意志悲剧、莎士比亚性格悲剧和易卜生社会悲剧。意志悲剧还自元代延伸至明清传奇阶段,名作有《鸣凤记》《清忠谱》《千钟禄》等等,剧目颇为丰富,繁荣期长达两百年之久,为世界之最。[②]

戏曲的首创性成果很多,值得我们认真、深入地研究,总结前人的伟大成就,为当代作家的创作提供丰富多彩的历史经验。

四、汤显祖与莎士比亚应该如何比较

汤显祖与莎士比亚的比较,学贯中西的前辈学者已有启示性的重要成果。

赵景深《汤显祖与莎士比亚》(1946)归纳了汤显祖和莎士比亚在艺术上的相同点:创作内容都善于取材他人著作,不守戏剧创作的清规戒律,剧作最能哀怨动人。

徐朔方《汤显祖与莎士比亚》《汤显祖·莎士比亚·戏曲的前途》《莎士比亚和中国戏曲》诸文分析汤显祖生活的明朝封建社会,比莎士比亚的伊丽莎白时代封闭落后,故而汤显祖《牡丹亭》塑造的杜丽娘敢于追求自身幸福的人物,更是难能可贵。指出两人戏剧作品都是借古喻今、不自己编造故事的原因是汤

---

① 周锡山《〈长生殿〉和两〈唐书〉中的李杨爱情新评》,叶长海主编《〈长生殿〉演出与研究》,上海文艺出版社 2009 年版。

② 周锡山《论王国维的"意志"悲剧说》,中国艺术研究院戏曲研究所《戏曲研究》第 56 辑(首届中国戏曲奖获奖文章专辑),《2001—2002 上海作家作品双年选》(上海文艺出版社 2003 年版);《上海文化年鉴》2004 卷记载和评价此文,并高度肯定此文首创的世界悲剧四阶段说。

周锡山《意志悲剧说和意志喜剧说》,中国古代文学理论学会会刊《古代文学理论研究》第 27 辑(本辑"编辑部报告"高度肯定此文论证的世界悲剧四阶段说),华东师范大学出版社 2010 年版;上海美学学会编《新世纪美学热点探索》,商务印书馆 2013 年版。

显祖时代的作家不便无顾忌地揭露现实,莎士比亚时代言论也不自由,他们只能借用古代传说;两者同希腊戏剧对照中所显出的某些相近的趋向,正如两者之间的差异,必将给我们以启发,引导我们去作新的探索,等等。

在前辈的研究成果基础上,笔者1985年撰写的《汤显祖与莎士比亚》,也梳理了他们多个共同处和相异点。①

从总体上说,他们的作品达到了同样的历史、思想和艺术高度,我们从中可以探索和总结文艺创作的基本规律。例如:

汤显祖和莎士比亚都是爱国忧民、悲天悯人的诗人作家。他们都能直视现实,在作品中表达自己对时局和世态的忧心和理想。

汤显祖和莎士比亚两人都面临的是同样的政治状况,都关心国家的政治命运,具有爱国忧民的胸襟和眼光。

汤显祖的一生,生活在危机四伏、动荡不安的明代中、晚期。当时内忧外患已经日益严重,而当局腐败,他一生不得志,不能舒展抱负,最后只能借助戏曲创作表达自己的政治理想,批判残酷现实,探索人生指归。汤剧中的男主角,《牡丹亭》中的杜宝、《紫钗记》中的李益、《南柯记》中的卢生、《邯郸记》中的淳于都是能吏,战时善战,平时精于治理政权。

莎士比亚面临同样的社会状况。他的剧本创作于1590年到1612年,正处于"伊丽莎白时代"已经进入末期即衰落期(1590—1603年3月)和詹姆斯一世前期(1603年3月—1625年3月在位)的严峻时期。

研究家指出:在伊丽莎白一世统治晚期,政治腐败,危机四伏。莎士比亚于1595年创作的《理查二世》影射伊丽莎白晚年政权;他于1601—1602年创作的悲剧《哈姆莱特》中,老王驾崩、敌军压境、鬼魂显灵;新王狡诈、朝臣昏庸,人民暴乱,种种动荡不安的社会环境,正是英国当代社会的缩影,更预见性地表现了女王即将驾崩和昏庸新王上台的景象。当时的英国,专制体制的进步性丧失殆尽,国内矛盾日益突出。贵族集团的分崩离析日益严重,代表贵族利益的王室和资产阶级争夺政权的斗争日趋激烈。长期战争使国家财政陷入新的危机。新兴资产阶级日益强大的同时,劳动人民遭受日益陷入严重的剥削,城乡人民反抗不断。爱尔兰局势恶化。而继位的詹姆斯一世,是昏庸、自大、迫害清教徒的愚蠢君主,加剧了英国政局的败坏。莎士比亚的戏剧,表现了他的敏锐的思考和深刻的洞察,将感受到的这些错综复杂的社会矛盾、残酷现实、私欲横流和恶人的内心,用众多的历史剧、传奇剧和悲剧,作出生动有力的反映,表达了他爱国忧民的深切感情。其精心描写的亨利五世,是英国的理想君主。

汤显祖的诗文和戏曲,与莎士比亚戏剧,都表达了国家高于一切,法律高于一切的原则。他们都用辛辣的笔调批判专横、残忍、阴险的权臣和野心家,同情认真履职,卓有政绩,但不适应残酷政治斗争而失败的忠贞人士,如《紫钗记》中的李益、《南柯记》中的淳于梦,和《裘力斯·凯撒》中政治品质正直高尚,却不得不用阴谋手段去刺杀推行独裁专制的政敌凯撒的勃鲁托斯。

在社会生活方面,汤显祖和莎士比亚面临着相同的婚姻状况。

当时中西都盛行早婚。朱丽叶与罗密欧恋爱直至死亡,不到14岁。杜丽娘梦中发生爱情才虚岁16岁。

---

① 周锡山《汤显祖和莎士比亚》,智量主编《比较文学三百题》,上海文艺出版社1990年版。

当时中英都盛行封建婚姻制度，遵循男尊女卑、门当户对的婚姻模式。男女青年无权自由恋爱，必须遵守父母之命、媒妁之言的婚配原则。其他西方国家也如此，如莫里哀《斯卡班的诡计》也描写法国青年必须遵循父母之命才能成就婚姻。

汤显祖和莎士比亚的爱情观都具反传统性，歌颂纯真、忠诚的爱情，批判虚伪的矫情和禁欲主义，都描写了青年男女为了追求自由婚姻而做的艰辛努力。

莎士比亚的戏剧同时也真实表现了西方妇女地位低，婚姻不自由，包办婚姻盛行的状况。例如《训悍记》描写巴普提斯塔从来不把女儿当人看，他自作主张，随意像商品似的出售女儿的爱情和婚姻。而彼特鲁乔则是夫权的象征。此剧表现了凄惨可悲的妇女地位：她们无权无势，经济上没有任何权利，只能在家靠父母，出嫁靠丈夫，否则就无法生存，只能随人摆布。《温莎的娘儿们》反映了家长多满脑子铜锈，缔结婚姻时，财产的计较还高于门第的考虑，具有买卖婚姻的性质。《错误的喜剧》通过阿德里安娜对她的丈夫的牢骚，尽情抒发了妇女沦落为男人的玩物，年龄稍长，男人就会另择新欢——嫖妓、寻找情人，她为这种男女不平等的状况而愤怒。

和汤显祖一样，莎士比亚的戏剧中塑造和赞美众多理想女性，例如苔丝狄蒙娜、朱丽叶、鲍西霞、凯瑟琳、贝特丽丝、微奥拉等，她们的品质都胜过男人，莎剧尤其赞美这些女子的天真烂漫，执著专一，智慧和温柔，尤其是对爱情的大胆追求。

他们都深知现实生活不容许青年男女自由婚姻，《临川四梦》中的男主角都依靠求仕实现婚姻，莎剧的结局往往只能依靠神仙的帮助。

两人也都有局限性。汤显祖戏曲不可避免地带有男尊女卑的倾向，莎士比亚也不例外。

莎士比亚的戏剧歌颂对丈夫们言听计从的贤内助。如苔丝狄蒙娜婚前大胆、炽烈，但婚后对丈夫毫无道理的猜疑及不可忍受的粗暴非但不做反抗，相反却逆来顺受，至死没有怨言，反而还为他辩护，完全变成了奥瑟罗温顺的奴仆。莎士比亚有时还明显地宣扬一种门当户对的爱情婚姻观念和夫唱妇随思想。《错误的喜剧》中，露西安娜告诫自己的姐姐说："桀骜不驯的结果一定十分悲惨。……女人必须服从男人是天经地义，你应该温恭谦顺侍候他的旨意。"可见他有时评判家庭主妇的优劣并不是从解放妇女的个性出发，以新型人文主义的个性奔放、个人自由、男女平等的思想为准则，而相反是从维护社会秩序出发，是基于基督教严格的社会等级秩序观念和男尊女卑思想。①

在艺术表现方面，汤显祖和莎士比亚都继承和突破宗教藩篱，在作品中热情探索宇宙和人的终极旨归，从而注重运用神秘文化的资源，擅长采用神秘现实主义和神秘浪漫主义的创作方法。

汤显祖的全部戏曲，统称"临川四梦"，都有奇异的梦境。剧中喜欢运用神秘文化的资源，出现鬼魂、巫婆，并用预言等手段推动情节的发展。莎士比亚也非常喜欢神秘文化，除了多个传奇剧，表演精灵、神仙、恶魔之外，其他作品也颇喜描写鬼魂、巫婆，预言。

他们都喜欢议论和阐发命运观。汤显祖认为人有不可抗拒的命运，他《紫钗记题词》（万历二十三年，1595 年）说："人生荣困生死何常，为欢苦不足，当奈何。"他的戏曲中的主人公的人生轨迹都受到命运支配。

莎士比亚也相信人有命运，莎剧中的众多人物如《训悍记》凯瑟丽娜等，都有宿命论，相信命运。

---

① 李韶华《汤显祖与莎士比亚妇女观之比较》，甘肃教育出版社 2007 年版，第 274—276 页。

莎士比亚的历史剧,表现了天意天命的历史观。"莎士比亚和其他历史剧的作者均把历史的发展和变迁看成是天意"①英国学者蒂利亚德:"对伊丽莎白时代的人了来说,推动历史发展的力量有天意、命运和人的性格。"②英国学者托马斯·纳什:"它们(指莎士比亚历史剧)着意表现了叛逆者的噩运、暴发户的失败、篡权者的悲惨下场,以及国内纠纷带来的苦难。"③不仅叛逆者有噩运,不少君主都难逃噩运。钱钟书总结说:"莎士比亚剧中英王坐地上而叹古来君主鲜善终:或被废篡,或死刀兵,或窃国而故君之鬼索命,或为后妃所毒,或睡梦中遭刺,莫不横死(For God's sake let us sit upon the ground / And tell sad stories of the death of kings! etc.)。"④

他们都认为人的婚姻也有天命的制约。中国古代盛行"有缘千里来相会"的婚姻"缘分"观。《牡丹亭》中的柳梦梅自远方的岭南来到南安,与杜丽娘的鬼魂相会、相爱,就是这个缘分观的反映。《如杭》出,柳梦梅上京赶考,临行时说:"夫荣妻贵,八字安排",意思是婚姻和富贵都是命定的。汤显祖其他三剧的男女主角的婚姻也都由机缘决定。

至于莎士比亚,钱钟书说:"在人的命运不确定性的命题中,莎士比亚剧中屡道婚姻有命(Marriage or wiving comes or goes by destiny)(《威尼斯商人》The Merchant of Venice 第二幕第四场、《终成眷属》All's Well That Ends Well 第一幕第三场)"。⑤ 莎士比亚多个爱情剧的主角都受命运的拨弄,形成爱情历程的跌宕起伏。

他们都喜欢描写巫、鬼魂、神仙和精灵的作用,在塑造人物和推动情节发展方面,运用神秘主义的手法作为重要的描写手段。

汤显祖重视神仙的作用。《牡丹亭》中杜丽娘游园时和柳梦梅梦中相遇相爱,花神见证和保护他们的幽会。在杜丽娘的鬼魂在阴司受审时,花神们又出面作证。《邯郸记》有八仙中的吕洞宾到人间超度卢生。

莎士比亚也重视神仙的作用,其喜剧和传奇剧,经常有神仙和他们身边的精灵出没。例如《仲夏夜之梦》中的两对情人误会和矛盾重重,最后在森林仙王的帮助下,才各自重归于好,终成眷属。

《牡丹亭》描写杜丽娘在阴司受审,判官和小鬼、受审的其他鬼魂,演出了足足一场好戏。然后杜丽娘的鬼魂外出魂游,与梦中情人柳梦梅重逢并开展人鬼之恋,后来又复活还魂。

莎士比亚的多个戏剧出现鬼魂。例如:

《理查三世》记叙白玫瑰集团篡夺王位的爱德华临死前看到被他杀害的 11 个鬼魂前来索命,害怕之极。

《亨利六世》描写法军失败后,贞德企图呼唤幽灵上阵作战,挽回败局。她动员鬼魂们说:"众位熟识的精灵们,你们都是从地下王国精选出来的,请再帮一次忙,使法国获胜。(幽灵来回走动,默不作声)……(幽灵等离去)不好了,他们把我抛弃了!看起来运数已到,法兰西必须卸下颤巍巍的盔缨,向英格兰屈膝了。我往日的咒语都已不灵。"她认为"运数"已到,即败运已经光临,非人力所能挽回,因此她的咒语不灵了。她相信命运决定胜负。

---

① 王佐良、何其莘《英国文艺复兴时期文学史》,外语教学与研究出版 1996 年版,第 191—192 页。
② 《伊丽莎白时代的世界图像》,第 166 页。
③ 《伊丽莎白时代的世界图像》,第 163 页。
④ 钱钟书《管锥编》(第一册),中华书局 1986 年版,第 296 页。
⑤ 钱钟书《管锥编》(第一册),第 393 页。

《麦克白》中，麦克白夫妇庆祝登基的盛宴上，被麦克白阴谋杀害的班柯，其满身血污的灵魂竟出现在麦克白宴请大臣们的座席上。麦克白吓得魂不附体，在心灵上被敌手的阴魂所打垮，从此走上了失败和灭亡之路。

汤显祖和莎士比亚鬼魂出现的描写，既为剧情的推动和发展起着重要作用，同时也使全剧笼罩在一片阴森恐怖的气氛中，以加强剧情的效果，吸引观众。

莎士比亚晚年的多部传奇剧的神仙和精灵，帮助主人公化险为夷，绝境逢生，仙境和险境的设置，让舞台五彩缤纷，既瑰丽斑斓又神奇变幻。

综上所述，莎士比亚剧本中所尊崇的民主、平等，与现代的民主、平等思想不是一个层次；其相信命运、鬼魂和巫术的态度，与现代科学格格不入，而与汤显祖则相同，因此陈国华抬高莎士比亚和贬低汤显祖，说莎士比亚有普世性，而汤显祖缺乏普世性，是错误的。

必须强调的是，文艺作品中做这样的描写，不能用违背科学的封建迷信这样的罪名给以否定。即使当代中西方的文学、戏剧和影视创作，也多有奇幻作品，拉美神秘现实主义（学术界错误地称为"魔幻现实主义"[①]）作品和描写魔法学校的《哈利波特》风靡天下，可见中西古今观众都喜欢妖魔鬼怪故事。汤显祖和莎士比亚的创作成果也给了当今作家以重大启发。

汤显祖和莎士比亚的另一个共同之处值得注意：他们都是在晚年完成全部戏剧创作的。他们都是大器晚成的作家。

汤显祖成就最高的《牡丹亭》《南柯记》《邯郸记》皆作于晚年。

莎士比亚自 1590 年开始写戏，到 1612 年完成了 37 部剧作。他在完成全部剧作的 4 年后去世。而与汤、莎同年逝世的塞万提斯（1547—1616）也是大器晚成，塞万提斯于 1602 年起写《堂吉诃德》，1605 年出版第一部，1615 年出版第二部，全书出版的第二年即逝世。

他们三人都是晚年进入创作高峰。这不是偶然的巧合，而是通过漫长的岁月刻苦学习和磨练，到晚年才能"大器晚成"这个天才和大才的成才规律所决定的。

汤显祖和莎士比亚戏剧虽然都是天才之作，但有共同的缺点：他们都有行文冗长拖沓的篇章。汤显祖在戏曲中卖弄才学，有时戏作长篇累牍的题外文字。约翰逊说莎士比亚戏剧中的"雄辩和正式的演说多半是沉闷枯燥的"。"在叙述时，莎士比亚喜欢用过多的浮夸华丽的字眼和令人厌倦的迂回曲折的长句，能够用几句话把一个事件平易地说了出来，他却费了许多话来说它，但仍没有把他说好。"[②]本·琼生甚至说，"但愿他曾删去一千行"，"有时实在有必要叫他打住"。[③] 可见陈国华无条件赞美莎士比亚戏剧的语言成就，纯属外行之见。

综上所述汤显祖和莎士比亚是成就相仿的伟大戏剧家。但是人无十全十美，他们都有不足之处。以上所举的两人相似的一些优缺点，则反映了创作上的共同规律。

---

① 说详拙文《神秘现实主义和神秘浪漫主义导论》（中国比较文学学会和复旦大学、上海师范大学等联合主办"上海·中国比较文学年会暨国际学术研讨会"论文），法国《对流》2014 年总第 9 期；《莫言获诺贝尔奖获奖词商榷——神秘现实主义和神秘浪漫主义，还是魔幻现实主义？》，《从泰戈尔到莫言——百年东方与西方》（同济大学、中国对外友协等主办，北京大学、上海作家协会等协办"从泰戈尔到莫言：百年东方文化的世界意义国际研讨会"论文集），上海三联书店 2015 年版；《诺贝尔文学奖与比较文学——兼谈莫言诺贝尔文学奖授奖词的三个理论错误》（上海外国语大学"《中国比较文学》创刊 30 周年"全国研讨会论文，中国中外文论学会和四川大学中文系主办《中外文化与文论》2015 年第 2 期）。

② ［英］约翰逊《〈莎士比亚戏剧集〉序言》，《莎士比亚评论汇编》（上册），中国社会科学出版社 1981 年版，第 49 页。

③ 转引自陆谷孙《莎士比亚研究十讲》，复旦大学出版社 2005 年版，第 74 页。

至于汤显祖和牡丹亭在西方的影响,近年也颇有进展。在 Damel S.Burst 编著的《100 部剧本:世界最著名剧本排行榜》(资料档案出版公司 2008 年版)中,《牡丹亭》名列第 32 位,是唯一入选的中国剧本。

美国汉学家白之在 1980 年完成并出版的《牡丹亭》全译本,在国际上产生重要影响。此后中国学者、翻译家汪榕培《牡丹亭》全译本被英国曼彻斯特大学图书馆等多家国外图书馆收藏,也已有一定的国际影响。汪榕培主持的首部《汤显祖戏剧全集》英译版,于 2014 年由上海外语教育出版社出版,在 2015 年亮相纽约书展,引起关注。

汪榕培还验证了一则外国评论:《牡丹亭》"融合了荷马《奥德赛》、维吉尔《埃涅阿斯纪》、但丁《神曲》和密尔顿《失乐园》的种种成分",是一部"以复杂而可信的女性为主人公的伟大史诗","是理解中国古典戏剧传统的一个重要的切入点"。

需要强调指出的是,汤显祖的戏曲著作取得与莎士比亚一样的伟大思想和艺术成就,但是莎汤比较不能仅是戏剧比较。因为汤显祖戏曲只有 4 部作品,在数量上远不及莎士比亚的 37 部作品。因而仅以戏剧作品比较,有人因此会误认为汤显祖不及莎士比亚。

这对汤显祖是不公正的。莎汤两人比较不应仅作戏剧创作比较,而应该是两人的总体比较。

与莎士比亚相比,汤显祖的第一理想是整顿乾坤、治国平天下,有远大政治抱负,因此,他首先是一位有爱国忧民热忱的政治家和具有出色行政领导和管理才华的官吏。他准确把握当时朝政的形势,及时向皇帝上疏,批评时政。他因此而被贬到广东徐闻当一个小官,他在那里办学校,教育和培养当地的青年人才,是一位教育家。接着调任浙江遂昌知县,他励精图治,促农兴学,打击豪强,政绩卓著。他的生命光阴和人生实践大量使用在治理地方、管理公务和发表政治见解等等。

汤显祖的第二个重要理想是创作诗文。他的诗文创作,数量很大,并成为当时的著名诗人,得到当时和后世的颇高评价。他是明代著名的诗文家。

尤其值得注意的是,汤显祖是时文即制艺、八股文的一代高手,并培养出一批杰出的八股文人才。汤显祖晚年乡居时,指点慕名而来的本乡青年才俊,著名的有陈际泰、罗万藻、章世纯,艾南英。他们成为天启、崇祯年间的八股文大家,号称临川"后四才子",并兴起八股文的救亡振兴运动。

李贽《焚书·童心说》(1590)说,"天下之至文"自先秦起,"变而为近体,为杂剧,为《西厢记》《水浒传》,为今之举子业。皆古今之至文,不可得而时势先后论也"。认为八股文是代表明代之一代之文学,是自古至今成就最高的文学体裁之一。

前辈权威学者和国学大师都高度赞赏八股文。清末进士、民国北大校长和教育部长蔡元培早在《我在教育界的经验》中就说过:八股文"由简而繁,乃是一种学文的方法"。启功指出八股在二十世纪遭到否定,是"被人加上的冤案。"[①]邓云乡说:"为什么明、清两代各个时期均有不少人才涌现出来?"因为"明、清两代几乎百分之九十以上知识分子、学者、行政官吏等等,都是由写八股文训练出来的"。学习八股文起了"长期训练的作用","起到了重要的严格训练思维能力的作用"。思维能力包括记忆力、领会力、思维的敏锐性、概括性、条理性、全面性、逻辑性、辩证性、周密性和深刻性。[②] 八股文是培养高级人才的有效手段,朱东润反复强调:"明代有名的大臣,如于谦、王守仁、高珙、张居正,哪一个不由八股出身?即以

---

① 启功《说八股·引言》,中华书局 1994 年版,第 1 页。
② 邓云乡《"八股文"三问》,《水流云在杂稿》,北岳文艺出版社 1992 年版,第 165—173 页。

谙练军事、有才有守的重臣而论,如项忠、杨博、谭纶、朱燮元又哪一个不是由八股出身?"又列举明末有大将之才的文人:孙承宗、卢象昇、洪承畴、孙传庭、熊廷弼、袁崇焕皆由八股出身。① 在文学创作方面,张中行认为"专就表达能力说",既能"音调铿锵"也能"理直气壮的妙文,是八股文独得之秘(其次才是骈文)",并引友人之言:"现代文没有技巧,没有味儿,看着没劲。至于八股,那微妙之处,简直可意会不可言传。"又说"由技巧的讲究方面看,至少我认为,在我们国产的诸文体中,高踞第一位的应该是八股文,其次才是诗的七律之类"。② 钱基博《现代中国文学史》赞扬:"然就耳目所暗记,语言文章之工,合于逻辑者,无有逾于八股文者也。"

由此可见,汤显祖作为八股文大家,在文学史上有着崇高的地位。而且《儒林外史》指出善写八股才能学做好诗,汤显祖和胡适等都曾指出,八股文是学做戏曲的有效途径。

汤显祖还有哲学、历史著作以及文艺评论作品。他的佛学和道学文章有颇高的造诣,尤其是《阴符经解》,对道家经典阐释很有深度。汤显祖是宋史专家,颇多史学文章。而汤显祖的多篇文艺论文和评论文章,如《牡丹亭记题词》、《答刘子威侍御论乐》和《宜黄县戏神清源师庙记》等,以及许多发表了文艺评论见解的信件,反映了他的卓越的文艺思想。③

汤显祖有多种戏曲评批,还有诗歌评论著作《玉茗堂评花间集》、小说评论著作《续虞初志评选》等,也很有影响。

因此,与莎士比亚相比,汤显祖的著作学科多而涉及面广,他不仅是卓越的戏曲剧作家,还是很有建树的文化大家。

---

① 朱东润《陈子龙及其时代》,上海古籍出版社 1984 年版,第 168 页。
② 《〈说八股〉补微》,《说八股》,中华书局 1994 年版,第 77—81 页。
③ 周锡山《论汤显祖的文学理论及其文气说》(中国古代文论第九届年会暨国际研讨会论文),中国古代文学理论学会会刊《古代文学理论研究》第 26 辑,华东师范大学出版社 2008 年版。

比较视域下汤显祖与莎士比亚戏剧意象的异同论

许爱珠　韩贵东

毋庸置疑，汤显祖其作品的共时性与历时性之价值皆是业内所探讨的主要旨趣，其中最有意思的，便是汤翁与同时代的西方戏剧大师莎士比亚，因为时空上的交错性，使得各自的艺术创作在文本内涵碰撞上出现有趣的交缠与差异。《临川四梦》自明万历年间至今已有400多年的历史，汤翁的非凡艺术才情，为中国戏剧赢得了巨大的阐释空间；莎士比亚在创作中，既融入社会底层的生活审美体验，又把家乡斯特拉特福作为创作的源泉。这二位伟大的戏剧家均卒于1616年，作为同时代的两位，都经历了各自社会空间的巨大变革，这使得笔者对他们的作品同位性比较研究有了足够的兴趣。今年恰逢两位大师逝世400周年纪念，本文拟通过具体的作品文本意象的对比分析，进一步探析二者之间的异同及其内在的意蕴。

一、"庭院"与"森林"的美学思考

在戏剧作品中，自然意象通常是文本解读的重要范畴，马丁·艾思林把戏剧作品称之为"我们作为人类生活在这个世界上的一种完美的意象"。① 汤翁和莎翁的许多作品故事的发生场景都有特殊的讲究，如《牡丹亭》中的前后庭院，《南柯记》中的庭院深深、孤槐倒影，《邯郸记》中的邯郸古道，《李尔王》中的荒原，《仲夏夜之梦》中的森林等等，这些场景是故事起承转合的重要纽带，也是创作者主观思想情感表达之寄托。

在他们的笔下，中式的"庭院"与西式的"森林"都是无法回避的重要场景，尽管从某种意义上来说，对于故事的发生，"庭院"显得闭塞，"森林"更加具有张力，但是作为场域而言，二者更多的是具有高度相似性，对于青春、爱情、人生探讨等方方面面的表达都具有重要的作用。汤显祖在《还魂记》中始终重视营造游园惊梦的初春景象，"良辰美景奈何天，赏心乐事谁家院？"这是一派春意正浓的乐景。莺歌燕舞、流水离觞，在乐景与情感的复杂意蕴中，正好表达了男女主人公青春爱意的自然觉醒。"庭院"成了情感的象征，是故事不可分割的重要意象。这是经典的东方式美学修辞：寓情于景，情景交融。相比于此，莎士比亚的戏剧符合西方的审美特征，把"森林"的自然意象变成戏剧冲突的关键，比如《皆大欢喜》一剧中，亚登森林是剧中的核心场所，众人因不同的目的齐聚此地，最终却都归入了爱的怀抱。森林的生机盎然和绿色浪漫感染着林中的青春男女，罗瑟琳与奥兰多在此日久生情，西莉娅与奥列佛在此一见钟情，爱情由此萌生。对于"庭院"与"森林"而言，重要的不是中西的场景对比，而是在铺垫爱情、探讨青春自认觉醒的认知上达成了一致性，"森林"和"庭院"在叙述上最大程度远离了王权和皇权，偏安一隅给了故事最为合适的表达方式，成为汤翁跟莎翁的精神文本要共同表达的理想之地。

---

① 马丁·艾斯林著，罗婉华译《戏剧剖析》，中国戏剧出版社2012年版，第91页。

尽管如上所述,"森林"与"庭院"具有共同的文本特质,但是对于戏剧作品而言,这两个自然意象又不尽相同,戏剧中的自然意象又不等同于戏剧中的形象,它是富有象征意义的,洪忠煌称之为"总体幻象"。① 中式和西式的场景在具体表达上还是存在着明显的文化差异。汤显祖的戏剧意象多是受中国传统的儒家理学、道家与佛家等主流思想的共同影响,并且这三种思想相互矛盾的同时又相互影响,这构成了汤显祖作品中文本意象艺术魅力的独特要素。超越现实的莎士比亚作品则是西方文艺复兴思潮影响下的经典代表,独立、自由远离的精神指引使得时代面前的个体显得如此脆弱,亲情背叛、孤独无奈都成了戏剧悲剧表达的内核。

另外,汤显祖作品中的"庭院"不仅仅是故事发生的场地,更在季节时令的变化中来展现故事人物的心境变化,比如赣剧《还魂记》中场景在春夏秋冬转变中,人物内心也在不断变化,杜丽娘正是在庭院美丽春景的感染下生情、动情,而杜丽娘的欣喜之情又使园中的花草树木、山石流水更显生命的活力;时至深秋,园内景色萧条,杜丽娘也在相思之苦的折磨下香消玉殒;寒冬时节,柳梦梅染病寄住在梅花观中,园中积雪压枝、一片雪白;来年初春,万物复苏,柳梦梅游园拾画,与杜丽娘之魂相遇、相知,不久丽娘还生。"庭院"成了男女精神的家园。而莎翁的作品中"森林"作为发生场景大多数是盛夏的一种常态化环境表现,《仲夏夜之梦》"森林"并不能在所指方面有所升华,少了人物性情的表达与铺垫。绿色的森林在盛夏之夜,多少都能想到活力青春的词眼,作为莎士比亚青春时期最具代表性的戏剧作品,作品中"森林"成了赫米娅、拉山德、狄米特律斯戏剧冲突的场源。但是最终"森林"并没有成为故事人物情感的参与者,只是故事的单纯发生地。

究其原因,两人生活的背景差异性是最根本性的。一切艺术来源于生活又超越生活,现实话语的表达与浪漫气息的诠释均在于二人不同生活土壤所致,因此"庭院"与"森林"的意象皆是两人在表达传统文化意蕴与内涵上的方式,中国式的"才子佳人庭院"与西方式"王子公主森林"形成了最鲜明的意象差异。弗莱在《批评的剖析》中指出:"莎士比亚式的浪漫喜剧,沿袭由彼尔所确立并由李雷和格林所发展的喜剧传统。"②这一传统与中古时期的季节性仪式戏剧的传统有姻亲关系。我们可称之为绿色世界的戏剧,因为其情节与生命和爱情战胜荒漠这一仪式性的主题极为相似。绿色成了生命的象征,因而使得追求青春爱情的青年男女有了战胜困难的希望,在这一点上,无论是汤翁的作品还是莎翁的作品,都具有对个体独立与思想解放的不懈追求。

二、"荒园"与"荒岛"的价值传递

一部艺术作品所传递出来的价值观念并非只有一种。汤显祖作品中有对青年男女青春爱情意识自我觉醒的刻画,也有对于荒芜、凄凉、落魄等人物内在的精神写照。在汤显祖的诸多作品中,比如主人公柳梦梅从小而幽的庭院中走出来,走到荒芜的古道之上,内心在枯藤老树、塞外黄沙中开始游走,恰如其分地展示了落魄书生的内心情境。报国无门,厌倦了明争暗斗、尔虞我诈的官场做戏,独自找一方静天地,走着走着就到了此地,可以说"荒园"正是汤显祖寻找"主我"与"客我"交融之所在。《邯郸记》中卢

---

① 洪忠煌著《戏剧意象》,南开大学出版社 2001 年版,第 6 页。
② 诺思罗普·弗莱著,陈慧、袁宪军、吴伟仁译《批评的剖析》,百花文艺出版社 2008 年版。

生参加科考,途经萧瑟的邯郸古道,粗粝却极其写实地暗示出科考的现状与卢生内心的惆怅。荒园的古道成了醉心于科举的才子秀才的殉道场,这是对当局者主持朝政罪状的一种隐喻。主人公内心的不满与愁苦交织在一起,构成了最明显的个体心境图。《南柯记》中,淳于梦一出场便用唱词介绍了自己身处的环境:"秋到空庭槐一树,叶叶秋声,似诉流年去。"空谷的庭院、孤寂的老槐、瑟瑟的秋风、独苦的流年悲愤声、凄凉的现实氛围引发了淳于梦的身世之感。

汤显祖的"荒园"戏剧意象主要在衬托性的表达个体的心境变迁,而莎士比亚的"荒岛"则成了剧中人物的精神滥觞之地。其作品《李尔王》中,主人公李尔在两个女儿的住处收紧冷嘲热讽的挖苦之后,身心俱疲,走入荒原中,寻找自己的精神"伊甸园"。残酷的现实,通过具象的自然元素表达出来,让李尔瞬间惊醒。于是在层层压迫下,李尔终于向造物的大自然发出怒吼。荒原中一直出现的狂风、暴雨、电闪、雷鸣反映了李尔的愤怒和绝望,是其内心波澜的外在表现。他在暴风雨中述说着心中的不满,祈求造物者清理世间的罪恶、惩罚忘恩负义之人。

"荒园"与"荒原"这两个不同意象,尽管能指存在差异,但是最终的所指都体现了两人对戏剧空间上的探索精神,两人以丰富的想象力把戏剧故事置放在了不同的空间叙述中。无论"荒园"抑或说"荒原",都是主人公试图逃避现实或者想象未来的精神家园。在差异性的表现上,汤显祖把梦境的虚幻与现实的纯真结合在了一起,从而塑造出了绝对的精神家园,自然"荒园"就多了几层涵义,是美学审美意义上的虚实相生,在传递价值观念角度变得更为厚重;而经历过伊丽莎白时代的莎士比亚,在戏剧舞台上通过假定性把剧中人物放置在了真实存在的"荒岛"之上。非虚构性的意象传达出剧中人物为亲情所困后,被迫进入"荒岛",李尔王宁愿与大自然为伴也不愿回到亲情所叛令人心伤的地方。汤显祖机缘巧合的主动进入与莎士比亚因情所伤被迫地进入显然是不同的,所以最终所导致两者在传达的现实观念之上不尽相同。汤显祖的"荒园"是一个书生仕途起落的现实观照,汤显祖所在的万历二十六年是明神宗昏庸无能的明朝末期,政局混乱,流离失所的文人难以找到救命的稻草,空有一身抱负。史学家黄仁宇在《万历十五年》中深刻指出那个时代的病因:"当一个人口众多的国家,各人行动全凭儒家简单粗浅而又无法固定的原则所限制,而法律又缺乏创造性,则其社会发展的程度,必然受到限制。即便是宗旨善良,也不能补助技术之不及。"因此说万历年间的时代背景给了汤显祖一定的戏剧养分,加之个人的生活仕途体验和超绝的才情,才促成了《临川四梦》这样的杰作;莎士比亚的"荒原"意识,主要体现在了其"四大悲剧"中,其作品充满了冷峻而温暖的人文主义关怀,这一点与其所传递的普世价值息息相关,注重个体本身的价值显得十分重要。因此,在东西方的地域审美、宗教文化、政局诱因等多方合力作用下,汤翁与莎翁在同一个时代,不同空间几乎同时发出了时代最强有力的戏剧呐喊。

三、"梦境"与"现实"的游离表达

根据弗洛伊德的观点,梦都是"愿望的满足",尝试用潜意识来解决各部分的冲突再合适不过,由于潜意识中的信息不受拘束,通常让人难堪,潜意识中的"稽查者"不允许它未经改变就进入意识。无论是汤显祖还是莎士比亚作品中,都有关于梦的读解,有语言的梦、虚幻的梦、孤独无助的梦,不同梦境所共同表达的总归落脚到对现实强烈不满的问题之上。但是两位大师作品中的具体梦境又存在着意象的差异。

汤显祖的作品中梦境的主要发出者即是故事的主人公,在遭遇生活的困境之后,迫切地希望通过梦境幻想完成个人美好的期冀。《牡丹亭》中杜丽娘、柳梦梅通过梦境相识、相爱、受挫而后相知。丽娘游园而惊梦，因梦触情，因此梦成为情感的源泉，杜丽娘希望遇见他的如意郎君，而这一切不过又是梦的一种情感寄托。现实环境中的杜丽娘是传统家庭封建道德的捆绑者，其美好的个人情感愿景一直被束缚，南安太守杜宝对其女的封建束缚使得杜丽娘只能靠托梦完成一系列的情感宣泄，沈德符《顾曲杂言》说："《牡丹亭梦》一出，家传户诵，几令《西厢》减价。"可见梦境对于牡丹亭文本的影响之重，对于梦境的读解自然表达出汤显祖对封建理学枷锁批判性的粉碎，挣脱封建牢笼，追求个性的解放，主动的寻求幸福这一朦胧的愿望都在梦中成为现实的写照。归根结底，梦只是汤显祖故事表现的手段与条件，而因梦而生的情则是归宿与目的，二者不能单独成线，而是相互关联，密不可分的存在。

而与明万历二十六年所不同的英国时代背景下，莎士比亚戏剧的梦境则相对要客观许多，故事主人公并未真正地成为梦境的营造者，而是一个客观视角的梦境参与者。梦境的缔造成了与主人公有所关联的符号式人物，诸如亲人、朋友、敌人等等，在《仲夏夜之梦》中表现尤为明显，我们不难看出莎士比亚戏剧中的梦境在某种程度上并未对故事的最终结局产生太大的影响，作为预言式的梦境来说，仅仅是故事中的一种情节、场景需要，并不是不可或缺的必要因素，梦境的好与坏成了故事的组成部分，对于故事主人公最终死亡式的结局并未有所改变，这种西方式的文学叙事逻辑，成了最根本的缘由，与汤显祖东方戏剧中圆满的结局看起来格格不入。莎士比亚的戏剧中梦境是一种真实的客观存在，人物因梦而进入到上述"荒岛"中，"大海与陆地之间（似乎）总是存在着不可调和的对立，它们透露了幻想和现实之间冲突的永恒性。"[1]在打破戏剧三一律的同时，给了戏剧舞台更为真实的场景布置，故事主人公进入梦境完成自我欲望的表达，从而以梦境的姿态再重新回归到现实，体悟式的精神追求是莎翁所亟需表达的内容。在这一点上似乎汤显祖的梦境更具有现实的"顿悟"效用，在梦醒之后竟然发现要主动寻求现实的美好，解放自我；而莎翁的梦境却在沉痛的现实面前继续保持梦中的"美好"。

但是，我们要强调的是，无论两者存在多少具象的差异，都难以掩盖两位戏剧大师普世的人文主义关怀，以及对现实肃穆的关照。正如弗洛伊德所言梦境无非就是个体内心的一种折射，汤显祖与莎士比亚尽管存在一定的差异，但共性都体现在社会大变革时期，以明代以汤显祖为代表的晚明戏剧家个体内心的觉醒，"情至论"的口号的提出，莎士比亚时期的社会大变革给予了其戏剧作品中的冲突源泉，伊丽莎白时期的圈地运动、资本贸易，使得人们内心中对金钱的渴望以及折射出来的精神困惑，都通过作品得以呈现。更重要的是，两位大师都关注人性本身，关注个体独立与解放。

结　语

对于时代而言，汤显祖与莎士比亚的戏剧碰撞实则是文化内省的自我表现；对于体现在差异性较为明显的两人戏剧意象来说，都难免会受限于各自的王朝时代背景，但是我们要说，在传递现实人生理想追求的普世价值方面，戏剧本身已经游离出具体的意象之外，成为独立的价值标杆，这是两者作品成为跨时代艺术的一项重要标准，尽管我们明显看到两人戏剧意象特质与艺术功能不尽相同，但在具体意象背后的探本溯源中需要更加巧妙的把握两者的异同，才能对戏剧创作提供丰厚的借鉴意义。

---

① 廖可兑主编《尤金·奥尼尔戏剧研究论文集》，北京外语教学与研究出版社 1997 年版。

中国的悲剧、喜剧和悲喜剧

——从汤显祖和莎士比亚的剧作谈起

安 葵

今年是汤显祖和莎士比亚两位大戏剧家逝世 400 周年,我国各地举办了各种纪念研讨活动。从各个方面对两位戏剧家进行比较都是有兴趣的话题;本文试从人们对他们剧作体裁的不同归类和不同评价谈起,探讨中西戏剧美学观念的不同。

学界对莎士比亚的剧作有不同的归类法。最早出版的莎士比亚的剧本集是由他的同戏班的同伴们收集编辑的,他们把莎士比亚的剧本分为喜剧、历史剧和悲剧三种。[①] 后来通常人们把他的作品分为悲剧、喜剧、悲喜剧、历史剧等。又有"六部成熟的喜剧"(《温莎的风流娘儿们》《仲夏夜之梦》《威尼斯商人》《无事生非》《皆大欢喜》《第十二夜》)和"四大悲剧"(《哈姆雷特》《奥赛罗》《李尔王》《麦克白》)之说。[②] 近代以来,西方的悲剧、喜剧理论传入中国,并逐渐为中国学界所接受,悲剧、喜剧概念也为中国戏剧理论所广泛使用。二十世纪 80 年代,王季思教授主编了《中国十大古典悲剧集》和《中国十大古典喜剧集》,但是汤显祖的"临川四梦"却编不进去,因为它不符合悲剧和喜剧的"标准"。后来郭汉城先生主编了《中国十大古典悲喜剧集》,把《牡丹亭》收在里面。从这里可以看到,中国的戏曲创作以及关于悲剧、喜剧、悲喜剧的观念和西方的悲剧、喜剧以及悲喜剧确实有很多不一样的地方。

一、西方的悲剧、喜剧理论及中国的输入

西方的悲剧、喜剧理论是由亚里士多德总结古希腊的悲剧、喜剧创作实践而创立的。亚里士多德在《诗学》中对悲剧做出了明确的定义:"悲剧是对于一个严肃、完整、有一定长度的行动的模仿;它的媒介是语言,具有各种悦耳之音,分别在剧的各部分使用;模仿方式是借人物的动作来表达,而不是采用叙述法;借引起怜悯和恐惧来使这种情感得到陶冶。"("陶冶"原文作 katharsis,作宗教术语,意思是"净洗")[③]但是《诗学》中关于喜剧的部分失传了,只留下了片言只语。

亚里士多德认为悲剧的成分有六个:情节、性格、言词、思想、形象与歌曲。[④] 关于悲剧的成因,亚里士多德不谈"命运",他认为悲剧中英雄人物遭受的苦难,一方面不完全由于自取,另一方面又有几分由于自取,由于他看事不明,犯了错误,而不是由于命运。"喜剧总是模仿比我们今天的人坏的人",[⑤]而"悲

---

① 《莎士比亚评论汇编》(上),中国社会科学出版社 1979 年版,第 44 页。

② 孙家琇为《中国大百科全书·戏剧》卷所写《莎士比亚》条目,《中国大百科全书·戏剧》,中国大百科全书出版社 1989 年版,第 330—331 页。

③ 亚里士多德《诗学》,人民文学出版社 1982 年版,第 19 页。

④ 亚里士多德《诗学》,第 20—21 页。

⑤ 亚里士多德《诗学》,第 8 页。

剧总是模仿比我们今天的人好的人"。① "此外还有一种介于这两种人之间的人,这样的人不十分善良,也不十分公正,而他之所以陷于厄运,不是由于他为非作恶,而是由于他犯了错误"。② 后来的悲剧研究者多从亚里士多德的悲剧定义以及"净化说"、"过失说"进行解释和讨论,阐述各自的观点。

黑格尔的《美学》对于悲剧、喜剧作了完整、系统的论述。关于悲剧的成因,黑格尔认为:"这里基本的悲剧性就在于这种冲突中对立的双方各有它那一方面的辩护理由,而同时每一方拿来作为自己所坚持的那种目的和性格的真正内容的却只能是把同样有辩护理由的对方否定掉或破坏掉。因此,双方都在维护理想之中而且就通过实现这种伦理理想而陷于罪过中。"译者朱光潜先生解释说:"对立双方各坚持片面的伦理力量,要否定对方才能肯定自己,所以都有罪过。"关于喜剧,黑格尔说:"喜剧的目的和人物性格绝对没有实体性而却含有矛盾,因此不能使自己实现。例如贪吝,无论就它所追求的目的来看,还是就它所采取的手段来看,都显出它本身根本是无意义的。"他还指出:"亚理斯托芬对雅典人民生活中真正符合伦理的东西,真正的哲学和宗教信仰以及优美的艺术,从来就不开玩笑。"③

黑格尔还指出:"在近代戏剧里,悲剧性和喜剧性就更多地交错在一起了","把悲剧的掌握方式和喜剧的掌握方式调节成为一个新的整体的较深刻的方式并不是使这两对立面并列或轮流地出现,而是使它们相互冲淡而平衡起来。主体性不是按喜剧里那种乖戾方式行事,而是充满着重大关系和性格的严肃性,而同时悲剧中的坚定意志和深刻冲突也削弱和刨平到一个程度,使得不同的旨趣可能和解,不同的目的和人物可能和谐一致。特别是近代戏和正剧就是由这种构思方式产生出来的。"译者朱光潜解释说:"这一节说明正剧是处在悲剧与喜剧之间的剧种,虽然古已有之,它主要是近代的产物。悲剧与喜剧的混合,冲淡了悲剧和喜剧两剧种各自的特色,悲剧人物的意志坚定,喜剧人物的乖戾卑鄙都被刨平了,冲突也不像从前那么尖锐了。"④

最早引进西方悲剧、喜剧理论并且应用到中国文学和戏曲研究中间来的是王国维。开始他读康德的书,"苦其不可解,读几半而辍。嗣读叔本华之书而大好之"。⑤ 他根据康德、尼采、特别是叔本华的理论,认为悲剧有三种:

> 由叔本华之说,悲剧之中又有三种之别:第一种之悲剧,由极恶之人,极其所有之能力以交构之者。第二种,由于盲目的命运者。第三种之悲剧,由于剧中之人物之位置及关系而不得不然者;非必有蛇蝎之性质与意外之变故也,但由普通之人物、普通之境遇,逼之不得不如是;彼等明知其害,交施之而交受之,各加以力而各不任其咎。此种悲剧,其感人贤于前二者远甚。⑥

根据这一观点,王国维认为《红楼梦》属于第三种悲剧,"悲剧中之悲剧",而中国古典戏曲,"其最有悲剧之性质者,则如关汉卿之《窦娥冤》,纪君祥之《赵氏孤儿》。剧中虽有恶人交构其间,而其蹈汤赴火,

---

① 亚里士多德《诗学》,人民文学出版社 1982 年版,第 9 页。
② 亚里士多德《诗学》,第 38 页。
③ 《美学》第三卷下册,商务印书馆 1981 年版,第 286、287、291、293 页。
④ 《美学》第三卷下册,第 294—295、297 页。
⑤ 《静安文集自序》,《王国维文集》第三卷,中国文史出版社 1997 年版,第 469 页。
⑥ 《红楼梦评论》,《王国维文集》第一卷,第 11 页。

仍出于其主人翁之意志,即列之于世界大悲剧中,亦无愧色也"。① 显然他运用的是西方悲剧的标准。他也承继了亚里士多德以来轻视喜剧的观念,认为"明以后,传奇无非喜剧",因而是不足取的。关于悲剧和喜剧,鲁迅有一段话经常被人们所引用:"悲剧将人生的有价值的东西毁灭给人看,喜剧将那无价值的撕破给人看。"② 这段话是在杂文中间写的,并非专论悲剧、喜剧的理论文章;但确实很精辟。然而也是建立在西方理论观念的基础之上的。

二、中国古代的悲喜观念与戏曲创作

中国古代没有悲剧、喜剧的美学范畴,但是关于悲与喜的观念是存在的。中国古人的悲喜观念首先是从人的感情出发的。古人认为人有六种或七种主要的感情。《礼记》的《礼运》篇说:"何谓人情? 喜、怒、哀、惧、爱、恶、欲,七者勿学而能。"《荀子》的《正名》篇说:"性之好、恶、喜、怒、哀、乐谓之情。"而《乐记》则把人类的感情分为哀、乐、喜、怒、敬、爱六大类。其中都包括哀、乐两种主要的感情。《乐记》还指出,人们用各种有特色的音乐去表现不同的感情:"是故其哀心感者,其声噍以杀;其乐心感者,其声啴以缓;其喜心感者,其声发以散;其怒心感者,其声粗以厉;其敬心感者,其声直以廉;其爱心感者,其声和以柔:六者,非性也,感于物而后动。"③ 反过来说,从不同声调的音乐又可以听出不同的情感和社会风气:"夫民有血气心知之性,而无哀、乐、喜、怒之常,应感起物而动,然后心术形焉。是故志微、噍杀之音作,而民思忧;啴谐、慢易、繁文、简节之音作,而民康乐;粗厉、猛起、奋末、广贲之音作,而民刚毅;廉直、劲正、庄诚之音作,而民肃静;宽裕、肉好、顺成、和动之音作,而民慈爱;流辟、邪散、狄成、涤滥之音作,而民淫乱。"④

三国时期的嵇康著有《声无哀乐论》,认为音乐本身没有哀乐之分,"哀乐自当以情感而后发,则无系于声音",但还是承认人有哀、乐两种不同的情感。同样,戏曲在创作时必然要表现创作者的悲喜情感和意欲唤起观众的悲喜情感。

西方重悲剧,轻喜剧,而在中国古代的音乐美学中有重喜轻悲的倾向。音乐美学家蔡仲德认为,春秋时期已经出现了悲乐,出现了以悲为美的审美意识(《诗经·小雅》"君子作歌,维以告哀"、晋平公"说新声"就是明证),但师旷认为"新声"多悲乐,因此"新声"兆衰,说明此时"也已经出现了否定悲乐、否定以悲为美、反对以音乐表现悲哀之情的倾向"。《乐记》说"乐者,乐也","虽然音乐所表现的感情有乐也有哀,有喜也有怒,但主要表现的还是喜乐之情。人在快乐的时候尤其需要音乐。快乐必定发之于声音,表现于乐曲,这是人之常情"。⑤ 儒家的音乐美学尊雅贬俗,孔子主张"放郑声",除了因为"郑声淫",还因为多哀思之音,"亡国之音哀以思"。(《乐记》)孔子要求诗歌和音乐要"乐而不淫,哀而不伤"。认为中和为美,"中声以为节",反对过与不及。这些观念也都深深影响戏曲的创作。

但是在民间文学领域,悲剧性的作品却占有重要地位。比如孟姜女、梁祝、白蛇、西施、王昭君、杨贵

① 《王国维戏曲论文集》,中国戏剧出版社1984年版,第85页。
② 《再论雷峰塔的倒掉》,《鲁迅全集》第1卷,人民文学出版社2005年版,第203页。
③ 《乐记·乐本》篇,蔡仲德《〈乐记〉〈声无哀乐论〉注释与研究》,中国美术学院出版社1997年版,第6页。
④ 《乐记·乐言》篇,蔡仲德《〈乐记〉〈声无哀乐论〉注释与研究》,第22页。
⑤ 蔡仲德《中国音乐美学史稿》,人民音乐出版社1988年版,第29、228页。

妃等都是悲剧性的。这些故事后来都被改编为戏曲,而且在不同的时代对这些故事都有丰富和发展。

这说明,在中国古代悲剧性的艺术和喜剧性的艺术都存在。直到现代,在不同地域、不同的时间点,人们对悲剧、喜剧可能有不同的偏爱,但总体说对悲、喜剧无轻重之分。

中国戏曲是综合多种因素而形成的,歌舞的表现形式来自古代歌舞,而表现生活与人物的表演则来自俳优。王国维论断:"后世戏剧,当自巫、优二者出。"①唐、宋的参军戏和杂剧已进一步戏剧化了,但它们仍继承了俳优的传统。巫是以歌舞事神的,而优是以滑稽调笑来"乐人"的。巫与希腊悲剧有相像之处,而优则与希腊的喜剧相像。楚辞《九歌》中的《湘君》《湘夫人》《山鬼》《国殇》等是悲乐,有人认为它们是巫的歌唱,这与西方的悲剧有相像处,但并没有直接发展为悲剧。但喜剧却一直在延续发展。俳优的地位是低贱的,但他们在滑稽调笑中往往能进行大胆的讽谏,发出正义的呼声。如《史记·滑稽列传》记载,优孟装扮成孙叔敖替孙叔敖的儿子鸣不平;优旃谏秦始皇使秦始皇改变了大养麋鹿的想法。有些优人甚至为仗义执言而牺牲生命。如岳珂《桯史》(卷七)记载:有"参军"(优人)当着秦桧的面讽刺他但坐太师交椅,把"二圣环(还)"忘到脑后,于是秦桧把伶人们下狱,有的伶人死于狱中。后世的戏曲艺人继承了这一优良传统,如《桃花扇》里的柳敬亭、苏昆生不惧生死,反强暴、主正义,《长生殿》里的乐师雷海青敢于当面骂贼,应是现实生活的反映。中国的史家把"滑稽"人物与帝王将相、英雄豪杰、能工巧匠等人一起载入史册,给他们以历史的地位。

经过唐戏弄、百戏阶段,到宋元南戏、元杂剧,中国戏曲逐渐走向成熟。元杂剧是中国戏曲创作的第一个高峰。明朱权《太和正音谱》把杂剧分为十二科,是按题材内容分的,其中"忠臣烈士"、"孝义廉节"、"斥奸骂谗"、"逐臣孤子"等类可能更多具有悲剧意味,而"铁刀赶棒"、"风花雪月"、"烟花粉黛"、"神头鬼面"可能更多具有喜剧意味,同时他还把"悲欢离合"单独列为一种。在元杂剧中,不少作品的悲剧、喜剧倾向比较鲜明,如王国维所说,关汉卿之《窦娥冤》、纪君祥之《赵氏孤儿》"即列之于世界大悲剧中,亦无愧色也"。② 有人把《窦娥冤》《汉宫秋》《梧桐雨》《赵氏孤儿》称为元人"四大悲剧"。而《赵盼儿》《望江亭》等可归于喜剧。随着多种戏曲声腔、剧种的产生,文人积极参与创作,明代的传奇达到了戏曲艺术的一个新的高峰。这时戏剧的内容更加丰富,体裁样式也愈加多姿多彩。更多的作品是表现"悲欢离合"的,难于归到悲剧或喜剧中去,现代的戏剧家把它们叫作悲喜剧。

中国的哲学认为,事物的发展都不是绝对的,而常常是互相转化的。人的命运是祸福相依,乐极生悲,否极泰来。"人有悲欢离合,月有阴晴圆缺",因此表现人生的悲欢离合的作品更符合常情。这类戏剧的情节也常常是悲喜交替、悲喜交集,故事起伏跌宕。悲喜剧的出现标明戏曲的发展和成熟。

三、莎士比亚和汤显祖所受到的不同的批评

从悲剧、喜剧这种体裁的角度,莎士比亚和汤显祖受到的批评也不同。

莎士比亚"是世界文学中被人们评论得最多的作家之一,从十七世纪一直到今天,三百多年没有间断"。③ 他的作品受到广泛的赞誉,但也受到不少批评。批评的主要原因是他不遵守关于悲剧、喜剧的

---

① 《王国维戏曲论文集》,第6页。
② 《王国维戏曲论文集》,第85页。
③ 杨周翰《莎士比亚评论汇编·引言》,《莎士比亚评论汇编》,中国社会科学出版社1979年版。

"规范"。最著名的批评者是伏尔泰和托尔斯泰。(托尔斯泰主要批评莎士比亚作品对人物的塑造和人物关系的描写"不是本乎性格和事件的自然进程",①这与本文所论述的悲喜剧问题无直接关系,因此这里不多叙述。)

伏尔泰(1694—1778)是法国十八世纪启蒙运动的领袖人物之一,但他又受到古典主义美学思想的束缚,崇尚古典主义法规,因此在肯定莎士比亚是"伟大的天才"的同时,又责备他的作品不规律、不典雅、不艺术。比如他认为,《哈姆雷特》"是个既粗俗又野蛮的剧本,它甚至不会得到法国和意大利最卑贱的贱民的支持。第二幕,哈姆雷特疯了;第三幕,他的情人也疯了;王子杀死了他情人的父亲,就像杀死了一只耗子;而女主角则跳了河。人们在台上为她掘墓,掘墓人说着一些与他们身份相吻合的脏话,手上还拿着死人的骷髅头;哈姆雷特王子以同样令人厌恶的疯疯癫癫的插科打诨来回答他们的可鄙的粗语。其时,剧中还有一个人物征服了波兰。哈姆雷特、他的母亲、继父,一起在台上喝酒,大家在桌旁唱歌、争吵、殴打、厮杀。人们会以为这部作品是一个烂醉的野人凭空想象的产物"。②

当然很多人不同意伏尔泰的观点。如约翰孙(1709—1784)说:"莎士比亚的剧本,按照严格的意义和文学批评的范畴来说,既不是悲剧,也不是喜剧,而是一种特殊类型的创作,它表现普遍人性的真实状态,既有善也有恶,亦喜亦悲,而且错综复杂,变化无穷,它也表现出世事常规。""不能否认混合体的戏剧可能给人以悲剧和或喜剧的全部教导,因为它在交替表演中把二者都包括在内,而且较二者之一更接近生活的面貌。"③

莎士比亚的一部分戏剧作品也被称为"悲喜剧",论者一般对它们的评价要较他的悲剧和喜剧为低。廖可兑著《西欧戏剧史》说:"莎士比亚创作的第三时期是从1608年开始的,《辛伯林》、《冬天的故事》和《暴风雨》都是这一时期的作品。与作者过去的作品相比较,这些剧本对于现实生活的反映及其批判性质是大大地减少了。它们从现实生活转向神话式的想象,从悲剧和喜剧体裁改变为悲喜剧或传奇喜剧体裁,戏剧冲突也不如从前所表现的那样尖锐,并且都是以皆大欢喜的结局收场的。"④

伏尔泰等对莎士比亚剧作的批评中很重要的一条是悲剧场面和喜剧场面互相混杂,这种情况在汤显祖的作品中则是普遍的、自自然然地存在的。比如《牡丹亭》,杜丽娘因情而死,又因情而生。在她病重及将死之时,剧作尽显悲剧场面,很多描写是以悲感人的。如她的"写真",哀叹美好的容貌将逝;"闹殇"一场,杜丽娘唱出"怎能够月落重生灯再红";《忆女》一场杜母唱"丽娘何处坟,问天难问",及春香唱"赏春香还是那旧罗裙",都是能够引起观众的悲痛之情的。而写石道姑和陈最良为杜丽娘诊病的"道觋"、"诊祟"两场,则通过石道姑和陈最良之口,对《千字文》和《诗经》进行调侃,其喜剧性的夸张远远超过《哈姆雷特》中掘墓人的科诨。

再如《邯郸记》写卢生的人生悲喜剧。剧中卢生被诬陷判处死刑,后改判流放。夫妻、父子分别的场面,以及后来卢生路上的遭遇:遇瘴,遇虎,老虎拖走随行小厮,又遇强盗,又翻船,又遇鬼,都是悲剧性很强的场面,同时又都有喜剧性的穿插。比如"死窜"一场,写卢生被判死刑押赴刑场,作品对斩刑的场面和卢生的心理都做了细致的铺叙。卢生虽然最后没有死,但这个场面显然是悲剧性的,然而作者却加进

① 《莎士比亚评论汇编》(上),第502页。
② 《莎士比亚评论汇编》(上),第352页。
③ 《莎士比亚评论汇编》(上),第42—43页。
④ 廖可兑《西欧戏剧史》,中国戏剧出版社1981年版,第134页。

许多喜剧性的穿插。如刽子手摸卢生的脖子，"老爷的颈子嫩，不受苦。"卢生被赦免后，又满地找自己的头颅，等等。这种喜剧性的表现，并无讽刺的意味，但引人发笑。这是典型的悲喜剧的写法。

对于汤显祖这种悲喜场面混杂的描写，历来都没有受到过批评。对汤显祖也有批评，那主要是沈璟等对他"不合音律"的批评，以及李渔对他文词过于典雅的批评。可见中国也有"规矩"，但这种"规矩"与西方不一样，主要是音律方面和雅俗的欣赏习惯，而对所谓悲喜混杂则从来不持异议。王骥德认为，好的作品应该"摹欢则令人神荡，写怨则令人断肠，不在快人，而在动人。此所谓'风神'，所谓'标韵'，所谓'动吾天机'。"[①]这就是说悲剧性的描写和喜剧性的描写都要达到"动人"的艺术效果，但并不要求"摹欢"和"写怨"必须分别在不同的作品中。

四、由此引起的几点思考

1. 关于悲剧和喜剧的划分标准

按照西方关于悲剧和喜剧的定义，悲剧和喜剧首先是以所体现的价值分。如鲁迅所说，悲剧是表现人生的有价值的东西的毁灭，喜剧是把无价值的东西的伪装撕破。而在中国，则不完全是这样。喜剧也可以表现人生的有价值的东西。在西方，滑稽与崇高是对立的，崇高与悲剧相联系，英雄人物之死是悲剧，体现崇高；滑稽与喜剧相联系，喜剧人物通常是卑微、渺小的。而在中国，滑稽也常常能体现崇高。像前面所举，敢于在秦桧面前讽刺他的优人其行为还不够崇高吗？在西方，喜剧是与"丑"、与"滑稽"联系在一起的，而在中国，丑与滑稽的外表与其内在的本质并不完全是一致的。丑角这一戏曲行当，有时表现坏的人物，有时又能够表现正义的、聪明机智的人物。这一点到了地方戏中就更为突出。在当代的戏曲中，如豫剧《七品芝麻官》、花鼓戏《卷席筒》《屠夫状元》、京剧《徐九经升官记》中的主人公，乃至湘剧《马陵道》中的孙膑，都是用丑角演，这都是对传统喜剧美学精神的发挥。

第二，按人物命运的结局分。悲剧常常是以主人公的牺牲或遭受噩运为结局的，而皆大欢喜或大团圆的结局则被称为喜剧或悲喜剧。但这种划分并不准确，约翰孙就曾对最早对莎士比亚作品划分体裁的人批评说："照他们看来，一个情节只要对主要人物来说有个大团圆的结尾，就算是个喜剧。这样一个对喜剧的概念在我国曾长期存在；有些剧本，只要换换结尾，就可能今天是悲剧，明天又成了喜剧了。"[②]所以，悲剧和喜剧的划分应该把人物命运的结局与整个作品的"基调"结合起来。

第三，按作品所达到的艺术效果分。这应该是划分悲剧和喜剧的最重要的标准，当然也要与前两条结合起来。亚里士多德说，悲剧的效果是引起人们的恐惧和怜悯，但中国带悲剧性的作品所要起到的效果主要不是恐惧和怜悯，而是同情、痛惜、崇敬等等。这种效果应与作品所传达出来的作者的情感相一致，作者怀着悲痛、悲伤、悲哀、悲惜、悲愤的感情写他的人物，如果这种感情与观众是相通的，并且作者又足够的艺术功力，那么作品也应达到相应的效果。

由于中国戏曲很多是悲喜交错的，所以大部分作品只能按其主要倾向划为悲剧或喜剧，而有很大一部分不能划归悲剧和喜剧，如《牡丹亭》，所以将其划为悲喜剧是合适的。但中国的悲喜剧与"正剧"是不

---

① 王骥德《曲律·论套数第二十四》，《中国古典戏曲论著集成》第四辑，中国戏剧出版社 1959 年版，第 132 页。
② 《莎士比亚评论汇编》（上），第 44 页。

同的。悲喜剧中既有悲剧的成分也有喜剧的成分,既有悲剧的特色,也有喜剧的特色;而正剧则主要按生活本身的样式来写,较少喜剧的夸张,也不像悲剧那样着意渲染,但它如能真实而又典型、集中地表现了生活,同样可以达到深刻。如近年创作演出的京剧《廉吏于成龙》、晋剧《傅山进京》、淮剧《小镇》等都是正剧,都有引人思考的思想和艺术价值。认为正剧就一定不如悲剧深刻,是不对的。

2．对戏剧创作的启示

第一,从事任何事情都要研究其规律,戏剧创作也需要研究创作规律。悲剧、喜剧问题是戏剧创作中重要规律之一,因此从事戏剧创作的人研究悲剧、喜剧是非常必要的。但是研究规律并不是要为规律所拘。约翰孙说:"是否莎士比亚熟知这些关于一致性的法规(按:指"三一律"),但却故意摒弃这些法规,还是他由于幸运的无知而违背了这些法规,关于这一点,我认为无法断定,也不必追究。""对于一出好戏来说,时间和地点的一致性并不是最重要的因素。""严格遵照文学批评法则所写成的剧本"并不一定是好剧本。[1]

创作需要天才与坚实的生活结合。约翰孙说:"《奥赛罗》却是天才使生活经验受孕后所诞生的一个强壮活泼的孩子。"[2]

歌德评论莎士比亚说:"他跟普罗米修斯比赛,一点一划地学习他去塑造人类,只是这些人类有着无比巨大的身材;这就是为什么我们认不出自己弟兄的原因了;随后他用自己的精神呵了一口气,使他们都变成活人,从他们口中可以听到他自己的语言,人们可以认出这些人物的血统渊源来。"[3]

我们看到,这与人们对汤显祖的评论有许多相似之处。吕天成说汤显祖"情痴一种,固属天性;才思万端,似挟灵气"。[4] 王思任说汤显祖的作品:"其款置数人,笑者真笑,笑即有声;啼者真啼,啼即有泪;叹者真叹,叹即有气。""如此等人,皆若士元空增减枸塑,而以毫风吹气生活之者也。"[5]

只有像莎士比亚和汤显祖这样的天才才具有打破一切桎梏的本领和勇气。我们向莎士比亚和汤显祖学习的首先也应是这一点。

第二,我们在创作中要明白中国的悲剧、喜剧、悲喜剧与西方的不同。不能一味以西方的标准来要求自己的创作。根据题材的特点,有些作品接受西方悲剧的影响是可以的,如莆仙戏《团圆之后》,结局大部分人都死掉,取得使人震撼的效果,但不能认为所有作品不如此就悲剧性不够。

关于《团圆之后》当年也有很大的争论。一种观点认为,《团圆之后》的主人公没有反抗性,不可爱,他们的死引不起崇高的景仰,因此构不成一个悲剧;还有一种意见认为,作者的爱憎不鲜明,因此不是好的悲剧。对此,郭汉城先生有一段精辟的论述:

> 我想先说一说悲剧的概念。我觉得讨论问题最好不要从定义出发,定义可以帮助我们理解作品,不可以束缚作品。就说悲剧吧,也有各种不同的悲剧,有反映反动统治阶级死亡、没落的悲剧,这种悲剧中国外国都有,如《麦克佩斯》、《伐子都》就是。前面我所说的"带有悲剧性的讽刺剧",也是指的这种性质的悲剧性。有代表先进阶级的新生力量毁灭的悲剧,如《红楼梦》《白蛇传》《梁祝》,这

---

[1] 《莎士比亚评论汇编》(上),第56—57页。
[2] 《莎士比亚评论汇编》(上),第60页。
[3] 《莎士比亚评论汇编》(上),第291页。
[4] 吕天成《曲品》,《中国古典戏曲论著集成》第六辑,中国戏剧出版社1959年版,第213页。
[5] 王思任《批点玉茗堂牡丹亭叙》,陈多、叶长海选著《中国历代剧论选注》,湖南文艺出版社1987年版,第196—197页。

是英雄的悲剧，它们主人公如贾宝玉、林黛玉、白蛇、祝英台等；也有一种小人物的悲剧，这种悲剧的主人公不是英雄，往往是一些善良、无辜的普通人，他们是反动落后的社会制度的牺牲品。《团圆之后》基本上属于这一类。因此我们不能按照英雄悲剧中人物的尺度来要求《团圆之后》中的主人公们。①

另外，我们必须重视悲喜剧这种体裁，这在明代传奇中得到充分的发展，汤显祖为我们树起了耀眼的标杆。为莎士比亚辩护的人认为，莎士比亚的作品不符合古典主义悲剧原则，但符合生活自身，也恰恰证明，中国那些写悲欢离合的悲喜剧是符合生活的。

3. 对戏剧理论批评的启示

批评家手里总是要拿着衡量作品的"尺子"的，但这个"尺子"应该随着时代的发展和创作实践的发展而不断调整。不然的话，就会如约翰孙所说："我们的头脑在评价当代天才作家时，总要穿过年深日久这面黑影重重的镜子去看他们，就好像我们带上人为的障碍物去看太阳一样。"②

格尔律治（1772—1834）说："那些假定的关于莎士比亚的不规则和无节制的说法，只不过是一种卖弄学问者的梦想；这些卖弄学问的人责难雄鹰，因为他够不上天鹅的尺寸。"③

张庚先生对我们的评论家也曾有所告诫，他说："论的特点是总结过去，对未来的发言权是不充分的。因为未来有许多新东西，往往是基础理论还没有包括进去。因此不能仅仅利用对过去规律的认识来理直气壮地或逐个准确地推测未来。""有些搞理论的同志有一种想法，觉得我们懂得艺术的规律，你的这个创作不合这个规律，对待创作者流露出一种教训的态度来，这是非常不合适的。"④

这些意见都非常值得我们重视。

按照常规的作品总结出几条"艺术规律"来相对比较容易，能够认识那些不循常规的优秀作品的价值就比较难；而要能从突破常规的优秀作品中总结出更高层次的艺术规律来就需要理论评论家有真正的功力。

---

① 郭汉城《〈团圆之后〉的出色成就》，《剧本》1959 年第 11 期，《当代戏曲发展轨迹》，文化艺术出版社 2008 年版，第 118 页。
② 《莎士比亚评论汇编》，第 36 页。
③ 《莎士比亚评论汇编》，第 125 页。
④ 张庚《关于艺术研究的体系》，《张庚文录》第五卷，湖南文艺出版社 2003 年版，第 339 页。

全本戏复原：莎士比亚与汤显祖的对话

谢雍君

因为莎士比亚和汤显祖,中西戏剧全本戏复原的话题再次被提出来。

东西方戏剧史上,曾发生惊人相似的一幕,那就是莎士比亚与汤显祖同于 1616 年逝世。今年正是他们逝世 400 周年,为了纪念他们,中英两国举办了系列活动。其中,2 月底,英国皇家莎士比亚剧团(简称皇莎)携着《亨利四世》(上下部)、《亨利五世》来华巡演,成为引人瞩目的事件。同时,国内多家剧团包括上海昆剧团在内,将在全国推出汤显祖剧目演出季。在二十世纪,莎士比亚和汤显祖的比较研究已是中国学术界的显学。这次活动中,皇莎以全本复原莎剧的形式来致敬莎士比亚,上海昆剧团则推出完整的"临川四梦"来致敬汤显祖,"四梦"中的每一"梦",在中国观众看来也属于全本戏。因为全本戏,莎士比亚与汤显祖在中国相遇,二者碰撞后擦出的火花,令人深思:中英戏剧剧团如何复原汤显祖和莎士比亚全本戏? 对于中英两国戏剧来说,全本戏复原意味着什么? 从莎士比亚历史剧全本复原的演剧方式中,中国戏曲人获得何种启示?

一、全本复原,皇莎演出莎剧的策略

英国皇家莎士比亚剧团被公认为世界上演绎莎剧最为权威的经典剧团,有着一百多年的莎剧演出历史,涌现过闻名世界剧坛的演员费雯·丽、劳伦斯·奥利弗、伊恩·麦凯伦、朱迪·丹奇和极具革新精神的导演西尔多·卡米隆叶夫斯基、巴里·杰克逊、格兰·肖、安东尼·奎尔等,自 1961 年获得英国女王特许改称为皇家莎士比亚剧团之后,声名更为远扬。但不要以为它只演莎剧,非莎剧作品,该剧团也演出,像哈罗德·品特、尤金·奥尼尔、阿瑟·米勒、布莱希特等人的经典作品,都被搬演过。皇莎甚至还演出先锋剧和实验剧。在莎士比亚故乡斯特拉特福德,皇莎拥有两座剧场,除了重新修建的皇家莎士比亚剧场惹人眼目,还有一座名为"另一处地方"(The Other Place)剧场,就是专门演出实验剧。

因为皇莎不是单纯演出莎剧,而是以多元化创作演出称著于世,所以当皇莎来京时,它将会如何演绎莎剧三部曲,让中国观众充满了期待。

《亨利四世》上部开演前,简洁、古朴、棕色系的舞美设计首先映入眼帘,它在第一时间里提醒观众,即将观看的莎剧是纯正英伦风格,而不是个性化的先锋作品。尤其舞台两侧金属高架组合,棕色帘幕高垂,舞台纵深尤深,正中空空如也,这让人似曾相识,因为中国传统戏曲舞台的舞美风格就是如此。为之,我推测《亨利四世》的演剧方式,是忠实地呈现莎士比亚戏剧精髓和原作风貌。这里的"忠实",我的理解是,不会对莎剧原作的时代背景、人物、情节、台词等作过大改动,但在某些小细节、台词方面会做些删、并、增、改等重组动作。

但观完《亨利四世》《亨利五世》后,皇莎复原莎剧原作的忠实度之高令我惊诧:它几乎百分百地保留了莎剧原貌，而不是在保留莎剧原貌的基础上对某些情节、台词做些改动。不仅场景、情节前后不变，台词不变，而且原著中一些细节也没有更改。如说书人，皇莎导演就让他在原著规定的时间段上场，既不提前也不滞后；《亨利五世》文本有三处提示"喇叭吹奏花腔"，四处提示"号角声"，演出时，该吹奏喇叭，音乐家就吹奏喇叭，该鸣号角，就鸣号角，一点不作改动。

尽管如此，在观看三部曲过程中，我的内心一直存有渴望，希冀第二部或者第三部时，皇莎会给观众一个惊喜，在舞台上呈现出与第一部（《亨利四世》上部）不同的文本内容和舞台风格。结果，第二部（《亨利四世》下部）一仍前剧演剧方式，然后，第三部（《亨利五世》）在毫无悬念中结束演出。

当今欧美演剧风行颠覆传统，重塑经典，拆配、重组名剧成为时尚，皇莎全本复原莎剧的创作理念，无疑打破了观众先前对于他们演剧风格的期冀。如果说运用颠覆手法演绎经典剧目是欧美戏剧创作的方向，那么，全本复原莎剧，走近莎士比亚时代的演剧方式，与主流戏剧相比，有些边缘化，却彰显出皇莎戏剧创作的别样思维。

二、全本戏演出，上昆完整搬演"临川四梦"

最早将汤显祖和莎士比亚相提并论的，是日本学者青木正儿，1931 年，他在《中国近世戏曲史》中评价汤显祖和莎士比亚："东西曲坛伟人，同出其时，亦一奇也。"（《中国近世戏曲史》，作家出版社 1958 年版，第 230 页）从伊丽莎白时代起，莎士比亚剧作演出不辍，从英国传播到世界。与此相同，汤显祖"临川四梦"面世后，从明万历年间到今天，赢得文人和观众的喜爱，四百年来搬演不止。特别是《牡丹亭》，明清时期多位戏曲家为其改编，清代多位昆腔曲家为其订谱，将其古典演出风貌保留了下来。全本戏演出，是明清传奇昆曲的主要演出方式。

明清传奇昆曲全本戏的"全本戏"概念，与前文提到莎士比亚历史剧全本复原的"全本"，内涵有所不同。全本戏，明清戏曲演剧术语，指的是传统戏曲的演出方式，与连台本戏、折子戏不同。它有本义和引申义。本义指在两至三个晚上的时间内，演完原创的、独立的、故事完整的作品，称为"全本戏"。明清时期，传奇作品较长，多则五十五出，少则也有二十多出，搬演到红氍毹上后，很少一夜演完的，大多需要两个晚上演毕，有的较长的，则需要三夜或四夜。像《牡丹亭》五十五出，至少需要三个晚上才能演完。引申义指在两至三个晚上的时间内，演完非原创的、独立的、故事完整的作品，它可能是改编本，也可能是某传奇作品里的部分故事内容，如《牡丹亭》，演出冯梦龙的改编本《还魂记》，或者只演杜丽娘与柳梦梅的爱情故事（不演杜宝抗金故事），都可称作"全本戏"。清中叶之前，全本戏演出极为兴盛。之后，地方戏崛起，折子戏流行，全本戏演出开始衰微，剧作家趋向创作短篇作品，剧作长度多在十出左右，演出时，只需要一个晚上就能演完，这种规模相对小的戏曲剧本，被称为"小本戏"，也属于全本戏范畴。清末，小本戏成为全本戏王国里的新教主。

从以上分析可知，明清传奇戏曲范畴里的"全本戏"，其本意有着多重内涵，且随着历史发展，内涵发生了变化。传统意义上的长篇昆曲全本戏演出，因地方戏的兴盛，二十世纪后就中断了。二十一世纪初，青春版《牡丹亭》全本复原汤显祖原作，才将其接续起来。2004 年苏昆首演全本《牡丹亭》，分上、中、下三本，共 25 出，三天演完。2006 年上昆复排了全本《长生殿》，分为四本，共 43 出，演了四天四夜。此两部巨制，改变了当代昆曲长篇全本戏缺失的状况，全本复原或者改编复原明清传奇乃至宋元南戏的经典作品，成为一时的风气，后来《张协状元》、全本《玉簪记》、全本《桃花扇》等相继出现在昆曲舞台上。这次上昆推出的"临川四梦"的每一"梦"都属于汤显祖全本戏，虽然不是全本复原，但它们据汤显祖原作改编，故事内容完整，演员表演传承昆曲传统，创作理念和舞台呈现都接近传统意义上的全本戏范畴。

值得一提的是，"四梦"中每一"梦"都是独立、完整的汤显祖作品，一晚演出一"梦"，假如四晚连续演出"四梦"，在演出规模和时间长度上几乎类似于皇莎三部曲。

三、皇莎全本复原莎剧的目的和创作策略

很显然，与昆曲全本戏相比，皇莎全本戏的"全本"内涵单纯些，指的是完整的莎剧原作，不包含"改编"义。所谓"全本复原演出莎剧"，即完整演出莎士比亚原作的意思。本文移用古典戏曲的"全本戏"概念来诠释此次皇莎来华演出方式，主要是因为中西戏剧经典剧作都有过完整演出原剧的历史，如今皇莎采用全本连演莎剧三部曲，其创作方式与昆曲全本戏创作模式殊途同归。

皇莎采用全本戏复原的方式来诠释莎剧，其演剧特色在第一部里已完全展现出来，从观众观赏角度来说，看了第一部《亨利四世》，相当于了解了皇莎。既然如此，皇莎完全可以挑选一部《亨利五世》奉献给中国观众，比如2012年英国普罗派拉莎士比亚剧团来京演出，挑选的莎剧就是《亨利五世》。但皇莎没有这么做，而是选择演出三部曲。个中意味，值得品尝。

皇莎以全本复原莎剧的方式表达了对莎士比亚的尊重和敬畏之心。皇莎曾于2008年和2012年来华演出《哈姆雷特》和《裘力斯·凯撒》，其大胆先锋的做法令人震撼，以致给中国观众留下皇莎擅长演出现代派戏剧的印象，认为他们在阐释莎剧其他经典剧目时，也会追求前卫、多变。笔者以为，这是中国观众对于皇莎的一种美丽误读。其实，皇莎的演剧方式多种多样。2010年经过四年时间改建的皇家莎士比亚剧场正式投入使用，这个新舞台与镜框式舞台不同，台口伸向观众中间，三面被观众包围，演员有了更多的空间与观众对话，演员与观众之间的关系更贴近莎士比亚时代的演剧空间。此项改造工程耗资1.128亿英镑，目的只为恢复传统的莎士比亚戏剧的演出方式。演剧空间、演剧方式探求莎士比亚时代化，既是他们对莎士比亚敬意之表达，也是皇莎创作演出的策略。

《亨利》三部曲展现了英国十四世纪末至十五世纪初叶宫廷内部斗争、英法两国战争的历史画面和英格兰民间市井的风俗画卷，展现了亨利五世从王子成长为国王的历程。《亨利四世》虽题名为"亨利四世"，实质上不以亨利四世为中心，而是描写了哈尔王子政治、人生成熟的经历，当它与《亨利五世》一起演出时，亨利五世作为个人的历史和作为国王的历史才会呈现得更为全面。从这个角度来说，《亨利四世》《亨利五世》，两剧合演才算完整，二者不可分割。另一方面，此三剧表面上是在讲述亨利四世、五世时期的英国历史，反映了伊丽莎白时代的政治斗争，同时也探究人性，表达亲情、友情、爱情、权力、战争、谎言、欺骗等人类共通的情感和经验，三剧联演，借哈尔王子与福斯塔夫、哈尔王子与潘西、亨利四世与王子之间的关系以及福斯塔夫对荣誉的反思、亨利五世对战争的反思等等，多角度、全方位地揭示了这些情感和经验。莎剧所隐藏的现代悖论、现代逻辑在三剧呈现的复杂且纠结的多个事件中得到生动的敷演和深刻的解读，而《亨利五世》一剧则无法容纳如此多义的思想内涵。假使只演《亨利四世》，或者《亨利五世》，亨利五世的人生经历和政治生涯会被割裂为片段、局部、部分，观众无法从中获悉年轻国王的成长心路。

全本复原演出，其目的还体现在皇莎对莎士比亚时代舞台风貌的复原，简洁、复古的舞美观念使中国观众穿越时空，近距离体验了莎士比亚时代的演剧原貌。这次复原演出，皇莎除了不改动莎剧原本、情节顺序依照原著之外，在舞美设计方面，还着意营造了伊丽莎白时代的宫廷和民间背景，烘托出莎士比亚时代的文化氛围。莎士比亚时代的舞台主要由外台、里台、楼台等构成，三部曲恢复了这种舞台演剧形式。里台，主要由一个前后推拉的平台来展现，如哈尔王子夜宿酒馆、旗官毕斯托尔大闹酒馆、法国公主凯瑟琳在闺房学练英语等等，都在这个电动推出的平台上发生。楼台，是莎士比亚时代不可或缺的舞美设计，这次演出在舞台左右两侧设置了对称的金属高架，以视作楼台。它有时是野猪头酒馆老板娘桂嫂的房间，在福斯塔夫在楼下饮酒时，她躲在楼台合计他的欠款；有时是仪仗队吹奏喇叭的场所；有时是音乐家吟唱、伴奏的地方。与先锋戏剧演出的楼台设计不同，这次楼台的作用不是很明显，并没有成为全剧某个重要场景，而只是作为辅助性的舞美场景出现。如果说莎士比亚时代的舞台设置楼台是必不可少的部分时，那么，三部曲里的楼台设计主要还是为了还原莎士比亚时代的舞台原貌。

四、上昆演出"临川四梦"全本戏的目的和创作策略

追溯当代昆曲史，昆曲舞台演出的剧目主要分两类，一类是改编全本戏，一类是新创全本戏。改编全本戏，大体延续《十五贯》的创作方法，即在传统折子戏的基础上，剔除不合理的情节，调整原作的主题思想，将流传的折子戏衔接、串联、捏合在一起，成为既有传统又有创新的剧目。新创全本戏，主要指创作者不依傍传统折子戏，重新设计情节和故事，剧作融有作家个人鲜明的创作观念和当代思想，内容和形式呈现出全新的品相，比如昆曲现代戏就属于此类。到了二十世纪末，新创全本戏成了昆曲创作主流，创作者疏于关注昆曲文本传统和表演传统的继承和流传。

二十一世纪初，由白先勇策划和制作的青春版《牡丹亭》与观众见面，年轻观众从中品赏到中断许久的昆曲长篇全本戏的迷人魅力，全剧弥漫着白先勇对昆曲传统的敬畏之心，这惊醒了当时的戏曲人，原来半个世纪以来我们多么忽略和轻视昆曲传统。与此同时，上昆创作了上下两本《长生殿》，将舞台上流传的折子戏整合到一起，政治、爱情双线交叉进行，以此表达对昆曲传统的敬意。两年后，上昆排出了四本《长生殿》，规模更接近洪昇原作。受此影响，苏州昆剧院创排了三本《长生殿》，江苏省昆剧院搬演了三本《桃花扇》，一时昆曲界刮起了"全本戏"之风。四本《长生殿》可谓在"全本戏"的"全"字上，做足了文章，整理时，不对原作文本做更改，只做删减和合并的工作。演出风格古朴、复旧，舞美设计采取中性立场，一切都显露出创作者对昆曲传统所持的谨慎和保守态度。因《长生殿》也是历史剧，上昆恢复洪昇时代昆曲演出原有风貌的决绝和彻底，与皇莎全本复原莎剧的态度不谋而合。

有了四本《长生殿》的创作经验，上昆推出"临川四梦"全本戏的目的更为明确，即继承和发扬昆曲传统，接续昆曲全本戏传统，传承昆曲表演技艺，展示中国传统美学，推进二十一世纪昆曲的新发展。为了达成以上目的，上昆努力在"新"和"旧"上找到平衡点，既注重对传统折子戏和表演技艺的传承，如《牡丹亭》《邯郸梦》，也关注观众审美的趋新求异，推出年轻演员担纲主演的青春版，如《紫钗记》《南柯记》。守旧、创新，两不偏废，成为上昆全本戏创作的新策略。

五、皇莎全本复原莎剧的实质和启示

在观看皇莎三部曲时,因它的创作方式出乎我的意料,我曾反复问自己,作为观众,特别是第一次观看皇莎演出,你会希望它采用哪种演剧形式?全本复原,还是全面颠覆?我的答案是:全本复原。因为这种全本复原演剧形式,可以让我们在千里之外的中国,穿越欣赏到400年前的莎剧演出,是一次难得的机会。尽管《亨利四世》被誉为莎翁历史剧里最成功和最受欢迎的剧作,但比起莎翁的喜剧和悲剧戏来,演出次数并不算多,遑论三部曲连演,更为少见,即便是皇莎,也有十年甚至更长时间未演出《亨利》系列剧了。为之,这次中国观众能够连续三晚与莎士比亚做一次跨越时空的对话,接受一次文艺复兴经典剧目的洗礼,可谓千载难逢。

皇莎全本复原莎剧,表面上看是没有创造力的表现,实质上,它以一种认同和回归莎剧演剧最初样貌的方式,寻求皇莎剧团特色与伊丽莎白时代演剧传统的对接和承续,以伊丽莎白时代演剧风格为基点,打造皇莎演剧新品格。这种从传统演剧中寻获戏剧创造力和灵感的创作思维在当今世界剧坛上自成一派。当欧美戏剧创作纷纷打出颠覆经典、反叛传统的旗帜时,英国皇莎不仅不随欧美戏剧创作风向标的改变而改变,而且逆袭而上,强调传承和维护莎剧伊丽莎白时代的传统,这种反颠覆和反叛逆的行为,成了另一种意义上的创新和立异。

皇莎坚持传承和维护莎剧伊丽莎白时代的演剧传统,与其在英国戏剧界的地位和文化使命有关。在英国,皇莎当前承担着传播英国戏剧文化的使命,经常到世界各国巡演。对于国外的观众来说,原汁原味地复原莎剧,重现伊丽莎白时代的演剧风貌,最能代表英伦戏剧风范,满足他们对莎翁戏剧和英国文化的艺术想象和精神需求。全本复原莎剧历史剧,可以为外国观众直观地展露英国历史知识和演剧传统,达到文化交流的目的。《亨利四世》是莎剧历史剧的高峰,代表着莎士比亚历史剧创作的最高成就。在莎士比亚时代,历史剧非常流行,观众进入剧场除了观剧娱乐,还可以接受英国历史知识的熏陶。同理,作为中西文化交流的载体,皇莎将《亨利》三部曲带到中国,中国观众除了观赏到皇莎演员精彩的艺术表演,还会了解到英国亨利时代的历史风貌。《亨利四世》和《亨利五世》,成为中国观众了解英国历史、社会结构的中介。

借纪念莎翁和汤翁同年逝世之机会,中国观众有幸近距离感受了皇莎的演剧风格。2月底,皇莎到上海演出结束后,全体演员参观了上海昆剧团,观看了昆曲《牡丹亭》之《游园惊梦》片段和《南柯记》里的武戏,上昆演员表演的水袖、身段、眼神等动作,深深吸引了皇莎演员。对于他们来说,这是昆曲最有魅力的地方。皇莎演员最感兴趣的表演技艺,正是昆曲艺术最有特色的地方。十多年来,全国七家昆曲院团为昆曲艺术的传承和发展在努力着、奋斗着。与其说皇莎传承和维护莎剧传统的创作思维对中国戏曲人有所启发,不如说在传承和维护古老戏剧传统方面,中国昆曲院团和皇莎寻找到对话的共同点,皇莎的创作演出实践使我们更加确认传承可以更好地推动昆曲院团的承续和发展,它的价值和作用并不输于创新,它是昆曲剧团确立自我特色、寻获未来发展的基础和保障,传承的时间越为久长,其价值和意义越为显著。关于这一点,昆曲界已经达成一致认识,一批优秀的年轻传承人已经涌现,他们是当今昆曲舞台的主力军,这次上昆四本汤剧全本戏演出中,《邯郸梦》《南柯记》均由青年演员担纲。2012年文化部启动的"昆曲名家传戏"工程,借助拜师收徒方式,建立起昆曲艺术传承新机制,昆曲表演技艺活态传承的力度得到了强化。

这次皇莎来华演出，我觉得还有一件事极为重要，那就是它带来的艺术教育课程的推广。戏曲教育对于国家戏曲院团的传承与发展具有非常重要的作用，政府部门和地方戏曲院团都认识到这种重要性。"戏曲进校园"、"戏曲进课堂"，已经在国内开展许多年，2015年7月11日国务院办公厅印发的《关于支持戏曲传承发展若干政策的通知》中再次提到要加强学校戏曲通识教育。如何和教育机构合作，做好戏曲教育工作，一直是戏曲院团思考和关注的问题。但截至目前，尚未有国家戏曲院团像皇莎那样成立戏剧教育部门，建立教育机制，让戏剧教育成为国家院团创作生产的内容之一。皇莎在英国国内承担着推广莎翁戏剧的重任。据称，英国国家课程标准规定11岁至14岁的中小学生必须学习两部莎翁戏剧，皇莎剧团负责到英国各中小学校开办莎翁戏剧课程的教学任务。从这个角度来说，全本复原莎剧的形式，是最便利于孩子们学习和接触莎剧的演出形式和思想精髓的。皇莎在如何开展中小学艺术教育课程方面积累了丰富的经验，它的工作方法可以值得我们国家院团的借鉴。这是皇莎在戏剧演出之外留给我们的启示。

探索人类集体潜意识的幽微欲望

——从《恋恋南柯》到《南柯梦》

沈惠如

　　"临川四梦"——《牡丹亭》《紫钗记》《南柯记》《邯郸记》，是我国古典戏曲剧作的瑰宝，而剧作家汤显祖，也因此四梦的高度艺术成就，成为古典剧界"以梦入戏"的最佳写手。然而同样是"因情成梦，因梦成戏"，《南柯记》等三梦所受到的关注远不及《牡丹亭》；诚然，杜丽娘出生入死、起死回生的情感历程较易感动观众，《南柯记》《邯郸记》对晚明政治腐败的暗示以及剧末的成佛入道则容易落入轮回、幻灭的宗教表象，但汤显祖毕竟是大师，若以为《南柯记》《邯郸记》仅是"垂暮老人对人生无常的感慨"，任由它在戏曲舞台上消失，则肯定是戏曲文化传承的遗珠。

　　若要提振世人对汤显祖"三梦"的关注，笔者以为当从《南柯记》开始。理由有三：其一，以"临川四梦"的名气而言，《昆曲辞典》云："其中以《还魂记》最负盛名，《邯郸》《南柯》次之，《紫钗》更次之。"《邯郸》《南柯》因内容结构近似，常并称"二梦"，继《牡丹亭》之后，最常被讨论。其二，清梁廷枏在《曲话》中说《南柯记》"末折绝好，收束排场处，复尽情极态，全曲当以此为冠冕也。"可见此剧思想超脱，结局不落俗套，在今日剧场的诠释与改编上有着绝佳的发挥空间。其三，《邯郸》《南柯》的情节结构同样是入梦→荣华富贵→盛极而衰→梦醒→成佛或得道，但是《南柯记》穿插着一个由蚂蚁建构的虚幻世界，奇幻而神秘，其戏剧性的剧场元素远较《邯郸记》强烈。因此，将《南柯记》重现舞台，势在必行。现今恢复旧剧或者改编旧剧的呈现方式已非常多元，它可以是串折、整编，以昆剧的原貌出现，也可以做跨剧种的改编，更可以结合现代剧场做实验性的演出；而在内容方面，通过对原著的各种诠释层面，亦可造就出不同的改编风貌。就改编者的心理机制来看，同化（assimilation）与整合（accommodation）显然是同步并进的，改编者消化吸收原著，并产生融入性渗透、创新性置换，使之成为新的艺术加工品，甚至成就另一种艺术创作，①这无疑是一项艰难的挑战。

　　2006年，台湾的1/2Q剧团决定改编《南柯记》作为"新点子剧展"的演出文本，名为《恋恋南柯》，主要是因为汤显祖"一点情千场影戏，做的来无明无记"的词句。在写完《牡丹亭》之后，汤显祖试图用佛理点明爱情（包括世理人情）的虚幻本质，然而在阅读完汤显祖的文本之后，非但感受不到"悟道"的明澈，反而觉得身陷情关而无法自拔，究竟是汤显祖的领悟不够透彻，还是爱情本就难以超脱？2012年，首度以全本姿态搬演的《南柯梦》（江苏省昆剧院、"建国工程"文化艺术基金会），企图心更为宏阔，从"梦了为觉，情了为佛"的视角，将《南柯记》原著缩编演出，虽然有两个晚上的时间铺排原剧，但在仅保留三分之一篇幅的情况下，如何首尾融通，传达完整的意念，仍然是一大考验。

　　本论文即思从汤显祖的文本加以分析，试图观看新世纪的两个《南柯记》舞台改编版本，分别用什么

---

　　① 参见吴有能《鬼魅与政治——〈聂小倩〉的电影诠释》（第一届中区古典文学学术论文研讨会，2005年）。

角度与方式做舞台诠释与表现,从而探讨四百年后剧作再现的新趋向。

一、《南柯记》的主题诠释

(一)禅与梦交织的迷离幻境

汤显祖的《南柯记》取材自唐李公佐的传奇小说《南柯太守传》,主要的内容、情节几乎没有更动,只是在架构上把梦中蚁国女子所云上巳日观舞、孝感寺听经等事件以实笔写出,并创造琼英郡主替妹选婿的情节,最后当淳于棼梦醒来发现一切皆是梦时,回头去找讲经的契玄法师,替梦中蚁国超度升天,自己则顿悟出家。契玄禅师在此剧中扮演了关键的角色,颇类一个"设局者",最后"请君入瓮",度化了淳于棼。其实小说原有的寓意非常明显,在传奇原文的最后写道:"后之君子,幸以南柯为偶然,无以名位骄于天壤间云。"又云:"贵极禄位,权倾国都。达人视此,蚁聚何殊。"亦即希望这个故事能成为窃取官位之人的借鉴,一切都是偶然,就跟蚂蚁聚在一起一样,没有什么好炫耀。

汤显祖显然不以这样的意涵为满足,《南柯记》将契玄法师设为框架,首尾呼应,立即将小说翻转,成为一个参透世事、悟道成佛的宗教剧。汤显祖写《南柯记》是在与达观禅师接触以后,之前汤显祖的《牡丹亭》写"情",是要与宋明理学的"理"对立,但那是属于人生经验的基础层面;达观讲"情"与"理",则是放在宗教超越的层次上,在他眼里,宋明理学家讲的"理"其实没有完全跃出"情"的范围,因此汤显祖在《牡丹亭》剧中所展现的情理相格,亦属世间的纠葛,不是终极的超越的"理"。[①] 达观的"理"即是佛法,是汤显祖亟需思考的内在超越课题,而《南柯记》正是体现了这样的概念,试图将人生由外在的追求(包括爱情、功名等)转向为内在的觉醒,其意旨也绝非简单的"人生如梦"、"富贵皆空幻"所能涵盖。

众所周知,"梦"在汤显祖的剧作中占有极大的分量,《南柯记》四十四出里梦境就占了三十三出,而《南柯记》既是汤显祖在历经人生起起伏伏之后,藉由佛教禅理探索心灵归宿、完成思想转变的力作,因此"禅"与"梦"就成了该剧形式与内涵上的双重主轴。由于"梦"是潜意识的心理表现,属于感性思维的范畴,受到人的思想意识和文化心理的制约,亦是人日常生活、心理情绪在特定情况下的反馈,因此艺术作品常常以梦境为题材,摆脱生活逻辑对艺术创作的限制,让创作者得以尽情地发挥想象力,更充分也更直接地表达蛰伏于心灵深处的思维。而戏曲运用梦境,正好进一步拓展人物的心理活动范围,挖掘人物潜意识的心理状态,甚至颠覆正常的生活逻辑,揭露剧作者对人生的矛盾与质疑。

不仅如此,梦与宗教还有相当的关联性。在现实生活中,人会受到自然力量的束缚,而在梦幻中,人却可以具有超自然的神秘力量,因此原始人类认为人有一种独立于肉体之外的"灵魂",可以在睡眠状态中上天入地,甚至可以与神灵沟通,这就形成了原始的宗教。佛教传入中土之后,"人生为苦海、现实为虚幻"的想法在人的内心流动着,其世事如过眼烟云、梦幻泡影的认知,也与人们对梦的观察相符合,因此佛教就以"如梦"来概括对人生的认识。佛教的"人生如梦"和老庄有些许差异,老庄仅以身外之物为虚幻,佛教则连人的躯体都认为是空的;老庄认为人生如白驹过隙,应充分珍惜,佛教则认为现世短暂、来世长久,主张舍现世而取来世。[②]

---

① 参见郑培凯《解到多情情尽处——从汤显祖到曹雪芹》,引自《汤显祖与晚明文化》,允晨文化公司 1995 年版,第 330 页。
② 参见郑传寅《传统文化与古典戏曲》,扬智出版社 1995 年版,第 281 页。

的辩证。

事实上,作为戏剧故事题材的梦境,本来就与真实世界的梦境不同,真实世界的梦境是自然产生、自然结束,完全不受控制,也不可控制;而戏剧故事里的梦境,则必须是"可控梦境",①如同网络虚拟游戏或科幻小说电影等,其虚拟世界或梦境必然有作用,必然有着情节进展的必要性或关键性,也必然可以操控或玩弄。

一般奇幻文学或科幻文学中,常用催眠术、巫术、计算机网络等方式进行梦境的控制,但多半只是人物偶尔进入虚拟世界,大部分时间仍活在现实中。近年来一些标举科幻的故事则日新月异,如1999年的电影《黑客任务》(The Matrix),叙述公元2199年,计算机人以虚拟现实的手法,塑造二十世纪末的假象,把人类置于其中,如奴隶般操控,只有一群少数的地下斗士知道真实世界和人类仅存的净土——"锡安"城市的存在。主角尼欧被认为是能拯救人类脱离计算机人控制的救世主,于是和计算机人展开了一连串的争战。在这个故事中,人们从生下来就活在虚拟世界里,完全不知外面还有真实世界。2000年上演的科幻片《入侵脑细胞》(The cell),是可控梦境题材的最新作品,一位女心理医师为了拯救被变态杀手囚禁的少女,试图进入患病昏迷的杀手的梦境,寻找囚禁少女的地窖,然而在进入凶手神秘而邪恶的内心世界后,自己也几乎成了他的虚拟猎物。这些作品都有一些通则,如人可以自由进出虚境,甚至是别人的梦境,而在虚境中被杀死的人,实境里也会死亡。

如果从可控梦境的角度来看《南柯记》,这无疑是一部虚拟现实的"类科幻剧"。在《南柯记》中,契玄禅师正是这场可控梦境的操控者,颇类似宗教中的"先知"角色。第四出《禅请》的上场白里,契玄禅师说明了这一场人蚁交会的由来,原来在五百年前,也就是梁朝天监年间,契玄的前身曾跟随达摩祖师渡江,有一天捧着莲花灯上七层宝塔,不小心倾泻出了热油,灌注在蚁穴内。当时他并不知道,后来遇见一个神情不悦的守塔小沙弥,原以为他为打扫之事生气,询问之下才知以前有位圣僧用天眼算过,此洞穴中流传有八万四千户蝼蚁,只要是燃灯念佛之时,便会出来行走瞻听,而小沙弥也会施散一些饭食给它们,如今热油往下一灌,想必杀死了它们。契玄十分忏悔,请教达摩老师父,老师父说不妨不妨,它们虫业将尽,五百年后定有灵变,等待契玄引渡它们生天。如今恰好五百岁,正可了此公案,于是一场人蚁交会的过程就此展开。既有这层因缘,剧末的超度蝼蚁生天变得理所当然。然而要促成这件事,仍须有机缘,淳于棼的适时出现解决了此问题。然而为什么是淳于棼?这中间还经历了一个小小试炼!

第七出《偶见》中,孝感寺盂兰大会上,凡是报名听契玄禅师讲经者,都有一个回人向他们施展胡旋舞,也就在这时,淳于棼自愿帮一同观舞的蚁国灵芝夫人挂湿汗巾,人蚁因此有了第一次接触。第八出《情着》中,淳于棼参禅,契玄禅师背地沉吟:"老僧以慧眼观看,此人外相虽痴,倒可立地成佛。"可以这么说,契玄禅师慧眼独具地选中了淳于棼作为"了此公案"的关键人物,而淳于棼果然"不负期望",在禅师试图用鹦鹉叫"蚁子转身"点醒他时,他竟然听成"女子转身",于是被招去蚁国当驸马,而这"蚁子转身",就好比先知手中的遥控器开关,操控、主导着这段奇遇。

前面曾提及在可控梦境的科幻剧中有一个通则,即在虚境中被杀死的人,实境里也会死亡。在淳于棼的这场梦境中,蚁国公主瑶芳香消玉殒,所以到了淳于棼的现实生活中也就只能是个魂了;又淳于棼的

① 此为科幻小说研究者郑军暂定的名词,他说"有些科幻题材已有约定俗成的术语,如异度空间、虫洞旅行、人工冬眠等,但也有一些题材,虽已形成某些共同特点,却没有统一命名,可控梦境即是一例"(引自科幻网 http://all.kehuan.net/200505/20050504095618.html 郑军《科幻讲什么?》一书的简介,2005年5月4日),本文引用郑军的说法,在使用时亦会详细说明,务使其为明确的语汇。

好朋友周弁和田子华,在第二出《侠概》中与淳于棼道别要回转六合县,结果在淳于棼的蚁国奇遇虚拟世界中,二人至南柯郡成了他的左右手,却在南柯遭受战争危难时死亡,淳于棼在梦境中只知周弁因酒而亡,岂料在第四十二出《寻寤》从梦中醒来后,请教一位从六合县来的行脚僧周、田二人下落时,竟说他们"同日无病而死",此正与科幻剧的通则不谋而合。

如果说梦境是人类潜意识的展现,那么在这一场虚拟现实的梦幻中,对于亲情、友情、爱情的渴求,均得到了纾解。友情、爱情已如前述,亲情则是指淳于棼被带到槐安国成亲时,国主称此姻缘是"奉贤婿令尊之命"而促成,可是淳于棼只知他的父亲为昔日边将,未知存亡,因此十分疑惑。后来在拜南柯郡守的前夕,接到父亲的"平安家书",给予祝福与勉励,并明示丁丑年会相见,于是淳于棼了却了对父亲的思念之情,但直到梦醒之后燃指超度诸蚁生天时,方知丁丑之约竟是其父生天之时。汤显祖试图在这场虚拟现实中,对于人性中对亲情、友情、爱情乃至功名利禄的渴求一网打尽,其线索铺排可谓完整而绵密。

在契玄禅师启动"蚁子转身"这个开关后,淳于棼进入了一场富贵人生的游戏,而当契玄禅师点出机关所在,淳于棼仍兀自陷入情障,最后被契玄的无情剑劈开,看似结束了一场游戏,回到现实,实际上那个教淳于棼恋恋不舍的感情才是痴人执迷不悟的关键。或许汤显祖自以为用宗教的顿悟解决了一切,然而却根本没有解决,只是徒增怅惘而已。

二、《南柯记》的改编演出

(一)《南柯记》的演出纪录

在现存的曲谱及折子戏选集中,《南柯记》仅留存十个折子,分别是《情着》(第八出)、《就征》(第十出)、《尚主》(第十三出)、《之郡》(第二十二出)、《花报》(第二十六出,原名《启寇》)、《瑶台》(第二十九出,原名《围释》)、《召还》(第三十三出)、《芳陨》(第三十五出)、《寻寤》(第四十二出)、《情尽》(第四十四出)。[①] 然而目前仍留存在舞台上的仅有《花报》《瑶台》二折。《花报》演檀萝国四太子得知金枝公主避暑瑶台,令小卒改扮花郎前往侦探,小卒归来一一禀报。这是作旦[②]主戏,戏中他假扮花郎,自瑶台返回,向四太子禀报公主情况时须身段灵活,边说边做、载歌载舞。全福班演员曾长生擅演此戏,"传"字辈中方传茗亦擅演,五十年代江苏省昆剧团由曾长生传授吴继月、王继南等演出。

《瑶台》演檀萝国四太子围攻瑶台,欲夺金枝公主为妻,公主扶病上城御敌,危急中,淳于棼赶至,杀退敌军。这是五旦[③]主戏,然而本剧以五旦着戎装,这在昆剧中不多见,实为一大特色。方传芸在教戏时曾说:"该角色不能用五旦和刀马旦的表演方法,而应采用闺门旦的表演,动作女柔,才能体现公主的身分。"此角清末的葛子香、周凤林擅演,光绪二年(1876)四月,三雅园上演《大瑶台》,加大了开的场面。全福班中曾长生、尤彩云擅演,"传"字辈中朱传茗亦擅演。《花报》《瑶台》为"传"字辈新乐府、仙霓社时期的重要折子戏,五十年代梅兰芳、俞振飞亦演此剧,1934年在上海首演,此后常常合作演出。江苏省昆剧团章继涓、王继南等曾由曾长生传授之,八十年代初上海昆剧团由方传芸等传授史洁华、钟维德等演出。[④]

---

① 参见吴新雷主编《中国昆剧大辞典》,南京大学出版社2002年版,第89页。

② 作旦虽是旦角的一种,但所演以少年男性居多,表演多采用小生手段,生旦融合、歌舞并重。

③ 五旦扮演有身分的年轻女子或闺阁千金,亦称闺门旦,其表演特色为雍容大度、沉稳娴静。

④ 以上演出纪录,参见洪惟助主编《昆曲辞典》,国立传统艺术中心2002年版,第73页;方家骥、朱建明主编《上海昆剧志》,上海文化出版社1998年版,第75页。

笔者曾归纳昆剧经典剧目的改编演出方式有三：一是精彩折子戏的组合，即完全不管折与折之间是否连贯，只忠实的将折子戏的面貌呈现，依照各剧团的演员特色，所选的折子也不尽相同。二是串连折子戏，浓缩加工使成首尾一贯，这种改编方式，多半是采取经典折子或唱段保留，其余则有所取舍。不过依据修编的幅度来看，亦有程度上的差别，有些只是修改一些念白，并在开头结尾添加序幕和尾声，使成一完整剧目；有些则变动较大，甚至还有新编片段在里面。三是企图恢复原剧面貌的全本演出，昆剧全本戏在明末开始式微，至清乾嘉年间，折子戏已非常流行。全本戏为什么衰微？原因很多，包括声腔音乐的流行更替、剧场环境的改变、西风东渐的冲击等等，尽管有人认为未能流传下来的折子一定是自然淘汰的结果，但并不能武断地说那些折子一定不精彩。因此，恢复全本戏旧观，尤其是早负盛名的经典大戏，其实是十分有意义的，不仅可以赋予剧本文学生命力，更具有文化上、学术上的价值。[①]《南柯记》留存的折子甚少，要做串折全本演出并不容易，除非试图重新针对折子谱曲及编身段，恢复舞台演出，但是意义不大，反倒是全本戏的演出较有可为。

汤显祖《南柯记》作于明万历二十八年（1600），当时他51岁，《牡丹亭》已完成了两年。这段时间，正是他思想观念转变的关键期。万历二十六年（1598）十二月十九日，达观禅师（庐山归宗寺僧真可，字达观，号紫柏）到访临川，汤显祖陪他南游从姑山吊罗汝芳墓，二十七年（1599）己亥正月十五日，送他到南昌，与之告别，在这近一个月的相处期间，引发了汤显祖对人生真幻的思考，并对"人生若梦"这个想法有了切身的感受。在送走达观后，汤显祖曾写了《江中见月怀达公》《章客有问汤老送达公悲涕者》《归舟重得达公船》《离达老苦》等诗，[②]表面上是写离别之苦，实际上诗的内容均涉及有情之苦及求情尽的心灵解脱，看得出来汤显祖正游移在人世感情之执着与出世解脱之境界当中，而达观则扮演指点迷津的角色，其中《江中见月怀达公》诗云："无情无尽恰情多，情到无多得尽么。解到多情情尽处，月中无树影无波。"这正是《南柯记》从《情着》一出入梦，到《情尽》一出顿悟的架构，可见汤显祖试图藉由创作《南柯记》来理清人情世情与精神超脱的纠葛。

细观《南柯记》的内容，亦有许多汤显祖人生经历的投射，例如汤显祖历经宦海沉浮，因不愿与当时的权贵张居正、申时行等交游，官运一直不佳。他在浙江遂昌县任知县的五年中，曾把自己的政治理想付诸实践，颇有政绩，受到民众爱戴。这与淳于梦在南柯的作为十分相似；至于写淳于梦治理有方的同时，又写他回朝后骄奢淫逸，败坏朝纲，这就与汤显祖对当时朝廷的当权派沈一贯、张居正实施的朝政不满有关。

文人儒士潜意识里总有攀附权贵、走宦途快捷方式的念头；可是潜意识里又有寄人篱下之忧：皇亲贵族早已自成体系，寒微之士怎能轻易融入？这样的矛盾心理，汤显祖便藉由戏曲的梦境中呈现。不过汤显祖在《南柯记》中的另一个矛盾之处在于他梦境中表现了现实的心理意识和潜意识后，却又在梦醒时分走上了抛弃凡尘的道路。淳于梦受着契玄禅师的指引，斩断情根，立地成佛，其对情的否定似乎与《牡丹亭》对情的讴歌相矛盾。汤显祖知道情的可贵，情的难以阻挡，可是他又感到一切灾祸苦难挫折都因情而起，情不断，理还乱；这样潜意识的交流浮动，一直笼罩着"临川四梦"。汤显祖的祖父汤懋昭笃信道教，父亲汤尚贤崇尚儒学，或许，这些矛盾本来就一直交织在他的意识和潜意识之中吧！

---

① 参见拙著《从原创到改编——戏曲编剧的多重对话》，国家出版社2006年版，第90—92页。
② 见徐朔方笺校《汤显祖诗文集》，上海古籍出版社1982年版，第531—532页。

严格说来，《南柯记》在艺术呈现上非常概念化，成了佛理说教的寓言教本，缺少展现真实人生处境的感染力量。尤其是淳于梦从"情着"到"情尽"的觉悟，似乎不从内心里来，而是靠契玄禅师的宝剑斩断情魔，也就是将出世超越的架构硬套在现实处境之上，硬生生让淳于梦立地成佛，①显然汤显祖的种种矛盾和困扰，在《南柯记》中并没有完全解决，这可能就是《南柯记》较少呈现于舞台的原因。然而正如本文前言所分析，《南柯记》在今日剧场的诠释与改编上有着绝佳的发挥空间，而汤显祖的矛盾和犹疑也正提供了后世改编者不同的切入点和思索角度，因此，解构原剧、建构新诠，是改编《南柯记》的最佳途径。

（二）疗伤系水磨情歌——《恋恋南柯》

2006 年，台湾 1/2Q 剧团受邀于"新点子剧展"制作实验昆剧《恋恋南柯》。② 该剧以爱情为主轴，以《寻寐》为框架，回溯《合欢》《瑶台》《蝶戏》《遣生》的过程，最后联结《应兆》《情灭》，期望从原本单线的叙事结构上，赋予现实与虚幻、梦里与梦外等多层时空，渗透出困惑与荒凉。此次《恋恋南柯》的演出，为《南柯记》首度在台湾昆曲界以全本呈现，在文本改编、谱曲、搬演过程中仍以保留昆剧本质为首要原则，融合装置艺术、现代舞蹈/剧场、音乐装置、多媒体影像等不同领域的创作，在原本单线的叙事结构上，赋予了现实与虚幻、梦里与梦外等多层时空，期能拓展当代实验昆剧的舞台面貌，并从中领略到昆曲的原汁原味。

要将原著多达四十四出的内容浓缩在一百分钟里，又要保留剧情的完整性，并传达剧作观点，是改编上的主要挑战。于是本剧采取"倒叙手法"，整个故事的截点，是从淳于梦被蚁国国王遣返回乡说起，除了换取自由的时空转换，也为整体作品带来后设的氛围，引出本剧另一个重要主题："观看"。

在【序：提世】一开始公主的惊鸿一瞥，以这样的身影开场，预示了一个女性观看的视角。将原著中汤显祖以作者身份谈情的开场，轻盈地置换成女性的观点，古老昆曲中的情爱观，如何以后现代的观点来诠释呢？《恋恋南柯》以"观看"为主轴，透过不同形式的"观看"，让我们重新审视性别的差异以及面对情爱时主体与外在环境的抗衡与妥协。

语言与观看之间有一道无法跨越的鸿沟，《恋恋南柯》巧妙地利用人物对语言的误解，让我们惊觉语言与观看同样具有选择性，而这样的选择行为正显示了主体所建构的世界。

开场的场面，公主出场，三位装扮摩登入时的现代女性，坐在位于舞台一隅的沙发上，手持麦克风，宛如演唱 KTV 的后现代氛围，意味着：以现代人的身份为古人发声。观看与语言，不露痕迹地熔于一炉，在看与被看之间，进场看戏的观众也同时进入了导演一手策划的后设情境。

第三场【瑶台】除了呼应前世宿缘（蚂蚁听经惨遭烫死，因而怕热，遂筑瑶台以避酷暑）、表现小生的武艺（淳于梦与太子打斗场面），以及戏剧上的转折（公主中箭而死）之外，在整出戏里尚有几点特殊的意涵：1. 显示公主的美貌，如同太子说的："看她的容貌，真乃西子复生，杨妃再世。"这样的美貌太子喜欢，也意味着外貌对于异性往往具有相当大的吸引力。2. 公主说："呔！哪里来的太子！"太子却听成了"哪里来的汉子！"，这种听错话的情况连主角淳于梦也发生过（"蚁子转身"听成了"女子转身"），实际上每

---

① 参见郑培凯《解到多情情尽处——从汤显祖到曹雪芹》，《汤显祖与晚明文化》，允晨文化公司 1995 年版，第 338 页。虽然在前言中，笔者曾提及梁廷枏先生认为末二折不落俗套，但那是站在突破传奇结构的角度来看，若以情节合理合情的角度来看，笔者则同意郑培凯先生的说法。

② 2006 年 12 月 1—3 日演出，导演戴君芳，编剧沈惠如，演出杨汗如、莫岚兰、李易修、吕玉堃等。

个人听到的语言都不仅仅是单纯的语言,而是语言与自身欲望的综合体,由于自身投射了过多的欲望与想象,发音类似的语言也就成了符合自身想象的词汇,这也正是弗洛伊德认为说错话其实暴露了我们潜意识中的一些真实想法,这种错误被称为弗洛伊德式的错误。3. 太子说:"吾乃太子,当配公主。"这句话隐含了阶级意识,在现实生活中,淳于棼与公主分属不同的阶级,这也正是淳于棼必须到梦境与公主成婚的理由。

第五场【蝶戏】一场男女混淆的游戏场面,也只有在梦境中才能实现,相对于前场公主对檀萝太子的斥责,乃至中箭而死,淳于棼则日夜游戏,笙歌达旦,两性在面对感情空白时的处置态度,编导透过大胆的4P性爱游戏,提出了批判,走马灯般的布幕剪影,含蓄且引人遐思,更是有趣的设计。

第六场【应兆】中黄衫客问淳于棼:"公子若知她们是蚁儿,还有情于她么?"淳于棼答道:"既然识破,又有何情?"这样言不由衷的回答,却也是当时情势下正确的回答方式,显然的,面对外在世界,有一种所谓"政治正确"的主流价值,人单势孤的时候,个人很难以一己之力对抗强大的主流价值。

第七场【情灭】中公主下场时,黄衫客上场,挡住淳于棼。在中国许多的小说戏剧中,经常会出现这么一个点化超度凡人的近乎先知的角色,实际上这样的人物正是无所不在的父权的隐喻,他以一种无比理性的态度,维持主流价值的正常运作,因此,淳于棼不合情理的感情世界,黄衫客不仅要强力阻挡,而且要晓以大义。

金钗是槐枝,小盒是槐叶,观看是一种选择性的行为,我们永远只看见我们注视的东西,而我们注视的从来不是事物的本身,我们注视的永远是事物与我们之间的关系。因此,淳于棼看到的永远是恋人的一切。

父权的强大权力,谁敢不从,淳于棼必须被点化,但,没有一个作者甘愿蛰伏,所以汤显祖留下了好多梦,每一个梦都是对父权的阳奉阴违;而《恋恋南柯》从剧名以及一开场的公主背影到最后一句的"女子转身",轻盈灵巧地颠覆了古老的父权,将主体转化为客体,将主流意识转化为一种抗拒论述。

这个实验剧的版本特色有二:

1. 虚实交叠的表演形式: 公主偶+配唱KTV

为表现蚁国公主的"超现实性"——蚂蚁原形其一,天仙容貌其二,死后乘云驾雾其三,因此设计以"类偶"的表演风格加上KTV配唱的方式进行。主要想营造出如梦似幻的虚拟现实:公主似笑非笑,并不开口,却有阵阵乐音传来,神秘的姿态足以撩拨观众对南柯幻境的想象。

淳于棼以昆剧演出的"实",与蚁国公主加上配唱方式的"虚"相映成趣:歌者坐在舞台右下的沙发区,拿着麦克风为蚁国公主配唱念白,公主在舞台上的表演就像KTV中的MV画面,一个真实的淳于棼和一个MV中的人物对歌、对舞,不真实感便油然而生。

而公主身边一左一右的助演者,有时像侍女、有时像操偶人、有时像旁观者,有时也负责演出故事情节(如花节灯会上的女子),是舞台上的中介角色,也用来强化公主的后设性。

2. 现代音乐、灯光、影像、旋转跷跷板的多方互动

舞台上最主要的装置是施工忠昊所设计的"旋转跷跷板",可说是"一桌二椅"的变形体,也是多功能集合体。它不但使演员的表情及特质更鲜明,并且也用来掌握时间与空间的转换机制,透过旋转跷跷板的上下起伏、忽高忽低、忽快忽慢,搭载着故事中的主角们在人间与蚁国、过去与现在,不住流转、往而返之,并在此同时,呈现角色位置的多重视角,且流畅地切换,突破剧场单一面向的框架,让观众仿佛360度全方位的运镜一般,得以一览无遗。

为传达剧中虚实交叠的时空及公主的超现实性,在听觉上也出现昆曲之外的现代音乐,由法国艺术家 Nicolas Juillard 参与创作。有两个主要创作方向:一是地下蚁国的主旋律,伴随着公主主题出现,其所散发的迷幻气息,与昆曲的水磨调,一中一西,一古一今,产生相互呼应的趣味;一是结合光感的音乐装置,将太阳能板置于跷跷板的下方,使跷跷板的运动改变光线,而光线再经过太阳能板的接收而改变音乐,三方形成一个互动机制,目的在于营造"旋转八音盒"的想象,以音乐互动来呼应跷跷板周围不断流动的空间和演员的动作。

为传达"一点情千场影戏"的主题,影像设计也聚焦在"走马灯"的概念;特别是将淳于棼在蚁国的故事,画成了走马灯插画,伴随着大雨冲刷,由彩色渐褪为黑白色调,暗示着美梦将醒,走马灯走了一圈又回到原点,不啻为"南柯一梦"下了最佳脚注。

(三)诸色皆空,万法唯识——《南柯梦》

2012 年 10 月 18 日,由"建国工程"文化基金会制作、王嘉明导演、江苏省昆剧院的《南柯梦》在台北戏剧院首演。此剧从"梦了为觉,情了为佛"的视角,将《南柯记》原著四十四出缩编成两个晚上六小时的演出。据导演王嘉明说,删减的取舍,是以完整表现《南柯记》里"诸色皆空,万法唯识"为前提。他认为汤显祖用了一个很冒险的讲故事方式,因为剧中不强调戏剧冲突,主角的主戏也不强,其实这正是汤显祖在思考人的处境与佛理的关联。例如"诸色皆空"这句,很多人焦点是放在有禅意的"空",就是"诸色=空",但当用戏剧呈现时,反而要表达的是"诸色"。"诸色"可以是个人生命经验的不同关系,这必然包含了不同角色,例如:朋友、老板、同事、父亲、丈夫、情夫等,也可以是众生相,例如士农工商或是男女老少。所以"关系"是重点,淳于棼像是串起佛珠的那一条线,最后的升天是这些"诸色"在短时间内浓缩一次呈现,也是构成剧场中的众生相:生旦净末丑。汤显祖将线性故事翻转挤压成平面的手法,之前的写实剧在一瞬间变成了一出充满黑色喜感的荒谬剧。[1]

《南柯梦》分上、下两本,其情节结构表列如下:

《南柯梦》	对应汤显祖原著《南柯记》
上本 序场《禅请》	第二出《侠概》
上本第一场《树国》	第三出《树国》
上本第二场《侠概》	第四出《禅请》
上本第三场《情着》	第八出《情着》
上本第四场《入梦》	第十出《就征》、十一出《引谒》、十二出《贰馆》、十三出《尚主》
上本第五场《伏戎》	第十四出《伏戎》
上本第六场《玩月》	第二十五出《玩月》
上本第七场《花报》	第二十六出《启寇》
上本第八场《瑶台》	第二十九出《围释》

---

① 参见王嘉明《〈南柯梦〉仿佛推理小说中的悬案——创作的思索与分享》、周伶芝《先有诸色才见空——回望纯粹简约的美——专访〈南柯梦〉导演王嘉明》,引自《戏剧文学》2013 年第 12 期。

续　表

《南柯梦》	对应汤显祖原著《南柯记》
下本第一场《系帅》	第三十一出《系帅》
下本第二场《召还》	第三十三出《召还》
下本第三场《芳殒》	第三十五出《芳殒》
下本第四场《蝶戏》	第三十七出《粲诱》、三十八出《生恣》
下本第五场《疑惧》	第四十出《疑惧》
下本第六场《遣生》	第四十一出《遣生》
下本第七场《寻寤》	第四十二出《寻寤》
下本第八场《情尽》	第四十四出《情尽》

从上表看来,虽然场次名称与原著出目大抵相同,但内容时有更动。如原本《系帅》出有 15 支曲子,经过改编,保留了 7 支曲子。除了被整体移除的出目,保留下来的每一折曲子都得删削。为了连贯曲文和让剧情衔接,的确费了一番功夫。

改编本对角色的安排,包括删去和改易。删去与主题关系不大的人物。如原本第八出《情着》中出现了契玄禅师首座弟子、由杂扮演的首座僧。这个人物与故事主线完全不相干,于是删去。改易则是改换角色扮演。例如原著《南柯记》中,灵芝夫人是由老旦扮演的,省昆版《南柯梦》里的灵芝夫人则是由一名丑角演员应工。当丑角行当的男演员以女子装扮扭捏上场,并在第三折向琼英郡主、上真仙姑报告自己"月信来了"时,全场观众哄堂大笑,剧场效果十足。再如原著第二十九出《围释》,瑶芳公主在瑶台城子上与檀萝国四太子对话,由一个"通事"将公主问太子的话传递过去。汤显祖没有注明这个"通事"该由何角色扮演。省昆版《南柯梦》便安排瑶芳公主手下的一员"女兵"担当"通事",不过,该角色却并非由旦角演员扮演,而是由另一名丑角行当的男演员应工,剧场效果仍是极佳,这便是充分运用昆剧舞台上讨喜的丑角,营造庄谐并重的舞台氛围。

《南柯梦》的舞美、灯光、服装等沿袭了台湾剧场美学精致而唯美的风格,音乐则借鉴了西洋创作手法。音乐设计孙建安说:"《南柯梦》音乐修编的原则是索本求源、修旧如旧,虽然唱腔部分,创作了十多段零星的唱腔,乐队加入大提琴等西洋乐器,但观众听到的还是原汁原味的昆曲,可能听不出来到底何者为旧,何者为新编。"至于舞台视觉上也是简约处理。像是繁复过密的团花转化为较轻盈的图样,或是以梦境蚁国和梦醒人生作为色彩系统上的区别对比。舞台上依旧是一桌二椅,不同的是,二十根间隔有序的木桩取代了二道幕,个别单独升降。据导演王嘉明的说法:"因为场景很多,木桩的流动,就好像每个空间都有属于自己的风水。"后方还设计了弧形的透光背板,背板中间有道裂缝,仿佛"时光裂缝",所有抽象的意念都从那里渗进来。在这背板上,王嘉明以光影氛围制造剪接感,呼应人生即景的浮光掠影。[①]

对于标榜全本演出的传奇剧目的改编,绝不只是为了要在较短时间内完成演出这么简单,而是体现改编者对不同时代戏剧美学风貌的体察和把握,如此才能呈现出既古典又现代的风采,吸引观众步入剧场。《南柯梦》的改编显然是成功的,我们看到了该剧的两大意图:1. 描述了完整的故事,人蚁的因缘果报在人世间完成,淳于棼顿悟成佛,功德圆满。2. 昆剧舞台上仅存的《花报》《瑶台》折子戏尽量完整呈

---

① 参见周伶芝《先有诸色才见空——回望纯粹简约的美——专访〈南柯梦〉导演王嘉明》,引自《戏剧文学》2013 年第 12 期。

现;《情尽》中契玄禅师作法超度蚁魂的场面也安排得庄严持重,观众受到了感染,跟着"燃指"情节锥心刺骨、随着公主升天伤心绝望,剧终时,也仿佛做了一场南柯梦,一时无法清醒。

三、结　语

看过意大利作家卡尔维诺(Italo Calvino)的《命运交织的城堡》吗？透过塔罗牌随机化的排列,一则则魔幻神奇的故事,任意穿插组合,宛如命运的交织与延伸,不同的结局与可能像一个不断扩张的网,无垠无限……

汤显祖的《南柯记》描写梦幻人生,成为经典名作,时光陶铸,这出生命的故事经历临摹、演绎、撷取、剪接……台上的演员歌舞翩翩,梦幻制造梦幻,台下的观众如痴如醉,投射出自我的人生虚实。四百年后的今天,从小剧场到大剧场,从爱情本质的思索到人生经历的体悟,《恋恋南柯》弥漫着"梦里不知身是客"的感伤,还企图以"观看"为主轴,引出新的诠释角度;而《南柯梦》则以意识流的手法串流梦境,无论手法如何,均折射出了人类集体潜意识底层的幽微欲望。

论《牡丹亭》和《罗密欧与朱丽叶》
母题性质的异同性

吴双

前　言

　　"母题"(motif)是文学和戏剧研究的一个重要话语范畴,本意是指反复出现在不同文本中的最小叙事单元,主要是指最小的情节单元,此外还赋予了主题、人物、故事情节或字句样式等意义,有时甚至与故事类型画等号,成为利于统一整个作品的有意义线索,或极能激发人想象力的媒介单位。

　　"母题"在关于音乐、文学方面的文献中译为"动机"。对音乐的第一个动机就是它的胚胎细胞,是其整个结构的核心,制约着各民族音乐的旋律形式,形成音乐文化的典型风格的"轮廓(外形)"。特定民族的作曲家"想"出的旋律总带有特定音乐文化中的这些因素。在文学研究中,人们也有着类似的思路。瑞士学者沃尔夫冈·凯塞尔在《语言的艺术作品》一书中,表明他的动机概念也直接来自音乐("指一系列有联系有特点的声音,同时它们立刻指示着更高级的、范围更广大的整体,如像主题或旋律"),环绕着"动机"、"主导动机"、"图样"等对文学作品进行了分析。他认为《罗密欧与朱丽叶》的内在动机,是"世代仇恨的家族的孩子们的爱情"。① 森德·沃尔珀斯(Theodor Wolpers)认为,"在文本中,母题通常是那些极能激发人想象力的媒介单位并被加以识别。母题既是修辞手段,又是修辞手段构置在作品的具体表现。"(王立、吕堃译,2006),他还认为,"文学中的行为母题,能包括许多成分并迅速结成一个大的情节单元","母题的品质受到特定模式或作家语气相当大的影响,通常被名为'基本流派特征'的东西(史诗、抒情诗和戏剧),也可能变成模式"。(王立译,2013)

　　在中国,著名戏曲史家王国维、吴梅、周贻白、任二北、张庚以及日本汉学家青木正儿等已关注到中国古典戏曲作品中"母题"的生成、持存现象,王政还关注"古典戏曲母题的类型、形态、内涵、孕生发展特点及与其他文体母题相比的差异性等",希望通过"梳理上述事项在元明清三代作品中的具体演运轨迹,从而建构'史'的线索"。

　　可见,母题是文化传统中具有传承性的文化因子,是精神现象和关于周围世界的概念,并能够在文化传统中完整生存并在后世不断延续和复制,所以无论是东方还是西方,从母题的角度切入戏剧研究是一种独特而有效的解读方式。2016年恰好是"西方汤显祖"莎士比亚和"东方莎士比亚"汤显祖逝世400周年,而东西方都很隆重地举办了很多纪念活动。堪称东西方经典剧作——汤显祖的《牡丹亭》和莎士比亚的《罗密欧与朱丽叶》两剧创作时间相差只有3年,堪称十六世纪末期爱情悲剧中的"双生花"。莎士

---

① 转引自顾晓鸣,论"母题"及其在戏剧中的地位,《戏剧艺术》1986年第2期。

比亚与汤显祖虽然并不处于同一创作空间,但就两部作品而言,从作家的生活时代到文学思想,从作品的主题展现到情节设置,都有着惊人的相似之处。也就是说无论从主观思维还是客观环境出发,它们都存在着可比性。因此,将两剧进行比较的论文也很多。然而,对《牡丹亭》和《罗密欧与朱丽叶》进行母题性质的异同性比较的研究几乎未见,这不能不让人感到遗憾。尤其是两部作品中所蕴涵的丰富的母题,承载了东西方丰富的艺术审美蕴涵和历史文化价值。从母题性质着手进行比较研究,无疑是解读东西方文化差异性的一个独特视角。

一、中西方"才子佳人""至情"戏母题的同质性

《牡丹亭》集中体现了汤显祖的"至情论",其作用已远远超越了反理学的现实意义,而实现了"至情论"的永恒价值。

以描写才子、佳人的爱情为主的才子佳人戏,是中国戏曲中的一大宗,而在西方,爱情剧也如此。这两部以爱情主题闻名于世的"才子佳人"戏最大共同点是歌颂真挚的爱情,爱情至上,这其实就是人类共同的一大叙事母题。虽然两部作品没有任何文化历史渊源,但却在追求爱情自由、要求个性解放、反对封建伦理等方面,有其共性文化特征。

首先,两剧对"才子佳人"形象的构筑有着惊人的相似之处,都是完美人物。其次,都巧妙应用了"一见钟情"的开端模式,对冲破家族世仇或生自书香门第的青年男女大胆争取自主婚姻,努力挣脱封建婚姻制度的行为给予了肯定,其本质特征就是表现"至情"观。《牡丹亭》表现了冲破封建礼教牢笼的"至情"力量,《罗密欧与朱丽叶》创造出一段在封建家长专制下无所畏惧的爱情故事,具有极为强大的震撼力,在东西方分别创造了一个不可逾越的高度,并永远在制高点上散发迷人的光彩。另外,两剧用诗一般的语言传达出强烈的浪漫主义精神。

二、中西方"才子佳人""爱情至上"戏剧母题的异质性

中西方对这一共同的爱情母题的表现却大相径庭。其异质性表现于:

(一)"才子佳人"人物性格形象差异

两部才子佳人戏中才子形象和佳人形象显著不同:在中国,剧中的才子一般是风流俊雅的白面书生,佳人则一般是才色俱佳的仕宦小姐;在欧洲,剧中的男女主角都来自大家族,罗密欧与柳梦梅兼具长相英俊、才华横溢、深情专一的才子特点,但是二人性格、爱情的文化特质却不相同;朱丽叶和杜丽娘兼具正值青春、品貌端妍的佳人特点,却在反抗性格上存在很大差异。罗密欧和朱丽叶在表达、捍卫爱情方面都显得比较主动;而杜丽娘与柳梦梅则比较被动。西方情调才、貌、德俱全,这里的"德",似乎更加强调一种为情宣战的勇敢态度;中国则强调"才貌双全",谓杜丽娘"才貌端妍",爱情的表现是含蓄而隐蔽的。

中西方爱情剧在女性角色的塑造当中,都通过体现女主人公的身份、地位和追求爱情所采取的行动,着力表现妇女要求个性解放和女性自我意识的觉醒这一主题。然而东西方在社会形态和文化传统等方面存在一定的差异,杜丽娘身上体现出既有传统女性的优良品质,又有超越传统的气质。她有冲破传统

礼教罗网的勇气,有追求爱情婚姻自由的向往,但是最终他们还是囿于礼教的束缚,快快而终。而服药假死醒来的朱丽叶见到为她死去的罗密欧,拔剑自刎,倒在罗密欧身上死去,则充满了阳光刚烈之情。

西方人热情、奔放、追求世俗生活、信奉爱情至上,有着极强的独立人格意识,因而《罗密欧与朱丽叶》的爱情是狂热的、无所顾忌的;中国人含蓄、深沉、重整体、尚人伦,有着依附人格意识,因而《牡丹亭》中的爱情是含蓄、坚贞不渝的。《罗密欧与朱丽叶》主旨在于歌颂自由恋爱,总体气质简单明朗;《牡丹亭》主旨在于批判封建礼教,总体气质复杂沉郁。

可见两剧中男女主人公在行动上、性格上和对待婚姻的态度及价值取向上的差异,导致两剧之间的悲剧特点迥然不同。

(二)中西方爱情剧典型叙事情节大为不同

由于受到中西方不同文化的影响,两剧在爱情萌芽的方式、对爱情的表达、捍卫爱情的行动和悲剧结局等方面也存在一定的差异。在《牡丹亭》,剧情基本特征是:1."游园""惊梦",男女主角"梦中生情";2."寻梦""写真";3.女主角"追梦而亡";4.后花园"人鬼相恋";5.女主角"还魂复生";6.寻父母"认亲";7.皇上"敕赐团圆"。《牡丹亭》在叙事结构、叙事时空方面的设计独具匠心,创造性地设置了双线并行的叙事结构与交叉立体的叙事时空,体现了达情的叙事效果。

而在《罗密欧与朱丽叶》中,则是表现出:1."爱情产生于第一眼";2."爱情的力量压倒一切";3."爱情的路途从不坦顺";4.在修道院"爱情通过婚姻变得圣洁";5."爱情在欲与灵的结合中实现";6.双双殉情;7.两家和好。两大世仇的新一代人竟一见钟情,彼此相爱,于是家族的怨仇与个人爱情之间便形成了尖锐、巨大的戏剧冲突。罗密欧与朱丽叶都无视于家族的仇怨,他们轻蔑地觉得,妨碍他们结合的只是枉具虚名的姓氏。他们背着父母到修道院里秘密成婚,最后他们为了反抗封建家族势力和封建的包办婚姻不惜以死殉情。爱情,使他们变得勇敢而无畏。戏剧的结尾,蒙太古和凯普莱特两家终于因为这对情人的死而抛开旧仇,言归于好,朱丽叶的父亲老凯普莱特在痛悔中承认:这对情人是"我们的仇恨的可怜的牺牲品","大家都受了惩罚"。人们将从罗密欧与朱丽叶的悲惨故事中学到极为重要的一课:爱情比仇恨更有力,甚至死亡也不能把它摧毁征服。

汤显祖的《牡丹亭》与莎士比亚的《罗密欧与朱丽叶》在叙事上共同呈现出写实与诗意交融的特点,在内容上表现为强烈的人本主义色彩和意义,但在具体的情节表现上却差异甚大大——在冲突方面,在《罗密欧与朱丽叶》剧中的矛盾冲突此起彼伏;而在《牡丹亭》剧中较少有正面冲突。就悲剧结构而言,《罗密欧与朱丽叶》是"直线型"的;《牡丹亭》则是"曲线型"的。东方是在想象中获得圆满,让人获得欢愉之感;而西方是将有价值的东西毁灭给人看,以便让人得到警醒。

正是由于中西方文化的不同,使得两部爱情悲剧中的男女主人公在爱情的表达上、对爱情的态度及面对悲剧的抗争方式上异彩纷呈,从而建构了中西方爱情剧的不同表现模式。

(三)中西方殉情方式有异

两剧都叙述年轻男女相恋不能结合,出现了为爱情而死的情节,从而彰显了爱的伟大,爱的热烈。尤其是两个女主角对自由爱情的追求表现出强烈的女性意识,代表着封建社会女性的觉醒,表现为抗争到底、自我导向、自我依赖、向外探索的精神。传统的以父母包办为主的封建婚姻制度是扼杀她们爱情的剑子手,而对包办婚姻的反抗决定了她们的失败,因为顽固的封建礼教绝不会容许她们按自己的意愿选择配偶,从而导致了她们相同的悲剧结局。

不同之处是,在《罗密欧与朱丽叶》,是男女二人都主动为爱而亡——表现了爱的平等和对爱的尊重,凸显了两人之恋情的清纯、热烈和高洁;在《牡丹亭》,是女方一方死去,却又还魂归来,才能成就和所爱之人成双成对的姻缘——表现出女性比男性强势的一面。与富于文才,处理生活中所遇到困难表现出过人的智慧和胆识,以及在追求美好爱情、婚姻等方面表现出主动、大胆、执着精神并敢于牺牲的佳人相比,才子形象不但外形柔弱而且性格软弱,遇到困难便缩手缩脚。从剧中男女主角截然不同的表现上,可以看出中西文化价值观的巨大差异。

在重男轻女的封建社会,中国戏剧却如此反常地涌现比男性强势耀眼的才高、貌美、多情、胆识兼备的佳人女性形象,在一定程度上促进了妇女地位的提高甚至还出现了崇尚才女的热潮。这种“女强男弱”的两性格局,完全不同于西方爱情剧中男女平等对应的表现。这是为什么呢?

一方面,这是因为中国古代女性在父权制压抑下是受苦最深切的人,父权制和传统的封建思想造成女性的身份缺失、女性话语权的缺失和女性的困境,女性自然反抗也最强烈,表现了女性在爱情上的强烈压抑和追求。杜丽娘之亡,让我们看到在男尊女卑、人性残酷的现实世界里,汤显祖试图用“至情”作为武器进行抗争,然而,“至情”却不得不因对社会的失望无奈而走向对现实的“弃绝”,这是汤显祖对世界认识的不断深入的结果。然而汤显祖对这一创作矛盾进行调整,用梦幻的创作手法,去实现超越生死的理想,去对抗“停滞”的现实人生。

另外一方面,佳人形象是现实生活中失意文人情感和理想的寄托,隐藏着文人浓厚的佳人情结,也暗含了以男性为中心的社会价值观念。寒窗苦读、金榜题名的才子们虽手无缚鸡之力,却能凭借在考试中拔得头筹而拯救佳人,他们就是中国的救美英雄,柳梦梅就是这样的英雄。《论语》提倡“君子”道德,“君子”与后来的温文尔雅、善于学习的才子有极大的相似之处,强调的是才,而不是勇,不是武力。《牡丹亭》反映出儒家文化与文人政治在中国巨大的、不可磨灭的影响力,是儒家文化和文人政治影响下的民族心理的集中体现。特别是在唐代以来决定中国“知识阶层”命运和思想状况的“科举选官制度”的实行下,以及及第之后的宦途升迁中,饱经社会动荡、辛劳压抑和文化专制的文人,深受儒家强调不走极端,适可而止,行而有度,团结和谐,因事制宜,乐而不淫,哀而不伤,怨而不怒的中庸思想的影响,表现出懦弱的一面,在比喻君臣关系时,贯以女性口吻自居,尤其在失意时,文人与女性在精神上仿佛更加相契,使他们对剧中佳人投入了许多关爱。这使得中国的爱情剧在整体上呈现出阴柔唯美的主导风格,呈现出或“妩媚娇美”或“淡雅凄美”的特征。而女性的反抗,反映了中国古代知识阶层追求“个性解放”的愿望。

而在西方文化中,西欧中古时期历史文化的产物——“骑士传奇”是在“分封制”所造成的社会结构、社会关系和社会生活的现实基础上产生、发展起来的。带有浪漫爱情色彩的侠义精神更显英雄本色,英雄救美、侠骨柔情总是与“骑士制度”有着种种联系,骑士们视恋人为一切美和德行的化身,英雄们经常为了自己的心上人甘愿赴汤蹈火,九死一生被传为佳话,在《罗密欧与朱丽叶》,是男女二人都主动选择为爱而亡,传达出追求个性自由平等的精神。如果说罗密欧选择为爱情赴死,某种意义上表现了骑士精神。

那么朱丽叶的自刎,则表现了女性意识的觉醒。她崇尚自由,为了爱勇于冒险,不屈服于命运,体现了封建制度叛逆者的崇高而勇敢的斗争精神。她在神父的帮助下,装死成功,却因巧合害死了罗密欧,为了酬答罗密欧的至情,自己也殉情于罗密欧身边。朱丽叶代表了以"人"为中心,以"人"为一切思想和行动的出发点的反抗封建专制的新兴资产阶级,是新思想的代表,新兴资产阶级主张,当爱情到来时,她能勇敢而激烈地去追寻,去抗争,去闪婚。虽然牺牲了,但她的死换来了两个家族的和平共处,这就象征了新兴资产阶级革命的最终胜利,她的努力取得了实质性的效果。

(四)中西方爱情剧的不同场景

两剧主要场景在"后花园"与"阳台"——分别隐喻了中西古典爱情剧中的两种意象,代表着不同的文化积淀。"阳台"的敞开、外露和"后花园"的遮蔽、隐秘对应着不同的文化特质。

中国古典戏曲中的"后花园"是个自然物景丰富优雅秀美的场地,旁边可能是书房、小姐的绣楼,是个情意自然生合的地方,折射出园林艺术的发展、"天人合一"的自然哲学和诗意的文化精神、社会经济发展和政治环境的变迁。杜丽娘"游园惊梦",梦中与柳梦梅在牡丹亭畔幽会,杜丽娘从此愁闷消瘦,一病不起,"寻梦写真"她在弥留之际要求母亲把她葬在花园的梅树下,嘱咐丫鬟春香将其自画像藏在太湖石底。三年后,柳梦梅赴京应试,借宿梅花庵观中,在太湖石下拾得杜丽娘画像,发现杜丽娘就是他梦中见到的佳人。杜丽娘魂游后园,和柳梦梅再度幽会。"人鬼相恋"柳梦梅掘墓开棺,杜丽娘起死回生,两人结为夫妻,"还魂复生"都发生在"后花园"。

拥有"后花园"的戏剧情境是充满梦幻的,然而这梦幻之中的人物行动却是真实的,这便构成了戏剧创作的第一重矛盾。同时,这种梦幻的戏剧情境之中,剧的冲突矛盾以一种隐现式的、近乎被消解的方式而呈现,而人的本性在冲突矛盾的隐退之后得以浮现,即梦之戏剧情境的梦幻和荒诞背后是真实的人物内心。汤显祖的《牡丹亭》所反映的空间叙事艺术,依托"后花园"这一特别的叙事空间,对叙事情节起着承载和推动情节作用,将人物视角下真实与虚拟的叙事空间进行构建、转换,蕴含了富于中国符号的隐喻性的象征意味。

而西方戏剧中的"阳台"自身具有相当的高度,具有敞开的特性。与阳台相伴存在的环境一般是花园或街道,是欧洲的骑士传统与骑士文学的生发地,投射在阳台上的人的精神和情感的意蕴表现在对情爱审美境界的追求;女性对男主人公性或生命的指引和启蒙意味;对束缚的反抗、对青春爱情的歌颂和对自由的向往。在《罗密欧与朱丽叶》中,罗密欧在舞会上见到了朱丽叶,他们都为对方的非凡仪表所吸引,一见钟情,难舍难分。晚会后,他潜入主人家的花园,来到朱丽叶闺房的阳台下,寻找他的灵魂,朱丽叶不顾家族世仇,来到阳台上,对着夜空叩念罗密欧的名字吐诉衷情,这对恋人就这样一上一下,一问一答,在狂喜中海誓山盟,私订终身;罗密欧在与朱丽叶秘密在修道院结婚后,偷偷从阳台爬进朱丽叶的卧室,度过了新婚之夜……在凯普莱特家花园阳台上,朱丽叶对月的抒怀,表现了青年男女热情的情感交流和相别时的难舍难分,弹奏的是一曲曲情意缠绵的爱的青春颂歌。男女主人公完全沉浸在对爱情的热忱、向往之中。

不同的场景,写就了不同特质的爱情颂歌。

三、从《牡丹亭》与《罗密欧与朱丽叶》看中西方母题文化的传承

戏剧家审美的精神世界来源于现实世界,汤显祖和莎士比亚始终以人为本,关注现世,上下求索,为

人类苦苦寻找出路,最终在自己创造的艺术世界里达到理想境界,从而获得了一种永恒的超越性。东西方戏剧大师对人性和人类命运的探索与把握,基本上与西方基督教或东方佛教等殊途同归,内蕴极相契合。

《牡丹亭》与《罗密欧与朱丽叶》的种种不同表现的背后,体现的其实是两个民族在宗教文化伦理上的不同悲剧精神。

(一) 基督教文化对莎士比亚戏剧的影响

1. 基督教悲情精神的影响

莎士比亚是个虔诚的基督教徒。莎士比亚深受基督教影响,浓郁的基督教情怀和对人类本性深刻、清醒的洞察力,使《罗密欧与朱丽叶》在底蕴上更深一层地接近了基督教原初教义中所包含的宗教人本关怀。

《圣经》中有关"爱"的教义指出了超越人间苦难、净化罪恶的道路,使得基督教精神具有深刻的悲剧性,《圣经》教义即富含有对人生的苦难、罪恶、奋斗和牺牲的悲剧性体验,从基督教精神的形成、发展过程看,早期的基督教精神是从希伯来民族长期苦难的生活中诞生的,其罪与罚的观念是对悲剧艺术所表现的人的行动和所遭苦难的一种认识;其爱的精神使人们在精神上蔑视苦难,具有超越性,而且因为这种超越性是建立在耶稣的血泊上的,所以尤为悲壮。基督教经典《圣经》也具有深刻的悲剧性。这使其与西方悲剧艺术产生密切的联系。

《圣经》所传达的悲剧信息在《罗密欧与朱丽叶》中找到了自己的身影。莎士比亚虔诚而个性化的基督教信仰赋予了《罗密欧与朱丽叶》人文主义理想的浓厚色彩。从来自两个仇家的青年的相爱,我们看到尽管莎氏经历了极为深刻的精神激荡和心灵痛苦,但他像挚爱人类的耶稣基督一样,本着对人类九死不悔的热爱之情,始终苦苦探寻拯救人类堕落灵魂的出路,执着地探索人类命运的幸福归宿。然而这种归宿却以悲剧展现,通过两位年轻人的死亡,才终于化解了两家的世代冤仇,体现了人文主义对基督教文化中"仁慈、博爱、宽恕"及注重人的性灵和道德完善等道德观念的继承。

2. 从复仇到相爱——母题的深化

罗密欧与朱丽叶认识、相爱、秘密结婚、殉情的过程中,家族宿怨被突显,仇恨被深化,他们的爱情变得艰难而凄美。家族复仇冲突矛盾不断升级,复仇在这一悲剧中起了重要作用。因此,《罗密欧与朱丽叶》不是简单意义上的爱情悲剧,而是严格意义上的复仇悲剧。复仇,是人们在法律成熟以前解决仇恨的基本方式之一,是人类的一种本能反应,古今中外均有大量包含复仇情节的文学作品出现,因此它也是一个基本的文学母题。

悲剧艺术的净化主要是通过引起怜悯和恐惧的情感来实现的。基督教里的爱的精神也含有这两种情感的因素。《旧约》所表现的爱偏重恐惧的力量;《新约》里的爱则含有更多悲悯的成分。

原初基督教教义和《圣经》中实际上蕴涵着丰富的人道主义或者说是人本主义精神,基督教重要母题之一——爱——在《罗密欧与朱丽叶》中有充分的体现。受到基督教爱的精神的影响,化干戈为玉帛,化仇恨为彼此相爱,《罗密欧与朱丽叶》中一对年轻的爱人因为出自仇人世家,最终以悲剧的死亡偿还家族复仇的意愿。

的不仅仅是信佛，更重要的是仿佛。鬼戏虽然汲取了佛教的因素，但却没有继承佛教的避世超脱观念，而是表现出积极的一面。

梦幻、佛教与鬼戏发生了关联，汤显祖描述了杜丽娘的死后世界，不仅排遣了死亡恐惧，并由此通过想象演绎出充满奇幻色彩的杜柳爱情故事，展示出奇异瑰丽的故事情节，充满了超越现实与超越自然的感召力量。

可见，无论是东方还是西方，才子佳人青春爱情是人类永恒的母题。莎士比亚与汤显祖虽然出自不同的国度，并不处于同一创作空间，但两剧从主题展现到情节设置，都有着惊人的相似之处。然而，两剧虽拥有同样的母题，但母题性质却迥然有异。"母题"作为最小的情节单元，却被赋予了主题、动机、人物、故事类型与情节、字句样式、故事旋律、图样、基本流派特征、模式等意义，从而决定了东西方民族戏剧的不同表现形式。两部作品中所蕴含的丰富的母题，承载了东西方丰富的艺术审美蕴涵和历史文化价值。拙文以《牡丹亭》和《罗密欧与朱丽叶》为例，对莎、汤二翁代表剧的母题性质的异同性进行探讨，以期起到抛砖引玉之功效。

海外戏剧教育理念方法在中国戏曲传承传播中的应用

——以汤显祖、莎士比亚剧作为研究中心

徐燕琳　George Belliveau

　　戏剧教育已经成为近几十年西方一个重要的学术潮流和教育实践,对戏剧的发展和传播意义重大。在美国,戏剧教育已被列入到国家教育的法律规定中,目前美国的大中小学都开设了戏剧课程,戏剧已被纳入新一代合格公民必须具备的基本素质。[①] 在英国国家课程标准中,虽然3—11 岁(早期教育阶段和关键阶段 1、2)时期莎士比亚不是必修课,但政府部门还是提出了指导原则,并与有关社会团体一起提供了大量教学资源。而到了关键阶段 3(11—14 岁)、4(14—16 岁),莎士比亚已经成为必修课,在 14 岁时有专门考试。在英国普通中等教育证书考试中,莎士比亚也是必考科目。[②] 加拿大的中小学也广泛开设戏剧项目,大学的戏剧课程同样广受欢迎。这首先是因为戏剧的丰富内涵,包括文学、艺术、音乐、舞蹈、表演、历史、社会等等,尤以经典的永恒魅力,为戏剧教育和文化普及提供了无限的可开掘资源。同时也由于戏剧本身所具有的特殊功能——引导人们以各种可能的方式去认识和表达自我,去思考和探索世界,为教育贡献了无穷尽的方法。二十世纪以来的欧美教育家开展了大量实践,令戏剧教育作为重要的教学方式广泛进入学校教学,使得学生通过切身参与,获得知识和创造,提升素质和能力。这些有益的经验反过来促进了戏剧的传播与发展,令艺术经典深入人心。

　　莎士比亚和汤显祖是并峙东西方的著名戏剧家,他们的作品是世界艺术的瑰宝,也是经典的教学资源。本文将介绍和分析加拿大和香港学校教育中的莎士比亚和汤显祖戏剧教育,并探讨中国传统戏曲进入学校教育的可能及方法。

一、加拿大莎士比亚戏剧教育的经验

　　经典作品人物众多、关系复杂,无论陀思妥耶夫斯基、狄更斯还是莎士比亚,对于许多中学学生来说都是高山仰止,也令教师在为学生选择文学作品时深感挑战。实践证明,预读戏剧教学法(Drama-based Pre-reading Strategy)有助于促进这一学习过程。加拿大英属哥伦比亚大学 George Belliveau 教授倾力于

作者简介: 徐燕琳,文学博士,华南农业大学人文学院中文系教授、加拿大英属哥伦比亚大学教育学院访问学者,广州大学广府文化研究中心、华南师范大学岭南文化研究中心研究员。George Belliveau,文学博士,加拿大英属哥伦比亚大学教育学院语言文化教育系教授,彼得·沃尔学者(PhD, Professor Drama Education in the Faculty of Education, University of British Columbia and a Peter Wall Scholar)。

① 何莹《综合实践活动在少年宫戏剧教育中作用的探索》,曹厚康、汪再慧编著《少年宫综合实践活动论》,中国福利会出版社 2008 年版,第 226 页。

② 程朝翔、家长大学堂《北大教授教孩子们如何学习莎士比亚作品》,教育人生网 2012 年 3 月 14 日,http://news.edulife.com.cn/201203/14093795540.html。

戏剧教育,以莎士比亚戏剧为切入点进行了多年的研究,他的研究与实践被广泛认可,荣获多个奖项,现已出版4部专著,发表60多篇论文。试以《仲夏夜之梦》为例简要说明预读戏剧教学法在名著学习中的作用。

课程开始前,需要准备教学需要的纸张、剪刀、胶水等,以及对主要人物的介绍,例如:"奥布朗,仙王,好使性子,与仙后提泰妮娅争夺一个换儿(传说中仙灵常于夜间将人家美丽的小儿窃去充做侍童)",然后进行如下工作:

1. 用幻灯或PPT投射,或板书剧中人物的姓名以及他们的主要描述。

2. 学生从一个帽子里各自抽取一张写着剧中人物名字的小纸条,并运用各种材料,利用不同的颜色、图案和其他视觉标志做一个能够区分人物的面具或头饰。因为这不是视觉艺术课,所以无需花费太多功夫,只要能大致标明人物主要特征即可。

3. 学生做好面具后,分组,让其他组员根据他们所做的面具或头饰辨识是剧中哪个人物,并由制作者进行介绍和解说。这使得学生们反复观看和思考黑板或白板上的人物描述,不断熟悉他们的性格特征,分析他们之间的关系和主要特点。

4. 当每个学生都在组内介绍了他们的角色和面具之后,教师将所有人按他们剧中关系分类(例如,狄米特律斯、拉山德、海伦娜和赫米娅在一起)。这个剧有四个圈子:1)仙人;2)情侣;3)粗工;4)宫廷。将角色分组后,教师向学生介绍剧中包含的不同组(这其中有交叉)。当我们把波顿(织工)和弗鲁托(修风箱者)通过面具辨识并放在一起以后,学生就可以很直观地看到剧中的各种关系以及他们的重叠,比如波顿作为仙后提泰妮娅的爱人进入仙界的圈子。

5. 学生根据故事情节设计细节场面和矛盾冲突。提示:1)仙灵:为换儿争吵;2)情侣:森林里的躲藏;3)粗人:排剧时争执;4)宫廷:组织婚礼。

6. 为每个关系圈设计一样特定物品,如道具、字母标志、服饰等,如给粗人们配备狮鬃,仙灵佩戴魔草,并让学生用它们制造新的戏剧场景。

7. 让每个角色从剧中选择一句话,以让角色更为生动,并将剧中语言介绍给大家。比如提泰妮娅说的:"这些都是因为嫉妒捏造出来的谎话。"

活动结束时,教师和学生需要将写有角色名字的面具、标识角色的特定物品放置在墙上。这样,面具可以成为直观的进入点(entry point),成为学生进入戏剧或片段学习的记忆提示。数字化的戏剧场景也可以成为参考。

这种阅读前的活动旨在帮助学生与作者和作品进行良好的接触,以更好地进入文本场景。在文学作品学习前的戏剧教学法的功用得到文学和戏剧学者工作的证实,即,它能够很好地提升学生学习和理解的意愿和能力(Baldwin & Fleming, 2003; Booth, 2005; Smith & Herring, 2001; Wilhelm, 2002)。Lynn Fels 和 George Belliveau 通过更为复杂的教学实践证实戏剧如何成为教学中的重要手段,发现它们在文学作品学习的开头和结束时使用效果尤其显著。这一方法可以有效地促进学生迅速进入文本,通过身体、声音等方式具体而感性地代入语境、冲突和角色本身,并在阅读结束后能够唤起记忆、引发思考和讨论。[①]

---

① George Belliveau: Engaging Adolescent Readers: How Can Drama and Theatre Techniques Be Used to Provide an Entry Point into Literary Study? in K. James, T. Dobson, & C. Leggo (Eds.), English in Middle and Secondary Classrooms: Creative and Critical Advice from Canada's Teacher Educators. Pearson, 2012, pp.164 - 167.

从学习对象上看,预读戏剧教学法可以适用于戏剧作品本身的学习,对于学生尽快把握错综复杂的情节、角色有帮助,也是学习戏剧语言和戏剧文学的很好的辅助。这一学习方法也可以用于其他文学作品的学习。从学习方法上看,它将静态的个体的孤立的阅读,转化为生动的群体的密切联系和互动的小组参与和讨论、表演,文学文本因此还原为它所意图反映的复杂的活灵活现的人与人的关系和热烈的社会生活场景,令学生成为作品的体验者和参与者,从而获得更好的学习效果和更深刻的体会。对于教学的组织者即教师来说,这一教学法也是一种全新的体验和思考。不同于以单向输出为主的传统文本教学法,它需要教师对作品和人物、社会环境等方面更广泛的知识和更深刻的把握,以在需要时适当引导学生,与学生共同开展文本的戏剧教学之旅。

二、香港粤剧《紫钗记》等融合中国语文科高中课程的实践

2008—2009 年度,香港大学教育学院中文教育研究中心得到任白慈善基金、香港大学人文基金、粤剧发展基金资助,于香港 11 所协作中学中施行"粤剧小豆苗——粤剧融合中国语文科新高中课程及评估计划",把粤剧融合进中文教育,效果显著,经香港艺术发展局评审小组评选,荣获艺术教育奖(非学校组)铜奖。在此基础上,2009 年 9 月开始"香港大学粤剧教育研究及推广计划",由吴凤平博士担任总监、蔡启光先生统筹。

该计划以本土传统戏剧——粤剧为研究内容和基础,设计了四个方面的学习内容:1. 文化探究,包括粤剧传统文化考察、节诞祭祀、社区特色、戏棚文化考察;2. 粤剧演出教习,包括唱作念打、化妆服饰、舞台布景、灯光音乐;3. 观赏粤剧,包括演前导赏、参观后台、观戏和讨论;4. 粤剧剧本学习,包括听说读写、文学、中华文化、品德情意、思维、语文自学。这些内容线性组合,构成学生不同阶段的学习经验。

在具体实施上,分为如下步骤:

1. 送戏到校园

作为启动,与香港青苗粤剧团协作,到校演出折子戏,配以示范讲解,有层次地介绍粤剧各元素,让学生获得具体体会和了解。同时资助学生到剧场或戏棚观看整套粤剧,获得现场观戏经验。

2. 导赏讲座、参观后台、剧场观戏

观戏前两周安排担纲演员到校主持导赏讲座,介绍观戏的重点,示范动作程式,提高学生欣赏粤剧的能力。学生自行搜集材料、深化认识,再去观戏。开演前剧团专人带领参观后台、了解幕后运作。

3. 剧本教学

在中文科的正规课堂学习粤剧剧本。中文科教师选用唐涤生改编的汤显祖《紫钗记》以及《帝女花》、《再世红梅记》等粤剧名剧学习中文教育的既有课程,例如文辞赏析、情节分析、人物描写、思维训练、文化素养、文学创作等。在教材《紫钗记教室》中,首先介绍主要角色和行当,例如"正印花旦霍小玉(霍王遗女)"、"文武生李益(陇西才子)"、"小生卢夏卿(李益的知己)"等,让学生对剧中人和他们之间的关系有比较直观的认识。然后是"剧情"和"分场"的简介。进而教师引导学生分析剧本的情节(故事图式);锻炼高阶思维,开展创意阅读、改写和创作;掌握相关的历史文化知识,例如"门当""户对";对"情""义""孝""狂狷"等传统文化的理解和反思;学习体味并欣赏戏曲语言艺术(文学赏析)。

4．表演教习

委托粤剧专业演员以"歌舞演故事"为重心，教授学生粤剧演出的基本元素，如四功（唱、念、做、打）和五法（手、眼、身、步、口）等。又请粤剧界专业人士讲解戏台、布景、灯光、服装、化妆和音乐等各个主题，从而对戏曲演出有更为完整的印象。进而组织学生通过折子戏、话剧等形式自行进行戏剧戏曲实践，使他们通过亲身演绎角色，加深对剧本的理解，回馈中文科的剧本教学。

5．戏棚文化考察和联校汇报

课堂之外，安排学生到市郊和离岛，实地作戏棚粤剧文化考察，并做专题研习报告。全部课堂学习完成后举行联校汇报，由各所协作学校自定报告内容，例如粤剧片段试演、粤剧专题报告等。汇演亦让各校师生互相观摩，分享教学的经验，互动学习。

6．协作支援

该计划派员到每所协作学校与教师研讨，共同备课，开发校本课程和教材。亦为教师举办讲座、工作坊和专门培训班，加深教师对粤剧的认识，并掌握教学方法。计划还编辑出版《紫钗记教室》《帝女花教室》等教材供教师参考使用。该计划亦积极发展"本土粤剧研习工作坊"单元，以供全港中学选修，以及"文化专题探讨——戏棚粤剧文化考察"、"名著及改编影视作品——唐涤生粤剧剧本精读"等主题学习。

"香港大学粤剧教育研究及推广计划"有六大范畴：学校正规课程发展、教师专业发展、教材教法与评估、研究出版与交流、业界协作支持、小区推广。其教学目标清晰，短期着重发展学生的潜能和多元智能，以应付生活和社会需要；长期则以全人发展和终身学习为目标，同时吸引学生关注和欣赏本土粤剧文化。在教学内容上兼顾知识、能力和情意等层面。教学法和评估多元化，着重实用并切合学生的兴趣和能力，方法灵活多样，共融、协作、互动配合，将目标模式、过程模式和发现教学法融会贯通，影响比较大，也受到学生普遍欢迎。真光中学黄绰雯同学表示，粤剧学习加深了她对中华文化的理解，学习变得更为立体，其中启发的联想令她写作更为得心应手。乐善堂余近卿中学邓雅慈同学之前并不喜欢戏曲，每次看到电视上出现粤剧就会转台。学习之后发现粤剧并不简单，对艺人肃然起敬。①

三、开发传统戏曲经典教学资源的思考

传统和经典的传承传播是世界性的难题，也是教育界的责任和义务。以莎士比亚剧作为代表的戏剧教育作为行之有效的教学方法，在西方已经被普遍使用。中国戏曲是世界最古老的戏剧之一，至今仍然在港澳台和世界各地的华人地区频繁演出、蓬勃发展，这是一个难得的文明奇迹。如何将关汉卿、汤显祖、唐涤生等本土戏剧大家以及中国戏曲精髓介绍给年轻人，培养他们的兴趣爱好，让前人给我们的艺术珍品交给下一辈去珍视，去呵护，去发展，也是中国当代戏曲研究者实践者的重要任务。这不仅仅是戏曲传承发展的需要，也是中华文化和人类文明延续和发展的需要。学校教育作为最基础的教育传承方式，有必要被纳入戏曲研究和实践视野。

1．戏曲经典作为教学资源的可能

戏曲的成长见证和记录着中华文明的发展和中国历史的变迁，蕴含着丰富的内容。香港大学教育学

---

① 吴凤平、钟岭崇、林伟业《紫钗记教室——搭建粤剧教育的互动学习平台》，香港大学教育学院中文教育研究中心2009年版。

院中文教育研究中心的粤剧教育研究的工作即建立在这个基础之上。他们认为戏曲作为多维度的综合艺术,包含了历史、文学、音乐、声乐、国术等范畴,正好配合了在新高中课程改革中,香港教育署课程发展议会就教育目标和学校课程宗旨所定下的7个学习宗旨,即责任感、国民身份认同、阅读习惯、语文能力、学习能力、八个学习领域的知识和健康生活方式。也由于戏曲本身的综合性、丰富性,该计划通过伽纳的多元智能理论(Howard Gardner:Theory of Multiple Intelligences,即语文智能、逻辑—数学智能、空间智能、音乐智能、肢体—动觉智能、人际智能、内省智能、自然观察者智能)设计的课程实践也在立足于中国语文科之余,把课程发展延伸至中国文学科以及通识教育科,进行了跨学科多元学习。

莎士比亚戏剧同样内涵丰厚。它被誉为英语世界的瑰宝,"他不属于一个时代而属于所有世纪"。(本·琼森《怀念我热爱的作家威廉·莎士比亚》)雨果说莎士比亚"这种天才的降临使得艺术、科学、哲学或者整个社会焕然一新",光辉照耀着全人类,"从时代的这一个尽头到那一个尽头"。(《莎士比亚的天才》)美国学者哈罗德·布鲁姆在《西方正典:伟大作家和不朽作品》一书中,将莎士比亚处于"西方正典的中心"。许多学者、教育家都力图将莎剧文化向年轻人传播。早在1807年,兰姆姊弟就为"年轻的读者"编写了《莎士比亚戏剧故事集》,除授以"丰富的宝藏"、"语言的美"以外,还旨在"丰富他们的想象","提高他们的品质","使他们抛弃一切自私的、唯利是图的念头","教给他们一切美好的、高贵的思想和行为,叫他们有礼貌、仁慈、慷慨、富同情心"等"美德"。① 两百年来,这个改编本一直受到孩子和大人们的喜爱,被译为几十种文字在世界各地广为流行。直到今天,莎剧仍然是最好的学习资源之一,被用以促进学生语言学习和文化提高。目前教育戏剧已被美欧许多国家纳入了义务教育的必修课程,并在许多高等教育学府成为衡量人才综合能力的重要科目。其中,莎士比亚的剧作是欧洲中学学校的必演剧目,也是所有欧洲学校中出演次数最多的剧目。按英国政府教育部门的要求,在早期教育阶段和关键阶段1,要看、读、听一些莎士比亚故事;扮演莎剧人物以探索莎剧故事中的困境;通过扮演人物和即兴表演来演出莎剧故事或者场景。在关键阶段2,要观看和阅读莎剧的删节本;阅读、表演、讨论莎剧中的对话和演讲;以戏剧手法探讨莎剧场景;如有可能,与艺术教育工作者一起演莎剧,并到剧院看莎剧。到了关键阶段3,则要学习至少一部完整的莎剧;以数种戏剧手法探讨多部莎剧;如有可能,与艺术教育工作者一起演莎剧,并到剧院看莎剧。而在关键阶段4,还是要学习至少一部完整的莎剧;以多种戏剧手法探讨多部莎剧;并观看一部剧作的数种演出,包括剧院演出和电影改编。

由莎士比亚和香港粤剧教育的经验我们都可以看出,中国戏曲历史悠久,名作众多,汤显祖等作家作品能够在几百年来广受喜爱,也从侧面证明其底蕴深厚,完全可以开掘成为有效的教学资源。古代经典始终是语言文化学习的基础。古典诗文历来为海内外华文教育所重视,形式也不断创新,包括台湾蔡志忠以漫画等形式的演绎就广受好评。相较而言,戏曲名篇学习在大陆小学阶段还不多,中学语文及大学素质教育中虽然逐步增加,但总体还比较匮乏,有很大的拓展和提升空间。

2. 传统戏曲经典教学中的教学材料

开发新型教学资源,首先面临的问题是教学内容的选择。古代戏曲的名篇佳作一般有一定的共识。以地方剧种来看,粤剧历史并不久,比较成熟的剧本也是在二十世纪才开始出现,甚至很长一段时间都存在"爆肚戏"(即演员临时表演。当然这也是粤剧民间性技艺性的特色之一)的现象。香港大学教育学院

---

① 查尔斯·兰姆、玛丽·兰姆改写,肖乾译《莎士比亚戏剧故事集》,中国青年出版社1956年版,第2页。

选择了粤剧界公认最为出色、影响也最大的经典作品《紫钗记》《帝女花》等为教材。其中粤剧《紫钗记》是著名编剧家唐涤生根据明代汤显祖作品改编,既保留了原作文采典雅、情节生动的特点,又融入岭南特色,是唐涤生最为成熟的作品之一,粤剧研究前辈叶绍德认为代表了唐涤生的创作高峰。《帝女花》为清初黄燮清原作,唐涤生进行了大幅改编。是剧1957年问世后历演不衰,多次被拍成电影电视剧、改成各种版本形式不断演绎,至今仍广为喜爱,成为海内外粤语华人心目中粤剧的代表。它们深具号召力,是学生学习的好材料。这种情况与英国、美国、加拿大等国选择莎士比亚剧作为英语语言和文化学习的教材是一致的,实践也证明这些内涵深广的经典的确是正确的选择。

下一个问题是对经典作品原文的加工。经典往往经过历史的选汰,距离今天有时日,创作也会有当时特定的情况,比如可能篇幅比较长,或者形式更适合演出,或者语言过于古雅,或者含有特定俚语等。莎剧中即包含大量生动有力的韵文散文,不少语句已经成为英文中的经典表达式或重要典故,但对于初学者存在困难,目前也未必在使用。前述兰姆姊弟编写的《莎士比亚戏剧故事集》即为年轻读者解决这一问题。加拿大Belliveau教授也曾将莎士比亚的《仲夏夜之梦》在保留精华的基础上进行改编缩短,以方便青少年阅读学习(Pacific Educational Press,2014)。香港大学粤剧教育研究及推广计划的组织者们亦对唐涤生改编的粤剧《紫钗记》《帝女花》等进行注释、缩写,既成为课程教材,也是学生的学习资料。

一旦我们将戏曲纳入更系统更实际的教学考虑,也需要对经典进行选择和加工。正如兰姆姊弟所说,"把男男女女的经历用幼小的心灵所容易理解的语言写出来,可真不是件容易做到的事"。为此,他们虽然忠实原作,但为了照顾阅读者的经验和需要,却在《哈姆雷特》中用了不少篇幅说明王子为什么不马上为父亲报仇,以帮助小读者理解。《太尔亲王配力克里斯》里玛丽娜被卖做妓女一段,也模糊地用"被卖做奴隶"一笔带过。如果我们选择汤显祖的"临川四梦",在教学中,我们是侧重故事性,还是语言或文学学习为主呢?语言学习该选择哪些内容呢?文学又怎么选择呢?部分涉及社会阴暗面的情节,包括作者本人的人生思考、社会批判,以及部分消极情绪流露,是否合适作为教材原封不动地交给学生?如何进行改写?如何用生动活泼的方式,让学生在当前语境下了解剧情、理解人物、获得知识,得到美的熏染和提高呢?这些都需要我们在将戏曲经典引入教学之前进行认真的思考。

3. 戏曲进入中小学教学的途径

一旦戏曲教学资源被系统地开发出来,如何进入学校教学就是一个重要的问题。这涉及教学计划、学习形式、课程设计、导入途径等情况。在教学方法上,前述加拿大和香港都有比较好的经验可供借鉴。对于大陆的戏曲教学来说,主要问题在于戏曲教学进入课堂的方式、方法。这涉及教学的行政管理、与当前课程设置和考试的衔接,以及各种教学评估等,也包括教学经费的组织、与戏曲界的协作、教育管理和研究机构、部门的支持,总体来说有赖于当前事实上以考试为中心的教学体制的改革或改良,以及素质教育、文化传承的被重视、被落实。

虽然当前的学校教育存在种种弊端或不足,但也正在发生改变,而且戏曲教育的形势越来越好。从政府政策来看,《国家中长期教育改革和发展规划纲要》(2010—2020)提出,加强民族精神和时代精神教育,加强中华民族优秀文化传统教育。《教育部关于印发完善中华优秀传统文化教育指导纲要的通知》(教社科[2014]3号)明确要求,各级各类学校在各学段的教学要点和教学任务中,力求做到中华优秀传统文化教育三个"全覆盖":一是学科课程全覆盖,将教育内容体现到德育、语文、历史、体育、艺术等主要课程中去;二是教学环节全覆盖,包括课堂教学、课堂外教学、家庭教育和社会教育;三是教育人群全覆盖,从小学一直到大学,整体贯穿中华优秀传统文化教育。《通知》同时提出,要增加中华优秀传统文化内容在中考和高考中的比重。2015 年 9 月,国务院办公厅印发了《关于全面加强和改进学校美育工作的意见》,要求全面加强和改进学校美育工作,义务教育阶段学校在开设音乐、美术课程的基础上,有条件的要增设舞蹈、戏剧、戏曲等地方课程。普通高中在开设音乐、美术课程的基础上,要创造条件开设舞蹈、戏剧、戏曲、影视等教学模块。到 2020 年,初步形成具有中国特色的现代化美育体系。兼之国家大政方针也不断在强调传统文化的价值和意义,甚至习近平总书记明确将汤显祖与莎士比亚并提,以汤显祖作为中华文化的品牌之一,这对于戏曲教育在学校里的切实开展,以及相应的学时分配、课程设置,都是极大的政策利好。

事实上,戏曲进入学校教育已经成为趋势。从教育部到各级政府也在积极推行戏曲教育。京剧于 2008 年经教育部推广试点进入全国中小学课堂,越来越多的地方剧种也在中小学蓬勃发展。尤其当前教育政策中对传统文化、地方文化的贴近显示了一个很好的趋势。事实上,爱国需要从爱家乡、爱最近切的人、爱家乡文化开始。近些年,许多地方开展了非常好的戏曲教育推广,例如,2012 年 11 月,江西省启动了"赣剧进校园"活动;2014 年,广州市通过了振兴粤剧事业总体工作方案,重点工作中就包括推进粤剧进校园,培养一批粤剧人才。2015 年 12 月,广州市教育局举行了首批粤剧传统教育特色学校授牌,并表示,"粤剧的未来都在青少年一代身上,一定要从学校里的娃娃抓起"。2016 年 5 月,湖北省政府发布《关于支持湖北戏曲传承发展的实施意见》,要求全省大中小学生每年免费观看一场戏曲,每村年均最少送戏一场。

戏曲教育被列入教学计划后,教材、课程、教法就是我们需要考虑的问题。从目前情况看,适合使用的戏曲类教材的编写是不够的。课程选择方面,大学可以采用专业课程、全校公选课等形式,中小学可以结合自身特点,选择不同地方剧种,结合经典名剧,以校本课程、音乐或艺术活动、文学采风等形式,在校学习、排演或出外观剧、考察戏台、名人遗迹、戏曲场景、文物等。例如百年老校广州市南海中学对传承传统文化深感责任,早在二十世纪 90 年代就自发组织学生参加粤剧兴趣班学习,目前学校已开发成立了粤剧校本课,配套开发相关粤剧教材,初一初二学生每周一节粤剧课,还与广州市粤剧院等展开粤剧教学合作,聘请专业粤剧人员来作指导。学校还开设一些粤剧普及课程,每周开展两次粤剧活动。此外学校每年还从一些少年宫、小学内招生粤剧特长生。[①] 类似经验各地还很多,有待进一步总结和交流。

需要注意的是,无论是笔者所知的国家和地区,在戏剧教育的研究和实施中都有来自大学的教育学家和戏剧研究者积极的身影,他们甚至处于主导地位,在推动政府、组织实施、联合业界和中小学方面都起到重要作用。中国大陆虽然已经做了不少工作,但总体来说还有很大的提升空间。大学作为社会文明的传承基地,有比较多的学术优势,也有一定的影响力,将理论研究与舞台实践和教育推广结合起来,将能够更好地发挥自身在文明传承的作用。

四、结　语

传承的长期性和教育的延续性要求戏曲教育工作需要做到实处,既要"戏曲欣赏",也要"戏曲教

---

① 许青青《广州中小学校引入粤剧课程》,中国新闻网 2015 年 12 月 3 日,http://cul.chinanews.com/cul/2015/12－03/7654845.shtml。

习"。因此,除了政策的支持外,经费的筹措、专业教师的参与非常重要。在这个方面,不少地区也积累了有益的经验。比如香港教育学院(今香港教育大学)在粤剧发展基金资助下,2007年开始"粤剧教学试验计划",组织专业导师与4间中小学老师合作,探索粤剧教学。在此基础上获优质教育基金资助,于2009—2012学年开展"中小学粤剧教学协作计划",邀请委派资深粤剧工作者前往60间中小学,与音乐课教师合作,设计合适的课堂活动及制作教材,加强现行中小学音乐科课程中的粤剧教学,提升音乐教师对粤剧的认识和教学效能,从而培养学生对本土艺术的欣赏和重视,增强学生对国民身份的认同,亦藉粤剧教学拓展新一代的粤剧观众,让粤剧艺术在本港得以推广和承传。在具体做法上,他们通过八和会馆支持下的12名专业粤剧导师为音乐教师提供18小时的专业培训及在正规音乐课协作教学,让未受粤剧教学的音乐教师可以由课程策划至进行教学都得到粤剧工作者的专业支援,从而获得粤剧教学经验和教学信心。"中小学粤剧教学协作计划"自开展以来,已有44间中小学、82位音乐教师、近6 300名学生参与,涉及面非常广泛,并获国际音乐议会(International Music Council)颁授Musical Rights Award奖项。评审团赞此计划既全面且独特,让年轻人有机会学习粤剧这种要求严谨和讲求表现力的音乐语言,同时确保这亟需关注的音乐传统得以承传。[①]

作为一种教育思想的戏剧教育,无论在中西方都历史悠久。春秋时期的孔子已提出"兴于诗,立于礼,成于乐"的意见,古希腊戏剧也具有神话知识、民主观念、政治认同的教育功能。[②] 戏剧的道德教育功能也被普遍重视,如夏庭芝在《青楼集志》所言"可以厚人伦,美风化",德国启蒙文学的代表人之一席勒也从审美的角度提出了剧场的道德教育价值。在戏剧教育研究和实践上,西方教育家的工作相对具体深入。中国的戏剧教育在漫长的历史时期过多地局限于政治、社会、道德教育,往往成为主流思想的附庸和传声筒,而忽视了自身的艺术和教育价值发挥。清末以后,由于特定的时代环境,戏剧的政治功能、社会功能在中国被普遍重视,甚至直接介入激烈的社会革命。在1949年以后的很长一段时间,戏剧更被推向政治的激流漩涡,而作为学校教育、艺术和文化素质教育的戏剧教育始终不能够发展和发达。

戏剧具有社会性,这是毋庸置疑的。但过多的关注和推向一执,甚至以教化民众为己任,很可能成为对于戏剧艺术本体性的戕害。正如英国批评家柯默德所言:"经典,它不但取消了知识和意见的界限,而且成了永久的传承工具。"[③]在优秀传统文化作为民族之根、发展之基、未来之桥的观念被深刻认识、被普遍重视的今天,我们有必要从文学和艺术本身,从文明和文化的本体上去认识、去宣传汤显祖等优秀剧作家,推广我们的戏曲文化,让他们成为年轻一代能够普遍接受并为之骄傲的活生生的、跨越时代、可持续发展的文化珍品。我们也需要还原戏剧戏曲基本的教育职能,让纸上的文本立起来,让栩栩如生的人物故事走进新的生活,或许这既是戏曲传承发展的需要,也是传承发展戏曲的途径之一。

---

① 徐燕琳《岭南戏曲的传承、保护和发展——香港粤剧的实践与经验》,《戏曲艺术》2012年第4期。
② 於荣《略论古希腊悲剧的教育功能》,《教育与考试》2006年第2期。
③ 哈罗德·布鲁姆著,江宁康译《西方正典·伟大作家和不朽作品》,译林出版社2015年版,第3页。

传奇《西楼记》与《牡丹亭》之比较

王永恩

汤显祖的传奇《牡丹亭》于明万历二十六年(1598)问世后,产生了巨大的影响,它深刻独到的思想,优雅婉丽的文字和别出机杼的情节征服了广大的观众和读者,对之后的戏曲创作也产生了积极影响。一批明显受到《牡丹亭》影响的戏曲作品陆续问世,这些作品有的继承了"至情"的理念,有的追求华美的辞藻,有的模仿情节结构。

明清两代明显受到《牡丹亭》影响的剧作家有孟称舜、吴炳、阮大铖、范文若、袁于令、李玉、洪昇、孔尚任、龙燮等人,可以说,《牡丹亭》对明清剧坛的创作有着深远的影响,许多剧作家自觉地追随汤显祖的创作道路,创作出了多部颇有影响的剧作。其中袁于令于万历三十八年(1610)创作的传奇《西楼记》在思想上和艺术手法上都有明显承袭《牡丹亭》之处,但从整体看又有鲜明的个性色彩,二者的异与同是十分耐人寻味的。

一

晚明以来,随着"心学"的兴起,以前大家讳言的"情"成了众人津津乐道的东西,越来越多的士人以"有情人"自居,对"情"的肯定、尊崇成为一时的风尚,汤显祖的思想也受到了这股风潮的影响,他所作的《牡丹亭》又因对"情"的深刻阐发而进一步强化了"情"在文学创作中的地位,《牡丹亭》之后,"情"日益成为戏曲作品表现的中心。

汤显祖在《牡丹亭》中开宗明义,开篇便写道:

> 如丽娘者,乃可谓之有情人耳。情不知所起,一往而深。生者可以死,死可以生。生而不可以死,死而不可复生者,皆非情之至也。……第云理之所必无,安知情之所必有邪![①]

汤显祖在《牡丹亭》中要写的"情",不是简单地指"男女之情",而是对人生万物的一种态度;这种"情"也不是一般的"感情",而是"至情",是"生者可以死,死可以生"的至情,是"情"的最高境界。

袁于令(1592—1674)是明末清初著名的戏曲小说作家,少有文名,19岁时作传奇《西楼记》,一举闻名,正如张岱所描述的那样:"《西楼》一剧传天下,四十年来无作者。"[②]袁于令对《牡丹亭》赞赏有加,他曾以柳浪馆之名作《柳浪馆批评玉茗堂还魂记》,对《牡丹亭》进行评点,[③]可知《牡丹亭》对他的影响很

---

① 汤显祖《牡丹亭题词》,山西古籍出版社2006年版,第1页。
② 张岱《张岱诗文集》,夏咸淳校点,上海古籍出版社1991年版,第58页。
③ 关于袁于令以柳浪馆之名评点汤显祖"四梦"之事,参见郑志良《袁于令与柳浪馆评点"临川四梦"》,《文献》2007年第3期。

大,他十分赞同汤显祖"至情"的观点,但袁于令和汤显祖对"至情"的理解还是不尽相同的。

汤显祖的"至情"是对自由意志的追求,是对自我存在的体认,杜丽娘正是这种"至情"的化身。在《牡丹亭》中,汤显祖用了很多的笔墨来表现杜丽娘的"至情",这种"至情"首先表现在"情之坚",坚决捍卫自己的情感权利。杜丽娘生长在一个要她摒弃情感,做一个"无邪"淑女的环境里,但在这极其贫瘠的情感土壤中却生长出了有着炽烈丰富情感的杜丽娘。杜丽娘幽居闺阁,父母对处于青春期的女儿严防死守,防止她萌动了春心。他们不许女儿在裙衩上绣一对花鸟,还特意为她请来了腐儒陈最良来为她讲习《诗经》,为的是使她"拘束身心"。但所有的这些都没能压抑住她勃发的青春,一次游园,便唤醒了她沉睡的青春。在游园小寐中,杜丽娘遇到了素昧平生的书生柳梦梅,与他产生了热烈的爱恋,只可惜,醒来后发觉只是一场梦。她不甘心这只是一场梦,第二天再去牡丹亭寻梦,但杜丽娘悲哀地发现:"寻来寻去,都不见了,牡丹亭、芍药阑,怎生这般凄凉冷落,杳无人迹?好不伤心也!"[1]爱情的幻灭使她意识到,她在严酷的现实中是没有寻觅恋人的可能的,她只能被动地接受家庭的安排,而那梦中的情爱只能存在于梦中。杜丽娘为此伤心欲绝,她渴望自己有一个自由的灵魂,有一个不受拘束的身体,能够轰轰烈烈地由着自己的心愿爱一次:"花花草草由人恋,生生死死随人愿,便酸酸楚楚无人怨。"[2]这是从杜丽娘心灵深处发出的呐喊,也是时代的呼声。

杜丽娘宁愿以死来抗争。她死后,因得胡判官的同情,杜丽娘芳魂不入枉死城,可随风游戏,寻找情人。杜丽娘没有了封建礼教观念的种种束缚,她获得了自由的灵魂,可以由着自己的心愿去寻觅梦中人。三年后,当她的魂灵飘荡到梅花观时,终于遇到了朝思暮想的柳梦梅。苦苦寻找的感情终于有了着落,杜丽娘甚感欣慰:"这等,真个盼着你了。"[3]她之所以"升天入地求之遍"地苦寻柳生,并不是出于什么世俗的从一而终的观念,她要忠于的是自己的至情,而柳梦梅正是她至情的一个载体。爱情的力量使丽娘起死回生。杜丽娘的复活,充分展示了至情的力量。杜丽娘对于情感的坚定执着,正如王思任所评:"月可沉,天可瘦,泉台可暝,獠牙判官可狎而处,而'柳'、'梅'二字一灵咬住,必不肯使劫灰烧失。"[4]

《西楼记》中的"至情"则更多地表现为对情感的坚守。男主人公于鹃系御史之子,女主人公穆素徽是青楼翘楚,两人的出身差距很大,要实现他们渴望的爱情婚姻理想实非易事。在剧中,他们的爱情不出意料地得到了家庭的反对、权贵的破坏,两人被迫分离,还多次被误传死亡的消息,二人面临着生死的考验。在这样的情况下,两人始终把对方视为唯一,从不曾有过情感上的动摇,最终他们在侠士的帮助下团聚,实属难能可贵。

整部《西楼记》给人印象最深的是于鹃和素徽之间的生死不渝之情。如果说《牡丹亭》中杜丽娘与柳梦梅爱情的最大障碍在于阴阳两隔,那么《西楼记》中于鹃与素徽的爱情障碍则在门户差距,他们的爱情无疑是惊世骇俗的。士子与妓女产生爱情并不是罕见的事情,但多为文人的风流韵事,如此刻骨铭心,并且最后以明媒正娶的方式把妓女娶回家的却是不多见的,这从当时的文艺作品和现实生活中都可以清楚地看到。冯梦龙"三言"中的小说《玉堂春落难逢夫》写了名妓玉堂春和官家子弟王景隆的爱情故事,两人虽然爱得轰轰烈烈,最后王景隆也不过是把玉堂春娶回去做妾而已,这已经算是有情有义、善始善终的

---

① 汤显祖《牡丹亭》第十二出《寻梦》,上海古籍出版社1978年版,第280页。下同。
② 汤显祖《牡丹亭》第十二出《寻梦》,第281页。
③ 《牡丹亭》第二十八出《幽媾》,第361页。
④ 王思任《批点玉茗堂牡丹亭叙》,《中国古代戏曲序跋集》,中国戏剧出版社1990年版,第168页。

了。更多的则是逢场作戏,袁于令自己所作的杂剧《双莺传》记录的正是两对士子妓女的露水情缘,完全是一副玩世不恭的态度。在现实生活中,大名鼎鼎的"秦淮八艳"被认为归宿最好的柳如是、董小宛等也不过是为妾。故而如《西楼记》中所写的于鹃和穆素徽之间的情感坚守就显得尤其难能可贵。

他们的情感经历风波,两人都能矢志不渝的重要原因首先在于他们都是"有情人"。于鹃一出场便表白道,只要能找到心目中的佳人,"天那,你便克减我功名寿算,也谢你不尽了"。① 于鹃将儿女情长看得比功名利禄还要重要,这就充分说明了他对"情"的重视程度。而穆素徽早闻于鹃的大名,读了他的《锦帆乐府》后便滋生了爱慕之意:"未识其面,先慕其才","那见有才的没有情,惟真正才人,方是情钟。"②正是由于二人内心都有着深厚的情感,因此才仅会一面,会面时间又极短的情况下,二人立即认准了对方就是自己一直在寻找的"那一个",他们毫不犹豫地订下了婚姻之约:

> (旦)情之所投,愿同衾穴,不知意下若何? 自荐之耻,伏乞谅之。
> (生)今蒙以生死相订,小生永期秦晋,决不他图,如负恩背义者,有如日。
> (旦)片刻相逢,百年约定,如有他志者,亦有如日。
> (生)只是少媒妁,然我辈意气投合,何须用媒?!③

他们虽见面时间很短,但之前的神交却有很长的时间,已经积累了不少的感情基础,所以短短的会面便订下了终身之约,等到再一次见面,两人已经经历了千难万险,克服了种种困难,涉过了重重险关,方才团聚。

《西楼记》中所写的"至情"是在强烈的压力下的坚持。于父不能接受儿子和青楼女子的交往,用权势驱赶素徽,素徽不得已迁往杭州。鸨母又偷偷把素徽卖给权贵之子池同,素徽誓死不从,备受折磨。于鹃则自从素徽走后,茶饭不思,大病濒亡。全剧围绕着于鹃和素徽两条线索同时展开,生动地表现了两人所承受的精神和身体的双重痛苦。池同强逼素徽就范,素徽不从,屡遭毒打,素徽之所以能够忍受,只为有一天跳出火坑,重见于鹃。素徽听从于鹃已死的消息后立即自缢,幸而被救。素徽虽被救活,但死意已定,她要超度于鹃亡灵,假称做过水陆道场便与池同成亲,后得侠士胥表相救。于鹃病愈,赴京赶考路上偶遇友人,知素徽已死,痛哭不已,经同伴劝解勉强参加科举,考完后便立即到杭州寻找素徽骸骨,要葬身在素徽墓旁。于鹃将世人都看重的功名仕途视如敝屣,而把爱情看得远高于此:"若得穆素徽为妻,即终身乞丐,亦所甘心;不得穆素徽为妻,虽指日公卿,非吾愿也。"④素徽也以"奴家生在烟花,志坚金石"⑤来自励。于鹃、素徽二人若不是有坚定的信念,是难以坚持到最后的。他们的爱情虽然不乏理想主义的色彩,但从中可以看出,袁于令心目中的"至情"便是对美满爱情的执着追求,是在任何外力压迫下都不放弃的坚定信念。

由此看来,汤显祖和袁于令在作品中所表现的"至情"是有差别的。汤显祖把"情"看成是一种与生俱来的天然属性,他认为,这个世界构成的基础是"情",当然也是艺术创作的基石。他在《耳伯麻姑游诗

---

① 袁于令《西楼记》第二出《觅缘》,《六十种曲》(八),中华书局 2007 年版,下同。
② 《西楼记》第三出《砥志》。
③ 《西楼记》第八出《病晤》。
④ 《西楼记》第二十六出《邸聚》。
⑤ 《西楼记》第三十四出《冲行》。

序》中曾说："世总为情,情生诗歌,而行于神。天下之声音笑貌大小生死,不出乎是。"这和杜丽娘所说的"一生爱好是天然",是同样的道理。杜丽娘追寻的"至情"是一种不可遏制的青春的激情,是自我意识的觉醒。她在梦中遇到了柳梦梅,在此之前她和他素不相识,但一旦梦中相遇,便迸发出了前所未有的爱恋之情。梦醒后,寻梦而不得,杜丽娘彻底陷入了对现实世界的绝望,她永远不可能在现实中实现她的梦。其实杜丽娘在梦中遇到的是不是柳梦梅并不是最重要的,重要的是她在那个人身上可以寄托自己浓烈的情感,他给了她一个美丽的梦。杜丽娘死后去寻找柳梦梅,只不过要想找到那份完全属于自己的情感,它是由自己充分支配的,是自由的,而非家庭和社会强加给她的。

　　袁于令在《西楼记》中的"至情"基本局限于男女之情中,相互忠于对方的感情是他们生活的全部,他们为此颠倒,为此痛苦,为此魂牵梦萦,甚至一度徘徊在死亡的边缘。他们的感情是纯净的,尽管一个是官宦子弟,一个是青楼女子。世人都把他们的感情看成是逢场作戏,他们之间原本就存在着几乎难以逾越的鸿沟,但他们不管面临多少坎坷曲折都相信自己和对方一定能够坚守白头之约,如果活着,就结为夫妻,如果死了,就葬在一处。于鹃和穆素徽的旷世之爱,不是如同杜丽娘那样是由于精神和生理的苦闷所致,而是建立在相互欣赏,将对方视为知音的基础上,他们的爱情和杜、柳的爱情比起来,很难说孰高孰低,似乎于、穆爱得更理性。其实在古典的戏曲中如于、穆这样的士子与青楼女子的爱情描写并不少见,甚至已是传统的套路了,《西楼记》比《牡丹亭》晚出现十余年,但在对"至情"的理解上似并未达到汤显祖的高度。

<h1 style="text-align:center">二</h1>

　　《牡丹亭》和《西楼记》在男女主人公爱情发展的过程中都曾受过各种外力的影响,有些外力是阻力,有些外力则是助力,这两部作品的对外力的表达各不相同,各臻其妙,两相对比,能够从中读出丰富的含义。

　　从封建社会的现实情况来看,青年男女追求的自由恋爱和两情相悦本身就是和封建礼教格格不入的,所以他们在自由恋爱的道路上会遇到阻力是可以预见的,并非没有现实依据。从元杂剧开始,戏曲作品中爱情遭遇阻力的情节开始常态化,剧中的阻力或是来自父母,或是来自鸨母(鸨母常与商人勾结)。

　　《牡丹亭》中对阻力的描写摆脱了传统的写法,它的阻力不是来自具体的现实层面,而是来自精神层面。这种压力通常不是具体的,而是社会意识对人们精神上的束缚,它迫使人遵从这样的行为规范,如果个人的行为逾越了被社会普遍认可的道德规范,那么就会给逾越者以一种无形的精神压力,使之具有负罪感。晚明哲学思潮的兴起,引发了社会观念的变迁,也促使更多的士人开始反思一直以来被认为是亘古不变的伦理道德,那本已溶入中国人血液中的行为准则、思维方式也被质疑的眼光重新打量。可以说,正是在这样的时代背景下,剧作家们敏锐地发现了那种长期以来人们所承受的精神压力,于是,这抽象的精神压力就成了才子佳人爱情发展过程中的一种阻力。《牡丹亭》要表现的就是这样一种无声无形但又无孔不入的阻力。

　　不少人认为《牡丹亭》中的杜宝就是造成杜丽娘和柳梦梅爱情波折的罪魁祸首,因为他非但不承认杜丽娘和柳梦梅是他的女儿女婿,甚至于还在宫殿上还骂女儿是"花妖狐媚",实在过分。但是,杜宝对女儿婚姻的干涉只是在戏的后半部分,而在前半部分,即杜丽娘爱恋的对象还是一个虚幻的影子时,杜宝并没有干预也无从干预。当然,这并不意味着杜宝就与女儿爱情中的阻力无关。杜丽娘的所承受的压力是无所不在的,杜宝正是这无形压力中的一个具象。她的世界是狭小的,她活动的范围只有闺房、书房两处。在家中,杜丽娘的行为受到父母的严格规范,连家中有座花园都不知道,她在精神上受到了沉重的压抑,没有丝毫的自由和舒展。在这样一个耻于谈及情感的家庭里,她随着年龄而萌生的情感无处诉说,她只能深深地叹息自己青春的虚度:"吾生于宦族,长在名门,年已及笄,不得早成佳配,诚为虚度年华,光阴如过隙耳。"对爱情的渴望已经在杜丽娘身上积聚起了一股强大的力量,这种感情如果是在女子有与异性正常交往的情况下可能会得到一定的释放,反之,当这种感情一旦被压抑或者没有释放的途径时,那么,它往往会以加倍的速度与能量增长,使人产生强烈的想要得到的欲望,杜丽娘的游园便成了她感情快速聚集而且需要倾泻的一个重要转机。杜丽娘平时所受的教育以及她所处的环境都使她认为女子提出恋爱的要求是可耻的,她即使在心里并不认同这样的观点,但在表面上她必须表现出对男女之情毫无兴趣的样子。更糟糕的是,她完全不能改变这样的状况,不仅心事无法言明,而且连见一个和自己年龄相仿的男人的机会都没有,更不用说一见钟情了。杜丽娘在现实世界无法得到满足的情感只能在梦里、死后得到,这说明现实世界是何等荒唐可笑,无情的礼教扼杀了多少绚烂的青春。

《牡丹亭》对杜丽娘爱情所受到阻力的描写,是十分高明的,它看到了人们习焉不察的问题,指出妨碍男女自由爱恋的真正元凶就是早已深入骨髓的礼教,这是精神的桎梏,这无形的精神枷锁使人们不敢去追求美好的情感和生活,使人的心理发生扭曲。

而《西楼记》中所描写的阻力,基本是来自现实层面,于鹃和素徽的爱情障碍大致是由家长干涉、小人作祟和权贵压迫造成的。于鹃的父亲是御史,为人古板,他完全不能接受儿子和一个青楼女子的恋爱,听到儿子热恋素徽的消息后勃然大怒,并利用权势强行将素徽赶走。儿子面对父亲的权威是毫无发言权的,只能接受,但于父这种决绝的举动还是给儿子带来了极大的伤害。于父当然知道,儿子的重病是心病,这一切由他而起,但他从始至终也不认为自己的行动有何不妥。只有当儿子考中状元,有了说话的底气后,他才觉得不便再干涉儿子的选择,由着儿子娶了素徽。在封建家庭里,家长享有独断专行的地位,子女只能服从,古代戏曲中常把家长塑造成不可理喻的暴君,剥夺了子女决定自己事情的权利,这显然是有着现实的依据的。《西楼记》中的小人是于鹃的同学赵伯将,此人自视甚高,于鹃在不知情的情况下修订了他所作曲谱中的错误,惹得赵大怒,更兼之前素徽对他冷淡,这些早就引起了赵的不满。为了报复,他向于父告发了于鹃与素徽的恋情,以至于父震怒。赵又趁机献计,要于父赶走素徽,尔后更是自告奋勇要亲自监督素徽离境。所有这些都将一个龌龊小人的卑鄙心理表现得淋漓尽致,出于忌妒,赵伯将就可以把于、穆二人置于死地而毫无愧色,之后再装出一副伪善的面孔惺惺作态,人心之黑暗可见一斑。池同则代表了另外一种现实的阻力,他有钱有权,他可以利用手中的权力和金钱对弱者施压,他买通了鸨母,用欺骗的手段将素徽骗到家中,软硬兼施,煞费苦心,为了断绝素徽对于鹃的念想,甚至要去买凶杀人。

在《西楼记》中,于鹃和穆素徽面对的阻力确实是非常强大的,但也是具体可见的,主人公明确地知道阻力来自何处,只要能够排除这些阻力便可使他们的爱情之路变得顺利。在结尾处池同和赵伯将被胥表杀死,于鹃中了状元,昔日对他拥有绝对权威的父亲也不再有驾驭他的权力了,这样,于、穆便没有阻碍地喜结良缘。

同样是阻力,《牡丹亭》的阻力是抽象的,看不见、摸不着,你不知该和谁去斗争,似乎谁都不是明晰的阻力,可又分明感到自己困于无形的绳索中,难以动弹。杜丽娘的阻力是观念之困。《西楼记》的阻力

"拗折天下人嗓子"评议

曾永义

前　言

明代戏曲作家汤显祖以"四梦"著名,尤其以《牡丹亭》最为出色,但也因此遭受最多的批评。这也说明了"盛名所至,谤亦随之",正是古今一辙的"人情世故"。

汤显祖《牡丹亭》最受推崇的是词采高妙,最受非议的是韵律多乖。他和并世曲家沈璟,正成了鲜明的对比。对汤、沈作鲜明对比首先提出立说的是吕天成,相为呼应的是王骥德。

吕天成《曲品》卷上:

> 吾友方诸生曰:"松陵具词法而让词致,临川妙词情而越词检。"善夫,可谓定品矣! 乃光禄尝曰:"宁律协而词不工,读之不成句,而讴之始叶,是曲中之工巧。"奉常闻之,曰:"彼恶知曲意哉! 予意所至,不妨拗折天下人嗓。"此可以观两贤之志趣矣。予谓:二公譬如狂、狷,天壤间应有此两项人物。不有光禄,词硎不新;不有奉常,词髓孰抉? 倘能守词隐先生之矩矱,而运以清远道人之才情,岂非合之双美者乎? 而吾犹未见其人;东南风雅蔚然,予且旦暮遇之矣。予之首沈而次汤者,挽时之念方殷,悦耳之教宁缓也。略具后先,初无轩轾。允为上之上。①

所云松陵、光禄、词隐先生俱指沈璟,临川、奉常、清远道人俱指汤显祖,方诸生则指王骥德。由吕氏之语,可见他主张"以临川之笔协吴江之律",用意在调和两家的冲突。

王骥德《曲律》卷四《杂论第三十九下》云:

> 临川之于吴江,故自冰炭。吴江守法,斤斤三尺,不欲令一字乖律,而毫锋殊拙。临川尚趣,直是横行,组织之工,几与天孙争巧;而屈曲聱牙,多令歌者齚舌。吴江尝谓:"宁协律而不工,读之不成句,而讴之始协,是为中之之巧。"曾为临川改易《还魂》字句之不协者,吕吏部玉绳(原注:郁蓝生尊人)以致临川,临川不怿,复书吏部曰:"彼恶知曲意哉! 余意所至,不妨拗折天下人嗓子。"其志趣不同如此。郁蓝生谓临川近狂,而吴江近狷,信然哉!②

---

①　吕天成《曲品》卷上,《中国古典戏曲论著集成》第 6 册,中国戏剧出版社 1959 年版,第 213 页。
②　王骥德《曲律》,《中国古典戏曲论著集成》第 4 册,中国戏剧出版社 1959 年版,第 165 页。

所云临川即汤显祖,吴江即沈璟,郁蓝生即吕天成。汤氏《玉茗堂尺牍》卷一有《答吕玉绳》书,并无是说,但于卷三《答孙俟居》书,则有是语:

> 弟在此自谓知曲意者,笔懒韵落,时时有之,正不妨拗折天下人嗓子。兄达者,能信此乎?①

据此,则王氏或为误记。又其中"是为中之之巧",据上举吕天成《曲品》之作"是曲中之工巧",知此句当作"是为曲中之工巧"。

就因为有吕王二氏之说,尤其是王骥德"临川之于吴江故自冰炭"之语,加上王氏以下论说,其《曲律》卷四《杂论第三十九下》又云:

> 自词隐作词谱,而海内斐然向风。衣钵相承,尺尺寸寸守其矩矱者二人:曰吾越郁蓝生,曰槜李大荒逋客。郁蓝《神剑》《二媱》等记,并其科段转折似之;而大荒《乞麾》至终帙不用上去迭字,然其境益苦而不甘矣。……词隐之持法也,可学而知也;临川之修辞也,不可勉而能也。大匠能与人规矩,不能使人巧也。其所能者,人也;所不能者,天也。②

若此,则王氏既以"持法"与"修辞"区分沈璟与汤显祖之异同,又举郁蓝生(吕天成)和大荒(卜世臣)为沈氏传人。甚至于沈璟之侄沈自晋在所撰《望湖亭》第一出【临江仙】亦说:

> 词隐登坛标赤帜,休将玉茗称尊。郁蓝继有檞园人。方诸能作律,龙子在多闻。　　香令风流成绝调,幔亭彩笔生春。大荒巧构更超群。鲰生何所似,颦笑得其神。③

依次举出吕天成(郁蓝)、叶宪祖(檞园)、王骥德(方诸)、冯梦龙(龙子)、范文若(香令)、袁于令(幔亭)、卜世臣(大荒)、沈自晋(谦称为鲰生)等人在沈璟(词隐)旗帜下,休要使汤显祖(玉茗)唯我独尊。这支俨然"点将录"的曲子,大概是所谓"吴江派"的由来。可见与汤沈二氏并世曲家吕天成、王骥德、沈自晋都有如此这般的说法,则自吴梅以下的学者,如青木正儿、周贻白、俞为民、郭英德等,焉能不认为汤、沈因主张不同,水火不能兼容,导致万历剧坛形成临川与吴江二派之争? 但事实上真是如此吗? 且看以下现象:

汤显祖在《答孙俟居》书中说到沈璟"曲谱诸刻",不讳言"其论良快";在《答吕姜山》书中,也说"吴中曲论良是"。④ 虽然汤氏有许多批评的话,但起码也承认沈氏有可取的地方。至于沈璟之对汤显祖,除了以吴江之律要来范畴汤氏外,对汤氏其实是极佩服的。沈自晋《复位南词全谱·凡例》云:

> 前辈诸贤,不暇论。新词家诸名笔(原注:如临川、云间、会稽诸家),古所未有。真似宝光陆离,

---

① 汤显祖《答孙俟居》,《玉茗堂尺牍》,收于徐朔方笺校《汤显祖全集》,北京古籍出版社 1999 年版,诗文卷四十六,第 1392 页。
② 王骥德《曲律》,《中国古典戏曲论著集成》第 4 册,中国戏剧出版社 1959 年版,第 165—166 页。
③ 沈自晋《望湖亭》,《古本戏曲丛刊》二集,商务印书馆,1955 年据长乐郑氏藏明末刊本影印,第 1 页。
④ 汤显祖《答孙俟居》,《玉茗堂尺牍》,收于徐朔方笺校《汤显祖全集》,诗文卷四十六,第 1392 页;《答吕玉绳》,《玉茗堂尺牍》,收于徐朔方笺校《汤显祖全集》,诗文卷四十四,第 1301 页。

奇彩腾跃。及吾苏同调（原注：如刘啸、墨憨以下），皆表表一时。先生亦让头筹（原注：见《坠钗记》【西江月】中推称临川云），予敢不称膺服。①

所云"先生"即指沈璟，因为沈自晋这部书的全称是《广辑词隐先生增定南九宫词谱》。上引凡例中，最可注意的是原注中"见《坠钗记》【西江月】中推称临川云"这句话，是用来证据"先生亦让头筹"的。沈氏《坠钗记》有顺治七年（1650）钞本，为傅惜华旧藏；《古本戏曲丛刊初集》据姚华所藏康熙钞本影印，无【西江月】一语，但沈自晋所云应属不虚。又王骥德《曲律》卷四《杂论第三十九下》有云：

> 词隐《坠钗记》，盖因《牡丹亭》记而兴起者，中转折极佳，特何兴娘鬼魂别后，更不一见，至末折忽以成仙会合，似缺针线。余尝因郁蓝之请，为补又二十七卢二舅指点修炼一折，始觉完全。今金陵已补刻。②

若此，可见沈氏对汤氏戏曲文学的成就是极推崇的，尤其对汤氏《牡丹亭》倍感兴趣，一则改编为《同梦记》，一则仿作为《坠钗记》。从这些迹象看来，他们之间是不可能"势同水火"的。戏曲史上有所谓"临川派"、"吴江派"壁垒分明之说，恐怕也是因缘王骥德"故自冰炭"一语，所衍生出来的吧！关于这个问题，周育德《汤显祖论稿》中《也谈戏曲史上的汤沈之争》③一文，已详列资料，说明被划为"吴江派"的吕天成、王骥德、冯梦龙等人对汤显祖都有极高的评价，对沈璟于肯定之外，也有不少微词；而被划为"临川派"的凌蒙初和孟称舜对汤、沈二氏也各有"不满意"的批评。据此，则临川、吴江如何能壁垒分明，甚至于那里有什么临川派、吴江派？周氏既已言之甚详，这里就不多说了。何况纵使吴江派有沈自晋的"点将录"，但却从未见"临川派"有相对等的"名单"；可见"临川"压根无派可言，则又如何"壁垒分明"对立相争呢？也就是说"汤沈之争"不过是王骥德以一己之见造设出来的而已。

一、汤显祖讲究自然音律

笔者对此吴江、临川二派分立势同水火说，已有《论说"拗折天下人嗓子"》《再说"拗折天下人嗓子"》《再探戏文和传奇的分野及其质变过程》《〈牡丹亭〉排场的三要素》《〈牡丹亭〉是"戏文"还是"传奇"》等与之相关的论文详论其事。④

在《论说"拗折天下人嗓子"》中先举诸家对《牡丹亭》之非议，次举汤显祖对诸家非议的反应，也论及《牡丹亭》实为宜伶歌场而作，并探究汤显祖不懂音律吗？

① 沈自晋《南词新谱》（《复位南九宫词谱》），收于《善本戏曲丛刊》第3辑，台湾学生书局，1984年据清顺治乙未（1655）刊本影印，第33页。
② 王骥德《曲律》，《中国古典戏曲论著集成》第4册，中国戏剧出版社1959年版，第166页。
③ 周育德《也谈戏曲史上的汤沈之争》，《汤显祖论稿》，文化艺术出版社1991年版，第264—280页。
④ 曾永义《论说"拗折天下人嗓子"》，《王叔岷先生八十寿庆论文集》，（台北）大安出版社1993年版，第379—406页。曾永义《再说"拗折天下人嗓子"》，2004年发表于中研院中国文哲研究所主办"汤显祖与牡丹亭国际学术研讨会"，后收入曾永义《戏曲与歌剧》，（台北）国家出版社2004年版，第291—372页。曾永义《再探戏文和传奇的分野及其质变过程》，《台大中文学报》第20期（2004年6月），第87—133页。曾永义《〈牡丹亭〉排场的三要素》，《汤显祖研究通讯》总第11期（2010年4月），第1—21页。曾永义《〈牡丹亭〉是"戏文"还是"传奇"》，《戏曲研究》第79辑（2009年9月），第70—97页。

对此音律问题,笔者从汤氏所体悟的观念看来,他所讲求的其实是"自然音律"而非"人工音律"。所谓"人工音律"是经由人们的体悟逐渐约定俗成终于制定的韵文学的体制规律。体制规律是由字数、句数、长短、句式、声调、韵协、对偶、语法等八个因素所构成。就诗词曲而言,可以说规律越来越谨严。譬如声调,古诗不讲求,近体诗产生平仄律,词仄声分上去入,北曲平声又别阴阳而入声消失。所谓"自然音律",是指人工音律之外,无法诉诸人为科范的语言旋律。丁邦新先生《从声韵学看文学》一文中,称"人工音律"为"明律","自然音律"为"暗律"。他对于"暗律"有极其精辟的见解,他说:

> 暗律是潜在字里行间的一种默契,藉以沟通作者和读者的感受。不管散文、韵文,不管是诗是词,暗律可以说无所不用。它是因人而异的艺术创造的奥秘,每个作家按照自己的造诣与颖悟来探索这一层奥秘。有的人成就高、有的人成就低。①

可见自然音律的道理是相当奥秘而不可明确掌握的。而我们可以断言的是,文学成就越高的作家,越能掌握自然音律,使得声情与词情相得益彰。笔者有《中国诗歌中的语言旋律》②一文,详论诗词曲中的人工音律与自然音律。指出"拗句""选韵""词句结构""意象情趣的感染力"都属"自然音律"的范围,都是格律家说不出道理而其实是构成语言旋律的重要因素。所以如果只"斤斤于曲家三尺",也未必能使声情词情完全相得益彰。

笔者另有《"九宫大成北词宫谱"的又一体》③一文,以其仙吕调只曲为例,检视九宫大成之"又一体"滋生繁多的原因,发现有"误于句式所产生的又一体",有"误于正衬所产生的又一体",有"因增减字所产生的又一体",有"因摊破所产生的又一体",又有"合乎本格而误置的又一体"和"并入幺篇而不自知所产生的又一体"。也就是说,谱律家于"曲理"未尽了了。若此,所制定的"格律"焉能一一教人遵循?

于此,我们再来回顾一下诸家对汤显祖不守"曲律"的非议:沈璟讥刺他韵协不谨严,四声不谐调。臧懋循说他北曲"音韵少谐"。王骥德说"绌于法",包括"剩字累语"和"字句平仄"的讹误,以及字音字义的偶然错失。沈德符指他不遵循谱律制曲和混用韵部。张琦指他不讲求平仄律以致"入喉半拗"。黄图珌也批评他"调甚不工,令歌者低眉蹙目"。到了吴梅更认为《牡丹亭》在曲律上有出宫犯调、联套失序、句法错乱和衬字无度等毛病。

综观这些"非议",无不就"人工音律"的立场出发,而诚如上文所云,曲谱所制定的格律,未必可完全遵守,而汤显祖重视"自然音律",使之与"人工音律"巧妙谐调,若一味以"人工音律"来衡量,就难免有时格格不入了;更何况"谱律"越来越森严,执此以考究诸家,何人能逃避批评?王骥德《曲律》卷四《杂论第三十九下》:

> (词隐)生平于声韵、宫调,言之甚悉,顾于己作,更韵、更调,每折而是,良多自恕,殆不可晓耳。④

① 丁邦新《从声韵学看文学》,《中外文学》4卷1期(1975年1月),第131页。
② 曾永义《中国诗歌中的语言旋律》,《郑因百先生八十寿庆论文集》,台湾商务印书馆1985年版,第875—915页;收入拙著《诗歌与戏曲》,(台北)联经出版事业公司1988年版,第1—47页。
③ 曾永义《九宫大成北词宫谱的又一体》,《陈奇禄院士七秩荣庆论文集》,收入拙著《参军戏与元杂剧》一书。
④ 王骥德《曲律》,《中国古典戏曲论著集成》第4册,中国戏剧出版社1959年版,第164页。

王骥德对沈璟颇为心仪,对他都有如此批评,何况其他!可见"词隐"讲了一辈子格律,不止因之"文采不彰",而且也落得严于责人却"良多自恕"的批评。王氏《曲律》卷四又说到:

> 词隐《南词韵选》,列上上、次上二等。所谓上上,亦第取平仄不讹,及遵用周韵者而已,原不曾较其词之工拙;又只是无中拣有,走马看锦,子细着针砭不得。①

接着举友人吴兴关仲通"帙中人所常唱而世皆赏以为好曲者,如'窥青眼''暗想当年罗帕上曾把新诗写''因他消瘦''楼阁重重东风晓''人别后'诸曲"②,加以仔细的"评头论足",其中提到诸曲语句,有云:

> 词隐亦以为"不思量宝髻"五字当改作仄仄仄平平,"花堆锦砌"当改作去上去平,"怕今宵琴瑟",琴字当改作仄声,故止列次上。③

像这些"人所常唱而世皆赏以为好曲者",谱律家如沈璟、王骥德者,执其"斤斤三尺之法"以衡量,而竟亦纰额繁多,则曲坛并世无出其右的汤显祖,既享盛名,"树大招风",焉能不受较诸他人为多的非议?

我们于此又再进一步回顾南戏初起时的情况。徐渭《南词叙录》云:

> 今南九宫不知出于何人,意亦国初教坊人所为,最为无稽可笑。……"永嘉杂剧"兴,则又即村坊小曲而为之,本无宫调,亦罕节奏,徒取其畸(当作畴)农、市女顺口可歌而已,谚所谓"随心令"者,即其技欤?间有一二叶音律,终不可以例其余,乌有所谓九宫?必欲穷其宫调,则当自唐宋词中别出十二律、二十一调,方合古意。是九宫者,亦乌足以尽之?多见其无知妄作也。④

可见南曲戏文初起时只是杂缀时曲小调搬演,根本无宫调联套之事,而且"顺口可歌"即可,亦无所谓调律与韵书限韵。慢慢地,应当是从北曲杂剧取得师法吧!经过音乐家和谱律家的琢磨研究,才逐渐订出许多规矩来。所以如果拿出后世形成制定的森严"法律",去挑剔前代作品的话,那么《琵琶记》只好是"韵杂宫乱"了。张师清徽(敬)《明清传奇导论》一书,于三编第一章《明代传奇用韵的研究》中,以毛晋(1599—1659)编《六十种曲》为范围,以《中原音韵》为标准,考察明人传奇用韵的情况,发现"十九韵部中,除了东钟、江阳、萧豪三部没有和其他韵部发生纠葛的表现之外,其余十六部……相互间的钩藤缠绕,不一而足,令人耳迷目乱。统计下来,共得三十八目,一千一百四十七条。……犯韵最多的是支思、齐微、鱼模,这一项有三百一十七条;真文、庚青一百四十三条次之;先天、寒山、桓欢一百三十八条又稍次之"。⑤ 则明人于传奇之用韵,几乎无一人无毛病。这是什么缘故呢?因为旧传奇时代,作者制曲大抵"随口取协";万历以后沈璟等谱律家,方才提倡以北曲晚期形成的韵书《中原音韵》作为押韵的依据,直

---

① 王骥德《曲律》,《中国古典戏曲论著集成》第4册,中国戏剧出版社1959年版,第173页。
② 同上,第174页。
③ 同上,第174—175页。
④ 徐渭《南词叙录》,《中国古典戏曲论著集成》第3册,中国戏剧出版社1959年版,第240页。
⑤ 详见张师清徽(敬)《明清传奇导论》,(台北)华正书局1986年版,第69—71页。

到清代李渔尚且有相同主张。① 若以《中原音韵》为"斤斤三尺"加以衡量,则焉能不犯韵乃至出韵者?明乎此,那么《牡丹亭》在那"谱律"尚未建立绝对权威的时代,汤氏创作时保有南戏"遗习"也就很自然的了。而如果欲以沈璟所认定的谱律,乃至于往后因戏曲之演进更转趋森严的律法来"计较"《牡丹亭》,则其格格不入,也自是意料中事了。而如果拘泥谱律之声韵格式打成曲谱,再以《牡丹亭》之曲词以就此曲谱,则焉能不拗尽天下人嗓子?

二、诸家非议《牡丹亭》之道理

其次笔者《再说"拗折天下人嗓子"》,首先归纳"诸家"非议《牡丹亭》的大要:

其一谓其句字平仄四声不合声调律:有沈璟、沈自晋、臧懋循、王骥德、黄图珌等。

其二谓其韵协混用不合协韵律:有沈璟、沈自晋、冯梦龙、臧懋循、沈德符、凌蒙初、叶堂、李调元等。

其三谓当汰其剩字累语:王骥德、范文若、张大复。

其四谓其宫调舛错、曲牌讹乱、联套失序:吴梅、王季烈。

其五谓其不协吴中拍法:王骥德、张琦、臧懋循、沈宠绥、万树。

以上五条,前四条可以说是"因",后一条可以说是"果";而无论是"因"是"果",其实都是站在以昆山水磨调作为腔调的"传奇"律法之基准来论说的。

其认为《牡丹亭》乃至"四梦"之不合声调律乃因平上去入四声,拿它发声的方法和现象来观察,具有三项特质:其一,有平与不平两类,平为平声,不平即仄,含上去入三声;其二,有长短之别,平上去三声为长音,入声为短音;其三,有强弱之分,上去入三声属强,平声属弱。

就因为四声具有这样的三个特质,所以四声间的组合,由其音波运行时升降幅度大小的变化和发声时无碍与阻塞的长短异同,便会产生不同的旋律感。所以唐代的近体诗,其所讲求的平仄律,基本上只是运用声调的平与不平,使之产生抑扬曲直的旋律感。但仄声中的上去入三声,其升降幅度其实颇为悬殊,并为一类,不免粗疏。所以谨严的诗人,便在仄声中又讲究上去入的调配,有所谓"四声递换"。② 而杜甫"晚节渐于诗律细",除了在恪守格律中更求精致外,也从突破格律中更求精致。崔颢和李白也都擅长于此。

就因为四声各具特质,不止关系声情,而且兼顾词情,所以诗以后的词和南曲便明白的规定某句某字该上该去该入,而四声的精致便也完全纳入体制格律的范畴。凡是这些严守四声的句子,都是音律最谐美,足以表现该词调该曲调特色的地方,即所谓"务头",高明的作家都能在此施以警句,使之达到声情词情稳称的地步。就因为"声调"在语言旋律上如此重要,所以如果不守声调律,歌唱起来便容易"挠喉捩嗓"。也因此,如上文所举,沈璟《南九宫十三调曲谱》,纵使于仙吕过曲【月上五更】引《还魂记》曲文为调式,沈璟之侄沈自晋《广辑词隐先生增定南九宫词谱》更录汤显祖《四梦》十五支为调式,但对其不合声调律者,仍一一举出。

---

① 周维培《论中原音韵》,中国戏剧出版社 1990 年版,第 71 页。考察明万历以后的传奇用韵,基本上是以《中原音韵》为准。

② 笔者有《旧诗的体制规律及其原理》一文,原载《国文天地》第 14 期(1986 年 8 月),第 56—61 页;第 15 期(1986 年 7 月),第 58—63 页。收入拙著《诗歌与戏曲》,第 49—77 页。这里取其大要,但对平仄律原理已有所修正。

而我们若将《牡丹亭》①按之以谱律，就声调律而言，如第四出《腐叹》之【双劝酒】"寒酸撒吞"，"吞"字韵脚，应作仄声。第十出《惊梦》之【步步娇】"袅晴丝吹来闲庭院"，应作"仄仄平平平平仄"，而此句作六平一仄。【醉扶归】"可知我常一生儿爱好是天然"应作"仄仄平平仄平平"，而此句作"仄平仄仄仄平平"。【皂罗袍】"赏心乐事谁家院"，应作"仄仄平平仄平平"，而此句作"仄平仄仄平平仄。"第十二出《寻梦》【品令】"便日暖玉生烟"，应作"平平仄平平"，而此句作"仄仄仄平平"。【川拨棹】"一时间望眼连天"，应作"平平仄平"，而此句作"仄仄平平"。举此可以概见其余，也难怪谱律家要以不合声调律来责难他。

其次诸家认为《牡丹亭》不协韵律，乃因为南朝梁刘勰《文心雕龙·声律》云："异音相从谓之和，同音相应谓之韵。"范文澜注："同音相应谓之韵，指句末所用之韵。"②则韵协是运用韵母相同、前后复沓的原理，把易于散漫的音声，借着韵的回响来收束、呼应和贯串，它连续的一呼一应，自然产生规律的节奏；它好比贯珠的串子，将颗颗晶莹温润的珍珠，贯成一串价值连城的宝物；它又好像竹子的节，将平行的纤维素收束成经耐风霜的长竿，而其袅娜摇曳的清姿，完全依赖那环节的维系。也因此，如果该押的韵不押，或韵部混用，便成了诗词曲家大忌。周德清《中原音韵·正语作词起例》云：

> 《广韵》入声缉至乏，《中原音韵》无合口，派入三声亦然。切不可开合同押。《阳春白雪集·水仙子》："寿阳宫额得魁名，南浦西湖分外清，横斜疏影窗间印，惹诗人说到今。万花中先绽琼英。自古诗人爱，骑驴踏雪寻，忍冻在前村。"③开合同押，用了三韵，大可笑焉。词之法度全不知，妄乱编集板行，其不知耻者如是，作者紧戒。④

因为尽管韵部庚青、真文、侵寻三韵相近，但毕竟收音有-n、-ŋ、-m 之不同，就会影响了回响的美感，所以古人以此为忌。

作诗协韵必须四声分押，亦即平声韵和平声韵押，上去入三声也一样。词则平声、入声独用，上去两声合用、独用均可，有时平声也可以和上去押在一起；又有平仄换协之例，即某几句协平声韵，某几句协仄声韵，平仄声则彼此不必协韵。北曲则是三声同押，即平上去三声的韵字可以押在一起。南曲起初随口取协，有如歌谣，后来规矩大致与词相同，而平上去三声通押的情形远较词为多，则又近于北曲。至于诗赞系大抵两句为一单元，上句仄声韵下句协平声韵。

就因为协韵律是韵文学与散文学最基本的分野，所以既称为韵文学，就非讲求协韵律不可。但是中国地域广阔，方言歧异，诚如元人虞集《中原音韵·序》云：

> 五方言语，又复不类，吴楚伤于轻浮，燕冀失于重浊，秦陇去声为入，梁益平声似去，河北河东取韵尤远；吴人呼"饶"为"尧"，读"武"为"姥"，说"如"近"鱼"，切"珍"为"丁心"之类，正音岂不误哉！

---

① 此用徐朔方校注本《牡丹亭》，台北华正书局 1979 年版。
② 刘勰著，范文澜注《文心雕龙》，台湾开明书店 1958 年版，下册，第 15 页。
③ 杨朝英编《明抄六卷本阳春白雪》，辽宁书社 1985 年版，"冻在前村"首字应增补"忍"字，第 40 页。据郑师因百（骞）《北曲新谱》，（台北）艺文印书馆 1973 年版，【双调·水仙子】末三句格律为"三·三：四："，第 301 页，故当作"自古诗人爱，骑驴踏雪寻，忍冻在前村。"按：杨朝英之作，系由衬字提升为增字，此处仍依本格正字而标示衬字。
④ 周德清《中原音韵》，《中国古典戏曲论著集成》第 1 册，中国戏剧出版社 1959 年版，第 212 页。

五方言语既然不类,则以各具特色的语言旋律所产生的"腔调"也就各有其韵味。如就各自方音作为填词协韵的基准,则必然各自为政,杂乱不堪;而南曲戏文在还没发展成为传奇以前,正是如此。如律以《中原音韵》,不难看出这种现象。如清人刘禧延《中州切音谱赘论·江阳韵》条云:

> 弋阳土音,于寒山、桓欢、先天韵中字,或混入此韵。如关、官作"光";丹、端作"当";班、般作"帮";蛮、瞒作"茫";兰、鸾作"郎";山作"伤",音似"桑";安作"映",难作"囊",完作"王",年作匿杭切之类。明人传奇中,盛行如《鸣凤记》用韵,亦且混此土音,而并杂入他韵。①

刘氏正说明了弋阳土音如律以《中原音韵》必然出现寒山、桓欢、先天三韵与江阳韵混押的现象。若律以《中原音韵》,则支思、齐彻、鱼模之间,真文、庚青、侵寻之间;先天、寒山、桓欢、监咸、廉纤之间。因为它们的主要元音相同或相近;而其藉资分别者,主要的只是韵尾的差异而已。所以曲家制曲,假如不基准"官话"的韵书,而随口以方音取叶,则异方之人歌之,便难免有错杂混乱的毛病。其歌之于口,至其歇脚处,即令人有散漫无所归的感觉。也因此,曲中的叶韵,向来很被重视。冯梦龙《太霞曲话》云:

> 词学三法,曰调、曰韵、曰词;不协调则歌必抴嗓,虽烂然词藻无为矣。自东嘉沿诗余之滥觞,而效颦者遂借口不韵。不知东嘉宽于南,未尝不严于北。谓北词必韵而南词不必韵,即东嘉亦不能自为解也。②

调、韵、词为构成曲学的三要素,调指四声平仄,如不协,则如《牡丹亭》之"歌必抴嗓";《琵琶记》则素有韵杂宫乱之讥,也为论者叹为白璧之瑕。

而若考《牡丹亭》之用韵,二出《言怀》用齐微,而杂入支思之"字"与鱼模之"宿"。三出《训女》用鱼模韵,而杂入齐微之"西",支思之"二"、"儿"。四出《腐叹》【双劝酒】用侵寻韵,而杂入真文之"吞"。五出《延师》齐微、鱼模混用。八出《劝农》用家麻韵,【八声甘州前腔】杂入歌戈之"个"。三十三出《秘仪》用齐微韵,【绕地游】杂入支思之"齿",【五更转】杂入鱼模之"主",【五更转前腔】杂入支思之"士"。四十二出《移镇》用鱼模,而【夜游朝】杂入齐微之"北",【似娘儿】杂入齐微之"迟"。四十五出《寇间》【驻马听】用寒山韵,杂入先天之"旋"。四十六出《折寇》用齐微韵,而【破阵子】杂入支思之"施",【玉桂枝】杂入支思之"是"。四十八出《遇母》【针线厢】用齐微韵,杂入支思之"儿",仙吕【月儿高】套用寒山韵与先天韵混用。五十二出《索元》用先天韵,而【吴小四】杂入寒山之"万",【香柳娘】杂入寒山之"贯"。

可见《牡丹亭》之协韵,除齐微、支思、鱼模三韵易于混用,寒山、先天、家麻、歌戈,亦偶有出入外,其他如四、四十一、四十九、五十等四出之用尤侯韵,七、八、二十一、二十八、四十一、四十七、四十九、五十等八出之用家麻韵,九、二十七、二十九、四十等四出之用江阳韵,十一、二十一、二十四、二十六、三十、四十一、四十四等七出之用歌戈韵,十四、十五、二十、二十二、四十三、四十四、四十七等七出之用萧豪韵,二十三、三十六、三十七、三十九、五十五等五出之用皆来韵,二十、三十八、四十六、五十三之用东钟韵,三十

---

① 刘禧延《中州切音谱赘论》,收入任讷编《新曲苑》,中华书局1940年据聚珍仿宋版影印,第6册,第36种,第6页。
② 冯梦龙《太霞新奏·发凡》第二则,收入王秋桂主编《善本戏曲丛刊》第77册,台北学生书局1987年版,第1页。

二、五十四等二出之用车遮韵,十六、二十七等二出之用庚青韵,二十五出之用真文韵,皆未有混韵之现象,可见《牡丹亭》之于协韵是颇为谨严的,未知何以明清论者每每以此诟病,如不仔细考索,真要厚诬贤者了。

只是其韵协每有连续两折用同一韵部的现象,如七、八两折连用家麻,十四、十五和四十三、四十四连用萧豪,四十九、五十连用尤侯,三十六、三十七连用皆来,这种情形在用心讲究声情的作家,如后来的洪昇《长生殿》是都要避忌的。

其诸家认为《牡丹亭》加衬不得其法,乃因为每支曲牌格式中所必须有的字叫"正字",此外又有所谓"衬字",郑师因百(骞)《论北曲之衬字与增字》云:

> 在不妨碍腔调节拍情形之下,可于本格正字之外添出若干字,以作转折、联续、形容、辅佐之用。盖取陪衬、衬托之意。[1]

郑师前揭文中列举有关衬字之原则十二条,其第四条云:

> 衬字只能加于句首及句中。句首衬字,冠于全句之首,如水桶之提梁;句中衬字须加于句子分段之处,如庖丁解牛,在关节缝隙处下刀。《螾庐曲谈》云:"句末三字之内不可妄加衬字。"即因此三字为一整段,不能分开。

其第八条云:

> 每处所加衬字以三个为度。所谓"衬不过三",虽为南曲说法,实亦适用于北曲。一句之中所加衬字之总数,则可多于三个,但须分布各处。例如《西厢记》【叨叨令】曲:"见安排着车儿马儿不由人熬熬煎煎的气。"衬字至十个之多,然集中一处者仅"不由人"三字,其余或一字或两字,零星分布。

其第四条说明加衬字之位置,第八条说明加衬字之限度。补充如下:韵文学的句子,其音步停顿处自然形成音节的缝隙,首句的开头为音节将启,各句的开头不是上文的句末就是韵脚,其音节缝隙最大,故词曲加衬字多半在句子的开头。其次七言句粗分为43、34,六言句为33、222,五言句为23、32,四言句为13、22,亦即将句子分为大抵相等的两截,其间之音节亦有相当之缝隙,故亦于此处加衬字;至于上述音节段落,4可细分为22,3可细分为21,其音节缝隙更为狭小,虽亦可于此加衬字,但已属少数,尤其3之为21其在句末者更是少之又少。为清眉目,兹以起首的两七言句为例,以符号标示如下:

<pre>
    *○○ *○○   *○○ *㊣ *,   *○○ *○○   *○○ *㊣ *。
    1   4   3   5   2   4   3   5
</pre>

上例有"*"号者皆为音节缝隙,其阿拉伯数字即表示其缝隙大小之等级,数字越小者,缝隙越大,可加之

---

① 郑师因百(骞)《论北曲之衬字与增字》,《幼狮学志》第11卷第2期(1973年6月),第1—17页;又收入《龙渊述学》,(台北)大安出版社1992年版,第119—144页。

衬字越多;数字越大者,缝隙越小,可加之衬字越少。而由此亦可见,以七言为例,其第三四字间、第五六字间绝不可加衬字,因为其间没有音节缝隙。但是带词尾和迭字衍声的复词有如上文所举的《西厢记》【正宫·叨叨令】中的"车儿马儿""熬熬煎煎"等则为例外,因为词尾本身即为附加成分,与该词不可分离,而迭字衍声复词的下字,事实上等于词尾。

以上说的是有关衬字和加衬的一般法则,但事实上曲家制曲,每有逾越规矩者,王骥德《曲律》卷二《论衬字第十九》云:

> 古诗余无衬字,衬字自南、北二曲始。北曲配弦索,虽繁声稍多,不妨引带。南曲取按拍板,板眼紧慢有数,衬字太多,抢带不及,则调中正字,反不分明。大凡对口曲,不能不用衬字;各大曲及散套,只是不用为佳。细调板缓,多用二三字,尚不妨;紧调板急,若用多字,便躲闪不迭。凡曲自一字句起,至二字、三字、四字、五字、六字、七字句止。惟【虞美人】调有九字句,然是引曲,又非上二下七,则上四下五;若八字、十字以外,皆是衬字。今人不解,将衬字多处,亦下实板,致主客不分。如《古荆钗记》【锦缠道】"说甚么晋陶潜认作阮郎","说什么"三字,衬字也;《红拂记》却作"我有屠龙剑钓鳌钩射雕宝弓",增了"屠龙剑"三字,是以"说甚么"三字作实字也。《拜月亭》【玉芙蓉】末句"望当今圣明天子诏贤书",本七字句,"望当今"三字系衬字,后人连衬字入句,如"我为你数归期画损掠儿梢",遂成十一字句。……又如散套【越恁好】"闹花深处"一曲,纯是衬字,无异缠令,今皆着板,至不可句读。凡此类,皆衬字太多之故,讹以传讹,无所底止。①

凌蒙初《南音三籁·凡例》云:

> 曲每误于衬字。盖曲限于调而文义有不属不畅者,不得不用一二字衬之,然大抵虚字耳。如"这、那、怎、着、的、个"之类。不知者以为句当如此,遂有用实字者,唱者不能抢过而腔戾矣。又有认衬字为实字,而衬外加衬者,唱者又不能抢多字而腔戾矣。固由度曲者懵于律,亦从来刻曲无分别者,遂使后学误认,徒按旧曲句之长短、字之多寡而仿以填词;意谓可以不差,而不知虚实音节之实非也。相沿之误,反见有本调正格,疑其不合者。其弊难以悉数。②

对于衬字问题,明清曲籍加以讨论说明的,只有上引王、凌二家,而且偏于南曲略于北曲。元人论曲,仅周德清《中原音韵·作词十法》提出"切不可用衬垫字",并云:

> 套数中可摘为乐府者能几?每调多则无十二三句,每句七字而止,却用衬字加倍,则刺眼矣。③

他所说的"乐府"是指小令而言。小令文字谨严、体制短小,固以少用衬字为佳,若谓切不可用,则过矣。王、凌二氏虽旨在说明南曲之衬字逐渐演变为正字,致使本格讹乱的缘故,但南北曲之曲理其实不殊,故

① 王骥德《曲律》,《中国古典戏曲论著集成》第4册,中国戏剧出版社1959年版,第125—126页。
② 凌蒙初《南音三籁》,收入王秋桂主编《善本戏曲丛刊》,(台北)台湾学生书局1987年版,第9—10页。
③ 周德清《中原音韵》,《中国古典戏曲论著集成》第1册,中国戏剧出版社1959年版,第234页。

北曲之衬字亦有寝假而与正字不分之现象。

北曲中与正字不易分别之"衬字",因百师谓之"增字"。郑师《论北曲之衬字与增字》云:

> 衬字既为专供转折、联续、形容、辅佐之"虚字",似应容易看出。但常有时全句浑然一体,字数虽较本格应有者为多,而诸字势均力敌,铢两悉称,甚难从语气上或从文法上辨识其孰为正孰为衬。前人每云北曲正衬难分,即谓此种情形。细推其故,实因正字衬字之外,尚有予所谓增字。①

可见"增字"就是指本格正字之外所添加出来的字,它在地位上其实是衬字,但由于其意义分量与正字"势均力敌,铢两悉称",后人又在其上加上板眼,所以在全句中便有与正字浑然一体的关系。

增字之理,其百变不离其宗的,是句子的音节形式,也就是单式句增字后,不能变为双式句;同理双式句增字后,也不可变为单式句。就单式句而言,其作 21 音节的三字句,增一字为四字句,其音节形式止能作 13 而不能作 22;同理,就双式句而言,其作 34 音节的七字句,增一字为八字句,其音节形式止能作 44 而不能作 35。举此不妨类推,以见增字之原理。至其减字之理亦然,如 34 之七字句减一字为六字句,其音节形式止能作 222;如 43 之七字句减一字为六字句,其音节形式则止能作 33。

吴梅《顾曲麈谈·论南曲作法》云:

> 余谓《牡丹亭》衬字太多。……板式紧密处,皆可加衬字;板式疏宕处,则万万不可。汤临川作《牡丹亭》,不知此理,任意添加衬字,令歌者无从句读,当时凌初成、冯犹龙、臧晋叔诸子为之改窜,虽入歌场,而文字遂逊于原本十倍。此由于不知板也。②

又其《曲学通论》云:

> 【尾声】结束一篇之曲,须是愈着精神,末句尤须以极俊语收之方妙。凡北曲【煞尾】定佳,作南曲者往往潦草收场,徒取完局,戏曲中佳者绝少。惟汤若士"四梦"中【尾声】首首皆佳,顾又多衬字。③

可见加衬当视板式与音节缝隙处,不可乱加。再由前引周、王、凌三家对"衬字"的看法,可见都不希望制曲用太多衬字。

我们且来按核《牡丹亭》在这方面的现象:

二出《言怀》【真珠帘】末句作"且养就这浩然之气",句首用四衬字。【九回肠】中"还则怕嫦娥妒色花颊气"、"等的俺梅子酸心柳皱眉"、"有一日春光暗度黄金柳"、"笼定个百花魁",诸句皆于句首加三衬字。

三出《训女》【绕地游·前腔】中"寸草心、怎报的春光一二",【玉山颓·前腔】中"他还有念老夫、诗

---

① 郑师因百(骞)《论北曲之衬字与增字》,《幼狮学志》第 11 卷第 2 期(1973 年 6 月),第 11 页。
② 吴梅《顾曲麈谈》,收入王卫民编校《吴梅全集·理论卷上》,河北教育出版社 2002 年版,第 60、66 页。
③ 吴梅《曲学通论·十知》,收入王卫民编校《吴梅全集·理论卷上》,第 219 页。

句男儿,俺则有学母氏、画眉娇女。"诸句或于句首或于句中加三衬字。

四出《腐叹》【双劝酒】中,"可怜辜负看书心"当作 34 双式句,而此作 43 单式句。因百师《论北曲之衬字与增句》云:

> 单式双式二者声响之不同,或为健捷激袅,或为平稳舒徐。……诗中五言七言皆用单式,古风拗句偶可通融或故意出奇,近体如用双式即为失律。词曲诸调如仅照全句字数填写而单双互误,则一句有失而通篇音节全乱。①

可见音节形式对于词曲的"旋律"很重要。汤氏在音节形式的拿捏上大抵不差,但有时亦不免失误。

八出《劝农》【八声甘州】末句应作 34 七字句,而此作"有那无头官事误了你好生涯",其【前腔】则作"村村雨露桑麻"。就前腔而言,则为减字格,无妨音节形式之为双式句;就本曲而言,如此正衬分析法,则将双式句误作单式句;但如分作"有那无头官事误了你好生涯",作 34 之七字句增一字作 44 之八字句,则合乎曲格变化之法。而徐朔方校注本之分正衬,每多不按章法,譬如此句作"有那无头官事,误了你好生涯",分为 4、3 两句,未知何所据而云然。

十出《惊梦》【皂罗袍】,如分析其句法正衬可作:

> 原来姹紫嫣红开遍,似这般(都付与)断井颓垣。良辰美景奈何天,赏心乐事谁家院。(合)朝飞暮卷,云霞翠轩;雨丝风片,烟波画船。锦屏(人)忒看的这韶光贱。②

其中第二句和末句不止有衬字还有增字,这些在冯梦龙眼里,便都是剩字累语。又【隔尾】末二句"便赏遍了十二亭台是枉然,到不如兴尽回家闲过遣。"也是多用了些衬字。又【山桃红】后半作:

> 【小桃红】转过这芍药栏前,紧靠着湖山石边。和你把领扣松,衣带宽,(袖梢儿)揾着牙儿苫,也。【下山虎】则待你忍耐温存一晌眠。(合)是那处曾相见,相看俨然,早难道这好处相逢无一言。③

上曲每句开头都有三个以上之衬字,更有衬字之外加增字者;尤其"芍药栏前""湖山石边"二句应作 23 之五字单式句,此作双式音节之四字句,更不合调法。又【绵搭絮】其首句"雨香云片,才到梦儿边"本是七字句,自《浣纱记》作"东风无赖,又送一春过"在首句第四字下一截板后分作四、五两句,诸家皆仿之,便成新体。但诸家于首句第四字皆不用韵,如《长生殿》"这金钗钿盒,百宝翠花攒"亦然。又此曲末句诸家皆作 43 七字句,而汤氏于此作"坐起谁忺,则待去眠",亦因第四字用韵而破为四、三两句矣。

十二出《寻梦》【忒忒令】末句应是 23 五字句,此作"线儿春甚金钱吊转",其中吊字作衬不自然。【月上海棠】中"阳台一座登时变",应为 22 双式四字句,此作 43 七言单式句,不合调法。

由上面这些例证,一方面可以看出冯氏所谓"剩字累语"的情况和汤氏有时对句式未检点的地方;而

---

① 郑师因百(骞)《论北曲之衬字与增字》,《幼狮学志》第 11 卷第 2 期(1973 年 6 月),第 8 页。
② 华玮、江巨荣点校《才子牡丹亭》,台湾学生书局 2004 年版,第 120 页。
③ 华玮、江巨荣点校《才子牡丹亭》,台湾学生书局 2004 年版,第 121 页。

若谓句首加三个衬字就算"剩字",则《牡丹亭》中正不烦枚举,只是这一来也太为难汤氏了。

而将《牡丹亭》的音律说成宫调舛错、曲牌讹乱、联套失序这样严厉批评的是吴梅先生,其《顾曲麈谈·论南词作法》云:

> 玉茗"四梦",其文字之佳,直是赵璧随珠,一语一字,皆耐人寻味。惟其宫调舛错,音韵乖方,动辄皆是。一折之中,出宫犯调,至少终有一二处。学者苟照此填词,未有不声律怪异者。在若士家藏元曲至多,但取腕下之文章,不顾场中之点拍。若士自言曰:"吾不顾捩尽天下人嗓子。"噫!是何言也!故读"四梦"者,但当学其文,不可效其法。尤西堂目"四梦"为南曲之野狐禅,泂然!用特表而出之。

> 前曲与后曲联缀之处,不独与别宫曲联络有卑亢不相入之理,即同宫同调亦有高低不同者。同一商调也,【金梧桐】之高亢,与【二郎神】之低抑,相去不可以道理计也。故自来曲家,卒未有以此二曲联为一套者。《牡丹亭·冥誓》折所用诸曲,有仙吕者,有黄钟宫者,强联一处,杂出无序。《纳书楹》节去数曲,始合管弦。以若士之才,而疏于曲律如是,甚矣填词之难也。①

又其《曲学通论》云:

> 词牌诸名,备载各谱。兹所谓体式者,盖自来沿误之处,自应辨别而已。每一牌必有一定之声,移动不得些微。往往有标名某宫某曲,而所作句法全非本调者。令人无从制谱,此不得以不知音三字诿罪也。(此误《牡丹亭》最多,多一句,少一句,触目皆是。故叶怀庭改作集曲也。)②

王季烈《螾庐曲谈》卷二《论作曲》云:

> 玉茗"四梦",其文藻为有明传奇之冠,而失宫犯调,不一而足。宾白漏略,排场尤欠斟酌。

> 玉茗"四梦",其所填之曲,每不依正格。多一字,少一字;多一句,少一句,随处皆是。

> 玉茗"四梦"排场俱欠斟酌。《邯郸》《南柯》稍善,而《紫钗》排场最不妥洽。③

> "玉茗四梦"往往于平、上、去韵之间,参杂入声韵一二字,则其入声字必依北曲之歌法歌之,方可叶韵,殊不足以为法也。

由上录加上前引吴氏论衬字,可见吴氏认为《牡丹亭》在曲律上有出宫犯调、联套无序、句法错乱和

---

① 吴梅《顾曲麈谈》,收入王卫民编校《吴梅全集·理论卷上》,河北教育出版社2002年版,第69、63—64页。
② 吴梅《曲学通论·十知》,收入王卫民编校《吴梅全集·理论卷上》,第193页。
③ 王季烈《螾庐曲谈》,台湾商务印书馆1978年版,卷2,第2、11、32页。

衬字失度等毛病。王氏亦谓其失宫犯调、句法无度、排场不妥。则《牡丹亭》曲律上的缺失，在越往后的人眼中，似乎是"越来越严重"。

以下且来检验《牡丹亭》是否果然"宫调舛错，曲牌讹乱，联套失序"。

第二出《言怀》【真珠帘】，叶堂《纳书楹曲谱》改作【绕池帘】。

第三出《训女》【玉山颓】，沈自晋《南词新谱》作【玉山供】，谓【玉抱肚】犯【五供养】。吴梅《南词简谱》题【玉山颓】，乃据吕士雄《南词定律》，亦作【玉抱肚】犯【五供养】。

第五出《延师》【浣沙溪】，《纳书楹曲谱》改作【捣练子】。《南词定律》《南词简谱》作【浣溪纱】。此止用前半四句。【锁南枝】，《纳书楹曲谱》改作【孝南枝】，谓【孝顺歌】犯【锁南枝】。《南词定律》、《南词简谱》引《琵琶记》曲，此合之。

第六出《怅眺》【番卜算】，《九宫大成》、《南词简谱》作【卜操作数】。简谱云："此与诗余同。旧谱又有【番卜算】一体，句法与此同，不当别立一格。"①又【锁寒窗】，《南词新谱》云："【锁窗寒】与诗余不同，今作【锁寒窗】，非也。"②

第七出《闺塾》【掉角儿】，《南词简谱》南仙吕过曲即引此曲为例，作【掉角儿序】。③

第八出《劝农》之联套如下：双调引子【夜游朝】外—【前腔】生、末—双调过曲【普贤歌】丑、老旦—羽调过曲【排歌】外—仙吕过曲【八声甘州】外—【前腔】外—双调过曲【孝白歌】净、合—【前腔】丑、合—【前腔】旦、老旦、合—【前腔】老旦、丑—北借作南尾【清江引】众合。计用双调、羽调、仙吕、双调等四个宫调。《南词简谱》引此【孝白歌】第四支作式，题作【孝金歌】为集曲。按此出排场类似《长生殿·禊游》，而《长生殿》但用仙吕入双调【夜行船序】套，不入其他宫调。又【夜游朝】，徐朔方笺校谓当作【夜游湖】；又《南词简谱》收【孝白歌】第四支改题【孝金歌】，以【孝顺歌】犯【金字令】。

第十出《惊梦》之联套如下：商调引子【绕池游】旦、贴—双调过曲【步步娇】旦—仙吕【醉扶归】旦—【皂罗袍】旦、合—双调过曲【好姐姐】旦、合—【隔尾】—商调过曲【山坡羊】旦—越调集曲【山桃红】生—中吕过曲【鲍老催】末—越调集曲【山桃红】生、旦合—越调过曲【绵搭絮】—旦【尾声】旦。计用双调、仙吕宫、商调、越调等四个宫调。其间排场有所转折。

第十四出《写真》，首用正宫过曲【刷子序犯】，至【玉芙蓉】转入越调集曲【山桃红】，再转入中吕过曲【尾犯序】，计用三个宫调。其间排场无转折。

第十五出《虏谍》用北曲南吕【一枝花】、双调【北二犯江儿水】，【北尾】成套。按北南吕套、以【一枝花】、【梁州第七】、【尾声】为基本形式，散套中使用极多，但剧套无用之者，以太短故也。【一枝花】之后接以【梁州第七】，例外甚少；此另作【二犯江儿水】，虽可南调北唱，为若士始创，但宫调毕竟不同。

第二十出《闹殇》之联套如下：双调引子【金珑璁】贴—仙吕引子【鹊桥仙】旦—商调过曲【集贤宾】旦—【前腔】贴—【前腔】旦—【前腔】老旦—【啭林莺】老旦—【前腔】旦—仙吕入双调【玉莺儿】旦—【前腔】旦—越调集曲【忆莺儿】外、老旦—【尾声】旦—南吕过曲【红衲袄】贴—【前腔】净—【前腔】老旦—【前腔】外—【意不尽】外。按此出用曲两套，商调套混入仙吕入双调【玉莺儿】二支，排场未转折，又加入越调集曲【忆莺儿】写杜丽娘临终，诀别父母，因其为集曲，有独立排场之作用。

---

① 吴梅《南北词简谱》，收入王卫民编校《吴梅全集》，卷6，第343页。
② 沈自晋《南词新谱》，收入王秋桂主编《善本戏曲丛刊》，第436页。
③ 吴梅《南北词简谱》，收入王卫民编校《吴梅全集》，卷6，第357—358页。

第二十一出《谒遇》用仙吕过曲【光光乍】、越调过曲【亭前柳】、中吕过曲【驻云飞】、南吕过曲【三学士】，计用宫调四种，无关排场转换。

第二十三出《冥判》用北曲仙吕【点绛唇】套，计十曲，大抵合北曲联套规矩；惟其中【混江龙】【后庭花滚】运用增加滚调，衍为长篇，以逞才情，为若士所创；此后《长生殿·觅魂》，尤侗《读离骚》首折，蒋士铨《临川梦·说梦》、黄韵珊《帝女花·散花》，吴锡麒《有正味斋》散曲"中元夕观盂兰会"仙吕【点绛唇】套，皆为模仿《冥判》之作。

第二十四出《拾画》用中吕过曲【好事近】、正宫过曲【锦缠道】、中吕过曲【千秋岁】联套。不合章法。

第二十六出《玩真》次曲商调过曲【二郎神慢】按联套章法，应作首曲。其后【莺啼序】与【集贤宾】连用，吴梅《南词简谱》谓"【莺啼序】与【集贤宾】腔格相似，凡用【集贤宾】者不必再联用【莺啼序】"。①

第二十七出《魂游》用商调过曲【水红花】接越调过曲【小桃红】诸曲由旦唱，不合章法。

第二十八出《幽媾》在南吕套曲【懒画眉】与【浣沙溪】之间插入商调过曲【二犯梧桐树】，不合章法。又南吕过曲【宜春令】之后，转入中吕过曲【耍鲍老】接黄钟过曲【滴滴金】，均不合章法。

第二十九出《旁疑》双调过曲【步步娇】二支，接中吕过曲【剔银灯】二支，再接仙吕过曲【一封书】，其间排场无明显转折，不合章法。【一封书】《南词简谱》引此，作黄钟集曲【画眉带一封】。

第三十出《欢挠》南吕过曲【称人心】、【绣带儿】下接正宫过曲【白练序】等曲，其间排场未转折，不合章法。

第三十七出《骇变》南吕过曲【朝天子】下接正宫过曲【普天乐】，不合章法。

第四十出《仆侦》南吕过曲【金钱花】下接中吕过曲【尾犯序】，不合章法。

第四十一出《耽试》，联套作：商调引子【凤凰阁】净—仙吕过曲【一封书】净—黄钟过曲【神仗儿】生—中吕集曲【马蹄花】生—【前腔】净—黄钟过曲【滴溜子】外—【前腔】净。由黄钟宫转入中吕宫，排场未转，不合章法；但中吕之后再转入黄钟则排场已转，合章法。

第四十六出《折寇》联套如下：黄钟过曲【破阵子】外—仙吕集曲【玉桂枝】外—南吕过曲【浣溪沙】末—仙吕集曲【玉桂枝】外—中吕集曲【榴花泣】外、末—【尾声】末。排场未转而宫调四用，不合章法。

第四十九出《淮泊》联套如下：南吕引子【三登乐】生—正宫过曲【锦缠道】生—仙吕过曲【皂罗袍】丑—【前腔】丑—商调集曲【莺皂袍】生。仙吕以下排场无明显改变，不合章法。

以上举二、三、五、六、七等五出以"窥豹一斑"，见其在曲牌方面之可议者。此后至五十五出，其宫调舛错、联套失序者，居然有十七出之多，也难怪吴梅有那样的批评。大抵说来，《牡丹亭》之联套，亦如明人戏文，以一般异调联套和迭腔联套为主要；只是其套中所用曲牌每忽略同宫调同管色之基本法则，以故导致宫调舛错之讥。

三、《牡丹亭》难于用昆山水磨调演唱

最后说《牡丹亭》难于用昆山腔演唱的有王骥德《曲律》卷四《杂论第三十九下》云：

---

① 吴梅《南北词简谱》，收入王卫民编校《吴梅全集》，卷9，第672页。

临川尚趣,直是横行。组织之工,几与天孙争巧,而屈曲聱牙,多令歌者龉舌。①

张琦《衡曲麈谭》云:

> 今玉茗堂诸曲,争脍人口,其最者,杜丽娘一剧,上薄《风》《骚》,下夺屈宋,可与实甫《西厢》较胜,独其宫调半拗,得再调协一番,辞、调两到,讵非盛事与?惜乎其难之也。

> 近日玉茗堂杜丽娘剧,非不极美,但得吴中善按拍者调协一番,乃可入耳。惜乎摹画精工,而入喉半拗,深为致慨。若士兹编,殆陈子昂之五言古耶?②

沈宠绥《弦索辨讹·序》云:

> 临川胸罗二酉,笔组七襄,玉茗四种,脍炙词坛,特如龙脯不易入口,宜珍览未宜登歌,以声律未谐也。③

万树《念八翻·番订》之《眉批》云:

> 义仍先生,词情妙千古,而于曲调则多聱牙。吴中老伶师加以剪裁垛叠之功,方可按拍。故《牡丹》剧,非有秘本授受,不能登场。④

以上四家,皆在说明《牡丹亭》难于用昆山水磨调演唱。

但我们要弄清楚所谓"昆腔",就其广义而言实包括"昆山土腔""昆山腔""水磨调"三个演进阶段,而今日之所谓"昆腔""昆曲""昆剧"之腔调自是专就"水磨调"而言。即就"昆剧"而言,亦有广狭二义,广义指"水磨调"创发之前用昆山腔歌唱的"南戏"和其后用"水磨调"歌唱的"戏曲",其狭义自是今日专指用"水磨调"歌唱的戏曲。⑤

而"腔调"是方言的语言旋律,而作为内部构成成分并影响"腔调"的因素有字音的内在要素、声调的组合、韵协的布置、语言的长度、音节的形式、意义的形式、词句结构的方式等七种,这七种因素固然影响自然音律,同时也是凭借作为人工音律的要件。而我们知道"昆山水磨调"是经由像魏良辅那样不世出的音乐家和像梁辰鱼那样杰出的戏曲音乐文学家,用极为敏锐的感悟力和极为精细的分析力所创造出来的,也就是他们除了掌握自然音律的奥妙之外,同时也运用人工音律的成果,将语言旋律与音乐旋律的配搭达到融合无间的境地。也因此在适应"昆山水磨调"的戏曲作品中,自然要讲究"字音内在要素"等七

① 王骥德《曲律》,《中国古典戏曲论著集成》第4册,中国戏剧出版社1959年版,第165页。
② 张琦《衡曲麈谭》,《中国古典戏曲论著集成》第4册,第270、275页。
③ 沈宠绥《弦索辨讹》,收入《中国古典戏曲论著集成》第5册,中国戏剧出版社1959年版,第19页。
④ 万树《念八翻传奇》,《拥双艳三种曲》,收于《久保文库》第738册,清康熙二十五年檠花别墅刊本,第27页。
⑤ 曾永义《从昆腔说到昆剧》,《台静农先生百岁冥诞学术研讨会论文集》,台湾大学中文系编印,2001年,收入拙著《从腔调说到昆剧》,第182—260页。

项因素;也因此,曲牌规律化,字数、语句长短外,声调律、协韵律、对偶律,乃至于曲牌性格的选择、曲牌联缀间板眼过脉的灵动、宫调笛色的考虑,也都随着昆山腔、昆山水磨调的艺术提升而越来越考究,否则声情词情间便会扞格不适,甚至于歌唱时产生拗喉捩嗓的现象。

然而根据顾起元《客座赘语》可以考见昆山水磨调真正崛起而逐渐称霸歌场与剧坛是在万历以后;① 请看用水磨调歌唱的"传奇"剧本,皆为万历以后刊本,亦可证明此种现象。而汤显祖《牡丹亭》是在万历二十六年戊戌(1598)秋天,汤氏四十九岁时写成的。② 虽然那时昆山水磨调已流布广远,也有流布到宜黄的迹象,③但汤显祖在《答凌初成》书中有"不佞生非吴越通"④的话语,所以他写作《牡丹亭》乃至《四梦》时,不理会吴门诸谱律家为水磨调所讲究的格律,是很自然的事;亦即就体制剧种而言,他尚属宋元戏文进化至明初,经北曲化和文士化的"新戏文"而非进一步经昆山水磨调化、吕天成《曲品》中所谓之"新传奇",也就是现在戏曲史所说的"传奇"。⑤ 就腔调剧种而言,如用"昆山水磨调"来歌唱,尚无法避免"拗喉捩嗓"的毛病。亦即如果他坚持用"新戏文"的体制格律去创作,而不拘于吴江三尺之法,则自然不合乎昆山水磨调之板眼而难于歌唱了。

笔者关于《牡丹亭》的另外两篇:《〈牡丹亭〉之排场三要素》《〈牡丹亭〉是"戏文"还是"传奇"》,前者藉用构成排场三要素之"关目布置""脚色运用""套式建构",说明其全剧之内在结构"排场艺术"未臻妥帖,尚多新南戏之习染;后者旨在说明由"南戏"蜕变为"传奇"所需之"三化":北曲化、文士化、昆山水磨调化,《牡丹亭》尚缺少昆山水磨调化,因从文献考查,有清楚的证据:

其一,万时华《溉园诗集》卷三《棠溪公馆同舒苞孙夜酌二歌人佐酒》云:

> 野馆清宵倦解装,村名犹识旧甘棠。松邻古屋□华□,虎印前溪月影凉。寒入短裘连大白,人翻新谱自宜黄。酒阑宜在嵩山道,并出车门夜未央。⑥

其二,熊文举《雪堂先生诗选·宜伶秦生唱〈紫钗〉〈玉合〉备极幽怨感而赠之》,其第五首云:

> 凄凉羽调咽霓裳,欲谱风流笔研荒。知是清源留曲祖,汤词端合唱宜黄。

---

① 顾起元《客座赘语》卷九"戏剧"条:"南都万历以前,公侯与缙绅及富家,凡有宴会小集,多用散乐:或三四人,或多人唱大套北曲;乐器用筝纂、琵琶、三弦子、拍板。若大席,则用教坊打院本:乃北曲大四套者,中间错以撮垫圈、舞观音,或百丈旗,或跳队子。后乃变而用南唱:歌者祇用一小拍板,或以扇子代之;间有用鼓板者。今则吴人益以洞箫及月琴,声调屡变,益发凄惋,听者殆欲堕泪矣。大会则用南戏:其始止二腔,一为弋阳,一为海盐。弋阳则错入乡语,四方士客喜阅之;海盐多官语,两京人用之。后则又有四平,乃稍变弋阳,而令人可通者。今又有昆山,较海盐又为清柔而婉折,一字之长,延至数息。士大夫禀心房之精,靡然从好,见海盐等腔,已白日欲睡,至院本北曲,不啻吹篪击缶,甚且厌而唾之矣。"中华书局1987年版,卷9,第303页。
② 见徐朔方《汤显祖年谱》,上海古籍出版社1979年版,第138页。
③ 汤显祖《唱二梦》诗:"未学依歌小楚天,宜伶相伴酒中禅。缠头不用通明锦,一夜红毡日百钱。"所谓"宜伶相伴","未学依歌",大概是指演员从海盐腔或宜黄腔的基础上习唱昆山腔的情况。"依歌"指的就是吴依软语的昆山腔。
④ 徐朔方笺校《汤显祖全集》,第1442页。
⑤ 《牡丹亭》尚属"新戏文",即就其第二出但由生脚开场"言怀",但用一支引子与一支集曲组场来观察,与"传奇"之必用大场应之,显然有很大差别。也就是说《牡丹亭》尚保持戏文开场模式。
⑥ 万时华《溉园诗集》,收入《丛书集成》,上海书店1994年版,续编辑部第177册,见中研院文哲所参考室《豫章丛书》,第674页。然此版本字迹第三句字迹不甚清晰,经请教江西艺术研究所研究员苏子裕先生,所提供信息为江西省图书馆藏1923年南昌退庐刻本得知内容为"松乡古屋霜华净"。

诗有注云：

> 宜黄有清源祠，祀灌口神，义仍先生有记。予拟《风流配》，填词未绪。①

以上两段数据，万时华，字茂先，明万历间江西南昌人，以文名闻海内几数十年。熊文举，江西新建人，明崇祯进士。他们两人皆籍隶江西南昌府（新建为属县），所言"人翻新谱自宜黄"和"知是清源留曲祖，汤词端合唱宜黄"自是可以据以说明，海盐腔流传到江西宜黄后，终于被融入江西宜黄土腔而流传在外被称为"宜黄腔"；而汤显祖"临川四梦"用宜黄腔歌唱，其江西同乡已如是说，且此处"宜伶"自是汤氏诗文集中一再提及的"宜伶"，都是指宜黄地方唱宜黄腔的伶人，今人实可不必再为"四梦"是否曾用宜黄腔演唱而争论不休了。甚至于宜黄腔之所以能留播驰名，实有赖于其"载体"——"四梦"之盛名。

熊文举诗第三首云：

> "四梦"班名得得新，临川风韵几沉沦。为君掩抑多情态，想见停毫写照人。

按万历四十二年（1614），汤显祖派遣宜伶赴安徽宣城梅鼎祚家乡演出，梅氏《答汤义仍》云："宜伶来三户之邑，三家之村，无可援助。然吴越乐部往至者，未有如若曹之盛行，要以《牡丹》、《邯郸》传重耳。"正可说明这种现象。② 也就是说《牡丹亭》等"四梦"原本用"宜黄腔"来歌唱，尚为未及昆山水磨调化，而实为明人之"新南戏"。

结　语

汤显祖为有明一代最受瞩目的戏曲家，是不争的事实。他受批评缘于不守吴江律法，他受推崇由于曲词高妙杰出。而由上文论述，我们知道，汤显祖的戏曲观，乃至于文学艺术观，无不以自然臻于高妙。所以他所顾及的不完全是谱律家斤斤三尺的"人工音律"，而重视的是"歌永言，声依永"，发乎"情志"的"自然音律"；加上他的《牡丹亭》根本不为水磨调而创作，只为宜伶传习的"宜黄腔"而施之歌场；所以如果执着于考究声调律、协韵律，乃至于宫调联套等律则来衡量《牡丹亭》，甚至于以此等律法打成的工尺谱来歌唱《牡丹亭》，则自然要平仄失调、韵协混押、宫调错乱、联套失序，终至"拗折天下人嗓子"。而我们也知道，音律之道玄妙无比，高才颖悟者，自能运用灵动，随心所欲；如若欲执以为是之"不二法"以"吹毛求疵"，则尽古今之律法家，亦必"作法自毙"。因之，我们于明清戏曲论者所哓哓不休的"牡丹亭音律"，也就不必过分重视了。

---

① 馆藏（中研院、台大图书馆）熊文举《雪堂先生诗选》，据清初刻本，首都图书馆藏，收入《四库禁毁丛刊补编》第八十二册，北京出版社 2005 年版，收有《雪堂先生诗选》四卷、《耻庐近集》二卷，然首页卷首写"以上原缺"；翻检原书，并无此诗，此据苏子裕《中国戏曲声腔剧种考·海盐腔源流考论》（新华出版社 2001 年版），第 14 页；并请教苏先生所据文献来源为《雪堂先生诗选》之三《侣鸥阁近集》卷一，清康熙刻本，江西省图书馆藏善本书。

② 以上参考苏子裕《中国戏曲声腔剧种考·海盐腔源流考论》，第 14 页。

凡文以意趣神色为主

——再谈"汤沈之争"的戏曲史意义

黄仕忠

一

　　1930 年,日本学者青木正儿(1887—1964)出版了《支那近世戏曲史》,[①]在第九、十章"昆曲极盛时代之戏曲"中,描述了万历至康熙初年的戏曲史,引录了汤显祖和沈璟在曲学看法上的分歧意见,亦即首次在戏曲史著作中揭示出"汤沈之争"的存在,并且厘定了以沈璟为首的"吴江一派"(第九章第二节)和汤氏影响下具有流派特征的"玉茗堂派"(第十章第二节),各设专节论述。

　　青木正儿所说的"汤沈之争",主要引述了明代王骥德的看法:"临川之于吴江,故自冰炭。吴江守法,斤斤三尺,不欲令一字乖律,而毫锋殊拙;临川尚趣,直是横行,组织之工,几与天孙争巧,而屈曲聱牙,多令歌者龃舌。吴江尝谓:'宁协律而不工,读之不成句,而讴之始协,是为中之之巧。'曾为临川改易《还魂》字句之不协者,吕吏部玉绳(郁蓝生尊人)以致临川。临川不怿,复书吏部曰:'彼恶知曲意哉! 余意所至,不妨拗折天下人嗓子!'其志趣不同如此。郁蓝生谓临川近狂,而吴江近狷,信然哉。"(载《曲律》卷四"杂论第三十九下")王骥德的陈述,让人看到了双方观点立场的对立,针锋相对,几于水火不容。由于此一争议事关重大,晚明及清初曲论家,几乎都曾发表过意见:或是认同沈氏曲学,或是仰慕汤剧文采,或是作调和之论,更多的则是借此以表达自己的戏曲主张,从而让汤沈之争显得愈发热闹。

　　青木正儿是把汤沈之间的争议放置在晚明至清初的广阔背景下来展开论述的,寓示着此一论争对于晚明及清初戏曲发展史的意义。青木之后,特别是二十世纪五十年代以来,"汤沈之争"已经成为研讨或撰写明代戏曲史时不能绕过的问题之一;而近人关于"汤沈之争"的各种意见,实际上是在青木氏所搭建的框架之内展开的,大致可分为三类:[②]

　　一是对立说。即罗列双方观点、阵容,从形同水火的对立立场加以分析评价。尤其是二十世纪五十年代以来,论者多是从文学史和思想史角度,扬汤而抑沈。[③]

　　二是调和说。明吕天成即已提出:"倘能守词隐先生之矩矱,而运以清远道人之才情,岂非合之双美

---

　　① 京都弘文堂,1930 年 4 月。中译本作《中国近世戏曲史》,有郑震节译本,上海北新书局 1933 年版;又有王古鲁全译本,上海商务印书馆 1936 年版。复有增补修订本,署王古鲁译著,上海文艺联合出版社 1954 年版;后经蔡毅校订,有北京中华书局 2006 年版。

　　② 据笔者在学术期刊网上的检索,直接讨论汤沈之争的论文在 20 篇以上,间接论及者则更多,此外尚有各类著作论及,各家讨论的角度、探究的具体问题也是多种多样的。关于此一专题各家之说的细致分析归纳,可参见刘淑丽《建国以来"汤沈之争"研究综述》,载《戏曲艺术》2008 年第 3 期。由于本文非全面讨论汤沈之争,故以下申述己见时,凡学者已有讨论的问题从略。

　　③ 如张庚、郭汉城《中国戏曲通史》即称:"沈璟的带有形式主义倾向的'声律论'和'本色论',在晚明那个阶级矛盾尖锐,意识形态上的斗争也趋于尖锐化的时代,只能把剧作家引向迷途,使他们沉醉于形式的推敲,追求一种'步趋形似'的境界,而忘掉充满惊心动魄斗争的现实。"见中国戏剧出版社 1981 年版,第 129 页。

者乎?"(见《曲品》卷上)即所谓合则"双美"之说。今人亦以为沈氏之曲学冠称于时,贡献良多,然文采终归稍逊;而汤氏才情超迈,文采迥乎不可及,但曲律亦不可无视,故各有贡献,亦各有不足,终以"合则双美"为依归。①

三是消解论。认为原本就不存在实际的争执,所谓形同水火的争论,是王骥德等人构建出来的,而不是事实。沈氏并非不讲内容文采,临川亦不曾无视曲律。"硬要把这两个意趣虽有差异而并非不可调和又从未相互攻击的人物扯在一起,说他们之间有一场'势同水火,剑拔弩张'的'斗争',确乎和历史的真实相距太远。"②这种消解论出现于八十年代初,也可以说是旨在改变自二十世纪五十年代开始的强调思想史意义的背景下贬沈扬汤局面,从而为沈璟于戏曲史贡献的正面评价,争取了空间。

笔者曾写过《明代戏曲的发展与汤沈之争》(载《文学遗产》1989 年第 6 期)一文,剖析了汤、沈两人之间具体存在的分歧意见,并从明代戏曲发展史的角度,讨论这一争议产生的背景与影响,指出:"汤沈之间的具体的争执,与当时人们理解和评论中的汤沈之争,以及对戏曲发展史产生巨大影响的汤沈之争,实际上是三个紧密联系的不同层次的概念。这三者混淆不明,是评论界聚讼纷纭而莫衷一是的主要根源之一。""汤沈之争的意义不在于解决了什么问题,也不在于判定了其间的高下对错。它的意义在于给人们以启示。汤氏从创作论角度的把握和沈璟从尊重戏曲特性出发的要求,即是他们从不同角度对戏曲创作和理论的积极思考。""尽管汤沈之争被简化成文采与曲律之争而有悖原义,但优美的戏曲语言与戏曲曲律枷锁的矛盾关系的处理,也的确是任何一个戏曲作家都不能回避的问题,因而它对创作的影响也是切实存在的。"

将近 30 年之后,再来回顾旧文,我的基本结论依然未变,但其中的许多问题还可以从新的角度作出解释。如果从古代戏曲发展史和戏曲在不同历史阶段社会地位变迁的角度来看,关于汤沈之争,以及汤、沈二人对于中国戏曲史的意义,还可以作出新的诠释。

二

明万历二十六年(1598),江西临川人汤显祖(1550—1616)所写的《牡丹亭记》问世,③不数年间,就传遍大江南北,一时"家传户诵,几令《西厢》减价"(明沈德符《万历野获编》)。从明代传奇戏曲发展史的角度来说,汤氏《牡丹亭》的出现,标志着"传奇"这种明代文人手中的新文体,在文学成就上达到了巅峰。这里的核心词,即是文体、文学,而所蕴含的意义,则更为广泛。

戏曲是一种以舞台演出为中心的艺术活动,这在今天的戏曲研究者看来,属于常识。但这种"常识",是近代以来用西方文学思想为基础建立起来的,而并不是中国固有的状态。在西方的文学观念中,戏剧、诗歌、小说,是文学的主要体裁,也是文学史的主要内容。所以日本明治学者最早在戏曲小说研究领域作出开拓;王国维早年治戏曲,亦是痛感"中国文学之最不振者,莫戏曲若",而力图有所改变,遂有

---

① 自吕天成对"汤沈之争"作"双美"论,晚明及清初曲家多承其说。青木正儿在《中国近世戏曲史》中亦称:"汤氏艺术天分甚高,其意之所及,克纵逸荡之笔,奔放自在,虽往往有失音律,泰然不顾也。沈氏妙解音律,守曲律甚严,一字一韵不苟。"见上海文艺联合出版社 1958 年版,第 211 页。今人的论述,角度或有不同,其指向则大致相同。

② 周育德《也谈戏曲史上的"汤沈之争"》,载《学术研究》1981 年第 3 期,并收录于《汤显祖论稿(增订版)》,上海人民出版社 2015 年版,第 351 页。类似的观点,亦见于叶长海《汤学刍议》所收《汤显祖的曲学理论》、《沈璟曲学辩争录》(原载《文学遗产》1981 年第 2 期),上海人民出版社 2015 年版。

③ 此剧完成时间存在分歧意见。本文据徐朔方先生的观点,参见《汤显祖年谱》及该谱所附《玉茗堂传奇创作年代考》,见《徐朔方集》第四卷,浙江古籍出版社 1993 年版,第 379、484—488 页。

《曲录》《古剧脚色考》《宋元戏曲史》等一系列著述问世。[①] 正是明治学者和王国维、吴梅等人的共同努力，才让戏曲作为一门独立的学科得到了主流学术的认同。[②] 所以我们今天可以进而讨论戏曲（戏剧）的本质是什么，以为文学只是戏曲的构成要素之一。但是，在传统中国人眼中，戏曲是不登大雅之堂的。尤其在明清时代，戏曲在获取文人阶层认同的过程中，经历了一个痛苦的蜕变：让文人从俯视变成平视，让一种民间伎艺变为文人手中的新文体，进而能够与主流文学并称，得到主流社会的认可，然后戏曲活动才能独立于文人而发展，渐进地完成从作家与文学为中心向以演员和声腔舞台为中心的转变。[③]

我认为，元杂剧一本四折、一人主唱的体制，有利于文学表达，但并不是充分舞台化的表现形式。从舞台表演为中心的意义上说，这仍是带着浓厚的说唱形式印记的"畸形的体制"。但正是这种特别的体制，让剧曲文学得到了充分的发挥，使之在文学上一新耳目，并且与汉魏乐府及其音乐传统，唐诗、宋词的文学传统，以及社会对诗词等正统文学的欣赏习惯（审美习惯）合而为一，确立唐诗、宋词、元曲并列的概念。文人学士用"乐府"指称元曲，即是借助正统文学体裁而使新生的元剧获得合理性。元杂剧这种形式，较诗词通俗，较民间说唱、杂伎雅致，在元蒙统治的时代恰好易于得到主流社会的认可，所以很快进入宫廷，成为娱乐的主流。不过，到了元代后期，随着演剧的进展，杂剧一人主唱体制的局限日益明显，成为杂剧创作衰退的内在原因之一。南方的文人剧作家进而关注本地土生土长的南戏，出现了"荆刘拜杀"和《琵琶记》，使南戏这种众角皆唱、适合舞台表现的戏曲样式，在文学上也取得了堪以媲美北曲杂剧的长足进步。特别是永嘉高则诚，以进士身份，在元亡前数年撰写了《琵琶记》，其中《糟糠自厌》《祝发买葬》等出，即是充分借鉴《汉宫秋》《梧桐雨》第四折的表现手法，亦即吸收了元杂剧的文学成就，从而"用清丽之词，一洗作者之陋"，使"村坊小伎进与古法部相参，卓乎不可及已"（徐渭《南词叙录》）。但南戏的上升过程，因为元朝的灭亡而中断。在明初，杂剧依然得到宫廷和藩府的认可，而南戏却迟迟未能跻身上流社会。如明太祖朱元璋虽然欣赏《琵琶记》，却又认为作者作南曲，是"以宫锦而制鞵"，命教坊改为北调演出（见徐渭《南词叙录》）。在明代，南戏传奇要像杂剧那样获得主流社会的认可，就必须取得文人士子的关注与参与；单纯作为表演艺术的戏曲，无论多么优秀，也都只能获得一般的观赏娱乐，而不会得到社会主流阶层的认同与参与。

换言之，只有当传奇戏曲成为文人自己的东西，成为他们手中的新文体，才能在得到文人的广泛参与之后，通过文学成就的突破，实现主流社会对戏曲的全面认同。所以，从文人对戏曲的关注和文体发展史的角度，可以看到明代南戏传奇经历了一个明显的变化轨迹：

大约在正统五年至九年前后（1440—1444），出现了《伍伦全备记》，其宗旨即是借戏曲这种能为大众所接受的形式，来传扬伦理道德。此剧为官至大学士的名臣邱濬（1421—1495）在景泰元年初次会试落第时所撰。[④] 作者是从主流意识出发，居高临下地注意到了戏曲的教化作用，而剧本的写作则仍然按照民间的套路。随后，到正德年间（1506—1521），宜兴老生员邵璨撰写了《香囊记》，另外两位江苏的老生员

---

① 参见黄仕忠讲评本《宋元戏曲史》前言，凤凰出版社 2010 年版。

② 参见拙文《借鉴与创新——日本明治时期中国戏曲研究对王国维的影响》，《文学遗产》2009 年第 6 期。

③ 关于此问题，请参见拙文《中国戏曲之发展与分期》，收录于《中国戏曲史研究》，中山大学出版社 1997 年版；又康保成、黄仕忠、董上德《戏曲研究：徜徉于文学与艺术之间》，《文学遗产》1999 年第 1 期。

④ 据韩国汉阳大学吴秀卿教授最新发现的文献，证实此剧系邱濬撰于景泰元年庚午（1450）。其说在"曾永义先生学术成就与薪传国际学术研讨会"（台湾大学，2016 年 4 月）上发表，论文尚未正式刊行。按邱濬年十九为诸生，正统九年（1444），举广东乡试第一。十二年赴京参加会试，不第。入太学。景泰五年（1454）举进士。

钱西清(青)和杭道卿也参与了此剧的改订,①他们在认同《伍伦全备记》倡导的利用戏曲体裁教化大众的同时,又从自己的喜好角度出发,用写八股文的方式来撰剧,而无意关心戏曲本身的特性,于是开启了"文词派"一脉。其后,在嘉靖间,山人郑若庸作《玉玦记》,用剧作来抒写文人韵事,更把骈四俪六、堆砌典故的写作方式推到了极致。今人或会批评他们对戏曲特征的漠视,真实原因乃在于他们对戏曲明显是用俯视的态度。至嘉靖末,梁辰鱼撰写《浣纱记》,进而用剧作来表达对历史的思考,而且有着明确的"史"的写作意识,如"不用春秋以后事"(据徐复祚《曲论》)。梁氏之作,通常视为第一部为昆山腔而写的剧本,即"传奇"这一体裁的开山之作,我认为,也可以说它是明代文人自觉地将"传奇"作为一种属于自己的新文体来抒写情怀的开端。从文人"新文体"这一路行进,到万历中叶,已是作者涌动,创作勃兴。从文体学的角度来说,传统的古体或近体诗,适于表达主流的思想意识,对内心情感作正面的抒写,词之产生,原是表达个人内心私密的情怀,文言小说则仍受制于史传一路的习惯制约,唯有戏曲,可以"借他人之酒杯,浇心中之垒块",借事以喻,借曲以直抒胸臆,甚至指桑骂槐,而又能免却社会的责难。所以,在明代后期,文人士大夫往往在仕途失意之际或功名未遂之时,用杂剧或传奇来作为自遣的工具,遂有戏曲文学的勃兴。正是在这一背景下,汤显祖的《牡丹亭》传奇横空出世,以清丽的文笔,抒发"至情"的观念,把传奇这一文体的文学水准推到了顶峰,更为传奇创作树立了文学的标杆,让人们看到传奇可以"玩"到怎样的境界,从而引发更多文士对于戏曲创作的热情,大大推进了传奇戏曲的创作。

三

汤显祖《牡丹亭》在曲坛地位的确立,在某种意义上说,也和汤沈之争有着重要的关联。

就在《牡丹亭》撰写并开始盛传的时候,江苏吴江人沈璟(1553—1610)完成了《南曲全谱》的编纂,于万历三十四年(1606)刻印出版。② 此谱为传奇文体的创作提供了曲律规范,人称"词坛指南车";沈谱的刻印面世,堪称是昆山腔确立在曲坛主流地位的一座界碑。在这里,文人视野中曲律规范的建立,与文人传奇创作走向鼎盛,合上了同一个节奏。

因此,沈谱实际上是在万历间文士对传奇创作热情高涨的背景下起意和完成的,也是传奇新文体对新规范的呼唤所产生的结果。

明初之前,南曲无有曲谱。到嘉靖二十八年(1549),蒋孝编成《旧编南九宫谱》,将所得陈、白二氏曲谱所列的曲牌,并于南人所度曲中,取其调与谱合者,予以充实,但未标平仄音律,所以并不适合用作撰剧谱曲的依据,流传未广。也就是说,从邵璨以降,直到汤显祖"临川四梦"问世为止,这期间文人的传奇戏曲创作,并无曲谱可遵,主要是用"四大南戏"和《琵琶记》等旧剧为模板;《香囊记》等剧流行之后,也被作为新经典而被仿效,甚至其误律之处,也被作为新格式而得到仿效传承。③ 这一时期的文士剧作,不仅场

---

① 此剧作于正德年间的说法,据杭道卿(濂)之兄杭淮(1642—1538)的生平推断杭濂生年,设杭濂与邵璨年岁相近,复据"老生员"的时限,推断而来。笔者另文有考,此不赘。

② 此据徐朔方《沈璟年谱》,载《徐朔方集》第二卷,浙江古籍出版社 1993 年版,第 313 页。曲谱的编撰及完成,自在此年之前。

③ 沈璟《南九宫十三调曲谱》卷十七【簇御林】云:"'显父母'六个字妙甚,陈大声散曲云'几遍将麟鸿倩',亦是六个字。自《香囊记》云'怎能勾平步登霄汉,问苍天,人去何时返'俱用八个字,而后人遂不知六字句法矣。"又卷二十一【玉山供】云:"此调本【玉抱肚】、【五供养】合称,故名【玉山供】,自《香囊记》妄刻作【玉山颓】,使后人不惟不知【玉山供】之来历,且不知【五供养】末后一句,只当用七个字,凡见【五供养】后有用七字句者,反以为犯【玉山颓】矣。"见王秋桂主编《善本戏曲丛刊》,台北学生书局 1984 年版,第 593—594、712—713 页。

次安排和套曲、文辞上大多模仿旧剧,而且在故事结撰方面,也有着明显的模仿痕迹。在所取材的小说、野史或史传原本的情节不足以构成一剧之故事时,往往凑合不同题材的片断而成一剧,显得十分生硬。也就是说,明代文人虚构戏剧故事的能力,有一个成长的过程,他们对传奇这种新体裁的掌握,也有着一个从模仿到自如运用的过程。只是这种现代叙事学背景下形成的观念,明代人尚无自觉的意识,所以一部故事恰切、人物性格鲜明的剧作,人们通常是依照传统的诗文批评范式,归结为文辞燦然可观而已。而文辞与戏曲的关捩点,即是音律问题。对涉足传奇写作的文人作家来说,这既是一个陌生的领域,也是深感头疼却又无法回避的现实。

曲律又与声腔音乐有关,更属专门,也更显复杂。南戏最初产生于温州一带,然后向江西、福建、杭州等地拓展。到明代嘉靖年间,据祝允明《猥谈》等记载,已经有海盐、余姚、昆山、弋阳等声腔,而事实上这些声腔也并未就此固化,而是随地域而不断演化。到万历中叶之后,昆山腔的地盘迅速扩大,海盐腔、余姚腔便渐至无闻,而池州腔、青阳腔等,则在在万历末叶,号称"时尚",进入人们的视野。① 由于南方方言复杂多样,南曲戏文的演出,遂因地域和方言的不同,在音韵唱腔上有着变化。万历年间所刊印的戏曲剧本和戏曲选本,也有金陵、杭州、福建建阳等地域之别,并且对应着地域和声腔,在曲律(曲牌句式格律)上存在着具体而微的差异。② 也就是说,文人戏曲家所交往的主要是本地声腔和戏班,在撰写剧本时,主要依据本人所能收集到的文本,而这些剧本往往具有地域性,亦即受到作家所接触到的声腔条件的制约,这又影响到他们所撰剧本的音韵声律。以汤显祖为例,他虽然曾短暂任职于金陵(万历十二年至十九年,1584—1591),③秦淮河边的熏染,对他的戏曲观念、文学思想,必然会发生影响,例如他同样瞧不起江西本土的弋阳腔;但他毕竟生长于江西,并且长期与海盐腔之余绪宜黄戏班交好,所以他的剧作更多地受到江西戏班和方言土音的影响。

万历时期,金陵作为陪都,是戏曲娱乐繁盛之地,戏曲刻印的中心地,更是昆山腔的核心领地。在昆山腔这种适合文人情趣的声腔的熏陶下,江苏籍戏曲家人数多,创作多,戏曲评论也多。昆山腔原本就以"适合"或者说"迎合"文人士大夫的方式而发展起来的,文士作家在接受昆山腔表演的同时,也很自然地视之为传奇文体的唯一写作对象。也就是说,虽然众多南曲声腔并盛,但文人士大夫:"独沽一味",他们真正认可的,其实只有切合文人趣尚的昆山腔。进而言之,他们心目中的曲律,不自觉地以昆山腔为标准。这种认识,还得到了包括汤显祖在内的非吴语地区剧作家和曲论家的认可。如汤显祖曾向孙如法谦逊地表示要向吴越曲家如王骥德请教,④并自叹"生非吴越通"(载汤显祖《玉茗堂全集》尺牍卷四),承认"吴越"的优势地位,表明自己对于曲律并无自信。

因此,在汤显祖撰写四梦之时,以吴中"标准"制订的曲谱尚未问世,他当然无法预合于其规范;而文

---

① 如《新刻京板青阳时调词林一枝》(封面题"海内时尚滚调",刊于万历三十四年前后)、《鼎雕昆池新调乐府八能奏锦》(刊于万历三十六年前后)等题署,可知万历时,青阳腔、池州腔即已从弋阳腔中脱离出来,单独成腔了。又,从《鼎锲徽池雅调南北官腔乐府点板曲响大明春》、《新锲天下时尚南北徽池雅调》等书名,亦可见"徽池雅调"之称。

② 参见田仲一成《古典南戏研究——乡村、宗族、市场之中的剧本变异》,中国社会科学出版社2012年版;戚世隽《中国古代剧本形态论稿》第五章第二节"版本形态与表演形态——以〈拜月亭〉为例"也有相关论述。

③ 徐朔方《汤显祖年谱》万历十二年云:"八月初十日,就南京太常博士职";万历十九年,五月"庚辰十六日,汤显祖降徐闻县典史",载《徐朔方集》第四卷,浙江古籍出版社1993年版,第279、315页。

④ 王骥德《曲律》说:"汤令遂昌日,会(孙如法)先生谬赏予《题红》不置,因问先生:'此君谓予《紫箫》何若?'(时《紫钗》以下俱未出)先生言:'尝闻伯良艳称公才,而略短公法。'汤曰:'良然!吾兹以报满抵会城,当邀此君其削正之。'既以罢归,不果。故后《还魂记》中警梦折自白有'韩夫人得遇于郎,曾有《题红记》'语,以此。"见《中国古典戏曲论著集成》第4册,中国戏剧出版社1959年版,第171页。

人视野中对于曲律的要求,又先验地以吴中曲律为标准,并以此校验所有非吴中地区曲家的剧作,这是汤沈之争之所以发生的又一背景。

事实上,文人撰写传奇,由于不谙场上,音律便是其明显的"短板"。若以前人之剧和折子戏中的精彩唱段作为谱曲依据,也会因声腔和刻印的地域有别,哪怕所据为相同剧本,其曲牌之曲句的细微差异,便足以形成牴牾。所以应当有一个规范曲律,便是这个文人传奇正趋勃兴的时代的迫切要求。

沈璟的《南词全谱》,正是在这样的背景下催生出来的。《南词全谱》的编定,使得以文人曲家撰曲写剧时有了一个可供遵守的共同标准。此后的剧家作剧,基本上是以沈璟的曲谱或沈璟的主张为依据来进行写作的。又由于《南词全谱》事实上是以昆山腔为依据而制定的曲律标准,它的问世,也让以昆山腔为传奇之正宗的观念得到进一步的确立。

结果,江西人汤显祖的呕心沥血之作,在以昆山腔为正宗的吴语地区剧作家看来,便是凭借才华,"直是横行",完全不讲曲律。沈璟用他新定的曲律试砑时下最红之剧,发现了《牡丹亭》曲律上的问题,并作修订改删,改正其"违律"之处,使之符合曲律;与沈氏同时,浙江绍兴人吕玉绳可能也有过改本;十余年后,与苏州以太湖相通的吴兴人臧晋叔,则全面删改了临川四梦。在某种意义上说,这些也体现了吴语地区曲家自视为正宗的强势与傲慢。

而汤显祖则并不以为然,不仅反唇相讥,甚至称"余意所至,不妨拗折天下人嗓子"。他对宜伶说:"《牡丹亭记》,要依我原本,其吕家改的,切不可从。"(《与宜伶罗章二》,载汤显祖《玉茗堂全集》尺牍卷四)这从一个侧面说明,汤剧在传承自海盐腔的宜伶的演唱中,并未有"拗嗓"的问题,或者说这一问题并非那么严重。而事实上清乾隆间叶堂为汤剧订谱,使四梦完全适合于昆腔演唱,故叶氏说:"'吾不顾尽折天下人嗓子',此微言也,嗤世之盲于音者众耳。"(《纳书楹曲谱·自序》)所以汤氏剧作曲律问题,是否存在评论家们所说的那么大的问题,亦需要再作考量。[①]

由于当时两人的声望正日显隆盛,众所瞩目。当他们的言论通过不同渠道而传于外界,引起一片哗然。人们把他们显然带着意气与偏激的话语放在一起,各表已见,或从或弹,或执中调和,或借题发挥,各种观点见解一时涌现于曲坛。但填曲应当遵守曲律,也成为人们的共识,——因为不娴曲律而率尔操弧的剧作家并不在少数。只是用汤显祖来作为无视曲律的典型,自令汤氏无比郁闷,所以他在《七夕醉答君东二首》里说:"玉茗堂开春翠屏,新词传唱《牡丹亭》。伤心拍遍无人会,自掐檀痕教小伶。"(载《玉茗堂全集》诗集卷十五)

四

汤沈之争的发生,还有晚明曲家对宫调曲律和用韵的不同理解有关。

先说曲律。

所谓的曲律,是指文字如何适应既有的音乐唱腔旋律的问题。由于文字难以适应既有旋律,所以现代歌曲的创作,通常是先有文字,后作谱曲,让音乐来适应文字与内容。但作曲是一门专业,非一般人所

---

① 如洛地即认为沈璟所谓的"曲律"实质是指曲牌格律,而汤显祖则认为"曲律"是"定字句、音韵"的,《牡丹亭》的唱与"依字声行腔"的魏良辅、梁辰鱼"曲唱"相契合,不合旧曲牌的格律。见《魏良辅·汤显祖·姜白石——"曲唱"与"曲牌"的关系》,《浙江艺术职业学院学报》2003年第3期。

能掌握。如果不涉及音乐,将文人填词谱曲转换成一个文字填写的问题,擅长文字写作的作家就容易掌握了。

从唐宋词,发展到元明的剧曲与清唱之曲,明代文人对词律、曲律的一般认识,便是音律是既定的,音律要求下的文字平仄也是固定的,填词谱曲,不过是让文字符合平仄句式要求,以适合演员演唱。所谓曲谱,就是规定了平仄板眼的文字谱,可供谱曲者参照。也就是说,以音乐为内涵的"曲律",被简化为句式与文字平仄押韵问题。古代没有录音设备,也无完备的记谱方式,人们对曲牌格律的认识,主要通过对现存作品所用曲牌的句式、文字作统计、归纳、比较,然后加以确认。沈璟《南词全谱》,便是用这样的方式完成的。

但问题是,戏曲原本是从民间发展起来的。明人徐渭在《南词叙录》中说,南戏发生之初,"其曲,则宋人词而益以里巷歌谣,不叶宫调";"今南九宫,不知出于何人,意亦国初教坊人所为"。"永嘉杂剧兴,则又即村坊小曲而为之,本无宫调,亦罕节奏,徒取其畸农、市女顺口可歌而已,谚所谓'随心令'者,即其技欤? 间有一二叶音律,终不可以例其余。乌有所谓九宫? 必欲究其宫调,则当自唐宋词中别出十二律、二十一调,方合古意。是九宫者,亦乌足以尽之? 多见其无知妄作也。"

也就是说,南戏原无所谓宫调。罗列宫调,是晚出的事情,所谓的音律,也是后来形成的。事实上,晚明曲家对宫调的理解,大多是不正确的。沈谱之后,人们动称"九宫十三调",又是误解了沈谱的这一称呼。蒋孝据陈、白二氏的"南九宫目录"及"十三调南曲音节谱"编成《南九宫谱》,为南九宫补配曲文,不标平仄;十三调却只存目录。沈璟之谱,全称《南九宫十三调曲谱》(其刻本之目录页,首冠"查补增定"四字),为九宫谱诸曲牌考订来历、句式、板拍、四声韵脚,使之成为作者、唱家可以遵循的典范,题"增定南九宫曲谱";又在失传或行将失传的十三调所列旧曲中辑补了 67 支曲文,[①]题"查补十三调曲谱"。沈谱盛行,时人误读其书名,以为九宫外别有十三调。如钮少雅编定《九宫正始》,即是把"九宫"和"十三调"作为同时平列的存在,不知九宫已经包含宫与调在内。[②]

还必须说明的是,唱腔即音乐本身是顺时而变的。南戏始于南宋,到明代,已经历了元代近百年的变迁;从明初到万历中期,又已经历了二百三十年的时间,其间有多种声腔在兴起、消亡、演化,有不同时期的"精彩唱段"或折子戏在形成,因演员或戏班的不同演唱处理而发生着音乐上的变化。所以经典的剧本,也因不同时期表演上的变化而有着版本的差异。例如作为南戏经典的《拜月亭》《荆钗记》,现存十余种明代版本,从剧情故事到具体场次,在文字上都存在着明显的不同;《琵琶记》也有接近原貌的古本系统和在嘉靖间依昆山腔演出逐渐定型的通行本系统。[③] 剧作家所依据的版本不同,也就有曲格的差异。此外,剧作家在创作时,可能会用当时流行的剧本作范式,而这些曾经流行的剧作随后却退出了舞台,甚至连文本也消亡了。[④] 结果,在曲谱编纂时,取样越多,句格相异的现象也越多,只好用不断增加"又一体"的方式来求得解决。所以汤显祖后来看到了沈氏曲谱,在《答孙俟居》这封信中,批评说:"曲谱诸刻,其论良快。久玩之,要非大了者。《庄子》云'彼乌知礼意',此亦安知曲意哉! 其辨各曲落韵处,麤亦易了。……词之为词,九调四声而已哉! 且所引腔证,不云'未知出何调犯何调',则云'又一体''又一

① 参见徐朔方《沈璟年谱》,载《徐朔方集》第二卷,浙江古籍出版社 1993 年版,第 294 页。
② 参见黄仕忠《"九宫十三调曲谱"考》,载《中国戏曲史研究》,中山大学出版社 1997 年版,第 242—258 页。
③ 参见黄仕忠《琵琶记研究》"版本编",广东高等教育出版社 1996 年版。
④ 如钱南扬《邯郸梦记校注》(中华书局 2009 年版),多处注明汤作曲牌与曲谱相异,但在《永乐大典戏文三种》中有完全一参与者的曲例。

体'。彼所引曲未满十,然已如是,复何能纵观而定其字句音韵耶?"(载《玉茗堂全集》尺牍卷三)

沈谱并不是完善的曲谱,所以四十多年后,其侄沈自晋积十载之力,修订补充为《南词新谱》,稍臻完善;徐于室、钮少雅编《九宫正始》,亦是不满于沈谱而作。此外冯梦龙也曾编制《墨憨斋曲谱》(未成)。沈氏及同一系列的曲谱,主要是解决作家"填词"的问题,而并未意识到或未能顾及"曲唱"本身是在不断变化的。所以沈谱在文人创作中具有重要影响,对于以舞台、声腔为中心的演剧艺术,则影响较小。

但也必须指出,沈谱的出现,使南戏传奇有了可以遵守的曲律,更显规范,有精深的学理,而不同于土俗,亦即达到了主流社会潜在的审美要求与规范。至清康熙间,则有《钦定曲谱》、《南词定律》等,乾隆间有敕编《九宫大成》。从这一条线索来看,从沈谱到清代的官修曲谱,正表明戏曲以此进入主流,并进而为戏曲表演进入清代皇家典礼,进入宫廷,以及获得更为广泛的传演奠定了基础。规范化、专业化、更具学术含量,也是抬升戏曲品格的重要途径。这是沈谱对戏曲史的贡献之一。

再说用韵的问题。

王世贞《曲藻》说:"北曲不谐南耳而后有南曲。"在万历之后,一个较普遍的看法,就是南戏从北剧衍生而来,当然也晚于北剧。既然南戏出于北剧,本为一体,则他们的用韵标准也应是相同的。这是吴中地区曲家较为一致的看法。沈璟辑《南词韵选》(今有台湾郑骞氏校录本),即是以十九韵部为依归;常熟人徐复祚(1560—1620之后)受沈氏影响,另编《南北词广韵选》(今有《续修四库全书》影印原稿本),也是以十九韵为类目选录的。徐氏且谓:"曲有曲韵,诗有诗韵。……曲韵则周德清之《中原音韵》,元人无不宗之。曲之不可用诗韵,亦犹诗之不敢用曲韵也。""今以东嘉《瑞鹤仙》一阕言之:首句火字,又下和字,歌麻韵也;中间马、化、下三字,家麻韵也;日字,齐微韵也;旨,支思韵也;也字,车遮韵也。一阕通只八句,而用五韵。"并针对王骥德"周德清《中原音韵》,元人用之甚严,自《拜月》、《琵琶》始决其藩"之说,批评道:"独学其(《琵琶记》)出韵,此何说也? 此何说也? 若曰严于北而宽于南,尤属可笑。曲有南北,韵亦有南北乎?"(以上见徐复祚《曲论》)

浙江乌程人凌蒙初(1580—1644)《谭曲杂札》也说:"近世作家如汤义仍,颇能模仿元人,运以俏思,尽有酷肖处,而尾声犹佳。惜其使才自造,句脚、韵脚所限,便尔随口胡凑,尚乖大雅。至于填词不谐,用韵庞杂,而又忽用乡音,又'子'与'宰'叶之类,则乃拘于方土。……彼未尝不自知。只以才足以逞而律实未谐,不耐检核,悍然为之,未免护前。况江西弋阳土曲,句调长短,声音高下,可以随心入腔,故总不必合调,而终不悟矣。"

浙江吴兴人臧晋叔(1550—1620)则说:"今临川生不踏吴门,学未窥音律,艳往哲之声名,逞汗漫之词藻,局故乡之闻见,按无节之弦歌。"(载《负苞堂集》卷三《玉茗堂传奇引》)"识乏通方之见,学罕协律之功。所下句字,往往乖谬,其失也疏。"(载《元曲选序》)

可见,汤氏剧作的合律与否问题,由于谱曲依据和用韵标准之不同而被放大了。正是在曲遵昆山腔、韵遵《中原音韵》的标准下,塑造出一个"逞才""悍然为之",毋顾曲律音韵,"直是横行"的形象,让诸多自以为独得曲律奥秘的曲论家,在评论汤显祖时获得一种优越感。

五

汤显祖自是不服。他在《答吕姜山》的信中说:

试论刘凤与汤显祖乐律之争

——从隆万政治的复杂变局说起[*]

李舜华

晚明曲坛,在著名的汤(显祖)沈(璟)之争前,尚有一次刘汤之争。约在万历十四年至十五年(1586—1587)间[①],太仓文坛耆宿刘凤与初入仕途、时任南京太常博士的汤显祖书信往来,洋洋洒洒凡五封,就当时如何复古乐、复古文学颇有议论。今存《刘侍御集》卷五十收录《寄汤博士》《复汤博士》《重与汤博士言乐》三篇,汤显祖《玉茗堂尺牍》卷一收录《答刘子威侍御论乐书》《再答刘子威》两篇,皆为长文,可见,刘汤二人往来论乐甚详。这一场刘汤之争,明人极少论及,却是我们追溯嘉靖以来,以江南为中心,文坛种种变动的一个重要切口——而汤显祖文学取向的变迁,最终由诗学折向曲学,于此也初露端倪。

不过,迄今为止,现有研究只是零星地提及刘汤之争的存在,汤显祖回书所体现的曲学思想[②],以及刘凤《词选序》的词学意义[③],很少有专文论述汤显祖与刘凤乐律之争的[④],于其历史意义的发明也终有一间。鉴于刘汤之争所涉实大,本文不揣鄙陋,先发明当时的历史背景与文学背景,或可有助于刘汤之争的进一步阐发。

引

刘汤之争其实主要由刘凤发起,汤氏只是应对,而且对刘凤的第三封书汤氏也未加以回应。因此,有关叙述还得从刘凤说起。

刘凤(1517—)[⑤],字子威,长洲人。嘉靖甲辰(1544)中进士,[⑥]与李攀龙同年,早于王世贞三年。初

---

* 本文为国家社会科学基金一般项目"明代乐学与曲学研究"(项目准号 11BZW060)、全国高校古籍整理委员会项目"《明史乐志》及相关音乐文献之笺证"(项目批准号 0515)的阶段性成果。

① 刘凤与汤显祖第一封书为《寄汤博士》,汤显祖就任南京博士在万历十二年(1584),则两人书信来往当在此之后;而第二封书《复汤太博书》又提及王世贞弟世懋亦正在南都任职,按世懋任南京太常寺少卿在万历十四年(1586)六月,次年十一月扶病归,十六年卒于任上,由此可知,《复汤太博书》的写作时间不会晚于万历十五年十一月。若以万历十四年计,则刘汤之争开始时,汤显祖 37 岁,刘凤 70 岁。

② 如黄天骥《汤显祖的文学思想——意、趣、神、色》,《中山大学学报》1963 年第 1 期。

③ 余意《明代词学之建构》,上海古籍出版社 2009 年版,第 170、171 页。

④ 惟郑志良有《论汤显祖和刘凤乐律之争》一文开始注意到刘汤之争,及其在汤显祖研究中的意义,涉及刘凤如何批评汤显祖《紫箫》一剧文辞丽靡、音律不谐,以及二者之间重"乐理"与重"乐意"的不同;同时,将刘汤之争视为"沈汤之争"的前奏。收入《九州岛学林》,上海人民出版社 2010 年秋季版。

⑤ 在其卒年问题上,郑志良一文没有直接得出结果,而是通过谢耳伯为其作贺寿诗来侧面证明刘凤寿至八十以上;《中国历代画学著作考录》则称刘凤卒于(1600),寿八十(谢巍《中国画学著作考录·画史序》,上海书画出版社 1998 年版,第 332 页),出处不详。今据《同治苏州府志》载刘凤八十四岁卒(冯桂芬《(同治)苏州府志》卷 86,清光绪九年刊本),暂可以此为是。关于刘凤卒年与中进士年的考订俱得之于博士生潘大龙课堂作业。

⑥ 钱谦益《列朝诗集小传》作"嘉靖庚戌(1550)进士",后来著述多沿此说,如郑利华《王世贞年谱》中叙嘉靖四十三年介绍刘凤时,即引用钱氏说(复旦大学出版社 1993 年版,第 147 页);钱伯城《袁宏道集笺校》亦是如此。其实,刘凤自传便明确提及甲辰说,"至癸卯始获荐,甲辰叨一第,初官舍人奉使岭表",《刘子威别集·刘子威传》;另考《明清进士提名碑录》,则刘凤名列嘉靖甲辰年三甲第三名(朱保炯、谢沛霖《明清进士题名碑录》,上海古籍出版社 1980 年版,第 2529 页)。

官中书舍人,奉使岭表,后拜南院御史,左迁广东签事,补河南按察使金事,被论归,遂一意著述,老寿于家。① 当时文名与李攀龙、王世贞鼎足而三。② 子威素好藏书,以博学著称,其文奥劲,自成一家。誉之者多称其音韵格调,暗与道合,得古音之旨,道是"苦心复古,所著乐府,动合古音";③"铿锵镗鞳声,金振玉动,辄数千万言……";④"甚矣,道之无穷,而子威先生宏览博雅之非人所及也。"⑤讥之者则以为文深古而远性情,殊非自然之音,道是:"文深古艰涩,惊心聱牙,文章如是,不妨自成一家,诗道必不可尔。所谓本性情,中宫商,被管弦,相距万里矣。"屠隆此语,尚不失公允。刘凤于如此批评之声,大抵不以为意,自矜曰:"彼自不学而患其奥僻。"⑥可见,当性灵之声未曾大炽之时,复古三子中,刘凤声名断不在李、王之下,而且,以李王为首论后七子仅指诗文复古而已,刘凤却显然是吴中雅好藏书,并大力倡复古学的代表人物之一,诗文不过余事而已;再者,刘凤小李攀龙三岁,长王世贞十岁,与李攀龙同年中进士,而早于王世贞三年,当李、王纷纷谢世之后,刘凤仍活跃于吴中,说是文坛耆宿,信不为过。因此,后来钱谦益反对王李复古,便专门标举刘凤,视之为"剽贼之最下者",而景休——作为性灵之声的代表——嘲讽刘凤的故事,也因钱谦益的记载而流传益广;然而,即便如此,钱谦益也不得不说,"刘子威以海内文章自负,吴人推服之,无敢后"。⑦

这样来看,刘凤与汤显祖之间对乐律的讨论,便颇有意味了。刘汤之间的书信往来基本可以确定撰于万历十四年至万历十五年间。当时,刘凤归隐已久,年寿已过七十,而汤显祖不足四十,刚刚步入仕途,一为文坛耆宿,一为文坛新锐;那么,这样一个刘凤,却为何殷勤写书,对比自己小 33 岁的汤显祖极尽追慕,更慨然将兴复古乐的梦想——实际是将力挽当时政治与文学之大蔽的重任——寄于汤氏一身? 更何况刘凤一般被视为复古巨子,归隐后与王世贞往来密切;至于汤显祖,一般却视之为性灵派,在行迹上与王世贞也颇为疏离。广为流传的汤显祖批点王世贞诗文的故事大约便发生于此时。⑧ 或者,这一场刘汤乐律之争,正可以揭开隆万间复古与新变之间复杂而隐秘的关联?

欲发明刘汤之争暨隆万以来的文学嬗变,我们不得不回到嘉靖以来,尤其是隆万间的政治局势,及其影响下士林思潮的变动,也即重溯第二次复古思潮兴衰异变的历史图景。

嘉靖三年(1524)大礼议事件,标志着帝王与士大夫之间彻底决裂,成化以来日渐高涨的师道精神至此备受挫折,第一次复古思潮遂亦此而彻底消解。嘉靖帝在位,四十八年所事不过有二,以二十余年议礼,以二十余年崇道——其议礼根本在于张扬君权,贬抑师道,实际上也就是摧抑士大夫集团用以抗衡君

---

① 刘凤《刘子威集》五十二卷,全集(含《刘侍御集》三十二卷),全集;《太霞草》二十卷,诗集。《刘子威燕语》一卷,为其读书杂钞。《禅悦小草》十八卷,诗集。《刘子威杂俎》十卷,杂钞。《刘子威杂稿》八卷,诗文集。《刘子威别集》一卷,文集。《刘子威先生澹思集》十六卷,诗集。《比玉集》七卷,与魏季朗唱和集。《客建集》四卷,诗集。《续吴先贤赞》十五卷,传记。

② 熊明遇在《文直行书诗文》中所言:"文章与气运关,四十年而三变矣。万历中王元美、李于鳞、刘威辈,沦谢天下,忽然学六朝人隽语,居无何,又忽然学苏氏兄弟。"(《文直行书诗文》诗部卷五(清顺治十七年熊人霖刻本)),屠隆也曾说:"读元美诗如入武库,不胜利钝。读元美文如览江海,终成大观。读于鳞诗初喜其雄俊,多则厌其雷同。若杂一首于众作之中,则矫然特出,不翅众鸟中一苍隼矣。刘子威文深古艰涩,惊心聱牙,文章如是,不妨自成一家,诗道必不可尔。所谓本性情中宫商,被管弦,相距万里矣。徐勃《笔精》卷三"诗谈",子部 856 册,商务印书馆,第 488 页。

③ 李光祚《乾隆长洲县志》卷二十四人物三,《中国地方志集成·江苏府县志辑》,江苏古籍出版社 1991 年版,第 283 页。

④ 梅鼎祚《鹿裘石室集》卷五十九,书牍卷九《与刘子威侍御》,《续修四库全书》1379 册,上海古籍出版社 2002 年版,第 575 页。

⑤ 江盈科《刘子威杂俎序》,《刘子威杂俎》第一卷,《丛书集成三编》第 49 册,新文丰出版公司。刘凤著作皆收录于《丛书集成三编》47—50 册,下文不逐一著明。

⑥ 刘凤《刘侍御集》卷九《与季朗书》。

⑦ 钱谦益《列朝诗集小传·丁集中·刘金事凤》,上海古籍出版社 1959 年版,第 526 页。

⑧ 徐朔方《汤显祖年谱》,《徐朔方集》第四卷,浙江古籍出版社 1993 年版,第 288 页。

道的精神食粮。以至于文人士夫进入庙堂,不过纷纷你方唱罢我登场,无所作为。甚至可以说,朝廷已日益成为小人报复奔竞的场所,①后来的崇道,更是一味怠政养奸。严嵩以揣摩帝意为是非,遂得以专国政十四年,为祸尤剧。嘉靖以来,君权的嚣张,阁权的更迭,其结果是一步步加剧了士大夫的离心。然而,仔细推论,若论当时士林,虽有大礼议之变,却是来自帝王的摧抑愈重,志气愈张,在野者,尤其是江南士夫,纷纷聚集起来,一时风气由北而趋南,而留都南京,更为当时清流舆论的核心。最终导致士林精神幻灭的恰恰来自内部,初为严嵩,继而张居正。当刘瑾乱政之时,也即第一次复古思潮兴复之时,严嵩隐于故园十年,清誉大振。殆到嘉靖即位,任南京翰林院侍读,嘉靖十一年(1532),升南京礼部尚书,继为南京吏部尚书,踞南京以交天下,声望益隆,一时清流望严嵩出如望甘霖,至以山中宰相喻之。不料,严嵩十五年至京任礼部尚书,二十一年入阁,至四十一年身败,二十年间权倾天下,却"一意媚上,窃权罔利",众望所归的严嵩最终成了王莽似的人物。隆庆六年(1572),万历登基,张居正任内阁首辅,积极改制,其治渐有起色,在士林的期待中,似乎尤在嘉靖初年杨廷和新政之上。然而,张氏为推行其改革而集权于一身,不惜以毁书院、禁讲学而公然与天下清流相抗,实以君权行其阁权,以法家之手段裁抑儒学之精神,以至于后来各方反弹日益激烈,一旦身死便立即被追夺官阶,子孙罹难。万历亲政后,愤居正专断,更恣意怠政,一任百官相互攻讦,门户之祸大起,一时朝臣之间此进彼退,往往党同伐异,恩怨相构,以至于政令反复,是非难明,史书谓之"醉梦之局"。简言之,大礼议以来,政治之变,抑或士林精神之变,一变于严嵩上台,二变于张居正改制,三变于张氏身败与万历亲政。万历朝的政局,执政者与批评者,彼此冲突,其根本已不在于个人,而在于整个体制的崩坏,"昔之专恣在权贵,今乃在下僚;昔颠倒是非在小人,今乃在君子。意气感激,偶成一二事,遂自负不世之节,号召浮薄喜事之人,党同伐异,罔上行私",②朝野上下,戾气大增,这一戾气也正是整个士林精神日陷于困境的表征;而一些清明之士,便日益以疏离的姿态来重省历史与性命之道。

以李、王为首的第二次复古思潮正是以此为背景发生的。嘉靖初年,当以前七子为代表的第一次复古思潮消隐,有嘉靖八才子出。嘉靖八才子其实是一个非常松散的文学团体,各自文学观及其人生径路也渐次歧异。其中,李开先效白居易、苏东坡,标榜从众从俗,遂自诗文而词曲,自北曲而南曲,自南传奇而市井艳曲,而以曲自放;王慎中、唐顺之一变再变,而以理学为旨归,遂有后来唐宋派一说。大抵不同的人生取向滋生出不同的文学取向,八才子的出现恰恰体现了第一次复古思潮受挫后文人士大夫开始重新反省自身的性命问题,发之于文学,而成为两次复古思潮中的过渡阶段。嘉靖二十七年(1548),王世贞与李攀龙相识;三十一年,王、李与徐中行、梁有誉、宗臣、谢榛等人结社唱和,正式提出文必秦汉诗必盛唐的复古主张;三十二年,吴国伦入社,后七子最终会集,但谢榛此时已受排挤。一般以为,隆庆四年(1570)李攀龙之死遂判后七子复古运动为两个阶段,此后,王氏领袖文坛垂二十年,影响益远。其实,第二次复古思潮的兴起,根本仍在于师道精神的复兴;也即当政治衰变之时,后七子等仍然积极欲有所为,遂慨然以礼乐自任,以文章自任,欲新一代士林之风气,更期许政治上有所革变。然而,时移世迁,当后七子之时,与前七子之时终究是不同,嘉靖万历时期已是衰变之势不可追挽,文人士大夫在朝廷已无可望;因此,后七子复古旗帜貌似鲜明,却益偏于形式;且七子之间分分合合,恩怨相构,颇见戾气,大抵欲有所

---

① 李舜华《礼乐与明前期演剧》,上海古籍出版社2006年版,第244页。
② 张廷玉《明史》卷二二九列传一一七,中华书局1974年版,第6001页。

为而不得，遂于意气相争，不能相下。再者，王世贞与李攀龙终究也是不同，正是王世贞自述，李有所待而王无所待，李如雪月相辉，王如风行水上，雪月相辉，千山皆一月也，而风行水上，则流动不一。① 因此，王世贞的复古思想并非李攀龙可以牢笼，是李氏将前七子对北音的推崇——文必秦汉，诗必盛唐——推向极致，而王氏却开始会通南北，而最终以治文史而著称。② 值得提出的还有刘凤，这一与王、李鼎足而三的复古巨子，却不在后七子之列，后来也逐渐淡出文史家视野。仔细推考，当嘉靖三十年前后，王、李相识，往来切磋，并陆续与徐中行等人在京师结社唱和时，刘凤一直辗转于岭南、南京、云南、福建等地，自四十二年方辞归故里，也是从次年开始，文集中方渐渐有了刘、王往来的记录。由此可见，刘凤一直便在后七子的声气圈之外；更为重要的是，刘凤性情亢直，锐意复古，其主张与王、李颇有不同，于李攀龙更颇有微词，两人一主秦汉，一主六朝，彼此更就"文"与"质"反复辩论。③ 尤其值得提出的是，一般以为，王世贞一生学术前后有变，并有"晚年定论"一说，而见证者即为刘凤，或者说，后人眼中的"晚年定论"说其实肇源于刘凤《弇州集序》。由此推想，刘凤的文学主张并非一般所谓"复古"，更非后七子所能牢笼。

那么，汤显祖呢？汤氏少负文名，十三岁从罗汝芳游。年二十一举于乡，事在隆庆四年（1570）。万历十一年（1583）进士。期间，万历五年与八年，因谢绝张居正的招揽，连连落第，而清誉大起。然而，当张氏死后，言官群起而攻之时，新中科甲的汤显祖却深感世事翻覆如棋局，④有诗道："哀刘泣玉太淋漓，棋后何须更说棋。闻道辽阳生衅日，无人敢作送行诗。"⑤汤显祖同样谢绝了时宰张四维与申时行的延致，自请南博士，于万历十二年八月至南京，历太常博士、詹事府主簿、礼部主事，开始了任上闲淡的读书悟道生涯。⑥ 期间，与王世贞兄弟同在南京，且为世懋太常官属，却极少往来。汤氏自到南京后，万历十九年，汤显祖上著名的《论辅臣科臣书》，慷慨论劾申时行、杨文举等人，因此而贬广东徐闻典史，专辟贵生书院，以讲学为务。可以说，汤显祖始终是以疏离的姿态游于文坛声气之外，一以读书悟道为求，其文章遂有钱谦益所谓三变之说，"义仍少熟《文选》，中攻声律。四十以后，诗变而之香山、眉山；文变而之南丰、临川"（《列朝诗集小传》）⑦无他，所悟性命之道有变，文章亦继之变化而已。由此可见，已届三十七岁的汤显祖，其文章将大变，少年时好六朝文，虽然与吟咏情性的主张相契合，恐怕更多的是耽于词藻之美；随着年岁的增长，也即体悟之功日长，便开始变化，一方面，是选择自放，如白居易、苏东坡那样，这一自放正是复古（师道）精神的消解，与性灵之声的肇始；另一方面，放弃外在的事功，转而折入内心的潜修，遂好曾巩、王安石文章，而当时人也纷纷推誉汤氏文章，几乎可与欧阳修、曾巩、王安石骈列而四，⑧视

---

① 王世贞《书与于鳞论诗事》道："吾之为歌行也，句权而字衡之，不如子远矣。虽然，子有待也，吾无待也，兹其所以坶欤。子兮，雪之月也；吾，风之行水也。"《弇州山人四部稿》第七十七卷，伟文图书出版公司 1976 年版，第 3692 页。

② 笔者在《复古、性灵与会通——明中叶吴中曲学的兴起》一文，已用"会通"来概述万历间吴中文学思潮，并由此界定王世贞的意义。《曲学》第一卷，上海古籍出版社 2013 年版。

③ 参刘凤《读李于鳞集》、《重论于鳞》等文，收录于《刘侍御集》卷二十。

④ 如邹元标所说"昔称伊吕，今异类唾之矣；昔称恩师，今仇敌视之矣。"黄宗羲《明儒学案》卷二十三《邹南皋先生传》，浙江古籍出版社 1985 年版，第 620 页。

⑤ 此诗作《题东光驿壁是刘侍御台绝命处》，见《列朝诗集》"汤遂昌显祖"，《明诗纪事》亦载。刘台，隆庆四年与汤显祖同举于乡，次年高中进士，入张居正闱下。万历四年，因弹劾张氏不法而下狱，后革职回乡；九年，复被诬巡按辽东时侵受赃银，遣戌广西浔州；十年六月二十日，张居正病死北京寓所，同日，刘台在戍所被戍长毒死。张氏败后，各路官员在东光县驿壁题诗为刘讼冤者往来不绝，据闻，自汤氏题壁后，便无人敢再题诗壁上。

⑥ 《玉茗堂全集》诗卷四《怀戴四明先生并问屠长卿》："八月十日到官寺，是日临斋多所思。"

⑦ 钱谦益《列朝诗集小传·丁集下·汤遂昌显祖》，上海古籍出版社 1959 年版，第 563 页。

⑧ 陆云龙《汤若士先生小品弁首》，《翠娱阁评选十六名家小品》卷首，毛效同《汤显祖研究资料汇编》，上海古籍出版社 1986 年版，第 461 页。

之为近代江右之宗。① 二者皆可以看出李开先、唐顺之等嘉靖八才子的影响,由此可见,独抒性灵与今人所说的唐宋派其实颇有渊源,而汤显祖的悟道亦非今人所理解的"性灵"二字可以牢笼。②

如果说,刘凤于嘉靖四十二年(1563)辞归,不过是嘉靖朝士子最终离心的一个缩影而已,然而,即使退居在野,也始终以礼乐自任,积极寄望于革变制度,重臻盛世;那么,汤显祖,作为新一代的青年士子,却从一开始便以疏离的姿态,自觉不自觉地卷入了当时与张居正相抗的士林风潮中,又在张氏败后清醒地预见了后来的门户之祸,这方有了后来的临川四梦——皆不过一冷眼旁觑者,对万历一朝醉梦之下士林精神种种执着与幻灭的深刻写照罢了。

二

由此来看,刘汤论乐的发生,其关键因素有三:

第一是时间。这一场书信往来,发生在万历十四年至万历十五年(1586—1587)间,正是万历十年张居正身败后,朝政乱象纷呈的时期。

早在张居正入阁执政以来,言官与政府冲突便日益剧烈,而士林精神也日呈困局,谈玄论道之风因此而大炽。著名的昙阳子事件——纷纷卷入的名士便有王世贞、屠隆等人——不过是时代的一个缩影罢了。③ 待到万历亲政,朝事更无可望,当此之时,一命之微,何去何从? 天下士林遂不得不重新思考如何安身立命的问题。刘凤辞归在野,却始终不忘御史服色,其实质是始终无法释怀士大夫修齐治平的政治梦想,后来之所以会殷勤敦促汤显祖,试图在体制内重新考音定律也在于此。然而,汤显祖,在南都太常这个闲散衙门里,但以读书自放罢了,于考音一事其实并不甚措意。

汤显祖在《复费文孙》中道:"亦以既不获在著作之庭,小文不足为也。因遂拓落为诗歌酬接,或以自娱,亦无取世修名之意。故王元美(世贞)、陈玉叔(文烛)同仕南都,身为敬美(世懋)官属,不与往还。敬美唱为公宴诗,未能仰答,虽坐才短,亦以意不在是也。"④这段材料往往用来说明汤显祖与王氏兄弟的疏离,言下之意便是一为复古、一为性灵,重在文学主张的不同。仔细推衍,当敬美唱公宴诗时,汤氏不答,其实根本更在于政治态度的不同,后者明显表现出对体制的疏离,所针对的并非王氏本人。当王世贞兄弟积极以文学自任,宴游唱和,奖掖后学不遗余力时,汤显祖却只是以文(曲)自放;自道不能为经世之大文章,索性不作文章,但以诗歌酬接,聊以自娱,想来词曲尤其是如此。当然,对汤显祖而言,这一以诗(曲)自放,也仍然是静观悟道的过程。⑤ 因此,在南都不过七年,便激于时势,愤起上书,被贬以后,更以在野讲学与乡治为己任,直到辞职返乡,以词曲自写来排遣余生,可以说,汤氏始终与官方体制保持了一种疏离的态度。

简言之,不同的性命取向,最终直接影响了文学取向的不同——这一阶段,也正是王世贞人生的最后

---

① 岳元声《汤临川玉茗堂绝句序》,《潜初子集》卷三。引自毛效同编《汤显祖研究资料汇编》,上海古籍出版社1986年版,第351页。

② 陈田《明诗纪事》中便屡屡将汤显祖与袁宏道、钱谦益等人并提,论其如何反王、李之流弊,又道,"义仍师古,较有程矩,尚能别派孤行。中郎师心自用,势不至舍正路而荆榛不止。"(庚签卷二)《万有文库第二集》,商务印书馆1936年版,第2157页。

③ 王锡爵女王焘贞(1558—1580),少寡后,居家论道,一时天下名士,如屠隆、王世贞、王世懋、沈懋学等皆称之为师,王世贞为作《昙阳大师传》等文字,见于《弇州山人四部稿续稿》,遂为御史所弹劾。

④ 徐朔方《汤显祖集》,中华书局上海编辑所1962年版,第1306页。

⑤ 譬如,当时汤氏在南京还曾从罗汝芳往来讲学。

数年,复古思潮备受质疑而性灵思潮开始大张的时期。刘凤锐意复古,更矫然与李王立异,欲成古圣人之心,拯时济溺,终究是"气徒盖一世,而不得一日逞";①万历十八年(1590),也是刘凤见证了王氏的"晚年转向",所谓病中好读苏轼文章,也正是"求放"二字,这或许同时体现了王世贞与刘凤最后的心境;而汤显祖也是在这数年间文学大变,并与身为王世贞姻亲的沈璟先后开始了各自的词曲生涯。其中,沈璟静心息心,但以闭门考音来排遣有限生涯,遂成为晚明曲学第一人,而擘开曲学一门;汤显祖则始终不废悟道与讲学,积极求变,这一对文学取向的不断调整,都源于对性命的不断考问,遂成为晚明曲家第一人,而其人之精神暨一代之精神遂得以假借"临川四梦"而发抒光大。

第二是地点,刘汤往来论乐,发生在汤显祖任职南京时期。

笔者曾特别发明明代两京制的意义,指出,作为留都的南京,不仅是南方士子游学的所在,亦是南北士夫迁谪的中转地,自明中叶师道精神渐次发舒以来,更日益成为天下士林的舆论中心,矫然与北京相抗。② 可以说,南京,作为士林思潮的漩涡所在,其实有力推动了成弘以来,尤其是嘉靖以来文化重心由北趋南的嬗变。汤显祖往来应试皆经由南京,并多次游学于南京国子监,时余丁、张位、戴洵相继任南国子监祭酒。其中,豫章人张位,正是因夺情事忤张居正,遂由翰林院侍讲左迁南司业,再署南祭酒;戴洵任南祭酒时,更以"千秋之客"嘉许汤氏,稍晚也被参劾外调,乞休而归。而汤显祖所撰《紫箫记》,虽未成全帙,也流播渐广,流入南都后更是因此"是非蜂起、讹言四方",道是有所讥托,遂"为部长吏抑止不行"。③ 可见,汤显祖始终处于南都舆论这一风口浪尖之上。

此外,迁客骚人南来北往,南京亦始终是当时文风南北嬗替的中心。刘汤论乐之时,王氏兄弟皆在南京。万历十一年(1583),王世贞始任南京刑部右侍郎,十四年,王世懋任南京礼部太常寺少卿。而且,万历八年单行的《曲藻》已明确提出南北异风的说法,道是"北曲不谐里耳而南曲兴";可以说,文学上会通思潮——会通南北即是其中之一——的兴起,正是以南京为中心。

第三是职署。刘凤慨然向汤显祖请乐,最直接的原因便是汤显祖当时所任为南京太常博士,而刘凤曾为南京陕西道监察御史。

太常,原是朝廷礼乐所在,而南京,自成弘以来礼乐不修,更成为士林积极议复古乐的渊薮。嘉靖帝制作自任,以张鹗、李文察等为太常寺丞、太常寺卿一流,大议礼乐,都不过为隆君权而虚设罢了。因此,一时理学名家如吕柟、何瑭、杨廉、魏校、潘府、崔铣、夏尚朴、湛若水、邹守益、王廷相等,纷纷萃集南京,或任职礼部、或司掌国子监,彼此相与讲论,并慨然以移风易俗、兴礼作乐为己任,而与北京的朝廷制作俨然相抗。④ 可惜的是,一应制作皆随着人去楼空而风流云散。相应,一般士绅,尤其是文学之士,则在南京自由的空气里,开始以纵情任性自相标榜,以示矫然不群,南教坊俗乐之风,或者说,聚集在南教坊的四方

---

① 刘凤《刘子威传》,《刘子威别集》卷一。

② 李舜华《南教坊、武宗南巡与金陵士风的变迁》,《文化遗产》2009 年第二辑。

③ 见《玉茗堂文》卷六《紫钗记题词》与《玉合记题词》。沈德符《顾曲杂言》道,"又闻汤义仍之《紫箫》,亦指当时秉国首揆。才成其半,即为人所议,因改为《紫钗》"云云,从而坐实了《紫箫记》是因政治风波而未完稿。徐朔方极力主张,将《紫箫记》改编成《紫钗记》,主要原因在于文学本身,是汤显祖自悔少作,与政治纠纷无关;政治纠纷,发生在《紫箫记》未成稿流传开来的过程中,时间在汤氏任南京太常博士以后。参《汤显祖年谱》附录丙《紫箫记考证》,徐先生又有《再论〈紫箫记〉未成与政治纠纷无关——答邓长风同志的批评》,载《浙江学刊》1986 年第 4 期。从刘凤书信也可以看出,当汤显祖为南太常时,《紫箫记》已经流传,且评价颇高,刘凤对其文章的质疑,以及对其有作乐的期望,便是从这部传奇开始的。

④ 以上俱参《明史》有关本传或儒林传一,其中在礼部(包括太常)者有吕柟、杨廉、潘府、魏校、何瑭、夏尚朴、湛若水、邹守益等,在国子监者有崔铣、魏校、湛若水、鲁铎、赵永、马汝骥、张岳等。如"夏尚朴"道:"与魏校、湛若水辈时相讲习";"邹守益"道:"日与吕柟等游"。而杨廉早在弘治间任南京兵科时,即上疏申明祀典,此后正嘉间历任南京礼部侍郎、礼部尚书。

新声也因此而日益张炽。或许正是有慨于南教坊俗乐的大兴，尤其是对吴中新声的不满，刘凤便积极敦促汤显祖考音定律。刘凤于嘉靖二十七年(1548)，改任南京陕西道监察御史。道监察御史为正七品，虽品级不高，权力却重，是代天子巡狩地方，职在纠察、弹劾与建言，又称"巡按御史"；也正是因此，后来刘凤虽然外放地方，左迁至河南按察佥使，但辞归以后，却始终以曾任御史为豪，甚至仍然穿御史服饰来拜谒地方官长，究其本意，恐怕正是不忘御史职责、以纠察天下为己任的缘故。[①] 太常职在典乐，御史职在纠察，这样，当朝廷礼崩乐坏，原御史刘凤写书批评现太常汤显祖耽于文辞，甚至耽于丽辞，而殷勤请乐，这一行为似乎极为自然；这不禁令人想起宣德初年，南京都御史顾佐，有感于南教坊俗乐大兴(与刘凤之时不同的是，当时教坊演剧以北音为主)，而奏禁官妓的典故来。可惜的是，前者付诸实施，遂令天下风气，为之一变，而后者却徒托于空想罢了。万历初年与宣德初年，历史毕竟已经大不相同。嘉靖年间的礼乐制作，原本就是一场荒诞的演剧；万历初年刘凤汲汲于考音定律，也不过螳臂挡车式的乌托邦梦想罢了。

以上三点，大抵只是刘汤之争兴起的前提，它解释的只是这一场乐律之争为什么发生于此时此地，发生刘凤与汤显祖之间，若要真正阐释刘汤之争兴起的深层原因，我们尚需联系刘汤之间争执的核心问题，来作进一步探讨。

余 论

刘凤与汤显祖关于乐律的往来讨论，主要涉及问题，均由刘凤一方提出，汤氏回应而已。所涉问题有二：一是南北问题。在复古乐上，刘凤从华夷之变的角度，对嘉靖以来韩邦奇尚北音，试图以金元北曲为径来追溯古乐的主张深表质疑，道是固然金元北曲有宫调，可入弦索，却毕竟还是胡乐；而且，自古南北异音，南音有其自身的发展轨迹，因此，古人发明中和之音，也不纯任北音。可以说，刘凤实质上是站在吴中的立场，将南曲之渊源，追溯于词，于六朝，遂极力主张以南音为主，来会通南北，考求中声。二是器数问题。韩邦奇考音，首先在于器数，这也是历来乐律学家考定音律的必然路径，然而，刘凤却彻底质疑了器数的意义，而主张以神解，即以圣人之心来体悟天地音声。韩邦奇与李梦阳同时，皆为陕人，韩氏在明代乐学上的影响，其意义不亚于李梦阳的文学史意义，可以说，韩李二人正是第一次复古思潮分别在不同领域的代表人物。因此，刘凤在乐学上对韩邦奇的质疑，体现在文学上，抑北音而尚南音，也正是对李攀龙辈继承李梦阳文必秦汉、诗必盛唐说的质疑；从某种意义上而言，其神解说也是将王阳明与唐顺之学说中的性灵倾向推向极致的一种体现。有意味的是，汤显祖在第一封信上，还是主张北音的，待到刘凤再次质疑时，方自承疏漏，道是南曲中也有古音，都源出自然，且南北异风，不妨各取其适种种；同时，在接受刘凤的"岁差说"后，更直接搁置了器数，直指人心，主张只需遵守"声依永"这一简单法门，便可以涵养中声，这一主张正是王阳明"元声只在心上求"的直接演绎。

那么，这就饶有意味了。作为后七子复古思潮中代表人物之一的刘凤，在南北音声上，明确抑北而尚南，遂自唐而上溯，重六朝；在器数问题上，其神解说——鼓吹以圣人之心来体会天地音声——又与阳明

---

① 沈德符《万历野获编》卷二十三道："吴中有刘子威凤，文苑耆宿也。衣大红深衣，遍绣群鹤及獬豸，服之以谒守土者。盖刘曾为御史，迁外台以归，故不忘绣斧。诸使君以其老名士，亦任之而已，此皆可谓一时服妖。"中华书局1959年版，第582页。

心说颇有渊源,这似乎都与晚明性灵思潮颇有相通之处;而一向被视为性灵一派的汤显祖,年轻时耽六朝文风,所尚却在北音,同时,我们还发现,汤显祖也认同刘凤的岁差说,也不主张器数,也主张元声但从心上求,而且,汤显祖与刘凤皆自六朝入,到后来认可南音,《紫钗记》也渐改《紫箫记》的秾艳文风,似乎都与刘凤的批评相合。这又是为什么呢?

如前所说,刘凤在当时享誉极高,至与李、王并称复古三子,但是自为性灵一派讥嘲以来,遂渐次淡出文坛,这一变化大约肇始于明末清初,一以钱谦益为代表,一以张廷玉等撰《明史》刊落刘凤传记为代表。然而,晚明却另有一种声音,对刘凤推誉极高。张岱在《石匮书》中道:

> 读书不辍,刻砺为古文辞,偏取汲冢篆籀之文,不拾西汉下一字。行文棘涩,几不能句,而鼎彝之色,郁郁苍苍,浮起纸上,无半点饾饤气烟火气。是时中原才子横行,而凤岳岳不肯下,海汰习气,自成一家,自谓当代昌黎,大有起衰济弱之意。王、李恶之,力为排挤,其名故不大著。
>
> ……
>
> 石匮书曰:归熙甫、刘子威、汤义仍、徐文长、袁中即皆生当王、李之世,故诗文崛起,欲一扫近代芜秽之习。韩昌黎推孟子之功,故谓其不在禹下也。熙甫亲见王弇州主盟文坛,声华烜赫,奔走四海,熙甫一老举子,独抱遗经于荒江虚市之间,树牙颊相楮柱不少下,其骨力何似。而刘子威但为佶屈聱牙,不足以屈服王、李。文长、义仍各以激昂强项犄角其间,未能取胜。而中郎以通脱之姿,尖颖之句,使天下文人始知疏瀹心灵,搜剔慧性,以荡涤摹拟涂泽之病,其功则更在归、刘、汤、徐之上矣。

张岱推誉刘凤有两点:第一,赏其复古,不拾西汉以下一字,自然郁苍,而自成一家,更以当代韩愈自命,志在起衰济溺;第二,将之与归有光、汤显祖、徐渭、袁宏道并提,都视为李、王的反动者。除却刘凤外,其余四人皆是后人所说性灵自放一派。由此来看,李、王、刘三人为同道,然而,刘凤却也是隆万之际力排李、王复古主张的一员,可以说,当第二次复古思潮兴起不久,便异声四起,而王世贞本人,其持心亦如风行水上,渐与李攀龙立异。正是复古之中有新变,新变之中有复古,论南音者不让北音,论北音者不废南音,隆万以来文学格局的变动远较我们所想象的复杂,这方是刘汤乐律之争的背景,也是我们理解刘汤之争的关键。

或许,判刘凤为复古,义仍为性灵,根本仍在于各自精神的不同。前者始终以师道自任,即自谓当代韩愈,志在起衰济溺,即使退居在野,也仍然寄望于体制之内的制度变革,故其论乐渐趋极端。一方面,对乐理的探讨已经日益接近客观化,这也是万历朝乐学发展的必然;另一方面,却以"神解说"来弥合个中的矛盾,其实质是将心学神秘化,由此鼓吹得圣人之心便可以通天地之音声。后者则从一开始便自觉疏离于体制之外,以悟道与践履为根本,从南京读书到徐闻讲学,再到遂昌乡政,始终面向于野,故其论乐渐趋通脱。一方面,重在乐教,且是以情为教;另一方面,又以词曲自放,嘉靖以来重新高涨的师道精神至此渐开消解之门。① 同样是对历史上复古乐者有着强烈的质疑,同样是认同阳明元声但从心上求一说,但刘凤却始终坚持考音定律,以复三代之乐,来化成天下,最终却堕入神秘之道,他的自拟圣人,锐意复古,

---

① 汤显祖始终不忘馆阁建制之文,视其余文章不过是"小文"而已,同样,也未尝没有起衰拯溺之心,而时人也以起衰拯溺视之,只不过,其写愤于词曲,都源于明人所说情不容已罢了。

最终不过一场荒诞的梦想罢了。于汤显祖而言,最终却更进一层,北音也罢,南音也罢,器数也罢,神解也罢,其实都不在意,只于光象声响中体验并表达个体在宇宙中的性命之痛①——于他而言,只需遵循《虞书》"声依永"这一简单法门,今之乐与古之乐便已经相通了。汤氏论乐,从以情为教到以情写愤,二者之间的距离其实只不过一指之间罢了。不同的性命取向,滋生出不同的文学取向,刘凤志在乐学,而汤显祖最终却是以曲家著称,二者尽管在乐学主张上,尽管具体的观点颇有相通之处,最终却在精神志趣上分道扬镳。刘汤之争,最终成为隆万之际文人士大夫重新体认性命之道的重要变象之一。当然,这是后话,当另撰文详述。

---

① 汤显祖《答刘子威侍御论乐书》开篇有一段著名的话,书写宇宙与文字的生成:"凡物气而生象,象而生画,画而生书,其激生乐。精其本,明其末,故气有微,声有类,象有则,书成其文,有质有风有光有响。"

越调吴歈可并论，汤词端合唱宜黄

——清初南昌李明睿沧浪亭观剧活动一瞥

苏子裕

沧浪亭，是明末清初南昌人李明睿（1585—1671）所建别业。李明睿，字太虚，以字行。李明睿处于明清交替之际，经历了社会的重大变故，仕途上几经起落。晚年长期在失意和避乱的处境中度过。他回到南昌老家隐居，购弋阳王府旧邸，建阆园，并特意在城西蓼水旁修建了一座园林，名曰"沧浪亭"。园林取名"沧浪"，出自屈原赋句"沧浪之水清兮，可以濯我缨，沧浪之水浊兮，可以濯我足"。表示自己在众多的物议之中，修身养性，保持高洁。他蓄养了一批昆腔女伶，组成家庭戏班。而演出的地点就在沧浪亭。

李明睿是汤显祖的及门弟子，又是著名文学家吴伟业、谭元春的座师。谭元春是李明睿典试湖广时的乡试第一名，吴梅村是会试榜眼。李明睿上有名师，下有高徒，在明末清初的文坛上享有很高的名望。汤显祖、吴伟业都是著名的戏剧家，李明睿蓄养家庭戏班，是戏曲鉴赏家。就这样，由明至清的三位戏剧界人士结成了一个光辉夺目的戏曲师生链。追溯沧浪亭的观剧活动，对研究明末清初江西的戏曲艺术及汤显祖、吴伟业两位戏曲作家的剧作是很有意义的。

一、汤显祖—李明睿—吴伟业

关于李明睿的生平及其与汤显祖、吴伟业的师承关系，施祖毓教授《李明睿钩沉》、[①]郑志良教授《吴梅村与汤显祖师承关系的文献考述》都做过详细地考证。郑教授提出："汤显祖—李明睿—吴伟业构成了一个师生的链条。"[②]

李明睿的门生黎元宽《通议大夫礼部左侍郎署尚书事前翰林院士阆翁李公墓志铭》一文中对此有过简略的记叙：

> 师姓李氏，讳明睿，字太虚，即以署号，世无有不知太虚先生者。晚复号阆翁，以阆园故名。师籍同我南昌县，而乡于滁汉（槎）。环滁大姓李伟之冠。……而师雅从汤临川先生游。其从游汤临川者多有人，而先生独醉于师、授之文诀。玉茗堂赠句，今脍炙焉。小子逮事吾师，在壬子、癸丑岁，屈指六十年矣。师门人满天下，则必以宽为之椎轮。……师以辛酉、壬戌缩取高第，遂上蓬山，所谓阆风基于此矣。宰相之事，进贤为大。师典楚试，得谭子元春而首之。南宫领房，得吴子伟业而大首之。……师著述之富，无冬无夏，月可得诗文百叶，或复倍之。《四部稿》国语过于弇山。师殁康熙

---

① 施祖毓《李明睿钩沉》，原载南昌大学赣文化研究所《赣文化研究》2002年9月，第213—226页。
② 见郑志良《明清戏曲文学与文献探考》，中华书局2014年版，第274页。

辛亥八月十八日戌时,距生万历乙酉二月初八日戌时,得世寿八十有七。①

由此,我们可以得知:

1. 李明睿生平

李明睿生于明万历乙酉十三年(1585),殁于清康熙辛亥十年(1671),享年八十有七。江西省南昌县滁槎乡人。所谓"辛酉、壬戌缩取高第,遂上蓬山",是指明天启壬戌二年(1622)李明睿三十八岁时,考中进士。殁于康熙辛亥十年(1671),享年八十七岁。

2. 李明睿是汤显祖的得意门生

李明睿曾从汤显祖游,其《临川汤师问业多年,芙蓉馆是其藏修之地》诗深情回顾在临川求学时的情景,对老师无限敬仰:

> 光照临川日已曛,纵横彩笔赋凌云。芙蓉馆内春风盎,玉茗堂前淑气氲。七岁熟精骚选理。经年常缬雪霜文。晚于道眼饶窥破,香沁瞿昙齿颊芬。②

李明睿立雪玉茗堂,其《甘子纡见访》诗云:

> 千里相思愁命驾,百年多病懒闻喧。文昌桥畔潺爱水,玉茗堂前雪夜门。③

黎氏谓李明睿"从汤临川先生游。其从游汤临川者多有人,而先生独醉于师、授之文诀。玉茗堂赠句,今脍炙焉"。黎氏所说"玉茗堂赠句",即汤显祖《柬门人李太虚》一信,在这封信中,汤显祖对这位立雪求教的门生有极高的评价:

> 雪中屏去杂景,读书寒舍,足称男子矣。不佞得太虚,固前有光而后有辉。太虚得不佞,犹欲日有就而月有将也。夜间口占以拟:少年豪气几时成,断酒辞家向此行。夜半梅花春雪里,小窗灯火读书声。④

李明睿著述甚丰,郑志良教授据光绪《南昌县志》卷五十二"艺文"所载,说李明睿的著述有《孝经笺注》《阆园四部稿》《白鹿洞稿》。其《阆园四部稿》又名《阆园山人四部稿》,现仅存8册。黎元宽说"师著述之富,无冬无夏,月可得诗文百叶,或复倍之。《四部稿》过于弇山",弇山即明代著名文学家王世贞,其《弇州山人四部稿》乃鸿篇巨著,多达174卷,其《续稿》有207卷。而《阆园山人四部稿》比之有过,则可以想见其内容之丰富。

---

① 黎元宽《进贤堂稿》(清康熙刻本)卷二十二,转引自《四库禁毁书丛刊》集部第146册,北京出版社1998年版,第69页。
② 夏云鼎辑《前八大家诗选》卷五之六,转引自《四库禁毁书丛刊》集部第138册,北京出版社1998年版,第583页。
③ 夏云鼎辑《前八大家诗选》卷五之六,转引自《四库禁毁书丛刊》集部第138册,北京出版社1998年版,第556页。
④ 《柬门人李太虚》,见《汤显祖集》第2册,上海人民出版社1973年版,第1387页。

3．李明睿为吴伟业座师

吴伟业受李明睿提携，领南宫第一，高中榜眼，自然对座师满怀感激之情，写有《寿座师李太虚先生序》。李明睿的《阆园山人四部稿》，署"门人湘江赵开心、娄江吴伟业梓"，是由其门人赵开心、吴伟业刊刻刻的。该书有吴伟业的点评。

4．吴伟业的《秣陵春》与汤显祖的《牡丹亭》

吴伟业与汤显祖没有直接的师承关系。他入清之后，开始戏曲创作，写了传奇《秣陵春》和杂剧《通天台》《临春阁》。清人对其剧作评价很高，如梅村友人冒襄说："先生寄托遥深，词场独擅，前有元四家，后与临川作劲敌矣。"①乾嘉时期文人郭麐（字祥伯）《灵芬馆词话》卷二有："（梅村）于曲独工，曩见《秣陵春》传奇，以为玉茗之后殆无其偶。"②这些评价究竟是否合适，姑且不论，但《秣陵春》的艺术构思和浪漫主义的创作手法，受汤显祖《牡丹亭》的影响是非常明显的。如《秣陵春》剧中写黄展娘与徐适在宝镜与玉杯中分别看到各自的身影，黄展娘也是一灵咬住，魂魄离开躯体，寻到徐适而成亲，两人被冲散后，展娘归家还魂，从如幻如梦中苏醒，后二人终成连理。此中心情节与"牡丹亭"杜丽娘返魂十分相近。近代曲学大师吴梅说："梅村乐府，嗣响临川。南部梦华，记诸幻影。艳思哀韵，感人深矣。"③郑志良教授对此做了一些颇有见地的考证。

清顺治己亥十六年（1659），李明睿的挚友熊文举《良夜集沧浪亭观女剧演新翻〈秣陵春〉，同遂初、博庵赋得十绝，呈太虚宗伯拟寄梅村祭酒》诗，把汤显祖、李明睿、吴伟业的这种师承关系说得明明白白，其云：

> 紫玉红牙许共论，临川之后有梅村。可知宗伯名师弟，孝穆兰成早及名。④

二、李明睿家庭戏班

李明睿在政治上是个颇有争议的人物。据清同治《南昌县志》载：

> （李明睿）明天启壬戌进士，改翰林院庶吉士，历坊馆，罢闲六七年。廷臣交荐擢中允。时闯贼复秦，京师震动。总宪李邦华疏请太子监国南都，备不测，上疑未决。而明睿疏请面对："太子幼，必上自出乃有可为。"不用其策。寇逼，范景文重理前说事，不及矣。入国朝（笔者按：清朝）摄政王询于廷臣曰："汉官何人最贤？"众以明睿对。乃起用为礼部侍郎，署尚书事。未几，以病乞休，卒年八十有七。⑤

李明睿为何"罢闲六七年"？县志上没有记载。吴伟业《座师李太虚先生寿序》道出其中原委："先生

---

① 转引自郑志良《明清戏曲文学与文献探考》，第275页。
② 转引自郑志良《明清戏曲文学与文献探考》，第275页。
③ 转引自郑志良《明清戏曲文学与文献探考》，第275页。
④ 见熊文举《雪堂先生诗选·耻庐近集》（清康熙刻本）。
⑤ 陈纪麟、汪世泽撰《南昌县志》卷二十《人物志·文苑》，清同治九年刊本，第33页。

性强直,为台谏所中,隐居白鹿。讲授生徒。"李太虚隐居庐山白鹿书院讲学,还"撮拾累朝故实,抄撮成书,凡数百卷,欲以成一代之良史。"①后来由于"廷臣交荐擢中允"。

中允是正六品官,是主管太子和皇室宗亲日常生活的。他能直接面见皇帝,上疏献策。李自成占据陕西,震动朝廷,李明睿建议迁都南京,崇祯皇帝犹豫不决,朝中大臣怕丢失在京的家财,反诬李明睿主张逃跑是没有骨气。等到李自成兵围京城,范景文重提南迁之事,李明睿说,来不及了。结果是崇祯皇帝煤山自缢,明朝灭亡。入清后,清摄政王闻李明睿贤能,任命其为礼部侍郎。但李明睿在位半年,不适应朝廷的政务,因"朝参,行礼不恭,命革职为民"②。大概因为其在职时间较短,《清史》所列157名贰臣中,竟无其名。清顺治初年南昌反清复明的战斗并未停歇,尤其是顺治五年(1648)金声桓、王得仁之兵变,李太虚革职后,并没有立即回到南昌,流寓扬州、杭州。吴伟业有《座主李太虚师从燕都间道北归,寻以南昌兵变,避乱广陵,赋呈八首》诗记其事。③ 李太虚在扬州蓄养了一班女乐,孙枝蔚清顺治十二年(1655)在扬州写的《太虚宗伯园中观女乐》对此有记载:

> 已看风景美林泉,更右佳人伴谪仙。妙舞清歌世间少,不因诗句那得传。曾闻水调每关愁,岂意神仙爱客留。不是行觞仍玉女,何缘得见古扬州。(原注:神仙留客、玉女行觞皆炀帝曲台)④

大约在清顺治十三年,李明睿回到南昌,购得弋阳王府旧邸,改造为阆园,并在南昌城西一里的蓼州修建了沧浪亭。

裘君弘辑《西江诗话》卷十记载:

> 李明睿,字太虚,南昌人,天启进士,历官少宗伯,归里构亭蓼水旁,曰"沧浪"。家有女乐一部,皆吴姬极选。⑤

李明睿家中蓄养的女乐,大概是从扬州带来的戏班,是"吴姬极选",唱的是昆腔。

在清顺治十四至十七(1656—1660)年这几年间,沧浪亭经常有演出活动,观剧者留下不少观剧诗。《西江诗话》卷十记载:"公尝于亭上演《牡丹亭》及新翻《秣陵春》二曲,名流毕至,竟为诗歌,以志其胜。"⑥

从大量的观剧诗中,我们得知其家庭戏班的基本情况:

1. 女乐有八人。李明睿的门生黎元宽观剧诗云:

> 萦怀底事聊凭褉,作语生香仅八查。座上风光今正好,明朝又怕雨帘签。⑦

---

① 吴伟业《吴梅村全集》第三十六卷,上海古籍出版社1999年版,第764页。
② 转引自施祖毓《李明睿钩沉》,第219页。
③ 吴伟业《吴梅村全集》第四卷,上海古籍出版社1999年版,第115页。
④ 孙枝蔚《溉堂前集》卷九,引自《清代诗文集汇编》,上海古籍出版社2012年版,第74册,第430页。
⑤ 裘君弘辑《西江诗话》卷十"李明睿"(清康熙四十二年刻本),转引自《四库禁毁书丛刊》第138册,第207页。
⑥ 裘君弘辑《西江诗话》卷十"李明睿",转引自《四库禁毁书丛刊》第138册,第207页。
⑦ 裘君弘辑《西江诗话》卷十"李明睿",转引自《四库禁毁书丛刊》第138册,第208页。

奁，本是指女子的梳妆用具，此处代指女伶。八奁，即八个女伶。这八个女伶所担任的戏曲行当，在李元鼎的观剧诗中有记载，分别是：生、旦、小生、小旦、末、外、净、丑。①

2. 较为出色的演员有：回雪、烟波。李明睿有诗云：

清风明月人间有，玉管冰壶天下无。回雪临风吹玉管，烟波弄月濯冰壶。（回雪、烟波，公二妓名）②

还有晓寒，朱中楣《初春寄宗伯年嫂并忆烟波、晓寒诸女伶》诗云：

又值阳春景物和，怡怀谁解晓寒歌。年光荏苒闲愁剧，风雨凄其感咏多。玉茗尚然迷柳梦，沧浪空自锁烟波。花缫锡九应增艳，忆掐檀痕唤奈何。③

尤其出众的是八面观音和四面观音。但好景不长，李明睿解散了戏班。清顺治十八年（1661）方文《闻李宗伯家姬并遣伤之》诗云：

霓裳一部本群仙，只合文人裕结缘。底事同归厮养卒，酸风腥雨哭婵娟。闻说登舻涕泪频，烟波回雪更悲辛。章江游子肠先断，况是虔州纳彩人。（原注：烟波、回雪，二伎名，虔州友人曾以千金聘烟波不可得。）④

当年虔州（今江西赣州）友人出千金下聘求娶烟波而不可得，如今却无可奈何地给了"厮养卒"。个中缘故不得而知，但若无权势所迫，李明睿不会割舍这些朝夕相伴的歌姬。八面观音和四面观音的遭遇，似乎透露了个中的一些消息。

清康熙南昌人刘健《庭闻录》记载：

八面观音与圆圆并擅殊宠，故宗伯南昌李明睿妓也。宗伯侍儿十数辈，声色极一时之选，而八面为之魁。其曹四面观音亦美姿容，亚于八面，先公（按：作者之父）曾于宗伯弟见其歌舞，果尤物也。宗伯老，为给事高安所得，以奉（吴）三桂。辛酉城破，（陈）圆圆先死，八面归绥远将军蔡毓荣所得，四面归征南将军穆占。⑤

既然是给事高安把八面观音和四面观音奉献给气焰熏天的吴三桂，李明睿只好忍气吞声地割爱了。

3. 参与观剧者，多是江西地方名流，或为李氏之门生，如黎元宽；或为在京为官时的同僚，如熊文举、李元鼎。吴伟业的老师张溥是复社领袖，吴伟业是复社中坚，而熊文举、黎元宽、朱遂等均为复社成员。

---

① 《丁酉初春家宗伯太虚偕夫人携小女过我，演〈燕子笺〉〈牡丹亭〉诸剧，因各赠一绝，得八首》，见李元鼎、朱中楣《石园全集》卷十七《随草续篇》，引自《清代诗文集汇编》，上海古籍出版社 2012 年版，第 9 册，第 554—555 页。
② 裘君弘辑《西江诗话》卷十"李明睿"，第 207 页。
③ 李元鼎、朱中楣《石园全集》卷十七《随草续篇》，引自《清代诗文集汇编》，上海古籍出版社 2012 年版，第 9 册，第 557 页。
④ 方文《余山续集·西江游草》，《清代诗文集汇编》，第 38 册，第 563 页。
⑤ 刘健《庭闻录》，《笔记小说大观》四十一编第 2 册，台湾新兴书局 1988 年版，第 495 页。

这些人在明代都是响当当的名仕。明朝灭亡后。清政府对前明官员采取留用政策,这些人又同李明睿一样,仍然当官(尽管他们中有些人是不得已而为之,如吴伟业),被人视为"贰臣"。而清初民间舆论对"贰臣"们极为反感。"贰臣"们多数留恋旧朝廷,在朝为官,也是身不由己,对异族统治不习惯,弄不好就会遭到贬谪,在战战兢兢、诚惶诚恐的状态中过日子。他们很多人都是像李明睿一样,或以病乞休,或以照顾父母亲为由,回乡隐居。正好李明睿有这样一个观剧的聚会场所,而主人又非常大方,所以大家乐得寄情戏曲,写点观剧诗,聊以遣怀。

4. 据目前所见观剧诗中,李明睿家庭戏班在沧浪亭演出最多的剧目是老师汤显祖的《牡丹亭》和门人吴伟业的《秣陵春》,还有《拜月亭》《燕子笺》等。

吴伟业认为戏曲是文人真实思想感情的体现。他在《北词广正谱序》中声称,戏曲作品是"借他人之酒杯,浇自己之块垒",还说:

> 今之传奇,即古者歌舞之变也;然其感动人心,较昔之歌舞更显而畅矣。盖士之不遇者,郁积其无聊不平之概于胸中,无所发抒,因借古人之歌呼笑骂,以陶写我之抑郁牢骚。①

吴伟业在《秣陵春》一剧中,表达了何种"抑郁牢骚"呢? 李明睿的挚友熊文举顺治十六年(1659)写的《良夜集沧浪亭观女剧演新翻〈秣陵春〉,同遂初、博庵赋得十绝,呈太虚宗伯拟寄梅村祭酒》诗歌就说得非常清楚,吴伟业是带着明代遗民、旧臣的哀痛来撰写剧本的:

> 哀音亡国不堪闻,谁过鸣銮念故君。想见娄江吊双影,伤心如读战场文。②

吴伟业对前明朝的这种深深眷恋之情,与其获得会试榜眼的风波有关。当时有人不服,告到崇祯皇帝那里,崇祯皇帝亲自批阅,书"正大博雅,足式诡靡"八字,平息了这场风波。对皇帝的这种知遇之恩,怎能不铭刻于心? 听说崇祯煤山自缢,吴伟业也在家中上吊,为家人发现,才免于一死。吴伟业曾是明末复社的党魁,在政治上是颇有一番雄心壮志的。后来又在南京弘光朝任少詹士,满怀匡扶社稷之志。但因受到马士英之流的排挤,只得辞职回乡,研究学问,潜心著述。《秣陵春》大约撰写于清顺治七年(1650)左右,在清顺治十年(1653)吴伟业出山任国子监祭酒之前。剧中演绎的徐适的遭际,正有吴伟业自身的投影:深切的亡国之痛,夹杂着一些侥幸和希冀。吴伟业《秣陵春》所塑造的徐适这一艺术形象,映射出明清之交朝代更替时留职人员的矛盾心态。任职四年的"贰臣"生活,是吴伟业人生中最不光彩的一段经历。清康熙十年(1671)吴伟业与他的老师李明睿在同一年告别人世。他在弥留之际,写下了四首辞世诗,其一云:

> 忍死偷生廿载余,而今罪孽怎消除? 受恩欠债应填补,总比鸿毛还不如。③

---

① 吴伟业《吴梅村全集》(下),上海古籍出版社1990年版,第1213页。
② 见熊文举《雪堂先生诗选·近集》(清康熙刻本)。此为善本书,藏江西省图书馆。
③ 《临终诗四首》吴伟业《吴梅村全集》(中),卷二十,第531页。

这是吴伟业晚年愧疚、负罪、屈辱心情的真实写照。前引熊文举《十绝》诗之一,也道破了这一隐秘:

> 亭外山河照酒樽,玉人低唱易黄昏。南唐往事犹如此,应为孤臣更怆魂。[①]

写诗的熊文举和李明睿等一班"孤臣"大概都有此复杂的心路历程。

三、越调吴歙可并论　汤词端合唱宜黄

李明睿偶尔也邀请民间戏班到沧浪亭演出。以演出汤显祖的"临川四梦"为看家戏的得得新班宜伶泰生便在沧浪亭演出过。

清顺治庚子十七年(1660),熊文举在李明睿家观看宜伶演出,演出剧目为汤显祖的《紫钗记》和梅鼎祚的《玉合记》,写了《宜伶泰生唱紫钗、玉合,备极幽怨,感而赠之》诗五首。[②] 其一云:

> 宛陵临汝擅词场,钗合玲珑玉有香。自是熙朝多隽管,重翻犹觉艳非常。

按:宛陵,安徽宣城旧称,梅鼎祚是宣城人,宛陵代指梅鼎祚。临汝,即江西临川,此处代指汤显祖,汤为江西临川人。汤、梅二人自青年时代起即为挚友。"钗合玲珑玉有香","钗"指《紫钗记》,"玉"指《玉合记》。

其二云:

> 四梦班名得得新,临川风韵几沉沦。为君掩抑多情态,想见停毫写照人。

按:"四梦班名得得新",是说演出"临川四梦"的戏班,名为"得得新"。

其三云:

> 凄凉羽调咽霓裳,欲谱风流笔研荒。知是清源留曲祖,汤词端合唱宜黄。(宜黄有清源祠,祀灌口神,义仍先生有纪,予拟风流配填词未绪。)

按:宜黄县是明清时期江西著名的"戏窝子"。诗注云"义仍先生有纪",是指明万历三十年左右,汤显祖应宜黄县艺人邀请写的《宜黄县戏神清源师庙记》。这是一篇难得的戏曲论著。清源师为宜黄县艺人所供奉之戏神。《庙记》中详细记载了宜黄县戏曲声腔的演变过程:

> 此道有南北。南则昆山,之次为海盐。吴、浙音也。其体局静好,以拍为之节。江以西弋阳,其

---

① 熊文举《雪堂先生诗选·耻庐近集》,清康熙刻本。
② 熊文举《雪堂先生诗选·侣鸥阁近集》,清康熙刻本。

节以鼓,其调喧。至嘉靖而弋阳之调绝,变为乐平、为徽、青阳。我宜黄谭大司马纶闻而恶之。自喜得治兵于浙,以浙人归教其乡子弟,能为海盐声。大司马死二十余年矣,食其技者殆千余人。[①]

据考证,谭纶自浙江请海盐腔艺人到宜黄县教戏是在明嘉靖末期,到汤显祖写《庙记》时,海盐腔在当地流行已经流行四十多年,唱海盐腔的艺人已有千余人。在这四十多年的发展过程中,海盐腔已经在宜黄"地方化",成为"宜黄化"的海盐腔,即宜黄腔。[②]

熊文举在南昌沧浪亭观看宜伶泰生演唱汤显祖的《紫钗记》,写诗赞道:"汤词端合唱宜黄。"这就是说,汤显祖的"词"(当即"临川四梦"),用其他声腔来演唱也是可以的,但用宜黄腔来演唱是最合适不过的。熊文举给予这个评价,是经过深思熟虑的。因为,李明睿的昆腔家班是"吴姬极选",演员十分了得。她们演出汤显祖的《牡丹亭》等剧,受到观剧者的高度评价,熊本人也写了多篇诗歌予以赞叹。沧浪亭的主人李明睿既是熊的挚友,又是昆腔戏班的主人。如果对宜伶泰生演出的评价过高,会使李明睿没面子,也会使及其他观剧者扫兴。他能写出"汤词端合唱宜黄",说明这是观剧者(包括李明睿)的共识。

汤显祖的剧作为什么用宜黄腔来演唱是"端合"呢?因为汤显祖的剧作是用宜黄腔进行创作的,答案就在这里。李明睿是汤显祖的学生,又是戏曲鉴赏家,对此情况不会不清楚。汤显祖的剧作用宜黄腔进行创作,"汤词端合唱宜黄"是一个铁证。另外,明代戏曲家也有人知道这个事实。范文若《梦花酣·序》在提及《牡丹亭》时说:"临川多宜黄土音,板腔绝不分辨,衬字衬句凑插乖舛,未免拗折人嗓子。"[③]临川,代指临川人汤显祖。临川话与宜黄话虽同属临川语系,但并不完全相同。范文若明明知道汤显祖是临川人,但硬说《牡丹亭》不用临川土音,而"多宜黄土音",正好说明汤显祖是用宜黄腔来撰写剧本的。这也是"汤词端合唱宜黄"的铁证。

但不少人对此心存疑窦。原因有许多,其中之一,汤显祖自己就只记载了海盐腔,没有记载宜黄腔,说汤显祖用海盐腔创作是可以的,但说他用宜黄腔创作,根据不足。这种疑虑是难免的。一种新的戏曲声腔或剧种诞生以后,总是在它流传到外地之后才会获得新的名称,起初,人们会以地名称呼这种戏曲,如湖北黄梅县的采茶戏,流传到安徽怀宁之后,被称为黄梅调、黄梅戏,而在黄梅县本地却仍然称为采茶戏。又如,京剧在北京称为二黄戏,流传到上海以后,被称为京戏、京剧。同样,宜黄腔产生之后,在宜黄、临川一带仍然被称为海盐腔,只是流传到外地以后,才被称为宜黄腔。

笔者还可以补充一些资料,在抚州地区直到清初,只有海盐腔或"越调"、"越吹"的记载。如清乾隆五年(1740)刊本《临川县志》记载:

> 吴讴越吹,以地僻罕到,餪官长则呼土伶,皆农闲习之。拙讷可笑。近官长多自蓄之。[④]

文中记载的"吴讴"是指昆腔;"越吹"是指海盐腔(海盐腔发脉于浙江海盐县。越,代指浙江,故又称为越吹,即越调)。说明在清乾隆以前,临川还有演唱海盐腔的民间戏班。临川戏班所唱的海盐腔。应当

---

① 汤显祖《宜黄县戏神清源师庙记》,《汤显祖集》第2册,上海人民出版社1973年版,第1128页。

② 参见笔者《汤显祖梅鼎祚剧作的腔调问题——兼与徐朔方先生商榷》《两种宜黄腔:海盐腔支派与二黄腔本名》等论文,见苏子裕《戏曲声腔剧种丛考》,(台北)国家出版社2009年版。

③ 范文若《梦花酣·自序》,蔡毅编《中国古典戏曲序跋汇编》第二册,齐鲁书社1989年版,第1364页。

④ 李廷友修,李绂纂《临川县志》卷十六"风俗志",清乾隆五年刊本,第3页。

就是宜黄腔。只不过沿袭当地人的习惯，仍称其为海盐腔而已。

与熊文举观剧写诗的唱和的，还有李明睿好友同年进士李元鼎及其夫人朱中楣（1622—1672），她在《宗伯年嫂相期沧浪亭观女伎演秫陵春，漫成十绝》诗之一写道：

> 越调吴歈可并论，梅村翻入莫愁村。兴亡瞬息成古今，谁吊荒陵入白门。①

诗中的"越调吴歈"与《临川县志》所记之"吴讴越吹"都是一个意思：吴歈、吴讴都是指昆腔，越调、越吹都是指海盐腔。李明睿家庭戏班演《秫陵春》，唱的是昆腔，宜伶泰生演《紫钗记》《玉合记》唱的是"越调"（海盐腔）。为何朱中楣记载宜伶泰生唱的是越调（海盐腔），而不像熊文举一样记载是宜黄腔呢？南昌在万历初期就有海盐腔，万历十六年（1588）宁王府海盐腔戏班演出《绣襦记》。② 朱中楣是宁王后裔，明宗室辅国中尉议汶次女，当然知道府中经常演唱的海盐腔，她认为宜伶所唱的腔调与王府中所演唱的"越调"（海盐腔）是同一类腔调，所以她仍然称其为"越调"。她认为"越调吴歈可并论"，是说宜伶泰生所唱的"越调"与李明睿女乐所唱的昆腔可以相提并论。

但毕竟宜黄腔与南昌的海盐腔有所不同，是"宜黄化"了的海盐腔。生活于明万历、崇祯年间的南昌诗人万时华把宜黄腔称为"新谱"。其《棠溪公馆同舒苞孙夜酌二歌人佐酒》诗云：

> 野馆清宵倦解装，村名犹识旧甘棠。松邻古屋霜华净，虎印前溪月影凉。寒入短裘连大白，人翻新谱自宜黄。酒阑宜在嵩山道，并出车门夜未央。③

按：棠溪，村名，在南昌市郊区罗家集附近。歌人所唱"新谱"传"自宜黄"，当是宜黄腔。其在南昌乡间有歌人演唱，在南昌城内盛行自不待言。为何诗人把歌者所唱的腔调称为是传自"宜黄"的"新谱"呢？那是因为，南昌有海盐腔"旧谱"，而宜黄腔系从海盐旧谱演变而来，所以被称为"新谱"。宜黄"新谱"，就是由海盐腔演变而来的宜黄腔。

从目前所见到的文献资料来看，宜黄腔之名，是在流行到南昌之后才有的，如万时华的诗句所言。如此看来在汤显祖的诗文中，只有海盐腔的记载，没有出现"宜黄腔"的字样，也就不足为奇了。

汤显祖开始进行戏曲创作的时代，海盐腔在宜黄已经流行了三十多年，"宜黄化"的过程也已完成，也就是说宜黄腔已经形成。在汤显祖的诗文中，多次出现"宜伶""小宜伶"的记载。所谓"宜伶"，不是指"宜黄县艺人"，而是指"宜黄腔艺人"。"宜伶"这一称呼的出现，标志着宜黄腔的诞生。汤显祖说"曲畏宜伶促"，④证明他是为宜伶而写戏。既是为宜伶而创作，当是用宜伶所熟悉的声腔——宜黄腔。

宜伶不一定就是宜黄籍的演员，如同"海盐子弟"不一定就是海盐人，《金瓶梅》所记载的苟子孝，就不是海盐人，而是苏州人。清乾隆时，北京人唱戏的很多，只有京腔班的演员才被称为"京伶"，如吴长元《燕兰小谱》所记之京伶八达子、京伶冯三儿。明代吕天成《曲品》所记之"弋阳"、祁彪佳《远山堂》所记

---

① 见李元鼎、朱中楣《石园全集》卷十六《镜阁新声》，《清代诗文集汇编》，上海古籍出版社2012年版，第9册，第553页。
② 陈士业《江城名迹记》卷上"考古"二，清乾隆刻本，第36页。
③ 万时华《溉园诗集》卷三，转引自《丛书集成续编》第171册，（台北）新文丰出版社，第178页。
④ 汤显祖诗《寄吕麟趾三十韵》，《汤显祖集》第1册，第565页。

之"弋优"都是指弋阳腔艺人,而不是专指弋阳县艺人。宜黄腔不可能仅在宜黄一县打转,与之紧临的临川,当得风气之先。临川是抚州府治所在地,自元代以来就是戏曲盛行之地。宜黄腔传入临川是十分便利的。明万历三十年汤显祖《庙记》中所记当时海盐腔艺人有千名之多,据清康熙十八年(1679)知县尤稚章主修《宜黄县志》三卷《户口》记载,万历十年全县人口只有18 795。一个人口这样少的县,不可能容纳一千名海盐腔艺人。这一千名海盐腔艺人,就应该包括临川地区的海盐腔艺人。在汤显祖时代,临川地区既有宜黄县的戏班,也会有临川县的戏班,他们都是唱宜黄腔。

汤显祖的诗文中所记之宜伶,都和汤显祖保持密切的联系,可以由汤显祖派遣到外地为朋友演出,如《九日遣宜伶赴甘参知永新》、①《遣宜伶汝宁为前宛平令李袭美郎中寿》②中的宜伶,汤显祖甚至可以由"宜伶相伴酒中禅"。③ 这说明这些宜伶都是长期生活在临川的。汤显祖辞官回乡隐居之后,生活日益贫困,他哪里有钱蓄养家庭戏班。没有家庭戏班,却又能派遣宜伶赴外演出,是因为这些宜伶是由他培养出来的,汤显祖不是经常"自掐檀痕教小伶"演唱《牡丹亭》吗?④ 教师派学生出外演出,才可以不花很多钱。汤显祖在临川培养"小伶",当是临川本地人,总不会特意到宜黄去招收学员吧? 另外,他还劝临川友人帅机之子帅从升兄弟找些"小宜伶"在园林中演唱"四梦",《帅从升兄弟园上作四首》诗记载:

小园须着小宜伶,唱到玲珑入犯听。曲度尽传春梦景,不教人恨太惺惺。⑤

汤显祖所记的这些"宜伶"、"小宜伶",都在自己身边,大多数应该是临川当地的宜黄腔艺人。而不是宜黄县籍的演员。有人把汤显祖所记载的"宜伶",统统看成是宜黄县的艺人,这就不恰当了。临川当地有宜黄腔戏班,何必非要到宜黄去请艺人。

综上所述,可以得知:

1. 清顺治末期李明睿在南昌沧浪亭经常有观剧活动。他有自己的家庭戏班,拥有非常优秀的昆腔演员。经常演出的剧目是老师汤显祖的"临川四梦"和门人吴伟业的《秣陵春》。汤显祖是明代剧坛巨擘,吴伟业是清代剧坛高手。李明睿是拥有家庭戏班,是戏曲鉴赏家。这样,就形成了一条戏曲师生链。

2. 沧浪亭的观剧者,多是李明睿的昔日同僚、学生、乡友。不少人是明朝仕宦,入清之后又为清朝廷留用,被视为"贰臣"。这在清初一些持有反清复明思想的文人看来,是没有骨气,颇受鄙视。而其本身在朝为官,也不太习惯满族统治,稍有不慎,便遭贬谪。失意、屈辱、愤懑等复杂的情绪挥之不去,只好寄情于观剧、写诗等文艺活动,借他人之酒杯,浇胸中之块垒。而吴伟业的《秣陵春》所表达的"南唐往事犹如此,应为孤臣更怆魂"正是这个特殊文人群体中大多数人心态的写照。

3. 在沧浪亭演剧的还有宜伶,演出的剧目有汤显祖的《紫钗记》和汤显祖好友梅鼎祚的《玉合记》,唱的是宜黄腔。"汤词端合唱宜黄",这便宣示了汤显祖剧作是用宜黄腔创作的。

① 汤显祖诗《九日遣宜伶赴甘参知永新》,《汤显祖集》第2册,第799页。
② 汤显祖诗《遣宜伶汝宁为前宛平令李袭美郎中寿》,《汤显祖集》第2册,第757页。
③ 汤显祖诗《唱二梦》,《汤显祖集》第2册,第766页。
④ 汤显祖诗《七夕醉答君东二首》,《汤显祖集》第2册,第735页。
⑤ 汤显祖诗《帅从升兄弟园上作四首》,《汤显祖集》第2册,第730页。

汤显祖"句字转声"与沈璟"合律依腔"辨析

顾闻钟

一

汤显祖是在《答凌初成》中提出了"句字转声"的观点：

> 不佞生非吴越通，智意短陋，加以举业之耗，道学之牵，不得一意横绝流畅于文赋律吕之事。独以单慧涉猎，妄意诵记操作。曾积有窥，如暗中索路，闯入堂序，忽然雷光得自转折，始知上自葛天，下至胡元，皆是歌曲。曲者，句字转声而已。葛天短而胡元长，时势使然。总之，偶方奇圆，节数随异。四六之言，二字而节，五言三，七言四，歌诗者自然而然。乃至唱曲，三言四言，一字一节，故为缓音，以舒上下长句，使然而自然也。独想休文声病浮切，发乎旷聪，伯琦四声无入，通乎朔响。安诗填词，率履无越。不佞少而习之，衰而未融。乃辱足下流赏，重以大制五种，缓隐浓淡，大合家门。至于才情，烂熳陆离，叹时道古，可笑可悲，定时名手。不佞《牡丹亭记》，大受吕玉绳改窜，云便吴歌。不佞哑然笑曰，昔有人嫌摩诘之冬景芭蕉，割蕉加梅，冬则冬矣，然非王摩诘冬景也。其中驳荡淫夷，转在笔墨之外耳。若夫北地之于文，犹新都之于曲。余子何道哉。①

汤显祖的《答凌初成》"约作于万历三十一年（1603）戊申"②，根据文中"不佞《牡丹亭记》，大受吕玉绳改窜，云便吴歌"之语推断，此番话是针对吕玉绳改窜其《牡丹亭》而发的，而这吕家改的本子，"应理解为吕家寄来的改本，实际上是沈改本"。③

沈璟的在商调【二郎神】套曲中提出了"合律依腔"的主张：

> 【二郎神】何元朗、一言儿启词中宝藏，道欲度新声休走样，名为乐府，须教合律依腔。宁使时人不鉴赏，无使人挠喉捩嗓。说不得才长，越有才、越当着意斟量。【前腔·换头】参详，含宫泛徵，延声促响，把仄韵平音分几项。倘平音窘处，须巧将入韵埋藏。这是词隐先生独秘方，与自古词人不爽。若是调飞扬，把去声儿填他几字相当。【啭林莺】词中上声还细讲，比平声更觉微茫。去声正与分天让，休混把仄声字填腔。析阴辨阳，却只有平声分党，细商量，阴与阳还须趁调低昂。【前腔】用律诗句法当审详，不可厮混词场。【步步娇】首句堪为样，又须将【懒画眉】推详。休教卤莽，试比类

---

① 汤显祖《答凌初成》，徐朔方笺校《汤显祖全集》，北京古籍出版社 1998 年版，第 1442 页。
② 汤显祖《答凌初成》，徐朔方笺校《汤显祖全集》，北京古籍出版社 1998 年版，第 1442 页。
③ 徐朔方《汤显祖评传》，南京大学出版社 1993 年版，第 225 页。

当知趋向。岂荒唐,请细阅《琵琶》字字平章。【啄木骊】中州韵,分类详,《正韵》也因他为草创。今不守正韵填词,又不尊中土宫商,制词不将《琵琶》仿,却驾言韵依东嘉样。这病膏肓,东嘉已误,安可袭为常。【前腔】北词谱,精且详,恨杀南词偏费讲。今始信旧谱多讹,是鲰生稍为更张。改弦又非翻新样,按腔自然成绝唱。语非狂,从教顾曲端不怕周郎。【黄莺儿】奈独力怎隄防,讲得口唇干空闹攘,当筵几度添惆怅。怎得词人当行,歌客守腔,大家细把音律讲。自心伤,萧萧白发,谁与共雌黄。【前腔】曾记少陵狂,道细论诗晚节详。论词亦岂容疏放。纵使词出秀肠,歌称绕梁,倘不谐律吕也难褒奖。耳边厢,讹音俗调,休问短和长。【尾声】吾言料没知音赏,这《流水》《高山》逸响,直待后世钟期也不妨。①

沈璟的商调【二郎神】套曲实则是一篇论曲的文章,从中可推知,当时有人作曲是不符合"格律"的,度"新声"的也大有人在,无论是出格之曲辞还是新声明显与沈璟认为的"样"儿是有区别的,沈璟对此有所不满,故而在套曲中说"欲度新声休走样,名为乐府,须教合律依腔"。此文是否直接针对汤显祖创作的《牡丹亭》而言的,不得而知。但至少像汤显祖《牡丹亭》内有些不符合他心中"样"儿的曲牌,肯定是在其批评之列的。

沈璟在【二郎神】套曲中所列举的【步步娇】,在宋元戏文中均有使用:

《张协状元》:

　　【步步娇】仙卉丛丛春来早,蓓蕾(在)枝头少。公公去采樵,小二往田头,看秧苗。见说嫩茶偏好,每日还婆一到。②

《唐伯亨》:

　　【步步娇】(为)半纸功名(把)青春误。好景成辜负。携琴往帝都。(只见)几朵江梅,半拆微露。不见老林逋,惟有清香吐。③

《琵琶记》:

　　【步步娇】(只见)黄叶飘飘(把)坟头复。厮赶(的)皆狐兔。(怎地)松楸渐渐疏?苔把砖封,笋进(着)泥路。(只恐你)难保百年坟,(教凭谁)看你三尺土。④
　　【前腔】渡水登山多劳苦,到得(这)荒村坞。远观(见)一老夫,试问他家,住在何处。趱步向前行,(却是)一所荒坟墓。⑤

至少从元传奇《唐伯亨》开始,此牌就具有了"格律",其句式、字数与平仄、韵位都具有一定的规范性,这种规范在一定的时间段内得到了诸多戏曲作家的遵守,具有相对的稳定性、通行性。虽然编纂"南

① 沈璟《商调【二郎神】论曲》,徐朔方辑校《沈璟集》,上海古籍出版社1991年版,第849—850页。
② 钱南扬《永乐大典戏文三种校注》,中华书局1979年版,第178页。
③ 沈璟《增定南九宫曲谱》,《善本戏曲丛刊》(辑三),台湾学生书局1984年版,第698页。
④ 高明《元本琵琶记》,钱南扬校注,上海古籍出版社1980年版,第213页。
⑤ 高明《元本琵琶记》,钱南扬校注,上海古籍出版社1980年版,第213页。

曲"谱会对南曲曲律会起到进一步的规范作用,但南曲曲牌具有的相对的稳定性、通行性是蒋孝、沈璟等明人编纂"南曲"谱的依据和基础,也是他们维护"古曲"的出发点,而不是相反。

但相对稳定的"格律"并不等于"格律"是一成不变的。沈璟在其《增订南九宫曲谱》中所举的【步步娇】牌例结尾句用五字句,而常有"后人乃增一字作六字句,抑或增二字成七字句":①

《荆钗记》:

　　【步步娇】(将)往事今朝重提起,(越)恼得(我)肝肠碎。清明祭扫时,省却愁烦,且自酬礼,(须)记得圣贤书。道不与祭如不祭。②

唐寅春景套:

　　【步步娇】楼阁重重东风晓,玉砌兰芽小,垂杨金粉消。绿映河桥,燕子刚来到。心事上眉梢,(恨)人归不比春归早。③

汤显祖则认为:"始知上自葛天,下至胡元,皆是歌曲。曲者,句字转声而已。葛天短而胡元长,时势使然。"④意思是从古至今,只要是能歌唱的文字都是歌曲,歌曲是歌词派生的,古时短,元时短,是不断变化的,正如他在《紫箫记》第六出中借四娘口气言道:

　　又有字句多少都唱得的,相似:【端正好】【货郎儿】【混江龙】【后庭花】【青哥儿】【梅花酒】【新水令】【折桂令】,这几章都增减唱得。中间还有道宫、高平、歌拍,又有子母调一串骊珠,休得拗折嗓子。⑤

故而在其作品中出现不符合"格律"的曲牌也不足为奇了:
《牡丹亭》:

　　【步步娇】(袅)晴丝吹来闲庭院,摇漾春如线。停半晌整花钿。没揣菱花,偷人半面。迤逗(的)彩云偏,(步)香闺怎(便)把全身现。⑥

按照沈璟所说的【步步娇】起句"四字用仄仄平平,妙甚,妙甚,凡古曲皆然",⑦第三"字处平仄可通用也,若用平平仄仄则为落调"。此处,头四字"晴丝吹来"连用四平,第三句牌例为五字句,"停半晌整花钿"剧是六字句,显然是不"合律"的。

　① 周祥钰等《九宫大成南北词宫谱》,《善本戏曲丛刊(辑六)》,台湾学生书局 1984 年版,第 335 页。
　② 柯丹邱《荆钗记》,《六十种曲》,中华书局 1958 年版,第 106 页。
　③ 周祥钰等《九宫大成南北词宫谱》,《善本戏曲丛刊(辑六)》,台湾学生书局 1984 年版,第 333 页。
　④ 汤显祖《答凌初成》,徐朔方笺校《汤显祖全集》,北京古籍出版社 1998 年版,第 1442 页。
　⑤ 汤显祖《紫箫记》,徐朔方笺校《汤显祖全集》,北京古籍出版社 1998 年版,第 1737 页。
　⑥ 周祥钰等《九宫大成南北词宫谱》,《善本戏曲丛刊(辑六)》,台湾学生书局 1984 年版,第 333—334 页。
　⑦ 沈璟《增定南九宫曲谱》,《善本戏曲丛刊(辑三)》,台湾学生书局 1984 年版,第 698 页。

二

汤、沈二人对于曲牌音乐的认识也与其看待曲牌"格律"基本相似。"曲"成为"文人"眼中之"一代之文学"①是从元朝开始的,元曲虽起源于民间,但其曲辞"文人化"进程非常快,至少在周德清的《中原音韵》成书时,"文人"已将不固定的曲辞在篇式、句式及字位的平仄予以固定化和规范化,树立起曲牌的"格律"典范,元曲即从"俚歌"转身为"乐府",其曲牌音乐亦是宫调森严。"南戏"起源较早,其曲文的创作虽有"书会才人"参与,但南曲的"文人化"进程是十分缓慢的,到了元末明初才有少量"文人"改作的"南戏"剧作出现,直到明中期"文人"们才大规模介入到戏曲剧本的创作中来。与此同时,南曲曲牌音乐在变化之中,成书于嘉靖年间的《南词叙录》中认为南戏"其曲则宋人词而益以里巷歌谣,不叶宫调,故士大夫罕有留意者"。② 南曲曲牌音乐的来源比较多源,这些曲牌音乐较为宽泛,可以搭配不同的曲辞,随着曲辞在句式、字数与平仄、韵位上的调整,南曲曲牌音乐也随着调整,长此以往,曲牌的曲辞与音乐达到了相对和谐的状态。宋、元至明,艺人、乐工们经过长期的实践,已经积累了相当丰厚的此类相对稳定的曲牌音乐,亦即沈璟在其《增定南九宫曲谱》中屡屡提及与"样"牌"格律"相合的"本调""古调""古曲":

【正宫过曲·白练序】(《风流合三十》,"花磨月恨")后注:起句用四字,乃此曲本调,自"窥青眼"散曲出,词意兼到,人争唱之,不知其失体也。吾宁舍彼而取此,然一齐众楚,得无反为所笑乎!③

【越调过曲·小桃红】(《拜月亭》,"状元执盏为婵娟")上注:此古调也,后人作者纷纷不一矣,要当以此为式。④

【商调过曲·山坡羊】(散曲,"学取刘伶不戒")后注:此调乃【山坡羊】本调也,最为近古,故录之。⑤

【仙侣入双调·步步娇】(《唐伯亨》,"为半纸功名")后注:"半纸功名"四字用仄仄平平,凡古曲皆然,观《琵琶》"黄叶飘飘"、"渡水登山",《荆钗》之"往事今朝",盖"黄"字处平仄可通用也,若用平平仄仄则为落调。⑥

与蒋孝的《旧谱》相比,"沈谱增加了351支例曲,其中有179支选自宋元南戏中的古曲本调;另又选收84支南戏古调,更换了《旧谱》中的例曲"。⑦

汤显祖在《牡丹亭》中共使用了五支【懒画眉】:

《寻梦》:

（最）撩人春色是今年。（少什么）低就高来粉画垣,（元来）春心无处不飞悬。（睡荼蘼）抓住裙衩线,（恰便是）花似人心好处牵。⑧

（为甚呵）玉真重溯武陵源。（也则为）水点花飞在眼前。（是）天公不费买花钱,（则咱人）心上

① 王国维《宋元戏曲史》,上海古籍出版社1998年版,第1页。
② 天池道人《南词叙录》,《中国古典戏曲论著集成(册三)》,中国戏剧出版社1959年版,第239页。
③ 沈璟《增定南九宫曲谱》,《善本戏曲丛刊(辑三)》,台湾学生书局1984年版,第221页。
④ 沈璟《增定南九宫曲谱》,《善本戏曲丛刊(辑三)》,台湾学生书局1984年版,第497页。
⑤ 沈璟《增定南九宫曲谱》,《善本戏曲丛刊(辑三)》,台湾学生书局1984年版,第565页。
⑥ 沈璟《增定南九宫曲谱》,《善本戏曲丛刊(辑三)》,台湾学生书局1984年版,第698页。
⑦ 俞为民、沈璟《南九宫十三调曲谱》,《对南曲曲律的规范》,《文化遗产》2013年第1期。
⑧ 汤显祖《牡丹亭》,徐朔方、杨笑梅校注,人民文学出版社1963年版,第65页。

（有）啼红怨。辜负（了）春三二月天。①

《幽媾》：

轻轻怯怯（一个）女娇娃。楚楚臻臻（像个）宰相衙。（想他）春心无那对菱花。含情（自）把春容画。（可想到有个）拾翠人儿（也）逗着他。②

《冥誓》：

画阑风摆竹衡斜。惊鸦闪落（在）残红树。玉天仙光降了紫云车。（剔）灯花这咱望郎耶。直恁（的）志诚亲姐姐。③

《骇变》：

园深径侧老苍苔。（那几所）月榭风亭久不开。当时曾此葬金钗。（缘何）不见坟儿在。（敢是）狐兔穿空倒塌来。④

沈璟南曲谱中【懒画眉】牌例示举的是《琵琶记》之【懒画眉】：

顿觉余音转愁烦。（似）寡鹄孤鸿和断猿。（又）如别凤乍离鸾。（只见）杀（声）在弦中见。（敢）只是螳螂来捕蝉。⑤

此曲后注：

此调第一字平仄不拘，第二字必用仄声，第三、第四字必用平声，乃是正体，观《琵琶记》三曲皆然。⑥

沈璟说"【懒画眉】起句当用仄仄平平"，第三字处"平仄可通用"，按照此标准，汤显祖五支【懒画眉】均为"落调"，⑦"古曲"与汤之曲辞肯定是无法相合的，而汤显祖对此的解释是：

① 汤显祖《牡丹亭》，徐朔方、杨笑梅校注，人民文学出版社 1963 年版，第 65 页。
② 汤显祖《牡丹亭》，徐朔方、杨笑梅校注，人民文学出版社 1963 年版，第 165 页。
③ 汤显祖《牡丹亭》，徐朔方、杨笑梅校注，人民文学出版社 1963 年版，第 187 页。
④ 汤显祖《牡丹亭》，徐朔方、杨笑梅校注，人民文学出版社 1963 年版，第 212 页。
⑤ 沈璟《增定南九宫曲谱》，《善本戏曲丛刊（辑三）》，台湾学生书局 1984 年版，第 409 页。
⑥ 沈璟《增定南九宫曲谱》，《善本戏曲丛刊（辑三）》，台湾学生书局 1984 年版，第 410 页。
⑦ 沈璟《增定南九宫曲谱》，《善本戏曲丛刊（辑三）》，台湾学生书局 1984 年版，第 698 页。

词之为词,九调四声而已哉!且所引腔证,不云未知出出何调、犯何调,则云又一体、又一体。彼所引曲未满十,然已如是,复何能纵观而定其字句音韵。①

他认为既然一个曲牌可以有"又一体、又一体",是不可能存在一定不移的固定的曲牌音乐和与之相合的一定不移之字句的。

沈璟在其《增定南九宫曲谱》中某些曲牌确实列有"又一体",但他还是积极维护曲牌之稳定,而其汤显祖显然是看到了"曲"具有流变性的这一面。

三

汤显祖"句字转声"与沈璟"合律依腔"的观点,从表面上看只是纠缠于曲牌"格律"与音乐等具体问题,实质问题背后有着各自对于曲辞的功用有着不同的认知。宋、元至明,特别到了晚明,"南曲"已经达到了一个相对"稳定"的状态。我们从蒋孝、沈璟等编纂的"南曲"谱中可看到,选入的曲牌谱例均是以单支曲子的面目出现的,其中"剧曲"也是以没有念白的完整曲子的形式出现的,可以说是一首首完整的作品,这些作品也都有与曲辞相合的"古曲""古调",歌者唱来自然不会拗折嗓子,听者亦觉得和谐悦耳,这不仅仅沈璟一个人的认知,当时秉持这种主张的人不在少数。例如何元朗主张"宁声谐而词不工,无宁词工而声不协",②卜世臣也曾在《冬青记》凡例中说:"词工而 调不协,吾无取矣。"而汪廷讷《广陵月》第二出的两支【二郎神】论曲几乎就是沈璟【二郎神】曲子的翻版。也就是说具有相对稳定性和通行性的"南曲"在沈璟等曲家心中是一首首"文"、"乐"和谐的、可以娱人娱己的乐府作品,是沈璟等人心中的"《流水》《高山》"。③

而在1560年前后,正是魏良辅改革昆山腔取得成功,并渐渐风行之时。④ "这类曲唱,无论是按腔句、按曲牌或是按唱段,其唱的结束处都没有终止结构。也就是,每一个腔句都是可以独立的'一个腔句',诸腔句间的关系都是相对等的——每一腔句唱了,可以任意接唱其他腔句,也可以任意停顿。这种结构,实际上使任何一个腔句都可自成一个唱段。"(洛地《魏良辅·汤显祖·姜白石——"曲唱"与"曲牌"的关系》)⑤也就是事实上"依字行腔"这类唱把相对稳定的曲牌音乐唱瓦解了,故而沈宠绥在称赞魏良辅"声场禀为曲圣,后世依为鼻祖"的同时,又说"奈何哉。今之独步声场者,但正目前字眼,不审词谱为何事;徒喜淫声聒听,不知宫调为何物;蹴舛承讹,音理消败,则良辅者流,固时调功魁,亦叛古戎首矣"。⑥ 魏、梁之"水磨唱法"相当于为突破原有曲牌"格律"的新辞重新谱就了新的音乐,将字腔音乐与残留的原来的曲牌音乐融为一体,铸就了新的曲牌音乐。身处吴中的沈璟,自然不会不看到此种状况,故而大呼"欲度新声休走样"。⑦ 假如我们明白了昆腔"水磨唱法"实质以及其导致沈璟所

---

① 汤显祖《答孙俟居》,徐朔方笺校《汤显祖全集》,北京古籍出版社1998年版,第1392页。
② 何良俊《四友斋丛书》,《元明笔记史料丛刊》,中华书局1959年版,第343页。
③ 沈璟《商调【二郎神】论曲》,徐朔方辑校《沈璟集》,上海古籍出版社1991年版,第849—850页。
④ 胡忌、刘致中《昆剧发展史》,中国戏剧出版社1983年版,第80页。
⑤ 洛地《魏良辅·汤显祖·姜白石——曲唱与曲牌的关系》,《浙江艺术职业学院学报》2003年第3期。
⑥ 沈宠绥《度曲须知》,《中国古典戏曲论著集成》第5册,中国戏剧出版社1959年版,第198、242页。
⑦ 沈璟《商调【二郎神】论曲》,徐朔方辑校《沈璟集》,上海古籍出版社1991年版,第849—850页。

维护的"古曲"曲牌音乐瓦解后的事实后,也不大可能得出《增定南九宫曲谱》是维护昆腔的"格律"之类的结论了。

汤显祖在《答吕姜山》中说:"凡文以意趣神色为主。四者到时,或有丽词俊音可用。尔时能一一顾九宫四声否?如必按字摸声,即有窒滞迸拽之苦,恐不能成句矣。"①汤显祖认为曲要以"意趣神色"为主。

他针对"吕家改本"或"沈璟改本"说:

> 昔有人嫌摩诘之冬景芭蕉,割蕉加梅,冬则冬矣,然非王摩诘冬景也。②

沈璟确实改窜《牡丹亭》为《同梦记》,在其侄子沈自晋的《南词新谱》中仅有两支留存。《牡丹亭》第四十八出讲述的是杜母带了春香从扬州逃到临安,无意中和死后还魂的女儿杜丽娘及道姑在月下重逢。汤显祖为四个人物各写了一支唱词:

> 【番山虎】则道你烈性上青天,端坐在西方九品莲,不道三年鬼窟里重相见。哭得我手麻肠寸断,心枯泪点穿。梦魂沉乱,我神情倒颠。看时儿立地,叫时娘各天。怕你茶饭无浇奠,牛羊侵墓田。(合)今夕何年?今夕何年?咦,还怕这相逢梦边。
>
> 【前腔】你抛儿浅土,骨冷难眠。吃不尽爷娘饭,江南寒食天。可也不想有今日,也道不起从前。似这般糊突谜,甚时明白也天!鬼不要,人不嫌,不是前生断,今生怎得连!(合前)
>
> 【前腔】近的话不堪提咽,早森森地心疏体寒。空和他做七做中元,怎知他成双成爱眷?我捉鬼拿奸,知他影戏儿做的恁活现?(合)这样奇缘,这样奇缘,打当了轮回一遍。
>
> 【前腔】论魂离倩女是有,知他三年外灵骸怎全?则恨他同棺椁、少个郎官,谁想他为院君这宅院。小姐呵,你做的相思鬼穿,你从夫意专。那一日春香不铺其孝筵,那节儿夫人不哀哉醮荐?早知道你撇离了阴司,跟了人上船!(合前)③

沈璟觉得不合"格律",改为:

> 【蛮山忆】集曲【蛮牌令】说起泪犹悬,想着胆犹寒。他已成双成美爱,还与他做七做中元。那一日不铺孝筵,那一节不化金钱。【下山虎】只说你同穴无夫主,谁知显出外边,撇了孤坟双同上船。【忆多娇】(合)今夕何年,今夕何年,还怕是相逢梦边。④

二者"文采"孰优孰劣,实属难分。四支【番山虎】分别是杜母、杜丽娘、春香、石道姑所唱的曲子各具情态,其中第二支【番山虎】合唱描绘母女之情,第三支合唱【番山虎】描绘主仆之情,主仆"关系比母女疏一层",而沈璟的改作"将春香和道姑的两支曲合成一支,四个人的唱同全部相同,这是把人物的个性和

---

① 汤显祖《答吕姜山》,徐朔方笺校《汤显祖全集》,北京古籍出版社1998年版,第1302页。
② 汤显祖《答凌初成》,徐朔方笺校《汤显祖全集》,北京古籍出版社1998年版,第1442页。
③ 汤显祖《牡丹亭》,徐朔方、杨笑梅校注,人民文学出版社1963年版,第262、263页。
④ 徐朔方《汤显祖评传》,南京大学出版社1993年版,第223页。

社会关系强行划一了"。① 这些都是汤显祖不愿意看到的,对于单首散曲他也情愿"拗折天下人嗓子"②而要保持其曲情,何况一部剧作中的曲辞的功用要大得多。假如我们把汤显祖的"意趣神色"理解为单纯的"文采",毫无疑问是偏颇的。

四

　　不管是文学,还是音乐、戏剧,都是人类克服"自己在感情、心理、认知上种种困难与挫折,忧虑与不安,因而创造了第三类文化,我们可称之为精神文化或表达文化(expressive culture)"(李亦园《人类的视野》)。③ 观众、作者自身的情怀都会在作品中呈现出来。戏曲"文章"从宋元戏文到"明人改本戏文",④再到汤显祖等"文人"创作传奇剧本,观众的轮换、作者的异同都使得作品呈现的人物情态与作者寄寓其中的情怀是不同的,这些都需要不同的表现形式去阐释。就汤显祖的《牡丹亭》而言,是举世公认的"意趣神色"之作,只要能表现原文之"意趣神色",汤显祖自然是不会有什么意见,关键是有多少人懂得这种人物情态和作者寄寓其中的情怀并且可以去阐释之,汤显祖显然是孤独的,正如汤显祖自己的说的"伤心拍遍无人会,自掐檀痕教小伶"。当沈璟等曲家们以乐府作品来看待《牡丹亭》内诸曲而改词就律失去"意趣神色"或者使用当时现成的艺术手段却无法呈现这类情态和情怀时,汤显祖肯定是不满意的,他的态度摆在《与宜伶罗章二》中:"《牡丹亭记》要依我原本。其吕家改的,切不可从。虽是增减一二字,以便俗唱,却与我原做的意趣大不同了。"如今流行的《牡丹亭》昆腔诸曲,始于明末曲家钮少雅等采用集曲改作、改换曲牌、合并或拆分曲子等方法重新谱就的音乐,经《南词定律》、《九宫大成南北词宫谱》编纂者等曲家、乐工的进一步加工,再至乾隆末年冯至凤、叶堂等曲家完善后,才与汤之原作诸辞相配,使原作"意趣神色"得以呈现于曲坛、剧坛,这种几近完美的呈现先后经过了一百五十多年的时间。我们至今都没有搞清楚《牡丹亭》究竟为何种"声腔"而作,其实也不必搞清楚,《牡丹亭》这样的杰作问世后,各地戏班争相上演是毫无疑问的,但为何唯独昆腔"水磨唱法"演绎《牡丹亭》中生、旦为主的折子(《惊梦》《寻梦》《拾画》《幽媾》等折)能大行于世且经久不衰? 无非是昆腔"水磨唱法"能很好地表现这几折曲辞所要呈现的彼时人物之情态和寄寓其中的作者的情怀。传奇剧本的创作的繁盛,实则与"北曲"的运用、大量的"集曲"出现以及魏良辅、梁辰鱼等改革"昆山腔"使"水磨唱法"风行于世等都是有联系的,新的作品需要新的表现方式去呈现作品中的新情态或者新的怀。我们再把时间从《牡丹亭》诞生起推后一百年,《桃花扇》问世后,假如说当时现有的表现方式还能呈现《访翠》《寄扇》《题画》等折的所要表现的儿女之情,那什么样的表现形式可以充分表现剧本中不令生旦之团圆、"如见阁部从容就死之状"⑤以及《余韵》折之苍凉悲壮之情怀? 这确实也是不容做到的,否则的话也不会"作为文学读物的《桃花扇》流行的程度超过了舞台脚本的《桃花扇》"⑥这类情形了。

---

① 徐朔方《汤显祖评传》,南京大学出版社1993年版,第224页。
② 汤显祖《答孙俟居》,徐朔方笺校《汤显祖全集》,北京古籍出版社1998年版,第1392页。
③ 李亦园《人类的视野》,上海文艺出版社1996年版,第101页。
④ 孙崇涛《明人改本戏文通论》,《文学遗产》1998年第5期。
⑤ 吴梅《顾曲麈谈》,上海古籍出版社2000年版,第65页。
⑥ 蒋星煜《桃花扇》,《从未被表演艺术所漠视》,《艺术百家》2001年第1期。

试探《宜黄县戏神清源师庙记》中的戏剧传播思想

王省民

晚明的戏曲演出有一套完善的传播体系,即以文人为传播主导、家班为传播主体、民间演出团体为补充的演出机制,而这种演出机制含有明显的大众化传播因素,主流文化都通过这种机制传播到相对封闭的民间。[①]《宜黄县戏神清源师庙记》(下简称《庙记》)本是宜黄艺人为兴修清源师庙请汤显祖写的建庙碑文,只要写明建庙缘由和有关情况即可。但精骛八极、文思骀荡的汤显祖偏偏不落俗套,用他那充满灵性的生花妙笔,纵横捭阖,写成了一篇言简意赅的戏曲艺术专论。[②]《庙记》的写作是汤显祖在报国无门、施政无方之后,借助戏曲这种方式来传播自己的社会理想,感化教育世人。他对戏神的极度推崇,其实是对唯一能够成就自己的戏曲的宣扬。[③] 在《庙记》中,他系统地阐述了有关戏曲传播的思想,对传播者、传播内容、传播场和接受者都有精彩的论述,反映了汤显祖对戏剧传播的独到见解,我们有必要作一些发掘,以更全面地了解汤显祖有关戏剧的传播思想。

一、戏曲演出传播者如何加强自身修养

汤显祖与演出传播者有较密切的联系,他通声律,懂导演,在传奇演出中都能给演出传播者一定的指导。汤显祖曾自言经历云:"玉茗堂开春翠屏,新词传唱《牡丹亭》。伤心拍遍无人会,自掐檀痕教小伶。"(《七夕醉答君东二首之一》)"沙井阑头初卜居,穿池散花引红鱼。春风入门好杨柳,夜月出水新芙蕖。往往催花临节鼓,自踏新词教歌舞。"(《寄嘉兴马乐二丈兼怀陆五台太宰》)[④]汤显祖常常到戏班来面授机宜,演出传播者心领神会,技艺长进很快。《庙记》并不是对戏曲传播作某种抽象的论述,而是把戏曲传播放在五光十色的戏曲舞台上作全面的、具体的阐释,这使汤显祖必然关注演出传播者,并对演出传播者提出了具体的要求。

1.戏曲演出传播者应该具有入静的精神境界

戏曲的演出传播者在演出传播中要"一汝神,端而虚"。演出传播者要在戏曲演出传播中取得的最佳效果,应该具有端正而虚静的状态,即端正心志,排除一切杂念,心系戏曲,学艺修德。只有不受外界干扰,才可以"全性",才可以与万物相应,才能观思万物、通解词意、体验角色情感,才能在演出传播中达到表演艺术的最高境界。因此,"一汝神,端而虚"这句话概括了演出传播者应该达到的精神境界,也就是指演出传播者必须具备的精神状态。

---

① 参见聂付生《论晚明戏曲演出的传播体系》,《艺术百家》2005年第3期。
② 参见苏子裕《我国最早的一篇戏曲学导言——汤显祖〈宜黄县戏神清源师庙记〉解读》,《中华戏曲》2004年第1期,第341—354页。
③ 李小菊《论汤显祖〈宜黄县戏神清源师庙记〉的戏曲理论史意义》,《中华戏曲》2007年第1期,第102—114页。
④ 徐朔方校《汤显祖诗文集》,上海古籍出版社1982年版,第735、537页。

2．戏曲演出传播者借助良师益友来理解传播内容，提高文学修养

由于戏曲演出传播者的文化水平普遍不高，而古代戏曲文本的内容艰深，不易理解，题材又多半来自历史传说，剧作的时代背景、典章制度、人情风习等都各有不同，情况复杂，戏曲演出传播者不容易深刻地领会词意。如果演出传播者对所传播的内容似懂非懂，含混不清，就不能准确体验角色的情感，其表情、身段动作无法和唱词谐和。如果对传播文本的曲意和角色的情感不能作出准确的理解，只是机械地向前代的演出传播者学习唱腔和身段，则不管怎样逼真，那也只是形似，缺乏生气，不能达到形神兼备的最高境界。所以，戏曲演出传播者要在良师妙侣的指教和帮助下，提高文学修养，才能理解台词的含意和整个剧作的意境，领会曲白所要传达的曲意，才能实现高水平的表演。戏曲演出传播者在舞台上塑造人物不仅要依靠临场前的揣摩，更重要的是依靠日积月累的生活功底，要通过自己的生活实践，观察天地之间和人世鬼蜮一切事物的变化和运动，然后经过冷静的思考，抓住社会变化的本质，以检验剧本和舞台艺术形象。只有留心于生活中的一切变化，并勤于思索，才能广博深刻地理解生活，生活的经验才能化成艺术因子积淀于内心，然后演出传播者才能深刻地体验角色的情感，并将这种体验形象地呈现于舞台之上。①

3．戏曲演出传播者的重点在修容与修声，形貌和声音是戏曲传播的重要媒介

"绝父母骨肉之累，忘寝与食。少者守精魂以修容，长者食恬淡以修声。"演出传播者要摒绝世俗的繁琐事务的牵累，甚至家庭亲属之间的牵累，并废寝忘餐地勤学苦练，注意声容体态的调养。这并不是要让演出传播者真正地摒绝亲属关系而不吃不睡，只是说要做好这样的精神准备，为的是勤学苦练。汤显祖提出了演出传播者的两大养生之道：修容与修声。他特别强调少者修容，长者修声。这不意味着少者只要修容不要修声，长者只要修声不要修容，而是表示随年龄之别，养生之道各有偏重互补。少者可以持守精气魂魄，以怡养年少原有的容颜，但至年长则岁月已催人老，容颜形貌已非人力可养，而声则可养，故应该节制嗜欲，不要好酒贪肴，避免刺激性的饮食以养声。不管是少者还是长者，在日常生活中，演出传播者一定要通过严格的嗜欲节制，修容修声，进行艺术修炼，提高形体和声音的表现力。② 只有这样，戏曲演出传播者才能在演出传播过程中充分发挥自己修容与修声的优势，将戏剧作品完美地呈现在戏曲舞台。舞台艺术极其严肃认真，必须全心全意为它献身，而不失简朴的生活作风，力戒放纵声色，才能维护美好的形貌和优美的声调。③

4．戏曲传播者要进行角色转换才能更好地进行传播

"为旦者常自作女想，为男者常欲如其人。"汤显祖认为，戏曲是一种演出传播的艺术，因此就必须强调戏曲传播的特长，要求演出传播者经常体验角色，进行角色转换，生活于角色之中，使自己的演出传播达到神情逼肖的效果。在明代戏曲的演出传播中，演出传播者都是男性，戏班没有女伶，扮演旦角的演出传播者在舞台上或在生活中要"常自作女想"，体验女子的思想感情，而扮演生、末、净、丑等角色的演出传播者，则要经常要求自己达到"如其人"，即"像角色一样"的地步。这不是只要求外形的摹拟，而是要求经常体验角色的心态，化身于角色，掌握所扮人物的性格特征。④ 无论运用哪种技巧、哪种手法，采用哪种风格，演出传播者都必须做到对剧作内容及角色的深刻理解和领会，都必须以自己的深切体验赋予

① 参见蔡守民《汤显祖以情演情的戏曲表演论——〈宜黄县戏神清源师庙记〉析探》，《艺术百家》2001年第3期。
② 参见蔡守民《汤显祖以情演情的戏曲表演论——〈宜黄县戏神清源师庙记〉析探》，《艺术百家》2001年第3期。
③ 徐朔方《汤显祖评传》，南京大学出版社1993年版，第185—194页。
④ 参见蔡守民《汤显祖以情演情的戏曲表演论——〈宜黄县戏神清源师庙记〉析探》，《艺术百家》2001年第3期。

角色内在情感,给自己的表演艺术灌注生命与活力。

5.戏曲演出传播者在演出传播中所达到的艺术境界

"其奏之也,抗之入青云,抑之如绝丝,圆好如珠环,不竭如清泉。微妙之极,乃至有闻而无声,目击而道存。使舞蹈者不知情之所自来,赏叹者不知神之所自止。若观幻人者之欲杀偃师而奏《咸池》者之无怠也。若然者,乃可为清源祖师之弟子,进于道矣!"戏曲演出传播者在进行戏曲演出时,在歌声高亢处要直入青云,低徊处如一缕游丝飘动,声音完整圆润就像一串珍珠环链,余音缭绕就像那不竭的清泉源源流出。在表演艺术微妙的顶峰,唱和念都有丰富的"弦外之音",在"停顿"和"静场"中,都充满"无声的语言",可以达到"声断意不断"的境界,通过演出传播者的形体表现,能使戏曲接受者领悟到角色的精神世界和角色的内心体验。① 在戏曲的演出传播中,演出传播者的表演把真挚的感情不知不觉地、自然地流露了出来,就能让戏曲接受者对角色的神情久久不能忘怀。要像周穆王看幻人表演那样逼真,要像演奏《咸池》乐曲那样动听。这是对表演技艺臻于最高境地的描摹和形容,如果能这样,就可以配称清源师的徒弟,达到了最高的艺术境界。

从《庙记》的论述中可知,戏曲演出传播者既是剧本信息(即传播内容)的接受者,也是剧本信息最形象的传播者,他们通过研读剧本,掌握演出传播的内容,然后借助自己的形体、动作、声音和表情等媒介,形象而生动地把传播内容呈现在戏曲舞台上。在戏曲的演出传播中,声音媒介占有重要的地位,声音媒介的运用水平显示出戏曲的表演水平。演出传播者还通过转换角色进入传播内容之中,成为剧中人,承载着戏曲传播的讯息、情感、思想等,从而使戏曲演出传播者、传播内容与身体媒介融为一体,创造动人的舞台形象。

二、戏曲演出所形成的传播场及其传播效应

一个新剧目成型之后,首先以演出传播的方式呈现给观众。演出传播是戏曲传播中最全面的传播形式,它体现了戏曲的综合属性和一个戏曲剧目演出的整体面貌。演出传播是戏曲讯息最为初始的整体性发布,具有集体创作和集体欣赏的特征。剧场是一个"仪式性"传播场所,在这个传播场中,演出传播者和接受者暂时把自己与现实社会"隔离"开来,进入一个特殊时空,在这个特殊的时空中,演出传播者和接受者尽情享受创作和欣赏的快乐。② 演出传播者希望看到戏曲接受者热烈、饱满的情绪反应,戏曲接受者自觉或不自觉地分享剧中人的喜怒哀乐,演出传播者和接受者的互动在演出传播过程中体现得非常明显。因文化素养的不同,戏曲接受者参与的程度和方式也各不相同,有一定表演欲的戏曲接受者喜欢客串其中,体验既刺激又新鲜的剧中生活。

1.戏曲传播场创造一个独特的艺术世界

《庙记》中形象地阐述了戏曲传播的方式和所创造的传播场域,戏曲的演出传播把历史与现实融合在一起,把生活与想象融合在一起,使戏曲传播场域呈现出多姿多彩的生活状态。戏曲是由唱念做打高度综合的舞台艺术,是由剧场、舞台和角色等组成的演出艺术。演出传播者在戏曲舞台上,借助各种道具

---

① 参见蔡守民《汤显祖以情演情的戏曲表演论——〈宜黄县戏神清源师庙记〉析探》,《艺术百家》2001 年第 3 期。
② 参见王廷信《戏曲传播的两个层次——论戏曲的本位传播和延伸传播》,《艺术百家》2006 年第 4 期。

戏相诟病耶?"这里说的"非乐之徒"是指维护封建礼教、对戏曲不屑一顾的正人君子之流。汤显祖在《庙记》中,一个很明显的意图是把戏曲宗教化,把戏曲之道尊称为"教",并将之与儒、佛、道三教相提并论,认为人们应当像儒家、佛家、道家尊崇其祖师一样为戏神清源师建祠,以供弟子膜拜祭奠,把戏神提升到极高的地位。此前,从来没有人把戏曲提高到宗教的高度,也从来没有人把戏曲之道看作是与儒、佛、道三教相对等的一门宗教。①汤显祖的这一观点是对戏曲演出传播所产生的教化作用给予充分的肯定,也可使戏曲传播的效果最大化。《庙记》认为戏曲传播本身具有自己的特点,戏曲演出传播的社会功能应是以它的艺术娱乐人、感动人而达到的传播效果。

《庙记》高度赞扬了戏曲演出传播所起的高台教化作用:"乃至贵倨傲,贫啬争施。"戏曲演出传播所产生的效果无比巨大,能使高高在上的骄傲的贵族抛弃他的倨傲,一贫如洗或爱钱如命的人争着把他仅有的一点东西布施给别人。"鄙者欲艳,顽者欲灵。可以合君臣之节,可以浃父子之恩,可以增长幼之睦,可以动夫妇之欢,可以发宾友之仪,可以释怨毒之结,可以已愁愤之疾;可以浑庸鄙之好。"戏曲演出传播发挥着潜移默化的作用,使庸俗的人想要美好起来,愚蠢的人想要聪明起来,使人们的行为合乎道德礼仪,可以规范君臣的礼节,可以融洽父子的感情,可以促进长幼的和睦,可以增添夫妇的欢乐,可以树立朋友的礼仪。可使郁结的怨毒得以冰释,可使沉重的忧愁惶惑得到终结;可使卑下的、低劣的情操变得美好起来!这里从纲常伦理的高度阐述戏曲演出传播所起的教化作用,从品德、性格上阐述戏曲传播对人的塑造功能。《庙记》表面上好像宣扬戏曲万能,实质上这些话只是对轻视戏曲传播的社会偏见的反激。②

汤显祖重视戏曲传播对稳定社会的政治作用,希望举国上下崇尚戏曲艺术,通过戏曲的演出传播来达到教化社会大众的目的:"孝子以事其亲,敬长而娱死;仁人以此奉其尊,享帝而事鬼;老者以此终,少者以此长。外户可以不闭,嗜欲可以少营。人有此声,家有此道,疫疠不作,天下和平。岂非以人情之大窦,为名教之至乐也哉。"孝顺的子女用戏曲演出传播来事奉双亲,用戏曲的演出传播来敬奉长辈,娱乐死去的灵魂。那些仁人先贤把戏曲演出传播作为祭祀祖先的手段,用戏曲演出传播来享祀先帝,事奉鬼神,老年人参与戏曲的演出传播而慢慢终老,小孩也在戏曲演出传播的熏陶中渐渐成长。这里从孝子、仁人、老者和少者等方面阐述戏曲演出传播的教化作用,戏曲传播的教化作用使民众心态平和,内心美好,民风淳朴,使家庭的大门可以不关闭,个人的嗜好欲望可以减少,每一个戏曲接受者的心灵都得到净化。人类社会由于戏曲演出传播的引导得以安定,每一个家庭由于戏曲演出传播的教化得以和睦,各种社会矛盾,各种摩擦争斗得以消弭,天下由此太平、祥和!这难道不是用人情的大端倪来启迪人生,从而达到名教所崇尚的至乐境界吗?

《庙记》强调"名教之至乐"必须表现"人情之大窦",正是发现戏曲传播在表现人情、人性、人生等方面所具有的优势。在汤显祖看来,戏曲传播之所以能发挥教化作用,关键在于它表现了人的感情,因而能对戏曲接受者的情感发生作用,并通过情感的作用达到精神的净化和行为的规范。通过戏曲的演出传播,呈现了剧中人丰富的思想情感,使剧中人物血肉丰满,从而达到教化的目的;通过戏曲的演出传播,人们所向往的大同世界得以在戏曲传播中得以实现;戏曲的演出传播之所以有如此奇妙的功能,原因在于它能开启人情之大窦,畅快地宣泄人性。在整个戏曲发展史上,没有人把戏曲传播的作用说得这样神奇,

---

① 参见李小菊《论汤显祖〈宜黄县戏神清源师庙记〉的戏曲理论史意义》,《中华戏曲》2007年第1期,第102—114页。
② 参见徐朔方《汤显祖评传》,南京大学出版社1993年版,第185—194页。

然而正人君子不能指斥汤显祖有关戏曲传播的思想是异端邪说。①

2．汤显祖及其戏曲对情的传播

戏曲演出传播者最重要的是准确、细腻、生动地刻画剧中人物的性格，而人物性格的刻画则集中表现在一个"情"字上。戏曲的演出传播将情和艺术置于优先地位，是为了有利于剧中人物的个性化和形象化，他们不仅要对生活进行体验，而且要对艺术形象进行体验（即角色的情感体验），才能将舞台上的人物塑造的完美、鲜活，才能把人物的内心活动揭示得淋漓尽致，令人信服。汤显祖在《续栖贤莲社求友文》中观点鲜明地树立起"为情作使"的旗帜："岁之与我甲寅者再矣，吾犹在此为情作使，劬于伎剧。"②并屡次表达了自己的"以情反理"的观点。

《庙记》一开始就肯定戏曲传播与人的情感密切相关，认为"思、欢、怒、愁"都是由于内心有所感动，然后才形于歌舞、动作，这与文学艺术起源的理论是不谋而合的。"人生而有情。思欢怒愁，感于幽微，流乎啸歌，形诸动摇，或一往而无尽，或积日而不能自休。盖自凤凰鸟兽，以至巴渝夷鬼，无不能歌能舞，以灵机自相转活，而况吾人。奇哉，清源师！演古先神圣八能千唱之节，而为此道。"人的一生都伴随着情感活动，戏曲的演出传播要表现人生，就要表现人的情感活动，在戏曲的演出传播中，人物的思虑、欢乐、愤怒、忧愁，都通过幽微处表现出来感动着你，通过歌声咏唱出来，通过一举一动表现出来，情感的奔泻或者一往而无尽，或者郁积多日，久久不能平静。从传说中的凤凰到寻常所见的鸟兽，以至于巴渝之间的山鬼，无不是能歌善舞，以灵动机智的舞蹈，活灵活现地呈现其自然的天性，呈现其灵动的美。何况是人类呢？他对戏曲演出传播的祖师表达了由衷的赞美。汤显祖不仅明确指出戏曲艺术是"情"的产物，而且还深刻地揭示了"情"是人类的自然天性，并以此为基点标示出戏曲传播的本原，使戏曲传播具有更为深厚的基础，从而为戏曲传播正面张扬自然情欲，开拓新的意境作了理论上的准备。

在戏曲演出传播中，演出传播者要用心去体会人物的性格、情感，把自己"化"入到人物中去，同人物一起喜怒哀乐，才能把人物心底的"情"表现出来。汤显祖特别强调"情"的作用，认为创作都是"因情成梦，因梦成戏"的产物。在《复甘义麓》中，汤显祖表明了他戏剧创作的基本观点："性无善无恶，情有之。因情成梦，因梦成戏。"③汤显祖阐明了情、梦、戏之间的关系：情在戏剧中具有中心地位，包含着复杂的生活内容和积极的人生意义；情通过梦表现出来，而梦又通过戏曲传播来反映；他的"梦"是戏曲传播的表现手法，而"情"才是戏曲传播所要表达的宗旨。

汤显祖在每一部戏剧前面都有题词，在题词中指出了其故事的来源，剧作的表现重点，表达了他的创作思想，宣传了他的戏剧创作观。最著名的是《牡丹亭题词》，这则题词突显了汤显祖的创作意图，彰显了汤显祖"情爱至上"的戏剧主张，具有较大的传播价值："情不知所起，一往而深。生者可以死，死可以生。生而不可与死，死而不可复生者，皆非情之至也。"④汤显祖作为明代文坛"主情说"的代表人物，正是以"因情成梦，因梦成戏"的戏剧主张构成他的文学观，他写杜丽娘因情成梦，因梦而死，死而复生，或真或幻，都是为了表现杜丽娘的"情之至"。潘之恒在《亘史·杂篇》卷二《瑾情》中说："余既读汤义仍《牡

---

① 参见徐朔方《汤显祖评传》，南京大学出版社 1993 年版，第 185—194 页。
② 徐朔方校《汤显祖诗文集》，上海古籍出版社 1982 年版，第 1161 页。
③ 徐朔方校《汤显祖诗文集》，上海古籍出版社 1982 年版，第 1367 页。
④ 徐朔方校《汤显祖诗文集》，上海古籍出版社 1982 年版，第 1093—1094 页。

丹亭还魂记》,尤赏其序。"①人们也许不太记得《牡丹亭》中的台词,但许多人都能流利地背诵这几句题词。汤显祖这一"至情观",就像一则影响久远的广告,在不同时代、不同地域的读者中广泛传播,引起了许许多多少男少女情感的共鸣,从而对《牡丹亭》一剧的传播起着积极的推动作用。

汤显祖总是通过各种传播方式表现他的戏剧观,宣传他的戏剧主张,从而促进其戏剧文本的传播。从《庙记》中的有关论述也可看出汤显祖进行戏剧传播的自觉意识:他时刻关注戏剧传播的各个环节,阐述了演出传播者的修养、演出传播所创造的传播场及其对戏曲接受者产生的传播效应,还论述到戏曲的声腔传播等相关问题,补充了汤显祖戏剧文本传播所没有的内容,从而引起了更多的戏曲理论家对戏曲演出传播的关注。

---

① 潘之恒《壿情》,毛效同《汤显祖研究资料汇编》,上海古籍出版社1986年版,第850—851页。

中国戏神的崇高使命：娱人·祈丰·求子·驱疫
——从汤显祖《宜黄县戏神清源祖师庙记》谈起

曾志巩

汤显祖《宜黄县戏神清源师庙记》（下简称《庙记》）是我国最早的一篇戏曲学导论，在不足千字的短文中，对戏曲的本源、发展历史、流传情况、基本特征、功能价值、艺术创造与鉴赏等戏曲学的基本命题皆有论述，并都由戏神清源师而引发，可见戏神在戏曲研究中的重要地位。

一、川西灌口二郎——天地交合的巫术精灵

《庙记》说："予闻清源，西川灌口神也。"提到西川灌口神，学者一般都引《朱子语类》卷三云："蜀中灌口二郎庙，当是因李冰开凿离堆有功立庙，今来现许多灵怪，乃是他第二个儿子，初间封为王，后来徽宗好道，谓他是什么真君，遂改封真君。"

李冰是历史上一位治水英雄，是战国时期水利专家，他是都江堰工程的最初设计者和督造者。据《史记·河渠书》载：蜀守（李）冰凿离堆，辟沫水之害，穿二江成都之中。此渠皆可行舟，有余则用溉浸，百姓飨其利。在《汉书·沟洫志》中，亦载其事，并明确指出这位蜀守就是李冰。李冰治水后，"水旱从人，不知饥馑，沃野千里，世号陆海，谓之天府"。从此，四川成了有名的"天府之国"。后世为纪念李冰，为其修祠，并将其神化。都江堰在灌县境内，灌口神即由此得名。但何谓"灌口"，学者一般不作解释。弄清这个名字由来和李冰治水有关传说，对了解"灌口神"的身份和以后戏神的关系实有必要。

罗开玉先生《中国科学神话宗教的协合——以李冰为中心》[①]对灌口神话产生做过详细阐述：

> 都江堰水利工程主要由鱼嘴（分水工程）、飞沙堰（溢流排沙工程）和宝瓶口（引水工程）三大主体工程组成。宝瓶口在五代时称"京口"，两晋时称"渠口"，秦汉时称"灌口"。此灌口即李冰在湔氏道湔山（两汉称灌口山，唐代称玉垒山）开凿的引水口。

东晋常璩《华阳国志·蜀志》说："秦孝文王以李冰为蜀守。李冰知天文地理，谓天彭门，乃至湔及（氐）县，见两山对如阙，因号天彭阙。仿佛若见神，遂从水上立祀三所，祭用三牲，圭、璧、沉渍。汉兴，数使使者祭之。"北宋乐史《太平寰宇记》卷七十三《导江县》说："灌口山，在西岭天彭阙。"李膺《益州记》云："湔水路西七里灌口山，古所谓天彭阙也。两石对立如阙，号曰天彭。"《华阳国志·蜀志》又说李冰："乃自湔堰上分穿羊摩江，灌江西。于玉女房下，自[白]涉邮作三石人，立三水中，与江神要：水竭不至

---

① 罗开玉《中国科学神话宗教的协合——以李冰为中心》，巴蜀书社 1990 年版。

足,盛不没肩。"成书于三国魏明帝时的训诂书《广雅》曰:"江神,谓之奇相。"庾仲雍《江记》曰:"奇相,帝女也,卒为江神。"北宋张唐英《蜀梼杌》说:"《古史》:震蒙氏之女,窃黄帝元珠,沉江而死,代为此神。"

江神本是男性,后变为女神,应与上古、中古时期,蜀中巫士多为女人。清《集说诠真》引东汉应劭《风俗通》说:秦昭王使李冰为蜀守,开成都县两江,溉田万顷。江水有神,岁取童女二人为妇。冰自以女与神为婚。经至神祠,对神酒。酒杯垣澹澹。冰历声责之,因忽不见。良久,有两牛斗于江岸旁。有顷,冰还,谓官属曰:"吾斗疲极,当相助也。南向腰中正白者,我绶也。"主簿刺杀北面者,江神遂死。后无复患。

这几段记载及神话,反映了李冰治水事迹及宗教仪式。李冰生活的时代,原始巫术、方术还极有影响,阴阳五行正逐步盛行。在西蜀地区,春秋中、晚期曾先后出现杜宇氏和开明氏执政,开明一世名鳖灵,"鳖灵"即以龟鳖之壳为法器的巫师。李冰入蜀时,蜀郡除少量外来移民(主要是秦人)外,都是土著民族。李冰为了修建都江堰,必须借助蜀人信奉的阴阳五行学说、传统巫术及蜀文化内容来取得蜀人的支持。《风俗通》说李冰"以女与神为婚"未必是真,但反映了未修建都江堰前,可能如"河伯娶妇"一样,沿用过蜀人沉女童祭江的古俗。因水神仍然为害,故有李冰从"责"江神到"斗"江神的神话传说。而李冰变作蜀人崇拜的牛与江神斗,"江神遂死",意味着都江堰的完成,水患杜绝。

罗开玉先生书中还提到李冰治水过程中设计的三个石人(其中两个于灌口都江堰河底出土),分立于三水汇合处,石人实际是三个水则,可观察测定水位。罗先生指出:"当时我国度量早已发展成熟,若直接刻标尺于崖边,简单省事,又便于观察,李冰为何去简就繁,改用石人呢?原来古代蜀人有崇拜大石、崖石的原始宗教意识……相信石神能战胜江神,能镇住水怪。李冰立三石人,同时兼有两种功能,一是作为大堰管理必不可少的水则,属科学性质;二是以石神镇水妖,原属宗教、神话性质。二者有机结合,反映了我国古代文化的一个重要特征,表现了科学、神话、宗教的高度协合。"

康保成先生《傩戏艺术源流》中注意到李冰治水中几个重要名称的含义。

首先是何为"天彭门"?康先生引用两位学者论述:一是有学者指出:"'彭'实为'祊',又曰'崩'。据郭沫若考证,其原始意义是对生殖器的崇拜。"二是有学者指出:"巨石生人,与中国原始的灵石信仰有密切关系。考古学家们认为突起的长柱形的石茎巨石,象征男性生殖器;石缝、石槽或石洞可象征女性生殖器。"因此康先生说:"所谓'天彭',就是天然形成的两座巨石,二石相对如门,下有流水,中有缝隙,可开可合,当是女阴的象征。李冰以此为神,正是生殖崇拜的表现。至于'玉女房'之名,说得更加明白。"[①]在江神(如《蜀梼杌》所说江神为女神)"玉女房"沉下"三石人",不仅为镇水,而且还有更加深刻的含义。

其次就是"灌口"名称。灌,斟酒浇地降神,古代祭礼的一种仪式。《书·洛诰》:"王入太室裸。"唐孔颖达疏:"裸者,灌也。王以圭瓒酌郁鬯之酒以献尸,尸受祭而灌于地。因奠不饮,谓之裸。"杨伯峻先生《论语译注》:"灌,本作'裸',祭祀中一个节目。古代祭祀用活人以代受祭者,这活人便叫'尸'。尸一般用幼小的男女。"郭沫若先生说:"《说文》云:'尸,陈也,象卧之形。'是尸之本义。故尸女当即通淫之义。"李冰祭水神,用的也是灌祭。如《风俗通》所载:江神岁取童女二人为妇,冰以女与神为婚。冰女扮演了代替女神的尸。"所以,归根到底,'灌口'这地名本因李冰施灌祭而起,而灌祭的本义是生殖

---

① 康保成《傩戏艺术源流》,广东高等教育出版社1999年版,第295页。

崇拜。"①

还有一个"射洪"名称被学者忽略。清康熙十一年（1672）江西《饶州府志·秩祀》记鄱阳县蜀三大神庙："在礼逊坊西。一在月波门内，其神有三：一清源嘉州太守赵昱，隋时斩江蛟以捍民患；一文昌梓潼；一射洪，即蜀郡太守李冰，秦时作石犀以厌水怪，皆蜀地神。"以"射洪"称李冰，也因李冰开凿灌口，实施灌祭而起，其中隐含神人交合"射洪"（射精）之意十分明显。

现在我们将"天彭门""玉女房""石人""灌口""射洪"这些隐晦的名称联系起来看，可以发现，李冰修建都江堰工程的许多作法，都隐含着天地交合、阴阳和谐、繁衍生命、滋润万物的深刻寓意。这正是李冰借助宗教性质的交感巫术，通过科学性质的兴修水利手段，达到灌溉万顷良田、促进农事丰饶的目的。李冰真是个具有"协调科学与宗教关系的大师"。

这里再谈谈"二郎"来历。1974年3月灌口都江堰河底出土东汉末李冰石人像，高2.9米，胸前刻有三行铭文，中行为"故蜀郡李府君讳冰"，右为"建宁元年闰月戊申廿五日都水掾"，左行为"尹龙长陈壹造三神石人砟水万世焉"。1975年1月，同一河底又出土了一个石人，高约2.2米，比李冰神石人矮小，可断定是三神石人之一。此无名神石人的身份，被认为是李冰的侍从之一，另一个侍从石人尚待出土。李冰是蜀郡太守，按照古制例带侍从。当时这种侍从叫作"郎"，职责是护卫、陪从、助理。人们对李冰神石人可以明确称呼，但对这两个无名神石人只好用他们的身份——"郎"来称呼了。因"郎"有两个，故简称"二郎"，又因它们都是石人，所以又叫"石二郎"。这种称呼随着李冰治水的故事在民间流传，二郎的故事也多起来了，且合而为一，成了一尊造出来的神。这个造神过程大约历时四百年左右，在初唐以前完成。唐初词牌【二郎神】，又名【十二郎】，"十二郎"其实是"石二郎"一音之转，正可为还原"二郎神"原来是两个石人之历史真相提供一点佐证。② 按：北宋赵抃《古今集记》有"李冰使其子二郎作三石人以镇湔江"等语，可知东汉陈壹造三石人镇水的史实，在后世传说中已经被讹传为"李二郎"奉父亲之命造三石人镇水了。这就是朱熹所说"今来现许多灵怪"，李冰有了"第二个儿子"，水中有了"江神"，因其时常危害百姓，李冰"以女与之为婚"，江神便有了两个夫人，而李冰之子又换成真君赵昱……

二、汴赣普祀清源——帝王推出的道家英雄

那么，西川灌口二郎为什么又称清源真君呢？这仍要从西蜀灌口二郎的崇拜谈起。

原来五代十国时，四川先后为王建、孟知祥割据，"天府之国"成为两蜀重要财赋来源后，不仅前后蜀的两后主常作灌口二郎之像和川民一起祭祀灌口神，而且孟蜀封赐灌口二郎为"护国灵应王"。

宋太宗赵匡胤平蜀后曾降低灌口二郎祭赛规格，开宝七年（974）"命去王号"。宋太宗淳化四年（993），四川王小波、李顺在都江堰西青城县起义，建立大蜀政权。起义失败后，蜀人每年祭祀灌口二郎的规模仍然宏大，举凡驱傩逐疫、降妖镇宅、节令赛会，都要把二郎神抬出来受祭。官方害怕聚众祭祀容易孳生民变，一度禁革。

但蜀人崇祀二郎神已蔚成风习，故"蜀乱"平息之后，宋廷作出让步，一方面继续诏封李冰之子灌口

---

① 康保成《傩戏艺术源流》，广东高等教育出版社1999年版，第296页。
② 《二郎神小考》，载《文史知识》1982年第1期。

二郎。《宋会要辑稿·礼二〇》之二四记载：宋仁宗嘉祐八年（1063），封灵应侯；哲宗元祐二年（1087）七月封应感公（一在隆庆府）；徽宗崇宁二年（1103）加封昭惠灵显王；大观二年（1108）封灵应公；政和元年（1111）十月赐庙额"崇德"；三年二月封英惠王，九月封其配为章淑夫人，政和八年八月改封昭惠灵显真人；宣和三年（1121）九月又封其配为章顺夫人。庙中郭舍人封威济侯。高宗绍兴二十七年（1157）九月英惠王加封广佑英惠王（一在汉州），孝宗乾道四年（1169）五月加封昭应灵公。① 可知北宋中叶，李冰子之庙祀已经越出川界，渐次成为国家之神。因此我们看到，灌口二郎在汴京受到百姓崇奉。

另一方面，宋廷也尝试用表封其他神祇替代蜀人信仰。首先选择的是梓潼神张亚子。《宋会要辑稿·礼二〇》之五五载："真宗咸平三年，益州戍卒婴城为乱，王师讨之，忽有人登梯冲指贼大呼曰：'梓潼神遣我来。九月二十日城陷，尔辈悉当夷戮。'贼众射之，倏忽不见。果及期而克，州以状闻，四年七月命追封英显王，仍立碑纪其事。庙在梓潼县，即梓潼神也。旧记曰：神本张恶子，仕晋战死，有庙。……唐明皇狩于西蜀，神迎于万里桥，追命为左丞相。后僖宗播迁成都，亦有冥助，封济顺王。"②

然而梓潼神的神迹毕竟与水患无关，难服民意。宋真宗朝，于是又张冠李戴，另行诏封赵昱为二郎神，以替代令人眷念前朝，易滋民变的灌口二郎。

赵昱神迹先见于宋人王铚托名唐柳宗元而撰的《龙城录》，元秦子晋《新编连相搜神广记》载更详，说隋朝赵昱，字仲明，与兄冕俱隐青城山学道，隋炀帝拜为四川嘉州太守。时有老蛟兴风作浪，成一方祸害。赵昱持刀入水斩蛟，时年二十六岁。其后赵昱弃官隐去，不知所终，但又在嘉陵江水涨溢为患时，几度"显神"。于是州人事为神，立庙于灌江口，俗曰灌口二郎。唐太宗赐封他为神勇大将军。后唐玄宗避安史之乱逃到四川，又加封赤城王。③

青城山是我国道教发祥地，赵昱的事迹应在五代时已经流传。《宋会要辑稿·礼二〇》之八八记载：宋仁宗康定元年（1040）西夏大军围困延州，赴援宋将刘平、石元孙皆战殁，延庆将陷。延州节度使"范雍祷嘉岭山神，其夜天大雪，又城上若鬼神被甲之状，贼遂惊而退。雍以其事闻，三月诏曰……宜加封号威显公。神宗治平四年十二月封王，徽宗大观二年加封英烈徽美王；政和八年九月改封徽美显灵王"。④ 延州，今陕西延安，嘉岭山即著名的延安保塔山。

范雍，著籍河南，其曾祖和祖父都曾在后蜀孟氏任过要职。也许是嫌其名不彰，随后的制文就将嘉岭山神的功绩转移到京师熟知的灌口二郎身上。如《宋大诏令集·灵惠应感公封昭惠号显王制》："灵惠应感公，惟神迈迹右蜀，克载典祀，飚驭赴感。蒙福京畿，至灵克昭。有祈必应，梦协朕志，袭于嘉祥。王师西征，叛羌负固。能出云雨，遂殄丑夷，实繄神威。默相予武夫，夫有功不显。既应庙食之隆，而昭报尤殊。宜恢王爵之奉，歆是褒宠，永孚灵休。可特封昭惠灵显王。"⑤此后，陕西榆林、神木、丹凤等县都建有二郎庙。

北宋真宗时，益州大乱，张乖崖（即张咏）奉旨入蜀治之，曾诣祠下求助于神，事后请皇帝追尊圣号，曰"清源妙道真君"。从此，这位"二郎神"声望日隆，宋元时小说戏曲及民间传说中的二郎神，基本上就是这位赵二郎的形象和"神迹"，并对其后《西游记》《封神演义》等神魔小说中二郎神杨戬形象的塑造产

---

① 徐松辑《宋会要辑稿》，中华书局影印本，第776页。
② 徐松辑《宋会要辑稿》，中华书局影印本，第792页。
③ 宗力、刘群《中国民间诸神》，河北人民出版社1987年版，第91、538—539页。
④ 徐松辑《宋会要辑稿》，中华书局影印本，第808页。
⑤ 《宋大诏令集》，中华书局1997年版，第487页。

生了重要影响。关于赵昱与二郎神的关系，胡小可先生《宋代二郎神崇拜》①详细论述过，可参阅。

随着帝王推出的"清源妙道真君"，清源庙祀扩展至全国。在杭州，《咸淳临安志》记有二郎祠，"在官巷，绍兴元年（1131）立"，另北关门外有清源真君庙。在江西，前引清康熙《饶州府志》鄱阳县有蜀三大神庙：清源赵昱、文昌梓潼、太守李冰。由南宋任四川制置副使的鄱阳县彭大雅修建。又如清乾隆十一年（1746）《南城县志·祠庙》记："清源庙，在旧府治前。"乾隆四十五年（1780）《清江县志·坛庙》记："蜀三圣庙：在县治北北塔院落，旧传神即清源真君、梓潼帝君、射洪县神。又县南十里有庙祀清源真君，曰二郎庙。"同治十二年（1873）《庐陵县志·坛庙》记吉安："普德庙：在西门外孔家湾，祀清源真君。"清顺治进士王吉有记，言清源真君为嘉州太守，入水斩妖，蜀人思其德，立庙灌口，祀为二郎神。唐封神勇将军，再封赤城神王，宋封清源真君。虽未道名，神即赵昱。上述记载，清源真君不仅庙多，而且名列梓潼帝君、射洪李冰之前。

三、南丰傩神清源——祈丰求子的驱疫神将

谈起宜黄县明代清源戏神，必然谈到宜黄邻县南丰宋代流传的傩舞、傩戏和戏曲。南丰是中国文化部命名的"中国傩舞艺术之乡"，南丰"跳傩"列为国家首批非物质文化遗产名录。据南丰紫霄镇黄砂村《金砂余氏重修族谱》（简称《余氏族谱》）中清代傅太辉（1630—1698）《金砂余氏傩神辨记》载，汉初长沙王吴芮将军平闽越时祭祀南（丰）宜（黄）交界的军峰山时，告诫南丰乡民"必须祖周公之制，传傩以靖妖氛"。

至宋代，南丰傩舞遍及城乡。《余氏族谱》收录余氏基祖余赏于大梁开平二年（908）写的"行程记"载：大唐广明元年（880）八月间，"因乡里变作"，十九世余赏、余裳、余党三兄弟变卖家产，背父母骸骨，同一借住的陈僧于次年三月由饶州府余干县白塔村逃至南城县可封乡。四月间将父母骸骨合葬后，兄弟三人各择居址。余赏"托僧遍地图寻至南丰西渠者，地名大墙"（现南丰县紫霄镇黄砂村西侧山上）。"择居之后，兄弟各置田牛，往来二十余年。……赏娶李氏，生三子……幼子深同赏同迁南丰，时赏年五七"。余赏定居大墙后，其子余深于宋初搬进金砂大堡，即今黄砂村。

傅太辉《金砂余氏傩神辨记》说："今尔余氏之族相传世有傩神，至每岁孟春孟冬，集老幼咸嬉，其所从来也旧矣。予问其故，金曰：此乃本自我唐世远祖瑶公为衡州太守，从四川峨眉迁来得之清源妙道真君，世袭其教，千载弗变。"傅太辉另一篇《敕封清源妙道真君传》在叙述清源妙道真君赵昱事后又说："至基祖赏公，自饶迁丰，亦随请此神迁金砂。由是显应四方，祈祷如市，立庙祀奉，岁时香火，遗其制曰'驱傩'"。上述《余氏族谱》材料说得很清楚，北宋时金砂村余氏不仅有族傩，而且引入傩神清源妙道真君并影响了相邻的宜黄村民信仰。

在南丰县城，至迟北宋晚期已上演傩戏。由宋入元的文学家（南丰人）刘埙（1240—1319）《隐居通议·秋麓山鸡爱景集》收入他叔父、隐居南丰的刘镗（1219—1305）《观傩》古诗："寒云岑岑天四阴，画堂烛影红帘深。鼓声渊渊管声脆，鬼神变化供剧戏。"全诗48句，描写了一次有故事情节、鬼神角色、唱曲道白、舞蹈语言、伴奏乐队、穿着打扮、砌末装置的傩舞戏的演出情景。②

① 胡小可《宋代二郎神崇拜》，中国社科院宗教所《世界宗教研究》2003年第2期。
② 参阅曾志巩《江西南丰傩文化》第八章《南丰〈观傩〉诗说》，江西人民出版社2014年版，第472—496页。

刘埙《水云村稿·词人吴用章传》又记南丰："至咸淳，永嘉戏曲出，泼少年化之，而后淫哇盛，正音绝。"这是许多戏剧学者都知道的迄今所见最早的"戏曲"一词。

刘埙两则记载表明，宋代南丰不仅流传傩戏，而且传入"永嘉戏曲"。虽然宋代的南丰傩戏和南丰戏曲失传，但明清后流传的南丰傩舞和南丰采茶戏（三脚班）、孟戏和宜黄戏同样可以看到傩与戏的密切关系。

南丰现存古傩班石邮村有清乾隆四十六年（1781）迁建的傩神庙，大门两侧对联曰："近戏乎非真戏也；国傩矣乃大傩焉。"上联出之南宋理学家朱熹《论语集注》："傩虽古礼而近于戏。"而北宋文学家苏轼《东坡志林》称："八蜡，三代之戏礼也。因附以礼仪，亦曰不徒戏而已矣。"认为"蜡祭"和"傩祭"一样，在仪典中已经存在以"戏"代"礼"的表演。

明清时，南丰傩舞有不少哑剧节目，如《傩公傩婆》《钟馗醉酒》《福禄寿三星》《张天师召将》《小尼姑下山》等。清末民初，傩舞吸收的戏曲剧目更多，如《西游记》《封神榜》《白蛇传》《孟姜女》《八仙》等系列节目。南丰戏曲也吸收傩舞节目，在演出剧目前加演戴面具的《加官》《魁星》《财神》《雷公》《寿星》等吉祥戏。

南丰傩与戏不仅在内容上互渗，而且两者在表演形式上也有相同之处。傩祭仪式是方相氏持戈扬盾驱疫，因此傩舞中有许多表现英雄神将的武打节目，如《开山》《杨戬》《哪吒》《金刚》《关公》等，整个表演中还常常插入一些技巧节目，如《窜叉》《悬梁》《演罗汉》《观音坐莲》《普贤骑象》等。而南丰戏曲每场表演后面也必定安排武打剧目，如《三叉口》《长板坡》《单刀赴会》《水漫金山》之类。薛若琳先生说："傩祭选择戏曲，目的是强化自身的艺术魅力，进一步扩大影响；戏曲选择傩祭，目的是使自己披上一件神奇的外衣，更增加戏曲的传奇功能和神秘色彩。"[①]

南丰傩与戏的关系还表现在两者功能上。汤显祖《庙记》谈到戏曲起源后说："人有此声，家有此道，疫疠不作，天下和平。"说戏曲和傩一样也有逐疫功能。南丰新戏台开演，也要举行逐疫仪式，其中要5个演员到村外"画五星"（化妆五方鬼），回到新戏台演出《钟馗斩鬼》后，钟馗等将"五鬼"驱赶到村外，"五鬼"卸妆后才回村正式演出。这种开台仪式和乡人傩沿门驱疫仪式目的相同。乡人傩的沿门驱疫（沿门卖唱、沿门乞讨）后来演变为秧歌，而秧歌堪称"百戏之源"，评剧、越剧、黄梅戏、花鼓戏、花灯戏、采茶戏、二人转等，大体也都有来自秧歌一类的集体歌舞。尽管其名称可能并不叫秧歌。

在南丰傩与戏曲的关系更体现在傩神与戏神崇拜上。傩神是傩庙的主神，名称不一，以"文革"后黄砂村重修的余氏傩神庙（资金缺乏，仅建单厅，改称清源庙）为例：神坛正中供奉清源真君，左右配祀千里眼、顺风耳和金花小姐、银花小娘立像，与许多戏神配祀相同。神坛左侧塑土地，报谢土地养育之恩。右侧供痘公痘母，祈祷童儿健康（旧时儿童出水痘最易夭折）。离黄砂不远的上甘村傩神殿，为明代重建（庙内有永乐年间人"甘时文助"的柱石），供奉的也是傩神清源真君，神坛左侧的土地神像特别高大，腹前画有白兔衔桃枝图案。兔能多产（兔子每个月都能产子），桃枝避邪。神坛右侧陈放演傩先师牌位，每年正月十六日村中进行"解傩"仪式，弟子搬师到各家跳《捉刀》逐疫舞和《傩公傩婆》《二郎发弓》求子舞。这一切安排，祈求谷物丰收和子孙繁衍目的甚明。

再举一例，离上甘村不远的南堡村傩神庙在"文革"后期尚未重塑傩神时，便用红纸书写"傩神清源妙道真君神位"贴于傩坛正中（图一）；村小组两个重组的戏班，也将红纸书写的"戏神清源祖师神位"挂在两边（图二）。

---

① 薛若琳《傩戏：傩坛和戏曲的双向选择——兼谈傩文化的蕴涵》，《文艺研究》1990年第6期。

坐殿土地正神

敕封西川路口清源妙道真君

江西得道许仙真君

千里眼宝座　顺风耳

吴孟　郭蒲

道符　道符　道符

西川敕封风丫院铁板桥头清源祖师神位

八卦仙师　金花小驵　千里眼　顺风耳　银花小姐　锣鼓大神

王财俚师公　吴玉仔师公　谢幼生师公　江竹卿师公

图一　江西南丰南堡村傩神清源真君神位　图二　江西南丰南堡村傩神殿中戏神清源神位

说明：1. 南堡傩神牌位中"吴孟"应作"吴猛"（左图）。2. 南堡戏神牌位上部为道符，符由三字组成，从左至右为"雨金黄"（上雨下金黄并排）、"雨渐耳"（上下排列）、"雨帝玉"（上雨下帝玉并排）。中间"风火院"的"火"字倒写。

还有，南丰傩班和戏班往往同一班人马，外出白天跳傩，晚上做戏。表演时，先将箱笼里的小清源菩萨"请"出来，放在场上或后台桌上供奉，祈求保护弟子，演出顺利。清源真君是农历六月二十四生日，这天南丰上甘村傩班要为清源祖师过生日，所有弟子到傩神殿吃面条祝寿，并在傩神殿对面台上跳一堂傩，将村中所有菩萨都"请"到傩神殿观傩。同日，宜黄县戏班也要为清源师祝寿，直至建国初期还有此俗。

上面事例可以清楚看到清源真君具有傩神和戏神的双重身份。

南丰清源真君造型有两种：一种是金脸、官帽、红衣，如黄砂（图三）、南堡、庙前、大园村等傩庙，其形象接近元代流行的清源真君画像（图四）；另一种是白脸、头盔、战袍，如上甘（图五）、张家、军峰、兰家陂等傩庙，与明后流传的二郎神杨戬形象相似，但无三只眼睛。此形象受祆教二郎独健影响，需另文论述。

对这个眉目清秀、年轻漂亮的灌口二郎神，南丰西乡还有不少风流传说，说他好吃，贪玩，会嫖女人，并嫖到霸王项羽夫人虞姬，因为紫霄镇西坑村福主殿主祀霸王夫妇。这些传说与二郎以游戏得道的传说有关，同时也透露了灌口二郎的生殖崇拜信息。

图三　江西南丰县黄砂村清源真君及配祀神千里眼顺风耳和金花小姐银花小娘

图四　河北省石家庄市上京村　　　　图五　江西南丰上甘村傩神傩神灌口二郎
毗卢寺明代壁画清源像　　　　　　　　清源真君与千里眼、顺风耳塑像

值得提出的是,汤显祖《遣张仙画乃作灌口像》诗:"青城梓浪不同时,水次郎君是别姿。万里桥西左丞相,何知却是李冰儿。"说灌口二郎是李冰之子,但《宜黄县戏神清源祖师庙记》却不说灌口二郎是谁。南丰傅太辉《敕封清源妙道真君传》说余氏傩神清源真君是宋真宗诏封的隋代赵昱,但南丰傩班弟子都不说清源真君是谁,只称清源真君是灌口二郎神。这说明宋后民间对灌口二郎分化出的李冰父子、赵昱、杨磨、邓遐、独健二郎、杨戬等许多个人物已分不清楚,只好含糊其辞。

四、宜黄戏神清源——游戏得道的喜神偶像

南丰宋代以来流行的傩舞、傩戏和永嘉戏曲,无疑对临县宜黄有重要影响。宜黄传说宋代有傩,建国初期神岗、新丰、裳阴、兰水等地还留存傩班,但大多失传,只有神岗傩列为江西省非物质文化遗产名录。宜黄宋代也有民间戏曲活动记载,如南宋洪迈《夷坚志》卷八"胡道士"条:"胡五者,宜黄细民,每乡社聚戏,作砑鼓时,则为道士,目为胡道士,以煮螺蛳为业……"①明代中叶,各种声腔戏曲在宜黄出现与流传,明末清初戏班开始专唱"宜黄腔"。清末以后,吸收了其他乱弹的声腔和剧目而成为由多种声腔综合而成的"宜黄戏"剧种,有传统剧目大小500余种,被列为国家首批非物质文化遗产名录。

宜黄自明代中叶在县城修建戏神清源祖师庙后,又在棠阴、硖石、潭坊、十都、枫林等地相继建起清源庙。汤显祖《庙记》谈到戏曲起源时赞叹:"奇哉,清源师!演古先神圣八能千唱之节,而为此道。"

那么清源真君如何和戏曲挂上钩呢?我国自古以来有娱神的作法,李冰治水仪式,必有巫觋歌舞。前引《通俗通》说李冰变作蜀人崇拜的牛与江神斗,刺杀江神,这就是巫觋装神的拟态表演。李冰有功于民,故其"香火千年,蜀人尊为川主,思其德而歌舞之宜也"。《蜀梼杌》还述及五代前后蜀之两后主,俱喜

① 洪迈《夷坚志·丁志》卷八"胡道士",中华书局2006年版。

作灌口二郎之像："二年八月，（王）衍北巡，以宰相王锴判六军诸卫事。旌旗戈甲，百里不绝。衍戎装披金甲，珠帽锦袖，执弓挟矢。百姓望之，谓如灌口神。"卷第四又载："（广政十五年）六月朔，宴，教坊俳优作《灌口神队》二龙战斗之像。"①

宋元时期，灌口二郎已成了乐人崇拜的对象，如宋孟元老《东京梦华录》卷八记载：北宋时京都汴梁城神保观每年"六月二十四曰，州西灌口二郎生日最为繁盛……于殿前露台上设乐棚，教坊钧容直作乐，更互杂剧、舞旋"。又如山西省洪洞县霍山明应王殿元杂剧演出壁画。图中上方帐额书"大行散乐忠都秀在此作场泰定元年四月口日"字样，画面戏台后部设的绣花帐额有两幅绘画，右为苍松青龙，左为壮士挥剑。从内容看，应是灌口二郎入水斩蛟的故事（图六）。

图六　山西洪洞县明应王殿明代壁画中戏台帐额绘二郎斩妖图

同样，宋元时期，灌口二郎也是画家喜欢表现的题材，国内外现存多幅二郎《搜山图》，主要表现的是二郎神和六丁六甲搜扑妖魔鬼怪。明吴承恩《二郎搜山图歌并序》曰："少年都美清源公，指挥部从扬灵风，星飞电掣各奉命，搜罗要使山林空。……猴老难延却断魂，狐娘空洒娇啼血。江翻海搅走六丁，纷纷水怪无留纵，青锋一下断狂虺，金镞交缠擒毒龙……"主题也是"驱邪祟，灭群精"。

更重要的是，灌口二郎神已经登上戏曲舞台，并成为主要脚色，如宋元杂剧中，已知写灌口二郎神传说的有《二郎熙州》《鹘打兔变二郎》《迓鼓二郎》《变二郎》《二郎神变二郎》《变二郎爨》等存目，元明杂剧中，又有《二郎神醉射锁魔镜》《二郎神锁齐天大圣》《灌口二郎斩健蛟》等剧本，所演皆为赵昱。这样，清源祖师成为戏神早成定局。

汤显祖《庙记》在宜黄县清源祖师庙落成后，问道："倘以大司马（谭纶）从祀乎？曰：'不敢，止以田、窦二将军配食也。'"清乾隆刊本《玉匣记》传奇也提到窦元帅和田元帅这两位戏神。

清源灌口二郎具有傩神和戏神双重身份，都具求丰、祈子、驱疫功能，配祀神也具这样的神格。

唐人李倬《秦中岁时记》记载："岁除日进傩，皆作鬼神状，内二老儿，其名作傩公傩母。"说明傩有了创生之神。南丰和宜黄跳傩，都跳《傩公傩婆》（宜黄称《鬼公鬼婆》）。南丰著名的石邮傩班请神辞中，称傩公傩母为田公田母，南丰刘家源福主殿土地像傍，画有一个傩公头像（傩面具箱存放福主殿），说明傩公具有土地公的神格。土地神原是国家祭祀的后土神和各乡里祭祀的小社神。《周礼·春官》曰："凡国祈年于田祖，吹《豳雅》，击土鼓，以乐田畯。国祭蜡，则吹《豳颂》，击土鼓，以息老物。"东汉郑玄注："祈年，祈丰年也"；田祖是"始耕田者"，即神农氏之时始教民种田之官，亦称先啬。田畯是古代掌管农事、田法之官，田祖和田畯俱作田神看待。《诗·小雅·甫田》："琴瑟击鼓，以御田祖，以祈甘雨，以介我稷黍，以谷我士女。"说祭祀田祖，就能得到甘雨、稷黍和欢乐。

明白了田将军原型是田祖，就能理解窦将军身份。"窦"与"豆"原本都是古代姓氏，因字音相同，历史上就常常混写。窦将军也可以是豆将军，即原型是豆神。豆子是我国栽培最早的多产植物，又是先民

---

① 王文才、王炎《蜀梼杌校笺》卷第四，巴蜀书社1999年版，第388页。

崇拜之物,新石器时代晚期就出现以豆为名的食器,后又有以豆为名的量器(齐旧四量:豆、区、釜、钟)和重量单位(十六黍为一豆,六豆为一铢)。《汉旧仪》还载有以赤丸(赤豆)、五谷打鬼的傩仪。豆子在民间象征豆子豆孙。用象征谷物丰产的田将军(田祖)和象征豆类丰产的窦将军(豆神)配祀清源灌口二郎,更突出了戏神祈丰、求子、驱疫的功能。

汤显祖《庙记》中还写到:"若观幻人者之欲杀偃师,而奏《咸池》者之无怠也。若然者,可为清源祖师之弟子。""观幻人者之欲杀偃师",指的是周穆王观偃师所刻木偶人与其侍妾调情欲杀之之事。其事见于《列子·汤问》。据说这是傀儡戏的来源(一说"起于汉祖"),后来"偃师"也成了弄傀儡者的代称。在汤显祖看来,戏曲演员要像偃师所造之木偶人般能歌善舞、以假乱真,才算是"清源祖师"的好学生。

中国木偶有悠久历史,最早用于丧葬之乐,并和傩祭结合。汉代大傩时,已用桃枝做"大桃人"木偶傀儡(亦称窟儡)放在门口吓鬼,同时也可以在宴会上进行表演,因此傀儡戏被学者称为"戏曲之祖"。宋元以降,许多木偶班都演出《目连传》,他们比地方剧种戏班历史早得多,因此一些戏班艺人——如湖南长沙、浏阳一带湘剧演员和乐师——都称木偶班艺人为"大师兄"。[①]

江西木偶戏宋元时已很盛行,南宋任江西萍乡知县的何异写诗曰:"腰金曳紫麒麟楦,刻木牵丝傀儡棚。一等世间儿戏事,彩衣起舞是真情。"[②]元代文学家贝京有诗句曰:"玉山窟儡天下绝,起伏进退皆天机。"[③]迄今有十多个县区留存木偶戏,其中横峰、信丰、玉山、兴国、于都、宁都、广昌县及青原区的木偶戏列入省级非物质文化遗产名录。

其实南丰县和宜黄县,至迟清代也流传木偶戏。南丰民间传说,清末民初每年春节期间有"九班傀儡进城门"(演出)。二十世纪八十年代,白舍镇高峰村(古竹)留下一套木偶道具,有两三个傩舞艺人可以表演;太和镇店前村有一名木偶艺人,留下两箱手套木偶和道具。宜黄县木偶班还流传到外地,据介绍:浙江省江山市廿八都木偶戏是"明正德年间自江西传入"。"明末崇祯年间,安徽班在江西形成赣剧后,分成广信、饶河、东河、宜黄四大支派,廿八都木偶戏归属于江西宜黄、广信两派,于清顺治年间(1644—1661)由江西宜黄县人迁居廿八都时传入古镇,清道光年间(1821—1850)趋于鼎盛,至今已历十几代,有三百余年历史。清同治、光绪年间,宜黄派木偶戏传至廿八都乡山峰村灰山艺人黄祥光,后经历代发展,组成戏班,在江山山区及福建浦城、江西广丰等地活动,深受群众喜爱。"2011年5月入选第三批国家级非物质文化遗产名录。[④]

傩舞、傩戏、木偶与戏曲不仅表演上有很多相似之处,而且乡傩中的傩崽道具、戏曲中的男婴道具与木偶戏中的傀儡子更是相似,并具有相同的文化内涵。1979年山东省莱西县西汉墓出土了一具悬丝木偶,全身各部关节皆可活动。南丰、宜黄等地傩舞的傩崽也是一个四肢可以活动、并塑有男性生殖器、有的手中还握有"红蛋"(用红色染成,也称"喜蛋")的木偶男婴(图七)。这位"喜神",江西南丰、安徽贵池称"太子菩萨"(图八)。南丰城乡跳傩,必跳《傩公傩婆》;宜黄神岗跳傩,则跳《清源》和《高源送子》,目的都是为了祈子。

---

① 《中国戏剧志·湖南卷》,文化艺术出版社1990年第1版,第8页。
② 民国二十年《昭萍志略》卷二十五·艺文志。
③ 转引秦学人《不可忽视的偶戏史料》,原载《戏剧》1993年第3期。
④ 徐槊蔓《廿八都木偶戏》,《浙江档案》2016年第8期。

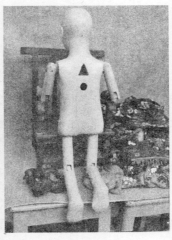

图七　南丰傩崽都是一个木偶,四肢可以活动,背部
　　　有洞可安心词,塑男性生殖器,手握"红蛋"

图八　南丰石邮村傩崽称太子

　　旧时所有戏班也都有这样一个木偶的男婴道具,山西有的称"大师哥",甘肃有的称"童子爷",福建有的称"孩儿爷",内蒙古、河北、北京、天津、东北三省多称"彩娃子",还有不少地方称"喜神"。江苏北部里河一带戏班都供奉木雕家祖像小神龛(即戏神)。每年农历家祖生日时,"乡班一般不请家祖上后台,以台上用的婴儿道具(木偶)作替身,此道具称喜神。演员扮戏后,上台前,总要打躬作揖拜喜神,求保台上胆壮不怯场"。① 而许多戏神殿(庙)也称"喜神殿(庙)",如清乾嘉年间北京东岳庙主殿西侧的《梨园重建喜神殿之碑》,民国报刊记载,喜神像就是演出时用的道具娃娃"彩娃子","十五六岁白面少年,金冠黄袍,俨然王者"。② 清乾隆元年(1736)苏州镇抚司侧修建的老郎神庙也称喜神庙。③

　　可见,这个戏曲"喜神"男婴偶像,就是清源戏神灌口二郎转换而成的生育神。康保成先生认为:"'二郎'就是所有健康活泼、充满阳刚之气的男孩;'二郎神'就是象征男孩、并给男孩以生命的男根。"以"喜神"作为戏神的偶像,"它提示出了戏剧现象最初的发生背景,蕴含着生民对子嗣和生命本体的热烈追求"。④

五、铁板桥头风火院——戏剧演员的理想天堂

　　汤显祖《庙记》说:"诸生诵法孔子,所在有祠,佛老弟子各有其祠,清源师号为得道,弟子盈天下,不减二氏,而无祠者,岂非非乐之徒以其道为戏相诟病耶?"汤显祖把戏神祖师和儒、释、道三教之主相提并论,可见他对戏曲艺术的重视和敢于破除传统观念。

　　中国戏剧历史悠长,优人的出现可以追溯到夏朝。从先秦供贵族取乐的优人到汉唐供皇室娱乐的优伶,从宋元时期为观众表演的杂剧艺人到明清时期为百姓演出的戏曲职业演员,无不身份低下,饱受歧

① 《中国戏剧志·江苏卷》,中国 ISBN 中心出版,1992 年第 1 版,第 798 页。
② 陈巴黎《东岳庙喜神殿碑积读》,《民俗研究》2006 年第 3 期。
③ 《中国戏剧志·江苏卷》,中国 ISBN 中心出版,1992 年第 1 版,第 806 页。
④ 康保成《傩戏艺术源流》,广东高等教育出版社 1999 年版,第 304、223 页。

凌。为了技艺精通而得到更多谋生机会，艺人除了祭告自己的祖师外，更需要寻找一位著名的人物作为戏神，借助神的力量来提高自己的身份，改变大家的命运。

中国有三百多个剧种，戏神自然会有很多，但作为戏神的主神并不多，而且要符合三个条件：一得到朝廷认可，二熟悉戏剧行当，三满足百姓基本需求。

"灌口二郎"是第一个，从五代后蜀起历代朝廷都有诏封，但以宋真宗加封的"清源妙道真君"影响最大。他年轻英俊，既能驱鬼逐疫，又能祈丰求子，百姓满意。他"以游戏得道"，宋元时期就与戏剧演出结下不解之缘，戏曲弟子信得过。

"老郎神"是最出名的一个。早在明代，湖北蕲州的傩队，就抬着唐明皇的神像四方游走，可见唐明皇早为傩神。入清后昆剧盛行，乾隆时期进入宫廷，被尊为"雅乐正声"，因此艺人确认"老郎神"为新戏神，清代修建的老郎庙在全国到处可见，见于记载的有苏州、扬州、长沙、湘潭、广州、昆明等地的老郎庙。

"老郎神"的神主各说不一，通常认为是唐明皇李隆基。《新唐书·志第十二·礼乐》载："玄宗既知音律，又酷爱法曲，选坐部伎子弟三百教于梨园，声有误者，帝必觉而正之。号皇帝梨园弟子。……梨园法部，更置小部音声三十余人。"唐玄宗身为皇帝，精通音律、擅长制曲和鼓板，并且亲自教授梨园，对推动戏曲事业发展有卓越贡献。清乾隆年间昆曲艺人黄幡绰《梨园原》"老郎神"条说："老郎神即唐明皇，逢梨园演戏，明皇亦扮演上场，掩其本来面目。惟串演之下，不便称君臣，而关于体统，故尊为老郎之称。今遗有唐帽，谓之老郎盔，即此义也。"昆剧、京剧、徽剧、汉剧艺人多祀唐明皇为戏神。

也有说老郎神是后唐庄宗李存勖，因"帝性爱风流，好与优人戏"，称帝后，常常面涂粉墨，穿上戏装，登台表演，不理朝政，自取艺名为"李天下"。清杨懋建《梦华琐簿》说："安次香云：'伶人所祀神，乃后唐庄宗，非明皇也'……昔庄宗与诸伶官串戏，自为丑脚，故至今丑脚最贵。"后唐都城洛阳，主要控制中国北方地区，所以陕西、山西、河南、河北梆子戏都以唐庄宗为戏神。

又说老郎神主为翼宿星君。清苏州织造使全德于乾隆四十八年（1783）所撰《翼宿神词碑记》说："苏之以伶为业者，旧有庙以祀乐之神，相沿曰老郎……近适有重修之役，予为易其祀曰：'翼宿之神'。翼宿之神，星之精，各有所司，而翼，天之乐府也。诸杂祀皆于其始作之人，以云报也……钧天有乐，翼实尺之，通之于精灵，推之于本始。"①翼宿古为乐星，战国时魏国天文学家石申《石氏星经》说："翼主天倡，以戏娱故。近太微并尊嬉。"《晋书·天文志》也说："翼，二十二星。天之乐府，主俳倡戏乐。"一些南方的昆剧班以其为戏神。

还有说老郎神是唐明皇时的耿光。清翰林院编修孙星衍于嘉庆九年（1804）所撰《吴郡老郎神庙之记》说："余往来京师，见有老郎庙之神，相传唐元宗时，耿令公之子名光者，雅善霓裳羽衣曲舞，赐姓李氏，恩养宫中，教其弟子。光性嗜梨，故遍植梨树，因名曰梨园。后代奉以为乐之祖师。"②

由喜好娱乐的皇帝或者天之星精为戏神，身价更高，都符合第一个和第二个条件。而第三个条件容易解决，因为戏班都有婴儿道具"喜神"，只要打扮成帝王装束，就可满足百姓祈福求子的愿望。

"田元帅"（或称田公元帅、田师傅、田相公、苏相公）也算出名的一个。江西赣剧、东河戏，闽地莆仙戏、梨园戏、高甲戏、傀儡戏和广东潮剧等都供"田元帅"为戏神（图九）。

---

① 《中国戏剧志·江苏卷》，中国 ISBN 中心出版，1992 年版，第 999 页。
② 《中国戏剧志·江苏卷》，中国 ISBN 中心出版，1992 年版，第 1001 页。

"田元帅"最早见于明刻绘本《三教源流搜神大全》"风火院田元帅"条：说唐玄宗时，有田苟留、田洪义、田智彪兄弟三人，开元时，承诏乐师典音律，尤善歌舞，因以歌舞治好唐玄宗母亲的病而封侯爵。"至汉天师因治龙宫海藏疫鬼、倡佯，作法治之不得，乃请教于帅。帅作神舟，统百万儿郎为鼓竞夺锦之戏。京中谑噪，疫鬼出观，助天师法断而送之，疫患尽销，至今正月有遗俗焉。……天师保奏，唐明皇帝封冲天风火院田太尉昭烈侯，田二尉昭佑侯，田三尉昭宁侯；圣父嘉济侯，圣母刁氏县君；三伯公昭济侯，三伯婆今夫人，窦、郭、贺三太尉，金花小姐，梅花小娘，胜金小娘，万回圣僧，和事老人，何公三九承事，都和合潘元帅，天和合梓元帅，地和合柳元帅，斗中杨、耿二仙使者，送梦报梦孙喜，青衣童子，十莲桥上桥下，棚上棚下，欢喜耍笑歌舞红娘粉郎圣众，岳阳三部儿郎百万圣众云云。"[1]学者指出，田氏三兄弟"作神舟，统百万儿郎为鼓竞夺锦之戏"，原是一场水中傀儡戏的表演。

探		花		府
		敕	封	
十八年前开口笑	大舍	九天风火院田都元帅府	二舍	醉倒金阶玉女扶
引调判官			舞灿将军	
吹箫童子			来富舍人	
	位神			

图九　福建省泉州市提线木偶戏神相公爷神位，"火"字倒写

此"冲天风火院"田氏三兄弟是有资格作戏神的。其中除了田氏兄弟和他们的父母，都是傀儡戏中角色。

可能因为传说人物，有文化的艺人又找来唐代郑处诲《明皇杂录》补遗记载：雷海清是唐明皇乐师，尤精通琵琶。安史之乱，安禄山将梨园子弟掠至洛阳，在凝碧池上强迫众乐师演奏。"有乐工雷海清者，掷乐器于地，西向恸哭。逆党乃缚海清于戏马殿，支解以示众，闻之者莫不伤痛。"[2]将忠贞不屈雷海青作为戏神，可提高艺人的身份。

雷海清不姓田，于是需要编造一些解释性故事让人相信，如传说田元帅即雷海清，能文善武，曾奉旨挂帅出征西番，兵败而归，皇上赐其免死，只砍其姓，"雷"字砍去上半截"雨"，便变成"田"字。清代俞樾《茶香室丛抄》曰："习梨园共构相公庙，自闽人始。旧说为雷海清而祀，去雨存田，称田相公。此虽不可考，然以海清之忠，庙食固宜，伶人祖之亦未谬。若祀老郎神者，以老郎为唐明皇，实为轻亵，甚所不取。"类似传说在福建戏班很多，不赘。

此外，有一些流传不广的戏神也符合上述三个条件的，如著名方士张果老，《明皇杂录》说他久隐中条山，往来汾晋间，唐武则天时已数百岁。唐玄宗召他至京师，演出种种法术，并授银青光禄大夫，赐号通玄先生。这样一个被皇帝授官赐号的百岁老人，朝廷和百姓都同意，何况张果老也是元明神仙道化剧中人物。

除了主神，还有众多配祀神，无外乎按娱人、求丰、祈子、驱疫等目的安排，缺什么补什么。娱人可配十二音神（如北京东岳庙喜神殿陪祀）、鼓板郎君、清音童子（或吹箫童子、八卦仙师、锣鼓大神……），求

---

① 佚名《绘图三教源流搜神大全》，上海古籍出版社 2001 年版，第 242、243 页。
② 郑处诲《明皇杂录》，上海古籍出版社 1985 年版，第 16 页。

丰可配田将军、窦将军、雷海清（或坐殿土地、合坊社公……），祈子可配金花小姐、银花小娘（或金花夫人、梅花小姐……），驱疫可配千里眼、顺风耳（或葛洪葛将军、甚至玉皇大帝、华光大帝……）。有的角色也身兼两职，如引调判官和舞灿将军，百花镇台郎君和知性镇台郎君，既娱神又驱疫。有的配祀祈福角色，如阳太伯公、桑伯婆婆、来舍富人等等。还有的将戏班已故师傅姓名写上，作为配祀，以明传承有人，如南丰县南堡村戏班戏神牌位列有四位师公，江西婺源县目连戏班戏神配祀"二十四位老郎师傅"。牌位配祀神无规定，都是根据戏班自己商定的，可多可少（图九）。

还有一个郭舍人与灌口二郎有关。《永康军崇德庙郭舍人封威济侯制》曰："惟尔有神，英惠灵显，父子擒水怪以成茂功，故能托兹庙食，介福于民。"①南宋范成大《吴船录》称："崇德庙在（永康）军（今灌口镇）城西门外山上，秦太守李冰父子庙食处也。"崇德庙郭舍人应是李冰父子亲信，是斩妖除害、祈丰求子的配祀神。"冲天风火院"中有个郭太尉，有学者称原形为傀儡子郭秃（郭郎、郭公），善优笑，可逐疫，其秃头又是男根崇拜象征。郭舍人与郭太尉（郭元帅）为同一神灵。

明清后戏曲发展，各地普建戏神祠庙，唐明皇昭封的傀儡戏"冲天风火院"，被戏曲艺人借用为供奉戏神的"风火院"：牌位中间是主祀戏神和主要配祀戏神名号，有神的籍贯，如"西川""西川灌口（或路口）""杭州西门外""铁板桥头""江西回阳山"（图十）等；也有敕封的宅第，如"冲天风火院""风火院""元帅府""探花府"等，其中"风火院"的"火"字倒写，取以风压火，祭祀火神（"火正"）之意。

从牌位戏神的籍贯我们较易判别剧种的流传情况，如宜黄县海监腔艺人以西川路口清源为戏神，《庙记》称"食其技者殆千余人"，为了生存，他（她）们四处演出，产生过许多名角。当他（她）们以各种原因加入其他声腔班队时，必然带去戏神清源信仰。这也许是后来弋阳腔和昆腔一些戏班以清源祖师为戏神的原因。

旧时戏剧行业没有全国性的组织，当然不可能有统一的戏神，戏班、班主、行会、官府甚至皇家都可以影响戏神的信仰，如清康熙年间清廷内务府"南府供奉所修"的北京东岳庙喜神殿，将"喜神"作为梨园行业的祖师后，京城普建喜神殿，这对以后进京的四大徽班和许多其他民间戏班戏神信仰无疑有重大影响。又如前面提到的《翼宿神祠碑记》作者全德，是督理苏州织造部堂兼管浒墅关税务内府员外郎，他在《碑记》中说："旧有庙以祀司乐之神，相沿曰老郎之神，其名不知何所出，其塑像服饰亦不典。近适有重修之役，予为易其祀曰：'翼宿之神'。"因不了解老郎神的来历，便将"老郎神"改为"翼宿神"。可见清代早期戏神来历已经模糊不清了。廖奔先生说："无论老郎神主为谁，都不能割断他和二郎神的联系。"②苏子裕先生说："宜黄腔、弋阳腔戏班以及一些大剧种的戏班所供戏神生日均为农历六月二十四日，届时都要举行祭神活动。从实际考察得知，南方剧种所供戏神生日为六月二十四日的，大都与江西戏

杭州铁板桥头老郎先师之位

鲜花娘子

梅花娘子

二十四路猖兵神

二十四堂和合神

图十 江西省上饶市弋阳高腔戏神老郎神神位

① 《宋大诏令集》，中华书局1997年版，第488页。
② 廖奔《中国戏曲史》，上海人民出版社2005年版，第192页。

曲声腔剧种有关。所供戏神为清源师、田师傅的也有不少与江西戏曲有关。"①

　　小小的戏神牌位寄托着戏曲艺人的梦想，在敕封的府宅中，有身为皇帝的戏神或皇帝敕封的戏神，有艺人追求的艺术之神和崇尚的行业英灵，有艺人与百姓共同关注的丰产之神和生育之神，还有为实现这些目的的逐疫祈福之神。这是戏曲弟子的理想天堂，也是戏剧艺人的追求目标。

　　国学大师王国维《宋元戏曲史》中说："歌舞之兴，其始于古之巫"，"巫之事神，必用歌舞"，"或偃蹇以象神，或婆娑以乐神，盖后事戏剧之萌芽"。② 古文字学家陈梦家《商代的神话与巫术》也说："古代倡优、戏剧、歌舞皆发源于巫，方相、象人、侲子，即后代之倡，而鬼即后代之魁头、傀儡。"③综观中国各地戏神产生与流传，无不与原始宗教、戏剧起源和发展有关，中国戏神最后浓缩为婴童道具，不就是李冰治水巫祭仪式天地交合的精灵具体形象吗？治水神话的流传和生殖崇拜的信仰造就了中国戏神，娱神、祈丰、求子、驱疫，正是中国戏神的崇高使命。

---

①　苏子裕《江西宜黄腔、弋阳腔戏班戏神考》（摘要），《文化遗产》2012 年第 2 期。
②　王国维《宋元戏曲史》，上海古籍出版社 1998 年版，第 1、3 页。
③　陈梦家《商代的巫术与神话》，原载《燕京学报》第 20 期（1936 年），第 569 页。

汤 学 二 题

顾聆森

一、言情：中国戏曲表演理论的奠基石

中国古代戏曲的表演理论起步较晚，早期的表演理论（如燕南芝的《唱论》、魏良辅的《南词引正》等），曾长时间滞留在唱念等技术性问题的探讨上。古代戏曲表演得到较高层次的理性观照，是在明中叶《牡丹亭》问世以后。《牡丹亭》的作者汤显祖也就是中国古代戏曲表演理论的奠基人。

汤显祖开创的"临川派"也被后人称为"言情派"。"情"是汤显祖剧本文学创作思想的核心，也是他关于舞台二度创作思想的出发点。汤显祖把"言情"作为舞台上艺人表演创造的一个根本特征提出来，从而为中国古代戏曲表演理论的建设奠定了基石。

汤显祖对于表演理论最卓越的贡献，在于他指出了体验角色情感对于艺人进行成功表演的决定意义。他认为艺人只有在舞台上自觉地流露出角色真实的内心感情，才有可能使观众在观赏中进入忘我的境界。先有了"舞蹈者不知情之所自来"，而后才会出现"赏叹者不知神之所自止"，这是汤显祖为艺人表演提出的最高的艺术标准。汤显祖认为，要能够准确体验角色的情感，艺人对于剧本必须想方设法"博解其词而通领其意"。汤的精辟还在于，他同时指出，艺人准确揣摩角色，光靠"博解""通领"这些临场前的准备是远远不够的，艺人的真正功夫还在戏外，这就是："为旦者常作女想，为男者常欲如其人。""作女想""如其人"恰如冰冻三尺，绝非一日之寒，故艺人在平时就应该做到："动则观天地人鬼世器之变，静则思之。"这也就是说，只有留心于生活中一切事态变化，并勤于思索，才能深刻理解生活，生活的经验也才能化成艺术因子积淀于内心。因而艺人在舞台上塑造人物不仅要依靠临场前的揣摩，更重要的要依靠日积月累的生活底蕴。也只有凭借深厚的生活底蕴，他才能真正地"作女想"或"如其人"。也只有准确地体验到了角色的情感，他才有可能通过形体、歌喉去感染、打动观众。那种"微妙之极，乃至有闻而无声，目击而道存"①——无声但有所闻，无形的哲理仿佛也能为人所见的微妙的艺术至境，只能是艺人内心体验与卓越的外部表演技巧高度结合的产物。

汤显祖没有给我们留下有关表演艺术的专门论著，他的论述仅散见于《牡丹亭题记》《宜黄县戏神清源师庙记》等少量文字之中。但他的艺人为"言情"而登场的见解，直接切入了戏曲表演艺术的根蒂，这和汤显祖以前的戏曲理论家只局限于唱念技巧的具体讨论相比，便是一种突破与超越。"言情"既是戏剧创作的任务，也是舞台表演的任务。作为一种理论的基础，以后各代的表演理论家大抵都在这个阶石上起步，甚至一直影响到近现代的戏曲表演理论。

①　本段引文均出自汤显祖《宜黄县戏神清源师庙记》，《汤显祖全集》（二），北京古籍出版社 1999 年版，第 1188 页。

有明一代的戏曲表演理论,正是在汤氏"言情"的基础上作了更深入的补充与发展。比汤显祖略小几岁的潘之恒,曾借汤显祖《牡丹亭》中的主人公对"情"进行了阐说。他认为艺人要演好杜丽娘、柳梦梅,就必须把握杜、柳的真情:"杜之情,痴而幻,柳之情,痴而荡,一以梦为真,一以生为真。唯其情真,而幻、荡将何所不至矣。"[①]这种真情的把握,自然离不开艺人对角色内在的"情痴"境界的体验:"能痴者而后能情,能情而后能写其情。"[②]所谓"写其情"即是艺人内心体验通过唱念等艺技表演而外化。他在《鸾啸小品》中为表演艺术总结了五个环节——"度、思、步、呼、叹",指的其实就是艺人对于剧中人物的分寸、情感逻辑、形态以及语气的准确把握,无一不是为"言情"服务的。显然,潘之恒在这里充分肯定了情感的内在体验是艺人外化表达的基础这一汤显祖的著名论断。

中国古代戏曲的表演理论到了清代得到了长足的发展,清代戏剧理论家对于艺人内在的情感体验外化过程有了进一步认知:戏曲总是拒绝直接模仿生活,即拒绝再现生活。"情"的流露必须经历一个中介——表演程式。生活只能通过戏曲的表演程式才能表现于舞台。清代戏曲理论家黄旛绰在他的理论著作《梨园原》中列举了"辨八形""分四状"等八种身段表演的原则和方法,称之为"身段八要"。最可贵的是著者令人信服地指出,艺人在表现"声欢""声恨""声悲""声竭"这"四状"的时候,要有成竹在胸,所谓"各声音皆从口出,若无心中意,万不能也":

> 声欢:降气,白宽,心中笑;
> 声恨:提气,白急,心中躁;
> 声悲:噎气,白硬,心中悼;
> 声竭:吸气,白缓,心中恼。

这些见解业已阐明了各类表演程式与"情"的关系。在这里,所谓的笑、躁、悼、恼,即是艺人的"心中意",而降气、提气、噎气、吸气,以及声音的宽、急、硬、缓,便是表达内心体验的某种外化公式要领。二者完美结合,才能有汤显祖指出的那种"不知情之所自来"的境界,方能感染观众而"不知神之所自止"。事实也正是如此,称职的戏曲演员总是力求赋予程式动作以活泼的情感生命,而不会单纯地表演程式。于是中国戏曲创立的以舞台化了的虚拟程式动作表达角色内心情感世界的独特艺术意蕴,在《梨园原》那里被揭示无遗。

明代汤显祖对于戏曲表演的理论内涵已经有了相当明确而独到的认识,同时代的戏曲理论家从汤显祖的基础出发,对戏曲导演理论有了新的感知。例如,潘之恒就提到,为使艺人更精确地把握剧本,应该"先以名士训其义,继以词人合其调,复以通士标其式",[③]这正是通过"说戏"帮助艺人找到感觉,然后通过"技导"协助艺人向表演的最高艺术要求靠拢。明末冯梦龙在《墨憨斋定本传奇》中对登场演员作了许多重要的表演提示,可以称得上我国较早的戏曲导演的案头工作了。明代的戏曲导演实践是"演员为中心"的演出格局的产物,那朴素的导演理论是场上(表演)理论的合乎逻辑的派生,我们同样可以在汤显祖那里找到它的源头。因为实际上,这就是汤显祖要求艺人"博解其词而通领 其意"的具体化。

---

① 潘之恒《鸾啸小品》崇祯刊本上海图书馆藏。
② 潘之恒《鸾啸小品》崇祯刊本上海图书馆藏。
③ 潘之恒《鸾啸小品》崇祯刊本上海图书馆藏。

清代戏曲理论家李渔通过《闲情偶寄》,集词曲、表演、导演、舞美、教学理论之大成,构筑起了中国戏曲理论体系的完整大厦。李渔对"情"的认识和分析,可谓鞭辟入里、幽邃透彻。试以《琵琶记・赏月》一折为例,他以为"此折之妙,全在共对月光,各谈心事,天上仅一月,但牛氏有牛氏之月,蔡伯喈有蔡伯喈之月",由于情各有异,从而形成了不同的唱法和表演身段,"是清淡之内,原有波澜"。他对当时的"导演"把此折的重头曲牌(【念奴娇序】)处理成生、旦、净、末、丑的合唱大为不满,唯"混作同场","情"就不见了,情的丢失,艺人必然"无可施其志",故戏无冷热,"只怕不合情"。而传奇之妙,就妙在入情。故他要求艺人"于演剧之际只作家内想,勿作场上观"。在这里,李渔显然直承了汤显祖"为旦者常作女想,为男者欲如其人"的表现思想。然而,李渔又同时深化了自己的观点。他指出,体验角色的目的并不是为了自己变成角色,而仅仅是为了"施其态"——场上之态。李渔对中国戏曲理论的一大贡献,是他发现并总结了艺人的"场上之态"和生活中的"自然之态"的联系与差别。自然之态,能使艺人把人物"当日的神情活现于氍毹之上",而"场上之态"是一种"类乎自然"的神情"酷肖"艺术。艺人一旦把观众请入戏,观众既能和剧中人物同呼吸共命运,又能随时使自己和戏境保持距离。这也就是说,艺人的场上之态,能使观众在身临其境观赏艺术的同时,始终保持一种冷静的心态:在介入舞台上发生的所有过程的同时,以自己观众的身份对表演(包括反面人物的表演)作出"点头称赞,拍手声扬"等客观评价。演员与观众的若即若离,导致观众对戏境的忽进忽出,从而将"内心体验"与"间离效果"高度结合起来。在从汤显祖开始的这座严谨的体系大厦的营建过程中,历代的构建者纷纷匠心独运,务使这座大厦的上下左右、前后里外都紧紧围绕了一个核心:表演。为"出之贵实、而用之贵虚"[1]—— 即以体验与写意相结合的独特方式真实地表现充盈在艺人内心的情感体验,为在剧场中获取最佳的"言情"效应而创造条件。

二、论"汤沈之争"——昆曲贵族性与市民性的交织

400 年前,汤显祖的不朽剧作《牡丹亭》问世,就戏剧文学而言,汤显祖直承了由昆山梁辰鱼《浣纱记》所开创的典雅风格,且又自成一派:讲究文采而不拘音律,被后人命名为"临川派"(或曰"文采派")。据考,《牡丹亭》原著是为江西宜黄腔所创作的传奇,不久流传到昆曲的发源地吴中,经"吴江派"沈璟等曲家改编后搬演于昆曲舞台,由于沈璟他们篡改了原著的音律和文句,便遭到了汤显祖的猛烈抨击。汤显祖以"意、趣、神、色"为传奇剧本的创作理念,认为"四者到时,或有丽词俊音可用"就不必顾及九宫四声,从而为"犯律"提供了前鉴。汤氏又认为,文采是创造文学意境和"言情"的手段。真正的艺术意境就像画家王摩诘的"冬景芭蕉",全在笔墨之外,"吴江派"为了"便俗唱"而改写他的文句,就仿佛"割蕉加梅"。汤显祖因此讥道:"彼恶知曲意哉!"[2]但沈璟坚持自己的"音律"和"本色"主张,"吴江派"曲家也都以"本色"与"守律"为然,认为高雅文字并非戏曲之道,声称戏曲语言如"使闻者不解为何语,何异于对驴弹琴"[3]而失律之句,不仅"屈曲聱牙",同时也将丢失昆曲韵味。

"汤沈之争"是中国剧坛发生的一场旷日持久的学术争鸣,明清二代曲家几乎都难以回避抉择。

---

① 王骥德《曲律》,《中国古典戏曲论著集成》第 4 册,第 154 页。
② 吕天成《曲品》,《中国古典戏曲论著集成》第 6 册,第 213 页。
③ 徐复祚《曲论》,《中国古典戏曲论著集成》第 4 册,第 238 页。

1998 年我在《论中国古代戏曲的理论批评》①一文中曾把"汤沈之争"归结到戏剧"文学性"和戏剧"舞台性"之争。昆曲问世之前,戏剧"文学性"未能被强调,始终安居于次要或从属地位。昆曲兴起以后,高雅的音乐敦促其剧本文学趋之于雅化,从而激活了中国戏曲"雅"与"俗"的对立,从而也凸显了戏剧"文学性"和戏剧"舞台性"之间固有的矛盾。然而,"汤沈之争"表面上看是戏剧"文学性"和戏剧"舞台性"孰主孰次的争论,如往新的层次开掘,它其实有着更为深邃的社会内涵。

本文有意把"汤沈之争"放在明代苏州社会经济中进行考察。时至明代,苏州的丝绸手工业已经进入兴盛期,据《吴邑志》载,明嘉靖时期(即昆曲问世之时)苏州已是"比屋皆织,贸转四方"、"绫锦纻丝纱罗绸绢,皆出郡城机房",周边农民纷纷进城打工寻雇。也有打工者一旦自精其业,或有了原始积累,便自购织机生产。就像吴江盛泽这样的小村落,由于"尽逐绫绸之利"就渐发展成为吴江名镇,嘉靖年间,已是丝绸产销基地。城镇的丝绸手工业又拉动了轻工等其他手工业。总之,在昆曲兴起之际,苏州已是全国最大的金融业中心和商贸市场之一。随着城市经济的起飞,新兴的市民阶层迅速壮大,成为一支重要的社会力量。汤沈所生活的万历年间,苏州丝织工人葛成曾领导了一次震惊朝野的反苛捐杂税的市民暴动,明末清初的剧作家李玉还把这场群众斗争写成传奇《万民安》搬演于昆曲舞台。表明了苏州市民阶层作为一支重要社会力量已经成熟。

成熟的市民阶层也把文化的消费对象锁定于昆曲。然而昆曲本质上属于贵族艺术,魏良辅是依照了士大夫、贵族知识分子的审美意愿和审美情趣创立了昆曲水磨腔;昆曲第一个创作流派"昆山派",其典雅的戏剧文学风格正是为昆曲典雅的音乐质所决定。昆曲与市民阶层似乎一开始就有着一种天然的审美距离,市民观众热切希望按照他们的审美愿望把昆曲引进市民舞台。而沈璟的"本色"理论,其核心恰恰是要将昆曲的舞台语言返归生活。"吴江派"的骨干成员王骥德这样解释沈氏的"本色"理论:他说"世有可解之诗而不可令有不可解之曲",曲奏之场上,应该做到"不论士人闺妇以及村童野老无不通晓"。② 他甚至提出,制曲者应在脱稿以后去念给"老姬"们听听,她们听得明白了,才可在场上采用。其实,沈璟的"本色"主张,客观上已成为了市民昆曲审美的代言。

也就在明万历年间,经"吴江派"曲家的推波助澜,造就了轰轰烈烈的戏剧"本色运动",导致昆曲从贵族的厅堂红氍毹向外溢出,直接推动了民间昆曲职业戏班的繁荣。昆曲也借了职业戏班开始占领民间的酒肆茶楼乃至广场草台。仗着昆曲戏班的流播,昆曲观众结构发生了重大变化,市民很快成为昆曲的受众主体,成为最大消费者。

毋庸讳言,中国戏曲是中国农业社会的产物和宠儿,昆曲问世之前无论南戏还是杂剧,它们的消费对象主要就是市民和农民。戏曲虽然同时为贵族欣赏、所利用,但市民性一直是中国戏曲社会属性的主要方面。昆曲兴起之初,只流行于上层社会,流行于士大夫、贵族知识分子的厅堂红氍毹上,从而较成功地排斥了中国戏曲所固有的市民属性,而成为贵族的宠物。然而昆曲毕竟是从传统的中国戏曲中脱胎,她的市民属性的胎痕根深而蒂固,而当市民社会一旦成熟,昆曲本身也极愿意借势而向更为广阔的空间发展壮大。它之所以能很快从贵族厅堂红氍毹中突围,弥散于市井草台,原因恰恰在于沈璟的戏曲"本色"理论激活了她一直深潜在内的昆曲的市民属性。

---

① 原载《戏曲艺术》1998 年第 3 期,《戏剧·戏曲研究》1998 年第 10 期转载。
② 王骥德《曲律》,《中国古典戏曲论著集成》第 4 册,第 154 页。

昆曲之所以能为贵族和市民共同欣赏与爱戴，正是昆曲的社会属性——贵族性和市民性的和谐相处和相辅相成。沈璟和以沈璟为盟主的"吴江派"阵营的重要骨干如王骥德、吕天成、沈自晋、冯梦龙、叶宪祖、范文若、袁于令、徐复祚、顾大典等几乎都是那个时代的士大夫、贵族知识分子，而竭力主张昆曲本色化、平民化的又恰恰就是这一批贵族曲家，他们不仅从理论上，而且在实践中不遗余力地张扬着昆曲的市民性。尤其沈璟的后期剧作，让诸多市井小人物充塞舞台，舞台语言也明白如话、毫无修饰，从而深为市民观众所喜爱。沈璟和"吴江派"剧作家们用自己的作品证明了市民阶层作为昆曲观众的主体，他们的观赏思潮已经非常有效地倒逼昆曲的审美方式从贵族群向市民倾斜。于是昆曲迎来了自己发展史上的一个重要节点：即从自娱自乐的贵族家班的厅堂唱演蜕变成以赢利为目标的昆曲职业戏班的草台演出。正是仗着市民观众的推拥，昆曲职业戏班在流动演出中，才得以迅速把昆曲艺术遍传大江南北。

汤显祖同样属于士大夫、贵族阶层的一员。他的"意、趣、神、色"的创作理念和使事用典、崇尚文采的实践方法，客观上是在全力维护戏剧文学免受"俗唱"的过分挤压。但汤显祖并非昆曲艺术本体中"贵族性"的纯粹代表，汤显祖作品中所流露出来的反封建礼教的思想与代表着先进生产力的市民阶层的意识形态在着高度的重合面。便似《牡丹亭》这样的作品所表达的梦中的恋爱形态和市民对婚姻自由的渴望与追求，也并无二致。《牡丹亭》在高雅词曲的包装下也焕发着一种沉甸甸的市民精神。汤显祖竭力主张，形式格律必须为内容即文学意境服务。他那种格律形式一旦束缚或妨碍了内容的体现就可以破律的思想，某种程度上也鼓励了市民职业戏班的"便俗唱"。

作为贵族阶层的剧作家精英，无论"临川派"还是"吴江派"，在创作传奇时，都无法规避那个时代的市民精神的感染，也因此，昆曲"典雅派"和"本色派"才有可能在一个艺术本体中包融，之所以能在一个艺术本体中包融，又仅仅是因为中国戏曲的社会属性——"贵族性"和"市民性"，与它的艺术属性——"文学性"、"舞台性"一样，总是交织在一起，而且密不可分——尽管它们都具有一定的排他性。昆曲作为中国戏曲的形态之一，绝不例外。

然而，沈璟虽然成为市民昆曲审美的代言人，却也绝非是昆曲艺术本体中"市民性"的纯粹代表，这一点，他与汤显有着同工异曲之妙。当职业戏班"便俗唱"到了一定时段，大概没有一个传奇文本不被戏班增删篡改的，也包括声腔唱演，水磨腔"依字行腔"的严格曲律同样受到了所谓"随心令"（引徐渭《南词叙录》）的严重冲击。沈璟于是及时制定了《南九宫十三调谱》（即《南曲谱》），对填曲、唱曲的格律规则重新进行了严格的规范，纠正了案头和场上的"出宫犯律"，捍卫了原真的魏良辅昆曲韵味，从而成功实现了在昆曲音乐、昆曲文学领域中的一次卫道，又从而保证了昆曲典雅质的传承和发扬。"吴江派"曲家几乎无不既是音律理论家，又是本色剧作家，沈璟的格律理论和本色主张体现了昆曲"贵族"与"市民"的双性要求。正是昆曲的"贵族性"和"市民性"的交织，造就了那个时代的曲家群体，包括汤显祖在内。

昆曲艺术本体中的贵族性和市民性的交织，也同时为汤显祖和沈璟各自主张的戏剧理论提供了契合点。"吴江派"曲家吕天成提出："守词隐先生（沈璟）之矩矱而运以清远道人（汤显祖）之才情。"①自此剧坛有了"双美"一说，即要求于传奇创作既坚守格律原则，又发扬文采才情，从而从两个方面确保昆曲的

---

① 吕天成《曲品》，《中国古典戏曲论著集成》第6册，第213页。

典雅本真。吕天成有意借汤、沈两家的理论精髓,以期能彻底拱卫住昆曲的贵族性;"吴江派"的另一位曲家王骥德则倡导:"词与法两擅其极。"王骥德之所谓"法",当是指沈璟所修订的昆曲格律;所谓"词",指的是舞台语言和文字。王骥德历来主张昆曲舞台语言以本色当先,甚至要让"老妪"们听得懂。然王骥德并没有交代此"老妪"是城里人还是乡下人,是文盲还是文化人,其要义自然只是让人明白听懂而已。王骥德对"词"的真见解,是"本色不废文采"。"典雅派"创作传奇好使事用典,王骥德指出:"曲之佳处,不在用事,亦不在不用事。好用事失之堆积,无事可用失之枯寂。"又说:"大抵纯用本色,易觉寂寥,纯用文调,复伤雕镂。"①显然王骥德的"本色论"对沈璟的一味迁就于通俗有了某种修正,也为曲坛所普遍认可与接受,致使"词与法两擅其极"成为剧坛新的"双美"标准。王骥德的"本色不废文采"论,意为"典雅"与"本色"的争论提供一条中和之道。然而,如前所述,昆曲虽然包融了"贵族性"和"市民性",但它们相互之间却存在有较大的排他性。在创作具体的方式上,汤显祖的不肯就俗和沈璟的难以媚雅,决定了这一时代的传奇创作不可能生产出真正"双美"的作品来。

时至明末清初,传奇创作才仗着传奇的"双美"理念进入了一个崭新的境界,致使昆曲进入了一个"家家收拾起,户户不提防"的极盛时期。昆曲的鼎盛有赖于曲坛涌现了一个实践"双美"的新的创作流派,这就是昆曲"苏州派"。

"苏州派"是这样一个剧作家群落,与"吴江派"不同,他们是清一色的市民曲家。我曾在专著《李玉与昆曲苏州派》(广陵书社 2011 年版)详细分析评论了他们七十余个传世的全本传奇,他们作品最大的趋同特征,一是塑造市民的脊梁,二是颂扬贵族精神。令人惊奇的是,市民脊梁的塑造竟筑基于贵族精神。"苏州派"作品中栩栩如生的市民脊梁的代表人物,其见义勇为、除暴安良乃至家国精神足可以和真正具有"贵族精神"的士大夫那种忠贞廉洁、刚正不阿品质相比美。也许"苏州派"剧作家们经历了改朝换代的社会大动乱,从而痛定思痛,一方面竭力鞭挞贵族社会的售奸卖国、贪赃枉法,同时也无情揭露市民社会尔虞吾诈、见利忘义等种种丑行。但他们把更多笔墨放在热烈宣扬忠孝节义、诚信廉耻等贵族精神的核心——儒家道德。通过一种泛贵族精神的表达,以求对明亡沉痛教训的总结反思和对社会安定的强烈诉求。对于"苏州派"曲家而言,必欲使源出于儒家思想的贵族精神为贵族、市民乃至整个社会所追求、遵循、敬仰。因而昆曲所包融的贵族和市民的双性属性更贴近他们的创作理念与诉求。故他们的作品绝少卿卿我我、才子佳人那种纯贵族式的生活内容,宁可把人物引导到抗击异族侵略的战场,借此也开创了为贵族和市民观众所共同喜闻乐见的武戏系统。

须知昆曲"苏州派"是在"汤沈之争"的余波中兴起。这时,"汤沈之争"已给传奇创作理论的提升提供了捷径,而创作理论的提升又同时为创作实践准备了条件。可以这样说,"汤沈之争"的最大受益者恰恰就是明末清初以李玉为首的昆曲"苏州派"。和"苏州派"的创作思想和创作理念相适应,他们的作品重音律又不拘泥于音律,重本色而又不废文采,可读又可演。他们所注重的形式可以最大限度地体现他们所秉持的创作理念。故他们的作品能深受士大夫贵族阶层和市民阶层的共同的青睐。如江左名士吴伟业称道"苏州派"领袖李玉的传奇"有美斯彰,无微不著";②钱谦益也赞誉李玉"如达夫、昌龄声高当代"。③ 时至清初,"苏州派"的作品已经达到了"词与法两擅其极"的境界,即格律与文采的两相统一,雅

---

① 王骥德《曲律》,《中国古典戏曲论著集成》第 4 册,第 172、127、122 页。
② 吴伟业《北词广正谱序》,北京大学影印本 1922 年版。
③ 冯梦龙《墨憨斋重订永团圆传奇叙》。

与俗相望相守,贵族厅堂和市井草台都不峻拒,从而开创了吴门昆曲"雅俗共赏"的新局面,达到了所谓"家家收拾起,户户不提防",这里的"家家"、"户户",同时包括了贵族和市民乃至贩夫走卒等所有的社会阶层,昆曲从此进入了一个"全民文艺"的新纪元。

"玉茗堂四梦"钞本曲谱初探

——收录出目及音乐举隅[*]

林佳仪

前　言

　　"玉茗堂四梦",或称"临川四梦",为明代汤显祖(1550—1616)四部剧作《紫钗记》、《牡丹亭》(还魂记)、《南柯记》、《邯郸记》之合称,为少数至今盛演不衰之明清传奇。除了折子戏的传承,上海昆剧团曾经三度推出"临川四梦"系列演出:2008年庆祝上昆三十周年团庆、2010年上海世界博览会暨汤显祖诞辰460周年、2016年纪念汤显祖逝世400周年,皆是情节完整的整编版。但历来"四梦"的流传,除了从笔记、戏单追想演出盛况,更可从新近影印出版的钞本曲谱乃至身段谱,见其演出戏路,阐释昆曲音乐的实际传唱,并涉及钞本的音乐记录。

　　从曲谱的编订而言,"四梦"亦有其独特性,目前所见的昆曲工尺谱,绝大多数是清代以降之遗存,而"四梦"早在清乾隆晚期,就已出现全剧的刊本曲谱。虽然昆曲演出,乃是全本戏与折子戏并行,但历来钞本、刊本工尺谱,仍以折子戏为主,能有南戏或传奇原作规模的全本曲谱,除了《荆钗记》《琵琶记》《浣纱记》《长生殿》等少数剧作,[①]就属《玉茗堂四梦》,先有乾隆五十四年(1989),冯起凤订谱的《吟香堂牡丹亭曲谱》刊本,继有乾隆五十七年(1792),叶堂订谱的《纳书楹四梦全谱》,并刊四部剧作,两谱皆在苏州刊行。

　　关于"四梦"曲谱之相关研究,虽然早在1992年杨振良就已涉及《牡丹亭》之曲谱,并比较诸谱套数;[②]此后,吴新雷有专文讨论《牡丹亭》之全本曲谱,强调明清订谱的旋律,仍具发展变化空间;[③]林佳仪则关注《纳书楹四梦全谱》之订谱作法,[④]毋丹则从众多收录"四梦"的曲谱,讨论由清宫向戏宫的转变。[⑤]上述研究涉及的曲谱,除毋丹运用较多钞本外,限于当时能见的资料,皆为刊本曲谱。钞本曲谱多属散见各地的孤本,取得不易,一直难以成为主要研究对象,吴新雷一向留心昆曲文献,近年曾撰文阐释所见南京曲家周蓉波(1836—1909)抄录之《霓裳新咏谱》钞本、[⑥]上海图书馆藏《紫钗记》钞本曲谱。[⑦] 而近年钞

　　* 本文为科技部人文社会科学研究中心105年"延聘访问学者暑期进修"奖助之部分成果,谨此感谢人社中心在本文写作期间提供的资源。

　　① 如张钟来家藏,昆剧手抄曲本一百册编辑委员会、中国昆曲博物馆编《昆剧手抄曲本一百册》,苏州图书馆藏、广陵书社2009年版,第1—20册。

　　② 杨振良《牡丹亭研究》,台湾学生书局1991年版。

　　③ 吴新雷《〈牡丹亭〉昆曲工尺谱全印本的探究》,《戏剧研究》创刊号(2008年1月),第109—130页。

　　④ 林佳仪《〈纳书楹曲谱〉研究——以〈四梦全谱〉订谱作法为核心》,花木兰文化出版社2012年版。

　　⑤ 毋丹《从"临川四梦"宫谱的变迁看"清宫"与"戏宫"》,收入华治武主编《汤显祖与莎士比亚文化国际学术研讨会论文集》,浙江大学出版社2015年版,第88—103页。

　　⑥ 吴新雷《关于昆曲〈霓裳新咏谱〉的两种抄本》,收入吴新雷《昆曲研究新集》,(台北)秀威信息科技股份有限公司2014年版,第433—453页。按,《霓裳新咏谱》,现藏南京图书馆。

　　⑦ 吴新雷《〈紫钗记〉的传谱型态及台本工尺谱的新发现》,收入吴新雷《昆曲研究新集》,(台北)秀威信息科技股份有限公司2014年版,第382—412页。

本曲谱影印出版之后,曾见专题研讨,如苏州补园张氏家藏《昆剧手抄曲本一百册》的收藏与出目。① 以上研究限于特定的钞本,诸多散见的"四梦"曲谱钞本,仍未受研究者注意,故本文拟考察"四梦"钞本曲谱收录内容,并补充"四梦"选出的传播。

本文所论钞本的判准,是以成谱之后的传播方式,而非书写形式。通行昆曲谱,由于板眼及工尺不易排版,除了《纳书楹曲谱》《遏云阁曲谱》等少数几种为刻印或排印,近当代常用的《增辑六也曲谱》《粟庐曲谱》等多是抄写誊清之后付印出版,此类皆属刊本曲谱。至于原为钞本,近年方才整理影印出版者,则依其原初样貌,视为钞本,如《故宫珍本丛刊》《清宫升平署档案集成》汇聚的南府、升平署等曲谱;苏州补园张氏家族抄藏的《昆剧手抄曲本一百册》,系统抄藏高达911出;学者收藏如《傅惜华藏古典戏曲曲谱身段谱丛刊》,其中有宫廷、名家、名伶藏本,又如《绥中吴氏藏抄本稿本戏曲丛刊》,吴晓铃藏品中亦有数种曲谱;②曲家遗墨则可见《红豆馆拍正词曲遗存》,为名曲家溥侗校订缮写;梨园脚本则如《北京大学图书馆藏程砚秋玉霜簃戏曲珍本丛刊》,为梨园世家金匮陈氏家族传本;其他如《清车王府藏曲本》《俗文学丛刊》《日本东京大学东洋文化研究所双红堂文库藏稀见中国钞本曲本汇刊》等,则藏有北京百本张书坊贩卖、其他私家之钞本曲谱。钞本曲谱保存不易,只有部分流传至今,上述丛刊所收,仅是今存的部分,其他散见各地者,难以穷尽,但从影印出版的丛刊中翻检,即使搜罗不全、许多钞本的时间及地域不详,仍可汇聚相当数量的曲谱,并兼顾宫廷与民间、北方与南方的钞本,当可提供与刊本曲谱未尽相同的记写内容。本文涉及的钞本曲谱,其抄录时代,主要为清代中晚期,最早者为清乾隆二十四年(1759),少数为民国初年抄录;其曲谱性质,以选出工尺谱为主,罕见点板谱,或带工尺曲牌格律谱,如成书于咸丰六年(1856)前之《南曲曲谱》,③分宫调收录剧作例曲、说明格律兼注宫谱者,颇为罕见。

虽然从传播而言,刊本曲谱往往校订精审,又拜印刷之便,得以广为传播,但孙崇涛在论戏曲写本时,强调"作者手稿本与艺人手写台本,它的原创、诚信的属性,是任何刊本所不具备的"。④ 钞本曲谱记载的,未必皆能考订详审、精心缮写,常见补注或涂改,真诚反映在传唱过程中的异文与变迁,能补充刻本经过删汰择取之后,仅存定本之不足。当然,刊本曲谱由于有明确的订谱者、刊行时间地域,仍是研究钞本曲谱的重要参照对象。

一、钞本曲谱当为清代用谱主流

在研究钞本之际,本文将先从出版频率、贩卖价格入手,提出钞本曲谱当为清代用谱主流。

(一)出版频率

晚明以来,雕版印刷术成熟,戏曲剧本、曲谱亦付剞劂,清代刊行曲谱,若不计曲牌格律谱性质的《南词定律》(1720)、《九宫大成南北词宫谱》(1746),昆曲工尺谱,常见者仅叶堂《纳书楹曲谱》系列(1784—

---

① 相关研究可见《昆剧手抄曲本一百册》研讨会专刊,《中国昆曲艺术》第5期(2012年6月),中国昆曲博物馆主办;林佳仪《张紫东家藏昆曲曲本之传抄意义与文献价值》,收入林佳仪《曲谱编订与牌套变迁》,(台北)政大出版社2016年版,第113—158页。

② 吴书荫编《绥中吴氏藏抄本稿本戏曲丛刊》,学苑出版社2004年版,第45—47册专收曲谱。

③ 清钞本《南曲曲谱》,见《傅惜华藏古典戏曲曲谱身段谱丛刊》,第55册。按,该谱取名《南曲曲谱》,可见其规范南曲格律之初衷,唯今存宫调不同,或为部分稿本,或为残本,谱中取部分《四梦》曲牌为例;谱成下限,据目录后杨澥题识。

④ 孙崇涛《戏曲文献学》(山西教育出版社2008年版),第二篇第二章"戏曲写本述要",引文见第182页。

1795）、冯起凤《吟香堂曲谱》（1789）、叶堂《纳书楹曲谱全集》（1848 文德堂重镌）；而王锡纯《遏云阁曲谱》，虽有同治九年（1870）遏云阁主人序，但未见当时刊行本传世，今见最早者为清光绪十九年（1893）着易堂的石印本，且频繁再版；①此后，刊行曲谱渐多，如《霓裳文艺全谱》（1896）、殷溎深传谱《六也曲谱初集》（1908）、《昆曲粹存》（1911）；再至二十世纪二十年代，直可视为刊行曲谱热潮，如殷溎深传谱《牡丹亭曲谱》（1921）、《昆曲大全》（1925）等，王季烈、刘富梁《集成曲谱》（1925）。从出版频率考察，刻本曲谱因制作不易，刊行间隔甚久，笔者认为清代中晚期使用之曲谱，仍必须靠钞本来补足。

（二）贩卖价格

刊本曲谱有收录丰富、校订精审、大量产制等优点，虽然物美，却未必价廉。试以民国十年（1921）上海朝记书坊石印本《牡丹亭曲谱》为例，线装四册，收 16 出，"定价大洋二元半"，当时中国境内订阅《申报》的报价，一个月是"洋一元一角"。② 据包天笑所言，上海一部十万字的小说，定价若达一元，读者已有些缩手。③ 如此，购买二元半的《牡丹亭曲谱》，是笔不小的开销，同时也可见曲谱因为唱念字体大小有别、板眼工尺抄写费事、销售量有限等原因，虽然篇幅不大，比起可连续排印的小说，更为昂贵，如果购置曲谱是为了拍曲习唱，那么一般曲友实际上难以学尽这 16 出戏，未必有购买的迫切性。④ 稍后刊行的曲谱，可能因为新式印刷术普及，或为促销，定价较低，民国十四年（1925）刊行的《绘图精选昆曲大全》共有四集，每集收戏 48 或 52 出，分为六册，以本纸印刷定价一元五角，以洋纸印刷则仅售一元。⑤ 刊行曲谱普及，应是在新式印刷术成熟，压低价格、便于购买之后。

由此再回望清代钞本曲谱的贩卖概况，如百本张书坊发售的单出戏钞本，购买得以自选所需折子戏，由于篇幅不长，价格不高，常民较能负担。百本张（或称百本堂）是清乾隆年间至民国初年，在北京西直门内大街高井胡同，祖传数代的书坊，专抄各类戏曲、说唱、俗曲等的曲本，并强调能抄"工尺字"，每月定期在护国寺、隆福寺庙会设摊贩售，据吴晓铃收藏之百本张《二簧戏目录》最末所附"昆腔"出目，共有 51 种，有单抄剧本的，如《昭君》，售价七百文；有带板眼的，如《水斗》，售价一吊八；而带工尺板眼的，售价更高，如《思凡》，要价两吊二，但若仅抄剧本，则售八佰文。⑥ 售价与抄录字数的多寡或工尺繁复，大抵成正相关，这本目录的时间不详，售价已达一吊二，当较傅惜华收藏，售价六佰文者时代更晚，可能已至清末民初。⑦ 其实带工尺谱的钞本售价，虽非昂贵，但亦难称低廉，以光绪二十六年（1900），义和团事件之后，慈

---

① 关于《遏云阁曲谱》最早之刊行，可参考李俊勇《关于〈遏云阁曲谱〉之由清宫谱到戏宫谱》，《文津流觞》第 34 期（2011 年第 2 期），第 60—70 页。另有一篇附封面书影的文章可供参考，《〈遏云阁曲谱〉版本记略》（未定稿），https：//www.douban.com/note/469034229/，2014 年 12 月 10 日发布，2016 年 9 月 12 日撷取。

② 据《申报》（上海版）第一版（1921 年 7 月 1 日），"本馆定报价目"。

③ 据裴毅然《民初文化人的收入与地位》，《世纪》2012 年第 4 期，第 48—51 页，包天笑所见见第 49 页。当时收入概况，城市体力劳动者的平均月薪不到 15 元，大学毕业生工作一年后，月薪可达 100 元。据赖德胜《教育与收入分配》，北京师范大学出版社 2001 年版，第 164 页。

④ 目前所知《牡丹亭曲谱》的购买者之一，为昆剧传字辈艺人沈传芷，其藏本除钤有印记外，还有部分补注，如《惊梦》【山桃红】"芍药栏前"之唱腔，见中国昆曲博物馆编《含英咀华昆谱集萃》第一辑，文汇出版社 2013 年版，上册，第 46 页。

⑤ 怡庵主人编《绘图精选昆曲大全》，世界书局 1925 年版，版权页定价。

⑥ 百本张《二簧戏目录》，见吴书荫编《绥中吴氏藏抄本稿本戏曲丛刊》，学苑出版社 2004 年版，第 48 册，第 329—383 页，"昆腔"见第 373—383 页。按，该书收有另一种新题为《皮簧剧目》之目录，原封面不存，抄录格式与《二簧戏目录》相同，昆腔剧目亦同，但顺序不同，售价较低，第 267—305 页，"昆腔"见第 296—305 页。

⑦ 傅惜华藏有《二簧戏目录》二种，甲本、乙本售价皆为六佰文钱，收昆腔剧目 60 多种，傅惜华推测乙本为光绪宣统年间；但上举吴晓铃所藏《二簧戏目录》，售价一吊二，若物价上涨，则此本当是晚清民初的目录。可参考傅惜华《百本张戏曲书籍考略》，收入傅惜华《傅惜华戏曲论丛》，文化艺术出版社 2007 年版，第 346—350 页，百本张启事见第 348 页。

禧太后尚未回銮,北京临时戏园的票价参照,当时元明寺多有名角登台,票价从一吊六至两吊二不等,①则买一册带工尺的钞本,几与看一场戏的价钱相当;而光绪二十九年(1903)《顺天时报》,零售价格"每张售大钱二百文"②,代抄工尺不算便宜,在钞本曲谱也未必是主流。

以下摘录百本张产品目录所列《四梦》出目及售价,可视为晚清畅销曲谱:

《紫钗记》之《折柳》(阳关)③,剧本售一吊二,带工尺板眼的售两吊八。

《牡丹亭》之《春香闹学》《判官上任》④,仅有剧本,各售一吊二。

《南柯记》之《花报》《瑶台》,皆带工尺板眼,各售一吊八。

《邯郸记》之《扫花》剧本售五佰文、《三醉》剧本售七佰文,合购带工尺板眼的售三吊,《遣番》剧本售六佰文,带工尺板眼的售二吊。⑤

除了目录所列,《扫花》《三醉》,今存带板的全串贯本。⑥ 以上,确为"四梦"常演常唱之折子戏,虽然《牡丹亭》选出甚少,又无曲谱,连《游园惊梦》也无,有些费解,或因其通行甚广,容易互相借抄,求购者有限,书坊无利可图。

钞本曲谱的用途,可概分为收藏与实用两类,以苏州补园张氏家族曲本为例,既有收藏赏玩的《昆剧手抄曲本一百册》,雇用抄工以统一格式缮写,又有唱曲实用的单出手折,由曲家俞粟庐或习曲者写就。⑦ 若以实用角度,讨论钞本曲谱的使用频率,可能习曲者自抄的手折或单册钞本,方是主流,此种作法的优点在花费甚少,又能藉由手抄增强记忆。由于这些手折是从师承派生,即使数量众多却未必各具路数,再者,昆曲名家手折虽有中国昆曲博物馆等单位收藏,但在目前出版的丛刊中,手折则颇为罕见,⑧故不以其为讨论主体。总之,清代流传之昆曲工尺谱,钞本当为主流,无论自抄或代抄,随手笔记或精心抄校,是原抄、过录或重订,单抄一种或汇抄成册,从古籍版本学而论⑨,清代为数不少的零星钞本曲谱,堪为清代钞本的特点之一。⑩

笔者此番所见钞本曲谱,就其收录分量,以汇抄成册者居多,单抄一种者,尤其是艺人台本,数量有限。不过,即使曲家汇聚之谱,其底本亦可能来自台本,或者曲谱后续使用,增补流行唱腔,故实际讨论时,不轻易从曲谱抄录的字迹,或者是否录入念白、附注锣鼓等,区分清工与戏工。

---

① 引自周明泰《道咸以来梨园系年小录》,中国老年文化研究学会中国戏曲艺术中心1985年版,第86页。

② 据《顺天时报》第一版(1903年1月12日),刊头广告。若是订报,"每月收取洋五角"。

③ 原误作《拆柳》。《紫钗记》第二十五出原题《折柳阳关》,后世演出本或分为二出,各题《折柳》《阳关》,此处因售价较高,故推测可能仍为全出,而非仅有前半《折柳》。

④ 即《冥判》,因剧中胡判官新上任,故名。今存百本张本,则题为《冥判上任》,收入中研院历史语言研究所"俗文学丛刊编辑小组"《俗文学丛刊》,新文丰出版公司2001年版,第82册,第451—476页。

⑤ 以上据吴晓铃藏《二簧戏目录》整理而得,唯目录上皆作"代板""代工尺"。

⑥ 收入《俗文学丛刊》,第71册,《扫花》见第11—20页,《三醉》见第169—190页。又《扫花》第二种,《三醉》第二、三种,虽然字迹不同,但版面、音释、异体字写法,全同百本张曲本,笔者疑其皆据同一底本抄录而成。该本《三醉》,提要注记为百本张抄本,唯无百本张印记,对照其他存印的抄录版面,皆是半页五行,每行二十字。

⑦ 详见林佳仪《张紫东家藏昆曲曲本之传抄意义与文献价值》,收入林佳仪《曲谱编订与牌套变迁》,(台北)政大出版社2016年版,第113—158页。

⑧ 清钞本《昆曲曲谱五集》,为少数收入丛刊出版的手折,每页高12公分,宽6.5公分,书写二行曲谱,每行约8字,存79种,见《傅惜华藏古典戏曲曲谱身段谱丛刊》,第59—64册;提要见《傅惜华藏古典戏曲曲谱身段谱丛刊提要》,第90—92页。

⑨ 在版本学上,亦见钞本或手写本之讨论,可参考姚伯岳《中国图书版本学》,第九章第五节《手写本及其鉴别》,即提到抄写本盛行的原因及价值。北京大学出版社2004年版,第295—306页。

⑩ 原标题为"清代抄本,有不少戏曲唱本、弹词小说方面的内容",见曹之《中国古籍版本学》,武汉大学出版社2007年版,第159页。

二、《四梦》钞本曲谱收录出目

目前所见《四梦》钞本曲谱，以散出工尺谱为大宗，甚少全剧曲谱、选曲曲谱。今所知完整钞藏《四梦》剧作之曲谱，为周瑞深《昆曲古调》，其在二十世纪八九十年代，据叶堂《纳书楹四梦全谱》原骨干谱，加点小眼，偶加豁腔、擞腔或气口符号，并据汤显祖原著补入脚色及科白，缮写而成。① 虽然该谱未能提供异于刊本曲谱之曲腔，但其点定小眼之作法，可为译解古谱之重要参考，下文将再阐释。其余钞本曲谱，或是单收一梦，或者收录散出，以下逐剧说明，并呈现选收趋势，或独具之现象。

（一）《紫钗记》

1. 选剧

全本《紫钗记》曲谱，所知仅有上海图书馆藏《紫钗记》一种，吴新雷发现后，认为可题名《紫钗记台本工尺谱》，为清光绪间钞本，折目、曲牌联套，大抵依叶堂《纳书楹曲谱》抄录，但加点小眼，除根据汤显祖原作抄入宾白及上、下场诗，另添加部分念白及科介，以适应舞台演出。《紫钗记》原剧52出，该钞本曲谱存43出，可能为残本。②

2. 选出

《紫钗记》选出曲谱，仅见《折柳》《阳关》，出自原著第二十五折《柳阳关》，歌场将一出拆分为二。钞本曲谱通常兼收《折柳》《阳关》两出，唯题名时，偶有单称《折柳》或称《阳关》者。虽然王季烈等刊行《集成曲谱》，③曾将《紫钗记》删节改订为16出，自成首尾，④但从钞本曲谱，及其他刊行曲谱所收，缠绵哀婉的《折柳》【寄生草】诸曲、《阳关》【解三酲】诸曲，方是《紫钗记》回荡的声响。

（二）《牡丹亭》

1. 选剧

全本《牡丹亭》曲谱，所知仅有中研院历史语言研究所藏《双忽雷阁汇订还魂记曲谱》，卷端题：还魂记一本、双忽雷阁汇订全本曲谱第十一种。⑤ 该谱由枕雷道士（刘世珩）鉴定、吴梅正律、刘富梁正谱评注；1921年刘富梁二校完毕，抄写在赐书台红格纸上。⑥ 该谱收录全剧55出，附《堆花》《玩真》，此为稿

---

① 周瑞深《昆曲古调》，北京出版社2008年版，除收录"四梦"曲谱，又有《冬青树曲谱》《桃花扇曲谱》《夷畦集》。抄录年代据《邯郸记曲谱》卷首《自传》，第11页，且周瑞深在"四梦"诸谱末尾，皆注记全卷抄录完成的时间。周瑞深每部曲谱注记润腔的程度不一，较丰富者可参阅《牡丹亭·硬拷》【风入松慢】【唐多令】【新水令】，第107—109页。关于周瑞深钞本曲谱，还可参考苏州戏曲研究室《周瑞深和他的手抄曲谱》，《中国昆曲艺术》总第9期（2014年6月），第24—29页。

② 详见吴新雷《〈紫钗记〉的传谱型态及台本工尺谱的新发现》，收入吴新雷《昆曲研究新集》，（台北）秀威信息科技股份有限公司2014年版，第397—412页。

③ 王季烈、刘富梁《集成曲谱》，商务印书馆1925年版，集卷。

④ 详见吴新雷《〈紫钗记〉的传谱型态及台本工尺谱的新发现》，收入吴新雷《昆曲研究新集》，（台北）秀威信息科技股份有限公司2014年版，第391—397页。

⑤ 刘世珩鉴定、吴梅正律、刘富梁正谱评注《双忽雷阁汇订还魂记曲谱》，1921年钞本，（台北）中研院历史语言研究所藏。按，《傅惜华藏古典戏曲曲谱身段谱丛刊》第81—83册，收入《双忽雷阁曲谱六种稿本》，亦由刘世珩汇订、吴梅正律、刘富梁订谱，但抄写在交通部抄件纸，与此不同，该六种未收《还魂记》，于《四梦》仅收《南柯记》，详下文。

⑥ 该红格纸，每行18字，正与《纳书楹四梦全谱》相同，可能便于彼此对照。

本,有眉批、朱墨笔及另纸贴附之校记等提示文字。订谱过程参考钮少雅《格正还魂记词调》、冯起凤《吟香堂牡丹亭曲谱》、叶堂《纳书楹牡丹亭全谱》等诸家订谱之意见,字斟句酌,眉批处说明曲牌格律、订谱作法,所附工尺谱,已加点小眼,各出最末,附上"锣鼓节次"。该谱着重格律及唱腔之考订,但兼备脚色登场、关键身段搭配之锣鼓。

2.选出

今见《牡丹亭》选出有二种情形,一种是本戏规模,虽非全本《牡丹亭》,但收录10余出,涵盖全剧重要关目,并以《圆驾》收煞;一种则是散出,至多收录六出折子戏曲谱。按《牡丹亭》原著出目顺序,汇整如下表,清钞《牡丹亭还魂记采珍》、《一琴一研之堂曲谱》、《昆剧手抄曲本一百册》、《谦受益斋曲谱》①为本戏规模,各自分列,"其他"栏则汇聚散出工尺谱,统计数量则注于出目之后。②

表1 《牡丹亭》钞本曲谱收录出目一览表

出　目	采珍	琴研	百册	谦斋	其他	出　目	采珍	琴研	百册	谦斋	其他
言怀 1	*					旅寄	*				
学堂 15	*	*	*	*	*	冥判 17	*	*	*	*	*
劝农 12		*	*	*	*	拾画 11	*	*	*	*	*
肃苑 2					*	叫画 7	*	*	*	*	*
游园 24	*	*	*	*	*	忆女 1	*	*			
惊梦 21	*	*	*	*	*	魂游 3	*	*	*		
堆花 3		*			*	前媾 4	*	*	*		*
寻梦 5	*	*	*	*		后媾 2	*	*			
写真 5	*	*			*	欢挠 2	*	*			
诊祟 1	*	*				冥誓	*				
离魂 4	*	*	*	*		如杭 2	*	*			
						问路 4	*	*	*	*	*
						吊打 6	*	*	*	*	*
						圆驾 4	*	*	*	*	*

四种本戏规模曲谱的收录出目,最能照顾杜丽娘慕色而亡,历尽冥间与阳间,最终金殿赐婚之剧情发展,并试图平衡生旦情节线者,当推《采珍》,其舍弃杜宝下乡,催促农事的热闹《劝农》,但增入柳梦梅的《言怀》《旅寄》等罕见选出,虽然这部曲谱尚未完成,表上小型"＊"记号者,仅抄录曲文,未注工尺。四种曲谱选出,虽然未必是完整的演出本,但可见几个共同点:一是兼顾杜丽娘《离魂》之后的情节发展,以《冥判》的判官发给游魂路引开启,虽有《幽媾》(前媾、后媾)的人鬼恋情,但并无《回生》,而将近收煞之

---

① 《牡丹亭还魂记采珍》,收入《傅惜华藏古典戏曲曲谱身段谱丛刊》,第8册,第191—392页。《一琴一研之堂曲谱》,卷二,(台北)"国家"图书馆藏。《昆剧手抄曲本一百册》,第21—22册。《谦受益斋曲谱》,寅集,收入《傅惜华藏古典戏曲曲谱身段谱丛刊》,第45册,第163—420页。

② 虽然今见钞本曲谱,亦见点板而不带工尺者,或仅选出而未录全出者,但为使统计的基准点相同,仅计带工尺谱的全出曲谱;且暂不计入《霓裳新咏谱》,因其收录《牡丹亭》多达10余出,包括首出《言怀》,收煞《圆驾》,但收录颇为零散,既不像本戏规模,又不似一般选出。

处，是从郭驼寻找柳梦梅的《问路》开始，继而《吊打》的柳梦梅、杜宝相遇，《圆驾》则奉命父子夫妻相认，一出出推向大团圆的人间情。二是生、旦主戏之外，各行脚色皆未偏废，闺门旦杜丽娘、贴旦春香、巾生柳梦梅、外杜宝、净行胡判官及郭驼、丑行癞头元皆能表现，亦有群戏《劝农》《冥判》调剂场面。

再从散出曲谱来看，杜丽娘的主戏并未占多数，《寻梦》《写真》《离魂》皆属罕见，还不如柳梦梅的《拾画》《叫画》通行。《游园惊梦》确是众所瞩目，此处说明花神部分，陆萼庭提及《惊梦》演出有带不带《堆花》之别，[1]笔者从清代钞本曲谱所见，《堆花》与《惊梦》是分离的，有其题名惯例，若题《惊梦》，花神只唱原著【鲍老催】，至多加上【双声子】，若题《堆花》，则是独立段落，花神唱【出队子】等五或六只同场曲，一片花团锦簇；可能清末民初，诸谱才将《堆花》合入《惊梦》，上举《百册》，虽然合入，但仍单题《堆花》，但民国年间刊行诸谱，如殷溎深传《牡丹亭曲谱》等，堆花多已是《惊梦》的一部分了，不再单独题名。

《冥判》之受欢迎，恐怕出乎意料，且其删节不唱的曲子，还有曲谱特意补齐，程砚秋藏曲，有一种是单补【后庭花】报花名，兼带身段谱；又有专补工尺谱，把【混江龙】略去不唱的几段，【后庭花】【寄生草】之【么篇】、【尾】节掉的数句，如数补回，唯后二段宫谱尚未完成。[2]

而《劝农》则几乎游离在剧情之外，按原著顺序，先有《学堂》杜丽娘读了毛诗、听闻有大花园，方有同时异地发生的《劝农》及《惊梦》，杜丽娘趁父亲下乡劝农之际游赏花园。但在钞本曲谱中，不仅选出曲谱往往将《劝农》置于《学堂》之前，上述本戏规模曲谱收录《劝农》者，亦是如此，这出戏在清代重农风气下，似乎着重演绎风俗及礼仪，不仅民间经常演出，[3]在宫廷更属祭祀先农坛的仪典剧目，且特称《杜宝劝农》，[4]具有独立于《牡丹亭》之外的生命力。

（三）《南柯记》

1. 选剧

有刘世珩双忽雷阁两种稿本：第一种题为《纳书楹南柯记曲谱》，[5]藏于中研院历史语言研究所。卷上及卷下空白处题"甲子（1924）三月二十六日凤叔校"，则该谱乃据《纳书楹南柯记全谱》精抄，区分正衬字、增点小眼、将叶堂部分未订谱之曲子，如《提世》等补入工尺，由刘富梁校订而成，眉批处有说明文字，末附锣鼓节次，与上举《双忽雷阁汇订还魂记曲谱》用纸相同，此种虽已完成，但可能主要根据叶谱，故仍题"纳书楹"之名，但较叶谱更注重考订格律，并有勘误，双忽雷阁诸谱，可为研究民初曲家吴梅、刘富梁订谱之重要文献。[6] 第二种题为《玉茗堂南柯记曲谱》，[7]为《双忽雷阁曲谱六种稿本》之一，藏于中国艺术研究院。卷端原题"长洲吴梅瞿安正律、桐乡刘富梁凤叔勘校"，但上方注记"□照前一律"，当指题识与他谱统一，唯谱中除《提世》外，各出仅录锣鼓节次，抄于交通部抄件纸上，笔者推测，此本的时间早于

---

① 陆萼庭《游园惊梦集说》，陆萼庭《清代戏曲与昆剧》，（台北）"国家"出版社2005年版，第197页。
② 见《北京大学图书馆藏程砚秋玉霜簃戏曲珍本丛刊》，第13册，前者为《牡丹亭》第七种，第103—114页；后者为《牡丹亭》第四种，第49—61页。
③ 虽然其他戏曲作品亦有"劝农"情节，但《牡丹亭·劝农》则因其幽默，颇受欢迎。可见田晓菲"'田'与'园'之间的张力——关于〈牡丹亭·劝农〉"，收入华玮主编《汤显祖与牡丹亭》，中研院文哲研究所2005年版，第313—342页。
④ 详见曹官力《〈牡丹亭·劝农〉在清代的宫廷演出》，收入华志武主编《汤显祖与莎士比亚文化国际学术研讨会论文集》，浙江大学出版社，第187—206页。
⑤ 刘世珩鉴定、刘富梁校订《纳书楹南柯记曲谱》，1924年钞本，（台北）中研院历史语言研究所藏。
⑥ 如第三十八出《生恣》，叶堂按汤显祖原题曲排，谱【鹅鸭满渡船】，刘富梁则"勘少三句，而第三、第四两句亦欠妥协，兹仍原题作集曲，并更正工板"。改题【鸭香三枝船】，第119页。
⑦ 《玉茗堂南柯记曲谱》，见《傅惜华藏古典戏曲曲谱身段谱丛刊》，第81册，第384页。

第一种,由于锣鼓节次无谱可据,故先行汇录整理。

2．选出

虽然1925年刊行之《集成曲谱》,就《南柯记》订谱10出,自成首尾,包括《情著》《就征》《尚主》《之郡》《花报》《瑶台》《召还》《芳陨》《寻悟》《情尽》,但乃是订谱而成,并非流行实况;《南柯记》钞本曲谱,仅见瑶芳公主落难的相关情节——《花报》《瑶台》,现存钞本曲谱,虽有单收《花报》或《瑶台》者,但以并收《花报》《瑶台》居多,且有一种钞本,在《花报》《瑶台》之间,夹入罕见之《闺警》。①

《花报》在原著题为《启寇》,偏向檀萝四太子动念围攻瑶台,但钞本曲谱及演出剧目多题《花报》,着重花郎向太子传递消息,实际上,本出由花郎唱三只北曲,戏份较重,故在带白的曲谱中,可见台本对花郎上场的增润,作法有二:其一是加入上场诗,且有两种版本,可择一选用:②

> 身轻杨柳絮,来往疾如风。

> 卖花人渡小银河,端为檀郎结丝萝。只要有心勾弄玉,彩鸾飞不[步]到南柯。

前者强调花郎来往迅疾;后者则与花郎巧借卖花,暗结檀萝太子与瑶芳公主情缘有关。

其二则是让花郎有独立的一场,在原著及大部分的本子,皆是檀萝四太子先上场念【梨花儿】、自报家门,并说已派花郎打听瑶芳公主消息,早晚到来,接着才是花郎报入;但有一种则是由花郎开场,念上场诗"卖花人渡小银河"四句、自报家门,再接【脱布衫】"小番儿早离了檀萝,无明夜打听南柯。做探子的精细无过,横直着货郎儿那些货。"一段唱,一声"报"方才引出太子上场,照样有【梨花儿】、上场诗"身轻杨柳絮"二句、自报家门等,接着,花郎再度念诗上场,太子问起:"可曾到瑶台去么?"花郎接唱【小梁州】,以下则同他本。由于花郎两次皆念诗上场,故上引两种上场诗皆需用上。这种演法,虽然花郎上场两次,或不如原著一场到底来得简洁,但若将《花报》发展为折子戏,主唱的花郎,有一场能独立唱念表演,且是先声夺人,当能在唱【脱布衫】时,以大圆场表现探子来回穿梭的能耐、达成任务的欣喜等,丰富表演内涵。类似的人物登场安排,在当代昆曲演出,也有例可循,虽与"四梦"无关,但也是一出由探子主演的折子戏——《连环记·问探》,探子主唱【醉花阴】全套曲子,首曲表达暗夜悄行,唱完后,主帅吕布方才上场,待探子二度上场,方开始问答军情。③

(四)《邯郸记》

1．选剧

有《邯郸记二卷二十九折》,④此谱堪称全谱,《邯郸记》原著30出,此未谱第一出《标引》及第二十五出《杂庆》,第十六出《大捷》(败虏)仅谱后半出,另有部分曲牌未录入,或仅抄曲文未安工尺;此谱的重要性还

---

① 清钞本《花报瑶台曲谱》,见《傅惜华藏古典戏曲曲谱身段谱丛刊》,第9册,第459—480页,未题出目,《闺警》在第465—470页。

② 此处引自清钞本《花报瑶台曲谱》,因其将二种皆抄入,见《傅惜华藏古典戏曲曲谱身段谱丛刊》,第9册,第459—480页,前者在第461页,后者补在《瑶台》结束后空白处,第480页。

③ 张铭荣等演出《连环记·问探》录像,《昆剧选辑》,(台北)"行政院"文化建设委员会1993年版,第4集。按,《连环记·问探》原著,原由董卓、吕布先上场,演出本删去头场,而在吕布上场新增上场诗,详见王济《连环记》,收入古本戏曲丛刊编刊委员会辑《古本戏曲丛刊》初集,商务印书馆1954年版,第54种,卷下,第1页。

④ 原谱卷端仅题《邯郸记》,以《行田》为第一折;《邯郸记二卷二十九折》为《傅惜华藏古典戏曲曲谱身段谱丛刊》出版时所订,收入第9册,第1—168页。

在时代甚早,据卷首唐传奇小说《枕中记》落款:"乾隆己卯岁桂月季秋 邋斋廷镠漫书",则该谱当为乾隆二十四年(1759)前后钞本,时代较《纳书楹四梦全谱》更早,且戴云根据年代及订谱专长,推测此"廷镠",可能即为参订乾隆十一年(1746)《九宫大成南北词宫谱》、乾隆十四年(1749)《太古传宗》曲谱的朱廷镠,故该谱深具文献价值。① 更重要的是,这是一部付诸实用,而非束之高阁的曲谱,虽然订谱者、补注者的身分与时代不详,但诸多贴近舞台之补充,如第十五出《大捷》,补注通名《败虏》,原谱未录引子,遂于眉批处增入(第81页);又如第十四出《西谍》,"木叶河湾"以下数句(第80页),通行版改易曲文,使用者则将该段补抄于卷上末尾(第89页);如此一来,这部《邯郸记》曲谱,老腔与新腔兼备,能够踪迹部分演出。

2. 选出

从《邯郸记》曲谱,亦可见最受欢迎之折子为《扫花》《三醉》《番儿》《云阳》《法场》《仙圆》诸出,尤其是《番儿》,其中《仙圆》在故宫演出,列为开团场类剧目。②

选出曲谱亦有涵盖卢生发迹变泰,终于位列仙班的情节线者,如《昆剧手抄曲本一百册》第23—24册所收,苏州流传或得见之出目有17出:《游田》《扫花》《三醉》《赠枕》《嫉试》《催试》《阅卷》《起兵》《功宴》《归结》《开河》《破敌》《报巡》《番儿》《云阳》《法场》《仙圆》;钞本曲谱中,还可见伶人工尺谱本,特将武戏情节拉出,如:程砚秋藏金匮陈氏总本,《东巡》《大捷》《勒功》,有身段谱、锣鼓注记;傅惜华藏清钞本有《大捷》《勒功》,则有详细锣鼓、场面调度注记,如此一来可将原著征西情节《东巡》《西谍》(番儿)《大捷》《勒功》贯串。至于旦行情节线,一向未受重视,仅见南京曲家周蓉波《霓裳新咏谱》别本,特别将《闺喜》《寻夫》《织恨》3出订谱。③

虽然,钞本曲谱可以是非常个性化的曲集,但就收录《四梦》而言,除了少数如《一琴一研之堂曲谱》特录《牡丹亭·诊祟》、《霓裳新咏谱》选入《邯郸记》旦脚情节线散出,其他曲谱若非求全求备,就是从流行出目摘选私心宝爱者,罕有另行订谱者;若再将"四梦"钞本曲谱收录的散出出目与刊本曲谱相较,整体而言,迭合度颇高,虽然不同的研究,因为涵盖的曲谱不同,每出戏被收录数量的多寡次序不同,笔者所见《牡丹亭》相关曲谱,《冥判》数量仅次于《游园惊梦》,但在毋丹的统计中,《拾画》《劝农》则略多于《游园惊梦》,毋丹虽已提出"四梦中单折宫谱之多寡与单折演出之多寡相一致",④则就"四梦"而言,常演出目、钞本及刊本曲谱主要收录出目,几无二致;是以清代前中期,因少有曲谱可为依据,订谱出版蔚为一时风气,清代中晚期,抄藏曲谱,则颇受登场剧目左右。

三、《四梦》钞本曲谱的音乐记录

(一) 对刊行曲谱的承继与增润

清代中期以降的曲家、伶人,面对乾隆五十七年(1792)叶堂刊行之《纳书楹四梦全谱》,或者据以抄

---

① 戴云《碧蕖馆旧藏汤显祖剧作及后世演出本考述》,"汤显祖莎士比亚文化交流网"(www.1616theater.com)2012年5月31日发布,2016年8月10日撷取。

② 关于《邯郸记》演出之研究,可参考陈晓明、刘水云《〈邯郸记〉演剧史研究》,收入华治武主编《汤显祖与莎士比亚文化国际学术研讨会论文集》,浙江大学出版社2015年版,第55—67页。

③ 据吴新雷《关于昆曲〈霓裳新咏谱〉的两种抄本》,吴新雷《昆曲研究新集》,第441页。

④ 毋丹《从"临川四梦"宫谱的变迁看"清宫"与"戏宫"》,收入华治武主编《汤显祖与莎士比亚文化国际学术研讨会论文集》,浙江大学出版社2015年版,第88—103页,引文见第89页,统计数量见第91页。

录，或者重校重订，或者增点小眼，前代刊行的曲谱内容，仍有部分在后起钞本曲谱流动着，并未静止。

据以抄录：部分抄本，特别强调"叶派"，如《昆曲散出十二折》之《游园》《三醉》；①而《番儿》有曹达江署"同治捌年柒月初五日"本，②封面题识与内文字迹迥然不同，但该本相较于众多《番儿》曲谱，是最接近《纳书楹邯郸记全谱·西谍》者，除了曲腔外，与他本有二处明显差异，一是按叶谱分为四段，不题牌名，二是"木叶河湾"以下数句的文字，同叶谱，而非改为四字句者。③

重校重订：如许鸿盘《六观楼曲谱》，谱前小引提及《纳书楹曲谱》"刊正纰谬，实有廓清之功，而惜其犹有未尽"。故取"四梦"等剧目之部分散出，一字一腔，重新斟酌。④ 又如《双忽雷阁汇订曲谱》之《还魂记》《南柯记》，也是勘定叶谱、补入小眼而成。

点订小眼：由于叶谱不欲束缚歌者，⑤故订谱仅点板及中眼，省略小眼，⑥后代遵叶谱者，为便于歌唱，则自行增入小眼，如无锡天韵社、⑦周瑞深《昆曲古调》等，然这两种曲谱，安排的节奏，不尽相同；吴新雷已然提出周瑞深点定之小眼，与周雪华之《纳书楹四梦全谱》译谱⑧，各有千秋。⑨ 以下举《邯郸记·合仙》【清江引】首曲之二句为例，比较《天韵社曲谱》、⑩周瑞深之小眼，⑪并附周雪华译谱，⑫以见同异：

谱1 《邯郸记·合仙》【清江引】诸谱点订小眼（节录）

---

① 清紫记藏钞本《昆曲散出十二折》，见《傅惜华藏古典戏曲曲谱身段谱丛刊》，第57册，《游园》见第405—417页；《三醉》见第418—422页，仅收【粉蝶儿】【醉春风】二曲，通常归入《扫花》。

② 《番儿》曹达江本，收入《昆曲曲谱》第九种，见《傅惜华藏古典戏曲曲谱身段谱丛刊》，第28册，第167—178页。按，关于曹达江抄藏曲谱事，可参见戴云《碧蕖馆藏昆剧曲谱身段源流考》，收入《傅惜华藏古典戏曲曲谱身段谱丛刊提要》，第16—18页。

③ 关于此谱代表的年代，笔者意见与戴云相左，此谱虽题同治年间，但照录叶谱，应是收藏本，而非演出本，不宜作为同治年间《番儿》演出之依据。详戴云《碧蕖馆旧藏汤显祖剧作及后世演出本考述》，"汤显祖莎士比亚文化交流网"（www.1616theater.com）2012年5月31日发布，2016年8月10日撷取。

④ 许鸿盘《六观楼曲谱》，清钞本，见《傅惜华藏古典戏曲曲谱身段谱丛刊》，第25册。按，该谱原有六卷，存第一卷，《四梦》在第二、三卷，已佚，故无法讨论其勘定作法。

⑤ 见叶堂《纳书楹曲谱·凡例》，收入《善本戏曲丛刊》，第六辑，第11页。

⑥ "小眼"指一板三眼曲的头眼及末眼，即4/4拍拍子的第二、第四拍。

⑦ 天韵社，旧称无锡曲局，可上溯至十八世纪初，民国初年（约二十世纪二十年代）始定名"天韵社"，为专攻清唱之曲社。传世《天韵社曲谱》，共收120出，卷首有吴曾祺（畹卿，1847—1926）《读曲例言》，收入《傅惜华藏古典戏曲曲谱身段谱丛刊》者，为杨清如校录之油印本。关于天韵社，详见杨荫浏《中国音乐史纲》，万叶书店1952年版，《传久说远的昆曲社》，第235—238页。

⑧ 周雪华译谱《昆曲汤显祖"临川四梦"全集——纳书楹曲谱版》，上海教育出版社2008年版，译为简谱，并按原著加上脚色、科白。

⑨ 吴新雷《〈紫钗记〉的传谱型态及台本工尺谱的新发现》，收入吴新雷《昆曲研究新集》，第411页。

⑩ 《天韵社曲谱·仙圆》，见《傅惜华藏古典戏曲曲谱身段谱丛刊》，第79册，第101页。

⑪ 周瑞深《昆曲古调·牡丹亭》，第105页。

⑫ 周雪华译谱《昆曲汤显祖"临川四梦"全集——纳书楹曲谱版》之《邯郸记》，第175页。按，原译为简谱，为与他谱一致，以利比较，译为五线谱，并省略连音线。译谱润腔丰富，但此处不予讨论。

上例两句皆为六字折腰句(上三下三),三字句的首字出口,皆在板或中眼的位置,虽为一板三眼曲(4/4),因叶堂订谱,仅点定板及中眼,即第一、三拍,故"虽"字出口、"国"字出口等处,诸谱皆同;但点订小眼,并非仅将所有音符等分时值,故各谱处理有别。以上半句为例,节奏可以是"一二 三"或"二 二三",第二字若为一拍,则紧接第一字后出口,两字的时值不同,字长较有变化;至后半句,拍数较多,或者首二字各占一拍,或者首字仅半拍,第二字接着出口,字的时值,与音符时值,彼此互相腾挪,如天谱的"寻常",小眼点在"常"字,两字各占一拍,但"寻"字仅有一个主要音符,"常"字有三个主要音符,时值长短不等,故两字虽然皆占一拍,音符长短则较具变化;而周谱,虽然"常"字紧接在"寻"字后出口,但由四个音符平分两拍,字长不同,音长却具一致性。以上变化的成因,就在小眼点定的位置,平稳或跌宕,一曲之中,可藉由不同的小眼安排,交错运用,译谱是三谱中较活泼者,关键并非其频繁润饰唱腔,而在,藉由安排小眼,使四个三字句的字位,互不重复。

(二)升平署改易本

一出折子戏的流播,经常在定型与更易之间递嬗。昆剧表演虽有"乾嘉传统",但清代中后期,钞本曲谱记载的特殊现象,可能是新的传衍,与民间传本相较,有明确的场域坐标的升平署本,有其独到处理,略举一二见之。

1.任唱脚色

此处举《花报》《番儿》,谈升平署折子戏的脚色配置,与民间演出本不同。《花报》,升平署由净扮檀萝四太子,小生扮花郎。① 其他钞本曲谱,虽偶见由净扮太子,②但多按原著,由丑扮太子,贴(或旦)扮花郎。《花报》的檀萝四太子,原著称"贼太子",用丑扮演,虽可表现贼头贼脑、一肚子主意的形象,却不免贬抑太子的身分,毕竟,丑更常扮演市井滑稽人物。若改用净行,不仅整体装扮较具气势,净脚独特的媚态,也可外化人物内心的痴情,在表演上颇有可观。此种演法亦见延续,至今江苏省昆剧院演出《南柯梦》,亦由净脚扮太子。而花郎,传统皆由贴扮演,若以更细致的家门则称"作旦",主要饰演年幼男子,升平署改以小生饰演,人物形象当从机伶转向懂事,表演也更为阳刚。

《番儿》,升平署由丑扮打番儿汉;③原著安排由旦饰演,大多数传谱也是由旦或贴扮演,仅见一种由小生扮演。④ 其实番儿能通番语,前去布下计谋,若同花郎路子,改由小生登场,亦无不可;但升平署本改为丑脚,可能着重其手脚敏捷,总之,故宫将二出作旦戏改派其他脚色,丑扮番儿唱整套曲子,在丑脚担纲的出目中颇为罕见。

2.《劝农》曲乐

据曹官力的研究,⑤已可见升平署《杜宝劝农》演出,在原著【孝顺歌】"乘谷雨采新茶"前,增入采茶女的【采茶歌】,⑥"出门结伴去采茶,采得茶来贺茶芽"等共12句的一大段唱腔。这一段唱腔本属新增,

---

① 升平署《花报》,见《故宫珍本丛刊》,第665册,第361—366页。
② 如《南柯梦·花报瑶台曲谱》,清道光二十三年(1843)年金菊亭钞本见《傅惜华藏古典戏曲曲谱身段谱丛刊》,第8册,第431页。
③ 升平署《打番》总本曲谱,末署"光绪四年(1878)十一月廿四日谱板全",见《故宫珍本丛刊》,第667册,第149—153页。
④ 清钞本《昆曲曲谱·番儿》,见《傅惜华藏古典戏曲曲谱身段谱丛刊》,第43册,第279—295页。
⑤ 详见曹官力《〈牡丹亭·劝农〉在清代的宫廷演出》,收入华志武主编《汤显祖与莎士比亚文化国际学术研讨会论文集》,浙江大学出版社,第187—206页。
⑥ 【采茶歌】之名,是笔者据该谱所署【农夫歌】之命意补入,原谱此处题【又一体】,因在【采茶歌】后,接原著【孝顺歌】。

姑且不论其文字风格、唱腔与他曲不同,此处拟阐释的是紧接其后的【孝顺歌】,虽用原词,但升平署点板安排乃至唱腔,与通行唱法大异其趣,举前半曲点板说明:

谱2 《牡丹亭·劝农》【孝顺歌】诸谱板位(节录)

《芟臣氏雅集》(以一板三眼记谱):①

乘 谷 │ 雨－采 新 │ 茶 － － － │ － － 旗 － │ 半 铪.金 缕 │ 芽 － － 芽

俺 │ 学 士. 雪 炊 │ 他 － － 他 便 │ 书 生. 困 想 │ 他 － － －

升平署(以迭板记谱):②

│ 乘 谷 │ 雨 采 新 │ 茶 │ 一 旗 │ 搬 下 │ 金 绿 │ 呀

│ 呀 │ 呀 │ 呀 学 │ 学 士 │ 士 │ 士 │ 士 │ 雪 炊 │ 他 │ 他 │ 书 生 │ 因 想 │ 他 －

南曲曲牌有其点板规则,《芟臣氏雅集》的点板,与其他钞本或通行曲谱相仿,仅在韵脚"茶""芽""他"等字拖腔。而升平署板,不仅将原一板三眼曲,改以迭板记谱,且其点板,并非紧缩上例时值,前二句犹如数板,以一板二字为原则,近似一字一腔的简单旋律,但在"呀学士"处,则处理得类似叫头,时值特别长,其后又恢复鲜明的节奏。接下来的"他竹烟行瓦……把俺采茶人俊煞"等4句,虽然升平署本不再是连续迭板,已加上中眼,但至末句的"人俊"二字,又拖长腔,"人"有5板,"俊"有2板,最后"煞"字在板上收结;但末句在《芟臣氏雅集》等谱中,仅占2板。升平署此曲,不仅与前后【孝顺歌】不同,也非昆曲的曲腔、点板,而比较接近歌谣性质,且在原本平顺的旋律进行过程,要些花腔,或许借此增添《劝农》的乡野情味。

由于"四梦"钞本曲谱的谱式呈现、曲腔变化纷繁,限于篇幅,本文谨能举点订小眼之例,见后代订谱者对前代刊行曲谱之承继、遵润,以见一字之节奏安排,虽是细节,仍能呈现或稳重或跌宕,不尽相同的音乐风格。再举升平署《劝农》为例,以见【采茶歌】之后接唱的【孝顺歌】,并非昆曲曲腔,也非常见的【山歌】,而是将犹如数板的鲜明节奏,与多达数板的拖腔,交织于一曲之中,声响别致。

结 语

本文从清中期至二十世纪二十年代,刊本曲谱的出版频率入手,并分析刊本曲谱的售价、代抄曲谱的费用,提出钞本曲谱当为清代用谱主流。历来研究曲谱,往往着重刊本,使用更频繁却状况纷繁的钞本,因资料取得不易,尚难进入研究视野。近年多种戏曲丛刊出版,《傅惜华藏古典戏曲曲谱身段谱丛刊》尤多钞本曲谱,故本研究尝试将重心放在能有刊本曲谱、舞台演出可供对照,为数颇众的"四梦"钞本曲谱,

---

① 李怀邦编《芟臣氏雅集》之《劝农》,见《日本东京大学东洋文化研究所双红堂文库藏稀见中国钞本曲本汇刊》,第4册,第490—491页。

② 升平署《杜宝劝农》总本,见《故宫珍本丛刊》,第665册,第83—89页。按,因该谱有些工尺不易辨识,为醒目,仅呈现点板情形;曲文照录,不作校订。

钞本虽未必是定稿,但点滴汇聚之后,因其铺排诸多变迁轨迹、历经不同时地之书写,当能映照较为接近真实之流传面貌。以下提出三点讨论,作为本文的收束:

1.《四梦》钞本曲谱选出,与刊本及演出趋势相近

虽然《折柳阳关》《游园惊梦》《花报瑶台》《扫花三醉》,无论在钞本、刊本或演出,皆是"四梦"各剧最受欢迎的折子戏;钞本曲谱所收散出,因与熟知的舞台演出,迭合度甚高,像《六观楼曲谱》,于《紫钗记》,意欲收入《坠钗》至《钗圆》共 9 出①,颇见个性者,相当罕见,或许晚明创作的"四梦",至清代中晚期,已200 余年,历经时间、曲坛与舞台的筛选,稳定度甚高,且不仅选剧,选曲亦与舞台演出相仿,如《折柳阳关》【寄生草】、【解三酲】,原作各有 6 曲,但钞本曲谱则是各 4 曲。

2. 钞本曲谱呈现的特殊变迁

虽然考察钞本曲谱收录的出目,往往注重数量多寡,多见抄录者,确实流通较广;但若考察钞本曲谱呈现的各种变迁,即是希望能够寻得异于刊本的真诚记录,故特殊处理即使为例证极少,如《花报》花郎上场的独立场次、升平署《劝农》新增的曲子及改动的曲腔、民间曲本几将《劝农》独立与《牡丹亭》外、不忍割爱《冥判》报花名、《邯郸记》的武戏情节线、升平署特殊的脚色配置等,亦弥足珍贵。相较于刊本的定式,不同钞本曲谱将能呈现不同时期、不同伶人曲家的思考与尝试。

3. 钞本曲谱的模糊时空

钞本曲谱不比刊本曲谱,往往有序跋等题识,得以确知订谱者的旨趣、相关的时空背景等。而即使有明确的抄录时间及抄录者,也未必能据以判别,如曹达江《番儿》,虽是同治年间伶人钞本,记录的却是乾隆年间叶堂订谱;又如《邯郸记二卷二十九折》,卷首虽题乾隆二十四年,但经未知使用者增补注记,一种钞本遂具双重时间。再者,钞本曲谱隐含着流动性,貌似文人汇编的钞本曲谱,其底本来源不一,除了自行订谱,亦可能抄录流行台本,即使伶人钞本,亦可能源自文人收藏的罕见曲本,除非内容有其他注记,或经由比较来接近真实。

以上对"四梦"钞本曲谱收录内容及音乐记录的初步考察,不仅反应《四梦》传播过程中,浮动与稳定兼具的部分现象,关注的向度与思考,或可作为日后考察钞本曲谱之参考。

---

① 由于《六观楼曲谱》为残本,虽有总目,但卷二、卷三"玉茗好辞"不存,不知是否已完成,故上文讨论选出,并未纳入,此处行文,则称其"意欲收入"。

清代昆曲工尺谱中的《牡丹亭》

鲍开恺

明代剧作家汤显祖的《牡丹亭》传奇,自问世以来便与昆山腔结缘,成为昆曲舞台上久演不衰的剧作。根据实际演出的需要,《牡丹亭》的改本层出不穷。其中,昆曲工尺谱作为记录昆曲唱腔音乐、曲文念白的重要载体,具有重要的文献价值与实用价值。

一、《牡丹亭》在清代昆曲工尺谱中的收录情况

在当代昆曲演出史上,《牡丹亭》无疑已经成为昆曲艺术的代表剧目。然而,在浩如烟海的古典戏曲剧目中,《牡丹亭》究竟居于何位?

笔者曾选择清代不同时期、不同类型的工尺谱,将曲谱中《牡丹亭》的选录情况统计之后发现:作为一部颇负盛名的传世经典,《牡丹亭》在昆曲工尺谱中的入选折数无法与《琵琶记》《长生殿》抗衡。它几乎从未出现在榜首,通常位居第三名之后。例如,《遏云阁曲谱》的选录折数排名前四位的分别是:《琵琶记》24 出、《长生殿》14 出、《绣襦记》13 出、《牡丹亭》9 出;《集成曲谱》的前四位是:《琵琶记》36 出、《荆钗记》28 出、《长生殿》25 出、《牡丹亭》20 出;《与众曲谱》的前三位则是:《琵琶记》12 出、《长生殿》9 出、《牡丹亭》7 出。更有甚者,在大型曲谱《异同集》中,选录《牡丹亭》15 出,屈居全书的第二十位。

以下,笔者将清代具有代表性的八部昆曲工尺谱所收录的《牡丹亭》具体出目统计并罗列:

曲谱 题目	《纳书楹 四梦全谱》	《遏云阁 曲谱》	《异同集》	《牡丹亭 曲谱》	《昆剧手抄曲 本一百册》	《天韵社 曲谱》	《集成曲谱》	《与众 曲谱》
1 标目								
2 言怀	言怀							
3 训女	训女						训女	
4 腐叹	腐叹							
5 延师	延师							
6 怅眺	怅眺							
7 闺塾	闺塾	学堂	学堂	学堂	学堂	闺塾	学堂	学堂
8 劝农	劝农	劝农	劝农	劝农	劝农	劝农	劝农	劝农
9 肃苑	肃苑							
10 惊梦	惊 梦（附 "堆花"）	游园/惊梦	游园/堆花/ 惊梦	游园/惊梦	游园/堆花/ 惊梦	游园/惊梦	游园/惊梦	游 园/惊 梦
11 慈戒	慈戒							

曲谱\题目	《纳书楹四梦全谱》	《遏云阁曲谱》	《异同集》	《牡丹亭曲谱》	《昆剧手抄曲本一百册》	《天韵社曲谱》	《集成曲谱》	《与众曲谱》
12 寻梦	寻梦	寻梦	寻梦	寻梦	寻梦		寻梦	
13 诀谒	诀谒							
14 写真	写真		写真		写真		写真	
15 房谍	房谍							
16 诘病	诘病							
17 道觋	道觋							
18 诊祟	诊祟							
19 牝贼	牝贼							
20 闹殇	闹殇		离魂	离魂	离魂		离魂	
21 谒遇	谒遇							
22 旅寄	旅寄							
23 冥判	冥判	冥判	冥判	冥判	冥判	冥判	冥判	冥判
24 拾画	拾画	拾画	拾画	拾画	拾画	拾画	拾画	拾画
25 忆女	忆女							
26 玩真	玩真（附"俗玩真"）	叫画	叫画	叫画	叫画	叫画	叫画	叫画
27 魂游	魂游		魂游	道场/魂游	魂游		魂游	
28 幽媾	幽媾			前媾/后媾		幽媾	前媾/后媾	
29 旁疑	旁疑							
30 欢挠	欢挠							
31 缮备	缮备							
32 冥誓	冥誓							
33 秘议	秘议							
34 诇药	诇药							
35 回生	回生						回生	
36 婚走	婚走						婚走	
37 骇变	骇变							
38 淮警	淮警							
39 如杭	如杭							
40 仆侦	仆侦	问路	问路	问路	问路		问路	
41 耽试	耽试							
42 移镇	移镇							
43 御淮	御淮							
44 急难	急难						急难	

续　表

曲谱 题目	《纳书楹 四梦全谱》	《遏云阁 曲谱》	《异同集》	《牡丹亭 曲谱》	《昆剧手抄曲 本一百册》	《天韵社 曲谱》	《集成曲谱》	《与众 曲谱》
45 寇间	寇间							
46 折寇	折寇							
47 围释	围释							
48 遇母	遇母							
49 淮泊	淮泊							
50 闹宴	闹宴							
51 榜下	榜下							
52 索元	索元							
53 硬拷	硬拷		硬拷	硬拷	硬拷	硬拷	硬拷	
54 闻喜	闻喜							
55 圆驾	圆驾		圆驾	圆驾	圆驾		圆驾	

　　《纳书楹四梦全谱》中有《牡丹亭》等四剧之全本工尺谱,足见"四梦"在叶堂心目中不可逾越的完美地位。但除此之外,《牡丹亭》被各大工尺谱的收录的折子戏均未超过原作的三分之一。1921年出版的殷溎深《牡丹亭》曲谱,上、下二册,共收录折子戏16出。《牡丹亭》被广为传唱的剧目大抵不过此数。究其原因,《牡丹亭》虽为明清传奇中首屈一指的扛鼎之作,但将之搬演于舞台,则在结构、音律上确有自身之不足。一方面,情节的枝蔓,使得演出全本必然会过于冗长。《虏谍》《牝贼》《缮备》《淮警》等关于民族矛盾的出目均不见收录,由此推断,在《牡丹亭》的实际演出中,通常忽略此条线索,而使才子佳人爱情的演绎更为紧凑和集中。另一方面,文词与昆山腔音律之不和,也是限制《牡丹亭》中许多折子戏演唱的重要原因。王骥德《曲律》有云:"临川汤奉常之曲,当置'法'字无论,尽是案头异书。……《还魂》妙处种种,奇丽动人,然无奈腐木败草,时时缠绕笔端。"[1]《牡丹亭》瑕瑜互见,文律之矛盾必然使众多曲目易读而难唱。倘若搬演全本,则难以处处尽美。在长期舞台的筛选之下,《牡丹亭》的大量折子戏被淘汰,留存下来的十几出则精打细磨,历经数代改编与润色,焕发出独特的艺术魅力。

二、《牡丹亭》在曲谱中的再度改编

　　工尺谱中的曲文、宾白来自文学作品原著,却又与剧作的原文存在许多差异。此类改编绝非一时、一人所为,而是在舞台实践中,不断地根据演出需要与观众反馈进行修改,抑或接受过文人的指点与曲谱编订者的加工润色,逐渐成为曲谱中较为固定的内容。昆曲工尺谱中的二度改编,主要分为以下五种情况:

（一）题目变更与剧目拆分
　　题目既是一出戏的概括,又会被作为演出的广告写在招子上,张贴出来。因此,题目要追求简洁、通

---

[1]　王骥德《曲律》,《中国古典戏曲论著集成》第4册,中国戏剧出版社1959年版。

俗、醒目，甚至眴人眼球。早在《纳书楹》与《缀白裘》中，已有大量的折子戏的题目与剧作原著不同。它们在清代中叶的舞台演逐渐约定俗成。例如，改《闹殇》为《离魂》，改《玩真》为《叫画》，改《仆侦》为《问路》，原题令人费解，修改之后则一目了然。

将一出戏拆分为两出也是曲谱中的常见现象。王季烈先生《集成曲谱·凡例》有云："本编皆依原本并作一折。惟长剧之为曲子两套者，如《折柳》《阳关》《玩笺》《错梦》等，则仍从俗。"[1]他认为，由两个套曲组成的剧目可以拆分，其余则不可，仍应依原著并为一出。按此规律，曲谱中拆《惊梦》为《游园》《惊梦》，拆《幽媾》为《前媾》《后媾》，此二出前后两部分均为情节、音乐相对独立两套曲子，可分可合，符合曲体规律。

（二）情节的渲染与曲文、宾白的增加

简短宾白的增加，避免徒唱之单调，使唱念的衔接更自然而流畅。例如，《牡丹亭·游园》【步步娇】之前，《缀白裘》加入"好天气也"四字，在后世曲谱中均以保留。仅此四字，由旦、贴对话引入悠长的曲唱，匠心独运。篇幅较长的，如殷溎深《牡丹亭曲谱》之《游园》，由花郎最先出场，唱【普贤歌】之后，加入了一段新的念白：

> 自家乃杜衙内府中看守花园花郎便是。怎见得花园景致？但见枯木翘空，短短长长，丽却晴空云影；姣花仿佛，锦锦片片，映着苍翠苔痕。长松上挂着一溜溜百岁枯藤，短篱边栽的重叠叠万般瑶草，红牵紫、紫牵红，亦浅亦深。都是天宫斗巧，蝶恋花、花恋蝶，鱼鱼雅雅。须知春色多情，牡丹亭斜对芍药栏边，木香棚直接着荼蘼阶畔。杨柳千金拖万缕，纷纷馥馥，馥馥菲菲，中间池清山凸。说不尽楼台几处，言不了花卉多般，只是老爷侍君辛劳，正是"千缕御香常在袖，一年花草不关情"。昨日春香姐着我打扫亭台，扫除花径，同小姐在此游玩。不免回避则个。正是：东郊风物正薰馨，应喜山家接女星。莫遣儿童触红粉，便教莺语太叮咛。[2]

以上整段文字为殷谱首见，后《集成曲谱》亦有收录，其余各曲谱皆无。花郎自报家门之后，介绍花园的格局景致，引出后文主婢游园。文词虽然不甚深奥，但出自一个底层的花郎之口，已过于文雅，不符合人物身份。像这样大段的独创性宾白，在昆曲工尺谱中较为罕见。从遣词造句的工整流畅来看，此段念白应是经过了文人的加工改造。

曲文的增加，以《堆花》最为典型。在《缀白裘》中，《惊梦》新增【双声子】一支：

> 【双声子】柳梦梅，柳梦梅，梦儿里成姻眷。杜丽娘，杜丽娘，勾引得香魂乱。两下姻缘非偶然。羡梦里相逢，梦里同欢。[3]

至《纳书楹四梦全谱》，《堆花》中共收录五支曲子，其中【鲍老催】为原著所有，另四支皆为后世所增：

---

① 王季烈、刘凤叔《集成曲谱》，商务印书馆 1924 年版。
② 殷溎深、张芬《牡丹亭曲谱》，朝记书庄 1921 年版。
③ 钱德苍、汪协如《缀白裘（二）》，中华书局 2005 年版，第 112 页。

【出队子】娇红嫩白近，向东风次第开。愿教青帝护根荄，莫遣纷纷点翠苔，把梦里姻缘发付秀才。

【画眉序】好景艳阳天，万紫千红尽开遍，满雕栏宝砌，云簇霞鲜。督春工连夜芳菲慎，莫待晓风吹颤。为佳人才子谐缱绻，梦儿里有十分欢忭。

【滴溜子】湖山畔，湖山畔，云缠雨绵。雕栏外，雕栏外，红翻翠骈。惹下蜂愁蝶恋。三生石上缘，非因梦幻。一枕华胥，两下蘧然。

【鲍老催】（略）

【五般宜】一个儿意昏昏，梦魂颠。一个儿心耿耿，丽情牵。一个巫山女，趁着云雨天。一个桃花乱处，幻成刘阮。一个精神忒展，一个欢娱恨浅。两下里万种恩情，则随这落花儿一会转。①

以上数曲，以第三人称渲染了柳、杜的性爱画面，文词浅近、香艳，颇有民间说唱艺术的痕迹。此四曲究竟为何时所增，难以查考。至少，在《纳书楹》订谱的清代中期，昆曲演出中已出现比较完整的"堆花"场面。上述六曲在晚清民国各工尺谱中的收录数量出入较大。例如，同为殷溎深传谱，《异同集》专把完整的"堆花"单列为一出，而《昆曲大全》《牡丹亭曲谱》和《霓裳文艺全谱》等仅收【鲍老催】【双声子】二曲；《遏云阁曲谱》收【出队子】【画眉序】【滴溜子】【鲍老催】四曲；《集成曲谱》和《与众曲谱》则【出队子】【画眉序】【滴溜子】【鲍老催】【五般宜】【双声子】六曲全收。曲目的不同，说明"堆花"在实际的昆曲演出中稍有出入与变化。

面对原著和各种曲谱的鱼龙混杂，《纳书楹》等清宫谱维护原著的权威性，把《俗增〈堆花〉》、《俗〈玩真〉》等艺人加工的曲文仅作为附录收于书后。《纳书楹》所附《俗〈玩真〉》之【二郎神】眉批云："左俗伶作，谬甚。左戈韵、阻鱼韵。"②冠以"俗"字，颇有居高临下的蔑视之态。然而，这些文辞粗浅直露、音律舛误颇多的曲文，因其场上效果良好，已然成为昆曲舞台演出的惯例。

（三）文字的移花接木与重新组合

移花接木，如《学堂》（原著第七出《闺塾》），自《缀白裘》始，以【一江风】（"小春香，一种在人奴上"）为开头，之后所有曲谱都沿用至今。【一江风】曲，为《牡丹亭》原著第九出【肃苑】春香所唱第一曲。将此曲移至《学堂》，集中而突出地塑造了春香机智、俏皮、伶俐的形象。此出戏俗称《春香闹学》，成为贴、末两行的代表性折子戏。又如，殷溎深传谱的单行本《牡丹亭曲谱》中，《游园》一出先由花郎演唱【普贤歌】（"一生花里小随衙"）。【普贤歌】为《牡丹亭》原作第九出《肃苑》花郎所唱之曲。殷本《游园》，花郎在主角登场之前率先出场，避免了杜丽娘一开场便直接位于舞台中心的突兀。当此剧作为独立的折子戏演出时，确有女主角"千呼万唤始出来"之感，产生了新的艺术效果。但此版本并未通行，仅此一曲谱所独见。

文字的重组，如《集成曲谱》中的《寻梦》，开场为杜丽娘独白：

忽忽花间起梦情，女儿心性未分明。无眠一夜灯明灭，恨煞梅香唤不醒。我杜丽娘，昨日偶尔游

---

① 叶堂《纳书楹四梦全谱》，《续修四库全书》（1757），上海古籍出版社2002年版，第251页。
② 叶堂《纳书楹四梦全谱》，《续修四库全书》（1757），上海古籍出版社2002年版，第252页。

春，忽然入梦，绸缪顾盼，如遇平生。独坐思量，情殊怅怳。寻思展转，竟夜无眠。乘此空闲，不免悄悄向园中寻看一回。（行介）一路行来，且喜园门洞开。守花的都不在，则这残红满地呵！①

以上文字，将汤显祖《寻梦》前半部分的两段念白稍加删改，串联在一起，情节却发生了细微的变化：原著中的两段话发生在杜丽娘晨起、春香劝她梳妆前后，曲谱中则春香并未出场，改为杜丽娘晨起后独自一人来到花园。独白之后再以【懒画眉】唱出，将个故地重访的缘由与心境交代得更为完整、合理。

（四）曲文与宾白的删减

这是昆曲工尺谱对原著最常见的改动。由于受到演出时间与空间的制约，删去原作的部分曲牌，在折子戏中普遍存在。如《牡丹亭·寻梦》中的【夜游宫】【月儿高】二曲，曲谱中大多删去不录。而"删繁白为简白"，为《遏云阁曲谱·序》所提出，则系昆曲工尺谱对原著宾白最常见的处理。曲谱中的宾白力求简洁、凝练地传达必要的信息。例如，在《惊梦》的后半部分，杜丽娘一场春梦惊醒，被杜母训斥数句之后，杜母下场。【绵搭絮】之前，汤显祖原著中有一大段三百多字的杜丽娘独白，内容无非是把《惊梦》的情节复述一遍，若完整念出，颇显罗嗦。至《遏云阁曲谱》，此段文字仅删至一句："娘吓，你叫孩儿到学堂中看书，叫我看那一种书才消得俺闷吓？"②如此大刀阔斧地删减，避免了拖沓。后世曲谱均沿用《遏云阁曲谱》的处理，足见这一改动已经过舞台的检验，被后人普遍认可。

三、记谱符号的发展与《牡丹亭》音乐唱腔的传承

任何一种曲谱，无论多么细致入微，都不可能百分百地再现音乐本身的全部美感。然而，在无有录音、录像条件的明清时期，工尺谱成为记录昆曲音乐、传承昆曲唱腔的唯一物质载体。那些密密麻麻的工尺、板眼、口法符号，串联成动人的旋律，又涉及文学、音韵等问题。毋庸置疑，在收入工尺谱之前，《牡丹亭》的作曲早已完成，而"订谱"的重点则在于音律的推敲与记谱符号的研校，追求每字、每句的尽善尽美。

昆曲工尺谱的记谱符号，在由清初至民初，经历了两大方面的发展：

一是小眼标注从无到有。叶堂《纳书楹曲谱·凡例》云："板眼中另有小眼，原为初学而设。在善歌者自能生巧，若细细注明，转觉束缚。今照旧谱，悉不加入。"③省略小眼，固然能给度曲者提供灵活性，但往往不能保持真实的唱腔。自晚清《遏云阁曲谱》始，昆曲工尺谱中的小眼落到了实处。时至民国，板眼的标记更为细化，并逐渐固定。至《与众曲谱》："'、'为头板，'一'为腰板，'—'为底板，'×'为头赠板，'丨×'为腰赠板，'○△'为正侧中眼，'·一'为正侧头末眼。"④上述板眼符号成为后世昆曲工尺谱板眼标记的规范，沿用至今。昆曲工尺谱小眼标注的固定，更能完整地保持昆曲音乐唱腔的本来面貌。

二是口法标记的丰富。清代昆曲工尺谱的各种口法标记经历了由简到繁的发展过程。《九宫大成》

① 王季烈、刘凤叔《集成曲谱》，商务印书馆 1924 年版。
② 王锡纯、李秀云《遏云阁曲谱》，上海著易堂书局 1925 年版。
③ 叶堂《纳书楹曲谱》，《续修四库全书》(1756)，上海古籍出版社 2002 年版，第 224 页。
④ 王季烈《与众曲谱》，商务印书馆 1940 年版，第 2 页。

《纳书楹》和《吟香堂》，只有基本的工尺和板眼，未标注任何口法。《遏云阁曲谱》之后，各种口法标记陆续加入，不断丰富了工尺谱记录小腔的功能。及至晚清俞宗海所传《粟庐曲谱》，口法符号之细致达到顶峰。《粟庐曲谱·凡例》所注的口法符号如下：

带腔	撮腔	垫腔	叠腔	嚘腔	滑腔	撺腔	豁腔	气口
· 或旁注工尺	·	旁注工尺	··	旁注工尺	·	—	⌣	∟

以《牡丹亭·惊梦》【山坡羊】为例，笔者将《纳书楹"四梦"全谱》《遏云阁曲谱》《昆曲大全》《与众曲谱》《粟庐曲谱》五种工尺谱中该曲的口法标记进行对比分析，各谱使用口法标记的次数如下：《纳书楹"四梦"全谱》0处，《遏云阁曲谱》22处，《昆曲大全》9处，《与众曲谱》10处，《粟庐曲谱》119处。

按成书时间顺序，以下五种工尺谱的口法标记使用数量明显递增，各种符号越来越密集。究其原因，一是昆曲工尺谱记谱方式的渐趋成熟，二是在昆曲较为流行的时期，曲唱主要靠口头传承，曲谱只是起到辅助作用。而当昆曲衰落之后，能歌者渐稀，能通音律而灵活处理小腔者更寡，工尺谱从辅助地位上升为传承唱腔的主要形式，因此，口法的详尽细致成为大势之所趋。正因为《粟庐曲谱》等工尺谱不厌其烦地将繁琐的昆曲口法记录完备，才给后学者依谱而歌提供了便利，最大限度地保存了昆曲唱腔音乐的原腔古调。

结语　清代昆曲工尺谱与《牡丹亭》的通俗化演绎

《牡丹亭》传奇素来以杰出的文学成就而称著，其典雅华美的曲词令人叹服。然而，精雕细琢的文风给普及带来一定障碍，曲文与昆山腔曲律的失谐之处又给传唱带来诸多不便。因此，对文字作出必要的改动、对音乐进行认真的修订，有助于作品被更多层次的观众所接受和认同。

在本文的第二部分，笔者举例分析了晚清民国昆曲工尺谱中与剧作原著的文本差异。小至一个字的变动，大至主体结构的调整，其目的与效果究竟何在？

题目上，将原本表意含蓄的标题改得直白、醒目、扣人心弦，并将剧情的亮点与看点囊括其中。情节上，所有增加的内容几乎都是对既有情节的扩展与生动化。而在串折演出中，往往将双线、多线的作品，剪除芜杂的线索和旁支错节，只呈现故事的主线脉络。文词上，删去冗长的或重复的曲文宾白，使原本语言尽量地简洁晓畅。新增的曲文和宾白，则多将描述性、解说性、动作性的文字加入其中，把原作演绎得更为通俗而活泼。

较之文字改动，清代昆曲工尺谱在记谱方式上对通俗化的迁就则有过之而无不及。《昆曲大全·凡例》云："从前坊间出版之曲谱，大抵谬误百出，且于曲调妄加删节。本编力矫斯病，采曲则声文并茂为宗，订剧则以雅俗共赏为的。"[1]《与众曲谱·凡例》云："此谱专选歌场习见之曲，以期通行。取孟子'与众乐乐'之意，名曰《与众曲谱》。""所选各曲，以文章雅驯、音律谐和为主。"[2]这两种曲谱都不约而同地强调"雅俗共赏"。由于晚清民国昆曲工尺谱对"戏宫"的逐渐重视，在剧目选择上，逐渐注重折子戏的场

---

① 殷溎深、张芬《昆曲大全》，上海世界书局1925年版。
② 王季烈《与众曲谱》，商务印书馆1940年版，第1页。

面、情节、人物等因素；兼之曲谱中逐渐加入宾白、科范、锣段等元素，导致某些以情节、动作、念白为主的剧目也被选入曲谱中。如《训女》《回生》《婚走》等重"戏"轻"曲"之作，以鲜活的生命力受到普通观众的喜爱。尽管此类剧目的增加，虽未能与《惊梦》《寻梦》等重"曲"之戏抗衡，但至少反映了晚清工尺谱选剧观念的适度世俗化倾向。此外，清代后期的昆曲工尺谱中的《牡丹亭》，记谱更加具体、琐细，艺术风格侧重"戏宫"。究其本质，皆为避免曲高和寡，更广泛地传承与传播昆曲《牡丹亭》。

综上所述，在对《牡丹亭》的多次改编中，数代文人、艺人与观众对原著不再是敬慕的仰视，而尽量把它放到平等的位置，尝试以的大众的审美理想来重新包装它。于是，无论内容调整还是文词增删，所有改动不约而同地以一个目的为旨归——文人传奇的世俗化阐释。事实上，既要保持原作的精髓，又要追求场上效果，谈何容易？尽管文本的改动者没有留下姓名，但在曲谱文本的字里行间，我们读到了数代艺人在实践中为追求最佳演出效果而不断地摸索与改进。当然，昆曲的世俗化，与"花部"之世俗不可同日而语。工尺谱选剧的总体主流依然是重"曲"轻"戏"，究其本质，正是昆曲"雅正"艺术品格的长期稳定性所造成的。尽管《牡丹亭》的世俗化历程在清代昆曲工尺谱中清晰可见，但其在步入近现代之后，意欲普及，依然任重而道远。此系本文未尽之意，留待方家进一步深入探讨。

试论汤显祖《牡丹亭》对昆剧音乐的贡献

周雅文

对于很多昆剧爱好者而言,汤显祖《牡丹亭》代表了昆曲艺术的最高成就。《牡丹亭》一经问世,就轰动了文坛曲苑,"家传户诵,几令《西厢》减价。"400 多年过去,《牡丹亭》不仅仍然在国内上演,而且已经走出了国门,成了外国友人了解中国戏曲艺术的重要窗口。近年来,有关汤显祖的研究不断深入,成果丰硕。令人遗憾的是,对其音乐方面的研究远远滞后。零星散见于学人论文中有关其音乐方面的论述,大量引用的都是晚明戏曲典籍中对其剧作"失律"的指责。更有学者,以古人一家之言为依据,不加分析地作出了汤显祖"忽视戏曲音律""没有把注意力放在曲律实践的创新完善上"等不公正的结论。如此等等,如不澄清,势必贻误后学。

作为一部戏曲作品,《牡丹亭》是以舞台艺术的样式流传下来的。虽然中国戏曲与西方歌剧中所用的音乐语言和表现手法不一样,但戏曲和歌剧一样,都是一种以演唱为主,由多种艺术元素构成的综合性舞台艺术;而且,在这一艺术形式中,音乐发挥着至关重要的作用。因为一部歌剧的成功与否最终取决于它的音乐,这在中外音乐界是有共识的。张庚在谈论戏曲时也说:"音乐不过关,戏就保不住。"可见音乐在戏曲中的重要性与歌剧无异,一部成功的戏曲作品后面必然有它成功的音乐。从史料中我们看到,《牡丹亭》问世之后,在当时的文人中反响最大的一个方面也是在于它的音乐。这从另一个侧面证明了《牡丹亭》音乐对当时社会和文人造成的震动。

既然如此,那么值得我们思考的问题是:是否汤显祖真的是"不谙曲律"?是否《牡丹亭》中的唱腔真的如沈璟等评价的那么不堪?为什么《牡丹亭》能够受到大众的喜爱,能够历经400 年而久演不衰?显然,我们有必要从音乐上重新审视和评估汤显祖的戏曲作品。本文从音乐学的角度,结合汤显祖时期的戏曲和文化背景,以及最新的心理学研究成果和音乐研究方法,以汤显祖《牡丹亭》中使用的曲牌音乐为例,分析和探讨汤显祖《牡丹亭》音乐创作的美学理念,作曲手法,以及创作与实践相结合的做法。文章首先分析戏曲音乐的演进、昆曲的演变,进而论述汤显祖的戏曲创作思想和音乐上的创新和创作特点;另外,通过与中西方作曲家和音乐表现手法相比较,指出汤显祖在《牡丹亭》音乐中突破了传统的倚声填词方法,以及对原有曲牌进行革新的必要性和典籍中对汤显祖剧作"失律"指责的谬误所在。

一、戏曲音乐的演进

学界一般把戏曲归入戏剧,汤显祖也常常被国人誉为与莎士比亚媲美且影响力相等的伟大文学家、戏剧大师。日本学者青木正儿在《中国近代戏曲史》中称汤显祖为曲坛伟人,汤莎是同时出现在东西方的两颗最耀眼艺术明星。笔者以为,戏曲和戏剧虽然只是一字之差,还是有相当大的不同,其中最大的差异就是戏曲的音乐特性。首先,从文本上来看,戏曲文本包含了文字和音乐两个部分,而戏剧文本只有一个,那就是它的文字部分。其次,尽管戏曲和戏剧的社会功能和审美价值有相通之处,它们之间最大的不同就在于,前者是以歌舞演故事,其呈现故事的主要叙事手法是有音乐伴奏的独唱和对唱;而后者呈现故事的主要手法是无伴奏的对话或独白。再次,音乐是区别各个戏曲剧种的主要的标志。在各种地方戏中,剧本、服装,甚至舞台动作都可以借用甚至雷同;所以,区分戏曲的不同种类、声腔,甚至流派的唯一依据是音乐。因为它最能够体现戏曲的特征和艺术特色。离开了音乐,从单一的角度去理解一部戏曲作品,就可能难以了解它的真髓和全貌。

(一) 音乐和文人的关系

让我们先简单回顾一下中国戏曲音乐的演进以及音乐和乐人的关系,以便理解和熟悉汤显祖时代的戏曲音乐文化语境。中国的戏曲艺术正式形成于北宋杂剧。① 北宋杂剧之后,戏曲经历了南宋初期兴起于浙江永嘉地区的南戏,然后是元杂剧、明清传奇和清代乱弹等演变。不同戏曲之间有兼收并蓄和互相渗透的倾向,以至在表演内容以及服装、道具等舞台艺术方面有很多相似之处。所以,如上所述,剧种的最大特色主要表现在它的音乐唱腔上。不同剧种在唱腔结构及演唱形式上都有各自不同的特点。从音乐结构上看,中国戏曲的体裁主要有两种:"曲牌体"和"板腔体"。南戏,杂剧和传奇都是以"曲牌体"为主,唱词多为长短句的词体。元杂剧用的是北曲,南戏用的是南曲,而传奇则南北曲兼用。传奇之后,被称为乱弹的民间戏曲才开始崭露头角,乱弹的音乐结构是以板腔体为主,唱词以上下句为主。其中最有代表性的是京剧,在此无需赘言。

武汉音乐学院教授刘正维先生在《二十世纪戏曲音乐发展的多视角研究》一书中指出:"大量记载说明,我国先始的戏曲音乐并不是来自民间,至少首先不是,主要不是来自民间音乐,而是来自文人词调和它演变的诸宫调以及宗教音乐。"②那么,何谓诸宫调? 诸宫调就是将不同的曲调组合起来的说唱套曲。据《中国音乐词典》中记载:"(宋代)泽州孔三传者,首创诸宫调古传,士大夫皆能诵之。"因此,诸宫调是由文人创作并在文人中传唱的。不少学者认为诸宫调是元杂剧的前身。③ 徐渭在《南词叙录》中记录了南戏形成初期的景象,"南戏始于宋光宗(1190—1194)朝。其曲,则宋人词而益以里巷歌谣,不叶宫调,故士大夫罕有留意者"。④ 大意是,南戏中的音乐是以宋人词调为主的,加入了一些民间歌谣。因其不合诸宫调,招致了"士大夫罕有留意者"的后果。可见当时士大夫的音乐口味与百姓是有很大差距的。文人是不大容易或者不太愿意接受民间音乐的。地方戏曲被认为"俚鄙无文,大半乡愚随口演唱,任意更改,非比昆腔传奇出自文人之手"。⑤

(二) 文人和乐人的关系

这里需要进一步说明的是,戏曲音乐艺术包括音乐创作、演唱演奏和音乐理论三个方面。其中音乐创作和音乐理论是文人为主体的,而演唱演奏的主体是有技艺却无文化的乐人群体。自北魏(385—

① 笔者同意大部分学者,比如周贻白、刘正维等等的看法,即根据现有的资料,中国戏曲在北宋时期已经形成。
② 刘正维《二十世纪戏曲音乐发展的多视角研究》,中央音乐学院出版社 2004 年版,第 5 页。
③ 夏野《中国古代音乐史简编》,上海音乐出版 1989 年版,第 134 页。
④ 中国戏曲研究院《中国古典戏曲论著集成》三卷,中国戏剧出版社 1959 年版,第 239 页。
⑤ 夏野《中国古代音乐史简编》,上海音乐出版 1989 年版,第 159 页。

557）以来,乐人就是一个相对固定的"终身继代不改其业"的贱人群体。[1] 他们是专业的音乐人,所谓"词山曲海,千生万熟,三千小令,四十大曲"。然而他们虽承载技艺,却在社会中处于最卑贱的地位,换句话说,良家子弟是不能以此为业的,尽管文人士大夫可以在某个阶段参与到音乐作品的创作。所以乐人和文人,是身份有天壤之别的两个群体。首先,乐人们有技艺却无文化,完全依赖于文人。其次,文人用的乐器,比如古琴,号称是"乐之君",是用来修身养性,而不是用来演奏伴奏的。[2] 这个事实说明了为什么中国民间音乐和戏曲绝大部分都是以活态传承方式依靠口传心授流传下来的;同时也说明了为什么中国戏曲的产生远远早于西方歌剧,然而它的发展却如此缓慢。个中原因之一就是创作、表演与理论的互相脱节,以及乐人世世代代的卑贱地位。因此,刘正维先生指出:"文人音乐对我国戏曲音乐的形成与发展有过不可磨灭的历史功绩,直到明代昆曲音乐造就了我国戏曲音乐的空前鼎盛。时至二十世纪后半叶,文人音乐,即专业音乐创作仍然主持和造就了戏曲音乐的空前发展。"[3]但是,我们在如实承认文人音乐在我国戏曲发展中的积极作用的同时,也应该看到戏曲音乐在文人掌控之中的消极因素。

二、昆曲的演变

昆曲,也叫昆腔,是明代传奇戏曲四大声腔之一。它原来只是流行于昆山一带的民间的地方戏,被文人称之为"若以被之管弦,必致失笑"昆山腔。因为它是没有乐器伴奏的、不入调的地方腔,在明代中叶以前其他三种声腔广泛流传之际,昆山腔仅仅"止行于吴中"。后来经过了魏良辅等文人的改良,采用中州韵系,依字声行腔,才使昆曲初具细腻婉转的特色,因此有"水磨调"之称。明嘉靖沈宠绥在《度曲须知》中高度评价魏良辅对昆山腔的改造:"愤南曲之讹陋也,尽洗乖声,别开堂奥。调用水磨,拍捱冷板。"[4]改革后的昆腔,已经不再是"昆山腔"地方戏的概念,而是一个集南北音乐文化大成的文人戏曲剧种。由于汲取了其他声腔的特长,又加上了器乐伴奏,昆腔因此后来居上,开始风行大江南北,成为明清传奇剧最为重要的戏曲声腔。

（一）昆曲音乐来源及曲牌与词牌关系

昆曲音乐被称为"曲牌体",其唱词以长短句的词体为主。昆曲的曲牌音乐数量庞大,来源众多,出自诸宫调、元杂剧、南戏,不同的地方戏曲,以及民歌。从类型上,它分为南曲和北曲两大类。南曲用的是五声音阶,词曲的特点是字少声多,旋律级进比较多,节奏舒缓,擅长表现伤感、怀念、爱慕等情绪。北曲为七声音阶,词曲的特点是字多声少,旋律跳进比较多,时常出现大跳,节奏比较急促,风格遒劲豪爽,适宜表现激昂慷慨、英雄豪壮等情感。昆曲的体制结构严谨,曲牌通常都是以依宫调规则组成的套曲形式出现,所以也将昆曲音乐称为"联曲体"。

昆曲的创作体制,主要是依字声行腔,即所谓倚声填词或者依曲填。它要求文人精通声律,依词配

---

① 刘肃《大唐新语》卷二,中华书局1984年版,第18—19页。
② 参见蔡仲德《中国音乐美学史论》,人民音乐出版社1988年版,第359—361页。蔡仲德先生(1937—2004)认为"古琴艺术之所以走向衰落,显然与历代琴论即历代古琴演奏思想有关。古琴被视为"乐之统"、"乐之君"、"治世之音",强调修身养性的作用。
③ 刘正维《二十世纪戏曲音乐发展的多视角研究》,中央音乐学院出版社2004年版,第4—6页。
④ 沈宠绥《度曲须知》,《中国古典戏曲论著集成》(第5册),中国戏剧出版社1959年版。

乐,作到声词相从,写出的传奇便于舞台演唱。昆曲音乐的主要特征就是它的曲牌音乐结构。曲牌就是曲调名称。它原本是词曲一体的。每一个曲牌包含特有的曲调、情调,及其相应的曲词。但是渐渐的,有的文人开始无视音乐中所表达的情感,只根据文字上的长短句法和平仄要求来依曲填词,并"以诗一体自名"。于是,原来的专词专曲变成了一曲多词,曲和词的关系也渐行渐远。甚至连名称也不再称为曲牌,而是改称为"词牌"。项阳在《词牌曲牌与文人乐人之关系》一文中,把词牌和曲牌的关系表述得很清楚:"词牌是以文人、文学为中心的表述;曲牌是以乐人、声律为中心的表述。"①不管怎么说,曲牌音乐对于乐人是非常熟悉的。通常文人只需在作品中注明曲牌名称,即可"通过乐籍体系实现异地传播。"②不过,文人的能力有大小,才情有高低,在历史上既懂音乐又能写好词的文人着实不多。

旧时把词作为案头文学的文人也不在少数,以至宋代著名科学家沈括(1031—1095)撰文批评当时某些"词"的声与意不相协现象:"哀声而歌乐词""乐声而歌哀词"。他指出,曲调是为了表达歌词内容的,所以必须依词配乐,作到声词相从,否则就不会感人。③确实,如果将词看作一种音乐文学形式的话,沈括对词人的要求并不太高。反过来说,苏东坡作为词人,把填词作为案头文学,认为词的意境高于一切,只求词的形式而无意与音律妥协,也是可以理解的。因为写词时为了迎合音律必然会影响到文字表达。况且,正如项阳说,这是当时"文人的主体意识和乐人的卑贱身份导致了社会呈现如此样态"。④

(二)南戏与传奇的关系

众所周知,唐诗宋词,明清传奇,每一次改朝换代几乎都会催生出一种新的艺术样式。毫无疑问,对文人而言,传奇可以说是明代最流行的文学形式。然而就像一枚硬币的正反面,从音乐的角度而言,明代最流行的音乐形式就是南戏了。换句话说,南戏代表的是一种以南方音乐为主体,以传奇(文学)为标志的戏曲形式。显然,并不是所有的题材都可以入戏,也不是所有传奇都可以称之为戏曲。如同曲牌和词牌之别,文人中也有不顾音乐,单纯为了讲故事而写传奇,满足于"案上之作"的文人。也有因词曲乏味,人物情节平淡无奇而不宜搬上舞台的。

在所有的传奇中最著名、最成功的,是汤显祖的《牡丹亭》。如前所述,一部戏曲作品成功与否的关键在于它的音乐。可想而知,《牡丹亭》的成功也和它的音乐有很大关系。

三、汤显祖创作思想

据史书记载,汤因不满朝政腐败,于万历二十六年(1598)弃官回乡,在临川建了一座闲居,号玉茗堂,并于同年完成《牡丹亭》。可以想象,汤对于朝政不满,肯定不是产生于一朝一夕。同样的,他的五十五出的长篇巨作《牡丹亭》,恐怕也不是返乡之后才开始的。我们知道汤显祖的最早的剧本是《紫箫记》,大约创作于1577年,因被认为影射时政而辍笔。但是这个小小的挫折给了汤显祖自我反省的契机,让他从中汲取了创作上的经验教训。十年后,大约在1587年,他在《紫箫记》的基础上,重新创作《紫钗记》

---

① 项阳《词牌曲牌与文人乐人之关系》,《文艺研究》2012年第1期,第52页。
② 项阳《词牌曲牌与文人乐人之关系》,《文艺研究》2012年第1期,第50页。
③ 夏野《中国古代音乐史简编》,上海音乐出版社1989年版,第155页。
④ 项阳《词牌曲牌与文人乐人之关系》,《文艺研究》2012年第1期,第52页。

（直到万历二十三年［1595］才得以刊行），并坦然承认早先的作品是"案头之书，非台上之曲"。① 此剧在艺术手法和戏曲语言上显然有了很大提高，被搬上舞台，成为"临川四梦"之一。所以，完成于1598年的《牡丹亭》是他的第三部戏曲作品，在思想和艺术方面都达到了其创作的最高水准。可见汤显祖的成功并不是一蹴而就的，而是在早期诗歌创作和戏曲实践基础上，尤其是吸收了前面两次创作的经验教训之后出现的一个突破和飞跃。

（一）以意趣神色为主，不落曲律俗套，开创作曲先河

汤显祖与他同时代文人在创作思想和创作方法上有诸多不同之处。邹元江先生在他的书中称汤显祖"是一位在明末富有传奇色彩的，具有浓厚深刻的思想家气质的伟大艺术家"。② 笔者以为，这绝不是单纯的溢美之词，而是作者在对汤显祖的思想和作品准确理解把握基础上作出的恰如其分评价。作为一位有思想家气质的艺术家，汤显祖追求的是一种"意趣神色"的审美意境。他在《牡丹亭》中显示出来的创作思想和他对于戏曲艺术的深刻理解，以及他试图用音乐来诠释剧情，通过音乐体现人物情感和性格的能力，远远领先于他的时代甚至后面好几代人。"年来俚儒之稍通音律者，伶人之稍通文墨者，动辄编一传奇，自谓得沈吏部九宫正音之秘，然悠谬粗浅，登场闻之，秽溢广坐，亦传奇之一厄也。"③就连曾经批评汤显祖"不谐曲韵"的沈德符也认为这种粗制滥造是传奇创作的一大灾难。在当时的情景下，文人们难以理解汤显祖的高深思想和艺术追求。他们把汤显祖的作品贬为"不谐曲律"。而被王骥德评价为："斤斤守法，毫锋殊拙"④的沈璟反而被当时文人推崇为深谙度曲真谛。

在《答吕姜山》中，汤显祖将他的创作过程直白地表现出来："凡文以意趣神色为主，四者到时，或有丽词俊音可用，尔时能一一顾九宫四声否？如必按字摸声，既有窒滞迸拽之苦，恐不能成句矣。"⑤这段话是他在词曲创作中匠心独运时的生动写照。他追求的是那种我们称之为可遇不可求的神来之笔和独特美妙的音响世界。汤显祖的音乐创作是靠艺术灵感和真情实感带动运行的，音律和宫调等等清规戒律在他的艺术创作中是退居其次的。在他的笔下，语言的声调是作为声音素材被利用，而不是被其约束的。而那时的大多数文人创作遵循的是沈璟提出的"宁协律而不工，读之不成句，而讴之则始协，是为中之之巧"论调。⑥

汤显祖《牡丹亭》中的唱腔对于受过专业训练的艺人，尚有相当困难；对于没有受过专业训练又缺少音乐修养的文人，应该不难想象其演唱上的难度。更何况，当时文人大多都是以词为重，把音乐当作是附属品。而他们所奉为最高准则的所谓的"和律依腔"，是完全从词的角度出发。但是汤显祖与传统的依声填词方法反其道而行之，他的创作是从戏剧整体和作曲的角度出发，对于死板套用旧曲的文人来说是不可理喻的。就连持公正立场的晚明曲学家王骥德对汤显祖的《牡丹亭》也作出如此评价："临川尚趣，直是横行，组织之工，几与天孙争巧，而屈曲聱牙，多令歌者齚舌。"⑦王骥德既肯定了汤显祖作品中体现

① 汤显祖《汤显祖集》，上海1973年版，第1595页。
② 邹元江《汤显祖新论》，"国家"出版社2005年版，第15页。
③ 张琦《衡曲麈谭》，《中国古典戏曲论著集成》第4册，中国戏剧出版社1959年版，第270页。
④ 王骥德著《曲律》第三十九下，陈多、叶长海注释，湖南人民出版社1983年版，第165页。
⑤ 汤显祖《汤显祖全集》，北京古籍出版社1999年版，第1302页。
⑥ 王骥德著《曲律》第三十九下，陈多、叶长海注释，湖南人民出版社1983年版，第165页。
⑦ 王骥德著《曲律》第三十九下，陈多、叶长海注释，湖南人民出版社1983年版，第226页。

出的高度组织驾驭能力,对汤显祖在曲牌音乐上独辟蹊径的不满也溢于言表。必须指出,王骥德的观点在文人中是很有代表性的,但是他的言论并不代表乐人的立场。汤显祖在创作思想与方法上与他同时期的文人们有巨大反差。这也就是为什么汤显祖作品中的"组织之工"得到了文人的一致肯定和赞誉;而他的音乐才能,不仅没有得到相应的肯定和称颂,反而得到众人的讥评和指责。

(二) 与于会泳先生《腔词关系》理论的共通之处

在这里,我们有必要结合中国戏曲音乐研究的先行者于会泳先生的理论,从音乐上对"和律依腔"作进一步的分析。于会泳先生在他的理论巨著《腔词关系研究》一书中指出,戏曲唱腔有三大任务,即:"表达感情,造成美感效果,和正词。"我们只要回想一下汤显祖在《答吕姜山》中阐述的创作思想和方法,就可以发现汤显祖的创作想法和于先生的理论有惊人的相似之处:"凡文以意趣神色为主,四者到时,或有丽词俊音可用,尔时能一一顾九宫四声否? 如必按字摸声,既有窒滞迸拽之苦,恐不能成句矣。"[①]在这里,"以意趣神色为主"指的就是他在戏曲唱腔中最关心的是表达感情和造成美感效果两大主要任务,"顾九宫四声"指的是第三任务,即正词任务。正如于会泳先生指出:"表达感情,造成美感效果是唱腔的独立表现任务。他们和正词任务是一个矛盾关系。优秀的创腔,必须解决这种矛盾而使之统一。这是检验创腔优劣的主要尺度之一。"[②]于会泳先生的这一论述对于我们评价汤显祖,甚至评价所有的歌剧和戏曲作品仍然具有指导意义。

尽管表达不一样,汤显祖和于会泳对于戏曲唱腔"表达感情,造成美感效果"和"正词"这一对矛盾中的主次关系理解是一致的。而所谓的"和律依腔"说恰恰颠倒了它们的主次关系,甚至完全无视"表达感情和造成美感效果"的需要。在这里,有必要强调一下情感表达的重要性。

我们知道,"情"是汤显祖的美学思想的核心。汤显祖在《牡丹亭记题词》中写道:"天下女子有情,宁有如杜丽娘者乎! 情不知所起,一往而深,生者可以死,死可以生。生而不可与死,死而不可复生者,皆非情之至也。"[③]确实,《牡丹亭》挑战了在当时社会"重理轻情"的主流意识,表达了对于被禁锢的自由爱情的追求,而音乐正是表达这种感情的重要出口。因为音乐艺术比其他艺术更善于表现人的情感,表达语言中无法表现的意境,以引起人的情感共鸣。

汤显祖在创作时也完全投入了自己的真情实感。他的良苦用心可以从一个有关的故事中看出来。焦循《剧说》卷五中记载:"相传临川作《还魂记》,运思独苦。一日,家人求之不得,遍索乃卧庭中薪上,掩袂(衣字旁)痛哭。惊问之,曰:填词至'赏春香还是旧罗裙'之句也。"[④]从这里我们可以看到汤显祖在杜丽娘人物形象的塑造上倾注了大量心血。她并不是存在于《牡丹亭》剧本字里行间的虚构人物。在创作者的想象中,杜丽娘是一个鲜活的,有血有肉,既有个性又充满着温柔情怀的女子。只有在这种形象思维引导下,汤显祖笔下的杜丽娘形象才有可能丰富细腻栩栩如生,光彩照人。在《牡丹亭》音乐中,杜丽娘是与她的文学形象完全一致的,甚至更加形神毕露,呼之欲出。由此可见,作曲家只有投入真情实感,才能用音乐去感动别人,表现他心目中主人公敏感细微的情感变化。

---

① 汤显祖《汤显祖全集》,北京古籍出版社 1999 年版,第 1302 页。
② 于会泳《腔词关系研究》,中央音乐学院出版社 2008 年版,第 61 页。
③ 汤显祖《汤显祖全集》,北京古籍出版社 1999 年版,第 1153 页。
④ 汤显祖《汤显祖全集》,卷三十;徐朔方校,上海古籍出版社 1982 年版,第 1563 页。

（三）《腔词关系》理论以及"和律依腔"的弊端

显而易见，沈璟等文人仅从声韵格律角度出发来衡量《牡丹亭》，指责汤显祖"不谙曲律"是因为受所处时代的局限，以致他们见木不见林，注意的都是只字片词。可是有些现代学者也人云亦云，仅凭文字，就判定汤显祖不顾唱腔拗口与否，只要是"余意所至"就是好的，显然是严重曲解了汤显祖的原意。汤显祖的意思是他不可能面面俱到地兼顾每一个字音。正如于会泳先生指出的："如果唱腔只是为了'正词'的话，那么用说话或朗诵代替不是更好吗？"根据于会泳先生的理论，唱腔曲调和唱词的关系反映在音调、节奏和结构三大方面。单从唱腔曲调和音调这一对关系出发，它包括唱腔和音调及唱腔和语调的两个方面的内容。① 在唱腔中，音调是以字为单位的，而语调是以句子为单位的。从唱腔与字调及唱腔与语调两者的关系来看，如果字调唱反的话，人们仍然可以从整个句子中甄别词的意义，基本上不会影响对整个句子的理解。如果把语调唱反的话，那么疑问句就可能被误听为肯定句，甚至表达完全相反的内容。比如，在唱句结束时的"已作完"，可能被误解为"已作晚"；"说活了"可能被误解为"说火了"。② 所以那种僵硬的填词方法，是以单个的字和与字调相对应的腔为唯一的关注对象，因此是背离音乐创作规律的外行文人的一厢情愿。从艺人的角度来说，他们更关心的是情感表达："唱腔不怕字倒，单怕味倒。"③ 可见唱腔与字调的关系在音乐中并不是头等重要的大事。在于会泳先生的《腔词关系研究》中，唱腔与字调的关系是其中的一小部分，占该专题研究不到五分之一。于先生在书中列举了300多个词曲关系相违背的例子，并提出了修改的方法。这些错误的例子来自昆曲、京剧、评弹、黄梅戏等等各种著名的戏曲唱段，但是其中没有一个例子是来自汤显祖作品。这个事实也许可以说明两个问题，一是艺人们大多能够听出唱腔中的"倒字"，却苦于找不到正确的方法去纠正；二是汤显祖的唱腔中恐怕连"倒字"现象也很难见到。否则的话，于先生一定会在例子中加以说明，指出解决的方法。而沈璟所谓的"和律依腔"，唯一关心的只是唱腔与字调的关系，用来评价音乐是很"不靠谱"的。何况它既不涉及唱腔与语调的关系，也与节奏和结构无关，更是完全忽视了戏曲"表达感情和造成美感效果"的主要任务。可见"和"什么样的"律"，"依"什么样的"腔"确实大有可议之处。

语言中的字调语调的音高变化和语速节奏改变具有音乐性是个普世现象，在所有语言中都是客观存在的。中国的文人也已经总结出了这种规律。在元明清，先后有不少有关南北曲和昆曲的著述和乐谱问世。如《唱论》《南词引正》《度曲须知》《乐府传声》等等。好听的音调，是从这些普遍性中提取它的特殊性或者说特色音调而不是让音乐被动地随着字调的升降流动。因为普通人说话的音域一般在5度之内。若是按照沈璟提出的"宁协律而不工，读之不成句"的方法荒谬地按字索声的话，音乐就会完全受制于字调的捆绑，成为一串莫名其妙、毫无生气的音符，和填词游戏无异。作为"以北曲为尚，尊崇元人旧作的守旧派"，沈璟把前人定下的戏曲规则视为一成不变的金科玉律。他试图使昆曲完全遵从元朝的语音标准，"将片面性的一己之见抬升为规约南曲作家的根本创作原则"。④

学界自古以来将"汤沈之争"视为"势若水火"。汤显祖不屑与沈璟争辩，他曾尖锐地反驳"彼恶知曲意哉"！在答孙俟居的信中，汤显祖表达了他对于沈璟擅自将《牡丹亭》改为《同梦记》的愤慨："词之为

---

① 于会泳《腔词关系研究》，中央音乐学院出版社2008年版，第1页。
② 于会泳《腔词关系研究》，中央音乐学院出版社2008年版，第37—38页。
③ 于会泳《腔词关系研究》，中央音乐学院出版社2008年版，第57页。这里所谓"味"，指的就是表达人物的思想感情的。笔者注。
④ 程芸先生《沈璟合律依腔理论述评》，《文学遗产》2000年第5期，第91页。

词,九调四声而已哉! 且所引腔证,不云未知出何调、犯何调,则云'又一体''又一体'。彼所引曲未满十,然已如是,复何能纵观而定其字句音韵耶? 弟在此自谓知曲意者,笔懒韵落,正不妨拗折天下人嗓子。① 兄达者,能信此乎?"②愤慨之情,跃然纸上,掷地有声。或许有人会说当时改编汤显祖作品的大有人在,况且这对于推广汤显祖的作品也具有一定的普及和推广的作用。可以推断,昆曲风靡全国是在汤显祖的《牡丹亭》上演之后,出现了"家传户诵,几令《西厢》减价"的盛况。于是各地文人艺人纷纷仿效,竞相改编搬演《牡丹亭》。可想而知,汤显祖的音乐创新对于未经培训的艺人有一定的难度。因此,文人参与了改编汤显祖原作。它一方面改掉了一些有难度的唱句便于艺人上演,另一方面改变了个别字词以适应当地听众的语言习惯。这都是可以理解的。在西方歌剧中也有如此情况,但都是由作曲家处理或者经作曲家同意的。比如,威尔第创作的《茶花女》,有多达二十几个版本。因为每一个扮演《茶花女》的演员的声音条件是不一样的,乐队的规模也是不同的。威尔第常常应歌剧院的要求,对一些唱段中的某个片段和乐队的配器作必要的修改和调整。但是,不能因为文人参与了改编就认为是原作不合律。很多现代音乐学者也意识到了这种以所谓的"和律依腔"作为评价音乐优劣的主要尺度是一种"不靠谱"的行为。杨荫浏、夏野等等著名民族音乐学专家都一针见血地指出沈璟对汤显祖的批评是毫无根据的,完全是"从他保守复古的思想出发,脱离了戏曲发展的实际。"③

汤显祖剧作的改编本相当于莎士比亚作品的简写本,其艺术水准是不能和原作同日而语的。有人以为改编本是"为了弥补(汤显祖作品)剧本在音律上的缺陷"和"规范音律";甚至还有人认为沈璟将《牡丹亭》改名为《同梦记》是纠正了汤剧中不协律之处,更是以讹传讹,也是对汤翁的大不恭敬。德国著名的哲学家和音乐学家阿多诺说:"逝去的人是没有能力为自己辩护的。他活在我们的记忆里。如果我们客观真实地还原历史,就是让他获得了新生;反之,我们就又杀死他一次。"④

精通戏曲的清代音乐人叶堂(1736—1795)在《玉茗堂四梦凡例》中说:"南曲有犯调,其异同得失最难剖析。而'临川四梦'为尤甚。……欲求合临川之曲,不能谨守宫谱集曲之旧名。"坦承自己才疏学浅,无法辨别南曲中的良莠,不敢妄评"临川四梦"。冯梦龙称汤显祖为"千古逸才;"⑤王骥德对汤显祖也不乏赞美之词。汤显祖一再重申:"《牡丹亭记》要依我原本。其吕家改的,切不可从。虽是增减一二字,以便俗唱,却与我原作的意趣大不同了。"⑥他在这里说得很明白,虽然只是改几个字,以便俗唱,却与他原作中的意趣大相径庭。这里值得我们注意的一个词是"俗唱"。何谓"俗唱"? "俗唱"的意思就是普通人可以胜任的曲调。我们知道《牡丹亭》的唱腔是以传统曲牌为主,本来在音乐上可以改动的余地就很小,汤显祖为了使音乐符合人物的情感,突出人物的性格特点而煞费苦心,才在音乐上达到了前所未有的艺术高度。因此,"以便俗唱"是以牺牲艺术水准作为代价的。可想而知作为原创者对此的心情。汤显祖嘲讽这种做法犹如有人不喜欢王维(701—761)在描写冬景的诗中有"芭蕉",硬要"割蕉加梅"。

以沈氏在吴中曲坛近乎领袖的地位,沈璟本应总结汤显祖剧作中的经验教训,将昆曲引导到真正的

① "不妨拗折天下人嗓子"是作曲家对于那些不懂装懂,却对他的音乐指手画脚,品头论足的人的强烈抗议和极大愤懑。笔者想起一则有关贝多芬的轶事。传说某个演奏者向贝多芬抱怨他的曲子太难拉,贝多芬回答说:"你以为我的音乐是为你那种天资平平的人写的吗?"

② 俞为民、孙蓉蓉《中国古代戏曲理论史通论》,华正书局1998年版,第290—291页。

③ 杨荫浏《中国古代音乐史稿》。

④ Theodor W Adorno, *Essays on Music* (Berkeley: University of California Press 2002), p.612.

⑤ 张琦《衡曲麈谭》,《中国古典戏曲论著集成(四)》,中国戏剧出版社1959年版,第270页。

⑥ 俞为民、孙蓉蓉《中国古代戏曲理论史通论》,华正书局1998年版,第288—289页。"吕家"在这里是指沈璟。

"合律依腔"新高度。可是他却给曲坛带来了刻意仿造之风。正如冯梦龙指出的:"坊本彗出,日益滥觞。高者浓染牡丹之色,遗却精神;卑者学画葫芦之样,不寻根本。"傅谨先生在讨论戏曲音乐时说:"任何创新,如果没有为人们普遍模仿,如果不能通过模仿而成为人们新的行为模式,它就无法转化成为传统的有机组成部分。"①尽管汤显祖作品给昆曲带来了新气象,给文人的戏曲创作树立了榜样。可是由于保守势力的强大,昆曲没有能够沿着汤显祖引导的方向继续发展,终于被祁彪佳(1602—1645)不幸而言中,"词至今日而极盛,至今日亦极衰"。昆曲界再也没有出现如汤显祖那样的全才,最终昆曲在民间被新兴的戏曲形式取代了它的地位。程芸指出,沈璟所谓的合律依腔明显继承了何良俊的曲学主张。笔者认为,沈璟并没有继承,而是歪曲和倒退。事实上,他将何氏的"宁声叶而辞不工"改成了"宁叶律而词不工"。虽然只有几个字的差别,其实表达了完全相反的意思。"宁声叶而辞不工"指的是腔词关系中,把音乐的律放在首位。而"宁叶律而词不工"则完全是从词的角度出发,和"腔"无任何关系。按照字面解释,它的意思是(词)的律是放在第一位的,即便辞不达意也不要紧。可见他是食古不化,将古人的东拼西凑,以旧翻新。比如他的《南九宫十三调曲谱》就是用同样的方法,根据蒋孝《南九宫谱》改编而成。

四、汤显祖戏曲音乐成就

也许有人会说,汤显祖不能算是作曲家,因为依声填词不算作曲。这话有一定的道理,但是并不正确。李渔在《闲情偶寄》一书的《词曲部》开头第一句就说,称"填词一道,文人之末也"。确实,在汤显祖时代的音乐语境下,依声填词只是一项技能。② 然而,毕竟那个时代作曲手法有限。尽管依声填词不是判定作曲家的唯一标准,但因此而否认作曲贡献恐怕也有失公允。何况,利用已有曲调填词在今天的音乐创作中也仍然被广泛应用。我们只要注意一下当下的流行音乐,就可以知道利用已有歌曲或者外国曲调填词的歌曲仍然占有相当的数量。从下面的例子中,我们看到填词也可以反映作曲水平的高低。

(一)与西方早期歌剧有作曲上的共通之处

在十六世纪中后叶汤显祖创作《牡丹亭》的时代,就连西方最早的意大利歌剧也还在襁褓时期。甚至过了200多年,在十八世纪欧洲的音乐发达国家,也鲜有靠作曲谋生的。所以,历史上很长一段时间,在作曲家奇缺的情况下,利用已有曲调填词在西方也是一种相当盛行的音乐创作手法。比如在十八世纪早期,英国作家写了剧本之后,苦于找不到作曲家,往往从意大利的成名歌剧中选择几十首流行的曲调,然后用英语歌词取代原来歌剧中的意大利文,这种手法叫作"拼贴"(pastiche),其手法与昆曲中的依声填词可谓是异曲同工。尽管这些歌剧中用的都是最好听和最流行的意大利歌剧曲调,但是几乎没有一部歌剧流传下来。唯一流传下来的一部早期英国歌剧产生于1728年,名叫《乞丐剧》(The Beggar's Opera)。采用的是一种套用现有流行民谣为主的说唱型音乐形式,俗称"歌唱剧(Ballad Opera)"。剧作家盖约翰(John Gay)写这个剧本的目的是讽刺十八世纪的伦敦市民普遍崇尚意大利歌剧的"崇洋媚外"心态。有

---

① 傅谨《京剧学前沿》,文化艺术出版社2007年版,第133—136页。
② 准确地说,作曲家作为以作曲谋生的职业是近代才出现的。按照这样的标准,在二十世纪之前中国是没有作曲家的。美国也是到了十九世纪后半才开始出现专业作曲家。大家可能熟知的美国乡村歌曲《噢,苏珊娜》的作词和作曲就是美国最早的作曲家福斯特。笔者按。

趣的是,为他的《乞丐剧》编配音乐的竟然也是一位外国人,他是来自德国的作曲家派伯西(Johann Christoph Pepusch)。派伯西在这部歌唱剧中采用的主要手法就是依曲填词,用了 69 首当时英国人熟悉的民歌和流行歌的曲调。试想,如果依曲填词只是雕虫小技的话,母语是英文的剧作家盖约翰自己操作岂不应该更加得心应手,何必有劳母语是德语的外国大作曲家亲自出马?即便英文歌词中没有字调和腔格的约束,在现有曲调上填入不相干的单词,其难处应该也是可想而知。这里特别需要提及的是,这个讽刺剧显然非常成功,连演了 62 场,堪称十八世纪英国最流行的歌剧,后来又多次重新搬演。尤其是过了100 多年后的 1920 年,伦敦的一个剧院重新排演"乞丐剧",更是创造了连演 1 463 场的世界纪录。毫无疑问,"乞丐剧"的成功,其音乐发挥了很大的作用。派伯西后来加入了英国国籍,成了德高望重的音乐理论家和牛津大学教授。其超人的音乐功底,使他的音乐作品和理论著作至今没有被人遗忘。这个故事告诉我们,作品确实可以反映作曲水平的高低:问题并不是在于他使用了什么作曲技能,而是他如何使用这个技能。

显而易见,"乞丐剧"和《牡丹亭》在作曲上最大的共通之处就是采用了大量现成的曲调。这两位作曲家的高明之处在于,首先,选择与歌词表达的内容相适合的曲调(曲牌);其次,能够把不同风格的曲调根据人物性格刻画和剧情变化发展的需要以及调性原则,安排得合情合理;最后,调整和契合个别词曲关系,使其如量身定做一般水乳交融,巧妙妥帖。

由于《牡丹亭》的词曲都是由汤显祖一个人完成,以词牌的形式写成的,因此我们可以推测,汤显祖在最初的构思阶段,就采用了词曲一体化的创作方式。也就是说,他在创作中并非只用语言思维,还用了音乐思维。因为从语言思维的角度,词牌代表了词格的形式,规定了文字上的长短句法和平仄要求。从音乐思维的角度,它代表了曲调的名称及其所代表的不同情调和感情。首先在《牡丹亭》的总体设计上,他必须时时考虑到平衡音乐要素和文字功能。在设计安排全剧故事情节的时候就考虑到曲牌中的情感因素。他必须从全剧的艺术结构出发,根据人物性格和情感以及剧情发展的需要挑选合适的曲牌。其次,在遣词造句时除了考虑合乎曲牌的字格和腔格外,他要考虑曲牌之间的关系,因为每一折的不同的曲牌还必须按照宫调体系联缀成套。汤显祖原著《牡丹亭》共有五十五出,单就选择曲牌和依曲填词而言,其驾驭文字和音乐的功力就已经可想而知。

以意趣神色为主,不落曲律旧套,开创昆曲创作先河,这正是汤显祖对昆曲乃至中国戏剧史的最大贡献。

(二)力求音效,大胆突破曲牌限制

显然,值得我们思考的问题是:汤显祖究竟在音乐创作上采用了什么与众不同的手法,导致了《牡丹亭》的成功?

上海音乐学院作曲教授贾达群在他 2016 年 4 月的作品与分析的学术巡讲介绍中指出:"脱离结构和形式而抽象地探讨艺术品的内涵或意义是空洞且毫无说服力的,因为承载艺术家思想和情感、学养和技巧的媒介正是那细腻精致、缜密连贯、妥帖逻辑、新颖畅达的作品结构和形式。艺术品的结构和形式实为艺术家情思事理的物化寄托及符号表征。要企及对艺术品之思想认知、精神契合及形式玩味的意愿,必须通过对艺术品的结构和形式进行深入的研究才能真正获得。"本着这样一种认知,下面以《牡丹亭》中《寻梦》的一个唱段为例,通过剖析它的词曲结构、内容和形式,以及阐释音乐诸方面的问题,揭示渗透在

音乐结构和形式内的创新元素和艺术意趣,挖掘音乐中的丰富内涵和人文精神。为了方便比较,这里显示了来自不同昆剧的三个唱腔,用的都是【懒画眉】曲牌。①

从内容上看,我们可以看到三个唱段都是通过写景来表现爱愁。从词的结构上看,它们都是五句韵结构。如果不看括号中的衬词,三个唱段的总体结构是相当接近的。尤其是第一句,连平仄都是一致的。杜丽娘的唱词与另外两支【懒画眉】明显的不同之处是多了四处衬词(在括号中显示),一共增加了九个字。从情感表达上来看,《寻梦》中杜丽娘唱腔表现的是她在游园惊梦之后,难以释怀。第二天,重回花园,寻找梦中情景的心态。与另外两个歌词比较,杜丽娘的唱词歌词直接明了,尤其是衬词的使用,使之更加口语化,显得情真意切,言之有物。比如第一句和第二句"(最)撩人春色是今年""(少甚么)低就高来粉画垣",增加了两处衬词"最"和"少甚么"(说什么),强化了杜丽娘青春活泼、直言快语的性格特征。第三四句和五句"(原来)春心无处不飞悬,睡荼蘼抓住裙衩线,(恰便是)花似人心好处牵",通过景色的烘托,揭示出杜丽娘内心深处的秘密,对爱情的渴望以及欲罢不能、迷惘惆怅的感受。添加的两处衬词"原来"和"恰便是",更真切地刻画了杜丽娘见景生情的内心感受;把一个少女顾影自怜的情态和苦闷心情描写得含蓄而生动。

(三)与同期作品的音乐比较

在明代剧作家高濂(1573—1620)的《玉簪记》和阮大铖(1587—1648)的《燕子笺》中的【懒画眉】唱腔,衬词完全没有出现过。那么,添加衬词是汤显祖的独创吗?并非如此。在戏曲中,词牌是可以根据需要灵活增加衬字,衬词,甚至衬句的。北曲对于衬词比较灵活,南曲对于衬词有严格规定,有"衬不过三"只说。从文字功能上讲,衬词是次要的。但是衬词添加之后,已有的曲牌音乐必须做出相应的改变来配合添加的字或词,不可避免地会增加唱腔和演唱上的困难。因此高濂和阮大铖的【懒画眉】曲牌中,衬字完全没有出现,恐怕是为了避免麻烦和音乐上的尴尬。可见在创作上,汤显祖崇尚的是自由和创新,而不是像他那个时代的很多文人那样在创作上循规蹈矩,亦步亦趋,死板地依曲填词,仅仅按照字声格律要求把词填进去了事。除了《牡丹亭》,汤显祖在其他剧本中衬词的使用频率也比较高。在《邯郸梦》里,汤显祖用了北曲【醉春风】,按词牌规定是三十一个字;可是汤显祖将其扩充到了六十四个字,衬字反而超出了正字。

那么,汤显祖为什么那么热衷于添加衬词,甚至发展到衬字超出了正字。难道仅仅是为了让语言生动活泼,显得口语化吗?笔者认为,这或许并非汤显祖的主要目的。我们知道曲牌实际上就是已经完成的音乐。加入的衬词越多,音乐上的要求和变化就越多越大。这对于有志于创新的文人是一种挑战,而对于守旧的文人则避之唯恐不及。从【懒画眉】词牌的结构上看,它是五句体的结构。然而在传统的【懒画眉】曲牌中,它音乐的结构有别于词的结构,是一种类似于"起承转合"的四句唱腔。从上面的乐谱中我们看到,《寻梦》中的【懒画眉】只加了四处衬词,都是加在每一个乐句的开头。可见衬词不是按照词的结构,而是按照音乐的结构而加的。前面在谈论汤显祖的构思时,笔者提出了词曲一体化创作模式的论点。就是说,汤氏在创作中的某些环节,他的语言思维和音乐思维必须并行。这里就是一个明显的例子。

---

① 笔者注:谱例出自蒋菁在《中国戏曲音乐》。其一和其二分别出自明代剧作家高濂(1573—1620)的《玉簪记》和阮大铖(1587—1648)的《燕子笺》。其三出自《牡丹亭》中的《寻梦》。

从上面的乐谱中我们发现,《寻梦》中的【懒画眉】和传统的【懒画眉】的最大不同之处正是这四处加了衬词的地方。因此只要在每一句的开头处稍作对比,我们就可以很容易地发现它们的区别。

比如杜丽娘唱腔第一小节,和传统的【懒画眉】完全不同,几乎是颠覆了惯常的【懒画眉】开头的音区和节奏型。在谱一和谱二的第一小节旋律中,他们都是以四分音符的 3(mi)开头,然后分别以二分音符的 3(mi)或者 6(la)跟随。从音乐的角度说,这是两个对于整个曲牌很关键的音。稍微观察一下整个乐谱,我们就可以发现它们在唱腔中出现的次数最多的,而且它们占据着主要位置。例如第一乐句(第 1 到第 7 小节)和第二乐句(第 7 到第 13 小节),都是以 3 开始,以 6 结束。从这一点来说,汤显祖用的第一个音就打破了以往的惯例。他的【懒画眉】是以 2(re)开头的。进一步的观察,我们还看到,这第一个音,还不是和惯常的稳定音 3(mi,我们且称其为次主音)在同一个音区,而是在中音区,比另外两个唱腔的第一个音 mi(3)高出了整整七度!我们知道,"最"是个添加的字,在词牌结构中本是无关紧要的,可是它在音乐中得到了强调。它不仅处于第一拍的强音位置和相对的高音位置;在时值上,它也占用了相当于两拍的时值。另外,"最"字第二拍上的音 1(do)和第三拍前半拍上的音("撩")形成了一个六度下行大跳。显然,这是与南曲中以平稳和级进为特征的旋律进行相违背的。那么,这样做的目的究竟是什么,难道他真的是不谐曲律,或者仅仅是为了词的缘故就这么肆意地"破坏成例"吗? 在回答这个问题之前,让我们先比较一下三个唱腔中的共性并且重温杜丽娘这个人物的性格特点。

从音乐上看,【懒画眉】曲牌属于南曲。南曲用的是五声调式,具有一种柔和甜美的气质。它具有字少声(腔)多,旋律级进比较多,节奏舒缓的特点,擅长表现伤感、怀念、爱慕等情绪。所以三个唱腔的词曲内容和情感基本上是相吻合的,都是用以抒发少男少女的感春情怀。粗视乐谱,我们看到三个唱腔有很多相似之处,在字位,腔调,和音乐整体进行的方向上基本是一致的,比如,从第二到第六小节,从第八到第十二小节,从第十四到第十六小节,还有最后结尾的六个小节,三个唱腔的字位和腔调几乎是一样的。甚至,四个唱句的结构,在三个乐谱中也是完全一致的。

《寻梦》中的【懒画眉】和传统的【懒画眉】的最大不同之处是在四处加了衬词的地方。在四个乐句中,差别最大,给人印象最深刻的是第一乐句的开头。它的第一小节,完全颠覆了惯常的【懒画眉】开头的音区和节奏型,不是以沉稳的四分音符的 3(mi)开头,也没有以二分音符的 3(mi)或者 6(la)跟随。在它第一小节的旋律中,按照顺序出现的依次是 2313656 七个音。可以说,整个五声调式的音都包括在这一个小节。为什么如此处理? 我们知道杜丽娘是一位美丽聪明的少女,带有贵族小姐的温柔和稳重。在第一小节出现的五声音阶带有典型的南曲调式特性,使听众在下意识中感受到杜丽娘柔和甜美的气质。然而杜丽娘并非寻常之人。为了追求爱情,她可以上天入地,死而复生。所以,五个音出现的顺序也是非同寻常:尤其是第一个音 2(re)后面跟着的装饰音 3(mi)和在第二和第三拍之间形成了六度大跳(1—3)。如果我们仔细对照三个唱腔中的第一乐句(乐谱中第 1 到第 7 小节),我们可以看出,其中的 2、4、5、6 小节在乐谱上是比较相像的,而 1、3、7 小节是很不相同的。这种音乐上的鲜明特点使杜丽娘在《寻梦》这出戏一上场就先声夺人,表现出她既有和其他少女一样柔和甜美的气质,又有与众不同的青春活泼和在爱情面前的大胆果断。依照同样的方法,我们可以对照三个唱腔中的第二乐句(第 7 到第 13 小节)、第三乐句(第 13 到第 21 小节)和第四乐句(第 21 到第 27 小节),清楚地看到《牡丹亭》中的【懒画眉】唱腔与另外两个【懒画眉】在音乐上的很多细微差别,多以每个乐句开头,即添加了衬词的地方最为明显。

然而,即使是在这样可以自由发挥的地方,汤显祖也不是真的像一些学者说的那么"随意",全然不顾音乐自身的逻辑和规律,而是非常讲究和考虑周全。比如在第一小节,尽管他起用的第一个音不是传统的3(mi),也没有遵照惯常的【懒画眉】开头的音区和节奏型,可是从在这个小节出现过的2313656七个音来看,只有3(mi)和6(la)是重复出现的,是被强调的。更值得注意的是,在第一小节最后一拍上出现的6(la),用了自由延长,因此它的时值相当于二分音符,实际上和上面两个乐谱的功能类似。它告诉我们,6(la)才是这个曲牌的真正主音。最让笔者感到惊叹的是,谱三(《牡丹亭》)是以散板开始的小节。就是说,它的节拍是相对比较自由开放的。谱一和谱二都是三拍加打击乐,而谱三是五拍。如果从第三拍开始与上面的谱例作比较的话,我们就可以发现原来衬字"最"之后的"撩"字,也是以次主音3开头的。在杜丽娘的这段唱腔和其他唱腔中,我们都可以看到它既有与传统的曲牌在字位和腔调上相当重合的地方,也有和它们完全不同之处。这些重合和差别之处表现出杜丽娘既有和普通女子一样对于爱情的向往和追求,又是一位超凡脱俗,超越了现实束缚,能够为了爱情出生入死的奇特女子。所以这种音乐上的安排和她的感情和性格特征是完全相吻合的。杜丽娘的这个唱腔就是一个典型的例子!

美国著名音乐评论家,普林斯顿大学教授爱德华柯恩(1917—2004)指出:"我们对于一部优秀的音乐戏剧作品(music-drama)的完整理解并不是单靠阅读可以达到的。音乐戏剧作品的一个根本原则就是,所有重要意图都必须在某一个特定时间在音乐中体现出来,而不是单纯的从口中说出来,或者通过形体动作表演出来。它们必须是在音乐中听出来……我们应当根据音乐的引导来理解作品。音乐对于作品具有最权威的解释。"[①]柯恩的论述,对于我们理解汤显祖在昆曲音乐上的突破和创新是很有启发的。汤显祖的《牡丹亭》正是这样一部历史上少见的,试图用音乐来诠释剧情的伟大作品。他的一体性的创作思想与做法和柯恩提出的观点如出一辙。由于记谱方式和曲牌限制等历史局限,《牡丹亭》音乐不可避免地带有一些在现代人看来是不完美的东西。然而,汤显祖在《牡丹亭》中显示出来的这种立体化音乐创作思维能力,他在音乐方面的独特造诣,超乎常人的对于戏曲艺术的理解,以及对于人物性格和情感的把握,体现了一个伟大的戏曲家的独特艺术风格。

(四)"若有若无"的美学思想和独特的音乐感悟

有关汤显祖的美学思想,已经有很多著作和文章,这里无须赘述。汤显祖在谈论诗歌时,有这样一段话:"以若有若无为美。通乎此者,风雅之事可得而言。"[②]所谓"有"就是实,所谓"无"就是虚。以若有若无为美,简单地说,就是艺术创作要以虚实结合为准则。除了诗歌和戏曲文本,在曲牌音乐编创中,汤显祖也遵行着这条重要法则。

从以上的例子中我们可以看到,汤显祖的创作方法和他"以若有若无为美"的美学理念是一致的。反映在他的词曲的创作中,就是他不是很唐突地强硬破坏语言和音乐中的自然规律,或者呆呆地按照字声格律要求随便把词填进去了事。他和其他文人的差别绝不是在于增加衬词的数量或者改变音乐的音域或节奏,而是完全不同的思考。汤显祖显然有着清楚的美学理念指导和更高的艺术追求目标。他添加衬词的主要目的,很有可能是利用衬词来扩展音乐,使词曲关系的比重得到调整,从而使音乐顺理成章地

① Joseph Kerman, *Opera as Drama* (Berkeley:University of California Press,1994),p.xv.
② 汤显祖《汤显祖全集》,北京古籍出版社1999年版,第1123页。

变成戏曲的有机组成部分。因为这种循序渐进的调整既给他在音乐上自由发挥的余地,又不至于破坏现有曲牌的内在统一与和谐。如果一定要称其为"破坏成例"的话,那么,应该说,这不是"随意的破坏成例"而是"有意的改革创新"! 因为他在意的,是通过词曲来刻画人物性格和表达情感:尤其是如以上例子中所示,通过对【懒画眉】曲牌音乐的细微处理,来体现杜丽娘这个人物的独特个性和爱情。从音乐心理学上来看,由于每一乐句都采用了与传统的曲牌音乐不一样的开头而产生了先入为主的效果,使他的【懒画眉】音乐给人以耳目一新的感觉。

音乐作为时间艺术,它和欣赏绘画等视觉艺术之间的最差别就在于音乐声音出现的顺序是非常讲究的。当一个人看一幅画的时候,从哪一个点,哪一个角度开始看,对于作品的理解基本上不会产生太大影响。因为绘画表达的是一个静止的状态或者说停顿的瞬间。可是音乐刚好相反,它是通过声音的运动和变化来表达过程。所以当我们听音乐时,从哪一个音开始和在哪一个音结束,对于我们对音乐作品的理解是至关紧要的。从音乐心理上来看,这种具有"先入为主"效果的音乐安排在心理学中称之为"首因效应"(Primacy effect)。首因效应,指的是人在认知过程中,信息进入的顺序对人的记忆和感觉也会产生不同的影响。最先获取的信息给人印象最深刻,记忆持续的时间也更长。既然提到了首因效应,我们也应该了解一个和它相关的概念,叫"近因效应"。简单地说,"近因效应"是指当人们对末尾部分的记忆效果优于中间部分。我们只要稍微对比一下,就可以发现汤显祖在他的【懒画眉】音乐每一个乐句的结束部分,基本上保持着和原来的曲牌一样的音调。由于每一乐句都采用了与传统的曲牌音乐不一样的开头和几乎相同的结尾,它所产生的"首因效应"和"近因效应"使得汤显祖的【懒画眉】音乐既给人以耳目一新和似曾相识的感觉,又具有"若有若无"的审美效果。

澳大利亚心理学家史威勒在最近一期的学术期刊《心理科学新方向》上发表的文章中指出,人类的知识有两类。[①] 他把那种自然的,几乎是不花力气地从经验和社会交往中取得的知识称之为"首要知识"("Primary knowledge");而把另一种需要通过学习才能取得的知识称之为"次要知识"("Secondary knowledge")。心理学中另外一种划分,是把知识区分为显性的和隐性的(Explicit and implicit knowledge)。显性知识(Explicit knowledge) 指的是你必须通过间接的学习和训练才能获取的知识,比如,你通过学习知道英语的语法结构,但是你不一定会说英语或者能够用英语写作。而隐性知识(Implicit knowledge)指的是你不知不觉中直接地从个人的生活和社会经验中获得了某种知识或者能力。比如,人人具有用自己的母语进行交流的能力。然而母语是英语的人未必知道英文的语法结构是什么样的。因为说话是自然习得的能力,而语法规则是语言学家总结出来的,别人必须通过学习才能够掌握的知识。尽管两种区分的侧重点有所不同,它们的共同点是非常明显的,也是很容易理解的。由于每一个人成长的环境以及社会和家庭背景不同,每个人掌握的显性和隐性知识的内容和容量是不一样的。

汤显祖出身于书香门第。他的祖父汤懋昭,博览群书,善诗文,被学者推为"词坛名将"。[②] 他的父亲汤尚贤知识渊博,重视家族教育,在临川城唐公庙创建"汤氏家塾",并聘请泰州学派理学大师罗汝芳为塾师。这样的家学渊源,使汤显祖从小饱读诗书,聪慧过人。对于音乐戏曲,也早有耳闻目染。因此,"妙于音律,酷嗜元人院本。自言筐中收藏多世不常有,已至于千种。有《太和正音谱》所不载。比问其各本

---

① 转引自 David Ludden,"The Psychology of Language:An Integrated Approach", SAGE Publications, 2015, pp.66 - 67.
② 邹元江《汤显祖新论》,"国家"出版社 2005 年版,第 101—119 页。

佳处,一一能口诵之"。① 可见汤显祖绝非不协音律之人,更不是仅仅满足于依曲填词的平庸之徒。可以肯定汤显祖在语言和戏曲音乐方面的知识和能力,除了正规学习之外,很大程度得益于他幼时成长环境的熏陶。这种得天独厚的经历和自幼养成的对于诗歌和音乐的喜好,给了他超凡脱俗的艺术感悟力和审美能力,渗透和积淀在他的诗歌和戏曲创作中。

必须强调的是,指出汤显祖在音乐上的安排符合心理学中"首因效应"(Primacy Effect)和"近因效应"的原理,并不是证明他在三百多年前就已经知晓二十世纪才提出来的心理学理论,而是说明他不知不觉地掌握了这种原理并运用在音乐中。很多心理学方面的概念或者理论其实是一种普遍存在的现象或者众所周知的常识。尽管"首因效应"和"近因效应"是由美国心理学家洛钦斯(A. S. Lochins)首先提出来的,这是他的发现,而不是发明。作为心理学家,洛钦斯只是对这种现象进行了系统的研究,用实验证明了它的普遍性以及它的作用。

很多音乐方面的规则也是如此。比如十二平均律,它是自然规律,并不是西方的发明,而是东西方各自的发现。前面提到汤显祖的【懒画眉】第一小节中所用的音列时,笔者指出了它们出现的顺序对于我们对音乐作品的理解是至关重要的。值得注意的是在第二和第三拍之间出现的下行小六度大跳,这是与南曲中以平稳和级进为特征的旋律相违背的。从西方音乐理论的角度来看,由于(mi)和6(la)的重复出现和被强调,尤其是他们出现时的位置,可以看出这是一个比较倾向于小调特征的五声羽调式。心理学的很多实验证明了调式和情绪的对应关系。比如,1936年,K海佛拿就通过实验证明小调以及下行小六度进行与悲伤,如梦、柔和、渴望等形容词相对应。② 汤显祖未必知道这个结构是"下行六度",但是他可能凭直觉知道在音乐中这样的进行适宜于描述悲伤的情感,于是通过音乐把这种感觉表达出来。③ 在这里,音乐使我们下意识地感受到杜丽娘除了青春活泼和在爱情面前大胆果断的性格特征之外,她的情感中还包含了些许的伤感。这种音乐上的表达和人物的思想感情是完全一致的。

也许有人会问,对于大多数缺乏音乐训练的普通人,根本没有音阶、装饰音等音乐概念,他们也能够领会在音乐中稍纵即逝的音响和它的美妙吗?答案是肯定的。因为音乐是一种声音艺术,它作用于人的听觉。简单地说,听觉(人的耳朵),作为人体最敏感、最基本的感知器官,它只是接受各种不同的音波;是人的大脑根据不同声音的高低长短,以及它们的音色和音量,将音波转换成音乐、语言、噪音或者其他。④ 声音在人脑大致经过接受、处理、记忆和情感四个阶段。比如,当我们接到一个电话时,我们根据说话人的声音判断是生人还是熟人,当对方的音色等等与我们记忆中的声音相匹配时,我们就会有一种下意识的情感反应。随着对方的语气,语调和内容的变化,我们的情感也会发生相应的变化。

聆听音乐的过程也是大致相似。说到底,对音乐的反应是一种下意识的本能,也是很私人的情感体验。每一个人都会根据自己的喜好选择适合自己的音乐,如同每个人对于饮料,不论是茶、咖啡、汽水,还是酒类,都有各自不同的喜好,无关乎专家的意见或结论。尽管每个人的经验和所处的社会生活环境对于我们的欣赏习惯产生极大影响,真正的音乐喜好都是出自个人的听觉体验。据2014年最新的心理学

---

① 姚士麟《见只编》,转引自龚鹏程《晚明思潮》,商务印书馆2005年版,第368页。
② Hovener, K., "*Experimental Studies of the Elements of Expression in Music.*" American Journal of Psychology, 1936, pp.246－268。
③ Stephen Davies, *Musical Meaning and Expression.* Cornell University Press, 1994.《音乐的意义与表现》一书的作者戴维斯在他的书中也指出,可以用抽象的技术性术语比如"小调"和"下行六度"来取代具有纯粹感觉特征的术语来描述音乐中的"悲伤"。第268页。
④ 从音乐角度而言,声音的高低,长短,音色,和音量是构成音乐的四种基本音乐元素。这四种基本元素也存在于语言之中。笔者注。

研究表明,我们通常喜欢听比较熟悉的音乐,因为它使我们感觉良好。在聆听音乐时,我们的大脑一直在根据以往的经验对于声音形状(sound pattern)做出判断,同时期待或者预测(making prediction)下一个声音。① 当音乐与我们的期待大部分匹配时,我们就会感到满足。当音乐与我们的期待很不匹配时,换句话说,当音乐中创新的成分过多时,它就不再引起我们的兴趣和注意。只有当音乐中的创新部分恰到好处并且超出了我们的期待时,我们才会感到最大的满足和愉悦。

这个心理学研究结果,或许可以证明汤显祖戏曲作品成功的主要原因恐怕就在于他在曲牌音乐上的创新之处。从心理学上看,曲牌是已经为大众熟悉的音乐,如果完全没有创新,或者创作的部分违背了音乐自身的规律,它是不可能产生像《牡丹亭》那样"家传户诵""争脍人口"的效果的。根据以上的心理学研究结论,《牡丹亭》受到大众喜爱的主要原因可以说是他的音乐中的创新部分超出了听众的期待并且恰到好处。从前面的【懒画眉】的音乐例子中我们已经了解,首先,汤显祖是一个对于戏曲音乐相当有造诣和有追求的文人。从整体来看,他的音乐不仅没有结构上的错误,而且强化了它本身的调性功能。第二,他的创新部分不是率性随意而为,而是遵循了音乐自身的规律,在允许的范围内,具有词曲一体性的特点。第三,他具有更高的审美理念,他的创新更加强化了音乐的功能,突出了对于人物情感和性格的刻画。

(五)量身定做,口传心授,开拓音乐发展空间

汤显祖与他同时代文人的做法不同。他设计的唱腔,体现了以人为本的戏曲创作原则。他不仅根据戏曲内容和人物情感需要突破已有的曲牌模式,从演唱者的声音条件出发为艺人量身定做设计唱腔;而且在创作时也考虑到了听众的欣赏习惯和需求。从晚明曲家对汤显祖的批评"不踏吴门""未窥音律"中可以看出汤显祖没有按照吴中的音调和音律;而"局故乡之闻见""按亡节之弦歌",则表明他的音乐中汲取了一些当地民歌和方言特征。② 因此我们可以推断汤显祖在创作中不仅考虑到宜黄艺人的演唱能力,而且也考虑到了宜黄父老乡亲的听戏习惯。

《牡丹亭》的成功和临川艺人也是分不开的。1962年,杭州大学中文系教授徐朔方在校笺《汤显祖集》卷三十四《宜黄县戏神清源师庙记》时,列举汤显祖诗文中有九处提到"宜伶",比如"小园须着小宜伶""离歌吩咐小宜黄""宜伶相伴酒中禅"等等,由此得出汤显祖的剧作最初是为宜黄艺人而作并由他们首先上演。尽管徐先生在后来的论述中一再解释,他的论断仍然在学者中引起了很大的争议和误解。

从音乐创作的角度来看,歌剧中的咏叹调或者戏曲的唱腔和普通歌曲的创作方法和目的显然是非常不同的。一般而言,歌曲是服务于大众的,具有相对的普适性,任何人,任何声音都可以唱同样的歌曲。而歌剧或者戏曲唱段是服务于小众的,必须具有特殊性和典型性。它通常是为一个特定的角色,根据人物性格情感和特定情景的需要而创作的。另外,如同作家在写作前必须知道他的读者是儿童、成人,还是专业人员。歌剧或者戏曲作曲家创作前也需要了解他的作品表演者。因此笔者以为,徐朔方、苏子裕等先生认为汤显祖的剧作最初是为宜黄艺人而作并由他们首先上演的推断是极有见地的。这是戏曲的特

① Salimpoor VN[1], Zald DH[2], Zatorre RJ[3], Dagher A[3], McIntosh AR[4] *"Predictions and the Brain: How Musical Sounds Become Rewarding."* Trends in Cognitive Sciences, February 2015, Vol.19, No.2.

② 臧懋循《玉茗堂传奇引》:"今临川生不踏吴门,学未窥音律,艳往哲之声名,逞汗漫之词藻,局故乡之闻见,按亡节之弦歌,几何不为元人所笑乎?"

殊性使然,促使汤显祖回到故乡,了解和熟悉演绎他的作品的艺人,包括他们的声音条件,比如音区,音色,最佳音域,音量控制能力等等。如同画家在创作时往往需要真人模特,戏曲作品在创作时也要以真人为原型,量身定做,才能用声音塑造更加典型,更独具一格的人物形象。王骥德在他的戏曲理论专著《曲律》中高度赞赏了汤显祖的创作方法,将之概括为"以虚而用实"的"戏剧之道"。他写道:"戏剧之道,出之贵实,而用之贵虚。"①尽管王骥德在这里所指的是汤显祖的剧本创作,但是对他的音乐创作也同样适用。优秀的戏曲文本中的词和曲正如一枚硬币的正反面,它们的目的应当是一致的,美学价值是同等的,运用的手法也是相似的。虚,指的是《牡丹亭》剧本中的人物是虚构的,情节是超现实的;实,指的是《牡丹亭》剧本中人物的情感和细节是真实的,是来自现实生活的。

这种创作与实践相结合的方法,对于富有创造力的作曲家是必不可少的。古今中外优秀歌剧作曲家都采用这样的创作手法。"文革"时京剧样板戏的创作也是如此。众所周知,以于会泳先生为主创作的京剧样板戏与传统京剧在音乐和唱法上存在相当大的区别。于会泳在设计京剧样板戏的唱腔时,就已经对演员的声音和背景了如指掌。尽管样板戏中的主要演员都是受过专业训练,在国内是百里挑一的行家里手。由于创新程度的提高,于会泳设计的样板戏唱腔对于歌唱者的要求更高,难度更大,以致主要演员在最初拿到乐谱的时候,往往感到困难重重无从下口。很多主要演员,比如,《海港》中方海珍和《杜鹃山》中柯湘的扮演者,都是在于先生一字一句的教唱后才学会了那些主要唱腔。正如《杜鹃山》中柯湘的扮演者杨春霞说的:"一旦掌握之后,就会觉得越来越好听顺口,而且可以明显地感觉到自己的进步,很有成就感。"②事实上,这种口传心授的训练方法,也是符合中国戏曲千百年来的传承习惯的。

尽管时代不同,汤显祖的创作手法与样板戏的创作模式非常相似。和样板戏一样,汤显祖设计的唱腔,也是为特定的场合和特定的戏曲人物量身定做的,而不是无的放矢和闭门造车。如同我们在上面的音乐比较中看到的,那个【懒画眉】曲牌是为《牡丹亭》中《寻梦》时的杜丽娘特制的。从当时文人对其唱腔"不谐曲谱""屈曲聱牙""局故乡之闻见"的责难,我们可以推测汤显祖在创作时是根据真人的声音条件,比如,《牡丹亭》中杜丽娘的扮演者的音色和音域,并结合了当地方言中的语音元素。如前所述,昆曲的繁荣得益于它当时存在的环境。那就是在国家体制保护下,相对处于社会强势阶层的文人队伍和在乐籍制度下,终身继代不改其业的稳定官属乐人群体。由于他们有技艺却无文化,运用前人创造的曲牌来"组合唱腔并进行伴奏,对他们来说是件十分自然和便捷的事情"。③ 然而他们在文化上处于劣势,创新后的曲牌对于他们更是一种挑战。汤显祖曾在给友人的诗中描绘自己亲自掐着檀板去教乐人唱《牡丹亭》的情景:"玉茗堂开春翠屏,新词传唱牡丹亭。伤心拍遍无人会,自掐檀板教小令。"④这种场景相当真实可信。汤显祖必须把他的戏曲音乐中和传统曲牌不一致的地方直接传授给艺人,这是保证他的戏曲理想得以实现的前提条件。从曲谱比较中,我们看到《寻梦》中的【懒画眉】的创新之处主要表现在音域的扩大和节奏型的丰富,可想而知在很大程度上增加了歌唱难度。

经过汤显祖改编之后的曲牌,已经不再是那种人人可唱,一曲多用的音调。这样的唱腔对于专业的

---

① 王骥德《曲律》,《中国古典戏曲论著集成》第4册,戏剧出版社1959年版,第165页。
② 周雅文《有关京剧样板戏的对话》,《中华艺论丛》,复旦大学出版社2014年版,第415—437页。本人在完成博士论文过程中,采访了众多在样板戏创作期间曾经和于会泳先生共事的演员和同事。他们不止一次提到了于会泳先生创作的京剧样板戏唱段,和传统京剧有相当大的区别。主要演员在刚开始的时候,常常感到困难重重无从下口,在于先生一字一句的教唱后才学会。
③ 海震《戏曲音乐史》,文化艺术出版社2003年版,第7页。
④ 汤显祖《汤显祖诗文集》,上海古籍出版社1982年版,第735页。

乐人有相当难度,因此汤显祖必须一而再,再而三地掐着檀板去教乐人唱《牡丹亭》。尽管没有文献记录当时的乐人对《牡丹亭》的反应,可以肯定的是,指责汤显祖"不谐曲律"的文人所代表的仅仅是他们自己的立场而不是乐人的立场。《牡丹亭》上演的事实证明,艺人们通过训练,是能够掌握曲调中的创新部分的。夏野先生在《中国古代音乐史简编》一书中提到《牡丹亭》在文人中引发了对汤显祖的指责和反对时指出:"事实上,当时的演员都很愿意演他的剧作。"①笔者以为,这种推测是可信的。不论有无汤显祖的亲自指导,有新意和难度的作品总体上讲是更受艺人欢迎的。因为这样的作品给艺人们自信,给予他们在艺术上的提升空间,可以借此提高演唱能力。在《杜鹃山》中扮演柯湘的杨春霞在采访中说,演员们都很欢迎于会泳来指导,"他一来,戏就提高一大截"。②笔者认为这种观点在演艺圈中很有代表性的。真正优秀的艺人是不会知难而退的。他们希望挑战自己,提高技艺,这在古今中外是一致的。在 2015 年日内瓦召开的国际音乐会议期间,笔者采访了因歌剧《白蛇传》荣获 2011 年美国普利策作曲奖的周龙先生。在回答"当《白蛇传》的声乐部分难度太大时,是否需要为主演歌唱家修改曲谱"的提问时,周龙先生回答说:"即使是像主演黄英那样训练有素的女高音歌唱家,在拿到《白蛇传》乐谱时,也会感到一些困难和压力。但是,他们有专业的声乐教练指导。一旦掌握了之后,她就会因为征服了困难而更加信心倍增。因此,还没有发生过修改乐谱的事情。"

在西方也有同样的例子。我们知道,现代歌剧中用的歌唱发声,用的是意大利美声唱法。然而这种歌唱法并不是自发地产生和确立的,而是由于意大利歌剧作曲家罗西尼的引导和坚持。罗西尼在歌剧界的地位可以与贝多芬在交响乐中的地位相提并论,是一位从古典到浪漫时期承前启后的举足轻重人物。美声唱法就是在作曲家罗西尼的作品中首先确立和制定下来的。这个事实说明,音乐的进步与发展并不是一种自然而然的进化,除了历史和社会政治因素的影响之外,它很大程度上取决于作曲家的正确指导和表演者的虚心接纳。音乐艺术上每一次创新,都需要作曲家付出的极大努力和表演者的同心协力。只有这样,作曲家在艺术上的创新,才能被正确地理解和掌握,才能够接受演出实践的检验。

从这个意义上来说,汤显祖返回临川去开展他的戏曲实践是相当合乎情理的。不难推测他回乡的目的就是为了能够更好地和他熟悉的艺人合作。他需要了解那些艺人和他们的能力,熟悉他们的音乐语言,以便在可能的情况下为个别演员量身定做个别唱段,达到预期的效果。在当时的社会条件下,这是很明智的做法。作为文人,他对于艺人拥有绝对的权威,他可以决定所有角色的分配。他不受表演时间和地点的限制,也不存在首演时间的压力。更重要的,汤显祖指导艺人排演他自己的作品,他可以随时叫停和修改。总之,他要保证他的作品由熟悉可信的艺人首先搬上舞台,以便使他的创作意图可以得到准确执行和再现。

五、汤显祖《牡丹亭》音乐特点

(一) 融规范性和灵活性为一体

于会泳先生在《腔词关系研究》一书中指出,戏曲创作应该"有规范性又具有灵活性。规范性侧重于继承,有助于保持乐种的传统;灵活性侧重于发展。然而,规范的目的是为了在继承的基础上发展,

---

① 夏野《中国古代音乐史简编》,上海音乐出版社 1989 年版,第 190 页。
② 周雅文《有关京剧样板戏的对话》,《中华艺术论丛》,复旦大学出版社 2014 年版,第 429 页。

而发展的新结果,又正是新规范的成立。要在掌握规律的前提下,坚决突破既有程式规格的限制,以达到有利于内容表现的结果"。① 于先生的话突出了音乐创新的重要性和在处理继承和发展的矛盾时应该采取的态度。然而早于先生 400 多年,汤显祖在《牡丹亭》的创作实践中就已经显示出来这种崭新的创作理念。

汤显祖的作品都是在曲牌的基础上创作的。曲牌是已经定型了的音乐,有其便利和规范的一面。但是如果过分地追求规范,甚至只允许词的变化,而在音乐上墨守成规,那么再多姿多彩的唱腔也会显得僵化和贫乏。所以从人物性格塑造和情感需要出发去设计和更新曲牌,在规范化的同时追求灵活性是汤显祖戏曲音乐最显著的特点。王安祈、黄振林等很多学者都指出,认为汤显祖的剧作不合律是毫无道理的。用什么腔,取什么调,本来就是作曲家的自由。何况汤显祖使用的多为传统的曲牌,如同我们在前面的唱腔比较中看到的,创新部分和原来既定曲调唱腔在字位、腔调,和音乐整体进行的方向上不可能有太大的出入。汤显祖通过加添衬词调整了词曲比例,给音乐创新提供了空间,因此顺理成章地成为表达主人公性格和情感的主要音乐途径,从而在细节上体现出它的灵活性。另外,这些创新部分主要安排在乐句的开头,既给人以先入为主的新鲜感,又清楚地体现出程式化的新乐句规范。这种手法,使得原本千人一面,千篇一律的曲牌音乐在《牡丹亭》中,化腐朽为神奇,重新充满了新鲜的活力。

(二)创作与实践紧密结合的创新原则

毋庸置疑,汤显祖的《牡丹亭》等戏曲作品都是由他家乡的宜黄艺人首先搬上舞台的。② 他不仅根据戏曲内容和人物情感需要突破已有的音乐程式,而且从演唱者的声音条件出发为艺人量身定做设计唱腔。因为对于歌唱家而言,戏曲唱段的主要价值并不是在于它的文采,而是在于它的音乐:是否能够充分发挥歌唱者独特的声音,是否适合表演,能否给表演者提供想象空间和提高余地。可以说,《牡丹亭》是汤显祖在创作上虚实结合,以实带虚的一个范例:因为作品中的人物是虚的,而表演者是实的。这种创作与实践相结合的方法,体现出汤显祖在传统基础上推陈出新的愿望和对宜黄艺人的人文关怀。文人对汤显祖的作品"饶喉恹嗓""聱牙齰舌"的负面评价反过来可以证明汤显祖在创作上因人制宜,扩展了传统曲牌的音域,强化了节奏和复杂,增强了演唱难度。他使那种人人可唱,一曲多用的曲牌音调,提升到专曲专用的艺术高度。

(三)强化地域标志和戏曲特征

戏曲有别于歌唱,其最根本的原因就是它的唱腔都建立在方言基础上。在昆曲之前曾经广为流传的海盐腔等声腔,或者包括京剧在内的所有地方戏,都有很强的地域标志。从晚明曲家对汤显祖的批评和对他的作品不同程度的改动我们可以推断他的音乐中汲取了一些当地民歌和方言特征。于会泳先生在《腔词关系研究》中指出,唱词的主要功能是表意,实现表意功能的前提是好懂,好听。③ 可以肯定,这也是汤显祖创作时希望达到的主要目标。民歌和方言元素强化了戏曲特征,提高了音乐感染力,也便于听

---

① 于会泳《腔词关系研究》,中央音乐学院出版社 2008 年版,第 92—93 页。
② 江西省艺术研究院的苏子裕先生在最近的研究中,以翔实的史料证明了汤显祖和李明睿、吴伟业的戏曲师生链,以及宜黄戏班以汤显祖"临川四梦"为看家戏的演出盛况。
③ 于会泳《腔词关系研究》,中央音乐学院出版社 2008 年版,第 7 页。

众理解唱词的内容。因此他的作品既有曲牌的规范,又综合了南曲和北曲传统,并且符合戏曲音乐建立在方言基础上的声腔体系。

综上所述,汤显祖的创作是在传统基础上的创新。他显然清楚地意识到了继承和创新是一对矛盾。词曲太规范就会失去地方特色,戏曲的地方特色太强烈,也会影响到它的流传。汤显祖的《牡丹亭》能够受到大众喜爱,被广泛搬演迅速传播,足以证明他的作品和早先戏曲有很大的不同。其最重要的一点是,汤显祖的作品既有曲牌的规范,又综合了南北曲传统,并且强化了戏曲音乐建立在方言基础上的声腔这一特点。他吸收的民歌和方言元素,提高了音乐感染力,也便于听众理解唱词的内容。这样的创新,保证了戏曲中最具民间艺术特色的元素,是对传统的继承和发展。汤显祖时期的文人以古人的声韵标准来衡量汤显祖的作品,得出汤显祖"不协音律"的结论,令人匪夷所思。因为音乐旋律比语言的音律要丰富得多,更何况戏曲从来就是建立在民歌和方言基础上的。总之,用词律来限制音乐创作,违背了音乐自身固有的规律和作曲家自由表达意志,也是和戏曲表达感情,造成美感和正词的三大任务背道而驰。

可以说,汤显祖不仅是伟大的剧作家,同时也是中国戏曲史上第一位真正的作曲家。这种集两者于一身的全才在世界音乐史上也是屈指可数的。他在继承曲牌音乐传统的基础上,通过吸收地方民歌和方言元素,强化了戏曲特色。他通过改变曲牌结构和增加衬词扩展了戏曲音乐的结构、音域和节奏,丰富了戏曲音乐的表现力,推广普及了昆曲,使它达到了新的艺术高度,成为名副其实的国剧。汤显祖在《牡丹亭》中显示出高深的音乐造诣、深刻的美学思想、超乎常人的对于戏曲艺术的理解,以及用音乐来展示人物性格和情感的能力,都是远远超越和领先于他的时代甚至后面好几代人,直到今天也鲜有人能望其项背!或许,这正是《牡丹亭》历经400年而久演不衰的原因。

论《邯郸记》中的时尚小曲

尹　蓉

《邯郸记》是汤显祖创作的最后一部戏曲作品,写道吕洞宾点化卢生成仙的故事。汤显祖借这个故事,讽刺了明代科举制度的不合理及官场的腐败,也宣扬了人生如梦的思想:"度却卢生这一人,把人情世故都高谈尽,则要你世上忍梦回时心自忖。"《邯郸记》虽然属于神仙道化剧,但也是汤显祖为舞台而写的,正如他在《虞初记》中对《枕中记》所写评语云:"举世方熟邯郸一梦,予故演付伶人以歌舞之。"

"时尚小调"是指明清时期流行的民歌小调,在汤显祖生活的时期,它们"不问南北,不问男女,不问老幼良贱,人人习之,亦人人喜听之,以至刊布成帙,举世传诵,沁人心腑,其谱不知从何而来,真可骇叹"!① 卓人月也把它称为"有明一绝":

　　我明诗让唐,词让宋,曲又让元,庶几【吴歌】、【挂枝儿】、【罗江怨】、【打枣竿】、【银绞丝】之类,为我明一绝。②

汤显祖在《邯郸记》中插入了不少的时尚小曲,如第十三出《望幸》中的"打歌"【吴歌】,第十八出《闺喜》"打歌【青青子歌】",第二十六出《杂庆》【银纽丝】等。这些时尚小曲既是戏曲中不可或缺的部分,具有渲染气氛,推动情节的发展,在舞台上还能调剂排场,活跃气氛,为《邯郸记》的演出增添了不少色彩。

一

汤显祖在《邯郸记·望幸》一出中,通过驿丞和两名"女囚"的对话,详细描述了明代时尚小曲的演唱过程。《望幸》写卢生为迎接皇帝的东巡,极尽全力,铺张排场,劳民伤财。由于皇帝要求"不要本分闲行","又不用男丁摆撸,要一千个裙钗唱着《采菱》"。负责此事的驿丞终于寻得最后的两名"女囚"。通过驿丞"女囚"的插科打诨,讽刺了最高统治阶级的荒淫无度,我们从中亦可窥见明代时尚小调演唱的原始面貌。

剧中驿丞一找到两名"女囚"时,就立即问他们是否会"打歌":

　　(驿丞)话分两头,且问二位仙乡何处?(贴丑)江南人氏。(净)会打歌儿哩。(贴丑)也去的。(净)一发妙!如今万岁爷到来,九龙舟选下一千名殿脚菱歌女,止欠二名。恰好你二人运到,劳你

---

① 《元明史料笔记丛刊》本《万历野获编》中册,中华书局 1997 年版,第 647 页。
② 见陈弘绪《寒夜录》引卓人月语,引自《续修四库全书》(上海古籍出版社 2002 年版)第 1134 册,第 700 页。

打个歌儿,将月儿起兴,歌出船上事体,每句要"弯弯"二字,中两句要打入"帝王"二字,要个尾声儿有趣。(贴)使得。

从三人的对话中可知,只要是江南人氏,基本都会"打歌",即唱山歌、吴歌。"打歌"时,先要起兴。"兴"是民歌中常见的手法,朱熹所谓"先言他物以引起所咏之物也",《诗经》中的"关关雎鸠,在河之洲"、"桃之夭夭,灼灼其华"等都是起兴。"兴"中的"他物",一般与生活相关,具有一定的随意性。但是剧中驿丞规定了"将月儿起兴",且每句都要"弯弯"二字。明代流行的民歌中也有一首《月儿(子)弯弯》:

> 吴歌云:"月子弯弯照九州?几家欢乐几家愁?几家夫妇同罗帐?几家飘散在他州?"此歌出自宋建炎年间,述民间离乱之苦。(《京本通俗小说·冯玉梅团圆》)

建炎是南宋第一个皇帝赵构的年号,歌词反映了战乱时期百姓的流离之苦。明初叶盛《水东日记》(卷五)、明中叶王世贞《艺苑卮言》(卷六)、顾玄晖《径林续记》及晚明冯梦龙的《山歌》、田汝成《西湖游览志余》(卷二五)等都记载了这首民歌。人们还在它的基础上进行了改编,如冯梦龙编《山歌》卷五有《月子弯弯》条:

> 月儿弯弯照九州,几家欢乐几家愁。几家夫妇同罗帐,几个飘散在他州?一秀才岁考三等,其仆仿此山歌改词嘲之,云:月子弯弯照九州,几家欢乐几家愁,几家赏子红缎子,几家打得血流流。只有我官人考得好,也无欢乐也无愁。①

秀才奴仆"仿此山歌改词嘲之"就是将离乱的主题改为嘲讽秀才落地,即情应景,达到一种出人意料的喜剧效果。

《邯郸记·望幸》中驿丞还限定了"打歌"的内容,要"歌出船上事体","中两句要打入'帝王'二字",这些都是"即情应景",与为皇帝拉纤一事有关,紧扣《望幸》一出的曲意。

另外,《望幸》中的驿丞还要求"打歌"中"要个尾声儿有趣",或"也要个悄尾声儿",我们看剧中"女囚",即"殿脚菱歌女"是加个"有趣"或者"悄尾声":

> (贴歌介)月儿弯弯贴子天,新河儿弯弯住子眠,手儿弯弯抱子帝王颈,脚头弯弯搭子帝王肩。帝王肩,笑子言,这样的金莲大似船。(净)歌的好,歌的好,中子君王之意。(向丑介)你要四个"尖尖",中间两句也要"帝王"二字,也要个悄尾声儿。(丑)污耳了。(歌介)月儿尖尖照见子矛,铁钉儿尖尖纂子篙。嘴儿尖尖好贯子帝王耳,手儿尖尖摸子个帝王腰。帝王腰,着甚么乔?天上船儿也要俺地下摇。(净)妙、妙、妙,就将你两人答应老皇帝,则怕生当些触误了圣体,要演习演习才好。……(净)我唱口号二句,你二人凑成。(歌介)俺驿丞老的似个破船形,抹入新河子听水声。

---

① 王德保、尹蓉《〈邯郸记〉注评》,百花洲文艺出版社 2015 年版,第 81 页。

（贴丑歌介）一橹摇时一橹子睡，则怕摇篙子撑不的到大天明。

从"女囚"的打歌中我们可知，这个"有趣"或者"悄尾声"带有一定色情意味，如"帝王肩，笑子言，这样的金莲大似船"，"帝王腰，着甚么乔？天上的船儿也要俺地下摇"等，连"女囚"都说："污耳了！"《邯郸记》二十七出《杂庆》中乐官唱的【银纽丝】："小攒金袖软靴儿乍，撞着嘴唇皮疙癞臭冤家，把咱背克喇，钻通斗不着也他，我的外郎夫呵，唧龟儿，我龟儿唧。"也暗示了男女关系。

明冯梦龙在《序山歌》中说："今所盛行着，皆私情谱耳。"他所收集的《山歌》中，绝大部分都是歌唱儿女私情的，如《娘打》云："吃娘打得哭哀哀。索性叫郎夜夜来。汗衫累子鏖糟拼得洗。连底湖胶打弗开。"这是明代时尚小调的一个主要特点。

《邯郸记·望幸》一出，通过驿丞和女囚的插科打诨，推动了剧情的发展，为皇帝的东巡设下铺垫，同时也讽刺了统治阶级的荒淫无度。

二

《邯郸记·闺喜》写崔氏对卢生的思念，它名为"闺喜"，实为"闺怨"。剧中反复吟唱着"春光去了呵，秋光即渐多。扇掩轻罗，泪点层波，则为他着人儿那些情意可""甚情呵，夏日长犹可，冬宵短得么？"带有浓郁的抒情色彩，文人气息非常浓。但是之后加入的"打歌"不仅进一步加深了这种思念的色彩，并且使情感的表达变得通俗易懂：

> 【夜雨打梧桐】（旦）盼雕鞍你何日归来和我，渺关河淡烟横抹。（老）懒去后花园，向前门而望，傥有边报，亦未可知。（旦）正是，正是。（行介）（内打歌介）虽咱青春伤大，幽恨偏多，听青青子儿谁唱歌。（贴）略约倚门睃，翠闪了双蛾，抬头望来，兀自你凤钗微軃。

虽然只是"内打歌介"提示，"打歌"的内容并未具体写出来，但是从崔氏听歌之后感叹"虽咱青春伤大，幽恨偏多，听青青子儿谁唱歌"可推断，"内打歌"的内容可能与元代歌伎刘婆惜唱的【清江引】相关。夏庭芝《青楼集》引刘婆惜《双调·清江引》云：

> 【双调·清江引】青青子儿枝上结，引惹人攀折。其中全子仁，就里滋味别，只为你酸留意儿难弃舍。[1]

刘婆惜是江右（江西）人，善歌。流离到赣州后，拜访当时当地官员全子仁，因即兴接续全子仁的【清江引】曲"青青子儿枝上结得"而到了全子仁的曾赞，被纳为侧室。【清江引】俗称【江儿水】，李家瑞先生认为："【清江引】凡六句三十一字，一二两句都是四言，三、四、五，三句都是五言，惟末一句八言，自董解

---

① 夏庭芝《青楼集》，《历代曲话汇编》，黄山书社 2009 年版，第 494 页。

元直至现在的俗曲,没有不照这个律的。"①期间还可以加上一些衬字,使得曲意更为通俗。《邯郸记·闺喜》中的【青青子儿】虽没有将歌词唱出来,但是"只为你酸意儿难弃舍"的曲意却弥漫在剧中,渲染出来崔氏的相思之情,哀婉缠绵,也使得之前的【长相思】【摊破金字令】和【夜雨打梧桐】曲意变得通俗易懂。

《邯郸记》第二十六出《杂庆》写卢生回朝后,通过工部大使、厩马大使、户部大使与内教坊乐官之口,告诉观众皇帝对他的赏赐情况。本是很平淡的一场戏,但是剧中由于各部大臣和乐官的插科打诨,使得这出戏变得热闹非凡起来,特别乐官唱的【银纽丝】为这出戏增添了不少的色彩:

> 【与前三官见介乐】三位老先唱偌。(众恼介)反了,反了,臭龟官敢来唱偌。……(众)这等,权把你当小娘,唱个小曲儿。唱的好罢,不然呈告礼部堂上,打碎你的壳。(乐)也罢,便做小娘,唱个【银纽丝】(唱介)爱的是奴家一貌也花,亲亲姊妹送卢家。好奢华,独自转回衙,风吹了绿帽纱,斜簪一朵花。……(众)唱的好,再唱,再唱。(乐)罢了。

【银纽丝】是明代流行的时尚小曲,明沈德符在《万历野获篇》中记载:

> 嘉、隆间(1522—1571)乃兴《闹五更》、《寄生草》、《罗江怨》、《哭黄天》、《干荷叶》、《粉红莲》、《桐城歌》、《银纽丝》之属,自两淮以至江南,渐与词曲相远。②

明人卓人月也将它和《吴歌》《挂枝儿》《打枣杆》等一样,视为"有明一绝"。很多文人也对之进行拟作,明代赵南星所著《芳茹园乐府》中的五支【银纽丝】,其一云:

> 【银纽丝】到夏来难捱受用也幽,藤床睡起冷飕飕。慢凝眸,荷花池馆看轻鸥,奔忙白汗流,提起我害愁,呀,长安市上红尘臭,闲自在要人修,念一声佛儿点一点头,我的天呀,够咱心咱心够。③

这首【银纽丝】属文人拟作,和汤显祖剧中的【银纽丝】小曲相比,稍微雅正些。《邯郸记·杂庆》中【银纽丝】俗曲,内容表现的是男女之间的打情骂俏,唱词粗鄙,里面暗含有诸多的情色隐语。但当时的听众们,也就是剧中各部官员,如工部大使、厩马大使、户部大使等,却纷纷称赞道:"唱的好,再唱,再唱。"从中也可知【银纽丝】小曲在当时受到欢迎的程度。

一曲《银纽丝》使得这出原本冷清乏味的戏变得生动有趣起来,使得观众在看戏的过程中,精神为之一振,在笑闹中不再会有昏昏欲睡的感觉。

三

《邯郸记》在汤显祖的"临川四梦"中,排场冷热调剂,结构安排最为紧凑。正如冯梦龙在《墨憨斋定

① 李家瑞《北平俗曲略(影印本)》,上海文艺出版社 1990 年版,第 144 页。
② 沈德符《万历野获编》中册,中华书局 1997 年版,第 647 页。
③ 陈玉琛编著《聊斋俚曲》,山东文艺出版社 2004 年版,第 454 页。

本传奇·邯郸梦总评》中亦云："通记极苦、极热、极痴、极醒，描摹尽兴，而点缀处亦复热闹。关目甚紧，吾无间然。"①王骥德在《曲律》中亦云：

　　（汤显祖）所作五传……至《南柯》《邯郸》二记，则渐削芜杂，俯就矩度，布格既新，遣词复俊，其掇拾本色，参错丽语，境往神来，巧凑妙合，又视元人别一蹊径，技出天成，非由人造。②

　　《邯郸记》中《望幸》《闺喜》《杂庆》等戏，并不是剧中的重点关目，他们没有激烈而集中的冲突，只是对情节的简单交代，似乎"无关紧要"。但是作为戏曲结构而言，他们是《邯郸记》中不可或缺的部分，起着承前启后的作用。而剧中插入的这些时尚小曲，也具有"点缀处亦复热闹"之作用，能让观众在看这些过场戏时产生共鸣，从而精神为之一振。

　　汤显祖时代《邯郸记》的演出是以全本戏为主，这种形式一直持续到清代，李斗的《扬州画舫录》还有记载："朱文元，小名巧福，为程伊先之徒。演《邯郸》全本，始终不懈。"③在演出过程中，《邯郸记》中的时尚小调，能起到渲染气氛、调剂排场的作用，很适合场上的表演。因此，对于这些时尚小曲，历代的改编者都没有将其删除，有的甚至还对他们进行规范化，如明代冯梦龙在《墨憨斋定本传奇·邯郸梦》中对将《望幸》中的"打歌"直接标为【吴歌】，在"有趣的尾声儿"前也加了【曲尾】：

　　（贴唱）【吴歌】月儿弯弯贴子天，新河弯弯住子眠。手儿弯弯抱子帝王颈，脚儿弯弯搭子帝王肩。【曲尾】帝王肩，笑子言。这样的金莲大似船。

　　（丑唱）【吴歌】月儿尖尖照子矛，铁钉儿尖尖篡子篙。嘴儿尖尖好贯帝王耳。手儿尖尖抱子帝王腰。【曲尾】帝王腰，甚么乔，天上的船儿也要俺地下摇。

　　【吴歌】俺驿丞老得好像破船形，撑入新河听水声。（贴丑唱介）一撸摇时一撸睡，则怕掘头篙子撑不到大天明。

　　冯梦龙在《邯郸记总评》中说改编《邯郸记》原则是："惟填词落调及失韵处，不得不为一窜耳。"④这种改编，一方面使得《望幸》中的"打歌"的曲调更为明晰。【吴歌】即为"山歌"，是盛传于江南一带，用吴方言唱的民歌小调，他们的内容多与水乡船夫拉纤有关，为"明人独创之艺，为前人所无者，只此小曲耳"！⑤ 另一方面，曲调明确后，也更易于演员的舞台演唱。

　　《邯郸记》中这些流行的小曲进行，不仅使戏曲具有更多的时尚元素，也更易为观众接受和喜爱。除了《邯郸记》外，在汤显祖的其他戏曲作品中，也插入了时尚小曲，如《紫箫记》第二十出《胜游》霍小玉与李益的"打歌"；《牡丹亭》第八出《劝农》中的"（内歌泥滑喇介）（外）前村田歌可听"，第三十六出《婚走》中"【外舟子歌上】"；《南柯记》中第四十二出《寻悟》中"（紫随意行走做不畏生打歌介）"。相对于汤显祖的其他他四梦，《邯郸记》的时尚小曲更多，而且都与剧情完美融合在一起，既推动剧情的发展，也使得

① 冯梦龙《墨憨斋定本传奇·邯郸梦》（下），中国戏剧出版社1960年版。
② 毛效同《汤显祖研究资料汇编》，上海古籍出版社1986年版，第656页。
③ 李斗《扬州画舫录》卷五，中华书局1997年版，第124页。
④ 冯梦龙《墨憨斋定本传奇·邯郸梦》（下），中国戏剧出版社1960年版。
⑤ 陈宏绪《寒夜录》记卓人月语，据关德栋《挂枝儿·序》引，《明清民歌时调集》（上），上海古籍出版社1987年版，第6页。

《邯郸记》的排场更为热闹。

不仅是汤显祖,明代其他许多曲家也把时尚小调融入自己的戏曲作品中,如周朝俊的《红梅记》中西湖舟子唱的:"山外青山楼外楼,西湖歌舞几时休,暖风熏得游人醉,直把杭州作汴州。"就是宋代诗人林升的《题临安邸》。而高濂《玉簪记》第二十三出《追别》中,艄公唱的"吴歌"为:

> 满天风舞叶声轻,远浦林疏日影寒。个些江声是南来北往流不尽的相思泪,只为那别时容易见时难。

可见在明中叶以后的传奇中,适当地穿插或借用一些山歌小曲,是当时戏曲创作的一种时髦了。

清代中晚期擅演"临川四梦"的演员们

刘　庆

　　演员是戏曲剧目传承最为重要的载体,也是戏曲历史演变的亲历者。对于演员擅演剧目、表演特色、生平行实等方面的研究无疑能够丰富戏曲史的核心内容。

　　"临川四梦"的艺术价值与历代演员们的舞台实践是密不可分的。清代是"四梦"传承的重要时期,其间有哪些演员承担了这一工作?"四梦"的演出与昆曲的命运之间有何种联系?对于这些问题的回答颇为重要。本文根据相关史料,整理了清代中晚期擅演"临川四梦"的演员的情况,对其擅演剧目和表演特点进行介绍,以期反映这些剧目的舞台影响和流变状况。

一、乾隆、嘉庆年间

　　清中叶,戏曲舞台进入花雅并兴的阶段。[1] 北京剧坛戏班林立,其中四喜、三和、万和、庆宁、集秀扬等部以昆曲演唱为主体,三庆、春台等花部戏班亦有丰富的昆曲剧目的演出,出现了许多擅演"四梦"的知名演员。

　　万和部小生王百寿官,苏州人,演技全面,丰神闲逸,动辄得宜。时人评价他:"无论冠带妆、风流妆、别离妆、疾病妆、梦寐妆、妇女妆,无不色色动人。"他擅演《牡丹亭·拾画叫画》,有诗评曰:"年少惊春在客身,何堪竹外拾遗真。梦梅本是多情种,今见多情又有人。""风流名士总关情,纸上相呼不惜身。若使丽娘真有迹,好从今日唤卿卿。"[2]可见其不仅善于表现不同情境中的人物特征,同时注重人物情感的表达。

　　徐才官为庆宁部小旦。这是一位歌唱能力出众的演员,声色俱佳,名噪一时。[3] 时人誉之:"歌音浏亮,玉润珠圆,旦色中表表一时者也……每当度曲时,音清韵远,不杂瑕疵。声声入听中,足令人心旷神怡",然"恬雅有余,而风情少欠。"[4]擅演《紫钗记·灞桥》。石坪居士评论说:"伤离泣别,传奇借为抒写者屡矣,梨园从此见长者亦多矣。惟才官演《紫钗记·灞桥》一出,其传杯赠柳,固亦犹人,乃当登桥遥望,心与目俱,将无限别绪离情,于声希韵歇时传出。以窈窕之姿,写幽深之致,见者那得不魂销?况予客京师多年,尤觉泪透。"并有诗云:"宫妆结束别征镳,饮饯花亭赠柳条。送上灞桥遥一望,鱼沉雁落客魂消。"[5]其表演将人物的深邃情感通过美好的姿容体态进行刻画,感人至深。

　　① 参阅范丽敏《清代北京戏曲演出研究》,人民文学出版社 2007 年版,第 167 页。
　　② 问津渔者:"题王百寿官戏",《消寒新咏》,见傅谨主编《京剧历史文献汇编》(清代卷)(一),凤凰出版社 2011 年版,第 108—109 页。
　　③ 问津渔者评,"海棠",《消寒新咏》,见上书,第 77 页。
　　④ 铁桥山人评,"题徐才官戏",《消寒新咏》,见上书,第 115—116 页。
　　⑤ 石坪居士:"题徐才官戏",《消寒新咏》,见上书,第 113 页。

　　毛二官是万和部贴旦,擅演《牡丹亭·离魂》。因其声音本小,面色微黄,"扮作病人,不假雕饰,而自合度也。且当连声呼苦,唇索口张,确是不治之症"。有诗评论其表演:"梦里伤春病已昏,纤腰难举气难吞。樱桃红谢犹张口,幻出亭亭倩女魂。"正因其将天生的身体条件与角色加以融合,准确地表现出杜丽娘伤情病重的姿态,以至于同台扮演春香的演员金福寿"一望而却步数次"。观众看戏至此,不免感叹:"花残月缺,人易伤心。当此美人香销,不湿透青衫者,想必门外汉。即歌楼幻影,情亦犹里是耳。如果驾返瑶池,见之者又不知作何叹息。"①(按:金福寿为万和部小旦,体型短胖,常人以为"不胜妇女妆",然"其台上往来,姗然举止,丰韵天成。求之闺阁中,亦不多得"。②)

　　李福龄官,为集秀扬部贴旦,一名金官,安庆人。当时演《牡丹亭·学堂》中春香者甚众,但出色者不多。在评论家看来,演员们往往不能认真理解体会人物,表演乖于情理。据称:"近有一伶,声色颇为清秀。而且弱质轻盈,扮春香似乎得宜。乃当最良之面,肆无忌惮,居然指斥频仍。拷打时,回环辗转,脚舞裙翻,后于收场,竟将最良一推,几乎扑跌。殊为不近情理,令人发笑。"而李福龄演此剧,则能做到"处处入情",故时人赞之:"乖巧丫鬟莫比伦,席间袅娜故逡巡。私心毕竟闲偷戏,恐惧欢欣处处真。""未识诗书未识忧,学堂终日等悠悠。含情宛转无穷思,翻赘先生不自由。"③

　　童怀喜,隶四庆徽部,怀宁人,擅演《邯郸记·扫花》。有诗评其:"仿佛亭亭萼绿华,徐妃半面莫相夸。不同妖艳迷流俗,自可清姿仿大家。玉漏声中千点韵,桂龄香外一枝斜。若非仙谪来人境,长向瑶池扫落花。"④

　　陈桂林,字仙圃,扬州人,隶三庆部。该演员声容俱佳,资质聪慧,擅演《牡丹亭·学堂》。另长于《盗令》《游街》《思凡》《拷红》《戏叔》等剧。时人评价称之:"歌喉清滑,娇靥鲜妍,顾盼玲珑,风情柔韵。……灵心慧齿,如听百啭林莺,体段亦停匀合度,后来之秀应数此人。"⑤

　　陈二林,字意卿,安徽怀宁人,隶春台部。擅演《邯郸记·打番》,其人"肤若脂凝,貌如玉莹。……丰姿满态,婉肖当年'耗子'登场",惟表演上稍欠缺风致。⑥

　　吴福寿,字春祉,扬州人,隶春台部。"姿容明媚,骨肉停匀。"演出《牡丹亭·学堂》时,"闺阁风仪,别饶韵致"。另擅演《惊变》《埋玉》。⑦

　　产百福,安庆人,隶三庆部。该演员生性玲珑,姿容俊俏,伶牙俐齿,音调清圆。擅演《邯郸记·打番》。时人有诗称其:"牧马骄嘶敕勒秋,卢生结束尽风流。丈夫得志张仪从,如此佳儿少得不?"⑧

　　汪贵笙,字仙林,年十九岁,怀宁人,隶三庆部。其神清骨秀,虽艳妆而无脂粉气。演《邯郸记·扫花》一出,"初写黄庭,恰到好处",亦得观众"交口称赞"。⑨

　　顾元宝,苏州人,隶春台部。擅演《牡丹亭·学堂》,另演《背娃》《跌包》等花部戏。该演员"目长而阔,多欢容憨趣",具有良好的歌唱天赋,不过内在涵养尚欠缺,有人评价其云:"歌喉尖嫩,灼灼于

---

① 问津渔者:"题毛二官戏",《消寒新咏》,见上书,第121页。
② 问津渔者:"金福寿官",《消寒新咏》,见上书,第86页。
③ 铁桥山人:"题李福龄戏",《消寒新咏》,见上书,第124页。
④ 白斋居士:"童怀喜",《消寒新咏》,见上书,第152页。
⑤ 小铁笛道人:"桂林",《日下看花记》,见上书,第168页。
⑥ 小铁笛道人:"二林",《日下看花记》,见上书,第169页。
⑦ 小铁笛道人:"福寿",《日下看花记》,见上书,第170页。
⑧ 小铁笛道人:"百福",《日下看花记》,见上书,第171页。
⑨ 小铁笛道人:"贵笙",《日下看花记》,见上书,第177页。

时。……惟登场无内心，近乎躁，然立徽部中居然独当一面，能令敷座称佳。雅部韶龄，无此能品。"①在四大徽班中，春台以少年演员著名，亦为雅部所不及，此可视为一例。

添龄，姓不详，扬州人，隶三多部。"姿貌白皙，天趣可人"，演出《牡丹亭·学堂》，"颇能体会"；演《南柯记·花鼓》，则"别有韵致"。②

李兰官，字香谷，隶三庆部。因肌肤莹洁，人称之为"白牡丹"。天性质朴，全无雕饰，"每发一言，即嫣然笑……能于诚实中见其慧者"，③擅演《紫钗记·折柳阳关》。

郝桂宝，字秋卿，又字丛香，皖江人，隶四喜部。好围棋，兼学画。"芳姿独绝，秀骨天成"，擅演《邯郸记·番儿》及《盘殿》《四门》《烤火》等剧，其表演虽"未臻妙品"，但贵在本色天然，亦有可观处。④

李巧林，字云轩，皖江人，隶和春部。和春为名班，"部中群芳林立，几至百人"。巧林擅演《紫钗记·折柳》，时人评价其表演云："音节铿锵，丰神骀荡，纵铁石为心者，亦不觉意惹情牵矣。"⑤

黄玉林，字寀兰，扬州人，隶春台部。性情幽娴。演《南柯记·瑶台》，神韵颇似金玉部的张七官，"而闲暇尤胜"。⑥

张锦元，字小晴，又字筱晴，苏州人，隶庆宁部。"其一往而深之致，俱自性府中流出，绝非献媚取怜者可比。"登场之际，长于描摹各类青年男子情状，擅演《牡丹亭·拾画叫画》，时人评价其："状公子之冶游，则如玞树迎春，天然华贵；写才人之落拓，则如疏篁笑月，自赏风流。宫商恰彻，五夜鸾鸣，裳襜翩跹，一身仙骨。《拾画》《叫画》诸剧，颠倒痴怀，并欲痴及局外矣。"⑦

孙喜林，字韵嵋，苏州人，隶金玉部。擅演《紫钗记·折柳》及《长生殿·絮阁》。小顽山人有《赠孙韵嵋》诗云："菊部新声第一家，不将娇冶斗芳华。歌传乐府新翻李，人倚琼楼旧姓沙。南浦月明愁柳色，西宫玉立怨梅花。"⑧

朱太平，字心卿，苏州人，隶庆宁部。其父朱四官，工昆曲。太平性尤灵慧，七岁时即能演《拷红》。艺成后"曲调之工，音声之美，无有逾此者。貌颇秀雅，体甚轻柔"。与小生王双全配戏，擅演《邯郸记·番儿》、《南柯记·花报》，"尤艳冶可喜"。⑨

缪福寿，字素英，苏州人，隶庆宁部。"靡容腻理，弱质柔情"，虽歌喉不甚响亮，演《南柯记·瑶台》、《紫钗记·折柳》，"却能工稳"。⑩

张胜林，字佩秋，苏州人，隶庆宁部。性情简淡，身材纤小，体态幽娴。演《牡丹亭·游园惊梦》，细致入微，人称其表演："皆细腻风光，独得传神之妙，非粗浮者所能摹拟，亦非粗浮者所能领略。"⑪

高嵩林，字绮梅，苏州人。前在景星部，后入迎福部。时人赞其"明眸皓齿，修态姱容。清歌宛转，何殊一串之珠；妙舞轻盈，不减三眠之柳"。擅演《紫钗记·折柳》《邯郸记·番儿》。牧如子有《赠高绮梅》

---

①　小铁笛道人："元宝"，《日下看花记》，见上书，第188页。
②　小铁笛道人："添龄"，《日下看花记》，见上书，第200页。
③　众香主人："李兰官"，《众香国》，见上书，第265页。
④　留春阁小史："桂宝"，《听春新咏》，见上书，第281页。
⑤　留春阁小史："巧林"，《听春新咏》，见上书，第312页。
⑥　留春阁小史："玉林"，《听春新咏》，见上书，第314页。
⑦　留春阁小史："锦元"，《听春新咏》，见上书，第329页。
⑧　留春阁小史："喜林"，《听春新咏》，见上书，第334页。
⑨　留春阁小史："太平"，《听春新咏》，见上书，第338页。
⑩　留春阁小史："福寿"，《听春新咏》，见上书，第338页。
⑪　留春阁小史："胜林"，《听春新咏》，见上书，第339页。

诗云:"欲识吴儿酒未温,番儿一曲已销魂。三弦弹出边关调,几许春光度玉门。"①

二、道光、咸丰年间

至道咸年间,昆剧日渐式微。成书于道光八年(1828)的《金台残泪记》云:"今都下徽班皆习乱弹,偶演昆曲,亦不佳。"②齐如山亦说:"乾隆嘉庆年间,北京昆腔极盛,咸丰同治的时代,昆腔与皮簧可以算是平等,到光绪初年昆腔就微了,但在各皮簧班中,每日仍有三两出昆腔,以后越来越少。"③在此环境中,仍有不少昆剧演员将"四梦"作为他们重要的演出剧目。

杨法龄,字韵香,扬州人。为道光初年著名的"三法"(指法龄、法宝、法庆三位著名演员)之一。有兄长二人,皆为优伶。法龄九岁时来到北京,"以色倾一时"。尤长于歌唱,"尝遇雪天,独歌户外,听者至数百人"。其性情闲静旷远,"善清言,不喜饮酒","或遇客,终日不交一语",④"居陕西巷,室无纤尘。名书法画外,古琴一、洞箫一、自鸣钟一而已"。⑤擅演《紫钗记·折柳阳关》《牡丹亭·游园惊梦》。时人评价云:"近见韵香演《小青题曲》《游园惊梦》,乃悟诗人所谓'缠绵'。"⑥当时京城诸伶中,法龄以表演之韵味深长胜。有人做过比较,称:"韵香固不愧昆旦,然纫香、蓉初、梅卿亦皆习昆曲,声容甚佳。余亦尝为一字评曰:韵香'韵',纫香'媚',小郊'丽',蓉初'爽',梅卿'婉',桐仙'宕',青芗'嫩',蕙香'放',法庆'骚'"。⑦

张金兰,字倚香,苏州人。本习清音,十六岁至京城,居朱家胡同熙春堂,"登场名噪,度曲不失分刌"。擅演《牡丹亭·寻梦》,"尤尽曲中情态"。其他如《佛庇》《情誓》《搜庵》《冥追》《闻乐》《掷戟》《双拜》等出,"妙皆体会入微"。⑧

陆天禄,字品香,苏州人,道光十七年丁酉(1837),与褚鸿福同舟北上。时年十三岁。进京后,鸿福入春台余庆堂,天禄入四喜福盛堂。擅演《邯郸记·番儿》,"跳纵对舞,殊解人颐";演《牡丹亭·学堂·游园》,"娇小雏娃,体态酷肖";演《冥勘》,"宾白有节,清歌朗润,听者称快"。⑨

张蟾桂,字可香,苏州人。与陆天禄同住一处,年龄较其稍长。"丰容盛鬋",双目有神。有评论称其:"演玉茗堂《惊梦》,娉婷娇艳,颇负时名。"⑩

华阿全,字佩秋,常州无锡人,寄居苏州,道光十年庚寅(1830)六月二十二日生。为郑莲卿弟子,寓樱桃斜街净香堂。其人"秀真彻骨,弱不胜衣。一种清华之气,时露眉宇间"。业师莲卿由三庆部转入春台部,弟子亦分散于该两班。佩秋擅演《牡丹亭·学堂》,"嬉笑唾涕,声名逼真"。演《长生殿·舞盘》,则"另有一副华贵气象,不减倚香当日神致"。⑪

---

① 留春阁小史:"嵩林",《听春新咏》,见上书,第342页。
② 华胥大夫《金台残泪记》,见上书,第430页。
③ 齐如山《京剧的变迁》,辽宁教育出版社2008年版,第23页。
④ 华胥大夫《杨生传》,《金台残泪记》,见傅谨主编《京剧历史文献汇编》(清代卷)(一),第422页。
⑤ 华胥大夫《金台残泪记》,见上书,第439页。
⑥ 华胥大夫《金台残泪记》,见上书,第433页。
⑦ 华胥大夫《金台残泪记》,见上书,第433—434页。
⑧ 种芝山馆主人《花天尘梦录》,见上书,第554页。
⑨ 种芝山馆主人《花天尘梦录》,见上书,第566页。
⑩ 种芝山馆主人《花天尘梦录》,见上书,第567页。
⑪ 种芝山馆主人《花天尘梦录》,见上书,第570页。

与华佩秋齐名的是赵宝琴,在甲辰年间(道光二十四年)与华佩秋、陈翠官(梅仙)鼎足而三,声誉颇著。他少佩秋一岁,字芷仙。初居福云堂,后入春福堂。经陈纫香细致调教,声名日起。出师后,自立景云堂于大外廊营。其"杏脸樱唇,春容娇嫩","歌喉朗润",灵慧过人。擅演《牡丹亭·惊梦、寻梦》,"尤传神到玉茗佳处";演《紫钗记·折柳》,亦颇精妙,另能戏甚多。①

李宝笙,字兰舫,苏州人,与赵宝琴同庚又同师。性情文静高雅,专习小生,"工度曲,善传神。歌喉清润,宾白有节"。擅演《紫钗记·折柳》《牡丹亭·惊梦、拾画、叫画》。时人评论说:"迩来小生颇难其人,拔兰舫高置一座,庶几风厉而振兴之。"②

胡小金,字秀卿,又字语山。苏州人,或云绍兴人。吟秀堂弟子,后自立春秀堂。初演《牡丹亭·学堂》,即颇负声名。③

张宝香,字韫卿,苏州人,"文静有致"。出师后自立莲清堂。在辛丑年间(道光二十一年)有声于剧坛。擅演《牡丹亭·游园、惊梦、寻梦》《紫钗记·折柳》。其表演"体会极真,举止尤雅,度曲清稳"。④

严宝琳,字韵珊,苏州人,春福堂弟子。道光二十四年甲辰(1844)七月初登舞台,时十三岁,名噪一时。其人"歌喉圆转,姿态丰腴","性最灵敏,心计颇深。衣服玩好,务求美丽",演戏态度极认真,初与赵宝琴配《牡丹亭·游园、寻梦》,颇受好评。后能戏甚多,时人评价之:"色艺俱佳,光泽四溢。"⑤

张玉美,字丽仙,苏州人。嘉庆二十三年(1819)生。深山堂弟子。"姿貌明润,性情婉和,意态更极柔腻。"演唱歌喉圆亮,昆曲尤佳,"累累乎真如贯珠",声名几与严宝琳相当。工旦行,演《紫钗记·折柳》,"亦可观"。⑥

周宝莲,字藕香,苏州人。道光二十四年甲辰(1844)冬,由四喜部改入净香堂,时十五岁。性情温厚平和,最娴应酬,善饮好胜。专工昆曲,演《邯郸记·番儿》,得誉最早。"清歌婉脆,尤能响遏梁尘,亦其与韵珊、丽仙称鼎足矣。"⑦

钱蝶仙,与严宝琳同庚,苏州人。为人静密深沉,不轻言笑。态度安雅,时自矜持。专习小生。昆曲能演《牡丹亭·拾画、叫画》,"武戏最为出色"。⑧

茹太平,字心香。光裕堂弟子,苏州人。道光十一年(1831)生。"面清癯,有秀色"。兼工生旦,所演多小生戏,其中《邯郸记·番儿》颇佳。⑨

陈春林,字曼香,景春堂弟子。其师朱莲卿。道光二十四年甲辰(1844),年方十五演《湖船》《盗库》《调青》《独占》,即颇出色。春林每学戏,必讨论其人其事之始末,所以体会深刻。配翠林演《牡丹亭·写真》等戏,"歌喉清朗,姿态明丽,串演有青出于蓝处"。⑩

朱双喜,字琴仙,又字韵秋,苏州人。净香堂弟子。演《牡丹亭·学堂》等剧,"潇洒自如,雅有

---

① 种芝山馆主人《花天尘梦录》,见上书,第571页。
② 种芝山馆主人《花天尘梦录》,见上书,第572页。
③ 种芝山馆主人《花天尘梦录》,见上书,第572页。
④ 种芝山馆主人《花天尘梦录》,见上书,第573页。
⑤ 种芝山馆主人《花天尘梦录》,见上书,第575页。
⑥ 种芝山馆主人《花天尘梦录》,见上书,第575页。
⑦ 种芝山馆主人《花天尘梦录》,见上书,第575页。
⑧ 种芝山馆主人《花天尘梦录》,见上书,第576页。
⑨ 种芝山馆主人《花天尘梦录》,见上书,第577页。
⑩ 种芝山馆主人《花天尘梦录》,见上书,第577页。

丰致"。①

程增福,字曼云,苏州人。居寒葭潭佩珊堂,谢韫仙弟子。"貌明秀,性灵敏,工言笑。与人相处,在离即之间"。演《紫钗记·折柳》等剧。登场颇出色,"串演极知体会,而歌喉亦润"。②

郝玉美,字韵仙。安徽人。"姣媚润泽,明婉幽娴"。登场歌喉圆转。工昆曲,演《紫钗记·折柳》诸折,"安雅有情韵"。③

任鸿宝,字胪卿,槐荫堂弟子。"轻嫚秀润",配郝玉美演花鼓,一时争誉之。后演《邯郸记·番儿》《紫钗记·折柳》等昆曲,《荣归》《打饼》等时曲,"未二年而声名突过流辈"。④

陈翠玉,字黛仙,安庆人。六七岁时习读毛诗。因家贫经商,后偕其母兄来京师。兄长陈美玉,曾为春台部演员。黛仙遂随其习艺。其演《紫钗记·折柳》一出,"冶艳绝伦"。⑤

赵天寿,字菊仙,江苏长洲人。性情娴静,"对客寡言笑,而深于情"。喜与人论古今书法,颇有心得。擅长吹笛及演唱南北曲。十六岁时演《牡丹亭·游园、惊梦》,"妙绝一时"。⑥

高玉磬,号琼仙,江苏人。"风度洒然,喜修洁,性偶傥。……爱画兰及草衣设色法,尤嗜手谈"。擅演《牡丹亭·拾画》等出,"丰神濯濯,人谓似张绪当年。时年十有五"。⑦

三、同治、光绪年间

清代末年的昆曲演出已日趋寥落。据学者统计,清末北京剧坛戏班共 156 班,其中只有集芳班、全福班、万年同庆班为昆腔班;昆弋合班亦只有 10 班。⑧ 为生存计,许多昆曲演员逐渐搭入花部戏班,或改习乱弹,兼演昆腔,或将昆曲剧目融入戏班演出中,使其得以保存。如擅演《牡丹亭》的陆小芬,"年稍长,车马稀,改习黄腔,阜成部以厚赀聘之,独步一时"。时人叹之:"不惜歌者苦,但伤知音稀。昆曲云乎哉!"⑨ 即是此种情况的例证。

朱莲芬,名延禧,艺名福寿,苏州人。行二。道光十六年丙申(1836)十二月十一日生。前景春堂朱福喜之胞弟。旧居景春。春台胡子生顾合祥之婿。⑩ 童年时随兄长来京城。因兄为优伶,命其学艺,遂精南北曲。其人"顾雅自爱,喜读唐贤小诗,尤善行楷。色艺与诸名优相埒,而神气清朗,吐属隽永则过之"。演《紫钗记·折柳》、《牡丹亭·惊梦》等剧,"俱妙绝"。时人有词评价其云:

贺新凉(《折柳》)

唱到阳关曲,看卿卿,风情争似,霍家小玉。一片柔肠千载憾,都倩歌喉吐出。且休说,开帘动

---

① 种芝山馆主人《花天尘梦录》,见上书,第 578 页。
② 种芝山馆主人《花天尘梦录》,见上书,第 578 页。
③ 种芝山馆主人《花天尘梦录》,见上书,第 579 页。
④ 种芝山馆主人《花天尘梦录》,见上书,第 579 页。
⑤ 四不头陀:"翠玉",《昙波》,见上书,第 678 页。
⑥ 蜃桥逸客等:"天寿",《燕台花史》,见上书,第 693 页。
⑦ 蜃桥逸客等:"玉磬",《燕台花史》,见上书,第 696 页。
⑧ 范丽敏《清代北京戏曲演出研究》,人民文学出版社 2007 年版,第 244 页。
⑨ 萝摩庵老人《怀芳记》,见傅谨主编《京剧历史文献汇编》(清代卷)(一),第 883 页。
⑩ 邗江小游仙编《紫阳主人朱莲芬》,《鞠部群英》,见上书,第 788 页。

竹。只倾这杯中别酒，已魂销桥畔垂杨绿。长此听，杜鹃哭。　　莲卿何事纤眉蹙。岂怜他，才郎弃旧，女郎无福。从古好花容易堕，防尔亦如秋菊。叹沦落，供人娱目。便有黄衫来作合，早声声痛彻青灯屋。试回想，弃膏沐。

浪淘沙(《惊梦》)

肠断牡丹亭，此曲难听。梅边淡白柳边青。争似丽娘欢会处，艳梦刚醒。　　知否会幽冥。小像通灵。倩卿眉宇现娉婷。几度钩人魂魄去，如醉湘醽。①

徐小香，正名炘，原名馨，号蝶仙。苏州人，原籍常州，道光十一年辛卯(1831)十二月初十日生。唱小生，兼昆乱。出吟秀堂。住小安南营。② 蝶仙"性极聪警，而能静密。柔情慧语，宛转可怜"。十三岁登台，即名噪一时。十五岁演《牡丹亭·游园惊梦、拾画叫画》，"神情远出"。年长后扮演益工。"凡名伶皆乐与相配，遂为小生中之名宿"。③ 倦游逸叟评价其云："初习昆剧，后唱乱弹，二者均擅胜场。……其昆剧亦实在超神入化，不能形容万一也。"④

徐阿二正名馥，号棣香，又号亦仙。苏州人，道光二十年庚子(1840)九月二十四日生。唱昆生，徐小香之弟，出兄堂，旧居闻德堂。住韩家潭。擅演《南柯记·瑶台》的淳于梦及《长生殿·絮阁》中的唐明皇。⑤

梅巧玲，正名芳，号慧仙，又号雪芬。苏州人，原籍泰州。道光二十二年壬寅(1842)八月二十一日生。掌四喜部，唱旦，兼昆乱。工隶书，精鉴金石。出醇和堂。本师福盛杨三喜，名生陈金爵之婿。住李铁拐斜街。昆曲擅演《紫钗记·折柳》中的霍小玉及《长生殿》中的杨贵妃。⑥

万磬芳，号芷侬，江苏人。"吐属温雅，无叫嚣之习。善弈、工书，孜孜不倦。""庞面美丰姿，目盈盈若秋水"。聪慧过人，学习唱曲一日能数百言。善扮文人雅士。十四岁演《邯郸记·番儿》等剧，"有超尘绝俗之概，穿云裂石之音，一顾倾城，可当名士"。⑦

沈全珍，字芷秋，苏州人。道光二十七年(1847)丁未十二月十一日生。唱昆旦，出春华堂。前净香堂郑莲桂之婿。⑧ 演《牡丹亭·游园、惊梦、寻梦、圆驾》《紫钗记·折柳》、《南柯记·瑶台》等出，"体闲仪静，缠绵尽情"。每登场，与万芷侬配戏，"璧合珠联"。⑨

乔蕙兰，号纫仙，小名桂祺，冀州人，咸丰九年己未(1859)生。隶三庆、四喜部，唱昆旦。⑩ 性情温和，熟读诗史，尤工楷书，"丰神绰约，顾影寡俦，度曲甚佳。惜不轻易登场"。演《紫钗记·折柳》，"缠绵缱绻，一往情深，令人想见霍小玉送别时也"。⑪ 另擅演《牡丹亭·游园惊梦》。

① 四不头陀："福寿"，《昙波》，见上书，第671—673页。
② 邗江小游仙编辑："岫云主人徐小香"，《鞠部群英》，见上书，第790页。
③ 萝摩庵老人《怀芳记》，见上书，第879页。
④ 倦游逸叟《梨园旧话》，见张次溪编《清代燕都梨园史料》(下)，中国戏剧出版社1988年版，第819—820页。
⑤ 邗江小游仙编辑："崇德主人徐阿二"，《鞠部群英》，见上书，第759页。
⑥ 邗江小游仙编辑："景龢主人梅巧玲"，《鞠部群英》，见上书，第785页。
⑦ 蜃桥逸客等："磬芳"，《燕台花史》，见上书，第694页。
⑧ 邗江小游仙编辑："丽华主人沈芷秋"，《鞠部群英》，见上书，第771页。
⑨ 殿春生："丽华沈全珍"，《明僮续录》，见上书，第715页。
⑩ 邗江小游仙编辑："蕙兰"，《鞠部群英》，见上书，第763页。
⑪ 艺兰生："佩春乔蕙兰"，《评花新谱》，见上书，第747页。

钱桂蟾,字秋凌,苏州人,隶三庆部。"清扬婉娈,秀色可餐"。善昆曲,其演《紫钗记·折柳》诸出,"气韵娴静,独出冠时。工书法,笔意似赵王孙"。①

陆小芬,字薇仙,苏州人,隶四喜部。气韵沉着,仪度幽闲。"与人酬答,从未出一戏谑语,真所谓落落大方者"。晓音律,"筵间每以筝琶为乐"。演《牡丹亭·游园惊梦》诸剧,"粉腻脂柔,真足令柳郎情死也"。麋月楼主赞之云:"清词不负《牡丹亭》,翠翯春衣觉有情。庭院无人鸣鸟歇,丁香花下坐调笙。"②

李艳侬,正名得华,小名套儿,顺天人,咸丰元年辛亥(1851)九月初九日生。唱青衫,兼昆生,善弹琴、吹笛、弈画。出于嘉荫堂,瑞春堂钱阿四之婿,住猪毛胡同。③ 曾掌四喜部。善演《连厢》。"自昆宝殇后,《连厢》一剧如广陵散矣。艳实继之。周中规,折中矩,俯仰进退,尽得风流。"另演《牡丹亭·游园惊梦》中的柳梦梅及《紫钗记·折柳》中的李益亦颇为知名。④

时小福,名庆,字琴香,一字赞卿,小名阿庆,苏州人,掌四喜部,唱旦,兼昆弋,并唱小生。其人"瑰姿靡丽,神采飞扬。当其被袆,翟尚琼英,细步登场,俨然华贵,盖醲粹胜也。善谈噱,觥筹交错时,舌本澜翻,辄倾四座"。⑤ 昆曲擅演《紫钗记·折柳》中的霍小玉、《长生殿·小宴》中的杨贵妃。

任桂林,本姓王,号燕仙。本京人。咸丰八年戊午(1858)四月初四生。隶四喜,唱昆旦。春台部丑汪永泰之子。擅演《邯郸记·打番》。王桂官,号楞仙。本京人,咸丰九年己未(1859)四月初四日生。正名树荣。隶四喜,唱昆生。擅演《邯郸记·番儿》、《牡丹亭·游园惊梦》。⑥ 二人常搭演。

周凤林(1866?—1917?),苏州人,字桐荪,"精音律,能书解画,风雅绝伦,作钟鼎字,颇具腕力。天资亦聪颖异常……工演贴旦各剧,惊鸿其态,飞燕其身,灵犀其心,娇莺其舌,望之真如绝妙女郎,令人倾倒"。⑦ 光绪四年(1878)随大雅班来沪,隶三雅园。三雅歇闭后,"子弟散若晨星,法曲飘零,几至音沉响绝"。凤林遂隶大观京部,二十岁后复改隶天仙,习乱弹。凤林虽工京戏,然其擅场者,究在昆曲。所演《牡丹亭·惊梦》《佳期》《盗令》《挑帘》《独占》等剧,"柔情绰态,宛转抑扬"。⑧

邱阿增,苏州人,工五、六旦,隶大雅班。同治初年(1862—1864)随班来沪,盛极一时。光绪四年(1878),脱离昆班,搭天仙茶园。与名丑姜善珍合作甚多。擅演《牡丹亭·游园惊梦》《思凡》《佳期》《拷红》等。⑨

桂香,苏州人,隶大雅班。"苗条婉娈,秀色可餐"。善扮《牡丹亭》之春香,《西厢记》之红娘,"憨跳酣嬉,神情逼肖"。常与邱阿增配戏。"华年月满,玉貌花嫣,流走如珠,分外动人怜爱"。⑩

陈桂林,隶大雅班。光绪十三年丁亥(1887)新春来沪,引动观听,"每一登场,貂冠满座"。擅演《紫钗记·折柳阳关》一曲,时人评价之:"柔情密意,宛转迟回。"⑪

金虎,苏州人。能戏多至数十折。擅演《牡丹亭·惊梦》《跳墙着棋》《佳期》《拷红》等剧,其表演"歌

---

① 艺兰生:"春馥钱桂蟾",《评花新谱》,见上书,第747页。
② 艺兰生:"景春陆小芬",《评花新谱》,见上书,第749页。
③ 邗江小游仙编辑:"嘉颖主人李艳侬",《鞠部群英》,见上书,第782页。
④ 殿春生:"春华张蓉官",《明僮续录》,见上书,第716页。
⑤ 殿春生:"绮春时小福",《明僮续录》,见上书,第716页。
⑥ 邗江小游仙编辑:"桂林"、"桂官",《鞠部群英》,见上书,第758页。
⑦ 慕优生编:"周凤林",《海上梨园杂志》,见傅谨主编《京剧历史文献汇编》(清代卷)(二),凤凰出版社2011年版,第522页。
⑧ 申左梦畹生编:"周凤林",《粉墨丛谈》,见上书,第126页。
⑨ 方家骥、朱建明主编《上海昆剧志》,上海文化出版社1998年版,第292页。
⑩ 申左梦畹生编:"小桂香",《粉墨丛谈》,见傅谨主编《京剧历史文献汇编》(清代卷)(二),第138页。
⑪ 申左梦畹生编:"小桂林",《粉墨丛谈》,见上书,第127页。

声舞态,娓娓动人,而一种苦绪幽情,尤觉描摹尽致"。①

　　清代中晚期是昆曲由盛而衰的转折时期,演员们以自身丰富的演出活动参与了这一过程。由上述并不完整的资料来看,这一时期擅演"临川四梦"的演员既有职业戏班的成员,也有不少活跃在私寓堂名中的演员,他们与文人接触较多,因而文献资料也较为丰富。这些演员多工生旦,其他行当的记载较少,这与"四梦"的流传以生旦折子为主,应当是互为因果的。"临川四梦"因其精深的艺术价值在明清传奇作品占有重要的地位,其中不少的折子如《游园惊梦》《拾画叫画》《寻梦》《花报》《瑶台》《折柳》《阳关》《扫花》《番儿》《三醉》《云阳》《法场》等在昆曲舞台上传承了数百年。它们能够保存至今,是历代艺人以执著之心加以守护的结果,这也是今天我们的责任。

---

① 申左梦畹生编:"小金虎",《粉墨丛谈》,见上书,第135页。

明末清初的"《牡丹亭》热"

王永健

引　言

　　1774 年,歌德的《少年维特的烦恼》问世了。这部融合了作者及其朋友耶路撒冷的生活经历和体验的书信体小说,描述了这样一个悲惨动人的爱情故事:少年维特爱上了绿蒂姑娘,而同样深爱维特的绿蒂姑娘却已与阿尔贝特订婚了。为此,维特深深陷入了失恋的痛苦而不能自拔。维特一度强迫自己离开绿蒂,或试图在工作中求得精神上的寄托,可是种种努力均以失败告终。绝望的爱导致了维特对生活的绝望,他最后走上了自杀的绝路。

　　《少年维特的烦恼》真实地反映了十八世纪后期德国知识分子的精神苦闷,对腐朽的德国封建社会作了有力的批判。诚如恩格斯在《诗歌和散文中的德国社会主义》中所指出的,歌德创作的维特,建立了"一个最大的批判的功绩"。[①]　由于少年维特的烦恼道出了时代的心声和人民的要求,具有鲜明的时代精神和深刻的社会意义,出版和流传之后,在德国和欧洲曾引起了巨大的社会反响,出现一股"维特热"。不少青少年在爱情上受到了挫折,便纷纷仿效维特,走上了自杀的绝路。少年维特的烦恼和悲剧,无疑具有一定的反封建的进步意义,但他的自杀却是一种消极的反抗,它反映了德国资产阶级反封建斗争的软弱性。为了防止读者产生误解,而步维特的后尘,并引导读者对维特和绿蒂的爱情悲剧根源作正确的探究,1775 年,当《少年维特的烦恼》再版时,歌德特地创作了一首题为《绿蒂与维特》的小诗,附录于小说正文之前,诗曰:

　　　青年男子谁个不善钟情?
　　　妙龄女人谁个不善怀春?
　　　这是我们人性中的至情至纯,
　　　啊,怎么从此中有惨痛飞迸?

　　　可爱的读者哟,你哭他,你爱他,
　　　情从非毁之前,救起他的声名;
　　　你看呀,他出穴的精神正向你耳语:
　　　请做个堂堂的男子哟,不要步我后尘。

　　（郭沫若翻译）

[①]　《马克思恩格斯全集》第四卷,北京人民出版社 1985 年版,第 259 页。

令人颇感兴趣并值得研究的是,在歌德《少年维特的烦恼》出版(1774)之前的176年,明代伟大的思想家、文学家和戏剧家汤显祖的《牡丹亭》问世了。这部昆腔传奇杰作诞生后不久,不仅"家传户诵,几令《西厢》减价",①盛演不衰,风靡全国;在明末清初的中华大地上形成了一股巨大的"《牡丹亭》热";其社会反响之大,震撼人心之深,持续时间之长,均远远超过了一百多年之后德国和欧洲的"维特热"。

美国学者蔡九迪在《异人同梦:吴吴山三妇合评〈牡丹亭〉考释》②中对"《牡丹亭》热"有这样的描述:

> 1598年,汤显祖写成传奇牡丹亭《还魂记》……此剧一出现便形成一股热潮。不仅在剧场上盛行,而且在阅读群中亦颇受欢迎。杭州一位相当有名的闺秀林以宁(1655年生,1730年仍在世)就曾写道:"书初出时,文人学士案头无不置一册。"(《还魂记题序》)而在现代学者看来,当时人们对杜丽娘之推崇有如十八世纪晚期风靡欧洲的"维特热"。③ 和歌德小说一样,《牡丹亭》是对"至情"最热烈的歌颂,且"数得闺阁知音"。④

蔡九迪在这里提到了笔者1980年发表的《论吴吴山三妇合评本牡丹亭及其批语》一文的重要观点。这是笔者首次将"《牡丹亭》热"与"维特热"相提并论。由于拙作重点评论三妇合评本《牡丹亭》及其批语,故对"《牡丹亭》热"仅提及而已。1987年11月24日,笔者曾在香港《大公报》上刊发了短文《明末清初的"〈牡丹亭〉热"》限于篇幅,此文也只对"《牡丹亭》热"略作介绍,仍然未作深究。不过,"《牡丹亭》热"这个有趣的研究课题始终萦绕于笔者心头,一直想撰写一篇有深度和新意的论文,总因难度较大而一再迁延未果。现在离2016年汤翁逝世四百周年越来越近,笔者不顾年老体衰,终于奋战两月而成稿。拙作仍颇觉欣慰。当然一得之见,也仅供海内外同好的参考,抛砖引玉而已。

"《牡丹亭》热"形成的原因探究

任何一种"热"在一定的历史时期内形成,都有其复杂的原因,决非少数人能煽动起来的。一部文学名著在一定的历史时期形成一股社会热潮,如明末清初的"《牡丹亭》热",如在十八世纪后期的德国和欧洲的"维特热",亦复如此。中国传统的经史子集,在历史长河中,经历代专家的研究,可以逐渐形成为某种专门的学问,如诗经、楚辞学、选学、龙学等等,他们虽然与"《牡丹亭》热"和"维特热"的表现形态不一样,但其形成同样离不开一定的历史、社会和文化方面的原因。

在中国的通俗小说和戏曲领域,一部名著诞生后,由于巨大的社会影响而在一定的历史时期形成一股社会热潮,或形成一门专门的学问,却极为罕见,迄今公认的只有"《牡丹亭》热"和"红学"。究其原因,就在于一部小说或戏曲名著,在一定的历史时期,要形成一股社会热潮,或一门专门学问,必须具备一定的主客观条件。首先,这部作品必须具有巨大的思想深度,真实地反映时代精神,表达百姓的心声;其次,

① 沈德符《万历野获编》卷二十五《词曲》。
② 《汤显祖研究通讯》2004年第一期,中国戏曲学会汤显祖研究分会、浙江省遂昌县文联、遂昌县汤显祖研究会主办。
③ 王永建《论吴吴山三妇合评本牡丹亭及其批语》,南京大学学报第四期(1980年),第18—26页。
④ 杨复吉《三妇评牡丹亭杂记跋》(1776)。

这部作品必须具有极高的艺术成就和艺术感染力;再次,这部作品必须拥有各阶层的广大读者群和研究者群。如果它是一部剧作,则必须盛演不衰,拥有广大的各阶层的观众群;最后,这部作品必须得到当时统治者的首肯或默许,至少不干涉其出版、发行和演出。以上四者,缺一不可。而最后一个条件,在封建社会尤为重要;一部作品即使具备前三个条件,若不符合最后这个条件,也难以形成社会热潮或专门学问。比如,"南洪北孔"的《长生殿》和《桃花扇》,作为昆腔传奇的杰作,其思想深度、艺术成就和艺术感染力,以及社会影响,均不在《牡丹亭》之下;可是由于其题材和内容触犯了清王朝的根本利益,尽管在康熙朝,"两家乐府盛康熙,进御均叨天子知;纵使元人多院本,勾栏争唱孔洪词"①。康熙以降,《长生殿》极少全本演出,而《桃花扇》连折子戏也鲜见搬诸舞台,更遑论形成一股社会热潮,或专门学问。

汤显祖的《牡丹亭》,既有深刻的思想内容,又有高度的艺术成就,舞台演出又有强烈的艺术感染力。它写的是儿女之情和梦,他们的青春和理想,其题材和情节,对明清两朝的统治者来说,均无违碍之处。同时,作为汤氏一生的最得意之作,《牡丹亭》集中反映了作者的"情至"新观念。剧作肯定和赞美了青年男女追求个性解放和爱情、婚姻自由的理想,以及他们的抗争行为;揭露和批判了压抑人性、束缚爱情和婚姻自由的封建主义礼法,强烈而真实地反映了时代的精神和百姓的心声。由于汤氏采用了浪漫主义的艺术方法,剧作通过杜丽娘和柳梦梅在梦中相识、相会和相爱,以及杜丽娘的为情而死,又为情死而复生这种超现实、超时空的奇幻情节,既具有极强的艺术表现力和感染力,又避免了对封建礼法的冲击,从而遭到统治者的干涉。故而问世之后,家传户诵,到处演唱,风行全国,获得了深受封建主义礼法压抑和束缚的广大青年男女,尤其是妇女的强烈共鸣,产生了巨大的社会反响;却并没有受到明清两代封建统治者的禁毁(虽也不乏封建卫道者对《牡丹亭》及其作者的污蔑和诋毁)。这就是"《牡丹亭》热"之所以形成且热浪滚滚的历史、社会和文学方面的原因。

晚明"《牡丹亭》热"述评

《牡丹亭》问世之后,首先在汤显祖的亲朋好友间传播,随即士大夫文人纷纷加以评论,引来一片赞誉之声。《牡丹亭》成稿于明万历二十六年(1598)。汤氏友人黄贞甫(1580—1616)得到汤氏的新作《牡丹亭》后,随即转赠给沈德符(1578—1642)。沈氏如获至宝,赞曰:"真是一种奇文,未知于王实甫、施君美如何?恐断非近日诸贤所能办也。"沈氏虽也指出《牡丹亭》美中不足:"奈不谐曲谱,用韵多任意处",但仍肯定其"才情自不也朽也";并且特别指出:"汤义仍《牡丹亭梦》一出,家传户诵,几令《西厢》减价。"②黄贞甫在《复汤若士》中,则写下了初读《牡丹亭》的感受:"政雀鼠喧喧时,得《牡丹亭》披之,情文俱绝,游戏三昧,遂而千秋乎?妒杀,妒杀!"③梅鼎祚从吕玉绳处得到《牡丹亭》,读后深感"丽事奇文,相望蔚起",特致信汤显祖表示要撰写有关《牡丹亭》的评论:"当为兄弁数语,以报章台之役。"④

吕玉绳之子吕天成,则在其《曲品》(自序于万历三十八年,1610)中,评《牡丹亭》曰:"杜丽娘事甚奇!而着意发挥,怀春慕色之情惊心动魄。且巧妙叠出,无境不新,真堪千古矣!"

---

① 金埴《题阙里孔稼部尚任东塘〈桃扇〉传奇卷后》。
② 沈德符《万历野获编》卷二十五《词曲》。
③ 《寓林传》卷二十五。
④ 《鹿裘石室集》卷十一《答汤义仍》。

潘之恒"抱恙一冬,五观《牡丹亭记》,觉有起色。信观涛之不余欺,而梦鹿之足以觉世也"。他与汤氏有同样的"情至"观,故认为《牡丹亭》"是能生死死生,而别通一窦于灵明之镜,以游戏于翰墨之场";"杜之情痴而幻,柳之情痴而动,一以梦为真,一以生为真,惟其传真,而幻、荡何所不至矣"。①

汤显祖尝有诗赞袁宏道曰:"每爱袁郎思欲飞,仍传子建足天机。"②袁氏评《牡丹亭》云:"《还魂》笔无不展之锋,文无不酣之兴,真是文入妙来无过熟也。"③袁氏还将《牡丹亭》与诗经、左、国、南华、离骚、史记、世说、杜诗、韩、柳、欧、苏文、《西厢记》、《水浒传》、《金瓶梅》视为"案头不可少之书"。④

上述这些汤氏好友,或为戏曲家,或为戏曲评论家,或为散文大家,他们对于《牡丹亭》的赞评,不仅有助于《牡丹亭》的迅速传播,更引来了更多士夫文人对《牡丹亭》的关注和品评。

可是就在汤显祖的亲朋好友齐声赞评《牡丹亭》之时,也有一些戏曲家,虽然也赞赏《牡丹亭》的主旨,称道《牡丹亭》的文采,却认为这部传奇杰作在音律上存在着诸多缺憾,是案头之作。因此他们便亲自动手,"尽行删改,以便演唱"。⑤

最早出现的《牡丹亭》改本,当是"吕家改的"本子和沈璟的串本《牡丹亭》。汤显祖在《与宜伶罗章二》中叮嘱说:"《牡丹亭》要依我原本,其吕家改的,切不可从。虽是增减一二字,以便俗唱,却与我原作的意趣大不同了。"⑥在《答凌初成》中,汤氏更指出:"不佞《牡丹亭》大受吕玉绳改窜,云便吴歌。不佞哑然笑曰:昔有人嫌摩诘之冬景巴蕉,割蕉加梅。冬则冬矣,然非摩诘冬景也。其中驵荡淫夷,转在笔墨之外。"⑦或曰:"吕玉绳常在汤、沈之间起着桥梁作用,因此很可能是汤氏把沈改本误与吕家改本。"⑧或曰:"不仅无吕天成改本,也无他老子吕玉绳改本;汤氏本人说过有吕家改本,此乃沈璟改本之误。"⑨上述二说,其根据是王骥德的《曲律》:"吴江曾为临川改易《还魂》字句之不协者,吕吏部玉绳以致临川,临川不悦,复吏部曰:彼恶知曲意哉,我意所至,不妨拗折天下人嗓子。"笔者认为,汤氏曾看过吕家改本,但有关沈改本的情况,则是吕玉绳在信中转告的,汤氏并未见过沈改本。而从王氏《曲律》这段话,绝难肯定吕氏曾将沈改本寄给汤氏。吕氏曾将沈氏《曲论》寄汤氏,并不能因此断定吕氏也曾把沈氏《同梦记》寄给汤氏。故据此确认汤氏所说"吕家改"的《牡丹亭》,即是沈改本《牡丹亭》,是难以成立的。此其一。其二,据吴吴山三妇合评本《牡丹亭》的批语:"又吕、臧、沈、冯改本四册,则临川所讥割蕉加梅,冬则冬矣,非摩诘冬景也。"可见她们是看见过吕家改本的,此乃确有吕家改的《牡丹亭》的一大佐证。其三,汤氏不说吕玉绳改的,而曰"吕家改的",此话大可玩味,很有可能吕家改的《牡丹亭》,乃是吕玉绳及其儿子吕天成合作而成,本子上甚至署上吕氏父子之名。

沈氏的《牡丹亭》改本,即《同梦记》,吴梅不仅见过,还曾做过校录。《瞿安日记》丙子年六月二十六(1936 年 7 月 12 日)曰:"校《牡丹亭》下卷,尽半日力,得十二折。沈宁庵《还魂》改本,止有唐刻,今既校录,可备临川曲掌故矣。快甚!"次日日记中,吴梅又有校沈改本的记载云:"盖沈宁庵所改《还魂》止有唐

---

① 潘之恒《鸾啸小品》。
② 《玉茗堂诗·怀袁中郎曹能始二美二首》。
③ 沈际飞《评点牡丹亭还魂记·集诸贤评语》。
④ 李雅、何永绍汇定《龙眠古文》附吴道新《文论》。
⑤ 吴震生《才子牡丹亭序》。
⑥ 《玉茗堂尺牍》卷六。
⑦ 《玉茗堂尺牍》卷四。
⑧ 徐扶明《牡丹亭研究资料考释·吕改本牡丹亭》,上海古籍出版社 1987 年版,第 54 页。
⑨ 徐朔方语,转引徐扶明《牡丹亭研究资料考释》,第 54、55 页。

刻,今人但知臧改,沈改则无人见,并知者亦鲜。昔人谓临川近狂,吴江近猖,今合狂猖于一册,亦大可喜,益笑冰丝馆本之陋矣。"

沈璟的《同梦记》后来不知去向,吴梅的校录稿亦未见流传。明末沈自晋《南词新谱·词曲总目》有记载云:"《同梦记》,词隐沈先生未刻稿,即串本《牡丹亭》改本。《南词新谱》卷十六【越调】和卷二十二【双调】,选录了《同梦记》的两支曲子:【蛮牌令】和【真珠帘】。"吕家改本《牡丹亭》,则未见传世。虽然我们已无法评判沈吕二氏的改本《牡丹亭》,但由于这两种改本而引发的汤显祖与沈、吕二氏围绕着《牡丹亭》的音律和意趣神色的曲学争论,却延续了几十年之久,且还涉及臧晋叔、冯梦龙、徐日曦、硕园等人的《牡丹亭》改本。这场旷日持久的曲学大争论,不仅有助于昆腔传奇的理论批评的发展,得出了"汤词沈律"合之双美的科学结论,也为方兴未艾的"《牡丹亭》热"掀起了一波巨大的热浪。

《牡丹亭》在沈吕二改本之后,又陆续出现了臧改本、冯改本,即《三会亲风流梦》,以及硕园的改本和徐肃颖的改本。

作为汤显祖的同僚和朋友,臧晋叔在汤氏死后,曾在《玉茗堂传奇引》《元曲选序》和《元曲选序二》中,一再论及"临川四梦",且多有指责。如谓汤氏"南曲绝无才情";"识乏通方之见,学罕协律之功,所下句字,往往乖谬,其识也疏";又如臧氏说《牡丹亭》"此案头之书,非筵上之曲";甚至批评说:"今临川生不踏吴门,学未窥音律,艳往哲之声名,逞汗漫之辞藻,局故乡之见闻,按无节之弦歌,几何不为元人所笑乎?"臧氏的《牡丹亭》改本,不仅随便改动曲词,调换场次,还将原作缩成三十六折。虽也有其合理和可取之处,但不当和可以商榷的地方极多。因此印刻虽精,但批评者不乏其人。明末墨本《牡丹亭凡例》指出:"臧晋叔先生删削原本,以便登场,未免有截鹤继凫之叹。"茅元仪则对臧改本"删其采,锉其锋,使其合于庸工俗耳"极为不满,尝面责臧氏。[①]

冯梦龙对汤显祖及其《牡丹亭》评价极高,其《风流梦小引》劈头即云:"若士先生千古逸才,所著四梦,《牡丹亭》最胜。王季重叙云:笑者真笑,笑即有声;啼者有啼,啼即有泪;叹者真叹,叹即有气。丽娘之妖,梦梅之痴,老夫人之软,杜安抚之古执,陈最良之腐,春香之贼牢,无不筋节窍髓,以探其七情生动之微。此数语直为本传点睛。"有鉴于汤氏"强半为才情所役","独其填词不用韵,不按律",不便于正宗的昆腔格律敷演,冯梦龙也"僭删改以便当场"。冯改本虽易名为《三会亲风流梦》,或删除,或改作,或合并,或分拆,将原作压缩为三十七出,不仅符合昆腔音律,便于当场;其总评和眉批、夹批,对当时和后世的戏曲编剧、导演和演员,也颇有参考价值。

编刻于明崇祯年间的《六十种曲》,不仅收入了"临川四梦"和《紫箫记》,还选录了硕园删改本《还魂记》。这种绝无仅有的做法,充分说明了编者毛晋对于汤显祖及其剧作的推崇,也是当日《牡丹亭》热"的一种表现形态。为什么《六十种曲》独选硕园本《还魂记》呢?徐扶明《牡丹亭研究资料考释》所录硕园有关修改《还魂记》的短文提供了一些信息:硕园幼年就景慕汤显祖,"曾获其《紫箫》半剧,日夕把玩,不啻吉光之羽。迨'四梦'成,而先生之奇倾储以出,道妙宗风,抵自抒其得,匪与世人争妍月露,比叶宫商也"。在文中硕园也谈到了为何要对《牡丹亭》"稍为点次"的原因:"《牡丹亭记》脍炙人口,传情写照,政在阿堵中。然词旨奥特,众鲜得解,剪裁失度,或乖作者之意思。余稍为点次,以昪童子。"由于硕园乃毛晋之友,毛晋看到硕园的点次本《还魂记》,"见而阅之,欲付歆厥"。笔者以为这是毛晋赞赏其多删而少

---

① 茅元仪《批点牡丹亭序》。

改的修订原则。硕园尊重汤氏的原作,重视其意趣神色,多删而少改,与其他大删大改的改本,显示不可同日而语。在笔者看来,硕园本《还魂记》只能说是原作的删节本,而毛晋赞赏的恰恰正是这个特点。

徐肃颖的改本,因原作《牡丹亭》首出《标目》下场诗中有"杜丽娘梦写丹青记"之句,故易名为《丹青记》。徐氏传世的两种传奇,均为名著的改本;《丹桂记》,是周朝俊《红梅记》的改本;《丹青记》现存万历刊本,署汤显祖撰,陈继儒批评,徐肃颖删润,萧傲韦校阅。

上述诸种明人的《牡丹亭》改本,因人而异,或恪守昆腔音律,改动不合昆腔音律的曲词;或着眼于排场,调整不便当场的人物、情节和场次;或删繁就简,缩长就短(主要删除李全叛乱副线上的折子,以及那些不便演唱的场次和曲白),以便俗唱。不管从哪个角度来看,这些虽然存在着诸多缺憾和改本及其批语,对于牡丹亭的流传、普及和提高,均有一定的积极作用,视之为汤氏和《牡丹亭》的功臣,实不为过。而由于《牡丹亭》的改本所引发的曲学争论,作为"《牡丹亭》热"的重要表现形态,更不可等闲视之。

在上述诸《牡丹亭》改本陆续问世的同时,又陆续出现了多种《牡丹亭》的评点本,它们只评点而不作任何的删改。可以说,这既是"汤沈之争"引发的曲学大争论的成果之一,也是"《牡丹亭》热"的又一种表现形态。在这里对各种评点本略作介绍:

泰昌本《牡丹亭》,现藏中国国家图书馆,《古本戏曲丛刊初集》据以影印。卷首有茅元仪批点《牡丹亭记序》、茅暎《题牡丹亭记》和《凡例》四则。此本插图题字中有"庚申中秋写",按庚申为明泰昌元年(1620),此本眉上引录了不少臧晋叔的批语。茅元仪和茅暎对臧氏有关《牡丹亭》的评价,以及任意删改的做法,都是竭力反对的。他们认为《牡丹亭》"不惟远轶时流,亦当并辔往哲";他们之所以刊刻自己的评点本,为的是"欲备案头完璧,用存玉茗全编","与有情人相与拈赏"。①

天启清晖阁本《牡丹亭》,现藏中国国家图书馆,书名为《清晖阁批点玉茗堂还魂记》,即王思任评点本。王思任(约1574—1646),字遂东,号季重,浙江山阴人。其《批点玉茗堂牡丹亭叙》撰写与明天启三年(1623),这是一篇全面评论《牡丹亭》的思想和艺术的重要论文,历年来为研究者所推崇。在叙文中王氏对汤显祖的人格、思想、才学和文学创作推崇备至,对《牡丹亭》的立言神旨和人物评价,言简意赅,允当精辟。白石山眉道人陈继儒的《王季重批点牡丹亭题词》,则不仅推崇汤氏及其《牡丹亭》,也赞扬了王氏的评点:"汤临川最称当行本色,以花间兰畹之余彩,创为《牡丹亭》,则翻转换矣!一经王山阴批评,拨功髑骨古之根尘,提出傀儡之啼哭,关汉卿、高则诚曾遇如此知音否?"陈继儒在《题词》中,还拈出了"括男女之思而托之梦"这个《牡丹亭》的艺术构思特点,发人深思。

崇祯独深居本《牡丹亭》,现藏中国国家图书馆。独深居乃沈际飞的别号,沈氏字天羽,自署震峰居士。他于崇祯年间点定《玉茗堂四种曲》。其《玉茗堂诗集题词》署"崇祯丙子积阳日苏郡后学沈际飞天羽甫纂于晓阁"。按:崇祯丙子,即崇祯九年(1636)。沈氏的《玉茗堂尺牍题词》则署"鹿城沈际飞",据此可知,沈氏当为苏州府昆山县人。沈氏可谓当时研究汤显祖的专家,对汤氏的诗文和传奇的评论,皆别具只眼。其《题还魂记》指出:"临川作《牡丹亭》词,非词也,画也,不丹青,而丹青不能画也;非画也,真也;不啼笑,而啼笑即有声也。以为追琢唐言乎,鞭垂宋词乎,抽翻元剧乎?当其得意,一往追之,快意而止。非唐、非宋、非元也。"对《牡丹亭》的艺术独创性作了极高的评价。在《玉茗堂文集题词》中,沈氏指出:"若士积精焦志于韵语,而竟不自知其古文之到家。秾纤修短,都有矩矱。机也以神行,法随力满。言

---

① 引语分别见茅元仪《批点牡丹亭序》、茅暎《题牡丹亭记》《凡例》。

一事,极一事之意趣神色而止;言一人,极一人之意趣神色而止。何必汉、宋,亦何必不汉、宋。若士自云,汉、宋文字各极其致也。"在这里,沈氏对汤氏在文学创作(古文诗词和戏曲)的意趣神色上的艺术独创性的论断极有见解。

明末蒲水斋校刊本《牡丹亭》,现藏中国国家图书馆。正文首行书名《牡丹亭记》,后署"临川玉茗堂编,公安洒雪堂批,新都蒲水斋校"。洒雪堂乃公安袁宏道之室号,此本当为袁氏的评点本。

明末柳浪馆评点本《牡丹亭》,郑振铎藏,书名《柳浪馆批评玉茗堂还魂记》。

上述五种明的《牡丹亭》评点本,连同六种《牡丹亭》改本的先后问世,以及它们的广泛流传和演唱,不仅扩大了《牡丹亭》的社会影响,更促进了晚期《牡丹亭》理论批评的发展,说它们是"《牡丹亭》热"在晚期的两波热浪实不为过。

明清易代之际,由于战乱以及政治、经济等因素影响,士夫文人、缙绅富商的家乐受到了相当程度的冲击。但是,戏曲艺术并没有遭到毁灭性的破坏,包括《牡丹亭》在内的昆腔传奇和南杂剧名作,仍然演唱不衰。由晚明转入明清易代之际,《牡丹亭》依然好评如潮。

王骥德(?—1623)《曲律》尝批驳臧晋叔所谓"临川南曲绝无才情"之说:"夫临川所诎者,法耳,若才情,正是其胜场,此言非公论。"王氏认为:"《还魂》妙处种种,奇丽动人。然无奈腐木败草,时时缠绕笔端。"在王氏看来:"使其约束和鸾,稍闲音律,汰其赘字累语,规之全瑜,可令前无作者,后鲜来者,二百年来,一人而已。"在《曲律》中,王氏还将汤显祖和沈璟作了比较评论:"吴江守法,斤斤三尺,不欲一字乖律,而毫锋殊拙;临川尚趣,直是横行,组织之工,几与天孙争巧,而屈曲聱牙,多令歌者咋舌。"此等评论,皆独具只眼,耐人寻味。①

张琦《衡曲麈谭》则评汤氏牡丹亭曰:"临川学士旗鼓词坛,今玉茗堂诸曲,脍炙人口。其最著者杜丽娘一剧,上薄风、骚,下夺屈、宋,可与王实甫《西厢》交胜;独其宫商半拗,得再调协一番,词调两到,讵非盛事与? 惜乎其难也!"

李渔(1611—1679?)的《闲情偶寄》曾多处论及汤显祖及其《牡丹亭》。李渔认为:"汤若士,明之才人也,诗文尺牍,尽有可观;而其脍炙人口者,不在尺牍诗文,而在《还魂》一剧。"李渔力主戏曲语言"贵显浅",推崇元曲。在他看来:"无论其他,即汤若士《还魂》一剧,世以响元人,宜也! 问其精华所在,则以《惊梦》《寻梦》二折对。予谓:二折虽佳,犹是今曲,非元曲也。"这种着眼于戏曲艺术特点,力主"贵显浅"一家之言,颇有见地。谈到科诨的"忌恶俗",李渔对《还魂》和吴炳《粲花五种》作了比较评析:"吾于近剧中取其俗而不俗者,《还魂》而外,则《粲花五种》之长,不仅在此,才锋笔藻,可继《还魂》;其稍逊一筹者,则在气力之间耳。《还魂》力足,《粲花》略亏。虽然若士之四梦,求其气长力足者,惟《还魂》一种,其余三剧,则与《粲花》比肩。"②

黄周星(1611—1680)对汤显祖极为推崇,但是对《牡丹亭》的评价却不高。其《制曲枝语》云:"曲至元人,尚矣! 若近代传奇,余惟取汤临川'四梦'。而'四梦'之中,《邯郸》第一,《南柯》次之,《牡丹》又次之,若《紫钗》,不过与《昙华》《玉合》相伯仲,要非临川得意之笔也。"③

袁于令(1592—1674)尝以佛理、佛法为喻评汤氏"四梦"曰:"临川先生作《紫钗》时,仙骨已具,豪气

① 《中国古典戏曲论著集成》第 4 册,中国戏剧出版社 1959 年版,第 164、165 页。
② 上引李渔语,分别见《中国古典戏曲论著集成》第七册,中国戏剧出版社 1959 年版,第 7、8、23、62、63 页。
③ 《中国古典戏曲论著集成》第七册,中国戏剧出版社 1959 年版,第 121 页。

未除；作《邯郸》时，玄关已透，佛理未深；作《南柯》时，佛法已跃跃在前矣，犹作佛法观也；及至作《还魂》之日，儿女之事，惧证菩提游戏之谈，尽归大藏生生死死，不生不死，不死不生，了然矣！不言佛，而无不是佛矣；后即有作，亦不必再进竿头一步矣。"袁氏此评，虽不易理解，却大可玩味。

张岱（1597—1685后），反对传奇创作中的狠求奇怪之风，他认为："汤海若作《紫钗》，尚多痕迹；及作《还魂》，灵奇高妙，已到极处。《蚁梦》《邯郸》，比之前剧，更能脱化一番，学问较前更进，而词学较前反为削色。盖《紫钗》则不及，而'二梦'则太过，过犹不及，故总与《还魂》逊美也。"张岱曾对袁于令说："兄作《西楼》，只一情字，《讲技》《错梦》《抢姬》《泣试》，皆只情理所在，何尝不热闹，何尝不出奇，何取节外生枝，屋上起屋耶。——今《合浦珠》是兄之二梦，而《西楼》为兄之《还魂》；'二梦'虽佳，而《还魂》终不可及也。"①

文人学士对《牡丹亭》的评论林林总总，不绝如缕。虽也有批评和指摘，对其不合昆腔音律的批评尤为尖锐。可是，肯定和赞美其曲意和文采却是主流。人们爱读《牡丹亭》，"书初出时，文人学士案头无不置一本"。② 有人自述："童子时爱读此记，读之数十年，自恨于佳处尚未能悉者。"为此感叹说："世有见玉茗堂《还魂记》而不叹其佳者乎？然欲真知其佳，且尽知其佳，亦不易言矣！"③

当文人学士案头无不置一本《牡丹亭》，读得津津有味，以致家传户诵，几令《西厢》减价之时；各地的家乐和民间戏班，或用汤氏原作，或用各种删改本，甚至便于俗唱的自改本，纷纷将《牡丹亭》搬上昆曲舞台或用其他声腔演唱的戏曲舞台。诚如石韫玉《吟唱堂曲曲谱序》所说："汤临川作《牡丹亭》传奇，名擅一时，当其脱稿时，翌日而歌儿持板，又翌日而旗亭树赤帜矣！"各地舞台上演唱的"《牡丹亭》热"，是与文人学士阅读、评点，删改同步进行的，它是"《牡丹亭》热"不可或缺的组成部分。如果说，汤显祖友朋对《牡丹亭》的爱好和鼓吹，引起了晚明士夫文人对《牡丹亭》的评点热，而吕玉绳、沈璟等人对《牡丹亭》的删改，引发了晚明清初戏曲评论家的曲学大争论。那么，各地家乐和民间戏班的竞演《牡丹亭》，则把"《牡丹亭》热"迅速地推向广大的民间和市井妇孺，并给这股社会化的热潮增添了传奇色彩和市井气息。

《牡丹亭》最早的出演，当在万历二十七年（1599）秋，地点在临川汤显祖新建的玉茗堂，其《七夕醉答君东》诗可以为证。之后，汤氏友朋的家乐，也陆续开始光演出《牡丹亭》。邹迪光《调象庵稿》云："义仍既肆力于文，又以其绪余为传奇，丹青栩栩，备有生态，高出胜国词人之上。所为《紫箫》《还魂》诸本，不佞率童子习工，以因是而见神情，想丰度。诸童搬演曲折，洗去格套，羌亦不俗。"《牡丹亭》的演唱，从汤氏友朋的家乐逐渐扩大到士夫文人，富商缙绅之家乐和民间戏班；到明末清初甚至出现了"唱尽新词无俗肠，最擅临川玉茗堂"④的局面。据梧子《笔梦》记载，《牡丹亭》是常熟钱岱（1541—1622）家乐的拿手剧目，经常摘演一二或三四出折子戏欣赏品味。《牡丹亭》成为当时士夫文人、富商缙绅家乐的常演和拿手的剧目，肯定不止钱岱一家，当是明末清初的普遍现象。由此也培育和涌现了一代又一代擅演《牡丹亭》男女主角的名伶。比如，潘之恒《鸾啸小品》中记载的吴越石家擅演杜丽娘的"二孺"；张大复《梅花草堂笔谈》记载的擅演杜丽娘的赵必大。又如曹寅词中赞美的白头朱老，说他"当场搬演，汤家残梦倘偏好"。⑤ 白头朱老即朱音仙，原是阮大铖家乐的演员；直到曹寅时代，他演出"汤家残梦"依然风采偏好，年

---

① 张岱《琅嬛文集·袁箨庵》。
② 林以宁《三妇本还魂记题序》。
③ 冰丝馆重刻《还魂记叙》。
④ 刘命清《虎溪渔口集·旧伶篇》
⑤ 曹寅《楝亭诗钞·念奴娇题赠曲师朱音仙·朱老乃前朝阮司马进御梨园》。

轻时的演唱风采可以想见。

"玉茗堂开春翠屏,新词传唱《牡丹亭》。伤心拍遍无人会,自掐檀痕教小伶。"①沈际飞评汤氏此诗"有大不平",此诗确值得玩味。《牡丹亭》问世之后,家传户诵,家乐和民间戏班争相演唱,评者蜂起,一片赞誉之声。面对如此大好情势,汤氏为何要感慨、不平和伤心呢?是因为点评者不解《牡丹亭》的意趣神色,抑是针对任意删改者而言?杨懋建《长安看花记》尝言:"嗟夫!解人难索,自古已然;小伶自教,固犹愈于执涂人而语之。不然而西子骇麋,其遭按剑者几希。"以笔者之浅见,汤氏之不平和伤感,主要是针对士夫文人过分赞赏文采,忽视曲意文化内涵探索的评论而发。当汤氏听到广大市井平民,尤其是妇女,因阅读、观看《牡丹亭》,心灵受到强烈共鸣和震撼后的反应,汤氏只会感到欣慰和喜悦,却无伤感和不平。在汤氏心目中,《牡丹亭》的真正知音,乃是那些能深刻领会剧作旨意的市井平民,尤其是感同身受封建礼法压抑的广大妇女(市井妇女和闺阁妇女)。

《玉茗堂诗》卷十一,有汤氏作于万历四十三年(1615)的《哭娄江女子二首》,其序曰:"吴士张元长、许子洽前后来言,娄江女子俞二娘,秀慧能文词,未有所适。酷嗜《牡丹亭》传奇,蝇头细字批注其侧。幽思哭韵,有痛于本词者。十七惋愤而终。元长得其别本寄谢耳伯,来示伤之。因忆周明行中丞言,向娄江王相国家劝驾,出家乐演此!"相国曰:"吾老年人,近颇为此曲惘怅!"王宁泰亦云,乃至俞家女子好之至死,情之于人甚哉!诗云:

> 画烛摇金阁,真珠泣绣窗。
> 如何伤此曲,偏只在娄江?

> 何自为情死?悲伤必有神。
> 一时文字业,天下有心人。

由诗序可知,汤显祖逝世前一年创作这两首诗,其情感之冲动,其一来自娄江女子俞二娘的"十七惋愤而终";其二,则有感于王相国为家乐演唱《牡丹亭》而惘怅,《牡丹亭》的艺术感染力冲击和震撼了娄江的一个小姑娘和一位老相国,他俩皆可谓"天下有情人",前者"为情死";后者"为此曲惘怅"。汤氏认为这都是由于他的"文字业"而引发的伤心事,为此深觉不安,可是如作深一层的探究,笔者以为,汤氏得知娄江的这一老一小、一男一女由《牡丹亭》而引发的伤心事,他的内心应该是深觉欣慰的。因为他们都是真正领会《牡丹亭》曲意的知音者。尤其是俞二娘,因酷嗜《牡丹亭》,深受其"情至"的影响,最后"为情死"的悲剧,更说明了汤氏和《牡丹亭》的真正知音,乃是广大深受封建礼法压抑的平民女子。

娄江俞二娘的悲剧深深感动了汤显祖,而娄江俞二娘的悲剧,以及汤氏的《哭娄江女子二首》并序,又深深地感动了又深深地感动了一百五十年后的著名戏曲家蒋士铨(1725—1785)。蒋氏心仪汤显祖,瓣香"临川四梦"。在他创作于乾隆三十九年(1774)的那部为汤翁立传的《临川梦》中,借其丰富的艺术想象力,将俞二娘的"伤心事"写入剧中,精心塑造了一个酷嗜《牡丹亭》的俞二娘形象,并敷演成《谱梦》《想梦》《殉梦》《寄曲》《访梦》《了梦》等极富感染力的戏文,成为剧作的一条副线。不仅形象地反映了

---

① 《玉茗堂诗》卷十三,《七夕醉答君东》。

"临川四梦",以及明末清初的"《牡丹亭》热",在当日社会上产生的巨大反响;也生动地表达了作者对汤翁的人格、思想和文学创作的敬仰和追慕。① 须要补上一笔的是,蒋士铨在《临川梦自序》中指出:"独惜娄江女子,为公而死,其识力过于当时执政远矣。特兼写之,以为醉梦者愧焉。"此说很值得玩味和沉思。

晚明,像俞二娘这样因酷嗜《牡丹亭》而最后"为情死"的真人真事还有不少。根据其具体情况,大致有这样几种类型:

其一,因婚姻不如意,受《牡丹亭》影响,为情感疾而死,如冯小青。冯小青与俞二娘不同的是,嫁人为妾,丈夫冯生乃一伧父;婚后两年,深受大妇虐待,含恨感疾而死,冯小青生前酷嗜《牡丹亭》,有绝句曰:"冷雨幽窗不可听,挑灯闲看《牡丹亭》。人间亦有痴如我,岂独伤心是小青?"②

其二,擅演《牡丹亭》的女伶,因爱情、婚姻不如意,演出《牡丹亭》时伤心过度,死于舞台之上,如崇祯时的杭州商小伶。③ 鉴于封建社会女伶地位低贱,备受欺压和凌辱,这类事例当不只商小伶一人,值得关注和重视。

其三,闺阁少女爱读《牡丹亭》《西厢记》等传情之作,因内心郁闷而夭折,如吴江叶小鸾。关于叶小鸾的夭折,情况比较复杂,但与她爱读《牡丹亭》有关,容后文再述。需要指出的是,闺阁妇女因酷嗜《牡丹亭》,深受其影响而酿成悲剧者,乃是明末清初的"《牡丹亭》热"中最令人痛惜的一种表现形态。

至于传说扬州的金凤钿,读《牡丹亭》成疾,决心留此身以待汤显祖,临死嘱婢以《牡丹亭》曲殉。④ 内江女子因爱读《牡丹亭》,访若士于西湖;见若士乃"皤然一翁,伛偻扶杖而行",失望投水而死。⑤ 此类民间传说,虽纯属子虚乌有,也从一个侧面,反映了"《牡丹亭》热"的形形色色和群众性特点。

关于冯小青和叶小鸾,这里还须作些补充。

明末有关冯小青故事的记载甚多,除冯梦龙《情史·情仇·冯小青》外,尚有张岱《西湖梦寻·小青佛舍》、张潮《虞初新志》卷一《小青传》等。而取材于冯小青故事的昆腔传奇和南杂剧作品也不少,如吴炳的《疗妒羹》、朱京藩的《风流院》、来集之的《挑灯闲看牡丹亭》、徐士俊的《春波影》、陈季方的《情生文》、无名氏的《西湖雪》等等。其中不少剧作都有小青挑灯观看《牡丹亭》的关目;而《风流院》,更以小青为主角,以汤显祖为风流院主,以柳梦梅、杜丽娘为院仙。《春波影》杂剧,全名《小青娘情死春波影》,作于明天启乙丑(1625),也是专写小青为情而死的故事。由于众多戏曲、小说的渲染和鼓吹,小青在后世也颇有影响,杭州西湖孤山有小青之墓。诚如明末人卓人月《春波影序》所说:"天下女子饮恨有如小青者乎? 小青之死未几,天下无不知有小青者。"清初入对冯小青其人其事的真实性是有不同看法的。但有一点必须指出的,天下无不知有小青者,这是与小青酷嗜《牡丹亭》有着密切的关系。因此有关小青的故事,以及相关小说和戏曲作品的于明末清初风靡,实在也是"《牡丹亭》热"中的一波热浪而已。

叶小鸾(1616—1632),乃明末吴江叶绍袁和沈宜修夫妇之三女,她才貌惊人,小小年纪却向往仙游,所作诗词出世思想十分明显。诚如乃父所评:"多凄凉之词,无一秾丽气",真可谓"一清沏骨,冷气逼人"。崇祯五年(1632),年仅十七的小鸾将嫁而逝。虽然叶小鸾并非直接因读《牡丹亭》为情而死,但她与二位姐姐纨纨(1610—1632)和小纨(1613—1657)的诗词创作,皆离不开愁和闷,以及由此萌生的出世

---

① 参见王永健《为一代戏曲太师的立传之作·评蒋士铨临川梦》,《蒋士铨研究论文集》,江西人民出版社1989年版,第72—82页。
② 冯梦龙《情史》情仇类《冯小青》。
③ 参见蒋瑞藻《小说考证》引,《间房蛾术堂闲笔》,鲍倚云《退余丛话》。
④ 邹弢《三借庐笔琰》。
⑤ 焦循《剧说》引黎潇云语。

思想,这与明末的社会黑暗、动乱有关,也与叶氏妹妹也感受到封建礼教的无形压抑(她们的婚姻皆非自由恋爱而结合)不无关系,小鸾曾在坊刻的附有崔莺莺和杜丽娘画像的《西厢记》和《牡丹亭》上,题过六首《题美人遗照》,乃父叶绍袁在批语中指出:"何尝题画,自写真耳!"《牡丹亭》对叶小鸾的影响,由此也可见一斑了。请玩味小鸾《题杜丽娘小照》三首:

> 凌波不动怯春寒,觑久还如佩欲珊。
> 只恐飞归广寒去,相愁不得细相看,

> 若使能回纸上春,何辞终日唤真真。
> 真真有意何人省,毕竟来自花鸟嗔。

> 红深翠浅最芳年,闲倚晓空破绮烟。
> 何似美人肠断处,海棠和雨晚风前。①

上述有关闺阁妇女和市井妇女因酷嗜《牡丹亭》,最后或为惰而死,或为情而愁闷,最有力、也最生动地说明了《牡丹亭》鼓吹"情至",抨击封建主义礼法的现实意义和社会影响;而闺阁妇女和市井妇女之所以成为《牡丹亭》的真正知音,也最生动地说明了《牡丹亭》的时代精神 ——为青年男女的自由恋爱和自主婚姻而呐喊,为青年男女的个性解放而呼唤,为青年男女追求"一生儿爱好是天然"的理想而鼓劲,从而赢得了青年男女的强烈共鸣。汤显祖《牡丹亭题词》尝谓:"梦中之情,何必非真? 天下岂少梦中人耶!"上述闺阁妇女和市井妇女皆可谓天下之"梦中人"也!

改作、仿作和续作,既是对《牡丹亭》的一种特殊形态的评论,又是扩大《牡丹亭》传播的一种途径,它们同样是明末清初"《牡丹亭》热"的表现形态。有关《牡丹亭》的改作情况,上文已有所论述,这里再就《牡丹亭》的仿作和续作略作介绍。

《牡丹亭》风靡全国之后,心仪汤显祖和瓣香"临川四梦"的戏曲家,在汤氏"情至"观念 和浪漫主义艺术方法指引下,努力效法"临川四梦",尤其是《牡丹亭》创作传奇和南杂剧,于是明末清初逐渐形成了"玉茗堂派",其主要成员有吴炳、孟称舜、洪昇和张坚。这派曲家深得《牡丹亭》基于"情至"的意趣神色。而一般效法《牡丹亭》的戏曲家,却往往在个别折子中刻意模仿《牡丹亭》的某些情节、关目和曲词。虽然在某些方面,甚至某些折子,可以达到以假乱真的水平,但他们与"玉茗堂派"戏曲家仍不可同日而语。明末的阮大铖、范文若的某些作品,就是最明显的例证。(关于"玉茗堂派",后文还有论述。)

明末清初,模仿《牡丹亭》的传奇不少,它们的出现,也是"《牡丹亭》热"的一种表现形态。范文若(1588—1636)《梦花酣自字》尝云:"此类微类《牡丹亭》而幽奇冷艳,转折恣态《牡丹亭》自谓过之……"《梦中酣》敷演肖斗南与谢倩花的爱情故事,在情节和曲词上模仿《牡丹亭》的痕迹十分明显,也有相当的水平。明末王元寿的《异梦记》,敷演王奇俊与顾云容的爱情故事,其第八出《圆梦》、第九出《思想》,也明

---

① 引文均见叶绍袁编纂于崇祯九年1636 的《午梦堂集》。拙作《吴汾诸叶,叶叶交光——晚明吴江叶氏三姊妹现象初探》,《苏州文艺评论——2008》,江苏教育出版社 2008 年版,可资参考。

显地模仿《牡丹亭》的《惊梦》和《寻梦》。自署吴郡西泠长的《芙蓉影》,敷演文士韩樵与妓女谢娟娘的爱情故事。其第三出《情诉》也有堕入烟花的谢娟娘伤心阅读《牡丹亭》的关目,其情境和曲词,也颇有《牡丹亭》的神韵。朱京藩的《风流院》今存明刊本。朱氏怀才不遇"抑郁不得志,穷愁悲愤,乃始著书以自见"(柴绍然《风流院叙》)。其《风流院》敷演冯小青的悲剧。朱氏自叙说:"小青为读《牡丹亭》,一病而夭,乃汤若士害之,今特于记中有所劳若士以报之。"这部传奇和冯小青的悲剧,与汤氏及其《牡丹亭》的关系太密切了。作者凭其丰富的艺术想象力,写小青为冯致虚之妾,被大妇折磨而死,魂入风流院;而舒新谭拾得小青题诗,因相思而其魂亦进入了风流院。经风流院主汤显祖和南山老人帮助,冯小青与舒新谭死而复生,结为夫妇。剧中人物的生死经历和思想感情、不少折子的关目安排,以及剧作的曲词,模仿《牡丹亭》的斧痕显而易见。梅孝己原著、冯梦龙改定评点的《洒雪堂》,敷演贾娉娉借尸还魂,与魏鹏终成眷属的爱情故事。第二十九出有冯批云:"死别略似《牡丹亭》而凄凉过之。"此出写贾娉娉病逝的情景,近似《牡丹亭》的《闹殇》。第三十二出写冥府怜悯贾娉娉亡魂的情景,亦近似《牡丹亭》的《冥判》。康熙年间的龙燮(卒于康熙三十六年,1697),亦是位心仪汤显祖的戏曲家,所谓"新声又见江花梦,旧曲还恋玉茗堂"(高珩题词)。龙燮的传奇《江花梦》,敷演书生江云仲与袁餐霞、鲍云姬一夫两妻的爱情故事,与汤显祖的"情至"观念显然不可同日而语。但剧作的有些折子,如第二出《梦笺》,亦竭力模仿《牡丹亭》中的《惊梦》。

模仿《牡丹亭》之作,集中于明末清初。但直到乾隆年间,还有古檀的《遗真记》、黄振的《石榴记》、潘炤的《乌阑记》、张衢的《芙蓉楼》、张道的《梅花梦》等剧。在这里,笔者还想对黄图珌的仿《牡丹亭》之作《栖云石》传奇略作介绍。黄氏生于康熙三十八年(1699),卒于乾隆二十三年(1758),江苏华亭(今上海松江区)。曾官杭州、衢州同知,著有《看山阁集》六十四卷,并有《雷峰塔》《栖云石》等传奇数种。《栖云石》,又名《人月圆》,三十二出首署看山阁乐府,峰泖蕉窗居士填词。在《自序》中,黄氏提出:"吾尝谓情之为患最大"的美学命题,指出"独情之所钟,始终不易磨灭,不畏变化,不穷真假。不借始,不能终,磨不能灭,千变万化,似真疑假。于是生可以死,死可以生,生死不能自主。此情之所钟,自亦不知也。"由此可见,黄氏的所谓"情之为患最大",是与汤氏的"情至"观念是一脉相承的。故他模仿《牡丹亭》,创作《栖云石》,也是为了鼓吹"为患最大"之情,亦即"情至"观念。诚如张廷乐评语所说:"我辈钟情玉茗传奇,以情之不死以创其说于前;此借旧事翻新,曲曲传神,情无不至,意无不达。"《栖云石》敷演姑苏士人文世高与兵科刘老爷之女秀英的生死之情,剧作之旨意和情节,与《牡丹亭》相似,故陆汝饮题诗曰:"《栖云石》比《牡丹亭》,香艳无分尹与邢。只恐呆呆痴女看,浑无才笔自通灵。"

如果说《牡丹亭》的改作,主要是从艺术(尤其是音律上)对汤氏原作的审改;《牡丹亭》的仿作,则主要在艺术(尤其是关目、曲词、风格)上效法汤氏的原作。那么《牡丹亭》的续作,则可谓对汤氏原作旨意的反动。明末清初的《牡丹亭》续作,今存者有陈轼的《续牡丹亭》和王墅的《后牡丹亭》。

陈轼,字静机,福建侯官入,崇祯十三年(1640)进士,由南海县擢御史,入清未仕,晚留寓浙江,著有《道山堂诗集》。今存《续牡丹亭》,藏南京图书馆,题《续牡丹亭传奇》,署静庵编,被翁阅,二卷四册,共四十二出。另有古吴莲勺庐抄存本,藏中国国家图书馆。姚燮《今乐考证》之国朝院本,著录静庵一种:《续还魂》,一名《续牡丹亭》。《续牡丹亭》敷演杜、柳姻缘后事,《曲海总目提要补编》的《续牡丹亭》条谓:"因汤载柳乃极佻达之人,作者欲反而归之于正。"故剧中的"梦梅自通籍后,即奉濂、洛、关、闽之学为宗,每日读《朱子纲目》,还纳春香为妾。盖以团圆结束,补《还魂》所未及云。"即此一端,已可见《续牡丹亭》

反《牡丹亭》之意趣神色之一斑了。

王墅字北畴,安徽芜湖人,约生于康熙年间,创作有《后牡丹亭》《拜针楼》传奇两种。焦循《剧说》:"《牡丹亭》又有《后牡丹亭》,必说癞头鼋为官清正,柳梦梅以理学与考亭同贬,凡此者,果不可以已乎?"

明末清初的戏曲家,受《牡丹亭》与临川其他传奇的影响,无论对《牡丹亭》进行改作、仿作,还是续作,都是当时"《牡丹亭》热"丰富多彩的表现形态之一,值得另眼相看。当然,众多的《牡丹亭》的改作、仿作和续作,不符合汤氏原作意趣神色之处颇多,甚至还出现了"递相梦梦"(语见王思任《春灯谜序》),"活剥汤义仍,生吞《牡丹亭》"(语见《洒雪堂》第三出眉批)的怪现象,这也是当时传奇创作领域"狠求奇怪"以及以翻案为奇的一种表现。此种不良的风气,直到乾隆年间依然存在,对此,凌廷堪曾有尖锐的批评说:"玉茗堂前暮复朝,葫芦怕仿昔人描。痴儿不识邯郸步,苦学王家雪里蕉。"(《校里堂文集·论诗绝句》)

最后,尚须一提的是,万历后期已有戏曲选本选录《牡丹亭》的折子戏。比如,《珊瑚集》(序撰于1616)选了《言怀》的两支曲子;《月露音》(万历刊本)选了《惊梦》《寻梦》《写真》《闹殇》《玩真》《游魂》《幽媾》和《硬拷》等出;《乐府红珊》(序撰于1 602)选录的《牡丹亭》折子戏,则比《月露音》还多。崇祯年间(1628—1644)出版的《怡春锦》,选录了《惊梦》《寻梦》和《幽媾》;《醉怡情》则选录了《入梦》《惊梦》《寻梦》《拾画》和《冥判》;《玄雪谱》选录了《言怀》(易名《自叙》)、《硬拷》(易名《吊打》)。

康熙前期的"《牡丹亭》热"一瞥

如果说,晚明是"《牡丹亭》热"的第一个高潮,那么,明清易代之际,则是其低谷。在这个朝更世变的战乱时期,虽然昆腔传奇和南杂剧的创作,并未受到致命的打击。但是昆曲艺术的发展受到了一定的影响,"《牡丹亭》热"也冷了一阵子。当历史进入了康熙中叶,随着清廷统治的稳固,全国的大一统,昆曲艺术重新振兴,昆腔传奇和南杂剧的创作再登高峰,"《牡丹亭》热"又随即掀起了它的又一个高潮。这个高潮有三大标志:一是"南洪北孔"这两颗新星闪耀剧坛,"两家乐府盛康熙",《长生殿》和《桃花扇》与《牡丹亭》殊有关系;二是吴吴山三妇合评本《牡丹亭》和程、吴合评本《才子牡丹亭》的先后问世,震撼了当时的社会各界,尤其是闺阁妇女:三是康熙三十八年(1694),陆次云的重建玉茗堂。

洪昇的《长生殿》,被棠村相国誉之为"闹热《牡丹亭》",洪昇对此深表赞同;而洪昇的《长生殿例言》,乃是继汤显祖《牡丹亭题词》后的又一次"情至"宣言。《长生殿》不仅在歌颂"情至"的主旨上,与《牡丹亭》一脉相承;而且其意趣神色,也颇有玉茗之风,洪昇无疑是玉茗堂派的一员大将。洪昇还曾对《牡丹亭》作过精彩的评论。《吴吴山三妇评牡丹亭杂记》载有洪昇之女之则跋文中尝记其父评论《牡丹亭》的一段话曰:"肯綮在死生之际,记中《惊梦》《寻梦》《诊祟》《写真》《悼殇》五折,自生而之死;《魂游》《幽媾》《欢挠》《冥誓》《回生》五折,自死而之生,其中搜决灵根,掀翻情窟,能使赫蹄为大块,隃糜为造化,不律为真宰,撰精魂而变通之。"尚须一提的是,激赏吴吴山三妇合评本《牡丹亭》的才女、"蕉园五子"之一的林以宁,乃洪昇表兄钱肇修之妻,而三妇之丈夫吴吴山,则是洪昇的挚友。

至于孔尚任,虽非玉茗堂派戏曲家,亦未见其评点《牡丹亭》的高论。但在《桃花扇》这部经典名著中,孔氏却让女主人公李香君高唱了《牡丹亭》的两支曲子。在笔者看来,由此已可以窥见孔氏对《牡丹亭》的赞赏了。

陆辂重建玉茗堂，虽非大事，却极具象征意义；它也可说是"《牡丹亭》热"第二个高潮的一个标志性事件。玉茗堂原建于明万历二十九年（1601），明清易代之际毁于兵燹。清康熙三十三年（1694），常熟人陆辂任抚州通判，捐俸钱重建玉茗堂于故址。洪昇和孔尚任的挚友金埴，在其《不下带编》中有记载云："常熟陆次云辂，康熙中判抚州，重建玉茗堂于故址，大会府僚及士大夫，出吴优演《牡丹亭》剧二日，解帆去。辂自赋诗纪事，江以南和者甚夥。时阮亭王公官京师，闻而艳之，寄诗落花如梦草如茵云云。如许风致，耐人吟咏。"常熟人单师白的《海虞诗》卷一有关陆辂重建玉茗堂一事则记载了陆辂的纪事诗：

陆别驾辂，字载商，号次云。陆氏在明为簪世族。父名尊礼，构嘉阴园于辛峰亭之下，凿山开沼，亭舍绣错，为城中胜地，次公由知恩县擢迁通判抚州府。因重葺玉茗堂，半载告归，堂适落成；遍召太守以下官僚，洎郡中士大夫，送入汤临川木主，出所携吴伶合乐演，《牡丹亭》传奇，竟夕而罢。题诗二首云：

百年风月话临川，锦乡心思孰与传。
一代文人推大雅，三唐诗格会真诠。
常看宦味同秋水，却任闲情逐暮烟。
奇绝《牡丹亭》乐府，声声字字彻钧天。

也学先生曲谱绪，还魂珍重十年论。
偶寻烟月金溪岸，重整风流玉茗垣。
白雪当年怜和寡，清高此日校澜鄱。
不才奈有归地志，却负春秋祀执幡。

时江左传其诗，多属和者。王阮亭，《居易录》尝记之。

1980年，笔者研究吴吴山三妇合评本《牡丹亭》，撰写了《论吴吴山三妇合评本牡丹亭及其批语》，发表于《南京大学学报》1980年第四期。正是在这篇论文中，笔者提出了与德国和欧洲的"维特热"大可媲美的"《牡丹亭》热"这个研究课题。笔者确认汤显祖的真正知音是广大深受封建主义礼法压抑的平民百姓，尤其是妇女。因此，十分自然地从吴吴山三妇合评本《牡丹亭》及其巨大的社会反响，联想到了"《牡丹亭》热"。如本文第一部分所论述的"《牡丹亭》热"的形成于明末清初绝非偶然，自有其深刻的社会原因。明末清初，传统的封建主义礼法压得平民百姓，尤其是妇女（含闺阁妇女和市井妇女）被压抑得透不过气来，而为青年男女的爱情和美梦、青春和理想高唱赞歌的《牡丹亭》，却通过一个极富人性、人道和人情的浪漫主义故事，向天下有情人指明了追求爱情和美梦、青春和理想之路。这就是为什么可怜一曲《牡丹亭》，能震撼天下儿女之心的原因。

酷嗜《牡丹亭》的女性读者和观众，之所以热衷于在闺阁中精心评点这部情至的颂歌，为的是大力宣扬作者的情至新观念，为天下与杜丽娘同样深受封建主义礼法压抑又渴望获得人性的解放、爱情和婚姻自由的广大妇女呐喊、助威和鼓劲。妇女评点《牡丹亭》，并不始于吴吴山三妇。早在明末，就有俞二娘、黄淑素等人，已在做评点工作了。遗憾的是，俞二娘对《牡丹亭》的"密圈旁注"，仅留下了零星数语。黄淑素的《牡丹亭评》著录于卫泳编纂的《晚明百家小品》，卫泳评指出："其评跋诸传奇，手眼别出，想路特异，此拈情死情生，又于谑庵批点之外，添一眉目。至云禅门机锋，更得玉茗微旨。"

前文所述,晚明许多附有评点的《牡丹亭》改本和刻本,皆出于男性批评家之手。闺阁妇女,像俞二娘那样读《牡丹亭》时"且读且疏","饱研丹砂,密圈旁注,往往自写所见,出人意表者",①虽也不乏其人,但大都湮没无闻。康熙三十三年(1694),吴吴山三妇合评本《牡丹亭》问世了,这是由三位闺阁妇女评点的刻本。她们站在妇女的立场和视角,对《牡丹亭》所作的独具只眼和风采的评点,震撼了中华曲坛,产生了迥异于男性批评家的社会影响。从《牡丹亭》的诞生,到康熙中期,历史又前进了将近一个世纪。可是《牡丹亭》这部为青年男女争取人性解放和爱情婚姻自由而呐喊和鼓劲的昆腔传奇,在广大妇女中的影响,却有增无减,吴吴山三妇合评的《新镌绣像玉茗堂牡丹亭》的雕板刊行,以及广为流传,就是一个有力的例证。

三妇合评本《牡丹亭》,刻成于康熙三十三年(1649)冬。所谓三妇是指吴人的先后三位妻子。吴人,又名仪一,字茶符,又字舒凫,因所居名吴山草堂,又字吴山,浙江钱塘人。髫年入太学,名满部下。工诗文词曲,与同里洪昇并驰江浙间:曾评点洪昇的《闹高唐》《孝节坊》等剧,并为《长生殿》作序和论文。吴人的先后三个妻子,即已聘将婚而殁的陈同,结婚三年病故的谈则,以及续娶的钱宜。陈同死于康熙四年(1665),其批点《牡丹亭》,当在前几年。谈则病逝于康熙十四年(1675),故三妇合评《牡丹亭》,从陈同搜集《玉茗定本》,加注评语,直到最后经钱宜之手刻印出版,前后长达三十多年。这是一个下了功夫校勘、评点的《牡丹亭》好本子。关于三妇合评本成书的缘由和过程,在吴人、谈则和钱宜所撰的序文、纪事中有着详尽、生动的记述。

陈同从小酷嗜诗书,曾对《牡丹亭》的各种版本作过比较,也读过不少评论。后来她得到了《玉茗定本》,于是"爽然对玩,不能离手,偶有意会,辄濡毫疏注数语:冬釭夏簟,聊遣闲间,非必求合古人也"。她对《牡丹亭》上卷所作批语,是吴人在她死后通过其乳母得到的。陈同弥留之际,曾口授其姊书录了好几首七绝,其中一首云:"昔时闲论《牡丹亭》,残梦今知末易醒。自在一灵花月下,不须留影费丹青。"由此不难窥见,这位少女对《牡丹亭》的至爱,以及《牡丹亭》在她心灵上所泛起的波澜。

谈则也是位"雅耽文墨,镜奁之侧安书簏"的才女,著有《南楼集》三卷。当她嫁到吴家,发现了陈同批点的《牡丹亭》旧稿之后,便爱不释手,甚至能背诵。于是"暇日仿(陈)同意,补评下卷。其杪芒微会,若出一手,弗辨谁同,谁谈"。在谈则逝世十年之后,吴人又娶了钱宜为妻。当钱宜发现了陈、谈二夫人的《牡丹亭》评点本"怡然解会,如(谈)则见(陈)同本时,夜分灯泡,尚欹枕把读。"一天,钱宜"忽忽不悦",对吴人说:"宜昔闻小青者,有批《牡丹亭》跋,后人不得见。见冷雨幽窗诗,凄其欲绝。今陈阿姊评已逸其半,谈阿姊续之。以夫子故掩其名久矣!苟不表而传之,夜台有知,得无秋水热泥之感。宜愿卖金钏为锲板资。"于是在吴人的支持下,钱宜主持了附有陈、谈二人批语的《牡丹亭》的编辑、校勘和雕板事宜。她自己"偶有质疑,间注数语",标明"钱曰"。另在谈则的钞本中,曾杂有吴人"以《牡丹亭》引证风雅"的一些评语,钱宜标明"吴曰",并作夹批处理。陈、谈、钱三人之评则作眉批处理,以示区别。

一夫三妇合评一部天下闻名、风靡昆曲舞台的名剧《牡丹亭》,此事本身就带有强烈的传奇色彩。诚如顾姒在三妇本《牡丹亭》跋中所指出的:"文章有神,其足以垂后者,自有后人与之神会。设或陈夫人评本残阙,无谈夫人续之;续矣而秘之箧笥,无钱夫人参评,又废手饰以梓行之,则世之人能诵而不能解,虽再阅百余年,此书犹在尘雾中也。今观刻成而丽娘见形于梦,我故疑是作者化身矣!"三妇合评本《牡丹

---

① 张大复《梅花草堂集·俞二娘》。

亭》,出于一夫三妇之手,事情如此巧合,评语又独具风采,因此很快就广为流传,且脍炙人口,这也有力地促进了"《牡丹亭》热"的升温。它在《牡丹亭》的研究史上,又该作何评价呢?还是让我们先看看当日闺阁才女的评论吧:

> 书初出时,文人学士案头无不置一册。唯庸下伶人,或嫌其难歌,究之善讴者,愈增韵折也。当时,玉茗主人既有自解,而世之文人学士,反复申之者尤多。世乃共珍此书,无复他议。然而批郤导窾,抉发蕴奥,指点禅理文诀,以为迷途之津梁,绣谱之金针者,未有评定之一书也!今得吴氏三夫本,读之妙解入神,虽起玉茗主人于九原,不能自写至此。异人异书,使我惊艳。嗟呼!自有天地以来,不知几千万年,而乃有玉茗之《还魂》,《还魂》之后,又百年余,而乃有三夫人之评本。自古才媛不世出,而三夫人以杰出之姿,问钟之英,萃于一门,相继成此不朽之大业。自今以往,宇宙虽远,其为文人学士,欲参会禅理,讲求文诀者,竟无以曷乎。闺阁之三人,何其异哉,何其异哉!予家与吴氏世戚,先后睹评本最早。既为惊绝,复欣欣序之。盖杜丽娘之事,凭空结撰,非有所诬而托于不字之贞,不碍承筐之实,又得三夫人合评表彰之,名教无伤,风雅斯在,或尚有格,而不能通者,真夏虫不可与语冰,井蛙不可与语天,痴人前,安可与之喃喃说梦也哉!(林以宁《还魂记题序》)

在吕玉绳、沈璟、臧懋循等"诸家改窜以就音律,遂致原文剥落","又经陋人批点,全失作者情致"的情况下,吴吴山三妇能尽力搜求"玉茗定本",严加校勘,精心合评,并雕板刊行,"使书中文情毕生,无纤毫憾,引而伸之,转在行墨之外",理应载入《牡丹亭》的研究史和中国戏曲理论批评史。至于三妇从同样感受到封建礼法压抑的妇女视角,对《牡丹亭》的主旨,及其意趣神色所作的评点,不但可以看出她们作为真正批评家的勇气,也反映了《牡丹亭》所宣扬的"情至"新观念对于清初妇女的深远影响。有关吴吴山三妇批语的特色和价值,可以参见拙作《论吴吴山三妇合评本牡丹亭及其批语》,这里就略而不论了。

作为明末清初"《牡丹亭》热"第二个高潮期的最后一波热浪,三妇合评本《牡丹亭》的出现,为明末清初的"《牡丹亭》热"作了一个完美的结局,给广大的《牡丹亭》迷,以及读者和观众,留下了难忘的情感冲击和心灵震撼,其社会影响是十分深远的。

在吴吴山三妇合评本《牡丹亭》诞生三十多年后的雍正年间(1723—1735),又有一位闺阁才女程琼,有鉴于吴吴山三妇对《牡丹亭》的批点过于简短,不足以阐明剧作的寓意,在其丈夫吴震生的合作之下,对《牡丹亭》作了匠心独具的注解、注释和评点。初稿《绣牡丹》刊刻于雍正年间,修订稿改名为《才子牡丹亭》;乾隆二十七年(1762)重新梓行时,又题《笺注牡丹亭》。这部《才子牡丹亭》的独特之处在于宛如百科全书般的丰富内容、情色化的评点,以及它的女性批者选择女性作为预设的读者。由于评点的情色化,乾隆年间《才子牡丹亭》曾被列为禁书。"奇文共欣赏,疑义相与析。"《才子牡丹亭》这部堪称中国古代戏曲评点本的异类奇书,同样值得认真的研究。鉴于《才子牡丹亭》问世之日,明末清初的"《牡丹亭》热"已告结束,因此本文也只能遗憾地割爱不论了。

结　语

明末清初的"《牡丹亭》热",当开始于《牡丹亭》问世后十年左右,直至清康熙的前半期,前后长达八十余年。晚明是"《牡丹亭》热"的第一个高潮期,明清易代之际是低谷,清康熙前半期则是第二个高潮期。

明末清初的"《牡丹亭》热"内容丰富,而表现形态多种多样:既有《牡丹亭》的改作、仿作和续作,又有各具特色的《牡丹亭》的评点本;既有家乐和民间戏班的竞相搬演《牡丹亭》,又有阅读、欣赏和演出后的各种反应;既有士夫文人的曲学争论,又有伶人演唱的逸事异闻;既有闺阁才女的圈注评点,又有市井妇女的吟玩成痴。从各种视角,广泛而连续不断地反映了《牡丹亭》文本和演唱的巨大社会反响。

明末清初的"《牡丹亭》热",出现于昆曲艺术与昆腔传奇和南杂剧大普及、大繁荣的黄金时期,它的出现,既是昆曲艺术与昆腔传奇和南杂剧的大普及、大繁荣的一个突出的表现,又有力地促进了这种大普及和大繁荣。

明末清初的"《牡丹亭》热"结出了丰硕的成果,择其要者有四:使广大的读者和观众,尤其是妇女,接受了一次生动的"情至"新观念的洗礼和教育,唤醒和促进了他们的情至意识,此其一。

其二,引发了"汤沈之争"这一场曲学大争论,并最后形成了"汤辞沈律,合之双美"的共识。这对昆曲艺术与昆腔传奇和南杂剧的发展具有十分深远的意义。

其三,在"《牡丹亭》热"中还形成了瓣香汤显祖及其"临川四梦"的玉茗堂派,其代表曲家是晚明的吴炳和孟称舜,清初的洪昇和张坚。除张坚之外,其他三人均生活于明末清初"《牡丹亭》热"的高潮时期。玉茗堂派有三大特点:首先,"上下千古,一口咬定情字"(杨古林《梦中缘》首出【梁州第七】批语),"为情作使",这是玉茗堂派带有根本性的诗点;其次,以幻笔写真境,借仙鬼以觉世,这是玉茗堂派在艺术表现上的显著特点;最后,"案头蓄之令人思,氍毹歌之令人艳"(无疾子《情邮记小引》)。

其四,汤显祖生前深为人们不理解《牡丹亭》的曲意而苦闷感慨。但明末清初的"《牡丹亭》热",却不止有力地表明了广大观众和读者,尤其是妇女对《牡丹亭》曲意的理解和赞赏;而且对于汤氏的人格、思想和文学创作也作了全面的肯定和歌颂。汤显祖病逝于万历四十四年(1616),可以说,他生前已看到了"《牡丹亭》热"的端倪;而他身后那波澜壮阔的"《牡丹亭》热",乃是广大的士夫文人和平民百姓,对汤氏最深情的纪念,也是最公正、最热烈的称颂。汤氏若死后有知,当含笑于九泉矣!

余　论

2001年5月,联合国教科文组织评定中国的昆曲为"人类口述和非物质遗产代表作",这为昆曲的抢救、传承和振兴带来了契机。在党和政府的正确领导下,十多年来昆曲的抢救、传承和振兴工作,取得了举世公认的成就。昆曲开始走出国门,面向世界,已成为名副其实的全人类的文化遗产。令人颇感兴趣的是,在抢救、传承和振兴昆曲的过程中,又一次出现了"《牡丹亭》热"。自2003年2月起,白先勇先生携手苏州昆剧院及两岸三地昆曲知音所新编的青春版《牡丹亭》,揭开了这次新的"《牡丹亭》热"的帷幕。诚如白先生所说:"青春版《牡丹亭》,自2004年台北首演以来,十年间已上演二百二十场。自台北出发,巡演遍及两岸三地,大江南北,远渡重洋,到美国西岸,观众人数达五十万,主要城市有台北、香港、北京、天津、上海、苏州、杭州,中国南方到达桂林、广州、厦门等地;以至美国、英国、希腊,几乎场场爆满,创下昆曲演出史的记录。"更令人惊讶的是,在青春版《牡丹亭》,一炮打响之后,各地昆曲院团新改编的十多种

的观剧题咏，在友朋交际中迅速拉近彼此间的关系，同时藉以标举自己的文化品位。据《不下带编》载，清初陆辂通判抚州时，曾广举文事，"重建玉茗堂于故阯，大会府僚及士大夫，出吴优演《牡丹亭》剧二日，解帆去。辂自赋诗纪事，江以南和者甚夥。"①按陆辂字次公，曾师事清初著名文士王士禛，②与当时名士龚鼎孳、魏裔介、尤侗等均有交往，在士林中亦可谓颇有声望。同时由于玉茗堂风流胜事的感召，此会成为清初一项颇为重要的文化盛事，在江南文士中影响甚广，有不少当时名士均参与其会，并赋诗觞咏。如毛师柱《虞山陆次公别驾，旧任抚州，曾为汤义仍先生修复玉茗堂，随设木主，演〈牡丹亭〉传奇祀之。妍倡流传，率成赓和》二首："（其一）江山故宅总茫茫，谁识临川翰墨场？早解簪缨余志节，闲消块垒寄宫商。棠梨墓冷金溪路，荠麦花残玉茗堂。赖有端寮能好事，百年生面喜重光。""（其二）文心如锦气如虹，留得才名乐府中。故里寻花惟夜月，旧堂为位又春风。歌声缥缈前尘在，柳影依稀昔梦空。知是官闲聊遣兴，早传佳话遍江东。"③唐孙华《常熟陆次公曾为抚州别驾，重葺临川玉茗堂，设汤义仍木主，演〈牡丹亭〉传奇祀之。诗纪其事，属和二首》："（其一）临川逸藻许谁群？笔挟仙灵气吐芬。才子文章机上锦，美人形影梦中云。金荃集在传新句，玉茗堂空冷旧芸。仿佛吟魂来月夜，落霞余唱或时闻。""（其二）使君才笔继清河，佐郡无心啸咏多。词客风流悲逝水，筝人舞曲按回波。张融宅畔刘琎访，宋玉庭前庾信过。往哲有灵应一笑，檀痕重揾断肠歌。"④从这些诗作内容来看，虽然不乏对陆氏的溢美，与会文士更多的还是出于对临川词曲的追慕："文心如锦气如虹，留得才名乐府中"，"临川逸藻许谁群？笔挟仙灵气吐芬"，"早解簪缨余志节，闲消块垒寄宫商"；以及对玉茗堂今昔的感慨："江山故宅总茫茫，谁识临川翰墨场？""歌声缥缈前尘在，柳影依稀昔梦空"，"往哲有灵应一笑，檀痕重揾断肠歌。"清初文人共襄此会，一方面固然反映了当时文人标举风流、赋诗觞咏的风尚追慕，同时也可以由此看出汤显祖剧作对后世文人的精神感召。

除了大规模的纪念盛会，平时文人的家宴或雅集，也多有观演《牡丹亭》的记载，其中不少还记载了具体演剧情形的信息，如文昭的《十七日长男第中观剧，看放烟火十首（其六）》："牡丹亭事太离奇，玉茗堂传绝妙词。四座悄然弦管曼，丽人唱出袅晴丝。"⑤诗中不仅表达了作者对《牡丹亭》剧作的评价："太离奇"、"绝妙词"，而且写出了当时观剧的真实环境"四座悄然"惟弦管曼妙。而由"丽人唱出袅晴丝"可知，其时所观演的出目正是最著名的《游园惊梦》。彭兆荪的《扬州郡斋杂诗二十五首》（其十四），则从另一个角度保存了关于伶人的重要文献。诗谓"临川曲子金生擅，绝调何戡嗣响难。也抵贞元朝士，看班行耆旧渐阑珊"，诗后又有自注曰："都转廨中观剧时，吴伶金德辉演《牡丹亭》，为南部绝调，年已老矣。"⑥按金德辉为乾隆间扬州著名伶人，曾经"供奉景山"，且能"粗通翰墨"，"最喜与文人游"，⑦尤擅演《牡丹亭》，李斗《扬州画舫录》曾谓"金德辉演《牡丹亭·寻梦》、《疗妒羹·题曲》，如春蚕欲死"。⑧ 此诗从另一

① 金埴《不下带编》卷三，《不下带编 巾箱说》，中华书局1982年版，第49页。
② 王士禛《居易录》亦曾记其事，谓："汤若士先生玉茗堂，乱后久毁兵火。门人常熟陆辂次公通判抚州，捐俸钱即堂址重新之。落成日，遍召太守以下诸同官泊郡中士大夫，大集堂中，令所携吴伶合乐演《牡丹亭》传奇，竟夕而罢。自赋二诗纪事，一时江右传之，多属和者。"（见《居易录》卷二十四，清文渊阁《四库全书》本）
③ 毛师柱《端峰诗续选》卷三，清康熙刻本。
④ 唐孙华《东江诗钞》卷五，清康熙刻本。
⑤ 文昭《紫幢轩诗集》桧栖草卷上，清雍正刻本。
⑥ 彭兆荪《小谟觞馆诗文集》诗集卷八，清嘉庆十一年刻二十二年增修本。
⑦ 徐珂《清稗类钞》第十一册《优伶类》，中华书局1986年版，第5110页。
⑧ 李斗《扬州画舫录》卷五，中华书局1960年版，第125—129页。

个层面载录了名伶金德辉曾在扬州两淮转运使曾燠署中演剧的史实，并且其演技愈老愈精，至彭兆荪观演时，已被誉为"南部绝调"。

此外保存有《牡丹亭》演剧资料的诗作还有朱隗《鸳湖主人出家姬演〈牡丹亭记〉歌》、张鉴《重过临川有怀玉茗二首》、屈复《听演〈牡丹亭〉传奇》、沈维基《尹方伯召集半亩天香亭燕赏〈牡丹〉，步韵二首》等，这类从不同层面或记述，或评论《牡丹亭》演剧状况的诗作，一方面激扬了文人的才思，成为文士交游雅集藉以拉近彼此距离的重要平台，使得士绅墨客能够以诗酒风流尽显其文化才情。同时，这些诗作本身也因其所承载的记事功能而在相当程度上载录了清代《牡丹亭》表演、演员、场景等各方面的信息，成为我们今日研究《牡丹亭》在清代演出、传播的重要史料。

二、清代文人对汤显祖及《牡丹亭》的评赏与诋伤

玉茗堂《还魂记》问世后，风靡一时，举世无两，传播之盛，影响之巨，同时曲作莫与之京。然而，由于剧作本身所包含的与传统文化契合与牴牾两种不同的指向，因而关于汤显祖及《牡丹亭》的评价，自明及清，始终存在着数种不同倾向的声音。历代文人各从自身的知识结构、审美视角、兴趣关注出发，作出千差万别的审美评判。其中有的着眼于情节关目，有的专注于词曲文采，有的则强调其社会功能。雅好戏曲者，将之与诗文同列，且溯源异代，以为直承骚雅汉风之余绪，自是"天地间一种至文"；而不乐此道者，则对其极口诋諆。以为毁坏世道人心，莫此为甚。所有这些评判的背后都蕴藏着文人各自所负载的不同的文化传统的价值考量，是我们研究戏曲（特别是《牡丹亭》）在文人群体中的传播接受所不可多得的可贵史料。

古代戏文最早产生于民间，多出自"书会才人"之手，"不叶宫调"，"语多鄙下"，[1]因而在传统的戏曲评价话语中，多以歧视甚至诋侮的态度视之，如谓其"乱男女之尊卑"，[2]为"淫哇之声"，[3]"亡国之音"，"宜峻拒而痛绝之"[4]等等。直至清代，这种脱离作品本身，以丑诋替代品鉴的评价方式仍在部分文人中间得以延续与流传。不少持身谨严的士大夫对此多加诟病，以为"小说歌曲传奇演义之流，其叙男女也，男必纤佻轻薄，而美其名曰才子风流；女必冶荡多情，而美其名曰佳人绝世"，[5]斥其"乱法度"、"耗财用"、"混男女"、"坏风俗"，[6]"败坏人心，莫此为甚"，是"最宜严禁者"，[7]"百计禁止遏抑"。[8] 其中有的沿袭前人单纯从道德说教层面对戏曲作品乃至戏曲家本人肆行诋毁与人身攻击，较典型的如谓《西厢记》为"邪书之最"，"以极灵巧之文笔，诱极聪俊之文人"，"为淫书之尤者，不可不毁"，又甚而谓金圣叹"评刻《西厢记》等书，卒陷大辟，并无子孙"。[9] 玉茗堂剧作因为多涉男女情爱主题，与正统道学观念存在着或多或少的牴牾，因而也未能免于遭受诋毁的厄运。清人著述有谓"闻若士死时，手足尽墮，非以绮语受恶报，则

① 徐渭《南词叙录》，俞为民、孙蓉蓉《历代曲话汇编》（明代编）第一集，黄山书社 2009 年版，第 482 页。
② 《礼记正义》卷三九《乐记》，郑玄注文《十三经注疏》，浙江古籍出版社 1998 年版，第 1540 页。
③ 何良俊《四友斋丛说》卷三十七，周广培编《历代笔记小说集成·明代笔记小说》，第六册，河北教育出版社 1995 年版，第 345 页。
④ 陆容《菽园杂记》卷十，中华书局 1985 年版，第 124—125 页。
⑤ 章学诚《文史通义》卷五，《诗话》，叶瑛 校注《文史通义校注》，中华书局 1985 年版，第 561 页。
⑥ 钱泳《履园丛话》卷二十一《出会》，中华书局 1979 年版，第 575—578 页。
⑦ 刘献廷《广阳杂记》，卷第二，中华书局 1957 年版，第 107 页。
⑧ 刘献廷《广阳杂记》，卷第二，中华书局 1957 年版，第 106—107 页。
⑨ 梁恭辰《北东园笔录》四编卷四，《西厢记》，《笔记小说大观》，一编，第八册，台湾新兴书局有限公司 1985 年版，第 5202 页。

嘲谑仙真亦应得此报也"，①"世上演《牡丹亭》一日，若士在地下受苦一日"，②不仅从传统道学眼光出发，将《牡丹亭》等戏曲作品指斥为"淫书"，更深文附会，厚诬古人，甚而诅咒剧作者身后在地狱受苦，③完全是从道学家的狭隘视阈出发而作出的歪曲诋諆。有的文人则从迂阔的道德观念出发，认为"桑间濮上之词，最足坏人心术。虽系假托名姓，然宇宙之广，必有相同。诬人闺阁之愆，万不可逭"，认为剧作家往往会以其作"艳词丽事"而致"冥中削禄"，"冷宦不迁，子孙不振"。④ 有的则从索隐影射的角度，认为汤显祖以杜丽娘之死影射昙阳子，造文人恶业，受绮语之报。⑤ 晚清大儒俞樾，颇为汤显祖不平，引朱彝尊《静志居诗话》，以为"汤义仍填词妙绝一时，《牡丹亭》曲本尤极情挚，世或相传云刺昙阳子而作。然太仓相君实先令家乐演之，且云：'吾老年人，近颇为此曲惆怅。'假令人言可信，相君虽盛德有容，必不反演之于家也。"⑥从比较中正的角度为汤显祖辩诬。

与建立在道学及索隐层面上的丑诋相对应，自明中叶以来，士大夫醉心词曲，日趋以欣赏品鉴的态度来解读戏曲作品与戏曲演出。清代文人对戏曲品鉴的态度，较之明代的半遮半掩，显得更为直接。在清人笔记记载中，将原本被目为"小道"的戏曲置于与诗文同等的地位，认为戏曲乃是"古乐府之末造"，⑦"元气淋漓，直与唐诗宋词相颉颃"，⑧"不独命词高秀，而意象悲壮，自足笼盖一时"，⑨"激昂慷慨，可使风云变色，自是天地中一种至文，不敢以小道目之"。⑩ 由于清代文人日常及雅集观剧的频率暴增，观剧活动成为清代文人主要的娱乐方式之一，并且由观剧生发出各种咏剧诗歌，激发了文人的创作欲望。因此，对于戏曲，不少文人都摒弃了传统的成见，转而以欣赏的目光看待。他们针对《牡丹亭》等剧作的评赏，突破了传统成见中"色媒海淫"的看法，从艺术鉴赏的角度，提出了不少颇为中肯的赏鉴意见。如昭梿在《啸亭杂录》中谓："汤若士'四梦'，其词隽秀典雅，久已脍炙人口矣。近读《唐书》，始知明皇东巡，陕州守进百宝牙盘及彩舫献伎，乃韦坚事，皆载在正史。若士取材于兹，托为卢生梦中事迹，以真为幻，亦可喜也。"⑪还有的则直接表达出自己对于汤显祖及《牡丹亭》的喜爱之情。如陈维崧自谓"少日魂销汤义仍"，⑫张埙赞曰"花月传图史，江山艳绮罗"，⑬吴嵩梁吊汤显祖："桃李私门烂漫开，名花耐冷此亲栽。登科耻借冰山重，抗疏身投瘴海来。猛虎就殬资鬼力，宰遂昌，有《牒城隍神除虎患文》。美人将命殉仙才。松江俞二姑，以读《牡丹亭》院本病殁。平生大节词章掩，'四梦'流传亦可哀。"⑭均对汤氏及其剧作大加

---

① 徐树丕《识小录》卷四，《汤若士〈牡丹亭〉》，俞为民、孙蓉蓉《历代曲话汇编》（清代编）第一集，黄山书社2008年版，第433页。
② 沈起凤《谐铎》卷二，《笔头减寿》，人民文学出版社1985年版，第19页。
③ 关于汤显祖身后地狱受苦一说，本属传言，悠谬无据。然而明清两代却颇有人信之，清人且有信以为实，为汤氏抱不平者。汤传楹《闲余笔话》载："夜坐阅《牡丹亭》，因忆比来所传世上演《牡丹亭》一本，若士在地下受苦一日，未知人语鬼语，意甚不平。窃谓才如临川，自当修文地府，纵不能遇花神保护，亦何至摧残慧业文人，令受无量怖苦？岂冥途亦妒奇才耶？"（《笔记小说大观》，五编，第六册，台湾新兴书局有限公司1980年版，第3307页。）
④ 梁恭辰《北东园笔录》续编卷五，《传奇削禄》，《笔记小说大观》，一编，第八册，台湾新兴书局有限公司1985年版，第4926—4927页。
⑤ 徐树丕《识小录》卷四，《汤若士〈牡丹亭〉》，俞为民、孙蓉蓉《历代曲话汇编》（清代编）第一集，黄山书社2008年版，第433页。
⑥ 俞樾《茶香室三钞》卷二十三，《牡丹曲本非为昙阳子作》，《茶香室丛钞》，中华书局1995年版，第1335页。
⑦ 李调元《雨村曲话》卷上，俞为民、孙蓉蓉《历代曲话汇编》（清代编）第二集，黄山书社2008年版，第286页。
⑧ 钱泳《履园丛话》卷十二《度曲》，中华书局1979年版，第331页。
⑨ 俞樾《茶香室丛钞》卷十八，《杂剧》，中华书局1995年版，第394页。
⑩ 王士禛《古夫于亭杂录》卷四《词曲非小道》，中华书局1988年版，第87页。
⑪ 昭梿《啸亭续录》卷三，中华书局1980年版，第472页。
⑫ 陈维崧《同诸子夜坐巢民先生宅观剧各得四绝句（其三）》，《湖海楼诗集》卷一，清刊本。
⑬ 张埙《纥那曲·〈还魂记〉院本》，《竹叶庵文集》卷三十六《林屋词》四，清乾隆五十一年刻本。
⑭ 吴嵩梁《汤若士先生玉茗堂》，《香苏山馆诗集》今体诗钞卷十二，清木犀轩刻本。

称赏。而梁清标则以《牡丹亭》比作知己,称:"优孟衣冠鬼亦灵,三生石上《牡丹亭》。临川以后无知己,子夜闻歌眼倍青。"①《牡丹亭》在清代搬演极盛,在文人群体中也极受欢迎,曾有人作诗称"此曲已经百回听,春花秋月总缠绵",②即此可见清代相当一部分文人对汤显祖及《牡丹亭》所怀有的追慕、崇仰之情。

包括《牡丹亭》在内的戏曲剧作,作为俗文学的一种,其本身既有精致雅丽的一面,也有通俗甚至庸俗的一面,良莠不齐。因此,对于戏曲的审美判断,原本也不能一味地褒扬或丑诋,而应以一种较为客观持正的态度去认识、判断。关于对戏曲的各种褒贬判断,清代文人有着十分客观且清醒的看法,谓"传奇大都改头换面,颠倒事实,……原不必其实也","操觚之士,亦为之置品评、示褒贬","夫品评褒贬于其辞可也,若于其事,不几于寻梦谭鬼乎?"③非常明确地指出对于戏曲等多出虚幻的叙事文学,品评鉴赏当集中于其文辞的涵咏,而不必拘泥于其事的真假有无,更不必因事而废文。这一看法,也显著地体现了清代文人在对于戏曲的审美判断上所达到的迥异于前人的进步。

三、《牡丹亭》与清代文人的机趣赏玩

清代戏曲活动空前繁盛,戏曲接受以各种形式全面且深入地渗透到士人日常生活的方方面面,不仅日常酬酢离不开戏曲,就连科举、酒令游戏等方面也表现出了明显的戏曲接受影响下的特点。《牡丹亭》作为清代文人最为熟稔的戏曲剧目,不可避免地也成为文人群体玩赏的对象,留下了文人才智的刻印。

明清两代是科举极盛的时代,一代代文人为求一第,埋首经书,其中不乏一些慧业文人只眼独具,发现了戏曲创作与科举时文之间的关系,结撰出研读《牡丹亭》以取得科举高第的奇才妙想。如贺贻孙《激书》记曰:

> 黄君辅之学举子业也,……游汤义仍先生之门。……每进所业,先生辄掷之地,曰:"汝不足教也。汝笔无锋刃,墨无烟云,砚无波涛,纸无香泽,四友不灵,虽勤无益也。"君辅涕泣求教益虔,先生乃曰:"汝能焚所为文,澄怀荡胸,看吾填词乎?"君辅唯唯,乃授以《牡丹记》。君辅闭户展玩久之,见其藻思绮合,丽情葩发,即啼即笑,即幻即真,忽悟曰:"先生教我文章变化,在于是矣。……先生填词之奇如此也,其举业亦如此矣。"由是文思泉涌,……就试,遂捷秋场,称吉州名士。④

很显然,汤显祖所要求的笔之锋刃、墨之烟云、砚之波涛、纸之香泽,正是其戏曲作品中"藻思绮合,丽情葩发,即啼即笑,即幻即真"的善于揣摩、"臆造人物,虚构境地"⑤的代言体文思,而黄君辅由展玩戏曲作品悟得作科举时文之法、"捷秋场"的事迹,也正说明了戏曲创作与科举时文之间存在着千丝万缕的相通之处。

这段文字的真实性姑且不论,至少反映了清代文人笃信汤显祖的惊世文才可以佐助科场高中的观念。而事实上,戏曲与科举时文的关系也确实为不少人所论证过,具有一定的合理性。钱钟书《谈艺录》

① 梁清标《冬夜观伎演〈牡丹亭〉》,徐釚辑《本事诗》卷八,清光绪十四年徐氏刻本。
② 屈复《听演〈牡丹亭〉传奇(其二)》,《弱水集》卷十四,清乾隆七年贺克章刻本。
③ 李鹤林《集异新抄》,卷之二,《传奇》,《笔记小说大观》,三十二编,第八册,台湾新兴书局有限公司1981年版,第4535页。
④ 贺贻孙《激书》卷二,《涤习》,《四库全书存目丛书》子部第94册,齐鲁书社1995年版,第610页。
⑤ 钱钟书《管锥编》,中华书局1995年版,第166页。

谓:"八股句法本之骈文,作意胎于戏曲",①"八股古称'代言',盖揣摹古人口吻,设身处地,发为文章;以俳优之道,抉圣贤之心。……其善于体会,妙于想象,故与杂剧传奇相通。"②作为"代言体"文学的戏曲作品,创作时每须"遥体人情,悬想事势,设身局中,潜心腔内,忖之度之,以揣以摩",以求"入情合理";③而科举八股文的写作亦讲求"揣摹古人口吻,设身处地,发为文章",与戏曲同为"代言体"文学,故而有相通之处。

明清以来,诸家诗文集多有注意到此二者间的相通联系,在序跋、尺牍等文字中屡申其意,如倪元璐《孟子若桃花剧序》谓"元之词剧,与今之时文,如孪生子,眉目鼻耳,色色相肖。盖其法皆以我慧发他灵、以人言代鬼语则同。而八股场开,寸毫傀舞;宫音串孔,商律谱孟。或裂吭长鸣,或束喉细语。时而齐乞邻偷,花唇取诨;时而盖骊鲁虎,涂面作嗔;净丑旦生,宣科打介则同",④袁枚亦谓:"从古文章皆自言所得,未有为优孟衣冠,代人作语者,惟时文与戏曲,则皆以描摩口吻为工。如作王孙贾,便极言媚灶之妙;作淳于髡、微生畝,便极诋孔孟之非。犹之优人,忽而胡妲,忽而苍鹘,忽而忠臣孝子,忽而淫妇奸臣。此其体之所以卑也。"⑤明清文人很敏锐地发现,作为娱人小道的戏曲与科举时文在写作手法上均为"代他人立言","以描摩口吻为工",在理论上具有内在的相通性。

在清人的笔记、诗话等札记类著作中,对这种戏曲与八股时文间在理论上的相通性也多有探讨。吴乔《围炉诗话》谓:"学时文甚难,学成只是俗体。七律亦然。问曰:八比乃经义,何得目为俗体? 答曰:自六经以至诗余,皆是自说己意,未有代他人说话者也。元人就故事以作杂剧,始代他人说话。八比虽阐发圣经,而非注非疏,代他人说话。八比若是雅体,则《西厢》、《琵琶》不得摈之为俗。同是代他人说话故也。若谓八比代圣贤之言,与《西厢》、《琵琶》异,则契丹扮夹谷之会,与关壮缪之大江东去,代圣贤之言者也,命为雅体,何词拒之?"⑥认为八股文"非注非疏",而"代他人说话",与《西厢》、《琵琶》、《单刀会》等戏曲作品同一机杼,从流品上便落入了俗体,可与戏曲同科。缪荃孙在此基础上进一步阐发"八比出于杂剧。小讲,楔子也;出落,道白也;八比声调,曲文也。然元曲非末、旦不开口,皆正人也;孤、邦老、徕儿、搽旦,只有白,无曲文,比八比尚尊重",⑦将科举时文的各个组成部分与杂剧体制一一对应,认为八股时文在体制上源出于杂剧,甚且更有不如。这种说法固然有其过激的成分,然而也正是这种全面细致的比较,使得八股文与戏曲之间的相通关系更加明确地得以揭示。

文人阶层之所以由最初的耻言戏曲发展到借助戏曲来佐助举业,一方面固然是由于戏曲与科举时文的共通之处为文人所发现,士子为科举仕途而趋骛的因素;另一方面,也说明了戏曲在大多数文人士子中间获得了相当程度的认同与接受,因而才能留意到戏曲与制艺之间的联系,并有意识有目的地去用戏曲作品的创作方法来指导自己八股文的写作,从而获得举业的中式。

戏曲活动本就是一种娱乐方式,特别对于文人阶层来说,从剧本创作到戏曲观演,均是消遣时光、寄托精神的重要途径。据笔记载:清康熙年间,江宁织造曹寅迎请戏曲家洪昇到府,"南北名流悉预,为大

---

① 钱钟书《谈艺录》四《诗乐离合 文体递变》,中华书局1984年版,第29页。
② 钱钟书《谈艺录》附说四《八股文》,中华书局1984年版,第32页。
③ 钱钟书《管锥编》,中华书局1986年版,第166页。
④ 倪元璐《孟子若桃花剧序》,郑元勋辑《媚幽阁文娱》卷四,明崇祯刻本。
⑤ 袁枚《答戴敬咸进士论时文》,《小仓山房尺牍》卷三,世界书局1936年版,第128页。
⑥ 吴乔《围炉诗话》卷二,清借月山房汇钞本。
⑦ 缪荃孙《云自在龛随笔》卷六,稿本。

盛会","公（曹寅）置剧本（按：据前文，即洪昇名作《长生殿》）于昉思席，又自置一本于席，每优人扮演一折，公与昉思雠对其本，以合节奏"，二人边观剧边校雠剧本，协和音律，被视作文人雅举，甚至"长安（代指京师）传为盛事"，①可见清代戏曲活动在文人日常生活中的影响程度之深。随着戏曲接受在文人阶层的普遍渗透，戏曲元素渗入到文人生活的各个方面，可以与哲思、经籍、诗咏、谐谑乃至笔墨游戏等各类文人所习见的内容发生联系。可以说，在一定程度上，如同春秋行人赋诗一般，能稍通词曲，并借用戏曲曲词、关目等运用在日常生活、娱乐中，以轻松游戏的心态，将"读书即是看戏，看戏即是读书"②二者交汇融通，无殊彼此，已成为明末至清代文人士大夫展示风采雅致的代表性特征之一。

由于清代文人阶层对于戏曲多十分熟稔，不仅不少文人创作剧本用来抒情言志，并且热衷于观剧，直到乾隆中后期，如李调元等人还蓄有家班家乐。因此，文人雅士往往善于把戏曲剧目、曲文、曲牌、关目等非常纯熟地运用到日常娱乐中去。据清人笔记所载，其中之一是在点戏时所反映出的文人游戏笔墨的情趣。许秋垞《闻见异辞》载：

> 江南诸生某新中解元，门前演剧。尚未开场，有友步入书斋，见桌上红纸一张，排写四书题十二行：一、"前以士，后以大夫"，二、"以左右望而罔市利"，三、"适蔡"，四、"鲁之削也滋甚"，五、"后稷教民稼穑"，六、"予与尔言"，七、"子贡反"，八、"陈良"，九、"王在灵囿"，十、"激而行之，可使在山"，十一、"女子之嫁也，母命之"，十二、"二嫂使治朕栖"。友诘其故，答曰："此即点戏之题目也。士陞大夫是《加官》；'左右罔利'是《招财》；《琵琶记》：牛小姐配蔡伯喈，'适蔡'是《请郎花烛》；《三国志》：鲁肃讨荆州，甚削色，'鲁之削也'句，是《刀会》；'后稷教民'句，是《劝农》；'予与尔言'是《阳告》；'子贡反'是《赐环》；《牡丹亭》：杜丽娘先生系陈最良，'陈良'是《学堂》；'王在灵囿'是《游园》；'激行'两句，是《水漫》；'女子之嫁也'二句，是《见娘》；'二嫂'句，是《戏叔》。"友曰："足下诗赋《鹿鸣》，心倾凤管，点戏犹不脱书卷气，宜其弁冕群英也。"③

按：这则笔记所载，虽是表现江南某生对于四书章句的熟知程度，可以信手运用于点戏，"不脱书卷气"，但同时也从另一个方面反映出了此人也同样熟知戏曲剧出与情节关目，正是在熟晓所点戏曲情节关目的基础上，才能得心应手镕裁四书句题，用来点戏，其友人"诗赋《鹿鸣》，心倾凤管"的评价，正是一语中的。其中加着重号的几句，正是《牡丹亭》中的出目，如此熟稔地借用点演其中出目，正反映出《牡丹亭》在清代文人心目中的热衷程度，非前文所谓"此曲已经百回听"者不能为此。④

此外，《牡丹亭》的人物脚色等元素，也被清代文人拿来用作同好友朋间互相谐谑的游戏素材。《履园丛话》载：乾隆庚辰科进士，被"京师好事者"依照各人年貌，分派《牡丹亭》全本脚色，如同后来的《乾嘉诗坛点将录》一般，其中如"状元毕秋帆为花神，榜眼诸重光为陈最良，探花王梦楼为冥判，侍郎童梧冈为柳梦梅，编修宋小岩为杜丽娘，尚书曹竹墟为春香，……南康谢中丞启昆为石道姑，汉阳萧侍御芝为农夫"等等，而被谐者往往并不以为意，反而回应以认可、接纳的态度，如前文所引宋小岩、曹竹墟二人分别

---

① 金埴《不下带编》卷一，《不下带编　巾箱说》，中华书局1982年版，第10页。
② 梁章钜《浪迹续谈》卷六，《看戏》，《浪迹丛谈续谈三谈》，中华书局1981年版，第346页。
③ 许秋垞《闻见异辞》卷二，《集四书题点戏》，《笔记小说大观》，一编，第四册，台湾新兴书局有限公司1985年版，第1945—1946页。
④ 屈复《听演〈牡丹亭〉传奇（其二）》，《弱水集》卷十四，清乾隆七年贺克章刻本。

被派以杜丽娘、春香等女性角色,"同年中每呼宋为小姐,曹为春香,两公竟应声以为常",①由此可见清代这部分文人在对待戏曲传播接受等话题上的开阔胸怀与豁达心态,展现出了一代文人的风采韵致。

结　　语

由于《牡丹亭》本身的文采和文学地位,在清代以前所未有的开放态势传播发展,其影响力渗入了士大夫群体的生活轨迹,对文人阶层接受戏曲的心态等产生了难以估量的浸染作用。其中既体现了以《牡丹亭》为代表的戏曲活动对文人情趣的牵引作用,也反映出清代文人阶层对戏曲的接受与认可,对于探讨清代文人意趣的生成与转变等具有一定的参考意义。

---

① 钱泳《履园丛话》卷二十一,《牡丹亭脚色》,中华书局 1979 年版,第 551—552 页。

汤显祖《牡丹亭》东传朝鲜王朝考述

程　芸

　　汤显祖《牡丹亭》的域外传播是"汤学"领域的重要问题,然而,研究者通常关注西方的情况,对东亚地区《牡丹亭》的流播则有所忽视。事实上,《牡丹亭》早在清顺治三年(日本正保三年,1646)即流入日本,是江户时代东渡次数较多的中国戏曲文献。[①] 本文勾辑古代朝鲜王朝汉文燕行文献(通称"燕行录")中的资料,并辅以其他相关记载,试图呈现《牡丹亭》东传朝鲜半岛的某些痕迹,并发掘其潜在的文学史意义。

　　明清时期朝鲜文人的"朝天"或"燕行"以使团出行为主,这种受制于"朝贡关系"("宗藩关系")的人物往来,也经常伴随着书籍的输出与流入,成为中朝两国之间极为重要的文化交流形式。《牡丹亭》完成于明万历时期,晚明的朝天使者接触到《牡丹亭》的机会并不大,因为明朝严格限制使臣的在华行为。清初大抵沿袭这一政策,直至康熙后期鉴于天下大定,不再禁止使臣观游,于是,中朝文人的直接交流更为频繁,朝鲜文人对中国社会的接触也更为深入而细致。某些有幸燕行的使臣及其随从,在记录中国"见闻"、追思中国"记忆"或描绘中国"想象"[②]的同时,也以一种不经意的方式推动了《牡丹亭》的东传及其相关的文学生产。

一

　　以笔者目力所及,最早提及《牡丹亭》的朝鲜燕行文人,是清康熙六十年(李朝景宗元年,1721)充任谢恩使团副使的李正臣(1660—1727)。李正臣《栎翁遗稿》卷八《燕行录》所附《前后去来时状启誊本》中,保存了朝鲜使臣誊录的若干清朝"可信文书",其中一封康熙圣旨有云:"王锡爵行事,汉人亦甚恶之,故作《牧(牡)丹亭歌曲》,极肆诋骂,得此报应。其孙反叛,受贼伪札,称为伐清总兵,不久被擒。朕宥其殄九族之罪,只戮其一身,别无株连。即此王掞之负心,可知矣。"[③]王掞(1644—1728)曾官至文渊阁大学士,以重立胤礽为太子事触怒康熙皇帝,后致仕。他是明万历时期内阁首辅王锡爵(1534—1611)的曾孙,而晚明以来曾流传着《牡丹亭》借杜丽娘还魂,以影射王锡爵女儿昙阳子"升仙"之事的说法。康熙皇帝不知从何途径得知这一传闻,在圣旨中借题发挥,又为燕行使者所直录,以呈报朝鲜国王,这是《牡丹亭》早期异域传播史上的一个有趣细节。

　　当然,这个细节并无下文,也无助于说明《牡丹亭》是否受到其他朝鲜文人的关注。有据可查的则

　　① 黄仕忠《江户时期东渡的中国戏曲文献考》,《文化遗产》2009 年第 2 期。
　　② 葛兆光《韩国汉文燕行文献选编》序,复旦大学文史研究院、韩国成均馆大学东亚学术院大东文化研究院编《韩国汉文燕行文献选编》第一册,复旦大学出版社 2011 年版,第 1—2 页。
　　③ 李正臣《栎翁遗稿》,《影印标点韩国文集丛刊》(续)第 53 册,(首尔)民族文化推进会 2008 年版,第 175 页。按,古代朝鲜汉文文献中常有一些讹字或异字,本文随文订正。

是，五十余年之后，《牡丹亭》终于被燕行文人带入了朝鲜。李德懋（1741—1793）的《青庄馆全书》卷十九中有一封致清人李鼎元（1750—1815，号墨庄）的信函（《李墨庄》），有云：

> 东洛（络）山房之别，无论去留，销魂伤心，朱颜堪雕。天寒岁暮，细惟斯辰，起居增卫。不佞下土鲰生，乃敢接武东吴之名士，拍肩西蜀之胜流，谈艺于芝塘之室，订交于鸳港之堂。吹嘘羽毛，洗濯尘垢，莫非我墨庄为之先容，为之绍介。其为感幸，可胜言哉！每与楚亭谈此事，未尝不诧足下为人之磊落奇伟，天下之士也。雨村、芝塘两先生信息，其果续续承闻。沈匏尊无恙否？归时不得相别，至今茹恨。幸致此意，如何如何。五言律一首，奉寄左右，聊表深情。伴以香山小笺廿番，匪物为贵，俯念其孤怀，至可至可。姜山、泠斋既得《牡丹亭记》，留为一段风流，使之传致谢意耳。临池神溯。不宣。①

同卷另有一封致清人唐乐宇（1739—1791，号鸳港）的书函（《唐鸳港》），也提到了《牡丹亭》的东传，有云：

> 不佞之一生未可忘者，吴蜀名士，鱼鱼雅雅，饯我二人，飞觞陆续，颊饱丹砂，轩渠绝倒，雅谑淋漓，不知日之将暮，何其乐也。如今索居，回头指点，浑如梦中。仰天长吁，忽自无以为心。岁将暮矣！不审足下动止清吉，阿张兄弟，俱得无恙？种种驰念，不能自已。蔡吕桥、马青田，亦皆平安否？幸为之致意！别后积月，足下之著辑应充栋宇，无由从傍而读之，只自茹恨。或可寄示一种，以替对晤耶？姜山、泠斋，获见足下所赠《牡丹亭记》，深感足下之好奇，遥谢千万。不佞近得一诗，仰寄门下，可知其托情之深挚也。其幸赐和焉。香山素笺廿张伴去，俯纳如何。不宣。②

清乾隆四十三年（李朝正祖二年，1778）三月，李德懋以谢恩陈奏使团书状官随从的身份来到中国，同行者还有充任正使随从的朴齐家（1750—1805，字在先，号楚亭）。据李德懋《入燕记》，③使团五月十五日进入北京，六月十六日踏上返程，其间，李德懋、朴齐家与多位中国文人频繁往来，包括李鼎元、李骥元（凫塘）、唐乐宇、祝德麟（芝塘）、沈匏尊（心醇）、蔡曾源（吕桥）、王民皞（鹤汀）、马青田（马照）等。"天寒岁暮"、"别后积月"云云，可知这两封信是李德懋回国之后，第一次致函远方的朋友，作于本年年底。考虑到乾隆时期两国人物往来的主要形式是使节及其随从，那么，捎信人很可能是前往清朝的三节年贡使团中的某位成员。

这两封信函的收件人都与赠送《牡丹亭记》有关，不过，细究其意，唐乐宇更有可能是主谋。受赠者"姜山"（即李书九，1754—1825，号姜山）、"泠斋"（即柳得恭，1748—1807，号泠斋）却又并不在这次的燕行使团中，这背后事出有因。

就在清乾隆四十一年（李朝英祖五十二年，1776）十一月至次年四月（李朝正祖元年，1777），朝鲜文人柳琴（1741—1788）随进贺谢恩使团副使徐浩修来到了中国，他随身携带李德懋、朴齐家、李书九、柳得

---

① 李德懋《青庄馆全书》上册，（韩国）首尔大学古典刊行会1966年版，第267—268页。
② 李德懋《青庄馆全书》上册，第268页。
③ 中、日、韩三国已出版了多种规模不一的"燕行录"，本文所引李德懋《入燕记》据《韩国汉文燕行文献选编》，不另注。

恭(柳琴之侄)的诗选《韩客巾衍集》手抄本,拜会了时任吏部考功司员外郎的四川文人李调元(1734—1803),并因李调元的介绍,结识了时任《四库全书》分校官的浙江文人潘廷筠。李调元、潘廷筠读到这四位朝鲜诗人的作品后,称赏有加,慨然作序、评点,并表示要在中国刊刻《韩客巾衍集》。① 柳琴回国后,此事在朝鲜诗坛引起诸多回响,也为后来的燕行文人结交清人埋下了伏笔。据李调元《八月二十日奉恩命督学广东恭纪再叠前韵》、《良乡留别墨庄》(《童山诗集》卷十九)等可知,柳琴等人返程两个月之后,李调元奉命督学广东,待次年李德懋、朴齐家随使团进入中国时,他早已不在燕京。李鼎元是李调元从弟,大约于乾隆丁酉(1775)年进入北京,后参加了戊戌年(1778)的会试。据李德懋《入燕记》,李鼎元是在潘廷筠寓舍见到李德懋的。因此,以李鼎元、李调元、潘廷筠之间的密切关系,有理由相信,李鼎元早就获知四位朝鲜诗人的声名。

唐乐宇(1739—1791)也应该早已听闻过他们。唐乐宇是四川绵州人,时官户部员外郎,据李调元《诰封朝议大夫贵州南笼知府唐公尧春墓志铭》(《童山文集》卷十六),唐乐宇与李调元童稚相交,曾为儿女亲家,又同在京城为官,关系密切。据李德懋《入燕记》,朴齐家曾访唐乐宇于四川会馆,而李调元的从弟李鼎元、李骥元当时正寓居四川会馆。《入燕记》记叙了李德懋、朴齐家与唐乐宇的六次见面,李德懋笔下的唐乐宇"通易理律历之类",又"娴于名物之学","其言多考据辨订",故称其"真博雅之君子也",对照李调元所撰墓志铭的相关描述,如云"胸罗万卷,兼精六壬五星,并著有《奇门纪要》。常于琉璃市得西洋浑天铜仪,购归,排列敷衍,遂通勾股之法",李德懋"深感足下之好奇"的赞叹,显然并非虚与委蛇之言。

就在《唐鸳港》这封信中,李德懋还表达了想读到唐乐宇著述的愿望。据李调元所撰墓志铭,唐乐宇病故后,"诗多散轶",这或反映了唐氏其实声名不广,并非当时文坛的重要人物。② 然而,与唐乐宇短短二十多天的密切来往,显然给李德懋留下了较为深刻的印象。两年后的李朝正祖四年(清乾隆四十五年,1780),朴趾源(1737—1805)跟随祝贺乾隆皇帝七十大寿的使团来到北京,特意遵李德懋之嘱去唐府拜谒,事见朴趾源《热河日记》之《关内程史》。

李德懋并没有明言《牡丹亭记》的文体性质,更没有提及其作者,但我们注意到,他对作为一种戏剧文体的"传奇"的基本体性、特征其实并不陌生。在勾辑中国文献而成的《磊磊落落书》(《青庄馆全书》卷三十六至卷四十七)中,李德懋曾提到数部传奇,如云间道人"精于《牡丹亭》乐府",陆符四岁抗声高唱《杨涟草疏传奇》,吴中好事者将黄孔韶父子事迹"编为传奇,演之春秋之社",黄周星创作《人天乐》。汤显祖的《牡丹亭》向来以奇幻、风情而称誉士林,李德懋"留为一段风流"、"深感足下知好奇"云云,既折射了李朝后期文人对中国戏曲基本特征的体认,也可与明清中土文人对《牡丹亭》的评价相互对接。作为一次根植于儒家文化的审美表达,虽然它来自域外,却体现了中朝文人能够共享的一种知识系统和阅读体验。

二

那么,为什么唐乐宇、李鼎元要向李书九和柳得恭赠送《牡丹亭》传奇? 李书九的诗文别集如《惕斋

---

① 清代中叶《韩客巾衍集》是否曾在中国刊行,学界有争议,参见金柄珉《〈韩客巾衍集〉与清代文人李调元、潘廷筠的文学批评》,《外国文学》2001年第6期;朴现圭《韩国的〈四家诗〉与清朝李调元的〈雨村诗话〉》,《四川师范大学学报》1998年第4期。

② 《(嘉庆)四川通志》卷百五十四唐乐宇小传称其"著有《奇门纪要》,并《东络山房诗文集》行世",然检阅晚近以来的多种书目,仅知唐乐宇今存《南笼遗稿》,传存有限,仅藏于四川图书馆。

集》(《影印标点韩国文集丛刊》本)、《姜山集》(美国哈佛燕京图书馆藏抄本)中未见到相关记载,然而,柳得恭选录中国、日本、安南、琉球汉诗的《并世集》中,却留下了明确线索。《并世集》编于李朝正祖二十年(清嘉庆元年,1796),录有唐乐宇的一首《别李炯庵朴楚亭东攷》,小传则有云:

> 鸳港与懋官(李德懋)、次修(朴齐家)谈次,称汤若思(士)《牧(牡)丹亭记》之佳。懋官、次修以未见为恨。鸳港即命仆书肆中取来,使读之。懋官、次修一读便曰:"殊不见其佳处。"鸳港大笑曰:"公不以为佳,惠风(柳得恭)必以为佳。"遂以其书寄来。①

柳得恭曾三次随团出使中国,第一次是在李朝正祖二年(清乾隆四十三年,1778),但行至沈阳即返回,第二次才进入燕京,时清乾隆五十五年(李朝正祖十四年,1790),柳得恭充任进贺兼谢恩使团副使徐浩修的随从,同行者还有朴齐家、李喜经等人,时唐乐宇已经调任贵州。柳得恭此行留下了在热河清音阁和燕京圆明园观看内廷演剧《返老还童》、《升平宝筏》的记录,可见出他对中国的戏曲表演有一定的兴趣。此外,柳得恭有一首《送人赴燕求〈虞初新志〉》诗云:"送君渡鸭水,戎服折风巾。燕市三韩客,齐庄一楚人。闻鸿紫塞夜,跃马玉河春。绝妙《虞初志》,无忘寄袖珍。"②可知,柳氏对正统诗文之外的通俗文学,也有浓厚兴趣。唐乐宇"惠风必以为佳"云云,细究之,似早已了解柳得恭的阅读趣味,不知是否与柳得恭的这次求书有关。考虑到汤显祖曾点校《虞初志》,所撰《续虞初志》又被《明史·艺文志》著录,而《明史》东传又是朝鲜王朝的大事(参见后文),我们或许可以说,柳得恭与汤显祖之间存在着某种超越时空的文学精神的关联。

然而,柳得恭又称"懋官、次修一读便曰'殊不见其佳处'",却值得再次推敲,至少与朴齐家的趣味、性情不符。李德懋在正祖倡导"文体反正"时,也受到过冲击,但大体而言,其文风较雍容端正。而相较于李德懋,朴齐家的文学思想更为开放,对中土风情人物的兴趣也更为多样,这甚至引起了李德懋的不满。他的《雅亭遗稿》中就留下了严厉批评朴齐家的若干信函,如有云:

> 足下知病之祟乎? 金人瑞,灾人也;《西厢记》,灾书也。足下卧病,不恬心静气,澹泊萧闲,为弥忧销疾之地,而笔之所淋,眸之所烛,心之所役,无之而非金人瑞。而然犹欲延医议药,足下何不晓之深也。愿足下笔诛人瑞、手火其书,更邀如仆者日讲《论语》,然后病良已矣。
> 羡慕中原,嗜好小说,为近日痼弊……此挽回淳古振作大雅之一机会也。兄须十分详审,乃以悔过迁善、感恩知罪之意,结构一篇古文,又或七言绝句十许首,文与诗间,遣词命意务极驯雅,勿或浮靡;字句之间,慎勿犯用俗所谓小说及明末清初一种鄙俚轻薄口气……夫所谓小说者,即演义之流也。以其诲淫诲盗,坏伦败化之具,王政之所厉禁。故吾辈尝与痛恶而深斥之,此不必为累于吾兄,而每恨吾兄为人性癖突兀,生长东方礼仪之乡,而反慕中原千里不同之俗。其所设心,一何宏阔。甚至满洲铁保、玉保,看作兄弟;西藏黄教红教之流,视如士友。世俗所谓唐痴、唐学、唐汉、唐魁之目,举皆集于兄身。此是公案。③

---

① 柳得恭《并世集》,《燕行录全编》第3辑第2册,广西师范大学出版社2013年版,第329页。
② 柳得恭《泠斋诗集》卷二,美国哈佛燕京图书馆藏抄本。
③ 李德懋《雅亭遗稿》卷七,美国国会图书馆藏李朝正祖二十年芸阁活字本。

以朴齐家驳杂的文学嗜好，以及被李德懋视若病态的对于中国风俗的仰慕，柳得恭《并世集》中"殊不见佳处"云云，不免令后人生疑。朴齐家曾先后四次燕行，没有留下直接记录其见闻的"燕行录"一类的文字。不过，据其殁后由四子朴长馣纂辑的《缟苎集》来看，朴齐家与唐乐宇之间的交流非常深入，完全有可能涉及词曲方面的话题，如有云："先君记曰：'乐宇号鸳港……明几何之学，著有《东络丛书》二百余卷。戊戌与余订交，家在琉璃厂之先月楼南，与余有乐律问答数千言。'"①唐乐宇通音律，其友人李调元所撰墓志铭中也有明确的记载，正可相互佐证。

再核之以李德懋《入燕记》，记"正祖二年五月二十五日"之事有云："与在先因往唐员外馆论乐，盖从中指一寸为尺之说，以郑世子《乐书》为铁论。"这里郑世子《乐书》，指明宗室朱载堉（1536—1611）的《乐律全书》，清初康熙皇帝敕撰《律吕正义》时已采用其说，乾隆时期编修《四库全书》更受到重视，四库馆臣既称其多"精微"之论，又感叹其艰深难懂（见《四库全书总目》卷三十八经部三十八乐类）。我们则注意到，两年后燕行的朴趾源在《鹄汀笔谈》中记载了这样的对话："宗室大臣未见一河间献王，有谁？郑载堉。余问：郑是何代人。鹄汀曰：前明宗室郑王之世子，名载堉，著《律吕精义》。"②《鹄汀笔谈》是朴趾源与中国文人王民皞（字鹄汀）的笔谈记录，显然，对于乾隆中后期的燕行文人而言，朱载堉及其著述、学说还是较为陌生的一种知识，而唐乐宇和李德懋、朴齐家之间的交流能涉及这样一个在当时具有"前沿性"的问题，足见主客双方趣味的相投。据此推测，柳得恭的话未必符合当时赠书的真实情境，不妨视作"一家之言"。

由李德懋、朴齐家带回的《牡丹亭》，是否是这部中国戏曲名作第一次进入朝鲜？限于所见，不敢遽下结论。③但大体可推断，这次东传消除了一个朝鲜文人的小圈子对于《牡丹亭》的新奇感。我们注意到，两年之后朴趾源从王民皞那里听闻《牡丹亭》时，已经不再陌生了。事见其《热河日记》之《忘羊录》，有云：

> 余曰：器譬则谷也，声譬则风也。知谷之不可改，则风之出也无变。特有厉风、和风、飂风、冷风之异耳。由是论之，律之有古今之殊者，无其器改而声变欤？
>
> 鹄汀曰：然。律联而为调，调谐而为腔，腔合而为曲。律无奸声而调有偏音，果是一谷之风有厉和飂冷之不同，晓夜朝昼之变焉。此其腔曲之所以情变听移，随时耸沮，而始有古今之异、正蛙之别尔。唐虞之世，民俗熙皞，其悦耳者韶濩之声，则又其所黜可知也。幽厉之时，民俗淫靡，其悦耳者桑濮之音，则又其所黜可知也。如近世杂剧，演《西厢记》则倦焉思睡，演《牧（牡）丹亭》则洒然改听。此虽闾巷鄙事，足验民俗趣尚随时迁改。士大夫思复古乐，不知改腔易调，乃遽毁钟改管，欲寻元声，以至人器俱亡。是何异于随矢画鹄，恶醉强酒乎。④

《忘羊录》记录了朴趾源与中国文人尹嘉铨、王民皞的笔谈，其核心是"论说乐律古今同异"。综观这次笔谈，所谓"乐律古今异同"，并不局限于具体的知识领域，而往往延伸为古今风尚流变及其评价的探讨。正是在这样一个带有"价值判断"的话题框架中，《西厢记》、《牡丹亭》成为论证文学、艺术风尚必然

---

① 朴长馣纂辑，《缟苎集》卷一，美国哈佛燕京图书馆藏抄本。
② 朴趾源《热河日记》，《韩国汉文燕行文献选编》第23册，第39页。
③ 尹德熙（1685—1766）的《字学岁月》提到的《四梦记》，是否为汤显祖的《临川四梦》，尚待证实。参见陈文新、闵宽东《韩国所见中国古代小说史料》，武汉大学出版社2011年版，第439页。
④ 朴趾源《热河日记》，《韩国汉文燕行文献选编》第22册，第410—411页。

与世推移的重要例证。当然,这个时期的燕京剧坛并非曲牌体戏曲独霸的局面,已面临板腔体的乱弹诸腔的挑战,《西厢记》不受欢迎固然为一事实,《牡丹亭》是否为士大夫所"洒然改听",其实也是问题。王民皞或也有可能从燕行文人那里风闻过《西厢记》在朝鲜广受欢迎的某些情况(参见后文),因此,他才将《西厢记》与《牡丹亭》相提并论。

借助于清代中叶中国与朝鲜王朝的宗藩关系,籍籍无名的四川文人唐乐宇,却有幸进入了若干朝鲜一流诗文名家的视野,并在当时尚不频繁的中朝文学、音乐和文化交流中,发挥了中介者的作用。从这个角度看,唐乐宇和李德懋、朴齐家都是《牡丹亭》异域传播史上值得被记住的姓名。

三

韩国学者全寅初主编的《韩国所藏中国汉籍总目》著录了三种版本的《牡丹亭》。

其一,署《牡丹亭传奇》,八卷八册,木刻本,玉振堂梓,云"年代不详"。玉振堂不见于杨绳信先生编著的《增订中国版刻综录》(陕西人民出版社 2014 年版)、瞿冕良先生编著的《中国古籍版刻辞典》(增订版,苏州大学出版社 2009 年版)和杜信孚先生的《全清分省分县刻书考》(线装书局 2009 年版)。经检索"高校古文献资料库"、台湾"国家"图书馆"中文古籍联合目录"等数据库,知玉振堂曾于清嘉庆十一年(1806)刊刻了《历代圣贤篆书百体千文》,那么,此本东传的时间,恐在李德懋、朴齐家等人燕行之后,或在嘉庆、道光时期。①

其二,署《牡丹亭还魂记》,清光绪十二年(1886)同文书局刊本。据郭英德先生《〈牡丹亭〉传奇现存明清版本叙录》,此本乃以明万历年间的石林居士本为底本的石印本,流传甚广;②那么,它流入朝鲜的时间当更晚。

还有一种,署《牡丹亭还魂记》,二卷二册,石印本,有民国三年(1914)序,署"古歙在田氏题"。"古歙在田氏"是清末民初安徽书商唐在田,曾刊刻了《绘图万花楼传》、《续洪秀全演义》、《李公奇案》等,显然,此本东传的时间当在民国时期。

此外,据韩国学者闵宽东教授的《中国戏曲(弹词鼓词)的流入与受容》(韩国学古房 2014 年版),该国还存有另外两种《牡丹亭》:一是乾隆乙巳年(1785)冰丝馆据明末清晖阁原本重刊的《玉茗堂还魂记》,另一种是清后期同人堂的木刻本《牡丹亭还魂记》。

以上五种《牡丹亭》,大约反映了当今学界对韩国庋藏《牡丹亭》版本基本情况的掌握。大抵可以判定,它们都是清乾隆四十三年(1778)以后才传入朝鲜的,应与李德懋、朴齐家无关。

那么,《牡丹亭》被李德懋、朴齐家带入朝鲜之后,该本是否得到进一步的传播,乃至翻刻?除了《牡丹亭》,汤氏其他"三梦"是否很快传入朝鲜?笔者未见到明确记载,只能先存疑。③ 但点检相关材料,并

---

① 日本拓殖大学宫原(民本)文库藏有一种玉振堂刊刻的《绣像牡丹亭还魂记》,六册,不知与此本的关系。参见黄仕忠《日藏中国戏曲文献综录》,广西师范大学出版社 2010 年版,第 125—126 页。

② 郭英德《〈牡丹亭〉传奇现存明清版本叙录》,《戏曲研究》第 71 辑,文化艺术出版社 2006 年版。

③ 有研究者指出:"著名文人安鼎福(1712—1791)在《杂同散记》中,特意提到汤显祖的《还魂记》(《牡丹亭》)、《紫钗记》、《南柯记》以及《邯郸记》等'临川四梦'已传播朝鲜的事实。"参见李岩、俞成云《朝鲜文学通史》(下),社会科学文献出版社 2010 年版,第 1143 页。笔者未读到原书,不详具体情况,未敢采信。又,闵宽东《在韩国中国小说的传入与研究》(《明清小说研究》1997 年第 12 期)据《杂同散异》只著录了《邯郸梦记》,则传入的或是小说,而非汤显祖戏曲?事实上,中韩学者提及安鼎福《杂同散异》时,颇有差异,或又作安应昌《考同考异》、安兴福《散同杂异》,不知何故,参见杨雨蕾《朝鲜燕行使臣与西方传教士交往考述》,《世界历史》2005 年第 6 期。

参以张伯伟所编《朝鲜时代书目丛刊》(中华书局 2004 年版)、全寅初主编《韩国所藏中国汉籍总目》(韩国学古房 2005 年版)等，汤显祖诗文的东传痕迹却因《牡丹亭》的流入而更加清晰地呈现出来。

汤显祖的诗文曾多次结集刊行，汤显祖也早已因其诗文成就而赢得了声名，这在钱谦益《列朝诗集》等文献中有所反映，但对于朝鲜文人而言，认知、传播乃至接受其诗文的影响，同样需要一个"去陌生"的过程。我们注意到，李德懋《入燕记》记正祖二年(1778)五月十九日事云"燕市书肆自古而称，政欲翻阅，于是余与在先(朴齐家)及干粮官往琉璃厂，只抄我国之稀有及绝无者"，其中就有他在嵩秀堂发现"《玉茗堂集》"的记录。李德懋是李朝宗室，饱学多闻之士，如果《玉茗堂集》在他眼中都属于稀罕之物，那么，汤显祖别集流入朝鲜的时间应该不会很早；即便有之，也不为一般的文人所重视。

而另一方面，正祖时期的朝鲜王室也没有对汤显祖的诗文集表现出明显兴趣。徐浩修的《奎章总目》大约完成于正祖五年(1781)，反映"朝鲜时代正祖初期奎章阁所藏中国本"的情况，著录了数十位明嘉靖、万历时期与汤显祖有来往的文人的别集，却不见汤显祖《玉茗堂集》。[①] 正祖李祘曾"仿唐宋故事，撰《访书录》二卷，使内阁诸臣按而购贸"，[②]然今存《内阁访书录》中，也并无汤显祖《玉茗堂集》。张伯伟教授指出，《内阁访书录》"最初乃一导购书目，但购入后又陆续写提要，成为藏书目录"，[③]据《内阁访书录》卷一之"《翰林记》二十卷"、卷二"《历代诗选》五百六卷"等条目来看，该书目编写时曾参考了清初黄虞稷的《千顷堂书目》，而《千顷堂书目》卷二十五别集类，早已有"汤显祖玉茗堂诗十八卷，又文十卷，尺牍八卷"的著录。这一反差，多少显示出李朝正祖时期朝野对汤显祖著作的忽视。

然而，年代更后的《承华楼书目》"集类"却著录了"《玉茗堂集》十册"，这是整个《朝鲜时代书目丛刊》所见汤显祖诗文集的唯一著录；同书"说家类"，则有"《玉茗堂四曲》八册"的著录，这也是该书目丛刊所见汤显祖戏曲的唯一著录。承华楼为宪宗(1834—1849 年在位)所建，反映了当时王室的藏书倾向和阅读趣味。除了汤显祖《玉茗堂四曲》，《承华楼书目》"说家类"中还著录了《聊斋志异》(十六册)、《闲情偶寄》(八册)、《虞初新志》(十二册)、《曲谱》(十二册)等，这种混杂的图书分类与清代中叶的四库观念既有吻合，更有出入，也是一种颇有意味的现象。

以上说明，《牡丹亭》、《玉茗堂集》流入朝鲜王朝的时间可能较晚。但这并不意味着对于包括李德懋、朴齐家、柳得恭等在内的正祖前期文人而言，"汤显祖"就会是一个非常陌生的姓名。事实上，即便没有接触到《玉茗堂集》、《牡丹亭》，他们也有可能经由其他途径而得知汤显祖其人、其事，乃至得阅其作品。

第一种可能，是经由清人官修的《明史》。清代自顺治年间开馆直至乾隆时期《明史》纂成，又改订、录入《四库全书》，历经一百四十余年，其间朝鲜王朝一直密切关注，英祖十五年(清乾隆四年，1739)十一月更命前往清朝的冬至使团购进《明史》全轶。[④]《明史》卷二百三十列传第一百十八记载了汤显祖上疏论政以致被贬的事迹，将其列入《儒林》而非《文苑》，卷九十九志第七十五则著录了"《玉茗堂文集》十五卷诗十六卷"，甚至卷九十八志第七十四有其"《续虞初志》八卷"的著录。《明史》传入朝鲜后，是否曾在

---

① 张伯伟《奎章总目》解题，《朝鲜时代书目丛刊》第一册，中华书局 2004 年版，第 3 页。按，朝鲜王朝时期的奎章阁藏书现归韩国首尔大学，检索台湾"国家图书馆"古籍联合目录，知首尔大学奎章阁韩国学研究院藏有康熙甲戌年汤秀琦序刻本《玉茗堂全集》，此本当即《韩国所藏中国汉籍总目》著录的汤秀琦序刻本《玉茗堂集》，然其来源注明"清宫旧藏"，当非李朝王室旧物。

② 《正祖实录第一》，《李朝实录》第四十七册，学习院东洋文化研究所 1966 年版，第 480 页。

③ 张伯伟《内阁访书录》解题，《朝鲜时代书目丛刊》第一册，第 450 页。

④ 相关研究，参见孙卫国《清修〈明史〉与朝鲜之反映》，《学术月刊》2008 年第 4 期。

普通文人中广泛流播,笔者未知其详,然据张伯伟《朝鲜时代书目丛刊》,洪奭周(1774—1842)于纯祖十年(1810)为其弟洪宪仲编纂的《洪氏读书录》中,就有"《明史》三百六十卷",其卷次与通行本有异,这反映了普通朝鲜文人对《明史》的兴趣。我们注意到,李德懋的《青庄馆全书》中就有《明史纰缪》这样的篇章,而且他还频繁引用《明史》,因此,《明史》当是他了解汤显祖其人其事的一个重要途径。

第二种可能,经由其他一些收录汤显祖诗文的书籍。徐浩修《奎章总目》中曾几次拈出汤显祖的姓名,如卷二地理类著录《名山胜概记》有云"王稚登、汤显祖及王世贞俱有序",卷四别集类著录《睡庵集》有云"汤显祖序曰:睡庵以山川为气质,以烟霞为想思,以玄释为饮食,以啸叹为事业,故道与文新、文随道真",卷四总集类著录《十六家小品》时也明确提到汤显祖为其中一家。这些或许是无意之举,但较为集中,也折射了汤显祖进入朝鲜上层文人视野中的痕迹。而从《奎章总目》、《内阁访书录》等来看,一些晚明清初出版的流行读物,如郑元勋《媚幽阁文娱》(选录韩敬《玉茗堂全集序》和王思任《批点玉茗堂牡丹亭词序》)、俞安期《启隽类函》(保存汤显祖的三篇"佚文"①)、沈德符《万历野获编》(卷二十五"杂剧"条提到汤显祖"新作《牡丹亭记》,真是一种奇文"),以及清人编纂的明诗选如钱谦益《列朝诗集》、朱彝尊《明诗综》、沈德潜《明诗别裁集》等等,李朝正祖前期皆已流入朝鲜半岛,因此,都有可能拓展朝鲜文人传播、接受汤显祖及其作品的空间。

这其中,钱谦益的《列朝诗集》发挥了最为突出的作用。《列朝诗集》今有清顺治九年(1652)毛氏汲古阁刊本,至迟李朝肃宗十年(1684)已传入朝鲜,而《列朝诗集小传》则有清康熙时绛云楼刻本,至迟李朝肃宗四十六年(1720)传入朝鲜,②因其关涉有明一代诗风的评价,又专门收录了朝鲜诗人的作品,激起了李朝文人广泛而持久的回响。《列朝诗集》丁集卷十二收录汤显祖诗歌一百二十余题,钱谦益本人也非常推重汤氏的文学主张(见《初学集》卷三十一《汤义仍先生文集序》),他的《初学集》、《有学集》等在李朝也较为常见,因此,尽管《玉茗堂集》对于正祖初期的朝鲜文人而言较为稀罕,然而,他们也有可能早已通过接触《列朝诗集》和钱谦益的相关著述,而对汤显祖其人、其作发生兴趣。

我们注意到,与李德懋年代相仿的成大中(1732—1809)就"用汤若士韵"创作了《大坂杂咏》绝句四首:

> 浙舶闽樯到海涯,绒丝缆泛刺桐花。南都秘籍来三部,尽入长碕太守家。
> 七尺钢刀百炼成,双钩如月夜中行。空桥僻处逢人试,桥下惊波飒有声。
> 奸门利窦剧逶迤,画角声催晓色迟。白柄刀头惊赤血,馆中喊杀黑衣儿。
> 垣军五百出关多,步步旗亭簇网罗。借使传藏生羽翼,不教飞渡小滨河。③

根据其用韵特点,核之以《列朝诗集》所收汤显祖诗歌,以下四首当为成大中次韵的依据:

> 一疏春浮瘴海涯,五年山县寄莲花。已拚姓字无人识,检点封章得内家。(《漫书所闻答唐观察》之四)

---

① 吴书荫《汤显祖佚文三篇》,《中国典籍与文化》2003年第4期。
② 王国彪《朝鲜诗家对〈列朝诗集〉的接受与批评》,《齐鲁学刊》2013年第1期。
③ 成大中《青城先生文集》卷一,《韩国历代文集丛书》第2733册,(首尔)景仁文化社1999年版,第91—92页。

少年豪气几时成,断酒辞家向此行。夜半梅花春雪里,小窗灯火读书声。(《与李太虚》)

东南山色翠逶迤,日照西陵上酒迟。看罢秋千微有恨,不敲方响出红儿。(《饮青来阁即事》之二)

插汉窥关事欲多,辽阳当已失红罗。宁前直钞开原路,止隔三岔一渡河。(《寄谢侍东辽左》之一)①

　　李朝英祖三十九年(1763)派出通信使团出使日本,成大中是正使赵曮的随从。次年四月返程经过大坂(阪)时,发生了铃木传藏杀害朝鲜译官崔天宗(淙)的事件,使团为此滞留一个多月。《大坂杂咏》四首当作于这期间,其中第三、第四首就叙写崔天宗的遇害。这是当时朝日外交上一次突发事件,两国说法各异,后来的日本小说、歌舞伎、净琉璃更常常演绎、改造这么一个题材。② 汤显祖的这四首诗作于不同的时间,并没有任何意义上或事实上的直接联系,虽早已出现于明天启刻本《玉茗堂全集》中,但所处卷次极为分散,然而,它们在《列朝诗集》中的位置则明显集中,第一、第四首甚至前后相连。显然,成大中从这四首诗中捕捉到了某些独特的艺术灵感,用以记叙他出使日本时的所见所闻。

　　联系十余年之后李德懋燕行时,依然视《玉茗堂集》为稀罕之书,我们可以推断,钱谦益《列朝诗集》才是成大中接受汤显祖诗歌的艺术影响,并从事再创作的依据。早已作古的明万历时期人汤显祖的这四首诗,却因清初钱谦益《列朝诗集》的编排,以及一百多年之后朝鲜文人成大中的次韵,勾连着十八世纪后期东亚的一次重要外交事件。这种超越时空的"知识环流"和"文学生产",无论是钱谦益还是汤显祖本人,都无法预知或预想。

　　那么,清乾隆四十三年(1778)经由燕行文人而发生的这次《牡丹亭》东传,是否激发了朝鲜文人对汤显祖其人、其作更丰富的兴趣?点检相关文献,笔者认为,这种可能性是存在的。明显的表征是,《牡丹亭》故事及其相关传闻,成了后人诗歌创作的用典。例如,李学逵(1770—1835)的《春星堂集》中有《红梅馆杂事同韩霁园作》六首,第一首云:"幼年三五最娉婷,惭愧人前赋小青。朱李半笼桃一盒,此生魂断《牡丹亭》。"③此诗据系年,作于甲寅(正祖十八年,1794)。又如,申纬(1769—1845)的《覆瓿集》中有《新收明无名氏古画二帧各系一绝句》,其第一首《仕女读书图》云:"金钗斜坠凤凰翎,是李香君是小青? 非绪非情苔石畔,抛书一卷《牡丹亭》。"④《覆瓿集》诗歌大抵按时序排列,《仕女读书图》约作于宪宗五年(1839)五月至七月。这两首诗的作年相距四十余年,但都涉及众说纷纭的"小青故事"。

　　自明末以来,与《牡丹亭》传播、接受密切相关的"小青故事"就被不断地加以记载或演绎,而有据可查的是,记录该故事的某些早期文献,如冯梦龙《情史类略》、郑元勋《媚幽阁文娱》、钱谦益《列朝诗集》,都曾流入朝鲜王朝。我们从这两首诗约略可感觉到,自《牡丹亭》被带入朝鲜之后,某些文人不但已经没有了李德懋、朴齐家等人初读《牡丹亭》时的新奇感,而且能较娴熟地运用"小青故事"、《牡丹亭》作为典故。申纬甚至还将《牡丹亭》联系到孔尚任的《桃花扇》,这与他的个人经历有关。清嘉庆十七年(李朝纯祖十二年,1812),申纬以奏请使书状官的身份燕行,曾应蒙古喀喇沁部扎萨克贝勒丹巴多尔济之邀,观看了《桃花扇》。其《贝勒丹巴多尔济求余扇诗》诗小注有云:"宴罢,邀过海淀别墅,引至后堂,前有歌舞之

---

① 钱谦益《列朝诗集》丁集卷十二,《续修四库全书》,上海古籍出版社 2002 年版,第 1624 册,第 84—85 页。
② 日本学者池内敏的《唐人杀しの世界——近世民众の朝鲜认识》(临川书店 1999 年版)有专门研究,参见葛兆光《隔岸观澜——读东洋书札记选录之一》,《东方早报》2010 年 1 月 17 日 T03 版;《揽镜自鉴:从域外汉文史料看中国》,《光明日报》2008 年 1 月 24 日第10 版。
③ 李学逵《洛下生全集》上册,(首尔)亚细亚文化社 1985 年版,第 5—6 页。
④ 申纬《覆瓿集》,《申纬全集》第四集,(首尔)太学社 1983 年版,第 1821—1822 页。

楼,榜曰'镜天花海',为余演剧,至《桃花扇》,音调悲艳动人。"[1]"是李香君是小青"的诗句看似平常,但其背后,隐藏着申纬相比于他的前辈们更为直接的观剧体验和更为丰富的阅读经验。

余 论

朝鲜燕行文人还留下了大量在中国的观剧记录,然以笔者目力所及,并未见到他们观看《牡丹亭》的记载,[2]因此很遗憾,尚不知晓燕行文人对这部戏曲经典是否曾有某些独特的观剧体验。而且事实上,相比于元杂剧《西厢记》,作为文学文本的《牡丹亭》在朝鲜的传播与接受大抵也呈现出一种"被忽视"的基本情形。

综合《朝鲜时代书目丛刊》、《韩国所藏中国汉籍总目》、《中国戏曲(弹词鼓词)的流入与受容》、《〈西厢记〉在韩国的传播与接受》[3]等著作、论文可知,韩国现藏《西厢记》的版本数量要远多于《牡丹亭》,汉文本大多可归入金圣叹"第六才子书"系统,还有韩文的改写本或谚解本,甚至有韩汉合本或满汉合本。此外,《西厢记》不但影响到古代朝鲜的民族文学经典《春香传》,还出现了若干仿作的小说、戏剧。与《西厢记》东传之后广受欢迎乃至被改写、仿作这一"经典的再生产"约略相似的,还有另外两部中国古典戏曲名作,即《荆钗记》和《五伦全备记》。[4] 从这个角度看,《牡丹亭》东传朝鲜王朝,既非古典戏曲"走向世界"的一个重要例证,也并非其"经典化"历史进程中不可忽略的重要环节。

然而另一方面,近代社会变革之前的《牡丹亭》东传,又依托于东亚汉字文化圈的"人物往来"与"书籍流转"这两种最基本的文化交流形式,因此,从文化史、书籍史与阅读史的角度看,则有可能隐藏着丰富的象征意义。事实上,尽管材料有限,我们还是发现,《牡丹亭》或多或少地参与了古代朝鲜文学观念的表达或建构,甚至影响到该国汉诗的写作;此外,它的东传,也并非全然的单向度的流出,既有流出之后的信息反馈,也还牵连清代中叶中朝文人对于传统音律、社会风尚等问题的关切。考虑到近代之前东亚诸国之间并不对等的政治、文化地位,以使团出行为主的"人物往来"及其伴随的"书籍流转"也有畸轻畸重的差异,那么,汤显祖作品在朝鲜王朝的传播、接受尽管以"单向度"为主,却也不妨视为古代东亚"知识环流"的一个有饶有意味的例证。[5]

尽管"东传"几乎没有彰显《牡丹亭》作为中国文学经典或戏剧经典独特的内在体性(所谓"经典性"),然而,清乾隆四十三年(李朝正祖二年,1778)的这次"东传",其本身却又是一个意味深长的"文学史事件"。从这个角度看,《牡丹亭》的东传和《西厢记》一样,也具有重要的"样本分析"价值,可以借此管窥古代东亚文学交流的某些特征。中外文学关系史上类似的"偶然"事件还有很多,借用当代文化人类学的描述性解释("深描")这种研究方式,这些偶然发生的文学史事件,将有可能超越个案的局限,而

---

① 申纬《奏请行卷》,《燕行录全编》第三辑第七册,第93页。
② 笔者曾辑录中、韩、日三国影印出版的各种"燕行文献"中的戏曲史料,并对其学术价值作了初步探讨,参见《"燕行录"戏曲史料的学术价值初探》,《戏曲艺术》2013年第2期。
③ 高奈延《〈西厢记〉在韩国的传播与接受》,《南开学报》2005年第3期。
④ 相关研究,参见吴秀卿《中国戏曲在韩国的传播与接受》,《戏曲研究》第79辑,文化艺术出版社2009年版。
⑤ 这几个论域的相关研究,参见张伯伟《书籍环流与东亚诗学》,《中国社会科学》2014年第2期;关西大学文化交涉学教育研究中心编《印刷出版与知识环流:十六世纪以后的东亚》,上海人民出版社2011年版;陈捷《人物往来与书籍流转》,中华书局2012年版。与学者通常的理解不同,张伯伟教授特别强调"环流"的"多向循环"。

折射出某些"普遍性"的意义。

如此一来,我们又不能不面对另外一个凸显出来的问题:同样是"才子佳人"题材戏曲,同样受制于"中华朝贡体系"这一基本的政治文化格局,然而,无论就传播的广泛、普及,还是就影响古代朝鲜民族文学、文化心理的深度而言,《牡丹亭》都无法和《西厢记》相提并论,作为原创者的汤显祖也不能与作为批评家的金圣叹比肩,其原因何在,值得作进一步的深入研讨。

素描汤显祖剧作在马来亚时期

沈国明

马来西亚在 1963 年成立之前,通称为"马来亚"。在 1957 年马来亚独立前曾被英国统治,因此,也在上世纪初通称为英属马来亚。马来亚半岛位于泰国南部、西边隔着马六甲海峡即印尼苏门答腊岛,东为南中国海,新加坡在 1965 年独立之前,新马不分家,并且同样属于英殖民地政府管辖。此外,马来亚在上世纪初也被中国人通称为下"南洋"的主要地点。如果追溯马来亚华人的历史,可以推测到明朝以前,而郑和七次下西洋中,马六甲便是路途中的一站。

在二十世纪末,随着锡矿的开采以及种植业的发展,需要大量的人力资源。这时,中国各省人民面临战乱、天灾、疾病和饥饿等问题,特别是南部的省份如广东省、福建省等,纷纷选择下南洋当"苦力"乞讨生活。如此一来,马来亚许多地方如星加坡、柔佛、马六甲、森美兰、吉隆坡、霹雳、槟城等,逐渐被发展与建设为城市。当地华侨侨领为了保护华侨,也开始有意识地成立会馆、乡团组织提供资讯、咨询和福利,并且开办学校、报社等提高华侨人民的智识。

1919 年五四运动以后,马来亚在中国新文学和文艺的发展上,划时代性地继续推进。在各会馆、乡团、书报社和帮会的推动下,如广府帮、客家帮、福建帮等,甚至是早已落户马来亚而又不熟悉华语和华文的峇峇娘惹,[①]也支持华文学校的建设。20 年代的马来亚,华侨学校达 300 多所,如雨后春笋般地建立起来。[②] 而华文报章方面,不管是维新派或革命派,如《叻报》、《中兴日报》、《南洋总汇报》、《阳明报》、《晨报》、《南侨日报》、《新国民日报》、《南洋商报》等等,纷纷出版发行,带动了马来亚华侨教育和文明的发展。

所以,在华侨先贤的努力和推动下,社会、经济、教育、文化、语言等得到了发展。因此,中国古典文学也必然为当地所重视。甚至擅长于福建闽南语、马来语和英语,却不大会说华语的峇峇与娘惹,他们也热爱中国古典文学。

根据 1941 年马来亚的人口统计,在五百多万人口中,华人占二百三十七万多人,马来人占二百二十七万多人,印度人占七十四万多人。[③] 因此,马来亚华侨人口的人数增加、城市的建设发展、民族的觉醒意识等,促进了中国古典文学在马来亚发展的主要原因之一。

一、汤显祖剧作在马来亚

随着华侨学校在马来亚逐渐普及,许多来自中国的文学作品也开始逐渐在马来亚各地流通。这些书

---

① 即华侨与马来亚当地人通婚,男性称峇峇,女性则称娘惹。
② 编写组编《宋森传》,广东人民出版社 1998 年版,第 21 页。
③ 司马乔主编,《马来亚人民抗日军》,新马侨友会编,香港见证出版公司 1992 年版,第 3 页。

籍主要通过星加坡港口运抵马来亚各地。在 1926 年 1 月 6 日,当地著名的《南洋商报》就刊登一则来自"中华书局"的广告,广告内容说明大批新书已经运抵马来亚,其中,在戏曲方面就有《牡丹亭》和《桃花扇》。而当时售卖价格约叻币一元五角(约 15 元旧国币折当时叻币 1 元)。中华书局设于星加坡大马路。① 这则广告彻底地表现了二十世纪 20 年代,马来亚华侨的教育水平逐渐提高,对于中国古典文学素养的渴望度逐渐提高。

在《南洋商报》商余杂志中,由翩伯编纂刊载了中国历代文学变迁概述,其中,《牡丹亭》也是重点介绍作品之一。② 它补充了华侨社会对中国古典文学的普遍认识。另外,简俊清的专栏"椰甫轩随笔",也分别在 1951 年 9 月 24 和 25 日连载汤显祖与《牡丹亭》传奇,除了介绍汤显祖的生平,也介绍剧作《牡丹亭》。1957 年 7 月 3 日,谷莯写了一篇《玉茗堂》,介绍了玉茗是山茶的别名,古人因为它性子耐寒,花期自冬至春能支持很久,常常拿它比喻士大夫的操守,又因为它开花时的花朵不多,而又饱受霜雪之欺,有些在名场不得意的人,就引以比喻自己被排斥。玉茗堂是汤显祖给自己寓庐所起的名字。③ 另外,作者怀玉也于 1959 年 9 月 19 日在《南洋商报》写了《牡丹亭的哀艳故事》,根据《明史》分享了两则故事,即凤钿因为《牡丹亭》仰慕汤显祖,透过其婢女四处寻找汤显祖的下文,当汤显祖知道有这样一位女子钦慕他时,便赶紧到凤钿家,发现她因思念汤氏过度患了重病,而在汤氏抵达之前一月死了;另一则故事则是有个漂亮又聪明的女子,读了汤氏所作的《牡丹亭》,决定非汤不嫁,当知道汤氏是一个六七十岁的老头子时,设宴招待汤氏,并且恨自己生得晚,最后投江自尽。④

马来亚沦陷被日本统治期间,所有的华侨学校都被迫关闭,报社、社团组织等也被迫停止操作。1945 年 9 月份,日本投降后,英国重回马来亚殖民,并且对华侨实施遣送回中国的高压政策。1957 年,马来亚联合邦在三大民族(马来裔、华裔和印裔) 的争取下,从英殖民政府取得独立。

1957 年马来亚联合邦独立这一年,恰逢汤显祖逝世 340 周年,备受马来亚中文报界和文化界的关注。《南洋商报》在一则新闻报道中指出:中国江西省文艺界准备 11 月 12 日在南昌举行汤显祖逝世 340 周年纪念会,并举行为时一周的纪念活动;由江西省某剧团演出《牡丹亭》一剧,同时还将举办有关汤氏的生平展览会、出纪念特刊。另外还将邀请北京、上海两地著名表演艺术家,到南昌演出汤氏名作。⑤ 马来亚虽然独立,华裔并没有因此而放弃对中华文化的关注。

二、逃过一劫的《牡丹亭》剧作

随着政局的变化,战前戏剧运动的发展在马来亚达到了"空前绝后"的盛世。战后 50 至 60 年代期间,也有过高潮。由于当时许多戏剧工作者与马来亚共产党有直接和间接的关系,运用戏剧来动员民众,达到反对殖民主义和反帝国主义的目的,这引起当局的高度关注。50 年代末,星加坡政府将许多中国出版的戏剧类书籍列为禁书,禁书的名单包括:《关汉卿戏曲选》、《戏曲集本选集》、《梅兰芳戏剧散论》、《宋朝剧作选》、《田汉剧作选》、《上海屋檐下》、《百花集》、《百花续集》、《中国话剧运动五十年史料集》、

---

① 《南洋商报》1926 年 1 月 6 日。
② 《南洋商报》1926 年 2 月 9 日。
③ 《南洋商报》1957 年 7 月 3 日。
④ 《南洋商报》1959 年 9 月 19 日。
⑤ 《侨乡简讯》,《南洋商报》1957 年 11 月 19 日。

《剧本、导演、演员》、《于伶剧作选》①等。

1961年，星马艺人关新艺（原名王裕丰），便被指在香港购买了以上12本禁书，藏在行李箱内托友人陈振富（译音）运入星加坡，触犯不良刊物法令，遭控于第七推事庭。关新艺矢口否认有罪，并聘请谢若敬律师代辨。② 由此显示，当时政府不仅对于话剧采取高压政策，古典戏曲方面也采取严厉的措施压制在马来亚通行。

幸运地，汤显祖的剧作《牡丹亭》，却没有列入禁书的行列。1959年5月25日，《南洋商报》第七版刊登了一则信息，指出上海古典文学出版社部分出版物豁免禁止输入，汤显祖的《牡丹亭》便是名单内出版物之一。

三、《牡丹亭》在马来亚的舞台演出

随着马来亚华侨坚定不移地争取华文教育的生存空间，华文教育得到华人社会的普遍支持，在艰苦奋斗中得到了持续发展。此外，华文报章也一直扮演着传播社会信息、推动与发扬中华文化的功能与使命。马来亚华人对于中国古典文学也有所认识，特别是汤显祖的剧作《牡丹亭》，特别受华侨读者的关注。战前，1936年春季，《牡丹亭》在欧洲维也纳上演，报道中指出：

> 《牡丹亭》在奥京维也纳上演。该剧团是由德国人洪涛生教授领导，主角杜丽娘则为雍露苦女士所扮演，这一剧团，1935年也在上海兰星大戏院演过《牡丹亭》，当时，得着许多人的好评，于去年夏间，自北平启程，到德国开映，现在，又从德国到奥国的维也纳，是在维也纳的霍夫堡戏院开演。中国的戏剧在维也纳开演，此是破天荒的第一次，因为了好奇心的原故……③

1955年4月16日，霹雳、金宝贝花村大观戏院，为公立学校游艺会筹募经费，演出《梦魂相会牡丹亭》，演唱者为许彩屏和素娥。④ 1957年3月11日，吉隆坡广州台呈献粤剧《牡丹亭惊梦》；⑤1958年4月23日，马来亚半岛中部霹雳州怡保银禧园星光台，演出粤剧《牡丹亭惊梦》。⑥

根据南洋商报的报道，⑦1960年2月27日，吡叻州业余音乐社为庆祝该社创立六周年纪念，在怡保银禧园月光台举行歌剧游艺大会，并邀请社团代表，社会名流等莅临参观，以感谢过去对该社的支持。《牡丹亭惊梦》先后上演三幕，情节离奇，紧扣人心。尤其演出者无论唱功动作，都有良好的表现。加上布景逼真，增强了剧中环境之气氛，获得一致好评。该社社长邝翠群女士此次粉墨登台，反串《牡丹亭》一剧中秀才柳梦梅一角，能把握剧中人之性格，刻画出一个书生所具有的优雅风度，在表现上更是潇洒自然，英俊脱俗。邝女士擅唱子喉，声韵俱佳。饰演杜丽娘之张慧仪小姐，唱作兼佳，亦是使该剧演出获得

① 《南洋商报》1961年6月22日。
② 《南洋商报》1961年6月22日。
③ 《南洋商报》1936年2月21日。
④ 《南洋商报》1955年4月20日。
⑤ 《南洋商报》1957年3月11日。
⑥ 《南洋商报》1958年4月23日。
⑦ 《吡业余音乐社社庆游艺会演出成功牡丹亭惊梦一剧获得好评》，《南洋商报》1960年2月29日。

成功的重要人物。以一个业余歌唱者,在破题儿第一登台演剧,担纲重角而有如此真切细腻之表现,实在难能可贵。陈宝珠小姐饰演妙传一角,亦恰到好处。虽然出场机会不多,但几个表现镜头,尤其对柳梦梅说"除了情字,三大皆空"时的娇羞美态,惹人怜爱。总之,该社此次举行游艺会,算得上有声有色,为六年来最成功的一次。

1961年11月3日,柔佛苏丹伊士迈殿下驾临柔佛州峇株巴辖,于晚上在正修学校国专堂举行盛宴。晚上8时开始,锣鼓喧天,有马来皮影戏、跳神马等,华人所推出的节目其中有闽剧《梦里求缘》,取材自《牡丹亭》,以歌仔戏形式演出。[①]

另外,值得一提的是,1935年,星加坡华人庆祝英皇登基25周年纪念大会,中医中药联合会呈献《牡丹亭》故事化妆队参与游行。[②] 这显示了汤显祖所创造的《牡丹亭》鲜明的人物形象,不仅深入华侨心中,而且也逐渐广泛流传于各民族间。

四、汤显祖的剧作在马来亚的大荧幕放映

除了《牡丹亭》,汤显祖的剧作《紫钗记》在二十世纪50年代,不仅成为文学经典作品,而且也成为戏剧舞台备受观众喜爱的剧作,甚至成为剧团的镇班戏宝。由仙凤鸣剧团唐涤生根据明代戏剧大家改编的《紫钗记》,描写陇西士子李益与长安歌姬霍小玉相爱,权相有女莫愁,逼婚于李益,造成一段悲剧,幸侠士黄衫客挺身解围,使得一双同命鸳鸯剑合钗圆。《紫钗记》被香港李铁导演拍摄成歌唱片,由任剑辉饰李益、白雪仙饰霍小玉、梁醒波饰黄衫客、靓次伯饰卢太尉、英丽梨饰韦夏卿。电影照舞台形式表演,全部歌唱,大锣大鼓,优美绝伦。于1959年9月5日在星加坡东方大光两院献映半夜场。[③]

隔年,星加坡最高西片影府奥迪安大戏院也在半夜场破例选映荣华制片公司出品的厦语歌唱新片《春香闹学》,系星马歌后雪芳、徐莱首次古装演出,也是厦语片第一部穿插黄梅调歌舞的特殊结构,由陈翼青导演,雪芳、徐莱、黄英、新艺、清河、吕红、田舍等联合主演,剧本乃根据中国大学名著《牡丹亭》改编,该片最大特色系风格新颖,声光优美,制作认真,编、导、演各方面均有极佳的表现,片中《牡丹亭·相会》一场,采用黄梅调歌舞形式演出,一新观众耳目。[④]

紧接着1963年,潮艺制片公司监制何建业,筹拍正宗潮剧《牡丹亭·惊梦》第一部七彩潮语片,特邀光艺当家导演陈文联合编导,调动潮剧小生王陈楚蕙与青春艳旦陈丽丽初度密切携手,分饰才子柳梦梅与才女杜丽娘,南燕饰女婢,张应炎演杜父,余如陈乔、方少扬、梁开炳等,均是潮剧一流新艺人,作曲张木津,词句绮丽……在金华、好莱坞、曼舞罗三院夜半场联映。[⑤]

除了大荧幕,广播电台也播放汤显祖的作品,如马来亚广播电台在傍晚时段播放福州戏曲《牡丹亭》,[⑥]也曾在中午时段播放福州戏曲《牡丹亭》;[⑦]电台"丽的呼声"在下午时段点唱粤曲节目中,选播

---

① 《南洋商报》1961年11月5日。
② 《南洋商报》1935年3月21日。
③ 《古装哀艳歌唱巨片紫钗记东方大光今晚半夜场》,《南洋商报》1959年9月5日。
④ 《荣华出品厦语歌唱新片春香闹学奥迪安大戏院今半夜场》,《南洋商报》1960年4月17日。
⑤ 《七彩牡丹亭惊梦,三院今晚半夜场》,《南洋商报》1963年4月20日。
⑥ 《南洋商报》1948年3月26日。
⑦ 《南洋商报》1948年7月16日。

"《牡丹亭》之西楼惊梦"。①

结　语

1953年10月,马来亚发动"反黄运动"。"反黄运动"主要是一项文化运动,黄色文化的内容不单指色情,它还包括阻碍社会进步的、有伤风化的、令人消沉、颓丧、趋于堕落的东西,以至迎合大众心理的低级趣味的内容等等,皆属黄色文化的范畴。展开"反黄运动"的导火线,缘起于1948年,英殖民政府在马来亚颁布"紧急状态"后,文艺界陷入低潮,外来进步的出版物全部被禁止入口,造成人们的精神食粮恐慌。结果黄色文化乘虚而入,黄色小说如雨后春笋,歌台和电影戏院更是明目张胆以色情、低级趣味的文化产品麻醉观众、腐化大众。之后,星加坡发生一起"庄玉珍"16岁英校女生被先奸后杀,民众才意识到黄色文化的严重性。但是,由于"反黄运动"主要在校园内展开,影响力有限,而且社会上普遍教育和文化氛围低落,殖民地政府放纵"黄色文化"荼毒社会民众,所以成绩并不如预期。

因此,1953年7月29日,《南洋商报》刊登了一篇散文,作者向阳戈透过汤显祖《牡丹亭》的剧作,来哀叹当时马来亚的社会,他说:"沉闷得无聊,再度《牡丹亭》,倒觉得明朝汤显祖写这部戏曲的时代,还留下一条尾巴,排在我们面前。当年深锁闺房的小姐没有了,代之而起的却是套着思想枷锁的裸胸露腿的摩登小姐;旧式的考举中状元的喜剧没有了,新的状元却是'学而优则商'。因此,《牡丹亭》中主角人物杜丽娘的感叹,仍然使我们感动……"②

透过《牡丹亭》,揭示了二十世纪50年代马来亚黄色文化的泛滥。《牡丹亭》的剧作不仅表现在戏曲舞台上,它也引发人们对于现实无奈生活的感叹,而且不分地域、时代和种族之分。

---

① 《南洋商报》1959年8月13日。
② 《南洋商报》1953年7月29日。

历史空间、现代剧场与数位科技

——邂逅"兰庭昆剧团"之《寻找游园惊梦》

蔡欣欣[*]

前　言

汤显祖以"主情说"为核心理念的《牡丹亭》,[①]秉持"因情生梦,因梦成戏"(《复甘义麓》)的戏剧创作观,以柳梦梅与杜丽娘于"梦境"相识结褵,超越生死的真挚情爱展开戏文。明清以来这五十五出叙事结构的《牡丹亭》,已有不少文人曲家依据自己的曲学观念与艺术思维加以改编,也有许多伶优艺人,考虑舞台的戏剧性、表演性与观众审美意识进行调整。因此陆续出现各种删削修润、缩编重构的《牡丹亭》改本、节本、串本与台本,在案头被书写与阅读,在舞台上被搬演与观赏。

四百余年来《牡丹亭》或经由手抄本、刊印本、评点本、改编本与翻译本等各类文本形式流传,或演出于皇宫内苑、士绅园林、家班厅堂、市井勾栏、会馆戏楼与江湖草台,以及当今海内外的现代剧场与环境剧场等舞台场域中,或出现在说唱曲艺、小说诗文、绘画游艺、民俗文物、唱片影视、舞蹈歌剧等文艺创作或传媒载体中,[②]宛如赵山林所言:"存在着一部《牡丹亭》传播史。"[③]其中以"昆曲声腔"搬演的《牡丹亭》,本是戏曲舞台的矍演主体,然近年来海内外更有不少结合昆腔的"跨剧种"、"跨界"或"跨文化"等混搭拼贴的实验演出,使得《牡丹亭》的演出景观越发"姹紫嫣红开遍"。[④]

2005年成立的台湾"兰庭昆剧团"(后简称"兰庭"),前身为1980年"大鹏京剧团"杰出小生高蕙兰所创立的"兰亭艺苑",其开创了昆曲在台湾"全本演出"的新扉页,与华文漪合演的《牡丹亭》与《钗头凤》,在当时引领了欣赏精致艺术的昆剧风潮。而高蕙兰辞世后,基于对昆曲艺术的发扬,在朱惠良、萧本耀与王志萍的邀集下,以"兰庭"为名登记再出发,复团以"结合世界华人昆剧精英,整编反映时代潮流的'小全本',以文化创意产业概念推展及开发昆剧美学"作为剧团的经营方向,集合美国与大陆的昆剧精英,每年度推展公演与巡演,策划昆剧推广课程与讲座,参与国际与两岸交流,从事跨界创作与发展文化美学产品,作为推展昆剧文化的具体方案。[⑤]

* 台湾政治大学台湾文学研究所、中国文学系教授。
　① 本论文中《牡丹亭》文本采用汤显祖原著、徐硕方、杨笑梅校注《牡丹亭》,台北里仁书局1995年版。此版本以明怀德堂《重镌绣像牡丹亭还魂记》为底本,并以其他六种版本进行校订。参见该书第359—363页的版本说明。在文中以"汤本"简代之。
　② 王省民《戏曲讯息传播的多样化——对〈牡丹亭〉传播形式的文化考察》,《浙江艺术职业学院学报》第7卷第2期(2009年6月),第18—24页。
　③ 赵山林《中国古代戏剧史稿》,安徽文艺出版社1998年版,第138页。
　④ 参见王燕飞《〈牡丹亭〉的传播研究》,上海戏剧学院2005年博士论文,及刘淑丽《〈牡丹亭〉接受史研究》,齐鲁书社2013年版。
　⑤ 有关"兰庭昆剧团"的介绍,请参见剧团脸书与《寻找游园惊梦》节目单的剧团介绍 https://www.facebook.com/lanting.kun/about/？entry_point=page_nav_about_item&tab=page_info。

2006年"兰庭"推出复团首演《狮吼记》,选取《梳妆》《游春》《跪池》与《梦悟》四出串成"小全本",一方面保留传统折子戏的精华,一方面藉由小全本刻画戏剧人物的深度,铺陈戏剧的结构张力。此外,又着眼于昆剧精致写意的艺术底蕴,在"美学"与"风格"蔚为潮流的新世纪,具有无限发展的创意空间,因此也尝试"跨界"与空间对话演出。如2007年在充满都会浪漫情怀的lounge bar"聚场"空间中,推出品红酒、享美食、欣赏《游园惊梦》的传统经典折子,以打造都会男女品味"精致古典"的新时尚。①

2007年"兰庭"延续《寻找游园惊梦古典版》的"空间"跨界构思,但修改调整了叙事文本,以"历史建筑与昆曲的声情对话"为主题,选择在"华山艺文特区"的斑驳涂鸦墙面内,在优雅的"空军十一村"湖畔日式建筑中,编织一场《寻找游园惊梦》的绝美爱恋,演出后引发各界热烈反响。2010年,在各界的热切期盼下,"兰庭"丰富了叙事文本内容,完善了角色人物性格,在台北"城市舞台"推出剧场版《寻找游园惊梦》,强化现代女子穿越时空的"寻找"意象;2015年调动现代数位科技,以多幅水墨绘画为媒材,运用光影变化打造出虚拟昆剧场,在台北"水源剧场"演出《移动的牡丹亭》,转换为以柳梦梅为叙事及表演主体。

向来以"小全本"与"新古典昆剧"为创作路线的"兰庭",一直努力将古老的昆曲艺术与当代人的生命情调相互联结,并带动昆剧在台湾的多元发展面貌。因此这三出取材于昆曲经典《牡丹亭》的"历史空间版"与"现场剧场版"的《寻找游园惊梦》以及"数位科技版"的《移动的牡丹亭》,②如何通过挪移、并置与拼贴等叙事结构,运用演出场域、文本架构与舞台视觉的改变,展现出不同的性别观看视域与舞台演出景观,呈现出"当代诠释"的意趣神色,这是本文拟试图梳理探究的。

一、"兰庭"《寻找游园惊梦》表演文本

"兰庭"制作群指出,在当代疏离的"人/我"、"我/我"关系中,昆曲经典名作《牡丹亭》的绝美文采与情至主题,有被重新诠释的可能。因此选取《游园》《惊梦》《寻梦》《写真》《拾画》与《玩真》等经典折子,重新解读《牡丹亭》中杜丽娘与柳梦梅的交会与情思,"期待在把握昆曲本体与审美的前提下,透过剧本及表演形式的重新整编,凸显掩埋在'顺叙'叙事下的'情味',尝试另一种'贴近'《牡丹亭》的角度"。③

明万历后因"以乐侑酒"的礼仪传统,堂会宴席的演剧需求,家乐戏班的兴盛,娼妓伶优的串戏,职业戏班的"花雅"生存竞争,以及南戏传奇冗长与文辞雅化等内外内素,使得经由艺人舞台实践的研磨锤炼,展示脚色家门特有表演艺术,形成独立短小而完整的表演段落的"折子戏",逐渐发展成为昆曲剧坛的演出主力。④在众多的明清戏曲选本与曲家曲谱中,都载录了当时常在舞台上搬演的折子戏剧目。根据刘淑丽的统计,《牡丹亭》折子以《游园》与《惊梦》收录频率最高,其次是《寻梦》,再次是《拾画》等。⑤

诚如汤显祖在《牡丹亭题词》中所云"天下女子有情,宁有如杜丽娘者乎!……情不知所起,一往而

---

① 每逢周六,各式充满创意的戏剧以及音乐表演,在"聚场"充满都会浪漫情怀的lounge bar空间精彩呈现,为台北迷人的夜生活中增添一股人文新意。兰庭昆剧团为了五月于华山推出"新古典昆剧"《寻找游园惊梦》,由"江苏省昆剧院"孔爱萍与台湾优秀昆剧小生杨汗如先于Ringside演出《寻找游园惊梦古典版》。

② "历史空间版"、"现代剧场版"与"数位科技版"等称谓,为笔者根据剧团指称及演出特性而命名的,便于行文时讨论。

③ 本段引用及整理自2007年《寻找游园惊梦》节目单。

④ 有关"折子戏"的名义等考察,源生、形成及发展等论述,已有诸多前贤学者发表论文阐述。可参见陆萼庭《昆剧演出史稿》修订本第四章《折子戏的光芒》,台北国家出版社2002年版;曾永义《论说"折子戏"》,《戏剧研究》创刊号(2008年1月),第1—82页;李婧《明代昆曲研究"折子戏"研究》,上海师范学院2008年硕士论文等论述。

⑤ 请参见刘淑丽《〈牡丹亭〉接受史研究》,齐鲁书社2013年版,第二章《从选本看〈牡丹亭〉之接受》中的讨论,第86—87页。

深,生者可以死,死可以生。生而不可与死,死而不可复生者,皆非情之至也",作为"至情"载体与代言人的杜丽娘,在《牡丹亭》中历经了因梦生情,由生到死,起死回生等生命历程。① 而让杜丽娘挣脱家庭牢笼与礼教禁锢,为追慕真情而穿越死生阴阳的关核,正是作为全剧"主脑"的《惊梦》一出。② 此游园赏春之行,触动了丽娘对于春光易逝、春情苦闷与青春浪掷的感伤,从而通过"梦境"确认潜意识中的春情依归,在适人、嫁夫与择婿等根本意念上,开展对杜柳至情的生死追寻。

源于汤本原著的"历史空间版"、"现代剧场版"与"数位科技版"三个《寻找游园惊梦》表演文本,多是以最先演出的"历史空间版"为底本,再加以增补调整。故本文拟将"历史空间版"表演文本与汤本进行比对分析,以了解其解构、拼贴、重组的叙事脉络。根据2007年节目单所标示,《寻找游园惊梦》可分为《序》、《游园、惊梦》、《拾画、寻梦》与《写真、玩真》与《尾声》五个部分,中间三段为主要的表演段落。由于"兰庭"认为杜丽娘追求"至情至性"的精神,乃是历来古今中外《牡丹亭》的演出核心,因此从女子视角切入,并特意设置一现代女性的脚色,其或许是阅读《牡丹亭》的读者,也兴许是现代的伶优艺人,亦可能是杜丽娘转世等虚构身份。由其展读《牡丹亭》原著,以幽缓清吟的《寻梦》【懒画眉】"最撩人春色是今年"一句曲唱揭开《序》幕,引领现场观众随她入梦。

(一)虚实交叠的邂逅——《游园、惊梦》

汤本第十出《惊梦》含括了"游园"与"惊梦"两个独立情节与套曲结构,"游园"描述了丽娘晨起梳妆打扮,步出香闺和丫鬟春香游赏花园等过程;丽娘返香闺后感春伤怀入梦,和书生柳梦梅在梦中相遇交欢,被母亲从梦中唤醒此为"惊梦"。在明末的《怡春锦》与《醉怡情》戏曲选本中,《惊梦》尚未分出。但清乾隆《缀白裘》与乾嘉之际的《审音鉴古录》,已将《惊梦》分为《游园》与《惊梦》二个折子,只是区分方式略有不同。而从清中叶起《游园》、《惊梦》或联演或独立在舞台搬演,《游园》由丽娘与春香搭档,《惊梦》由丽娘与梦梅担纲,曲辞声情清婉典丽,歌舞排场曼妙雅致,情景交融细腻传神,在历代艺人的舞台精纯提炼下,逐渐积淀为具有"姑苏风范"、"乾嘉传统"的"定式"折子,③充分体现昆曲诗词文学与表演艺术的精粹,成为在昆曲舞台历演不衰的经典。

《寻找游园惊梦》首起表演段落为《游园》与《寻梦》,演出依据昆剧传统套路,但文本的曲辞与宾白则有所删减。如《游园》中省略铺垫丽娘深闺春闷的【绕地游】曲文,直接从梳妆整容准备迎春游园的【步步娇】起始,舍去了春香"取镜台衣服"的戏剧行动,由丽娘在落花飘零中出场,对着小梳妆镜台表演。此时春香上场夸赞丽娘"今日穿插的好",丽娘以【醉扶归】表达了"无人见"的自伤自怜。接着主仆二人迈入花园游赏春光百井,然"姹紫嫣红"却开在"断井颓垣"的【皂罗袍】,"牡丹虽好"却不能"春归占先"的【好姐姐】,最终也只得"兴尽回家闲过遣"【隔尾】作结。

《惊梦》则由游园完毕,在春闺恋春叹春、幽怀难遣的丽娘开端,但删去了感叹古人婚配,联想自身年

---

① 《牡丹亭》文本的情节铺排,前贤学者多持第一到二十出为"丽娘由生到死"阶段,第二十一到第三十五出为"丽娘由死回生"阶段,第三十六到五十五出为"杜柳恋情完满"的阶段,如郭英德《明清传奇史》,江苏古籍出版社1999年版,陈美雪《汤显祖的戏曲艺术》,台湾学生书局1997年版等。

② 请参见吴瑞霞《〈牡丹亭〉叙事结构的透视》,《湖北师范学院学报》第24卷第4期(2004年4月),第57—59页;顾春永《〈牡丹亭〉的"主脑"》,《宜宾学院学报》第12卷12期(2012年2月),第49—52页。

③ 相关讨论参见陈芳《"昆剧传统"在当代的意义:以〈牡丹亭〉"重构本"为例的探讨》,《戏剧学刊》第十一期(2010年1月),第163—193页。

华虚度等话语。【山坡羊】曲文由丽娘主唱,现代女子则分唱"蓦地里怀人幽怨"与"迁延,这衷怀那处言"两句,并利用舞台座椅和丽娘交错走位,双双演绎了春情难遣的幽怨与期待。而梦梅与丽娘的"梦会",则以宾白与两支【山桃红】曲唱,结合翩跹旖旎的动作舞姿,细腻演绎杜柳二人从陌生羞怯、闪躲试探、爱意萌生到欢会温存等情意滋长过程,但删去了象征春天与春情的"花神"曲唱与表演场面。当丽娘还沉浸在"万种恩情"的欢愉时,现代女子情不自禁地在舞台现身,宛如丽娘的另一化身。是以虚、实丽娘交叠在舞台上与柳生别离,并在【尾声】中以抚椅、换座、拉袖等动作流露眷恋春梦与预伏寻梦的情怀。

(二)错落秩序的追寻——《拾画、寻梦》

《游园惊梦》是杜丽娘性格变化的转折点,也是与梦梅邂逅定情的起始点,具有杜丽娘一年中最美好的春天、一生中最美好的青春以及青春觉醒等"三者合一"的妙用。[①] 是以第十二出描述丽娘重返花园寻觅梦中情景的《寻梦》,更进一步刻画丽娘对自由生命的向往,为追求至情不惜生死的执着。汤本中春香四度上场,开场唱【夜游宫】以铺垫发展剧情,后有催促丽娘用早膳,到花园寻访丽娘,以及最后在梅树下扶丽娘回房而结束此折。

由于部分文人改本,认为春香上场过于繁杂絮聒,遂加以删减改动。而舞台演出时,也倾向于集中展示丽娘至情寻梦的形象,因而艺人提纯凝练成为昆曲"闺门旦"的独脚戏。【懒画眉】是丽娘入园寻梦的起点,步态轻盈、心情舒展;【忒忒令】、【嘉庆子】、【尹令】、【品令】与【豆叶黄】则是追忆幽会场景与缠绵风姿的寻梦主体;【玉交枝】、【月上海棠】与【二犯天令】有着寻梦不成的失落;【江儿水】表述绝望到愿以身殉梦的心境情绪,一直延续到【川拨棹】等曲。这大段委婉动听的曲唱与袅娜娉婷的身姿,一气呵成地演绎了丽娘寻梦回忆的欢愉缠绵、梦醒徘徊的哀叹怅惘以及梦灭失落的凄楚郁结,极其深刻感人。

至于第二十四出梦梅游园拾得画像的《拾画》,由于和丽娘游赏的花园地点相同,杜、柳二人感物伤情的心绪又类近,故多将《游园》与《寻梦》视为可相互对照与回应的两出。汤本《拾画》中开场的【金珑璁】与【一落索】描述梦梅病体初愈,春怀郁闷,看守梅花观的石道姑荐往花园去游赏"不许伤心"。是以【好事近】与【锦缠道】,描述梦梅进入花园后,见断垣狼藉、亭榭荒芜,心中感触疑惑,然亦有似曾相识的熟悉感。流连至湖山石畔,拾得一幅以为是观世音的画像,【千秋岁】表述带画像回书馆供养,【尾声】中和道姑对语"再寻一个定不伤心何处可",正与开场相呼应。

《寻找游园惊梦》第二段的主体表演,刻意错置汤本的折子顺序。先由柳梦梅《拾画》起始,如大多数台本,【金珑璁】只唱"惊春谁似我?客途中都不问其他"二句,然后以宾白交代游赏花园的起因;接唱【锦缠道】,从所见倾颓凋敝的花园景致,引发对"想这偌大的园子,不知有什么伤心故事"的好奇。其后并未铺陈本折出目的"拾画"主题,而是将其挪移到下个主体表演段落的《写真、玩真》,此应是为了让"拾画"与"玩真"的戏剧行动连贯,以完整艺人表演性。只不过此情节删减,却让出目名称与演出内容不符,未免导致了些许尴尬。

其实在明代臧懋循删订评点《还魂记》以及冯梦龙《三会亲风流梦》改本中,已将《拾画》与《玩真》的

---

① 此为徐朔方对《惊梦》的评点。参见徐朔方撰《〈牡丹亭〉解说》,收录于《徐朔方集·第一卷曲论稗论》,浙江古籍出版社1990年版,第407页。

情节合并,前者删去《拾画》一折,但将【一落索】引子、定场诗与独白移至十四折《玩真》开场,由柳梦梅介绍画像来源;而后者则在第十九出《初拾真容》,将《拾画》与《玩真》情节合并,①使梦梅游园、拾画到玩真等表演一气呵成,二者都删去其余场上脚色,以完整展示梦梅情真情至的艺术形象。其后也由艺人锤炼加工,成为昆曲"巾生"的独脚戏。

《寻找游园惊梦》的《拾画》在梦梅狐疑下场后,接着由丽娘上场演出《寻梦》。以【懒画眉】与【忒忒令】重游花园各处景致,流露对美好梦境的追寻;【豆叶黄】中则痴醉甜蜜地回忆与梦梅的绸缪情爱,舞台边另有梦梅与现代女子利用水袖的勾、搭、扬、扯等身段表演,具体勾描、淋漓展示"那般形现,那般软绵"周旋厮缠的亲昵。只是好梦从来最易醒,梦梅离去后,丽娘神情木然,现代女子则以"秀才,秀才?寻来寻去,都不见了,那牡丹亭、芍药栏怎生这般凄凉冷落,杳无人迹"道出寻梦的徒然与失落。最后由丽娘唱出高潮曲【江儿水】,以磊磊梅树作为情感投射与自我寄托之物,而现代女子则在丽娘曲唱中,以"夹白"重复"似这般花花草草由人恋"、"生生死死随人愿"、"便酸酸楚楚无人怨"的曲辞。

(三)交错时空的对话——《写真、玩真》

在《拾画叫画》中不可或缺的,自然是丽娘丹青描容的自画像。正由于《惊梦》唤醒丽娘对爱情的渴望与自由的向往,记挂春梦系念真情,从而有意识地再到花园《寻梦》,进而更自觉地通过《写真》,自描春容以自悼,暗藏春色以俟惜花人。汤本第十四出《写真》,寻梦不成的丽娘伤春消瘦、容貌憔悴,【普天乐】决意藉丹青留真;【雁过声】与【倾杯序】细细点染描容的情状样貌;【玉芙蓉】与【山桃红】丽娘和春香对话,透露游园时梦会书生情事,有感题诗于画上;【尾犯序】、【催鲍老】到【尾声】丽娘嘱咐春香将画像装裱作结。

这"好写妖娆与教看"的丽娘写真,重寓托。故如文人改本《玉茗堂丹青记》或者是书商刊本《留真记》,②从书名即凸显写真画像的重要性。而吴吴山三妇合评《牡丹亭》也指出"丽娘千古情痴,惟在'留真'一节,若无此,后无可衍矣"、"三生作合,惟在春容",③正是春容画像的留存"为后文《拾画》张本",④才有其后梦梅《拾画》、《玩真》与《幽媾》等剧情的开展。

汤本第二十六出《玩真》为第二十四出《拾画》的后续,铺陈柳梦梅展玩画像的过程,【黄莺儿】、【二郎神慢】与【莺啼序】梦梅观画猜测为观音、嫦娥,从题诗中得知为女子行乐图;【集贤宾】、【黄莺儿】与【啼莺序】梦梅从题诗中发现暗合自己姓名,感觉似与画中女子心意相通,遂和诗步韵题于画上;【簇御林】与【尾声】描述梦梅对画中女子生发思慕之情,早晚叫拜赞扬。全出从拾画、观画、赏画、认画、猜画到叫画等曲唱表演的戏剧行为,层次有序地刻画了梦梅对画中人礼敬、崇拜、推测、心仪与迷恋的情意遐思,丰富饱满的表演力度,鲜明地勾勒出柳梦梅"有情痴"的生动艺术形象。

《拾画》与《玩真》早在明文士改本中合并,而在清乾隆的《新校时调昆腔〈缀白裘〉》中,则记录有《拾

---

① 参见明臧懋循《新编绣像还魂记》明刊本,吴俊书业堂梓行,藏于台湾大学善本室,第55—57页;以及冯梦龙《墨憨斋复位三会亲风流梦》,收录于魏同贤编《冯梦龙全集》,凤凰出版社2007年版,第1103—1106页。

② 有关福建刊印《二刻六合同春》之《留真记》以及徐肃颖改本的讨论,请参见根ヶ山彻《徐肃颖删润〈玉茗堂丹青记〉新探》,收录于华玮主编《汤显祖与牡丹亭》,台北中研院文哲所2005年版,上册,第367—392页。

③ 参见明汤显祖著、清陈同、谈则、钱宜合评《吴吴山三妇合评〈牡丹亭〉》,上海古籍出版社2008年版,上卷《写真》评语,第33、34页。

④ 汤显祖撰,清晖阁批点《玉茗堂还魂记》(梦凤楼暖红室刊行)卷上,第49页。

画》、《叫画》的折子。根据曲文比对,此《叫画》即是《玩真》,然曲文为汤本和冯梦龙改本的组合体。《拾画》末尾标记着"暂下即上",应是指《拾画》演完立即接演《叫画》。① 此后清代与民国的演出台本与曲家曲谱,或是艺人的舞台作场,大都将《拾画》《叫画》连演,也有称为《拾叫》、《拾叫画》的,因与《惊梦》、《寻梦》的表演有着异曲同工之妙,遂也有称《拾画叫画》为"男游园"、"男寻梦"。②

《寻找游园惊梦》的第三段主体表演是《写真》与《玩真》的并置对话,从《拾画》中梦梅在湖山石畔拾获画像起始,【千秋岁】将观音像带回书斋。而后才进入《玩真》,然曲文使用的是贴近《缀白裘》的台本,③【二郎神】揣测画像内容到以题诗认定为行乐图后下场。然后现代女子上场,自述形容憔悴故对镜《写真》,在【雁过声】"轻绡,把镜儿擘掠。笔花尖淡扫轻描"三句曲唱声中,丽娘持柳枝上场,走向画桌,描摹作画接唱【雁过声】后面曲文。

丽娘唱完,梦梅在后场念白"呀,书斋之内,环佩叮当,敢是真仙下降?",此似是改写自《游魂》的文句,宛若对丽娘丹青描容的感应。故当丽娘唱【倾杯序】"倚湖山梦晓,对垂杨风裊。忒苗条,斜添他几叶翠芭蕉"时,梦梅于场上对画作评点一二"阿!姐姐,这半点江山,布景也。这几斜芭蕉又作一层写,徘徊宛曲,次第如见,想你佳人部署,自别寻常也"。又见画中美人似在提掇、顾盼自己,【莺啼御林】对着画像频频相请叫唤。接着回到《写真》的丽娘题诗,由丽娘与梦梅分咏诗句,然一为题者一为观者,时空交错相互照应。

上述的《游园》、《惊梦》、《寻梦》、《写真》、《拾画》与《玩真》等折子,都体现了汤显祖"情真、情深、至情"的文艺创作观;且以抒情写意、清雅典丽的文学诗意,结合诗歌乐舞、婉转流丽的表演艺术,镕铸出"古典极致"的昆韵风姿,遂成为当代重构全本或实验创艺《牡丹亭》常用的素材。因此"兰庭"的《寻找游园惊梦》,也特意以这些经典折子作为表演文本,挣脱传统文本的情节顺序结构,运用解构、拼贴、交错与重组创造出崭新的叙事语境。

而全剧更巧妙收束在《幽媾》的【懒画眉】曲子,"(女子唱)轻轻怯怯一个女娇娃,楚楚臻臻像个宰相衙。(生唱)想他春心无那对菱花,(旦唱)含情自把春容画,(女子唱)可想到有个拾翠人儿也逗着他。(生旦下场)"。原著中本是梦梅展画"吟其珠玉、玩其精神",日夜想念画中美人所独唱。但《寻找游园惊梦》改由现代女子、丽娘与梦梅三人轮唱,并衔接现代女子吟唱《寻梦》【懒画眉】"最撩人春色是今年……"作结,呼应开场。这安排紧扣着"春容写真"为丽娘与梦梅的表记媒介,并在现代女子引领穿越中,找寻既属于明代也属于当代的"游园惊梦"。

二、"兰庭"《寻找游园惊梦》的"跨界"对话

纵横明清剧坛数百余载的昆曲,秉持着文学创作的抒情传统,继承了南北曲牌联套的音乐体制,发展

---

① 参见《拾画》《叫画》,收录于钱德苍编《缀白裘》(乾隆四十二年鸿文本,全十二集),收录于王秋桂主编《善本戏曲丛刊》第五辑,台北学生书局1984年版,第182页。

② 岳美缇认为《拾画》的前半部可说是"男游园",参见岳美缇口述、杨汗如编撰《临风度曲》,台北石头出版社2006年版,第199页;而后青春版《牡丹亭》的编剧小组重新梳理《拾画叫画》的曲文,导演汪世瑜也将此折排成与第一本《惊梦》、《寻梦》旗鼓相当的生角戏,定位为"男游园"、"男寻梦"。参见白先勇《牡丹还魂》,台北时报文化出版社2004年版,第26—27页。

③ 李惠绵指出《叫画》台本由冯梦龙改本奠定主轴,到《缀白裘》将冯本与原著统整,相关讨论请参见李惠绵《明清以来〈拾画〉〈叫画〉折子戏文本及其演出之探讨》,《台大中文学报》第二十九期(2008年12月),第221—268页。

出形神合一的家门表演艺术,李晓曾予以"古典戏剧文学的最高品位"、"古典音乐文化的最后遗存"以及"古典戏剧的最完美表演体系"的高度赞扬。① 然而随着时空的变换,在这科技网络发达、文化互动密切的"全球化"时代,集"古典艺术"大成的昆曲,如何展现其剧种的隽永性及与当代的对话性? 因此"兰庭"试图通过不同的"跨界"对话,打造出具有现代思维概念,但又充满浓郁昆味的"新古典昆剧"《寻找游园惊梦》。

(一) 2007 年与"历史空间"的跨界对话

"兰庭"团长王志萍认为"昆曲优雅富美而极具时间性质的音像与图像表现,能巧妙地结合'适当的'空间,在时空的流转中,凝铸出强烈的审美意象。所以让昆曲与建筑作声情对话,化历史建筑为新古典昆剧剧场,乃鉴于'历史建筑'作为时代变迁的见证,承载了时代巨轮刻画过的风华与记忆,物换星移间,其对人群的意义虽然随着时间流转而改变,唯一不变的则是她充满'故事性'的本质"。② 因此拟定以"历史建筑与昆曲的声情对话"为主题,2007 年在台北"华山艺文特区"与新竹"空军十一村"演出《寻找游园惊梦》,让具有时代印记与地方情感的历史建筑与古雅的昆曲艺术开展"跨界"声情对话,以作为抚慰都会喧嚣心灵的现代桃花源。

台北"华山艺文特区"的前身,为 1914 年大正时期创建的日本"芳酿社",先后历经日治时期的台湾总督府,以及战后的国民政府所统管,曾是台湾最重要的制酒场之一。随时代社会的变迁,于 1987 年画下"台北酒场"的历史句点,然园区内不同时期的酒场建筑,既是台湾制酒产业史的见证,也深具建筑技术史及都市发展史的意义。90 年代由于剧团私入此废弃空间演出爆发"侵占国土"事件,艺文界人士集结声援,倡议以"闲置空间再利用"概念,重新将此地开发为多元艺文展演空间,1999 年"台北酒场"正式更名为"华山艺文特区",2002 年重新整并定位为"华山创意文化园区",建置涵括文化时尚、美感生活、生态空间"三生并存"的环境,拥有多个室内与户外剧场,前卫艺术、流行音乐与各种表演艺术在此创作展演。③

而位于新竹公园丽池湖畔边的"空军十一村",原为 1931 年兴建的"湖畔料亭"(宴饮场所),为日本人接待高阶文官将领、富商大贾高级社交场合,1935 年扩建为招待贵宾的庭园式休憩场"市营休憩所",原有五栋(现存四栋)坐向不同成簇群排列的日式木建筑,以步径联系各建筑与庭园。战后曾先后作为空军医疗队驻地、空军子弟与军官眷舍等。1999 年因眷村改建计划,艺文界与民间人士成立湖畔民众俱乐部组织,推动历史空间的保存与再利用。现由新竹市政府文化局管辖,恢复原名为"新竹市湖畔料亭",转型为艺文展览与演出空间,见证新竹休憩事业的发展与都市化历程。④

"兰庭"选择"华山艺文特区"的"米酒作业场"为展演场地,穿窿楼板的空荡场域,杂乱涂鸦的斑驳墙面,由两个房间组合为一个具有"景深"的舞台,结合薄幔、书法、花艺与灯光的气氛点染,枝桠横斜,落英缤纷,映衬着历史建筑原有的苍凉荒芜,非常合适《游园惊梦》"断井颓垣"的景象情韵;而"空军十一村"

① 参见李晓著,胡忌审定《中国昆曲》,百家出版社 2004 年版。
② 引自《寻找游园惊梦》节目单中制作人王志萍的文章。
③ 有关"华山文创园区"的历史与"文创华山"的理念,参见"华山 1914 文创园区"官网,http://www.huashan1914.com/about/culture_idea.php? cate=about,检索日期 2016.8.25。
④ 有关新竹"空军十一村"的历史沿革与现况,请参见"魅力城乡主题网"http://trp.cpami.gov.tw/ch/AllInOne_Show.aspx? path=371&guid=b2e7d084−59e4−4800−9c36−568b5f5dca1b&dang=zh−tw#03,检索日期 2016.8.25。

则选择 B 栋为表演场域,结合典雅的室内建筑与湖畔的户外庭园,室内透过大片落地窗可"借景"窗外,庭园中央有棵蟠屈缭纠的大树,绿荫浓密、树影婆娑。因此当演员出入在室内与户外时,宛若进入《游园惊梦》怀人幽怨的深闺与姹紫嫣红的园林的场景中,虚实梦幻的氛围在四周自然地弥漫发酵。

"兰庭"因应历史空间的不同特点,设计舞台装置与规划场面调度,妥善调动了观众与"环境剧场"间的互动参与,俨然置身在《牡丹亭》的实景场域中。而"兰庭"也舍弃大乐队编制与繁复配器概念,"不用任何音响设备,以最简练的乐队形式,呈现最质朴声音质感"。① 因此在素朴斑驳或简约天然的空间中,仅以传统文武场乐器的个别音质,烘托演员的曲文唱词,演绎人物的情韵心境,反倒呈现出昆曲最纯净本质的音乐美感。而虽说由于空阔的场域导致"回音"的残响回荡,但反倒平添了几丝余韵袅袅的意趣,越发让昆腔情韵凝铸得古雅幽婉,也让观众屏息迷醉在此亲切的观演空间中。

"至情"是《牡丹亭》的主题,而"花园"则是剧中重要的情节场景。向来文学传统中的花园,往往为女性情感生发流荡与礼教文明矛盾的所在。② 对于杜丽娘而言,花园是"慕情生色"的开端,是与柳生"梦会交欢"的所在。隐密幽蔽的花园,迷离虚幻的梦境,双重组构为丽娘超脱现实秩序,唤醒自我意识,启蒙至情真爱的特定场域,也系连起其后《寻梦》、《拾画》等重要关目。是以"园"与"梦"相互交叠在《游园惊梦》与《拾画寻梦》等场次中,而"花园"意象也成为"历史空间版"的《寻找游园惊梦》最着意凸显与经营的重要戏景。

(二)2010 年与"现代女子"的跨界对话

2010 年"兰庭"在台北"城市舞台"再现《寻找游园惊梦》,为有别 2007 年仿佛"实验小剧场"或"实景环境剧场"的演出样貌,特意将叙事文本由原先的九十分钟,增添扩充到一百二十分钟,让剧情内容更完整,人物脚色更鲜明。"现代剧场版"的《寻找游园惊梦》,运用色调渲晕的大型布幔、行云流水的书法线条、反射如墨镜的黑胶地板、纯净淡雅的传统戏服、典雅极简的骨董家俬等舞台装置,辅以奇幻光影的投射,建构出一条极具深度的"时空隧道",在无尽开展的空间层次中,进行"古与今"、"梦境与现实"、"浪漫与不朽"拼贴与交融的演出,以提供新颖的剧场美学体验。③

"兰庭"邀请台大中文系李惠绵教授担任剧本整编,作者分析 2007 年的表演文本,如加入现代女子的脚色,形成作者、作品、读者、观众的关系链,每个人都在"寻找"自己的游园惊梦。也因为加入了现代女子,是以舞台上既要让男女主角透过时空交错,形成意识流的对话;也要让女子与剧中人邂逅,形成现实世界与虚拟世界的对话。此外,《寻找游园惊梦》为首次镕铸生与旦的小全本戏,因此首尾以"女游园、男游园"、"女写真、男玩真"为结构,中间夹入《寻梦》承上启下,运用"无场次"方式一气呵成,使柳梦梅与杜丽娘演出的唱作分量均等。而此虽已呈现出独特的创意构思,但可以再加强现代女子的演出分量,同时也增添《寻梦》、《写真》等折的唱段。④

2007 年版的现代女子,作为阅读《牡丹亭》原著的读者,引领观众随着她一同入梦寻梦。因此,她既

① 整理参考自苏怡安《历史建筑与昆曲的声情对话——新古典昆剧〈寻找游园惊梦〉》,《台湾博物》第27卷1期总号97(2008年3月),第18—27页。
② 参考张淑香《杜丽娘在花园——一个时间的地点》的论述,收录于华玮主编《汤显祖与牡丹亭》,台北中研院文哲所2005年版,上册,第259—288页。
③ 整理自2010年"兰庭"《寻找游园惊梦》节目单。
④ 整理自李惠绵《是谁?在寻找游园惊梦》一文,载于2010年"兰庭"《寻找游园惊梦》节目单。

是自身梦境的主导者，又是进入丽娘梦境的被动者。然而这位现代女子，是繁华过后的名伶流连于戏中情思的呓语；又或者是转世为现代女子的杜丽娘"偶然间心似缱"被前世记忆缠卷的异想，①还是纯粹的女性阅读者呢？在剧中并无法明确得知其身份。不过，她因阅读想象而进入杜丽娘的有情天地中，时而作为旁观者，安静地品味着丽娘的春情，沉醉于柳、杜的交心中；时而幻化为丽娘的分身或投影，强烈外显丽娘的绮思情欲，涉入丽娘的"梦中之梦"。于是虚、实丽娘重叠于场上，以"京白"与"韵白"作为身份标记，在身段舞姿上也以"古典含蓄"与"写实外放"来加以区别。

其实从明清以来，江南闺阁女子就有阅读《牡丹亭》的流行风气。如程琼描绘当时妇女常将刺绣花样夹入《牡丹亭》书内，于女红时趁便阅读；或是观看《牡丹亭》书后，衍生出对于诗词、文史等知识的关注。②而众所周知的，如娄江女子俞二娘读此书"断肠而死"，扬州女子金凤钿"读而成痴"愿委身作者，挑灯闲看《牡丹亭》的伤心女子冯小青等，"百余年来，诵此书者如俞娘、小青，闺阁中多有解人"（《吴吴山三妇合评本〈牡丹亭〉跋》）。当时也有不少女子投入对《牡丹亭》的评点中。③因此《寻找游园惊梦》对此现代女子的脚色构设，其实是有历史文化脉络可循的。

在"历史空间版"中，特意将开场场景构设在薄纱垂幕后，让现代女子在"梳妆对镜"的自我私密空间中赏读原典，仿佛对应着丽娘《游园》与《写真》时的"对镜"装扮与描容。作为"取景之器"（《说文解字》）的镜子，本可照映出女性的青春容颜和美丽身影。然"女子照镜"除自美自赏外，还潜藏着"看、被看"的渴望期待，"美人对镜，名为看己，实是看他"（程琼评点《才子牡丹亭》《惊梦》批语）。此外，镜子还可隐喻为现代女子进入《牡丹亭》的通路，如同《西游补》中孙行者钻进去的两面镜子，代表着"古人世界"与"未来世界"的不同时空，④被赋予了穿透时间与空间的能力。

而"现代剧场版"开场，则是让现代女子落座于舞台右前方的椅子上，侧身捧读《牡丹亭》，完整唱出【寻梦·懒画眉】曲子后，"（白）多么婉转动听的曲子！到底是春色动人呢？还是心的动荡？（停顿）天下女子有情，有谁如杜丽娘？然而梦中之情，何必非真？天下岂少梦中之人？真所谓'梦短梦长俱是梦，年来年去是何年'，〔女子低头继续翻阅《牡丹亭》〕（抬头）天哪！杜丽娘偶到花园，百花开遍，好天气也！"让观众从增添的宾白阐述与实际的舞台身影中，更深切明了现代女子的"读者"知音身份，从而随着她由"案头阅读"进入到"场上参与"中。

相较于"历史空间版"的现代女子，并没有属于自己的语言，只是偶尔与丽娘分唱数句曲文，或代言部分宾白，游离在男女主角间。在"现代剧场版"中，编剧刻意增添现代女子的独白、对唱与对白等表演，让其融入剧情中，与男女主角产生内在和外在的情境联系；再者也赋予其更多元的"身份跨界"。如"历史空间版"《惊梦》中杜柳的云雨欢会，仅以绕座椅走位带过完成；"现代剧场版"改由现代女子演唱《寻梦》【品令】："他倚太湖石，立着咱玉婵娟。待把俺玉山推倒，便日暖玉生烟。捱过雕阑，转过秋千，捱着裙花展。敢席着地怕天瞧见，好一会分明，美满幽香不可言"，俨然取代"花神"唱出两人欢会情景，又象征女子的憧憬与想象。⑤

---

① 2007 年"寻找游园惊梦"节目单。

② 关论述可参见王宁《明末清初江南闺阁女性〈牡丹亭〉接受简论》，《戏剧艺术》2008 年第 8 期，第 74—80 页。

③ 相关论述可参见谢雍君《〈牡丹亭〉与明清女性情感教育》，天津杨柳青书社 2015 年版。

④ 有关镜子在传统文学中的隐喻结构，可参考许晖林《镜与前知：试论中国叙事文类中现代视觉经验的起源》，《台大中文学报》第四十八期（2015 年 3 月），第 121—160 页。

⑤ 此为李惠绵提出对首演的质疑，导演温宇航建议挪移《寻梦》曲文。

而有时现代女子也充当"春香"的分身，如在《游园》前端详丽娘的春容妆扮，随后一同陪伴游园赏春；或如《写真》时以春香口吻感叹丽娘游园后消瘦，或为丽娘擦拭镜子、细致磨墨，观赏丽娘画画的过程等。其间编剧巧妙的科介构思"（现代）女子拿取镜子，揽镜自照，背对丽娘，丽娘不经意在女子手上的镜子看到自己"，让"对镜照影"营造出"他者凝视"与"自我凝睇"的双重投射，现代女子与丽娘分合莫辨。而同时兼具场上人与旁观者身份的现代女子，有时则扮演"评点者"的脚色，在梦梅《拾画》后道出"柳梦梅，你终于在画里找到梦中的美人了。大家都说梦是幻境，岂不知这画也是幻境呀！梦是无影之形，画是无形之影。杜丽娘梦里寻欢，柳梦梅画中索配，竟不以为幻，真是千古一对痴人哪！"，点出"梦里寻欢"、"画中索配"实乃为浮光幻境，由此更反衬出丽娘与梦梅情至情痴的形象。

（三）2015 年与"数位科技"的跨界对话

2015 年"兰庭"试图"移动"时间与空间，让《牡丹亭》从明代移动到二十一世纪，从传统戏台出走移动到台北"水源剧场"。剧团结合清幽雅致的水墨画，以及变化多端的"跨界"合作，调整表演文本的叙事视角，改以柳梦梅的意识为主体，打造出迷离虚幻的《移动的牡丹亭》。全剧由柳梦梅走进寂寥苍凉的花园，自我伤怀的怜惜疑惑起始，从"男游园"回溯到丽娘的"女游园"《游园惊梦》，再衔接梦梅在花园中拾到丽娘画像的《拾画》、《叫画》，中间穿插丽娘自描春容的《写真》，最后在杜、柳如梦似幻交合相见的《幽媾》中，收束这场"柳梦梅的异想世界与欲望图景"。[①]

"兰庭"事先拍摄了一支 MV 在网络流传，古装打扮的柳梦梅与杜丽娘，穿梭时空进入现代化的百货公司中。丽娘在浏览专柜间所摆设的服饰与球鞋，梦梅则搭着电梯上下移动，两人在相反升降的电梯中腾空交错；画面远方则不时出现割裂天际的高架桥，以及高耸入云的台北 101 入镜。这古典昆曲与现代生活碰撞错置的画面，游离出荒谬诡异的奇思异蕴，让人不禁萌生出对《移动牡丹亭》"移动"景观的演出想象。然而实际观剧后发现，剧中除删去现代女子的脚色，并转换为以柳梦梅为叙事主角，将《拾画》上半"游园"的部分，挪移成为演出故事的开端外，剧情发展与表演"移动"的方式，其实与"历史空间版"、"现代剧场版"都相差不远。

是以整体制作中最引人瞩目的，为使用数位影像拼贴变化的演出场景。那宛如一湾溪流，由上倾泻而下的布幅，将水墨画家吴士伟所提供的多幅花草画作投影其上，随着剧情的发展推衍，依着人物的心绪波动，运用数位光影变化色彩、花纹与图样，呈现湖光、山色、四季等不同景色的更迭。时而是郁郁苍苍的青翠浓荫，或者是姹紫嫣红的繁花似锦，有时是冷冽靓蓝的湖畔枝桠，有时是鲜红绚丽的硕花娇姿等，甚至还特意制造出波光粼粼的动感，以此形塑出或浓艳或淡雅的魔幻时空，让脚色人物在其中穿梭表演，越发映衬出昆曲抒情流丽的诗意。

数位科技的发展，触及人类文明的各个领域，也成为艺术家寻求表现方式的媒介。近年来台湾公部门与民间团队，不少着力于推动"科技艺术"与表演艺术"跨界"合作，先后陆续有"国艺会科技艺术创作发表项目"、"文化部科技与表演艺术结合旗舰计划"、"台湾数位表演艺术国际续航计划项目"、"数位表

---

① 此引用吴岳霖《柳梦梅的异想世界与欲望图景〈移动牡丹亭〉》剧评篇名，本文此部分观点取材该文。载于"表演艺术评论台" http://pareviews.ncafroc.org.tw/? p=17685，检索日期 2015.8.30。

演艺术节"等计划的推动与活动的举办,①希望经由"科技融艺"为台湾的表演艺术,如通过舞蹈思考科技与身体的辩证,或结合戏剧进入影像的故事世界,或搭配音乐展示数位视觉的变化魅力等不同艺术门类的"科光幻影"展演等,撞击激荡出更灵动多元的创意巧思。

因而传统戏曲也曾和数位科技跨界合作,如"虚拟舞台之交互式艺术表演——掌中戏"、"梨园新意·机械操偶计划——《萧贺文》"以及"当代传奇"的跨文化京剧《蜕变》等,都展现出高度艺术性、精致性与互动性的新颖演出景观。而《移动牡丹亭》也获得文化部"表演艺术结合科技跨界创作"与"表演艺术制作提升——排练补助计划"的奖励,以数位科技制作出可"移动"的水墨舞台影像。然数位科技如何通过光影"移动"得以和表演对位互动,或是转换脚色情绪,或是叠影出更虚实相生的拟像,或是辐射出更丰富多元的指涉。甚或如吴岳霖所言在这"布满异色的世界"中,满载的是"柳梦梅的情欲",②这兴许会让《移动的牡丹亭》扩散出更饶富当代诠释的新意。

小　结

已经成立逾十年的"兰庭昆剧团",在把握昆曲"本体艺术"与"当代审美"的前提下,通过"整编小全本"与"跨界新古典昆曲"的制作,凸显传统折子的表演精髓,实验剧艺形态的多重样式,为台湾的昆剧创作注入当代活力。其取材于昆曲经典《牡丹亭》的 2007 年"历史空间版"与 2010 年"现场剧场版"的《寻找游园惊梦》以及 2015 年"数位科技版"的《移动的牡丹亭》,打破戏曲完整叙事与舞台时空的整体概念,分隔的舞台区彼此独立却又互相依存,观演之间因空间的错位,产生无限的旖旎绮想,在花艺、装置艺术与流媚纯净的昆腔声情中,通过"梦"(《游园·惊梦》)、"园"(《拾画·寻梦》)以及"画"(《写真·玩真》),铺展杜丽娘与柳梦梅相识相守的爱恋风情。

《寻找游园惊梦》特意将"寻找"作为剧作戏眼,从《惊梦》、《寻梦》到《写真》,意味着杜丽娘自然人性情欲的复苏,标志着自我生命意识的觉醒,也投射了感世成梦、托梦写志的汤显祖,在面对倾轧崩塌的末世王朝,腐朽污秽的黑暗政治,权欲横流的红尘俗世时,对生命价值与社会理想的体验探索与自我追寻。因此从原著作家汤显祖,戏中的杜丽娘与柳梦梅,或穿梭在戏里戏外的现代女子,乃至于剧场的观众们,都通过展演"寻找"属于自我的"游园惊梦"。而《移动的牡丹亭》转换故事主角与叙事视角,通过柳梦梅的《拾画》与《玩真》,串联起《游园》、《惊梦》"过往"的美好情境,且与《写真》相互对照呼应,在"现实"与"想象"的交织出入中,"寻找"自己欲望图景的异想空间。

谛观这三出都以《牡丹亭》的经典折子为表演文本的"新古典昆剧",在尊重"古典"昆剧传统的前提下,重新拆解组合崭新的叙事语境,整编成为丽娘与梦梅生旦表演艺术的"小全本";并通过和不同媒材的"跨界"合作,"将传统融入现代,以现代检视传统",③丰富主题意涵,凝练昆曲风韵,"变旧为新"(《李笠翁曲话·演习部》),发散出多重"后设"趣味,也展示了台湾当代昆曲的意趣神韵。

---

①　有关台湾对于数位科技与表演艺术的发展阐述等,可参考"台湾科技数位艺术节"http://www.digitalperformingarts.tw/06about-index.htm,以及"台北艺术节"http://digitalartfestival.tw/等报道,检索日期 2016.9.1。

②　参见吴岳霖《柳梦梅的异想世界与欲望图景〈移动的牡丹亭〉》,载于"表演艺术评论台"2015.8.20,http://pareviews.ncafroc.org.tw/？p=17685。

③　请参见白先勇《〈现代文学〉创立的时代背景》,收录于白先勇《第六只手指》,台北尔雅出版社 1995 年版。

文学史书写与《牡丹亭》的经典化

朱万曙　秦军荣

　　作为戏曲经典文本,《牡丹亭》之所以成为经典,至少经过了两个阶段。第一个阶段是它问世之后,明代后期和清代文人对它的批评接受。第二个阶段则是二十世纪以后,现当代文化人对它的批评、研究和接受,其中,兼有大学教科书作用的中国文学通史的书写,在促进其经典化的过程中起到了至关重要的作用。二十世纪以来所编撰的各种文学通史,它们伴随着高等教育体制的辐射力,影响了诸多的学子。它们大多数都是大学教材,其对《牡丹亭》的书写,承接着明清文人的批评接受历史,更广泛的将《牡丹亭》传播给一代代的青年学子,并且从文学教育和审美的层面让它深入到他们的知识结构和心理结构中。正如詹福瑞先生所言:"教育对经典的传播与建构最直接的影响,当然是经典进入学校的教材,成为学校教师讲授的对象,使经典在历代不同时期都得到传播,因而不断得到历代读者的确认,不断扩大其影响。"①

　　从二十世纪初黄人、林传甲等人开文学史编撰之先河至今,《牡丹亭》在文学史教材中的面目由模糊至清晰,由简单变为繁复,由粗浅变得深入,其作为文学经典的地位逐步得到确立,魅力不断增加,典型地凸显了戏曲等俗文学自近代以来迥异于诗文的经典化进程与特征,即艰难出场——部分凸显——确立经典地位——经典魅力增值等,其间牵涉着文学观念的变迁、文学阐释价值准则及方法的变异、文学史撰写方式的变化等诸多因素,值得我们进行仔细梳理和深入探究。

一、1904—1913 年:《牡丹亭》的艰难现身

　　"中国文学史"的书写始于十九世纪末,最初由外国学者发起并完成。其中,尤以日本为甚,且对中国影响颇深。代表作有古城贞吉的《支那文学史》(1897)、笹川种郎的《支那历朝文学史》(1898)、中根淑的《支那文学史》(1900)、高濑武次郎的《支那文学史》(1901)、久保天随的《支那文学史》(1903)、儿岛献吉郎的《支那大文学史古代篇》(1909)等等。笹川种郎与儿岛献吉郎的"中国文学史",在日文版面世不久,就被介绍给中国学人或译成中文出版。

　　1903 年,清政府颁布的《奏定大学堂章程》要求大学教员讲授"西国文学史",并告之,应以日本的《中国文学史》为摹本。而京师大学堂中国文学门对"历代文章源流"(中国文学史课程的雏形)课程的要求亦为:"日本有《中国文学史》,可仿其意,自行编撰讲授。"②由林传甲执笔的第一部中国人自编的中国文学史因此而产生。"中国自编文学史大抵以日本文本为依据,自古城贞吉、久保得二以下不胜指屈。"③

---

①　詹福瑞《论经典》,人民文学出版社 2015 年版,第 223 页。
②　舒新城《中国近代教育史资料》(上册),人民教育出版社 1981 年版。
③　周作人《中国古代文艺思潮论·序》,青木正儿《中国古代文艺思潮论》,北平人文书店 1933 年版。

1904—1913 年,属于中国文学史写作之草创期,林传甲、黄人、窦警凡等人做出了最初的尝试。而《牡丹亭》则是以"'临川四梦'之一"的身份间或现身于本时段的中国文学史著述,初露头角。

林传甲的《中国文学史》是其在京师大学堂优级师范馆讲授"历代文章流别"课程时所写授课讲义,于 1904 年、1906 年两度印行。1910 年,武林谋新室予以正式出版发行。该著因循根深蒂固的传统文学观念,将"文学"视为文章之学或文献知识,从治理小学和作文技法入手,辑录前人评点文字,介绍古代文献要籍。对于向来被排斥在正统文学之外的《牡丹亭》等戏曲作品,林传甲亦持贬抑态度,未纳入编撰范围。

很快,在 1906 年窦警凡的《历朝文学史》中,《牡丹亭》的身影开始出现,不过非常简略。窦警凡的《历朝文学史》,初版于 1906 年,疑似当年南洋师范课本。该著分为"文字原始"、"经"、"史"、"子"、"集"五部分,实为一部国学概论或文明史。"叙集第五"提及"曲",仅寥寥数语,且总体评价不高:"曲则其品益卑,"其中,与《牡丹亭》相关的介绍是:"明汤显祖'四梦'传奇、徐渭《四声猿》,国朝如洪昉思《长生殿》、孔云亭《桃花扇》亦脍炙人口。"①

与此同时,黄人的《中国文学史》则开始对《牡丹亭》给予了更多篇幅的介绍和评价。该著系作者任教东吴大学时所编之教材,它杂糅中西"文学"观念,提出文学实为"代表文明之要具,达审美之目的,而并以达求诚明善之目的者也",②将戏曲与诗词并提,较为详细地列举元代杂剧、评述明代戏曲,为提升戏曲的文学史地位积力蓄势。在明代众多戏曲作家中,黄人的《中国文学史》于汤显祖用笔最多。它将"临川四梦"视为一个有机整体,采用总体阐述与个体评点相结合的方式予以介绍,"四梦"用笔较为均衡。其间,涉及《牡丹亭》的主旨、人物设置、艺术特色等方面,或通过考据驳斥旧说,或简要描述阅读体会,一语概之,即:"《离魂》最脍炙人口,然事由虚构,遣词命意,皆可自由。"③可惜的是,这部一百七十余万字的教材未曾流行坊间。

总的说来,在中国文学史书写之草创时期,《牡丹亭》的艰难现身,昭示着戏曲在文学领域长期处于"鄙弃不复道"的境地,但同时也孕育着被"扶正"(获取与诗文平等地位)的转机。转机的出现,首先由中西文化的碰撞所带来,是近代文学观念转变的产物。1904 年,陈独秀受西学启发,在《论戏曲》一文中阐述了戏曲的社会功用,为戏曲争取应有地位:"世上人的贵贱,应当在品行善恶上分别,原不在执业高低。况且只有我中国,把唱戏当作贱业,不许和他人平等。西洋各国,是把戏子和文人学士一样看待。因为唱戏一事,与一国的风俗教化,大有关系,万不能不当一件正经事做,那好把戏子看贱了呢!"④是年,王国维发表《红楼梦评论》,从表现能力着眼,肯定戏曲与诗歌具有同等价值:"美术中以诗歌、戏曲、小说为其顶点,以其目的在于描写人生故。"陈独秀、王国维等人"这种声势强大的呼吁中所裹挟的新的文学观念,足以使人们根深蒂固的传统文学观念产生动摇,引起人们对戏曲在文学领域地位问题的重新审视。"⑤其次,是日本学者所撰写的《中国文学史》的影响,周作人曾经这样总结日本早期对"中国文学史"的书写特点:一是"方法序次井然有序",二是"涉及小说戏曲,打破旧文学偏陋的界限"。⑥ 第二个书写特点对中

① 转引自付祥喜《二十世纪前期中国文学史写作编年研究》,北京师范大学出版社 2013 年版,第 110 页。
② 黄人著,杨旭辉点校《中国文学史》,苏州大学出版社 2015 年版,第 7 页。
③ 同上,第 312 页。
④ 陈独秀著《陈独秀文章选编》,三联书店 1984 年版,第 57—58 页。
⑤ 董乃斌、陈伯海、刘扬忠《中国文学史学史》(第三卷),河北人民出版社 2001 年版,第 304 页。
⑥ 周作人《中国古代文艺思潮论·序》,青木正儿《中国古代文艺思潮论》,北平人文书店 1933 年版。

国学人的影响在1914年以后更为显在。

二、1914—1940年：《牡丹亭》乃"临川四梦"之最

1914—1940年，为中国文学史书写的探索期、第一个高产期，仍以个体编撰为主，共产生了六十多部中国文学通史著作。其中，用作教材且影响比较大的主要有王梦曾、曾毅、张之纯、谢无量、谭正璧、顾实、赵景深、胡云翼、陆侃如与冯沅君、郑振铎、童行白的著述。

这一时期，随着"纯文学"观念的逐渐深入人心、以王国维与吴梅等为代表的戏曲研究的广泛展开，戏曲在文学领域的地位得到迅速提升，汤显祖被视为明代传奇最杰出的作家，《牡丹亭》则成为"临川四梦"之最，即汤显祖的代表作品。这一时段的文学史著述，在形式上大多采用了章、节、条目的结构方式，关于汤显祖，"临川四梦"仍是常用条目，但介绍"四梦"的重心逐渐移向《牡丹亭》，为《牡丹亭》经典地位的确立奠定了扎实的基础。对《牡丹亭》的撰写多从传统曲学视点出发，着眼于关目、文辞和音律，简要描绘阅读感悟。在语言上，由以文言或浅显文言行之向白话书写过渡。

王梦曾的《中国文学史》（1914），扉页上署有"共和国教科书"字样，使用非常广泛，到1928年已再版二十一次之多，还被日本汉学家青木正儿翻译成日文出版。在书写范围方面，王著彰显出鲜明的大文学或泛文学观念向纯文学过渡的痕迹："以文为主体，史学、小说、诗词、歌曲等为附庸。文字为文章之源，著其因革。其他经学、理学等只旁及焉。"[1]对于明代戏曲，予以专节介绍，有两节与《牡丹亭》相关："汤显祖有《还魂记》《烂柯记》《邯郸梦》《紫钗记》'临川四梦'。以《还魂记》为之最。"[2]这两句将《牡丹亭》从"临川四梦"中凸显出来，要言不烦，契合"简括得要"之评价。张之纯的《中国文学史》（1915，扉页有"师范学校新教科书"字样，至1924年已出六版）对《牡丹亭》的介绍与此相同。

曾毅的《中国文学史》（1915）面世后，多次重版，销量可观。他进一步纯化了文学的所指，但戏曲仍处于附庸地位："本篇以诗文为主，经学、史学、词曲、小说为从，并述与文学有密切关系之文典、文评之类。"[3]对于明代戏曲小说，曾毅未列专节讲解，而是并入"清之戏曲小说"予以简介："戏曲小说莫盛于元，及明稍衰，至清而复振"。明代传奇，"然有名后世则推汤义仍'玉茗堂四梦'。'四梦'者，《牡丹亭还魂记》《邯郸梦》《南柯记》《紫钗记》，是也。而《还魂记》最佳。黄九烟抑置第三，而首肯《邯郸》，则爱存乎其人矣。"他进一步推重《牡丹亭》为明代传奇"最佳"之作，认为黄九烟"首肯《邯郸》"仅是其个人喜好而已。

谢无量的《中国大文学史》（1918），对《牡丹亭》的书写有两点值得注意。其一，"明代作曲诸家，自汤义仍出，遂掩前后"，[4]主要原因就在于汤显祖创作出了"家传户诵，几令《西厢》减价"的《牡丹亭》。无疑是将汤显祖视为明代最杰出的戏曲家，将《牡丹亭》视为汤显祖的最佳作品。其二，引用沈德符《顾曲杂言》与朱彝尊《静志居诗话》中关于《牡丹亭》的大段评点文字，介绍《牡丹亭》的主题、演出效果等，对其他"三梦"则是一笔带过，从而进一步将《牡丹亭》推上"临川四梦"之最的位置。

---

① 王梦曾《中国文学史·编辑大意》，商务印书馆1914年版。
② 王梦曾《中国文学史·编辑大意》，商务印书馆1914年版，第87页。
③ 曾毅《中国文学史》，上海泰东图书局1915年版，第1页。
④ 谢无量《中国大文学史》，中国人民大学出版社2011年版，第645页。

谭正璧所写《中国文学史大纲》(1926),从本书初版到抗日战争前,几乎年年都有重版。本教材提出,明代曲家中汤义仍最著,所作"临川四梦"中,《还魂记》最脍炙人口,且与《西厢记》同样的家传户诵。1935年,上海光明书局推出的谭正璧《新编中国文学史》,进一步概述了《牡丹亭》的情感魅力及艺术特色:"这本传奇实在太动人了,所以感动了无量数的热情的少男少女的心怀,不期然而然的使作者站到了第一流作家的地位","事迹虽近鬼怪,然作者写来生动自然,写女子怀春的心境,生死不变的恋爱,为前此所未有。文辞亦飘逸秀美,真挚动人。"①

顾实的《中国文学史大纲》(1926)为东南大学教材,先后四版。明代戏曲部分,只写明之第一戏曲家汤显祖,共计五段。前三段主要简述汤显祖的生平、曲坛地位及"玉茗堂四梦",第四、五两段着重介绍《牡丹亭》,包括剧情、情节的奇幻而合理外之理、令人肠断魂销的阅读效果等等,"《牡丹亭》为其(汤显祖)一贯之根本思想,说明人生观之一部,尤足传也"。②

赵景深《中国文学小史》(1928)是作者任教绍兴第五中学时所编的"一部初学用的中国文学史",再版二十多次。该著亦认为明代作传奇著名者当属汤显祖,作品以《牡丹亭》为最,《牡丹亭》的特别之处在于"将少女的心情刻画的写出,曾博得许多姑娘的眼泪"。在此,赵景深还采用比较法描述了自己的阅读感受:"我们读俄国屠格涅夫《城里的医生》,尚且为那乡间女子叹惜,低徊数四,更不用说这样伟大的戏剧之感人了!"③

陆侃如、冯沅君《中国文学史二十讲》(1932),系两位作者在中法大学、中国公学、安徽大学、北京大学任教时的讲义,1949年已出第八版。第十六讲专写明清传奇。陆、冯二君认为,"汤显祖的'临川四梦'标志着明传奇黄金时代的来到",给予汤显祖恰当的定位。其次,就本事来源而言,他们指出:"《紫钗记》、《还魂记》、《南柯记》,并取材于唐人小说,只《还魂记》出于臆造,而价值也最高。"④"《还魂记》出于臆造"一句固然有误,但"价值最高"之表述甚当。最后,以《惊梦》、《寻梦》等唱词为例,说明汤显祖作曲"秾艳工丽处似玉溪诗和梦窗词,俊爽质素处也有关、马之风"之特点。

郑振铎《插图本中国文学史》(1932),对《牡丹亭》的书写主要有四点:一是关于"临川四梦"何者称首之问题的探讨。郑振铎在列举明清曲学家王骥德与梁廷枏的不同看法后,旗帜鲜明地表明了自己的观点:"若士五剧,《还魂》自当称首","最藉藉人口者自是《还魂记》或《牡丹亭梦》","那是最隽妙的抒情诗,最绮艳,同时又是最潇洒的歌曲。"⑤二是采用比喻手法评价《牡丹亭》,谓之每一出都很隽美可喜,"如百顷绿波之涯,杂草丛生,独有芙蕖一株,临水自媚,其可喜处盖不独能使我们眼界为之清朗而已"。⑥三是将《牡丹亭》界定为喜剧:"这一部离奇的喜剧便于喜气重重中闭幕。"⑦四是交代《牡丹亭》的本事来源,为后世文学史书写者所继承。

童行白《中国文学史纲》(1933),是参照日本学士笹川种郎之《支那文学史》而成的教学讲义,1935年已出第9版。该著有意区别杂文学与纯文学,将后者限制为诗歌、小说、戏剧,又有过窄之嫌。第九章

---

① 谭正璧《新编中国文学史》,光明书店1935年版,第376页。
② 顾实《中国文学史》,商务印书馆1926年版,第283页。
③ 赵景深《中国文学小史》,华中科技大学出版社2015年版,第1161页。
④ 陆侃如、冯沅君《中国文学史简编》,山东书报出版社2007年版,第136页。
⑤ 郑振铎《插图本中国文学史》,上海人民出版社2005年版,第1162页。
⑥ 郑振铎《插图本中国文学史》,上海人民出版社2005年版,第1162页。
⑦ 郑振铎《插图本中国文学史》,上海人民出版社2005年版,第1162页。

之明代文学,明代戏曲部分,与顾实所撰《中国文学史》相似,专讲汤显祖,认为"作戏曲者虽有沈青山、陈大声等诸家,然其最足传者,实临川人汤显祖也",足足占据三页的篇幅,然笔墨主要聚焦于汤显祖的生平、"四梦"特点总述等方面。于《牡丹亭》突出了三点:"独以《牡丹亭还魂记》之作,显祖之名,足以不朽";杜丽娘,"热情女郎"也;《牡丹亭》之词曲,上配于《西厢记》而无逊色。①

林之棠的《新编中国文学史》(1934)为国立北平大学教材。该著对明代传奇评价不高,着墨甚少:"(明传奇)实则仍传元季衣钵,然则谓之为明代传奇,无宁谓之为元之杂剧也。故本章不加详说矣。"至于明代传奇作品,"以高明则诚之《琵琶记》为最有名","中叶中有'临川四梦',即《牡丹亭》(一名《还魂记》),《南柯记》、《邯郸记》与《紫钗记》四种,至阮大铖之《燕子笺》等,集剧场之大成,亦佳"。②

综合观之,在1914—1940年所编撰的中国文学通史中,汤显祖的地位得到了提升,《牡丹亭》逐渐从"临川四梦"中脱颖而出,成为汤显祖甚或明代传奇的代表作品,其经典地位也逐渐得到确立。

三、1941—1980年:《牡丹亭》为浪漫主义的杰作

这一时期,文学的对象基本被限定为诗歌、散文、小说、戏曲等具有审美性的文体,戏曲在文学领域取得正宗地位。同时,马克思主义文艺理论思想逐渐影响到古代文学包括古代戏曲研究领域,即注重"挖掘促使作品产生的社会因素和解释作品的社会内涵和意义"。③ 这两方面的合力作用,孕育了中国文学通史著作的较大变化。在书写对象上,以诗、文、曲、小说为重心;在评价原则上,用马克思主义文艺理论作为评价作家作品的尺度;在方法结构上,形成了思想内容介绍与艺术特色概述相结合的作品阐释模式。使用广泛、影响较大的《中国文学史》教材主要有刘大杰的《中国文学发展史》,中国社会科学院研究所中国文学史编写组、游国恩等人、十三所高等院校《中国文学史》编写组撰写的三种《中国文学史》,见出由个人书写转向集体编撰的轨迹。这些文学史著述,将《牡丹亭》视为"浪漫主义的杰作",用至少一节的篇幅进行详细介绍。《牡丹亭》的经典地位进一步得以确立。

刘大杰《中国文学发展史》(有上下两卷,下卷完成于1943年,1949年1月由中华书局出版),被称为二十世纪"最具才华和文采、最客观冷静、体系完整而又具有浓厚个人色彩的文学史著作之一"。从形式看,该著似乎与之前的文学史差别不大,都使用章目结构,比如下卷第二十五章为"明代的戏曲",下设五目,《牡丹亭》被放置在第五目"汤显祖与晚明的剧坛"之中。不过,从行文的内在肌理观之,刘大杰的《中国文学史》却有了很多新质素,主要体现为对作品进行详细解读,且体现出一定的逻辑性,可谓是开启了中国文学史编撰的新路径。刘大杰对《牡丹亭》的总的评价为:《牡丹亭》为"才子佳人的恋爱剧",④成功体现了浪漫派作品的特征。他指出:"(《牡丹亭》)戏的内容,实无足取,人死还魂,更属荒唐。戏之结局,仍是团圆旧套,亦无新意。同时戏中所表现的,仍是那些点状元高升发财的旧思想。"⑤《牡丹亭》的真正魅力在于,以《惊梦》等"美不胜收"的曲文写出"既真且美"的"情",成功体现了浪漫派作品的特征:"热

---

① 童行白《中国文学史纲》,大东书局1933年版,第284页。
② 林之棠《新编中国文学史》,北平华盛书局1934年版,第228页。
③ 董乃斌、陈伯海、刘扬忠《中国文学史学史》(第三卷),河北人民出版社2001年版,第304页。
④ 刘大杰《中国文学发展史》,百花文艺出版社2007年版,第519页。
⑤ 刘大杰《中国文学发展史》,百花文艺出版社2007年版,第520页。

烈的情感,文字的美丽,幻想的丰富,与夸张的描写。所以他能够感动人心,尤为热情的少年男女所爱好。"①这是刘著论述的重心所在。

1949 年,中华人民共和国建立,伴随着高等教育发展的需要,重新编撰中国文学史,成为由官方组织的行为。中国社会科学院研究所中国文学史编写组(1962)、游国恩等人(1964)、十三所高等院校《中国文学史》编写组(1979)撰写的三种《中国文学史》,皆受《中国古代文学教学大纲》(1957)影响颇深。

该大纲由高等教育部委委托北京大学游国恩、复旦大学刘大杰、山东大学冯沅君、北京大学王瑶、武汉大学刘绶松等教授起草。曾几度将草稿寄各校征求意见,根据各校意见进行修改,并于 1956 年 7 月经高等教育部召开的文史教学大纲审订会讨论后,又进行修改,最后经中国文学史教科书编辑委员会第一次扩大会议讨论通过。本大纲规定将《牡丹亭》作为专节进行讲授,包括剧情、思想内容(社会学评判)、艺术成就、影响等方面,赋予《牡丹亭》经典的地位。上述三种文学史大体遵从了《中国古代文学教学大纲》的权威规定(只是在课程内容取舍上有些许差异),于《牡丹亭》的书写呈现出高度的一致性。而正是这种历时性的一致性,宣告了《牡丹亭》在文学领域的经典地位。主要体现为四个方面:

书写篇幅一致。三者都将汤显祖作为独立的一章进行编撰,并至少用一节之篇幅讲解《牡丹亭》(十三所高等院校《中国文学史》编写组的《中国文学史》为两节)。

基本评价一致。《牡丹亭》"是汤显祖的杰作","比同时代的爱情剧在思想上概括得更高,有着更进步、更深远的意义","富于浪漫主义的色彩,在爱情剧方面形成了新的独特的风格";②《牡丹亭》"是汤显祖的代表作,也是我国戏曲史上浪漫主义的杰作";③《牡丹亭》"是汤显祖的代表作品,也是戏曲史上杰出的积极浪漫主义作品"。④

解析视角一致。在具体的文本分析中,三种中国文学史著述都融入了"封建礼教"、"封建家长制度"、"斗争"、"进步"、"积极浪漫主义"等词素,体现出二十世纪 50 至 70 年代对文学特有的社会学解读视角和方法。它们对《牡丹亭》题材主题的概述、戏剧冲突的梳理、人物形象的分析、艺术特色的归纳,都是围绕这些关键词而展开。比如,在主题方面"这个作品通过杜丽娘和柳梦梅的爱情故事,揭露了封建礼教和青年男女的爱情生活的矛盾,暴露了封建统治阶级家庭关系的冷酷和虚伪;同时又热情地歌颂了青年男女在追求幸福自由的爱情生活上所作的不屈不挠的斗争";⑤在戏剧冲突方面,"情"与"理"的冲突,"既表现为杜丽娘、柳梦梅和封建家长杜宝之间公开的和面对面的斗争,也反映青年男女为摆脱封建传统势力的影响而作出的努力";⑥在人物形象方面,"杜丽娘是我国古典文学里继崔莺莺之后出现的最动人的妇女形象之一",⑦她的理想,"正是当时新兴阶层思想的微弱的反映",⑧"杜宝、陈最良、甄夫人是封建礼教的代表";⑨在艺术特色方面,《牡丹亭》"采用了大胆想象的夸张形式,充满了浓厚的积极浪漫主义的

① 刘大杰《中国文学发展史》,百花文艺出版社 2007 年版,第 521 页。
② 中国社会科学院研究所《中国文学史》编写组《中国文学史》,人民文学出版社 1962 年版,第 959 页。
③ 游国恩、王起、萧涤非、季镇淮、费振刚《中国文学史》(第四册),人民文学出版社 1964 年版,第 79 页。
④ 十三所高等院校《中国文学史》编写组《中国文学史》(中),江西人民出版社 1979 年版,第 584 页。
⑤ 中国社会科学院研究所《中国文学史》编写组《中国文学史》,人民文学出版社 1962 年版,第 959 页。
⑥ 中国社会科学院研究所《中国文学史》编写组《中国文学史》,人民文学出版社 1962 年版,第 960 页。
⑦ 游国恩、王起、萧涤非、季镇淮、费振刚《中国文学史》(第四册),人民文学出版社 1964 年版,第 80 页。
⑧ 十三所高等院校《中国文学史》编写组《中国文学史》(中),江西人民出版社 1979 年版,第 585 页。
⑨ 十三所高等院校《中国文学史》编写组《中国文学史》(中),江西人民出版社 1979 年版,第 585 页。

色彩。善于运用情景交融的曲文,去抒写人物的内心感情",①等等。

此外,这三种文学史著述还对《牡丹亭》的题材来源、故事设置的缺陷做了大致相同的交代。

四、1990年—至今:《牡丹亭》为中国戏曲史上不可多得的杰作

二十世纪80年代,随着西方现代文艺理论的大量译介与接受,美学、接受美学、叙事学、心理分析学、考古学、文化学等新理论新方法涌入中国。学界也开始尝试改造这些理论与方法,并以之观照中国古代文学作品,产生了许多新成果。而中国文学史编撰对学界新成果的接受与吸纳始于90年代,以章培恒与骆玉明(1996)、袁行霈(1999)、袁世硕与张可礼(2006)、郭英德与过常宝(2012)等主编的中国文学史教材为代表,前两种分别为"教育部重点推荐大学文科教材"、"面向二十一世纪课程教材",使用较为广泛。这些文学史教材不同程度融贯《牡丹亭》的新、旧研究成果,挖掘新内涵、探讨新特质,彰显出《牡丹亭》丰富多彩的经典魅力,巩固了《牡丹亭》的文学经典地位。可以概括为五个方面:

对《牡丹亭》经典度的继续高扬。在上列文学史中,出现了较之以前的文学史如下不同的评论:"《牡丹亭》是一部具有鲜明的时代特点和震撼人心的艺术力量的杰出剧作",②"牡丹亭是古代爱情戏中继《西厢记》以来影响最大、艺术成就最高的一部杰作",③"《牡丹亭》是汤显祖的代表作,以深刻的思想内涵和卓越的艺术成就,成为中国戏曲史上不可多得的杰作。"④这些评论共同给予《牡丹亭》"杰出"的定位,不仅是对该作的经典地位的再次确认,而且将该作视为经典中的经典。

对《牡丹亭》性质的多种定位。西方之于戏剧,有悲剧、喜剧和正剧之分。对于《牡丹亭》,中国学界不是生搬硬套西方的戏剧分类标准,而是根据中国戏曲自身的特点进行界定和阐释:"《牡丹亭》又是一部兼悲剧、喜剧、趣剧和闹剧因素于一体的复合戏曲","全剧共55出,前28出大体属于以喜衬悲的悲剧,后27出属于以悲衬喜得喜剧","石道姑等人的设置,更带有闹剧、趣剧的味道","这种悲喜交融、彼此映衬的戏曲风格,正是富有中国戏曲特色的浪漫主义的具体体现。"⑤

对《牡丹亭》的文化学解读。或从市民社会的角度进行观照"汤显祖所师事的泰州学派……都是市民社会发展的必然产物。汤显祖没有像李贽、达观那样去生死打拼,但他(凭着《牡丹亭》等戏曲创作)也在文学艺术领域开辟了思想解放、个性张扬的新战场";⑥或站在人性的高度予以透视:"汤显祖在中国文化史上,第一次在文学领域把至情激扬到超越传统意识的高度,把情与理的冲突所造成的苦闷表现得淋漓尽致,并在对情自身的反思中对传统人性观表现出深切的怀疑和否定,这真是'前无作者,后鲜来哲,二百年来,一人而已'。"⑦

对《牡丹亭》情节结构的新见解。《牡丹亭》的情节结构有两条线索"人间——阴间——人间,现

① 十三所高等院校《中国文学史》编写组《中国文学史》(中),江西人民出版社1979年版,第586页。
② 章培恒、骆玉明《中国文学史》,复旦大学出版社1996年版,第348页。
③ 袁行霈总主编,莫砺锋、黄天骥主编《中国文学史》(第四卷),高等教育出版社1999年版,第116页。
④ 郭英德、过常宝《中国古代文学史》(下),中国人民大学出版社2012年版,第927页。
⑤ 章培恒、骆玉明《中国文学史》,复旦大学出版社1996年版,第115页。
⑥ 章培恒、骆玉明《中国文学史》,复旦大学出版社1996年版,第116页。
⑦ 袁世硕、张可礼《中国文学史》,中国人民大学出版社2006年版,第654页。

实——理想——现实",它"既是杜丽娘人生追求的完整的情感历程,也是汤显祖文化探索的完整的精神历程"。①

对《牡丹亭》人物形象的新评价。主要体现在杜宝身上,比如:"杜宝虽然遵守当前的社会规范,也绝不反对封建礼教,但却富于人情味,对女儿和妻子都有深挚的爱",②"他是一个深爱女儿,但却对她的痛苦既不理解也无能为力的父亲。这在当时是戏曲文学中从未出现过的类型"。③ 从文化与人性双重角度深入解剖多种身份的杜宝,更为合理。

通过对中国文学通史教材书写视域下《牡丹亭》经典化轨迹的梳理,我们可以见出近代以来中国"文学"概念的演变过程以及戏曲在"文学领域"争取正宗地位的艰难履历。从被完全忽略,到简单介绍,到评价的不断升级,《牡丹亭》经典化的轨迹,典型地凸显了戏曲等俗文学自近代以来迥异于诗文的经典化进程与特征。文学是人类特有的文化现象,但是文学的存在以及人们对文学的认识都处在一个变化不居的过程中:"我们也许正在把某种'文学'概念作为一个普遍定义提出,但是事实上它却具有历史的特定性。"④未来,我们对戏曲文学认识的更新与变化,或许会从根本上促进《牡丹亭》等戏曲经典魅力的进一步释放。另外一方面,通过对各个时期文学史对《牡丹亭》的书写,我们又可以看到,《牡丹亭》之所以成为文学经典,也恰恰因为诸多文学史的书写。

詹福瑞论及二十世纪美国经典的演变过程,有这样一段表述"二十世纪上半叶,美国新批评家们成功地重组了经典,把文学经典改变为异常难懂的经典作品;同时将'学校的社会空间'(即文学细读的空间)与'大众文化的社会空间'(即为日常乐趣而阅读的空间)分离开来,使人们在学校以外消费作品变得更加困难,以此'使文学经典得以将英语研究这种体制化产业拓展为一门大学课程'",⑤从而导致经典越来越被社会边缘化。那么,作为大学教科书,有无必要将"学校的社会空间"与"大众文化的社会空间"有效衔接起来,实现文学经典价值的最大化? 这是一个值得深思的学术问题。同时,对于戏曲而言,除了文学价值之外,还有舞台审美的意义。可喜的是,在二十一世纪的今天,《牡丹亭》已经在舞台焕发出旺盛的生命力。作为戏曲经典,唯有学术研究与舞台表演相结合,经典化道路才会越来越宽广。

---

① 章培恒、骆玉明《中国文学史》,复旦大学出版社 1996 年版,第 928 页。
② 章培恒《中国文学史新著》,复旦大学出版社 2005 年版,第 184 页。
③ 章培恒《中国文学史新著》,复旦大学出版社 2005 年版,第 185 页。
④ 特雷·伊格尔顿《二十世纪西方文学理论》,陕西师范大学出版社 1986 年版,第 1 页。
⑤ 詹福瑞《论经典》,人民文学出版社 2015 年版,第 11 页。

真 色 人 难 描

——《牡丹亭·写真》昆剧舞台演出史考略

刘 轩

青木正儿的《中国近世戏曲史》中将清代康熙中叶至乾隆、嘉庆年间称为"昆剧的余势时代",这一说法基于"花雅之争"中以昆剧为代表的雅部落败的史实,几乎已经成为戏曲史研究者默认的公论。而曲家俞粟庐大师却在其《度曲一隅》中说:"昆曲一道,盛于逊清乾嘉时代"①——这看似完全相左论断的出现,恰巧点明了昆剧在清代中期经历了一个特殊的发展过程:从优秀剧作家涌现的数量和剧作的质量来看,这一时期与明代相比,昆剧的创作无疑正在走向衰落;但是,从某种角度来说,也正是剧本创作的颓势导致昆剧开始寻找新的生存和发展之道,最终以表演为核心的折子戏兴起,取代了明代昆剧全盛时期以全本戏搬演为主的演出模式。近代戏剧家姚民哀曾评论道:"昆曲一道,源头远久。……降至前清乾嘉之时,海内作手虽不若前朝之盛,而粉墨登场之优孟,即起李龟年、黄幡绰于地下,恐亦曰天宝当年之所谓梨园子弟,亦无此嬗盛也。"②

这种新的变化使得"案头"和"场上"的分化更为鲜明,尤其是当观众已经对明代传奇动辄几十出、连台搬演的演出模式心生倦怠后,为了保持活力,原本有头有尾搬演的全本传奇不得不进行一些删汰。因为时代的久远以及记录手段的匮乏,明代《牡丹亭》全本盛演的具体面貌已无从得知,如今可见的场上之曲多半传承自清代乾嘉以降、折子戏演出模式成为主流之后所渐渐形成的搬演定式。具体到每一出特定剧目,因为各自舞台表现力的不同,而经历了迥异的传承过程。除去缺乏"场上"品格,已经完全沦为案头读物的剧目,即使是在乾嘉之后有演出记录流传的折子,其"传统"的保有程度和打磨水平,也因其传承历史的不同而天差地别。

《牡丹亭》中的《写真》就是一出历经曲折才传承至今的传统剧目。经过考察发现,它不见于大多数成书于清代的折子戏选本。除去清乾隆年间成书的《吟香堂曲谱》和《纳书楹曲谱》因为对《牡丹亭》原作全本进行了重新定谱,故收有《写真》之外,稍早的以昆腔折子戏为主要收录对象的《缀白裘》以及清代中后期的《遏云阁曲谱》、《审音鉴古录》都未曾收录。在迄今可见的清代昆剧折子戏选本或身宫谱中,唯有上海图书馆藏的孤本《昆弋身段谱》(以下简称《昆弋谱》)甲编第二册选录了此出。作为一出对于联系前后关目、刻画人物形象如此重要的折子,在折子戏盛行的时期记录如此之少,这是一个很值得注意的问题。本文试图通过对其传承过程中各方面因素的探究,以及乾嘉时期的身段谱记录与当今舞台演出实录的对比分析,或可对昆剧传承的内在艺术规律有更深的认知和体会。

---

① 俞振飞编《粟庐曲谱》(下),上海辞书出版社 2011 年 1 月第 1 版。
② 姚民哀(半塘)著《五好楼杂评甲编》,《游戏世界》第三期,大东书局 1922 年版。

一、连通柳杜情感的枢纽：《写真》在《牡丹亭》原作中的重要地位

《牡丹亭》又名《还魂记》、《牡丹亭记》，本事源于明代话本小说《杜丽娘慕色还魂记》，其中情节又糅合了《搜神记》、《太平广记》等前代志怪小说，全剧充满了浪漫主义色彩。这部剧作通过描写杜丽娘和柳梦梅两个"情痴"的曲折结合，塑造了一个充满了"至情"的理想社会——不仅男女主人公为情甘愿生生死死，围绕在他们身边的配角诸如石道姑、春香、花神，甚至帝王都知情重义，愿意成全他们的爱情。更为可贵的是，《牡丹亭》不仅仅将对于"情"的理解局限在肉体凡胎互相吸引的男女之情，更是通过杜丽娘对于自己生命的青春美丽的自觉和欣赏、珍惜而上升到了哲学层面，"把生命的本身状态作为关注的中心，从哲学的高度上去表现人的情欲"，[1]汤显祖在这部剧作中歌颂的甚至不是爱情本身，而是生命的一种理想的自然和自由状态。这种前所未有的思想高度使得《牡丹亭》在一众才子佳人传奇中脱颖而出，成为我国戏剧史上一颗璀璨的明珠。

《写真》是原作中的第十四出，从故事本身的情节脉络来看，《写真》可以称得上是起到承上启下作用的一出紧要关目："游园时，好处恨无人见，写真时美貌恐有谁知。"[2]从杜丽娘的情节来看，它上承第十出《惊梦》、第十二出《寻梦》，下启《闹殇》，进一步渲染了杜丽娘所处的封闭寂寞的环境，可以说是杜丽娘从"寻梦"到"离魂"之间情感逻辑上的一个重要过渡，同时也是与柳梦梅《拾画》、《玩真》在情节上互相呼应的一折——没有杜丽娘的"留真"，柳梦梅的"玩真"也无从依傍。曲词中多处都为之后柳梦梅《玩真》的情节留下了伏笔，形成前后照应，增强了戏剧情节整体上的圆融。例如，【尾犯序】中"寄春容叫谁泪落，做真真无人唤叫"便直接呼应了《玩真》中柳梦梅的曲词"向真真啼血你知么"，吴吴山三妇在此处评道："暗击《玩真》"；[3]【尾声】一曲，"尽香闺赏玩无人到，这形模则合挂巫山庙"，"影起梅花观中事，可为画谶"，[4]为《幽媾》一节做伏笔。如此种种，可见汤翁在编排情节时之良苦用心，也足以说明《写真》对于《牡丹亭》全本故事的敷衍是一个不可或缺的关节。

另外，从曲词安排上看，汤翁原作中《写真》虽在末尾上了花郎，但基本情节的表现由旦扮杜丽娘和贴扮春香完成，两人之间曲词安排的比重又以旦为主。在全部十一支曲牌中，完全由旦独自完成的有【刷子序犯】、【普天乐】、【雁过声】三支曲牌，且纯为唱段；另外【倾杯序】贴唱开头一句，余下唱念由旦完成，【山桃犯】贴只有一句应答的念白，【尾犯序】和【鲍老催】只多一句丑扮花郎的应答念白，其余主要曲词仍由旦一人完成，也可看作是旦的独角戏。由此可见，这是一折为表现杜丽娘人物心理的闺门旦主戏。并且，根据清代乾隆朝修订的《九宫大成南北词曲谱》，这一折中的大部分曲牌皆属于南曲正宫调，其声闻之"惆怅雄壮"，[5]"英雄豪杰则歌正宫"，[6]长于抒发激烈饱满的情感。可见，在汤翁心目中，《写真》应当是杜丽娘伤春自伤的情绪经由"游园"、"惊梦"、"寻梦"之后，走向最高潮的一大关节，故如此用力渲染。

从曲词的意境来看，这是整个《牡丹亭》中最具诗性的折子之一——所谓"最是人间留不住，朱颜辞

---

① 陈维昭著《〈牡丹亭〉的"情"之文化意蕴》，《艺术百家》，1994年第4期。
② 汤显祖著，陈同、谈则、钱宜合评《吴吴山三妇合评牡丹亭》，上海古籍出版社2008年7月版，第33页。
③ 汤显祖著，陈同、谈则、钱宜合评《吴吴山三妇合评牡丹亭》，上海古籍出版社2008年7月版，第34页。
④ 汤显祖著，陈同、谈则、钱宜合评《吴吴山三妇合评牡丹亭》，上海古籍出版社2008年7月版，第35页。
⑤ 燕南芝庵著《唱论》，引自中国戏曲研究院编《中国古典戏曲论著集成》（一），中国戏剧出版社1959年7月第1版，第16页。
⑥ 王季烈述《螾庐曲谈》，商务印书馆，民国十七年出版。

镜花辞树",中华民族的祖先很早便认识到了人作为个体生命的孤单须臾与宇宙之浩瀚无穷的对立,因此生发出儒、道两种不同的人生态度,在二者相互融合的哲学思想作用下,对韶华易逝的慨叹和充分享受美好生命的追求这样看似矛盾的情感一直是中国传统诗词的主要情感生发点之一。在这一折戏中汤显祖用典雅的曲词把这种情感通过杜丽娘这样一个美丽的生命实体化了,这种哲学性的无解之哀愁落在一个纯洁的少女身上,她由青春已大守空闺而自伤自怜,这种悲哀直指每一个个体生命与生俱来的孤独宿命,已经不是一场虚无的爱情可以概括,而是更多地关乎生命终极的自由和遇合。清代《吴吴山三妇合评牡丹亭》即认为:"丽娘千古情痴,惟在《留真》一节。若无此后,无可衍矣。"①——这一折对于刻画杜丽娘的人物心理、传达全剧"至情"的创作主旨至关重要。

所谓"三生作合,惟在春容",②《写真》不仅对于《牡丹亭》全剧情节铺排呼应十分重要,也是塑造杜丽娘独特精神与珍重青春心理的重头戏,甚至可以说,正是这一节关目的设计使得《牡丹亭》不同于一般的才子佳人传奇,具有了认识到生命的美好与短暂、试图把握住瞬间的美丽的悲剧性戏剧精神,使得杜丽娘这个人物具有了哲学性的象征意义,也就被赋予了更为丰富的普世价值。

二、《写真》的流传

《牡丹亭》因其杰出的思想性和曲词的精美绝妙,一经问世便盛演于舞台,但是,由于原作体量庞大,内容丰富而复杂,且文词为通情达意,多不合于音律,特别是该剧并非特为昆山腔所作,因此在音律方面多有不协之处,在明代中后期昆山腔独占南曲四大声腔鳌头之后,这些都影响了《牡丹亭》在昆剧舞台上的搬演。因此,对于它的改编和修正自其问世以来从未间断过。

1. 明代改本《牡丹亭》中的《写真》

在明代,抛开引发了"汤沈之争"的沈璟改本,从对后世舞台搬演产生影响的大小来看,此时产生的比较著名的改本是臧晋叔的《绣刻还魂记定本》、毛晋《六十种曲》中收录的《硕园删定牡丹亭》,以及冯梦龙改本《墨憨斋重订三会亲风流梦》。其中臧改本最早(有明代万历年间刻本),硕园改本与冯改本应属于同时期(最早可见为明代崇祯年间刻本)。此三人删改汤翁原作的动机与沈璟相同,都是从昆剧舞台搬演实际出发,为了便利演员表演而进行的,着眼点一方面是致力于削减支线剧情,缩短剧本的长度:

> 常恐梨园诸人未能悉力搬演,而玉茗堂原本有五十五折,故予每嘲临川不曾到吴中看戏。(臧懋循)

另一方面则是修正格律,以便于昆腔演唱。在昆山腔一枝独秀的明代剧坛,不俯就格律的《牡丹亭》若要搬演流传,必须先更改曲词使之协韵,这几乎成为吴中戏剧家们共识:

> 近日玉茗堂《杜丽娘》剧,非不极美,但得吴中善按拍者调协一番,乃可入耳。惜乎摹画精工,而

① 汤显祖著,陈同、谈则、钱宜合评《吴吴山三妇合评牡丹亭》,上海古籍出版社2008年7月版,第33页。
② 汤显祖著,陈同、谈则、钱宜合评《吴吴山三妇合评牡丹亭》,上海古籍出版社2008年7月版,第34页。

入喉半拗,深为致慨。①

这三种改本虽然都对汤显祖的原著有大幅度的删减,但是仍然具有全本戏的结构。因此,作为承上启下的重要关目,《写真》俱得以保留。比较这三本中的《写真》(冯本《风流梦》为《绣阁传真》),发现除了冯本对于曲白修改较大之外,另外两个版本的曲牌安排、曲白配合基本同原作。

值得注意的一个细节是,硕园改本删去了原作中【倾杯序】、【尾犯序】和【鲍老催】三支曲牌,这一方面减轻了旦的唱做压力,另一方面,删去了花郎的出场,为后世此折只上旦、贴两个脚色的演出模式开创了先例。这种考虑了场上搬演实际的改编无疑为当时的梨园行所接纳,由清代伶工记录的《昆弋身段谱》中的《描真》尽管保留了原作中的十一支曲牌,但是在【尾犯序】和【鲍老催】两支曲牌的搬演中也承袭了不上花郎的安排。民国王季烈、刘富梁所修订的《集成曲谱》中的《写真》与《昆弋谱》相同,也保留了【尾犯序】和【鲍老催】的曲白,但不上花郎,而是把原本属于丑扮花郎的念白移给贴扮的春香来承担。这种演出模式一直延续到了今天。

硕园改本的作者徐日曦在序言中曾称自己删定的《牡丹亭》是"登场之曲,非案头之书,凫短鹤长,各有悠当"②——变案头读物为场上之曲,使之适合当时流行的昆腔搬演,这也是明代三位戏曲家在删改汤翁原作时共同的初衷。他们在改订时删除了当时认为非主线情节且不适于场上搬演的出目,但都收录了《写真》。由此或可以推知,在昆剧全本戏演出兴盛的明代中后期,《牡丹亭·写真》仍然是舞台上常演的出目。

2. 折子戏《写真》的流传

从前人评论和明代全本的《牡丹亭》改本中可以确认,《写真》是一节非常重要的关目,在全剧的主线情节中起到至关重要的枢纽作用,并且文辞优美,意境深远。但是,这样一出戏在全本戏演出渐趋衰落之后,却并没能跻身流行折子戏的行列。

最早出现单出收录《写真》的是明代凌虚子选录的散曲、戏曲选集《月露音》,但是只收录了【刷子序犯】一曲的曲文,并且是作为案头读物留存,不录宾白和科介。明末清初,经过一段时间的积累,昆剧已经有了大量流传甚广的传统剧目,一些为人耳熟能详的重要关目逐渐从全本戏中独立出来,以其集中的戏剧冲突和表演特色被视为独立的艺术作品,形成了"折子戏"。这一时期也涌现出许多昆剧折子戏选本,如《醉怡情》、《万壑清音》等,特别是《醉怡情》,"选录元明两代南戏、传奇之散出,均为明末舞台上流行的昆曲折子戏……曲白俱全","是《缀白裘》出现以前的舞台演出本选集",③但是,这些选本中均未出现《写真》。

清代前中期,随着折子戏演出的盛行和演出范式的逐渐定型,昆剧的各种谱录和选本层出不穷。比较重要的有乾隆二十八年至乾隆四十二年间陆续收集、增补刊行的"清代昆腔大戏考"《缀白裘》,昆剧折子戏演出本及身段谱《审音鉴古录》,这两部以当时流行折子戏舞台本为收录对象的昆剧散出选集基本囊括了当时昆剧舞台上常见的大多数剧目。前者收录了《牡丹亭》中的《学堂》《劝农》《游园》《惊梦》《寻梦》《离魂》《冥判》《拾画》《叫画》《问路》《硬拷》《圆驾》,凡十二出,晚于其后的《审音鉴古录》共收录

---

① 张琦著《衡曲麈谈》,引自徐扶明《牡丹亭资料研究考释》,上海古籍出版社 1987 年 6 月第 1 版。
② 徐日曦著《牡丹亭序》,《硕园删定牡丹亭》,汲古阁初刻本。
③ 吴新雷主编《中国昆剧大辞典》,南京大学出版社 2002 年 5 月第 1 版,第 919 页。

《牡丹亭》中折子九出，分别是《劝农》《学堂》《游园》《惊梦》《寻梦》《离魂》《冥判》《吊打》《圆驾》，另外有《堆花》一出存目。这十三出折子戏记录了当时昆剧舞台上《牡丹亭》演出的大致情况。这两部昆腔折子戏选集是昆剧演出繁盛时期的产物，也是清代乾嘉时期昆剧舞台搬演实况的忠实记录。而《写真》并未囊括其中。

随着折子戏的盛行，定词定谱就显得更为重要。清初钮少雅采用集曲方式解决了《牡丹亭》中多数字格句格失律问题，即所谓"改调就词"，在不改变汤翁精美原词的前提下，使其在音律上更便于昆腔演唱，编成《按对大元九宫词谱格正全本牡丹亭还魂记词调》上、下两卷，为大多数曲家和伶工所接受，并奉为唱曲的圭臬。后又经过成书于乾隆初年（1746）奉诏钦定的《九宫大成南北词曲谱》的局部改易（《九宫大成》共收录《牡丹亭》原作中74支曲牌，改为集曲的多达19支），直至乾隆五十四年（1789）苏州清曲家冯起凤修订的《吟香堂曲谱》（前两卷是《牡丹亭曲谱》）和乾隆五十七年（1792）另一清曲家叶堂修订的《纳书楹牡丹亭全谱》刊行，正式将《牡丹亭》的曲唱方式以定谱的形式规定了下来。冯、叶二人所刊订的《牡丹亭》工尺谱全印本中虽然包含有《写真》一折，但因为这两本曲谱更多的是为清唱服务，所以并不能以此说明《写真》此时在舞台上的演出情况。这两部工尺谱全印本对于《写真》演出实际最大的贡献是保存了其演唱方式，为日后恢复这一折戏的演出奠定了不可或缺的基础。另外，嘉庆年间刊行的《六观楼曲谱六卷》中卷二《玉茗好辞》中收录的《牡丹亭》有《留真》一出，只录曲词，不录宾白，详注工尺谱和朱笔点板。可惜今已失传。

此时，还有另外一个现象是明代贵族阶层的没落，使得原本囿于厅堂的昆剧演出走向大众，职业戏班兴起，因此，在文人订谱之外，也出现了一批由戏班老曲师根据梨园演出实际修订的"戏工谱"。清代中后期流传至今的颇具代表性的戏工谱有同治九年刊行的《遏云阁曲谱》，这是根据明清口传"梨园故本"校正的第一部戏工谱刊本。另外有清末民初老曲师殷溎深编订的《牡丹亭全谱》，分为上下两卷，共四册，卷上收录有《学堂》《劝农》《游园》《惊梦》《寻梦》《离魂》《冥判》《拾画》，卷下有《叫画》《道场》《魂游》《前媾》《后媾》《问路》《硬拷》《圆驾》。这在之前《缀白裘》和《审音鉴古录》的基础上扩展了杜丽娘回生之后的内容，使得演出更有头有尾，后世《牡丹亭》的搬演，大都不出这个范围。但是，它们也都没有收录《写真》。

不仅如此，根据2013年出版的《傅惜华藏古典戏曲曲谱身段谱丛刊》中所收傅惜华先生毕生收藏的188部曲谱和80部身段谱记录，除了清代的《秋生馆曲谱》册一和精抄本《牡丹亭还魂记采珍》中录有《写真》不含宾白的曲文及工尺谱之外，其余均不见有《写真》的收录。

由此可见，在折子戏成为昆剧演剧主流的明末清初至民国，《写真》这一折并不流行于舞台，尤其是几部代表性的戏工谱和舞台演出本选集均不收录，更说明它至少在乾嘉时期就已不常见于舞台搬演。虽有两部清曲家所改订的工尺谱留存，但也仅仅保留了曲谱，以清唱的方式流传，舞台表演情形和身段安排则渐趋失传。鉴于此，上海图书馆所藏的海内外孤本《昆弋身段谱》甲编所记录的《描真》身段谱就显得尤为珍贵。

这是最早可见的比较完整的《写真》身段谱记载。又根据《玉霜簃所藏身段谱草目》[1]记载，程砚秋先生收藏的身段谱中也有一折《写真》，并标明是出自"至德书屋"。据孙崇涛先生的《戏曲文献学》一书考

---

① 杜颖陶著《玉霜簃所藏身段谱草目》，刊载于《剧学月刊》1933年第2卷第6期，第25—75页。

证,"至德书屋"或为道光时期的抄曲家堂名,而梅兰芳在民国初年的笛师陈嘉梁所订曲谱也都有表明"至德书屋"字样。综合这两条材料可知,"至德书屋"抄《写真》身段谱应不会早于乾隆四十九年。因此,上图藏这部《描真》身段谱也极有可能是有关这一折戏在乾嘉时期演出面貌的孤本。

更为难能可贵的是,在《昆弋谱》甲编"目录"中的"描真"条旁边有原抄本的附录:

> 清乾隆四十九年聚坤堂精抄本卷末附注:曾于乾隆四十九年十月二十八日赶上清江浦,请仲芳伯丈亲授,为因此出在于清江闸内险丧愚命,当记之。

并另附有一句案语:

> 仲芳名字见于清李斗《扬州画舫录》书中,即所谓老曲师张仲芳是也。

详细说明了抄录者学习此折的时间、地点、过程以及传承人,是后世研究《写真》传承脉络极为宝贵的资料。

之前提到《缀白裘》成书于乾隆三十九年,重新勘定出版于乾隆四十二年。早于《昆弋谱》中记载的《描真》身段谱记录时间,而不录《写真》。又张仲芳的名字见于《扬州画舫录》卷十一,时在扬州盐商马秋玉家做"教师",可见已不以登台扮演为主事。可以大胆推测,此时作为折子戏的《写真》仍然有能之者(张仲芳),但很可能已经不见于舞台了。"清江闸"位于江苏淮安,是沟通京杭大运河的南北要道,据《淮安府志》记述:"伏秋水溜,漕舟上闸,难若登天,每舟用纤夫三四百人,犹不能过,用力则断缆沉舟。"是舟船难过的险关。《昆弋谱》附注中提到"赶上清江浦",设想张仲芳在扬州,学戏之人应是来自昆剧繁盛之地——苏南地区。又特别写明"为因此出"宁愿冒生命风险,或许可以更进一步推断居住于扬州的老伶工张仲芳是在这一时期最擅此出者。

时至清末民初,花部鹊起,雅部衰微,昆剧演出范围不断萎缩,最后集中在上海苏州为中心的江南一隅。根据陆萼庭先生在《昆剧演出史稿》之后的附录《清末上海昆剧演出剧目志》[1]记载,此时活跃在上海的苏州四大昆班所搬演的《牡丹亭》折子为:《劝农》《学堂》《游园》《堆花》《惊梦》《离魂》《冥判》《拾画》《叫画》《问路》《吊打》《圆驾》,基本与《缀白裘》所载相同,只是缺少了《寻梦》,增加了《堆花》,仍然没有《写真》。又根据桑毓喜整理的辑自民国13年(1924)到31年(1942)《申报》、《苏州明报》、《中央日报》的4 847场演出广告的"昆剧传习所"传字辈老艺人们演出过的700余出折子戏中,[2]包含有《牡丹亭》折子凡十一出,即:《劝农》《学堂》《游园》《惊梦》《寻梦》《花判》《拾画》《叫画》《问路》《吊打》《圆驾》,都传自全福班老伶工,所以基本与清末苏州四大昆班所演折子相近,只是缺少了《堆花》《离魂》,增加了《寻梦》,也不见《写真》。

1925年商务印书馆刊行的《集成曲谱》声集中收有一折《写真》,曲词宾白详备,并且标有工尺谱,是民国曲家王季烈和刘富梁在《纳书楹曲谱》的基础上,为了规范当时昆曲曲唱而严格考订的清工谱。不

---

① 陆萼庭著《昆剧演出史稿》,上海教育出版社2006年1月第1版,第344页。
② 桑毓喜著《幽兰雅韵赖传承——昆剧传字辈评传》,上海古籍出版社2010年8月第1版,第239页。

过，与《纳书楹曲谱》在曲白安排方面完全忠实于汤显祖原著不同，《集成曲谱》密切联系乾嘉以来折子戏剧唱的实际，在宾白的记录和行当的安排上遵循了梨园演出本的改编，使之同时也成为考究近代昆剧搬演结构的重要资料。

综上，从乾嘉以来的曲谱和折子戏选本的收录情况可以推知，作为场上之曲，《写真》在折子戏演出模式取代全本戏之后便一直处在失传的危险中。傅惜华藏80部清代以降的身段谱中，竟没有一部收录有《写真》，更可说明在清中后期，特别是在有盈利需求、特别讲究关目紧凑和场面冷热得宜的民间戏班串演的《牡丹亭》中，《写真》已渐渐淡出观众视野。从清末四大昆班在上海的演出记录和传字辈艺人搬演过的折子戏的剧目记录来看，至近代，随着昆剧在戏曲演出市场中的失势，《写真》更几乎绝迹于舞台。所幸前辈有识之士注意到这一折在内容上的重要性和审美意趣上的高妙之处，而将其搬演框架记录了下来，为后世再次将之恢复在舞台上奠定了必要的基础。

三、乾嘉风范与流动的传统：《昆弋身段谱》中的《描真》与现代《写真》演出

自从2001年昆曲被联合国教科文组织列入世界非物质文化遗产名录之后，传承"传统"在更为广泛的层面上受到了重视。学术界一般把在清代中后期乾隆、嘉庆年间兴起的以表演为中心的昆剧折子戏演出模式中建立起来的昆剧表演规律和范式，称为"乾嘉传统"，这也是需要传承的"传统"的实质内容。因为缺乏科技手段，两百多年前的折子戏演出情况已无法确知，但从迄今留存的各种昆剧折子戏谱录中可以窥晓一二，特别是规定和说明了具体舞台程式动作的身段谱，更是直观地记录了乾嘉时期昆剧演出的实况，对于昆剧表演传承与演变的研究具有不可替代的宝贵价值。

《牡丹亭》全本戏的搬演在昆剧式微之后渐渐地淡出舞台，但是，其中精彩的关目通过折子戏的形式为昆剧的表演艺术贡献了数折经典的生旦家门戏。清代乾嘉年间出现的抄本《昆弋身段谱》即记录有《牡丹亭》中《描真》和《拾叫》三折（《昆弋谱》中"拾叫"条目之下《拾画》和《叫画》分别各有标题，故看作独立的两折），可见其中的代表性折子早在清中期就形成了比较完整成熟的表演范式。其中，《描真》更是绝无仅有，是最早最完整的一处保留了其在折子戏盛演的乾嘉时期具体舞台搬演情况的记录。仔细分析《昆弋身段谱》中《描真》的舞台提示，可以发现它具有如下特征：

（一）综合性和探索性

虽然题名为《身段谱》，但是这一折《描真》的记录并不仅仅局限于身段的提示。除了于曲白间注有详略不一的身段动作说明，还详细标注有工尺谱，朱笔点板，以规范演员的唱念。另外，在全剧开头"旦上"之后有穿戴提示，注明了主要人物的基本装扮：

（旦上）兜豆背心宫绦。①

---

① 《昆弋身段谱》（甲编），第二册，善本，现藏于上海图书馆古籍部。

"豆"在身段谱中同"头"。"兜豆"在《中国昆曲衣箱》和《昆剧穿戴》①中,均不见此记载。根据《昆弋谱》中后面对相关身段动作的描述(【普天乐】"这些时把少年人如花貌"一句旁注有"旦自解兜与贴,抖放桌"),疑是"打头"的讹字:

> "打头",又名"绸子打头",用绸子系扣打结做头饰,源于明代妇女常见的装饰:明代,妇女喜欢用绸条或方头巾折成三角状围勒在额部,防止前额鬓发松散下垂,这些头饰被引用到戏曲中,作为旦行头部的化妆物。②

《昆弋身段谱》出现的清代,女子禁止登台,戏曲中的女性角色全部由男子扮演。而清朝男子剃发,乾旦也无额发,故用各种各样的"绸子打头"来做女性装扮。另外,"打头"还有一个重要的作用,"便于角色在较短时间内赶场换装,改变扮相"。这或是全本戏演出时代留下的痕迹。这个穿戴的安排或是为后面的"整妆"表演做准备的。

又据道光年间清宫《穿戴提纲·昆腔杂戏·写真》的记载,杜丽娘装扮如下:

> 红衫子月白背搭丝绦打头③

比乾隆年间的《昆弋谱》记录更进一步规定了服装的具体颜色。同样保留了"打头",可想见它与《昆弋谱》的承续关系。

现今流行的舞台搬演中,张继青一派的《写真》依照汤显祖原作,在"谁知西蜀杜丽娘有如此美貌乎"之后直接是"春香,取素绢、丹青,待我描画",没有"整妆"一节关目,因此杜丽娘上场不戴打头,只是梳大头,戴水钻头面;而王奉梅版保留了"整妆"的表演,因此也承续了着"打头"上场的装扮样式。

"宫绦"即丝绦,简称"绦子"。"用丝线编织而成。绦头打八宝结,下垂一尺余绦子穗,颜色有红、黑、紫蓝等。与褶子、长马甲等搭配,束腰用。"④今多不用。"宫绦"与"打头"结合,可以猜想在《昆弋谱》的时代,《描真》中的杜丽娘装扮或类似于今可见《疗妒羹·题曲》中的乔小青。

同时,《昆弋谱》的记录还重视舞台调度和行当之间表演戏份的分配。例如,在【刷子芙蓉】"逍遥,怎划尽助愁芳草"一句,舞台提示是"旦立起走右角",同时跟"贴至左下场",一左一右,保持了舞台上平衡的视觉美感。当贴下场后,旦接着唱下一句"真情强笑为谁娇"时,又提示"旦又至左正场"——这种不停转换的舞台调度既增强了这一出"冷戏"舞台表演的"热闹",更照顾了四面的观众。又比如【朱奴儿犯】中杜丽娘照镜一节表演,汤显祖原作如下:

---

① 《昆剧穿戴》是昆剧服饰史料,由清末苏州全福班昆剧老艺人曾长生回忆口述,苏州市戏曲研究室记录整理,徐凌云、贝晋眉校订。分为上下两册,全书详细记载了早年苏州全福班、昆剧传习所常演的456出折子戏的人物装扮,包括发饰、盔帽、髯口、服式、戏鞋以及所用砌末。这份资料记载的是清末以后的昆曲扮法,对于研究昆曲人物装扮的历史经验以及戏曲舞台美术的演变,具有重要价值。——笔者注

② 刘月美著《中国昆曲衣箱》,上海辞书出版社2010年8月第1版。

③ 《穿戴提纲》,第32页。原书为手抄本,未说明具体成书年代,根据龚和德《〈穿戴提纲〉的年代问题》(《故宫博物院院刊》,1981年第2期,第81—84页)研究,应成书于道光年间。

④ 刘月美著《中国昆曲衣箱》,上海辞书出版社2010年8月第1版。

（旦作惊介）咳，听春香言语，俺丽娘瘦到九分九了。俺且镜前一照，委实如何？（照介）（悲介）哎也，俺往日艳冶轻盈，奈何一瘦至此！若不趁此时自行描画，流在人间，一旦无常，怎知西蜀杜丽娘有如此之美貌乎！春香，取素绢、丹青，看我描画。

而《昆弋本》在杜丽娘意欲照镜的"委实如何"之后，增添了春香的念白："是嘎，请小姐照一照看呀。"增强了场上角色之间的互动。这一使舞台搬演更为生动的改编，自《昆弋谱》之后流传至今，已成为当今昆剧舞台上常见的演出范式。

另外，在这一折戏的舞台提示中还佐证了折子戏"规范"的定型不是一蹴而就，是在不断地舞台实践中摸索出来的。例如，在这一折中杜丽娘自行描画春容之时，春香怎么安排的问题，在"（贴）待我去取茶来（下）"的舞台记录之前，有一另注"贴在场上看画者佳"。这种在身段记录中体现出的对于整体舞台效果的关照和对行当间具体配合方式的不断摸索，具有了与同时期出现的《审音鉴古录》类似的导演意识，可以看作是一部极具实用价值的导演脚本。在【山桃红】一曲中，杜丽娘念白："（旦）那梦里书生，他手执柳枝赠我，莫非他日所适之夫姓柳乎，故有此（先兆耳/梦报耳）。"同时出现了两种记录，俱不同于原作中的"警报耳"，可知此时使念白通俗化的过程还在继续，尚未在舞台上完全定型。后世的《集成曲谱》此处记录为"先兆耳"，现今可见的舞台演出也都作"先兆耳"。

（二）规范性

早在明代戏曲理论家潘之恒的《鸾啸小品》中，就表述了昆剧演员应当"才"、"慧"、"致"兼备，尤其是"致"，即登场演剧时表现情态真实性与美观性的结合，做到合乎规范而又形神毕肖，更是被放在舞台表演中的核心地位：

> 人之以技自负者，其才、慧、致三者每不能兼。有才而无慧，其才不灵，有慧而无致，其慧不颖……赋质清婉，指距纤利，辞气轻扬，才所尚也……一目默记，一接神会，一隅旁通，慧所涵也……见猎而喜，将乘而荡，登场而从容合节，不知所以然，其致仙也。[1]

对于"登场而从容合节"的追求，也延续成为昆剧表演的最高艺术理想。尤其在清代中期，折子戏演出模式确立为昆剧演出的主流之后，表演技艺的精湛与否更超越了其他因素，成为评判一个昆剧演员是否优秀的至高标准。成书于乾隆五十年的《燕兰小谱》卷五中有这样一条记载：

> 苏伶张蕙兰，吴县人。昔在保和部，昆旦中之色美而艺未精者。常演小尼姑思凡，颇为众赏，一时名重。蓄厚资回南，谋入集秀部。集秀，苏班之最著者，其人皆梨园父老，不事艳冶，而声律之细，体状之工，令人神移目往，如与古会，非第一流不能入此。蕙兰以不在集秀，则声名顿减，乃捐金与班中司事者，挂名其间，扮演杂色。[2]

---

① （明）潘之恒著，汪效倚辑注《潘之恒曲话》，中国戏剧出版社 1988 年 8 月第 1 版，第 42 页。
② （清）吴长元著《燕兰小谱》（卷之五），宣统三年季夏长沙叶氏校刊。

从这条资料中可以得知，在清代乾隆时期，最优秀的昆剧表演是“不事艳冶，而声律之细，体状之工，令人神移目往”，在这种风气下，“色美而艺未精”者即使捐金谋入第一流的昆班，也只能扮演“杂色”。正是由于这种对舞台表演细腻传神风格的不断追求，最终确立了有一定严谨度和规格性的昆剧表演传统，因之定型于折子戏兴盛的清代中期，故称为“乾嘉风范”。出现在这一时期的《昆弋身段谱》便可视为当时的伶工在“乾嘉风范”成型的过程中，对于舞台表演模式的总结记录。

从《昆弋谱》的记录来看“乾嘉风范”的规范和严谨，体现在如下三个方面：

第一，《描真》的身段说明非常详尽细致，具体到了一举一动的细节，身段提示都用旁注的方式对应了相关曲文，让人一目了然每句唱词需要配合的身段，并且主语清晰，在旦与贴都在的情境中，很明确指出动作的施行者，绝不错乱。例如，【普天乐】“不因他福分难消，可甚的红颜易老”一句，一共有三处动作提示（括号中内容）：

> 不因他（贴与旦梳头科）福分难消，可甚的（自插翠凤）红颜易老（立起走斜见镜影又将右鬓右手掠介）①

连行走的方向、动作由哪只手来做都规定得清清楚楚，所谓昆剧舞台演出“乾嘉规范”的严谨性可见一斑。

第二，注意做身段的神情和人物情感配合，以使表演达到惟妙惟肖的传神效果。在《描真》身段的提示中，有很多条不仅规定了动作的具体内容，而且说明了应匹配的情绪。比如以下几条：

> 【刷子芙蓉】真情强笑（侧身暗笑）为谁娇（左手搭椅背面对下场拭泪）。
>
> 【倾杯序】忒苗条（捏笔细带笑看）。
>
> 【玉芙蓉】（旦）（旦立左角扯开各看笑念）咳，画得来可爱人也！
>
> 【玉芙蓉】（贴白）画是画得像，只少个姐夫在傍（旦叹气元走至台内）。②

以上这些身段记录都不只是叙述性地记录动作内容，像“暗笑”、“细（看）带笑看”、“笑念”、“叹气”，加入了描绘的成分，已经不仅仅是说明“做什么动作”，而是在说明“如何做动作”了——连程式动作应配合的情绪都做了如此具体的规定和说明，说明在乾隆时期，前辈艺人已经积累了丰富的舞台经验，《写真》的演出模式也基本趋于定型了，《描真》身段谱既是舞台实录，也是表演经验的总结，作为表演范式记录下来，以为后世舞台搬演之圭臬。

第三，紧密联系生活实际，注重从细节处体现舞台艺术逻辑与生活逻辑的协调。

当代著名闺门旦演员张继青曾在谈到自己塑造杜丽娘的体会时说：“像不像，三分样”。昆剧表演虽然为了追求视觉上的美感，与真实生活中的实际动作相比变形比较大，但是若要观众能理解剧情，还必须合乎生活情理。在重点刻画杜丽娘自画春容的【雁过声】中，抄本的动作提示如下：

---

① 《昆弋身段谱》（甲编），第二册，善本，现藏于上海图书馆古籍部。

② 《昆弋身段谱》（甲编），第二册，善本，现藏于上海图书馆古籍部。

曲中,开卷将袖楷拂介,镜放左边,须细整看者。拿墨笔带润、带看、带画。画面格,非身格。拣画笔,画口,画双眼,画鬈发,画眉,带照带点睛,点翠在鬓。①

在通行的演出中,《写真》中杜丽娘自画春容的画像是平铺在桌子上,在作画过程中观众并不能看到画像的具体情况。演员在表演时只是做个样子,并不需要真画。而看到这样的身段提示,即使看不到画像,也使人感到仿佛是站在演员身边看着美人图一点一点诞生在笔下,极为逼真。按照此提示反观当今的《写真》演出中自描春容一节,可发现演员模拟作画的手法与顺序竟与《昆弋谱》中的记录如出一辙!"乾嘉风范"的传承之细可见一斑。这种"以虚为实"的表演手法,切实具体地营造出了描绘春容的情境,引导着观众进入杜丽娘的情绪中——昆剧表演的"讲究"、"规范"也正在此,不论观众是否会真正注意,演员们一举一动始终在戏剧情境中,每一个身段动作都从戏剧情境和人物情感逻辑出发而创造。因此,看似变形的舞蹈动作,却能以其内在情感逻辑的合理性传递出实实在在的生活情味。这也正是昆剧表演艺术之所以以"细腻"、"传神"著称的根本原因。

(三)灵活性,或叫创造性

虽然《描真》身段谱对于舞台演出的程式动作规定非常详细,但并非是刻板的教条。除了上述几处记叙非常细致的身段,还有一些记述则非常笼统,只大致规定了曲词与身段的配合以及具体的舞台调度,并修改了一些不利于舞台搬演的说白等,给演员在搬演中根据不同的舞台实际进行发挥再创造留足了空间。与汤翁原作对比便可获得更直观的感受。例如【朱奴儿犯】一曲,二者对比如下:

> **原作** (旦作惊介)咳,听春香言语,俺丽娘瘦到九分九了。俺且镜前一照,委实如何?(照介)(悲介)哎也,俺往日艳冶轻盈,奈何一瘦至此!若不趁此时自行描画,流在人间,一旦无常,怎知西蜀杜丽娘有如此之美貌乎!春香,取素绢、丹青,看我描画。(贴下去绢、笔上)三分春色描来易,一段伤心画出难,绢幅、丹青,俱已齐备。
>
> **《昆弋谱》** (旦立起)咳,听春香言语,说俺瘦到九分之数了,我且对镜一照,委实如何(走至台子内介)(贴)是嘎,请小姐照一照看。(旦进台照哭介)咳,俺往日艳冶轻盈,奈何一瘦至此,若不趁此时自行描画,留在人间,一旦无常,怎知西蜀杜丽娘有如此之美貌乎。春香,与俺整装则个。(贴)晓得!

两者对比可以看出,《昆弋谱》相比于原著,科介的动作更为具体,并注重标明了舞台调度。例如,原作中"旦作惊介"改为"旦立起",说明了"惊"的具体表现方式,另外,原作中对于杜丽娘照镜只简单地提示了"照介"、"悲介",而《昆弋谱》在此将之敷衍成一小段舞台调度,同样也点明了"悲"的具体表现方式——"照哭介"。这种科介记录既生动地将人物情绪具体动作化,同时又没有对每一步舞台调度和具体身段动作做刻板规定,具有提纲挈领式的舞台指导性,这也正是《昆弋身段谱》最可宝贵的价值所在。

由上述对比可知,仅仅依靠《昆弋谱》中注明的身段动作和舞台调度,仍然不足以完成这一折表演。

---

① 《昆弋身段谱》(甲编),第二册,善本,现藏于上海图书馆古籍部。

由于《写真》本身曲牌难唱，舞台调度小，是名副其实的"冷戏"，在昆剧逐渐衰落之后渐渐不传于舞台。直至二十世纪八十年代，"传"字辈艺人姚传芗在传承了清末苏州四大老班名旦钱宝卿的《寻梦》《题曲》基础上，重新"捏"出了《写真》，使之恢复在当代昆剧舞台上。当时得其亲传的有江苏省昆剧院的闺门旦演员张继青和浙江昆剧团的闺门旦演员王奉梅，故目前在昆剧舞台上常见到的《写真》演出，多不出张、王二人的师承。其中，王奉梅在1993年赴台湾演出的版本以及2014年在北京天桥剧院大师版《牡丹亭》中演出的版本与《昆弋身段谱》中的记录更为接近，故主要以王奉梅2014年演出的版本为例，与《描真》做对比来说明在以规整、严谨，注重传承的昆剧表演中填补"小动作"，表演出个人风格特色的可能。

对于杜丽娘照镜看自己容貌这一处表演，王版如下：

> （旦）呀，听春香言语，说俺瘦到九分之数了，我且对镜一照，春香，（贴）小姐，（旦）取镜儿过来，（贴）是，（取镜至旦跟前介）小姐，镜儿在此，（旦照介，惊介，招手唤贴近前，接过镜儿立起圆场右边斜走再照介，惊介，照镜退回椅子跌坐介，手捂镜至胸前，停顿，复又低头慢照镜介，悲介，还镜与贴，斜伏桌）咳，俺杜丽娘往日艳冶轻盈，奈何一瘦至此，若不趁此时自行描画真容，流传于世，一旦无常，怎知西蜀杜丽娘有如此美貌乎！春香，（贴）小姐，（旦）与我整妆（贴）是！

与上述《昆弋谱》记录对比可知，在前者"照哭介"的基础上，当代表演艺术家们将之演变成一连串细腻的"小动作"组合而成的程式："旦照介，惊介，招手唤贴近前，接过镜儿立起圆场右边斜走再照介，惊介，照镜退回椅子跌坐介，手捂镜至胸前，停顿，复又低头慢照镜介，悲介，还镜与贴，斜伏桌。"再具体来讲，表现杜丽娘看到自己不多时瘦到九分九的悲哀和吃惊时，王奉梅着力突出了"照镜子"，前后一共照了三次，第一次是春香把镜子拿起来，离杜丽娘还有一段距离远观，王老师的杜丽娘在这第一照之后并没有马上立起，而是手托腮微微一愣，面部表情是有些迷茫和怀疑，这巧妙地传达出杜丽娘近日为梦中之情所困，无心理妆已久的背景；第二次是顺着第一次的情感逻辑进行，因为第一次远观效果令人难以置信，所以要再仔细看看，便招手叫春香把镜子拿近前来，而此时春香则做不情愿状，配合渐强的音乐伴奏，整个舞台节奏开始加强，观众的注意力也随之集中到杜丽娘身上，第二次照是全折的第一次情感小高潮，杜丽娘离开座位冲到台前仔细照镜，继而一惊，顺势往后一退，跌坐在座位上，把镜子捂在胸前，表达出杜丽娘看到容颜瘦损后的震惊，经过短暂的停顿后，她又慢慢拿起镜子边看边无奈地摇头，这是第三照。经过这一系列细腻入微的表现，观众明明白白地体会到了杜丽娘此时容颜消瘦的状况和自伤的悲戚心情，为下面的描画真容做了非常充分地情感铺垫。

另外，值得注意的是，《昆弋谱》的《描真》在"照镜"和"描真"之间插入了一个"整妆"的表演：

> 【朱奴儿犯】……（旦进台照哭介）咳，俺杜丽娘，往日艳冶轻盈，奈何一瘦至此，若不趁此时自行描画，留在人间，一旦无常，怎知西蜀杜丽娘有如此之美貌乎，春香与俺整妆则个。（贴）晓得（旦叹）
> 【普天乐】……

民国年间刊行的《集成曲谱》也保留了这一改动。但是当今舞台上张继青一派的《写真》多遵循汤翁原著，不做整妆，只有王奉梅版承袭了这一表演。现将二者的身段安排对比如下：

《昆弋谱》 【普天乐】这些时把少年人如花貌（旦自解兜与贴，抖放桌），不多时憔悴了（双手捋面），不因他（贴与旦梳头科）福分难消，可甚的（自插翠凤）红颜易老（立起走斜见镜影又将右鬓右手掠介）。论人间绝色（走出桌）偏不少，等把风光（换衣披风）丢抹早，打灭起离魂舍欲火三焦，摆列着（正场桌放笔砚颜料碟，春香细细磨墨调颜色润笔）画容貌文房四宝，待（至中）画出西子湖眉月双高（坐正台内）。

王奉梅版 【普天乐】（椅放桌左侧，旦坐，贴立桌右后）这些时（双投袖）把少年人（抖袖，右手指胸口）如花（翻云手，右手撩掌）貌（侧转面向镜，双手扶头，贴解兜放桌），不多时（照镜科，双手交替莲花掌抚腮）憔（右手反莲花掌托腮，照镜科，摇头介）悴了（双手捋面，贴做为旦梳头科，贴放梳于桌，旦垂泪介）。不（旦持镜立起）因（台步三步走左前方）他（看镜，右手莲花指指镜）福分（右投袖，上翻袖，左手持镜，看镜）难（看镜，摇头介）消（下右手，两小翻袖，以水袖遮镜），可甚的（右投袖，上袖，双手持镜于胸前）红（右手撩掌）颜（右手持镜，左手背后，照镜科）易（照镜介，悲介）老（右手递镜与贴，左手拭泪介，贴放镜回桌）。

王奉梅讲《写真》时说："这一段动作不多，但是要带一种惋惜之情。"[1]配合【普天乐】的曲牌，增加一小段"整装"的表演，这是前辈昆剧艺人在舞台搬演时的二次创作，远眺《昆弋谱》，起到了使人物内心情感更加直观易明的效果。首先，这四句曲词本身是杜丽娘内心活动的抒发，在身段配合上比较难安排；其次，在舞台演出时，"不因他福分难消，可甚的红颜易老"这两句曲词中的"他"难免有指代不明之感，影响观众对于演员情绪的理解。而王奉梅在对镜整装的同时面对镜中人唱这两句曲词，杜丽娘自伤自怜的情绪就自然而然地感染了全场观众，也使得配合这四句唱词的程式动作有了更为明确的内在情感逻辑。其次，这一段表演使得杜丽娘大家闺秀珍重芳姿的身份特征更加鲜明，与前面《游园》之理妆形成了呼应。

现今其他版本的表演中，或许是出于遵循原著的考虑，多不演整装，例如张继青在二十世纪九十年代初的舞台演出版：

（旦）若不趁此时自行描画，留在人间，一旦无常，怎知西蜀杜丽娘有如此之美貌也！春香，（贴）小姐，（旦）取素绢丹青，待我描画！（贴）晓得！（下）

在这种情况下，整个舞台上只有杜丽娘一人，【普天乐】的四句曲词表演就是杜丽娘的独角戏：

（旦立椅前）这些时（左手牵右袖，右手兰花指指前）把少年人（右手外翻袖，投袖）如花貌（双手上袖），不多时（左手牵右袖，右手莲花掌托腮）憔悴了（右手牵左袖，左手莲花掌托腮，羞介）。不因他（右手牵左袖，左手莲花指指前）福分（双手翻掌，摊手）难消（右手莲花掌置左手手腕处，左手莲花掌托腮），可甚的（左手莲花掌置右手手腕处，右手莲花掌托腮）红颜易老。（贴捧笔墨纸砚上）。

2004 年苏州昆剧院编排的"青春版"《牡丹亭》中沈丰英的《写真》也传承了这种演法。从上述记录

---

① 《昆曲百种 大师说戏》（第二卷），岳麓书社 2014 年 6 月版，第 245 页。

可以看出，与王奉梅演出版相比，张继青版不带"整装"的【普天乐】表演程式动作比较简单，变化和幅度也比较小，有几处几乎趋于定格。在《写真》这一折中采用这种仕女图般的演法，恰巧契合了该折"闺深佩冷"的戏剧情境，更具士人气质。这显然与《昆弋谱》的记录有别，但也为观众广泛接受，甚至成为当今更为主流的表演范式传承了下来。

对比当今舞台演出实际便可发现，身段谱的记录只是侧重于合情合理，在于有助于营造戏剧情境，而不在于一招一式的统一固定。换言之，身段谱只是演出总谱——这是昆剧表演艺术在科技记录手段匮乏的时代得以流传至今的物质基础。具体到每一场不同时间地点、由不同条件的演员完成的演出，则可谓"代有递变，人有殊异"。身段谱中所体现的"乾嘉规范"，更多的是起到了为昆剧表演艺术"立法"的作用，具体手眼身法步的细节还要从生活实际体验出发，以中国传统艺术审美趣味为美学原则，充分地创造发挥，所谓"大身段守家门，小动作出人物"就是这个道理。

在研究折子戏的传承中，曲谱和身段谱的记载是很重要的参考资料，通过对目前已知的主要曲谱和身段谱考察可发现，流传至今的"传统经典"剧目在传承中经历了迥异的过程，通过仔细研究这其中的流变细节，或者可以为经典的"传承"模式提供一些史料支撑和思路。

梅兰芳搬演、论析汤显祖《牡丹亭》补述

谷曙光

笔者曾指出,当前研究汤显祖的一个新路径,是有关其剧作演出史的梳理、解读和剖析。2014 年,笔者撰写了《梅兰芳搬演汤显祖〈牡丹亭〉述论》,探究梅兰芳演出《牡丹亭》的概况,并阐发了艺术大师长期演绎经典名剧的独特意义。近两年来,笔者通过查阅梅兰芳及同时代人著述、《申报》演剧广告、整理老戏单等途径,梳理了梅兰芳与汤显祖及其《牡丹亭》更细致详尽的史料,特别是对梅在上海演此剧有新的认识。兹再撰写读书札记,姑作补述。此外,笔者还对梅兰芳发表的有关汤显祖及其《牡丹亭》的论述和文章、拍摄的《牡丹亭》电影,作了概述和分析。本文是集报刊史料、戏单、论著、电影等多种"梨园文献"为一体的综合性研究,正是贯彻了笔者提出的"梨园文献"的研究路径。

一、梅兰芳上海演出《牡丹亭》述略

梅兰芳一生的演剧,遍布中国大江南北,远及美国、苏联、日本等国家和地区。但是,如果做精细化统计,还是以北京、上海为最集中、最频繁。通过当年报刊逐日刊登的演剧广告,整理梅兰芳的演出史,是一条行之有效的研究途径。目前,民国时期的北京报纸,似乎还未有可以便捷利用的电子化、数据化资源。①(也许笔者孤陋寡闻。)相对而言,上海地区的《申报》,则较早就电子化、数据化了,查询起来较为便利。下文就据此考察梅兰芳在沪演出《牡丹亭》的基本情况。

《申报》是近代中国发行时间最久、社会影响最广泛的报纸,内容丰富,堪称研究中国近现代史的"百科全书"。根据《申报》资料库,以检索的方式能非常方便地查询出梅兰芳在上海演剧的详细情况。

梅兰芳第一次在北京演《牡丹亭》,是 1916 年 1 月 23 日,在吉祥园初演《春香闹学》之春香。② 通过检索,可知梅兰芳在上海最早演出《牡丹亭》,是在 1916 年的秋冬。《春香闹学》是梅的新戏,因此被顺理成章地带到上海演出了。这是他第三次到上海演出,其间于天蟾舞台演了三次《牡丹亭》中的《春香闹学》,分别是 1916 年 11 月 7 日、11 月 11 日、11 月 19 日,由梅兰芳、姚玉芙、陈嘉祥合演,梅饰春香、姚饰杜丽娘、陈饰陈最良。陈嘉祥是昆曲世家出身,祖父陈金爵,父亲陈寿峰。在 11 月 7 日的《申报》上,还有介绍《春香闹学》的广告。内云:"此剧梅君兰芳饰春香,天然身材,韶秀绝伦,丰姿出色。兼以姚君之小妹,配合熟手,玉树珊瑚,雅妙超群。"③值得注意的是,梅兰芳是把这出短小精悍的轻喜剧放在大轴演的,那时他才 22 周岁,可见此剧之受欢迎,而梅兰芳的表演一定得到了观众的充分认可和欢迎。须知,当时

① 笔者本想据梅兰芳纪念馆《梅兰芳艺术年谱》,初步整理梅兰芳在北京演出《牡丹亭》的概况,但考虑此书错讹较多,遂作罢。姑且先整理上海的情况。

② 参看梅兰芳《我的电影生活》,中国电影出版社 1962 年版,第 152 页。

③ 《申报》1916 年 11 月 7 日,第 13 版。

敢于以《春香闹学》这种玩笑戏唱大轴的,环顾梨园,梅兰芳是独一位。这既说明梅的自信,又印证了他彼时红得发紫。

1920 年 4 月至 5 月,梅兰芳又到沪演剧。这回,他不但演了《春香闹学》,还演了三次《游园惊梦》,这应该是梅首次在沪公演《游园惊梦》。5 月 2 日天蟾舞台日戏,大轴梅兰芳、姚玉芙、李寿山《春香闹学》。4 月 25 日夜戏、5 月 10 日夜戏、5 月 23 日日戏,皆是《游园惊梦》,前后两次的演员是梅兰芳、姚玉芙、姜妙香;中间一次,姜妙香换了沙香玉。《春香闹学》,是梅饰春香、姚饰杜丽娘;而《游园惊梦》,则反过来矣。由于是首次在沪演《游园惊梦》,所以《申报》广告上,又有特别的介绍:"《游园惊梦》一剧,在《牡丹亭》中为精神之笔,词句之雅,曲牌之妙,为昆曲中最为热闹、最有兴趣之作,早经脍炙人口,无待赘述。惟此数十年来无人演唱,顾曲诸公恒以为憾。梅艺员兰芳特将此剧排出,唱工之悠扬、身段之曼妙、堆花之美观,与众不同,为有目所共赏。"①可知此剧在沪不常演,即便演,亦非重头戏。把《游园惊梦》放到大轴演,那时也只有梅兰芳有此魄力和号召力。

1920 年这一期上海演出,配合梅兰芳的演剧,《申报》上还开辟了颇有特色的《梅讯》专栏,作者春醪,逐日记录梅兰芳的起居、交游,揄扬梅兰芳的人品,鼓吹梅兰芳的剧艺。1920 年 4 月 28 日的《梅讯》就谈到梅兰芳演《游园惊梦》的情况:"《游园惊梦》为汤临川神到之作,但味其词义,'如花美眷,似水流年','似这般良辰美景,都付与断井颓垣',已足哽绝千古。矧畹华(指梅)如初写黄庭,恰到好处,好色不淫,怨诽不乱,《离骚》之后斯兼之矣。"②评价不可谓不高。5 月 2 日梅兰芳演了《春香闹学》,3 日的《梅讯》就反馈说:"《春香闹学》为畹华著名之作,昨日演之,观者至无隙地。"③可知票房号召力。值得一谈的是,《梅讯》还披露了一些文坛掌故,其中有两个与梅兰芳演《牡丹亭》有关。著名词人、"清末四大家"之一的况周颐,醉心梅兰芳的剧艺,为梅填词数十首。他在看了梅兰芳的《游园惊梦》后,居然连"号"都改了。文云:

> 蕙风先生素号阮盒,前日忽署秀盒,或询其故,则曰:"前日观《游园惊梦》,杜丽娘倏见柳梦梅,仅道得一个秀字,传神此际。"吾故曰:"秀盒亦见倾折之忱也。"④

确是倾倒到了极点,才有此痴举。老词人痴心一片,令人笑煞!又有一个遗老何维朴,年近八旬,虽腰痛未愈,但坚持要去看梅兰芳的《春香闹学》,回来后连腿都酸楚难耐。第二天,名词人朱祖谋约何小饮,此何老先生戏谓:"昨见梅郎受夏楚,不免心疼,辄以骸代之,今酸楚异常,不能赴约。"⑤本是自家腿痛,却说心疼梅郎,欲代梅郎受罚,可谓有"通感"之妙、"移情"之趣,堪入《世说新语》,亦可见其对梅演《春香闹学》的倾倒。

1922 年 5 月至 7 月,梅兰芳又在上海天蟾舞台演剧,这次只演了一次《游园惊梦》,是 6 月 17 日的夜戏,当晚梅与老伙伴姚玉芙、姜妙香演压轴,而大轴是杨小楼的《安天会》。有趣的是,当日《申报》的大幅广告,还有一段话专门推介《游园惊梦》。题目是"今晚特烦梅艺员重排全球著名唯一无二拿手昆剧",文

---

① 《申报》1920 年 4 月 25 日,第 5 版。
② 《申报》1920 年 4 月 28 日,第 18 版。
③ 《申报》1920 年 5 月 3 日,第 14 版。
④ 《申报》1920 年 5 月 3 日,第 14 版。
⑤ 《申报》1920 年 5 月 8 日,第 18 版。

云:"即如昆戏,曲高和寡,不绝如缕,多亏梅艺员(指梅兰芳)砥柱中流,提倡风雅,才有今日这样的中兴复盛。……今晚烦他演唱《游园惊梦》,字眼个个咬正昆戏例定之音,绝对没有京戏字眼羼入。腔调激越圆稳,极尽穿云裂帛之能事,更妙在应节合拍,听了真要三月不知肉味。做工身手眼步四样,都循规蹈矩,按部就班,妙臻无上,上乘表情,细腻熨贴,入木三分。添颊上之毫,得佛顶之光,是下过苦功夫才达到这个化境的。"①评价非常之高,当然,也是戏院以之追求广告效应。那时的梅兰芳不过28周岁而已,却已经被评价为"入化境"了。为什么只演了一次?笔者猜测,这次是梅兰芳、杨小楼、王凤卿、筱翠花、李春来、郝寿臣等名伶荟萃,剧目选择的余地大,而梅本人亦矜重此剧,故而《牡丹亭》演出不多。据同年6月20日《申报》,梅兰芳演《游园惊梦》,乃是"沪绅特烦",更看出他对《牡丹亭》的爱惜。② 具体说,是遗老吕蛰庵转托知者进言,通过姚玉芙才促成了上演《游园惊梦》的美事。③ 可见广告所言非虚。

1923年12月至1924年1月,梅兰芳在上海法租界共舞台演出,其间他只演出了一次《春香闹学》,是1923年12月25日的日戏,由梅、姚玉芙和李春林合演。

1926年11月至12月的上海演出,梅兰芳未演《牡丹亭》。1928年12月至1929年2月在上海演出,亦未演《牡丹亭》。只是1929年1月31日,共舞台有一台义务夜戏,梅兰芳先在倒数第三演《春香闹学》,之后大轴又与谭富英、金少山等名伶合演《法门寺》。

进入二十世纪三十年代,梅兰芳在上海偶尔演出《牡丹亭》。譬如1933年6月19日上海天蟾舞台夜戏,压轴是梅的《游园惊梦》,大轴他又与高庆奎、金少山等名伶合演《法门寺》。1934年9月22日上海荣记大舞台夜戏,梅兰芳压轴《春香闹学》,大轴和马连良等演《一捧雪》。

看来《法门寺》《一捧雪》等戏,对旦角来说略微嫌轻,于是梅兰芳每每在之前加一出《春香闹学》或《游园惊梦》,以双出号召。这也说明《春香闹学》或《游园惊梦》演起来较轻松,非但不累,还有调剂冷热的效用。譬如,《春香闹学》是玩笑剧,放在悲剧《一捧雪》的前面,就实现了调节观众情绪的特殊作用。1934年,梅兰芳已经40周岁了,饰演活泼可爱的小春香,年纪似乎显得大了。笔者暂未找到他此后再演春香的记录,或许这就是他最后一次演春香了吧!

抗战胜利后,梅兰芳在上海美琪大戏院首演昆曲,在十余日的演出中,1945年11月30日、12月9日、12月11日三天,梅兰芳、姜妙香、朱传茗合演了三次《游园惊梦》。朱传茗是"传字辈"名旦,梅兰芳之幼子葆玖的《游园》《金山寺》等昆腔戏,就是他教的。

梅兰芳再演《牡丹亭》,就到了1949年之后。那时梅葆玖刚刚正式出台,欠缺舞台经验,于是梅兰芳就带着他同台合演,《游园惊梦》《金山寺》《虹霓关》等戏,父子屡次合作。舞台实践对于演员是最宝贵、最重要的,梅兰芳是想通过舞台上的言传身教,让葆玖学得更快、学得更"瓷实",可谓用心良苦。笔者藏有1949年底到1950年初,梅兰芳带葆玖和俞振飞在上海中国大戏院合演《游园惊梦》的戏单,这一期父子合演《游园惊梦》多达六七次。此后,《游园惊梦》成为梅氏父子最常演出的合作剧目。

以上,勾勒出梅兰芳在沪演出《牡丹亭》的基本情况。梅兰芳对于《牡丹亭》,颇为看重,轻易不演。

---

① 《申报》1922年6月17日,第9版。

② 《申报》1922年6月20日第17版演剧广告内云:"昆曲产于南边,传至北京。昔年在北京亦曾哄动一时。后来因为曲高和寡,渐见衰败。幸梅艺员把昆戏兼演了,戏因人红,遂复呈当年盛况。所以讲起昆戏的中兴功臣来,又非梅艺员莫属。梅艺员兰芳的昆戏,研究有素,造诣纯粹。他所会的,满是《遏云阁》、《缀白裘》里头整本大套之戏,绝非偶然在别的戏内摘唱一段的可比。不过深自珍秘,不大肯演唱。前天沪绅特烦,演了一回《游园惊梦》,倾倒芸芸众生。"

③ 参看《申报》1923年6月16日、17日之《梅讯》。

而此剧亦典雅精致,颇能吸引沪上的高雅人士。客观讲,梅兰芳在上海动辄一两个月的长期公演中,如经常贴《春香闹学》《游园惊梦》,则可能不如演他的京剧代表作上座;但是如果偶一贴演,却能起到一新耳目、雅俗共赏的良效。所以《牡丹亭》对于梅兰芳,不是杀手锏,而是锦上添花的"逸品"。

二、梅兰芳发表的有关汤显祖和《牡丹亭》的文章

梅兰芳不但钟爱《牡丹亭》、演出《牡丹亭》,他还撰写、发表了多篇有关《牡丹亭》的文章,这一点非常值得称道,也是其他擅长表演《牡丹亭》的优伶所不具备的。这说明,梅兰芳之于《牡丹亭》,不仅停留在阅读的层面、演剧的层面,而是已经上升到艺术思辨的层面、理论归纳的层面,他积极地把阅读、演剧中得到的鲜活的理解、体验,进行书面的整理、理论的总结,留给后来者宝贵的艺术思考和经验。

梅兰芳生前发表的关于《牡丹亭》的论述和文章,是比较多的,甚至超过许多他的京剧代表作。这足以说明他对《牡丹亭》的钻研、喜爱,因此才多次撰文,一谈再谈。在《舞台生活四十年》中,有两个专节分别谈《春香闹学》和《游园惊梦》;另有一篇《我演游园惊梦》,①这在拙文《梅兰芳搬演汤显祖〈牡丹亭〉述论》中已经多次引述。除此,梅兰芳还撰写了多篇有关《牡丹亭》的文章。

梅兰芳1956年在江西演出,江西是大剧作家汤显祖的故乡,当地文艺界友人告知,明年(即1957)是汤显祖逝世三百四十周年纪念。言者有意,而梅兰芳听者亦有心。为了纪念汤显祖,他决定在南昌特地加演《游园惊梦》。梅兰芳当时的巡回演出,剧目往往早就确定,一般是不演《牡丹亭》的。由于是临时性安排,没有砌末道具的准备,梅剧团立即打电报给中国京剧院,派遣专人把"惊梦"里堆花应用的纱灯(纱灯是梅兰芳访日演出时定制的)②送到南昌。在南昌临别以前,梅兰芳终于演出了汤显祖乡邦人士渴望的《游园惊梦》。这也算是一段掌故。③ 而且梅兰芳还在1956年12月1日的《江西日报》上,发表了《我演出〈牡丹亭〉——纪念汤显祖先生》,文中谈到:

> 我出台以后,在1915—1919这几年当中我学了许多昆戏,其中就有汤显祖先生的名著《临川四梦》当中《牡丹亭》的《闹学》《游园惊梦》,《南柯记》中的《瑶台》。

对于《春香闹学》和《游园惊梦》,梅兰芳认为难度是不一样的。他说:

> 《春香闹学》的唱词、宾白,是比较容易懂的。我对春香这个角色,所以很快就能掌握了她的性格,同时也发生了兴趣。跟着,我又学《游园惊梦》,开始琢磨杜丽娘的身份、人物性格,这时便发生了困难,因为《闹学》里的春香,是一个天真烂漫的小姑娘,比较单纯;而杜丽娘是一个多愁善感的千金小姐,作者用典雅、含蓄的曲文来表达她的内心感情。我当时对唱词和宾白有一部分不甚了了,就赶快请朋友当中有文学修养而懂得词曲的给我一字一句地讲解。在这出戏的曲文、身段、唱腔三方

---

① 原载《剧本》1960年8、9月号合刊转载,有删节。后收入《梅兰芳文集》。
② 梅剧团的砌末极其讲究。1920年5月13日《申报》之《梅讯》即云:"畹华演《惊梦》,对花神之彩灯,均由北京定制,绘画极工。即春夏秋冬花名,亦缀玉轩秘书奉敕亲书,并不委之纸扎店也。"花灯书画精绝,有两大箱,携来不易。
③ 参看《谈杜丽娘》,载《戏剧论丛》1957年第3辑,后收入《梅兰芳艺术散论》。按,1957年纪念汤显祖逝世三百四十年,原文如此。2016年又纪念汤显祖逝世四百周年。笔者略有疑惑,不知何以算法不同。

面,确是下了不少工夫,又经多次的演出中逐渐进入角色,最后我才感觉找到了杜丽娘的灵魂深处。我深深体会到汤先生在文字上塑造出杜丽娘的典型形象,是可以代表古代被封建制度所束缚的那一类的女性的。①

梅兰芳学习《春香闹学》和《游园惊梦》的时间差不多,但舞台实践,则是先演《春香闹学》,后动《游园惊梦》,这是有一定道理的。杜丽娘和春香,分别是昆剧中的五旦和六旦,演起来大不相同。《春香闹学》偏于玩笑,小春香活泼可爱,梅驾驭起来较易;而《游园惊梦》曲辞深奥,歌舞曼妙,不经数载涵泳体味,恐难演出其中的诗味意境。

再有,《戏剧论丛》1957年第3辑刊登了梅兰芳的《谈杜丽娘》一文。此文很重要,亦有深度,值得今天还在演出或欣赏《牡丹亭》的人细细品味。梅在文中特别强调了"读曲"对于优伶的重要意义。他说:"我亲身体会到,必须了解曲文的涵义,才能塑造出汤显祖先生笔下精心描写的杜丽娘。"②

梅兰芳对于汤显祖《牡丹亭》的剧情理解、文词揣摩,都是非常深刻的。他说:

> 作者把环境写得越美,越显得杜丽娘在《惊梦》里奔放了的内在情感更有力量。汤显祖把梦中相会的情景,用"如花美眷"、"似水流年"、"在幽闺自怜"、"是那处曾相见,相看俨然,早难道好处相逢无一言"这些句子来形容、衬托,造成美妙高超的境界,像这种风格,决不是寻常手笔所能梦见的。

可谓汤氏剧作的知音。文中谈《游园》的身段说:

> 活泼愉快的情绪由春香表现出来,和杜丽娘端丽稳重的身段互相调和,恰好是"春色如许"的气氛。两人的动作和步位有分有合,有高矮象的身段,有合扇的身段。这些身段拿演员的术语来说,要把顿挫的"寸劲"包含在里面,假使没有"寸劲",就会感到节奏性不强;但是如果"寸劲"外露,又显得过火。主要是为了体现"摇漾春如线"的意境。两人手中的扇子,就是在柔软之中表现明快的重要点缀,在"那牡丹虽好"一句的身段里,杜丽娘也是用折扇拍两下手心,微露出一点感慨。
>
> 到了尾声"观之不足由他遣,便赏遍了十二亭台也枉然",这种感慨就此较更深一层,使情绪贯串到"惊梦"的环境。

这种对舞台上杜丽娘和春香两人身段的细腻剖析,是建立在数十年舞台实践上的"悟道"之言。两人的进退分寸、高矮亮相、离合映衬,配合勾连得如此紧密,几乎成为一体,没有深刻的默契,实难臻此传神之妙。梅兰芳对舞台表演的精细化追求,真值得今之艺人三思。

其文又谈《惊梦》刻画杜丽娘的心情,有三个层次的转折:

> 第一,是从念独白到唱"山坡羊"为止,这一段因为春香已不在面前,所以"怀人幽怨"的心情就

---

① 《江西日报》1956年12月1日,第3版。
② 梅兰芳《谈杜丽娘》,载《梅兰芳艺术散论》,中国戏剧出版社1959年版,第91—97页。下面再引此文,不再出注。

表面化了,渐渐地在"困人天气"中睡去。第二,是两支"山桃红"曲子,她平时的理想人物在梦中出现了,梦中的情绪是奔放的,这是杜丽娘在全剧中最愉快的一段。第三,是梦醒之后,有些惘然若失的意思,当着母亲的面却要故作镇定,母亲走后,又细细回忆梦中的情景。

演出者能对扮演角色的内心世界有如此深刻的理解和精准的把握,令人叹服。惟其深刻精准,故能超群入妙。许姬传说:"梅先生从老艺人乔蕙兰、陈德霖那里学到了《游园惊梦》的表演,又和昆曲名家俞振飞、许伯遒钻研昆腔的出字、收音、行腔、用气的方法,他在数十年的舞台实践中不断升华,达到去芜存菁、炉火纯青的境界。"①演《牡丹亭》,能演出细腻熨帖的诗味意境,可谓最高境界。

梅兰芳还有一篇谈电影《游园惊梦》的短文,姑且放到下一部分谈。

三、梅兰芳三度拍摄《牡丹亭》

笔者的《梅兰芳搬演汤显祖〈牡丹亭〉述论》还遗漏了两个梅兰芳拍摄电影《牡丹亭》的重要事件。众所周知,梅兰芳的《游园惊梦》在1960年被拍成电影,是为经典。其实,此前,还有两次拍摄。第一次,《春香闹学》早在1920年就被搬上了银幕。这在梅兰芳《我的电影生活》中有详细记载。再证以《申报》,商务印书馆的影片制造部,在1920年将梅兰芳的《春香闹学》《天女散花》拍成电影,并多次放映。从1920年到1923年,《申报》数次刊登了放映《春香闹学》的广告。1920年4、5月,梅兰芳在上海有一个档期的演出,而电影的拍摄,就在此次居沪期间。当时商务印书馆的李拔可主动找梅谈拍电影,梅欣然同意,大家一起商量拍什么,梅兰芳主动提了拍《春香闹学》,因为这戏的表情身段比较丰富,适于早期的默片。那时,梅晚上在天蟾舞台演戏,而白天则拍电影。有时还安排灌唱片,真是忙得不可开交。有趣的是,彼时只有无声片,更重要的是,拍摄没有导演,这在今天简直不可思议。没有导演怎么拍呢?原来,拍摄时,"由摄影师指定演员在镜头前面的活动范围,至于表演部分,则由我们自己安排"。② 换句话说,梅兰芳自己就是这出戏的导演。

电影《春香闹学》与舞台上的最大区别在哪里?梅兰芳说:

> 春香假领"出恭签"去逛花园,在舞台上是暗场,到了电影里变成明场了。我在花园里的草地上做了许多身段:打秋千、扑蝴蝶、拍纸球等等,不过都很幼稚,因为没有打过秋千,站到架子上去不敢摇荡,倒也合乎小春香的年龄(戏词有"花面丫头十三四"句)。这几个镜头是照相部借用一座私人花园——淞社拍摄的。③

这确实是舞台演出中没有的场景,算是特别针对拍电影而做的新安排、新设计。据《申报》,《春香闹学》《天女散花》每片计长一千尺,是用当时比较先进的设备拍摄的。不知放映时间是多久?

第二次,就是拙文《梅兰芳搬演汤显祖〈牡丹亭〉述论》中提到的,1957年6月,北方昆曲剧院成立,庆

① 许姬传《梅兰芳与杜丽娘》,载《忆艺术大师梅兰芳》,中国戏剧出版社1986年版,第139页。
② 梅兰芳《我的电影生活》,中国电影出版社1962年版,第3页。
③ 梅兰芳《我的电影生活》,中国电影出版社1962年版,第4页。

祝演出中,梅兰芳和北昆名家韩世昌、白云生等联袂演出《游园惊梦》。其实,这次也拍摄了舞台纪录片,还是彩色的。许姬传在《我的电影生活》后记中说:

> 1957 年 4 月 25 日,北京市京剧工作者联合会为了筹募福利基金,在中山公园音乐堂举行联合演出,梅先生和谭富英先生合演的《御碑亭》,以及同年 6 月,北方昆曲剧院建院时,梅先生和韩世昌先生合演的《牡丹亭》中的《游园惊梦》,就都拍摄了十六毫米的彩色舞台纪录片。这两部片子都是北京市福利局局长李桂森同志组织了丽影(即现在的"友谊")照相馆摄影师孙乔森到剧院现场拍摄的。后来,李桂森同志还亲自将影片拿到梅先生护国寺的住宅在庭院中放映过,梅先生看了甚感满意。①

这次的拍摄更显珍贵,因为是彩色的舞台实况。不知上述两次电影的胶片尚存人间否?是否像张伯驹福全馆邀杨小楼、余叔岩等演《空城计》的拷贝一样,也灰飞烟灭了呢?

梅兰芳把《游园惊梦》拍成电影后,还在 1961 年第 11 期《大众电影》上发表了《杜丽娘的形象在银幕上》。从文章看,梅兰芳对这次拍摄是非常满意的。他说:

> 影片的摄影手法、录音等是值得赞扬的,画面构图很美、音色也很好。其他,还得到了多方面的协助,如故宫博物院就派专家在藏品中选择了适合于闺房中的陈设家具,并到现场设计陈设位置,使影片中闺房的各个角落的画面,富有明代的室内装饰艺术风格。②

那时拍电影何其讲究!换句话说,为了还原历史情境,最大限度地追求逼真效果,《游园惊梦》电影中的家具,都是从故宫博物院中精选的明代家具,这在今天真不可想象。

梅兰芳第一次"触电",拍电影《春香闹学》,是无声的黑白默片,时在 1920 年;最后一次拍电影,是彩色的、美轮美奂的《游园惊梦》,时在 1960 年。1957 年还有一次难得的舞台纪录片。四十年光阴似箭,三度拍摄《牡丹亭》,这见证了梅兰芳与汤显祖的《牡丹亭》的深厚渊源和缘分。

《牡丹亭》是在梅兰芳舞台生涯中占有重要地位的经典剧目。梅兰芳是中国戏曲史上不世出的艺术大师,而汤显祖《牡丹亭》是中国戏曲史上最杰出的剧作之一,大师演绎经典,传神阿堵,秀逸绵邈;大师品味经典,细腻熨帖,体恤入微,其意义自是非同一般。最后以梅兰芳《谈杜丽娘》的话结束这篇冗长的札记:

> 汤显祖先生以毕生精力从事文学创作,给我们留下了许多宝贵遗产。他是与英国诗人莎士比亚同时期的剧作家,他的著作不但在国内享有盛名,并且流传海外,这不是偶然的。我们文艺界以有了汤先生这样伟大的戏曲家而自豪,我个人也以能够表演汤先生的名著而欣幸。

---

① 梅兰芳《我的电影生活》,中国电影出版社 1962 年版,第 156 页。
② 载《大众电影》1961 年第 11 期,第 20 页。

试析《六十种曲》收录《紫箫记》的原因

——兼谈毛晋的编选原则与戏剧思想

刘建欣

《六十种曲》是由明末清初毛晋（1599—1659）编选的一部以传奇为主①的戏剧选本。又名《汲古阁六十种曲》。原刻本名为《绣刻演剧十种》，先后分六次编刻，每次一套，每套十种，共六十种，清初重刻本因一次出齐六十种，故有"六十种曲"之称。现存版本有明崇祯汲古阁原刻初印本、清初重印本、道光间补刻重印本、1935 年上海开明书店排印本、1955 年文学古籍刊行社据排印本重印本、1958 年、1982 年中华书局重印本、2001 年吉林人民出版社《六十种曲评注》本等。

《六十种曲》不仅收录、保存了六十种杰出的戏剧作品，而且也展现了编选者毛晋杰出的文学素养与独到的审美鉴赏力。尤其是"临川四梦"之外，又将《紫钗记》的原稿《紫箫记》收录到仅有 60 种作品的选本中，是一个非常值得注意的问题。本文试从以下几个方面，分析毛晋将《紫箫记》收入《六十种曲》的原因，兼谈毛晋的编选原则与戏剧思想。

一、出版的需要与销售的考虑

汤显祖"四梦"一出，就家喻户晓，达到"几令《西厢》减价"②的程度。因此，"临川四梦"入选《六十种曲》并不足为奇。但是，为什么又将《紫钗记》的未完稿《紫箫记》编选入内呢？这首先应当源于毛晋作为编选者、出版者、发行者对出版需要与销售考虑。

（一）汤显祖在当时的极大声名

受王学左派思想的影响，万历年间戏曲创作特别重视"情"的张扬，汤显祖的《牡丹亭》就是这种趋势下的杰出代表。以致《牡丹亭》一问世就受到了很多人，尤其是青年男女的喜爱，集中表达了他们摆脱封建礼教束缚、个性解放的愿望与诉求。汤显祖在《哭娄江女子二首（有序）》中记载："娄江女子俞二娘秀慧能文词，未有所适。酷嗜《牡丹亭》传奇，蝇头细字，批注其侧。幽思苦韵，有痛于本词者。十七惋愤而终。"③冯小青的绝命诗："冷雨幽窗不可听，挑灯闲看《牡丹亭》，人间亦有痴如我，岂独伤心是小青。"令多少人扼腕叹惜；杭州演员商小玲上演《寻梦》时气绝身亡；内江女子读了汤显祖的戏曲后，愿终身相托，后见汤显祖"皤然一翁，伛偻扶杖而行"，投江而死。④ 这都彰显着《牡丹亭》及汤显祖的巨大魅力及影响力。

---

① 其中除《西厢记》为元杂剧外，均为元明南戏与传奇。
② 沈德符《顾曲杂言》，俞为民、孙蓉蓉编《历代曲话汇编》（《明代编》第三集），黄山书社 2009 年版，第 63 页。
③ 汤显祖《哭娄江女子二首》，俞为民、孙蓉蓉编《历代曲话汇编》（《明代编》第一集），黄山书社 2009 年版，第 614 页。
④ 徐扶明《牡丹亭研究资料考释》（第四编），上海古籍出版社 1987 年版，第 213 页。

当然，如此轰动的剧目自然也成为演出的焦点，汤显祖本人就有多次记载，如《唱二梦》："半学侬歌小梵天，宜伶相伴酒中禅。缠头不用通明锦，一夜红氍四百钱。"①《听于采唱牡丹》："不肯蛮歌逐队行，独身转向恨离情。来时动唱盈盈曲，年少那堪数死生。"②《滕王阁看王有信演牡丹亭二首》（其一）："韵若笙箫气若丝，牡丹魂梦去来时。河移客散江波起，不解销魂不遣知。"（其二）："桦烛烟销泣绛纱，清微苦调脆残霞。愁来一座更衣起，江树沉沉天汉斜。"③可以说，《牡丹亭》是目前所见舞台演出记载中最多的一部传奇，其在折子戏选本中的分布也证明了这一点。

表1 《牡丹亭》在折子戏选本中的分布情况

序号	选本名称	出数	所选出目
1	《万壑清音》	1	《还魂记》：《冥判还魂》
2	《怡春锦》	3	《还魂记》：《惊梦》《寻梦》《幽媾（幽会）》
3	《玄雪谱》	5	《还魂记》：《自叙》《惊梦》《寻梦》《幽欢》《吊拷》
4	《醉怡情》	4	《牡丹亭》：《入梦》《寻梦》《拾画》《冥判》
5	《缀白裘全集》	4	《牡丹亭》：《入梦》《寻梦》《拾画》《冥判》
6	钱编《缀白裘》	12	《牡丹亭》：《冥判》《拾画》《叫画》《学堂》《游园》《惊梦》《寻梦》《圆驾》《劝农》《离魂》《问路》《吊打》
7	《审音鉴古录》	8	《牡丹亭》：《劝农》《学堂》《游园》《堆花（正文无）》《惊梦》《寻梦》《离魂》《冥判》
8	《新缀白裘》	1	《牡丹亭》：《冥判》

《牡丹亭》折子戏主要集中在"惊梦"、"寻梦"、"冥判"等几出，这样集中、反复地传播使这些出目脍炙人口，也让《牡丹亭》在受众中迅速地被接受、认可。清人徐树丕言："若士文章，在我朝指不多屈，出其绪余为传奇，惊才绝艳，《牡丹亭》尤为脍炙。"④即是明证。

《牡丹亭》的影响还不仅如此，它不仅成为文学批评中的焦点，也成为人们评价戏曲作品的重要标准。《红梅记·总评》即言："境界纡回宛转，绝处逢生，极尽剧场之变。大都曲中光景，依稀《西厢》、《牡丹亭》之季孟间。"⑤《洒雪堂·总评》亦言："是记穷极男女生死离合之情，词复婉丽可歌，较《牡丹亭》《楚江情》未必远逊，而哀惨动人，更似过之。"⑥当然，《牡丹亭》的影响最主要地表现在明清传奇对它的接受上，如张坚《梦中缘·自叙》言："然则梦之所结，情之所钟也。欲赋其事，则恐张皇幽渺，亵渎仙灵，乃另托人世悲欣离合之故，游戏于碧箫红牙队间。以想造情，以情造境。自春徂秋，计填词四十六出。一梦始亦一梦终，惟情之所在，一往而深耳。虽然情真也，梦幻也，情真则无梦非真，梦幻则无情不幻。夫固乌知情与梦之孰为真，而孰为幻耶！"⑦其很明显是受到《牡丹亭》的影响。

此外，"临川四梦"的评点与改写也成为当时的热门。王思任、沈际飞、茅暎、吴吴山三妇等都对《牡

---

① 汤显祖《唱二梦》，俞为民、孙蓉蓉编《历代曲话汇编》（《明代编》第一集），黄山书社2009年版，第616页。
② 汤显祖《听于采唱牡丹》，俞为民、孙蓉蓉编《历代曲话汇编》（《明代编》第一集），黄山书社2009年版，第616页。
③ 汤显祖《滕王阁看王有信演牡丹亭二首》，俞为民、孙蓉蓉编《历代曲话汇编》（《明代编》第一集），黄山书社2009年版，第617页。
④ 徐树丕《识小录》，俞为民、孙蓉蓉编《历代曲话汇编》（《清代编》第一集），黄山书社2008年版，第433页。
⑤ 汤显祖《红梅记·总评》，俞为民、孙蓉蓉编《历代曲话汇编》（《明代编》第一集），黄山书社2009年版，第606页。
⑥ 冯梦龙《洒雪堂·总评》，俞为民、孙蓉蓉编《历代曲话汇编》（《明代编》第三集），黄山书社2009年版，第36页。
⑦ 张坚《梦中缘·自叙》，俞为民、孙蓉蓉编《历代曲话汇编》（《清代编》第一集），黄山书社2008年版，第737—738页。

丹亭》进行过评点。批评家还按照自己的创作主张和审美要求，对原作加以改编，如臧懋循对"四梦"的改编，冯梦龙的墨憨斋定本传奇以及被选入《六十种曲》的徐日曦《改本还魂》等等，都说明了汤显祖作品受欢迎的程度，以及在当时影响之大。尤其是沈璟改编《牡丹亭》后引发汤显祖本人的不满，故而引发了一场文学史上最持久、规模最大的论争。

凡此，都说明了汤显祖在明中期的巨大影响力，他的极大声名也足以引起毛晋以及时人的重视与喜欢，因此，汤显祖的传奇也成为选家的必选之作，《紫箫记》亦在此列。虽然《紫箫记》是《紫钗记》的未完稿，但是由于汤显祖的煊赫声名，《紫箫记》的选入也在情理之中。

（二）《紫箫记》的备受争议

《紫箫记》作为《紫钗记》的未完稿，为什么没有完成就刊印出来了呢？汤显祖《紫钗记·题词》明确指出：

> 往余所游谢九紫、吴拾芝、曾粤祥诸君，度新词与戏，未成，而是非蜂起，讹言四方。诸君子有危心，略取所草具词梓之，明无所与于时也。记初名《紫箫》，实未成。亦不意其行如是。①

可见，《紫箫记》实是一部未完成的作品，由于要消除"讹言"，表明其"无所与于时"，因此匆忙刊印出来。之后，《玉合记·题词》也言："予观其词（即《玉合记》），视予所为《霍小玉传》（即《紫箫记》），并其沉丽之思，减其秾长之累。且予曲中乃有讥托，为部长吏抑止不行。多半《韩蕲王传》中矣。梅生传事而止，足传于时。"②指出汤显祖因"讹言""蜂起"而不能继续创作。与汤显祖同时的徐复祚以及稍晚的沈德符、吕天成、祁彪佳也都有相近的记载：

> 昔苏子瞻《无盐》诸咏，李定、舒亶辈指为谤讪朝政；而《咏桧》一诗，王珪直以为不臣，欲服上刑。非宋裕陵神圣，宁有免法？吁！可畏哉！近王弇州作《卮言》，作《别集》，汤临川作《紫箫记》，亦纷纷不免于猪嘴关。乃知古人制作，必藏名山大川，有以也。③
>
> 又闻汤义仍之《紫箫》，亦指当时秉国首揆。才成其半，即为人所议，因改为《紫钗》。④
>
> 向传先生作酒、色、财、气四记，有所讽刺，是非顿起，作此以掩之，仅成半本而罢，觉太曼衍，留此供清唱耳。⑤
>
> 向传先生作酒、色、财、气四剧，有所讽刺，是非顿起；作此以掩之，又为部长吏抑止，仅成半帙而罢，然已得四十三出。⑥

戏剧家、批评家在文献中的多次提及就证明了《紫箫记》未完成前就已经引起轰动。然而，《紫箫记》的问

---

① 汤显祖《紫钗记·题词》，汤显祖著，徐朔方笺校《汤显祖诗文集》，上海古籍出版社1982年6月版，第1097页。
② 汤显祖《玉合记·题词》，汤显祖著，徐朔方笺校《汤显祖诗文集》，上海古籍出版社1982年6月版，第1092页。
③ 徐复祚《三家村老曲谈》，俞为民、孙蓉蓉编《历代曲话汇编》（《明代编》第二集），黄山书社2009年版，第267—268页。
④ 沈德符《顾曲杂言》，俞为民、孙蓉蓉编《历代曲话汇编》（《明代编》第三集），黄山书社2009年版，第65页。
⑤ 吕天成《曲品》，俞为民、孙蓉蓉编《历代曲话汇编》（《明代编》第三集），黄山书社2009年版，第121页。
⑥ 祁彪佳《曲品凡例》，俞为民、孙蓉蓉编《历代曲话汇编》（《明代编》第三集），黄山书社2009年版，第546页。

世并没有平息争议，诟病之词迭出。如王骥德就说："《紫箫》诸白，皆绝好四六，惜人不能识。"[1]"《紫箫》、《紫钗》第修藻艳，语多琐屑，不成篇章。"[2]指责其语言之深晦难懂。

当然，这一事件带给汤显祖的不仅是困扰，也激发了更多人对《紫箫记》的阅读兴趣，使其成为人们关注的焦点。《紫箫记》到底是怎样的一部作品？为何未完就刊印出来？如何"有所讽刺"？汤显祖声名鹊起，其作品又是如何"不成篇章""人不能识"？……凡此，都吊足了读者的胃口。如此有卖点的作品，毛晋也是绝对不能放过的。

（三）以文本对照揭示曲坛动态

毛晋在为《史记索隐》一书撰写的跋文中写道：

> 读史家多尚索隐，宋诸儒尤推小司马《史记》与小颜氏《汉书》，如日月并炤。故淳熙、咸淳间官本颇多，广汉张介仲削去褚少孙续补诸篇，以索隐为附庸，尊正史也；赵山甫病非全书，取所削者别刊一帙；澄江耿直之又病其未便流览，以少孙所续循其卷第而附入之。虽桐川郡有三刻，惟耿本最精……[3]

毛晋非常重视版本的源流，自然对于《紫箫记》为《紫钗记》原稿一事非常清楚，《六十种曲》中收录了《紫钗记》后又收录《紫箫记》也显然是出于版本对照的考虑。正如徐扶明在分析《六十种曲》选入汤显祖《牡丹亭》后又选入硕园本《还魂记》时言："其用意，还是为了供人们对这种两种《牡丹亭》作比较研究。"[4]毛晋不仅保存了《紫箫记》，让后人可以看到汤显祖的未完之作，而且还可以通过二者的比较，看到汤显祖的改动以及戏曲创作的目的与意义。

此外，毛晋还收录了经典作品的不同版本，不仅为读者提供比较，而且通过对比展现当时曲坛的发展动态。比如收录王实甫《西厢记》的同时，又收录了李日华本的《南西厢》，当时改编《西厢记》之风盛行，据不完全统计，《西厢记》元明清戏曲改编本共33种。[5]毛晋选择了最具代表性的李日华南曲《西厢记》的改编本，不仅可以供读者比较，了解改编的具体情况，而且也可以通过两部作品的并选，揭示当时南曲之风盛行、以《西厢记》为代表的经典戏曲被频繁改编的曲坛潮流与发展趋势。

另外，毛晋收入汤显祖《牡丹亭》的同时，又收录了硕园改本《牡丹亭》，当时曲坛对于《牡丹亭》的改编曾掀起过一股热潮，著名的"汤沈之争"即由此引起，《六十种曲》的两剧并选一方面是为读者提供一个对比的参照本，另一方面也是"汤沈之争"在选本中的另一个体现。吴梅曾言："有明曲家，作者至多，而条别家数，实不出吴江、临川、昆山三家。"[6]"汤沈之争"从明代隆庆、万历朝开始即成为戏曲创作与批评的主旋律，文采与格律的高下之争一直持续在整体明代曲坛，汤显祖、沈璟以及临川派、吴江派成员一直活跃于当时曲坛，备受时人关注。毛晋的《六十种曲》当然也不能忽视这一重要的曲坛现象，汤显祖的五

---

① 王骥德《曲律》，俞为民、孙蓉蓉编《历代曲话汇编》（《明代编》第二集），黄山书社2009年版，第100页。
② 王骥德《曲律》，俞为民、孙蓉蓉编《历代曲话汇编》（《明代编》第二集），黄山书社2009年版，第100页。
③ 毛晋《跋〈史记索隐〉》（一），载《汲古阁书跋》，第5页。
④ 徐扶明《毛晋与〈六十种曲〉》，《中国文学研究》1982年第7期。
⑤ 赵春宁《西厢记》，《传播研究》，华东师范大学2001年博士学位论文，第44页。
⑥ 吴梅《中国戏曲概论》，王卫民编《吴梅戏曲论文集》，中国戏剧出版社1983年版，第153页。

种作品(包括没有完成的《紫箫记》)、吴江派沈璟的《义侠记》、叶宪祖《鸾鎞记》、顾大典《青衫记》、袁于令《西楼记》、汪廷讷《种玉记》《狮吼记》等都悉数收录到选本之中。除吴江、临川二派外,还有昆山派,也称骈俪派,其一般强调文辞骈俪,多引经据典,从郑若庸始,张凤翼、梁辰鱼、陆采、屠隆等很多人都大力提倡骈绮之风,毛晋也洞察到这一现象,《六十种曲》中也收录了昆山派作品,如郑若庸《玉玦记》、陆采《明珠记》《怀香记》、梁辰鱼《浣纱记》、张凤翼《红拂记》《灌园记》、屠隆《彩毫记》《昙花记》、梅鼎祚《玉合记》、陈汝元《金莲记》、许自昌《水浒记》《节侠记》等十余种,大体可以反映出当时昆山派的盛况。事实上,昆山派的出现也使得戏曲从场上走向案头,促使了中国古典戏曲走向文人化和雅化,这些在《六十种曲》中都有不同程度的体现。当然,三家在戏曲的创作与批评上都各有主张,且各有利弊,毛晋看到他们之间的差异,故选录其中的优秀作品让读者来做评定去取,这也充分反映出一个优秀戏曲选本编选者的素质。所以,毛晋不仅是一个单纯出版者,更是一个具有相当敏锐感知力的文化人,他特别关注曲坛的发展变化,尤其是流派纷争、思潮变化等现象都生动地表现在他的选本中。

作为公开出版物,选本势必要得到人们的认可,这种认可也是建立在"投其所好"基础之上的。对于大多数编选者来说,只有人们关注、喜欢的这些作品被收录进选本,选本才能"存活",才有存在的价值与意义。因此,关注名家名作、关注人们喜爱的作品、关注曲坛的动态,也成了毛晋编选《六十种曲》的重要法则。

二、对汤显祖人生遭际的同情及对官场黑暗的批判

《紫箫记》之未完成与当时的政治纠纷有关。毛晋的老师钱谦益在《汤遂昌显祖小传》中言:

> 尝下第,与宣城沈君典薄游芜阴,客于郡丞龙宗武。江陵有叔,亦以举子客宗武,交相得也。万历丁丑,江陵方专国。从容问其叔:"公车中颇知有雄骏君子晁、贾其人者乎?"曰:"无逾于汤、沈两生者矣。"江陵将以鼎甲畀其子,罗海内名士以张之。命诸郎因其叔延致两生。义仍独谢弗往。而君典遂与江陵子懋修偕及第。①

钱谦益在文中明确记载:万历五年(1577)汤显祖谢绝张居正的招揽而终致科考失利。万历八年(1580)"江陵子懋修与其乡之人王篆来结纳,复啖以巍甲而亦不应,曰:'吾不敢从处女子失身也。'"②此时的张居正势焰正盛,他既对以"吾不敢从处女子失身也",结果也必然是两次会试的失败。直至万历十一年(1583),也就是张居正去世的第二年,他才以第三甲得中进士。他不愿攀附权贵,结果榜上无名,而张居正的次子嗣修中了榜眼、三子懋修中状元。他看到了科举考试的黑幕,深深感到并非如他所想象的"天地平如水"。因此,在《紫箫记》中有所寄托也是可以理解的。

关于《紫箫记》乃有所"讥托"之作,最有力的证据的即为作品第三十一出《皈依》以杜黄裳影射张居正。其中,黄芝冈的观点最为学者们所认同:

---

① 钱谦益《汤遂昌显祖小传》,毛效同编《汤显祖研究资料汇编》,上海古籍出版社 1986 年 9 月版,第 85—86 页。文中懋修应为嗣修。

② 邹迪光《汤义仍先生传》,毛效同编《汤显祖研究资料汇编》,上海古籍出版社 1986 年 9 月版,第 81 页。

《紫箫记》中四空的话,不正是张答李中溪论禅书的注脚么? 张居正以独裁为佛法,在答李中溪论禅书里却自称"弘愿未办"。四空说:"着他早寻证果。"不也正是机锋相对么? 又同出杜黄裳曰:"老夫谢官后,长来栖托者。"也正是张答李论禅书,"期以二三年后"的大好注脚。但四空弟子法香在白里回答他说:"相国莫哄了诸天圣众。"却分明说张居正当着佛子打妄语了。本年,张居正五十六岁。《紫箫记》第三十二出杜黄裳曰:"只是下官年才六十。有何修行,到得百岁。"如举其成数而言,也正和张居正当时年龄相等。汤写《紫箫记》虽不是为张而写,但在这出戏里,显然是写了个张居正的。因此,引起了当时的讹言,这在张居正炙手可热的时候,却也是当然会有的事情。①

从这个角度来说,"讥托"一说并非空穴来风。的确,从整部剧来看,《皈依》一出略显突兀,"讥托"的痕迹明显。沈德符即言:"又闻汤义仍之《紫箫》,亦指当时秉国首揆,才成其半,即为人所议,因改为《紫钗》。"②

《紫箫记》是张居正去世后,汤显祖去南京作太常寺博士之时所作,张居正已不当权,他所影射的事情为什么还能引起后来当权者的不满? 事实上,张居正死后,"而时相蒲州、苏州两公,其子皆中进士,皆公同门友也。意欲要之入幕,酬以馆选。而公率不应,亦如其所以拒江陵时者"。③ 他不仅在面对当权的张居正时敢于说"吾不敢从处女子失身也",面对当权的张四维和申时行时,也表现出如拒张居正时的决绝态度。这种勇气与胆识并不是一般人所能具有的。他如此的行为见罪于当权者,"讹言""蜂起"也并不足奇了。

事实上,毛晋也曾参加科举考试。从现存的文献看,至少有两次:毛晋自叙《重镌十三经十七史缘起》谓"天启丁卯(1627),初入南闱",④毛晋此时二十九岁,不第;第二次见于释苍雪《南来堂诗集·赋赠毛子晋壬午赴试南闱》:"金万金置田屋,谁见挥金买书读? 世皆贵金不贵书,书价安知倍不足。"⑤从诗题即可见,毛晋到崇祯十五年(1642),也就是他44岁时,还在参加科举考试,此时距记载的他的第一次科举考试已有15年之久。也就是说,在这十几年里,毛晋一直都没有彻底放弃科举的想法。这显然也与《中国藏书家辞典》中言"他无意于仕途"、王重民《毛晋刻书的企业经营》"一六二七年(二十九岁)考试不第,便决定不再求取功名"⑥的说法相违。毛晋并非是无意于仕途,他也曾兢兢求取功名,也曾数十年战斗在科举之路上,只是最终他的科举梦没能实现。陈瑚《为毛潜在隐居乞言小传》云:"早岁为诸生,有声邑庠,已而入太学,屡试南闱,不得志,乃弃其进士业,一意为古人之学,读书治生之外,无他事事矣。"⑦在屡试科举不得志的情况下,毛晋才转移到整理、出版事业上来。

相同的境遇使毛晋对于官场的黑暗、当权者的舞弊有着切身的感受,对于汤显祖的科举不第有着深切的同情,对于汤显祖的行为也给予高度的赞赏。同样入选《六十种曲》的《邯郸记》和《南柯记》可以说

① 黄芝冈《汤显祖编年评传》,中国戏剧出版社1992年8月版,第95页。文中"第三十二出"应为"第三十一出"。
② 沈德符《顾曲杂言》,俞为民、孙蓉蓉编《历代曲话汇编》(《明代编》第三集),黄山书社2009年版,第65页。
③ 邹迪光《汤义仍先生传》,毛效同编《汤显祖研究资料汇编》,上海古籍出版社1986年9月版,第81页。
④ 毛晋《重镌十三经十七史缘起》,载《汲古阁书跋》,第123页。
⑤ 叶昌炽著,王欣夫补正,徐鹏辑《藏书纪事诗及补正》,上海古籍出版社1989年版,第313页。
⑥ 王重民《毛晋刻书的企业经营》原载《吉林省图书馆学会会刊》一九七九年第一期(七月),选自《冷庐文薮》上册,上海古籍出版社1992年版,第93—102页。
⑦ 陈瑚《确庵文稿·为毛潜在隐居乞言小传》(卷十六),《四库禁毁书丛刊》编纂委员会《四库禁毁书丛刊》(集部184册),北京出版社1997年版,第394页。

是两人情感的共鸣。《邯郸记》中崔氏让卢生以大量钱财贿赂考官,试后虽未被主考官宇文融录取,却以金资广交权贵,疏动君王,御笔亲点状元。第六出《赠试》夫妻二人的对话揭露了考场黑暗:

> (旦)说豪门贵党,也怪不的他。则你交游不多,才名未广,以致淹迟。奴家四门亲戚,多在要津,你去长安,都须拜在门下。(生)领教了。(旦)还一件来,公门要路,能勾容易近他? 奴家再着一家兄相帮引进,取状元如反掌耳。(生)令兄有这样行止。(旦)从来如此了。
>
> 【前腔】(朱奴儿)(旦)有家兄打圆就方,非奴家数白论黄。少他呵,紫阁金门路渺茫,上天梯有了他气长。(合前)
>
> (生)这等,小生到不曾拜得令兄。(旦)你道家兄是谁? 家兄者,钱也。奴家所有金钱,尽你前途贿赂。(生笑介)原来如此,感谢娘子厚意。听的黄榜招贤,尽把所赠金资,引动朝贵,则小生之文字珠玉矣。(旦)正当如此。①

崔氏在卢生临考前并不催促他努力读书,却以二事言之:一为拜访四亲,一为"家兄帮引"。崔氏言四门亲戚"多在要津",都是有权势且身在高位之人,拜访这些人对他的科考是多有助益的。这就揭露了当时社会的裙带关系。《南柯记》中的淳于棼更是以其妻的公主身份才做上了南柯太守,妻子去世后,他失去了庇佑,不但受到右相段功的攻讦,连岳父蚁王都不再信任他,最后把他遣回人间。作者选择"崔氏"也是别有深意的。在唐代,李、王、郑、卢、崔五姓都是名门望族,读书人都以能娶到五姓女为人生一大幸事。这五姓世家大族联络有亲,在当时不仅有很高的社会声望,也占据了当时权力机构的重要位置。因此小说、戏剧中也往往设置五姓之人,如《紫钗记》中增加的人物太尉即是卢姓。崔氏叮嘱卢生的另一件事,即是"家兄帮引"。"家兄"为谁? 剧中明确交待了:"家兄者,钱也。"有了钱的帮引,卢生的文章就"文字珠玉矣"。只要有了钱,什么样的文章都能成为珠玉,只要有了钱,连皇帝都能被说动,亲点状元,可见当时的社会风气已经败坏到无可挽回的地步了。

基于毛晋对现实清醒认识,《六十种曲》中也收录了很多反映官场黑暗、社会腐败的传奇,如《精忠记》《鸣凤记》《浣纱记》等,也塑造了秦桧、严嵩、伯嚭等一系列奸臣形象。所以说,毛晋对《紫箫记》的选择更为重要的原因是,他在其中寓含了对于汤显祖个人遭遇的同情,以及对于他早年思想的认同。换句话说,也是毛晋对汤显祖的性格与行为方式的肯定与推崇。

三、对汤显祖"至情"理想的高度认可

"生者可以死,死亦可生"确是"情之至也"。《牡丹亭》中的杜丽娘的形象已经成为"至情"的代表,《紫钗记》中的霍小玉也是"情"的化身。毛晋将两部传奇收入《六十种曲》本身就是对"至情"理想的一种肯定与赞颂。论者谈《牡丹亭》《紫钗记》多涉及此,不再赘述。这里特别要说的是,《紫钗记》足以代表汤显祖对于这一题材的理解与态度,为什么毛晋还节外生枝地加进《紫箫记》呢? 这是毛晋对于汤显祖"情"的再次强调。

---

① 汤显祖《邯郸记》,黄竹三、冯俊杰《六十种曲评注》(第8册),吉林人民出版社2001年版,第507—508页。

黄文锡、吴凤雏《汤显祖传》中明确指出《紫箫记》中"侠"的观念。指出:"作者在描写霍小玉对待爱情的坚贞品质时,用了'砥砺磐石之心,有如皎日'、'方知女子过男子,不道今人让古人'的语言,他是视小玉为'情侠'的。"①的确,《紫箫记》中突出表现出了"侠"的精神,这里的"侠"包括以尚子毗为代表的通过自己的力量帮忙他人的狭义的"侠",更包括以霍小玉为代表的一种超出一般人的能力、勇气、道德仁义的广义的侠义精神。《紫箫记》的意义正在于其能从《霍小玉传》的基础上大力推崇"情侠",肯定"情"的价值与意义。

《紫钗记》较《紫箫记》主线明确、结构清晰,但《紫箫记》中被删除的一些枝蔓情节却在大力推举"情"的精神。比如《巧探》《下定》《捧盒》《就婚》等就是对于"情"深入、透彻的描写。尤其第十出《巧探》,鲍四娘来为霍小玉做媒,小玉先是推辞,言:"父王既作神仙,女儿当为仙女,古有烈女事母,终身不嫁。孩儿雅志,亦复如是了!"表现出终身不嫁的坚定;而后又言:"儿一嫁与人,怎么能奉事得我娘? 断然不嫁了!"②假设嫁人后无法侍奉母亲,比起开始的决绝,语气稍有松动。这符合霍小玉大家小姐的人物身份,也为樱桃去"考察"李益埋下伏笔。从小玉得知李益托媒聘她时,虽找各种借口,但是对李益一直都有好感。比如一开始就言:"娘不要听鲍四娘哄你,他见儿爱李生之诗,故相调弄。"③又说:"他年少高才,不在话下,为甚的俊洒多才,尚没个衬搭人家?"④情由此生,才有了后面的情节。虽然婚前铺垫过多,但也是小玉与李益爱情的真挚刻画。

现在研究者一般认为小玉婚后的担心及十年之期设计得不好,因为霍小玉的身份已经从《霍小玉传》中地位低下的妓女转变为身份高贵的郡主,完全没有必要担心她与李益的爱情。事实上,霍小玉虽是郡主,但她的父亲已不理世事,去华山修仙。对于霍小玉来说,她只是空有"郡主"的身份,与那些欲"榜下择婿"的权贵之女相较,并没有多大优势。因此她对于爱情的担忧是有道理的,这也恰恰说明了她对李益的爱之深,所以关之切。

第十三出《纳聘》写李、霍婚前的准备,其中鲍四娘与小玉的对话中涉及了色情描写。霍小玉都连连说:"四娘,你说话村得怕人!"⑤这些描写并不可取,也游离于主题之外,但却反映了当时的社会思潮。色情描写在明代中后的小说与戏剧中大量出现,不仅是当时社会政治黑暗、生活奢靡的反映,更是在心学与泰州学派影响下的个性解放思潮的呈现,表达了人们对于人性欲望的肯定。正如段庸生所言:"在剧本中,有对两情相悦的浓艳描写,比如'巧探'、'下定'、'捧盒'、'就婚'等,大有调侃放浪之嫌,笔墨也游离于李、霍爱情之外,但却表现出对人性欲望的充分肯定与讴歌,在游戏的笔墨中呼唤着人性人情,体现出资本主义生产关系萌芽后个性解放思潮的时代特色。从上述分析可以看出,在《紫箫记》中,汤显祖的主情思想已初露端倪,同时打上了时代文化思潮的深深烙印。"⑥从这个意义上来讲,《紫箫记》的创作符合了当时的文化思潮。虽然它与《紫钗记》《牡丹亭》相比,对于"情"的认识与表达并不成熟,但是它已开始为读者营造"有情之天下",他将《霍小玉传》中李益薄幸负心改为痴情专一,将悲剧改为最后的大团圆,都说明作者对于"情"的颂扬。这也是汤显祖"至情"思想的第一步。《紫箫记》虽然与《紫钗记》相比,有

---

① 黄文锡、吴凤雏《汤显祖传》,中国戏剧出版社1986年6月版,第61页。
② 汤显祖《紫箫记》,黄竹三、冯俊杰《六十种曲评注》(第18册),吉林人民出版社2001年版,第146页。
③ 汤显祖《紫箫记》,黄竹三、冯俊杰《六十种曲评注》(第18册),吉林人民出版社2001年版,第146页。
④ 汤显祖《紫箫记》,黄竹三、冯俊杰《六十种曲评注》(第18册),吉林人民出版社2001年版,第147页。
⑤ 汤显祖《紫箫记》,黄竹三、冯俊杰《六十种曲评注》(第18册),吉林人民出版社2001年版,第188页。
⑥ 段庸生《〈紫箫记〉与汤显祖的戏剧创作道路》,《重庆师院学报》(哲学社会科学版)1995年第1期。

诸多不足，①但毛晋选入《紫钗记》后又选入《紫箫记》，也是对于"情"的再次强调与强化。

《六十种曲》第二套的《弁语》言："会日长至，惜年暗销，偕三二同志，就竹林花榭，携尊酒、引清讴，复捻合《会真》以下十剧，挑逗文心，开发笔阵，乃知此类实情种，非书酒也。其宛转关合，莺之歌，蝶之舞，丽情流逸，如中酒，如着魔，上自高人韵士，下至马卒牛童，以讫鸡林象胥之属，对之无不剔须眉，无不醒肝脾。"②其所言的"情种"即是毛晋对汤显祖"至情"的再次诠释。基于颂扬爱情、真情的重要选剧标准，《六十种曲》中的爱情剧目多达 33 种，占整部选本的一半还多。《春芜记》中清吴与宋玉、《琴心记》中司马相如与卓文君、《怀香记》中贾午与韩寿、《灌园记》中君后与田法章、《龙膏记》中元湘英与张无颇都是自由勇敢地追求爱情，反对封建礼法对他们的束缚。面对爱情，他们表现出了异常的勇敢与执着。与大家小姐相比，妓女追求真爱的愿望更强烈，道路也更艰辛。《霞笺记》中的张丽蓉、《西楼记》中的穆素徽、《红拂记》中的红拂，不仅有来自封建家庭门户不当的限制，还有妓女这样一种特殊身份的制约。《玉簪记》是更为特殊的一类，女主人公陈妙常不再是大家闺秀，也不是妓女、歌女，而是女贞观道姑。这种身份的转换可以视为是"以情反礼"故事的升华：一方面他们也经过了茶叙、琴挑、相思、私合，是对爱情的自由追求；另一方面女主人公特殊身份的设定，不仅是对"门当户对"婚姻制度的当头棒喝，更是对禁欲主义的一大挑战，同时也突出强调了青年男女自由追求爱情的合理性。

"至情"确实在明代产生了重要的影响，它不仅是阳明心学与泰州学派在明代的发展，更是在个性解放思潮引导下的杰出产物。毛晋《六十种曲》借助《紫箫记》等弘扬"至情"理想剧作的收录，表达他对于个性解放、平等自由等进步思想的认同。在他所收录的 30 余种爱情剧中，作者都在极力歌颂青年男女自由追求爱情，批判扼杀人性的天理、道学，在剧作中注入更多的时代内容，赋予作品更多的追求个性解放的色彩。

虽然，《紫箫记》是汤显祖未完成的作品，也可以说是被汤显祖淘汰的作品，但相较于当时的其他作品，《紫箫记》尤其体现了毛晋的编选原则以及对于汤显祖戏剧思想的认同与致敬：除了考虑到出版与销售的问题，毛晋对汤显祖人生遭遇的同情以及对"至情"理想的歌颂，都可视为《紫箫记》进入《六十种曲》的重要原因。

---

① 的确，《紫箫记》在创作上并不算是成功之作，黄文锡与吴凤雏就曾指出其"结构的芜蔓庞杂"、"曲文又过于追求骈骊"、"缺乏坚实的矛盾冲突"以及"对皇室的崇拜和幻想"、"出世思想的流露"等缺点。黄文锡、吴凤雏《汤显祖传》，中国戏剧出版社 1986 年 6 月版，第56—59 页。

② 得闲主人《〈六十种曲〉题演剧二套弁言》，蔡毅《中国古典戏曲序跋汇编》，齐鲁书社 1989 年 10 月版，第 447 页。现在学界基本认同，《六十种曲》的五篇弁语（弁言）应为毛晋本人所作，阅世道人、得闲主人、静观道人、闲闲道人、思玄道人均为毛晋托名。如吴晓铃在《吴晓铃集》第五卷中认为："'阅世道人'、'静观道人'、'闲闲道人'和'思玄道人'同是一个人的化名。这个人，我曾经详细谈过，就是明末清初间江苏常熟的著名藏书家和刻书家的汲古阁主人毛晋（1598—1659）。"［吴晓铃《〈六十种曲〉校点者的自白》，《吴晓铃集》（第 5 卷），河北教育出版社 2006 年 1 月版，第 218 页。］

汤显祖研究资料的新发现

江巨荣

汤显祖在文学上、戏剧创作上，成就很大，地位很高，影响很深。学文学的，都比较关心。2016 年，是汤显祖逝世 400 周年，他与英国戏剧家莎士比亚、西班牙小说家塞万提斯同年去世，同是逝世 400 周年。世界各国都在准备纪念这三位世界文化名人，我们自然不能置身事外。而且汤显祖与莎士比亚都是戏剧家，是东西方两大巨星，无疑有更多的话题，值得我们去研究。去探讨。所以我们理应投入更大的热情、更多的精力，做出成绩与贡献。

我国学界对汤显祖的研究历来是重视的，在文学研究和戏曲研究中，汤显祖与他的"四梦"研究一直都是重要题目。近三十年来，汤显祖研究论著，更如雨后春笋，不断破土而出，引人注目。老专家老树长青，新专家不断涌现，这些都反映了汤显祖研究的新气象、新局面，我们从中可以学习到的东西是非常多的。

以前围绕教学需要，我对汤显祖的生平思想、他的剧作，有过一些接触，读过前人和今人的一些著作。写过几篇小文。但要说从事汤显祖研究，则大都在退休以后。以前因为找书不便，借书困难，读书很少；经过改革开放，许多大型丛书陆续问世，其中收录了许多过去无法看到的书，这时以自由之身，就开始在图书馆东翻西看，寻找读书之乐。先从《四库存目全书》《续修四库全书》《四库未收书》等丛书开始作选择性阅读；接着逐册阅读、翻检《清代诗文集汇编》，陆续发现一些前人未曾见到或未曾论及的有关汤显祖研究的资料，于是兴趣就主要集中在资料上。经过多年的阅读、翻检，虽然只是做了几年书虫和文抄公，但也有一些新的发现。为了在汤显祖研究上不与他人重复或少与他人重复，愿借抚州召开汤显祖重大纪念活动的机会，与大家谈谈这些新资料，并分析一下这些资料的研究价值。

一、从汤显祖文献辑佚与考订着手，增加对汤显祖交游的了解

汤显祖文献辑佚不少人做过，如毛效同的《汤显祖研究资料汇编》、徐朔方《汤显祖全集》的辑佚部分，还有江西朋友如龚重谟等从方志、家谱中发现的一些序传，吴书荫、郑志良发现的汤显祖文章等，有相当多的收获。但从明人诗文集中辑录的却还不够。我因借助于"四库"系列丛书，从这些丛书收录的明人文集中，发现了汤显祖为师友、文友所写的六篇序文及一篇游记，即：为何镗《名山胜概记》所作《名山记序》及《记山阴道上》、为彭辂文集所作《彭比部集序》、为陈完所作《皆春园集叙》、为沈思孝所作《溪山堂草序》、为李言恭所作《青莲阁集序》、为周更生所作《虞精集序》。除《记山阴道上》一文于真伪有疑问外，其余 6 篇，都是汤氏为名家文集所作序，也都刻入名家集中，其可信度、可靠性应无疑问。这些佚文，发表后即为徐朔方先生所肯定，随即征询鄙见，将其中四篇收入其新编《汤显祖全集》中。现今又收入上海古籍出版社新版《汤显祖集全编》，以飨读者，以供研究。

辑录佚文,属研究的第一步工作。有了材料,需要作进一步的考订与论证。即考订文字的真伪,阐释汤显祖与文集作者的关系,序文写作的若干背景,论述佚文对了解汤显祖的思想、交游的价值。如汤显祖为彭辂所作序,彭辂比汤显祖年长三十岁,属两代人。彭何以邀请汤显祖为他的诗文集作序呢?查读的结果是,因为彭辂早年就听说汤显祖的文才,对他刮目相看。出于对汤显祖人格学问的仰望,彭的两个儿子,又曾到临川师事显祖多年,彼此的来往沟通就不奇怪了。沈思孝为何也请汤显祖作序?通过了解沈思孝、汤显祖的仕途经历,他们曾在京城上计时有过一次会面。重要的是,沈思孝是反张居正夺情的英雄,因为反对张居正,他被谪戍广东神电卫。汤显祖不满张居正的专横和官场的腐败,也被谪放徐闻,其往来岭表,所居房舍正是沈思孝当年留下的遣戍之所,睹物思人,不能不感慨系之。于是以序表达自己的心迹,显示彼此宦迹与心灵的契合。这两位在政治、文化上有重要影响的人物,在已有的汤显祖年谱中,或尚未留下踪迹,或虽有涉及,却独缺与谱主汤显祖的直接联系,这或是当时不曾得见汤显祖这类佚文的结果。发现这两篇序文,就可以填补此处的空白。可见这样的文字,对了解汤显祖的交游和思想,无疑有重要的意义。

在汤显祖的交游中,还有一位重要人物——李言恭(维寅)。这位李言恭,是随朱元璋造反的开国功臣曹国公、武靖侯李文忠的后人。李文忠的后人经靖难之变,有过衰落反复,但到嘉靖时起用功臣后代,六世庭竹,再袭临淮侯,开府湖湘,领南京军府。七世言恭,字惟寅,号秀岩。生于嘉靖二十一年(1542),卒于万历二十七年(1599)。他在万历三年(1575)袭封临淮侯,环卫侍直,留守南京,十四年调京城,加太保,总督京营,承袭“开国辅运推诚宣力武臣”的官阶。这充分显示了他的家庭背景,社会地位。这种开国显贵后裔,连带自己也袭侯王封号,位至元戎。这在明代文人中可谓绝无仅有。

然而李言恭并非以家庭背景和自己元戎的身份骄人,并以此立足朝野。其实曹国公、临淮侯及其后裔,在明代诸军将中,比较重文教,重读书。当年李文忠虽以贵戚佐太祖于马上,但在诸武将中唯他好读书史,所以开国后兼领过国子监。文忠后裔、言恭之父李庭竹,人称盱山公,开府湖湘,守备南京时,又以“宏德邃学,庄简恤士”著称,故当时人王兆云说:“侯之先实出岐阳武靖王文忠。文忠为佐明元勋,相传从戈矛以翊皇运,而马上诵读,迄成通儒。及宠司成,任兼文武,至今称之。厥嗣盱山公绍承祖烈,开府湖湘,其宏德邃学,庄简恤士,又当文恬武熙,千载一时之会,由是观之,公子之诗学由来久矣。”①钱谦益对李言恭诗文的家学渊源也作了如下的概括:“李氏自岐阳父子,已好文墨,亲近文士。惟寅沿袭风流,奋迹词坛,招邀名流,折节寒素,两都词人游客,望走如鹜。”②这可以大致看出这位万历临淮侯的文化底蕴。

如此,较之前代,李言恭诗作愈多,与文人交往更频繁。据陈田《明诗纪事》及王兆云《皇明词林人物考》,李言恭有诗集四种。一为《贝叶斋集》,王世懋序之。集佚,序见存于《王奉常文集》卷六。言恭府邸有斋名“贝叶”,他曾为此斋题诗曰:“时来杖锡僧,趺坐谈世劫。得悟真菩提,何须翻贝叶。”可见此集主要是与僧人往来之作,主旨多说佛家空寂之教。这大约与深知朝廷斗争的激烈而产生的恐惧感不无关系。二为《楚游稿》,据朱之蕃《盛明百家诗选》的诗人籍贯简介,知它是随其父守湖湘时以出游、访友、宴酬为主要内容的诗集。无锡人俞宪在所编的《盛明百家诗后编》又称之为《李公子集》,实即《楚游稿》。现存诗近100首,都是游历湖湘所作。俞宪的《盛明百家诗》收《李公子集》在隆庆三年(1569)秋,可知它

---

① 王兆云《皇明词林人物考》卷十二,周骏富《明代传纪丛刊》第17册,台湾明文书局1991年版,第743页。
② 钱谦益《列朝诗集小传》丁集,许逸民等点校《列朝诗集》第8册,中华书局2007年版,第4626页。

们是李恭言 24 岁前的作品。三为《游燕集》，今亦不存。顾名思义，这应是万历十四年(1586)他从南京调至北京后的作品。四为《青莲阁集》，十卷，有陈文烛万历辛卯(十九年)序，汤显祖二十三年序。

汤显祖为李言恭《青莲阁集》作的序，题为《李秀岩先生诗序》，原汤显祖诗文集缺载。其文曰：

> 昔先王治军以礼。太师持六同之音，以听其风。俎豆弓矢，其道不异。盖时天子六卿，六师帅也。下及春秋列国之卿，将三军者，必且于名誉甚都。如云郤谷，说诗书，敦礼乐，其浅者耳。故其军旅誓告之文、宾客劳赠之纪，各称《诗》引《礼》，学而后政可知也。师固邦政。无学而以军，此其于折冲也，必不在尊俎间矣。观惟寅有昔人之思焉。其于戎政也，若汉南北军皆隶之矣。咏其《青莲》《贝叶》诸篇什如干，一何暇也。天子大搜、和戎、宴对之事，父子弟兄宾游、山川花鸟之观，行役瘁愉，一付之声诗。节和而锵，致蔚而亮。无论归来笳鼓，徒步山冈，即春秋列卿，酬奏音旨，当不是过。盖予于惟寅，游十余年矣，入都见其居处，供具萧然也。惟寅曰：吾名为侯，其实一禅那耳。唐人以诗思清，为"门对寒流雪满山"，所致惟寅诗，其亦有清寒之色耶？善哉，太仓王奉常之言：他公侯好子女、玉帛、狗马，而惟寅好诗。嗟乎，子女、玉帛有尽，而风雅无穷。惟寅其不朽矣。
>
> 万历二十三年仲春上浣日　临川汤显祖谨序①

汤序的前半，从李言恭既是武臣又是诗人，既执兵权又操文柄的特殊地位出发，故始自先王的治军，说到战国的将军；从军旅之事，说到诗书礼乐之事。序文所说的先王治军之道，天子六师之制，以及郤谷说诗书、敦礼乐等事都是依据儒家经典概括出来的。如《尚书·周官》谓天子六卿：冢宰、司徒、宗伯、司马、司寇、司空。其中司马有掌邦政，统六师，平邦国的权力和责任。天子即为总的统帅。周时六师，都重礼乐，不仅大小司马教战之法，要行祭祀，修祭礼，钟鼓之乐相随；大小宗伯更以执掌邦礼为主要任务，下有乐师教舞，大师掌六律六同(六吕)，教风、雅、颂、赋、比、兴等六诗。《礼记·哀公问》说："军旅有礼，故武功成也。"到战国时代，这种传统还有所保存。当时统帅三军的将军，也都熟悉诗书、礼乐，如《左传》记僖公二十七年，楚与诸侯围宋，宋君到晋国告急求救，晋国君臣议定借春猎(搜)为名，以解宋国之围。他们在为挑选元帅而犯愁的时候，赵衰提出："郤谷可。臣亟闻其言矣，说礼乐而敦诗书。诗书，义之府也；礼乐，德之则也。德义，利之本也。"郤谷就凭着熟悉诗书、礼乐，做了元帅，赵衰、先轸等将军只好做了副将。在城濮之战中，一战而霸。这也是当时的治军、打仗需要发布誓词文告，需要应酬赠答，需要赋诗言志，所以仍然很注重诗书礼乐的应对能力的反映。汤显祖从这里得出结论：学而后可以为政。没有学问而治军，没有较深的文化修养而为军旅之事，那就不能发挥文化积累的优势，发挥文化的智慧，以至在诗书礼乐、杯酒言辞之间，巧妙地化解冲突，化干戈为玉帛。这大约是汤显祖对军事家及如何化解军事冲突的美好期望。

汤显祖论先王治军，或论"学而后政"，都是为了引出李言恭身兼文武、集武事和文事于一身的双重身份。序文说他，作为武臣，本职是京城侍卫，京营总督，职责相当于汉高祖时负责管理京师护卫的"南北军"。②既然从事于"戎政"，其中就有天子大搜、和戎、宴对之事，有酬奏音旨、行役瘁愉之劳。寥寥数语，

---

① 李言恭《青莲阁集》，见《四库未收书辑刊》第五辑。
② 俞正燮《癸巳类稿》卷十一，《续修四库全书》第1159册，第492页。

概括了李言恭军政生活的内容。然而他是"学而后军",才兼文武,故无论"归来筅鼓"或"徒步山冈",他都付之诗歌,而且都写得"节和而锵,致蔚而亮"。"归来筅鼓"泛指军旅生活,"徒步山冈"概指闲居生活。两重生活,他都写得音节铿锵,文词清亮,几乎与春秋列卿相比美。这一评价很有溢美之嫌,作为序文,汤氏亦必不能完全免俗尔。

序文的最后部分说自己与李言恭的交往以及从交往中认知李氏的为人。汤显祖说到,他与李氏交往达十余年。后到北京,还到过他的居处,曾见到堂堂侯府,竟然"供具萧然",几乎看不到什么摆设。这应了王奉常(世懋)的话:其他公侯,都喜好子女、玉帛、狗马,也即沉湎于声色的享受,而惟寅独好写诗谈诗,趣味就与一般王公贵族不同。惟寅还亲自跟他说过:"吾名为侯,其实一禅那耳!"这大致是实话。从他的诗集中可以看到,他与僧人交往很密切,诗的内容也喜谈禅理。前引《贝叶斋》诗,已看到那部诗集的主题曲即求悟真菩提,其代表作《青莲阁集》的自题诗也说:"面面起青山,蒲团自愉快。时有老瞿昙,来话青莲界。"也是与老僧坐蒲团谈莲花妙谛的生活。此外,他还时常到名山宝刹访僧谈玄。如其《过广济寺赠宝藏上人》:"一谈名理罢,回首万缘轻。"受到名僧的启发,什么都不在意了。确有禅那的悟性。这些都可以看到,这位武臣和王侯后代在明代激烈的权力斗争中已想尽力逃出漩涡,并出现了性格的极度扭曲。然而在汤显祖看来,正因为有这样的生活,这样的性格和情致,李言恭的诗风就形成了"清寒"的特色。它们都带着一种清净、悠闲、清冷的色调。汤显祖用唐代诗人韦应物《访王侍御》中的诗句来作譬喻,谓之清、寒。韦诗说:"怪来诗思清人骨,门对寒流雪满山。"这把清冷、幽寒之色形容得十分生动。自然,李言恭的诗思并不全为"清寒",前引《团营阅武》诗就有些雄浑、热烈,不过这类诗也极少;如就《青莲阁集》的总体风格而言,"清寒"这一概括则无疑把握了要点,而切中肯綮。

序文的结尾,汤显祖说他风雅无穷,可以不朽,这固然是序文例行的客套话,但由于李言恭具有武臣与文臣、公侯显爵与禅那诗人的双重身份,又作了那么多有一定特色的诗,他在当时诗坛上可谓绝无仅有,因而以其独特性占有了一席之地。加之他的诗尚具有一定的水平,故《列朝诗集》《明诗纪事》《诗薮》都存其诗。他的诗集也有两种流传了下来,似都可以说是风雅未灭,久而未朽了。汤显祖的话倒像是对今日状况的一种预言。

序文在汤显祖的交游上提供了一个新情况、新信息。以前,我们很少说起汤显祖有这样一位上层文友,更不知道他们之间来往有十余年。我们读汤显祖诗文集,可以看到一篇题为《李惟寅宅恭阅洪武天容衡岳碑有赠》的诗,①一般也不知这位宅主是什么身份,汤氏与宅主有什么关系。虽说,没有这篇序要找出李惟寅的身份地位并不困难,但要了解他与汤显祖的来往、情谊,这篇序文提供的信息就更丰富了。有了这篇序,有关李氏的背景、为人、作品以及他们之间的交谊等疑问都可以迎刃而解。这是该序在了解汤显祖的交游上的价值。其次,因为知道汤、李有十余年的交情,也就可以理解,汤氏至京何以愿意出入李侯贵宅;李氏也愿意把祖上传下的天容衡岳碑文请汤显祖观赏。汤显祖在这首诗里,说他"神爵推恩接上勋,列侯人地恋推君……画省半参江左客,柳营初按殿前军。"说他的出身,说他的人望,说他身边有不少金陵的文士,说他初来京城总督兵营。可以说句句落实,毫不走样。它对理解这首诗无疑有直接的帮助。其三,我们知道,李言恭在万历十四年二月奉调北京,而汤显祖在十五年以"京察"到过北京,这首诗当是

---

① 徐朔方笺校《汤显祖诗文集》卷十,上海古籍出版社 1982 年版,第 367 页,未加注。同氏《汤显祖全集》笺校,北京古籍出版社 1999 年版,第 230 页,始加笺注。

这次在京会于李宅所作。"柳营初按殿前军"正是纪实。因此,这对于考定该诗的写作年月亦是很好的证明。

二、阅读佚文,意外发现了一位剧作家

以前我们不知道明诗人陈完,更不知道明剧作家陈完。前人戏曲目录,现今各种戏曲目录,都没有这位剧作家的身影。前些年读到陈完《皆春园集》,又读到汤显祖为此集所作《叙》,意外地发现了陈完不但是嘉靖间的一位诗人,还是撰写过二十余种剧作的剧作家。

南通陈氏,晚明时是当地望族。据明《通州志》,乾隆《直隶通州志》载,通州陈氏自陈尧始,有过一门三进士,数名宦,入乡国学者数十人的光荣。如陈尧,嘉靖十四年进士,官工部侍郎、刑部侍郎。有《梧冈文集》等著作。陈完,嘉靖二十五年中南畿乡魁。侄子大科,隆庆五年进士,历任兵部右侍郎,总督两广,晋右都御史。大壮,嘉靖四十一年进士,由中书擢刑部郎,转山东左参政。于此可见陈完家庭的政治背景和文化氛围。陈完因为没有中进士,未做官,所以有兴致写写诗,有条件在家里养戏班,写剧本,享受娱亲游宾之乐。

陈完著有《皆春园集》《海沙文集》《崇理编》等数种,多散佚无存。《皆春园集》虽存世,也是罕见之书。只有到《四库存目全书》出版后,才容易见到。《皆春园集》只收诗,并不收剧。但从汤显祖所作叙,可以知道陈完教戏、撰剧、演剧的情况。现将汤显祖《皆春园序》摘录如下:

> 通州桐柏水之南,与姑苏挟海焉。姑苏多文人,或父子兄弟相世,以海为灵。通当亦有然者。后从长安见陈思进省郎,貌敦而蕴,明示我其父书,为司寇,甚流博焉。客曰:非徒其父子然已。省君之季父为孝廉名甫,亦盛有所蓄。不能去太夫人,方壮,遂绝意都试。稍有诗歌文集如干卷,杂剧二十种余。整御流映,各极其体,如其人。斯亦能世其家,钟海之灵也。……然如小子,为孝廉,放矣,稍读书,然不能于世忘,所读书复因忘去。尝以小乐府讥涉时贵,俗相为疵,吾悔前时数上春官仕矣。如陈名甫者,岂不为善用其孝廉者乎?笙歌华黍以娱其亲,清讴少吕以游其宾,海上之欢已为至矣,此天下孝廉人所不能晓取者,篇可无传乎?已而其从子思受君来言曰:且传矣。因以予言为端云。①

此序简述了陈完的家庭环境,指南通与苏州挟海相望,姑苏多文人,南通亦复如此。又叙到陈完绝意都试,不愿做官,而作有诗若干卷,可见他是一位诗人。尤其值得关注的是,汤叙说陈完撰有杂剧二十余种,"笙歌华黍以娱其亲,清讴少吕以游其宾",足以尽海上之欢。这就使我们了解了明嘉靖间南通一位不应忽视的文学家和剧作家。也许因为陈完家处海隅,交游不广,又仕途困厄,绝迹公门,其戏剧活动与创作就少人知,以致前代与今人所有明杂剧目录、传奇目录或通代戏剧目录,都没有著录这位剧作者的剧作,不能不说是文献目录上的一个欠缺。汤显祖序可以帮助我们填补戏剧目录的一个空白。

汤显祖序外,我们可以在陈完集中看到一篇重要文献:《词场合璧小引》。《词场合璧》是一部什么样的书,史志中或未加说明,或连书名也未著录,因而不明所以。张慧剑先生好像是唯一见过汤氏序的研

---

① 南京图书馆藏万历刻本,《四库全书存目全书》集部影印本,第 182 册,第 741 页。

究者,在他的《江苏文人年表》"1590 年"的记事中,有"江西汤显祖此际序通州陈完集,谓完著有杂剧二十余种"的纪录,这很有价值;但同书"1546 年"的记事中,却说:"(陈完)所著有《皆春园集》,杂剧二十余种,所辑有《词场合璧》十卷。"明显将杂剧二十余种与《词场合璧》并列,似乎在杂剧二十余种外,还另有一部《词场合璧》。称该书为陈完"所辑",似又是辑录或编纂多人作品集一样,并使人疑为词类辑录的著作,这都是未见《皆春园集》中的《词场合璧小引》而生的误会。为廓清这些迷雾,谨将这篇小引逐录于后:

《词场合璧》小引

古之贤达,甘于隐沦者各有所托。或托之诗,或托之酒,或托之声色,要非无意者也。余初以母老,绝意公车。已而母殁,无心捧檄。且鄙性不羁,又不能仆仆以逐时好。见世之升沉靡定,胜负不常,总是逢场作戏,于是感时忧事,触目激忠,辄著杂剧、填新词,久之遂成十余种。凡声之高下、字之阴阳,靡不统之九宫,得之三昧。揣切分别,务臻妙境,不然不已也。至于伎俩杂陈,每顾周郎之曲;宫商迭奏,颇善中郎之听。虽奇事足堪抵掌,而良工未免苦心矣。然戏,戏耳。余固托之乎戏,大都本人伦,阐世教,即感应可以观父子焉,触邪可以观君臣焉,轮回可以观人生之变幻焉。而诸本又以四乐为首,四乐者,余之所托而寄者也,盖有深意焉。岂徒流连光景,以耗壮心,颐养情性,以遣余年已哉!比岁杜门抱肩,百念俱废,回视旧业,如弁髦然。偶检笥中,不忍自弃,汇成十帙,贻厥同好。见余之托此,亦不为无意云。[1]

《小引》说及作者自己的经历,生活态度,创作杂剧的背景,剧作的主旨、内容,而且全是作者夫子自道,其真实性与重要性毋庸待言。读了《小引》,便知道所谓《词场合璧》,其实就是作者的杂剧集。"词"是明代人对"剧"的习惯指称。如《南词叙录》以南词称南戏,李开先《词谑》除偶尔论及散曲外,主要以"词"称杂剧传奇。陈完以此名其剧集,合乎当时的习惯。作者写了剧本,又经家班作过演出,晚年家境变化,撤弦罢曲,但敝帚自珍,不忍自弃,于是自辑自编,汇为十帙,就是这部《词场合璧》。所以,除这部剧集外,并无别的"杂剧二十余种"。集虽编好,可能并未刊刻,所以地志编者不明其详,著录紊乱,剧佚,后人就更不知其然了。

读汤显祖序发现了一位剧作家,是阅读中的意外收获。笔者后来读清人诗集,见到更多的新剧目、稀见剧目,这是后话,此处省过。

三、阅读、发掘前人涉及汤显祖评价的诗文,可以加深对汤显祖的人格、才华、剧作的文化价值的认识

王国维在《录曲余谈》中说:"义仍应举时拒江陵之招,甘于沉滞。登第后,又抗疏劾申时行。不肯讲学,又不附和王、李。在明之文人中,可谓特立独行之士矣"。[2] 由于这样的特立独行,他的风骨和见识,

---

① 《皆春园集》卷三,《四库未收书辑刊》第五辑。
② 王国维《录曲余谈》,《王国维遗书》,上海古籍出版社 1983 年版,第 8 页。

以及杰出的诗文戏剧成就,汤显祖在当时就受到热情的推崇和高度评价。他离世以后,直至入清,社会环境改变,社会矛盾变化,他的"四梦"仍然享有崇高的赞誉,得到持续的追捧。清代诗人各以自己的视角、语言、标尺,赞扬他的品格和艺术成就,留下脍炙人口的诗篇。很值得作深入研究。这里以所见清人诗为例,研究清代诗人如何评价汤显祖的人生经历,热评他的"四梦",再塑他的形象。这在认识汤显祖和他的剧作的传承中无疑有重要意义。

1. 钱谦益:确立汤显祖"四梦"的大雅地位

钱谦益与汤显祖虽然没有见过面,但二人曾有书信来往,交情很深,文学见解契合。汤显祖的文集编成,托人带到常熟请钱谦益作序。钱谦益也不忘汤显祖对自己文学道路上启发引导之功。钱氏在与友人书中,多次谈到,自己十六七岁学古文,一头钻进后七子复古的圈套里,是李长蘅、程嘉遂、汤显祖把他从剽窃唐宋的歧路上扭转过来。由于这种启迪,在七子之外,知道有六朝、有白居易、有三苏父子、有宋濂、有归有光。所以他为汤显祖文集作序时,反复为世上无人知道、理解汤义仍而愤愤不平。议论中"未尝不喟然太息也"。钱氏在《列朝诗集小传》为汤显祖写作传略时,也盛赞汤显祖的才华、风骨,以及诗文成就。这些都是钱谦益对这位文学引路人深厚感情的流露。

钱谦益喜爱汤氏的剧作,观演过《邯郸梦》《牡丹亭》,都留有诗。观演《邯郸梦》有"邯郸曲罢酒人悲"之句。① 观演《牡丹亭》则言"台上争传寻梦好,恰留残梦与君看"。② 这都是有感之言。

他在《姚叔祥过明发堂共论近代词人戏作绝句十六首》第二、第三两首说:

> 一代词章孰建镖,近从万历数今朝。挽回大雅还谁事,嗤点前贤岂我曹。
>
> 峥嵘汤义出临川,小赋新词许并传。何事后生饶笔舌,偏将诗律议前贤。③

钱谦益领袖明清之际文坛数十年。他曾选录有明二百余年、一千六百余人的诗作编为《列朝诗集》,并对这些诗家的成就得失作过精到的评述。这两首诗,前一首回顾明末至清初的诗文家、词赋家,他以万历以来的词家(指剧家)为前贤,认为他们理应得到应有的尊重。后辈不应该随意加以嗤笑。这虽是两首绝句,却辞短意长,诗中提出:明末以来,是谁在挽回颓风,让戏剧回归大雅?是谁在磨砺锋刃,建立新的标识?这就把汤显祖的作品放在时代和戏剧发展的重要地位上来观察"四梦"的思想,观察他在艺术发展中的意义。后一首直说汤显祖。他以为这位诗文家和剧作家是磅礴而出、峥嵘而生的人物。他的词赋戏曲,都照耀当代,可以流传后世。一些后生,不知深浅,他们不能领会和认识汤显祖剧作的精神和文采,理解他的意趣神色,却假借诗律韵律,妄发议论,嗤笑前贤,这只是一种言不及义的饶舌工夫。从这里可以看出钱谦益对人云亦云、妄发议论的不屑。这与杜甫《戏为六绝句》批评当年轻薄为文者嘲笑"初唐四杰"一样,杜甫说他们是:"尔曹身与名俱灭,不废江河万古流"。后世的饶舌者,自然也无法遮掩汤显祖的光芒,阻挡汤显祖被称作"小赋新词"的剧作传流后世,光照后代。这是钱谦益为捍卫汤显祖的文学地位、戏剧地位所作的努力。它在清人对"四梦"的评价中起有关键的作用。

"大雅"指才德高尚、文字雅正,汤显祖的剧作既挽回剧坛的颓腐之风,又建立起雅正的标的,是钱谦

---

① 钱谦益《有学集》卷四,钱仲联标校《钱牧斋全集》,上海古籍出版社2003年版。
② 钱谦益《初学集》卷十六,钱仲联标校《钱牧斋全集》,上海古籍出版社2003年版,第575页。
③ 同上,卷十七,第601页。

益对汤显祖剧作非常高的评价。这一评价标准在当时就得到呼应。如王夫之《夕堂永日绪论》在比较明代复古派与高启、汤显祖等人的不同时,把所谓大家,归于艺苑教师,而将高启、汤显祖、徐渭等人称为各擅胜场的风雅之士。王船山就教师与高手,艺苑匠人与有性情、有兴会、有思致、有灵警的风雅之士作对比。他引李文铙的话说:"好驴马不逐队行"。明复古派中,自立门庭与依傍门庭者皆逐队而行者也,也就不是好驴马了。[①] 这是非常生动的比喻。这里所谓的"教师",只指那些无见解、无创见,只会按照教条,循规蹈矩、照本宣科的教书匠,他们不立门户,却也无真性情。就像普通驴马,随着马队,逐队而行,不敢越雷池一步。就像艺术家中没有创造性的工匠,只能模仿,不能创新。这样既束缚自己,又束缚别人。这算不上是好驴马。而艺苑高手,风雅之士,则横空出世,飞行于绝壁悬崖。他们有自己的追求,自己的道路,虽不按部就班,逐队而行,但光焰照人,无可掩抑,这才是好驴马。这就把汤显祖与一般的词曲家的不同区分得十分清楚了。这是对汤显祖所作的整体观照,与钱谦益的看法异途同归,在认识汤显祖的人格和艺术成就上有重要启迪。

2. 顾嗣立心目中的贤人与仙才

顾嗣立喜看《牡丹亭》,其《秀野草堂诗集》留有两首观演《牡丹亭》诗。已录入拙著《明清戏曲:剧目、文本与演出研究》中,此处从略。司马迁说,观其文亦想见其为人。顾嗣立观《牡丹亭》,对汤显祖也是:观其剧,亦想见其为人。他是把汤显祖看作一位有学问、有见识、有安邦治国才能的贤人来看待的,而不是只把他看作一个普通的剧作者。这有其《读玉茗堂集有感二绝》为证。诗云:

> 公孙东阁为谁开,不放贤人一个来。收拾雄心传四梦,枉教玉茗费仙才。
> 平生百拜服临川,屈抑虽同亦偶然。欲续还魂才思减,空将哀怨托湘弦。[②]

第一首开头两句,说的是汉武帝时,公孙弘受到舆论攻击,说他做了御史大夫,俸禄很多,却穿普通的衣服,用普通的用具、衣被,是一种做作与欺诈行为。武帝问他是不是这样?公孙弘回答说:说得对啊,他们说到了我的痛处。我听说,管仲做齐国丞相时,娶了三位妻子,其奢侈简直与君王差不多,但齐桓公终于称霸。晏婴做齐景公的丞相,吃饭时不吃两份肉食,妻妾也不穿很好的衣服,齐国也治理得不错。可见丞相无论奢侈还是廉洁得如同百姓,都可以把国家治理好。我如果不是这样平民化,皇上恐怕听不到这样的意见。武帝认为他说得对,有礼让之德,后来就让他做丞相并封平津侯。武帝还借此下诏广开贤路,说要学习古人:"任贤而序位,量能以授官。劳大者厥禄厚,得盛者获爵尊。"(班固《汉书》卷五十八)汉代从公孙弘开始,以丞相而封侯才成为常态。公孙弘于是造客馆,开东阁以延聘贤人。诗中所谓公孙弘开东阁招揽贤才的故事即源于此。

但东阁虽开,到他这里来的,都是旧友故交和一些宾客,家里的俸禄花光了,有德有才的贤人却没有招到。而且公孙弘本来就妒贤嫉能,杀主父偃、迁徙董仲舒,都与他有关。他死后,接任丞相先后有李蔡、严青翟、赵周、石庆、公孙贺、刘屈牦,那就不管、不理"东阁招贤"这事了。公孙弘丞相府的客馆、东阁,后都成了废墟,甚至成为马厩。所谓招贤,也就付之东流,故诗谓"不放贤人一个来"。

---

① 王夫之《姜斋诗话》,见《船山全书》第 15 册,岳麓书社 1996 年版,第 831 页。
② 顾嗣立《秀野草堂集中》卷十五,《清代诗文集汇编》第 214 册,第 305 页。

顾嗣立用公孙弘的故事意在说明汤显祖的遭遇。汤显祖早承家教,要求"文比韩柳欧苏,行追稷契皋虞",胸有豪杰之气,本可以大用,而先后遭遇到的丞相级实权人物如张居正、张四维、申时行、王锡爵等人,反使愿望成了泡影。张居正欣赏汤显祖的才华,却只是想让这位人才做他儿子登上进士的陪衬。万历十一年登第后,申时行、张四维也想把汤显祖招致门下,汤显祖以"木强之性",不愿攀附权势而拒绝招揽,被打发至南京太常寺,作闲部冷郎。而王锡爵之为人,史书载:"为相三年,忠臣贤士悉被斥退,佞夫险人蹿跻显要"。① 这些丞相首辅之臣,是不会为他开启公孙东阁的,所以汤显祖一生仕途坎坷,没有施展抱负的机会。顾嗣立认为,汤显祖既然受制于人,无法在政治上有大的作为,就把他的才华和雄心收束起来,把他的才华用到"四梦"的创作上。这无疑是才非所用,属无可奈何之举,故诗称"收拾雄心传四梦,枉教玉茗费仙才",意在为汤显祖不能于仕途经济有所大用而深表惋惜。这说明,同传统文人的见解一样,顾嗣立眼中的汤显祖,首先是一位具有经国才略的政治家,文学,尤其是戏曲,只是末事,是不得已而为之。

即便如此,汤显祖的文才也非他人可比。他一旦投身所谓的"乐府""小词"之作,他的"四梦"在难以数计的传奇作品中,也别开生面,独树一帜。故顾嗣立虽觉汤显祖政治上屈才,戏剧中却崭露头角,从而对他的戏剧无限喜爱,诚心拜服。"平生百拜服临川",即表达他对汤显祖戏剧才华的折服。此外,他觉得自己与汤显祖在社会上的坎坷和遭遇有些类似,自己也想续写《还魂》之作,但又觉得才思文采不能与汤显祖相比,只好放弃这样的打算,而热衷观剧、议剧,在剧场演出的管弦声中,寄托自己的悲哀了。这些可以看到顾嗣立观看"四梦"演出特殊的心理表白,这在诸多观演"四梦"诗中极为少见。

3. 陈瑚之称临川为"狂流一柱"

如皋冒襄的水绘园,是清初以"世乱不出"的诗文家,如陈维崧、吴应其、许承钦、邓汉仪、陈瑚、瞿有仲等人,聚会、演剧,议论时政、讨论人生哲学之处所。其得全堂演出剧目有《浣纱记》《红梅记》《玉簪记》等历史剧与风情剧,而以汤显祖的《牡丹亭》《邯郸梦》《紫钗记》最为多见,《清忠谱》《秣陵春》等政治时事剧同样受到青睐。阮大铖的《燕子笺》在艺术上受到赞赏,而剧作者则成为观剧家嘲笑抨击的对象。看过得全堂的演出,这些朋友知交互相唱和,留下了许多观剧诗文,不少名篇佳什。冒襄与其后人汇集这些诗文,编为《同人集》十二卷。此书详细记录了这些同声相应、同气相求的"同人"们相互间的经历、友情和观剧感受,有重要的文化史和戏剧史价值。

陈瑚(1613—1675)是明清间著名的诗文家和学者,太仓人。崇祯进士,入清后绝意仕进,专事著述。作为明代遗民,他与冒襄交往甚密,是得全堂观剧的座上客,共同观演过《邯郸梦》《狂鼓史》《青冢记》《燕子笺》等剧目。他于顺治十七年观演《邯郸梦》后,作《得全堂夜燕后记》。记中说:"伶人歌邯郸梦,……主人顾予而言曰,嗟乎,人生固如是梦也,今日之会其在梦中乎? 予仰而叹,俯而踌躇,久之乃大言曰:诸君子知临川作此之意乎? 临川当朝廷苟安之运,值执政揽权之时,一时士大夫皆好功名,嗜富贵,如青蝇,如鹜鸟,汲汲营营,与邯郸生何异。"此时,他想起汤显祖多次拒绝执政大臣的招揽,又出于义愤,凛然上疏,弹劾执政大臣与辅政大臣结党营私,卖官鬻爵,中饱私囊种种政治弊端,遭受贬官后愤然辞职。陈瑚不由不赞叹道:"若临川者亦可为狂流之一柱也。其作《邯郸》也,义形于外,情发于中,冀欲改

① 张廷玉等《明史》卷二百三十。

末俗之颓风,消斯人之鄙吝。一歌之中,三致意焉。呜呼,临川意念远矣。"①他无疑把汤显祖看作明代晚期腐败政治中的中流砥柱,把《邯郸梦》看作涤荡社会末俗,扫除士子钻营、贪鄙颓风的清醒剂。陈瑚以"狂流一柱",来概括汤显祖在明代政治生活、社会生活中的作用,显现了汤显祖道德人格的力量,也显示了汤显祖在晚明戏剧文学上独有的地位。陈瑚的这种评价,无论在当时和后世对了解汤显祖和《邯郸梦》都有重要的启示意义。

四、读明清人诗,可以加深了解"四梦"演出的盛况

戏曲固是案头之作,也是场上之曲。戏剧的流播必须借助演出才有生命力。因此在文本研究外,关注、重视《牡丹亭》及其余三梦的演出,也十分重要。过去学者,重文本,轻演出,对"四梦"演出史关注较少,所以对"四梦"演出状况,演出史实所知不够详细。文章著作中常出现与史实不符的论断。笔者翻检了明人诗文,清人的诗文集,看到明清文人所作观演"四梦"留下的诗文,如从邹迪光《石语斋集》所见演《紫钗记》演出,杜诏《云川阁集》所见观剧八首,杨士凝《芙航诗襭》所见观演《南柯记》等等,使我对明清以来"四梦"演出的场景,观演人士,演出时间,及观演者的观感等,有了更直接的认识,丰富了我对"四梦"演出过程的了解,看到了汤剧在明清舞台上的生命力。

特别有意味的是,康熙初宋琬在杭州演出《邯郸梦》,引起数位著名诗人作诗填词,抒发感情,表现了这些文人观演《邯郸梦》的人生领悟,是文人官场受挫后一次集体的感情释放,值得研究。

康熙四年,宋琬在杭州,曾招王士禄(西樵)、林嗣环(铁崖)、曹尔堪(顾庵)、王追骐(雪洲)宴集,观演《邯郸梦》。五人作诗词记其事。

王士禄诗集《十笏草堂·上浮集》,有《荔裳席上观演〈邯郸梦〉剧歌同顾庵学士作》,诗谓:

> 前年拥传邯郸道,红旆青油心草草。风尘回首黄粱祠,已向烟霞嗟潦倒。去年请室披银铛,鬼门人鲊纷相望。只愁恶梦不得破,华亭鹤杳青天长。今年春风殊浩荡,青鞋布袜西湖上。还策卢生旧蹇驴,故人相见欣无恙。于中曹宋尤情亲,两公亦是支离人。间阔崎岖重握手,各道中情难具陈。宋公顾我言,吾曹良苦辛,何以娱乐开心神?玉茗老子善说法,千年欲使炊粱新。好向场中看幻灭,了知万事如前尘。鼓吹阗阗间箫管,阳羡鹅笼事非诞。凄风苦雨杂阳春,浮云变态无停缓。邛崃九折悲羊肠,高牙大纛还堂堂。宋公慷慨催行觞,大叫丈夫会有此,吾曹七尺元昂藏。王生摇头谓否否,此意狂奴不复有。无梦唯期效至人,大开双眼邯郸走。举向曹公何者然,曹公两俱无褒弹。但言丈人且安坐,难得今朝壁上观。②

诗写于乙巳,即康熙四年。诗首先回忆作者与宋琬、曹尔堪前年路经邯郸,去年都银铛入狱,曾入鬼门关,险成人肉。今年放出,始有幸相会于西湖。宋琬为让几位精神与肉体都受过伤害的朋友消解苦闷,选了汤显祖的《邯郸梦》来演出消愁。看戏当中,既有凄风苦雨,又有春风得意,情节变幻曲折。高兴时

---

① 《四库存目丛书》集部,第385册,第448页。
② 王士禄《上浮集》卷二,《清代诗文集汇编》第98册,第691—692页。

张坚《玉燕堂四种曲》
对汤显祖"主情说"之承继与开拓

陈新瑜

前　言

《荀子》卷十四《乐论篇》言道："夫乐者,乐也,人情之所必不免也。故人不能无乐。乐则必发于声音,形于动静;而人之道,声音、动静、性术之变尽是矣。故人不能不乐,乐则不能无形,形而不为道,则不能无乱。先王恶其乱也,故制雅颂之声以道之,使其声足以乐而不流,使其文足以辨而不谒,使其曲直、繁省、廉肉、节奏足以感动人之善心,使夫邪污之气无由得接焉。"①于中国文艺理论史上,最早揭诸文艺与情感之关系者,乃荀子《乐论》,其所言之"乐",不仅止于喜乐,更泛指广义之七情,然儒家诸子在肯定情的同时,更强调导情与节情之功,如上引《乐论》之文,其言由于情感宣泄之需求而有乐的产生,然"乐则不能无形,形而不为道,则不能无乱",是故,乐应有其导情功能,"使其曲直、繁省、廉肉、节奏足以感动人之善心,使夫邪污之气无由得接"。由上可知,传统儒家观念认为,"矫饰人之情性而正之,扰化人之情性而导之",因此,在肯定人之情感的同时,亦反对情感的放纵,故要以礼义规准约束情感之滋壮。

荀子所倡言之导情论,虽以"情"为出发点,然不可讳言,礼义之说无疑是对文艺发展之阻碍,故而历代创作者为摆脱礼教之羁,往往以"任情"对抗儒家之"节情",于此之中,最受注目者,莫过于明清戏曲理论中之"主情说",其产生于明代中叶以自然为本,表现真实情感之思想浪潮中,由泰州学派、李贽倡其开端,汤显祖集之大成,"主情说"反对传统僵化理学,反对模拟之风、文学教条,讲求独创与性灵,倡议表现真实人性,发抒真切情感,成为明、清二代戏曲创作与批评之主流。

清代戏曲家张坚,字齐元,号漱石,别号洞庭山人,江苏江宁(今南京市)人。张士生卒年之说有三,其一,生卒年不详;②其二,生卒年为清康熙二十年至清乾隆二十八年(1681—1763);③其三,根据杨恩寿《词余丛话》卷三记载张坚于清乾隆三十六年(1771)宿钱塘酒家之事,可知其享年应于九十一岁以上。若依据《玉狮坠·自叙》可知其"少攻时艺,乡举屡荐不售",后"焚稿出游,转徙齐鲁燕豫间"且"交游日益广,而穷困如故也"。张氏博学多才,通音律,善词曲,曾作《江南一秀才歌》,藉以抒发胸中抑郁,时人遂称"江南一秀才"(唐英《梦中缘·序》)。其著有传奇《梦中缘》《梅花簪》《怀沙记》《玉狮坠》,合称《玉燕堂四种曲》。④

以汤显祖为首之晚明临川派主张以情作剧,而清人张坚继承其说,延续临川派主情之观念,强调"以

---

① 王先谦《荀子集解》,华正书局 1988 年版,卷十四。
② 蔡毅《中国古典戏曲序跋汇编》,齐鲁书社 1989 年版,第 1681 页。
③ 齐森华、陈多、叶长海主编《中国曲学大辞典》,浙江教育出版社 1997 年版,第 165 页。
④ 张坚《玉燕堂四种曲》,王鲁川刊行清乾隆十六年(1751)本。以下所引该丛书,皆据此本。

想造情,以情造境",藉由剧作传达情观,以梦入戏,以戏传情,其特色与临川派莫不契合,高文彦《晚明剧曲家流派研究》中更将张坚与洪昇并列为"临川派之余响"。[①] 本文即是以汤显祖"主情说"为出发点,论述张坚《玉燕堂四种曲》对"主情"思想理论与创作方法之承继与开拓,冀能由此明晰张坚戏曲理论及其创作之关系。

一、主情说之先声

明代中晚期,社会文化剧烈变动,经济发展兴盛、印刷事业发达、通俗文学兴起、商人地位提高,社会风尚产生急遽变化,此外,官学化之程朱理学已然僵化,文坛上出现一波以自然为本,表现真实情感之思想浪潮,其反对形式化的文学教条,讲求独创与性灵,此风在晚明文坛造成极大影响。欲论汤显祖与主情说之关系,则不可不言此说之发展,概述如下。

(一) 王艮

王艮(1483—1541),原名银,字汝止,号心斋,身为泰州学派一代宗师,其继承王阳明之思想,并进一步地将心本论转而为身本论,在阳明心学的基础上,主张以身为本,其哲学、美学思想,不仅对泰州学派后学及明清学者产生深远影响,更对明中叶以后之文艺思潮产生前导作用。

1. 百姓日用即道

王艮《心斋语录》曰:"圣人之道,无异于百姓日用,凡有异者,皆谓之异端。"[②]又言:"愚夫愚妇与知能行便是道,与鸢飞鱼跃同一活泼泼地,则知性矣。"[③]文以载道、文以明道乃传统儒家文艺美学之首要命题,王艮则融通圣人与百姓、理想境界与日常生活、心灵本体与世俗情欲的界线,肯定人的存在价值和生活意义。就治学而言,讲究"心悟"、"独解",跳脱传统经学注疏范畴,反对章句诵习,讲经说书,多发明自得。就文学而言,"百姓日用即道"正为以村夫俚妇、日常生活为题材之小说、戏曲等通俗文学提供有力支持,使平民化之审美倾向蔚为风尚。

2. 身本论

朱熹以理为道之本体,即为"理本论",王阳明以心及良知为本体,乃"心本论",而王艮则以身为本,系属"身本论"。王艮言之:

> 身与道原是一件。圣人以道济天下,是至尊者道也。人能宏道,是至尊者身也。尊身不尊道,不谓之尊身;尊道不尊身,不谓之尊道。须道尊身尊,才是至善。[④]

由引文观之,其将形而下之"身"地位提高至与形而上之"道"相齐,为"身"重新定位,亦对人欲重新评价,其言:"天理者,天然自有之理也,才欲安排如何,便是人欲。"[⑤]王艮将"天理"释为天然自有之欲望,将"人

---

① 高文彦《晚明剧曲家流派研究》,台北市立师范学院应用语言文学研究所 2005 年硕士论文,第 231 页。
② 王艮《心斋语录》,黄宗羲《明儒学案·泰州学案》,世界书局 1961 年版,卷三十二,第 316 页。以下所引该书,皆据此本。
③ 王艮《心斋语录》,黄宗羲《明儒学案·泰州学案》,卷三十二,第 316 页。
④ 王艮《心斋语录》,黄宗羲《明儒学案·泰州学案》,卷三十二,第 316 页。
⑤ 王艮《心斋语录》,黄宗羲《明儒学案·泰州学案》,卷三十二,第 317 页。

欲"观做理性的安排,确认了自然欲望的合理性。而泰州学派后学,诸如颜钧、罗汝芳、何心隐、李贽等人,多致力推崇人欲之真意,如"三言"对人性欲望的正面叙写、"临川四梦"对爱情生活的向往刻画、晚明小品对日常生活的关注描摹等,皆使一般百姓对于安身畅神之欲望获得满足,体现文学作品对于日常生活之关注。

3. 率性自乐

王艮由"天然自有"出发,认为人欲基于自然本性,并非有意为之,故非人欲,而系天理,相反论之,有意所为、束缚人性的人为克制,才是人欲。就文学创作而言,其亦以"天然自有"为础石,讲求"率性",认为好的文学作品应发于情性,由乎自然,一言一语皆自胸襟流出。此外,王艮认为学习之目的即发展自然之乐,其方法须以快乐为主体,《乐学歌》云:

> 乐是乐此学,学是学此乐。不乐不是学,不学不是乐。乐便然后学,学便然后乐。乐是学,学是乐。[1]

由此观之,王艮认为"学"之目的在于获得"乐",乐为心之本体,学为道德修养之过程,其重视文学接受中的适情娱乐功能,将阅读、学习视为满足人类情感需求之事。至此,文以载道、诗言志之文艺传统逐步走向娱情功能。

(二) 李贽

李贽,号卓吾、笃吾,别属温陵居士、百泉居士,师事泰州学派祖师王艮之子王襞。其倡言"童心",以郁积于内的真实情感为基础,重视自然,以自然之为美,要求内容抒发情性,形式自由发展。李贽之美学思想主要体现于三方面:

1. 绝假纯真

童心,即未受污染之最初本心。李贽倡言童心,即为自然人性,乃由人的自然本体为出发之欲望、情感。就文学而言,其重视文学之真实性,认为真正的文学创作应摆脱束缚,去除伪装,从而表现真实纯净的赤子之心。是故,李贽以此准则,肯定民间文艺、通俗文学为一种极具人情世俗意涵,充满强烈真实性之现实文学。

2. 自然为美

李贽以童心为核,提倡"自然为美",认为表现童心,关键要素即为"自然",其以为通过不加修饰技巧之"化工"(天赋工巧),描绘人物情感,童心才得体现为文学形象,此即为"真文";反之,若以"画工"(人为技巧)叙写,其人伦大道将阻碍童心,此为"假文",拟古派重理弃情,作品违背自然人性,李贽认为"自然发乎情性,则自然止乎礼义",优秀之文艺创作应重情求真,发乎自然情性,蕴含客观规律性,其据此论点,高举反拟古旗帜,为明代中晚期文坛开创新页。

3. 无意为文

李贽在自然为美之基础上,主张"无意为文",其言:

---

① 王艮《心斋语录》,黄宗羲《明儒学案·泰州学案》,卷三十二,第318页。

且夫世之真能文者,此其初皆非有意于为文也。其胸中有如许无状可怪之事,其喉间有如许欲吐而不敢吐之物,其口头又时时有许多欲语而莫可所以告语之处,蓄极积久,势不能遏。一旦见景生情,触目兴叹,夺他人之酒杯,浇自己之块垒。诉心中之不平,感数奇于千载。①

李贽反对为文而文,认为作者应蓄积情感,直至势不可遏,才自然地爆发流泻而出,其将创作视为作者对于现实不满的寄托,于评价《拜月》《西厢》时曾言:"余览斯记,想见其为人,当其时必有大不得意于君臣朋友之间者,故借夫妇离合因缘以发其端于是焉。"②于此观之,李贽不仅将发愤视为文学创作前提,更将其当作审美评价之主要思想,而此亦为童心说之根本础石。

李贽美学思想,乃深受王阳明、王艮哲学体系之影响,带有浓厚唯心主义色彩,其以自然为本,讲究不假雕饰之童心,于李贽后活跃于文坛之公安派,则继续在李贽童心之基础上,高举反拟古旗帜,确立了"独抒性灵,不拘格套"的创作原则。无论系李贽"童心说",抑或公安派"性灵说",皆对晚明追求个性、注重抒情及强烈世俗化之文艺思潮,起了决定性影响。

(三)汤显祖

汤显祖(1550—1616),字义仍,号海若,又号海若士,一称若士,晚号茧翁,自署清远道人。汤氏尝师事泰州学派三传弟子罗汝芳,并受李贽影响甚深,其作品具有明显之美学精神,反映时代思潮,张庚、郭汉城《中国戏曲通史》有云:

> 汤显祖提出来的"情"的哲理,是同程、朱以来的整个理学传统相背逆的。……但在意识形态领域,他却挥动"情"的宝剑,砍伐了封建专制主义的统治及其官方哲学。因此,汤显祖礼赞的"情"字,不仅在晚明的现实中起着战斗号角的作用,而且在我国思想史上也具有重要地位。③

汤氏将情感能量之积聚视为文学创作的内在动力,把文学创作视为丰沛情感宣泄之途径,其以为情和神是构成诗歌之要素,"神"关乎诗之艺术性,而"情"则为诗之基础。不独诗歌为然,情亦为戏曲创作之根本,汤显祖《宜黄县戏神清源师庙记》阐之:

> 人生而有情。思欢怒愁,感于幽微,流乎啸歌,形诸动摇。或一往而尽,或积日而不能休。盖自凤凰鸟兽,以至巴渝夷鬼,无不能舞能歌,以灵机自相转活,而况吾人。奇哉清源师,演古先神圣八能千唱之节,而为此道。初止爨弄参鹘,后稍为末泥三姑旦等杂剧传奇。长者折至半百,短者才四耳。生天生地,生鬼生神,极人物之万途,攒古今之千变。一勾栏之上,几色目之中,无不纡徐焕眩,顿挫徘徊。恍然如见千秋之人,发梦中之事。可以使天下之人无故而喜,无故而悲。或语或嘿,或鼓或疲。或端冕而听,或侧弁而咍。或窥观而笑,或市涌而排。乃至贵倨弛傲,贫啬争施。瞽者欲玩,聋者欲听,哑者欲叹,跛者欲起。无情者可使有情,无声者可使有声。寂可使喧,喧可使寂,饥可使饱,

---

① 李贽《焚书》,张建业《李贽文集》,社会科学文献出版社 2000 年版,卷三。以下所引该书,皆据此本。
② 李贽《焚书》,张建业《李贽文集》,卷三。
③ 张庚、郭汉城《中国戏曲通史》,大鸿出版社 1998 年版,第 567 页。

醉可使醒。行可以留,卧可以兴。鄙者欲艳,顽者欲灵。可以合君臣之节,可以浃父子之恩,可以增长幼之睦,可以动夫妇之欢,可以发宾友之仪,可以释怨毒之结,可以已愁愤之疾,可以浑庸鄙之好。然则斯道也,孝子以此事其亲,敬长而娱死;仁人以此奉其尊,享帝而事鬼;老者以此终,少者以此长。外户可以不闭,嗜欲可以少营。人有此声,家有此道,疫疠不作,天下和平。岂非以人情之大窦,为名教之至乐也哉![①]

汤氏以为,"情"乃与生俱来之存在,人类生而有情,若受外在事物触发,则生思、欢、怒、愁之绪,而此情感活动,言之不足则发为啸歌,咏歌之不足则形诸舞蹈,人类之情感宣泄管道,由歌舞衍为戏剧,发展成杂剧、传奇,可知情感为戏曲产生之基础,艺术以情为动力,才有感动人心的力量,故戏剧能使观者无故而喜,无故而悲,或语或嘿,或鼓或疲,端冕而听,或侧弁而咍,或窥观而笑,或市涌而排。通过戏曲与观众之情感交流,氍毹演出亦有其积极的教化功能,能合君臣之节、浃父子之恩、增长幼之睦、动夫妇之欢,亦可发宾友之仪、释怨毒之结、已愁愤之疾、浑庸鄙之好。故汤显祖言,戏曲之道能开通人情之大窦(孔穴),使人快乐地接受教化。易而言之,名教须与人情相合,才得以为人所接受、实现。

汤显祖"主情说"之观念不仅受当代哲学、美学思想启发甚多,且其影响汤氏之戏曲创作、戏曲理论实巨,以下即透过罗师丽容所言"主情说"内涵,[②]将之做一简述:

1. 情不可以论理,死不足以尽情

认为情乃人所具有之天性,非人为的理性所能消灭,凡欲以理来灭情者,皆非自然。此外,为情而死,不算多情,要为情复生,才算情之至。

2. 情有者理必无,理有者情必无

情理不能并存,而明代之时,一切以法为尊,以理为尚,故法理存而情灭亡,无情则不能容人,则有才情之士无法发挥其才于天下。

3. 情者志也,情之所至,志之所向也

认为万物之志表现于情之中,故志就是情。以戏曲论,作者之情寄托在剧中,剧中人所流露之情,即作者之情,观者只需理解剧中人之情,即得剧作家情之三昧。

4. 世总为情,情生诗歌,而行于意趣神色之间

汤显祖以为,所谓情有善恶,即是指真情与矫情,"真情"出于自然,即其所谓之"真色";"矫情"则系指扼杀、束缚人性之理教。汤显祖认为情出自人性之本然,故以自然、真情为贵,其将之发于戏曲创作,要求自然为尚,反对为求声律之美、求形貌之似,而改变自然,宁可拗折天下人嗓子而不改其自然本色。

综上所述,可知从王艮、李贽、汤显祖一脉相承之主情思想有二特色:其一为"通俗文学、平民审美",其二为"重情求真、发乎情性"。前者肯定人的存在价值与生活意义,确认自然欲望的合理性,并肯定民间文艺、通俗文学乃为极具人情世俗意涵,充满强烈真实性的现实文学,因此在小说、戏曲等通俗文艺中,体现对于日常生活之关注与对爱情生活之向往,此外,其更重视文学接受中适情娱乐的功能,故而文学与

---

① 汤显祖《宜黄县戏神清源师庙记》,《汤显祖集》,中华书局上海编辑所 1962 年版,卷三十四,第 1127—1130 页。

② 罗师丽容《论汤显祖"主情说"之渊源、内涵与实践》,罗丽容《戏曲面面观》,国家出版社 2008 年版,第 288—328 页。

艺术逐渐走向娱人与娱情,使平民化之审美倾向蔚为风潮。其二,主情说讲求重情求真、发乎情性,此乃重视"率性",认为好的文艺作品应当发于真情真性,由乎自然,将"情"视为创作、审美之根本,于作品内容,要求以郁积于内的真实情感为基础,于作品形式,则讲究不假雕饰、不落俗套的自然不羁之美,作者以真性发于作品,观者以真情与作品相应,二者融会,即得自然无伪之审美观点。

除上所言之王艮、李贽、汤显祖等人外,余者如公安派三袁、徐渭、冯梦龙、徐复祚等人,无不以泰州学派之哲学思想为础石,反对形式模拟、矫揉造作,强调独抒性灵、不拘格套,于明清时代掀起一股反传统文艺之浪漫主义文学思潮。嵇文甫将颜钧、罗汝芳、何心隐、李贽等泰州学派后学,归入"狂禅"一派,认为正是此狂禅潮流影响明清时期众多名士才子,在文学史上形成一个特殊时代。① 其所崇尚之人心、人情、人性,皆与泰州学派所张扬之人欲息息相关,而张坚亦承袭此说,并加以发展,易而言之,在明中叶后之文艺思潮中,蔚为风尚之平民化审美倾向,不仅系王艮身本论之必然延伸,更赖泰州学派后学、汤显祖及张坚等人之推动与倡导。

二、主情思想之承继

清代剧作家张坚既为"临川派之余响",自然承继汤显祖"主情"之说,其以想造情,以情造境,藉由剧作传达情观,以戏传情。本部份即由汤氏"主情说"为出发基点,透过"因情成梦,因梦成戏"及"情之所至,志之所向"等方面探究张坚《玉燕堂四种曲》对汤显祖思想理论之继承。

(一) 因情成梦,因梦成戏

大抵而言,中国古典戏曲本有"真假相半"、"多虚少实"之艺术特征,吕天成有言:"有意驾虚,不必与实事合。"②王骥德亦曰:"古戏不论事实,亦不问理之有无可否,于古人事多损益缘饰为之,然尚存梗概。"③始自明万历中叶,于文艺浪漫思潮之鼓荡下,"脱空杜撰"蔚为时风,凌蒙初即言:"今世愈造愈幻,假托寓言,明明看破无论,即真实一事,翻弄作乌有子虚。总之,人情所不近,人理所必无,世法既自不通,鬼谋亦所不料……"④又清乾隆年间戏伶黄旛绰云道:"戏者,以虚中生戈。"⑤可知,"脱空杜撰"乃中国古典戏曲艺术之重要环节,尤以明万历中期至清康熙中叶为文人戏曲创作之"自由创造"时期,而此文学现象,不仅说明"多虚少实"符合传奇文学特征与规律,更说明了高度审美的创作自由乃系文学艺术发展之催化剂。⑥

明代中叶,汤显祖"主情说"若表现于戏剧观,即"因情成梦,因梦成戏",⑦汤氏以为"情"在戏剧中占有主要位置,其包含了复杂的生活内容与积极的人生意义,而"情"通过"梦"加以表现,"梦"则透过"戏"反映出来。易而言之,戏剧乃系通过梦幻的表现形式,以反映现实生活中人们的是非善恶与思想情感。

① 嵇文甫《晚明思想史论》,东方出版社 1996 年版。
② 吕天成《曲品》,中国戏曲研究院 1982 年版,《中国古典戏曲论著集成》第 6 册,第 209 页。
③ 王骥德《曲律》,中国戏曲研究院 1982 年版,《中国古典戏曲论著集成》第 4 册,第 147 页。
④ 凌蒙初《谭曲杂札》,中国戏曲研究院 1982 年版,《中国古典戏曲论著集成》第 4 册,第 258 页。
⑤ 黄旛绰《梨园原》,中国戏曲研究院 1982 年版,《中国古典戏曲论著集成》第 9 册,第 10 页。
⑥ 郭英德《因情成梦,因梦成戏——明清文人传奇作家文学观念散论》,《中国文学研究》1990 年第 3 期,第 77 页。
⑦ 汤显祖《答孙俟居》,《汤显祖集》,中华书局上海编辑所 1962 年版,卷四十六。

汤显祖于《宜黄县戏神清源师庙记》中言:"一勾栏之上,几色目之中,无不纾徐焕眩,顿挫徘徊。恍然如见千秋之人,发梦中之事。"①在《赵帅生梦作序》中云:"梦生于情,情生于适。"《与丁长儒》中则自述:"弟传奇多梦语。"甚而,其于《续虞初志·许汉阳传》评语中写道:"传奇所载,往往俱丽人事。丽人又俱还魂梦幻事。然一局一下手,故自不厌。"综上观之,汤显祖认为若拘泥于生活的真实面,则无法穷尽现实生活的复杂性,唯有通过梦境之描绘,藉以说尽人世之事,从而反映出比现实社会中更广阔、深刻之人世百态与浓烈情蕴。其以"梦幻"形式表达情感与理想,实为一种寄托,于当时时代条件下,真情无法真道,故以"幻"道之,不幻不足以言尽其情。因此,汤显祖"因情成梦,因梦成戏"之说,于角色人物个性及现实社会环境之处理,为幻与真之联系;而在作品内容及情节结构方面,则为梦与戏之统一。

于汤显祖论点之基础上,张坚一脉相承,使戏剧中的男、女主角因情成梦,共结梦中情缘,其于《梦中缘·自叙》中言:

> 太上无情,故至人无梦,其下不及情,故愚人亦无梦。然则梦之所结,情之所钟也,欲赋其事,则恐张皇幽渺,蔑渎神灵,乃另托人世悲欣离合之故,游戏于碧箫红牙队间,以想造情,以情造境。自春徂秋,计填词四十六出,一梦始亦一梦终。惟情之所在,一往而深耳。虽然情真也、梦幻也,情真则无梦非真,梦幻则无情不幻,夫固乌知情与梦之孰为真,而孰为幻耶?②

天地皆缘,浮生若梦,或因缘而成梦,梦本非真;或以梦而生缘,缘终是假。情之正而根于性者也,贵人善用其情而不为情所用,此正是《梦中缘》之旨。故张坚以为,男女相互爱悦乃系人之至性的自然流露,而欲求夫妻之欢,则合乎人之真情。王鲁川在剧作跋中说:

> 作者意中止写一生二美,并带写一解事,小鬟之数人者又皆斡空凿虚,而姓氏里居悉成乌有,况其余乎! 至于胪列贤奸以寓劝惩,不过镜花水月,涉笔成文。作者既自谓非真读者,亦当视为幻。若定索影寻声,折白道字,势必讹以传讹,何啻梦中说梦。③

文学的想象及虚构之价值,在于其与历史、经传殊途同归,表达同一救世苦衷,能胪列贤奸,以寓劝惩,不过镜花水月,涉笔成文,透过想象、梦幻,体现文人心所欲表达之生命价值,故而张坚透过以想造情,以情造境,形象性地宣告"天理即在人欲中"。其《梦中缘》一剧,剧谱书生钟心与翰林学士文岸之女媚兰,梦中相遇,互生爱慕之情。钟心之友贾俊才假冒钟心之名向文家求婚,不过最终仍被识破。钟心于赴京途中遇表妹丽娟,二人订白首之盟。经一番曲折,最后钟心高中,得媚兰、丽娟双艳完婚。全剧之中,"情是开口第一字",④且"上下千古,一口咬定情字",⑤此不仅为《梦中缘》全剧之要旨,更系张坚对于婚恋之理想追求。

综上所论,梦由人的真情引发,梦中之情有别于形骸之论,而能深入浅出地表达人们灵魂深处精微隐秘的情感与欲求。真情的梦幻化与梦幻之真情化,构成文学家艺术思维与审美创造的深层冲突。因而,

---

① 汤显祖《宜黄县戏神清源师庙记》,《汤显祖集》,中华书局上海编辑所1962年版,卷三十四,第1127—1130页。
② 张坚《梦中缘》,《玉燕堂四种曲》,第1册,《自叙》,第3叶。
③ 张坚《梦中缘》,《玉燕堂四种曲》,第1册,《跋》,第2—3叶。
④ 同上,上本1,叶1批语。
⑤ 同上,上本1,叶2批语。

梦幻化的艺术思维,正是文学家之审美情感、想象与审美创造得以发挥的最佳方式。①

(二)情之所至,志之所向

汤显祖认为万物之情各有其志,而万物之志表现于情之中,故志就是情。以戏曲论,作者之情寄托在剧中,剧中人所流露之情,即作者之情,观者只需理解剧中人之情,即得剧作家情之三昧。孙永和《论汤显祖在戏曲理论史上的地位》云:

> 主情说的可贵之处,不在于他提出了戏曲要表戏人生理想和自然的性情,更重要的是,他意识到作者的情感要藉助舞台形象来表现,把情感这一因素通达到对人物形象的探求。……他认为作者的情感是寓于形象之中的,通过形象具体地显现出来的。在艺术欣赏中,观众又必须通过舞台形象这一中介因素来体验作者的情感,从而最后理解作品。②

此将汤氏之主情说导向创作论之说法,罗师丽容认为,汤氏提出观众与作家间之联系,即在剧中人所表现之"情"字,颇近于近世所谓"创作论"之观念,惟独特别强调"情"而已。③

至于张坚,其一生不第,穷困出游十余年,归而闲居无事,抒愤写怀。张氏曾作《江南一秀才》歌自嘲:

> 原是江南一秀才,十年壮志几层灰?任来天下无难事,只道黄金复有台。
> 霜堆两鬓渐堪哀,原是江南一秀才。目到闱中迷五色,笔花何自向人开。
> 致君尧舜匡时策,谁道不从书里得。原是江南一秀才,奈何常作诸侯客。
> 柳发新条梅有苔,邵园陶径许重开。归来课子灯窗下,原是江南一秀才。④

坎坷经历与不平遭遇,使张坚对科举制度、文人现状产生强烈的愤懑,故其于《玉燕堂四种曲》中,结合自身经历与体念,形塑知识分子之文人形象,聊以抒泄怀才不遇之愤慨,寄托己身之理想。因而,张坚剧作中的男性主角皆带有作家自身影子,如《梦中缘》钟心,学饱千箱,直至念年虚度,仍为一领蓝衫;如《玉狮坠》黄损,尽管胸藏八斗,咳唾成珠,仍因时乖不遇,而无法登科及第;又如《梅花簪》徐苞,甫登场即仰天长叹:

> 只道男儿事可期,几年未曾下书帷。羞弹阮籍穷途泪,耻笑荆人抱璞悲。⑤

《玉燕堂四种曲》中之男性主角,或为奇祸缠身,或为家道中落,空有经纶满腹,却备受厄运捉弄,此与张坚经历相合,其早年闻名金陵,然举于乡,却屡荐不售,既乃穷困出游,隐而为人捉刀,以试行其志学,然终

---

① 郭英德《因情成梦,因梦成戏——明清文人传奇作家文学观念散论》,《中国文学研究》1990年第3期,第79页。
② 孙永和《论汤显祖在戏曲理论史上的地位》,《戏曲研究》,文化艺术出版社1988年版,第28期,第171—172页。
③ 罗师丽容《论汤显祖"主情说"之渊源、内涵与实践》,罗丽容《戏曲面面观》,国家出版社2008年版,第317页。
④ 张坚《梦中缘》,《玉燕堂四种曲》,第1册,《序》,第2叶。
⑤ 张坚《梅花簪》,《玉燕堂四种曲》,第2册,上本,第2叶。

无所大用。张坚将饱学之士屡试不第之原委归罪于盲试官,如钟心遭人冒名顶替,冒名者竟被达官视为大名士;黄损于原籍连试数场,均为宗师所黜落,后于京师会试,竟高中巍科;而徐苞因中途耽搁,误了试期,任凭百般解释,仍遭主试官驱而逐之。由此可见,张坚游戏笔墨,对科场情弊之揭露与讽刺,力透纸背。而张坚出游十余年,归后所做之《怀沙记》中,矛头所向,更直指统治者,其揭露君王昏庸,无远虑,亲小人,远贤臣,使不学无术者之流得以把持朝政,而此无疑触及时弊之症结所在。

其二,除愤懑与不平之外,在《玉燕堂四种曲》中,可见张坚对于科举与军功之向往。军功、科举乃系张坚创作之特殊模式,如《梦中缘》第三十八出,化名齐谐之钟心高中状元后,向皇帝请命征讨崆峒叛逆,并立下军功;又如《玉狮坠》主角黄损,其与冯梦龙《情史·黄损》之异,即在于黄损在得中状元之前,曾被安义强留府中作为幕僚,献先抚后剿之策,助其抚平苗乱,得过军功,因而封侯。或可推测,科举功名与军功乃系张坚作为幕僚文人的身份与地位追求,正因困守僚幕,故其在创作才子佳人传奇时,心理上冀望一方面能因高中科举而功成名就,另一面又盼望能顺应现实,在幕僚中凭借谋略策划取得军功,由此富贵显赫。

《怀沙记》一剧中,张坚竭力形塑屈原忠诚爱国之形象,其讲究史实,据《史记》等历史著作为本,但塑造人物形象时却注入了作者不为重用、困守僚幕、报国无门的强烈情感。故其借屈原之口唱道:

> 【黄钟引子·点绛唇】满腹牢骚。半生离恨忧难数◎登朝无路◎举足遭时妒◎冠世文章。欲待鸣何处◎年衰暮◎借他词赋自把闲愁吐◎[1]
> 【前腔】(案:为【绣带引】)今古恨教人怎懂◎天公似哑如聋◎颜算殀。跖寿全终◎货权贵。孔哲偏穷◎总拗不过运途消长将人送◎[2]

此类曲文在《怀沙记》中俯拾皆是,此乃藉屈原之口,唱出张坚空有忠诚与抱负却无以施展的哀怨之词。张坚将其怀才不遇之叹、知音难遇之慨,酸甜苦涩、世情冷暖,一一谱入管弦,发乎人情,跃于纸上,正如汤显祖主情说所示,作者之情寄托在剧中,剧中人所流露之情,即作者之情。

三、戏曲创作方法之开拓

张坚虽为临川派之余响,然并未为汤显祖"主情说"所囿,其以汤氏所倡之"以情反理,寓教于情"、"贵乎真情,重于自然"为出发点,杂糅各家说法,企图融会"主情说"与"教化说",结合"临川派"与"吴江派",并由此开拓新的创作手法,集各家之大成,发扬汤氏"主情"之观。故而本部分将透过"以情合理,寓情于理"及"秾丽清真,娴于音律"等方面探究张坚《玉燕堂四种曲》对汤显祖思想理论之继承。

(一)以情合理,寓理于情

春秋战国时代,诸子百家开始探论人情、人性、人欲、人道等议题,如墨家以为人的本性即为男女与生利;法家认为人皆无法超脱利欲之情;道家以为人性即自然,反对社会对人类自然本性的破坏;儒家则认为感官欲望亦为人之本性,然更应强调人的社会性。先秦儒家倡议以礼义抑制情感之需求;汉代时期,以

---

① 张坚《怀沙记》,《玉燕堂四种曲》,第3册,下本,第3叶。
② 张坚《怀沙记》,《玉燕堂四种曲》,第3册,下本,第13叶。

儒家思想为正宗,将封建纲常与人之天性画上等号;隋唐时代,佛、道蓬勃发展,于是人性说便掺和了宗教的禁欲主义,认为七情乃败坏人性之根源;宋代,理学盛行,提倡"无欲主静",强调"穷理尽性",以天理、人欲相对立为基本命题,至此,对情之宣传与要求已被视为异端。

明代中晚期,经济发展兴盛,社会风尚产生急遽变化,僵化之理学教条、封建规范已无法抵挡对真实情感之渴求,文坛、艺坛无不以自然为本,讲求独创与性灵,反对形式化之文学教条,其中,以汤显祖之"主情说"对理之扞格最为猛烈,其高举情感旗帜,以情抗理,汤氏言之:

> 嗟夫! 人世之事,非人世所可尽。自非通人,恒以理相格耳! 第云理之所必无,安知情之所必有邪![①]

汤氏与道学家相异,道学家认为理高于一切,汤显祖则以为情、理无法并存,情高乎一切。明代之时,因以法为尊,以理为尚,故法理存而情灭亡,因此,戏曲情节、文艺创作不能以理衡量,若系情之所必有,则无须挂虑理之所必无。由此可知,汤显祖认为情、理冲突时,不应以理为宗,而该服从于情。因此,其所谓人情与名教之统一,乃在于使名教符合人情,而非以人情屈从名教。明代末期,郑元勋承掌汤氏主情旗帜,其言:

> 情不至者,不入于道;道不至者,不解于情。当其独解于情,觉世人贪嗔欢羡,俱无意味,惟此耿耿有物,常舒卷于先后天地之间。呜呼! 汤比部之传《牡丹亭》,范驾部之传《梦花酣》,皆以不合时宜而见。情耶? 道耶? 所谓寓言十九者非耶?[②]

由引文可知,汤氏之主情系积极的"以情反理,寓教于情",其虽以"情"为创作主要宗旨,然并非不顾人伦教化之说,汤氏论情真,讲教化,敢于冲破礼义之羁,拒绝比附封建道德观念,其或写情至者,或写不及情者,皆具奖善罚恶之美刺作用。其言情之理论与实践,在戏曲界、文学界皆产生巨大影响,周育德认为:

> 言情的理论反映在文艺创作上,一是对社会现实的大胆批判,一是对男女爱情的大胆歌颂。一些倡导言情的作家和艺术家,都不同程度地触及了社会现实,对虚伪的礼教、腐朽的政治展开了批判。用生动的形象,从社会政治和道德各方面,大胆地表抒自己的感情和认识。[③]

汤显祖以情为重,其认为透过戏曲,能使"孝子以此事其亲,敬长而娱死;仁人以此奉其尊,享帝而事鬼;老者以此终,少者以此长。外户可以不闭,嗜欲可以少营。人有此声,家有此道,疫疠不作,天下和平。"[④]其以为情乃道德之根本,而情感之激发与交流能使观者移情易性,敦化风俗,如前所述,汤氏所谓人情与名教之统一,系使名教符合人情,故其主情之说与道学观念所支配的教化说[⑤]相互扞抗,相互争辉。

---

① 汤显祖《牡丹亭记题词》,《汤显祖集》,中华书局上海编辑所1962年版。
② 郑元勋《梦花酣题词》。
③ 周育德《汤显祖论稿》,文化艺术出版社1991年版,第91页。
④ 汤显祖《宜黄县戏神清源师庙记》,《汤显祖集》,中华书局上海编辑所1962年版,卷三十四,第1127—1130页。
⑤ 教化说,系指戏曲具有教育感化观众,从而维护社会秩序,为政治服务之功能。教化论者主张教化第一,艺术第二,其继承先秦孔子之儒家文艺思想,强调文学艺术有其社会功能,应为政治教化服务。详参吴双《明代戏曲的社会功能论》,《中国文化研究》1994年冬之卷,第6期,第40—41页。

后世继承汤显祖主情说者,分为两派,其一,继承汤氏主情说之积极面向,高举"以情反理,寓教于情"旗帜,如明末郑元勋,其以情至者为最高之善,不及情者为最大之恶。另一派,则以孟称舜为首,强调"以情合理,寓理于情",反映出明末主情论者力求与教化说沟通之思想与作为,孟称舜言之:

> 天下义夫节妇,所谓至死而不悔者,岂以是为理所当然而为之耶!笃于其性,发于其情。①

其将《娇红记》中王娇娘、申生之爱恋归因于"节义",把人情与节义相联系,正如将人欲与天理相缠上系带,使情通于理,强调情之"正",通过情的潜移默化,发挥戏曲之教化作用。

张坚于《玉燕堂四种曲》中,高举汤显祖"以情反理"大旗,热情讴歌不顾世俗礼教羁绊之自由恋爱,为李贽"天理即在人欲中"之具体展现,其于《梦中缘·笑引》藉众罗汉之口言:"既具人形,罔非情类,除是万劫成空,一灵俱渺,那时方可斩断情根也。"布袋和尚应之:"咳!人无情而不生,鬼有情而不死。"②明确表彰人世有情,无情不生,有情不死,此与汤显祖"情不知所起,一往而深,生者可以死,死可以生"③之情至论,无疑系一脉相承。然另一方面,张坚并非一味承继汤氏之说,其以汤显祖"以情反理"之说为础石,承继孟称舜"情通于理"之思想,并藉以发扬开创,糅合教化与主情,将人情与纲常、节义相互系联,如其于《梅花簪·节概》中即明白指出:

> 纲常宇宙谁维系,千秋节义情而已,石上两心盟,无情却有情。 新词非市价,稗语关风化,富贵草头霜,梅花雪里香。④

张坚所言,如《衡曲麈谈·填词训》之谓:

> 古之乱天下者,必起于情种先坏,而惨刻不衷之祸兴。使人而有情,则士爱其缘,女守其介,而天下治矣。⑤

易而言之,张坚着重于情之教化作用,强调情之正,重视情之诚。如其于《梅花簪·自序》中言明:

> 天地以情生万物,情主于感,故可以风。采兰赠芍人谓之情,而卒不可以言情,以感情非正也。夫玉不磨,安知其不磷;素不涅,安见其不淄。世途之坎壈,人心之险巇,造化弄人之巧毒,惟不失其正,乃履艰蒙难百折而其情不移。⑥

其将"性"视为"情"之根柢,认为言情即为言性,论性等同论理,故而情与理并无矛盾之处。张坚于继承

---

① 孟称舜《娇红记·题词》,《中国戏剧研究资料》第1辑,第103册,天一出版社1983年版。
② 张坚《梦中缘》,《玉燕堂四种曲》,第1册,上1,第3叶。
③ 汤显祖《牡丹亭记题词》,《汤显祖集》,中华书局上海编辑所1962年版。
④ 张坚《梅花簪》,《玉燕堂四种曲》,第2册,上本,第1叶。
⑤ 张琦《顾曲麈谈》,《中国古典戏曲论著集成》第4册,中国戏曲研究院1982年版,第267页。
⑥ 张坚《梅花簪》,《玉燕堂四种曲》,第2册,《序》,第2叶。

汤显祖主情说的同时,其并非全然接受,而是从中开拓一条崭新的道路,将"情"一分为二,划分为相互对立的两种"情":一系淫邪纵欲之伪情,一为冰清玉洁之痴情。前者系指为追求肉欲之欢,或浪掷千金,或权势威逼,或暴力相向之辈,如《玉狮坠》中之太师、《梅花簪》的山东巡抚及其公子等。张坚集中笔力刻画道学之僵化与在上位者淫邪纵欲之伪情,其于《梦中缘》即力斥"薄情儿枉自把风雨闹,转关儿漾李寻桃……霎时间翻云覆雨,那些个如漆似胶。"

其二,冰清玉洁之痴情,张坚于《玉狮坠》中言之:"那争个颠鸾倒凤,都则是心同意串缠绵。论人世夫妻虽不鲜,但恩爱淫邪须辨!是情真定冰清玉洁,不枉了风流千古名传。"何为情真?即《玉燕堂四种曲》中,冰清玉洁之男女痴情,今人单长江评曰:

> 以任"情"自然发展的相互爱悦为触点,以相互奉献、牺牲为热点,以义夫节妇为理想,以死则同穴为归宿。①

其所言冰清玉洁的男女之情,正如汤显祖《宜黄县戏神清源师庙记》所谓"思欢怒愁,感于幽微,流乎啸歌,形诸动摇。或一往而尽,或积日而不能休。"②男女主角相互爱悦,若受外在情境触发,则生思、欢、怒、愁之绪,欲现其情,若言之不足则发为啸歌,若咏之不足则形诸舞蹈。张坚以此情为基石,将"名教"与"风流"扣上系带,使义夫节妇之概念与朝廷宣扬的理教规范析而为二,使之向"情"靠拢。其于《梅花簪·自序》中言:

> 梅取其香而不淫,艳而不妖,处冰霜凛冽之地,而不与众卉逞芳妍,此贞女所以自况耳。徐如山本有情而似无情,巫素媛于无情中而自有情,郭宗解为贞情所感触而忽动其侠情,是皆能不失其正而可以风。③

《梅花簪》一剧中,除引文所述徐如山、巫素媛之情事外,更藉狱卒之口颂赞杜冰梅身遭暴行,仍誓以死全孝义、保节操,其言:"好一个无瑕璧,把纲常整。不愧儒门女,真个罹颠沛,志不更。"以杜冰梅一介弱女子,险入虎口,其以自尽殉情为手段,表征对统治者誓死抗争之贞烈风范。又如《玉狮坠》中之黄损,为赴裴玉娥半年之约,无惧千里之遥,不顾将军挽留,不惜功名利禄,甘愿逾垣独奔,为佳人把功名看薄,张坚赞其如尾生抱柱,重然诺,轻功名,尚节义,不若悖情忘信之徒。综上观之,张坚突出"情"对世间万物之认识,加强"情"对裁决过程中的支配作用,虽说其以宣扬义夫节妇之伦理纲常为创作之道,然剧中的男女主角面临抉择之时,无不以"情"为依归,强调情之正,重视情之诚。

(二)秾丽清真,娴于音律

如前所述,汤显祖以为,"真情"出于自然,即其所谓之"真色";"矫情"则系指扼杀、束缚人性之理教。汤氏认为情出自人性之本然,故以自然、真情为贵,其于《答凌初成》中言道:

---

① 单长江《张坚》,胡世厚、邓绍基主编《中国古代戏曲家评传》,中州古籍出版社 1992 年版,第 614 页。
② 汤显祖《宜黄县戏神清源师庙记》,《汤显祖集》,中华书局上海编辑所 1962 年版,第 1127—1130 页。
③ 张坚《梅花簪》,《玉燕堂四种曲》,第 2 册,《序》,第 2—3 页。

曲者,句字转声而已。葛天短而胡元长,时势使然。总之,偶方奇圆,节数随异。……歌诗者自然而然。乃至唱曲,三言四言,一字一节,做为缓音,以舒上下长句,使然而自然也。①

又如《焚香记总评》:

此传大略近于《荆钗》,……作者精神命脉,全在桂英冥诉几折,摹写得九死一生光景,宛转激烈。其填词皆尚真色,所以入人最深,遂令后世之听者泪,读者颦,无情者心动,有情者肠裂。何物情种,具此传神手。②

其将之发于戏曲创作,要求自然为尚,反对为求声律之美、求形貌之似,而改变自然,宁可拗折天下人嗓子而不改其自然本色,故王骥德《曲律》即言:"临川尚趣,直是横行,组织之工,几与天孙争巧,而屈曲聱牙,多令歌者龃舌。"③

至于张坚,其不若汤氏过分强调才情,又吸收了吴江派依腔合律之特长,结合汤词沈律之双美,于清代曲坛,开创一方词、律并重之戏曲天地。历来曲坛,对张坚《玉燕堂四种曲》之评论甚少,若有之,亦不过寥寥数语,其中针对漱石文采之说,或有称其"清新隽逸,跌宕风流,恍听缑岭瑶笙、湘灵仙瑟,绝非凡响"。④ 或有称其"吐辞若霏玉喷珠,持一管以扫尽愁魔,琢句则惊天泣鬼"。⑤ 由引文观之,张坚文才极高,秾丽、隽逸,无一不可,其尝言:"词贵清真,雅俗共赏,余数种填词,虽秾艳典丽,而显豁明畅。"⑥以《梦中缘·题帕》观之:

【前腔】(案:为【山坡羊】)对纱窗明羞日影,画青山愁拖青鬟。(贴)看他意沉沉燕懒莺慵,兀自娇怯柳倦花如病。(旦梳头又止介)(贴)梳又停,翠鬟权代整。小姐,怎么忘了点胭脂?(旦)罢了。(贴)恐怕粉脂掩却天然俊,不如本色梨花柳黛青。琮璜花簪八宝横,轻盈湘裙八幅轻。⑦

杨榰眉批:"写出一段娇慵,正见春情无限。"⑧再如《玉狮坠》第十三出《胶筝》,女主角裴玉娥出场之唱词:

【海棠春】西风暗落惊鸿阵◎秋水外。芦花月。隐弦上。谱新愁。悄地添离恨◎【忆王孙】月夜怀人天际头◎碧云中断一江秋◎相思两地几时休◎动离愁◎且拨银筝对水流◎⑨

① 汤显祖《答凌初成》,《汤显祖集》,中华书局上海编辑所1962年版,第1345页。
② 汤显祖《焚香记总评》,《汤显祖集》,中华书局上海编辑所1962年版,第1468页。
③ 王骥德《曲律》,《中国古典戏曲论著集成》,中国戏曲研究院1982年版,第4册,第165页。
④ 韩绍绅《序》,张坚《梦中缘》,《玉燕堂四种曲》,第1册,《序》,第7叶。
⑤ 同上,第8叶。
⑥ 张坚《怀沙记》,《玉燕堂四种曲》,第3册,《凡例》,第2叶。
⑦ 张坚《梦中缘》,《玉燕堂四种曲》,第1册,上1,第23叶。
⑧ 同上。
⑨ 张坚《玉狮坠》,《玉燕堂四种曲》,第4册,上本,第49叶。

寥寥数句,借景抒情,将秋日江上凄凉景色与裴玉娥思念之情相结合,凄切宛转,动人心肠。整体说来,其词神形兼备,秾艳清丽,表面上展现相思难言之苦,内蕴里透露少女怀春之羞,故而单长江言其:"就才情而言,其秾艳典丽不让临川,就显豁明畅则汤词略逊一筹。"①

就曲律而言,汤显祖宁可拗折天下人嗓子而不改其自然本色,故而屈曲聱牙;张坚则吸收吴江派之长,本沈璟《南九宫十三调曲谱》,王鲁川称其:

> 阴阳悉叶,去上必谐,即偶有变通,而蝉联伸缩,自然成声,按板固无劣调,口诵亦极铿锵,为善审音者心领而神会焉。②

综上观之,张坚虽为临川派之余响,然其并未为汤显祖"主情说"所囿,反而结合沈璟吴江派之曲律特长,辞藻、协律并蓄,秾艳、清丽共存,依腔行事,曲白相济,形神兼备,不可不谓之为曲中上品。

结　语

张坚为中国古典戏曲史上著名的临川派后期代表作家,其承继汤显祖余蕴,并在其基础上开拓、创新,时人甚而将之与汤氏相提并论,如杨楫有言:

> 夫《临川四梦》,评者谓《牡丹》情也;《紫钗》侠也;《邯郸》仙也;《南柯》佛也。今漱石四种,则合女烈臣忠,配以侠义,参之仙佛,而总于一情。③

此说极有见地的指出《玉燕堂四种曲》与《临川四梦》于外在形式、内在思想之一致性。张坚于汤显祖之基础上,继承其"因情成梦,因梦成戏"与"情之所至,志之所向"观点,并藉戏剧作品加以阐发、呈现,以想造情,以情造境,透过想象、梦幻,体现文人所欲表达之生命价值,并将作者之情一一谱入管弦,发乎人情,跃于纸上,寄托在剧中。此外,张坚于创作方法亦以汤显祖主情说为基本论点,并结合文学潮流与社会风尚,加以开拓、创新,如"以情合理,寓教于情"即系将汤氏"以情反理"之主情说与"文以载道"之教化说相互结合,突出"情"对世间万物之认识,加强"情"对裁决过程中的支配作用,强调情之正,重视情之诚;又如"秾丽清真,娴于音律"则系保留汤显祖"以自然为尚"之基本理念,并结合沈璟吴江派之曲律特长,使辞藻、协律并蓄,秾艳、清丽共存,依腔行事,曲白相济,形神兼备。

本文于探讨张坚《玉燕堂四种曲》对"主情"思想理论与创作方法之承继与开拓,尚有不足之处,期待能藉此文对汤显祖至张坚"主情说"发展脉络的研究有一起头作用,并能以此为基础,更深层地探讨张坚于中国戏曲史上的贡献与地位。

---

① 单长江《张坚》,胡世厚、邓绍基主编《中国古代戏曲家评传》,中州古籍出版社 1992 年版,第 616 页。
② 王鲁川《跋》,张坚《梦中缘》,《玉燕堂四种曲》,第 1 册,《跋》,第 2 叶。
③ 杨楫《序》,张坚《梦中缘》,《玉燕堂四种曲》,第 1 册,《序》,第 1 叶。

汤显祖对当代戏曲创作的启示

李 伟

汤显祖(1550—1616)是中国文学史最璀璨的巨星之一,也是世界文化史上足以和莎士比亚(1564—1616)并肩而立的东方戏剧巨匠。他的"临川四梦"(《紫钗记》《牡丹亭》《南柯梦》《邯郸梦》)在中国戏剧史上冠绝一时,其中又尤以《牡丹亭》为常演不衰之经典。尽管该剧当年曾以"不协格律"而遭人诟病,甚至引发影响深远的"汤沈之争",然几百年来传唱最多的昆曲依然是《游园惊梦》《拾画叫画》等经典折子戏,而不是那些当时奉为"格律派"的沈璟、号称适合场上搬演的李渔等人的作品。这又是为何呢?

我以为,汤显祖"四梦"特别是《牡丹亭》的特出之处,不在于今天它是昆曲代表作——它们当时未必是为昆曲而作,未必用昆腔演出;也不在于它们是用当时流行的传奇文体所作——从文体上而言和它们相当、甚至比它们成熟的传奇作品也不少;而在于它高度精粹的思想性与流光溢彩的文学性——尽管这一点常常被后来的改编者矮化、窄化甚至丑化,但也掩盖不住它历久弥新的光辉。正是因为其思想性与文学性冠绝一时,故而吸引了众多的音乐家如钮少雅、叶堂辈宁愿"以曲就文",按照"依字传声"的规律,专门为《牡丹亭》谱曲订律,从而为昆曲版《牡丹亭》的场上传播扫清了障碍。而汤显祖的曲文亦激发了一代又一代的文人艺术家如臧懋循、冯梦龙等的舞台搬演热情,和许多不知名的昆曲表演艺术家的场上创造才能,使《牡丹亭》成为昆曲舞台的经典,并有力地推动了昆曲身段、唱腔的丰富及表演艺术水准的提高。正是由于这个原因,中国戏剧史家叶长海教授曾经精辟地指出,汤显祖的作品"历来盛演不衰","首先由于他的剧本的深刻思想性和艺术感染力"。①

一

关于《临川四梦》的思想性早已是汤学家们反复探讨过的话题。稍晚于汤显祖的批评家王思仁曾从整体上谈论"四梦"的"立言神旨",曰:"《邯郸》,仙也;《南柯》,佛也;《紫钗》,侠也;《牡丹亭》,情也。"每一梦用一个字点出其主题所在,十分精到,被奉为的论。从今天的眼光来看,②《南柯梦》《邯郸梦》这两个"以梦写政治"的戏,通过淳于棼、卢生荣辱兴衰的一生,写尽了封建官场的尔虞我诈、相互倾轧、营私舞弊、贪污腐化的种种丑行,写尽了科场的弊窦、贫富穷达的变幻无常,政治抱负的难以实现,具有强烈的批评性。尤其难能可贵的是,作者并不以抨击官场权奸为满足,他的犀利笔锋还指向了当时的最高统治者皇帝。无论是淳于棼的悲剧,还是卢生的沉浮,都是在君王的翻云覆雨之间。这样对"王道"的质疑和否定,是历来戏曲作品中所罕见的,说它启发了明末清初思想家黄宗羲、顾炎武恐怕也不为过。最后作者把

---

① 叶长海《中国戏剧学史稿》,中华书局2014年9月版,第195页。
② 参考了叶长海先生《戏曲家汤显祖》中的观点,见《汤学刍议》,上海人民出版社2015年12月版。

救赎之道归于"佛""道",是他梦醒之后无路可走的精神寄托,实际上也是对现实的否定,依然有着明显的进步意义。王骥德对这"后二梦"评价极高,认为"前无作者,后鲜来哲,二百年来,一人而已",①绝不是过誉之词。

至于"以梦写爱情"的"前二梦"中,《紫钗记》相对单纯,相爱的男女主人公在黄衫客的帮助下历经曲折终于团圆,反映了汤显祖早期对侠义精神的崇敬。《牡丹亭》则要丰富、复杂得多,因此也是"四梦"中最具有阐释的难度和魅力的。杜丽娘一梦而亡,三年后又死而复生,并与梦中情人、阴间恋人柳梦梅在现实中结合,集中体现了汤显祖在《题词》中所说的"情至"思想:"情不知所起,一往而深。生者可以死,死可以生。生而不可以与死,死而不可复生者,皆非情之至也。"情至者可以打通生死界限,这是多么惊世骇俗的观念!也是人世间不可能发生的事实!然而,"第云理之所必无,安知情之所必有耶!"人间至情,怎么是"理"所能框范得了的呢?汤显祖的"情至"思想,既是杜丽娘这位美丽的少女在个体生命意识的觉醒之后对美好爱情的强烈追求、对意志自由的强烈渴望,也是汤显祖这位有救世匡弊、"变化天下"的士大夫用世情怀至深的痛苦而曲折的表达。这样的主题,不仅与同时代的传奇相比,就是放在400多年后的今天,也处处可见它的卓尔不群。

关于汤显祖作品的文学性也不是新鲜话题。除了语言的成就之外,文学性还包括人物塑造、情节安排等达到的水平。王骥德认为汤显祖的语言达到了他所认为的最高境界:"于本色一家,亦惟是奉常(汤显祖)一人——其才情在浅深、浓淡、雅俗之间,为独得三昧。余则修绮而非埵则陈,尚质而非腐则俚矣。"②王思任对汤显祖人物塑造的能力相当欣赏:"其款置数人,笑者真笑,笑即有声;啼者真啼,啼即有泪;叹者真叹,叹即有气。杜丽娘之妖也,柳梦梅之痴也,老夫人之软也,杜安抚之古执也,陈最良之雾也,春香之贼牢也,无不从筋节窍髓,以探其七情生动之微也。"③洪昇对《牡丹亭》的情节设计十分赞叹:"肯綮在死生之际。《记》中《惊梦》《寻梦》《诊祟》《写真》《悼殇》五折,自生而之死;《魂游》《幽媾》《欢挠》《冥誓》《回生》五折,自死而之生。其中搜抉灵根,掀翻情窟,能使赫蹄为大块,陷糜为造化,不律为真宰,撰精魂而通变之。"④

不过,这里有一点需要重提和厘清的是,一直以来有一种观点认为汤显祖的语言太雅,以致不适合场上搬演。清代李渔就曾批评说,《惊梦》《寻梦》中的某些曲文,"字字俱费经营,字字皆欠明爽。此等妙语,止可作文字观,不得作传奇观"。他从"填词之设,专为登场"的需要出发,认为一切"令人费解"的曲文,都不是"绝妙好词"。⑤ 听起来也不无道理,但从曲文唱词要符合人物身份及所处情境的要求来看,【步步娇】【皂罗袍】【山桃红】等曲不是正好符合一个贵族少女彼时彼刻那种微妙、蕴藉、缱绻的心思吗?何况,借助于演员的身段表演,这几句词也并非不能理解。同样是贵族少女的林黛玉远远地只听唱词就能怦然心动呢。今天看来,舞台演出中恰恰是这两折的唱段最美听、身段最优美,最能代表昆曲的柔媚婀娜之美。这不能不说是汤显祖的文辞激发了表演艺术家的想象力和表现力所致,是文学成就对舞台创作的贡献。另外,《牡丹亭》的演出中,由于全本太长,常常因为时间的限制而只演到《回生》为止。这对汤显祖原意的传达当然是有损失的。由于戏剧艺术的特殊性,文学本与演出本之间有一些这样的出入,也

---

① 王骥德《曲律·杂论下》。
② 王骥德《曲律·杂论下》。
③ 王思任《批点玉茗堂牡丹亭叙》,《中国历代剧论选注》,湖南文艺出版社1987年7月版,第196页。
④ 洪之则《吴吴山三妇合评牡丹亭还魂记跋》,清康熙间梦园刊本《吴吴山三妇合评牡丹亭还魂记》卷首。
⑤ 李渔《闲情偶寄·词曲部》。

实在是难免的。不过,这并不影响汤显祖《牡丹亭》不依附于舞台而固有的文学成就。

那么,在汤显祖身上,戏剧创作的思想性和文学性之间是什么关系呢?"临川四梦"主要是汤显祖在遂昌为官期间和从遂昌弃官之后陆续创作出来的。那时的汤显祖经历了宦海沉浮的历练,思想已经非常成熟。如果说以前的写作主要是诗文、奏则等文人、官场上的酬和应对文字,那么现在他似乎更需要寻找一种容量更大、接受面更广的艺术形式来表达自己对人生与社会的思考。那就是当时在文人士大夫间盛行的南曲传奇。关于这种文体,他已有从《紫箫记》到《紫钗记》的练习,应该说并不陌生。而在《牡丹亭》的创作实践中,更形成了自己的创作经验:"凡文以意趣神色为主,四者到时,或有丽词俊音可用,尔时能一一顾九宫四声否?如必按字摸声,即有室滞迸拽之苦,恐不能成句矣。"根据叶长海先生的解释,这里的"意趣神色",意指的是创作的动因和情思,趣是指作者的情趣,神是指作者的灵气、作品的灵性,色主要指文采词华。四者总体上是指作者的艺术创造精神、才能、个性,及其在作品中体现出来的艺术性等属于作者主观精神层面的东西。如果从总体上去理解"意趣神色为主",其意义正在于强调戏曲创作的艺术个性。① 总之,思想性主导文学性,文学性的高低取决于对思想内容表达的程度。思想内容是第一位的,是创作的驱动力,是诱因,形式技巧是第二位的,是可以为了表现前者的需要而进行选择并不断探索和丰富的。

二

汤显祖在思想性和文学性上取得的成就应该说已有公论。这里需要探讨的是汤显祖何以能如此?我以为,除了天资聪慧外,主要是因为他恪守了一个传统儒家的行为规范、处世原则,或者说,他是一个真正意义上的儒者。如果我们按《礼记·中庸》中所说的"博学之、审问之、慎思之、明辨之、笃行之"来衡量汤显祖,我们会发出"庶几至矣"的感叹。

首先看他的博学。他十三岁起即拜泰州学派大师王艮的三传弟子罗汝芳为师。结合他的整个为人处世及言论可以看出,他受正统的儒家思想影响很深。无论是对天人关系的认识上,还是对仁爱情感的培育、仁政理想的践行上,还有其"明知不可而为之"的入世精神,都鲜明地打上了儒家的烙印。从最近发现的《玉茗堂书经讲意》来看,汤显祖是当时首屈一指的经学家、"五经"之一《尚书》的讲授者。② 但他对于儒家思想的理解决不迂腐僵化,也不穿凿附会,对于儒家思想的践行既出于真诚,又敢于担当。同时他也以开放的文化心态接受各种新思想。他是佛门的在家弟子,曾拜著名僧人达观为师,撰有大量的佛学著作,他对禅宗所提倡的禅悟以及一系列开悟的思维方式,自我明心见性的开悟目的,起警示作用的因果报应,从慈悲为怀出发的不杀生,都持一定程度的肯定与欢迎态度。他深受老庄哲学的启迪,他的《阴符经解》,深刻地阐释了许多道家文化的思想精华。他崇尚自然,认为天地万物之间相养相成、相杀相生,五行之间相克相利、相互转化等等。而儒家、道家、佛家都有的辩证思维,在他的思想中亦无往不在。总之,他学以儒家为根基,又出入于儒释道之间,博采众家众长而融于一身。

其次,他在博学的基础上有思辨、有选择。他摒弃了某些腐儒、迂儒的保守、乡愿之气,而崇尚侠气。

---

① 参见叶长海《中国戏剧学史稿》,中华书局2014年9月版,第186—188页。
② 郑志良《汤显祖著作新发现:〈玉茗堂书经讲意〉》,《文学遗产》2016年第3期。

他对佛家"外人伦"的出家解脱教义决不苟同,始终为入世之"情"所"困"。他也对道教追求肉体长生的做法持怀疑态度,甚至彻底否定。可见他对佛、道的接受还是受儒家思想的主导。他对政治、历史文化有自己深刻的观察和洞见。他既有源于儒家仁政治国的浪漫主义的政治理想,又有基于具体地方行政治理经验的现实主义的政治实践。他对具体历史事件、历史人物、历史活动的评述,以及对史书的编撰写作如何处理好人伦、地域、习俗,如何注意发掘历史发展规律中势、理、情三要素的复杂关系等都有自己深邃的见解。①

其三,他在博学与思辨的基础上创发出自己独特的"情"本体思想。根据叶长海先生的解释,汤显祖在其论著中反复强调的"情",是一个非常复杂的概念,在不同的时间,不同的场合,"情"所指的内容是不同的。从社会层面上,汤显祖倡导"有情之天下";从文艺层面上,他倡言"情至论"。从"情"与"理"的关系来看,"理"指客观事理;"情"指主观情思。如果从大处着眼,情是思想(即主观精神);但如果从戏剧这一具体角度去考察,"情"实即意欲、愿望、志向,犹如王阳明所说的"意之动"。剧作者有他的"意动",故说"因情成梦,因梦成戏";剧中角色也有他的"意动",故说"没乱里春情难遣"。换言之,作者之"情"就是创作的动因和推动力,角色之"情"就成为戏剧动作的动因和推动力。作者之"情"常常表现为"思想",而角色之"情"则需要化为"生活"了。② 可见,"情"的观念,在汤显祖的精神生活具有统摄性和核心性的地位,他乐于"为情做使",他亦为"情"所困。

最后,我们来看他的笃行。中国古人认为人生的"三不朽"是,"太上有立德,其次有立功,其次有立言。"(《左传·襄公·二十四年》)通俗一点讲,人生在世,最重要的是做人,其次是做事,其三是做学问。文学创作之类在古人根本就是消遣抒怀娱乐而已,是远在著书立说之后的,词曲如是,传奇小说更是如此。然而,"文如其人""诗以言志",文学创作也是人的生命状态的自然衍生,反映着做人做事的成就。汤显祖之所以留下不朽诗文传奇,是和其为人的刚正不阿、品行纯正分不开的。他两次拒绝首辅张居正的笼络,一次上《论科臣辅臣疏》直言朝廷庸政。前者是采取消极守势,可见他的品行端正、洁身自好、绝不趋炎附势。后者是采取积极攻势,可见他为了国家利益,不在乎个人得失,为公而忘私,一怒为苍生,有侠者风范。这几件事他都是付出了很大的代价的。前者令他中进士晚了许多年,后者使他被贬徐闻。他也因此亲眼见证了官场的腐败、政治的黑暗。这些后来都成为他创作《南柯梦》《邯郸梦》等素材和灵感的来源。在人生的逆境中,汤显祖从来没有放弃自己的政治抱负和降低对自己人格的要求。一旦有机会主政一方,他就努力造福一方。按照儒家的理想醇正风俗、教化百姓、修农田、兴水利、办学堂等等。当他对现实无能为力时,他就挂冠而去,绝不玷污自己的人格。在南京闲居和后来归隐玉茗堂之后,则致力于思想的探求,他关于情理问题的哲学思想都由此而生,后来都在《牡丹亭》里表现出来了。这也和《礼记·大学》里所说的"格物、致知、诚意、正心、修身、齐家、治国、平天下"的儒家人格理想,和"达则兼济天下,穷则独善其身"的儒家处世态度是一致的。

三

根据以上的梳理,我们基本上可以得出这样的结论:汤显祖的成就主要在于他的剧作的深刻的思想

---

① 参考尹恭弘《汤显祖新论——多重文化视角下的汤显祖》,社科文献出版社 2015 年 12 月版,第 3—7 页。
② 参见叶长海《中国戏剧学史稿》,中华书局 2014 年 9 月版,第 186—188 页。

汤显祖剧作在当代昆曲舞台 2011—2015

一

2011—2015 年,全国七昆剧院团演出汤显祖剧作的基本情况:

2011 年,总演出 1 434 场,其中演出汤剧 868 折次。

2012 年,总演出 1 187 场,其中演出汤剧 533 折次。

2013 年,总演出 1 271 场,其中演出汤剧 676 折次。

2014 年,总演出 1 486 场,其中演出汤剧 812 折次。

2015 年,总演出 1 741 场,其中演出汤剧 682 折次。

按年度统计:

2011 年,北方昆曲剧院总计演出 187 场,其中演出汤剧 63 折次;上海昆剧团总计演出 113 场,其中演出汤剧 25 折次;江苏演艺集团省昆剧团总计演出 805 场,其中演出汤剧 612 折次(该团在昆山周庄戏台每天演出多场,已连续多年至今);浙江昆剧团总计演出 108 场,其中演出汤剧 74 折次;湖南省昆剧团总计演出 60 场,其中演出汤剧 55 折次;江苏省苏州昆剧院总计演出 61 场,其中演出汤剧 36 折次;永嘉昆剧团总计演出 100 场,其中演出汤剧 3 折次。

2012 年,北方昆曲剧院总计演出 176 场,其中演出汤剧 64 折次;上海昆剧团总计演出 190 场,其中演出汤剧 23 折次;江苏演艺集团省昆剧团总计演出 466 场,其中演出汤剧 389 折次;浙江昆剧团总计演出 190 场,其中演出汤剧 7 折次,湖南省昆剧团总计演出 69 场,其中演出汤剧 26 折次;江苏省苏州昆剧院总计演出 39 场,其中演出汤剧 16 折次;永嘉昆剧团总计演出 57 场,其中演出汤剧 8 折次。

2013 年,北方昆曲剧院总计演出 177 场,其中演出汤剧 74 折次;上海昆剧团总计演出 106 场,其中演出汤剧 18 折次;江苏演艺集团省昆剧团总计演出 754 场,其中演出汤剧 517 折次;(浙江昆剧团,该年无统计数字)湖南省昆剧团总计演出 68 场,其中演出汤剧 13 折次;江苏省苏州昆剧院总计演出 54 场,其中演出汤剧 34 折次;永嘉昆剧团总计演出 112 场,其中演出汤剧 20 折次。

2014 年,北方昆曲剧院总计演出 156 场,其中演出汤剧 83 折次;上海昆剧团总计演出 124 场,其中演出汤剧 25 折次;江苏演艺集团省昆剧团总计演出 740 场,其中演出汤剧 506 折次;浙江昆剧团总计演出 125 场,其中演出汤剧 82 折次;湖南省昆剧团总计演出 60 场,其中演出汤剧 19 折次;江苏省苏州昆剧院总计演出 140 场,其中演出汤剧 67 折次;永嘉昆剧团总计演出 141 场,其中演出汤剧 30 折次。

2015 年,北方昆曲剧院总计演出 213 场,其中演出汤剧 91 折次;上海昆剧团总计演出 236 场,其中演出汤剧 23 折次;江苏演艺集团省昆剧团总计演出 734 场,其中演出汤剧 472 折次;浙江昆剧团总计演出

101 场,其中演出汤剧 46 折次;湖南省昆剧团总计演出 67 场,其中演出汤剧 15 折次;江苏省苏州昆剧院总计演出 305 场,其中演出汤剧 22 折次;永嘉昆剧团总计演出 85 场,其中演出汤剧 13 折次。

按剧团统计,2011—2014 年,七昆剧院团演出汤显祖剧作情况:

北方昆曲剧院:2011 年共演出 187 场,其中汤显祖剧作演出 63 折次,在全年演出频率中约占 33.69%。2012 年共演出 176 场,其中汤显祖剧作 64 折次,约占 36.36%。2013 年共演出 177 场,其中汤显祖剧作 74 折次,约占 41.81%。2014 年共演出 156 场,其中汤显祖剧作 83 折次,约占 53.21%。

上海昆剧团:2011 年共演出 113 场,其中汤显祖剧作演出 25 折次,在全年演出频率中约占 22.12%。2012 年共演出 190 场,其中汤显祖剧作 23 折次,约占 12.11%。2013 年共演出 106 场,其中汤显祖剧作 18 折次,约占 16.98%。2014 年共演出 124 场,其中汤显祖剧作 25 折次,约占 20.16%。

江苏演艺集团昆剧院:2011 年共演出 805 场,其中汤显祖剧作演出 612 折次,约占全年演出频率 76.02%。2012 年共演出 466 场,其中汤显祖剧作 389 折次,约占 83.48%。2013 年共演出 754 场,其中汤显祖剧作 517 折次,约占 68.57%。2014 年共演出 740 场,其中汤显祖剧作 506 折次,约占 68.38%。

浙江昆剧团:2011 年共演出 108 场,其中汤显祖剧作演出 74 折次,约占 68.52%。2012 年共演出 190 场,其中汤显祖剧作 7 折次,约占 3.68%。(2013 年无统计)2014 年共演出 125 场,其中汤显祖剧作 82 折次,约占 65.60%。

湖南省昆剧团:2011 年共演出 60 场,其中汤显祖剧作演出 55 折次,在全年演出频率中约占 91.67%。2012 年共演出 69 场,其中汤显祖剧作 26 折次,约占 37.68%。2013 年共演出 68 场,其中汤显祖剧作 13 折次,约占 19.12%。2014 年共演出 60 场,其中汤显祖剧作 19 折次,约占 31.67%。

江苏省苏州昆剧院:2011 年共演出 61 场,其中汤显祖剧作演出 36 折次,在全年演出频率中约占 59.02%。2012 年共演出 39 场,其中汤显祖剧作 16 折次,约占 41.03%。2013 年共演出 54 场,其中汤显祖剧作 34 折次,约占 62.96%。2014 年共演出 140 场,其中汤显祖剧作 67 折次,约占 47.86%。

永嘉昆剧团:2011 年共演出 100 场,其中汤显祖剧作演出 3 折次,在全年演出频率中约占 3.00%。2012 年共演出 57 场,其中汤显祖剧作 8 折次,约占 14.04%。2013 年共演出 112 场,其中汤显祖剧作 20 折次,约占 17.86%。2014 年共演出 141 场,其中汤显祖剧作 30 折次,约占 21.28%。

2011—2015 年,全国七昆剧院团演出汤显祖剧作总体情况:

2011 年,总演出 1 434 场,其中汤剧 868 折次,为全年演出频率 60.53%。

2012 年,总演出 1 187 场,其中汤剧 533 折次,为全年演出频率 44.90%。

2013 年,总演出 1 271 场,其中汤剧 676 折次,为全年演出频率 53.19%。

2014 年,总演出 1 486 场,其中汤剧 812 折次,为全年演出频率 54.64%。

2015 年,总演出 1 741 场,其中汤剧 682 折次,为全年演出频率 39.17%。

综合以上统计,2011—2015 年五年间,全国七个昆剧院团总计演出 7 119 场次,其中汤显祖剧作演出总计 3 571 折次,占全部演出频率 50.16%;

《牡丹亭》整本演出,2011 年 462 场,2012 年 50 场,2013 年 93 场,2014 年 192 场,2015 年 152 场。五年总计演出《牡丹亭》949 场。

五年中《游园惊梦》单折演出为 2 485 折次。以五年 1825 天计,五年中平均每天演出 1.36 折《游园惊梦》(或《游园》《惊梦》)。

二

2014年文化部举办"名家传戏——2014全国昆曲《牡丹亭》传承汇报演出",演出大师版《牡丹亭》上、下本,共12折,南昆版(江苏省演艺集团昆剧院)、典藏版(上海昆剧团)、大都版(北方昆曲剧院)、天香版(湖南省昆剧团)、永嘉版(浙江永嘉昆剧团)、青春版(江苏省苏州昆剧院)、御庭版(浙江昆剧团),七个版本的昆曲《牡丹亭》。

2014年12月13日晚,大师版《牡丹亭》上本在天桥剧场演出,依次为《闺塾》(魏春荣饰春香,沈世华饰杜丽娘,陆永昌饰陈最良)、《游园》(沈世华饰杜丽娘,魏春荣饰春香)、《惊梦》(华文漪饰杜丽娘,岳美缇饰春香)、《寻梦》(梁谷音饰杜丽娘,魏春荣饰春香)、《写真》(王奉梅饰杜丽娘,郭鉴英饰春香)、道觋(刘异龙饰石道姑)、《离魂》(张继青饰杜丽娘,王维艰饰杜母,徐华饰春香)。

2014年12月14日晚,大师版《牡丹亭》下本在天桥剧场演出,依次为《魂游》(梁谷音饰杜丽娘)、《冥判》(侯少奎饰胡判,梁谷音饰杜丽娘)、《拾画》(石小梅饰柳梦梅)、《叫画》(汪世瑜饰柳梦梅)、《忆女》(王小瑞饰杜母)、《幽会》(张洵澎饰杜丽娘,蔡正仁饰柳梦梅)、《婚走》(杨春霞饰杜丽娘,蔡正仁饰柳梦梅,刘异龙饰石道姑,张寄蝶饰癞头鼋,陆永昌饰陈最良)。

2014年12月18日晚,江苏省演艺集团昆剧院在清华大学新清华学堂演出南昆版《牡丹亭》,包括《游园》(徐思佳饰杜丽娘,陶一春饰春香)、《惊梦》(徐云秀饰杜丽娘,钱振荣饰柳梦梅,裘彩萍饰杜母,刘效饰花王,计韶清饰梦神)、《寻梦》(龚隐雷饰杜丽娘,丛海燕饰春香)、《写真》(单雯饰杜丽娘,陶一春饰春香)、《离魂》(孔爱萍饰杜丽娘,裘彩萍饰杜母,丛海燕饰春香)。

2014年12月19日晚,湖南省昆剧团在梅兰芳大剧院演出天香版《牡丹亭》,包括《游园》《惊梦》《寻梦》《离魂》《拾画》《叫画》《冥判》《幽会》《回生》,雷玲(前)、罗艳(后)饰杜丽娘、王福文饰柳梦梅、张璐妍饰春香、刘瑶轩饰判官、卢虹凯饰陈最良、刘荻饰石道姑、彭峰林饰杜宝、左娟饰杜母、王翔饰癞头元。

2014年12月20日晚,上海昆剧团在清华大学新清华学堂演出典藏版《牡丹亭》,包括《游园》(余彬饰杜丽娘,倪泓饰春香)、《惊梦》(张洵澎饰杜丽娘,岳美缇饰柳梦梅,倪泓饰春香)、《寻梦》(沈昳丽饰杜丽娘)、《写真》(张莉饰杜丽娘,倪泓饰春香)、《离魂》(梁谷音饰杜丽娘,倪泓饰春香,何燕萍饰杜母)、《拾画》(胡维露饰柳梦梅)、《叫画》(蔡正仁饰柳梦梅)、《幽媾冥誓》(黎安饰柳梦梅,罗晨雪饰杜丽娘)。谢幕时梅葆玖致辞《没有昆曲就没有梅派艺术》。

2014年12月22日晚,浙江永嘉昆剧团在长安大剧院演出永嘉版《牡丹亭》,包括《游园》《惊梦》《寻梦》《写真》《离魂》,由腾腾饰杜丽娘、杜晓伟饰柳梦梅、杨寒饰春香、张静芝饰杜母。

2014年12月22日、23日晚,北方昆曲剧院在梅兰芳大剧院演出大都版《牡丹亭》,包括《惊梦寻梦》《拾画叫画》《幽媾冥誓》《起穴回生》,朱冰贞饰杜丽娘、翁佳慧饰柳梦梅、刘恒饰大花神、董红钢饰胡判官、许乃强饰杜宝、白晓君饰杜母、吴思饰春香、李欣饰陈最良、张欢饰石道姑。

2014年12月24日晚,江苏省苏州昆剧院在民族文化宫大剧院演出青春版《牡丹亭》,包括《惊梦》《写真》《离魂》《冥判》《幽媾》《回生》,沈丰英饰杜丽娘、俞玖林饰柳梦梅、沈国芳饰春香、陶红珍饰石道姑、陈玲玲饰杜母、唐荣饰判官。

2014年12月26日晚,浙江昆剧团在民族文化宫大剧院演出御庭版《牡丹亭》,包括《惊梦》《言怀》

《离魂》《旅寄》《冥判》《玩真》《幽媾》《回生》,胡娉(上半场)、杨崑(下半场)饰杜丽娘,毛文霞(上半场)、曾杰(下半场)饰柳梦梅,白云饰春香,胡立楠饰判官,朱妙天饰睡梦神、郭驼、石道姑。

三

汤显祖剧作在当代中国昆曲舞台 2011—2015 年的演出,于此可见概貌与特色。

汤显祖剧作《牡丹亭》是当代中国昆曲舞台演出频率最高的。在明清两代的昆曲舞台上《牡丹亭》就是演出频率高、被搬演折子多的剧目。清乾隆年间苏州钱德苍编辑刊印的戏曲选集《缀白裘》,以收录梨园当红名折一网打尽的丰赡性和剧场歌本特色著称。全书十二集,辑 80 余部明清传奇 400 多个折子,都是康乾时期剧坛盛演的名剧。入选折目排行在前的,依次为《琵琶记》26 折、《荆钗记》19 折、《牡丹亭》12 折、《红梨记》11 折,《西厢记》《一捧雪》《连环计》均为 9 折、《长生殿》8 折。《牡丹亭》12 折为《学堂》《劝农》《游园》《惊梦》《寻梦》《离魂》《冥判》《拾画》《叫画》《问路》《吊打》《圆驾》。《缀白裘》的收录反映了康清时期昆曲演出的盛况,《牡丹亭》多达 12 折入选,可见其被搬演与受欢迎的程度。进入现代,《琵琶记》《荆钗记》的演出频率与搬演折数显著减少,《牡丹亭》演出频率显著上升。时代推移与观众的观剧审美情趣变化,昆曲演出市场逐渐萎缩,传字辈之后昆曲演员阵容锐减,能串演折子从清代的一千余折(李翥冈手抄《昆曲全目》)到传字辈 800 折,之后逐代减其半。在幸存的 200 余折剧目中,《牡丹亭》的《学堂》《游园》《惊梦》《寻梦》《离魂》《冥判》《拾画》《叫画》等八折继续被频频搬演。

昆曲作为舞台综合艺术,融合了文学、戏剧、表演、音乐、舞蹈、美术于一体,格律严谨、形式完备、载歌载舞、声腔音乐婉转悦耳、柔媚悠长。汤显祖《牡丹亭》经过叶堂度曲,历代艺术家精雕细刻,充分包容了昆曲艺术的诸项元素,是昆曲华彩的灿烂展示。这是《牡丹亭》高演出率的根本保证。

百年来,有两件演出事件使《牡丹亭》与《游园惊梦》在昆坛演出中独占鳌头。

梅兰芳鉴于昆曲的衰落,他传承与搬演了许多昆剧折子,他认为昆曲艺术是京剧艺术的根底。梅兰芳一生演的昆曲有 47 折,《游园惊梦》是演出频率最高的。1945 年抗战胜利,蓄须明志的梅兰芳重返剧坛,开幕戏就是他与俞振飞的《游园惊梦》,轰动沪上。1949 年 12 月梅剧团在上海中国大戏院演出长达一个多月,梅俞配的《游园惊梦》唱了八次之多。梅葆玖后来总结说:"没有昆曲就没有梅派艺术。"1962 年梅俞配的《游园惊梦》还拍摄成彩色电影。梅大师的成功演绎使昆曲《游园惊梦》声誉飙升。

2005 年以来,白先勇策划青春版《牡丹亭》打头阵,打开了昆曲走向全国的局面。青春版《牡丹亭》演出 200 余场,带动了全国昆剧团盛演《牡丹亭》的热潮。

四

昆曲《牡丹亭》是生、旦演员舞台功力的全面考量。它成就了一代代艺术名家,也训练培养了一代代青年人才。1949 年梅俞配的《游园惊梦》在上海唱了八次之多,配戏的梅葆玖说就是上了八次课。在2014《牡丹亭》展演中,大师们的表演,一招一式、每个唱段都符合昆曲的规范,另一方面,又在昆曲的规范性中发挥自己独有的艺术创造性,艺术创造性的重点在于深入体验剧中人的内心世界——所谓传神,使演出的舞台形象韵味醇厚。

昆曲与《牡丹亭》的表演，都来自传字辈的传授，演唱音乐采自叶堂校谱。所以无论南北昆、青春版、大师版，其唱、念、做，一切程式，都是一样的，没有变化的，无需变也不必变。我曾经请石小梅与王芳串演《琴挑》在我的课堂上演出。她们两人分属两个剧团，而且从没配演过戏，更不用说合演《琴挑》。因为原先与石小梅配演的旦角因故不能来，我临时请王芳合演。但两位艺术家从没搭档演出过，仅仅在演出前略一对戏，就上场了，但对手戏浑然一体、天衣无缝。因为两人的《琴挑》来自同一个师傅沈传芷的传授。《游园惊梦》《拾画》《叫画》《离魂》，无论哪位演员，都一样的唱念做，这保证了演出的基本范式与成功。但各位演员演出的艺术层次、水准还是有差异。

自从青春版问世，青春靓丽的杜丽娘、柳梦梅一遍又一遍在舞台上翩翩起舞，眉来眼去谈情说爱，博得大学生喜爱。一时全国昆坛都是灵动风骚青春版，于是张继青《游园惊梦》的优雅娴静再不复见。幸有梅兰芳《游园惊梦》电影留下大师艺术风貌，而梅兰芳的昆曲表演，比张继青的表演节奏更慢些许，表演程式的幅度更收敛些许，动作幅度更小些、慢些，更低眉敛眼。梅兰芳表演的杜丽娘更为幽雅娴静。因此有人担心今天的演员如果像梅大师那样静与慢的表演风格，恐怕当下观众没耐心。2013年上海国际艺术节，史依弘、蔡正仁演出俞言版《牡丹亭》。我没有见过言慧珠演杜丽娘的风采，但是很显然，史依弘塑造杜丽娘，其演出风格全部采自梅兰芳电影版《游园惊梦》的表演艺术。那一袭大红披风紧裹出场，缓慢转身，低眉敛眼，心事幽幽，轻慢的念白，幽幽地吟唱"袅晴丝吹来闲庭院"。游园的五支曲子【绕地游】【步步娇】【醉扶归】【皂罗袍】【好姐姐】，一样的幽幽唱来心定气闲，舞台动作收敛稍缓慢。梳妆、照镜、步香闺，尽显幽雅娴静，而不是灵动风骚。这是梅兰芳塑造的大家闺秀、二八佳人风度，而不是闺中难耐寂寞的风流少妇。史依弘塑造杜丽娘，显然是师法梅兰芳的表演艺术的神采。我们从中领略到昆曲作为雅部艺术的优雅娴静风采。魏良辅创昆曲水磨调，要求演唱"全要闲雅整肃，清俊温润"，昆曲"调用水磨，拍捱冷板"，"功深熔琢，气无烟火"（沈宠绥《度曲须知》）。雅静——这才是昆曲艺术的品位，体现了中国古典文化审美境界的艺术。这不免使我们怀疑当下在载歌载舞旗号下戏曲舞蹈化的昆曲，还是否传承了古典昆曲的真正艺术风貌？

我们看惯了《游园》《寻梦》《拾画》《叫画》舞台动作精致繁复花哨，像苏州园林的繁复元素，满目缤纷地展示在观众眼前，那一支支意象纷繁的曲词与手脚挥舞并用的唱做，究竟要表现剧中人怎样的思绪情感？只是令人眼花缭乱、目眩眼迷，而不知所云。而岳美缇演《叫画》，开场神定气闲，柳梦梅只是欣赏一幅与自己不相干的观音画像，之后逐步发现是一位美女，不是观音，再后看画上题诗，逐渐悟出竟似乎与自己有关，最后唤画中人"姐姐"，相携而行。岳美缇表演的仍是昆曲的唱与做，但她的艺术表现的是中心，是柳梦梅面对这幅画像的心理发现，在唱念做中有层次地一层层清晰地展现出来。岳美缇娴熟的表演艺术就转化为对《叫画》中柳梦梅内在心理的把握。《叫画》的舞台表演就是一个剧中人心理发现的过程。

我们也曾看到有的演员将《写真》仅仅演成一位美女为自己画像，唱腔优美，动作甜美。殊不知病入膏肓的杜丽娘为自己写真，内心的痛楚、无望与祈愿。也看到梁谷音演《离魂》是心灵的投入，她将杜丽娘低回欲绝的痛楚与难舍难分的悲情表现得催人泪下。艺术家将自我的心理经验、人生积累、自己对人生际遇的思考灌注在所塑造的人物身上。唱念做不是通常的舞蹈歌唱，戏曲化的表演已经化为自我的心理表现。汤显祖塑造的杜丽娘人生阅历曲折太多，由生而死，死又复生，为情而死，为情而生，每一出中表现的都是不同的情感。演好杜丽娘，演员需要深刻体验杜丽娘的内心情感，以自己的人生经验与生活细节来丰富演出。在大师版《牡丹亭》中,70 多岁的张继青演《离魂》,杜丽娘与母亲诀别下跪,虚弱垂危的她由春香搀扶着,恰好显示出杜丽娘临死前气息奄奄的状态。

五

2014 年《牡丹亭》的展演,有大师版,有典藏版、南昆版、天香版、永嘉版、大都版、青春版、御庭版,八个版本的昆曲《牡丹亭》演出极一时之盛。

《牡丹亭》演出中着重塑造杜丽娘这一人物形象,柳梦梅基本是陪衬角色。苏昆青春版生、旦并重,扮演柳梦梅的演员俞玖林以青春情真引人注目。在大师版《牡丹亭》中,岳美缇、石小梅、汪世瑜、蔡正仁等艺术家先后登场,独具匠心地塑造了柳梦梅形象,柳生的怀才不遇、风流倜傥、痴情真诚被表现得酣畅丰满。剧中的次要人物,经大师们的塑造,侯少奎的判爷形象,刘异龙的石道姑、张寄蝶的癞头鼋形象,一些有缺陷的角色的舞台表演也妙趣横生。

昆曲《牡丹亭》已是经典。但那是依仗传字辈演员的传授,连当年梅兰芳也聘请朱传茗教授。所以全国七个昆曲院团的《牡丹亭》演出,其唱腔都遵叶堂校谱,一招一式都传承自传字辈。当然上昆《牡丹亭》来自俞振飞亲授,但俞振飞的表演大体与传字辈同一渊源。所以八个版本《牡丹亭》的唱念做,出自同一母体,大体上是相同的。这就是经典的传承,其价值也就在此。但是如果昆曲的所有演员都仅是完全同一种表演模式风格,对昆曲来说,就没有它的丰富多彩性。在清代,昆曲走向全国,不可避免地与当地语言、文化融合,产生了湘昆、晋昆、川昆、滇昆等,这是昆曲在不同地域的演出风格。而今全国昆坛都演同一本戏,昆曲演出的雷同化日益严重。对于湘昆来说能将《牡丹亭》完整演绎实属不易,但是观众看到的却是没有湘音的《牡丹亭》。

源于《西厢记》,产生了突出红娘的《南西厢》,和以红娘为主角的京剧《红娘》,以张生为主角的茅威涛版《西厢记》。鉴于现今舞台搬演的都是《牡丹亭》节编本,显然《牡丹亭》是否也可以拥有以柳梦梅为主角,或以春香为重头戏的各种演出版本?

汤显祖《牡丹亭》的高演出频率,当然足证《牡丹亭》的价值与影响,它在当代昆曲界的顶尖地位。但另方面未始不包含遗憾。汤显祖"临川四梦"有《牡丹亭》《紫钗记》《南柯记》《邯郸记》四部。汤显祖剧作演出太单一,在纪念汤显祖四百周年活动中,没有"临川四梦"的演出。当然上昆曾排演《邯郸记》《紫钗记》,江苏昆有《南柯记》,但很少演出。

昆曲列为世界非遗已经一十五年了。根本的遗憾,是不能永远只是以一部《牡丹亭》为昆曲的旗帜。

六

文学是昆剧的灵魂,高品位的文学美韵与醇厚的文学蕴含令昆曲成为戏曲的凤冠。昆曲演出中文学的重要性,在当下将古典传奇名著搬上舞台的过程中仍旧不容忽略。青春版《牡丹亭》的成功,首先在于白先勇主持整编汤显祖原作,截取哪些、舍去哪些,如何拼接连缀,都显出这位著名作家的精粹运思,焕发了汤公原作的神采,铸就青春版成为一个完美的艺术整体。2014 年《牡丹亭》展演中,就有人提出,浙昆御庭版的文本就稍显简陋,没有《写真》一出,《拾画叫画》就没有基础,很多内涵无法表达出来。北昆版则与其他剧团一样以《游园惊梦》开场,失去了北昆的特色。通常版一开始就演《惊梦》,这样惊梦中杜丽娘的内心世界就没来由。《春香闹学》本是北昆的传统戏,应该传承下来,北昆版可以《春香闹学》一出为《牡丹亭》开端,这就更完美。

上昆《牡丹亭》是名角荟萃的经典演出,每一折演出都有可圈可点之处。但也并非无需再推敲。上昆《幽媾冥誓》折系拼合《幽媾》《冥誓》两折。两件事并不发生在同一晚上。合为一折就是发生在同一晚。在上昆《幽媾冥誓》折,杜丽娘夜扣柳梦梅书房,两人相会,柳梦梅问杜丽娘你从何而来? 家住何处? 杜丽娘当即告柳生自己乃是鬼魂,望柳生明天掘墓才能回魂,柳生承诺——这就是"冥誓"。已显明是鬼魂的杜丽娘转身即要离去,这一折应该结束了。但编者记得尚未"幽媾"。所以只见柳梦梅翻袖拉住杜丽娘,唱:"我与你点勘春风第一花。"柳生拥杜丽娘同下——点题"幽媾"。每次看到这里,我都惊诧莫名。在原《幽媾》中,柳生是不知杜丽娘系鬼魂才有情趣与赉夜而来的美娇娘"幽媾"的。《聊斋》中人鬼妖相恋,许仙与白娘子相爱,都是男方不知对方是鬼与妖的。已知对方是鬼,明天还要去掘墓,哪还敢与鬼魂"幽媾"呢!

"四梦"改编得失举隅

黄文锡

明代传奇,因卷帙浩繁,每以"案头之书"见胜,至若照本宣科、全其终始地还原为"台上之曲",则费力耗时,非连续数昼夜莫办。故在历史上,整本演出的纪录甚少。汤显祖的"临川四梦"亦然。而现代意义的"改编",在当时又是不可想象之举,一般昆剧班社,只能选演其中某些单折,在演、唱艺术上作代代相承的加工,以求流传。临近民国末年,艺术凋敝,班社星散,甚连单折演出也渐趋式微。

新中国建立后,广大人民群众随着生活水平的提高,精神需求也相应增强。像汤显祖这样的世界文化巨擘,其剧作价值几何? 精华安在? 广大观众渴望通过较便捷的渠道去了解和赏识,于是,"改编"的重任便历史地落在了艺坛曲苑志士仁人的肩头。

"四梦"改编,谁率先在全国打响了开山一炮? ——赣剧。

赣剧先行　群芳争艳

赣剧,是以弋阳腔为源头,吸收融合多种声腔形成的戏曲剧种,流行江西 500 多年。汤显祖是江西老乡亲,宣扬汤翁剧作,可谓义不容辞。

1957 年,中央文化部与江西方面协议,为纪念汤翁逝世 340 周年,京、赣两地将同时举办演出活动。老剧作家石凌鹤,奋然着笔,将《牡丹亭》改成集八场为一"整本"、能在一个晚会展示其内涵的《还魂记》,用弋阳腔谱曲,由江西省赣剧团表演艺术家潘凤霞、童庆礽主演。这是早于昆剧和诸多剧种的一大突破。1959 年,著名戏剧家田汉访问汤翁故乡,顺路观看此剧后留诗:"雨丝风片过临川,邀得青年拜墓田。莫道梦痕无觅处,《还魂》新入弋阳弦。"① 同年 5 月,晋京演出,郭沫若、梅兰芳、欧阳予倩、张庚、郭汉城等均出席观摩,《人民日报》等多家报刊发表文章给予鼓励。旋又奉调上庐山为党中央会议演出,周恩来、刘少奇、邓小平等都曾观看。7 月 2 日,毛泽东圈点了剧中《游园惊梦》,观后口头表述了四字评语:"美、秀、娇、甜。"②

应当指出,此剧(以下简称"石改本")作者称自己的工作为"改译",是过于矜持之词,尽管在选用曲词上,做了"尊重原著,鉴古神今"、"保护丽句,译意浅明"、"重新剪裁,压缩篇幅"、"牌名依旧,曲调更新"③的努力,但从全剧结构透视,原著共 55 折,石改本仅在前 35 折里做筛选,到"回生"即止,大刀阔斧地将原著腰斩成"断尾巴蜻蜓",岂不是最大的"改编"手笔么?

石改本领头,昆剧紧接起步。1959 年,俞平伯、华粹深将《牡丹亭》缩全本为一剧,由京中曲社试排,

---

① 见江西省赣剧院 60 周年纪念册《辉煌赣剧梦》。
② 见江西省赣剧院 60 周年纪念册《辉煌赣剧梦》。
③ 凌鹤《关于"临川四梦"的改译》,江西文学艺术研究所编《汤显祖研究论文集》,中国戏剧出版社 1984 年版。

参加建国十周年献礼演出；1981年，北方昆剧院也由马少波指导改编演出了此剧。江西方面更加热闹。1982年，由文化部、中国剧协、江西省文化局、江西剧协四家在南昌、抚州联办了空前盛大的汤翁逝世366周年纪念活动，赣剧、京剧、宜黄戏、东河戏、盱河戏、宁河戏乃至抚州采茶戏先后推出《紫钗记》《南柯记》《邯郸记》改编演出本，还有张齐改编的《牡丹亭》以"俗本"样式面世引人关注，同时期各地昆剧也持续不断的作"四梦"改编演出，从江苏昆剧院到上海昆剧院，到后来白先勇领衔制作的青春版《牡丹亭》，在总体上形成群芳争艳、姹紫嫣红的瑰丽景观。直到最近，还有王仁杰改编的北昆"大都版"《牡丹亭》问世。笔者前后也曾尝试：1982年，改编《紫钗记》，由江西省赣剧团演出；1986年，为高腔清唱剧《还魂曲》作词，由省赣剧团和省歌舞团联演，参加北京合唱节；1999年，改编《还魂后记》，由省赣剧团排成，参加文化部主办的建国50周年优秀剧目献礼演出；2010年，为南昌大学赣剧文化艺术中心改编折戏集锦《临川四梦》；同年，为抚州市采茶歌舞剧院以辑录方式完成"临川版"《牡丹亭》。回顾历史，谁能说汤翁剧作演者少观者稀，长期遭受冷遇呢？中国剧坛包括汤翁故乡，"四梦"的改编演出正如繁星映天，光耀人寰；江河贯地，长流不息。

得失互补　瑕瑜并存

石改本及其后的包括昆剧在内地的《牡丹亭》改本，成就显然，有的词、曲、表演乃至舞台美术汇精粹于一炉，被称为"艺术欣赏的极品"。但另一方面，许多改革都不约而同地趋向"断尾巴蜻蜓"模式，留下遗憾。率先提出异议的是田汉，他评论石改本："若说写至'回生'为止剧情矛盾已经解决"，则"矛盾过于简单空泛了"。[①] 孟超也认为"煞于'回生'而止，矛盾并没有得到解决"，"从戏剧结构上说，原作中'幽媾'、'回生'等折显然都不是高潮，因为最尖锐的斗争是安排在'圆驾'一场的"。[②]

与石改本所见略同的还有许多戏曲史论家。他们读曲，一则多局限于曲词本身，而汤翁的精彩词笔确以前半部《惊梦》《寻梦》等为最；二则由形式推理，杜丽娘死而复生确能自成单元，其后的演叙便被视为多余。即如赵景深《读曲笔谈·读汤显祖剧随笔》便称："演到'婚走'，已经完成了汤显祖题词中'爱情战胜死'的愿望，既已结婚，也就是反抗了'父母之命，媒妁之言'的礼法；此下正式取得父母的追补同意，实在不是重要的了。"这是对"断尾巴蜻蜓"的理论支持。但，戏剧情节是人物性格发展的轨迹，根本问题要看杜丽娘在原著前半部是否足以完成了性格塑造工程。齐裕焜正是承袭了前述观点，并从人物性格着眼来论述的，他在《独创放异彩》一文中认定，"《西厢记》是细致地刻画了崔莺莺的性格发展的过程。但是，如果把同样的结论套用在杜丽娘身上"，"就未必是符合实际的了"。在他看来，汤翁让丽娘"对青春、对爱情的渴望与热情像江水一样一泻千里，使读者一览无余，完全掌握了她的性格。可以说，杜丽娘的性格在'闺塾'一出里得到初步显露……最迟到'闹殇'就完成了，不到全剧的五分之二。至于以后的情节，只是不断渲染和加强了杜丽娘对爱情执着追求的性格特征。总之，崔莺莺的性格有个发展过程，是逐步显露的，使人们逐渐窥视了全貌，而杜丽娘的性格是用浓重的色彩一下子描绘出来，给人以不可磨灭的形象"。[③]

---

① 《"还魂记"及其它》，《人民日报》1959年6月8日。
② 《谈赣剧弋阳腔"还魂记"》，《戏剧报》1959年12期。
③ 《名作欣赏》1982年1期。

此论大可商榷。莺莺的性格姑置勿论,但丽娘的性格又何尝是"一览无余","一下子"即被人们"完全掌握"的呢?如果她的性格塑造在"不到全剧的五分之二"篇幅里已经"完成",那这部古典名著的"五分之三"岂非纯属多余?这倒"未必是符合实际的"。实际上,在作品的前半部,丽娘的"热情"不但不像"一泻千里"的"江水",相反倒有如幽谷溪涧的涓涓细流,历经了许多冲折回旋,才最终汇成一股奔腾激流。戏的后半部对丽娘的刻画,也绝不只是围绕着某个"特征"去"不断渲染和加强"而已;它的"特征",是在曲折发展的整个过程中萌生着、丰富着,逐渐明朗化并在全剧的最后一刻完成的。

具体说来,在戏的前半部表现丽娘的"情"意识经历了一个由朦胧到觉醒,由觉醒而强化,又由强化而趋压抑的曲折过程。这固然有外因在,但微妙的是,像杜宝这样宗法社会封建礼教的代表人物,在前半部仅处于"潜伏"状态,未对女儿造成直接的压力,故丽娘的心态压抑主要应从她自身找原因。她自幼受三从四德的熏陶教养,当"情"意识觉醒后,内心便产生了追求"情至"理想和遵从封建礼教的强烈冲突。这使她即在病重时也未能向父母吐露,直到殉情而死,终以鬼身与梦梅幽媾并得到回生。但这是否完成了"爱情战胜死"的主题呢?否。当梦梅要求"今宵成配偶"时,她出其不意地答道:"秀才可记得古书云:必待父母之命,媒妁之言?"盖因"比前不同:前夕鬼也,今日人也,鬼可虚情,人须实礼"。这是汤翁安排的一大转折。倘回生后即成配偶,那只是话本小说《杜丽娘慕色还魂》的翻版,而后半部恰恰是汤翁一空依傍的创造:在这里,男女主人面临的压力更加沉重了,因为,"潜伏"的对立面进一步明朗化了,梦梅即便中了状元,也脱不了"盗坟贼"的罪名,得不到杜宝的宽恕,躲不过"刁打状元郎"的一劫。丽娘回生自婚,能不能取得他的"追补同意"呢?否。倘说在前半部,这个"古撇"的官僚还表现出一些人情味的话,对女儿的因情而生,则认定为"妖孽之事",处理起"大是大非"来,他是"铁面无私",毫不"心慈手软"的。甚至陈最良面对事实也发生动摇,劝他"葫芦提"认了女、婿时,他仍不忘"奏闻灭除"是"为大臣"的责任,断定回生的女儿"乃花妖狐媚假托而成",请求皇帝"向金阶一打,立现妖魔"。潜在对立面的明朗化和强化,搭建了戏剧冲突趋向公开化和白热化的构架,丽娘被骤然推向这一构架的巷道,她的内在冲突不能不转化为外在的抗争力量,她的自我压抑的"情"意识,不能不迸发张扬,她的叛逆性格便得到了为前半部戏不可企及的鲜明体现。当皇帝诏她上殿勘对还魂真相时,尽管"在阎罗殿见了些青面獠牙,也不似今番怕",为"情"驱使,她还是镇定自若地登上御道,当皇帝命她"向花街取影"并去定时台上"秦朝照胆镜"前辨别鬼形抑或人身时,这个昔日"步香闺怎便把全身现"的女孩,光明正大地坦然步行,"一般儿莲步回鸾印浅沙",并当着文武百官、大庭广众从容照镜,证明了自己,"有踪有影,的系人身"。当皇帝责问"不待父母之命、媒妁之言,则国人父母皆贱之,杜丽娘自媒自婚有何主见"时,她(旦)与梦梅(生)一唱一和,向杜宝(外)展开大胆调侃而又理直气壮的抗争:

(旦泣介)万岁,臣妾受了柳梦梅再活之恩。【北出队子】真乃是无媒而嫁。(外)谁保亲?(旦)保亲的是母丧门。(外)送亲的?(旦)送亲的是女夜叉。(外)这等胡为?(生)这是阴阳配合正理!

汤翁在后半部运用一托之梦、二托之鬼、三托之迷离的笔法,将丽娘性格的发展刻画得多么真切感人。最终,她当然还要请父亲认了自己,父亲却说:"离异了柳梦梅,回去认你!"丽娘唱:"叫俺回杜家,趁了柳衙,便作你杜鹃花,也叫不转子规红泪洒!"父亲卫道,女儿坚贞不屈,预示着以命相拼。皇帝"敕赐团圆"了,但这不同于一般旧剧的"一家团圆,叩谢皇恩",而恰恰符合了丽娘的愿望:她回生后,不愿掩盖自媒自嫁的婚姻关系,不想与夫君躲躲闪闪,影影绰绰地苟活,她要公然向天下宣告自己婚姻的正义性和合理性,要"最高当局"——皇帝也予以承认。试想这在封建礼教桎梏下是不可想象的事,而汤翁竟然驱使笔下的主人公发起挑战,个中蕴含的深刻性,又岂是"爱情战胜死"所能一言以蔽之!而耐人寻味的是杜宝这一对立面,却"古撒"依旧,汤翁没有违反生活真实,硬要写他的"转变",说些诸如"女儿,爹错怪了你"之类的歉词,只是以沉默对付宣旨,直到剧终,仍然不予"追补同意"。试想,"一家之长"持此态度,则"小俩口"未来的前途,不是吉凶难卜吗?如何解决这一矛盾呢?汤翁自己也是无可奈何的,本来,在完成剧作后,他应该吐气扬眉,与丽娘等皆大欢喜才是,但却偏以这样的集唐诗作结:"唱尽新词欢不见,数声啼鸟上花枝。"深切吐露了惘然孤寂的心情。证之汤翁自称:"词家四种("四梦"),里巷儿童之技,人知其乐,不知其悲",沈际飞评曰:"乐不胜悲,非自道不知。"这里的"悲",与"欢不见"的慨叹是一致的。综上,丽娘的性格确实是在全剧中不断发展着,仅凭前半部,人们看到的只是"半个杜丽娘",惟有将前后两半贯通糅合,才能呈现丽娘性格的浑然整体。情况如此,新近推出的昆剧"大都版"改本,依然是"半个杜丽娘"的复写,便觉平淡无奇,惟一较诸改本独异处,却是"冥判"中的判官用了"穿越"手法解读汤翁原著,这就像在古朴一色的衣裳上,缀了一块现代迷彩的补丁,反觉不畅。至于陪衬人物杜宝,连"潜伏"的影子也不见;陈最良更成了形同虚设的"道具"。

在此,回想起早年的张齐改本,却有不同凡响处。一是他曾著文申明《"还魂"之后有精华》,①论列了从"婚走"直到"圆驾"的价值,以这样的眼光来着笔,将"回生"前的精彩关目集中在六场戏内,又以整整三场的篇幅来体现"回生"后的主要情节,首尾贯穿,一气呵成,这就较好地做到了"缩全本为一剧";二是此剧以汤翁故乡抚州的采茶戏来搬演,变曲牌体为板腔体,化"阳春白雪"为"下里巴人",可见克难攻坚的勇气。我曾戏称之为"俗本",但作者处理曲词,却较好地做到了"雅俗共赏",对某些丽词佳句,如"游园惊梦"那段"原来姹紫嫣红开遍"作了完整的保留,而前后曲词的改易又力求自然圆通。他如梦梅"叫画"时所唱"春心只在眉间锁,顾影自怜眼波睃,含笑处朱唇淡淡抹,手拈青梅韵情多,如愁欲语羞怯怯,冉冉欲下只少口气儿呵。这多时你在哪里躲?闪得我有苦难诉说!既作诗画不忘我,何不遣媒结丝萝?"神韵不失原著,却自有"俗唱"明快流畅的风味。再如春香得知小姐回生已委身柳郎时唱:"你硬是鬼不要、人不嫌,真情换来美姻缘,相思鬼做得蛮划算,嫁了个门当户对、年轻俊秀、多情多才、忠实厚道的好生员!"颇合春香俏皮活泼的身份,因原著本就在"雅"的基调中兼容着春香式的"俗",将这种"俗唱"融入全剧亦得璞玉浑金之妙。当年我观张改本之演出,曾引为同好,爱以怀玉笔名,作《俗本"牡丹亭"引起的讨论》②一文,予以荐介。

其后,我萌发一念:何不索性专以原著下半部为蓝本,改成《还魂后记》,为"四梦"花圃添一新枝?此后,历经三年努力,反复取舍,八易其稿,三次翻新,终成规模。个中意蕴,难以尽述,仅撮一斑,以见初衷:一,改本在冥间增加了一组同情丽娘的女夜叉,她们也希望丽娘还阳与梦梅团圆,在判官面前为之说情:

    胡判官:什么?你们也替她帮腔?

---

① 载江西省文学艺术研究所编《汤显祖研究论文集》,中国戏剧出版社1984年版。
② 载江西省文学艺术研究所编《汤显祖研究论文集》,中国戏剧出版社1984年版。

夜叉甲:不是替她帮腔,是尝够了女人的苦味!我婚姻不遂,悬梁而死——

夜叉乙:我遭丈夫唾弃,溺水而亡——

夜叉丙:婆婆嫌我不能生育,乱棍加身——

夜叉丁:官府判我伤风败俗,法场问斩——

就这样,以摇镜头的鸟瞰方式,将明代吃人的封建礼教一扫而过,赋予丽娘形象更为厚实的社会基础;二,在原作基础上,将丽娘的性格发展梳理出几个层次。她回生见到梦梅,刚欢庆"我这里喜成双"时,却在幻觉中显出杜宝身影,接着一系列的《女戒》《闺范》之类涌上心来,遂慨叹"做鬼三年,早忘却这幼时教诲,如今回到人间,怎又陡然涌上心头?"转念"似这样仓促成婚恐无当,先禀原委也是人情之常,况爷娘当我明珠在掌,又何必把自己的好事弄僵",想向父母禀明婚姻大事,自然符合大家闺秀的身份,但她毕竟为"难越樊篱"而苦恼,这是第一层次。杜宝怀疑是花妖狐媚假托回生,命将桃条抽打驱邪,丽娘在疼痛、悲愤中喃喃喊出:"我不是鬼,我是活人,我要真正做人!"在昏迷中苏醒过来的她对梦梅表白:"今天我便自媒自婚,要和你完成这人间的婚礼!"戏剧冲突发展到这一程度,显示这样的话已非说不可、直抵水到渠成的地步,这时的丽娘已自觉地从封建樊篱中挣脱,这是第二层次。至"圆驾"一场,她奉圣命走沙、照镜,始则羞愤难当:"想当初游园还惊怕,深闺中理云鬓对菱花;今日大庭广众里,光天化日下,怎便展身姿照影走沙?真是羞煞冤煞!"又转念:"分明是阻不得咱自婚自嫁,便抬出个皇帝将人当鬼耍,一再地屈辱相加!本待作罢,岂非正中了他欺诈?何如借机告白全天下,好姻缘端的是白玉无瑕!"于是,"掖长裙袅袅地缓行轻踏,一般儿莲步回鸾印浅沙"。待百官惊呼之际,便"越发地舞蹈扬尘,管叫你众口暗哑!"继而登定时台,照胆镜"威光摄人",丽娘"为火鸦逼射,连串旋舞",伴唱:"休道鬼域堪惊怕,人间炼狱倍胜它,将身化作火凤凰,飞升涅槃惊天下!"其思想境界已发展到更高层次,终于在大庭广众中确证了清白的人身和纯正的真情。至若对杜宝的心态刻画,亦由表及里、由浅入深,不待细述。此剧问世后,苏国荣曾发表《临川风韵》[1]一文作了全面评析;加以认可的还有简毅的文章《还魂之后的飞跃》。[2]

要之,"四梦"多种改本的尝试,或有所得,或有所失,不足惊怪,它正好达到得失互补、瑕瑜并存的境界,呈现"百花齐放,百家争鸣"的局面。倘要求"定于一尊",凡不合者一概排斥,那只能回复到"浩劫"年代"八个样板戏"独霸天下而禁锢一切的僵局,是谁也不愿见到的,更不利于汤翁剧作在更广阔的土地上播种耕耘,焕发奇葩。

深度开掘　返璞归真

然而,"定于一尊"的排他观念,至少在二十世纪八十年代仍然回光返照于学界剧坛。1986 年,舒羽改编的《邯郸梦记》由江西省赣剧院携京演出。汤翁此剧写尽了封建官场况味,令人几疑为明朝的一出"现代戏"。舒羽实行了从原著到改本的缩微性转化。摹写卢生在科场、官场、疆场以权谋私、以贿获利时"沟通古今之情",不怕触及至今还残存社会一角的封建余孽的交感神经,从而反映出其内涵的尖锐性

---

[1]　载中国戏曲学院学报《戏曲艺术》1998 年 4 期。
[2]　载《影剧新作》1997 年 6 期。

和震撼力。全剧的编演洋溢着创新意味,它不仅体现于有形的文字,也体现于导表演的舞台整体构思,如现代灯光技术的运用以及音乐、舞蹈的处理,既保留仿唐古风又赋予某些现代色彩。为汤剧的演出开拓了广阔天地。此剧在京演出激起了热烈反响。在中国剧协座谈会上,戏剧家,研究家及高校教授如吴祖光、吴乾浩、夏写时、肖善英、王永健等纷纷表示:此剧"体现了原著精神又赋予创造性";是"所有改编本中最好的一个";这种改编尝试"是非常有意义的,值得提倡和鼓励",江西"对汤剧的搬演是作出了贡献的";"这种演出正符合大多数观众的审美情趣,必须予以充分肯定";"正因为这个戏有强烈的当代意识,因此它受到广大观众的欢迎,包括青年观众也喜欢"。① 但在另一个座谈会上,一些剧界和学界人士却惊呼汤翁名著被改窜到"佛头着粪"的地步,以至于汤翁"地下有灵也当翻身起坐,提出强烈抗议"。两种意见针锋相对、褒贬迥异。我为此曾撰文辩驳,认为改本"对于卷帙浩繁的原著,实际上做了形象的'点评'工作,在'古今之情'的交感点上,或加密圈,或画曲线,紧要处甚至以醒目的朱批勾勒而出,从而强化了原著'鉴古知今'的效果。这难道不正是成功的改编所应有的追求吗? 反之,古人曾正确地所爱的,引不起今人丝毫爱的喜悦;古人曾正确地所憎的,引不起今人半点憎的激情;观众与戏隔堵不透风的墙,痛痒两不相关——这样的改编,现代之嫌倒是可以全免了,可它不正意味着彻底的失败吗?"②而此剧改本最终荣获'曹禺戏剧文学奖',正是它获得公允评价的证明。

"定于一尊"的观念不仅不适于那些改编幅度较大的工程,即使对于经典名段的编演,也是扼杀创造生机的网罗。仍以《牡丹亭》的《游园惊梦》为例,它历来已经曲苑广众全力打磨,一字一句,一招一式,精雕细琢,陈陈相因,似乎千古不易,几达凝固状态,欲求改革变通,只能是追求唱腔和表情的精准,台步和袖舞节奏频率的微调,以及行头和布景的添彩增色,直至遴选最佳演员,打造出青春版的标本。这些努力,显然可谓"厥功伟哉",但其实,仍存在一个深度开掘的课题。我为南昌大学赣剧文化艺术中心改编此折时,觉得整折传统表演如同行云流水,精美绝伦,但"戏路"平平,缺乏跌宕起伏。及至反复研读原著,细察内涵深处,却是波澜层叠。第一波:丽娘从小幽禁深闺,囿于"儒门旧家数"的教养,循规蹈矩成习,不苟言笑成性,一旦乘机游园,初始也不免战战兢兢,"步香闺怎便把全身现";小心翼翼;"惜花疼煞小金铃"。但她毕竟是花季少女,正像鸟儿乍离樊笼,前所未见的满园春色,乍然给她以极大的惊喜和诱惑,心理的天平失衡:那被淹没的少女天性破壳而出,"儒门旧家数"的印记悄然淡化,因此,我在她唱罢"呖呖莺歌溜的圆"之后,设想她与春香攀花枝、扑蝴蝶、泉边涤手泼水的表演,并填补这样的曲词:"头遭儿扑蝶花间,头遭儿荡涤清泉,从不似今日心畅意甜;观之不足情眷恋,顿悟俺一生儿爱好是天然!"然而,当她兴尽之际,转念自身"不得早成佳配,诚为虚度青春",便不由喜极生悲,心理天平发生上下背反:破壳的天性遭到"儒门旧家数"更加沉重的压抑。但正是这一跌宕,反而激起了天性愈加张扬的第二波:惊梦。试从生活推理:梦中之人是随心所欲上天入地无所不能的,即使娇弱女子也了无障碍。因此,我设想梦中的她应该更勇敢更大胆,初见梦梅,尽管还带着少女的羞涩,但最后毕竟接受了对方的挑战——这实际上也是战胜了自我。这时,一以贯之的传统表演仅仅舞动几下水袖显然是不够的,我甚至设想丽娘在牡丹亭完成好事后,与梦梅再次携手出场时,穿的是"飞天"——亦即"比基尼"装束! 记得主演陈俐读到这一初稿时十分惊喜,还提出脚踩滑轮作"探海"起舞的设想。果若付诸实践,此折戏必然达到高潮。

---

① 江西省赣剧院艺术室藏《中国剧协召开"临川四梦"开编演出座谈会录音记录稿》。
② 《"邯郸梦记"改编的题内题外之争》,《剧本》1987 年 4 期。

而传统表演模式,梦梅在牵着丽娘赴亭幽会的急切关头,依然是一板三眼踱着方步,这又岂能合乎生活情理?

或曰:"不能仅从生活推理,要忠于原著!倘若浮想联翩,才真是佛头着粪!"那么,就从原著出发吧;迄今为止,有些人把曲文读得滚瓜烂熟,却无视其中的表演提示,致令我不得不钩沉此段并在表演提示下加注黑点,看是何等模样:

【山桃红】则为你如花美眷,似水流年,是搭儿闲寻遍。在幽闺自怜。小姐,咱和你那答儿讲话去。(旦做含笑不行)(生作牵衣介)(旦低问)那里去?(生)转过这芍药栏前,紧靠着太湖石边。(旦低问)秀才,去怎的?(生低答)和你把领扣松,衣带宽,袖梢儿揾着牙儿苫也,则待你忍耐温存一晌眠。(旦作羞)(生前抱)(旦推介)(合)是那处曾相见,相看俨然,早难道这好处相逢无一言?(生强抱旦下)

试看,梦梅此时已不再是"温良恭俭让",也不再是踱着方步"请",而是来了个"强抱",这可是汤翁白纸黑字亲笔写定的,它与生活推理竟然是惊人的一致!口口声声要"忠于原著"者,为何临了又不忠如是,究竟是谁定要让"佛头"泡上"洗洁净"呢?

现在"南大版"《临川四梦》中的这则戏,尽管运用了"时空隧道"及"完婚"式的牵红绳,基本的"戏路"仍不得不"屈就"在凝固难破的传统模式前。我仍固执己见:若将"戏路"往深处开掘,必能返璞归真——返生活之"璞",归原著之"真"。

限于篇幅,本文所论,以《牡丹亭》为主。他"梦"改编之课题,可议处亦极繁杂,不赘。

玉茗千秋绝妙词　试翻古调作新声

——石凌鹤《还魂记》改译本平议

王子文　刘文峰

"传奇词客,按旧谱以翻新;唤起古人,俾现身而说法。"(清·李光庭《乡言解颐》)点出了古戏今演、现身说法的戏曲传承路径。《牡丹亭》问世以来,就有着多重的理解、阐释与衍生,它的传播与接受始终也与各种声腔剧种以及后来的地方戏对它的移植改编有莫大关联,它总是随着戏剧文本的变迁而不断累加传播,随着不同时代、场地、剧种的舞台二度创作表演而不断深化接受意识。就《牡丹亭》的诞生而言,本身就是一部改编自话本小说《杜丽娘慕色还魂记》的杰作,①从艺术成就而言,被认为是"四梦"之首。②汤显祖本人也非常重视该传奇剧本的上演问题,多次亲自指导伶人演出,曾作诗说:"玉茗堂开春翠屏,新词传唱《牡丹亭》。伤心拍遍无人会,自掐檀痕教小伶。"(汤显祖《七夕醉答君东二首》其二)③汤显祖的《牡丹亭》倾注了他的心血、倾吐了他的心声,却总觉得没有被人真正理解,纠缠于古人素有的"不吾知"的情结之中。其实妙赏知音者确有不少,清·王士禛和诗中明确道出了其中的奥秘:"檀痕掐遍语难明,却使香魂付怨声。莫恨伤心无人会,与君生死各言情。"(王士禛《汤显祖俞娘》)④近人黄文锡也通过改编剧本和作诗,给出了一种新的解读:"从来评说《牡丹亭》,《游园惊梦》最倾心。只道还魂成绝唱,却将余墨筹轻尘。谁解临川真曲意? 试翻古调作新声!"⑤……作为"传情绝调"(明·孟称舜《柳枝集·倩女离魂》楔子眉批)的作品,能够"争脍人口","上薄风骚,下夺屈宋"(明·张琦《衡曲麈谈》),与历代对其的移植、改编、传播、接受,对其辞调的谐调润色是分不开的。就其改本而言,传世的刻本不下30余种,被认为是明代传奇剧本之最。⑥ 就当下的《牡丹亭》的地方戏改编而言,有学者统计超过23余部(实际会超出这数字),最早的是二十世纪初的粤剧俏丽湘小生聪本《牡丹亭》,其他改编本都出现在建国以后,其中有10部改编作品是本世纪以来搬上舞台。相对于汤显祖的《牡丹亭》原著来说,地方戏改编在主题、情节、人物、语言等的处理上有民间化、通俗化等共性的方面,但更多体现出的是其个性特征,异彩纷呈。⑦ 就江西的《牡丹亭》移植改编而言,石凌鹤先生1957年改译的弋阳腔《还魂记》(共9场)(下面简称"石改本"⑧),非常有特色,值得细细体味和品赏。

---

① 1932年孙楷第先生《日本东京所见中国小说书目》中有提及,1973年日本学者岩城秀夫《中国戏曲演剧研究》正式详细介绍并断定为汤翁《牡丹亭》直接蓝本。参江巨荣《二十世纪〈牡丹亭〉研究概述》,《上海戏剧》1999年第10期。

② 王思任评点《牡丹亭》叙文里也说"若士自谓一生四梦,得意处惟在《牡丹》";冯梦龙《风流梦》叙文里也说"若士先生,千古逸才,所著四梦,《牡丹亭》最胜";清·梁廷枏《曲话》也指出"玉茗四梦,《牡丹亭》最佳";近人郑振铎《插图本中国文学史》从文学角度也推《牡丹亭》为"四梦"之首。

③ 徐朔方见笺校《汤显祖全集·汤显祖诗文集》卷十八,北京古籍出版社1999年版,第791页。

④ 袁世硕编著《王士禛全集》第一册,齐鲁书社2007年版,第77页。

⑤ 黄文锡《黄文锡剧作选·还魂后记》,中国戏剧出版社1997年版,第335页。

⑥ 邓绍基《由〈牡丹亭〉的传播看戏曲改编与演剧通例》,《社会科学辑刊》2009年第1期。

⑦ 赵天为《〈牡丹亭〉的地方戏改编》,《戏曲研究》第97辑,文化艺术出版社2016年版。

⑧ 石凌鹤《汤显祖剧作改译》,上海文艺出版社1982年版。文中唱词曲白出自本书的,不赘注。

一、改调歌之：文本细读维度

　　该改译本精彩体现了弋阳腔的特色之一——"改调歌之"。《精刻汇编新声雅杂乐府大明天下春》卷七中栏《弋阳童声歌》有一首童歌："时人作事巧非常，歌儿改调弋阳腔。唱来唱去十分好，唱得昏迷姐爱郎。好难当，怎能忘，勾引风情挂肚肠。"[①]这首童歌指弋阳民间艺人善于把外地传来的题材或声腔的戏曲、民歌进行"地方化"处理，善于"改调歌之"，变为当地百姓熟知的戏曲或民歌。清·朱彝尊《静志居诗话》卷十四"梁辰鱼"条明确指出："传奇家曲，别本弋阳子弟可以改调歌之。"其实这种"改调歌之"的做法"还是中国戏曲的一个优良传统。之所以誉之为优良传统，主要在于改调歌之所概括的内容不限于把其他声腔所演出的剧目改成某一声腔演唱，还包含了伴随着声腔转换所进行的对剧本的不同程度的整理与改编"，"改调歌之决不限于声腔的转换，在声腔转换的同时，还完成了对剧目的思想和艺术的加工和提高"。[②]"石改本"在诸多方面有着"改调歌之"的特色，特别是语言通俗化和思想平民化以及审美的雅俗互融方面，都体现了新时代的新需求，在改编故事情节、改动戏剧人物、改写人物形象等方面也有着新的动向。我们选择性探讨杜丽娘"回生"和曲白组合两个方面的问题。

（一）"回生"问题的再探讨

　　"回生"的改写涉及剧本结构的再构思问题。"凡传奇最忌支离""折数太繁，故削去"（明·冯梦龙《风流梦》评语），为集中论题核心，"石改本"把汤显祖55出的《牡丹亭》（下面简称"汤著"）改译成9场：《训女延师》、《春香闹塾》、《游园惊梦》、《寻梦描容》、《言怀赴试》、《秋雨悼殇》、《拾画叫画》、《深宵幽会》、《花发还魂》。从这些场次我们可以看到，"石改本"写到"回生"部分就戛然而止了。

　　"回生"是杜柳爱情的转折关键点，清吴山《三妇评牡丹亭杂记》载洪之则转录的其父洪昇评语：

　　　　肯綮在死生之际，记中《惊梦》《寻梦》《诊祟》《写真》《悼殇》五折，自生而之死；《魂游》《幽媾》《欢挠》《冥誓》《回生》五折，自死而生。其中搜抉灵根，掀翻情窟，能使赫蹄为大块、瑜糜为造化，不律为真宰，撰精魂而通变之。

这评语中明确无误的点出了"回生"在杜柳"至情"中的"搜抉灵根，掀翻情窟"的"肯綮"功用。这和明·陈继儒在清晖阁本《牡丹亭》中题词一脉相承："梦觉索梦，梦不可得，则至人与愚人同矣；情觉索情，情不可得，则太上与吾辈同矣。化梦还觉，化情归性，虽善谈名理者，其孰能于斯？"更是绍接了汤显祖在《牡丹亭题词》中说的"情不知所起，生者可以死，死可以生。生而不可与死，死而不可复生者，皆非情之至也"的"生死至情"，可见，"回生"是点染"生死至情"浓墨重彩的重要一笔。为何"石改本"写至"回生"就不再续写下去呢？

　　这个问题曾引起了不少探讨。石凌鹤先生坦言，删除"回生"之后的关目，写到或演到众花神庆贺杜

---

　　①　[俄]李福清，李平编《海外孤本晚明戏剧选集三种》，上海古籍出版社出版1993年版，第534—535页。
　　②　沈尧《加滚与改调歌之》，载青阳腔学术研讨会论文集《古腔新论》，安徽文艺出版社版1994年版，第90、94页。

丽娘回生与柳梦梅相见就可以了,"剧情的矛盾便解决了。如果保留以后的枝节反而会冲淡主题"。田汉先生认为,真正的表演中,这些矛盾其实并没有很好解决,若说矛盾解决了,"似乎矛盾过于简单空泛了,杜丽娘只是游园惊魂,寻梦无痕,秋夜忧伤抑郁而死,他们并没有碰到什么具体的尖锐的阻碍"。^① 温陵先生认为矛盾不但没有解决,甚至还没有发展。孟超先生也说:"杜丽娘死后的反抗精神表现得不多。该剧表面上看来矛盾似乎解决了,实际上并没有。最后杜宝还要揍柳梦梅一顿,那才是戏的高潮。"^②并指出其判断的理由:"从戏剧情节上说,矛盾的两个方面,丽娘、梦梅与封建礼教代表杜宝没有对面,矛盾冲突就不可能尖锐展开。从戏剧结构上说,原作中的《幽媾》《回生》等折显然都不是高潮,因为最尖锐的斗争是安排在《圆驾》一场的",并谈到他们看演出时"感到戏有些嫌平,恐怕原因就在这里"。如果像田汉先生设计的,在《寻梦》中让杜宝惊散,不许丽娘再到花园,孟超先生还是认为"这样是比较细密多了,但他俩的斗争性恐怕还是难于尖锐地表达出来"。^③ 其实,这里是改译者和首都的戏曲专家学者从各自的角度提出的见解,我们如今很难听到当年观看"石改本"演出的普通观众的意见,因为当年的那些观众很多已经离世,即使存世,估计也差不多80多岁了,记忆早已淡忘或模糊了。倘若依照现有的"石改本"思路,真的写了很多"回生"后的杜宝与柳梦梅的矛盾,把"硬拷""圆驾"的相关情节提炼改译出来,那不知道又会生出多少枝蔓藤葛来,客观上的演出时间恐怕又会延宕更长一些,其中的过场戏又不知道要增加多少,演出效果是否尽如人意? 根据现今的演出时间要求,一般控制在一个晚上七八场左右,这种时间规定也制约着演出结构的再调整,管领着演出内容的再归并,若时间拖沓必会导致审美的过度疲劳而使演出得不偿失。

"回生"以后的历史演述是"石改本"中所没有涉及的。"汤著"杜丽娘回生以后的关目常常是《牡丹亭》里引起争议的焦点之一,具有战事涵义的关目,如《虏谍》《牝贼》《缮备》《淮警》《移镇》《御淮》《寇间》《折寇》《围释》等,共有9出之多,占全剧的1/6左右,是非常有分量的重要组成部分。与"十部传奇九相思""唱来唱去十分好,唱得昏迷姐爱郎"的风格十分不同,为何"石改本"不涉及这些关目? 难道写战事,就不是传奇常用的写作题材?

从明清传奇历史来看,郭英德先生《明清传奇综录》中说,在传奇生长期(成化初至万历十四年,1465—1586)有传奇58种,传奇勃兴期(上)(万历十五年至泰昌元年,1587—1620)有传奇106种,合计164种,其中涉及战事的传奇就有70多种。可见,战事也是传奇题材的一个重要来源和表现对象。而"石改本"却没有涉及"汤著"中的9出战事关目的蛛丝马迹,却是为何?

我们透过"石改本"的核心主题倾向来审视,它表达的是"至情"主题,而这些战事的书写,如江淮之乱,对杜柳爱情的表达起不到很好的推动作用,也不能表达出柳梦梅在其中的主角身份。真正表现的主角应该是杜宝,从某种意义上说,是与"劝农"关目一道,从正面肯定杜宝的一种策略。^④ 若真要书写柳梦梅与战事有关的话,可以把在临安考试的"战""守""和"的策试答卷巧妙安排进第五场"言怀赴试"关目中,而且书写这么重要的一笔,不但强调了《牡丹亭》的历史分量,也为他们的爱情增加了历史厚度,并且更加催化杜柳爱情的生根发芽——柳梦梅不光秉性善良,为人聪颖风流,而且有政治眼光,是国家栋梁之

① 田汉《〈还魂记〉及其他》,《人民日报》1959年6月8日。
② 《首都戏曲界座谈我省弋阳腔》,江西省古典戏曲演出团《会员通讯》1959年第2期。
③ 孟超《谈赣剧弋阳腔〈还魂记〉》,《戏剧报》1959年第12期。
④ 徐燕琳《杜宝的形象与意义》,《戏剧》2008年第4期。

材,更是杜丽娘的不二选择对象。才更加有利于表现柳梦梅的在第五场上场的【尾犯】里唱道的"托身须上万年枝""我今朝贫薄岂心灰,且养就我浩然之气,待他年梅柳烂春晖"。可喜的是,张齐整理改编的江西抚州采茶戏《牡丹亭》(7 场戏,1981 年写就①)写书了部分金兵进犯之事;遗憾的是"石改本"并没有这么改写,就连后来的黄文锡赣剧本《还魂后记》里同样没有这"战""守""和"的历史踪影,而且把"汤著"的"意趣神色"更是改得面目全非了。

其实不少改作也都没有继续"回生"以后的写作。如上海陆兼之和刘明今改编整理的《牡丹亭》,在戏剧结构和关目场次上与"石改本"非常相似,②写到"回生"便戛然而止,是否受到"石改本"的影响,我们不得而知。有关"回生"问题之论,见仁见智,至今仍在继续探讨中,"改调歌之",改出了新意,也改出了新的思考,我们还须慎重的审视这个问题。

(二) 曲白组合问题讨论

"石改本"在曲白的组合上,与"汤著"相比,有着浅易通俗、平实晓畅、雅俗互融的特色。非常适合现今观众的观赏习惯和理解能力。强调戏曲语言通俗化是观众对戏曲表演的普世性追求,也是剧作家努力的方向之一。李渔《闲情偶寄》卷一《词曲部·词采第二》"贵浅显"说:

> 汤若士《还魂》一剧,世以配飨元人,宜也。问其精华所在,则以《惊梦》、《寻梦》二折对。予谓二折虽佳,犹是今曲,非元曲也。《惊梦》首句云:"袅晴丝,吹来闲庭院,摇漾春如线。"以游丝一楼,逗起情丝,发端一语,即费如许深心,可谓惨淡经营矣。然听歌《牡丹亭》者,百人之中有一二人解出此意否?……此等妙语,止可作文字观,不得作传奇观。至如末幅"似虫儿般蠢动,把风情扇",与"恨不得肉儿般团成片也,逗的个日下胭脂雨上鲜",《寻梦》曲云:"明放着白日青天,猛教人抓不到梦魂前","是这答儿压黄金钏匾",此等曲,则去元人不远矣。而予最赏心者,不专在《惊梦》《寻梦》二折,谓其心花笔蕊,散见于前后各折之中。③

此处所指的"元曲"主要指戏曲语言通俗易懂,晓畅如话;"今曲"就是指明清时期文人的雅曲语言比较深奥,甚至以学问为曲,读之令人难懂,听之不解。李渔独具慧眼看到了汤显祖《牡丹亭》剧作语言的雅俗兼容,难能可贵;这种雅俗兼容的做法更昭示了后人改写经典版本的一种策略。"石改本"把"汤著"《惊梦》中【步步娇】改成了【桂枝香】:"妩媚春光,吹进深闺院,袅娜柔如线,理秀发,整花钿,才对着菱花偷窥半面,斜梳发髻恰似彩云偏;小步出香闺,怎便把全身现。"这就比"汤著"的"袅晴丝,吹来闲庭院,摇漾春如线"要通俗得多。有的稍微改动使之易懂,如原著的【皂罗袍】(原来姹紫嫣红开遍)中的"朝飞暮卷",石凌鹤先生改为"彩云轻卷",虽然在意趣上没有汤翁的雅致幽洁,但在新的色调上仍是有如秋风轻抚,沁人心脾,别有一番滋味。又如"汤著"中《寻梦》的【江水儿】:

---

① 具体见江西省抚州地区几年汤显祖逝世三百六十五周年领导小组办公室编《整理改编临川四梦 汤显祖历史故事剧专辑》,1982 年版(内部资料,未公开发行)。
② 他们的关目场次为:《闺塾训女》、《游园惊梦》、《寻梦清殇》、《魂游遇判》、《访画拾画》、《叫画幽遇》、《回生梦圆》。
③ 李渔《闲情偶寄·词曲部·词采第二》,《中国古典戏曲论著集成》(七),中国戏剧出版社 1959 年版,第 21 页。

重要,但却常为人们所忽视。

1957 年、1958 年、1959 年的舞台表演有 12 位花神, 1960 年摄制的电影版的"石改本"改为 9 位花神(一个花神领舞,其余 8 个配舞)。"汤著"的花神为"末"表演,这里改为了女性。根据不同剧种的结构安排舞蹈表演,舞台版上场的时候是唱昆曲【大红袍】;而电影版的改为了弋阳腔曲牌,根据万叶先生的介绍,属于自度曲【红衲袄】,所以改为 8 个配舞的,并不是说演员不够用。① 这翩翩起舞的,从视觉上看是"众多而婀娜"。但众多的花神在第三场《游园惊梦》和第九场《花发还魂》的出现,性质不同,样貌有别,效果有异。

我们暂时搁置讨论电影版,就舞台版的来说,《游园惊梦》场的花神,有十二月花神之说,是作为青春的象征体出现的,反衬着杜丽娘青春活力被封建礼教压抑的苦闷,是"特来保护他"的,她们的出现,无疑使得"惊梦"更具有朦胧优美的色彩,更具诗情画意的境界。

而《花发还魂》中的花神上场,翩翩起舞,庆贺杜丽娘还魂,祝福杜丽娘与柳梦梅有情人终成眷属——"从今后,花为美人娇,人在花间笑,有情人、有情人精诚长伴,留与后人标"。舞台上非常热闹且大团圆收场,这种导演的良好愿望是完全可以认同的。但是结合剧情来看,杜丽娘刚被开棺,观众集中精力关注杜丽娘与柳梦梅由"梦中情""人鬼情"到"人间情"的实现上,正在等待分享他们的欢情喜悦,突然有一群花神载歌载舞跑到舞台上来。我们试想而知,观众的视线和看戏兴奋点会立刻被转移,舞台的中心形象也随之被置换,就像看电视中突然插入的广告一样,那种观看的感觉似乎与剧情的发展还有一段距离,与剧情的感情基调还有一点榫卯,需要有一个合理的过渡,而不是草草收场。诚如俞平伯先生所言:"人神混杂,即生死界限不明,因而'还魂'这个主题也显得不那么明显了。"② 其实"石改本"最后一场的《花发还魂》剧本与舞台创作上都有一些小瑕疵,从剧本来说,与前面改译的风格很不一致,语言颇似现代诗歌;从舞台来说,有匆匆收场的嫌疑。在表达"至情"上,似乎有些仓促。在重复杜丽娘"她在微微笑""又在微微笑"的同时,又配上重句"春风喜上眉梢""梅花又开了",加上"脸儿红润了""手儿温暖了",花神表演与剧情融合,做到了人、事、情、景的高度和谐统一,这种改写熔铸了新的意境,值得关注和重视。

(二)音乐改革问题讨论

音乐是戏曲表演的灵魂。对于弋阳腔表演的音乐表演方面而言,"其节以鼓,其调喧"(明·汤显祖《宜黄县戏神清源师庙记》),"向无曲谱,只沿土俗,以一人唱而众和之"(清·李调元《剧话》)。这种热闹非凡的场面,不是任何时候都能使观众心潮沸腾,也不是任何弋阳腔的剧作表演都时时刻刻保持一种饱满的呐喊态势。在保留主体基础音乐的前提下,有必要进行适当改革,以适合武场与文场的相间配合,共同推动剧情的发展,渲染剧作的情愫,达到剧场的心理共鸣。

众所周知,老弋阳腔高昂激越,震人心魂,但在表现细腻婉曲的感情时,常常捉襟见肘,新的改良势在必行。"石改本"的音乐唱腔设计,根据剧情发展需要,做了大胆改革,在尽量保持弋阳腔曲牌传统音乐的基础上,"也尝试性地进行了一些改革,主要是对滚唱做了一些发展,比如将原来的一些流水板(1/4 拍

---

① 笔者采访万叶先生、邹莉莉女士,地点:南昌万叶先生寓所;时间:2016 年 8 月 31 日下午。
② 俞平伯《谈弋腔〈还魂记〉剧本》,《北京晚报》1959 年 6 月 10 日。

子)的滚唱,发展为正板(2/4 拍子)滚唱等"。① 此外将原来的干唱、不用管弦的演唱形式,改为加上一些丝弦(如琵琶)以及竹管乐器(如箫)的伴奏,加上二胡、中胡、喉管、板胡等帮腔乐器的使用,还使用了重句、人声帮腔伴唱等手法,使音乐色彩更为丰富了。这么一改,增进了"文场","就使得它纤细了起来,确实比过去优美动听得多了"。赣剧表演老艺术家王仕仁先生还对"石改本"的第三场《游园惊梦》的【桂枝香】【红衲袄】和第八场《深宵幽会》的【步步娇】【风入松】等几支曲牌的改革大力赞扬,说它们兼容了浓厚的高腔味道,又有清新细嫩的韵致,并边说边唱了起来:

刻舟求剑是音乐革新的大忌。王仕仁先生谨慎指出音乐改革要紧跟剧情发展走向,不能呆板凝滞。② 马少波先生认为"赣剧的音乐改革,主要是以唱腔的改革,来推动整个的改革工作"。并指出"现在加上'文场',加得很好,他们首先确定曲牌调门,分出托唱和帮腔的路子,并根据剧本的情调和人物性格的需要而确定托唱和帮腔的乐器……这些经验,是很值得借鉴的"。③ 这与王仕仁先生的观点也不谋而合。

大家都看到了"文场"音乐加入的好处,说明这是一种成功的革新,我们应该给予大力支持。当然,因为处于弋阳腔音乐改革初期,有些音乐设计不够简练和不够到位也是在所难免的。戏曲表演,本身就是演员在舞台上不断进行调试和修正的"二度创作",我们不是不允许一点小小的瑕疵的存在,我们可以逐渐让它们消融进整体的戏曲审美之中。戏曲的发展,就像我们的孩子成长一样,需要我们的关心、宽容与呵护,不是吗?

1959 年,赣剧表演艺术家潘凤霞、童庆礽、邹莉莉等在庐山演出《还魂记·游园惊梦》,给毛泽东、刘少奇、朱德、周恩来等国家领导人观看。观看之后,毛泽东主席还为此专门题写"美、秀、娇、甜"四字。至于毛主席为何题这四个字,我们不好妄自揣测;但我们可以至少可以这么认为,一定与"石改本"的音乐有关,也与潘凤霞(饰杜丽娘)、童庆礽(饰柳梦梅)、邹莉莉(饰春香)等表演艺术家的声情并茂的精湛表演有关。

1960 年"石改本"由长春电影制片厂拍摄成电影版,随后在全国各地放映,"石改本"也因此风靡大江南北了。据专家介绍,赣剧弋阳腔的《还魂记》(即"石改本")是新中国成立后在江西戏曲舞台上搬演汤显祖"临川四梦"的开山之作。后来的江西改编本也层出不穷,舞台表演精彩纷呈,为汤显祖《牡丹亭》这

---

① 陈汝陶《江西戏曲舞台上的"临川四梦"》,载陈俐主编《南昌大学纪念汤显祖诞辰 460 周年学术会议论文集》,江西人民出版社 2012 年版,第 30 页。

② 万叶整理《弋阳腔前辈艺人话今昔》,《弋阳腔资料汇编》(第二辑),江西省赣剧院内部编印,第 44 页。

③ 马少波《古木新枝——谈江西弋阳腔》,《人民日报》1959 年 6 月,《弋阳腔资料汇编》(第二辑),江西省赣剧院内部编印,第 8 页。

角,只有少数传奇折子戏尚可在舞台上露出一鳞半爪,难以窥豹。关于古老戏曲的当下传承,张庚先生认为"古老剧目就像古生物学的生物一样,可以保持原貌,作为参考资料保存下来。其他剧种也可以借鉴",另一方面还"必须从观众出发,从剧种的发展前途着眼,积极进行整理、丰富、提高的工作"。① 这就是为我们指出了古典戏曲当下传承要走继承、保留、研究与改革、发展、演出相结合的正确路径。"石改本"遵循了"汤著"的基本精神,紧扣"至情"主题进行安排场次,精选与之有关的情节进行重整归并和衍生,在继承、保留、研究与改革、发展、演出上走出了新路,突出了中国戏曲的美学精神,达到了雅俗共赏的目的,也给古典戏曲的当下传承提供了一个好的范本。

① 《如何对待我国古老戏曲遗产》,《光明日报》1959年6月。《弋阳腔资料汇编》(第二辑),第27—28页。

越剧视阈中的《牡丹亭》

——越剧改编《牡丹亭》小史·刍议

郭 梅

今年 7 月 29 日是明代戏剧家汤显祖逝世 400 周年整。汤显祖曾自评"一生四梦,得意处惟在《牡丹》",其"玉茗堂四梦"以《牡丹亭》影响最为长远——不但被后人用多种声腔演绎,还有英、日、德、法等外文译本传播于海外。明清以来,《牡丹亭》在昆剧舞台上盛演不衰,近现代及至当代,更为众多戏曲乃至其他艺术样式所改编、搬演。众多剧种与艺术样式的《牡丹亭》花团锦簇,形成这一杰作丰富的外延。

《牡丹亭》的舞台呈现形式,自然以昆剧最为经典,"游园惊梦""拾画叫画"等名折名段更是家喻户晓。上昆、浙昆、江苏省昆、苏昆和北昆等各个版本的昆剧《牡丹亭》被观众所熟知,其中,颇引人注目的有在推出之时具有开创之功的全本《牡丹亭》,和北京"皇家粮仓"、杭州"御乐堂"等厅堂版《牡丹亭》,江苏昆山、上海朱家角等园林版《牡丹亭》,等等。其他剧种和其他艺术形式的《牡丹亭》也层出不穷——如越剧、临川采茶戏《牡丹亭》,赣剧《牡丹亭》《还魂记》《还魂后记》,粤剧《牡丹亭惊梦》等传统戏曲,小剧场话剧《还魂记》,歌剧、芭蕾舞剧、玩偶剧《牡丹亭》,电影《游园惊梦》《牡丹亭》,水墨动画和微电影版《牡丹亭》,越剧电视剧《牡丹亭还魂记》,还有以小说和漫画等文本形式呈现的《游园惊梦》等,甚至还出现了诸如《在梅边》《牡丹亭外》等根据《牡丹亭》改编的流行歌曲。

其中,针对《牡丹亭》这个重点写"情"的传奇,越剧作为一个以浪漫抒情见长的年轻剧种,在二十一世纪以来的《牡丹亭》改编本中,显然颇值得关注。毋庸讳言,越剧改编《牡丹亭》,难度非常之大。首先,完成从曲牌体到板腔体的跨越殊为不易,从 55 出的传奇到两个多小时演完的"大戏",原著虽然非常经典但几乎没有可倚恃之处,必须重起炉灶,这是比完全原创一个戏要难上百倍千倍的;其次,从昆剧的"至雅"到越剧的雅俗共赏更是说说容易做做难。可以毫不夸张地说,越剧改编《牡丹亭》,比改编《红楼梦》的难度还大得多。作为我国古典戏曲的一座高峰,《牡丹亭》与《西厢记》双峰并峙,到二十世纪九十年代中期,几个不同版本的越剧《西厢记》已获得巨大成功,但《牡丹亭》却依然还只是昆剧的保留剧目。人们公认《牡丹亭》的改编难度极大,甚至有许多人认为《牡丹亭》是不能改编的。但几代越剧艺术家知难而上,陆续推出几个不同版本的越剧《牡丹亭》,不断刷新着越剧改编《牡丹亭》的历史,取得了越来越多的成功。

首先,二十世纪八十年代,上海静安越剧团推出由红枫、李卓云改编,贺孝忠作曲,戚派旦角周雅琴、毕派小生杨文蔚主演的《还魂记》。20 余年后的 2008 年 12 月,该剧被摄制成 5 集电视连续剧,主演分别是戚派旦角金静和尹派小生王君安。

2004 年 5 月 26 日,由新锐戏剧人刘平编剧并执导的中国首部小剧场越剧《牡丹亭》在上海话剧艺术中心戏剧沙龙首演,青年演员徐派小生沈倩兼饰柳梦梅和小倩,傅派花旦盛舒扬兼饰杜丽娘和扬扬。

2005 年 11 月 27 日,浙江越剧团推出由俞克平导演,周育德、吕建华、励栋煌等策划的越剧《牡丹亭》,在汤显祖曾担任知县的浙江遂昌首演。在该剧中,袁派演员李沛婕饰演杜丽娘,陆派演员廖琪瑛饰演柳梦梅。

2010 年 7 月 24—25 日,林兆华、周龙、杨乾武策划,颜全毅编剧,周龙执导的小剧场实验戏曲《还魂三叠》在北京文联剧场彩排演出,后又作为国家大剧院 2010 年第三届春华秋实艺术院校舞台精品艺术展演周的展演剧目于当年 10 月 25—26 日在国家大剧院小剧场上演。2011 年 6 月 24—25 日又在北京文联剧场演出两场。2012 年 7 月 17—23 日,经文化部推荐、德国石荷洲音乐节组委会邀请,该剧在德国汉堡及附近小镇 ITZHOU 进行了两场演出。其中,杜丽娘由越剧花旦演绎,演员是吕派翘楚黄依群。越剧和京剧等剧种同台飙戏,风貌奇异独特。2012 年,该剧改为驻场演出版,更名《情问三叠》,在北京前门天乐园由年轻戏曲演员长期演出。相比于实验版的《还魂三叠》,绚丽的舞美、环绕的音响、青春的演员是《情问三叠》的特色。

2011 年,中国戏曲学院开办越剧本科班,并在三年后推出由尹派小生陈丽宇、刘志霞和王派花旦王晴华、陈梦薇主演的毕业大戏《牡丹亭》。2014 年 9 月 16 日,该剧在第三届中国越剧艺术节上,公演于温州大学剧院。

3 个月后的 2014 年 12 月 12 日晚,由汪世瑜担任艺术总监,陶铁斧改编兼导演的浙江越剧团的越剧音乐诗画剧《牡丹亭》在浙江省人民大会堂首演。该剧由陆派小生廖琪瑛、吕派花旦谢莉莉主演。

2016 年,为纪念汤显祖逝世 400 周年,福建芳华越剧团由王永庆执导,将国戏版《牡丹亭》进行更名重排,8 月 2 日、3 日连续两晚在福州芳华剧院上演新编越剧《柳梦梅》。在该剧中,主演是尹派小生陈丽宇和王派花旦张倩倩。

综上可见,30 余年来,越剧艺术家们一直致力于改编《牡丹亭》的努力。编导有从事越剧事业多年的老艺术家如红枫、李卓云,有曾长期担任浙江省剧协领导工作、非常熟悉舞台的吕建华,有越剧演员出身的昆剧小生陶铁斧,也有学院派的颜全毅和新锐戏剧家周龙、刘平等,主演则是各时代各剧团的台柱子,而且值得注意的是流派纷呈。从对昆剧和原著亦步亦趋的"模仿"到有意识的解构和颠覆,从追求"原汁原味",到在保持越剧传统审美的前提下将现当代人的思考结合进去,服装、舞美等亦与时俱进。可以说,越剧的《牡丹亭》改编演出史,折射的就是这些年来越剧剧种嬗变和发展的历史,是越剧与时俱进,与时代、与观众一起成长的历史。

二十世纪八十年代,静安版的《还魂记》,其中演杜丽娘的戚派传人周雅琴曾得昆剧传字辈老师方传芸的亲炙,在原有的戚派唱腔特色中融入了昆曲、沪剧的某些元素,使唱腔更趋饱满,可以说实现了越剧改编《牡丹亭》"零"的突破,开创之功,功不可没。但戚派毕竟以悲旦著称,似与《牡丹亭》的浪漫气氛不甚契合。

2008 年 12 月,5 集高清越剧电视连续剧《牡丹亭还魂记》在昆山千灯古镇开机。导演陶海说,该剧主要采用虚实景相结合的方式拍摄,在搭棚拍摄的基础上,还在千灯镇进行外景实拍,力图以现代影视技术为越剧艺术增色。值得强调的是,该剧由著名昆剧表演艺术家华文漪和岳美缇进行跨剧种艺术指导,主演分别是戚派旦角金静和尹派小生王君安。制片人韦翔东表示,把这部 20 多年前的舞台剧投拍成电视剧,是希望能够保留下这部越剧舞台的名剧。而且千灯有"昆剧之乡"之称,是元末昆剧鼻祖顾坚的故乡,有着 2 500 年历史的古镇也是传说中《牡丹亭》的首演地。众所周知,昆剧是越剧的"奶娘",越剧《牡丹亭还魂记》是向经典致敬的作品。正如岳美缇所言,"越剧的浪漫抒情和此剧很吻合,君安的气质也非常合适柳梦梅的儒雅清新和温和潇洒",该剧取得了一定的成功,为古老的名剧《牡丹亭》注入了新的活力。编剧在唱词的编写上也用力颇勤,比如,《游园惊梦》等重点段落的韵脚,就显然配合了戚派的发音特点。另外,顺便值得一提的是,该剧还充分利用电视剧的技术优势,在某些核心段落演员唱念的同时,在屏幕上"贴"上汤显祖的原句,便于观众"对号入座",加强理解。不过,该剧在宣传的时候除了强调两位艺术指导的跨界以外,还拿两位主演的海归身份进行炒作,似乎和艺术本体的距离远了一些。剧中人物的服装不能说不新不漂亮,但在色彩搭配和总体协调性上,似乎尚有不小的可提高空间。

吕建华版的浙越《牡丹亭》,在故事形态和主题呈现上,与静安版一脉相承。早在二十世纪九十年代中期,吕建华注意到著名学者王季思在《从〈牡丹亭〉的改编演出看昆剧的前途》①一文中说:"我们今天的作者写曲子的本领很难赶上汤显祖;但汤显祖不可能了解今天的观众,更不可能站在我们今天的思想高度看问题。"因此,"从今天的观众出发,站在我们今天的思想高度看待《牡丹亭》中所提出的青年人恋爱、婚姻的问题","同样可以把《牡丹亭》改编为一本符合今天观众要求的戏曲",坚定了改编《牡丹亭》的勇气,于1995年开始创作改编越剧《牡丹亭》剧本。1997年,剧本在《戏文》杂志发表,并获"改革之光"剧本征稿大赛优秀剧本奖。然后经过15次修改,最终定稿。吕建华认为,《牡丹亭》的情节基本没有人与人之间的正面矛盾冲突,这看起来是一个缺憾,实质上却是一个特点和优点。汤显祖摆脱了以往剧作家那种依靠外部冲突来结构故事的窠臼,而是将戏引向了人的内心深处,通过主人公内在的心理冲突来结构故事的手法,揭示了个性化的心灵历程和人物的感情世界。杜丽娘的生生死死都是她内心冲突的结果,父母和陈最良没有构成冲突的一方,换言之,《牡丹亭》要变革的是社会,而不是某些人,这就是汤显祖的深刻之处。另外,柳梦梅这个男主角的性格特征有不少是在传奇剧本的最后部分表现出来的,比如他为了杜丽娘,甚至可以抛弃状元功名。可越剧本的篇幅有限,不可能写到他考中状元以后直到第53出《硬拷》、第55出《圆驾》,只能在第35出《回生》以前就完成其性格和形象的塑造。所以,吕建华在改编时尽可能保留了有关杜丽娘内心冲突的情节,并以此作为贯穿全剧的主线。同时,又适当加强了有关柳梦梅的线索,从原著第2出《言怀》、第13出《诀谒》中发掘有助于柳生形象塑造的细节并加以生发,刻画他流落异乡后在困境中发愤读书和勤劳善良的一面,同时还表现了他在与杜丽娘相遇后感情上所受到的强烈冲击。同时,又把杜宝、陈最良阻挠杜、柳爱情的副线贯穿到底,将《硬拷》一出提前到与《回生》合并,使全剧主次分明,内外交叉,达到结构上的统一。最后,长达55出的原著《牡丹亭》被压缩到一个晚上两个多小时就可以演完——《闹学》《游园》《惊梦》《拾画》《叫画》《回生》《硬拷》,一共七出戏,塑造了又一对越剧舞台上的杜丽娘和柳梦梅。而且,需要强调的是,唱词也在保持汤显祖原有风格的前提下尽量雅俗共赏,以适合剧种的特点。吕建华表示:"核心唱段保持了原汁原味,其他唱词则尽量通俗化,目的是想让古典名剧亲近当代观众。"

相对于上述两部大戏,小剧场越剧《牡丹亭》和《还魂三叠》显然在艺术理念和艺术风貌上迥异其趣。

小剧场越剧《牡丹亭》由802戏剧工作室和上海演出家艺术团联合打造,它大胆突破传统越剧的故事模式,结合话剧、电影、舞蹈中的多重元素,抛开原著的词白,重新审视、解构与改写,通过现代生活中一生一旦两个越剧演员的视角,去亲历汤公笔下那个古典的浪漫传奇,并由此反观自己的生存现状,感受现实与理想在普遍意义上的调和两难,形成全新的结构与诠释。全剧保留了原著中"游园""惊梦""幽媾"等

---

① 王季思《从〈牡丹亭〉的改编演出看昆剧的前途》,《光明日报》1982年6月28日。

经典内容,又加以全新演绎,将现在与过去、现实与梦境等多重时空交织在一起,更大胆地添加了"七年之痒",描述杜柳婚后七年间的婚姻生活,将这场完美爱情背后所不得不面对的"现实"赤裸裸地呈现在观众面前,颇发人深省。两位演员时而穿上戏装扮演柳梦梅和杜丽娘,演绎那一段流传千古的生死爱情;时而脱下古装,扮演化妆间里的青年演员小倩和扬扬,诉说现代人对于生活爱情的思考和理解。这是一个有关对峙与对话的戏,是越剧与话剧、传统与现代、演员与角色、生活与梦想、自己与自己沟通交流的戏。它熔越剧、话剧、电影、形体及网络语言等诸多艺术元素于一炉,使越剧焕发出了全新的艺术品格和气象。它也有别于汤显祖原著及昆剧中的完美爱情,而是从现代人的观念去解构和重新结构,展现现代人对杜柳痴人痴梦的理解,还有现代人对于痴情痴恋的怀疑和彷徨。毋庸讳言,该剧吸引了不少年轻观众的目光,也引发了学术界和其他各界的强烈争议。

2010年首演的小剧场实验戏曲《还魂三叠》取材于古典戏剧名作《红梅记》《牡丹亭》和《水浒记》,撷取其中《救裴》《幽媾》和《活捉》三个经典的"还魂"折子,以李慧娘、杜丽娘、阎惜姣三个女鬼因爱而殁、因爱还魂的情节为起点,展示三个女子的命运和情感历程。因为是小剧场戏曲,更因为三个故事观众非常熟悉,所以,编剧颜全毅大胆摒弃了完整的剧情铺垫和叙述,打破固有的戏曲剧本结构方式,既没有"一人一事"的起承转合与冲突悬念,也没有男女主角和配角龙套的人物群像,而专心致力于在简单的背景互串中突出三个主人公对于"还魂"这一核心动作的情感流露,在平行、交错,独立、交流的错落发展中,构成一个崭新的"三叠"叙事框架——其中,三个还魂女性的"寻"和"敲门"是剧情的支点,"寻"是演员进入人物的过程,是人物从冥界进入人世寻找爱情的过程,而"敲门"则意味着"她"大胆面对爱情。其中,怀春少女杜丽娘是羞涩腼腆的,她的敲门是少女清纯本性的自然流露,和阳间女子无甚区别;李慧娘虽和杜丽娘一样怀着对爱情的执着而朦胧的憧憬,但她的敲门更多的是代表对裴生正义的救助,所以她的敲门是爱的碰撞,更是爱的别离;而阎惜姣敲门则是对生前露水姻缘的依依不舍和生死考验,充满了忐忑和挣扎,她最后的"活捉张三郎",则是对女性命运悲剧的深切叹惋和悲情呐喊。

这样三个有故事的女鬼、有表演特色的形象,交叠放在一个舞台上呈现,舞台风貌自然和传统的戏曲完全不同,编剧也必须打破常规,不走老路,难度相当大。颜全毅如是阐释自己的编剧理念:

"三个女人一台戏",在平行、交错,独立、交流的错落发展中,构成一个崭新的"三叠"叙事框架。舞台灯亮,三个白衣女人并排而坐,唏嘘而起,在讲故事,讲还魂女鬼的故事;慢慢入戏,进入到一个人物的形象世界,在唱念做打中触摸人物内心的灵魂。交叉,另外一个女人进入,先前的女人回到椅子上,退出了角色,可以做一个旁观者,介绍故事的背景和发展脉络,也可以与入戏的女人搭戏,充当戏中人的交流对象。这样,演员既是符号,又是角色,既是进入的核心人物形象,又是穿针引线、介绍背景的叙述者以及交流对象,同时,演员和人物之间,也有进入和间离的差异。用三个演员,串连起三个故事、三个世界的叠化交织,在现代戏剧的自由中,其实对应着传统戏曲固有的写意精神。

……

有了"三叠"这种基本戏剧结构,舞台呈现便可以由"三"入手,次第生发。《还魂三叠》作为实验戏曲,比较胆大地突破了剧种的概念,根据三个人物不同的形象色彩,在丰富的中国戏曲剧种中选取了三个作为曲调基础。杜丽娘是大众熟知的昆曲形象,为了打破审美定势,这里却采用了越剧演员,用清新抒情的越剧唱腔,去演绎《幽媾》中清纯温婉的杜丽娘,在"似"与"不似"之间,带给观众熟悉的陌生感……杜丽娘所用的折扇，挥合之间，轻盈曼美，也借鉴了原来昆曲表演的特色。①

需要强调的是，为了调和剧种之间的不兼容性，淡化剧种的界限，该剧以三种色彩乐器古筝、琵琶和埙代替各剧种原有的主奏乐器，其中，用越剧演绎的杜丽娘的唱腔以古筝的华美温和进行体现。而且，与该剧的"实验性"相映成趣的是，其乐队却是"复古"的，观众可以看到乐队成员分坐舞台四边，和演员一样既是符号，也是故事的参与者。演出时长仅七十分钟，在观众素养较高，能保持安静的前提下，往往能取得比较不错的效果。

如果说编写《还魂三叠》时的颜全毅，是因为得到京剧武生出身、又有海外艺术经历的周龙的促进，主动进行创作，那么，他当时恐怕未曾料到仅仅3年后，自己会再一次进行越剧《牡丹亭》的改编工作——2011年，中国戏曲学院开办越剧本科班，并在3年后推出毕业大戏《牡丹亭》。这个戏，完全是应命之作，而且，因为学员中小生最为出色，所以必须选择以柳梦梅为主的角度重新演绎《牡丹亭》的故事。当然，仅仅将故事改成以柳梦梅为主的结构自然也是不够的，还必须将当下人的情感与思考附丽其上，才能引起观众的关注和共鸣。作为编剧，颜全毅如是强调：

> 《牡丹亭》的越剧改编于近年来也有了几种版本，此次，中国戏曲学院越剧班的毕业大戏依旧将选题对准了这个不朽名著，作为学生作品，"实验"与"创新"成为这班越剧本科生的共同诉求。与院团创排大戏的强大实力不同，在有限的班级成员中，在行当局限中，越剧班师生以自己的热情，以"实验"的态度，对这一名著做出自己的解读与表演，尽量完成一次华丽的创造。这一改编本，少见的以柳梦梅作为主角，以其"寻梦"作为全剧的贯穿，在诸多改编版本中堪为"创新"，同时，赋予了这个《牡丹亭》不一样的切入视点。女小生的缠绵细腻、一唱三叹，是越剧这一剧种引人入胜的一大特色，越剧的唯美与经典的重构，构成国戏版《牡丹亭》的多元看点。

仅仅3个月后的2014年12月12日晚，浙江越剧团的越剧音乐诗画剧《牡丹亭》在浙江省人民大会堂首演。和吕建华版一样，也是七场戏。该剧由汪世瑜担任艺术总监，陶铁斧任该剧的改编者兼导演，二位主创的昆剧背景奠定了这一版越剧《牡丹亭》典雅诗意的艺术特质。这出集诗、画、音、舞、光、声于一体的新戏大胆创新，在唱词、舞台设置、音乐等方面都有创新性改编，还运用倒叙、闪回等现代派的表现手段，用现代影视艺术手法来演绎古代名剧，将中国古典与当下时尚结合在一起，力图在戏曲回归本体和诗意浸透观众之间达到一种有效的平衡。这一版，假如能多演出几次，相信现场效果会比首演好。

2016年，为纪念汤显祖逝世400周年，福建芳华越剧团由王永庆执导，陈丽宇、张倩倩主演，将国戏版《牡丹亭》进行重新排演，8月2日、3日连续两晚在福州芳华剧院上演了新编越剧《柳梦梅》。编剧颜全毅再次强调了这一版的"当下性"：

> "这一个"柳梦梅固然是寻梦而来、为情痴狂的读书人，也是在现实世界频频碰壁，捧着一颗热心却不断凉却的年轻人。他与杜丽娘，是因爱而冲破生死；同时，也是执着地倾听到对方的声音，在

---

① 颜全毅《传统戏曲与现代小剧场的碰撞实验——实验戏曲〈还魂三叠〉创作札记》，《新世纪剧坛》2012年第8期。

保守的时代里寻找着共鸣力量的孤独者。柳梦梅、杜丽娘,其实都是努力寻找着变化的年轻人,生与死,只不过是寻找过程中的手段,而对于戏中的杜宝、陈最良和石道姑们,世界以不可转移的方式在变着,能不能接受,就变成一种强大的冲突;爱情,只是一种最戏剧化的形式。汤显祖《牡丹亭》在爱情传奇的背后,有着丰富的时代况味,而今天的演出,我们也努力给出自己的一种解读。

如果说,静安版和吕建华版取得的是"越剧从此有了《牡丹亭》"的重要的突破性成功,那么,两部小剧场作品则在我国小剧场戏曲的缓慢发展潮流中应运而生,说它们是为年轻观众量身定制,或者说基本是符合年轻人审美需求的,大致不差。而作为当代一位非常有代表性的70后越剧编剧,颜全毅在《还魂三叠》小试牛刀取得成功的基础上,进一步推出国戏版《牡丹亭》,并进而改成《柳梦梅》,虽属"命题作文",但他却戴着镣铐跳出来了让观众眼前大亮的舞蹈。当年,顾锡东先生为初诞生的小百花团量身定制的《五女拜寿》成为越剧的新经典,而颜全毅为国戏第一个越剧本科班量身定制的《牡丹亭》则成为越剧改编《牡丹亭》历史上的一个里程碑式的作品。换言之,国戏版让越剧不再只是有了《牡丹亭》,而且是有了和昆剧完全不同的《牡丹亭》,有了适合越剧女小生演绎的《牡丹亭》,也有了契合当下时代精神与观众审美需求的《牡丹亭》——值得强调的是,它是大戏,并面向所有观众。

也许,下一版的越剧《牡丹亭》,不是改编,而是重写,即根据汤公原著,真正脱离昆剧的拘囿,用纯越剧的手法演绎一个全新的完全姓"越"的《牡丹亭》。换言之,就是在似与不似之间,化"昆"金为"越"金,创造出更新更美的越剧《牡丹亭》,让我们拭目以待。

经典评价的本土立场与文化语境

——从上昆版"临川四梦"谈起

刘 祯

当代昆曲剧团不论是六个半抑或七个,虽数量不多,却各具千秋,各有其长,是二十世纪昆曲兴盛的标志。而无疑,上海昆剧团(以下简称"上昆")演员行当的齐全、演员表演艺术的精湛、保留剧目的完整和保护传承的有序不断,则也是有目共睹的。纪念汤显祖逝世 400 周年优秀剧目展演,于 2016 年 7 月在北京国家大剧院拉开帷幕,上昆拿出的是汤显祖全部的"临川四梦",亦足见其实力。

一、上昆演出"临川四梦"的价值意义

"临川四梦"是传奇创作的一个高峰,一个奇迹,也是昆曲表演的一个高峰,一个奇迹。特别是其中的《牡丹亭》,自其问世以来,在昆曲舞台流行不衰。昆曲从清代中期开始以其"繁缛"逐渐走向衰落,涨涨落落,而《牡丹亭》无论是整本抑或折子戏演出,都是舞台最为流行的。进入当代,昆曲发展也是几起几落,但《牡丹亭》的上演、改编和整理都是最多的。据统计,包括昆曲之外的粤剧、赣剧、越剧、黄梅戏、采茶戏、豫剧、北路梆子的改编本达 30 多部。① 围绕《牡丹亭》搬上舞台,汤显祖在世期间即发生过"彼恶知曲意哉!余意所至,不妨拗折天下人嗓子",表达他对沈璟动其曲词的强烈不满。当代改编,大致来看有两种趋势,一种是对汤显祖原著的"异化",这在二十世纪五六十年代,包括八九十年代出现的改编之作均属此列。它们是在意识形态化下对古人作品按照时代要求和理解加以"改编"和"创作",有着较强的"创新意识"。另一种是步入二十一世纪非物质文化遗产保护以来对"遗产"的尊重和还原,体现为一种文化的自觉和自信,也是新时代背景下对"遗产"的历史再读、再诠释和再体验。这一时期的"改编"与此前当代的"改编"理念迥异。此次上昆"临川四梦"即是在这一历史背景下,秉承这一理念进行"改编"的。

"临川四梦"的完整推出,是昆曲表演和有效传承的结果,更是汤显祖戏剧艺术的魅力所在。昆曲发展有其深厚的传统与历史积淀,今日各昆曲院团能够上演多少、上演什么剧目是检验其实力的重要手段,同时也说明该剧目传播和流行的程度。《紫钗记》《牡丹亭》《南柯记》《黄粱梦》是汤显祖剧作的所有,以"临川四梦"著称于世。汤显祖并非职业戏剧家,他的理想在于"兼济天下",但人生仕途的变幻莫测、波诡云谲,改变甚至是颠覆了他对社会、对仕途、对人生的看法,"四梦"某种程度上是汤显祖精神与心路历程的象征和隐喻,侠、神、佛、仙,似幻似梦,似虚似实,似仙似俗,似真似假,他的戏剧是为人生的艺术,不意间他的人生理想成了他戏剧艺术的映像,他以"四梦"取得了远比"正史"更高的历史认可和地位,这是

---

① 参见赵天为《〈牡丹亭〉在当代戏曲舞台》,《东南大学学报》(哲学社会科学版)2013 年第 4 期。

汤显祖无论如何也想不到的。所以，"四梦"的整体推出，不只是一个剧作家作品是否具有完整性的问题，而是关乎对剧作家人生理想之理解是否完整的问题。这，上昆做到了，并且她在国家大剧院戏剧舞台的表演是如此美轮美奂。"四梦"中四部作品不是平衡的，这从他们传播传承的出数和频度可以见出，但《牡丹亭》的家喻户晓毋庸置疑。上昆有多个版本的《牡丹亭》，此次整理改编，不能说是非常完整，因为毕竟是一个单元的演出，没有很大的容量，保留了九出，这九出从文学性来看，是汤显祖《牡丹亭》的精华所在，从舞台表演角度看，也是最精湛和最有传统和传承基因的部分。《紫钗记》取材于唐传奇《霍小玉传》，是"四梦"描写中最具现实性的作品，表现李益与霍小玉之间始终如一、真挚感人的爱情，这也是传奇素有的题材内容，作为汤显祖早期传奇作品，从内容题材到形式，可能因循与程式化的更多一些，相比较来看汤显祖的个性和创新在此展现的要少一些。《南柯记》在昆曲舞台上已难觅其迹，恐怕也就只有上昆有这种实力能够把这样一部昆曲舞台久违的作品呈现给观众。这也是汤显祖剧作演出和传播史上的一个重要篇章，是上昆值此汤显祖逝世400周年之际作出的一个完美收官。

演出风格的统一性。上昆"临川四梦"演出风格的统一性，既是一个组织安排问题，也是一个艺术理解问题；还是一个对剧作思想及作者思想系统性和整体性的认识问题。昆曲的传播与传承，使得不同剧目以不同方式呈现，尤其是后来的折子戏，自由灵活，可长可短，故事不再繁复，但细节细腻，人物关系密切，感情真挚到位，它也为该剧目的改编、整理奠定了基础。一些剧团的"改编本"多由此而来。上昆"临川四梦"亦以此为基础，但显然不限于此，比如此次《牡丹亭》的《游园》《惊梦》《寻梦》《写真》《离魂》《拾画》《叫画》《幽媾》《冥誓》九折演出本，即是在多种版本数十出中改编整理出来的，使得这九出既具有原作的主要情节，又能围绕杜丽娘与柳梦梅的爱情关系表达原作的思想精神。这种以"四梦"为整体性的意识和安排，特别体现在此次上昆演出的舞美和灯光所构筑的风格和色彩上。"四梦"舞美和灯光讲究整体、一致，而在这种整体和一致中因具体作品不同而有变化，这种变化又与该剧所表达的内容和思想契合，这种风格的质朴、雅致、简约，还有隐约的现代感，都在告诉我们这是昆曲，这是汤显祖的作品，也是今人理解和诠释的汤显祖"四梦"。舞台的色彩与灯光，既是装饰与表演的辅助手段，也是一种无言的思想流露，具有象征意义。比如《邯郸梦》所具有的仙道思想，舞台色彩较多采用的是紫色，而"紫气东来"的典故是与道家创始人老子联系在一起的，无疑这一基调与该剧所要表达的题材和思想是吻合一致的。

如果说传承是文化的显著特征，那么我们可以进一步说，传承是中国文化的精神，这是由中华文明早熟和对思想原典的追求所决定的。无疑，昆曲之于戏曲具有这种性质，而上昆在当代的风云际会中发扬了这种精神，使得昆曲、汤显祖剧作演绎能够持续不断。昆曲的"行当"规式可以延展演员的艺术生命，演员对本行的那种"聚精会神"精神，也使"行当"作为技巧规式本身具有艺术性，这样行当与表演、规式与艺术于演员交融浑然一体，这是一种"绑定"，使行当具有规式，使演员术有专攻，彼此取长补短，彼此互相呼应，也彼此互相约束，也消弭因不同演员扮演而带给观众所饰人物的明显差异。这也是一种文化，中国戏曲演员的艺术生命力是最长的，梅兰芳的杜丽娘可以从少年演到老年，同样，蔡正仁的柳梦梅也可以从二十世纪五十年代演到二十一世纪。在这次上昆演出中一个显著特征就是老中青演员的同台献技，展现了上昆在演员队伍所形成的梯队组合，老一辈艺术家计镇华、张洵澎、蔡正仁、梁谷音、张静娴、岳美缇等风采依旧，或粉墨登场，或亲自传承指导，而一批愈益走向成熟的演员如黎安、吴双、缪斌、沈昳丽、余彬、倪泓等也越来越为广大观众所熟悉、喜爱。不过，由于演员年龄的反差较大，在饰演剧中同一人物时，对观众审美还是会产生一定的阻隔影响，"行当"是有边界的，即便对最优秀的演员也不例外。其实，如果蔡正仁的柳梦梅扮饰是贯穿全剧的,也是一种和谐平衡,是一种精致、成熟的美,"行当"所发挥的作用会更明显更积极,虽同样存在年龄、嗓音、体态之别,但完整统一,何况还有老艺术家的得心应手、驾轻就熟呢? 而反差过于明显,反而会打乱对这一扮演人物形象的和谐平衡、一致完整,会影响甚至割裂人物、人物的舞台塑造,但这种影响、阻隔甚至割裂在传、帮、带的传承语境下被遮掩、贴上"非遗"、"传承"的标签,甚至是美化了。这是不能颠倒和混淆的,而近年这样一种舞台扮演或者说创作模式有扩散和强化的势头。"非遗"保护在今天成为中国人文化自省和走向自觉的出发点和一种标志,而汤显祖和他的"临川四梦"成为经典示范。汤显祖的戏剧史和文化史意义在某种程度上比既往历史的所有阶段更被人所首肯和热议,似乎今天人们才真正读懂了"临川四梦",也才真正在读懂汤显祖。这种认识和认识趋势,既有现实因素,也是由中国文化的传承特点及对传统的向往、膜拜所决定的。从这一向度审视,汤显祖及其剧作的影响和价值还处于不断的发现与增长中。

上昆将"临川四梦"整体搬上舞台,不仅表演出昆曲的艺术魅力,也较完整地展现出汤显祖剧作的文化价值,同时也再度引起学界对汤显祖剧作的"再认识"与"再研究"。9月6日一场名为"跨越时空的对话——纪念文学巨匠汤显祖和莎士比亚"的主题活动正式启动,上昆作为代表院团之一,参加了此次由文化部举办的系列活动,将向全球介绍汤显祖的戏剧艺术与文化精神,以此扩大中国传统戏曲在国际上的影响力。究竟如何比较汤显祖与莎士比亚剧作的意义与价值,成为热度最高的议题,亦是上海昆剧院向海外传播"临川四梦"必须厘清与直面的问题。

二、回到中国立场评价"临川四梦"

二十世纪三十年代,日本汉学家青木正儿比较中西戏剧,在《中国近世戏曲史》一书中,最早将汤显祖与莎士比亚并提:"显祖之诞生,先于英国莎士比亚十四年,后沙氏之逝世一年而卒。东西曲坛伟人,同出其时,亦一奇也。"①青木正儿最早从世界整体范畴出发,看待东西方戏剧,已明显具有世界性的眼光。毋庸置疑,汤显祖与莎士比亚,均对自身所处的文化传统,产生了巨大的影响,甚至成为东西方戏剧的文化符号,他们的戏剧作品问世以来,不仅引起历代学者的研究与评价,也掀起舞台表演的热潮,成为久演不衰的经典,用莎士比亚来比况汤显祖,当然是很恰当的。

将汤显祖与莎士比亚置于同一高度进行比较,不能仅仅停留在某些微不足道的偶然性巧合事件中寻求趣味,更应该发掘其作品的精神意蕴,因为艺术作品所产生的思想,必然有其深刻复杂的社会背景与文化背景,通过历史透视的经典细读与接受,才能创造当下的价值。从纵向的历史时间维度看,莎士比亚与汤显祖尽管同在一个时代,但是他们所处的横向文化空间却有极大的差别,其戏剧的表现形态、审美观念、思想精神、理念价值也完全不同,因此,我们必须回到两位戏剧大师所处的文化语境中,去体贴他们的生命情怀,才能对其剧作产生的价值意义作出更为公允客观的比较与评价。

理解晚明思想格局及发展走向,是解读汤显祖剧作的前提。伴随着资本主义的萌芽,中国十六世纪的明代,"曾经存在一个土生土长的'文艺复兴'的人文主义者的反封建斗争历史和他的思想体系的轮

---

① 青木正儿著,王古鲁译《中国近世戏曲史》,商务印书馆1936年版,第230页。

廓",①在社会哲学领域,便已开启了启蒙运动的进程,尤其以泰州学派为代表,王艮提出"百姓日用即道","愚夫愚妇"都"能知能行",一反过去的道统,崇尚饥思食、渴思饮、男女之爱自然而然的"人性之体",高扬个性解放,抨击禁欲主义,从思想领域反对"存天理、灭人欲"的封建礼教。王艮门人罗汝芳提出"大道只在自身",主张"吾儒日用性中而不知者,何也?'自诚明谓之性',赤子之知也。'自明诚谓之教',致曲是也。隐曲之处,可欲者存焉。致曲者,致知也。"②与欧洲的文艺复兴类似,社会思想的启蒙,总要与文学艺术相呼应,公安三袁提出文学"独抒性灵、不拘格套";以"狂狷"自我标榜的李贽倡导"童心说";通俗小说"三言""二拍"展现出市民阶层的生活观与价值观;绘画领域出现了"我行我法"强调自由创造精神的"文人画"理论;汤显祖更是以"唯情主义",提出人性解放,开启了戏曲艺术思想的新天地。诗歌、小说、戏剧、绘画等领域的思潮并不是孤立的现象存在,在晚明这个独特的时期,作为一场高扬感情的唯情主义的社会思潮,共同掀起了中国式个性解放的思想启蒙运动。尽管这一运动被清军入关打断,但不能否认晚明社会思潮的进步意义。因此,理解汤显祖的"临川四梦"所折射出的精神世界,不能不将其放置于一个宏观的、整体的、中国语境下的社会思潮进行审视。

汤显祖13岁即跟随罗汝芳学习,在人文启蒙思潮的影响下,提出人性解放的"唯情主义",认为"人生而有情。思欢怒愁,感于幽微,流乎啸歌,形诸动摇。或一往而尽,或积日而不能自休"。③"唯情主义"是一种新的价值观与人文主义精神的体现,奠定了汤显祖的思想理论,也贯穿了文学、戏曲的创作实践。在他看来,"性""心""情"根本就不能间隔,天理、天道自在人情中显现,"世总为情,情生诗歌,而行于神",④作为一种消解"理法"对人性束缚与压抑的巨大力量,"情"是人的生命内部涌起的精神自觉、价值理性的自我把握,可以穿透时空,超越生死。因此,文学创作,可以不拘格套、打破成规,"因情成梦,因梦成戏",以梦的方式吐纳性情,以"传奇多梦语"⑤构筑舞台之情景。诚如吴梅的评说:"盖惟有至情,可以超生死,忘物我,通真幻,而永无消灭;否则形骸且虚,何论勋业,仙佛皆妄,况在富贵?"⑥《霍小玉传》借助"侠义"的力量,突破世俗社会的现实,成就"情"的圆满;《牡丹亭》将深闺少女对爱情的渴望,渲染到极致,生而可以死,死而可以生,生生死死,寻寻觅觅,惊心动魄,巧妙迭出,只为寻求一种人间至真的深情,将生命诗意地安顿;《南柯记》的梦,将苦乐兴衰写尽,宠辱得失历遍,功名利禄,荣华富贵,不过是虚,是空,如同梦幻泡影,东风一吹,便破便灭;《邯郸记》中的黄粱梦,感叹浮生如稊米,付与滚锅汤。道在稊稗中,顿悟的却是生死情空。"临川四梦"构筑的梦境与至情,融入了汤显祖对时空的认知、对生死的了觉,认知的不仅是"活着,还是死去"的问题,更在思考着宇宙生命与个体至情的存在意义,"灵奇高妙,已到极处"。⑦ 如果不从中国传统的哲思立场出发,便就看不到汤显祖这一灵魂,也无法贴近汤显祖的思想精神,更不可能解读出"临川四梦"的深刻与伟大。诚如吴梅所言:"世之持买椟之见者,徒赏其节目之奇,词藻之丽,而鼠目寸光者,至诃为绮语,诅以泥黎,尤为可笑。"⑧"四梦"之价值,不仅限于其昆曲的表现形

① 卢兴基《失落的"文艺复兴"中国近代文明》,社会科学文献出版社2010年版,第4页。
② 汤显祖《明复说》,《汤显祖集·诗文集》,中华书局上海编辑所1962年版,第1165页。
③ 汤显祖《宜黄县戏神清源师庙记》,《汤显祖集·诗文集》,中华书局上海编辑所1962年版,第1128页。
④ 汤显祖《耳伯麻姑游诗序》,《汤显祖集·诗文集》,中华书局上海编辑所1962年版,第1050页。
⑤ 汤显祖《与丁长孺》,《汤显祖集·诗文集》,中华书局上海编辑所1962年版,第1350页。
⑥ 吴梅《四梦跋》,毛效同编《汤显祖研究资料汇编》,上海古籍出版社1986年版,第711页。
⑦ 张岱《琅嬛文集·答袁箨庵》,岳麓书社1985年版,第144页。
⑧ 吴梅《四梦跋》,毛效同编《汤显祖研究资料汇编》,上海古籍出版社1986年版,第711页。

式,更有其内在的精神价值,尤其在晚明历史转折的苦难危机时代,中国人以自身的哲思方式严肃地思考历史文化命运的发展方向,汤显祖作为个体的人,在历史的洪流中,以至情参透生命,以戏中之梦了悟生死,从而张扬个性,发掘人性,契合着中国式的早期启蒙精神,让"临川四梦"焕发出恒久的艺术生命力。无论在一经问世,便让"家传户诵,几令《西厢》减价"的明代,还是在当下通过上昆排演"临川四梦"所激起的"昆曲热",均可窥见"临川四梦"所具有的跨越时空的永恒性价值。在上昆的表演中,除了老、中、青三代演员精湛技艺所创造的形式美感之外,我们仍能从其改编本中,体会"四梦"之情的深刻,"生而可以死,死而可以生"这种表象上的合情不合理,彰显和洞烛的是一种普世、恒久的人的灵性生命与理想诉求,这种浪漫情怀和执着坚定,是中华民族的情感气韵,其意义和价值认同感,通过戏剧的表达被不断张扬,无论在哪一时代,均能引起观众的强烈共鸣,获得舞台生命的真实效果,亦愈益引起当代人的共鸣,这种评价趋势与中国文化所注重和倡导的精神实质是一致的。

三、莎士比亚与汤显祖:东西方文化立场与评价

时值汤显祖与莎士比亚逝世 400 周年之际,各地掀起了一股纪念热潮,各类学术活动,包括上昆"临川四梦"在内的演出活动,纷纷在世界各地举行,如何比较与评价汤显祖与莎士比亚,成为学界争鸣的重要话题。其实,早在二十世纪六十年代,徐朔方先生就撰有深入研究和比较汤显祖与莎士比亚的文章,他特别强调其文"不想效法唐代元稹写李杜优劣论的样子硬要替古人分高低,这样做既不可能,又无必要。但是他们各自代表东西方的两大文化,至少代表中国、英国两种文化、两种文学,在适当的对照下,会有助于我们对他们遗产的认识和评价。"[1]我们既不能妄自尊大,也不能妄自菲薄,只有将二者放置于客观的历史语境中,才能得出中肯的论断,而评价视野中文化立场的选择就尤为重要。一部戏剧作品之所以成为该民族世代流传的"经典",既有内部的因素,即在艺术精神上具有超越性,在审美上达到典范性,在形式上具有示范性的权威作品。也有其外部建构的因素,诸如作家的种族国籍、文本所处的文化语境、不同时代的文化立场,甚至文化权利的博弈,等等,很少有作品不经过外部的"建构"而天然的成为经典,包括汤显祖与莎士比亚戏剧作品。因此站在不同的阶层立场,对同一部作品便会得出截然相反的评价,例如在伊丽莎白时代,莎士比亚剧作主要是应剧组的要求而写的,其作品并非"不朽的""永恒的",在流传与接受的过程中,遭到不断地"改写"。伏尔泰就曾站在法国古典主义戏剧的立场,批评莎士比亚戏剧,"毫无高尚的趣味",甚至"断送了英国的戏剧"。[2] 伴随着莎士比亚在中国的翻译,其一开始就作为英国戏剧文化的"经典"被传播到国内,经典地位随着阐释者的不断强化,已成为不可置疑的"真理",但哈姆雷特式的呐喊,所透露出来的价值理性,是否被中国人所吃透理解,恐怕胡适日记就是最好的反讽与证明:"萧士比亚实多不能满人意的地方,实远不如近代的戏剧家。现代的人若虚心细读萧士比亚的戏剧,至多不过能赏识某折某幕某段的文辞绝妙,——正如我们赏识元明戏曲中的某段曲文——绝不觉得这人可与近代的戏剧大家相比。他那几本'最大'的哀剧,其实只当得近世的平常'刺激剧'(Melodrama)。如'Othello'一本,近代的大家决不做这样的丑戏! 又如那举世钦仰的'Hamlet',我实在看不出什么好处

---

① 徐朔方《汤显祖和莎士比亚》,见徐朔方《论汤显祖及其他》,上海古籍出版社 1983 年版,第 73 页。
② 参见伏尔泰《哲学通信》第十八封信(1734)(选),《莎士比亚评论汇编》(上),中国社会科学出版社 1979 年版。

来！Hamlet真是一个大傻子！"①胡适的不解，也未能撼动莎士比亚在中国评价体系中的地位，因为近代以来，西方戏剧理论被舶来之后，已经成为一种主流话语，站在西方戏剧理论的立场，以悲喜剧的价值标准比附固有传统，强迫中国戏曲就范西方解释系统，已成为一种学术习惯。由此，莎士比亚是幸运的，而汤显祖就显得有些悲情，有以"悲剧"的标准来诟病"临川四梦"的大团圆结局的；有站在西方话语体系的立场上，认为汤显祖属于"中世纪"而不具有"现代性"的；有以黑格尔的标准为绝对标准，批评汤显祖的戏剧不属于严格意义上的"戏剧"者；甚至有学者认为汤显祖与莎士比亚根本无法比拟，"如果从更高的形而上层面和精神境界来看，汤显祖与莎士比亚在文学殿堂中根本不属于相同的级别，不具有可比性。汤显祖在他所处的时代非常优秀，反映了时代的问题，但从根本上说是不能和人类文学中的顶级巨匠莎士比亚相提并论的，艺术和思想不会因其所处的国籍民族不同就随意变换标准，汤显祖的平面化叙述、为伦理道德所囿而妥协了的矛盾，以及没能进入形而上层面的缺憾，在后世终于由他的同胞，伟大的曹雪芹全部弥补，如果说非要比较，这才是本民族真正与莎翁一个级别的作家。"②西方文明并非一种普世性的文明，也并不存在一个放之四海而皆准的西方标准，将莎士比亚预设在"人类文学中顶级巨匠"的位置，作为价值判断的依据，认为"更高的形而上层面和精神境界"有"级别"，直接依据西方的文化模式来匡正自己的文化理念，并以此作为思想启蒙的资源，判断其他文化的"落后性"，却不从中国传统文化活泼的生命力出发，深入中国传统艺术传达的价值系统与符号象征体系，探寻"临川四梦"构筑的精神情感与生命意义，动辄反讽嘲弄自己的艺术与文化，轻蔑自身民族文化的价值，这种认识和观点在二十世纪八十年代改革开放的初期，甚至汇为一时潮流，影响一世人心。但在二十一世纪的当下，那种"月亮都是外国的圆"思想早已遁形逃匿后，尚有论者以"更高的形而上层面和精神境界"来抑此扬彼，正是丧失思想和文化立场，缺乏民族文化自信的典型反映，完全以西方的话语及价值标准作为不能"随意变换的标准"来衡量、批判世界，貌似客观、公允而浑然不知自己的片面和无知。其实"艺术和思想不会因其所处的国籍民族不同就随意变换标准"这种观点，早在二十世纪七十年代已经遭到西方理论界的自我质疑，佛克马提出："所有的经典都由一组知名的文本构成———些在一个机构或者一群有影响的个人支持下而选出的文本。这些文本的选择是建立在由特定的世界观、哲学观和社会政治实践而产生的未必言明的评价标准的基础上的。"③审美性与特定社会的价值功利性，始终是影响艺术作品地位的两种重要的力量。

不可否认，莎士比亚是伟大的，其剧作具有深刻的精神力量与生动巧妙的展现方式，深刻影响了西欧的戏剧文化，但不能因为莎士比亚的伟大，而来否定汤显祖剧作的伟大，生硬地将不同文明系统下的戏剧家互比优劣，显然是无意义的。如果将汤显祖的"四梦"抽离出中国文化的语境，晚明的时代背景，阳明心学的哲学体系，将之放于西方价值评判的标准，恐怕就会得出非客观、不公允的结论。汤显祖剧作不是没有缺点和不足，但价值立场的混乱，导致评价标准的错位，"他者"视角和评判标准，使得评论者难以在更为广阔的背景（超越西方）下真正从文化史、戏剧史的视野去解读和评判，以至于出现了对汤显祖"平面化叙述、为伦理道德所囿而妥协了的矛盾，以及没能进入形而上层面的缺憾"的片面评价。

其实，这样一种认识和"理论"并不值得反驳，因为它所反映的是学术眼光的狭隘与偏激，徐朔方先

---

① 沈卫威编《胡适日记》，山西教育出版社1997年版，第127页。

② 张霖《缪斯殿堂的台阶是有层级的——汤显祖与莎士比亚的不可比性》，《上海艺术评论》2016年第3期。

③ ［荷兰］佛克马（D.W.Fokkema）著，李会芳译《所有的经典都是平等的，但有一些比其他更平等》，童庆炳、陶东风主编《文学经典的建构、解构和重构》，北京大学出版社2007年版，第18页。

生早已做了回答:"我深信只有对自己民族文化具有不可动摇的自豪感的人才能充分评价别民族的伟大成就而不妄自菲薄。一个最有信心的民族也一定最善于向别的民族学习,而不骄傲自满。"①在纪念莎士比亚与汤显祖的今天,我们更应该以此为契机,关注本土学术知识传统,走出西方的戏剧理论模式,建立符合自身文化传统的话语系统,纠正过度生搬硬套地将中国戏曲艺术置于西方话语阐释系统的做法,代之以"以中容西"的气度,扎根于自己深厚的文化土壤,思考和探寻艺戏曲的发展方向,才能使莎士比亚与汤显祖的戏剧,焕发出新的时代意义。

---

① 徐朔方《汤显祖和莎士比亚》,见徐朔方《论汤显祖及其他》,上海古籍出版社 1983 年版,第 88 页。

从《汤显祖集》到《汤显祖集全编》

——五十余年出版历程考述

刘　赛

2016 年是我国明代著名文学家、戏曲家汤显祖逝世 400 周年。1 月 4 日,由上海戏剧学院、上海古籍出版社和上海人民出版社共同主办的"纪念汤显祖逝世 400 周年学术研讨会暨《汤显祖集全编》《汤显祖研究丛刊》新书发布会"开幕,正式拉开了这一周年纪念活动的序幕。

由上海古籍出版社推出的《汤显祖集全编》(下或简称"《全编》"),凡 6 册,近 170 万字。主体分为两部分:首为诗文卷,包括《红泉逸草》《问棘邮草》两种诗集,《玉茗堂全集》中的诗、赋、文、尺牍,《汤海若先生制艺》中的时文,徐朔方先生生前所编的诗文补遗一卷,以及此次由出版方邀请相关专家辑补四十余篇诗文而成的《续补遗》一卷,凡 52 卷;次戏曲卷,共收汤显祖传世戏曲 5 种,即《紫箫记》《紫钗记》《牡丹亭》《南柯记》《邯郸记》。书末有附录,收汤显祖相关"作品序跋""传记文献""诸家评论"和徐朔方先生所撰"汤显祖年表"。《全编》是截至目前收录汤显祖存世诗文、戏曲作品最为齐全的深度整理之作,为汤显祖相关学术研究提供了更加全面、更为可靠的文本,具有十分重要的学术价值。

从事汤显祖相关研究的读者可能会注意到,在汤显祖诗文、戏曲作品的整理出版历程中,先后存在着三种全集性质的汤显祖作品集,分别为 1962 年出版的《汤显祖集》、1999 年出版的《汤显祖全集》和刚刚出版的《汤显祖集全编》。身为《全编》的责任编辑,有幸与学界和社内的前辈交流,爬梳相关档案资料,大致厘清了二十世纪六十年代以迄当前汤显祖作品整理与出版的背景,深感学者从事古籍整理、编辑坚守专业出版之艰辛,今略作梳理,向大家介绍这段学术研究与专业出版合作共进的历史。

1962 年"中华上编"时期徐、钱二氏合编的《汤显祖集》

1962 年 8 月,中华书局上海编辑所(即上海古籍出版社前身,下简称"中华上编")出版了《汤显祖集》,这是迄今最早的一部汤显祖的作品合集,收入当时已知存世的汤显祖的全部诗、文、戏曲等作品。这套书的诗文部分由徐朔方先生笺校,戏曲部分由钱南扬先生校点。

出版社之所以会邀约钱、徐二位,主要是看重他们在汤显祖研究领域业已取得的成绩。钱南扬先生早在二十世纪三十年代即以《宋元南戏百一录》蜚声学界,徐朔方先生则以 1958 年在"中华上编"出版的《汤显祖年谱》确立了他在汤显祖研究领域的重要地位。建国之初的十余年里,有关汤显祖的研究成果并不多,徐朔方先生的研究可以说是最具分量的。虽然同时期有黄芝冈撰《汤显祖年谱》连载于《戏曲研究》1957 年第 2、3、4 期,但徐朔方先生的《汤显祖年谱》影响显然更大:1960 年 6 月 5 日《光明日报》就该年谱发表了署名丹溪的评论文章——《不应该用资产阶级的观点方法来编写年谱——评徐朔方编著的

〈汤显祖年谱〉》,徐朔方先生随之于 1960 年 7 月 10 日和 1961 年 3 月 5 日的《光明日报》先后发表回复商榷文章。《光明日报》的讨论与争鸣客观上将汤显祖的研究推向了深入。

自 1956 年创社以来的五六年中,以古典文学出版社和中华书局上海编辑所的名义出版的古典诗文别集有二十种左右,既有古本旧注的标校,也有约请学者笺注的新著,如《人境庐诗草笺注》(1957 年 9 月)、《稼轩词编年笺注》(1957 年 11 月)、《韩昌黎文集校注》(1957 年 12 月)、《鲍参军集注》(1958 年 2 月)、《姜白石词编年笺校》(1958 年 7 月)等,当时出版社约请的整理者不乏古典文学研究界的名家,如夏承焘、钱仲联、马茂元、萧涤非、邓广铭等。1961 年"中华上编"继《汤显祖年谱》之后计划推出《汤显祖集》,显然是注意到学界对于汤显祖的关注,同时兼顾到本社在古典文学出版方面的整体布局。

当年徐朔方、钱南扬二位先生对汤显祖诗文、戏曲各集的整理,可谓筚路蓝缕,备尝艰辛。《汤显祖集》原计划 1961 年当年内出版,"中华上编"特地为此召开座谈会,邀请钱、徐二位赴沪讨论相关事宜,由于是计划任务,时间相当紧急。汤显祖诗文的整理工作难度相当大,主要在三个方面:一是作品数量多,汤显祖所存作品单诗歌一体当时所见已逾二千首,还不包括其他文章。二是徐朔方先生立志对诗文编年,而编年的工作费时费力,比单纯的校点要增出很多工作。三是"汤显祖的人际关系千头万绪"(《全编·编集缘起》),徐朔方先生不仅对诗作编年,还要对所有诗文作笺释,以解决作品中存在的疑难问题。这样的工作要求就需要徐朔方先生对汤显祖的生平作大量深入细致的考辨,若非有《汤显祖年谱》前期研究工作的积累,要在一年内完成编年笺释工作基本上是不可能的事情。年谱的成果在先,为诗文的编年笺释打下了良好的基础。戏曲部分,钱南扬先生择取当时所能见到的善本,予以校点。其难度在于所涉版本众多,在当时交通、通讯状况不够发达的年代,借阅善本均需通过出版社调动多方力量,殊为不易。

整理者与出版社的编辑都付出了极大的心血,《汤显祖集》最终于 1962 年 8 月出版。戏曲所收五种自不待言,其中诗文部分内容庞杂,编排原则如下:从潘次耕编顾亭林集体例,诗编年,文分体;所收诗集《红泉逸草》《问棘邮草》和诗文集《玉茗堂全集》按编印先后为序;各集所收诗作,次序按年重编。其中《玉茗堂全集》中的诗作数量较多,由于原集所收诗作已重新编年,为方便读者查阅原书,于目录所列诗题下括注诗作所处原集卷数及排位数。另有徐朔方先生所作集外补遗和附录,收入相关传记材料、序跋题词、历代评论和汤显祖年表。上述诗文部分的编排原则及主体内容均为后起的《汤显祖全集》和《汤显祖集全编》所继承。

"文革"后,上海古籍出版社在"中华上编"等的基础上成立,于 1982 年将《汤显祖集》一分为二,徐、钱合编不再出版,自此徐朔方先生整理的《汤显祖诗文集》和钱南扬先生整理的《汤显祖戏曲集》分别印行,均收入后来影响很大的《中国古典文学丛书》,嘉惠学林多年。

二十世纪九十年代徐氏独力编成《全集》

自《汤显祖集》出版三十余年后,徐朔方先生决心重编汤显祖的全集。首先是因为 1962 年版《汤显祖集》在汤显祖诗文原本方面尚存遗憾:版本方面有待进一步选择辨别,原集在制艺文方面有所遗缺。其次,除了与钱南扬先生在汤显祖戏曲研究方面观点有所不同外,三十余年里学界对于汤显祖生平也积累了不少新的研究成果,徐朔方先生深感有必要对汤显祖的诗文编年加以修订。

1999 年北京古籍出版社出版了徐朔方先生独力编成的《汤显祖全集》。《全集》的诗文部分虽然在主体编排结构和原则上没有大的更改，基本上继承了上海古籍出版社的《汤显祖集》和《汤显祖诗文集》，但在编年笺释、诗文辑佚方面还是有着较大幅度的增订。增订工作主要在对部分编年笺释加以补证，另除增辑佚文外，还对部分佚文的真伪加以考辨，予以增删。

徐朔方先生在阐述其编集的缘起时曾说："经过三十多年的继续研究，原来不能编年的诗中，其中一百多首的创作年代已经查清，原来弄错的将予以纠正。"诗歌篇目之编年一旦有所调整，可谓牵一发动全身，可见较之原《汤显祖集》及后来单出的《汤显祖诗文集》，1999 年出版的《全集》在诗文编年方面作了不小的调整。同时《全集》特别增出"制艺"一卷，又另立"补遗"一卷，以汇辑除制艺之外的集外诗文。吴书荫先生在回顾、总结《全集》的成就时认为：徐朔方先生编校的《全集》，对戏曲史上的"汤沈之争"、汤显祖剧作演出的声腔等重大的学术争论问题，都能正本清源，得出比较令人信服的结论，这是《汤显祖集全编》最见笺注者识见功力、最具有学术价值的地方。

《全集》的戏曲部分经过徐朔方先生本人重加整理校笺，在底本的选择方面同钱南扬先生有所不同，另外与钱南扬先生恪守版本、谨慎出校相比，徐朔方先生在校记中偶尔会旁引经史等其他文献，对戏文中的个别字词加以校释，不乏洞见。二人整理的戏曲集实可并行，各为一家。

《全编》是对徐氏《全集》的增订

《全集》出版十余年后，学界研究又有发现，《全编》正是对《全集》的全面增订。

由于徐朔方先生已于 2007 年辞世，增订工作受到一定程度上的限制：首先对于徐朔方先生生前确定的诗文编年及学术争鸣，出版单位自然没有权力自作主张对其原有内容加以大幅修改，我们只能在《全集》的基础上做力所能及的增订工作，这既是出于对整理者著作权的考量，也是出于对前贤的尊重。为此上海古籍出版社在 2011 年与徐朔方先生的二位公子取得联系，往复多次，诚恳沟通，终获授权，并于 2013 年签订出版合约。

为了使此次增订工作充分吸收当前学界有关汤显祖研究的成果，我们请上海戏剧学院叶长海教授牵头，成立了"《汤显祖集全编》编辑出版工作委员会"，邀请到复旦大学中文系江巨荣先生、汤显祖研究与辑佚专家龚重谟先生、中国人民大学文学院郑志良先生共同担纲汤显祖作品的续补遗工作，上海古籍出版社承担续补遗部分的编次和全书笺校内容的修订。叶长海教授前期与各方反复沟通交流，部署合作与分工，出力甚多。2015 年 4 月 22 日"《汤显祖集全编》编辑工作委员会"各方成员会聚一室，讨论商定编辑出版方案。

增订工作主要在以下几个方面展开：

其一，修订原《汤显祖集》存在的明显疏误。

《汤显祖全集》于 1999 年出版后，徐朔方先生曾手自整理过一份勘误，指出该书数十处有待修订，这些问题有的是徐朔方先生本人失考，有的则是编校疏误。部分问题在《全集》重印时曾得以挖改，其余部分由于无法通过挖版处理，只能一仍其旧。此次《全编》得以全部吸收徐朔方先生生前亲自审定的勘误，这是比较幸运的事情。

除了吸收上述徐朔方生前所做勘误外，此次还尽量消除原集标点、文字、体例等方面的疏误。如文字方面,第三十四卷《宣城令姜公去思记》"然陈自强以仇胄流窜"句,其中"仇胄"二字殊不可解,查此处用南宋陈自强与韩侂胄事,"仇"实为"侂"字形讹。如体例方面,全书繁体竖排,而此前《全集》中的《缘起》与《凡例》竟未加专名线,大违全书体例,今全部予以补加。戏曲卷方面,我们在审稿过程中发现原《全集》之《凡例》所述与实际用所底本前后矛盾,今一一核实,知其《凡例》对所用戏曲版本的表述存在严重错误,应以书中各记所述版本为准。其他如笺校及行文之体例前后不一,专名线漏标、误标诸如此类的疏误不复赘举,均为必须加以处理改正的。

其二,《汤显祖全集》较《汤显祖集》,虽然在诗文辑佚方面已增出一卷,成果颇丰,但自1999年《全集》出版以来的十余年中,学界对于汤显祖佚文递有发现,有待蒐集入编。这些佚文有的已公开发表,尚属易得;有的则需从他处征求。比如原载浙江遂昌郑氏族谱的《太中大夫苍濂郑公神道碑》一文,最初仅有系以笔名"遂文"的简介文字刊登在2002年第4期的《戏文》上。我们辗转各方,最终与遂昌汤显祖纪念馆谢文君馆长取得联系,找到最初发现这篇碑文的罗兆荣先生,方才获得授权。

此次增订我们从各方汇拢佚文40余篇,在编排次序之后依全书体例加划专名线,订正文字标点方面的明显错讹。部分佚文的整理工作量较大,如上述《太中大夫苍濂郑公神道碑》一文2 000余字,由于原稿系影印复件,今编次之后重为标点,并加划专名线。

其三,撰写《编者按语》及《出版说明》,新撰《凡例》。由于徐朔方先生已去世多年,原集存在的若干问题无人能代替立言修改,我们只能在徐朔方先生笺校内容不便径改之处均附编按,既为尊重前贤,又出于实事求是。此书之编集实可上溯至二十世纪六十年代,而徐朔方先生所撰《前言》、《编集缘起》、《凡例》均在二十世纪九十年代,若不向读者说明编辑出版经过,易致混淆,故于书前增补《出版说明》,向读者交代说明相关情况。又鉴于原书凡例所提戏曲底本存在舛误,又有新增内容,故针对本书实际情况,重新撰写了《凡例》。

就《全编》的编辑与出版来说,此书于2015年12月出版,新年伊始正式推出,但出版的计划却早在2011年就已确定。如果回顾上海古籍出版社整理出版汤显祖诗文、戏曲作品的历程,更可上溯到二十世纪五六十年代。不管是二十世纪六十年代出版的《汤显祖集》,还是此后的《全集》和刚刚推出的《全编》,可以说在相当长的时间内都是汤显祖研究领域无可替代的出版物。

尽管此前先后出版了三种合集性质的作品,但这并不意味着汤显祖作品的整理与出版就此划上句点,汤显祖作品的深度整理仍是未竟的事业。

与汤显祖的成就与地位不相适应的是,当前社会大众对于汤显祖的认知基本上仍停留在"临川四梦"尤其是《牡丹亭》这一层面。在某种程度上,其在诗文创作方面的艺术光辉与其作品所具有历史文化容量被后世人为地遮蔽。在这种情况下,首先得寄望学界对于汤显祖的系列研究有所突破,而相关研究的基础仍然是汤显祖作品的进一步深度整理。笔者在与吴书荫、江巨荣、叶长海、郑志良等学者的交流中了解到,就汤显祖作品的整理而言,既往所出的三种合集,虽然成绩突出,贡献卓著,且历经修订,造福学界,但并非已臻完善。比如在新版本的发现、底本的选择、作品的编年笺释、佚文的真伪考辨等方面,还有待更加深入、细致的研究。总之,汤显祖作品的研究与整理、出版,在前辈成果的基础上尚有极大的拓展空间。

徐朔方、钱南扬二位先生对于汤显祖作品的整理具有拓荒性质,厥功至伟;上海古籍出版社在特殊年代在专业出版方面的眼光与长期以来对古籍整理事业的坚守,才有《全编》出版的水到渠成。相信随着汤显祖及明代文献相关研究的推进,将有更加完善的汤显祖作品的深度整理之作出现。值此汤显祖逝世400 周年、上海古籍出版社创立 60 周年之际,我们在盘点既往出版成绩的同时,也约请到相关学者,就汤显祖的作品作进一步的深度整理作了长远规划。在汤显祖作品的整理与出版方面,学术研究与专业出版的合作共进仍将传承、延续,希望通过学界与出版界共同努力,将汤显祖的研究向前推进一大步。

关于《汤显祖戏剧全集》的英译

张 玲

  《汤显祖戏剧全集》(英文版)由上海外语教育出版社出版发行,全书共 1 060 页,近 180 万字,收录了由汪榕培教授主持英译的所有汤显祖戏剧,包括《紫箫记》《紫钗记》《牡丹亭》《南柯记》《邯郸记》,是目前唯一一部完整的英文版汤显祖戏剧集。其中《牡丹亭》《邯郸记》和《紫钗记》先前已被收入国家重大出版工程《大中华文库》出版发行。

  本文作者参与了《汤显祖戏剧全集》的翻译,在此过程中有一些心得。本文拟从翻译的意义、译本的接受环境、译者准备、翻译策略和译本的副文本五个方面对《汤显祖戏剧全集》(英文版)进行探讨。

一、翻译的意义

  汤显祖是中国明代伟大的思想家、戏曲家和文学家。他的戏剧"临川四梦"无论是在思想内容方面还是在艺术成就方面都达到了明清传奇创作的巅峰,体现了我国古代戏剧作品的最高成就。翻译出版《汤显祖戏剧全集》旨在进一步推动世界了解汤显祖这位中国的文化伟人,了解中国古典戏剧独特的文学艺术价值,从而切实地实现中国文学"走出去"的目标。

  习近平总书记于 2015 年 10 月 22 日在伦敦市政厅的演讲中提到:"中国明代剧作家汤显祖被称为'东方的莎士比亚',他创作的《牡丹亭》、《紫钗记》、《南柯记》、《邯郸记》等戏剧享誉世界。汤显祖与莎士比亚是同时代的人,他们两人都是 1616 年逝世的。明年是他们逝世 400 周年。中英两国可以共同纪念这两位文学巨匠,以此推动两国人民交流、加深相互理解。"

  迄今为止,《莎士比亚全集》已有多个版本的汉译本,相比较而言,中国读者对莎士比亚的了解远远多于英语读者对汤显祖的了解。《汤显祖戏剧全集》英文版的问世将进一步推动汤显祖戏剧进入英语文化,使英语国家人士更多地了解汤显祖。由于汤显祖与莎士比亚在生活年代、文学成就和人文思想等方面有很大的可比性,英语读者对汤显祖戏剧的了解也对其欣赏和研究莎士比亚戏剧具有借鉴和启发的意义。这真正有助于两种戏剧文化的交流和对话。

  早在 2007 年,汪榕培教授在一次对他的专访中就提到:"有'中国莎士比亚'之称的汤显祖和英国的莎士比亚都是 1616 年去世,再过九年就是这两位世界级戏剧家逝世 400 周年纪念,我的最大心愿就是到时能把汤显祖的作品的英译本完整地推出去。"[①]英国莎士比亚出生地基金会长戴安娜·欧文博士[②]指出:"2016 年是莎士比亚和汤显祖逝世 400 周年,这是一个契机,能够将两位作家以及他们各自的读者联

---

① 刘爱军《大连晚报记者专访中国古籍英译大师汪榕培》,《大连晚报》2007 年 4 月 16 日。
② 戴安娜·欧文《莎士比亚与斯特拉德福:二十一世纪的文化关联》,《汤显祖研究通讯》2011 年第 3 期,第 1—3 页。

系起来。这也进一步拉近了我们两国的联系,使我们共享人类文化遗产。"英国伦敦大学亚非学院的陈氤沅教授[1]指出:"2016 年是汤显祖和莎士比亚逝世四百周年纪念日,正好提供了这样的一个契机,让我们在缅怀两翁的同时,思考如何在二十一世纪全球化的视野下进一步推广、传播汤显祖与莎士比亚的文化遗产以及中英两地的戏剧文化。"此外,伦敦大学亚非学院与遂昌县政府签署合作协议,双方将于 2016 年联合举办纪念莎士比亚和汤显祖逝世四百周年纪念活动。

"翻译最重要的任务是挑选。"[2]这不仅包括"译什么"的问题,"何时译"同样重要。当前翻译出版《汤显祖戏剧全集》英文版具备了很好的时间契机。

二、译本的接受环境

汤显祖戏剧全面进入英语读者的视野和英语文化已经具备了有利的条件。在英语国家,自从 1939 年开始,《牡丹亭》的若干节译本、选译本以及美国汉学家白之(Cyril Birch)的全译本陆续问世,《牡丹亭》逐渐为人们所了解、关注和喜爱。

白之在 1974 年和 1984 年先后发表了论文《〈牡丹亭〉或〈还魂记〉》和《〈冬天的故事〉与〈牡丹亭〉》,引起了英语国家人士,包括夏志清(C. T. Hsia)、杜威廉(William Dolby)、奚若谷(Stephen H. West)、芮效卫(David T. Roy)等汉学家对汤显祖戏剧的关注和兴趣。

九十年代末期至今,《牡丹亭》的 4 个大型演出本在英语国家受到了极大的欢迎。史凯蒂(Catherine Swatek)[3][4]和伊维德(Wilt L. Idema)[5]分别指出,"这表明这部作品对欧洲、美洲和澳洲的观众的吸引力","观众极其喜爱它。美国的大学生热衷于它就是一个例子"。此外,英语国家的很多艺术表演,如每年一度的爱丁堡艺术节和莎士比亚故乡的纪念活动经常上演《牡丹亭》片段。

2000 年以来,英语国家更是涌现出若干部有关汤显祖戏剧的专著和百余篇相关论文,史凯蒂、伊维德、蔡九迪(Judith Zeitlin)、黄卫总(Martin Huang)、袁苏菲(Sophie Volpp)等学者从语言学、社会学、心理学、性别学、表演艺术、舞台搬演的现实意义等多样化视角展开研究,其中还有相当一部分是有关《牡丹亭》和莎士比亚作品的比较研究。英语国家的学者对《牡丹亭》报以由衷的赞美。其中伯特(Daniel S. Burt)[6]的评价很有代表性:"在世界戏剧中,没有比汤显祖的《牡丹亭》更广泛和美好地探索爱情了。《牡丹亭》55 场戏演出时间超过 18 个小时,称得上是一部史诗。剧本的主角少女杜丽娘在情欲的发现之旅中,勇敢地面对人间和阴间的生死考验,表现出一种文化的全部价值和传统。用西方的话语来说,《牡丹亭》融合了荷马《奥德赛》、维吉尔《埃涅伊德》、但丁《神曲》和密尔顿《失乐园》的种种成分。此外,它也许是第一部以复杂而可信的女性形象为主人公的伟大史诗。《牡丹亭》的规模宏大,却既有心理深度,又

---

① 陈氤沅《汤显祖与莎士比亚两种戏剧文化的全球视野》,《汤显祖研究通讯》2011 年第 3 期,第 6—7 页。

② 秦斌、葛浩文《低调翻译家》,《新京报》2008 年 3 月 23 日。

③ Swatek, Catherine. Preface of *The Peony Pavilion*[Z]. In Birch, Cyril. *The Peony Pavilion*[M](Second Edition). Indiana:Indiana University Press, 2002.

④ Venuti, Laurence. Translation Politics:Regimes of domestication on English[A]. In Baker, Mona. (ed.). *Critical Readings in Translation Studies*[C]. New York:Routledge, 2010.

⑤ Idema, Wilt. "What Eyes May Light upon My Sleeping Form?":Tang Xianzu's Transformation of His Sources[J]. *Asia Major*, 2003, (16):111 – 145.

⑥ Burt, Daniel S. *The Drama 100: A Ranking of the Greatest Plays of All Time*[M]. New York:Infobase Publishing, 2008.

有现实意义。《牡丹亭》时而抒情、时而哲理、时而讽刺、时而荒诞、时而逗乐,把情感和幽默交织在一起,是理解中国文化和中国古典戏剧传统的一个重要的切入点。"

在文化交流方面,诸如由中英多家单位联合举办的"汤显祖与莎士比亚文化交流(2010—2016)"活动帮助英语国家人士更好地欣赏汤显祖戏剧的价值。在英国斯特拉福镇的莎士比亚纪念馆中,陈列着由汤显祖曾任知县的遂昌县政府赠送的关于《牡丹亭》的题词,配有详细的英文介绍,并特别说明了汤莎两位剧作家生活于同一个时代。

由于英译本的缺乏,英语国家人士对汤显祖的其他剧作比较陌生。但上述英语国家中有关《牡丹亭》的学术研究、表演和文化交流活动为汤显祖的其他戏剧作品的进一步传播形成了一个多层面的成熟、坚实的接受基础和较好的接受环境。

三、译 者 准 备

翁显良先生①曾指出,翻译最好坚持三个前提:"一曰熟,二曰近,三曰得……所谓近,指的是作为译者,应与原作者性情相近,阅历相似,从而风格相近。所谓得,指的是读了原作有所感受,产生共鸣,得之于心。凡是自己不熟不近而无所得者,则以不译为宜……虽经研究而仍与作者心怀不相契,勉强翻译也难望成功。"可以说,《汤显祖戏剧全集》的译者汪榕培教授因其对汤显祖戏剧的"熟"、"近"、"得"而为他的翻译工作做了最充分的准备。

汤显祖的思想深受道教的影响,其戏剧作品"临川四梦"生动展示出汤显祖从入世、愤世到醒世、出世的人生经历,他最后更是以"清远道人"为号。汪教授先前的译著——《老子》、《易经》、《诗经》、《庄子》、《汉魏六朝诗三百首》、《陶渊明诗歌》贯穿着道家思想,可见译者汪教授本人颇为认同道家思想。同时,《牡丹亭》通过杜丽娘的"一生儿爱好是天然"表现出的人文主义思想也与汪教授最喜爱的陶渊明诗歌的气质——"一语天然万古新,豪华落尽见真淳"——非常契合。他本人曾说过:"选择翻译文学作品的时候,如果有可能,就尽量选择跟译者自己的特点和爱好比较符合的作品,这样翻译出来的文学作品才能既传神又达意"。② 因此,作为汤显祖戏剧的译者,汪教授与剧作家有着相近的世界观和人生观。另外,翻译汤显祖戏剧也是汪教授对中国古典戏曲的兴趣使然。正如他本人所说,"爱翻中国古典戏剧是因为我从小就喜欢听京剧和评弹。"(汪榕培 2012:3)

优秀的译者在翻译之前以及在翻译过程中,应该对所译作品有一个透彻的了解和把握,才能做到翁显良先生所说的"熟"并进而"得之于心"。汪教授十分重视译前的研究准备工作,将翻译与研究相结合。他广泛搜集各种国内外的汤显祖研究资料,多次请教徐朔方、③赵山林等汤学界的专家,并参加了历次境内外的汤显祖研讨会等学术活动,从中了解汤显祖研究的动态。2000 年,汪教授在其担任院长的大连外国语学院召开纪念汤显祖诞生 450 周年的学术研讨会,并促成全国性研究组织"汤显祖研究会"的成立。同时,汪教授还是《汤显祖研究》期刊唯一一位外语界的编委。

在翻译一些词、句之前,汪教授所做的资料查考工作极其细致。以《牡丹亭》为例,剧中的集唐诗有

---

① 翁显良《意态由来画不成?——文学翻译丛谈》,中国对外翻译出版公司 1983 年版。
② 汪榕培《我和中国典籍英译》,《当代外语研究》2012 年第 5 期,第 1—4 页。
③ 徐朔方笺校《汤显祖全集》,北京古籍出版社 1999 年版。

276首,占全剧篇幅的不到百分之一,但是一句句地找到出典、"细细探究一番竟然用了一个多月的时间",①最后只有三首没有找到出典。

除了研究剧本,汪教授还收集了已有的英译本以及汉学家对已有译本的评论,并做了细致的研究和比较。白之的《牡丹亭》英译本于1980年出版后,宣立敦(Richard Strassberg.)、李德瑞(Dore Levy)、芮效卫等汉学家就译者对原文的理解,译本的前言和索引等副文本,译本对修辞、语体、诗歌的处理等发表了评论,其中不乏关于具体词句翻译的详细讨论。这些评论能在一定程度上代表英语国家读者对译本的接受,反映出英语读者关注的问题。《汤显祖戏剧全集》的译者充分关注了这些信息,并在此基础上确认复译的必要性并为自己的翻译制定了"传神达意"的标准。

作为《汤显祖戏剧全集》的译者,汪教授的眼光并没有仅仅局限于文本,而是接触了根据汤显祖戏剧改编的各种版本的戏曲和小说等形式。他广泛请教了袁世海等戏曲表演家,还专门考察了汤显祖的出生地抚州、曾任知县的遂昌县、《牡丹亭》故事发生地南安、邯郸市的黄粱梦村和岳阳市的岳阳楼,对作品有了进一步的了解。

在对文本、作家与已有研究深入细致的了解基础上,汪教授撰写了一系列文章,如《杜丽娘的东方女子忧郁情结》、《〈牡丹亭〉的"集唐诗"及其英译》、《赏心乐事谁家院》、《〈牡丹亭〉的英译及传播》、《英译〈邯郸记〉研究》、《走向二十一世纪的汤学研究》等,就剧作家和剧作开展文学、比较文学和翻译研究。我们可以从中看出他对汤显祖作品的时代背景、主题思想、情节内容、艺术风格、对蓝本的改编等熟悉程度完全不逊色于中国古典文学界的学者,其中对汤显祖和莎士比亚的比较研究更是体现了外语界学者的独特阐释。

汤显祖的戏剧内容宏富、诗篇深邃优美,代表着中国古典戏剧的最高成就。要将这样一位文化伟人的全部作品译为英文,没有英语和国学的双重素养是难以胜任的。可以说,汪教授深厚的中英文素养是他翻译汤显祖戏剧的另一个重要前提和准备。他自幼喜爱读书,所读之书古今中外皆有,"一天看一本是经常的事情,培养了喜欢博览群书和时而舞文弄墨的习惯"(汪榕培 2012:4)。他也酷爱英国文学,在多所院校开设过英国文学课程,历时三十多年,为讲课准备的材料可以登榜"全国最丰富"之列。英国文学的阅读体验启发他"在英译汉诗时多次化用英语成语,甚至直接套用英诗的格式"(汪榕培 2012:4)。另外,汪教授的早期研究方向是英语词汇学,曾出版10余种教材、配套书籍及研究专著。用他自己的话说,"词汇量较大,对英语单词之间的细微差别也特别敏感。这对于从事中国典籍的英译特别有帮助,尤其在韵体翻译的时候,要想译得既押韵又自然,就必须掌握大量英语词汇,并加以灵活地使用。"(汪榕培 2012:4)

阅读的积累、对英美文学的热爱和词汇的研究使汪教授"为后面的翻译工作做了铺垫,而且铺垫很重要"。(汪榕培 2012:4)

四、翻译策略

《汤显祖戏剧全集》的英文版力图"在不影响英语读者理解的前提下……体现原著文字的优美"。②

---

① 汪榕培《〈牡丹亭〉的"集唐诗"及其英译》,《外语与外语教学》1999年第11期,第36—40页。
② 汪榕培《〈牡丹亭〉的英译及传播》,《外国语》1999年第6期,第48—52页。

因此,读者接受是译者在采取翻译策略时考虑的重要因素。汪教授曾反复提到这如何影响他对翻译策略的调整("……给读者一个完整的印象,……直译在一定程度上妨碍了作者与读者的交流。""便于读者理解;……""如何使英语读者理解……直译的话往往会使读者不知所云。")

《汤显祖戏剧全集》的翻译标准和原则是"传神达意"。首先,"达意"是翻译的出发点。译者应在译文中准确体现自己对于原作的理解和阐释。其次,单纯的"达意"还不够,必须是"传神地达意",因为"传神"是翻译文学作品的精髓。"传神"既包括传递外在的形式,也包括传递内在的意蕴。① 在《汤显祖戏剧全集》的翻译中,对诗歌以及文体的处理集中地体现了"传神"的原则。译者努力"传神"地再现诗篇的背景、内涵、语气乃至关联和衔接等,力求以诗歌的形式来译诗,从诗节、分行、节奏、韵律、意象等各方面再现原作的神韵。尤其在《牡丹亭》的翻译中,译者"把唱词和原文的诗体部分一律采用英语押韵的传统格律诗形式……使西方的读者或观众更好地领略原著的风貌和感受原著的艺术魅力"。(汪榕培 1999:52)汤显祖的戏剧中有典雅迤逦、含蓄蕴藉的曲词、质朴自然的宾白、粗俗的市井口语和插科打诨,语言融高雅、端庄、幽默、诙谐乃至低俗为一体。这种文体的丰富多样性形成了汤显祖戏剧作品的独特风格。"传神"的翻译就必须反映原作的这种文体和语体特点。《汤显祖戏剧全集》的译者努力"做到原作是散文,要还其散文;是韵文,要还其韵文;……原文高雅,要还其高雅;原文粗俗,要还其粗俗"。② 以便读者借助译文窥探剧作的本来面目。

具体来说,《汤显祖戏剧全集》的译者采取了以下策略实现"传神达意"的原则。

1. 直译

为了"尽可能地保持作者原有的意象",③译者经常采取直译的策略,在符合当代英语规范的前提下保持原文的形式。例如,"皱蹙柳丝吹不断,翠条条。"(《紫箫记》)译为:"The wincing willows dangle in the wind/In their full verdancy."译文保留了原文的语序。同时,"in verdancy"的表达符合英语中的抽象表达法。直译再现了原文朦胧模糊、含蓄蕴藉的特点,有助于激发英语读者的想象力和思考力,使其领略作品深邃优美的境界。

2. 直译加解释

直译加解释能在读者可理解的前提下满足其对异文化的审美期待。例如,"你看我为甚宫样衣裳浅画眉? 只为晓莺啼断绿杨枝"(《紫钗记》)译为:"Why do you think I wear fashionable dress and makeup? /Because I want to vent my feelings like orioles warbling on the willows."译文既保留了"莺"和"杨枝"的优美意象,又作了适当的增译:"I want to vent my feelings",解释了意象的含义以及前后两句的逻辑关系。在译本中,译者运用多种方式,如同位语结构和连词达到解释的效果。又如,"原来就是阳台一梦"(《紫箫记》)译为:"……woke me up from my fond dream as experienced by the King of the Chu State.""灯前月下会真奇,恰拟云英一唤时。"(《紫钗记》)译为:"To meet a fairy before the lanterns under the moon/Is like meeting Yunying in the wonderful Lanqiao Tale.""嫦娥"(《紫钗记》)译为"Chang'e the fairy queen"。

---

① 汪榕培《〈诗经〉的英译——写在〈大中华文库〉版〈诗经〉即将出版之际》,《中国翻译》2007 年第 6 期,第 33—35 页。
② 陈国华《论莎剧重译》,《外语教学与研究》1997 年第 2 期,第 25—33 页。
③ 汪榕培《〈牡丹亭〉的英译及传播》,《外国语》1999 年第 6 期,第 48—52 页。

3．有策略地再创作

由于语言、文化等方面的差异，翻译的时候必然会失去某些原有的特点。《汤显祖戏剧全集》的译者通过有策略地再创作使原作特色的流失减到最小化，主要体现在几个方面：

（1）诗歌的韵律

汤显祖戏剧的唱词与诗歌基本是一韵到底，音韵和美。但是英语难以做到完全对应。在翻译中，《汤显祖戏剧全集》的译者采用了抑扬格的基本格式及有变化的韵式。例如："浪影空花，陌上香魂不住家。仙灵化，差排门户粉胭搽。"（《邯郸记》）译为："Like visionary waves and blooms,/A country girl's soul wanders here and there./Transformed by an immortal,/I stay in the house and make myself fair." 原文以"*a*"的韵脚一韵到底，译文则每行都采用抑扬格音步，并采用 xaya 的韵式，既符合英语诗歌格律复杂的特点，又创造性地再现了原文的形式美和音乐美。

（2）根据剧情略作调整

汤显祖的戏剧含蓄蕴藉，充分体现了中国古典文学作品的圆融模糊和语境性的美学特征，即注重上下文之间的整体联系，以整体语境决定细部意义。中文读者往往根据上下文即能感受这种言此意彼的意趣。在翻译中，直译往往无法使英语读者欣赏原作蕴藉的美，甚至连意义的理解都会非常困难。对此，译者经常根据剧情略作调整。例如，"隋堤风物已凄凉，楚汉宁教作战场。闺阁不知戎马事，双双相趁下残阳。"（《牡丹亭》）译为："Bleak are the sights upon the canal dike;/The riversides are battlefields alike./Ignorant of sounds of spear and gun,/We flee along the route of the setting sun." 这是第四十二出的下场诗，概况了该出的剧情：叛兵作乱，杜宝奉命移镇淮安，杜母与春香乘船离开。英译文在"双双相趁下残阳"的处理中用了"flee"一词，点明两人是在兵荒马乱的状态下逃回临安。这个处理不仅帮助读者理解诗句之间的内在逻辑，同时也使其领略汤显祖戏剧中的下场诗与剧情形成整体的创作艺术。

（3）使用英语的相应表达方式

在《汤显祖戏剧全集》的翻译中，难以保留原文语言形式和意象的部分灵活地运用了英语的表达，以英语读者可接受的语汇传达原文的意思。

例如，"浮世纷纷蚁子群"（《南柯记》）译为"In the world of madding crowds"。此句中的"蚁"是贬义，意指在浮沉聚散不定的世间，人们就像"细碎营营，去不知所为，行不知所往，意之皆为居食事"（汤显祖 1999：1157）的蚂蚁。而在英语中，蚂蚁不仅并无贬义，还有"Industrious as an ant"的谚语。译者采用"madding crowd"来对应，不禁让人想到托马斯·哈代的作品 *Far from the madding crowd* 对人性的探索和对时代浮华表象掩盖的悲观情愫。译文以英语读者熟悉的方式引起他们对人生与命运的感慨与思考。这与原文对汉语读者产生的效果是相似的。

五、译本的副文本

副文本指存在于文本以内和文本以外的"阈限"（liminal）的因素，它们"和正文本一起构成完整的作品，提供了一种影响读者的氛围，从而真正成为影响作品效果方面的优越区域之一"。①

---

① Genette, Gerard. *Paratexts*: *Thresholds of Interpretation*[M]. Cambridge: Cambridge University Press, 1997.

　　《汤显祖戏剧全集》英译本的副文本中,最突出的一个特点是附有译者的英文前言,其中简要介绍了汤显祖的生平和作品、国内外学者对《牡丹亭》的评价、已有的《牡丹亭》译本、汤显祖和莎士比亚的比较。这些介绍拉近了译本与读者之间的距离,能帮助读者更好地欣赏汤显祖戏剧作品。

　　另一个特色是译本装帧精美,采用褐色皮质封面,上面刻有牡丹花的凹凸花纹。印刷、纸质、格式、字体、排版都非常考究。书中页边都印有古色古香的图案,烘托了作品的典籍特色。这些视觉的因素必然影响着读者对译本的感受,能提升作品的价值,有助于对作品的欣赏并实现作品的意图,正如热奈特所说:"如果蒙田或巴尔扎克的作品不采用具有明显的古典主义或浪漫主义特色的印刷格式,那将是一大遗憾。"(热内特 1997:16)

　　《汤显祖戏剧全集》的翻译从二十世纪九十年代开始,花费了近二十年的时间。译者汪榕培教授筚路蓝缕,以顽强的毅力、持续的热情、深厚的学养和严谨的态度尽其所能向英语读者传达汤显祖戏剧作品的"情"和美。《汤显祖戏剧全集》英文版为汤显祖走向世界的新的一步做出了巨大贡献,也"为最终出现一个真正传神达意的译本提供又一层肩膀"(汪榕培 1999:52)。

接受美学视野下白之的《牡丹亭》翻译研究

宋玲玲　陈　勇

汤显祖的《牡丹亭》是中国古典戏曲的高峰,问世以来在舞台上的表演经久不衰,获得的赞誉不断。近年来随着中国文化在海外传播的兴盛,作为中国古典戏曲奇葩的《牡丹亭》受到越来越多的海外读者的关注,更为可喜的是到目前为止已经出现了 3 个英语全译本。分别为:1980 年美国加州大学伯克利分校的汉学家白之(Cyril Birch)的译本;1994 年中国科技大学教授张光年的版本;2000 年大连外国语大学教授汪榕培的翻译版本。三个版本中虽然后面两个版本的翻译在意义的准确性表达、对中国传统文化的理解以及戏曲的节奏韵律等方面可能更胜一筹。但是,在欧美文化圈中接受最广、最有影响力的翻译版本是白之的翻译。究其原因主要在于张光年教授和汪榕培教授的翻译过多的关注了针对原文本身的翻译而忽视了目标语读者的接受和反应。而白之的翻译版本因其得天独厚的文化优势,逐渐融入英美文化汉语文学教育体系之中,被不断收入各类的中国文学选集、中国戏曲选集之中,完成了经典化过程,成为英美文化系统中读者不断阅读和理解的版本。

文学作品只有在读者的阅读中才能实现自我表现,因此,一定程度而言,读者对作品的阅读和接受是起决定性作用的,失去了读者的接受,翻译作品也就失去了意义和价值。在读者的接受中,文学作品的意义得到真正的显现和理解,这里涉及两个重要的因素,即作品的意义显现和读者的理解接受。对于翻译作品而言,很显然文本的翻译本身属于第一个因素的内容,而读者的理解和接受则是另一个不可或缺的因素。在将中国传统文学作品翻译为外文的时候,翻译者所面临的重要挑战恐怕还不仅在于对于作品本身的把握,更严峻的挑战在于外语读者对作品的阅读接受。翻译的文本无论多准确多优美,如果不被读者阅读接受,被束之高阁恐怕也不能说是一部成功的翻译作品。白之对《牡丹亭》的翻译很好的融合了以上两方面的因素,他在考虑读者接受的前提下,最大程度的忠实于汤显祖的原文,因此,在欧美文化语境中白之的《牡丹亭》翻译处于绝对的中心地位。

白之对牡丹亭的翻译受到了海外汉学家的一致好评,汉学家宣立敦(Richard Strassberg)认为,"如果说霍克斯英译的《红楼梦》代表了中国小说的最高成就,那么白之英译的《牡丹亭》则是中国戏剧的里程碑"。① 芮效卫(David T.Roy)说:"白之非常成功地在英语中找到了与汤显祖的原文相匹配的语词,并且非常成功地传达出了《牡丹亭》中经常出现的固定隐喻和其他修辞方式的作用。"② 奚如谷(Stephan H. West)评价白之的翻译时说:"汤显祖的《牡丹亭》是传奇这座王冠上的璀璨宝石,它的光彩在白之的翻译

① Richard Strassberg, Review of The Peony Pavilion by Tang Xianzu, translated by Cyril Birch, The Romance of the Jade Bracelet and Other Chinese Operas by Lisa Lu, Chinese Literature: Essays, Articles, Reviews, Vol. 4, No.2, (Jul., 1982) p.278.

② David T.Roy, Review of The Peony Pavilion by Tang Xianzu, translated by Cyril Birch, Harvard Journal of Asiatic Studies, Vol.42.2 (Dec., 1982), pp.692 - 702.

中未曾暗淡过。"①鉴于白之的《牡丹亭》在欧美文化传统中所占据的重要地位,从读者接受的角度考查白之对《牡丹亭》的翻译会对中国的外语翻译事业有所借鉴。本文在考察白之翻译的《牡丹亭》文本的基础上,思考为什么白之的翻译在英语世界中能够有广泛的受众,他的翻译有哪些独到之处。

一、前理解:《牡丹亭》的爱情主题

白之是在一次去日本的飞机旅行中第一次接触并且决定翻译《牡丹亭》。《牡丹亭》中杜丽娘和柳梦梅超越生死的爱情深深地打动了白之。白之在《牡丹亭》全译本的序中说:"《牡丹亭》是汤显祖最长的一部戏剧,凝聚着他对爱情天性的深邃、持久思考。'情'在明朝晚期思想家的价值体系中占据重要的位置。根据汤显祖的自序'情'就是'爱'。展开来说,'情'和感受是一样的:喜悦、痛苦、恐惧、气愤、欲望、憎恨都属于与'礼'相对立的'情'。'情'代表着发自内心的、自然而言的感受,而'礼'则意味着理性的力量和冷冰冰的基于理性的习惯。在汤显祖那里,'情'作为男女之间的真挚爱情得到了充分的发展,它既包括性吸引、肉体激情,也包含更广泛的、超出性关系的情绪、同情与热爱等德行。"②白之在阅读《牡丹亭》的时候带着自己的前理解,并以此为基础理解作品,进而产生翻译介绍的想法。翻译者不可能完全摒弃自己的价值判断,完全客观地理解文本,《牡丹亭》的主题颇多争议,白之重点把握了"情"的脉络。

钱钟书先生在《谈艺录》中所言"东海西海,心理攸同;南学北学,道术未裂。"对爱情的探讨和追求在中西方文化中是共通的。柏拉图的《会饮篇》是西方最早的谈爱的名篇。《会饮篇》中记述了一个关于爱情的神话故事:最初的人类是圆的,有三种性别:男性、女性、阴阳人,他们自身力量无比强大,后来在野心的驱使下试图取代神,宙斯惩罚人类的不敬,用雷电把人劈成了两半。被劈成两半的人类用整个生命在寻找另一半,爱情就这样产生了,人类需要另一半治愈创伤,实现合体,回归原初的完满。《牡丹亭》中南安太守杜宝之女杜丽娘目睹自家后花园春色怡人而感叹自己正值韶华佳偶未遇,相思成疾,一病不起。死后魂魄与梦中情人柳梦梅相遇相知,后因为她对爱情的真挚信念而起死回生,还魂与柳梦梅结为夫妻。杜丽娘在爱情中寻找自我、确认自我、更新对自我的认知。柳梦梅也经历了挖坟盗墓、和意中人私奔,探望被贼寇围城的岳父却被误会遭受鞭笞拘禁等磨难,最终才有情人终成眷属。在爱情中,杜丽娘和柳梦梅勇于承担责任,不断成长,他们共同创造了爱情的奇迹。在中西文化之中,爱能治愈我们曾经的创伤,激发人的渴望和抱负,让人达到更完美的状态。《牡丹亭》对爱情演绎很好地呼应了柏拉图对爱情的理解,白之翻译来自异域文化的爱情作品本身就具备了可以被西方人理解的前提。

白之在翻译《牡丹亭》的过程中拥有多重身份,他既是翻译者,也是阐释者和读者。白之的翻译是他沉浸在文本符号中做出的思考和理解,他的翻译本身就是一部创造性作品。《牡丹亭》对爱情的浓墨重彩符合白之业已形成的审美经验、生活体验、价值判断、文化传统等方面因素作用下对作品的显现方式的定向期待。白之基于欧美文化传统形成的前理解对《牡丹亭》翻译而言具有在重要的意义,这促成了他本人和欧美读者对《牡丹亭》的接受。但同时受制于文化传统,白之对《牡丹亭》的理解和翻译有无法克服的视阈限制。美国学者丹尼·波特(Daniel S. Burt)编写了《戏剧100:世界戏剧永恒经典排名》一书,

---

① Stephan H. West Review of The Peony Pavilion by Tang Xianzu, translated by Cyril Birch, The Journal of Asian Studies(pre‑1986), (Aug.,1983) p.944.

② Cyril Birch,Preface to the Peony Pavilion, The Peony Pavilion by Tang Xianzu, Bloomington:Indiana University Press 2002, x.

他认为《牡丹亭》在世界名剧中排名 32 ，作者认为："在世界戏剧中没有任何剧作能像汤显祖《牡丹亭》以这深刻、炫丽的方式探索爱情……它综合了荷马《奥德赛》、维吉尔《伊尼亚特》、但丁《神曲》、米尔顿《失乐园》诸多特征。"①丹尼·波特教授对《牡丹亭》的评价不可谓不高，他把莎士比亚的《罗密欧与朱丽叶》排在了 47 位，远远落后于《牡丹亭》，但是从他对《牡丹亭》的评价中我们很容易发现，《牡丹亭》之所以被认可是因为它呼应了西方的文学传统，和西方经典作品在主题上有相近之处。任何读者都无法超脱文化传统，"读者对作品的理解总是与该文类有关的前理解有关，读者已经熟悉的作品为他提供了形式、主题，此外，还有诗歌语言与实际生活语言的不同"。② 白之和丹尼·波特教授一样有他们无法摆脱的东方学立场，但是正如美国读者反映批评的代表学者乔纳森·卡勒所指出的"文学作品具有结构和意义，其原因在于人们用一种特定的方式来阅读她，在于这种可能的特性，隐藏在自身之中，被运用于阅读活动中的叙述原则所现实化了"。③《牡丹亭》这部戏曲不仅属于民族的也是属于世界的，它本身具有的超越性使它在异域语言文化语境中具有可以被理解的前提。辩证地看，如果没有白之的翻译和阅读，西方读者很难接触到这部杰出的中国古典戏曲，也就更谈不上对白之的理解、批评和超越了。

二、对隐喻双关的创造性叛逆

在一定程度上，"文学作品只存在与一种被读者接受的习惯系统发生关系以后才会有意义"。④ 白之的翻译策略很好地考虑了欧美文化语境中读者的阅读习惯，他的直译策略很好地解决了《牡丹亭》翻译中的挑战。作为中国古典传奇，《牡丹亭》的戏剧结构和西方传统的戏剧有很大的差别。白之为方便读者理解删去了曲牌名，并把昆曲中的角色：生、旦、净、末、丑代之以具体的人名。这种做法虽然一定程度上改变了中国传统戏剧的程式结构，但是却让刚接触中国戏剧的读者不至于因为完全陌生化的体式而把文本排斥在阅读视野之外。如果说对角色的处理还是从技术层面上易于读者的接受，那么对《牡丹亭》中双关隐喻的处理则是在根本上引起了读者的阅读兴趣。著名汉学家奚如谷就指出白之翻译的最大成功之处在于："白之关注了不同层次的语言，戏曲中的戏仿、讽刺、语言游戏在白之的翻译中得到了很好的再现。面对戏曲中经常出现的双关、暗语，反复出现的文学技巧，白之运用翻译策略很好地解决了问题。"⑤

接受美学的重要代表人物伊瑟尔认为对文学作品的阅读和理解之所以会产生多样性，导致一千个读者就有一千个哈姆莱特的现象，是因为文学作品中存在着很多令人意想不到的省略、空白、暗示隐喻。汤显祖非常善于运用隐喻双关的方式将不同人物性格刻画得淋漓尽致，恰到好处。但是在跨语言系统中重现汤显祖的语言修辞效果基本是一项不可能完成的任务。白之采用直译的方式，在尊重原文的基础上，尽量向不熟悉中国文化的读者介绍字面背后的意义。请看例句：

---

① Daniel S. Burt, The Drama 100: A Ranking of the Greatest Plays of All Time New York: Facts On File, Inc., 2008, 184.
② 赵一凡、张中载、李德恩主编《西方文论关键词》，外语教学与研究出版社 2009 年版，第 274 页。
③ 朱立元主编《当代西方文艺理论》，华东师范大学出版社 2005 年版，第 276 页。
④ 朱立元主编《当代西方文艺理论》，华东师范大学出版社 2005 年版，第 276 页。
⑤ Stephan H. West Review of The Peony Pavilion by Tang Xianzu, translated by Cyril Birch, The Journal of Asian Studies(pre-1986), (Aug.,1983) p.944.

（一）能凿壁，会悬梁，偷天妙手秀文章。必须砍得蟾宫桂，始信人间玉斧长。

Drilling the wall for light,

hair tied to beam for fear of drowsing,

I wrest from nature excellence in letters

and soon the ax of jade to prove its worth

must fell the cassia high in the moon's toad palace.

在中国古典作品中经常用到隐喻，隐喻通常是指将原意指称甲的事物或甲的行动的词语直接作用于与之截然不同的乙事物或乙行动，而又不特别点名两者之间的关系。在隐喻中，虽然喻体和本体之间的关系没有明确的说明，但是二者之间的隐含关系通常是确定的、清晰的。这一段唱词是柳梦梅自诉身世的段落，柳梦梅读书刻苦认真，文章作得很好，但是还没有在科举考试中证明自己的才学。凿壁、悬梁、蟾宫桂、玉斧，对于中国读者并不陌生，一般人都知道这是指示什么，但是对于异域文化读者来说却需要很详细的解释，白之直译了原文的意思，这样保留了"陌生化"的意义效果又不损害简单的英文韵律，同时他加进了注释，让西方读者能够深入理解文章中的文化寓意。

（二）遍青山啼红了杜鹃，荼蘼外烟丝醉软。

The green hillside

Bleeds with the cuckoo's tears of red azalea,

Shreds of mist lazy as wine fumes thread the sweetbriar.

这句诗是杜丽娘游园时的唱词。面对姹紫嫣红的美丽春色，杜丽娘既欣赏不已，又感叹春色不会永驻，联想自己虽豆蔻年华但难觅佳婿，顾影自怜而惆怅难平。在唱词中杜丽娘活用了杜宇化为杜鹃鸟日夜悲鸣咯血染红杜鹃花的隐喻，白之的翻译中并未解释这个隐喻意思，但是在他的翻译中运用了"bleed""tear"很好地把杜鹃代表的"杜鹃花"和"杜鹃鸟"的双重意思和悲春的感受展现给读者，并且在翻译中"green"和"red"这两个代表颜色的形容词营造的春光明媚意境与杜鹃啼血的意象形成对举。后一句中，汤显祖营造了烟光迷离的春色，白之在翻译中用"shreds of mist""wine""sweetbriar"三个意象，很好地还原了原文的意境。白之在翻译极具中国古典意味的典故隐喻时采用直译的方式，很好地传递了其中的文化韵味，既方便了西方读者的理解，又能营造陌生化的东方情景。

（三）行来春色三分雨，睡去巫山一片云。

Rain threatened the spring garden as she approached

And when she slept the "clouds and rain"

broke over Wushan, hill of faery love.

这句唱词选自《惊梦》：杜丽娘游园之后，怀春入梦，梦中和柳梦梅缠绵缱绻，梦中柳梦梅的告别之语。"巫山""雨""云"的意象出自宋玉的《唐高赋》，楚王和神女约会，临别之时神女"去而辞曰：'妾在巫山之阳,高丘之阻,且为朝云,暮为行雨。朝朝暮暮,阳台之下。'"中国古典文化中"巫山""云雨"指男女幽会,这是带有很强性暗示的双关意象,中国读者很容易体会到,白之的翻译中并没有对以上双关意象进行注解,但是从他的英文翻译中可以很明显地证明他是熟识这一典故出处的。他用直译的方式合并了原文中的"云""雨"意象,并且用"break over"重建了"且为朝云"的迷幻爱情氛围,又用"faery love"这一"仙境爱情"来呼应杜丽娘和柳梦梅的传奇邂逅。白之的翻译相比原文而言是有"创造性叛逆"的,他没有字对字的直接翻译,他的翻译添加了对原文化语境中文化意象的解释。白之对"巫山""云雨"的翻译除了翻译出了汤显祖唱词的内容,还交代了这些双关意象的原始意思和出处,原文信息显然在白之的翻译中产生了增值,让欧美读者体会到"东方奇幻爱情"的同时,通过对意象的直译,在意境上最大限度地还原了中国古典文化的韵味。谢天振教授指出,"原文在外语和本族语转换过程中信息的失落、变形、增添、扩伸"是必然的。① 白之没有回避这一点,他的翻译可能不是最准确的,但所蕴含的文化信息无疑是最丰盈的,这是他的翻译被欧美读者接受的根本原因。

翻译反映文化并接受着文化的制约,能否很好地翻译出源语言中的文化韵文直接影响着翻译的质量。《牡丹亭》全书55折,是一部超长的戏曲文本。作者汤显祖是明代著名戏曲家,他博古通今,于诗文创作上很有才情,他把毕生的才学凝聚在这部经典传奇上,作品中充满着隐喻双关,如何填补这些修辞留下的意义空白是翻译好《牡丹亭》的一件非常艰巨的任务,白之在翻译的时候尽量保持译文的完整性,减少注释的运用,采用直译的方式将隐喻所蕴含的意义直接呈现给读者,既让读者感到新颖,充满东方韵味,又最大程度上保留了原文的准确性。

三、节奏韵律美

翻译中国古典戏曲不仅要很好地处理剧中的曲词唱段的意思,还要很好地处理其中的韵律节奏。中国翻译者将中国古典文化名著翻译为外文的时候,在准确性上,即准确地把深层次的文化内涵传达给西方读者这一点上,往往做得非常出色。但是,他们的翻译在把诗句唱词的美转化为外文时,往往做得差强人意,造成译本晦涩难懂,很难引起西方读者的阅读兴趣。以《红楼梦》为代表的古典名著的翻译接受现实,很好地论证了以上的观点。白之对《牡丹亭》的翻译充分发挥了自己熟悉中国古典文化和娴熟运用目标语的优势,在目标语与源语之间自由地转化,成功地吸引了西方读者的接受阅读。

在节奏处理上,白之反对刻意追求韵律节奏而影响意义表达,他的翻译展现了中国古典戏曲的音乐感,同时也保存了英语诗的节奏美。让西方读者在自己的文化传统之中欣赏到异域文学的美妙。另外,白之在注重节奏的同时很好地兼顾了语体,在翻译的时候,白之很注意不同人物的语言风格,很好地使用了幽默、典雅、轻松、庄重、古板、粗俗等多种英语文体。请看例句:

(一)原来姹紫嫣红开遍,似这般都付与断井颓垣。良辰美景奈何天,赏心乐事谁家院!
See how deepest purple, brightest scarlet
Open their beauty only to dry well crumbling.

---

① 谢天振《译介学》,上海外语教育出版社1999年版,第1页。

"Bright them morn, lovely these scene,"

Listless and lost the heart

where is the garden "gay with joyous cries"?

这句唱词可以说是《牡丹亭》中最有名、被引用最多的唱词了,杜丽娘的唱词既唱出了后花园的曼妙春色,又唱出了美好易逝的遗憾自怜之情。白之采用了自由诗的翻译原则,并没有复制原文的韵律,但是读来朗朗上口,颇有美国意象诗人的风采。"deepest purple" "brightest scarlet"两组意象,"一深一浅,一紫一绯"两种颜色对举,将姹紫嫣红的春色翻译的极有层次感和画面感。"似这般都付与断井颓垣",唱出了春色无人赏的落寞。白之采用移花接木的翻译原则,将原文中花好园败的并列意思转变为从属含义,用"only to"将花开指向"断井",虽然改变了原文的意思,但是却增强了寥落感伤的程度。"Bright them morn, lovely these scene,"又是一对意象同时出现,既呼应第一句颜色意象,形成回环往复的韵律感,又将良辰美景的意思准确地呈现给读者。白之没有过多运用连接词,用准确、凝练的意象将这一经典唱词很好地呈现给读者,韵律极其自然但是却很好地传达了原文中朦胧的忧伤感情。

（二）这些后生都顺口叫我"陈绝粮"。因我医、卜、地理,所事皆知,又改我表字伯粹做"百杂碎"。

So now, instead of Chen Zuiliang, "Chen so Good", the young fellows delight in calling me Chen Jueliang. "Chen no Food", and because of my expertise in medicine, divination, geomancy, and such, they have changed my style from Bocui, "lord of Pure Essence" to Bozasui, "Jack of All Professions".

中文凝练而精致,一个字背后往往会有深刻的文化韵味,对于异域文化的读者比较难以理解,在这种情况下添加注脚可以增加诠释,消除理解间距,但注脚的存在容易打断读者的思路,也会破坏节奏的顺畅性,白之用简练的语言将解释直接镶嵌进译文中,这样既解决了异域文化读者的理解困难,又强化了译文的美学效果。这一段唱词是杜丽娘的老师陈最良的自我介绍,陈最良是《牡丹亭》中起穿针引线、推动剧情发展的重要角色,他为人酸腐不堪,是科举制度的牺牲品。"最良""绝粮"、"伯粹""百杂碎"的名称中可以很容易看出陈最良自视甚高而又一事无成的现状。原文诙谐幽默,白之用音译的方式直接将名字呈现出来,并且在每一个称号之后都加了解释"Chen so Good" "Chen no Food" "lord of Pure Essence" "Jack of All Professions"。白之的翻译既还原了名字的深层次含义,又在韵律上很好地回应了原文的戏谑效果。白之的翻译恰到好处地将中文的意思和表达在英文语境中找到了相匹配的表达方式。

从文化交流的角度看,译文在目标语读者那里能否被接受,译文能否在译语文化中达到预期的传播目标,是判断翻译成功与否的终极标准。节奏韵律是美学效果得以显示的重要方式,白之的《牡丹亭》翻译很好地在中文和英文韵律之间实现了完美转换,使不熟悉中文的英语世界读者能够很好地感受到中国古典戏曲的节奏美。

赫希认为,"一个文本的意义只能是作者的意义,并且总是取决于说话者的意图。……文学阐释应该强调对作者的意图和态度进行重构,并由此推导文本的意义,重建文本、制定规约"。① 翻译要尊重作者

---

① 赵一凡、张中载、李德恩主编《西方文论关键词》,外语教学与研究出版社 2009 年版,第 270 页。

的原意,但是任何人都不可能说自己对汤显祖《牡丹亭》的理解是绝对正确的,也没有人能够提供充足的理由证实自己对《牡丹亭》的理解是最符合作者原意的。借助白之的翻译能够让更多的读者接近并探讨这部杰出的作品,这是白之的最大功绩。正如伽达默尔所认为的,"文学作品就是在理解过程中作为审美对象而存在的,文学作品的存在发展为向未来的理解无限开放的效果史"。① 白之基于自己的翻译经验,带着特定的"前理解",在此基础上形成了自己对《牡丹亭》的翻译。因为白之在西方汉学界的影响与他严谨的翻译态度,这部中国名剧得以将它的面貌展现在世界读者面前,白之对《牡丹亭》的翻译本身提供了一种对牡丹亭的理解,并且这种理解和翻译会吸引越来越多的西方读者去阅读理解这部中国古典名剧,很显然这样的翻译对中国古典文化与文学走向世界是有重要价值的。

---

① 朱立元主编《当代西方文艺理论》,华东师范大学出版社2005年版,第287页。

弘扬汤显祖　抚州有担当

——在 2016 年中国·抚州汤显祖剧作展演
暨国际高峰学术论坛开幕式上的致辞

张鸿星

（2016 年 9 月 24 日）

尊敬的各位领导，各位嘉宾，女士们，先生们，朋友们：

大家下午好！对抚州人民来说，今天是个值得永远铭记的日子。为了纪念抚州乡贤、著名的明代戏曲家、思想家、文学家——汤显祖逝世 400 周年，各位专家学者从海内外云集汤公故里，回望历史，重温经典，共同研究他的创作思想、艺术贡献；共同探讨汤显祖文化给世界文明带来的深刻影响；共同欣赏他享誉全球的剧作"临川四梦"，向其创作的伟大文学经典致敬。这是抚州市委、市政府贯彻落实习近平总书记重要指示的重大举措，对于增强民族文化自信，推动中华文化传承发展，促进中外文化交流互鉴有着重要的意义！在此，受市委肖毅书记委托，我谨代表中共抚州市委、抚州市人民政府和 400 万抚州人民，向各位专家学者的到来表示热烈的欢迎和衷心的感谢！

汤显祖于 1616 年谢世，迄今已历 400 年。在 400 年后的今天，我们纪念汤显祖，目的是传承弘扬汤翁文化。汤显祖是中国古代文化艺术史上的耀眼明星，也是联合国教科文组织评选出来的百位世界文化名人之一。他创作的"临川四梦"是时代的扛鼎之作，是中国古代戏剧的集大成之作，具有永不褪色的艺术价值。400 多年来，以《牡丹亭》为代表的"临川四梦"一直以不同的剧种、不同的声腔、不同的艺术样式在中国和世界的舞台上展现，散发出璀璨的艺术光芒。作为汤显祖的家乡，抚州市历届党委政府都十分重视传承汤翁文化，先后兴建了汤显祖纪念馆、汤显祖大剧院、梦园等一批文化基础设施，多次举办了中国（抚州）汤显祖艺术节，成立了国际性、专业性的汤显祖学术研究高端平台"抚州汤显祖国际研究中心"，目前正在推进汤显祖故居——文昌里历史文化街区改造项目建设，今天邀请国内外专家学者来参加国际高峰学术论坛，这些都必将推动"汤学"的研究和发展。相信通过我们大家的共同努力，一定能够传承好汤显祖创造的精神财富，传承好中华文化的美学精神和艺术成就，推动中华文脉的延续。

我们纪念汤显祖，目的是繁荣当代文化艺术。任何一种文化艺术都是在继承前人的基础上发展起来的，也都是靠创新创造焕发出持久的生命力。汤显祖向前人学习艺术创作，精心研习前人的戏曲，悉心传承戏曲大家的美学优长，他的创作与《西厢记》等经典作品一脉相承，站在巨人的肩上，迈上了新的高峰。他的"临川四梦"汲取传统戏剧精华，淬炼时代精神，创新艺术形式，成为中国传统戏曲现实主义与浪漫主义相结合的巅峰。作为汤公故里，抚州对弘扬汤显祖文化尽有更多一份责任。一年多来，我们精心创排了乡音版"临川四梦"，与上海音乐学院共同创排了音乐剧《汤显祖》，与中国阳光集团在梦湖共同打造大型实景演出《寻梦·牡丹亭》。建立了戏剧创作基地、设置临川四梦传承班以及建设了汤显祖大剧院、玉茗堂剧社等等，全力打造写戏、看戏、演戏、评戏的戏都。同时，结合纪念活动，举办了一系列文化活动，让富有深厚底蕴的优秀传统文化在人民群众心中生根发芽、开花结果。我们深知,弘扬汤显祖文化,推动当代文化艺术发展,必须紧紧依靠广大专家学者,必须要有深度的研究成果,这样才有底气,才有生命力,才能可持续。我们真诚期待,通过我们大家共同努力,文化艺术的高原能够不断扩展,高峰能够不断耸立。

我们纪念汤显祖,目的是涵养民众家国情怀。家国情怀是历代有识之士求索奋斗的精神追求,汤显祖同样有着家国治、天下平的理想追求。他生活的明代中晚期是中国历史上思想极为活跃,经济迅速发展,被称作中国资本主义萌芽和人文思想启蒙的年代。这与莎士比亚、塞万提斯所处的欧洲人文主义和启蒙思想兴起的时代有相近之处。这样的历史背景对汤显祖的思想产生了深刻的影响,汤显祖出生于书香门第,年少时追求功名,饱读诗书,深受传统文化的影响,有着修齐治平的人生理想,为官时体恤民情,始终保有一颗赤子之心,始终对底层百姓的苦难饱含深刻的同情。他的作品讲述了是与非、善与恶、忠与奸的故事,褒扬家国情怀、优秀品格、善良品质,生动传递中华民族积极向上的价值追求。"临川四梦",前二梦《紫钗记》和《牡丹亭》讴歌人间至爱至情;后二梦《南柯记》和《邯郸记》则着重揭露官场黑暗,感叹"人生如梦"。他塑造了杜丽娘与柳梦梅等冲破封建思想束缚、追求人性自由解放的不朽形象,用舞台艺术的形式表达了对自由恋爱的热烈追求和幸福生活的美好向往,对高贵品质和善良性格的赞美,对正义事业和人类自由的仰慕,对平等公正与和谐理想的颂扬。对汤显祖进行全方面、多维度的研究,不仅要研究他的学术成就,更要研究他的家国情怀,比如他以人为本、关注人生的人格涵养,研究他刚正不阿、坚守气节的道德情操,研究他追求完美、善于创新的艺术品格等等,从中汲取民族复兴的精神力量。

女士们,先生们,朋友们!

这次汤显祖戏剧展演暨国际高峰学术论坛是一次学术盛会,希望通过各位专家的充分交流、思想碰撞、深入研讨,产生一批具有思想性、理论性和指导性的学术成果,推动汤显祖和临川文化走进群众、走向全国、走向世界。同时推动抚州成为汤显祖研究的中心,让抚州成为国内外汤显祖研究的学研基地、当代戏剧的展演热地、寻梦圆梦的旅游胜地,成为中华优秀传统文化与世界文明对话的重要平台之一。这几天,我市还将举办一系列纪念活动,我诚挚邀请大家在活动之余,到抚州各地走一走、看一看,体验一下"远色入江湖,烟波古临川"的韵味和魅力。

最后,预祝本届大会圆满成功!祝大家在抚州期间工作顺利,生活愉快,身体健康,万事如意!

谢谢大家!

（作者系抚州市委副书记、抚州市人民政府市长）

筑梦核工　情系汤翁

——在2016年中国·抚州汤显祖剧作展演暨国际高峰学术论坛开幕式上的致辞

柳和生

（2016年9月24日）

尊敬的各位来宾，各位专家，女士们，先生们，朋友们：

大家下午好！由东华理工大学、抚州市人民政府和中国戏曲学会汤显祖研究分会联合举办的"2016中国·抚州汤显祖剧作展演暨国际高峰学术论坛"，今天，在"才子之乡""文化之邦"抚州隆重召开。在此，我谨代表东华理工大学3万名师生，向展演和论坛的顺利召开表示热烈祝贺！向与会嘉宾、专家学者、国际友人表示热烈欢迎和诚挚问候。

梦里不知身是客，四百春秋叹情深。400多年前，汤显祖"因情生梦，因梦成戏"，创作了蜚声海内外的"临川四梦"，成为中国戏剧艺术史上的一座丰碑，与莎士比亚一起被誉为同时代的世界两大文学巨匠。汤显祖不仅是一位戏剧家，而且是一位文学家和思想家。他以"情"之虚幻和"梦"之觉然，构筑了"临川四梦"四部传奇，以剧中人生，参透自己的人生，也警示后世的人们。他不畏权贵、卓尔独立的玉茗风骨，以人为本、关心民众疾苦的执政理念，对于当下的中国文化建设也有着积极的借鉴意义。汤显祖是中国优秀传统文化的杰出代表，隆重地纪念汤显祖，就是要郑重地表达后人对历史的尊重，对先贤的景仰，对文化的敬畏，对未来的担当。

东华理工大学是中国汤显祖研究的一个重要基地，在研究和弘扬汤显祖文化中发挥着重要作用。东华理工大学是中国核工业第一所本科高校，创办于1956年。60年风雨砥砺；学校现已成为一所具有地学和核科学特色，以理工为主，经、管、文、法、教、艺兼备的多科性大学，为中国国防科技工业和地方经济建设做出了积极的贡献，获得"中国核地学人才摇篮"的殊荣，享有"国际原子能事业宝贵财富"的赞誉。

60年的发展过程中，学校注重发挥专业特色和优势，服务于地方经济文化建设，为包括汤显祖文化在内的地方文化研究提供智力支持。东华理工大学江西戏剧资源研究中心和临川文化研究所的成立和发展，为汤显祖戏曲文化研究奠定了良好的基础。《汤显祖评传》《汤显祖论稿》等汤学研究系列论著，汤显祖戏曲与明代江西声腔研究、"临川四梦"的接受与传播等系列研究成果，《汤显祖研究》文化课程和汤显祖戏剧社等传承活动，无不彰显出东华理工大学人的汤学情结与学术积淀。

汤显祖是抚州的，是中国的，更是世界的。今天，高朋满座，胜友如云。来自世界各地的专家学者、国际友人云集抚州，共赏"临川四梦"，去重新认识人类的智慧和情感本体。在短短的三天时间里，我们将寻访汤翁故里，致敬经典戏剧，凝练文化符号，发掘文化魅力，一同为让汤显祖走向世界释放活力。

东华理工大学将永远为各位专家和所有朋友敞开热情的大门，欢迎各位专家、朋友来校交流、讲学和指导，欢迎各个艺术团体来校展演，我们将一如既往地与各位朋友为推动汤显祖研究不懈努力！

最后,祝各位嘉宾、专家、学者、朋友身体康健、生活愉快!预祝2016年中国抚州汤显祖剧作展演暨国际高峰学术论坛取得圆满成功!祝愿汤显祖戏剧千秋传颂,"汤学"文化历久弥新!

谢谢大家!

(作者系东华理工大学校长)

把汤学推向新高度

——在 2016 年中国·抚州汤显祖剧作展演
暨国际高峰学术论坛开幕式上的致辞

周育德

（2016 年 9 月 24 日）

各位领导，各位朋友，女士们，先生们：

大家好！

在 2016 年中国抚州汤显祖剧作展演暨国际高峰学术论坛即将开幕的时刻，我想表达几点意思。

首先，请允许我代表论坛的主办单位之一，中国戏曲学会汤显祖研究会，对诸位的光临表示热烈的欢迎。

抚州是汤显祖诞生之地，也是这颗璀璨的文化星辰陨落的地方。到抚州做汤显祖考察是每一位汤显祖研究者的共同愿望。在座诸君，有的已经多次来过抚州，有的是第一次来到临川。我想，当你踏上抚河边这块土地的时候，必定会有一种感想，感受到什么是钟灵毓秀，什么是人杰地灵。今天，当我们来抚州参加汤显祖逝世 400 周年的纪念活动时，感受一定非同一般。

接下来，请允许我代表参加论坛的各位专家学者，向抚州市人民，向江西省和抚州市人民政府，表示最诚挚的感谢。

当我们从五湖四海、世界各地来到抚州时，已经感受到抚州市的领导和汤显祖的乡亲们的热情与智慧，周到与慷慨。

抚州市组织了如此盛大的纪念活动，而且为我们提供了学术交流的平台，使我们能相聚一起，交流切磋，这是对习近平主席的倡议的最积极的响应。政府的参与和支持，对汤显祖的研究是有力的推动。抚州汤显祖国际研究中心的成立，就是有力的证明。以吴凤雏先生为首的抚州汤显祖国际研究中心的朋友们，已经为承办这次盛大的活动贡献了巨大的力量。

各位朋友，我们看到在国内外历代学者的不懈努力下，汤显祖的研究已经具备相当的规模，"汤学"已经逐渐形成学术领域绚丽的一角。汤显祖研究是一种常态性的学术行为。我相信在汤显祖逝世 400 年之后，有关汤显祖的研究还会持续地推进，因为要让更多的人认识汤显祖，有许多的工作需要我们踏踏实实地去做。我们应该向莎士比亚的研究者们学习，让使用不同语言的各国人士都知道汤显祖。

我们的论坛即将开幕。我相信诸位学者一定能心情畅快地发表高见，无保留地阐释自己的观点，互相尊重，互相学习，把二十一世纪的汤显祖研究推向新的高度。

有人说，一个人来到人世间，最了不起的有两件事。一是过了 100 年，照片还没有挂在墙上；一是过了 200 年，照片仍然挂在墙上。第一句是说长寿，第二句是说不朽。汤显祖、莎士比亚、塞万提斯虽然都没能活过百年，但他们都做到了第二件。他们来到人世间，不仅过了 200 年照片还挂在墙上，而且逝世

400 年之后照片仍然挂在墙上,因为他们的事业是不朽的,他们的成就是不朽的。我相信再过 400 年这三位文学巨匠的照片仍然会挂在墙上。

今天,我们坐在这里谈论汤显祖,谈论莎士比亚,谈论塞万提斯,我们也会留下一张照片。

祝我们的论坛顺利成功!

谢谢!

（作者系中国戏曲学院原院长、教授,中国戏曲学会汤显祖研究分会会长）

因为这一片至情

——在 2016 年中国·抚州汤显祖剧作展演 暨国际高峰学术论坛闭幕式上的致辞

傅 云
（2016 年 9 月 25 日）

各位专家学者，各位领导来宾，女士们，先生们：

大家下午好！2016 年中国·抚州纪念汤显祖逝世 400 周年剧作展演暨国际高峰学术论坛经过一天半紧张热烈的集中报告、研讨、交流，得力于全体与会者的共同努力和激情参与，取得了丰硕成果，达到预期目标。这次论坛，有来自境外 9 个国家和地区和内地近 20 个省市共 240 位专家学者和汤公敬慕者携文 150 多篇参会。其规模之大、涉面之广、层次之高以及硕果之丰，为历次汤学研究学术活动所仅见，是一次空前的重大学术盛会。在此，我谨代表主办各方并以东道主的名义，衷心感谢各位对本次论坛的勤劳和奉献！衷心感谢各位对抚州的厚爱和支持！当然，最最要感谢的是，我们大家共同的、心慕神追的汤公！

中秋前夕，中共中央政治局委员、中宣部长刘奇葆同志在北京出席纪念汤显祖逝世 400 周年座谈会时指出，汤显祖是我国文艺史上的一座丰碑，和莎士比亚一起被誉为同时代东西方两大文学巨匠。他创作的《牡丹亭》等作品具有永恒的艺术价值，是历史的、也是当代的，是高雅的、也是大众的，是民族的、也是世界的。是的，汤公是不朽的。因为有了汤公，有了汤公的至情，才有了今天的这次抚州盛会，使我们得以相识、相聚、相交、相携。抚州成了汤学研究者一直铭记和不吝赐爱的地方。令抚州人民甚为感动的是：从各位身上，我们看到了对汤公的这份至情。就在前不久，德高望重的中国戏曲学会名誉会长郭汉城在百岁华诞之际，认真听取了抚州关于举办这次高峰论坛的相关汇报，欣然同意担任抚州汤显祖国际研究中心的荣誉顾问，不顾年硕眼衰，为抚州汤显祖纪念馆新馆"玉茗堂"亲书墨宝。苏州大学文学院的老教授王永健先生和其他多位老专家，抱年老之躯，坚持前来抚州参会！更有越洋而来的英国、西班牙以及诸多海外的朋友，为我们带来各不一样的真情和感动……

400 年来，抚州人民对汤公一往情深。因为有汤公的至情，抚州成了一个有梦有戏的地方。这次论坛的意义就在于，我们提供一个平台，各位可以在此尽情地回望历史、重温经典，感知汤显祖作品的艺术魅力和当代价值，解读其文化基因。借此平台，我们可以共同礼敬优秀传统文化，增强文化自信，传承好先人创造的精神财富，推动中华文化血脉延续，把跨越时空、超越国度、富有永恒魅力、具有当代价值的文化精神弘扬起来；借此平台，抚州更希望把汤显祖这个最具标志性的文化符号宣传推介出去，充分展示中华文化的独特魅力，让世界了解一个文化的中国、多彩的中国、博大的中国的同时，了解一个文化的抚州，开放发展的抚州，亲和美丽的抚州。生活在汤公故里的抚州人民，我们不仅对汤公怀抱一份至情，更对弘扬汤显祖文化肩负更大一份责任。请相信，有汤公这份至情的文化血脉，有各位的厚爱、呵护和支持，让汤显祖"活在当下,走向世界",将成为我们共同推动的课题。让我们一齐努力,把抚州打造成为汤学研究的基地、当代戏剧展演的热地、寻梦圆梦的旅游胜地、一座既悠久又崭新的历史文化名城！汤公故里就是全国和世界汤学研究者的港湾和家。期待各位经常回家来看看！

　　谢谢各位！

（作者系中共抚州市委常委、宣传部部长）

后　记

　　《汤学聚珍》一书,共选编汤学专家在 2016 年中国·抚州汤显祖剧作展演暨国际高峰学术论坛上提交的论文 86 篇。此次高峰论坛作为纪念汤显祖逝世 400 周年系列活动重要内容之一,由抚州市人民政府、东华理工大学和中国戏曲学会汤显祖研究分会主办,抚州市社会科学界联合会、东华理工大学江西戏剧资源研究中心和抚州汤显祖国际研究中心承办。240 余位参会者共提交论文 150 余篇,均为怀珠抱玉之佳作。憾未能悉数收入,惟因《汤学聚珍》篇幅所限而无他。对未能收录佳作的专家,深表歉意!我们将在《汤显祖学刊》上分期刊登或以其他方式对外传播。

　　东华理工大学黄振林、徐国华、刘文辉、李小兰、涂育珍诸君在本书篇目前期遴选上做了大量工作;中心各位学术顾问在本书起名、篇目遴选等方面热心认真;黄初晨、李劼、李利报、陈强、刘昌衍、李勇、陈源茂、梁家田、罗崇辉、谢昌建诸君为本书卷首的插页提供了珍贵的图片;上海戏剧学院教授叶长海、李伟,为联系本书出版等多方奔走;上海古籍出版社对本书出版给予了特别的支持。抚州汤显祖国际研究中心工作人员为本书编辑出版也耗费了不少心血。在此一并深表敬意!

　　本书的出版,编者虽谨勉竭力,但难免瑕疵和疏漏。敬请各位专家和读者不吝赐教!

编　者
2017 年 4 月 10 日